EVENTS THAT FORMED THE MODERN

WORLD

FROM THE EUROPEAN RENAISSANCE THROUGH THE WAR ON TERROR

Frank W. Thackeray

John E. Findling

世界大历史

上

62 个大事件塑造 700 年世界文明

[美] 弗兰克 · 萨克雷 [美] 约翰 · 芬德林

——主编

严匡正 等

——译

中国画报出版社 · 北京

图书在版编目（CIP）数据

世界大历史：62个大事件塑造700年世界文明 / (美) 弗兰克・萨克雷，(美) 约翰・芬德林主编；严匡正等译．—北京：中国画报出版社，2021.1（2021.4重印）

书名原文：Events That Formed the Modern World: From the European Renaissance through the War on Terror

ISBN 978-7-5146-1946-1

Ⅰ．①世… Ⅱ．①弗… ②约… ③严… Ⅲ．①世界史—通俗读物 Ⅳ．① K109

中国版本图书馆 CIP 数据核字 (2020) 第 213234 号

北京市著作权合同登记号：图字 01-2020-6728

世界大历史：62个大事件塑造700年世界文明

［美］弗兰克・萨克雷［美］约翰・芬德林 主编　　王林　闫传海　史林　严匡正　冯志军 译

出 版 人：于九涛
策　　划：纸间悦动　熊文霞
责任编辑：于九涛　郭翠青
责任印制：焦　洋
营销主管：穆　爽

出版发行：中国画报出版社
地　　址：中国北京市海淀区车公庄西路33号　邮编：100048
发 行 部：010-68469781　010-68414683（传真）
总编室兼传真：010-88417359　版权部：010-88417359

开　　本：16开（710mm×1000mm）
印　　张：61
字　　数：1016千字
版　　次：2021年1月第1版　2021年4月第3次印刷
印　　刷：北京洲际印刷有限责任公司
书　　号：ISBN 978-7-5146-1946-1
定　　价：198.00元（上下册）

目录

引言

再征服运动（711—1492）

中国同时期：唐睿宗李旦—明孝宗朱祐樘，历经唐、五代十国、宋、元、明

概　述

711 年穆斯林征服了伊比利亚半岛（Iberian Peninsula，今西班牙和葡萄牙）之后，从地图上看，基督徒的聚居地只剩下伊比利亚半岛北部边缘的狭长一带。这片土地宽约 200 英里 *，地处偏僻的西北部，被阿斯图里亚斯 – 莱昂（Asturias-León）、纳瓦拉（Navarre）、阿拉贡（Aragon）、加泰罗尼亚（Catalonia）几个公国占据。相比之下，穆斯林掌控的土地，即安达卢斯（al-Andalus）地区，占据着伊比利亚半岛 80% 的面积，覆盖了除巴塞罗那（Barcelona）之外所有的主要城市。

把上面的地图与 1492 年再征服运动（*Reconquista*，或事实上的“重新征服”）结束时的伊比利亚地图对比可以看出：独立的葡萄牙占据了半岛的西南部；基督教的西班牙由三个王国组成，包括东北部毗邻加泰罗尼亚的阿拉贡、三国中领土面积最大的卡斯提尔（Castile，其领土从半岛的西北部贯穿中部，一直延伸到半岛的东南部）和处于阿拉贡和卡斯提尔庇护下的纳瓦拉；而穆斯林的领地则缩减为小小的格拉纳达（Granada）酋长国，在伊比利亚半岛南岸偏安一隅，拥有一座同名城市。再征服运动的过程充满了争斗，时间长达 780 余年，以西班牙被重新

* 1 英里合 1.609344 千米。——编者注

纳入基督教国家而告终。值得一提的是，再征服运动并不是一场耗时漫长的战争，而是一场间或点燃战火的矛盾冲突。随着时间的流逝，复兴的基督徒重占上风，直至 1492 年穆斯林才被逐出西班牙。

8 世纪初，大批穆斯林从北非进入西班牙，当时罗德里戈王（King Rodrigo，710—711 年在位）的对手为了废黜国王转而向穆斯林求助。一位名叫塔里克·伊本·齐亚德（Tarik ibn Ziyad，“直布罗陀”就是由“Jebel al Tarik”，即“齐亚德的山”衍生而来）的北非将军率领军队进入西班牙，在加的斯（Cádiz）附近的战斗中打败了罗德里戈，并留在了伊比利亚半岛。后来，更多的穆斯林涌入，短时间内踏遍整个半岛。塔里克的军队把西班牙纳入伊斯兰世界的时候，少数基督教西班牙人隐匿于北部的崇山峻岭之中。他们是来自毛里塔尼亚王国（Mauritania，今摩洛哥）的摩尔人（Moors），代表着当时最具活力的欧洲文明。

基督徒的再征服运动始于 722 年科瓦东加山之战的胜利，即穆斯林完成征服 11 年之后。在西哥特（Visigoth）军事家佩拉约（Pelayo）的领导下，基督教军队伏击了穆斯林军队，取得了决定性的胜利。较其实际意义而言，这场战役的重要性更体现在心理层面上。穆斯林将领之前从未认真地尝试征服西班牙北部的崎岖山区，认为那里的人们生活原始，那里的资源也不值得费力夺取。此外，穆斯林领导阶层的内部纷争使得他们在根除基督徒最后抵抗据点的行动中表现迟缓。无论如何，佩拉约的胜利和穆斯林的疏忽，促使基督教西班牙在国王阿方索一世（Alfonso Ⅰ）及其继任者的领导下于 740 年之后占据了对穆斯林的攻势地位。

由于基督徒需要在伊比利亚北部巩固其统治地位，再征服运动在 740 年至 850 年进展缓慢。然而，850 年至 950 年，基督徒领地便扩展到加泰罗尼亚中部、巴塞罗那附近地区，向西和向南扩展得更远，直抵今葡萄牙北部的偏远地区。11 世纪，在费尔南多一世（Fernando Ⅰ）的统治之下，莱昂（León）和卡斯提尔两国于 1037 年完成了统一，标志着在建设基督教西班牙政治福祉的道路上更进一步。费尔南多执政时期，多次的军事胜利不但把西班牙中部高原和葡萄牙中部地区纳入了基督教统治范围，还迫使几个被称为泰法王国（*taifa*）的地区性酋长国纳入其朝贡体系，即强迫穆斯林酋长向其交纳保护费以换取持续的安全保障。

1058 年，费尔南多之死在他的 5 个孩子之间引发了长达 7 年的激烈家庭争斗，最终，费尔南多的次子成为卡斯提尔和莱昂联合王国国王阿方索六世（Alfonso

Ⅵ)。在阿方索44年的统治时期内，点睛之笔是攻陷西班牙中部高原的重要商业城市托莱多（Toledo）。阿方索六世通过鼓励构成中产阶级主力人群的商人和手工业者移民来巩固卡斯提尔和莱昂联合王国的社会结构，并通过引入修道士来加强宗教势力。这些举措促进了地区繁荣、艺术发展、宗教建设和人口增长。

11世纪后期，一个充满活力的穆斯林新王朝——阿尔摩拉维德王朝打断了再征服运动的进程。阿尔摩拉维德王朝在北非建国，并在1084年应邀出兵伊比利亚解救被困的泰法各国。在萨格拉加（Sagrajas）即今巴达霍斯（Badajoz）附近的一场重要战役中，穆斯林军队动用了非洲黑人士兵和骆驼骑兵，并最终获胜。阿方索的军队溃不成军，但阿尔摩拉维德并没有乘胜追击，而是退返非洲。1090年，阿尔摩拉维德再次造访伊比利亚，占领了安达卢斯余下的土地，这次行动巩固了边界，使得对阵双方都无力向对方发起攻击。

这一时期，再征服运动中的传奇人物熙德（El Cid）的戎马生涯达到了巅峰。熙德（意为"领袖"）原名罗德里戈·迪亚兹·德·维瓦尔（Rodrigo Díaz de Vivar），11世纪40年代出生于一个贵族家庭，后成为王室军官和准外交官。由于擅自攻打卡斯提尔国王阿方索六世意欲与之媾和的一部分摩尔人，1081年熙德遭到流放。之后，熙德逃亡到萨格拉加成为雇佣军人，按雇主要求与基督徒或穆斯林作战。1082年，熙德俘虏了巴塞罗那伯爵。两年后，他又打败了阿拉贡国王，监禁了大部分王室成员。此番盛举使熙德名利双收，于1086年重新赢得阿方索的赏识。

然而，熙德与阿方索的和解好景不长，1089年，熙德再次沦为（事实上的）自由军人。雄厚的财力和良好的声望使得熙德能够很容易地组织属于自己的军队对外作战。在东西班牙，视不同情况，熙德有时同基督徒打仗，有时同穆斯林打仗。1092年，穆斯林控制下的巴伦西亚城（Valencia）爆发了阿尔摩拉维德王朝支持者和反对者之间的骚乱。熙德的军队对该城进行长时间的围困并成功攻克，而后又击溃阿尔摩拉维德王朝企图重夺该城的两次进攻。对熙德军事领域里的光辉战绩，就连熙德的穆斯林对手都钦佩不已。此后5年，熙德通过赞扬和包容穆斯林风俗习惯赢取了穆斯林臣服之心，用以维持他对巴伦西亚这座拥有众多穆斯林人口城市的统治。1099年熙德逝世后，他的继任者均没有能力继续维持基督徒在巴伦西亚的统治，迫使阿方索六世于1102年撤离并摧毁了这座城市。

1109年，阿方索六世逝世后，王位之争阻断了再征服运动的进程，并最终于1110年引爆莱昂内战。这场战争直到1117年方告结束，并由此导致整个12世纪余下几十年的经济衰退和持续的政局不稳。1126年成为卡斯提尔和莱昂联合王国国王的阿方索七世（Alfonso Ⅶ）在12世纪40年代趁阿尔摩拉维德王朝灭亡之机，竭力把基督徒统治扩大到南方，但对新征服地区，阿方索七世却没有能力进行真正的统治。

1158年，年仅3岁的阿方索八世（Alfonso Ⅷ）继承王位。12世纪70年代后期，阿方索八世长大成人，正式开始对卡斯提尔王国进行统治。阿方索七世的另一个儿子，即之后成为莱昂国王的费尔南多二世（Fernando Ⅱ）明确表示拆分卡斯提尔和莱昂联合王国，直到1230年，卡斯提尔取代莱昂，成为联合王国中无论是政治上还是经济上都占据主导地位的王国后，这场王国拆分纷争方告平息。此后，卡斯提尔和莱昂联合王国成为西班牙当时最大的国家，简称为卡斯提尔王国。

12世纪70年代，一个联合阿尔摩拉维德王朝从前统治地区摩尔人的新王朝穆瓦希德王朝诞生了。穆瓦希德王朝在文化上比之前的王朝更为复杂。穆瓦希德人把首都建在塞维利亚（Seville），把高级文化形态短暂地带到伊比利亚半岛，并表现在艺术、建筑及宗教文学创作和世俗文学创作等各个方面。穆瓦希德人还为伊比利亚南部带来稳定的政局和强大的军事实力。1195年穆瓦希德人在阿尔科斯（Alarcos）大败阿方索八世军队。1212年，阿方索展开报复行动，在纳瓦斯·德托洛萨（Navas de Tolosa）一役中消灭了穆斯林军队。在这场战役中，对阵双方参战人数达到5万之众。这场战斗再次拉开基督徒领土扩张的序幕。此后50年间，卡斯提尔人控制的土地面积扩大了近一半，占据半岛西南，包括重要城市科尔多瓦（Córdoba，1236年占领）和塞维利亚（1248年占领）。多数历史学家认为纳瓦斯·德托洛萨之战是整个再征服运动中最具决定意义的一场战役。

对基督教西班牙来说，占领塞维利亚是继纳瓦斯·德托洛萨之战后又一场决定性胜利，而这场胜利也源于穆斯林自身的背叛。1246年，格拉纳达泰法王国的统治者为换取自身平安，向卡斯提尔国王费尔南多三世（又名圣费尔南多三世）提出可以向其交纳贡物，并协助后者夺取塞维利亚。费尔南多接受泰法王国开出的条件。1247年夏天，费尔南多派王室海军控制了塞维利亚通向大海的要道瓜达尔基维尔河（Rio Guadalquivir）。来年春天，又摧毁了河上浮桥，切断塞维利亚与北非穆斯林盟友的最后一丝联系。塞维利亚陷入费尔南多和格拉纳达联军的重重包围之中。塞维利亚的夏天无论过去还是现在都非常炎热，加上疾病流行、食物短缺和饮用水缺乏，这些不利因素叠加在一起，最终击溃了穆斯林将领们的斗志。1248 年 11 月塞维利亚守军签署投降协定，规定城中全部穆斯林迁离塞维利亚，迁离时只能带走随身之物。此后，格拉纳达变为半自治城邦，时间长达 250 年。

在此期间，格拉纳达虽然名义上是独立的，但实际上是一个需要北非穆斯林不间断援助才能生存下来的贫穷国家。每年为了向卡斯提尔王国进贡，格拉纳达人民交纳的赋税非常高。此外，来自西班牙各地重新被基督徒控制地区移民人口的大量涌入，使得格拉纳达人口的增长方式很不平衡。即便如此，格拉纳达仍旧戒备森严，每隔几英里就设有边境哨所，瞭望塔更是遍布全境。格拉纳达军队训练有素，从摩洛哥（Morocco）招募的轻骑兵更是能征善战。格拉纳达与摩洛哥穆瓦希德王朝继任者穆斯林马林王朝交好。虽然在 14 世纪初，卡斯提尔王朝和马林王朝之间偶有战火，但是双方领土面积没有发生太大变化。这一时期最重大的事件要数 1342 至 1344 年英军、法军和卡斯提尔人一起组成联军攻打阿尔赫西拉斯（Algeciras）。阿尔赫西拉斯被攻陷不久，历史上著名的“黑死病”横扫西班牙（实际上也包括整个欧洲）。卡斯提尔国王阿方索十一世殒命于这场瘟疫，连续多年的战事也因此结束。瘟疫暴发后基督教伊比利亚发生内乱，同时西班牙又卷入了英法百年战争（Hundred Years’ War），以上错综复杂的因素相互作用使得格拉纳达重归和平状态。

1410 年，卡斯提尔军队攻占战略重镇安特克拉（Antequera），格拉纳达的和平状态被打破。1415 年，葡萄牙人占领直布罗陀海峡重要港口城市休达（Ceuta）。与此同时，马林王朝土崩瓦解，留在格拉纳达的摩尔人失去同盟国的保护。一旦伊比利亚停止内部政治争斗，摩尔人于 1474 年的溃败将无可避免，当时阿拉贡王国的斐迪南（Ferdinand）和卡斯提尔王国的伊莎贝拉（Isabella）通过联姻把两个最强大的西班牙王国联合了起来。

1481 年的冬天，格拉纳达边境的一场偶发事件促使持续数年的战争升级。由于卡斯提尔军备在各方面都优于格拉纳达，战争最终导致格拉纳达于 1492 年宣布投降。在这一过程中，摩尔人的内乱起到了推波助澜的作用。格拉纳达酋长名叫阿布哈桑（Abu-l-Hasan），阿布哈桑的儿子叫布阿卜迪勒（Boabdil）。1483 年布阿卜迪勒背叛父亲阿布哈桑，投靠斐迪南，并成为其心腹。1485 年，阿布哈桑被他的兄弟阿尔赞格（Al-Zagal）推翻。1487 年，阿尔赞格又被布阿卜迪勒驱赶到格拉纳达东部，并于 1489 年被基督教军队打败。在格拉纳达王朝发生内部争斗的过程中，格拉纳达重要城市相继落入斐迪南手中，包括龙达（Ronda，1485 年）、洛哈（Loja，1486 年）、马拉加（Málaga，1487 年）、阿尔梅里亚（Almeria，1490 年）。人们普遍认为布阿卜迪勒会将格拉纳达拱手让给斐迪南，然而事实并非如此，斐迪南对格拉纳达展开长达 8 个月的围攻才迫使格拉纳达投降。1492 年 1 月 2 日，斐迪南和伊莎贝拉身着摩尔人服饰，正式从布阿卜迪勒手中接过格拉纳达的统治权。克里斯托弗·哥伦布（Christopher Columbus）见证了这场权力交接仪式，当时他正寻求王室资助，准备西渡大西洋。

历史评论

1492 年 1 月 2 日，西班牙卡斯提尔和阿拉贡王国统治者斐迪南和伊莎贝拉以胜利者的姿态进入格拉纳达。两位君主身着摩尔人服饰，接受作为投诚象征的城门钥匙。至此，前后历经近 800 年的西班牙再征服运动结束。对格拉纳达的征服象征着伊比利亚半岛的独立与穆斯林城邦的最终覆灭。很大程度上，格拉纳达战役是所谓天主教国王辉煌战功的最好证明。然而，格拉纳达之战并不是那一年中唯一重要的事件。在对格拉纳达长达 10 年的战争结束后，西班牙统治者开始把目光投向半岛以外。1492 年 1 月底女王同意资助克里斯托弗·哥伦布进行后来著名的远航，并由此发现“新大陆”。最后，1492 年春天，西班牙君主颁布敕令，在整个西班牙范围内驱逐犹太人。连在一起的三件事——征服格拉纳达、发现新大陆、驱逐犹太人，外加对西班牙全境的征服，标志着西班牙一段辉煌历史时期的结束和另一个新的历史阶段的发端。

“再征服运动”这个术语用来表示伊比利亚半岛上基督徒重新占领 8 世纪初伊斯兰民族在伊比利亚半岛上强势扩张所占据的土地和创建的阿拉伯帝国。711 年穆斯林征服西哥特基督教国家完全是一种偶然。勇于进取的穆斯林领袖、互相倾轧的西哥特诸侯加上历史的机遇，三种因素综合作用，结果在西班牙国土上建立了一个独立的穆斯林地区，其成为后来西班牙穆斯林牢固的根据地。被征服地区的基督徒有的后来皈依了伊斯兰教；有的以“顺民”（dhimmi）的名义或受保护基督民众的名义继续保持他们作为基督徒的生活方式，这些人在穆斯林统治地区被统称为莫扎勒布（Mozarabics）；有的则退守到半岛北部边缘地区设法活下来。8世纪晚期，这些半岛北部基督教大公国开始逐步向南扩张领地，由此开启史称“再征服”的运动。随着时间的推移，基督徒无论是在口头上还是在思想上都不断强化要从穆斯林敌人那里“夺回”基督徒土地的信念，进而在理论上支持基督徒的领土扩张行为。后来，再征服运动演变成征讨异教徒的十字军圣战，即通过武力占领土地、获取财富，并最终发展成一场大规模的移民运动。

人们很难概括再征服运动的特征，原因之一在于其延续时间过长，前后近乎800年。再征服运动表现形式多种多样，它并不是一场基督教王国持续不断、稳步发展的向南扩张运动，而是一场时断时续、积小胜为大胜（也时常伴随穆斯林内部分裂）的运动。例如，格拉纳达穆斯林王国与西班牙其他地区之间的边界在约1250年至1492年几乎没有改变。从1350年至1482年格拉纳达战役开始的这段时间，基督徒与穆斯林之间有规模的零星战斗加在一起仅耗时25年。在如此漫长的时间里，人们参与再征服运动的动机，所采取的军事策略和与之相关的组织机构，都在不断变化。唯一不变的是该运动最初所被赋予的政治和宗教使命。

因为伊比利亚半岛过于复杂，所以概括再征服运动本身也不容易。中世纪伊比利亚半岛国与国之间从政治制度到语言文字，一切事物均不相同。穆斯林占领地区北部几个主要君主国最终合并成三个独立的国家：葡萄牙、卡斯提尔和阿拉贡。这三个国家彼此间经常爆发战争。同一教派信徒之间时而联合，时而攻歼，致使再征服运动变得更加错综复杂。格拉纳达穆斯林统治者经常联合伊比利亚基督徒共同抵御北非穆斯林诸侯的侵略行为。与穆斯林王国类似，卡斯提尔王朝和阿拉贡王朝的统治者也愿意与格拉纳达的穆斯林结成同盟，或者为了保护自己，或者为了扩大各自王朝的利益而进攻别的基督教国家。

最后，西班牙各地地形地貌以及人们的生活、经济生产方式均不尽相同，这使得不同地区统治者和当地人民在再征服运动和巩固胜利果实的过程中所扮演的角色也各不相同。在再征服运动中，几个主要基督教王国的领土面积几乎都翻了一番。阿拉贡王国在巴利阿里群岛（Balearic Islands）、巴伦西亚和穆尔西亚获取的领土面向地中海和北非沿岸地区，人口相对稠密。这与卡斯提尔王国在西班牙中部占领的地形崎岖、人烟稀少的地区形成鲜明反差，后者的经济环境更为恶劣，社会治理难度也更大。葡萄牙在收复失地过程中所扮演的角色自然更多定位于大西洋和非洲西海岸方向。

当人们回顾再征服运动漫长的历史时，想到在这一运动中不断改变结盟对象的西班牙诸国及各地不同的再征服运动过程和经历，不禁会得出这样的结论：西班牙历史的很大部分由再征服运动所写就。穆斯林和基督徒之间无论思想上还是事实上的边界，不但影响了伊比利亚半岛人民的生活，而且影响了文化模式的发展和社会制度的建立。这种边界形式并非一成不变，在一定地区和一定时期有类似边境性质的地区出现，也会有海关人员和中世纪类似护照一样的手续等形式出现。边境并没有实际的分界线，而更多以通关地区的形式呈现在世人面前。如同在穆斯林统治下遵循伊斯兰教教规的基督徒民众一样，在再征服运动后生活在基督徒统治地区的穆斯林民众也不了解边境的概念。按照不同地区规定，穆斯林（或穆迪札尔人，Mudéjars）被安置在中世纪西班牙城中通常由围墙围起来的特殊地块当中，形成一种与外界隔绝的城中村，或者被集中安置在一些农垦地区。于是，再征服运动的成功和边界的形成对中世纪西班牙人民的生活产生了难以想象的巨大影响，即形成康维文西亚（convivencia），或称共存观念，意思是在整个中世纪时期，西班牙基督徒、穆斯林和犹太人交织在一起并互相影响的生存方式。

康维文西亚思想形成的过程较为复杂。最早，它主要用来强调基督徒、穆斯林和犹太人这三大宗教团体在塑造西班牙文化方面所起到的重要作用。一些历史学家把重心放在康维文西亚的正面积极作用上，并举出很多事例用来说明三大宗教信徒是如何相互合作、相互学习和接受对方宗教文化差异的。比如，许多穆斯林制瓦匠、泥瓦匠和石匠都参与了一些公共建筑（甚至教堂）的建造。此外，许多西班牙中世纪的建筑都呈现出明显的阿拉伯建筑风格。再比如，阿拉贡王国一些教区教堂都建有模仿伊斯兰教清真寺的尖塔。很多知名医生和商人都是来自西班牙各地城市中心的犹太人。基督徒、穆斯林和犹太人一同为创造巴塞罗那、巴伦西亚、托莱多和其他城市繁荣的经济而努力工作。穆斯林和犹太人还可以进行各自的宗教活动。通过清真寺和一天做 5 次祷告的人们，外来者可以很容易分辨出哪里是穆斯林聚居区。在再征服运动中，穆斯林王国的投降条款总有对穆斯林民众保留宗教信仰自由的规定。在诸如巴伦西亚这样穆斯林民众人数多于基督徒统治者的地区更是如此。康维文西亚也同样包括司法、经济和政治权利上的自由。穆斯林民众可以要求通过穆斯林官员根据伊斯兰教教法或穆斯林神法进行统治。穆斯林可以有自己的墓地，有时甚至被允许保留自己的城堡。由于基督徒统治者迫切需要（主要是经济上需要）占领地的人口，所以他们愿意为穆斯林做出这样的妥协。生活在阿拉贡领地上的穆斯林被视为“国王宝藏”，并非浪得虚名。

基督徒统治下的穆斯林和犹太人在中世纪西班牙各国大的法律体系中享有一定的法律地位，作为少数族裔，他们拥有相应权利，并受法律保护。例如，12世纪巴塞罗那法规定国王是其全部国民的法定保护人，无论其国民处于什么阶级地位或拥有何种宗教信仰。然而，人们也不可对康维文西亚抱有过于乐观的看法。尽管来自不同宗教文化的人可以互相迁就、进行贸易，甚至可能成为朋友，但是现代意义上的包容隐忍观念在中世纪并不适用。西班牙各国大的法律框架与各个地方所施行的法律细则往往大相径庭，穆斯林在法律规定下应该享有的生活与他们实际过的生活更是两码事。尽管文化融合在许多领域都有体现，但是中世纪西班牙康维文西亚同样也产生了一些文化上的隔离。如果一个基督教家庭中儿子改信伊斯兰教，那么基督徒父亲有权剥夺改宗儿子的遗产继承权。穆斯林住在建有围墙的贫民区里，且必须穿戴（此为法律规定）特殊服装以防止在一些只允许基督徒出席的特定场合同基督徒接触。法律规定对遣返逃跑的穆斯林奴隶者给予重奖。事实上，穆斯林和犹太人在生活上受到极大限制，而且随着时间的推移，他们的生活变得越来越艰难。此外，时不时爆发的穆迪札尔人起义使得穆斯林民众越来越多地遭到基督徒的攻击。康维文西亚体现了再征服运动的两面性：基督徒一方面允许他们的穆斯林工匠随时放下工作，在伊斯兰教规定的时间向安拉祷告；另一方面他们把对伊斯兰世界的战争视为神圣使命，并把所有穆斯林视为敌视基督的人。那些以十字军圣战名义从欧洲各地来到西班牙参加再征服运动的基督徒对此大惑不解，并据此不断抨击西班牙基督徒，批评他们与各行各业的穆斯林搅到一起。

随着1085年基督徒占领托莱多城，再征服运动呈现出越来越明显的宗教战争特征。欧洲圣战运动的发展对西班牙基督徒和穆斯林之间的领土之争性质产生了巨大影响。宗教领袖把再征服运动视为西方对伊斯兰世界发动的宗教战争。与巴勒斯坦圣地大多数十字军东征战争不同的是，再征服运动中基督徒的圣战行动很成功。许多十字军军事理论家和运动鼓动者都希望基督徒把在伊比利亚取得的经验应用到同东方“异教徒”进行的战争当中。其中有些人，诸如 13 世纪的著名传教士拉曼·鲁尔（Ramon Llull）便提出攻打巴勒斯坦圣地最理想的路径是经由西班牙和北非，而后向东直到巴勒斯坦。作为欧洲十字军东征的有机组成部分，再征服运动无论在经济上还是在精神上都得到来自欧洲越来越大的支持。从乌尔班二世（Urban Ⅱ）和第一次十字军东征时期开始，直到格拉纳达战役爆发的 400 年间，西班牙各国统治者被允许定期从教会收入中抽取相应比例的资金（一般为 10% 左右），用于支持再征服运动。教皇诏书规定对参加再征服运动的十字军士兵给予更为优厚的宗教待遇，平民则可直接享受到物质奖励。自从再征服运动升格为十字军运动以后，欧洲各地贵族骑士纷纷前来参战。由于再征服运动已经同基督教圣战紧紧地捆绑在一起，穆斯林对基督徒的抵抗运动同样也具有宗教战争的意义。一些伊斯兰传教人员把参加格拉纳达战斗并抵抗斐迪南和伊莎贝拉所领导的基督教国家的穆斯林视为忠于安拉、品德最高尚的信徒。

如果中世纪基督徒把再征服运动看成是基督教扩大影响必不可少的方面的话，他们就需要说明在基督徒统治下生活的穆斯林给他们带来了哪些问题。然而，有意思的是伊比利亚穆斯林和基督徒关系的实质，这些基督徒的穆斯林“敌人”非常文明，不管愿不愿意，这是伊比利亚基督徒不得不承认的事实。安格斯·麦凯（Angus MacKay）指出，尽管基督教赢得了伊斯兰教的地盘，但更为先进的伊斯兰文化影响了西班牙和整个西欧，而不是反过来。再征服运动的一个重要表现在于基督徒、穆斯林和犹太人之间持续不断的相互适应和文化融合。人们津津乐道于讨论基督教西班牙对伊斯兰世界的文化影响，主要原因在于学者们可以轻松地从这一时期文化发展的标志物上寻找到欧洲基督教文明的痕迹。然而，伊斯兰文明从物质文化，如建筑、艺术、服饰、武器制造和精神文化两个方面对伊比利亚各个领域，包括哲学、神学和文学产生了全面而深刻的影响。其中，产生重要影响的是 12 世纪和 13 世纪出现的一些中世纪翻译作品。这些主要居住在托莱多城的学者把大量以阿拉伯文撰写的科技和哲学著作译成拉丁文。其中有一些是穆斯林在东征西讨时得到的古希腊和古罗马时期的重要著作。于是，西班牙穆斯林便扮演起把文化输入欧洲的使者角色。还有一些由阿拉伯文翻译过来的文献是伊斯兰学者写成的，如著名的科尔多瓦哲学家阿威罗伊（Averroes），他对亚里士多德思想进行的解释和说明对中世纪思想产生了深远的影响。1142 年克吕尼修道院（Abbot of Cluny）院长圣者彼得（Peter the Venerable）造访西班牙期间，甚至专门派人翻译《古兰经》。

中世纪西班牙翻译作品保留有基督教和伊斯兰教两种宗教哲学和神学传统。这启发了基督徒，尤其是多明我会（Dominican）和方济各会（Franciscan）的修道士们，他们开始制订旨在使基督教统治下的穆斯林改宗天主教的传教计划。本着学习当地语言和了解当地民众的目的，基督教会在西班牙进行有计划的传教活动。这些有计划的传教活动把基督教最终传播到诸如印度、中国和新大陆这些基督教从未传播过的土地上。参加西班牙再征服运动和东征圣地的十字军同样也促进了教会法律和基督教神学的发展。圣战促使人们提出各式各样的问题，诸如：什么是正义的战争？什么是圣战？强迫改宗是否正当？十字军能否以传福音为目的占领别国土地？奴隶制是否正当？无论是基督徒神学家还是穆斯林神学家都认为强迫改宗有违神的意志；两种宗教集团都认可圣战观念。哥伦布发现新大陆之后，教会和政治领袖利用这些观念论证和解释征服美洲的正当性。教皇亚历山大六世（Alexander Ⅵ）在诏书《其他》（*Inter Caetera*）中，通过格拉纳达战役回顾再征服运动的历史，指出再征服运动已经结束，卡斯提尔和阿拉贡国统治者能够完成在新的土地上继续传播基督教的重要使命。

再征服运动被视为圣战而引发的法学和神学问题，关系到这场运动的另一个方面，即它作为军事扩张的特性。虽然所有西班牙公国在再征服运动中都大幅度扩张了领地，但是伊比利亚诸国中只有卡斯提尔在 13 世纪中叶后与伊斯兰国家划定了真实的地理边界。格拉纳达征服使卡斯提尔领土面积进一步扩大。由于再征服运动时间长达数百年，造成西班牙各国世世代代均保持时刻备战的紧张状态。西班牙著名史诗，如《罗兰之歌》（*Song of Roland*）和《熙德之歌》（*Cantar de mio Cid*，或《熙德》）所讲述的内容都是基督徒与穆斯林之间的战争如何影响和主导西班牙人的生活。在《熙德之歌》中，还有表现熙德和穆斯林与基督徒军队间复杂关系内容的描写。

在再征服运动中，基督教与伊斯兰教的边界不断变换。由此导致的结果是，管理边境生活的制度机构也处于不断变化之中。取代永久性条约的暂时停战协定随之出现。边界线两侧都制定有关法律规章和管理办法来对各自边境地区进行管理。1250年后相当长的一段时间里，伊比利亚基督徒和穆斯林所占领土边界线两侧处于一种相对非热战状态，即两军在保持各自战斗能力的前提下，互有迁就和尊重，维持一种互不侵犯、相对和平的状态。甚至有文献表明，基督徒和穆斯林领土边界地区曾建有基督徒和穆斯林共同祷告的边境神殿，基督徒和穆斯林可在边境神殿自由出入。即便如此，边界地区也会发生经常性的突袭和小规模战斗。在这段再征服运动相对平息的漫长年代里，只有边境歌谣才能唤起人们对再征服运动和战争冲突的回忆。人们在战争中有机会获得战利品、土地和名望。根据德里克·洛马克斯（Derek Lomax）的研究，当时边界对阵双方的和平共处环境会时不时地被当地宗教或行政官员挑衅引发的战争所打破，这种说法并不完全正确。事实是，国王经常尝试抑制这些无休止的战事，但往往徒劳无功，因为他们的国民经常可以通过战争获得实际利益。

再征服运动一个有意思的问题是穆斯林和基督徒在战争中抓获的对方战俘。王室委任一群被称为阿法格格（alfaqueques）的特殊官员承担向俘虏收取赎金和谈判确定释放赎金金额的工作。有时，当有俘虏被俘后提出改宗要求时，这种收取赎金的工作就会变得较为复杂。一首脍炙人口的边境歌谣《伯瓦利亚斯的异教徒之歌》（*Ballad of Bovalias el Pagano*）唱的就是一个至少改宗8次的人产生宗教困惑的事。有些被俘者一旦改宗或跨过边境开始新生活，便拒绝回家，拒绝回到他们过去的生活中。遇到这种情况，阿法格格有时会为他们安排探亲。此外，一些被称为三位一体会（Trinitarians）和唯利会（Mercedarians）的宗教团体也负责收取赎金释放战俘的工作，并组织其他一些慈善活动。法官被称为阿尔卡迪（alcaldes），负责解决边界矛盾和冲突。特殊调查员被称为拉斯特洛（rastreros），负责协助法官抓捕跨境刑事罪犯。还有其他负责处理复杂跨境经济活动事务的官员。特定商品贸易，尤其是买卖军需品被严格禁止。穆斯林和基督徒均任用专门海关官员对经由卡斯提尔至格拉纳达边境进出口的货物征收关税。由于海盗此后控制了沿海边境地区，加上基督徒与奥斯曼土耳其人的关系，使得基督徒在1492年以后依然保有海关制度。

由于再征服运动本质上是一场领土扩张战争，所以对外移民成为当时人们参加再征服运动的一个主要目的。基督徒经常通过殖民基督徒或安置穆斯林来实现巩固其征服地统治的目的。诸如在阿拉贡统治下的巴伦西亚，安置穆斯林显得更为容易，因为穆斯林投降条款中规定穆斯林可以在基督教君主统治下保留他们原有的土地，因此向这些地区进行大规模基督徒移民就显得没有必要。然而，在卡斯提尔，安置穆斯林计划进行得并不顺利。因此，在再征服运动的不同阶段会出现不同的问题，问题的类型也不同。

卡斯提尔人于1085年征服托莱多后，开始为创建标准化边境备战城镇进行首次系统性尝试。国王要对边境城镇的殖民政策、土地分配、防御准备和冲突解决机制等方面进行直接有效的管理。士兵驻守政策与农民安居政策同等重要。边境城镇地方性法规明确规定了殖民地居民的军事义务和经济义务，同时也规定了居民分配战争所获战利品的标准和方法。此后，边境城镇的建设标准被推广到其他边境地区，无数边境城镇被建立起来，发挥地方行政中心、集贸中心和军事要塞的作用。王室通过各种办法，包括税收减免，提供军事优待（如提高军饷、免费供给粮食）和对犯罪者进行庇护等多项政策，鼓励人们向边境城镇移民。土地分配的官方文件被称为“分配法”（repartimientos），与1492年之后新大陆的土地和权力分配用的是同一个词。然而，尽管有以上政策的保障，还是没有多少人愿意迁居到边境地区生活。

托莱多南部地区人口和劳动力严重匮乏，给这片地区带来极大的不稳定因素。卡斯提尔君主把这些广袤的土地赐予两大集团，用以促进当地政治稳定和经济发展。其中，第一个集团由几大贵族和王室诸侯组成。此后，这些贵族和王室诸侯的实力发展壮大，以至于后来他们能够轻易影响卡斯提尔王朝的政治格局。此外，他们还经常引发王室争斗，甚至发动内战，极大削弱了从1350年到斐迪南和伊莎贝拉执政之初卡斯提尔王朝的实力。得到卡斯提尔王朝广袤土地的第二个集团由西班牙骑士团组成。以融骑士精神与宗教虔诚于一身的圣殿骑士团（Templars）和善堂骑士团（Hospitallers）为榜样，12世纪卡拉特拉佛骑士团（Calatrava）、圣地亚哥骑士团（Santiago）、阿尔坎塔拉骑士团（Alcantara）和其他地区骑士团相继涌现。骑士团对驻戍要塞和边境地区的稳定至关重要。伊比利亚君主能够通过委任骑士团长官或亲自接管骑士团（16世纪斐迪南国王曾亲自接管）等方式限制骑士团的权力。

安置计划为社会各个阶层均提供了安居乐业的社会环境。有些学者认为，中世纪伊比利亚的封建制度从未像欧洲其他地区一样得到良好发展，因为再征服运动在社会生活的各个领域都烙上了明显的军事印记。保家卫国的任务主要由当地居民承担，国王会赐予居民房屋和土地作为回报。这些居民并不是简单意义上的农民，他们有机会改变他们的社会地位，向上层流动。因为他们的军事义务无法免除，所以他们可以通过在军队中所担任的职位获取较高的社会地位。不同军种创造出不同的骑士阶层。骑士在战争中获取军功的大小决定了他们所处社会地位的高低。此外，边境地区还出现一些被称为联谊会（hermandades）的居民联防组织，成员多为底层贵族、普通市民和主教等。此外，这种社团还孕育了西班牙美洲征服者群体，使征服者的文化成为中世纪再征服运动的又一产物。

安置计划为中世纪西班牙经济发展做出了巨大贡献。战时地中海和大西洋沿岸地区的阿拉贡人和葡萄牙人都各自发展了经济，因此二者受到的经济压力较卡斯提尔来说小得多。在卡斯提尔，农业人口过少，农业种植风险太大，加之独特的地形和广袤的地域适合畜牧业发展，因此畜牧业成为卡斯提尔国民经济的重要组成部分。事实上，在中世纪伊比利亚半岛的所有行业中，畜牧业的地位和作用首屈一指。1492 年以后，畜牧业产生的经济作用成为联系新旧大陆的重要纽带。由于跟随西班牙美洲征服者去美洲的殖民者中的许多人来自老西班牙畜牧地区，畜牧业同殖民地管理办法、边境地区管理制度、社会阶层流动制度等一起输出到了新大陆。殖民者从欧洲向美洲带去用于放牧的牲畜、畜牧组织协会、管理牧场办法和畜牧业文化（包括斗牛文化、牛仔文化以及被称为监护征赋制的，连同居民在内的分配土地的方法）。

1482 年，斐迪南和伊莎贝拉在漫长的内战结束后发动格拉纳达战争，重启再征服运动的进程。格拉纳达战争始于 1481 年穆斯林对基督徒军队的一次偷袭，在这次偷袭中，穆斯林占领了西班牙军事要塞萨阿拉（Zahara），尔后战争不断升级，最终演变成一场大战。当时格拉纳达国力很强，不但与北非穆斯林联系紧密，而且经济实力也十分雄厚，人口众多，且地形多山，易守难攻。然而，1482 年后，格拉纳达发生了王子布阿卜迪勒与国王阿布哈桑之间的内战。在再征服运动开始阶段，西班牙统治者就有利用西班牙各国内部矛盾和纠纷，将其分化瓦解，个个击破的传统。然而，1482 年，西班牙基督教国家通过斐迪南和伊莎贝拉主导两大王朝的联姻，在其漫长历史中第一次联合起来共同对付西班牙伊斯兰国家。

在很多方面，格拉纳达之战延续了再征服运动的传统战略和战术。这场战争受到民众拥护，事实上起到统一西班牙的作用。参加战争的基督教国家还得到圣战十字军地位，获得大量基督教会经费资助。教皇不但赐予参战者赎罪券，还颁布教皇诏书诏告天下基督徒支持这场战争。这场战争与众不同之处在于教会取代王室成为战争主导，以及战争经费的主要资助来源。职业军人亦参与其中，参战士兵人数创历史纪录，大炮以前所未有的频率被广泛使用。以上信息表明，格拉纳达之战已表现出早期现代战争的特点。此外，在这一时期的战争中，在为维护王室权威而战的名义下，还涌现出许多早期现代政治体制雏形。对西班牙来说，格拉纳达之战的意义在于战争可以把王室利益与宗教使命紧密捆绑在一起，这为其后来征服新大陆奠定了重要的理论基础。

这场战争还关系到另一个重要方面。在整个15世纪的欧洲，末世论（有关历史终结的思想）极度盛行。15世纪末，整个欧洲，尤其在西班牙，广泛流传着一种说法，说是预言家已经预言斐迪南是历史终结的关键人物。此外，预言还说斐迪南将会征服格拉纳达，跨过地中海打败所有穆斯林，让犹太人改宗为基督徒，占领耶路撒冷，建立一个全新的基督教帝国。随着斐迪南和伊莎贝拉不断取得胜利，这些预言越传越广。预言重点强调国王发动战争的宗教目的，并为克里斯托弗·哥伦布早前发表的类似思想做进一步的解释说明。斐迪南和伊莎贝拉也不失时机地反复声称他们发动格拉纳达之战（以及之后发起对美洲的征服）并不只是为了获得个人名利，而是为了扩大基督教的影响，并荣耀上帝的光辉，是一项光荣的事业。因此，再征服运动提出的很多思想主张均为日后征服新大陆奠定了思想基础。

基督徒对格拉纳达的征服对西班牙产生了重要影响。首先，这场战争结束了再征服运动。780年来基督徒统治者第一次控制了整个伊比利亚半岛。起初，基督徒征服者向格拉纳达穆斯林保证，如果这些穆斯林选择留在格拉纳达，那么他们仍旧享有财产权和宗教信仰自由；同时，基督徒统治者还答应协助那些不想留在格拉纳达的穆斯林离开格拉纳达，向北非移民。来自塔拉韦拉（Talavera）的格拉纳达第一任主教斐迪南受命承担令格拉纳达穆斯林改宗的任务，他对摩尔人的风俗习惯与伊斯兰宗教信仰进行了区分，打算通过谨慎耐心的努力，一点一点地完成穆斯林改宗的工作。然而，由于当时整个欧洲包括西班牙的宗教多元主义主张被压制，加上国王对穆斯林改宗速度太慢表示不满，国王便派托莱多主教西斯内罗斯（Cisneros）去格拉纳达加速穆斯林的改宗进程。西斯内罗斯组织了富有争议的大洗礼运动，激起了穆斯林的连锁反抗。1500年，由于担心北非穆斯林与格拉纳达穆斯林势力联合，王室用比1492年时更为不客气的言辞，要求格拉纳达穆斯林必须在参加穆斯林改宗洗礼和移出西班牙之间做出选择。鉴于1478年基督徒已经建立西班牙宗教法庭（Spanish Inquisition），且犹太人也已于1492年被逐出西班牙，1500年的决定对当时的穆斯林来说并不意外。在此后的一百年间，基督徒不断强化基督教作为这个国家唯一合法宗教的地位和文化统治地位，颁布各种法令禁止在格拉纳达使用阿拉伯语言和文字。1609年，连摩里斯科人（Moriscos）即改宗了的穆斯林也从伊比利亚半岛被驱离。1492年对格拉纳达的征服不但标志再征服运动的结束，而且也标志康维文西亚观念的终结。建立本国宗教大一统地位的思想是宗教改革时期欧洲所有国家的奋斗目标，也是早期现代宗教战争必然导致的结果，这使得征服美洲的基督徒也要求当地原住民必须改宗，同时还造就了以西班牙为范本的早期现代单一民族国家类型。

就再征服运动本身来说，1492年是其结束之年，但就其思想发展而言，1492年并不是其终点，具体表现在如下三个方面：首先，再征服运动可作为进一步进军北非计划的一部分，提出这个说法并不新鲜。阿拉贡和葡萄牙为此已经有数年的准备。然而，1492年后，迫于欧洲外交行动和抵御奥斯曼土耳其人的需要，这个计划被搁置。在许多欧洲统治者包括教皇看来，格拉纳达之战的胜利是日后打败土耳其帝国的先决条件。其次，再征服运动的一些做法在日后西班牙的国内政策中被保留下来。骑士团制度和教会什一税制度*继续在西班牙社会经济中扮演重要角色。征收上来的税金被用于地中海战争、与尼德兰新教徒之间的战争，以及新大陆的殖民活动。骑士团在宗教领域把征服和再征服，十字军东征和帝王统治紧密联系在一起。许多来到新大陆的西班牙征服者都自诩为哈比托（habito）或某一骑士团成员。

新大陆是再征服运动继续发挥影响的第三个方面。当时西班牙人意识到创建海外西班牙帝国属地应成为再征服运动的延续，因为西班牙人在新大陆面临

* 什一税是源于旧约时代，由欧洲基督教会向居民征收的一种主要用于神职人员薪俸和教堂日常经费以及赈济的宗教捐税，这种捐税要求信徒按照教会的规定或法律的要求，捐纳本人收入的十分之一供宗教事业之用，由征收什一税而建立的制度亦称什一税制，简称什一税。——译者注

与再征服运动时期一样的困难和问题。有些理论家如戈马拉的洛佩兹（Lopez of Gomara）撰文声称，由于西班牙人有与异教徒斗争的传统，当他们解决摩尔人的问题后应马上着手解决美洲印第安人的问题。格拉纳达征服之后，西班牙统治者发现许多无仗可打的士兵已经变得不愿意或没有能力回到平民生活状态了。如果是这样的话，西班牙的海外扩张就变得顺理成章了。因为这样一来既可以为王室带来海外利益，又可以稳定国内生活。可以说，如果没有 1492 年格拉纳达胜利的话，西班牙想要征服新大陆是绝无可能的。人们一直在争论当时除西班牙之外为什么没有其他欧洲国家发现新大陆，答案正如德里克·洛马克斯总结的那样，西班牙在再征服运动中所获得的经验使其有能力征服和管理新大陆，将其基督教化和欧洲化。无论是好还是坏，再征服运动标志旧欧洲与新大陆的第一次碰面，从而改变了 15 世纪至 16 世纪的世界面貌。

帕梅拉·比蒂（Pamela Beattie）

帕梅拉·比蒂（Pamela Beattie），路易斯维尔大学人文学副教授，在多伦多大学获得博士学位。在《卢利安娜研究》（*Studia Lulliana*，1997）和《中世纪伊比利亚与地中海世界研究》（*Iberia and the Mediterranean World of the Middle Ages*，1995）上均发表有高水平研究论文。

第一章

文艺复兴（1300—1630）

中国同时期：元成宗孛儿只斤·铁穆耳一明思宗朱由检，从元朝开始，贯穿整个明朝。

概　述

大卫·戴尔（David Dale）是《悉尼先驱晨报》（*Sydney Morning Herald*）的专栏作家，他在一篇文章（1999 年 11 月 27 日）中提出人们应当用文艺复兴的意大利语（*renascimento*）来代替英语“Renaissance”，用以表示 14 世纪最先在意大利出现，并在佛罗伦萨、米兰、威尼斯的富裕意大利人资助下和罗马天主教统治集团推动下发生的文化变革浪潮。“文艺复兴”这个词虽然由法国人最先使用，然而现在这个词已经被严重英语化，并在英语世界中广泛应用，对此法国人也无可奈何，尤其在使用这个词的早期阶段更是如此。不论我们使用哪一个词，都无法改变这样的事实，即文艺复兴首先源于意大利，随后于 15 世纪传遍整个欧洲。文艺复兴是早在 11 世纪上述几个城市开始经济大发展之后的必然产物。这些城市繁荣的经济源自发达的对外贸易，其商贸触角深入中东、北欧，并最终到达东方。造船业的技术进步极大地促进了对外贸易行业的发展，而上述意大利城市的地理位置要么位于地中海，要么靠近地中海，便利的区位条件使这些城市的商人从海上贸易中获利丰厚。

佛罗伦萨尽管地处内陆，却被认为是文艺复兴的文化最先繁荣起来的城市。

佛罗伦萨繁荣的原因在于它享有教会银行特权，自然也就成了整个欧洲的金融中心。此外，佛罗伦萨还有发达的羊毛产业，羊毛纺织工人有数千人之多，制成的羊毛制品畅销全球。佛罗伦萨和其他意大利北方城市均由少数富人集团所控制，形成寡头政治局面。这些寡头行事比较专横，虽说通常并不残暴，但过着穷奢极欲的生活。这个寡头群体远比中世纪时期的人更世俗化，也正好契合了14世纪早期正在兴起的人文主义思潮。

尽管人们很难划分文艺复兴运动开始（和结束）的精确时间，但是大多数历史学家都认为弗朗切斯科·彼特拉克（Francesco Petrarch，1304—1374）是文艺复兴时期第一位重要人物，不过也有一些人认为画家乔托（Giotto）或作家但丁·阿利吉耶里（Dante Alighieri）的作品中已经具有文艺复兴的标志性元素，他们比彼特拉克早了一代人左右的时间。正如历史学家彼得·伯克（Peter Burke）在《欧洲文艺复兴》（*The European Renaissance*）一书中指出的，“无论选哪一天作为文艺复兴运动的起始时间，人们总能找到例子证明文艺复兴运动其实开始得更早”。

人文主义顾名思义是指研究人的学问，其源于对古希腊和古罗马社会生活的研究，尤其是对古希腊和古罗马人精神生活的研究。正如彼特拉克所说，人文主义代表人们对人类曾有过的高度发达的古代文明时期的怀念，同时也是对古代文明之后到当前时期几百年文化贫瘠的“黑暗时代”的不满。尽管彼特拉克和其他人文主义思想家并没有反对当时的基督教，但是他们还是把关注重点放在了回顾人类曾经取得的伟大成就和对人类未来发展潜力的探讨上。

因此，人文主义与当时兴起的世俗之风紧紧联系在一起，这就意味着人文主义号召人们追求现实世界的物质利益，而不是精神世界的信仰与永生。文艺复兴时期的思想家毫无疑问也会向上帝祷告，但他们和他们的追随者同时也会关心如何获取现实世界中的个人财富和实际利益。文艺复兴时期生活的一个重要方面是满足人的感官需求。对于如何才能过上“好的生活”，文艺复兴时期的作家在他们所尊崇的古希腊和古罗马人的著述中找到了大量相关的说明材料。当时的教会领袖也从未严厉地反对过，事实上，在14世纪至15世纪的意大利，很多主教和拥有其他教衔的天主教教职人员都沉溺于肉欲享乐之中。

我们能够通过这一时期的艺术和建筑来更好地认识文艺复兴和它所带来的变化。新一代画家和雕塑家打破旧时期固有的中世纪宗教艺术题材，以更为鲜活的现实主义技法进行艺术创作，表现内容上也更加关注世俗的一面。诚然，我们对文艺复兴时期的服饰、家具等物品的了解，大多是从绘画中得到的证据。同样值得人们关注的是，当时很多绘画和雕塑作品都是由一些本着炫耀财富和提高声望目的的富商巨贾派人专门制作。在建筑方面，新建筑完全按照希腊罗马样式建设，彰显古典思想和美学观念对文艺复兴运动所产生的深远影响。

除了艺术和建筑，文艺复兴也的的确确带来了真正意义上的社会变革，世俗主义思想深入人心。教育成为财富阶层和贵族阶层家庭的首要选项。王室成员中的年轻绅士（也包括一些贵族小姐）被要求必须学习一些古典文化知识，接受一定宗教教育，并至少了解一个音乐和艺术门类。在另一个层面上，在文艺复兴时期的 1513 年，尼科洛·马基雅弗利（Niccolo Machiavelli）发表了《君主论》（*The Prince*）。这是一本宣扬世俗化的政治宣传册。讲的是个人与国家之间的关系，宣扬统治阶级应充分利用人性的好斗和趋利本性达到政治统治的终极目的：实现强有力君主的有效统治。

15 世纪中叶活字印刷术出现后（见本书第七章），普及知识变得比之前容易多了。15 世纪末印刷机遍布欧洲各地，人们从未像此时这样容易地读到古典时期的文学著作。此外，印刷术的出现还为公众提供了大量宗教出版物、政府宣传材料、时兴的小说，以及越来越多的科学论著。

虽然文艺复兴文化借助印刷机的力量从意大利传遍欧洲各地，但是在文艺复兴文化对外传播过程中人的力量也不可小觑。欧洲各地学生在意大利游学并把他们学到的知识带回家乡。历史学家大体认为欧洲北部地区文艺复兴运动比意大利文艺复兴运动更注重宗教建设。北欧理论家总是想办法把古典文化中最好的部分与基督教教义相结合，指导人们如何能在人世间过上既富有又道德的生活。与马基雅弗利不同的是，他们相信人的本性是善良的。如果应用得当，教育可以使一个好人在上帝眼中变得更漂亮一些。

北欧文艺复兴的代表人物是英国思想家托马斯·莫尔（Thomas More，1478—1535）和尼德兰传教士德西德里乌斯·伊拉斯谟（Desiderius Erasmus，1466？—1536）。莫尔因反对英王亨利八世的宗教改革而被赐死。莫尔曾写过一部名曰《乌托邦》（字面意思是“不存在的地方”）的书，书中描写的是一个好地方，那里的人们都很有教养，那里的社会没有等级观念，那里的人们也不贪财恋物。莫尔描写的这个理想国什么都好，就是没提教会在这个好地方所发挥的作用，这使莫尔受到来自教会神职人员的批评。伊拉斯谟是一位基督教修道士，他非常喜欢拉丁和希腊语言及文学。与莫尔相同的是，伊拉斯谟笃信教育的重要性，而与莫尔不同的是，伊拉斯谟更强调《圣经》与古典作品的结合。伊拉斯谟认为美好生活的关键在于“基督哲学”，而“基督哲学”则等同于一种精神态度。在所有北欧人文思想家当中，最有名的也许就要数伊拉斯谟了，个中原因很大程度要归功于伊拉斯谟作品被大量印刷，并被广泛传播到世界各地。伊拉斯谟活着的时候，其人文主义思想就已传遍欧洲，他在各地拥有大量拥趸，并经常与他们通信交流思想。然而，伊拉斯谟与许多著名意大利人文主义思想家不同，他认为这些人过分照搬希腊和罗马模式，会“异化”他们的文化，并弱化基督教会从中起到的作用。

北欧的艺术与建筑也反映出文艺复兴在这里所表现出的更强的宗教倾向。虽然北欧画家在现实主义绘画风格和技法上确实不输意大利艺术家，但北欧画家的创作题材则更倾向于宗教，或宗教与民间传说和魔幻故事的结合。北欧的公共建筑不像意大利的公共建筑那样具有鲜明的希腊、罗马建筑的外形风格，反而宗教风格表现得更为明显，即使为世俗功能所搭建的建筑也是这样。

1490 年至 1530 年，大量高品质艺术和文学作品集中出现，这一时期被学术界称为文艺复兴全盛期。在这一时期，列奥纳多·达·芬奇（Leonardo da Vinci）、拉斐尔（Raphael）、米开朗琪罗（Michelangelo）都处于创作生涯中期，尽管佛罗伦萨和威尼斯仍然是著名的文化发达城市，然而罗马已逐渐成为文艺复兴的文化中心。1513 年后教皇利奥十世（Leo X）的秘书彼得罗·本博（Pietro Bembo）谱写了数首拉丁文诗歌并把但丁和彼特拉克作品编撰成册。达·芬奇、拉斐尔和米开朗琪罗被奉为大师级画家。人们对古典文化表现出新的兴趣，他们花大力气发掘和收集古代雕塑，此外，从新创作的作品中也能明显看出古典文化对其产生的影响，比如米开朗琪罗的《大卫》（*David*，1501 年）等。建筑上，财力雄厚的家族在建造精心设计的豪华宅邸时，非常乐于参照著名古罗马建筑师维特鲁威（Vitruvius）所设计的建筑风格。

一般认为，文艺复兴的全盛期因 1527 年查理五世（Charles V）对罗马的入侵而结束。查理入侵对文艺复兴造成了巨大破坏。当时，许多伟大人物要么死掉，要么逃离罗马城。同时，查理入侵还破坏了文化组织团体，对此，即使处于文艺复兴时代的作家也不禁惊呼，一个特殊的时代已经结束。

文艺复兴何时结束？毋庸置疑，虽然文艺复兴运动在1530年左右发生了重大变化，但是多数现代研究者都认为文艺复兴运动在这一时期后并没有马上停止。任何历史事件的发展一般都不会骤然停止，文艺复兴也是如此。人们认为文艺复兴的重要方面在1530年后仍继续发展了一个世纪之久。古典文化产生的影响也变得多种多样。比如，罗马以外地方（尤其是尼德兰）的艺术家和人文主义文学家把文艺复兴思想传播到欧洲以外地区，甚至远播到印度、中国、墨西哥和秘鲁。在秘鲁，一位名叫加尔西拉索（Garcilaso）的梅斯蒂索混血儿把印加人的异教文化与基督教传统相结合，向人们传播文艺复兴思想。

文艺复兴后期，人们传播人文主义思想已经不仅局限于借助古希腊和古罗马的影响了。一些学者认为其他地方出现的人文主义思想是文艺复兴运动的重要组成部分，而另一些学者则认为，这是文艺复兴运动作为一场人文主义运动自身发展的必然结果。文艺复兴的这些“重要组成部分”，或者说“必然结果”，表现在人们对阿拉伯语言文化、古代埃及、凯尔特传统宗教（Celtic druids）及东方文化哲学逐渐升温的兴趣中。也许更为重要的是，文艺复兴后期，人文主义者对长期饱受诟病的中世纪进行了重新认识，重新认识了诸如丹麦、波兰和匈牙利等带有尤为明显的中世纪特征的欧洲边缘国家。

文艺复兴后期的另一个特点被历史学家彼得·伯克称为文艺复兴运动的“内部教化”。伯克意指人们对文艺复兴全盛时期意大利文化的兴趣越发高涨，并由此表现出越来越喜欢在意大利国内到处旅游，撰写讴歌意大利的文学作品（也引发一些人与此相反，撰写了一些贬低意大利的文学作品）。还有一些人则试图模仿意大利的建筑、内部设计和装饰艺术风格。北欧地区涌现出大量意大利风格的雕塑公园。私人艺术博物馆和古董收藏业也都喜欢意式风格的器物。教育界重心放在古典文化教育上，人们手写文字的字体风格也模仿罗马人，甚至诸如舞蹈、骑马和击剑等休闲活动方式也加入了大量意大利元素。

与追溯文艺复兴起始日期一样，要想明确文艺复兴的结束时间也是一件十分困难的事。然而，比较有把握的说法是人们对人文主义和古典文化热情的逐渐减退与对“科学革命”兴趣的上升同时出现。尼古拉斯·哥白尼（Nicolaus Copernicus）、约翰内斯·开普勒（Johannes Kepler）、勒内·笛卡儿（René

Descartes）和伽利略·伽利雷（Galileo Galilei）的出现标志着科学理念与古典思想的决裂。古典思想认为古典文化是人类文明的顶峰，而上述这些人显然并不这样认为。双方的不同观念在天文学领域和有关地球处于宇宙什么位置的问题交锋上表现得尤为明显。

然而，人文主义思想仍然在17世纪至18世纪的文学和戏剧作品中被保留下来，尤其在英国和北欧地区更是如此。有些作家仍旧把伊拉斯谟奉为圭臬，还有一些作家则依然遵循古风传统。相似情况也体现在艺术史和雕塑史中。即便今天，文艺复兴的时代元素依然受到人们喜爱，这也充分体现了改变世界面貌的文艺复兴运动的长久生命力之所在。

历史评论

文艺复兴运动中产生了西方传统中最著名的思想和人物，学术界对文艺复兴的看法却泾渭分明，一些人甚至质疑文艺复兴是否存在，另一些如18世纪至19世纪创造“文艺复兴”这个词的历史学家则并不那样认为。虽然认为历史上不存在文艺复兴的这种观点有些过分，但学术界确实经常把文艺复兴的影响范围估计得过大，对其影响评价过高。文艺复兴主要是一种文学和艺术现象，虽然文艺复兴对政治的影响不可小觑，但是文艺复兴绝不是人们所经常宣称的那么彻底——文艺复兴对“地理大发现时代”的远航所起的精神激励作用被严重地夸大了，不单如此，文艺复兴对早期现代文明阶段科学革命做出的贡献也是微乎其微。此外，文艺复兴也不能用来解释欧洲社会、经济等方面的巨大改变。文艺复兴并不是一个可以清晰界定的历史时期，而是介于欧洲中世纪和早期现代文明之间的历史过渡阶段。其实，最好把文艺复兴视为15世纪至16世纪欧洲一度盛行并有别以往的一种文化心态，虽然这种文化心态的思想源泉来自千年前的过去，但它满怀希望地憧憬着未来。

“文艺复兴”这个词的意思是“再生”。18世纪的学者首先使用了这个词，用以表示人们对古典文化和价值观的重新审视，其实早在14世纪至15世纪，意大利思想家对古典文化就已经较为关注了。然而，对古典文化的关注并不仅局限于中世纪末期的意大利：中世纪时期曾有过几次早期的“小文艺复兴”，此外大多数中世纪教育课程都基于自由七艺，即自古典文化末期建立并沿用下来的教育课程体系。然而，中世纪末期意大利古典主义思想家则在研究古典时期历史和文字等方面比前人走得更远。当时古典主义思想家获得了一些古典时期论著，而这些论著13世纪以前在欧洲几乎没有人知晓。直到1200年，大量古典著作才由伊斯兰世界输入欧洲，这时欧洲人才知道此前从未在西方世界露面的古典著作，相较而言穆斯林拥有并研究这些著作的时间已长达数百年。1350年之后，欧洲学者开始积极寻找遗失和被遗忘的手稿，进一步提高掌握的古典文献的数量。随着1453年土耳其人攻陷君士坦丁堡（Constantinople），大批希腊知识分子逃往西方，这些知识分子把很多古希腊著作带到了西方世界。因此，中世纪后期的学者能有机会比前人更加深入地研究西方的过去。

最终，中世纪后期的古典研究产生了教育与文学领域里的人文主义思想，并成为后来文艺复兴思想与文化的核心。首先使用“人文主义”一词的学者是佛罗伦萨历史学家和政治家李奥纳度·布伦尼（Leonardo Bruni，1370—1444），这个词是布伦尼从古罗马辞典中找到的。对于古罗马演说家和政治家西塞罗（Cicero，前106—前43）而言，人文主义原指一种旨在教育真正文明人的文学与历史研究团体。在重建这些研究的同时，人文主义者也确立了几乎支持整个文艺复兴文化的思想和价值观。

伟大的意大利诗人弗朗切斯科·彼特拉克被称为“人文主义之父”。尽管彼特拉克一直宣称自己是佛罗伦萨人，但事实上他出生于阿雷佐（Arezzo），因为彼特拉克的家人由于政治原因于1301年从佛罗伦萨遭到放逐。彼特拉克一生中的大部分时间居住在阿维尼翁（Avignon），与1309年至1375年的教皇居所在同一个城市。彼特拉克作为教士在教会为枢机主教乔瓦尼·科隆纳（Giovanni Colonna，1294—1348）供职，并在科隆纳的资助下进行自由文学创作。彼特拉克翻遍法国南部修道院图书馆搜集古典文献，找到几部文学巨匠西塞罗撰写的著作，这些著作以前从未被人发现。经过对拉丁文学风格和形式的仔细研究，彼特拉克模仿维吉尔（Virgil）和西塞罗的文学风格，创造出一些基于古典文学体裁的全新文学创作形式。受普鲁塔克（Plutarch）作品启发，彼特拉克创作了著名罗马人物传记《名人传》（*De viris illustrious*）；《家书集》（*Familiares*）是彼特拉克创作的书信体回忆录，内容有作者对自己一生和所处时代的思考；彼特拉克（未完成）的作品《阿非利加》（*Africa*）是一部歌颂罗马将军、政治家、阿非利加征服者西庇阿（Scipio Africanus）的长篇拉丁史诗。这些作品运用自古典时期结束以来西方世界就一直没有使用过的艺术形式和创作主题，完全颠覆了中世纪的文学创作传统。黑死病大暴发（1347—1351）之后，相较于复兴罗马古代文化，彼特拉克开始把更多精力放在如何使自身灵魂得到救赎方面，因此他这一时期的作品宗教特征更为明显。然而，在其创作生涯前半段，彼特拉克把人文主义者的研究领域局限在这些方面：对古典文化源头的追溯，对古典文献语言进行精确理解和表述，对古典文学创作风格、主题和形式的借鉴，对古典文化范式和思想观念对个人生活方式养成方面的作用和影响进行研究等。

另一位来自佛罗伦萨的著名人物乔瓦尼·薄伽丘（Giovanni Boccaccio，1313—1375）进一步发展了彼特拉克的学说。薄伽丘青年时代曾在那不勒斯学习商科和法律，当时的那不勒斯是14世纪早期意大利古典学术中心。很快，他就迷上了古典文化，并开始了文学创作生涯。薄伽丘最初的几次尝试被认为“有欠火候”。彼特拉克看出了薄伽丘的潜力，并督促他进行一些更为严肃的古典研究。例如，薄伽丘的《众神谱系》（*De genealogia deorum*，英语为 *On the Genealogy of the Gods*）就是一部希腊罗马神话研究著作，这部著作为之后想撰写神话题材文学作品的作家提供了文献来源。1362年，薄伽丘在维罗纳大学（University of Verona）开设但丁系列讲座，把人文主义引入高等学校。薄伽丘最著名的作品是《十日谈》（*Decameron*）。作品情节是10位来自佛罗伦萨的年轻人为躲避黑死病跑到一座荒郊野外的别墅里，在此互相讲了100个小故事，这些故事后来成书为《十日谈》。流畅的文笔、别出心裁的内容安排、情节中表现出的对基督教的傲慢不敬、语言上流露出的些许粗俗，使得《十日谈》迅速成为14世纪人们最喜爱的文学作品之一。《十日谈》对中世纪后期流行文学产生了巨大影响；乔叟（Chaucer）、克里斯蒂恩·德·皮桑（Christine de Pisan）、玛格丽特·德·纳瓦尔（Marguerite de Navarre）和塞万提斯（Cervantes）都曾表示自己深受《十日谈》的影响。尽管《十日谈》并没有提到多少具有人文主义思想的内容，然而其强大的号召力和薄伽丘的古典文化研究者身份使广大读者间接了解到了人文主义者的思想。

在彼特拉克、薄伽丘和其他早期人文主义者的眼中，人文主义主要是一项文学事业。到了15世纪，人文主义涵盖的范围得到了扩展。15世纪最伟大的人文主义学者恐怕非罗马的洛伦佐·瓦拉（Lorenzo Valla，1407—1457）莫属。瓦拉是一位语言学家和文字考订学家，他把人文主义理论和方法应用到很多不同领域。他著有古典拉丁语言风格手册，影响很大。此外，他还发明了批判式编订方法和技巧，通过这种方法，人们可以通过现代的编辑还原古代语言的文献。此外，瓦拉还基于语言学研究证明《君士坦丁的赠礼》（*The Donation of Constantine*）并非4世纪的真实档案，而是源于8世纪人为的造假。因为瓦拉十分羡慕古代作家创作时所处的历史环境，所以他倡导人们对《圣经》进行人文主义解读。瓦拉倡导的方法一度风靡北欧各地。瓦拉向人们说明除了文学和艺术领域之外，人文主义思想还可适用于更广阔的学科范围。

不断发展的人文主义思想越来越受意大利知识分子的欢迎。在佛罗伦萨、罗马和威尼斯等几个城市相继出现一些较大规模的人文主义研究团体，其他城市也有一些研究人文主义思想的小圈子。到1450年的时候，人文主义在意大利已经成为知识分子界占统治地位的思想形式，不仅如此，人文主义的影响范围也开始扩大至欧洲的其他地方。几个原因导致了人文主义思想在1400年后的广泛传播。首先，人文主义得到权贵阶层的极大支持。人文主义一直就被称为“统治阶级的扶持品”。上到柏拉图（Plato）和亚里士多德，下到西塞罗和恺撒（Caesar），古代能人志士撰写了大量政治理论和实践著作——这些著作都是15世纪统治者丰富的思想源泉。人文主义者的研究成果还为统治阶级完善统治艺术提供了很大帮助。例如，对文字修辞和演讲技能的研究可以极大提高说理劝诫的效果。事实上，许多人文主义作家都是讲道理的高手，统治阶级很快就认识到应该大力扶持这样的政治宣传能手，因为统治阶级可以从中获益。得到人文主义学人好感的王公诸侯，如乌尔比诺公爵费德里科三世（Federico Ⅲ，1444—1482），终日沐浴在歌功颂德的赞扬声中；而那些与人文主义人士交恶的王公大臣，则整日忌惮包裹在华丽辞藻下的谩骂和攻击，例如教皇保罗二世（Paul Ⅱ，1464—1471）曾下令关押并殴打人文主义学者巴托洛梅奥·普拉提纳（Bartolomeo Platina，1421—1481），此后保罗二世遭到人文主义者的舆论猛攻，其声誉受到无可挽回的极大损害。人文主义著名人物埃涅阿斯·西尔维乌斯·皮科罗米尼（Aeneas Silvius Piccolomini，1405—1464），即1458年开始直至去世前一直担任教皇一职的庇护二世（Pius

Ⅱ)，曾写过一篇文章描述他的死对头里米尼王西吉斯蒙多·潘多弗·马拉泰斯塔（Sigismondo Pandolfo Malatesta，1417—1468）。这篇文章可以称得上历史上贬损人物最精彩的文章之一。因此，虽然统治阶级通过资助学术和艺术研究提高了阶级声望，但是他们的资助对人文主义者来说更货真价实，极大地促进了15世纪人文主义思想的进步和发展。

人文主义思想同样会影响到政治和思想精英圈子以外的人士。人文主义者的学术语言通常晦涩费解，有时还需要一定的专业知识才能读懂，但人文主义思想很容易被一般人所了解。虽然人文主义者大体都认为要想进行严肃的学术研究，使用的语言只能是古典时期的拉丁文，但许多聪明的“流行”作家能够把他们的文学天赋融入人文主义思想感情之中，并用当地人特有的语言写出优秀的作品。这些作品往往能拥有更多读者。彼特拉克用意大利语创作了众多美妙的诗歌；薄伽丘的《十日谈》由意大利方言写成；许多文艺复兴代表作，从洛多维科·阿里奥斯托（Lodovico Ariosto，1474—1533）的《疯狂的奥兰多》（*Orlando Furioso*）和彼得罗·本博（1470—1547）的《格里·阿索拉尼》（*Gli Asolani*）到巴尔达萨雷·卡斯蒂廖内（Baldassare Castiglione，1478—1529）的《利布罗·德尔·康提奇诺》（*Libro del Corteggiano*）和尼科洛·马基雅弗利（1469—1527）的《君主论》（*Il Principe*），都不是由拉丁文写成的，用的都是普通的意大利地方语言。

人文主义观念尤其受市民群体欢迎。不同城市间环境上的差异滋生出新的人文主义观念和价值取向，这些观念和价值取向往往有别于中世纪教会和封建传统，甚至常常表现得离经叛道。在商业发达的城市社会中，一个人在物质财富上取得的成功及获得的社会地位并不是，至少理论上不是天生就可以获得的，而是要经过个人的努力。佛罗伦萨的美第奇家族是15世纪至16世纪欧洲最富有、最有权势的家族之一。该家族衣服上的家族徽章由三个球组成，象征这个家族由典当行业发家。因此，积极参加社会活动和关起门来搞创造都成了社会美德——在喧哗骚动却精彩纷呈的世界中赢取个人成功变成了一种市民理想。人文主义成为判断这些社会活动表现的艺术和价值是否具有社会教育意义的重要指标，一个事物是否具有人文性成为分辨这个事物好坏的标准，这种观念进而影响了整个社会的中层阶级和上层阶级。

人文主义观念也正好迎合了中世纪后期思想领域里的混乱局面。当时引领欧洲社会前进几百年的旧有社会体制正在走向终结，人们的行为方式也正在悄然改变。庞大的人口数量在1270年后增长到超出农业能够承受的规模，导致14世纪至15世纪饥荒和传染病不断暴发。政府对商业的大调整产生了经济的不确定性，甚至在一些地区还发生了经济紧缩。频繁的政局动荡引发的暴力冲突时有发生，百年战争（1338—1453）就是一例。战争中还引进了可怕的新技术装备，如广泛使用火药。人文主义者不但不反对以上变化，反而拥护这些变化。从彼特拉克时代起，人文主义知识分子就相信，他们已经处于欧洲“新时代”的黎明时分了——他们一点儿也不恐惧未来的改变，此外，他们还深信人类一定能够克服当前所面对的各种挑战，建设一个全新的光明未来。莱昂·巴蒂斯塔·阿尔伯蒂（Leon Battista Alberti，1404—1474）一语点明了人文主义者的最高理想，即“人类能做所有人类想做的事情”。毫无疑问，人文主义理想在那个矛盾不断、问题丛生的时代为人们点燃了希望。

尽管如此，人文主义和人文主义思想之所以能够迅速传遍欧洲各地，贡献最大的还要数印刷术。约1450年，印刷机的发明引发了信息和思想传播革命，就其对世界的影响而言，因特网的发明与之相比也要相形见绌。出版业的出现终结了既缓慢痛苦，又昂贵费时的手抄作品时代，发行领域的著作数量以天文数字规模不断增长。1400年，有约2000本薄伽丘的《十日谈》散布在欧洲各地，成为14世纪的“畅销书”之一。15世纪之后，也就是印刷机发明50年后，仅意大利一地就拥有750万本各类书籍。作为历史上首次由大众出版业推动的思想运动，人文主义思想以前所未有的速度传播到数量空前庞大的民众中间。

随着15世纪人文主义思潮的蔓延，其影响已不仅仅局限于文学与学术领域，结果便形成了文艺复兴的“人文主义文化”。这种文化的特点是关注古代文化，重点放在对人的关注上面。文艺复兴不同于之前的中世纪文化思潮，在两个方面融入了现代元素。首先，文艺复兴高度关注个人价值。与12世纪至13世纪的欧洲人不同，中世纪后期欧洲人极其重视个人意识的觉醒和个人意见的表达。人们乐于表现自己，并经常捍卫个人利益，而不是集体利益。人文主义者强调个人的价值，重视通过个人的努力获得成功，这种做法形成了一种文艺复兴理想：成为“通才”，即通过个人天赋和后天努力通晓各种领域的知识并获得名望的人。这样的人物有政治家、诗人、政治理论家但丁·阿利吉耶里（1265—1321），历史学家、数学家、音乐家、伦理学家、建筑学家和艺术家莱昂·巴蒂斯塔·阿尔伯蒂和尤其值得一提的艺术家、科学家、音乐家、建筑学家和工程建造学家列奥纳多·达·芬奇（1452—1519）。这些人都是实现自我理想的伟大人物，同时也代表了文艺复兴时期人文主义成就的巅峰。文艺复兴文化高度关注个体的性格和个人所取得的成就，甚至也关注文艺复兴文化自身。15 世纪学者、艺术家、政治家甚至普通民众间流行写自传，结果这一时期自传作品的数量比 500 年至 1400 年近千年写就的自传的总和还要多。对此，一些学者不无夸张地大声疾呼文艺复兴终于使西方社会的人们"发现了自我"。虽然有夸张成分，但是文艺复兴确实使人们前所未有地认识到"自身"的价值，这种观念一直延续至今。

其次，15 世纪意大利人文主义文化仍然主要关注世俗方面的内容。文艺复兴的世俗主义常常被错误地解读为对宗教事务漠不关心甚至与宗教为敌。艾蒂安·吉尔森（Etienne Gilson）是 20 世纪研究中世纪哲学最著名的学者之一，他认为"文艺复兴不是中世纪＋人，而是中世纪－上帝"。然而，凡是曾欣赏过列奥纳多《最后的晚餐》（*Last Supper*）、米开朗琪罗的《圣母怜子像》（*Pietà*）或拉斐尔《变形》（*Transfiguration*）的人，都会认为吉尔森的说法是极其荒谬的。大多数意大利人文主义者都是虔诚的（虽然有时会表现得有些特立独行）天主教徒，其中有些还是教会的神职人员。他们虽然能够接受如希腊哲学家普罗塔哥拉（Protagoras，前 485—前 415）所说"人是万物尺度"的思想观念，但是并没有因此放弃基督教信仰。与此相反，他们更愿意相信人在现世中取得的成就可以为他们获得来自上帝的更多奖赏。乔瓦尼·皮科·德拉·米兰多拉（Giovanni Pico della Mirandola，1463—1494）是文艺复兴哲学家，他在一篇关于人之处境的坚定宣言《论人的尊严》（*Oratio de dignitate hominis*，英语为 *Oration on the Dignity of Man*）中指出，处于世间万物顶端的人类拥有自由行动和自由选择的能力。然而，他同时指出人类享受的自由权利就好比他们希望得到的基督的拯救一样，是一种来自上帝的馈赠。皮科认为，上帝按照他自己的形象创造了人类，因此人类享有上帝的特殊关照。如果没有上帝的帮助，仅靠人文主义者自己是不可能取得如此多的人类成就的。

然而，大多数意大利人文主义者相对于宗教题材而言，还是更喜欢世俗事物，甚至一些同时代的人批评人文主义者所钟情的诸如古代历史和神话是所谓"异教"

题材，说这些内容玷污了基督教信仰。而这些遭到批评的人文主义者则据理力争，说他们选择的古代题材很多都描写了善良、智慧的人物，因此即便它们属于异教徒信仰的题材，也是值得进行创作和研究的。这些人文主义者相信人类在社会中的处境和人在这个世界中所经历的事情，即使没有直接触及精神和道德说教的内容，也是值得描写和研究的素材。

12 世纪至 13 世纪的神学家相信人们可以通过对上帝创造的东西进行研究和分析来认识上帝，对此意大利人文主义者则持不同观点，他们认为上帝处于人类理解能力的范畴之外。鉴于中世纪后期社会中流行的这种认识，人们就不难理解为什么 14 世纪至 15 世纪的人在心理上把上帝置于比之前更遥远的地方，让人感到难以接近，并且有时还不那么亲切，而 12 世纪至 13 世纪人们所认为的上帝形象可不是那样。一些文艺复兴思想家甚至乐见开辟人文主义思想活动的新领域，而在这些领域里，之前的基督教传统则很少或从未涉及。马基雅弗利《君主论》所清晰展现的政治图景就是其中最著名的案例。文艺复兴时期的世俗主义与当时社会传统道德观念经常发生冲突，并形成与基督教说教内容相左的社会现实：许多文艺复兴时期的学者、艺术家、政治家，甚至还包括为数不少的主教，过着肮脏丑陋、奢侈糜烂的生活。不过，意大利文艺复兴时期的世俗主义既没有完全断绝与宗教信仰之间的联系，也没有显示出与哪条基督教教义格格不入。

除了文学和学术研究之外，文艺复兴文化还有两个重要方面被人文主义思想进行了重大改造：一个是艺术与建筑；另一个是政治。产生文艺复兴时期世界级大师的艺术革命与人文主义发展的历程几乎是同时同步的。在 13 世纪的意大利，激发人文主义文学家的动力同样也作用于艺术领域。雕塑家尼古拉·皮萨诺（Nicola Pisano，1220—1284）、画家乔托（1266—1337）和西蒙·马丁尼（Simone Martini，1284—1344）放弃一直以来秉持的哥特和拜占庭艺术风格，以极大的热忱投入到对人物形体进行超高精度展示的雕刻和绘画当中。随着 14 世纪至 15 世纪人文主义的发展，艺术家在继续采用古典技法的同时，开始探索包括古典神话和历史在内的世俗题材。乌切洛（Uccello，1396—1475）、弗拉·安杰利科（Fra Angelico，1400—1455）、马萨乔（Masaccio，1401—1428）、弗拉·菲利波·利比（Fra Filippo Lippi，1406—1469）、波提切利（Botticelli，1444—1510）和雕塑家多纳泰罗（Donatello，1386—1466）的作品均属文艺复兴中期此类风格作品的试验性尝试。到了文艺复兴高峰期（1490—1530），意大利艺术家不但复兴了古典艺术创作理论原则——平衡且有序地呈现，做到表现人体时现实主义与理想主义完美结合，而且还能超越这些原则和理论，使诸如列奥纳多·达·芬奇、米开朗琪罗（1475—1564）和拉斐尔（1483—1520）等艺术巨匠的作品跻身人类历史最伟大艺术品的行列。

同样，文艺复兴时期的建筑也表现出人文主义者对古典文化的痴迷。维特鲁威·波利奥（Vitruvius Pollio）1 世纪时的作品对菲利波·布鲁内列斯基（Filippo Brunelleschi，1377—1446）和莱昂·巴蒂斯塔·阿尔伯蒂产生了巨大的影响，而布鲁内列斯基和阿尔伯蒂是文艺复兴代表性的新古典建筑风格的鼻祖。同时，由于布鲁内列斯基和阿尔伯蒂拥有高超的建筑设计能力和敏锐的三维空间感觉，二者还成为把精确数字计算引入绘画领域的先行者。在王宫贵族的支持下，文艺复兴时期的艺术家和建筑师几乎改变了佛罗伦萨、罗马和威尼斯等城市的风貌。受意大利艺术和建筑风格影响，欧洲各地艺术家和建筑师在当地进行了风格类似、形式不同的创作和建造。在一些地方如法国，尤其是尼德兰，艺术家们创作了许多几乎可以与意大利艺术大师比肩的优秀作品。到 1600 年时，整个欧洲范围内几乎找不到哪座城市没有受到过新古典主义艺术和建筑变革风尚的影响。

人文主义对政治领域也产生了较大的影响。1350 年至 1550 年，意大利的政治历史极其复杂多变。在意大利的各个城市当中，12 世纪至 13 世纪人民共治的政府形式由后来相对固定、专门的寡头政权所取代。这些寡头政权由几个巨富家族以卡特尔形式联合掌控，形成专制政府，并由各个地区的独裁者对这些地区进行专制集权统治。这些独裁者费尽心机用之前人民共治政府时期的一些说法和制度形式粉饰当前的政治形态。文艺复兴时期最著名的统治者要数“尊贵的”洛伦佐·德·美第奇（Lorenzo “il Magnifico” de’ Medici，1449—1492）了，此人执政期间，佛罗伦萨在文艺复兴时期取得了巨大的文化成就。美第奇家族是 15 世纪早期执掌佛罗伦萨的十几个家族中最富有也最有权势的家族。到了洛伦佐时代，美第奇家族的实力已经相当强大，从 1469 年到洛伦佐去世的 1492 年，该家族几乎拥有对这座城市的绝对权力。然而，洛伦佐没有担任过任何公职，也拒绝拥有任何一种官方头衔，仅仅自称为“reggitore della republica”（共和国摄政王）。洛伦佐政府因此被称为共和制度伪装下的专制独裁——如果不把洛伦佐的统治当作非典型的例子——可以视为1350年后意大利许多政权美化形式中的一种极端版本。

文艺复兴时期的意大利版图中，大型城市对与其相邻的小城市或发展相对落后的地区进行大规模吞并，后来发展成为五座主要城市之间的竞争，即商业寡头控制下的佛罗伦萨与威尼斯、由维斯孔蒂家族控制的米兰、教会所在地罗马和王室所在地那不勒斯。五座城市间爆发了一系列争权夺利的战争，战争期间五座城市的统治者为应对战场形势，不断变换他们所需要联盟的对象。终于，意大利所有权力由一纸《洛迪和约》（*The Peace of Lodi*，1454年）瓜分，五大城市并列成为意大利的五大强权。然而，和约并没有带来和平，最后法国瓦卢瓦王朝（Valois）和奥地利哈布斯堡王朝（Habsburgs）于15世纪90年代介入调停各国间的纷争，并由此开启外国势力主导意大利政治的漫长时代。

14世纪后期，一些人文主义者，尤其是在佛罗伦萨的人文主义者，欣喜地看到，人文主义思想有望在调解复杂中世纪末期意大利城市内部或各城市之间矛盾的过程中起到积极作用。一些所谓市民人文主义者在他们的政治生涯里模仿古典时期的政治家，尤其是西塞罗的政治理念和做法。其中第一位这样做的市民人文主义者名叫科卢乔·萨卢塔蒂（Coluccio Salutati，1333—1406）。萨卢塔蒂从1375年开始直到去世前一直担任佛罗伦萨首席大臣（秘书长）。此外，萨卢塔蒂还是一位优秀的作家，以拉丁文写作质量高而闻名于世。萨卢塔蒂能言善辩的语言能力为他的外交工作增色不少。事实上也的确如此。萨卢塔蒂非常善于说服他人与之结盟，在14世纪90年代佛罗伦萨与米兰的战争中，米兰独裁者吉安·伽雷阿佐·维斯孔蒂（Gian Galeazzo Visconti，1351—1402）就曾发过牢骚，并被后人广泛流传。他说："萨卢塔蒂的一封信就能抵得上上千骑兵。"萨卢塔蒂之后的三位继任者也均为才华横溢的人文主义者，他们把萨卢塔蒂的雄辩才能发扬光大，并借此主导15世纪的外交格局。

此外，人文主义思想还作用于政治礼仪和道德等方面。巴尔达萨雷·卡斯蒂廖内通过其著作《廷臣书》（*Libro del corleggiano*，英文为 *Book of the Courtier*）对宫廷礼仪进行了标准化设计。该书在意大利宫廷中的地位比阿尔卑斯山在意大利的地位还高。意大利文艺复兴时期最著名的政治著作要数尼科洛·马基雅弗利的《君主论》了。《君主论》中倡导政治实用主义哲学，还指出为了保持权力并为大多数人谋福利，冷酷和残暴有时也是必需的。由于违反基督教政治道德观，马基雅弗利的政治哲学思想受到他生活时代人们的呵责，并经常被后来的几代人所误解。即便如此，马基雅弗利的《君主论》仍然是西方传统政治中最具影响力的著作之一。

然而，必须指出的一点是，马基雅弗利只不过是对意大利几个世纪以来的政治实践做出总结，并没有清晰勾勒出新的政治图景。《君主论》里的主人公切萨雷·波吉亚（Cesare Borgia，1475—1507）是教皇亚历山大六世（1492—1503）的私生子，同时也是意大利大波吉亚教会产业的创造者。他并不属于全新的君主类型，而应属于传统政治君王类型，而这种君王传统至少可以追溯到 13 世纪的暴君埃切利诺·达·罗马诺（Ezzelino da Romano，1194—1259）统治的时代。马基雅弗利的重要性体现在他愿意提出并研究政治行为的模式和规律，这些东西虽然很久以前就有了，但在马基雅弗利之前很少有人谈到这些。尽管佛罗伦萨市民人文主义者的活动较为活跃，但缺少创新性：萨卢塔蒂和他的后继者并没有创造出多少复杂的外交新局面，如基于人文主义思想和语言，想出一种有效的办法来回应现存的政治生态。因此，文艺复兴运动所宣称的抛开宗教道德体系，建立起一种现代实用主义治国理念，未免让人觉得雾里看花。当然，文艺复兴时期的政论家是首批认可并接受实用主义政治哲学的人，而这种治国理念的历史源头要追溯到久远的中世纪。

15 世纪后期，文艺复兴运动从意大利的几个中心城市向欧洲各地扩散。勃艮第公国王宫是意大利以外第一个大型的文艺复兴中心，它把文艺复兴文化传播到了法国和低地国家，特别是在腓力三世（Philip Ⅲ，“好人”腓力，1396—1467）公爵在位期间。到了 15 世纪后期，阿尔卑斯山以北的诸侯王廷向欧洲南部各地也吹来了“北方文艺复兴”（Northern Renaissance）之风，这些新思想同样也改变了 16 世纪欧洲的思想、艺术和政治。无论是权力巨大的阿拉贡的斐迪南五世（1479—1516 年在位）、神圣罗马皇帝马克西米利安一世（Maximilian Ⅰ，1493—1519 年在位）、法王弗朗索瓦一世（1515—1547 年在位），还是拥有领土面积较小的英格兰国王亨利八世（1509—1547 年在位），这些君王在赞助和支持人文主义学者和文艺复兴艺术家方面都是出了名的慷慨。王室对文艺复兴的支持使得文艺复兴文化的影响遍及欧洲，甚至传播到那些遥远不知名的角落。16 世纪文艺复兴文化最活跃的王廷要数西吉斯蒙德二世·奥古斯特（Sigismund Ⅱ Augustus）了，他既是立陶宛大公爵（1544—1572 年在位），又是波兰国王（1548—1572 年在位），此外并非巧合，他的母亲还是米兰公爵的女儿。

无论从哪个角度讲，文艺复兴都不应简单归结为意大利的舶来品。文艺复兴运动波及之处，无一例外均会产生具有明显“地方民族特色”的形式和表现方式。只有在意大利，艺术家和学者们才能从古代罗马的文化中找到直接的灵感，而欧洲其他地方的人研究和表现的却是地方历史形成的古代文化。中世纪骑士的徽标和骑士精神是法国文艺复兴文化的特色内容，德意志文艺复兴文化则歌颂遥远历史中的条顿文化，全然不顾意大利人——以及他们的祖先罗马人——视条顿人为野蛮人。除此之外，作家和艺术家所关注的人类活动在不同地区必定呈现出不一样的特点。扬·凡·埃克（Jan van Eyck，1390—1444）、皮特·布鲁盖尔（Pieter Breughel，1525—1569）、皮特·布鲁盖尔的两个儿子小皮特（Pieter the Younger，1564—1637）和扬（Jan，1568—1625）几个人一起组成尼德兰和佛兰德斯文艺复兴艺术的最佳代表团，几个人的作品通常展示的是当地城市人们的日常生活和低地国家乡野间的自然风光。阿尔布雷特·丢勒（Albrecht Dürer，1471—1528）和卢卡斯·克拉纳赫（Lucas Cranach，1472—1553）的意象派创作方法对德意志新教艺术产生了独特影响，木刻艺术从此成为德意志艺术的典型形式。

如果说北方文艺复兴并不能用“文艺复兴”这个词所全部指代的话，那么与意大利文艺复兴相比，北方文艺复兴确实有一些特别之处。首先，北方文艺复兴的世俗化程度要弱得多。阿尔卑斯山以北地区的人文主义者对早期基督教会文化更感兴趣。北方人文主义者在研究古典拉丁文的同时，还研究希腊文甚至希伯来文，他们能用各个地方的语言读当地的《圣经》原文。法国神父雅克·勒菲弗·德埃塔普（Jacques LeFevre d’Etaples，1450—1537）和尼德兰传教士德西德里乌斯·伊拉斯谟是杰出的《圣经》研究学者，他们对《圣经》的人文主义研究开启了诠释《圣经》的新模式。正统基督教会人文主义研究的重点在于搞清楚，当代教会已从它初始阶段最纯粹的基督教标准道路上发生多大程度上的“偏离”。而北方人文主义则更关心越发高涨的宗教改革呼声和宗教心灵重建的要求。尽管一些北方人文主义者，其中最著名的当数伊拉斯谟和伟大的英国人文主义者托马斯·莫尔爵士（1478—1535），坚信改变可以在天主教会内部发生，但是许多北部地区的改革家还是认为基督教会进行的任何改革都必须同罗马教会进行更为激进的斗争才行。马丁·路德（Martin Luther，1483—1546）虽然不是按人文主义者的标准培养出来的，然而人文主义思想在诠释《圣经》方面的观念直接启发了宗教改革运动的主要人物，其中包括胡尔德里希·茨温利（Huldrych Zwingli，1484—1531）、菲利普·梅兰希顿（Philip Melanchthon，1497—1560）和约翰·加尔文（John Calvin，1509—1564）。因此，北方人文主义在16世纪的宗教改革中发挥了绝对中心的领导作用。

尽管文艺复兴改变了欧洲思想、艺术和信仰领域里的很多方面，但必须说的是文艺复兴的影响并没有结束。文艺复兴时期发生了一些重大事件，但并不意味着文艺复兴与这些事件之间有必然的联系。一个常见的观点认为，“文艺复兴式的好奇”推动了伟大的航海发现。事实上，多次十字军东征和早在13世纪就已抵达亚洲的托钵僧们早在文艺复兴之前很长时间就已经打开了欧洲迷恋异域文化的窗户。无论怎样讲，15、16和17世纪组织远航的主要目的，无一例外都是寻找通往亚洲市场的海上航线，都是寻找金银财宝，同时让那些不信教的人都信仰基督教。“满足好奇心”在克里斯托弗·哥伦布（1451—1506）、瓦斯科·达·伽马（Vasco da Gama，1469—1524）、弗朗西斯科·皮萨罗（Francisco Pizarro，1478—1541）和荷南·考特斯（Hernán Cortés，1485—1547）拟完成的远航重要目标计划表中排在相当低的位置。

同样，文艺复兴对早期现代阶段的科学革命也没有多少推动作用。文艺复兴思想家对科学几乎不感兴趣，他们关心的都是艺术学科的门类，如文学、绘画和雕塑，还包括广义上的人类活动，其中还有作为艺术形式的政治和战争。尼古拉斯·哥白尼（1473—1543）、约翰内斯·开普勒（1571—1630）和伽利略·伽利雷（1564—1642）的天文学研究成果对人文主义的发展和扩大影响一点用也没有；这些人所从事的是纯学术研究，这是人文主义不屑一顾的。而像列奥纳多·达·芬奇那样对科学感兴趣的画家少之又少，米开朗琪罗推崇解剖学是因为解剖学对人体的研究可以为其艺术创作所用。不过，文艺复兴时期在很大程度上还是出现了为数不多的几次重大医学进步。例如，佛兰德斯的解剖学家安德雷亚斯·维萨里（Andreas Vesalius，1514—1564）的医学成就直到他死后约一个世纪才被后人所发现。文艺复兴对艺术的推崇确实在绝大多数领域内阻碍了科学的进步。17世纪至18世纪的启蒙运动唤起人们对科学思想的兴趣，同时也触发了人们对之前文艺复兴运动中对科学漠不关心态度的反感，程度不亚于人们对宗教改革引发教派间紧张关系和冲突状态的反感。从很大程度上说，15 世纪至 16 世纪，天文学和解剖学的进步形成了科学革命的开端，虽然当时确是文艺复兴理性主义盛行之时，但文艺复兴理性主义思想并不是促成科学革命的发端。

1550 年，文艺复兴的标志性思想、观念和艺术形式发生了新的变化，因为文艺复兴运动正在被后面紧紧追赶的现代秩序一点点地取代。宗教改革运动和反宗教改革运动的碰撞产生了许多宗教愤怒情绪和冲突，并把人文主义文化一道摒弃。政治上，世俗主义被宗教推到了一边，宗教在国家事务中的地位显著提高。世俗主义在社会中的地位江河日下，直到 1648 年三十年战争结束时，才在《威斯特伐利亚和约》中得以重申。在艺术和雕塑方面，宗教与世俗的平衡局面再一次被打破，并连同文艺复兴古典现实主义一起被极具戏剧张力的风格主义和巴洛克艺术所代替。然而，文艺复兴的影响还是存在的。文艺复兴运动对人类处境的关注，研究文学和历史的方法，关心世界事物发展的理念，对打造现代西方世界的理性观念是极其重要的。尽管文艺复兴并没有带来——也不可能带来——人们之前曾以为的所有变化，但是文艺复兴仍然是中世纪留给现代欧洲重要且美妙的遗产。

布莱克·比蒂（Blake Beattie）

布莱克·比蒂（Blake Beattie），路易斯维尔大学历史学副教授，1992 年在多伦多大学获得博士学位，研究方向为欧洲中世纪教会和阿维尼翁教皇制度发展史。主要著作包括《呼唤和平——乔瓦尼·加埃塔诺·奥尔西尼枢机主教的使命（1326—1334）》（*Angelus pacis: The Legation of Cardinal Giovanni Gaetano Orsini, 1326—1334*，2007）。

第二章

百年战争（1337—1453）

中国同时期：元顺帝孛儿只斤·妥懽帖睦尔一明代宗朱祁钰

概　述

百年战争（Hundred Years' War）发生的原因错综复杂，包含国家间政治、经济、社会、国际关系等各种因素。尽管通常认为百年战争始于1337年，但在此之前法国和英格兰早已累积多年宿怨。英格兰金雀花王朝（Plantagenet）早在12世纪便在法国拥有大量土地和财产。由于金雀花家族在法国拥有土地，他们据此自认为属法王诸侯，但法王则并不信任他们的这些英格兰表兄弟。相反他们认为英格兰人的存在使他们无法获得英格兰的领地，进而无法进行领土扩张以及有效地进行中央集权统治。

中世纪后期，长子继承权意味着一切。1314年被誉为“美男子”的法王腓力（Philip the Fair）逝世，由此触发严重的危机。根据王位继承规则，王位应由腓力的三个儿子继承，后来腓力的三个儿子也死了，没有留下任何男性子嗣。至此，也就是1328年，始于987年的法国卡佩王朝（Capetian）王室男性子嗣灭绝。按理说，法国王冠应该落在腓力的外孙头上，因为其母系腓力的女儿伊莎贝拉；然而，不巧的是这位外孙恰好是英王爱德华三世（Edward Ⅲ）。法国贵族一致反对将法国王冠授予英格兰国王，为此他们专门推举腓力的侄子、瓦卢瓦王朝领袖为新法王。1328 年，腓力的侄子加冕，称腓力六世（Philip Ⅵ）。爱德华很不情愿地接受了这个结果。

政治使王朝继承问题变得更加复杂。腓力决定继续王室的扩张政策并继续加强中央集权。此次集权行动的特别之处在于，腓力想把王权控制的地区扩展到阿基坦（Aquitaine）地区，而这一地区却是爱德华在法国的主要领地。爱德华作为阿基坦公爵和腓力六世治下的王侯，享有既持有公爵领地，又不受制于法王的独立地位。腓力和爱德华都没考虑过向对方妥协，事实上，作为真正的中世纪骑士，他们都有打一场骑士战争的想法。1337 年，腓力向爱德华提出收回阿基坦领土的要求，从此触发持续一个多世纪的英法战争。对腓力的领土要求，爱德华断然拒绝，并对腓力展开咄咄逼人的攻势。1340 年，爱德华宣告鉴于与“美男子”腓力的血缘关系，自己才是正牌的法国国王。此后的 400 年里，只要是公开的礼仪场合，英格兰王室都会反复重申爱德华的这项声明。

此外，战争的缘起还有其他一系列原因。首先，多年来法国一直为苏格兰提供援助，为此苏格兰人始终不愿臣服于英格兰并经常越境偷袭，这使英格兰人很头疼。不过也许更为重要的是，经济问题才是两国交恶的罪魁祸首。英格兰的经济命脉和王国国库的正常运转在很大程度上依赖羊毛贸易。中世纪后期，佛兰德斯是羊毛贸易中心。生产羊毛的英格兰人在这里卖羊毛，而大部分由这些羊毛制成的商品（呢绒）则取原道返回英格兰。因为羊毛原料出口商和毛呢制成品进口商都要向英王缴税，因此佛兰德斯的羊毛制品厂商和经销商顺理成章地都愿意支持英格兰利益。然而，佛兰德斯伯爵却是一位法国王侯，佛兰德斯贵族也认同自己为法王一脉。对他们来说，法国王侯自然希望独享佛兰德斯的财富，同时也可以一举两得地损害他们的老对手英格兰人的经济利益。

百年战争的第一场战役于 1340 年爆发。在这场战役中，英格兰舰队在斯鲁伊斯（Sluys）打败法国海军，获得英吉利海峡的制海权，打开了英格兰进攻法国的海上通道。6 年后，在克勒西（Crécy）战役中，英格兰人依靠手持长弓的骑兵义勇队大败法国山地贵族骑士团。1347 年，英格兰人攻占法国重要港口城市加来（Calais）。1356 年在普瓦提埃（Poitiers）战役中，英军再次大败法王联军。法王骑士被全部歼灭，法王约翰二世及其子连同诸多家臣被俘至英格兰，需交纳罚金才能被赎回。至此，百年战争第一阶段以 1360 年签订《布勒丁尼和约》（*Treaty of*

Brétigny）而宣告结束。条约规定，爱德华获得阿基坦、加来和一些其他领地。此外，法王还需支付 300 万金币的补偿款，作为交换条件，爱德华放弃对法国王位的声索。

战争伊始，人们无法相信法国人的战斗力竟然如此之弱。因为当时法国人口是英格兰人口的三到四倍，法国的财力也比英格兰雄厚得多。除此之外，战争在法国进行，法国人要更熟悉环境。然而，法国想要获得胜利却面临数不清的阻碍，错误地依赖落后的骑士制度导致了克勒西战役和普瓦提埃战役的悲剧，此外法军惨败也与法王腓力六世和约翰二世能力不济、水平不足有关。

战争的开销很大，法国王室缺少稳定、制度性的手段筹集资金以应对战争开销，结果导致军费不足，掣肘了法军军事行动的开展。此外，法国各王侯的权力并不集中，他们的权力分散于包括贵族集团在内的各种利益集团当中。国王与贵族间关系总是比较紧张，战争期间，很多贵族借机壮大势力，反而削弱了国家的整体力量。数量虽少但却十分重要的中产阶层——商人和手工业者——也借战争之机反对君主王权，要求进行有利于他们的改革。无论怎样总是对处境不满的农民，现在又被增加了额外负担：为战争埋单。因此他们掀起了造反运动。扎克雷（Jacqueries）起义或各种各样的农民起义席卷整个法国。最后，百年战争的最初几年又遭遇了黑死病，1348 年至 1349 年，可怕的黑死病率先袭击了包括法国在内的欧洲大陆，相当比例的人口因此死去，商贸中断，劳动力严重短缺，很多肥沃的土地遭到撂荒。普瓦提埃战役大败之后，溃不成军的散兵游勇在普瓦提埃地区到处游荡，加重了黑死病对他们的影响，致使法王威信荡然无存。

尽管英王获得了战争胜利，但战争也给英王带来很多困难。爱德华及其继任者面对的首要问题是如何筹集足够的资金以应对战争支出。解决这个问题不但要靠新的办法，而且这个办法还要对未来发展产生有意义的影响。此后，英格兰王室逐渐将征税权交给议会。议会原是一种全国性代表会议性质的机构，此时已发展为代表商人、小贵族及大资本家利益集团的定期集会。

不出所料，英格兰人搜刮钱财的行为招致经济承受能力最弱的底层民众的抵制。重课的赋税和附加的限制措施落到了本已步履蹒跚、大多以种地为生且刚遭受鼠疫之苦的农民肩上。类似的情况在法国也存在，暴力事件在这些地区时有发生。1381 年，规模浩大的农民起义席卷英格兰的部分地区。虽然起义遭到执政当局的残忍镇压，但它依旧沉重地挫伤了英格兰社会。

此外，英格兰宫廷内部动乱也很严重。爱德华三世的继任者，爱德华三世之孙理查二世（Richard Ⅱ）试图通过强力手段实现对贵族集团的控制，尽管费了不少力气，但理查二世还是难逃1399年被罢黜的命运。理查二世的侄子兰开斯特（Lancaster）公爵亨利·博林布鲁克（Henry Bolingbrook）后来继位执政直到1413年，史称亨利四世。亨利四世在其执政的大部分时间里，不断设法满足与其为盟友关系并渴望获取更多权力的贵族集团，却未能如愿。结果反而引发国家的混乱，甚至几次走到内战边缘。

法国和英格兰各自深陷国内冲突泥潭时，英法之间战争的火花也不时迸发。1364年继承约翰二世的王位，成为法国国王的查理五世相当擅长对付英格兰人。1367年英法战争再次打响，查理采用原始战术：以游击战从容应对，逐渐占据上风。到1380年查理去世之时，英格兰人的据点就只剩下波尔多（Bordeaux）和加来了。

大约从1380年到1415年，由于英法两国各自深陷国内战争泥沼，英法战争陷入僵局。也许在这种冷战形势下，法国获益最大。因为新法王查理六世（Charles Ⅵ）不但能力上根本无法胜任国王一职，而且情绪极其不稳定，经常间歇性地发疯。1415年，百年战争的第三阶段即最后阶段拉开了序幕。当时英格兰新王亨利五世（Henry Ⅴ，莎士比亚笔下的亨利王子）对法国展开攻击，其在某种程度上至少要起到为已身在法国的贵族稳定军心的作用。在同年的阿金库尔（Agincourt）战役中，英格兰弓箭手再次大败法国贵族的精英部队。此役中约4500名法军战死，而英格兰的伤亡总数才约100人。此役之后，英格兰重新控制了法国北部的大部分地区。

法国贵族间的长期争斗使法国处于内战边缘，在很大程度上为英格兰提供了进攻之机。法国内战主要对立的两派贵族集团，一派是为其一己私利而拥护法王的阿马尼那克派，另一派是勃艮第派。1361年，约翰二世曾将勃艮第公爵爵位授予他的一个小儿子。这个公爵势力后来发展成为法王王室的一个附属分支，进而想要独立控制勃艮第地区。这吸引无数支持勃艮第人的法王骑士争相投奔，在这些骑士获得更加自由生存空间的同时，法王王权受到进一步削弱。

阿金库尔之战后，勃艮第派和其他一些法国贵族与英格兰人结成了同盟。此项同盟外加战场上接连的失利，迫使查理六世于1420年签订丧权辱国的《特鲁瓦和约》(*Treaty of Troyes*)。和约规定，亨利成为法国摄政王并享有查理死后继承法国王位的权利。亨利还娶了查理的女儿凯瑟琳，以保证他们的孩子将来可以同时继承英格兰王位和法国王位。为了实现上述目的，亨利宣布本应成为查理七世(Charles Ⅶ)的查理六世之子为庶子。在《特鲁瓦和约》时期，法国国运跌至谷底。

1422年查理六世与年仅35岁的查理五世一样突然辞世，至少按道理讲，英、法两国王位应由亨利和凯瑟琳尚在襁褓中的儿子小亨利以亨利六世(Henry Ⅵ)的名义继承。然而，法国也有人提出王位继承要求。原来在《特鲁瓦和约》签署后，查理六世之子逃亡到法国中部的布尔日(Bourges)。虽然查理本人性格软弱，胆小怕事，没有远大抱负，乐于偏安一隅，然而，具有讽刺意味的是，他却很快吸引了来自全法各地数量众多爱国者的支持，这些人誓言要把英格兰侵略者赶出法国。这些人当中冲在最前面的是一位来自阿尔克的名叫贞德(Joan)的农村姑娘。贞德对查理做了长期大量、艰苦细致的工作，终于说服了查理，并让查理明白他应该把法国王位夺回来。

1412年，贞德出生于巴黎东部一个名叫多雷米(Domremy)的小村庄。尽管贞德的父母都是农民，但她的家庭条件还是相对富足。贞德在很小的时候经常能够听到一些声音，她认为这是圣徒的声音。根据这些声音的指引，贞德找到查理，请求查理准许自己指挥一场解放法国城市奥尔良(Orléans)的远征军作战。1429年，贞德来到查理王廷。不可思议的是，当时濒临绝望的查理不仅接见了她，而且还同意了她的请求。贞德在之后围攻奥尔良城的战斗中取得了胜利。1429年，查理在兰斯大教堂加冕为法国国王。

此后，贞德的运气开始转坏。1430年，勃艮第派的人逮捕了她，将她卖给了英格兰人，英格兰人将贞德作为异端分子加以宗教审判。1431年，贞德被宗教法庭判处火刑，她被烧死在火刑柱上。贞德虽然死了，但她的出现扭转了法国的颓运。贞德为法国带来了新的精神面貌，同时坚定了法国人抗英的决心。与此同时，英格兰国内民众却对对法战争所支出的巨额花费和由此所带来的人员损失日渐不满。1435年，勃艮第派与法王和解，英格兰人逐渐遭到驱逐。到了1453年战火渐渐平息之时，英格兰已丢掉包括阿基坦地区在内所有曾一度占领的土地，控制的领地仅余加林一处。

历史评论

文艺复兴早期阶段通常指封建社会和现代社会之间动荡的过渡时期。百年战争对欧洲政治、军事、经济和社会等各方面都产生了革命性的影响。历史学家喜欢给历史贴上时代标签，“百年战争”这个词出现在法国的后拿破仑时代，当时极端民族主义思潮达到巅峰。虽然传统上一般认为英法战争始于 1337 年，结束于 1453 年，但近年来许多历史学家重新界定了百年战争的起止时间，认为百年战争的萌芽早在 1337 年之前很长时间便已开始，而百年战争到 1453 年之后很长时间才真正彻底结束。自 12 世纪开始，为了在各自王国中树立更高威信，英格兰国王和法国国王都致力于无论在内政，还是在外交方面，将自己打造为维护正义与安全的领导力量。如此一来，英、法国王的做法便损害了地方封建领主的政治和司法权益。结果便是，封建诸侯领主一旦瞅准时机便会与国王对抗。为了获得绝对的封建特权，英、法国王对各自国家的政治体制构架进行创新性的改变，巧妙地以宪法宣言形式把国王置于至高无上的地位。其突出特点表现为王室政府行政机构有权采取任何必要措施实现其对社会和人民的管理。为了拥有这种近乎绝对的政治权力，英、法国王不仅试图收回各封建诸侯对其治下领土的主权与司法管辖权，还通过建立稳固的国家制度实现自己对这些地区的统治。此外，英王还与法王争夺法国在欧洲的领土以及领导法国的权力。与此同时，他们还为在本国实现共同目标而努力，即建立起由国王统治的世袭制中央集权国家。

对于地方政府向中央政府转移政治权力的过程是否顺利，百年战争的原因与结果各是什么等问题，需要做出回答。事实证明，行使司法及维护臣民安全并对其实行中央集权统治，需要付出极其高昂的成本。因此，为建立中央国家机构必须创设新的征税项目，而为了建立大政府而附带课征新赋税的行为在任何时代都得不到民众的欢迎。尽管英格兰封建领主势力死灰复燃的可能性在任何时候都没有消除，然而最让中世纪晚期英王担心的却是法国不断扩张对英格兰领土与经济安全造成的隐患。早期法国瓦卢瓦王朝的历史经验证明，与过分集权相比，无能的国王对国家来说是更大的风险。因此，法国开始向王权专制平稳过渡，并于 17 世纪路易十四世在位期间达到专制统治的顶峰。至此，由于百年战争中经历的不同境遇，英法两国的集权进程产生了各不相同的结果：法国瓦卢瓦王朝团结一心、屡获胜利；与此相对，英格兰却屡尝败绩、不断经历社会动荡，并发生了兰开斯特内战。因此，尽管法国逐步将王权专制作为实现国内团结合适的解决方案，英格兰却由于集权体制不能满足保卫国家和实现经济繁荣的要求，从而对其失去了信心。17 世纪法国王权专制达到顶峰之时，英格兰却完全放弃了专制政治体制，选择了一种宪政混合政体，使议会与国王行政机构平起平坐。

自 1066 年诺曼底公爵威廉征服英格兰，成为英王威廉一世（William Ⅰ，1066—1087）时起，英法两国领土便连接起来，构成盎格鲁－法兰西联盟国。诺曼底征服对英格兰而言，即在英格兰建立起一个法国精英统治集团，英格兰方面无论君主形式、贵族集团的划分方式，还是上层教会成员构成，都进行了法国化转变。英法两国从王室到贵族频繁联姻，使两国政治关系愈发密切。1127 年，亨利一世（Henry Ⅰ，1100—1135）的女儿、王位继承人玛蒂尔达（Matilda）嫁给了杰弗里·金雀花（Geoffrey Plantagenet），即安茹伯爵。因此，玛蒂尔达与杰弗里的儿子亨利二世（Henry Ⅱ，1154—1189）在其原有的诺曼底、安茹公国基础上，又增加了普瓦图（Poitou）、都兰（Touraine）、曼恩（Maine）等地的领土。最为重要的是，亨利二世迎娶了阿基坦的埃莉诺，获得了她位于法国西南部的广阔的公国领土。与此同时，西法兰克加洛林王朝（Carolingian）末代国王于 987 年逝世，巴黎伯爵休·卡佩（Hugh Capet）宣布继位。

加洛林王朝拥有从莱茵河一直延伸至比利牛斯山脉的广袤的国土。卡佩王朝君王毫无疑问将自己视为加洛林王朝合法的继承人，他迫不及待地建立对加洛林王朝所属公国及伯爵领地的直接掌控，而这些公国及伯爵领地在加洛林王朝时期一直寻求着独立自主的政治地位。由于英王占据上述领土中的大部分，因此英格兰便成为卡佩王朝在争夺法国领土斗争中的主要竞争对手。此外，还有一点比较重要，即决定中世纪领土归属的法规大部分都是封建合同法，其只承认封地的占有权，而并不认可封地领主的物权权利。

腓力二世（Philip Ⅱ，1180—1223）在位时期，法王获得法国大片地区的统治权，而这些地区之前是由英格兰安茹帝国（Angevin Empire）所控制。后来由于英王亨利三世（Henry Ⅲ，1216—1272）和法王路易九世（Louis Ⅸ，1226—1270）长期不和，英格兰在欧洲大陆的领地又被缩减到仅剩阿基坦加斯科涅的几块地方。尽管如此，金雀花王朝英王依旧宣称他们对于譬如诺曼底和安茹等地拥有主权。

1259 年签署的《巴黎条约》（*Treaty of Paris*）对上述领土争端提供了永久性解决方案。根据条约协议，亨利三世宣布放弃英格兰对前安茹王朝领土（诺曼底、安茹、曼恩、都兰、普瓦图）的主权，作为交换条件，路易九世认可英王拥有阿基坦地区。此外，1259 年条约还规定，英王亨利三世宣誓效忠法王路易九世，称阿基坦公爵。此外，条约还规定，亨利三世以后各任英王均须效忠各任法王，否则就会自动失去阿基坦公国。

亨利三世之子、王位继承人爱德华一世（Edward Ⅰ，1272—1307）认识到 1259 年签订的条约限制并危害了英王即条约签订后的阿基坦公爵与佛兰德斯郡的商贸关系，从而使法国人从中渔利。不但如此，法王管辖下的巴黎高等法院有权指导阿基坦法院判决，这无疑削弱了英王在阿基坦的权威。于是，爱德华一世认为《巴黎条约》的条款必须修改。

阿基坦对英格兰的重要性显而易见，英王每年光是从葡萄酒出口中得到的关税就可以和王室的土地收入相媲美。从大约 1290 年开始，爱德华一世的智囊团就辩称，即便爱德华一世效忠了法王，《巴黎条约》也是无效的，因为法王并没有依据条约规定履行向英王退还阿基坦领土的义务。1294 年，法王腓力四世（1285—1314）收回了英王的阿基坦领地。然而没过几年，1303 年时腓力又将阿基坦还给了效忠他的英王爱德华。

1322 年，查理四世（Charles Ⅳ）继承法国王位，当时极为软弱无能的英王爱德华二世（Edward Ⅱ，1307—1327）竟然没有按时以阿基坦公爵身份举行效忠新法王的仪式。结果，法王在圣萨迪斯（Saint-Sardos）战争（1323—1325）中意图收回阿基坦。此时，已被授予英格兰在欧洲大陆全部领土管辖权的年仅 13 岁的英格兰王子爱德华为了与进攻阿基坦的法军达成停战协定，于 1325 年宣布阿基坦和蓬蒂厄（Ponthieu）两片地区效忠法王查理四世。1327 年英法订立条约，要求爱德华三世（1327—1377）向法王交纳大笔款项，用以换取其对阿基坦的重新控制。此时爱德华三世决意完全收回阿基坦主权，于是再一次没有按时宣誓效忠法国瓦卢瓦王朝第一任国王腓力六世（1328—1350）。然而爱德华还是害怕法国再次侵扰阿基坦，于是爱德华于 1331 年宣誓效忠法王腓力，以换取自 1328 年以来被法王罚没的本属于阿基坦的权益。除了阿基坦，苏格兰也是导致英法之间关系剑拔弩张的另一个重要原因。正如法王在阿基坦地区主张其封建宗主国权利一样，英王也效仿法国对英格兰的做法，要求苏格兰地区统治者向英王称臣纳贡。然而，1295 年，法王腓力四世却承诺在苏格兰人的对英斗争中给予其政治和军事援助。这令英王极为光火。

虽然 1331 年为了得到阿基坦，爱德华三世宣布愿意效忠腓力六世，但由于法国与苏格兰的结盟关系，爱德华三世依然无法解决阿基坦问题。1335 年，法国地中海舰队在大西洋沿岸游弋，引发英格兰的恐慌。虽然法国并没有继而入侵英格兰本土，但 1338 年英格兰对法国宣战后，英王爱德华还是与苏格兰签署了和平协议。

经济上的联合和阿基坦地区非比寻常的行省特区地位，使英格兰与佛兰德斯长期的羊毛贸易所获收益成为英格兰在欧洲大陆获得收益的重要组成部分。一旦法王以效忠法国封建领主之名向佛兰德斯伯爵施加压力，将无可避免地使英格兰遭受与佛兰德斯的贸易损失。因此，爱德华想到一定要在法国人与苏格兰人组成联军进攻英格兰本土之前控制住佛兰德斯海峡（Flemish Channel）的各个港口。此事乃当务之急，比与低地国家（Low Countries）的经济关系更为重要。因为，一旦英法战争打响，佛兰德斯能够为爱德华提供雇佣兵来源，同时也可成为英军进攻法国的战略基地。因此，1337 年后，爱德华极力拉拢低地国家成为英格兰盟友，其目的一方面是保卫国家安全；另一方面是促进经济发展，而不是单纯为了解决阿基坦问题。1337 年至 1340 年，尽管英格兰为与低地国家结盟投入大量金钱并做出巨大的外交努力，但却收效甚微，英格兰并没有从中获得任何具有战略意义的成果，但也不能就此认为英格兰为此投入的时间和金钱均是白费。爱德华的努力至少使腓力从入侵英格兰本土的计划中转移注意力，选择固守北部边境以确保法国安全。

传统观点认为爱德华三世要求继承法国王位是百年战争爆发的首要原因。然而，英王的这一主张到底有多真实可信？这仅仅是爱德华意图保护其已有法国领土的一种手段，还是真的坚持要得到法国王位？这些问题的答案谁也说不清。许多但并非所有学者现在均认为这在一定程度上确实可以阻止法国入侵英格兰，同时也不失为英王夺回阿基坦主权的万全之策。爱德华的母亲伊莎贝拉是腓力四世的女儿，因此爱德华有充足的理由继承法国王位。然而法国保皇派认为爱德华对法国王位的声索是非法的，因为根据萨利克继承法（Salic law），女性是不能继承土地和爵位的，即便过去确实有过几例女性继承人的例外情况，但这次显然并不可行。虽然一开始爱德华放弃了继任法王的权利，但在1337年腓力六世意图收回阿基坦引发英法战争后，爱德华于1340年再次声索他本应得到的法国王位继承权。爱德华一定清楚他坚称有权继承法国王位是保卫他在阿基坦权利的最佳途径。爱德华声称自己有权继任法国王位一事由一场一般王侯间的冲突，演变成一场追求公平正义的斗争。在中世纪，神学理论家们认为国王有必要充分认识到哪场战争的性质是所谓“正义之战”。此外，为了获得民众对中世纪战争的支持，战争发动者还需证明这场战争为什么值得打才行。因此，爱德华向英格兰民众宣传自己才是法国国王，然而这与生俱来的权利却被无情剥夺，在讨回王权的正义之战的感召下，英格兰民众才心甘情愿地为爱德华牺牲。

战争伊始，就军事实力而言，法国的人力与资源优势十分明显，均为英格兰的两倍。然而，英格兰人却凭借超强的领导能力、外交能力和一种被学界称为“军事革命”的能力，利用较少的资源与人力长期坚持对法作战，并在几十年的时间里一直压制着法国。与英格兰人相比，法国人受骑士制度的影响更深。骑士制度倡导通过近战格斗的方式解决战争分歧。这种做法不但引发了各地持续不断的战事，而且阻碍了法国接受现代的战争理念。对比而言，通过一些局部的地区战争，英格兰军队进行了一系列军事变革，包括给弓箭手配备六脚大弓以及为步兵装备长矛，用以抑制山地骑士团的冲锋优势。建立强大的中央集权国家的一个好处便是其能够消除封建诸侯混战所造成的破坏，然而中世纪后期，随着国王调动军事资源的能力不断增强，战争对社会的影响不但没有减少，反而还增加了。英格兰第一次重大军事胜利是1340年在斯鲁伊斯海战中击败法国舰队。这次海战大捷一定程度上缓解了英格兰面临的法国入侵的威胁。虽然英格兰有能力通过英吉利海峡沿岸港口卸下部队与补给，但仍然缺少必要财力以组建大规模武装部队，因此英格兰人选择了类似远程突袭的战术策略，通过发动突然袭击、进行烧杀抢掠的方式消耗敌人的战争资源和后勤补给。

爱德华运用远程突袭战术不仅使法国不堪其扰，还最终把腓力拉到决战战场中来。1346年大批法军追击英军，迫使英军一路退守，连丢皮卡第（Picardy）和阿图瓦（Artois）两地，爱德华指挥的英军直至逃到克勒西才站稳脚跟。在克勒西，持有长弓的英格兰弓箭手射杀了大批法国骑兵，余下法军残部也都死于英格兰长矛兵矛下。法国在克勒西战役中遭遇惨败，然而爱德华捉襟见肘的财政状况却使其无法充分利用克勒西大捷形成的有利局面。克勒西大捷最重要的战果是英格兰于1347年攻占具有战略意义的加来港。获得丰硕战果的爱德华至少迫使腓力承认其独立拥有阿基坦主权。然而，1348年，黑死病从地中海沿岸各港口向法国蔓延，肆虐传播的疫情有效中止了战事。1348至1349年黑死病暴发期间，大量人口染疫而亡，法国人口减少了两成，英格兰人口减少了三成。

直到14世纪50年代中期，爱德华才有能力重新组织力量攻打法国，那时新任法王约翰二世（1350—1364）刚刚即位。爱德华选择从阿基坦发兵，因为阿基坦的英军部队由爱德华王子统率，而爱德华王子被认为是当时最伟大的军事领袖之一，因其铠甲颜色，故以“黑王子”之名称雄于世。“黑王子”率兵大举进犯紧邻阿基坦的前安茹王朝领地普瓦图，迫使约翰王对其进攻路线进行封堵。1356年在普瓦提埃一战中，“黑王子”率领一支3000~5000名士兵组成的小部队，不但如之前克勒西一役一样成功抵御法军9000人大部队的追击，而且打死打伤四成法军骑兵部队，并俘获了约翰二世。这为英格兰人与法国人日后谈判增加了讨价还价的重要筹码。此后，百年战争继续，直到英法签订《布勒丁尼和约》（1360年）为止。《布勒丁尼和约》是两次性质完全不同的会议协商之后的结果。《布勒丁尼和约》原本只是一份赎金协议，但由于1359年爱德华对法国发起军事行动失利，迫使其不得不收回对法国王位以及诺曼底、安茹、曼恩地区的领土主张，以换取法国对其独立占有阿基坦、普瓦图、蓬蒂厄、吉尼斯（Guines）和加来领土的认可。不仅如此，根据协定，直到法国付清第一期赎金，英格兰才能释放被俘的约翰国王，而赎金总额高达300万埃居（相当于50万英镑），比英格兰王室年均收入的5倍还多。直到1364年约翰国王逝世，法国还欠英格兰约一半赎金，而约翰的继承人查理五世（1364—1380）宣布《布勒丁尼和约》作废，爱德华与约翰之前订立的领土条款无效。由于爱德华拒绝向查理五世宣誓效忠，查理随即宣布收回阿基坦。对此，爱德华重新提出继承法国王位的主张，英法战事于1369年再度重启。

查理五世和他的首席军事顾问贝特朗·杜·盖克兰（Bertrand du Guesclin）决定用游击战的方式对付英格兰人，同时避免像克勒西战役和普瓦提埃战役那样与英军发生大规模正面冲突。为配合英占区抵抗势力的活动，法国人的战略是拖延英军进攻并尽量削弱英军先前取得的军事优势。战争转入要塞驻防模式，即大部队在各城中要塞驻防，派小股部队劫掠城市附近村庄。那时还没有发明出破坏城市防御设施的攻城火炮。虽然火药早在9世纪就已被中国人用作战争武器，然而欧洲火炮却直到14世纪早期才被发明出来。15世纪20年代，火炮经过改进，加长了炮筒并改进了火药，威力得到增强，成为重要的攻城武器。

1371年，“黑王子”爱德华罹患肺结核，退出与法国人的战争争夺。1376年“黑王子”逝世，一年后其父也去世了。14世纪70年代，英格兰拱手让出了英吉利海峡的海军霸主地位。与此同时，议会被怂恿要求王室对于挪用公款一事做出解释。新国王理查二世（1377—1399）是“黑王子”爱德华的长子，由于当时年幼，国家由其叔伯摄政管理。对英格兰这段无人领导的空窗期，法国人却没有很好地加以利用，原因在于此时的法国也面临着来自国内的危机。1380年查理五世逝世，继位的查理六世（1380—1422）不仅年幼，而且还患有间歇性精神病。1389年，理查二世从叔伯手中接管政府权力，与法国达成停战协定。法国与英格兰媾和的部分原因在于战争的巨大开销使法王受到议会与债权人的极大制约。1396年，法国与英格兰缔结新的停战协定，当前战争状态得以暂时搁置。然而，摆在英王和法王之间的主要纠纷却一个也没有得到解决。他们把英法两国长期和平的希望寄托在两国王室通婚上面，法王查理六世将其7岁大的女儿伊莎贝拉许配给英王理查，与伊莎贝拉一起来到英格兰的还有法王准备的10万英镑的嫁妆。

此后，亨利·博林布鲁克罢黜了表兄理查二世，成为英格兰新王亨利四世（1399—1413）。此时，对于这位兰开斯特王朝国王而言，最紧要的任务便是巩固王权，平息国内反对派的声音。与之相比，英格兰对法战争只能退居次席。尽管如此，亨利四世仍然想有朝一日重返法国战场，完成收复失地、保卫英格兰领土的使命。亨利四世决心如此的原因在于自他入主王室以来，法国一直拒绝承认其英王地位，意图借亨利篡夺英格兰王位之机将英格兰残余势力一举逐出法国。然而，对亨利方面有利的是，法国当时正面临野心勃勃的勃艮第公爵引发国内危机的不利局面。事实上，当查理六世把女儿凯瑟琳按当时谈好的条件嫁给英格兰亨利王子的时候，英法永久和平还是指日可待的。当亨利王子成为亨利五世（1413—1422）后，英格兰已不必担心自身的安全问题，同时当1399年亨利五世荣膺阿基坦公爵头衔后，也得到了其父辈从对法战争中所赢得的权益。

然而，与英格兰先王不同的是，亨利五世怀有更远大的政治目标和对法战争计划。亨利五世意图战胜法国，尽可能多地占领法国领土，无论这些领土之前是否曾被英格兰拥有。亨利五世发动对法战争的目标并非仅为加强其治下阿基坦与加来两地的防卫力量，而是为了攫取更多利益。然而，亨利五世的如意算盘并没有打好，而且还为此付出了惨痛的代价。由于亨利一心想拥有阿基坦、普瓦图、诺曼底、曼恩、安茹、都兰与蓬蒂厄等地领土的全部主权，致使英格兰此前试图以联姻方式与法国媾和的努力付之东流。1415 年，英法两国再次滑入战争深渊。亨利试图从诺曼底方向打开进攻法国的入口，但却未能如愿。于是亨利将剩余兵力转至加来方向，试图突破法军防线。法军乘机发动阿金库尔战役与英军接战。与之前的克勒西战役和普瓦提埃战役一样，战争中英军士气高昂、勇往直前，而法军却士气低落，缺乏有效领导，最终英军获得阿金库尔战役大捷。1417 年，英军再度攻打诺曼底终于获得成功，此后英军长驱直入，攻入法国北部，并于 1419 年一举占领巴黎。此后，亨利与勃艮第公爵结成同盟，进一步夯实了法国的战败宿命。此后英法签订《特鲁瓦和约》(1420 年)。《特鲁瓦和约》是英法两国自 1360 年以来签订的首个全面停战和平条约，条约规定，查理六世去世后法国王位由英王亨利继承，为确保条约效力，亨利迎娶查理六世的女儿凯瑟琳为妻。因为获封法王指日可待，所以亨利认为条约中已没有必要再度声明其享有法国阿基坦与诺曼底两地的领土主权。

天有不测风云，1422 年，亨利五世逝世，比法王查理早死几个月。由于亨利五世死在查理六世之前，使得英格兰原本指望借查理逝世由亨利继承王位，夺取法国最高权力的企图化为泡影。亨利五世去世时，他与凯瑟琳的儿子亨利六世（1422—1461）仅 9 个月大，法国贵族不承认尚在襁褓中的亨利六世的法王身份，一致拥立查理六世之子查理七世（1422—1461）为新法王。于是，在法国领土之上同时出现两位法王。由于年龄太小，亨利六世直到 1436 年才开始正式主政。亨利的叔伯贝德福德（Bedford）公爵约翰领导摄政班底在亨利六世正式主政前代其管理国家。约翰一班人显然想强制执行《特鲁瓦和约》，这便意味着英法战端重开。尽管经验丰富的英格兰将官在战争初期抓住机会掌握战争主动权，并于 1429 年将查理七世军队逼到近乎战败的绝境，然而之后战事却发生了不可思议的逆转，并朝有利于法军的方向发展。通过一系列看似不相关的事件，困扰法军多年的人力分散、资源实力不敌英军等问题，随着法国人上下一心、精诚团结而逐步得到解决。面对法军的巨大变化，英格兰人决定不再从诺曼底方面继续扩大地盘，转而选择进攻奥尔良。进军奥尔良的决定对英军来说并不明智，为英军后来的失败埋下了伏笔。在奥尔良，英军遭遇到法国教会圣女、阿尔克少女贞德的顽强抵抗。贞德率领士气高昂的法军打退了英军对奥尔良的进攻，查理得以在兰斯举行的法王加冕仪式上成为新的法王。

此后，英格兰被迫由攻势转为守势。虽然英格兰早在1422年便恢复与勃艮第的联盟关系，但是1435年贝德福德公爵逝世后，勃艮第公爵与法国签订了《阿拉斯条约》(*Treaty of Arras*)，承认查理七世的法王地位，英格兰随即终止了与勃艮第公国的同盟关系。此后，英军在对法战争中节节败退，于1436年痛失巴黎。此时，法军已占领诺曼底一半的地区，并自1337年百年战争开打以来，历史性地第一次对英格兰控制的阿基坦地区发动攻势。此外，查理利用战争间歇对法军进行调整，配备新型火炮，于1449年对诺曼底英军发动决战进攻，终于1453年将英军逐出诺曼底。最后，与之前一样，军事实力的强弱决定了战后条约的内容。法国内部长期不和造成英格兰方面军事综合实力强于法国，使得法军在14世纪50年代与15世纪头10年遭受两次惨败。1369年英格兰武力迫使法国履行《布勒丁尼和约》的义务，承认英格兰声索的主权权益，1422年英格兰又武力迫使法国履行《特鲁瓦和约》的义务。然而，查理六世却没能延续查理五世取得的军事成功，反而在1429年后被消除内部纷争、团结一心的法军挫败。

对法战争失利后，英格兰国内一片混乱。1450年爆发了由杰克·凯德(Jack Cade)领导的大规模农民起义。紧接着1455年英格兰王室内部又爆发战争，史称玫瑰战争(War of the Roses)。1399年，约克(York)公爵声称兰开斯特人篡夺了英王王位。1457年，法军肆无忌惮地攻击了英格兰南部沿岸地区。1461年，约克党人废黜了亨利六世，拥爱德华四世(Edward Ⅳ，1461—1483)为新英王。1471年爱德华镇压了国内的兰开斯特派叛乱，重新开始对法国王位提出声索，再一次与勃艮第公爵组成联盟，并于1475年入侵法国。这一次爱德华似乎并没有真心想过要战胜法国，战争开始不久，爱德华便匆匆与法国签订《皮基尼条约》(*Treaty of Picquigny*)，同意放弃声索法国王位，条件是法王路易十一世(Louis Ⅺ)每年须向其支付一定数量的年金。百年战争结束于英格兰都铎王朝时期，其间亨利八世(1509—1547)于1513年、1523年、1544年三次派兵进犯法国，每一次都没有保住胜利果实。英格兰在欧洲大陆仅存的硕果加来也于1558年被法国收复。

近几十年来，百年战争引发的社会影响为学者所广泛关注。欧洲在经历了13世纪经济平稳发展取得繁荣后，天灾人祸便纷至沓来。1315年至1322年以及14世纪40年代，农业歉收引发连年的严重饥荒。从14世纪40年代开始，一波接一波的鼠疫在欧洲各地长时间逗留徘徊。鼠疫疫情与饥荒叠加产生的双重作用对中世纪欧洲社会造成了无法估量的人口损失。事实上，百年战争时期，由于罹患鼠疫病死及由于吃不饱饭而被饿死的人，数量远远多于在战场上死亡的人数。同时，饥荒和黑死病疫情的双重影响还引发欧洲自5世纪以来的第一次严重的通货膨胀。然而，当时的一些历史学家，如让·傅华萨（Jean Froissart），却完全以王室和贵族的视角，用并不准确的数据统计完成对战争过程的叙述。而事实上，战争毫无疑问会对英法两国各个社会阶层以及两国的所有经济活动产生影响。

虽说战争贯穿近千年的中世纪各个发展阶段，然而在百年战争期间欧洲社会的大体情况，尤其对于贵族阶层而言，却没有发生实质性变化。准确地说，百年战争可以由数量不多，耗时也不久的几场战役来简要概括，其他时间社会还是处于相对平静的发展状态。中世纪战争与社会经济转型与政治变革相伴而行。社会经济由封建农场主经济转为向资本主义商品经济过渡。封建庄园制经济的瓦解和非封建制城市中产阶层的出现促进了巨大的社会变革。战争扰乱了城市间的贸易，许多靠海上贸易而兴的港口城市经济变得举步维艰，同时出现的饥荒和鼠疫疫情则使之雪上加霜。战争胜利者会攫取战败者的巨额财富，因此当时出现了一种独一无二的经济现象，一方面一些人的个人财富成倍增长；另一方面这种结果却造成同一时期社会的经济危机。由于在财富再分配的过程中失利方人数总是远多于得利方人数，因此15世纪真正的有钱人数量并不太多，英格兰的约翰·法斯特尔夫爵士和法国的雅克·柯尔（Jacques Coeur）能够算作是其中的两位。此外，战争常常会使某些平民跨越传统社会和经济阻碍得到战时升迁及赢取财富，如法国的贝特朗·杜·盖克兰就是活生生的例子。然而，战争与动荡的社会经济、饥荒和疫病一起，直接影响到社会商品价格、劳动者工资支付水平与人民赋税的额度。多重因素叠加决定了社会中哪些人富有，哪些人贫穷。为了逃离战火、避疫免灾，与其他时期相比，这一时期的人们，尤其是年青一代，更愿意向偏远地区迁徙，而不愿留在原地坐以待毙。那些人口流失严重的地区粮食减产、政府税收变少，而那些接纳移民的省份地方权贵的财富却与日俱增。

农民起义对封建专制制度产生了重大打击，尤其如1358年法国扎克雷起义，1381年和1450年英格兰爆发的大规模农民起义，更是如此。起义使农民可以有庄园务农之外的工作选择。然而，战争导致日常必需品紧缺，更加剧了经济危机的程度。因此，以扎克雷起义为例，其爆发于1356年法国普瓦提埃惨败、约翰二世被俘之后不长时间，并非巧合。那段时期，英法两国为了各自的战争需要向本国农民征收越来越重的赋税。当时，英格兰议会宣布开征八种新税，其中有1371至1380年强征的令人深恶痛绝的所谓人头税，其直接触发了1381年农民起义（Peasants' Revolt of 1381）。此外，中央政府未能从对外战争中为本国国民提供必要安全保障，沿岸港口城市尤其经常遭受敌人打击，一时间反政府情绪在各地蔓延。尽管每一次农民起义都表现出强烈的反贵族情绪，然而这些备受责难的贵族阶层主要关注的对象却是真正决定他们是否能够活命的，来自敌方的威胁。

尽管存在英格兰的特例，但是百年战争引发的政治变化还是强化了王权统治。虽然百年战争的经济花销比一般战争高了一点，但是英法两国国王却借战争之由找到了许多增加财富的新办法，并从中获利丰厚。两国王室利用各自的代表组织机构——法国议会和英格兰议会，向民众直接征税。靠借贷获得的王室一般性收入不足以维持巨大的战争开销，因此英王经常召集议会制定新型税种用以填补国库亏空。由于议会扮演制定税种应对战争开销的立法角色，议会的权力变得越来越大，直至拥有与国王行政权平起平坐、不可或缺的巨大权力。接连的战争失利使得1376年善良议会（Good Parliament of 1376）向王室财政管理制度和政府腐败问题发出强烈质询。1376年善良议会召开时间之长、递交请诉书次数之多，均创下英格兰议会成立以来的历史纪录。同时，善良议会还创建了下议院议长制度。

无论是英格兰还是法国，百年战争都促成两国国王建立各自国家固定的国税征收体系。据间接资料估计，民众最不反对征收的法国盐税和贸易关税等税收，为法国国库提供了最大数额的税金收入。为了在短时间内获得大量现金，王室实施了一系列金融举措，包括各种名目的津补贴、贷款，甚至不惜对货币进行贬值。自14世纪40年代，国家军队人数比平时有了大幅增加，根据封建契约规定，战时各封建诸侯国需对封建宗主国履行战争义务，而封建宗主国则须给予其番属封建诸侯国相应的经济补偿。如此一来造成的情况便是，各路王侯和贵族率麾下将士，按契约协定为宗主国国王履行有限义务，并接受宗主国国王按契约协定向其支付的现金补偿，同时不必理会诸如宣誓效忠等旧有的封建仪式。这种有名无实的“冒牌封建制”意味着中世纪后期，欧洲封建制走向衰落，其后各宗主国国王纷纷建立了各自的常驻军队。尽管一些学者认为民族主义是百年战争的起因，然而更多学者则认为，民族意识的增强并不是百年战争的原因，而应是结果。

百年战争期间的文学作品为人们了解百年战争提供了大量资料。由于大多数编年史作者对战争故事均很着迷，他们不约而同地从赞扬中世纪骑士精神的角度记述战争带给人的荣耀。然而，一些其他文献也同时记录下战争给人民带来的苦难。尽管英吉利海峡两岸作家基于爱国之心为各自国家的战争立场进行辩护，但还是有一些诸如菲利普·梅齐埃（Philippe de Mézières）这样的作家从政治与道德角度对战争中政府管理不善和产生的腐败现象提出批评。甚至于像杰弗里·乔叟（Geoffrey Chaucer）这样的著名作家，都提出国王与贵族应成为世人表率，并以促进社会大众公益为己任。尽管史实性欠佳，但是威廉·莎士比亚（William Shakespeare）表现百年战争题材的历史剧还是在人们心中确立了当时英法贵族的形象，其影响持续至今。

综上所述，虽然百年战争在任何方面都没有直接引发深刻变革，但是它还是在几个重要方面加速了封建时代的终结，并推动现代历史进程的开启。百年战争所带来最重要的变化是各地封建诸侯割据局面由中央集权世袭民族国家所取代，尽管在百年战争开始前，英法两国已有此发展趋势，但经过百年战争，这种战前已有的趋势在战后变为既成的事实。在百年战争期间，英法两国的人民代表会议制度，尤其是英格兰议会制度的功能，得到了加强和完善。战争使欧洲各国认识到建立专门处理国与国之间外交事务的专业外交机构对国家十分重要。战事的需要促进了军事科技的革新，并取得了巨大成果，诸如火炮等先进武器被制造出来，并成为陆军和海军的制式装备。战争不再仅仅是贵族之间的事情。战争刺激了商业资本主义的发展，同时削弱了封建庄园自给自足的小农经济。战争促使社会人口快速流动，形成人口规模不断扩大的中产阶级队伍。最后，百年战争显著提升了欧洲各国人民的国家意识，而不仅仅是对原来生活地域的地方民族的认同。

丹尼尔·韦伯斯特·霍利斯（Daniel Webster Hollis Ⅲ）

丹尼尔·韦伯斯特·霍利斯（Daniel Webster Hollis），杰克森维尔州立大学荣誉历史学教授，在范德堡大学获得博士学位。主要著作包括《爱尔兰史》（*The History of Ireland*，2001）、《ABC-CLIO 美国媒体指南》（*ABC-CLIO Companion to the Media in America*，1995）。

第三章

黑死病（1347—1351）

中国同时期：元顺帝孛儿只斤·妥懽帖睦尔

概 述

黑死病（The Black Death）指 14 世纪中期发生的一系列致命性传染病，对欧洲、阿拉伯世界，还有南亚和中亚许多地区造成了极大破坏。当时，欧洲约 30% 到 50% 的人口死于这场鼠疫。虽然有关黑死病的许多情况至今尚未搞清，但无疑那是一场可怕的经历。R. S. 布赖（R. S. Bray）曾在《瘟疫之军》（*Armies of Pestilence*，1996 年）一书中谈到研究这场发生在 600 多年前的重大事件所面临的诸多问题。例如，他读过有关黑死病原发地的各种理论。这到底是一种来自哪里的疾病？中国，印度，还是里海地区？为何这种疾病在欧洲的传播速度如此之快？研究人员们比较确定的一点是，这种疾病一定是经由道路、河流和其他人类经常活动的地方传播，但问题是，它是经由动物饲料堆里身上满是跳蚤的老鼠传播，还是经由其他某种传染源，抑或人类通过相互间的直接接触传播？

然而，历史学家对这场疾病的病因、原发地及传播方式等问题仍未找到确切答案。原因在于当时目睹疾病的人对疾病的看法以及对病人发病症状的描述方法与我们 21 世纪现代人的方法不一样。中世纪的人用不同于现在的专业术语来描述疾病，并赋予它们不同的文化内涵。况且，引发疾病的微生物也会发生变异或进化，由此导致疾病本身也会发生变化。引发 14 世纪某些“瘟疫”的疾病可能与我们今天已知的疾病相似，但其余疾病也可能是由已经灭绝的疾病所引发。

19 世纪以前并没有人用“黑死病”一词指代那场 1347 至 1351 年暴发的流行性传染病。当时的作家称之为“瘟疫”。事实上，瘟疫一词可以用来指任何大范围暴发并且给社会带来烦恼的灾难性事件。淋巴腺鼠疫及另外两种类似的疫病肺鼠疫和败血性鼠疫都是引发黑死病的重要病因。寄生在老鼠身上的跳蚤通过吸食老鼠的血液获得了鼠疫杆菌，然后再通过叮咬人体把细菌传播到人类血液中。如果感染者没有立刻死去，他的脖子、耳后、腹股沟等处的淋巴结就会逐渐肿大，有的像果仁大小，有的像葡萄柚一样大。这些肿大的区域被称为腹股沟淋巴炎，通常会伴有疼痛、呕吐、颤抖、皮下出血、怕光及心理和神经症等临床症状。患有腹股沟淋巴炎鼠疫的病人死亡率为 50% 到 60%。肺鼠疫是唯一能在人际间传播的鼠疫。肺鼠疫的潜伏期通常为两到三天，此后病人体温下降，同时伴有严重的呼吸和神经系统问题，并逐渐陷入昏迷状态。肺鼠疫病人的死亡率为 95% 到 100%，并且从发病到死亡时间间隔很短。最后是败血性鼠疫。这种鼠疫并不常见，它是由蚊虫叮咬人体时把病菌直接注入人类血液而引起的。败血性鼠疫凶猛且致命，病人通常会在发病后 24 小时内尚未表现出任何患病症状时就毙命。虽然现代医学已经掌握了很多有关这种疫病的知识，但是通过当时详细记录的病例并结合病人发病时的其他表现，人们推断这种疫病或许与其他疾病如斑疹伤寒、天花，甚至炭疽病也有联系。

1347 至 1351 年的黑死病并不是第一场流行性瘟疫。尽管包括《圣经》在内的很多古代文献都曾有过关于鼠疫的记载，但人类历史上第一次有据可查的流行性瘟疫却暴发于 541 年至 544 年。当时，拜占庭皇帝查士丁尼（Justinian）正试图从日耳曼人手中收复罗马帝国的西部地区。宫廷历史学家普罗科匹厄斯（Procopius）对这场瘟疫有过详细的记载。瘟疫曾席卷整个欧洲，传播范围很广，向北远至丹麦、向南直到北非，中东、中亚和南亚等国家和地区也有波及。这场瘟疫的破坏力很强，仅在君士坦丁堡一地就造成了约 20 万人死亡。

6 世纪末期也曾暴发过几次破坏力没那么强的流行性瘟疫，前后持续了将近 200 年。自 900 年至黑死病暴发的几百年间，欧洲并没有暴发过其他规模较大的传染病疫情。值得一提的是，在这段时期欧洲人口激增，经济发展迅速。11 世纪至

13 世纪末，欧洲的农业技术进步为不断增长的人口提供了充足的食物。然而，到了 14 世纪早期，欧洲经济和社会状况加深了黑死病疫情的严重程度。此外，自 13 世纪起，欧洲进入“小冰河期”，天气变得异常寒冷且潮湿，从 16 世纪开始直到 19 世纪末的几百年间情况变得最为严重。由于天气变化，从 1270 年左右开始偶尔出现粮食作物减产，到 1315 年至 1317 年，情况尤为严重。由此，引发了像伤寒这样的流行病。经济状况变得越发混乱，人们四处奔波寻找工作。银行破产和社会的无政府状态加剧了由于粮食减产所造成的影响。各种因素叠加无疑使得这场瘟疫的破坏力更强，并导致随后发生人口锐减的情况。

鼠疫暴发前欧洲的社会状况确实造成了婴儿出生率降低，死亡率上升的情况。这导致农业人口数量减少。此外，有些人离开农村去城镇生活，希望能够在城镇赚取更多的食物，这导致了城镇住房越发紧张。人口稠密的城镇典型的住房结构均由木材、茅草及抹灰篱笆建成，而这些建筑材料成了老鼠和跳蚤的天堂。

尽管欧洲人通常认为 1347 年是黑死病暴发的第一年，但事实上这种传染病

黑死病于1347年至1351年在欧洲及中东地区肆虐，造成以上地区总人口减少三成到五成不等。黑死病成为当时检验人类宗教信仰虔诚度的主要方式。图中神父正在为黑死病遇难者祷告。（来源：美国国家医学图书馆）

应该始于中亚，或许在今天吉尔吉斯斯坦（Kyrgyzstan）的伊塞克湖（Lake Issyk Kul）附近地区，并在此后20年到25年的时间里一路向西传播。至于它传播到欧洲后有没有发生变异，至今尚无定论，并且也没有确凿证据可以解释为何这种瘟疫会向西传播。然而，多数学者均认为，这种传染病应该出现于14世纪20年代至14世纪30年代，从其诞生之日起就一路向西传播，传播方式有可能是通过蒙古人的马队和探险队，也可能是由那些向西迁徙的中亚游牧民带去的。他们原来居住的地区由于气候变化长期干旱，为了生存，他们只得一路向西寻找更好的牧场。洪灾、蝗灾等其他自然灾害也大大加速了大规模人口迁徙的速度，与人类一同迁徙的还有携带各种病菌的啮齿类动物。

当时种种资料记载表明，自14世纪30年代末到14世纪40年代中期，黑死病曾在今天的俄罗斯南部和高加索（Caucasus）地区传播。1345年，意大利商船经常造访的克里米亚（Crimea）地区也发现过这种疫病。一种理论认为，疫病向西欧传播是由发生在卡法（Caffa）小镇上的一场小冲突所引发的。这是一场当地穆斯林和多数来自热那亚的基督徒商人之间的冲突。后来，冲突升级，热那亚人被迫乘着他们的船逃回意大利，而在这些船中已寄生了染了病的老鼠。

1347年疫情波及塞浦路斯（Cyprus），导致大量人口死亡。11月，有艘船抵达塞浦路斯的一处重要港口，发现那里空无一人。1347年10月，疫情波及西西里岛重镇墨西拿（Messina），一个月之内该岛即遭受疫病重创。12月，疫情波及意大利南部地区及意大利北部港口城市热那亚。次年夏天，疫情遍及整个意大利。威尼斯由于是一个繁荣的港口城市，有着与其他城市相比更为先进的公共健康和卫生服务设施，可即便如此，威尼斯也仍然感受到了这场疫病的巨大冲击。

1347年年底，疫情波及君士坦丁堡，并经此传播到今天土耳其的大部及地中海东部地区。次年，疫情波及当时世界上最大的城市之一开罗，黑死病造成开罗城中一天之内7000人惨死，整个城市瞬时陷入一片混乱。同年，意大利商人又把瘟疫带到了突斯尼（Tunisia）。据戈特弗里德（Gottfried）记载，到1349年时，整个伊斯兰世界都被疫情波及。伊比利亚半岛由于地理位置不佳，疫情从三个方向涌入：从北非经过直布罗陀海峡北上，从比利牛斯山脉南下，经过巴利阿里群岛抵达西班牙东海岸的巴塞罗那及其他港口。有趣的是，卡斯提尔国王阿方索十一世是在黑死病期间染病去世的唯一君王。当时他正率领军队对抗来自格拉纳达的伊斯兰军队，而此时双方军队都有人感染了黑死病。虽然阿方索十一世的副官出于安全考虑竭力劝他回去，但他依然选择跟他的军队在一起，最终为此付出惨重代价。

这场传染病疫情很快便从意大利和伊比利亚半岛传到法国。早在 1348 年春，巴黎就出现了一些有关该疫病的零星报道。仅仅不到一年时间，疫情就波及法国北部的诺曼底、比利时、尼德兰，甚至远及斯堪的纳维亚半岛，那里寒冷的天气使肺鼠疫变得更加致命。就连偏远的格陵兰岛也没有避开这场瘟疫所带来的灾难性影响。黑死病疫情加之气候变化，使基督徒在该岛沿岸地区的移民定居进程被阻滞了很多年。1349 年至 1350 年，黑死病袭击了英国和爱尔兰。虽然伦敦政府官员采用了新的卫生防疫技术，试图将城市与周围的乡村隔离开来，但事实证明根本没用，接近四成伦敦市民染病身亡。

直到 1351 年年底，黑死病疫情才接近尾声，此时已造成欧洲总人口三成至五成染病身亡。虽然布赖指出，没有确切资料可以用来精确统计死亡人数。但是，人口学者们却可以相信，不同地区的死亡数字确实不同。或许最精确的数字来自梵蒂冈。梵蒂冈官员估计，疫情暴发前欧洲总人口约为 7500 万，疫情暴发后约有 2384 万人死亡。当然，不同地区所受的影响也不尽相同：在英国、意大利和斯堪的纳维亚的部分地区，人口死亡率高达五成；但在西班牙的加利西亚和欧洲中部的波希米亚（Bohemia）地区，则只有 15% 左右的人死于这场疫病。或许因为时间的原因，一些地区避开了这场瘟疫后果最严重的时期。例如，假若疫情在初夏时节达到发病顶峰，那么疫情或许很快就会结束，危害性也会大大降低，但如果它在夏季末开始，凉爽潮湿的秋季和冬季会使肺鼠疫疫情恶化，尤其在坏天气影响人们出行的时候更是如此。其他导致该场瘟疫影响力不均衡的原因还包括地理因素（在人迹罕至的加利西亚和波希米亚山区疫情扩散的程度也弱一些）和疫病传播的时间。到 1351 年时，鼠疫杆菌的致命程度已经大大降低。

1347 年至 1351 年暴发的黑死病疫情绝不是一次孤立的历史事件。如前所述，这样的流行性传染病在 6 世纪时就已首次出现。事实上，在 1351 年后的很长一段时间里，这场 14 世纪中期流行的传染性疫病仍然存在，并继续传播，还导致一系列相关的传染病继续传播了 300 年。历史学家让 · 诺埃尔 · 伯本（Jean Noël Biroben）发现，1347 年至 1670 年，欧洲有些地区每年都要经历疫病的袭扰，最严重的一次是 1665 年至 1666 年发生在伦敦的大瘟疫（和由此产生的伦敦大火）。

1666年后，出于主要为了防止火灾的目的，伦敦居民改善了住房结构，由此大大减少了老鼠的数量。尽管两者之间的联系有些牵强，但从那以后，伦敦确实没有再发生过新的疫情。与之相较，那不勒斯城17世纪后虽然仍然肮脏不堪，但在1656年以后，也没有新的疫情。一些历史学家认为，人类一些有意识对抗瘟疫的行为或许阻止了疫情的蔓延。例如，严格的检疫措施阻止了流行传染病的传播，但问题是相关证据远还不够确凿。因为和欧洲其他地区相比，地中海地区的检疫措施就远没有那么有效。黑死病确实激发了当时的科学研究热情，医生们都想找到治愈疫病的办法。尽管这些研究有时候经常出于宗教方面的考虑，但许多科学家还是把宗教因素置于一边，而把这场瘟疫归咎于空气污染和物质腐烂。当时，人们研究出的治病偏方千奇百怪，从敷贴干蛇皮，到放血疗法，不一而足。

这场瘟疫导致劳动力大量减少，客观上削弱了欧洲的封建制度。封建地主要想雇用黑死病暴发之后活下来的人，需要支付更多的工钱，这些工人还会要求更大的独立性以脱离地主的控制，加之城市新兴商贾阶层以及频繁发生的战争造成农村地区劳动力极为短缺。接下来的文章将解释这场造成欧洲人口下降的黑死病是如何导致14世纪末欧洲社会和经济发生变化的。

历史评论

虽然自从人类诞生之日起，疾病便与人类相伴而行，但是从地缘历史术语的角度所定义的瘟疫现象却是近来才出现的变化。在约1万~1.2万年前的新石器“农业革命”的时代，人类族群不但人口规模小，而且还居住分散。人类生活靠男人狩猎、女人采集果实的方式维系，人类原始的生活方式在一定程度上抑制了大规模流行传染病的产生。随着农业生产方式越来越成熟，人口得以增长，贸易和战争开始出现——所有这一切极大地提高了传染病暴发的可能性。人类驯养的动物及啮齿类动物对人类农垦中心地区的入侵，不可避免地造成人类罹患人畜共患病（动物感染的疾病可传染给人类）的危险。虽然传染病病原体是否来自史前和远古时期尚不为人所知，但是目前困扰人类的许多重大疾病却的的确确非常非常古老。比如，人类最早的文献记载中就有疟疾这种疾病。再比如，许多埃及木乃伊都表现出肺结核特征。人类文明最早期美索不达米亚和中国的文献中均不止一次地记录了传染性瘟疫所造成的破坏。《出埃及记》(*Exodus*)中记载的埃及十大瘟疫向后人清楚表明埃及当时暴发了严重疫情。古希腊历史学家修昔底德(Thucydides)在其第二本著作《伯罗奔尼撒战争史》(*History of the Peloponnesian War*)中记录下公元前5世纪希腊暴发"大瘟疫"(Great Plague)的情况，这场希腊大瘟疫造成雅典城邦人口损失了三分之一，历史上著名的古希腊政治家伯里克利(Pericles)亦殒命于这场大瘟疫之中。在古典时代后期，瘟疫又为罗马帝国的衰亡平添苦难。2世纪一位名叫伽林(Galen)的医生记录下一场造成大量人口死亡的传染病的情况，当时连罗马皇帝马可·奥勒利乌斯(Marcus Aurelius)都死于这种传染病。此外，拜占庭历史学家普罗科匹厄斯也详细记录了6世纪40年代对地中海沿岸地区造成巨大冲击的瘟疫暴发时的情形。

在人类历史所经历的无数传染病当中，最严重的一次还数14世纪中叶暴发的黑死病。我们通常认为黑死病是欧洲人的梦魇，但是黑死病虽在欧洲造成重大损失，事实上，它也对传统意义上的亚、欧、非旧世界大部分地区产生了巨大影响。在不到20年的时间里，从欧亚大陆到北非的大片地区，黑死病造成数不清的人口损失。直到19世纪，人们才把这种大范围传染病叫作"黑死病"，当时人们称之为"大瘟疫""必死病""瘟疫病"，或简单称其为"瘟疫"。无论我们称其为何物，黑死病都是人类有史以来造成死亡人口数量最大的疫病。

哪场瘟疫？

"瘟疫"这个词本身用得就有问题。古代和中世纪对疾病的诊断技术与现代医学诊断技术差别巨大。虽然现代医学词汇中许多都是来源于希腊文和拉丁文，但是我们必须认识到以前的人们与我们现代人类在使用同一个词时，所指代的对象是不相同的。现代科学把这场瘟疫定义为一种由耶尔森(氏)鼠疫(Yersinia pestis)原核细菌导致的传染病现象。而对于希腊人、罗马人(及中世纪欧洲人)来说，"瘟疫"(希腊语叫作"*λοιμός*"，拉丁语叫pestis)却是具有流行病学特征的传染病的统称。

基于对当时病人发病症状的描述，1900年前后以来，学术界一直认为黑死病就是一种典型的传染病。黑死病并不是一开始就和人类紧密地联系在一起。黑死病细菌最开始是在啮齿目动物群体中出现，并在啮齿目动物一代代繁衍的过程中保留下来。然而，这种细菌却能够由啮齿目动物宿主经跳蚤向其他动物传播，尤其是东方鼠蚤，也叫印度鼠蚤，传播能力更是惊人。某种程度上对人类来说，啮齿目鼠科动物（老鼠和大老鼠）尤其危险，因为与其他啮齿目动物（诸如土拨鼠）不同，这两种动物与人类的日常生活的接触几乎是零距离。人类感染黑死病的表现大体有三种：一种是淋巴腺鼠疫，即鼠疫菌感染人体淋巴系统，发病表现为病人腋窝处、颈处或腹股沟处青肿（称为腹股沟腺炎）。另一种是肺鼠疫，即鼠疫菌感染患者肺部，肺鼠疫不会经咳嗽和喷嚏等空气媒介传播。中世纪史学家留下的资料尽管并不绝对全面，但还是大体记录下了患淋巴腺鼠疫和肺鼠疫病人的发病症状。第三种是败血性鼠疫，即鼠疫细菌侵入病人的血液系统，这种情况极为少见，在黑死病暴发时并没有相关统计表明有多少人患的是这种鼠疫。

现代科学一致认为耶尔森（氏）鼠疫杆菌是三场流行性鼠疫暴发的元凶，其中每一场疫病都是由耶尔森（氏）鼠疫杆菌生物变种所造成。普罗科匹厄斯记述了（由鼠疫杆菌古代变种所引发）第一场鼠疫传染病暴发的情形。该病大致起源于撒哈拉以南非洲地区，经尼罗河谷北上传入地中海人口密集的各中心城市，鼠疫杆菌一直伴随着人类进入 8 世纪中叶。第三场鼠疫传染病（由鼠疫杆菌东方变种所引发）于 19 世纪末在中国出现，其破坏力一直持续到 20 世纪 30 年代。虽然前两场鼠疫都极为可怕，但就其可怕程度而言，都赶不上中世纪末期的黑死病（由鼠疫杆菌中世纪变种所引发）。事实上所有当代史学家均认为黑死病病源来自东方。14 世纪有一位见多识广的阿拉伯作家，名叫阿布·哈夫斯（Abū Hafs），他把黑死病的源头追溯到“黑暗之地”。对阿拉伯史学家而言，“黑暗之地”多意指蒙古金帐汗国——因为蒙古人一度打败阿拉伯人，占领阿拉伯大片领土，并始终对阿拉伯人采取仇视态度——尽管“黑暗之地”这个词也可指远及中亚更加遥远、辽阔（当时所知甚少）的东方土地。无论怎样，当年阿布·哈夫斯的论断今天看起来似乎是有点道理。现代学者认为鼠疫杆菌的中世纪变种源自生活在伊塞克湖，即今天吉尔吉斯斯坦附近草原的土拨鼠种群之中。当年鼠疫杆菌的中世纪变种怎样从如此遥远的地区横跨欧亚大陆，为数量如此之巨的人口带来灭顶之灾，原因尚不为人知。同样，自然灾害也可能把那些遭到鼠疫杆菌感染的动物赶到人类身边。而事实上，当时许多史学家也的确对地震和其他自然灾害做出过不祥的预测，不久之后黑死病袭来，正好应验了他们之前的预言。

一旦某地出现黑死病疫情，这个地方的人就会经常得这种病。14 世纪 60 年代黑死病再度在欧洲多地暴发之时，毫无疑问以前曾在黑死病暴发时侥幸活下来的人会陷入巨大恐慌。然而，不幸的是此后黑死病又于 1368 年至 1371 年、1373 年至 1375 年、1382 年及 1390 年暴发了 4 次。14 世纪至 15 世纪，每隔十几年就会暴发一次黑死病，已成为欧洲人现实生活中的悲惨惯例。然而就凶猛程度而言，无论哪一次疫病暴发，都没有第一次来得厉害。14 世纪末期，黑死病患者的死亡率较之前大幅度下降。尽管黑死病疫情还时有反弹和回潮，但其造成的破坏已大不如前，因此到 16 世纪时，梅毒已取代黑死病，成为威胁欧洲公共健康的最大隐患。然而，大概是三十年战争（1618—1648）造成欧洲社会民众极度贫困，以及大规模人口背井离乡、流离失所，使得 17 世纪黑死病在西班牙、意大利、英国以及德国南部地区又卷土重来。塞缪尔・皮普斯（Samuel Pepys，1633—1703）用其著名的日记记录了其中一次黑死病大暴发时的情形。1666 年 9 月，为阻止疫情蔓延，据称拥有 10 万居民的伦敦城被整个焚毁。“伦敦大火”（Great Fire）产生了令人意想不到的结果，大火烧掉了中世纪老城的木板房和茅草房，这些烧掉的旧房子是黑死病主要宿主——黑耗子（大家鼠）最理想的藏身之所。伦敦大火之后整个城市全部重建——从此以后，伦敦城再也没有发生过黑死病疫情。18 世纪，黑死病还在马赛（1720—1722）和俄国（1770—1772）暴发过。尽管我们不能完全确定，但这两次疫情暴发几乎可以说是黑死病疫情的最后两次大暴发。

一些学者曾经怀疑黑死病是否是中世纪流行病的元凶。生物学家格雷厄姆・托戈（Graham Twigg）在其著作《黑死病：从生物学角度重新评价》（*The Black Death: A Biological Reappraisal*，1984 年）中指出，如果一种热带疫病被大范围地转移到其他地区，其自身的生态属性与其所处环境是不相容的，即会引发疫病。从此，“黑死病怀疑论者”便有了新的选择，包括炭疽、天花、出血热等。英国历史学家小塞缪尔・K. 科恩（Samuel K. Cohn, Jr.）提出了最有说服力的怀疑论证据。科恩通过查阅记录中世纪黑死病患者症状的资料，发现许多症状描述均与现代疫病患者的发病症状不符，有些甚至听都没听说过。尽管腹股沟淋巴结肿大（淋巴腺鼠疫典型确诊症状）的病人在地中海地区较为常见，但这种发病症状在欧洲北部地区却很少出现，有些地方根本就不曾有过。黑死病通常在夏季暴发，然而也有一些文献记载了冬季暴发黑死病的情形。科恩还注意到黑死病发病的死亡率由最初大暴发时的高达三分之二逐渐下降到 1382 年的仅有二十分之一。这说明 1348 年之后出生的欧洲人已经对这种疫病产生了一定的抵御能力，然而科学研究表明现代人如果长期暴露于这种疫病环境下，仍然很容易遭到传染。

斯堪的纳维亚半岛发生的黑死病疫情最让人不能理解。因为那里疫情极为严重。挪威黑死病患病死亡率高达 60%。然而，北欧寒冷的气候并不适合致病细菌的存活。另外，黑死病的主要宿主——黑鼠，沿着其来欧的方向把疫病传回了南亚热带地区。鼠疫杆菌不喜欢寒冷的气候，北欧地区几乎没有或极少有疫情暴发。最后，许多斯堪的纳维亚半岛病例中均有病人淋巴腺肿大等淋巴腺鼠疫发病的特征。冰岛似乎为黑死病病源提出了更令人费解的疑问。1350 年至 1351 年，冰岛黑死病的高死亡率与挪威相仿，然而在同一时期冰岛并没有任何一种老鼠。冰岛从来没有过黑鼠，冰岛引入的第一只老鼠是棕鼠（褐家鼠），那也是 17 世纪初的事情了。

新科技也许可以帮助解释一些黑死病疫情暴发的独特现象。一个法国科研小组从法国南部蒙彼利埃（Montpellier）一个小镇埋葬黑死病遇难者的墓地里提取了 2000 份感染耶尔森（氏）鼠疫杆菌死者的脱氧核糖核酸。无论这队科研人员的行为还是他们据此得出的结论，都引起了人们的争议。虽然人们可以根据目前的证据说鼠疫是导致黑死病最可能的元凶，但是的确对一些重要的疫病现象目前还无法得出满意的解释，因此现在还不是盖棺定论的时候。如果我们认定中世纪黑死病就是现代人认为的耶尔森（氏）鼠疫的话，那么以上现象就无法得到解释。此外，如果黑死病只是耶尔森（氏）鼠疫的中世纪变种，它只是与现代鼠疫有亲缘关系但并不完全一样（而且现在已经十分幸运地绝种）的话，那么我们就不必非得认为中世纪鼠疫与现代鼠疫拥有一样的生态学特征和发病症状了。但是无论怎样，人们仍然非常有必要对黑死病进行更深入的研究。

瘟疫暴发的前因后果

黑死病能够在短时间内传播到面积广袤的欧亚各地，源于当时遍及欧亚密布的商贸网。这张巨大商贸网的中心即为西起东地中海，东至亚洲太平洋沿岸的古代丝绸之路。当时所有商品均靠这条丝绸之路运输，其他运输商贸品的小路也与此路相连，如同涓涓小溪汇成大河一样。海上航线也经由地中海、红海和印度洋沿岸的几个重要港口与之相连。可以毫不夸张地说，丝绸之路构成了历史上第一张真正意义上的大规模国际商贸网的核心基础，为每个与之相连的文明社会创造了数不尽的财富。

然而，欧洲参与这场财富盛宴的时间却比较晚。虽然希腊人和罗马人与丝绸之路有一些联系，但古典时代后期各地的动荡乱局使西方世界游离于泛欧亚商贸活动的大市场之外。在中世纪早期（500—950）的大部分时间里，温饱型农业是欧洲主要的经济活动方式。由于缺少经常性长距离的贸易形式，欧洲长久以来没有刺激城市发展的动力。当然，欧洲也有城市和乡镇，但是这些城镇的规模都不大，在商品贸易中也没有多少实际意义，仅能实现地方集贸中心或教区中心和宗教活动中心等功能。由于缺少稳定的食物供给，即使那些最大的中世纪城市，也只能养活数量很少的城市人口。例如，2 世纪处于鼎盛时期的罗马也只能吹嘘其拥有 150 万城市人口。而到 9 世纪初的时候，罗马的人口数量则减少到不足 1.5 万人。在整个中世纪早期，欧洲人口数量不但少，而且没有太大变化，几乎都处于农耕状态。

然而，到 950 年农业技术突飞猛进，农业科技带来的丰产丰收使欧洲人口数量有了很大提高。与之前相比，1000 年至 1300 年欧洲的人口数量翻了一番，这种人口增长速度在西方历史中绝无仅有。以法国为例，人口数量由之前的 600 万一跃增加到近 2000 万。随着剩余粮食的出现，城镇开始恢复之前作为主要商品贸易中心的重要地位。到 10 世纪末的时候，意大利地中海各沿岸城邦成为地中海的重要商贸城市，不仅如此，这些城市的商人还经由君士坦丁堡向东方进发，与东方国家从事泛欧亚贸易往来。很快低地国家和德意志北部各城市便兴起沿北部和波罗的海方向组成的远程海上贸易航线。至此，12 世纪两大商贸“地区”——地中海商贸区和阿尔卑斯商贸区——便由横跨二者的商贸线路紧紧地连在了一起。到 13 世纪，已形成东起中国和印度，中间穿过亚洲西南各主要伊斯兰城市和北部非洲，西至欧洲各国的巨大的欧亚商贸网络。

13 世纪，蒙古帝国崛起使具有漫长历史的丝绸之路的发展跨进了新的重要阶段。人们在经历了对蒙古人铁蹄肆虐的最初痛苦和恐惧后，很快便感受到蒙古人所谓的“蒙古治下的太平安康”。蒙古人向商人们保证，他们进行商贸活动的路线中的蒙古人占领区是绝对稳定和安全的。尽管处于蒙古主导地区之外，但欧洲依然从参与“全球”商贸活动中得到巨大好处，积累起前所未有的巨额财富，为进一步城市化提供了巨大动力。由于欧洲贸易线路越来越密，范围越来越广，为这些贸易线路所连接的城市间快速的商品交易、即时的思想交流提供了绝佳平台。除此以外，这些贸易线路还为一种东西的快速传播提供了绝佳平台，那就是疫病。1250年，欧洲发达的商贸网络和城市化水平已经为流行性传染病传播创造了绝佳的土壤和条件。

然而，在黑死病暴发前，欧洲人的健康便已遭受严酷现实的打击。13世纪后期地球渐渐进入小冰河期，各地气温普遍下降，16世纪至19世纪，地球温度达到低温极值。连年的冬季极寒加之农作物生长时间不足造成的减产，终于在1300年造成欧洲食品供给出现巨大问题。1315年至1317年，欧洲遭遇几百年来最严重（虽然有争议，但事实上是欧洲历史上最严重的）的大范围饥荒。仅饿死人口的数量即高达600万，患慢性营养不良症的人数量更是难以统计。在这种条件下，人类暴发传染性疾病的风险急剧加大。与100年前的欧洲先人相比，14世纪中叶欧洲人口的健康水平极低，对疾病的抵抗能力也极低。

14世纪30年代，鼠疫由亚洲中部某处诞生地出发，沿横跨亚欧的各条贸易线路，一路向东传入中国和印度。鼠疫疾病传向欧洲的通路节点是位于黑海（Black Sea）北部沿岸的克里米亚，这里是连接多个欧亚商贸中心的咽喉要道。对黑死病暴发最著名的记载来自加布里埃尔·德·米西（Gabriele de Mussis）。加布里埃尔是意大利北部城市皮亚琴察（Piacenza）的一名公证人，在其著述《瘟疫史》（*Historia de morbo*，英文为 *History of the Plague*）中，详细记述了在商贸殖民地卡法的热那亚人和蒙古金帐汗国可汗札尼别（Jani-Beg）之间发生的冲突。在冲突中，札尼别率军于1346年包围了卡法，此时疫情在蒙古军中暴发，迫使札尼别不得不撤军，放弃攻打卡法城。然而，不幸的是札尼别在撤军之前，命人用投石车把染疫病死的士兵的尸体投到卡法城内，这样一来卡法城中的热那亚人便感染上了这种致命的疾病。热那亚人于次年乘船返回欧洲，随之而来的还有札尼别对他们残忍报复的后果，大批染病的热那亚人暴毙街头的情况开始大量涌现。

尽管长期以来一直有人质疑加布里埃尔记述内容的可靠性，但人们对于从黑海各地返回欧洲的意大利商人把疫病引入欧洲这件事却并无争议。1347年年末，疫病病原体从地中海港口城市墨西拿、马赛、热那亚输入欧洲，很快，疫情便于

1348 年传遍意大利、伊比利亚半岛和法国南部地区。1348 年年末，疫情波及法国西北部并传染至英国南部港口城市。1349 年，疫区范围进一步扩大至巴尔干半岛（Balkans）各国、法国东部地区、神圣罗马帝国（Holy Roman Empire）南部各地和英国北部地区。次年，苏格兰、低地国家、德意志北部地区和斯堪的纳维亚半岛南部地区也暴发了严重的鼠疫疫情。1351 年，疫区范围已扩大到西方基督教世界的最北端，之后疫情又继续向东感染整个东欧。1352 年，鼠疫疫情停止前进的步伐，消失在俄罗斯的茫茫草原之上。至此这场东冲西撞、流行肆虐的瘟疫已造成数百万人死亡。

死亡人口统计

尽管到底有多少人死亡永远也说不清，但有一件事是可以肯定的，那就是黑死病造成欧洲人口锐减。现在的人如果罹患腺鼠疫又没有得到及时治疗，死亡率为 40% 到 60%（但是如果病人得到抗生素治疗的话，死亡率会大幅下降）。如果病人得的是肺鼠疫，同样没有及时进行药物干预的话，死亡率将高达 90% 以上。而如果病人患上的是败血性鼠疫，又没有积极治疗的话，那么病死率将高达 100%。虽然理论上可以从这些数字中推断得出中世纪黑死病的死亡人数，但实际上我们却难以知道黑死病暴发时哪些人患的是腺鼠疫，哪些人患的是肺鼠疫，以及中世纪耶尔森（氏）鼠疫杆菌株与现代耶尔森（氏）鼠疫杆菌株是否具有相同特征。

黑死病暴发时期的报道对后人得知当时黑死病的死亡率并无帮助。中世纪观察家缺乏大规模统计人口数量的方法，中世纪编年史作者（与他们的希腊、罗马前辈一样）为了达到强调突出的效果，易于夸大死亡人口的数量。与此相对，一些出于不同目的由个人撰写的历史记录倒显得更为可信。例如，一位名叫亨利・耐顿（Henry Knighton）的英格兰神父对莱斯特（Leicester）所辖各区染疫死亡人数进行了详细记录：圣伦纳德区（St. Leonard）380 人，圣十字区（Holy Cross）400 人以上，圣玛格丽特区（St. Margaret）约 700 人。由于耐顿与阿维尼翁（14 世纪绝大多数时间里教廷的所在地）联系频繁，亨利・耐顿还精确、翔实地记录下法国南部地区教士阶层的患病死亡情况。耐顿不仅统计出莱斯特教区的死亡人数，而且对于法国南部地区教士的死亡率也提供了精确、可信的数据：阿维尼翁有 6 名枢机主教和 160 名加尔默罗会（Carmelite）修道士（包括所有英籍加尔默罗会成员）染疫而亡，普罗旺斯地区有 347 名多明我会教士（包括 147 名蒙彼利埃人中的 140 人）染疫而亡，马赛的 150 名方济各会修道士中除 1 人外全部疫亡。耐顿统计的数据仅限于英格兰中部及周边地区以及法国部分地区的教士群体罹患黑死病死亡的情况。耐顿从未试图统计被黑死病疫情侵扰的其他地区人口的死亡情况。面对黑死病造成的史无前例、惨绝人寰的恐怖景象，许多编年史作者已无力准确描述他们所目睹的惨状，他们更愿意赞同意大利作家乔瓦尼·薄伽丘《十日谈》(1350 年）第一部中对黑死病造成的惨状进行的细致、生动的描写。然而,《十日谈》毕竟是文学创作，而不是历史文献。因此，编年史作者的文献中便不厌其烦地重复"每 4 人中就会死掉 3 个"或"每 10 人中就会死掉 9 个"这样的语句。

然而，佛罗伦萨的一位名叫乔瓦尼·维拉尼（Giovanni Villani）的编年史作者却是个例外。维拉尼是一个做生意的买卖人，他想用不同于当时通用的统计学方法求得黑死病死亡人口的精确数据。维拉尼引证的数据包罗万象，从当时开业商店的数量及从业者人数，到每年食品的消费量，各种类型的数据应有尽有。在强大数据的支持下，维拉尼在其著作《新编年史》(*Nuova Cronica*，英文为 *New Chronicle*）中信心满满（也言之成理）地指出，疫情暴发前佛罗伦萨总人口为 9.4 万。虽然维拉尼死于他一心想从人口学角度评估疫情影响的黑死病，但是维拉尼的研究数据（与医学和考古学证据相印证）却帮助现代学者推断出，黑死病致使占当时佛罗伦萨总人口中的 50% 丢掉了性命。

虽然佛罗伦萨黑死病死亡率高得吓人，但事实上可能除了市中心之外，并非所有地区都是高死亡率。乡村的死亡率可能会低一些，尽管最近研究表明乡村地区黑死病的死亡率可能并不像学者们之前估计得那样低。比如，对英国南部和东部地区进行的深入研究表明，许多农村地区都遭到黑死病的严重打击，人口损失惨重——有的地区甚至达到整个村子人口灭绝的程度。当然，各地死亡率也不相同。那些大的商贸中心和政治中心，以及有大量外国旅行者途经的人口稠密地区，受黑死病的影响最大。维拉尼所述的佛罗伦萨便是最好的例子，尽管绝大多数意大利城市都被疫病感染，像佛罗伦萨一样重要的中心城市如伦敦、巴黎、阿维尼翁、亚眠（Amiens)，以及北海贸易中心城市不来梅（Bremen）和吕贝克（Lübeck)，也受到疫情波及，但都不像佛罗伦萨那样死了那么多人。然而，其他地区——包括诸如米兰（当时欧洲最大的城市，同时也是连接地中海和阿尔卑斯地区贸易的重要枢纽）、罗马、列日、纽伦堡（Nuremberg）及波希米亚全部地区——都奇迹般躲过了瘟疫劫难，这些地区无一人感染这种致命的传染病。在这种情况下，我们不能理所当然地认为一个地区（例如，对英格兰一些疫区所做的非常详尽的研究）的流行病数据也必然适用于其他地区。

总而言之，相关证据表明欧洲是迄今为止黑死病感染死亡率最高的地区。例如，这场流行性鼠疫在亚洲夺走了2500万人的生命，虽然这是极大的数字，但是与亚洲巨大的人口基数相比，这个比例明显要低于欧洲。整个欧洲黑死病人口的死亡率保守估计也得在30%到50%。欧洲暴发黑死病疫情前，西方基督教世界总人口为5000万~6000万。因此，欧洲黑死病死亡人口总数应该介于1500万~3000万之间，虽然这些数字有可能被不断修正，但就这些数字来说，无论从哪个标准来衡量都是极其惊人的。

医疗应对举措

1670年前后，一名叫安东尼·范·列文虎克（Antoni van Leeuwenhoek）的尼德兰布匹商人、非专业科学家用自己制造的显微镜在观察一滴水的时候，发现了水滴中布满生命体的微生物世界。列文虎克的发现无论就其影响范围还是推动基础技术发展方面，均具有划时代意义。16世纪末，第一批简易显微镜被制造出来。列文虎克发明出第一台能够看见最大微生物——被其称为“微动物”的单细胞生物的显微镜，而在此之前人们已经进行了大约三代试验型及改进型显微镜的制造工作，但均以失败告终。此次重大发现有力地推动了微生物学的创建，同时也为医学研究开拓了新领域。显微镜的发现使无数人从中获益，而最先受益的两位是爱德华·詹纳（Edward Jenner)和路易·巴斯德（Louis Pasteur）。借助于显微镜，二人的工作结出了丰硕的果实。

在列文虎克之前，没有人会想到疾病有可能是由小到肉眼看不见的微生物引起的。尽管中世纪医生知道疾病可以传染，但是他们对传染病的机理一窍不通。中世纪医学认同古人的观点，即人体健康由四种体液（血液、脾液、胆液和脑液）所决定。整个中世纪医学建立在体液理论的基础之上，并据此进行疾病预测和诊断。中世纪医生力图对这种传播速度极快、令人闻风丧胆的疾病的病因做出合理解释，并找出应对之道。一些人认为这是对灵魂邪恶的人进行的惩罚，另一些人则试图通过占星问卜以明就理。1348 年 10 月，巴黎大学医学系发布的研究结论称黑死病源于行星间的恶性结合，从而从地球中吸出了“邪恶的水汽”。虽然空气中存在腐败气味的最终原因至今不明，但是可以确定的是，“腐败味道的空气”是中世纪医生对病因最常见的解释。最后，多数医生与许多当时的人一样把黑死病的出现归因于上帝对罪孽深重的社会的审判。

相反，对这种疾病的医学描述总是复杂多样。在极为详尽地描述黑死病发病症状的众多医生中，最值得一提的两位医生一位是意大利人金泰尔·达·福利尼奥（Gentile da Foligno），另一位是伊比利亚阿拉伯人阿布·贾法尔·艾哈迈德·伊本·哈蒂马（Abū Ja' far Ahmad ibn Khātima）。居伊·德·肖利亚克（Guy de Chauliac）是阿维尼翁的一名教皇医生，他曾与这种极其恐怖的疾病有过亲密接触，1348 年黑死病第一次侵袭阿维尼翁的时候，他曾经感染过这种疾病，但侥幸活了下来。自身患病的经历和患病期间的细心观察使居伊不但能够区分黑死病和肺炎发病形式的不同，而且还使他能够在黑死病 1361 年再度来袭时通过临床症状上的细微差别分辨出哪些病人罹患黑死病，哪些病人得的是肺炎。

在当时黑死病基本上无药可医，治愈黑死病这种高流行性传染病的难度远远超出中世纪的医疗水平。金泰尔·达·福利尼奥、伊本·哈蒂马和阿拉贡医生海梅·达加拉蒙（Jacme d' Agramont）为治疗黑死病提供了详尽的治疗建议。这些建议十分宝贵，因为它们来自金泰尔和海梅的亲身经验，而二者均因此病最终逝世。居伊·德·肖利亚克建议教皇克雷芒六世（Clement Ⅵ）用持续点篝火的方式“整治”邪恶的空气，尽管居伊的建议毫无理论依据，但是篝火产生的浓烟对抑制带有疫病细菌的跳蚤可能还是有些帮助的。在缺少现代抗生素的条件下，能在黑死病暴发时活下来的唯一办法就是避免被传染——该法在当时依然有效。避免被传染就是想办法从人多的地方撤离，跑到位置偏远、渺无人烟的地方，等疫情结束再回去。米兰世袭领主、大主教乔瓦尼·维斯孔蒂（Giovanni Visconti）试图通过严格的隔离检疫措施保护他拥有的这座城市：任何人不准进出米兰城，违者以死刑惩处。任何人家里有人感染，甚至在邻近的几户家庭中有人出现感染黑死病的迹象，发生疫情的住户及邻近住房的人将统统被隔离，并被放火烧死在自己家中。维斯孔蒂的隔离检疫措施或许可以解释为什么在黑死病暴发时期，米兰这座大型城市可以躲过一劫。然而，其他一些城市虽然也实行了隔离检疫措施，但这些措施所产生的效果却远不如米兰。因此我们不该就此武断认为，隔离检疫措施就是抑制黑死病疫情发展的救世良方。

黑死病对欧洲社会和文化的影响

关于黑死病对欧洲社会和文化影响的话题，好几本书都写不完。事实上，早已有许多人著书立说对这个问题进行过讨论。黑死病尽管不是引发欧洲中世纪后期文明演化的唯一原因，却在推动欧洲文明演化过程中发挥了至关重要的作用。虽然此前，日益增长的物质财富、欧洲各国王室权威的不断巩固、由方济各会和多明我会牵头进行的宗教改革复兴运动、十字军拥有最终获得东征胜利的希望（实际情况却是胜利的希望越来越渺茫）等诸多因素，使得欧洲社会以乐观心态看待上帝创造世界时给予人类的优越地位。这种乐观主义情绪在当时神学院神学家的著作里便可得到印证。这些神学家设想了一个由仁慈造物主创造，以理性原则为主导的世界。在这个世界里，造物主赋予人类信仰和理性两大才能，通过对这两大天赋能力的综合运用，人类可以理解上帝所创造的这个世界。遍布欧洲的令人叹为观止的哥特式教堂便是这种乐观主义情绪的最好诠释。它们是这个有序、可知，沐浴在神启光辉下的宇宙的象征。

14 世纪比以往的任何时代都更加艰难。当时许多人把黑死病视为上帝对基督教世界所犯罪恶的惩罚，也是批判前几个世纪人们盲目乐观的明证。这场瘟疫引发了基督教世界声势浩大的宗教救赎运动，其中最著名的便是苦修人。这些苦修人从一座城市行进到另一座城市，一边无情地鞭打自己为所犯的罪行忏悔，一边呼吁有罪的基督徒加入他们的行列。苦修人的苦修经常与对犹太人施予的暴行相伴，因为在欧洲基督徒的眼中，犹太人都是些冥顽不灵的“局外人”。基督教世界充斥着针对犹太人的谣言和控诉，说他们怀着撒旦恶魔般的坏心眼，要把毒药投入供水系统里毒死基督徒。虽然教会曾经谴责过针对犹太人的暴力行为，也对一些谣言进行过辟谣，但收效甚微。教皇克雷芒六世曾把阿维尼翁改造成难民中心，为几千名从暴力横行的法国南部地区逃离的犹太人提供避难之所。但是，教会禁令对针对犹太人的血腥暴力几乎没有起到任何作用。

在这场鼠疫中，教会，尤其是天主教会，备受外界批评。14 世纪初，教皇曾因教会派别冲突被逐出罗马，此后三代教皇均被迫待在阿维尼翁，直到1375年才返回罗马。这个被意大利诗人彼特拉克称为“巴比伦之囚教会”的教会甚至在黑死病暴发前就饱受批评。此后，教会理论家对上帝通过黑死病来惩戒人类这种判罚并无异议。然而，大批神职人员染病而死使情况变得更加复杂。面对神职人员数量的严重匮乏，教会试图通过降低神职人员入职的道德和知识水平门槛，从而至少部分重建教会应有的社会地位。14世纪后半叶，大规模的草根运动（如英国的罗拉德教派和波希米亚的胡司派）开始兴起。教会权威和一些天主教基本制度和原则遭遇挑战。在这里，我们可以清楚地看到这一拥有漫长历史、最终导致16世纪宗教改革运动的宗教争执和分歧最初是如何萌芽的。

黑死病不可避免地在后来中世纪的文学和艺术创作中烙下深深的印记，尽管这种影响并不像我们所期待的那样明显。通过编年史之外的一些资料，我们意外发现有几部文学作品对这场瘟疫进行了直接、详尽的描述。乔瓦尼·薄伽丘深受大众喜爱的故事集《十日谈》讲述的便是黑死病肆虐时所发生的故事。该书以10位佛罗伦萨贵族青年为躲避黑死病逃向田园乡村避难时，为打发时间而讲述的故事为框架写成。虽然薄伽丘同时代的作家很少有人像他这样运用黑死病作为小说叙事的题材，但中世纪后期的文学和思想无疑受到这场瘟疫的巨大影响。黑死病剧烈地改变了欧洲社会发展的进程。尽管14世纪另一部名作、杰弗里·乔叟的《坎特伯雷故事集》（*Canterbury Tales*）涉及了当时的宗教、死亡、社会变化等一系列重要问题，却没有详细描述这场可怕的瘟疫。而一场由彼特拉克首先发起，以追求古典文化为特征的思想文化运动——人文主义——的兴起，加之当时陷入重重困境的天主教会、连绵不绝的运动、百年战争，以及令人闻风丧胆的黑死病等种种磨难，至少在一定程度上瓦解了人们对14世纪欧洲价值观念和制度法则的信心。

黑死病对艺术的影响则更直接，也更明显。在中世纪后期的绘画和雕塑作品中，黑死病死者瘦骨嶙峋的可怕形象随处可见。例如，可怖的《骷髅之舞》（*Danse Macabre*）描绘的便是几个跳着舞的骷髅引领着社会不同阶层、职业的人共同走向死亡的画面。中世纪后期艺术作品崇尚的病亡主题要归因于这一时期死亡对社会造成的影响。这种影响比欧洲过去发生过的任何事件都更为猛烈，在死亡面前，任何名利都只不过是过眼云烟，毫无意义，由此导致人们把极大精力都放在了追求世俗生活享乐的方面。

尽管多数学者认为黑死病只不过是一个过渡性事件，但也有学者对此表示质疑，他们认为，这场瘟疫对中世纪后期欧洲社会的变化起到至关重要的作用。的确，很多证据表明，黑死病对欧洲社会很多方面都产生了重大影响。至少，三成到五成的人口死亡率无论如何都具有深远的人口学意义。大量人口死亡确实在很大程度上减轻了食物供给的压力，但同时也造成劳动力短缺的危机，使原已深受14世纪早期欧洲社会影响、处于风雨飘摇状态的商业经济进一步恶化。然而，对生活在城市里的工人和生活在农村的农民来讲，突如其来的劳动力短缺却为他们创造了新的机会，他们可以借此要求得到更高的工资并享受更好的工作待遇。同时，日益萧条的市场也让城市商人和农村地主无法从市场上买到满足工人要求的物资。为此，政府有时会试图采取制定固定工资额度和限制劳动力流动等措施来控制局面。英国王室和议会就曾在1349年和1381年颁布过一系列类似的法令和条款。但这些法令的施行却并不顺利，有些地方的农民和工人从开始时的追偿讨要发展为后来的暴力反抗。在一些意大利城市，受到强烈压迫的工人公开起来反抗政府。1378年，佛罗伦萨的梳毛工起义（Revolt of the Ciompi，梳毛工对城市毛纺品这个利润丰厚的行业非常重要）甚至推翻了政府，而且还建立了一个由城市下层劳动者组成的持续时间不长的政权组织。1381年，英国政府限制劳动力的相关法令引发了大规模农民起义，史称瓦特·泰勒（Wat Tyler）起义。当然，我们不能简单地把14世纪后期欧洲社会日益增长的不稳定因素单纯地归因于黑死病。事实上，它是许多因素叠加的结果。1357年至1358年，巴黎也发生了市民起义以及与此密切相关、发生在法国北部的扎克雷农民起义（1358年）。这两次起义表现出法国民众对国家在百年战争中经历惨痛失败和为此付出巨额金钱代价的不满，黑死病相对这两场起义的社会经济影响至多只能算次要因素。无论如何，我们必须重申，无论黑死病及其引发的社会不满有多么严重，它至多也只是导致欧洲中世纪后期社会变革的众多因素当中的一个，当然，这个因素毫无疑问相当重要。

布莱克·比蒂（Blake Beattie）

布莱克·比蒂（Blake Beattie），路易斯维尔大学历史学副教授，1992年在多伦多大学获得博士学位，研究方向为欧洲中世纪教会和阿维尼翁教皇制度发展史。主要著作包括《呼唤和平——乔瓦尼·加埃塔诺·奥尔西尼枢机主教的使命（1326—1334）》（*Angelus pacis: The Legation of Cardinal Giovanni Gaetano Orsini, 1326—1334*，2007）。

第四章

明朝崛起（1368—1431）

概 述

14世纪后半叶，中国政权更迭，明朝取代了蒙古人创建的元朝。一个多世纪前，蒙古人横扫中亚并在中华大地上建立起自己的政权。这些凶悍的游牧民族勇士不但驾驭战马的能力极强，而且还拥有非凡的韧性，最终他们建立起一个南至中国南海，西至东欧平原，包括中东大片地区的庞大帝国。蒙古人的首领成吉思汗入侵中国北部地区，并于1215年攻占北京。尽管成吉思汗于1227年去世，但是这并未影响蒙古人在不断占领的新土地上所实施的屠戮行为。1234年，蒙古人占领了华北的全部地区。而后，蒙古大军向华南进军，成吉思汗的孙子忽必烈汗率领蒙古骑兵取得华南战场的胜利。1279年，蒙古军队征服华南地区，进而获得了统治全中国的权力。蒙古人按汉族人的习惯把自己的帝国称为元朝（“元”意为开始发源）。

然而，蒙古人对国家权力的掌控并不像其应该表现的那样牢固。正如其他帝国缔造者一样，蒙古人很快发现他们在国家经济、行政管理和执政基础等方面相当脆弱。以统治中国为例，蒙古征服者往往会沿用被征服地区的许多旧有的管理体制和方式。但即便如此，蒙古人也很快发现这样做没有多少意义。因为汉人对蒙古人的统治越来越不满。汉人对蒙古人统治的不满可以归纳为以下几个方面。首先，汉人从未真正臣服于蒙古人的统治，尤其当蒙古人颁布了一些针对汉人的歧视政策后，情况更是如此。其次，蒙古人为一己私利拼命剥削汉人，榨取汉人的财富。由此造成的结果便是社会经济生产力不断下滑，几千万汉人农民陷入极度贫困的灾难深渊。事实上，汉人在元朝经济最好的时期也只能艰难地在贫困线上挣扎。社会上腐败丛生，行政管理混乱不堪，政府经常颁布一些互相矛盾的法令，社会日益动荡不安。蒙古统治者把西藏喇嘛的地位置于其他宗教派别之上的行为极大地伤害了汉人的感情，他们认为蒙古人的做法极度愚蠢无知。有鉴于此，汉人在14世纪中期开始公开反抗蒙古人的统治也就不足为奇了。

叛乱逐渐在全国各地不断出现，暴露出元朝对内统治根基的薄弱。然而，各地的反抗力量并没有被整合为一体，在汉人一步步把蒙古人逐出中原大地的同时，各支反抗势力之间也经历了一个筛选淘汰的过程。强势人物朱元璋适时出现，最终打败蒙古人和所有的竞争对手，成功建立起自己的新王朝——明朝，这个朝代一直延续到1644年。1328年，朱元璋出生于一个下层家庭。朱元璋的父亲是个佃农，没有自己的土地，只能靠租种别人的土地生活。为了能吃饱饭，朱元璋16岁的时候出家当了和尚。然而此后不久，他就当上了一支起义军的首领。1368年，朱元璋战胜了所有竞争对手并打败了蒙古人，同年，攻占元大都北京。此后，朱元璋决定在中国南部城市南京建都，建立明朝（“明”意为光明或辉煌），改年号为洪武（意为强大的军队）。1368年后，洪武大帝朱元璋继续东征西讨，直至1387年统一全中国。不仅如此，作为明朝的第一位皇帝，朱元璋还把自己的权杖伸向了蒙古和朝鲜等地区。

1398年，洪武大帝驾崩。其孙，仅有十来岁的朱允炆继承皇位。然而，朱允炆的统治地位受到朱元璋四子、朱允炆叔叔燕王朱棣的挑战。经过一番斗争，朱棣一方取得了胜利。1403年，朱棣登基，成为明朝第三位皇帝，改年号为永乐，朱棣在位直到1424年去世。大多数专家都认为，永乐时期是明帝国发展的巅峰。

早期明朝的中国是当时世界上国土面积最大、人口最多，也是文化最为庞杂的国家。明朝拥有约8000万人口，尽管每个人拥有的财富数量各不相同，但整个社会拥有的财富总量极大。明朝有为数众多受过良好教育的政府官员，依据一系列复杂的法律法规管理着这个庞大国家的日常事务。明朝中国的文化生活极其丰富，没有其他任何地区的文化能与之相媲美，此外明朝的文化传统非常古老，令人尊敬。孔子于公元前5世纪构建的那套道德规范对政府官员的行为起到了良好的引导作用，为中国社会方方面面打下了坚实的基础。此外，明朝中国的科学技术也较为发达，当时的纺织工业和冶铁工业的发展状况可以证明这一点。中国军队也是当时在这一地区最强大的传统军事力量。

明朝初期的中国从之前各朝各代继承了大量海洋遗产。虽然，有时我们会忽视这一事实，但是中国的海洋实力建设确实可以追溯到11世纪。当时中国的海洋贸易船队规模庞大且十分现代化，贸易地区包括日本、东南亚和南亚的一些国家和地区。中国商品在世界各地十分畅销，其中尤以丝绸和瓷器占贸易比重最大。长江沿岸的大型造船厂既可以制造商用船只也可制造海军舰船。虽然蒙古人为了匹配自己无敌的陆军力量曾经不断壮大自己的海军力量，但是他们在1281年试图攻打日本时还是遭到了毁灭性的打击。然而，在15世纪初，中国已经拥有了世界上最强大的海军。无论在舰队吨位上还是在科技含量上，中国海军已经把当时的欧洲国家远远地甩在了后面。

中国强大的海军力量引起了永乐帝的注意，他开始同时在陆地和海洋实施积极的外交战略。1403年，永乐帝下令准备第一次远洋航行。在此后30年间，他又六次下令进行远洋航行。这七次远洋航行把中国船队带到了斯里兰卡、波斯湾、阿拉伯半岛、非洲东海岸，或许还到过非洲南端的好望角。永乐帝还让“中国的克里斯托弗·哥伦布”郑和监管这七次远洋航行。郑和约于1371年出生在中国西南部的云南省的一个穆斯林家庭。他的父亲曾到麦加朝圣，被尊称为“哈吉”（hajji，意为“朝觐者”）。郑和具有穆斯林背景，熟知穆斯林风俗，或许这正是他被选为远洋航行首领的重要原因。这样，郑和便能够在明朝船队向西航行抵达西部由穆斯林控制港口时为之提供很好的服务。

郑和因在约20岁时帮助镇压反抗燕王朱棣的云南叛军而一举成名。朱棣登基后便任命郑和为三宝殿内官监太监，后又任命他为远洋航行的首领。这是中国历史上宦官第一次执掌军事大权。

中国在15世纪曾出现过一个叫宦官的群体，他们非常重要也非常有能力，能够处理一些重要事务，这对西方读者来讲可能有些奇怪。然而，宦官是中国历史中的老传统了。中国各级官僚体系中到处都是儒家学者，他们都是通过参加官方的科举考试后进入国家行政序列的。尽管一般来讲，这些学者型官员都会效忠他们的皇帝，但他们往往拥有自己的个性和人格，行事自由独立。最初，宦官主要在皇帝的后宫从事一些卑微的服务性工作。但是，经过几个世纪的演变后，宦官的职责逐渐转向保持皇帝后宫的纯洁性，进而又发展成为皇帝可信任的私人顾问。儒家学者型官员（下称“儒学官员”）从来就对宦官没有过任何好感。

由于永乐帝朱棣从未说过他派郑和七次下西洋的真正目的，这个问题至今也没有确切的答案。当然，远洋航行看上去像是明朝第一代皇帝朱元璋扩张型对外政策的延续。在下令远航的那一刻，永乐帝自己不但派遣军队去征服蒙古，还曾一度攻占越南。此外，商业利益或许也是重要的因素之一。七次下西洋的过程中，郑和船队的几百艘船满载货物及赐给沿途所遇外国友人的“礼物”。当然，船队也希望接受礼物的外国友人用更多贡品回馈明朝皇帝。这样，皇帝就能以国家的名义做一些私下交易以补充自己的金库。永乐帝下令进行远航的首要目的极有可能是为了展示明朝的强大实力和威望。这几次远航不仅大大提高了中国的国际声誉，还让明朝声名在外。这不仅是一个新生王朝寻求声望和展示辉煌的手段，也是永乐帝巩固自己皇位的策略，毕竟，他是一个谋权篡位者。有些专家认为，这几次远航反映了永乐帝对自己谋权篡位之事的担心。有传言称，被他推翻的侄子在冲突中并没有死亡，而是逃往了海外，这对永乐帝皇位的合法性构成了极大挑战。在远航中，中国人并没有做出领土声明，也没有标画新的航路，或许中国人不喜欢通过征服和探险来扩张地盘吧。

1405 年，第一次远洋航行的目的地是越南、印度尼西亚（Indonesia）、斯里兰卡和印度；第二次抵达斯里兰卡和印度（1407 年）；第三次抵达泰国、斯里兰卡和印度（1409 年）；第四次抵达印度尼西亚、印度、波斯湾和东非（East Africa）（1413 年）；第五次抵达印度尼西亚、波斯湾、阿拉伯和东非（1417 年）；第六次抵达印度尼西亚、波斯湾和东非（1421 年）；第七次抵达印度尼西亚、印度、波斯湾和阿拉伯，包括吉达（Jeddah）、麦加港口（1431 年）。由于船只要依靠季风行驶，每次远航都要花上两年左右的时间才能完成。

明朝的七次远洋航行是一项非常庞大的工程。其中第一次远航虽说并不是规模最大的一次，但是整个船队的船只总数也达到了 300 多艘。几十年后，哥伦布在开辟新航路时整个船队也仅有 3 艘船。虽然规模庞大的西班牙“无敌舰队”（Spanish Armada）在 1588 年时曾以拥有 132 艘舰船而自豪，然而这个数量还不到郑和 15 世纪初下西洋时船队舰船数量的一半。最让中国感到自豪的是，远航船队拥有 62 艘巨大的帆船。这些巨型帆船回程时会运回“数不清的奇珍异宝”，故被人称为宝船。宝船单体长 440 英尺*，宽 180 英尺，排水量达 3000 多吨，使用 9 根高达 90 英尺的桅杆，拥有 3 层甲板及水密舱室。每艘宝船可承载 450 到 500 人。据说，中国船队最繁盛时拥有多达 250 艘这样的巨型宝船。

这个庞大的船队配备了数千名船员。第一次远航时船员总数高达 27800 人，包括宦官、海军军官、陆军军官、占星师、医生、书记员、会计、士兵和水手等。由于明朝远航行动的目的并非为了号令他国臣服，因此士兵也仅起到威慑作用。但有的时候也会用到他们。例如，第一次远航时，郑和曾命令他的士兵攻打一些顽固的海盗，并俘获了他们的头领，将其解回明朝皇宫处死。在第四次远航快结束时，有一个据称来自西坎达尔（Sekandar）的人曾夺取中华附属国塞姆答腊（Semudera，苏门答腊的一个小王国）政权，但郑和派出船队的随行士兵打败了这个夺权者并将其俘获。

1424 年，永乐帝驾崩，中国好像突然失去了对外部世界的兴趣。永乐帝的继位者下令立即停止远洋航行。但后来的宣德皇帝在 1431 年时又进行了一次远洋航行，这是明朝的最后一次远航。此后，中国辉煌的海洋事业走向终结。

历史评论

明朝是在蒙古势力衰落时建起的一个王朝，它本质上是汉族人民追求“民族复兴”的结果。无疑，现代国家是在 19 世纪才开始出现的。但是，因为“现代”一词本身是个相对的概念，今天的中国、俄国和伊朗并不是纯西方发展模式下的产物，而是在蒙古统治结束后重新出现的传统“身份”的基础上发展建立起来的。

蒙古人建立的元朝（1271—1368）结束了中华大地皇族统治所造成的长期混乱局面，并借此再度统一中国，建立起强大的中华帝国。中华帝国的帝国霸业建立之初要从秦汉时期（前 221 年—220 年）算起，隋唐时期（581—907）中国的帝国霸业得以二度复兴。唐朝解体后，中国经历了一段短暂的过渡期，直到 960 年宋朝建立后方才重新统一。然而，宋朝未能建立起一个完全统一而强大的帝国。相反，它不得不小心翼翼地与周边那些实力强大的汉化契丹人、西夏人和金人的

* 1 英尺合 0.0003048 米。——编者注

政权共生共存。宋朝被金人灭亡后，宋室皇族又在南方建立了一个新政权。新政权变成了一个以商业为主体的政权，它过半的财政收入都来自垄断和税收，仅向海洋贸易征税一项就为政府贡献了多达 20% 的现金流。此外，由于宋朝与外来种族进行着不间断的冲突和战争，一种类似于现代民族主义的情绪开始在宋朝民众中间逐渐形成。宋朝还发明了印刷术，新的印刷文化逐渐兴盛起来。有些理论家认为，这是现代民族国家形成的前提条件之一。最后，有些学者也发现宋朝时中国就出现了“工业革命”的萌芽。

从我们的视角看，所有这些“现代性”看上去都是那么具有诱惑力。无论怎么看待宋朝，说它是在初尝现代性也好，说它是一个失败的帝国也好，归根到底它毕竟还不是中国历史上出现的第三大帝国。中华第三大帝国应该是元朝，因为它恢复了天朝对东亚和亚洲腹地的控制权。虽然表面上看，元朝对中国产生了反常的影响，但事实上，它还是遵循了中国根深蒂固的历史传统。其中的表现之一便是日益强化的中央集权，这一特征即使在疲弱的宋朝也非常明显。宋朝重新调整了职官制度，地方官员成了京都官员，但他们也“熟知”地方事务。元朝更进一步，把省和区变成了中书省的派出机构，即“行省”。正是在元朝这段“外族人”统治时期，北京方言成了全国的官方语言，为中华民族语言的形成打下了基础。同时，蒙古人的统治也是世界性的。成吉思汗打下的江山在忽必烈治下四分五裂，虽然忽必烈仍然在名义上保留着大汗的称号，但事实上，他对蒙古所占领土的控制力已经大大减弱了，甚至连亚洲腹地都不能很好地控制了。但是，蒙古人在他们治下的中华大地上不仅起用汉人做官，也任用中亚或欧洲人来统治汉人。正是元朝与波斯的联系才使得宋朝与西亚地区一直以来频繁的国际贸易得以持续活跃。

事实上，中国与其他国家和地区之间的交流从唐代到明初都未曾间断。唐朝首都长安是当时世界上著名的大都市，那里不仅有聂斯脱利派（景教）基督教堂（Nestorian chapels）、索罗亚斯德（祆教）庙宇（Zoroastrian temples）和犹太会堂（Jewish synagogues），还有为数不少的日本留学生。宋朝末年，安抚沿海制置使蒲寿庚就是阿拉伯人。蒲寿庚所辖舰队和锚地在福建泉州。南宋首都临安陷落后，这支海军就成为一支非常重要的海上力量。本文重点研究的对象——郑和祖上原为中亚人，早年移居到中国后在蒙古人新征服的云南政府里为元朝统治者服务。明朝军队攻占云南时（1381—1382），郑和还是个孩子，他被明朝士兵抓住后处以宫刑。虽然郑和是穆斯林，但这并未妨碍他的仕途升迁，最终他被永乐帝任命为三宝殿内官监太监，并代表朝廷掌管明朝著名的远洋船队。

由于种种原因，明初的这种开放态度并未持续下去。当蒙古外族统治结束时，元朝对中亚及其他外域地区的统治也随之结束。蒙古人的后裔中，有些人成功地当上了政府官员。但是，元朝实行的“三驾马车”政治制度，即一个蒙古人加一个中亚人，再搭配一个汉族人组成执政的制度，也自然随着汉族人入主朝政而宣告结束。元朝的统治策略与蒙古人口的数量有关。当成吉思汗刚刚开启他的帝国梦时，蒙古人只有区区约 100 万。因此，元朝统治者不得不利用中亚人来弥补这一缺陷。

不同学者间对明朝排外行为的看法各不相同。有些学者认为，明朝并不想像蒙古人和满族人那样建立一个庞大的天朝帝国，他们一开始就只是想建立一个较小的汉族王朝。另外一些学者认为，明朝初年，元朝还没有被视为一个外来的独裁政权。他们指出，忽必烈汗仍然受到明朝统治者的尊敬，被看作中国历史上著名的皇帝之一。有一件事情确凿无疑，明朝虽然把蒙古人赶回了北部大草原，但并没有让他们从那片地区上消灭，也没有剔除这一潜在威胁。明中期后，这些游牧民族和边疆少数民族又把明帝国放在了防御位置上，他们的恐华心理又开始盛行。事实上，明朝所遭遇到的悖论与下面的问题有关。明朝从蒙古人手里继承了一个复兴的中华帝国，但随着时间的流逝，汉人以狭隘的“汉家天下”的名义把中华帝国变成了一个汉人王朝。这样，到明朝中期时，汉人把宋朝时汉人具有的“民粹主义”排外情绪重新唤起。宋明两朝均可见各种抗元、抗金和“抗倭”的故事。终于，在 20 世纪，满族人让满怀汉家天下观念的汉民族知道了民族共和的新观念。

在中国东南部，洪武大帝朱元璋出于政治目的实行海禁政策。在抗元风起云涌之时，从长江腹地起家的朱元璋不得不与沿海地区的抗元力量竞争。他们正是之前南宋的主要军事力量。朱元璋胜利以后，追随之前南宋的残余势力拒绝投降，先后逃往海外，或许有些逃到了日本。这或许可以解释后来为什么出现了一些“受雇佣的日本刺客”（1380 年）。洪武大帝朱元璋正是以这件事为借口剿灭了中国最后一位宰相胡惟庸。如此一来，朱元璋便能独揽朝政大权了。在政府眼里，逃往海外的汉人都有阴谋叛乱的嫌疑。这些人事实上都成了“天朝弃民”。

尽管官方封锁了沿海地区，但中国和东南亚、南亚、西亚之间繁华的外贸交流并未停止，只是对外贸易这一行当成为国家专有的垄断行业。同时，所有外国客户不得不以“纳贡”的名义与天朝进行贸易往来。明朝的外贸业务只向那些以官方名义向朝廷纳贡者开放，政府外贸机构也只把这些物品当作外藩纳贡。为此，洪武大帝朱元璋最早于 1367 年在黄渡镇（在今上海附近）设立市舶司。1370 年，又在宁波、泉州和广州三个港口城市设立同样的外贸管理机构，并规定宁波司只与日本进行外贸往来，泉州司专管中国对琉球（Ryukyu）的外贸事务，广州司则专门负责中国与占婆（Champa）、暹罗（Siam）和印度洋周边国家的外贸业务。

郑和下西洋进一步加深了中国与海外国家和地区之间的联系。事实上，中国早在宋朝就已经与东非的一些国家和地区建立了联系。有鉴于此，郑和下西洋不但顺理成章，而且明朝永乐年间出现规模庞大的远洋船队也就不足为奇了。中国首批远洋船队是在宋朝出现的。元朝整合了宋朝和朝鲜的船队，把中国建设成拥有当时世界最强大海洋力量的国家。明朝继承了这一传统，一方面建造了更大的舰船；另一方面在船队的规模上也有了很大的扩展。

因此，人们自然可以得出如下结论：郑和时代的中国人已经拥有了可以征服世界的海军力量，只是没有抓住机会而已。对此，有学者指责保守的、信奉儒家思想的政府官员，说他们视野狭隘、缺乏长远眼光。他们认为，这些儒学官员对那些由宦官引领的海洋活动没有多大兴趣，因为宦官并不和他们一样通过科举考试最终获得政治权力。在儒学官员眼中，大多数宦官都是些无知之徒，有些甚至不是汉人。他们无知、贪婪，而且一文不值。因此，郑和之后，他们宁愿让这些船只在港口里烂掉。然而，仔细想想，上面第一个假设也许只是个神话，但第二个推理却有些许道理，但需要重大修正。

在忽必烈的领导下，元朝达到了全盛时期。虽然元朝当时拥有全世界最强大的海军，但这支海军力量却在 1274 年和 1281 年试图征服近邻日本的过程中遭遇到毁灭性打击。忽必烈在 1292 年至 1293 年试图占领爪哇岛（Java）时也遭遇了惨败。在郑和第六次和第七次下西洋中间的一段时间里，明政府曾派舰队去支援镇压安南（Annamese）的分离势力，但不幸的是，明政府派出的舰队于 1426 年在越南北部的东京（Tongking）地区被消灭殆尽。因此，人们有理由怀疑中国海军是否有能力承担一些军事进攻任务。

儒学官员与宦官之间的斗争也是为了反抗独裁和暴政。明朝永乐年间，官方控制的海洋贸易是一种朝廷垄断，然而这种垄断事实上已经超出了国家官僚体制的控制范围。皇帝拥有特权，可以任命像宦官这样的亲信而不是政府官员来监管整个外贸活动。郑和下西洋的结果总体上是积极的，因为这些海洋活动把中国和国际社会联系在了一起。然而，并非皇帝所有的私人工程都能产生如此积极的影响。明朝万历年间（1573—1620），皇帝曾派一些宦官走卒到处勒索敲诈，社会经济由此遭受到严重破坏。

一方面，传统儒学官员并不信任朝廷的某些倡议，认为这些倡议“不合规矩”；另一方面，一些现实上的原因也导致了永乐之后官方主导的海洋远航走向终结。许多学者认为，远洋船队带回的财富大部分是供给朝廷享用的奢侈品。以天朝自居的明朝皇廷进行这种逆差贸易主要是为了显示中华大地的繁荣和优越。有些学者则认为，明朝初年中国政府确实足够强大，可以主宰进口货物的价格，通常从贸易国获得巨大利益。如果确实如此，番邦国家与中国进行贸易一定还有其他可图之利。不管怎样，政府外交部门还是对外贸进行了一些限制。

明政府允许外国外交官和商人跟随郑和船队返回中国给朝廷上贡。郑和第一次远航时（1405—1407），带回了许多来自爪哇、马六甲、苏门答腊（Sumatra）等国家和地区的外交使节。1423 年，郑和第六次下西洋返回时，又带回了来自 6 个国家的多达 1200 多名外交使节。每次觐见后，外交使节们都会从朝廷获得价值不菲的馈赠，然后，他们可以在中国免税销售自己的货物（非上贡物品），但不能超过明朝政府设定的最高限额。此后，外国使节们便等待明朝船队派出一支小船队把他们护送回国，但他们经常会等待长达数年的时间。同时，为了彰显天朝的慷慨大方，明政府会免费向他们提供高标准的招待。此时，郑和的船队已然成了为中国海外使节迎来送往的交通工具。因此，虽然番邦国家的贡使仍然希望与明政府进行贸易，也希望明政府一如既往地把他们护送回国，但明政府已经不再鼓励他们的这种纳贡行为了。

明朝永乐年间，中国积极与纳贡国进行贸易，这是一项史无前例的试验。郑和七次下西洋只是众多远洋航行中最壮观的几次而已。郑和也是永乐年间中国政府派至东南亚各国（不包括安南）的 62 位外交使节（多数为单一目的地）中级别最高者。永乐年间，明朝政府总共接待了来自这些海洋国家的95位外交使节。历史记载也表明，有些政权落于他人之手的国王和首领也曾亲自来华，请求明政府帮助他们恢复政权和统治。由于他们根本没有能力进行如此长距离的艰苦跋涉，人们猜测他们一定是免费搭乘明朝的远洋船队来华求援的。事实上，1408年，永乐帝也的确帮助过文莱国王夺回政权，并派舰队护送他返回自己的国家。虽然唐朝政府也曾帮助一些亚洲内陆地区的附属国处理过类似的问题，但是明朝初期政府向其附属国提供的这种帮助单在规模上就和唐朝时有很大的不同。

在对待外邦朝贡的问题上，永乐帝和忽必烈汗基本一样，都没有遵循传统做法。忽必烈命令纳贡国首领必须亲自到访中国，如果他们胆敢拒绝，他就会发兵远征讨伐，虽然从来也没有成功过。永乐帝对纳贡国则要友好得多，但中国与他们之间的贸易往来最后也都走向了终结，因为对外贸易的花费实在太大。所以，明朝远洋航行走向衰落并非单纯因为儒学官员嫉妒宦官们的权力。永乐后，明朝政府觉得永乐年间开支实在太大，一边要远洋航行，征讨蒙古人和印度支那（Indochina）地区，一边又要修建紫禁城，还要供养60多位外交使节（不包括来自安南、日本和远至撒马尔罕等亚洲内陆国家和地区的使节），认为有必要减少开支。永乐后，明政府甚至不再向满洲里北部地区的女真政权派出使节，更不用说向海外派出使节了。

明政府结束昂贵的海洋探险活动后，印度洋逐渐变成了穆斯林的内湖。远在明朝之前，穆斯林商人和使节便已经开始从波斯湾和印度南部地区呈扇形向外拓展了。到了明朝初期，东部马六甲和非洲东海岸的蒙巴萨（Mombasa）和基卢瓦（Kilwa）已经成为穆斯林进一步向外拓展的中心据点。1450年时，一个庞大的新穆斯林商业和文化网络业已形成，其影响直到17世纪依然存在。为了充分利用穆斯林创造的巨大的财富，明朝政府开始派穆斯林郑和向此地进行远洋航行。当然，远航的目的并不是为了取代穆斯林。

早在穆斯林到来以前，印度教教徒和佛教教徒早已成功地在东南亚建立了自己的殖民地。虽然此前中国人还在积极地向亚热带地区推进，然而到明朝时，即便中国的航海技术已经远远超过了穆斯林，但是由于国家对海外贸易的垄断，民间海洋贸易仍然受到了极大的限制。此外，中国的儒学官员对海外扩张从未有过像印度教教徒和佛教教徒那样巨大的热情，而穆斯林和来自西方的基督徒则恰好相反，他们愿意紧随印度教徒和佛教徒的脚步走向海外。

1427年，明朝曾在安南遭遇失败。这或许可以解释中国人为何对印度洋没多少兴趣。如果大明帝国不得不从印度支那地区撤退，也就没有理由再向南边更远的地区寻求帝国利益了。但是，欧洲人和中国人不同。相反，由于已经品尝过远东地区的果实，他们还想得到更多。在现代文明到来以前，亚洲远比欧洲要发达得多。在亚洲，宋朝后中国经济发展迅速，很快成为世界经济的领头羊。东亚和东南亚半岛的国家和地区生产了当时最受世人欢迎的丝绸、茶叶、瓷器、书籍、胡椒和香料等其他产品。在明朝初年，欧洲人非常渴望获得这些产品，因此，他们试图与东印度洋及远东地区（前现代时期世界经济的中心）取得联系。由于帖木儿（也叫“跛腿帖木儿”）给亚洲内陆地区造成了巨大破坏，加上贪婪的威尼斯中间商对东地中海转口贸易的垄断，著名的陆上丝绸之路遭到封堵。此后，欧洲人对亚洲商品的需求更加迫切，然而相对而言中国对于对外贸易却没有像欧洲人一样强烈的渴望。事实上，明朝时，中国甚至根本不知道欧洲人的存在。

现代观念认为，经济发展取决于海外拓展。如此，明政府不重视海洋就是一种愚蠢的行为。然而，对当时的中国来讲，海洋并非外贸业务中最重要的部分。尤其在元朝时期，中国对外贸易绝大部分都是经由亚洲内陆地区的陆路交通线完成的。明朝的外贸活动由国家控制，范围仅限于内陆边疆国家和地区。由于中国骑兵需要大量马匹，山西北部和满洲里南部地区出现了很多“马市”。政府还在西北和西南边疆地区设立了许多“茶市”，以方便中国与亚洲内陆国家进行商贸交流。出于外交考虑，边疆贸易经常导致政府出现财政赤字。当然，这是大明帝国为了维护边疆和平与稳定所必须付出的代价。这不像今天西方发达国家对第三世界国家的经济援助。相比之下，海洋纳贡制度会大大消耗大明帝国的国内资源，更不用讲在倭寇卷土重来之前没有来自该地区的严重威胁。

明朝时，中国与日本之间从未有过真正的交流。中国政府怀疑日本收留了中国的叛逆分子——事实上，室町政权也不欢迎他们。室町政权曾在明初袭击过中国沿海地区两次。到明朝中期，日本也像中国战国时期一样分裂成了许许多多的小国，很难控制住挑起混战的力量。1523年是每三年一次的朝贡时间，这时，不同的日本使者争相请求中国政府让他们担任本次朝贡的使臣并在宁波港停靠，但日本的麻烦也随之而来。这次争端最终导致了一场暴乱，并将整个城镇破坏殆尽。

嘉靖皇帝在位时（1522—1567）切断了中国与日本的贸易往来。日本开始武装商人并对中国东部自江苏到广东的沿海城市发起攻击。同时，沿海地区势力强大的一些家族，由于深受政府海禁政策之苦，也与日本及葡萄牙海盗联合起来。由于浙江及福建沿海地区势力庞大的家族与宫廷有着非常密切的联系，政府实施的一切政策在这些地区起不到任何作用。中央及地方官员和这些非法家族之间的勾结证明儒学官员并非坚决反对通过商业贸易来获取利益。

当中国海盗走私犯在离岸岛屿上建立起藏身之所后，他们就变得与倭寇没什么两样了。有些历史学家甚至认为，他们可能在日本也有基地。无论如何，中国政府的海禁政策也损害了普通中国渔民的利益。由此造成的结果便是大量渔民加入海盗的队伍中。明朝嘉靖年间，半数日本海盗事实上都是来自漳州港和泉州港的中国人。

几十年后，海盗成了英国海军的雏形。然而，明朝时期，中国却把这些依靠海洋为生的臣民转型成了海盗，这些人持续不断地以海盗的面目攻击自己的祖国。政府派出的远征军极大地消耗了国家的财富。海盗似乎成功地控制了海洋。1553年，海盗们纠集了几百艘船组成庞大舰队，中国几千英里海岸线顿时陷入紧张状态。不幸的是，明朝政府打击海盗的行动都发生在陆地上。16世纪60年代著名的“抗倭英雄”戚继光将军作为一位善用战车和攻城拔寨的专家，曾三番五次地在陆地上打垮那些占领城镇驻地及前哨要塞的海盗。就此事来讲，让一个陆军将军去承担一个海军将军的使命，听起来确实让人感到悲伤。曾经无所不能、所向披靡的明朝海军已经消失得无影无踪。事实上，有关如何进行成功、有效的近岸防御的记录根本就找不到。

悲剧的是，明朝朝廷一而再再而三地缩小远洋舰船的体积，最终郑和时代制造超级宝船的技术全部失传。尽管这些措施导致明朝海军规模不断减小，但船只体积的减小使得所造船只不再适合远洋航行，只能用于个人用船。皇家海军也受此影响。关于明朝郑和之后皇家远洋航海终结的原因，有一种研究学派不再批评儒学官员的保守，转而把矛头指向那些强大的沿海家族势力，认为这些家族势力害怕强大的皇家海军会削弱他们的力量，为此他们曾在朝廷积极地进行游说。儒学官员有可能也会迎合他们的要求，但是也不能排除某些宦官从中作梗。

在讨论明朝海洋事业之结局这一历史问题时，把目光从儒学官员与宦官之间的竞争上移开，转而从国家与私人利益之间的冲突角度思考，或许会让人明白问题的症结所在。确实，如果说中国在印度支那地区遇到的力量阻碍了大明帝国向南拓展之路，中国海盗却不会遇到这样的阻力。在郑和第一次远航期间，他的船队和中国海盗陈祖义之间曾发生过一场小冲突。陈祖义盘踞在苏门答腊的巴邻旁港（Palembang），对马六甲海峡构成了巨大威胁。郑和擒获此人并将其解回南京问斩。事实上，明朝的这一政策是为了支持当地的统治，并将其作为郑和远洋航行的海军基地。然而，1511 年，马六甲的中国商人帮助葡萄牙人攻占了这个战略城市。当中国人和当地统治者发生冲突欲寻求国家力量帮助时，他们通常会向欧洲人而不是向中国政府求助，结果便造成了中国对马六甲霸权的终结。如果说英国的私人武装在国家海外扩张过程中充当了先遣队，那么中国的国家力量和私人力量的状况却是各自为政。

事实上，中国有个传统，即作为一个内陆大国，需要确保内陆边疆的安全，因此，这种模式自宋代就开始了。自宋代开始，中国就是一个亲海国家，因为中国需要在很大程度上依靠海洋贸易来获取税收，同时也需要商人的船只和货物。1161 年共同击退了金人的进攻后，国家和私人船主之间曾有过短暂的蜜月期。这时，蒙古人的威胁越来越大，宋朝政府为了长江和沿海防御向商人征调了大量船只，几乎摧毁了整个商人阶层，甚至中国的海洋贸易也大受打击。许多船主为此甚至背叛了他们的蒙古主子，然而他们却发现他们的新主子在追求国家权力时表现得更加残酷无情。

基于以上原因，人们便清楚了为什么一度为世界最强大的明朝海军在日本的威胁面前并没有重整旗鼓，把日本一举荡平，而任由“倭寇”屡次袭扰中国沿海地区的恶行反复出现。明朝正统年间（1436—1449），北方来自蒙古人的威胁再度萌发。1449 年，蒙古人甚至俘虏了明朝皇帝。几十年后，为了抵御蒙古人的进攻，明政府下令修筑长城。这项工程持续了一个多世纪，开始主要在北方边境修筑以抵御蒙古人的威胁，后来为了抵御满族人的进攻，又开始在东北地区修筑。美国历史学家曾经将这一庞大的防御体系与里根（Reagan）时期旨在彻底消灭敌人的“星球大战”（“Star Wars”）计划做过比较。为了保卫整个帝国，明政府在财政预算上也对此项工程提供优先支持。如果把北方敌人比作来自苏联的威胁，那么，倭寇最多只能是和哥伦比亚毒枭一个级别。

事实上，在日本袭扰中国沿海之前，明朝的海上霸权已经到难以为继的程度了，来自海外国家和地区的纳贡变得越来越少。即便解除了日本的威胁，海洋纳贡体系仍然未见起色。同时，外国武装民船和中国走私者之间的非法贸易却愈发猖獗，官方对此却束手无策。隆庆年间（1567—1572），明政府不得不放松海禁，意味着国家放松了对海外贸易的垄断，在一定程度上默许了私人的对外贸易活动。但是，其开放范围仅限福建漳州港，而且日本并不在此次开放之列。1589年，万历皇帝下令只允许88艘国外私船进入中国港口从事外贸活动，东洋国家和西洋国家各44艘。因为东洋国家很容易超过明政府为其设定的限额，加之多数商人发现印度洋太过凶险，所以很多东洋商人便以西洋商船的名义报关，但是从中国出港后却非法地驶向了日本。尽管他们挖空心思费了些周章，但获利最大的还是那些用日本银元换回中国货物的葡萄牙人。

在中国的明朝时期，西方的葡萄牙人成功地绕过了非洲南端的好望角，西方国家成功地赢取了新大陆，现代社会两大模块——环太平洋圈和环大西洋圈——最终正式形成。看来，明朝时期的中国在最不恰当的时候退出了海洋争夺战。1615年后，日本人步明朝人后尘也做出愚蠢的退出选择（两个潜在的太平洋大国退出了）。此时，海洋上便只剩下西方国家的船只恣意航行了。1511年，葡萄牙人占领马六甲。1557年，他们又在澳门建立了据点。西班牙人和尼德兰人紧随其后。1565年，西班牙人开始在菲律宾建立殖民地。尼德兰人从葡萄牙人手里夺取了东印度地区，此外，尼德兰人还于1623年侵占了中国台湾。

明朝海外纳贡制度崩溃后，西方国家不仅摧毁了明朝的附属国，还控制了这些地区的海上贸易航线。明朝的外贸私有化政策实施过晚，范围也太小，并且由于缺乏政府的保护，很容易成为西方人猎捕的目标。中国私有外贸活动根本没有能力和西方强大的殖民势力展开竞争，最后只能萎缩。到了万历初期，葡萄牙人已经把中国的外贸活动限制在澳门—果阿（Goa）—里斯本（Lisbon）及澳门—长崎两线。西班牙人也把明朝的官方漳州口岸纳入他们的漳州—马尼拉（Manila）—亚加布尔科（Acapulco）一线。这条国际贸易路线向中国输入了大量白银，这对嘉庆之后中国的货币革命产生了重要影响。更为重要的是，马铃薯、山药、花生和玉米等来自新大陆的农作物在这一时期传入中国，使中国人口到18世纪时翻了一番。

西班牙人未能保住澳门据点便不能与中国直接进行贸易，所以只能依靠中国商人来满足漳州—马尼拉这条贸易航线。西班牙的越洋贸易，通常被称为“马尼拉大帆船”，导致许多中国人去往马尼拉定居。那些中国人像来自伊比利亚半岛的犹太人和摩尔人一样，虽然在经济上对当地人是有用的，但文化上却不肯被同化。结果，明末发生过两次针对华人的大屠杀。第一次发生在1603年，马尼拉总共两万中国人全部被杀害。第二次发生在1639年，第一次大屠杀后移民马尼拉的三万中国人中又有两万多人被杀害。如果说由于1639年的明朝近乎崩溃，故无法对大屠杀做出有效反应，那么1603年时的明朝政府还比较强大，北京竟然也未做出任何反应。1740年，尼德兰人在爪哇屠杀中国人时，推翻明朝的清政府也未做出任何反应。中国政府对海洋事务缺乏兴趣这一事实，似乎可以解释1700年为何尼德兰人只用区区6000人就攻占了巴达维亚（Batavia），而附近人口稠密的华人社区为什么很容易沦为比自己数量少得多的西方帝国主义侵略军的受害者。

尽管像中国这样的大陆帝国不大可能变成一个海洋大国，但宋代之后，“海洋中国”便开始萌芽。来自这一地区的力量阻碍了明朝开国皇帝朱元璋统一中国的进程。他们失败后便把基地转移到海外。明末，当反清志士控制了东南沿海及新建立的边疆省份云南时，类似的情形再次出现。例如，郑成功打着明朝旗号占据台湾从事反清活动一直坚持到1683年。郑成功生于日本的一个海盗家庭，母亲是日本人。西方人称他为“国姓爷”。郑成功拥有强大的海军，从尼德兰人手里夺回了台湾。1662年去世前，他正谋划攻打西班牙控制下的菲律宾。郑成功和郑成功的后人用主要通过与东南亚国家贸易获取的经费，建起了一个海洋政权。清朝深受海患之害，因此采取了与明朝一样的海禁政策。

明朝自建立以来曾经拥有全球领先的航海技术和能力，但问题是这样一个国家是否有可能使中国避免后来的不幸命运呢？要想回答这个问题，我们只需看一看今天的中国。那些指责明朝政府未能搭上全球殖民末班车的人经常引用下面的事实，即到明朝中期，仅一个工业重镇景德镇就有3000家瓷器工厂，总产值超过当时英国的国民生产总值。问题是，像景德镇这样的工业城镇太少了。中国从未有过足够数量的工业城镇，因此其经济结构并未发生根本变化。同样，尽管今天中国和美国在城镇人口数量上已经相差无几，但仍然还是世界上最大的农业经济体。中国经济仍然是以劳动密集型的小规模农业生产为主体，这也是过去2000多年中华帝国的根基。此外，中华帝国也是一个“慢动型”国家，在很大程度上不同于亚历山大或蒙古，甚至俄国。一代代中国人花了1000多年才从他们的黄河“摇篮”发展到西南地区，这大约等于从美洲中西部到美洲南部的距离。云南和贵州地区到明朝时期才成为中华帝国的一部分，其与东南亚国家的边界稳定且没有多大变化。满族人建立的清朝又向北方地区拓展了中国的疆域（原因在于满族人经过不断征服最后统一了中国）。换句话讲，自清朝平定天下伊始，中国就对在海外开拓领地失去了兴趣。

中国海外移民自明朝后便不再受到朝廷的庇护。与西方国家积极进行殖民不同，中国移民不得不寄人篱下，甚至任人摆布。中国在20世纪并不像日本那样过分炫耀自己在太平洋的存在，其经济形态仍以国有制为主体。这是天朝时代中国海洋政策的现代版本。比起明清时期，今天的中国大陆仍然受到某些海上威胁。然而，当我们批判明朝只会循着中国固有的模式，而没有发展成为“本可以”成为的那样时，必须思考一下这个“本可以”为什么没有发生。

孙隆基（Lung-Kee Sun）

孙隆基（Lung-Kee Sun），孟菲斯大学历史系教授，在斯坦福大学获得博士学位。主要著作包括《中国人的国民性格——从民族使命到个人主义》（*The Chinese National Character: From Nationhood to Individuality*，2002）和《中国文化的深层结构》（*The Deep Structure of Chinese Culture*，1983）。

第五章

欧洲扩张时代的开始（1450—1525）

中国同时期：明代宗朱祁钰—明世宗朱厚熜

概　述

上章讲述了15世纪世界上最富裕、最强大的国家——中国是如何派遣远洋船队航抵世界的各个角落的。中国的这些远洋船队曾到访东南亚、印度、波斯湾、阿拉伯半岛、非洲东海岸及现在的印度尼西亚等国家和地区。回国后，中国船员报告说远洋中那些偏远的地方对中国来说没有价值。因此，皇帝便下令不再对世界其他地方进行类似的探险活动。当然，这样的决定看似并没有什么不妥。然而，在全球背景下，中国对外部世界的不闻不问并不能阻止欧洲人对欧洲以外的地方产生浓厚兴趣。

随着罗马帝国的沦陷和中世纪的开始，欧洲人开始把目光转向国内，试图解决一些困扰国家的严重问题，比如如何获得足够的食物、衣服和帐篷等生活必需品。重要的是，欧洲开始向疯狂的蛮族寻求保护，后来又转向蛮族的邻国。欧洲世界陷入的困难境地使人们把目光投向欧洲以外的世界，因为那里的社会和欧洲相比既稳定又富足。

早在9世纪和10世纪，勇敢的北欧人就从斯堪的纳维亚半岛向西航行去探索冰岛、格陵兰岛和北美东北端的沿岸地区。虽然北欧人或者说维京人（Vikings）

没能在北美定居，但他们的行为展现出一种非凡的探险精神。这种探险精神也体现在威尼斯商人和冒险家马可·波罗的身上。马可·波罗曾在他的游记中记录了自己13世纪末在遥远亚洲的中国旅行的所见所闻，在欧洲引起极大反响。

通过十字军东征，好斗的西方基督徒把非基督徒逐出了欧洲。十字军战争进一步激发了欧洲人对欧洲以外世界的兴趣。从11世纪开始，欧洲的十字军便远征到中东地区，使欧洲人直接认识了居住在那个地区的阿拉伯人。除此之外，中世纪末期，欧洲人开始盲目迷恋国外产品，尤其是来自远东和印度地区的各种香料。这种对外来商品的依赖大大刺激了欧洲人探索世界其他国家和地区的兴趣。

幸运的是，欧洲人对世界与日俱增的迷恋正好赶上当时科技革新和进步的步伐，这让欧洲人能够自信地跨出他们占有的欧亚大陆上的那个狭小的范围。在欧洲人走出欧洲的过程中，指南针和观象仪发挥了重要作用，它们能帮助船员更好地开辟新航路，使人们能够拥有更为精准的地图和海图，即航海指南。15世纪时，葡萄牙人把阿拉伯造船技术与已有的欧洲造船技术相结合，造出了一种超级大帆船，即葡萄牙大帆船。这种帆船同时具有传统欧洲帆船的横帆机和阿拉伯大三角帆机，跟其他船只相比，这种帆船航速更快，操作也更简便。这样的帆船在用作战船时也很好用。仿照他们的对手，欧洲人也在战船上装上了大炮。与阿拉伯和土耳其人的战船相比，欧洲人战船上的大炮数量更多，质量也更好。这样，欧洲人便能利用他们的优势火力消灭在海上遇到的敌人。

15世纪初，西方人已经拥有了必要的航海技术，开始对世界进行长时间的探索。他们向世界远航的动力源自“3G理念”，即上帝（God）、金钱（gold）和荣誉（glory）。在3G理念的鞭策下，欧洲人发起了向欧洲以外世界的冲锋。从某种意义上讲，最初的基督教是一种富有入侵特质的宗教，因为基督教总是疯狂地寻求把人们改宗至基督教门下。基督徒探险家给非基督教世界的人带去了基督教义，他们影响的人口数量即使没有几百万，也得有几十万之众。为此，基督徒们尤其是葡萄牙和西班牙基督徒甚至不惜发动战争与伊斯兰世界打上几百年。最终，基督徒成功地把穆斯林逐出伊比利亚半岛，为此，他们欢欣鼓舞，还想在世界上其他地区照此办理。一些人竟想与传说中位于亚洲或非洲某地的富有且强大的基督教王国的传奇统治者祭司王约翰（Prester John）合作，把整个伊斯兰世界改宗成基督教的世界。

对利益的追逐是欧洲人探索世界的重要原因，欧洲人对利益的渴望程度甚至超过了改宗异教徒的热情。很多人抱着能直接挖到黄金的目的，相比这些人而言另一些更精明的人则想着通过商业贸易的方式获取利益。这些人非常清楚欧洲人对于从中国进口商品的疯狂热情，他们希望找到一个获得中国商品的新渠道。此前的亚欧间贸易路线经由中东地区，这条贸易路线主要由傲慢自大的意大利人控制，这些贪婪的意大利人从亚欧商贸活动中攫取了巨额利润。无论谁开辟出亚欧贸易新通道，新商贸路线的开辟者自然都会从意大利人的口袋中分得一部分利润。蒙古人和土耳其人在一定程度上只是战士而不是商人，当他们占领中东阿拉伯世界，并摧毁了东罗马的拜占庭帝国（Byzantine Empire）后，寻找新贸易路线的需求变得越发强烈。

最后一个动因是荣誉。对荣誉的追求也为欧洲探险者提供了不竭的动力。在文艺复兴时期，海外探险者大受赞美，人们认为他们勇敢且崇尚个人主义。此后，对荣誉的追求便深深地根植于人们的脑海中。文艺复兴把好奇心视为美德，因此文艺复兴鼓励人们尽可能知道更多的事情，包括欧洲以外的世界。

欧洲的扩张时代始于 15 世纪初。当时，葡萄牙人正在尝试全面探索非洲西海岸。葡萄牙当时的人口仅有 100 多万，单靠葡萄牙人完成探索世界如此伟大的壮举似乎不太公平。然而，由于地处大西洋沿岸，土地又是稀缺资源，加上葡萄牙国土的自然情况并不适合农耕，受自然条件所迫，葡萄牙人不得已变成了一个海上民族。加之葡萄牙人经过长期战争，成功地把穆斯林驱逐到北非，这点燃了他们如火的宗教热情。此外，在与撒哈拉沙漠南部地区穆斯林的经济往来过程中，他们一直幻想有一天能够远航至非洲，实现他们的淘金梦想。

葡萄牙最初进行远洋探险的策动者是亨利王子。亨利王子是葡萄牙国王的小儿子，人称“航海家”。1415 年，亨利王子在结束其征服北非伊斯兰城市休达的战役后在萨格雷斯（Sagres）西南的一个葡萄牙小镇创办了一所航海学校。他把海员、天文学家、地理学家、制图师、造船工人、学者和技师都召集到这所学校当中。这些人中有的是穆斯林，有的是犹太人，有的是基督徒；有人来自西班牙，有人来自意大利，还有人来自希腊和阿拉伯国家和地区。他们按亨利王子的要求（加之相配套的充足资金）为解决远洋航海的问题一起研究，提出各种解决办法。

技术上的不确定性仍然限制着海员们只能在可见陆地的范围内活动。1434

年，葡萄牙海员吉尔·埃阿尼什（Gil Eannes）驾船航行到位于非洲西岸北纬 25 度的博哈多尔角（Cape Bojador）。这是欧洲人第一次沿海岸航行到这么远的距离。1442 年，一艘葡萄牙船只航抵北回归线南部附近的布兰高角（Cape Blanco）。这艘葡萄牙船只的船长还随船运回了几名非洲黑人。6 年后，葡萄牙在布兰高角建起了一个作坊或者说是一座贸易中转站。在此期间，一些葡萄牙人在亚速尔群岛（Azores）、马德拉群岛（Madeiras）及佛得角群岛（Cape Verde Islands）等地定居下来。

1460 年，也就是葡萄牙航海家抵达塞拉利昂（Sierra Leone）的那年，亨利王子去世了。葡萄牙的海外探险活动暂时告一段落。1481 年，若奥二世加冕成为新国王，葡萄牙的海外探险活动重又开始。若奥并不像之前的亨利王子那样钟情于对航海科学的研究，航海对若奥来说仅仅是获取利益的手段而已。

1488 年年初，巴塞洛缪·迪亚士（Bartholomew Diaz）取得重大突破，绕过南非最南端后来被人们称为好望角的地方航抵非洲东海岸。巴塞洛缪·迪亚士的远航证明人们可以经由水路到达印度。9 年后，经过一番精心准备，葡萄牙新国王“幸运者”曼努埃尔（Manuel）派瓦斯科·达·伽马寻找通往印度的海上航线。1498 年，达·伽马不辱使命，率领 4 艘商船驶抵印度西南马拉巴尔地区的（Malabar）海岸港口城市卡利卡特。达·伽马随即装载大量东方香料返回葡萄牙，借此迅速暴富。

达·伽马的远航为大批葡萄牙商人打开了向海外市场的开拓之路。后来一位名为佩德罗·卡布拉尔（Pedro Cabral）的商人由于在南大西洋走错了路，竟然意外地进入了南美洲。这为葡萄牙人后来占领巴西奠定了基础。然而，无论是阿拉伯人还是他们的意大利商业伙伴，都不愿在巨大的商业利益面前甘当看客。很快，他们便与葡萄牙人发生了军事冲突。葡萄牙人在阿方索·德·亚伯奎（Alfonso de Albuquerque）等杰出海军将领的指挥下，通过数次海上战争消灭了他们的穆斯林商业竞争对手。此后，葡萄牙人建立了许多据点和贸易中心，如印度的果阿、波斯湾口的忽鲁谟斯（Ormuz）及东非沿岸的一些地区。葡萄牙人最终成功地控制了印度洋和通往欧洲的海上贸易航线。

对许多人来讲，克里斯托弗·哥伦布打通通往新大陆的新航路才是欧洲扩张史上最伟大和最具深远影响的大事件。哥伦布 1451 年出生在意大利热那亚的一个毛纺工人家庭，很小的时候便接触到海洋航行。他驾驶帆船多次环游地中海，

1476 年在葡萄牙近海遭遇海难。后来，哥伦布辗转到达里斯本，找到了一份制图师的工作并娶了一位家境殷实的葡萄牙妻子。

15 世纪末，大多数受过教育的欧洲人都认为地球是圆的。哥伦布自然也不例外。因此，哥伦布认为任何人只要一路向西一定能到达富饶的印度。哥伦布的好名声并非仅源于他提出的新颖观点而已，还源于他在远航中表现出的坚强毅力和不屈不挠的奋斗精神。1484 年，哥伦布向若奥二世寻求航海资助，遭到葡萄牙人的拒绝，因为他们认为哥伦布错估了从欧洲西行到印度的航程，实际距离要远得多。此外，葡萄牙人之前把投资方向一直放在向东绕过非洲到达印度的航线。如果哥伦布是正确的，葡萄牙人近一个世纪的苦心经营便会打了水漂。

后来，哥伦布转而向西班牙人寻求支持并成功说服西班牙卡斯提尔女王伊莎贝拉和阿拉贡国王斐迪南。1492 年，哥伦布带领 3 艘船，分别是“尼娜号”（*Niña*）、“平塔号”（*Pinta*）和“圣玛丽亚号”（*Santa Maria*），从西班牙帕洛斯港（*Palos*）起航。船队首先航抵加那利群岛（Canary Islands），然后继续向西。1492 年 10 月 12 日，经过 33 天海上航行后，哥伦布在巴哈马群岛（Bahamas）的圣萨尔瓦多（San Salvador）登陆。此后，哥伦布满载荣耀回到西班牙。

哥伦布深信自己第一次找到的那些岛屿就位于日本的东海岸，而印度就在前方不远的地方。很快，哥伦布便又开始了其总共 4 次远航中的第二次冒险。在后来的几次远航中，哥伦布到过加勒比（Caribbean）地区的所有主要岛屿、中美洲以及南美洲的奥里诺科河（Orinoco River）河口地区。然而，这些地方并非他以为的印度地区，而是一片新大陆。1506 年，哥伦布逝世。哥伦布去世的时候非常富有。他至死仍坚称他西行远航到达的是亚洲而不是别的什么地方。事实上，从欧洲西行到达亚洲的壮举并非由哥伦布完成，而是由哥伦布的后继者葡萄牙贵族斐迪南 · 麦哲伦（Ferdinand Magellan）完成。与哥伦布一样，麦哲伦是在西班牙政府的资助下进行西行探险的。1519 年，麦哲伦率领他的规模不大却装备精良的船队从西班牙出发，一路向西，经过 3 年时间完成环球航行。至此，麦哲伦成为首位横渡太平洋的欧洲人。但不幸的是，麦哲伦在行至菲律宾群岛时被当地原住民杀死。1522 年，麦哲伦的船队最终只有 5 艘船返回到出发时的港口。

历史评论

16世纪至17世纪，欧洲人通过海路与世界主要国家和地区建立起全新的联系纽带，使西欧成为对外领土扩张最活跃的地区。确实，在这个航海大发现时代，西欧快速控制了西半球、南亚及非洲沿岸国家和地区。欧洲史无前例的扩张行动一直持续到19世纪末期，那时欧洲已经几乎控制了整个世界。可以说，1500年后欧洲的全球扩张及现代化进程，促进了世界文化的融合和世界历史的形成。

15世纪葡萄牙人和西班牙人开始建造大型船只，并收集风向和洋流等诸多信息，绘制出更精准的航海图。这些航海技术的进步使得远洋航行更加安全。结果，包括克里斯托弗·哥伦布在内的许多欧洲探险家，都开始尝试在欧洲和世界其他国家和地区间建立贸易往来。15世纪末，许多大西洋沿岸的西欧国家还仅被视作亚欧大陆的边缘地区。很快，在不到半个世纪的时间里，西欧的许多国家和地区已经与世界其他国家和地区不可避免地进行了接触，并互相影响。由于西欧人的军事技术更强，此外他们的身体素质使他们不容易染上一些对非欧洲人来说较为致命的疾病。以上因素使西欧人能够迅速征服一些国家和地区，并在亚洲、非洲和美洲建立起他们的贸易据点和殖民地。

早在1494年，葡萄牙人和西班牙人就曾因新大陆的归属问题发生过冲突，还差点发展为战争。结果，教皇不得不宣布用一条分界线把两国未到之地一分为二，把位于分界线西部的地区划给西班牙，把位于分界线东部的地区划给葡萄牙。

后来，葡、西两国于1494年签订了《托德西利亚斯条约》(*Treaty of Tordesillas*)。条约明确了教皇提出的分界线方案，略有不同的是，明确后的分界线较之前往西稍稍偏移了一点。这一变化虽说只影响到美洲的一小片土地，但却为葡萄牙人分得了巴西。到15世纪末16世纪初时，葡萄牙人已经在海外拥有大片土地，包括在中国、日本、印度尼西亚、巴西和非洲建立的贸易据点，至此葡萄牙人建立起一个庞大的殖民帝国。然而，小小的葡萄牙最终还是无法有效管理它所占有的庞大的海外领地。后来，西班牙逐渐取代葡萄牙成为开辟欧洲海外殖民地的先锋。

以残忍和贪婪著称的西班牙征服者很快便在新大陆为自己和西班牙政府建立起庞大的殖民帝国。这些征服者通常都为西班牙贵族的次子，因为传统制度剥夺了他们拥有土地的权利，这些人便想到美洲新大陆去寻找财富。探险家荷南·考特斯率领一众西班牙人占领了墨西哥阿兹特克（Aztecs）地区，弗朗西斯科·皮萨罗带领另一拨西班牙人占领了秘鲁和厄瓜多尔印加人的大片领土。很快，西班牙人便从美洲新大陆帝国攫取了大量黄金和白银并抓捕到大量印第安奴隶。

最终，在弗朗西斯科·德·科罗纳多（Francisco de Coronado）、埃尔南多·德·索托（Hernando de Soto）、胡安·庞塞·德·莱昂（Juan Ponce de León）等西班牙探险勇士的努力下，西班牙极大地拓展了其海外领地。后来，西班牙政府设立总督对海外殖民地进行集权管理。此外，西班牙政府还在王室殖民地推行监护征赋制，即把大片土地连同居民一起分成若干份，每份土地约包含几个村子。西班牙领主向村民提供保护，作为代价和补偿，村民要为西班牙领主提供一些无偿的劳动。

此外，罗马教会也把自己看作是当地王室臣民的保护者，极力推动当地居民信仰基督教。最终，罗马天主教完全控制了中南美洲。

此后，拉丁美洲便逐渐形成一种各族群混居的社会。然而，由于族群间仍旧存有明显差异，使得在殖民地的西班牙人和克里奥尔人（creoles），亦即在殖民地出生的西班牙人，构成了当地社会的统治阶层。因此，混血人拥有的权力和财富要比占据统治阶层的人群少一些，而当地的印第安人，则处于社会经济最底层。此外，西班牙语成为西班牙美洲殖民帝国的主流语言，这在社会文化统一的过程中起到了极为重要的作用。

西班牙在新大陆拥有大量殖民地，这使其在15世纪晚期和整个16世纪很好地利用了被誉为“黄金时代”的大发展时期。源自新大陆的巨额财富滋养了许多极富创造力的人物，如《堂吉诃德》（*Don Quixote de la Mancha*）的作者米格尔·德·塞万提斯（Miguel de Cervantes）和当时西班牙最著名的画家埃尔·格列柯（El Greco）。

尽管西班牙从拉丁美洲赚得大量真金白银，但是16世纪的西班牙王室还是把这些金钱中的大部分花在了无休无止的战争上面。1516年至1556年，哈布斯堡王朝的查理五世在位期间领导神圣罗马帝国抵御过奥斯曼土耳其的进攻，并为反对法国入侵意大利而与法国开战。此外，西班牙还介入同德意志新教徒的战争。1556年至1598年，查理五世的儿子腓力二世推行了一系列导致西班牙战败的政策。1568年，尼德兰新教徒奋起反抗西班牙的统治。1588年，英格兰击溃西班牙

“无敌舰队”，由此引发西欧国家海洋势力均势的巨大变化。西班牙的海外霸权至此终结。就像当初西班牙取代葡萄牙成为海洋霸主一样，现在的西班牙不得不屈服于英格兰、尼德兰和法国等日益崛起的海洋新势力。实际上，1550年后，英格兰、尼德兰和法国探险者已经开启了探索世界的旅程，这些国家和地区很快便在世界各地建立起自己的贸易据点和殖民地。欧洲国家间的竞争关系和敌对态势无疑加快了这些国家远涉重洋进行海外领土扩张的步伐。

如同西班牙一样，英格兰、尼德兰和法国等国王室也从海外殖民地获取了大量好处，王室实力迅速增强。从海外殖民地攫取大量钱财的王室成员通过与教会和贵族阶层分享财富的方式赢得了权力和地位。然而这种行为同时导致在王室成员间爆发了剧烈的矛盾和冲突，而新教国家和天主教国家间的矛盾也进一步激化了西班牙王室成员间原有的矛盾和冲突。

这个发现时代也在很大程度上引发了欧洲社会的种种变化。例如，从美洲引进的多种作物极大地丰富了欧洲人的餐桌和口味。这些新作物为许多地区的人们提供了充足的营养。因此，欧洲人口也有了较大幅度的增加。这些新作物包括：马铃薯、西红柿、红薯、西葫芦、南瓜、玉米，以及各种豆类、可可类和香草类作物。此外，从美洲引种的烟草也很快让许多人欲罢不能。蔗糖也更易得了。蔗糖很快取代蜂蜜成为欧洲人的首选甜味剂。此外，欧洲人还引入了许多用于医药或食物储藏的香料。进口的丝绸、毛皮和棉花为欧洲纺织业带来很大影响。然而，新发现也给欧洲社会带来不小的负面影响，其中尤以传入欧洲的疾病为甚，给社会造成了沉重打击。例如，瘟疫曾周期性地光顾伦敦、里斯本和欧洲的其他城市，造成人口和财产方面的巨大损失。

在大发现时代，其他欧洲国家也如西班牙一样取得过数次重大成就。英国在都铎王朝（Tudor，1485—1603）时期，探险家约翰·卡伯特（John Cabot）、弗朗西斯·德雷克（Francis Drake）和沃尔特·雷利（Walter Raleigh）为英格兰在新大陆建立了殖民地，为后来大英帝国（British Empire）的建立打下坚实基础。与此同时，英格兰进入文学创作爆发性繁荣的时代，史称伊丽莎白文艺复兴（Elizabethan Renaissance）。在本·琼森（Ben Johnson）、克里斯托弗·马洛（Christopher Marlowe）、埃德蒙·斯宾塞（Edmund Spenser）尤其是威廉·莎士比亚等人的带领下，许多天才作家创作出了大量满怀生活热情、充满自信并具爱国主义情怀的文学作品。

尼德兰人创立的商业帝国让尼德兰商人积累了巨额财富。这些财富又让他们变成欧洲的主要债权人。阿姆斯特丹变成当时世界上最重要的商业和金融中心。1609 年，阿姆斯特丹银行设立，为西欧各国建立国家银行提供了范式。在西班牙和英格兰，国家财富的迅速增加为文化活动提供了充足的资金支持。这一时期是尼德兰画家扬·维米尔（Jan Vermeer）、弗兰斯·哈尔斯（Franz Hals）和伦勃朗·范·莱因（Rembrandt Van Rijn）等人的黄金时代，他们的画作多以表现尼德兰中下层人民生活为主题。不仅如此，尼德兰还发展成为欧洲的图书出版中心。此外，尼德兰科学家的科学研究也成效非凡，他们发明了望远镜和显微镜等科学研究设备。同时，尼德兰的自由氛围也吸引欧洲许多顶尖知识分子移居至此，如法国的勒内·笛卡儿和葡萄牙的巴鲁赫·斯宾诺莎（Baruch Spinoza）等，这些著名学者均因遭受迫害背井离乡，逃亡至此。

15 世纪发明的活字印刷术极大地提高了大发现时代知识传播的速度。人们比以往更容易接触到内容丰富、充满奇思妙想的欧洲文学作品。例如，在有些作家的作品中，人们可以了解到遥远的世界和异域文化。不仅如此，欧洲的海外扩张也加速了包括天文学、植物学、地理学、数学和医学在内的诸多新科学知识的传播。其中，大量医学著作使欧洲人了解到亚洲人和美洲原住民使用药用植物的知识。此外，诸如尼古拉斯·哥白尼（Nicholaus Copernicus）和伽利略·伽利雷等科学家的观点也通过在中国的耶稣会传教士所印刷的书籍传到日本。

在大发现时代，随着人类地理知识越来越丰富，欧洲人开始制作新的地图来标示他们新发现的土地。1500 年前后最重要的一份地图由胡安·德·拉·考萨（Juan de la Cosa）绘制。考萨曾于 1492 年和 1498 年两次在哥伦布的远洋船队中做过领航员。通过绘制地图，考萨可能最早质疑了新发现的陆地属于亚洲的说法。然而，16 世纪最具原创性和最有影响力的制图者当属赫拉尔杜斯·麦卡托（Gerardus Mercator）。他提出了“麦卡托投影法”（Mercator projection），即把地球仪投影在圆筒上，再把圆筒上的地图摊开成为平面地图，并将之用一系列平行的经纬线进行切分。这种方法对远洋航海十分有用。据此，领航员只要沿着罗盘指示的同一方向行进，就可以在海图上驶出一条以相同角度穿越所有经纬线的直线航线。

然而，最初的海外开拓却为欧洲带来长期且严重的通货膨胀。1500年至1650年，随着经济实力的迅速增强，欧洲物价较之前上涨了3倍。通货膨胀主要由以下若干因素造成：贸易航线的距离越拉越长、农产品供应量不能满足社会需求、北部欧洲社会工业化水平越来越高、人们生活水平提高等。而在所有因素当中，从新大陆输入大量黄金、白银、宝石和其他高价值产品，是造成欧洲通货膨胀最重要的因素。

面临通货膨胀，那些收入固定的普通群体往往最遭罪。此外，由于许多王室成员、贵族和拥有土地的社会名流主要靠长期出租土地获取大部分生活收入，通货膨胀极大地破坏了他们赖以为生的经济基础，同时还削弱了他们的政治影响力。此外，欧洲各地物价上涨的速度超过工人工资收入增长的速度，致使众多失业的工人最后不得不加入流浪汉的队伍之中。现代社会形成初期，社会及经济活动造成人们生活的变化较大。但对那些能够比较容易适应变化的人来说，他们获得成功的可能性也会大很多。

总之，全球用于工业发展和开拓新市场的货币量大大增加，这进一步促进了资本主义向外不断扩张。事实上，欧洲出现了人们常说的商业革命。尤其是许多企业开发了许多新型的商业组织，来管理规模日益壮大的商业行为。中世纪行会已经无法组织和管理这些大规模的商业活动。因此，商人们组织了联合公司，尤其是联合股份公司，来规范他们的生意往来。这些举措后来都被证明是非常有效的商业手段。股份公司的投资者根据他们手中持有的股票份额获取商业收益。此外，他们还通过雇用或选举的方式聘请公司的管理者。这样一来，人们建立的股份公司便拥有相对稳定的特性，因为人们买卖公司股票并不影响公司的存废。

殖民地在日益增长的全球贸易中起到至关重要的作用。殖民地的领主既把殖民地当作国内产品的潜在销售市场，又当作廉价原料的供应地。西欧国家接受了重商主义这一经济概念。这一概念要求一个国家在维持贸易、黄金和白银储备，以及对殖民地专属贸易权的有利平衡中，实现民族经济的自给自足。为了促进商品经济的发展，政府制定法律法规促进新工业发展，用制度强迫穷人必须工作，并建立关税壁垒限制或阻止外国货品进入本国市场。同时，政府还与其他国家签署了各种协议，帮助本国经济实现自给自足。在18世纪初以前，重商主义一直是欧洲最倚重的经济哲学。除了经济方面，殖民地还被视为欧洲国内宗教冲突和社会压力的释放管道。

引自新大陆的农作物多数都来自加勒比群岛，尤其是最初由阿拉伯人引入西西里岛和西班牙的甘蔗。欧洲人后来把甘蔗带到了新大陆，并很快改变了巴西和加勒比群岛的经济面貌。除了甘蔗，欧洲人还把稻米、小麦、葡萄、橄榄、咖啡、马牛羊和其他牲畜引入新大陆，从而促使当地农业生产模式发生巨大变化。

欧洲殖民者在拉丁美洲种植园里使用大量廉价的非洲奴隶。虽然人称“航海家”的葡萄牙王子亨利是现代奴隶贸易的发起人之一，但是此后把黑奴贸易拓展到新大陆，为新大陆需求强劲的劳动力市场提供黑人奴隶的却是西班牙人。由于欧洲疾病入侵美洲，致使美洲原住民人口数量锐减。然而，非洲人似乎对源自欧洲的疾病天生免疫。此后，欧洲人从非洲当地部落的酋长手中购买了 1000 多万非洲黑人奴隶。然而，在艰苦的航程中这些奴隶当中有约 10% 的人还未等到达美洲或刚踏上美洲土地就死去了。到达美洲后，贩奴商人就把余下的黑奴拍卖出售，约 70% 的奴隶最终流入巴西的种植园。

欧洲人对新大陆的殖民活动为美洲原住民带来了直接而巨大的破坏。到达拉丁美洲的欧洲人与美洲原住民在文化上格格不入。他们带去的欧洲疾病，如天花和麻疹，造成美洲当地居民大量死亡，极大地破坏了当地的传统文化。然而，由于到达新大陆的欧洲人口数量不多，美洲本土文化并未完全被湮灭。原住民的家庭结构、农业技术及艺术文化得以保存下来，但那些侥幸活下来的原住民后裔及其残存的文化不得不与西班牙文化相融合。其中尤为值得一提的是，美洲当地的传统宗教逐渐被基督教所取代。欧洲人最终控制了社会的方方面面，并禁止、废除了许多美洲当地的传统民风民俗。

欧洲人带到北美洲的疾病不仅造成大批印第安人染病而亡，还导致众多印第安部落不得不背井离乡，从传统部落领地移居到其他地方生活。然而，由于法国人的兴趣主要放在获得贸易利益方面而非从当地原住民手中抢掠土地，法国人和美洲原住民之间并没有爆发严重的冲突或产生中断印第安社会发展的后果。在一段时期内，英国人和印第安人的关系还是不错的，其中既有互相尊敬的友谊，又有互帮互助的合作精神。但是，1681 年至 1712 年，宾夕法尼亚爆发了渴望得到土地的英国人与保卫传统领地的印第安人之间的冲突。面对英国人的威胁，印第安人被迫拿起武器捍卫他们的土地和传统生活方式。后来，虽然英国政府试图通过实施保护印第安人土地的政策来平息各方纷争，但是那些迫切渴望得到土地的殖民者最终还是使政府保护印第安人所做的努力付诸东流。

欧洲人在为新大陆不断带来麻烦的同时，也对撒哈拉以南非洲造成了巨大影响。欧洲人开辟的非洲西海岸航线导致历史上一直活跃的经撒哈拉沙漠和印度洋海路把黄金、奴隶、象牙和无数其他货物向北运往欧洲及伊斯兰世界，向东运往印度的传统贸易路线彻底颠覆。他们把原本运往非洲沿岸地区的货物运往欧洲各国在世界各地开辟的殖民地。然而，欧洲人并未用心地在撒哈拉以南非洲经营殖民地，因为他们主要关注的对象是奴隶贸易、黄金和其他商贸产品。

尽管欧洲人开辟了奴隶贸易航线，但位于非洲黄金海岸（Gold Coast）或与欧洲有联系的一些王国由于控制着与欧洲人贸易的市场，也开始变得富裕起来。非洲人用欧洲人提供的武器互相讨伐，抢夺奴隶资源。那些想寻找更多奴隶的欧洲人逐渐开始沿着非洲西海岸往南移动，给西非国家和地区造成了巨大破坏。不仅如此，欧洲人尤其是葡萄牙人在非洲东海岸的行为，给当地斯瓦希里人（Swahili）的社会造成了很大破坏。然而，中非却没有经受过欧洲人过多的影响和破坏。尽管与欧洲人的接触造成了非洲社会的动荡和不安，撒哈拉以南地区的非洲人仍然保留了大部分祖辈的传统文化。

相对于新大陆和撒哈拉以南非洲地区的人，欧洲人给亚洲人民造成的影响则小得多。到达亚洲的欧洲人数量很少，并且大多住在贸易据点内。据点之外社会稳定，秩序良好并享有悠久的历史文化传统。当欧洲人到来时，印度早已在莫卧儿王朝（信仰伊斯兰教的、蒙古人帖木儿的后裔）带领下取得了政治上的独立地位。印度的上层社会变得越来越富裕，同时整个国家拥有灿烂的文化成就。17世纪，莫卧儿王朝权势下滑，地方诸侯的势力日益壮大，并最终获得统治权力。法国人和英国人非常希望废除印度的集权政治体制，这样一来他们便能在印度获取更高的商业利益。然而，无论是莫卧儿统治时期还是地方部落诸侯统治时期，印度社会仍然未被欧洲改变多少。因为有着深厚的宗教尤其是印度教的基础，印度的基本社会结构，如家庭、村庄和种姓制度等，在很大程度上仍然未受到太大触动。印度教徒能够坦然面对并接受他们所处的生活现状，他们会认为这是神的安排。他们也不乐于追求财富和接触新鲜事物。这就意味着印度人对欧洲人所提供的一切并没有表现出强烈的兴趣。然而，印度社会的基本结构未能阻止欧洲人从与印度的贸易中获取巨额利润。

16 世纪至 17 世纪，欧洲人对中国、日本和其他一些亚洲文明地区也产生过些许影响。欧洲对印度影响的程度主要与印度坚固的社会结构有关。18 世纪时，许多欧洲人非常推崇中国文化，但是清政府（1644—1911）对本国与欧洲间的贸易施行了严格的监管政策。中国人把欧洲人称为“洋鬼子”，因此，欧洲人对中国文化的影响微乎其微。然而，尽管曾担心过西方的影响，但是中国人并不在乎自己是在与打了几百年交道的穆斯林老客户交易，还是与新来的欧洲人交易。事实上，尽管穆斯林在东南亚地区、东南欧地区、印度和非洲地区不断取得重大胜利，势力范围扩大到更多地区，但是当海洋贸易航线取代了陆上贸易线路后，穆斯林便逐渐丧失了全球贸易市场中的中心地位。

1542 年，葡萄牙商人成为第一批同日本人打交道的欧洲人。在随后的几年中，来自葡萄牙和其他天主教国家的商人和传教士不断抵达日本。日本中央政府和地方统治者在与欧洲人打交道的过程中很快便掌握了火器的使用方法，得到了从欧洲进口的烟草和其他商品。

此外，西欧文化最重要的元素基督教也随之传入日本。16 世纪末，日本已经有约 15 万人皈依了基督教。然而，1597 年后，日本统治者发动了一场迫害基督徒的运动。日本统治者不想让他们的臣民效忠他人，担心欧洲的传教行为最终会像西班牙人在菲律宾所做的那样，导致日本在政治上被征服。因此，1638 年，日本政府运用从尼德兰新教徒手中获取的技术和武器装备镇压了九州叛乱。九州平叛结束后，日本政府为防止外国基督徒与日本持不同政见者相互勾结，实施了一项禁止日本人海外旅行和禁止外国人来访日本的禁令。通过禁令，德川幕府时期（1603—1867），日本强化了对传统风俗和价值观念的坚守，保持了社会的稳定。日本实行的排外政策直到 19 世纪中期才告结束。

新航道的开辟是人类历史上最伟大的探险活动之一。这种海外扩张行为具有非常鲜明的民族主义特征。15 世纪至 16 世纪，西欧国家实力强大的中央政府对人们进行海外探险并建立殖民地的行动提供了有力的政策扶持。欧洲人的海外扩张在促进世界各国文化交流的同时，也为欧洲和世界其他国家和地区的人们带来了各不相同的结果。

史蒂文 · E. 西瑞（Steven E. Siry）

史蒂文·E. 西瑞（Steven E. Siry），鲍德温－华莱士学院历史学教授，在辛辛那提大学获得博士学位。主要著作包括《革命领袖——格林》（*Greene: Revolutionary General*，2006）、《德·威特·克林顿和美国的政治经济》（*De Witt Clinton and the American Political Economy*，1990）。

第六章

活字印刷（1450）

中国同时期：明代宗朱祁钰

概　述

在促进知识的对外传播方面，没有任何发明能与活字印刷相媲美。历史学考证后认为欧洲活字印刷术的发明者是约翰内斯·谷登堡（Johannes Gutenberg），他出生于现在德国的美因茨（Mainz）。谷登堡印制了世界上第一本由活字印刷技术制作而成的书——《圣经》，也叫作《谷登堡圣经》（*Gutenberg Bible*）。另据考证，人类活字印刷术最早在 11 世纪出现于中国，13 世纪朝鲜也有了活字印刷品，土耳其则稍晚于中国和朝鲜，但是似乎当时的谷登堡对这些并不知情。随着读写能力在普通民众中普及，人们更加需要一种相对更好的书面交流方式，此外人们对收藏精美的手抄本兴趣浓厚，加之人们对世俗文学和宗教文学极为热衷，于是，谷登堡的活字印刷技术就这样发展起来。面对公众对书籍的庞大需求，谷登堡一心想寻找合适的办法来增加书籍的市场供应量。

有关谷登堡早年生活的信息尚不明确。长久以来，学术界推断谷登堡的出生年份应为 1398 年。但是阿尔伯特·卡普（Albert Kapr）在其 1996 年出版的传记作品中指出，谷登堡的出生日期为 1400 年 6 月 24 日。谷登堡出生时，父亲年约 50 岁，系美因茨知名商人。谷登堡的母亲出身于贵族家庭，比谷登堡的父亲年轻得多。谷登堡父母均受过良好的教育，也都十分重视对子女的教育。谷登堡到底是在美因茨读的书还是在自己家里接受的教育，这一点后人并不十分清楚，但他很有可能去过教会创办的走读学校。为了出版《圣经》，他一定在什么地方非常认真地学过拉丁文，他也有可能于 1418 年至 1420 年在爱尔福特大学（Erfurt University）进行过深造。

15 世纪 20 年代，谷登堡住在美因茨，此时谷登堡的父亲已经过世，所以他一边照顾母亲，一边学习金匠手艺。当时，由于小镇的财政、税收事宜和小集团之间的竞争等问题，美因茨经常爆发群众骚乱，也许正是这个原因使谷登堡于 1430 年离开了美因茨。之后，谷登堡移居到斯特拉斯堡（Strasbourg），一住就是很多年。大概正是在斯特拉斯堡的那段时间，谷登堡心中萌发了用活字印刷技术制作图书的念头。出于某种原因，谷登堡在 15 世纪 40 年代中叶又回到了美因茨。1450 年，他向一名叫作约翰内斯·福斯特（Johannes Fust）的律师借了一笔钱。谷登堡用这笔借来的钱投入到他的技术发明里，并把发明成果向市场投放。两年后，福斯特借给谷登堡更多资金并成为其合作伙伴。然而，合作的过程似乎并不愉快。1455 年，因谷登堡未能按时履行约定偿还债务，福斯特从谷登堡手中夺走了大部分印刷设备。福斯特把这些用来抵债的设备送给未来的女婿彼得·斯古莱费尔（Peter Schoeffer）——他当时也在福斯特手下从事印刷出版工作。此后，谷登堡勉强维持了几年他所钟爱的印刷事业，直到 1460 年干不下去为止。之后，谷登堡退休回家。1465 年，当地大主教为奖励谷登堡在印刷事业中所做出的贡献，颁给谷登堡一笔养老金，而此时的谷登堡已经没有多少时间来享受这笔钱款了。1468 年 2 月 3 日，谷登堡与世长辞。

有人认为谷登堡发明了印刷术，或者说他发明了书籍印制的方法。然而，如果严格地讲，这些说法是不准确的。但是，谷登堡的确发明了一种特殊的制书方法，即“活字印刷”，从此人们便可以按谷登堡的方法，在机器的帮助下大规模生产书籍。但在这里仍需要说明，即使单说活字印刷，也未必是谷登堡的“发明”，正如前文所述，亚洲在很早以前便已出现活字印刷的技术了。

在谷登堡发明活字印刷之前，书籍都是由抄写员手抄或是利用雕版的方法印刷的。要想雇用一位专业抄写员来完成一本书的制作不仅费时费力，而且十分昂贵。有时，为了赚取更多生活费，一些神职人员专门从事抄写文章的工作。而个体书商则要雇用多达50个抄写员来制作书籍。中国人发明了木刻凹雕制版技术，能够准确地印出文字。此外，中国人还发明了纸这种既廉价又易得的最佳印刷材料。然而，雕版印刷仍然十分费力，成本也不菲，而且倘若在制版过程中出现错误，修改将十分困难。随着谷登堡发明金属活字印刷技术，出版商首次得以快捷地进行文本编辑和修订工作。

相对于中国的雕版印刷术来说，谷登堡的发明则做出了两项改进。首先，他仿照金银匠给金属块打上商标的工具，用金属材质的活字取代了木料材质的活字。其次，谷登堡的活字模块以字母为单位，而非以整版为单位，这就使人们在使用字母时能更为灵活方便，且可长期反复使用。此外，谷登堡还把一项古老的发明，即螺旋压榨机技术，应用于他的发明设计当中，以便更好地把涂有墨水的模板按压在纸面上，完成全部印制过程。

为了复制出多个带有字母、数字和符号的模块，谷登堡采用了复制技术。即由他（或他的助手）将字母以凸雕的方式清楚地刻在坚硬的金属上。接着，再用其在铜质的模具上做出压痕，这样就得到了与该字母方向相反的凹痕。另一个问题，就是找到适合做模子的合金，这种合金要熔点低、易于铸型，同时要有一定硬度，以便长期使用。经过反复试验，谷登堡发现由铅、锡和锑组成的合金效果最好。谷登堡先给这种合金加热熔化，之后再把熔化的合金浇注进铜质模具中，这样一来一个小活字模块便做好了。谷登堡不断重复这一过程，直到做出足够数量的字母活字模块。之后，他再在每个小模块的背面做出类似小手柄的东西，这样人们在使用这些活字模块时便能很方便地抓取，从而在纸上印出一个个单词和一行行句子。大部分史学家认为彼得·斯古莱费尔改进了铸字机的模型，这个模型有两种功能，一是可以把熔化的铅灌注进去，二是由此制作出高度相同的小模块。当然，谷登堡可能还在此模型的基础上做了一些改动，以更好地铸造自己的印刷活字模块。

谷登堡解决的另一个技术难题就是发明一种既能黏附在模块上，又能在印刷的过程中清晰地把字母呈现在纸面上的墨水。原来用于雕版印刷的墨水已经不再适用于金属活字印刷。经过几轮试验，谷登堡终于发明了一种由亚麻籽油和颜料混合而成的墨水，解决了原先金属活字印刷显像不清的问题。此外，之前人们的书写复制材料主要是由小山羊、羔羊或小牛的内脏（后来取用动物表皮）制成的犊皮纸，这种材料十分稀有且价格昂贵。此后造纸原料变成了破布碎屑，这对印刷墨水的成功研制起到了至关重要的作用。

螺旋压榨机技术早在1世纪时就已出现。据说，谷登堡在参加一次饮酒节活动时看到了制酒压榨机并深受启发，后来便有了他的发明。但是多数历史学家却认为，谷登堡很可能是通过向当地一名叫作康拉德·萨斯帕奇（Konrad Saspach）的木匠请教，并对用来压榨橄榄油或是熨烫布匹的家用按压机进行改造后，才最终研制出属于他自己的发明。谷登堡先用钩子钩起一个叫作“压印盘”的压纸板，放在一个叫作“软管”的盒状托架上。该装置顶端装有旋钮，转动旋钮，降下压印板，使之接触到字模所在的平面。压印盘上的纸张吸收字模上的墨水，如此一来，一页内容就印制好了。15世纪末，第一批图片经由印刷机加工印出，当时采用的是突边桌技术来固定活字字模。当压印板缓缓下降的时候，印刷工人迅速将突边桌放到压印板下面的合适位置，以便实现同压印板上纸张的对接。尽管谷登堡发明的印刷机体形庞大笨重，既不便操作，也无法一次印刷尺寸较大的纸张，但是直到18世纪末之前，人们还是一直使用他所设计的印刷机。谷登堡印刷机在当时极为流行，到1468年的时候，每个欧洲国家都至少拥有一个印刷作坊。

S. H. 斯坦伯格（S. H. Steinberg）认为，字体设计的变化发展同文艺复兴提出的人文主义主张存在密切的联系。他指出在人文主义盛行的国家，出版商选用的是“罗马字体”和“意大利字体”。而在其他一些欧洲的边缘国家，非拉丁字母和一些风格独特的字母则被人们广泛采用，如俄国和保加利亚使用的斯拉夫字母等。

早期印刷出来的书籍看起来很像专业抄写员抄写出来的，这是为迎合广大思想较为保守的读者的需要。出版商还会在章节开头处或其他地方留白，这样可以为插画家留下画图的空间，就像原来制作手抄书籍时一样，他们还给印刷的书页加进一些精心设计的签名或别的图案。1480年左右，人们开始注重印刷文本的准确性和可读性，印刷者开始在纸上使用不同字号的字母来标示章节标题、副标题、目录、索引和其他体例。这样一来，印出文章的形式便更加多样，也能更好地被读者理解。与此同时，在印制品中，字母的种类、组合（连体字母）和印刷者使用的符号都减少了。谷登堡时期的字模变化大概有300种，到后来这一数量被削减至约40种左右。

印刷业发展的头150年，插图是由木质模板印制出来的。到15世纪末的时候，铜板雕刻技术开始取代木板雕刻，艺术家能在铜板上展现作品的更多细节。把墨水涂在铜板的细小刻痕上，通过刻印，墨水就印在了纸张上。但不管是用哪种手段添加插图，都需要把图画和文章分别印制，这个印制技术的缺陷在相当长的时间后才被克服。

在英语国家，威廉·卡克斯顿（William Caxton）在印刷史上的声望仅次于谷登堡。卡克斯顿约于1420年出生于英国的肯特郡（Kent）。他早年在伦敦商界闯荡，做的是布匹买卖，主要经营日用杂品、布匹和丝绸。卡克斯顿的老师是威廉·拉奇（William Large），拉奇不仅是一位成功的商人，后来还当上了伦敦市长。借助与拉奇的关系，卡克斯顿不仅了解到15世纪商界错综复杂的关系，还结交了很多有钱有势的朋友和商界同行。

15世纪50年代，卡克斯顿住在布鲁日，即当时的佛兰德斯（现在的比利时）境内，承担类似领事的工作，负责维护英国的商业利益。布鲁日是当时重要的世界市场，而佛兰德斯则是图书手稿商品的贸易中心。卡克斯顿几乎全过程地参与了向英国出口图书手稿的工作。也许是基于工作的原因，卡克斯顿渐渐地对印刷和出版行业产生了兴趣。

15世纪60年代，卡克斯顿从布鲁日离职，可能他当时并不想辞职。后来，他便开始专注于翻译一部法国中世纪浪漫传奇作品——《特洛伊历史回顾》（*Recueil des histories de Troye*）。他把译稿献给爱德华四世的妹妹玛格丽特。为了出版译作，他于1470年专门跑到科隆（Cologne）学习印刷出版这一行当。因为卡克斯顿的这部译作在出版后受到读者极为热情的追捧，所以卡克斯顿于1473年在布鲁日创办了一家属于自己的出版社，除了出版自己的译作外，还出版了其他一些流行作品，其中还有一本关于国际象棋的书。

1476年，卡克斯顿回到伦敦，在威斯敏斯特创办了一家出版机构。卡克斯顿不仅出版自己的作品，还从欧洲大陆进口图书，成为英国首位本地图书经销商（当时伦敦已有来自尼德兰、德意志和法国的书商）。卡克斯顿取得的成功部分源于他与当时王室保持的亲密关系。爱德华四世、理查三世（Richard Ⅲ）和亨利七世（Henry Ⅶ）都视卡克斯顿为知己并对其出资进行出版支持和赞助。爱德华四世的妻弟第二代里弗斯伯爵的著作也经由卡克斯顿的出版机构出版发行。卡克斯顿对出版行业产生较为深远影响的原因在于他首次翻译并出版了许多优秀的非英语作品的英文版。此外，他还出版了英国文学的一些重要作品，比如杰弗里·乔叟的《坎特伯雷故事集》等。

15 世纪 50 年代以后，出版业在欧洲快速发展并且迅速向其他地区传播开来。1465 年，意大利有了出版机构，文艺复兴运动产生的作品得以以出版的方式问世，罗马字体和意大利字体随之流行起来，后来人们对出版发行的书籍的样式又进行了革新，加入了扉页和页码，同时开本较小的便携出版物也不断涌现。到 1490 年的时候，意大利出版商已经开始忙于经销古希腊和古罗马作家作品的廉价普及读本了。

不久以后，科技类书籍开始大量涌现，选题种类也丰富多彩，连采矿和蒸馏技术等专业领域也有涉及。16 世纪中叶，尼古拉斯·哥白尼和其他天文学家的作品得以出版问世。17 世纪中叶，如伦敦皇家学会（Royal Society）创办的《哲学学报》（*Philosophical Transactions*）一类的科技期刊开始出现。至于报纸，早在 1573 年便以单页阔幅的形式零星地在英国出现。然而，定期出版的报纸则直到 1609 年才在德意志发行，在英国问世的时间则更晚，为 1620 年。1702 年，伦敦拥有了属于自己的首份日报——《每日新闻》（*Daily Courant*）。

历史评论

1999 年秋，艺术与娱乐电视台（Arts and Entertainment Television）的《传记》（*Biography*）系列节目将西方活字印刷术的发明者谷登堡称作公元 1000 年至 2000 年最具影响力的世界人物。的确，在过去千年的人类发展史中，印刷术所做的贡献极为突出。虽然活字印刷技术早在 11 世纪便已首次出现在中国，但是汉语这一有着近 4 万个复杂象形文字系统的语言还是限制了印刷术的发展，事实上，中国的印刷技术对西方印刷术的产生并未发挥实质作用。西方印刷业的开端以 1456 年谷登堡版《圣经》的出现为标志。虽然印刷术对教育、宗教、政治领域以及西式民主发展等方面产生的重要影响直到几个世纪之后才逐渐显现，并为后人所重视，但是早在 16 世纪初，欧洲的社会面貌就已经在印刷技术的推动下发生了明显的变化。事实上，人们时常认为，这一革命性发明所带来的影响还远未停止，并将在未来不断显现。

印刷术所引发的社会变革的性质，曾引发人们广泛的讨论。史学家和哲学家均认为，变革的关键在于知识是以怎样的方式体现并为人类所吸收的。也就是说，人类由“听力文化”，即通过口头传授和耳听方式学习文化转变成通过另一种途径——阅读书面文字来传播和学习文化。这一转变合情合理，无懈可击，也颇具象征意义。比如，修辞艺术这一有关如何使用语言的理论与实践艺术，其效果取决于说话人所说的话语和对听众的影响（注意，这里的“听众”指的是早前通过耳朵接收信息的人，现在这个词则同时指代通过书面阅读和耳听口说接收信息的人）。一个成功的演说家不仅能照顾到听众的需要，还能对在人头攒动的公共场合和私人场合所发表的演说做出区别。如果在公共场合，比如在罗马城市广场发表演讲，那么演讲者所运用的语言就应该铿锵有力、吐字清晰，语言表现形式越夸张，越具戏剧性，效果也就越好。而如果在相对密闭的环境里，比如在法庭之上，娓娓道来的案情陈述和细致谨慎的法庭辩论则是取得成功的关键要素。基于同样的道理，授业者往往更喜欢苏格拉底式一问一答的方式，而不喜欢连续不间断的讲座式授课模式。今天的教科书被老师和学生一致认为平淡无奇，无法成为获取知识的第一选择。同样，如果教会信徒很难接触到《圣经》和手写的教义说明，只能通过教士获得启示，那么一个好的教士则会运用修辞术来阐述基督教教义，或许更为重要的是，他要让听讲的信徒时刻保持清醒的状态，而不要听着听着便睡着了。

随着印刷术的出现，书籍和其他印刷资料变得越来越唾手可得，人们再也不用聚到一起听新闻、传消息了。修辞艺术开始有了包含观点表达的书面方式。米歇尔·德·蒙田（Michel de Montaigne）时常会用个人随笔的形式亲切称呼他的听众为“读者”，较好地满足了居住地分散，来自各个阶层且阅读场所各异的听众的需求，成为首批成功达到以上预期的作家之一。会说话的画即电影，也是人类历史上极其伟大的发明。虽说发明电影没有发明印刷术革命性强，但是如果与电影所带来的修辞风格变化的复杂程度相比，印刷术所带来的修辞风格上的变化则几乎可以忽略不计。虽然这么说并不十分准确，但好莱坞的老套做法还是倾向于使用那些有名的舞台剧演员，尽管他们古怪尖厉、异于寻常的声音显得十分滑稽，表演效果也并不好。但是的确，相对于大屏幕来说，这些人更适合在大剧院演出。

另一个显而易见的知识传播方式的变化就是人类记忆大段内容的技能逐渐减退，乃至全部消失。在书面材料被广泛使用之前，演说家的水平完全仰仗其所拥有的强大记忆力。诗歌、故事、歌曲、演说和布道词等均以口口相传的方式流传下来。所以诗人、吟游歌手、演说家和教士需要运用复杂的记忆技巧，包括韵律、节奏、押头韵甚至肢体动作来进行辅助记忆。据说一些石刻和哥特式大教堂画有图案的玻璃窗都可以充当演讲者的提示工具。虽然图像和精美的建筑在印刷文化时代仍然很重要，但事实却是，如果作者能为后世长久地记录下他们的作品，那么他们个人记忆力的好坏、记忆方法的优劣在印刷术发明以后就显得不那么重要了。

在印刷术发明前，作家很难把他们创作的文字保存下来。很多在印刷术发明前撰写的手稿之所以能够得以保存下来并不是因为当时有意为之，而是全凭运气。《贝奥武甫》(*Beowulf*)是一部盎格鲁－撒克逊时期创作的史诗性巨著，其故事得以流传下来源于《贝奥武甫》的手抄本被一位收藏家得到。据说，这位收藏家喜欢收藏有关猛兽的故事。在他的藏品中还有另一本书名为《东方诸奇妙景观》(*The Wonders of the East*)，讲述的是一个长有厚重毛发、体形硕大，身高近 4 米的女巨人的故事，这个女巨人长着一口尖利的驴牙，还拖着一条牛一样的尾巴。另一本盎格鲁－撒克逊时期的手稿尽管经常被修道士们用作喝酒进食时的桌布，但幸运的是仍得以保存下来。这部桌布手稿中有诸如《流浪者》(*The Wanderer*)这样的著名挽歌，即便在今天仍经常被收录进最新出版的诗歌选集。此外，在中世纪，不管是写在纸莎草纸上，还是写在坚硬的牛皮纸上，这些文字撰写的内容都极其脆弱，很容易破碎损坏。如果一部手写稿被经常使用的话，那么过不了多少时间便会损坏；而被收藏起来的保存本则或是容易受潮发霉或是被虫蛀破坏，有时还会遭窃或毁于火灾。正如托马斯·杰斐逊(Thomas Jefferson)在给身为政治家和律师的乔治·威思(George Wythe)的信中所说，以上问题直到现代仍然存在：

> 在我研究弗吉尼亚早期法律的时候，发现许多当年的法律文件已经没有了，其他更多文件也正面临丢失和毁坏的危险，只有为数不多的几个副本在一些细心谨慎的收藏家手中保存下来。但是当这些收藏家过世后，他们拥有的保存本很有可能会被当作废纸处理掉。……问题是，如何才能更为有效地保存这些藏本，使其免于流失和毁坏呢？然而，即便我竭尽全力对这些藏本

加以保护，仍无法阻止它们遭受书虫啃噬、纸张自然霉变及腐烂、因火灾或公共用途而被销毁的厄运。……历史经验告诉我们，我们无法指望通过将孤本或是小部分手稿副本放在公众空间里储存的方式来使它们被保存的时间更加长久。

引自朱利安·博伊德（Julian Boyd），《历史中……珍贵的瞬间》（*These Precious Moments of ... Our History*），《美国档案管理员》（*The American Archivist*）2（1959），175—176 页。

此外，抄写资料时由于粗心大意导致抄错的情况也会造成损失。误读和误抄会造成拼错字母或抄错单词。当时的抄写员也会与今天的作家犯一样的错误。比如，漏写或是重复写了字母，这种错误在各行的开头和结尾处尤为常见，抄写员有时甚至会漏掉一整行文字。再有就是抄写员对抄写内容的介入。抄写员可能会根据自己个人的审美品位和思想观念对故事或教义内容进行修改。这一做法到底是让人不安恼火还是感到趣味盎然，人们对此看法不一。

印刷术的出现使复制变得简单易行，从而解决了许多这类问题。尽管印刷用纸并不如牛皮纸那样耐用，但是其众多的数量弥补了质量上的缺陷。尽管如此，还是有人对印刷制品持怀疑态度，有时仍会雇用抄写员手抄书籍，用以留给子孙后代。另外，印刷副本的出现使书籍拥有者变得懒惰，伊丽莎白·爱森斯坦（Elizabeth Eisenstein）指出："手写信息被大量印制，数量如此之多，以至于人们可以随时把它们扔进垃圾桶或者重新变回纸浆，而往往不会有长期保存的想法。"相反，由于手抄本（manuscript，意为"手写本"，拉丁语中，manu 意为"用手的"，scriptum 意为"书写的"）极为昂贵，所以就会被仔细地保护起来。除了早期大量手写资料的遗失，现今仍有数量惊人的作品被保留下来。例如，由生活在大约 7 世纪末 8 世纪初的作家圣尊者比德（Venerable Bede）创作的作品被保存下来的手写本数量便超过了后来 18 世纪小说的存世数量。

当然，即使是印刷复制，也不能避免人为错误的发生。印刷复制和手抄复制的最大不同就是，一次抄写过程中所犯的错误可以在下一次抄写过程中被纠正过来。或者即使假设最坏的情形，即错误未得到修正而是复制了很多遍，其受众面也会相对较小。但是如果在印刷时出现错误，那么错误便会经由机器印刷批量产生并进行广泛传播。例如，在1631年出版的《邪恶圣经》（*Wicked Bible*）中，由于排字工人的疏忽，漏印了“第七戒”的“不”字，结果意思就由“不可奸淫”变成了“必须奸淫”。

虽然印刷产业的兴起带来一系列问题，但是印刷却能批量复制文字和图案，这在西方欧洲社会引发了深刻变革。这些变革在文化和教育领域表现得最为明显，因为人人都或多或少与此有过接触。在过去，人们夸大了印刷业对教育和文化的影响，往往忽视了中世纪繁荣的文学传统以及社会和文化领域内业已开始的教育普及动向。对于那些在变革的欧洲经济中崛起的新兴中产阶级来说，这一点尤为正确。可以说，印刷使人们接触到更多书籍，降低了书的价格，人们有机会阅读更多宗教类、流行畅销类和教育类读本，也因此推动和加速了社会变革的进程。

虽然估算识字率是一项艰巨的工作，但是还是可以做一些简单的归纳。1066年诺曼征服（Norman Conquest）之后，法国和英国的贵族都会掌握法文和一点拉丁文进行文本阅读。到了13世纪，亨利镇的沃尔特（Walter of Henley）写出了法文著作《农事》（*Husbandry*）和《管家》（*Stewardship*），很多类似作品的出现表明当时的管家需要通过学习读写技能掌握一定知识来料理家政、经营买卖等事宜。从一定程度上讲，在14世纪的英国，抄写员群体迎合了银行家、商人、律师和骑士群体的需要。早在1405年，当权者便开始担心反政府人士制作和散发煽动传单，因为大量读者能够读懂和理解上面的内容。1450年，英国部分地区识字率已经达到了30%~40%，伦敦地区则更高。到16世纪末期，城市识字率已经普遍达到50%以上，欧洲大陆的情形也大抵类似，民众识字比例与英国同一时期不相上下。总的来说，中产阶级让人们意识到获得读写能力既是必要的也是可能的，这种想法从上流社会和教士阶级到下层社会和底层阶级都普遍被人们所接受。以意大利为例，有文化的商人和没文化的贵族同时存在。民众的整体识字率一直缓慢上升，到18世纪时已达到60%左右。如今，这一比例已达90%。

在书籍的选择和阅读兴趣方面，情况也大致相同。以乔叟写于14世纪末的文学作品《坎特伯雷故事集》为例，故事中的学者宁可要“20卷书”摆在“床头”，也不要漂亮衣服、小提琴或竖琴放在房间里。因为当时经济条件不好的学者根本买不起价格昂贵的手抄本。尽管有些书的内容有些离经叛道，但是仍然有或穷或富的很多人想拥有一些这样的手抄著作。与乔叟笔下的学者们一样，教会的教士也总是想尽办法获得书籍，当然他们当中也的确有一些人拥有属于自己的书，这一潮流随着中产阶级商人群体的壮大而扩散开来。我们发现，不仅仅是贵族会把书赠送给朋友、教会和家人。伦敦的一个葡萄酒商在 1349 年赠送给别人一本诗集；1420 年和 1435 年，有几位市民捐赠出几本《坎特伯雷故事集》；1432 年，约克郡一位叫作乔安娜·希尔顿（Joanna Hilton）的女士捐赠出数本《摩西十戒浪漫传奇》（*Romance with The Ten Commendments*）、有关古代希腊七贤人（Seven Sages）的浪漫传奇，以及法文著作《玫瑰传奇》（*Roman de la Rose*）等。

那么，印刷行业的诞生对读写能力和知识学习会有怎样的影响呢？简单地说，随着社会对人们读写能力以及受教育程度的需求不断增长，书籍的大量生产使更多人有能力拥有书籍，同时也产生了新的学习方式。在印刷业出现之前，已经有越来越多的孩子开始接受教育了。富裕家庭把家庭教师请到家里来教孩子，或者把孩子（无论男女）送到文法学校学习。此外，还有主要招收贫困家庭学生的教会学校，即便在农村地区也办有教会学校。虽然人们接触书籍比以前更加容易，但是教师在学生学习的过程中仍然十分必要。尽管书籍的大量生产没有淘汰传统老式的授课方式，但它的确使得人们自学知识成为可能。“为什么年长的人就一定比年轻人受追捧呢？”第谷·布拉赫（Tycho Brache），一位 15 世纪历史书的撰写者如此问道，“现在，年轻人通过勤奋学习照样可以同年龄比自己大的人获得一样多的知识。”

年轻学生并不是唯一的书籍受益人群。现在，想要在短时间内超过早前学者一辈子的阅读量也是有可能的。传统的“游走学人”如今可以在一个地方查阅到多种书籍，而不用像以前那样辗转游走于不同图书馆和修道院去查阅文献资料。与此同时，中世纪学者往往需要花费一生的时间在一本书上做脚注和写评论，如今人们则可以广泛参阅多种作品。虽然新的研究方法暴露出早期学者间思想观念的矛盾和问题，但是，在一个地方查阅多本著作则有助于学者挑选、整理出所需要的资料，从而借此展开研究。

就提供信息的准确性方面可以看出，当时存世的不同书籍表现出写作质量参差不齐。首先要承认的一点是，印刷对大众阅读习惯的影响微乎其微。如前文所述，中世纪后期和文艺复兴早期的读者受教育程度相对较高。读者的阅读品位决定了出版商对于印制书籍种类的选择。威廉·卡克斯顿就是一个典型代表。1476年，他将谷登堡印刷术引入英国，借此垄断了15世纪后期英国的出版市场。卡克斯顿最初为学校印制拉丁文布道文、历史书和语法书，但很快他便改变了印刷品的种类，转而印制一些适合中产阶级的高品位的诗歌、传奇小说和人物传记。卡克斯顿不但销售印制版书籍，而且同时销售手抄版书籍。有意思的是，尽管卡克斯顿建立了出版社，抄写员的生意也没受多大影响。与欧洲大陆国家不同的是，英国有大量以印刷版为原件的手抄版图书。出现这些书的原因不仅因为英国人有收藏手抄版图书的习惯，也源于民众的需要。英国作家N. F. 布莱克（N. F. Blake）认为，正如今天的读者不会在意（除美学因素外）影印或复印作品与原件的差别，在当时的读者看来，印刷版和手抄版也并无本质上的不同。

然而，在这一被称作“摇篮期”的过渡时期及以后的一段时间里，一场出版业革命悄然发生。在印刷术出现之前，抄写员花费长达一年的时间抄写一部作品的情况并不罕见，此外抄写员抄写的内容往往取决于他们所接受抄书订单的客户。当时图书馆的数量非常稀少，馆藏的图书数量也不多：当时坎特伯雷和伯里图书馆是英国最大的两家图书馆，各自仅有2000余卷藏书，书目种类有《圣经》、赞美诗和宗教作品等。此外，还有一些比较经典的古书作品。但是之后，随着印刷业生产出越来越多的图书作品，大众能够看到的书籍数量也随之不断翻番。到1500年时，17个欧洲国家的260个城镇中，约有1120家出版社，这些出版社总共印有约1000万册各式书籍，涵盖4万种不同的领域和主题。

但是，正如书籍的大量印制并没有在一夜之间改变人们的读书习惯一样，对于如今需要大量图书馆馆藏文献支撑的法律和自然科学这两大门类来说，其所造成的影响并不很大。尽管一些教规和民法条款及规定有时会相互矛盾，但人们仍然坚决维护这些法规的神圣地位。地方法律和风俗习惯在不同城镇和国家间也不尽相同。由此看来，条文的复制并不能起到很大作用。正因为如此，只有普通文本和评论注释版本才占有了一些小众市场，而且只在价格方面比手写本占有优势。

与之相比，科学领域一开始对于印刷术的接受情况相对于其他领域仅仅是好一点点。其原因首先在于一些真正的科学家不愿让出版商大量复制自己的作品。因为当时的科学界被大量老旧过时、夸大其词的古代和中世纪印制作品所占领。这在一定程度上使印刷本成为阻碍科学进步的绊脚石。合法印制出来的科学作品赢得了真理，却无法赢得市场。一些自然科学历史学家认为，现成的中世纪科学作品阻碍了人们对革命性科学观点和理论的接受。在一个充斥伪科学和迷信的时代，或者说一个只有在那些老套、过时的科学知识上进行所谓“创新”才受到关注的时代，真正的科学新发现是否还同样适合向普通民众普及呢？乔瓦尼·博雷利（Giovanni Borelli）提出了这样的疑问。“你需要清楚某部作品到底是写给专家看的还是写给普通人看的。”他说。当时关于印刷，人们争论的焦点集中在科学论述的本质性问题和语言表达的修辞技巧上，也就是说，知识是讲给谁听，并且该以怎样的方式来撰写和传播。更有一些学者曾目睹由科学理论引发的争论，因此他们十分警惕来自变幻莫测的教会和民间权威的审查与责难，更倾向于把研究成果在相对小众的范围内传播，并不无警惕地发出告诫：“我们应吸取伽利略的教训，只因他选择真理，勇于斗争，便经历如此多的磨难。”诸如此类的声音阻碍了大众对印刷术的接受。直到17世纪60年代，随着第一批科学杂志在意大利出版，科学成果的快速出版和传播才成为普遍现象。

尽管人们对应不应该发行科学出版物的争论越来越激烈，但是正如其他学者从印刷著作中汲取营养一样，科学家群体也同样受惠于方便快捷的出版物。15世纪80年代，哥白尼正在克拉科夫（Cracow）读书，那时候的他要想读到托勒密于2世纪写成的《天文学大成》（*Al-magest*）是很困难的，该书提出了地心说理论。然而，在哥白尼去世的时候，这本《天文学大成》已有三个版本可供读者选择。尽管《天文学大成》一书写成的时间已经很久，但其中的知识仍能为哥白尼和与他同时代的科学家提供启迪，使哥白尼向当时被普遍接受的天文学理论发起挑战。其他类似从印刷业蓬勃发展中获益的科学领域比比皆是。地图就算再不准确，也能与大量印制轮船和探险家的航海日志及契约形成对照并互为参考。从此地理学家便无须再完全依赖个人的第一手经验和见解。此外，植物学家和动物学家能够把他们的研究成果与全欧洲的相关研究进行对比，并能轻松地把自己得到的数据添加到数据库中完成数据汇总，或者协作参与大规模数据搜集工作。从省时的角度讲，随着字典、百科全书、书单及其他文献指南的出现，科学家能够很快找到所需文献。这些书籍取用方便，从而使得学者再也不用把时间花费在诸如抄书一类的事情上，学者们也从此告别了只能苦等图书抄写完毕才能进行下一步研究的时代。

然而，印刷业对人们学习知识、扫盲识字和学术研究等方面的影响并未立即显现。在欧洲文化各领域中最先受到印刷业发展影响的是宗教。人们普遍认为16世纪基督教会的宗教改革是在印刷业大发展的背景下发起的首次宗教改革运动。有些历史学家甚至认为是印刷业的发展促成了这场变革的发生。1517年德国新教改革运动活动家马丁·路德撰写并发表了著名的《九十五条论纲》(*95 Theses*)。马丁·路德反对教宗权力的言论并不新鲜，就这一点来说并不具有革命性，然而真正具有变革意义的是，《九十五条论纲》中的思想仅在短短两周时间内，就从维滕贝格（Wittenburg）传遍了德意志各地。到1520年的时候，《九十五条论纲》和路德的其他出版物已经被售出30多万份。自从基督教创立之初，各种“异端邪说”便时不时在基督教世界中出现，并得以在一定范围内传播。但路德的学说从一开始就借由印刷的力量迅速传播，很快便成为公众日常讨论的重要话题。即使在一群人当中只有一个识字的人，新思想也可以立即影响到所有人。路德也意识到他所发言论不同以往的重要特性。他说：“我写的文章比其他学者写的文章传播的速度更快、距离更远，我对此也十分困惑，因为我的文章原本是写给学术同行看的。”

另外一种激进的改革抗议方式是通俗语言版《圣经》的大量发行，虽然从今天的标准来看，这种行为的改革性并不明显。在此方面，路德作品又一次彰显了印刷业对思想传播产生的巨大影响。1522年9月路德翻译的《新约》第一版发行了3000册。由于市场需求量极高，同年12月修订新版便出版了，之后截至1524年，又有6个不同版本先后出版。此外，1522年至1546年，共有87版以路德译本为基础的地方通俗语言版《新约》在维滕贝格以外印制发行并对外传播。

宗教改革之前，大多数《圣经》都是以拉丁文写成的，而通俗语言版的《圣经》则均由神职人员掌管，因此基督教教义一直由基督教高层所控制。新教徒对此颇为不满。在一个识字的人越来越多的社会里，《圣经》的大量出版意味着曾经只能在神职人员辅导下，众人聚到一起才能学习的宗教教义，现在却突然不需要神职人员作为中介，个人和小型团体组织借由一本《圣经》便可自行学习了。早在路德出版他的译本之前，罗马教会就谴责把《圣经》以通俗语言的形式印刷，声称担心翻译不准确以及有人有意或者无意间损害基督教的“真理”。另外，许多基督教掌权者担心《圣经》的广泛传播会导致人们歪曲理解或者反对服从。教皇借此发布诏令告诫人们警惕机器复制、印刷通俗语言版《圣经》的行为，将其称为“恶行”，并要求在印刷通俗语言版《圣经》发展成“燎原大火”之前将其熄灭。然而，当人们意识到德意志、瑞士、尼德兰印刷业和出版业最成功的人士均为新教徒时，《圣经》的翻译和印制工作便显现出十分清晰的政治意义。

在英格兰，宗教改革者更进一步。由于亨利八世先前压制过宗教改革，罗马教会因此赐予亨利八世“护教者”（Defender of the Faith）称谓，但是政治压力和情感因素（他想与阿拉贡的凯瑟琳离婚，并迎娶安妮·博林，遭到罗马教会的反对）导致亨利八世最终与罗马教会决裂，并自命主教，建立了英国国教（Church of England）。亨利八世任命的副主教托马斯·克伦威尔（Thomas Cromwell）是利用印刷业宣传英国国教教义的第一人。亨利八世下令所有教堂必须备有英文版《圣经》。亨利的儿子爱德华六世（Edward Ⅵ）后来又巩固了英国宗教改革的成果，他发布了一系列官方印制的书籍，其中包括1549年出版发行的《公祷书》（*Book of Common Prayer*）。此外，他还致力于大量传播文字作品，包括官方布道词、《天主经》（*Lord's Prayer*）合集、《使徒信经》（*Apostles' Creed*）、用于特殊场合的祈祷文以及教导个人和家庭如何进行宗教改革的信仰指南，如1530年出版的《居家祈祷词集》（*A Werke for Householders*）和1576年出版的《居家神圣私人祈祷词——用于冥想或与家人一同祈祷》（*Godly Private Prayers for Householders to Meditate Upon and Say in Their Families*）。

在新教盛行之时，罗马天主教会同样会充分利用印刷业。印刷术出现之前，整个基督教世界的教士群体在做弥撒时只能依赖经常出现错误的手抄版祈祷词。但是，印刷业发展后出现的新版本统一了文字和仪式，从而将各地天主教徒听到的祈祷词、参加的仪式等诸方面都统一起来。对制度已经较完备的教会来说，另外一个优点是仪式规定的统一可以防止礼拜仪式遭到一些恶意的改变。其他一些重要的神学作品，如13世纪圣托马斯·阿奎纳（St. Thomas Aquinas）所著的基督教信条也在印刷业的帮助下因传播方便而再次兴起。随着教士和普通信徒都可以诵读祈祷词，之前仅限于局部范围普通信徒的祷告运动的规模开始渐渐扩大。

然而，无论具体信仰的是什么，印刷业在宗教方面总是起到积极的推动作用。早期在十字军东征中对抗“不识字的土耳其人”的过程中，印刷品起到了重要作用，并广受赞誉。一个世纪后，英国宗教改革运动活动家兼16世纪脍炙人口的《殉道者》（*Book of Martyrs*）一书的作者约翰·福克斯（John Foxe）这样写道：

“主不再使用刀剑去征服他那地位显要的敌人了，他现在的武器是写字、读字和印刷字。”

无论是罗马天主教教徒还是新教徒，无论是识字的人还是不识字的人，无论是穷人还是富人，宗教改革的副产品以及印刷业的发展彻底改变了欧洲人民看待国家、教会、城市和家庭的方式。我们已经太习惯于看到一幅惟妙惟肖的公众人物肖像，以至于我们没有意识到能够看到一个国家的“肖像”多么不易。当然，国家统治者的肖像通常都会被刻在硬币上，但是很可能正是由于印刷业清晰干脆的信息传递方式，才出现了“名人”的概念以及以君主为代表的民族气质。印刷业在激起新型民族主义的同时，也带来社会意识的转变。教区教堂一直以来均扮演着市镇居民社交和政治活动中心的角色，消息从讲道坛上传下来，再经由亲朋好友的耳听口述互相传播。印刷业兴起后，讲道坛的角色逐渐被其他东西所取代。先是 16、17 世纪的每月公报和小册子，最后发展成期刊和报纸。到了 19 世纪时，人们在星期天早上只需待在家里就可以从报纸上获知所有例如谁家生了孩子、谁家某某去世了以及政治事件等其他方面的信息。

除了促成“世俗化”社会的形成，那些公报、小册子、期刊和报纸也使人们以另一种方式参与政治。从前人们必须参加集会才能听到公众演说，现在人们分散在不同地方，利用各自都方便的时间读到内容相同的报道。由此，曾经以教堂和家庭为单位的社区范围日益扩大。人们可以对远离自己所在地区的人进行声援。人们不必亲身到场体验公民活动和公共活动；他们可以在事后读报了解相关情况，或者甚至通过购买纪念报纸和纪念册来间接获得活动感受。我们可以用一个很小的例子来描述这种分散型听众和其所处的社会。例如在一间教室里，当学生不必非得坐在教授跟前才能听讲学习时，学生们就会分散到其他各处了。然而即使学生们坐在同一间教室里，每名学生的阅读行为也并非总是步调一致的。当学生们自行默读讲义时，由于他们阅读的速度不尽相同，他们所接收信息的时间也是不同的。当教授让学生把注意力转回教室前方的讲台，步调不一的学生再次被统一起来。历史学家伊丽莎白·爱森斯坦在她关于印刷业造成的诸影响的重要研究中指出：“社会由分散的小单元组成，换句话说就是个人要先于集体，这种说法相比听者大众来说更适用于读者大众。”

虽然这种分散的社会形态表面上会对社会凝聚力产生一些不良影响（范围越

小情况越是如此），然而凝聚社会统一的力量仍然存在。我们一致认为语言会把人们凝聚到一起，唤醒人们的民族主义意识，而印刷业在保存和记录地方语言方面起到至关重要的作用。爱森斯坦提出，16 世纪时，在那些不使用印刷技术的地区，某些讲特殊方言的小众群体没有保留下他们曾经拥有的文字作品。而与此同时，在使用印刷技术的地区，同样讲方言的小众群体所使用的方言文字却保留了下来，甚至还得到了丰富。在后一种情况中我们看到了一种民族文字和文化的生成过程；而在前一种情况中，通常最终只剩下在一定地区范围内口头应用的方言。

印刷业的兴起也同样影响了语言的发展，正如当年印制的书籍巩固了天主教的礼拜仪式一样，印制文字也巩固并发展了语言。虽然语言的标准化及语言的形态会受制于政治、社会和经济等诸多因素，但是印刷业的发展仍然对语言发展产生了至关重要的影响。下面我们以英语为例详细说明这个问题。英语语言的发展历史大致可以分为三个阶段：第一阶段是古英语时期，起止时间约为自 449 年日耳曼人占领时期至 1066 年的诺曼征服；之后直到 1500 年是第二阶段，即中世纪英语时期；1500 年至今是第三阶段，即现代英语时期。在古英语和中世纪英语时期，英语的变化相对较为剧烈，地区间的差异十分明显。直到 9 世纪，英格兰被分割成许多小王国，不同王国间的人说着各不相同的方言。即使在 500 年后的乔叟时期，各地间方言的差别仍然极大。后来，伦敦成为英国的政治中心，也就意味着伦敦方言随即成为具有全国性重要影响的地方语言，为今天所说的标准英语奠定了基础。卡克斯顿随后在英国伦敦设立印刷厂，并使伦敦成为后来英国印刷业的中心，这同时也意味着大量文字印刷品将会以伦敦方言的形式印制出版。

然而，也不必过度夸大印刷工业对语言标准化产生的影响。印刷业的确放慢了语言变化的速度，但仍有许多民族因素影响着语言的发展。意大利的秕糠学会（Accademia della Crusca）和法兰西学院（Académie Française）曾经尝试改进语言，并通过去掉语言中杂乱的外来语和地方土语使之更加标准。后来，一些英语机构也跟风学习，倡议建立类似学院并致力于英语标准化尝试。从此，人们便开始强调英语的语法、标点和拼写是否标准和正确。然而，语言总是在变化的，只不过与之前相比不那么剧烈和明显而已。直到 19、20 世纪时，英语拼写标准的确立才有了点眉目，不再像之前那样乱成一团，而即使现在，许多词语的不同拼写方式仍被人们所广泛接受。

虽然从以上例子来看，印刷只是影响西方现代文明发展的众多社会、政治、文化及经济因素之一，而这些因素又互为作用、互相影响，但是我们还是不能轻视印刷技术进步在文明发展过程中所起的重要作用。虽然教育识字运动、宗教改革和现代科学进步即便不靠印刷业的发展也一定会成功，但海量印刷的阅读材料及由此所造成的信息的广泛传播，的确改变了人们看待自己和世界的方式。德意志印刷商谷登堡的活字印刷术所开启的信息传播革命将会继续发展，永不停歇。复印机和个人电脑的出现使得任何人都可以随时进行图文复制，磁条卡只需一刷就可记录和传播信息。人类在批量生产信息和大众传播信息方面的发明创造永无止境，因此印刷业革命也将持续地发挥作用。

艾莉森·格利（Alison Gulley）

艾莉森·格利（Alison Gulley），阿巴拉契亚州立大学英语系和女性研究室研究员，在北卡罗来纳州立大学教堂山分校获得博士学位。研究方向为盎格鲁－撒克逊基督教灵修研究及中世纪英国文学。

第七章
君士坦丁堡的陷落（1453）

中国同时期：明代宗朱祁钰

概　述

1453 年时的拜占庭帝国已经衰落至极，充其量也只是其前身的影子。这个东欧帝国的面积只剩下帝国首都——君士坦丁堡及周边地区那么大。然而，它并非一直如此。拜占庭帝国，有时也被称为东罗马帝国（Eastern Roman Empire），是古代罗马帝国的嫡系继承国。几个世纪以来，它继承了古罗马帝国的许多传统，在相当长的时间里仍以繁荣而富有活力的全球帝国形象展现在世人面前。拜占庭帝国鼎盛时期的领土范围包括巴尔干半岛和小亚细亚（安纳托利亚）的大部分地区，囊括整个地中海东岸。以罗马皇帝君士坦丁命名的君士坦丁堡横跨当时世界上最重要的几条商贸路线，控制着从其所在地博斯普鲁斯海峡（Bosporus，马尔马拉海和达达尼尔海峡之间把亚欧分离开来的狭长海道）西海岸到中国、远东地区、中东地区、西欧各地、埃及及现今俄罗斯的贸易往来。

在君士坦丁堡陷落前的千百年时间里，拜占庭帝国经历过数次大起大落。其中一次是被马其顿王朝（Macedonians）统治时期（867—1081）。然而，马其顿王朝的衰落却触发了几个长期来看会导致帝国走向灭亡的重大矛盾。巴尔干半岛的当地人，如保加利亚人和塞尔维亚人，都反对当时的拜占庭封建君主。同时，拜占庭帝国的经济和军事实力也日益衰退。到 11 世纪的时候，大贵族地主逐渐控制了安纳托利亚自由民（这些自由民一方面为整个拜占庭帝国提供强大的兵源力量；另一方面又为帝国财政缴纳源源不断的税收），并把他们的身份转变为农奴。此外，一些繁荣的意大利城邦，如热那亚，尤其是威尼斯，开始逐渐向拜占庭帝国对地中海东部地区的商业控制发起挑战。后来便出现了帝国贸易量减少等情况，甚至还发生了几个世纪都未出现过的货币贬值等情况。

此外，宗教冲突也使拜占庭帝国与西欧各国的关系陷入困境。名义上，基督教是一支统一的力量。但是，以罗马为中心、以教皇为首的拉丁语世界的基督教和以君士坦丁堡为基地、由拜占庭帝国皇帝任命并受命于拜占庭皇帝的大牧首所控制的东正教之间的矛盾几百年间从未有过片刻化解。到了 11 世纪，两派的矛盾越来越大，直至 1054 年爆发了重大危机。就在这一年，教皇利奥九世（Leo Ⅸ）和大牧首米海尔·色路拉里乌斯（Michael Cerularius）互相把对方开除教籍，基督教由此发生分裂。西欧基督教会和拜占庭东正教会立即陷入相互猜忌与矛盾冲突之中。

屋漏偏逢连夜雨。1071 年，拜占庭帝国又一次遭受到近乎致命的打击。当时，来自中亚的善于掠夺的游牧民族塞尔柱土耳其人游荡到小亚细亚并在那里定居下来。曼齐克特战役溃败后，拜占庭帝国失掉了最重要的食物和人力资源供应地——安纳托利亚。

曼齐克特战役的战败促成了科穆宁王朝（Comnenian）的建立。科穆宁王朝领导人凭借聪明才智实现了一次拜占庭帝国中兴。然而，此时拜占庭帝国的政权基础已经遭到严重破坏，虽有科穆宁王朝的短暂中兴，但也无法挽救走向灭亡的趋势。当时，拜占庭帝国已经表现出明显颓势。一方面，拜占庭帝国试图重新夺回小亚细亚的努力以失败告终；另一方面，拜占庭帝国昔日的竞争对手威尼斯从原属拜占庭帝国版图中夺取了许多岛屿和地中海沿岸定居点，从中攫取巨大的商业利益。此外，威尼斯商人也开始涉足君士坦丁堡并在此定居，虽然他们的影响力在当时还显得不够强大。

曼齐克特战役失败后，拜占庭新任皇帝阿历克赛一世·科穆宁（Alexius I Comnenus）向西欧各国求助。当时的西欧各国领导人，尤其是罗马教皇，早已把目光牢牢锁定在地中海东部的广阔地区，这样导致的结果便是西欧势力在东欧地区的影响力越来越大。此后，一次非常复杂但又顺理成章的历史事件得以形成，即十字军东征。从而进一步削弱了拜占庭帝国的实力。

1095年，身居法国克莱尔蒙特（Claremont）的教皇乌尔班二世（Urban Ⅱ）颁布教皇诏书，揭开了第一次十字军东征的序幕。十字军东征意在从异教徒手中重新夺回属于基督徒的宗教圣地。人们对教皇诏令热烈响应，在一个多世纪的时间里，来自西欧各国的基督教士兵和随行人员蜂拥到圣地。多数时候，拜占庭帝国和西欧东征十字军能够和平相处、精诚合作。然而即便如此，双方还是对对方动机的忠诚度和纯洁性抱有一些怀疑的态度。而此时的威尼斯却为保一己私利而尽力挑拨和破坏西欧基督教和东欧东正教之间的关系，以防止两派势力联合。

1204年，参加第四次十字军东征的士兵一方面受制于资金短缺；另一方面又受到恶毒的威尼斯人的怂恿，他们在东征过程中卷入拜占庭帝国皇位继承的斗争当中。最终，十字军军队的剑锋并没有指向占据圣城耶路撒冷的异教徒，而是指向了拜占庭帝国的东正教圣城和首都——君士坦丁堡。十字军士兵占领了君士坦丁堡，拜占庭基督徒统治被西欧拉丁基督徒统治所取代。此外，西欧基督徒还洗劫了君士坦丁堡。他们甚至还把一个妓女弄到圣索菲亚大教堂大主教的圣座上。而圣索菲亚大教堂既是东正教最重要的教堂，同时也是东正教的象征。

占领君士坦丁堡的西欧基督徒不仅无才无能，还因为强迫拜占庭属民改宗外来的罗马天主教而惹怒了当地民众。与此同时，一个拜占庭新王朝——巴列奥略王朝（Palaeologus）在尼西亚（Nicaea）建立起来，尼西亚城是当时小亚细亚硕果仅存的少数几个拜占庭城市之一。1261年，巴列奥略王朝米海尔八世（Michael Ⅷ）从西欧基督徒手中夺回了君士坦丁堡，恢复了对拜占庭帝国的统治。尽管此后巴列奥略王朝出资振兴拜占庭文化，取得了一定效果，此外帝国的外交策略也比较得当，但是这一切都难掩拜占庭帝国的整体颓势。此时的拜占庭帝国地域狭小、无力防御、腐败横行、商业凋敝，它就像一个来日无多的老人在艰难地蹒跚而行。

在拜占庭帝国长期的衰落过程中，安纳托利亚发生了重大的变化。在9世纪至10世纪，大量土耳其人从他们原来中亚的家移居到中东地区。到11世纪的时候，他们又迅速迁移到拜占庭帝国控制下的安纳托利亚。土耳其人是非常好战的部落民族，他们在当时已经皈依了伊斯兰教，也就是先知穆罕默德创立的宗教。土耳其最重要的部落是塞尔柱。在曼齐克特战役中正是来自该部落的塞尔柱人最终击败了拜占庭军队。然而，由于缺乏组织和管理，塞尔柱土耳其人并没有充分利用曼齐克特战役胜利所获得的大好时机。很快，他们便陷入土耳其各部落间的内讧。不过，即便如此，塞尔柱人还是建立了一个苏丹统治的国家鲁姆（Rum，罗马一词变体后形成的词），并且以此为基础控制了小亚细亚。至少，塞尔柱土耳其人此时已拥有摧毁拜占庭帝国的潜力。

此时的拜占庭人得到了命运之神的眷顾，强大的塞尔柱土耳其人于1243年被横扫中亚大陆、实力更为强大的成吉思汗及其领导的蒙古骑兵击溃。虽然塞尔柱土耳其人垮了，但是其位于安纳托利亚的土耳其部落却都建立起各自属地的行政政权机构。这些政权机构当中就包括后来发展最为成功的奥斯曼土耳其部落，这支部落曾驻扎在安纳托利亚西北，并据此建立了酋长国。"奥斯曼"这个名字源于13世纪领导这个部落的酋长的名字。在奥斯曼酋长的率领下，奥斯曼土耳其人的实力逐渐增强。到1326年的时候，他们已经能够控制重镇布尔萨（Bursa），并将其定为首都。数年之后，尼西亚也落入奥斯曼土耳其人手中。

14世纪的拜占庭皇帝，权杖软弱，饱受内讧党争之苦，与奥斯曼土耳其人相处时也谨小慎微，不敢招惹他们。拜占庭王子则不时地与奥斯曼苏丹国的公主联姻。随着时间的流逝，拜占庭帝王越来越乐意把自己的帝国领土充当土耳其王公贵族的后花园。此外，拜占庭人还忙于对付巴尔干人，尤其是塞族人（Serbs）和保加利亚人，除此之外根本无暇他顾。曾经有过几次，为应对来自巴尔干人的威胁，拜占庭皇帝不得不转而向奥斯曼人寻求帮助。1354年，奥斯曼人在盖利博卢半岛（Gallipoli Peninsula，达达尼尔海峡西海岸）定居，他们终于在欧洲寻觅到一块能够永远定居下来的土地。1365年，苏丹穆拉德一世（Murad Ⅰ）把奥斯曼首都从布尔萨迁到了君士坦丁堡以西不到150英里的阿德里安堡（Adrianople，即今天的埃迪尔内）。

14世纪后半叶，奥斯曼人打败了对其构成威胁的巴尔干人。1389年，奥斯曼人又一次在科索沃战役中打败塞族领导的巴尔干人联军。几年后，奥斯曼人又战胜了保加利亚人。此时的君士坦丁堡已经孤掌难鸣，陷落之日近在眼前。可就在15世纪早期拜占庭帝国即将灭亡之时，命运之神再次眷顾拜占庭首都，为其赢得了一次苟延残喘的机会。与之前类似，一路向西的蒙古骑兵再度横扫中亚各国。蒙古人在首领帖木儿的率领下给奥斯曼人控制下的安纳托利亚城造成巨大威胁。1402 年，蒙古人不但大败土耳其人，而且在安卡拉战役中活捉了巴耶济德一世（Bayazid Ⅰ）。安卡拉战役后，虽然蒙古人把进攻方向转到了其他地方，但是，巴耶济德的子嗣却陷入争夺父亲王位的多年内讧之中。

此时拜占庭帝国的处境越来越艰难，急切地想要逃脱土耳其人的控制。在被土耳其人团团包围的情况下，拜占庭皇帝一刻不停地向西欧国家求助，并许诺只要得到西欧国家的帮助，主导拜占庭帝国的东正教会愿意向西欧罗马天主教会做出重大妥协和让步。早在 1274 年举行的里昂大公会议上，拜占庭皇帝便请求罗马天主教会和君士坦丁堡东正教会建立宗教联合。显然，拜占庭皇帝对罗马天主教会的让步并未得到东正教会的认可。因此，拜占庭皇帝也没敢继续推进这一战略。因此，拜占庭帝国从未在任何时候从西方国家接受任何实质性的援助。直到 14 世纪最后 10 年，奥斯曼人持续不断的东征西讨终于威胁到匈牙利人及其西方盟国的利益时，西欧国家才对咄咄逼人的奥斯曼人有所反应。相比关心拜占庭帝国的前途命运，西欧国家更关心如果奥斯曼人进犯多瑙河流域可能造成何种后果。最终，奥斯曼人于 1396 年在尼科波利斯（Nicopolis）战役中彻底消灭了基督教国家的主力部队，这对西欧各国和拜占庭帝国来说绝对属于重大灾难。

1400 年，拜占庭皇帝曼努埃尔二世（Manuel Ⅱ）巴列奥略亲自到访法英两国，试图赢得两国的支持，却失望而归。1439 年，山穷水尽的拜占庭皇帝约翰八世（John Ⅷ）参加了佛罗伦萨会议。在会上，他正式接受教皇册封，成为罗马教会大主教，并承认罗马教会主导与东正教会的基督教联盟。当时出现了十分有趣的现象，许多东正教徒和平民拒绝接受两教联盟，与之相较，他们更愿意在穆斯林的统治下生活。1444 年，由于（至少是部分地由于）佛罗伦萨会议的两派达成了协议，西欧国家试图拯救拜占庭帝国的努力达到了极限。然而，即便如此，应教皇号召组成的保加利亚、波兰和罗马尼亚联军在瓦尔纳战役中还是遭到被全歼的厄运。

面对近有围困、外无援军的窘境，君士坦丁堡只得接受自己的命运。1453 年 4 月，奥斯曼人开始攻城。此时拜占庭人面对人数于己十余倍的土耳其人（7000 ：80000）的进攻，帝国的生死已然命悬一线。拜占庭人采取和以前一样的死守战术，试图用坚固的城墙抵御敌人潮水般的进攻。不过，土耳其人却采用了破城重器——攻城炮，此外还准备了一架能够投掷重约 544 千克的石球的投石车。

在攻城器械的重击下，拜占庭守城士兵被大量消灭，城墙也随之崩塌。1453 年 5 月 28 日晚，守卫君士坦丁堡的西欧基督徒和东正教徒聚集在圣索菲亚大教堂举行圣餐礼。第二天一早，他们走出教堂加入与土耳其人的最后战斗中。最终，土耳其人攻破城池，城中所有士兵，包括拜占庭皇帝君士坦丁十一世（Constantine Ⅺ）都在屠城中被土耳其人杀死。攻陷君士坦丁堡的奥斯曼苏丹征服者穆罕默德二世（Mehmet Ⅱ）几乎立即把东正教的象征圣索菲亚大教堂改建成了清真寺。拜占庭帝国终于在奥斯曼帝国的强力扩张中不情愿地步入了历史的故纸堆。

历史评论

1453 年，拜占庭帝国首都君士坦丁堡陷落后，东南欧和中东地区进入全新的历史时期。奥斯曼征服不但标志着拜占庭帝国的倾覆，还意味着罗马帝国最后残存的"嫡系"王朝的灭亡，而事实上，罗马帝国所主导的西方世界早在 1000 年前就已经不复存在了。这显示出巴尔干人的政治影响力日渐式微，而奥斯曼政权的实力却日渐强大，尽管他们的统治并不像人们过去宣传的那样严酷。奥斯曼征服后，奥斯曼帝国逐渐呈现出与之前帝国形态不同的新样貌，此时奥斯曼人统治的地域范围已经覆盖古罗马帝国曾经拥有的全部领土。除此之外，奥斯曼人在欧洲事务中所扮演的角色也越来越重要了。君士坦丁堡的陷落同时引起了六大变化，其中的三个变化较为具体，且强度较大；另外三个变化表现得更为复杂，影响也更加深远。前三个变化是：（1）拜占庭帝国由此灭亡；（2）原来生活在君士坦丁堡的知识分子在战乱中逃亡到西欧各国，并在各自的寄居地掀起史称文艺复兴的新文化运动；（3）在俄罗斯内部开始出现一种宗教力量，认为莫斯科接过了原属君士坦丁堡的荣誉和衣钵，成为东正教的新代表。后三个变化是：（1）奥斯曼人在象征意义上开始了对东南欧的统治，并在长达几个世纪的时间里对巴尔干半岛的政治和文化产生深远影响；（2）建立在其他大国统治基础上的奥斯曼政权得以巩固和发展；（3）强大的土耳其帝国给欧洲造成的潜在威胁终于变为现实。

从欧洲的角度看，奥斯曼征服为欧洲带来的最早也是最明显的变化无疑是最后一块西方古典文明残迹的灭亡。顾名思义，拜占庭之城——君士坦丁堡曾被君士坦丁大帝选为罗马帝国新首都。它建立在罗马帝国的财富和声誉之上。事实上，这座城市在 5 世纪西罗马帝国被日耳曼蛮族攻陷以前，便已经存在了约 1000 年之久。

除了一些皇廷文书礼仪和官方基督教会形式之外，拜占庭帝国从建立之初便很快失掉了与西欧拉丁文化的联系。然而，拜占庭帝国却保留了比拉丁语还古老的希腊语作为通用语言。尽管多数是为宗教主题和目的而创作，但是拜占庭艺术、建筑和文学还是较好地保存了一些古典文化，尤其是罗马文化。在哲学和学术方面，大量希腊著作也在拜占庭帝国的图书馆和学校里保存下来。当时西欧的大部分国家不但早已不再流行希腊文化，而且连找到承载希腊文化的事物都很困难，因此，拜占庭帝国保存下来的古典文化财富此时便显得尤为重要。幸运的是，希腊文化面临的这种不为世人所关注的状况到文艺复兴时期便有了改观。

此外，在东欧国家和地中海沿岸地区修建的教堂和修道院里（如威尼斯的圣马可大教堂和希腊的阿索斯山）、各种插图和镶嵌画艺术中、圣徒行传作品里（基督教会为基督圣徒所写的生活传记，通常以传统材料为资料并加以润色而成）、历史和编年史等作品中，人们都不难找到拜占庭帝国所留下的时代印记。然而，拜占庭帝国在巴尔干半岛留下的历史印记则非比寻常。

迄今为止，拜占庭帝国给东南欧留下的重要遗产便是东正教的广泛传播（如果与主导西欧的罗马天主教和主导北美的基督新教相对比的话）。除了那些广为人知的神学教义的差异外，东正教和其他基督教派别之间还存在着一系列重要的社会和政治差异。其中之一便是对救赎实践看法的不同。东正教不像其他基督教派那样采取单独行动，他们更喜欢集体行动。有学者认为，这可能与当时日益兴起的宗教民族主义情绪有关。但是无论怎么说，各地东正教会均不约而同地建立在民族或种族的基础之上。例如，东正教有希腊教会、俄罗斯教会、巴尔干教会、塞族教会、罗马尼亚教会、马其顿教会及其他东正教会等。此外，东正教会的创立者（东正教徒的最高领袖）和其所属国家政府之间的关系也远比西欧国家的政教关系密切得多。尽管 18 世纪时，彼得大帝（Peter the Great）曾想方设法拉拢俄国教会，但是大多数东正教会都没有百分之百地听命于当地政府。东欧国家政教之间界限不明，利益互通，这让批评家抓住把柄，厉声抨击，指责东正教会的“政教合一”行为，也就是抨击教会势力过度服从于世俗政权。相反，也有一些历史学家认为，教会对世俗的过多干预也会限制世俗社会的发展。

拜占庭帝国的另一份重要遗产是帝国观念。这种观念至少体现在以下两个方面：一方面，对诸如塞族人和保加利亚人一样的巴尔干人来说，他们中世纪历史的一个极其重要的内容便是努力比拜占庭帝国发展得更强大，直至超越并最终打败拜占庭帝国。当然，他们从未征服拜占庭帝国，但是他们自己也确实建立起一个庞大的帝国；另一方面，当巴尔干人于19世纪和20世纪纷纷建立起独立国家之后，他们便陷入了对那些从前的中世纪帝国领土的争夺之中。当这种欲求他国领土而占之的观念遭遇到其他持相同想法的人时，或者遇到一群声称那片土地在历史上就应归其所有的异族人时（或许这种权利产生于不同的时期），便会造成持续不断的民族冲突。无论如何，争夺土地以彰显其原有帝国雄风的理念已经在这片地区深深扎根。然而，这种观念对现代希腊人来说却并不太奏效，因为希腊人早在1453年便摒弃了所谓的帝国观念。在过去的几百年时间里，希腊人一直坚持的民族观念是被誉为“梅甘那理念”（Megale Idea）的思想，即“伟大理念”（Great Idea）。“梅甘那理念”号召全体希腊人团结起来建立一个希腊人共有的国家，无论这个国家过去的领土究竟能到达什么地方。因此，在东地中海各岛、阿尔巴尼亚（Albania）南部地区即伊庇鲁斯（Epirus）以北地区、东色雷斯（eastern Thrace）、马其顿、爱奥尼亚（Ionia，小亚细亚西南地区）生活的希腊人在不同时期都曾试图推动希腊大合并运动。

文艺复兴是一场发生在欧洲许多国家和地区、规模宏大的艺术和文化运动，它在不同国家和地区发生的时间不尽相同，表现的重点和方式也不相同。文艺复兴以反对遥远的天堂生活、怀疑宗教权威、赞颂个人的能力、鼓励和追求世俗生活为特点。14世纪至16世纪的文艺复兴学者和艺术家急于利用希腊和罗马文化遗产来扩大他们的学术和艺术视野。由此一来，他们难免有时会与当时控制中欧和西欧各国和地区的罗马天主教会发生冲突。罗马天主教会认为，大部分古典文化都基于多神主义信仰，并且拥有一套不同于信仰唯一神的基督教的个人行为道德规范，在有关性禁忌方面尤其如此。因此，基督教会认为古典文化均属异教文化。希腊哲学家亚里士多德的思想在经过中世纪基督教哲学家去粗取精式的“洗礼”后可以进行传播（经过审查后才能使用）。但是，其他绝大多数古典文化此时却依然属于禁忌范畴。

除此之外，我们很难对文艺复兴做出总结。然而，我们或许可以把文艺复兴发生的原因归于以下几个简单要素。毫无疑问，文艺复兴的重要代表人物包括：诗人但丁和彼特拉克，画家列奥纳多·达·芬奇、拉斐尔、丢勒和米开朗琪罗，政治作家马基雅弗利，哲学家皮科·德拉·米兰多拉和伊拉斯谟，建筑学家布鲁内莱斯基（Brunelleschi）等。或许人们会觉得奇怪，东欧城市君士坦丁堡的陷落怎么可能与西欧最重要的文化现象——文艺复兴扯上关系？然而，事实的确如此。为何文艺复兴——这场顾名思义的“再生”运动——会首先在意大利发生呢？或许下面的事实可以对这个问题做出回答。意大利这个城邦制国家在中世纪时靠商业贸易发了大财，变得极其富裕。由此一来，富有的意大利人就会有钱有闲玩艺术了。意大利的城市不但数量越来越多，也变得越来越繁华。繁华的城市进一步促进商业贸易的发展。此时从事商品买卖的资本家开始考虑如何组织和管理意大利众多历史悠久的古老城市。意大利有众多罗马人和希腊人留下的文明遗址。对之好奇的人开始留意它们，最后终于提出了一些有关这些文明遗址的问题，并从中受到启发。在北欧各地，人们对腐败教会的痛恨和欧洲人发明的印刷机一道促进了人们对知识的学习，知识的普及和学术研究由此得以蓬勃地发展起来。

然而，拜占庭帝国并不像西欧和中欧天主教国家那样幸运，地理位置决定了它接触不到古希腊、罗马古典文化留下的遗产，欣赏和利用就更谈不上了。这里我们还得注意，由于那些居住在阿拉伯世界的穆斯林和犹太学者过去接管了从前罗马帝国在伊比利亚和北非的遗产，所以这些地区很好地保存并传承下来一些古典文化知识。中世纪时，西欧各地与拜占庭帝国及阿拉伯帝国都有过接触，这为它们重新迎接希腊和罗马古典文化著作提供了很好的机会。但是，真正把大量古典文化知识带到以意大利为首的西欧国家的首要原因，却是君士坦丁堡在陷落前的数十年国内政治极不稳定。许多历史学家把君士坦丁堡出现的“难民学者”现象与 20 世纪 30 年代纳粹德国统治时期，许多德国知识分子和艺术家纷纷逃离德国的现象加以对比，那些从德国逃亡到美国的知识分子和艺术家确实极大地丰富了美国人的文化生活。

当拜占庭帝国无可避免地走向灭亡之时，许多以希腊语为母语的拜占庭学者开始逃离君士坦丁堡。其中有许多人在佛罗伦萨美第奇家族王公和其他意大利城邦统治者以及罗马教皇的支持下，为意大利学生和学者讲解希腊语。事实上，在此之前意大利国内早已有人开始关注古典文化，尤其是拉丁文化。然而，这些逃离君士坦丁堡的知识分子难民却为复兴古典文化注入了新鲜血液，并提供了更为强大的动力。多数懂希腊语的学者同时也精通拉丁语，因此他们翻译出版了大量希腊哲学和文学译作，让意大利许多讲拉丁语的人也能够品味到经典的希腊著作。古典文化在西欧风行所产生的另一个结果便是，源自拜占庭帝国各地的大量手稿、图书和文献资料要么纷纷被送到西欧各国学者手中，要么被摆在了图书馆的书架之上。如果把“难民学者”视为东欧国家为文艺复兴准备的珍贵人力资源，那么这些古典文化手稿则是文艺复兴最重要的文献宝库。

当奥斯曼土耳其人进军巴尔干半岛之时，俄罗斯人正逐渐摆脱来自鞑靼人的入侵威胁。这里的鞑靼人即蒙古人，13 世纪初，蒙古人在成吉思汗逝世后不久便占领了俄罗斯的大部分地区。蒙古人在对敌人兵戎相见时所造成的破坏力极强，但是好在多数时候蒙古人只是间接地对别国民众造成影响，换句话说，只要臣服于蒙古人的国家能够做到按时按量向地处遥远东方的蒙古领主交上足够的贡赋，那么蒙古人的入侵就不会在较大程度上改变当地俄罗斯人的生活（包括宗教信仰）。

蒙古人占领俄罗斯造成的最大影响是掀起俄罗斯各地持续不断的抗蒙斗争和运动。在蒙古人占领俄罗斯之前，俄罗斯的许多城市和地区都拥有独具特色的政治传统。有的表现为强大的君主政体模式，有的表现为城市商人所形成的寡头政治形态，此外，还有封建贵族统治模式等。随着时间的推移，到 15 世纪末的时候，莫斯科已经从俄罗斯的各种政体中脱颖而出，在抗蒙战争中发展为一支最重要的力量。莫斯科领导人都是俄罗斯的强势王侯，他们急欲巩固从蒙古人手中解放出来的地区。

正是在这种背景下，俄罗斯收到了君士坦丁堡陷落的消息。俄罗斯和拜占庭帝国一样也是信奉东正教的国家，因此俄罗斯统治者与君士坦丁堡保持着天然的密切联系。事实上，俄罗斯的统治家族（当时为俄罗斯家族和乌克兰家族）在 10 世纪末时经拜占庭（君士坦丁堡的另一个名称）传教士宣教后纷纷皈依了基督教。在中世纪，皈依基督教并非仅仅接受一种新的宗教信仰，它也会带来某种文化和经济上的联系，新的思想和文化交流能够随之发生。俄罗斯的情况恰好如此，甚至于俄罗斯今天所采用的西里尔字母都是中世纪时人们为了适应俄语的发音特点，以希腊字母为基础修订得来的。

俄罗斯的政治和军事领导人早已经把君士坦丁堡看作古罗马帝国的唯一合法继承者。反过来，拜占庭帝国的文化和宗教信仰也深深植入俄罗斯人的血液当中。既然君士坦丁堡已经陷落，俄罗斯却逐渐发展成为一支越来越统一且强大的地区力量，俄罗斯人便急于得到原属君士坦丁堡拜占庭皇帝的帝国权杖。多数俄罗斯人信奉东正教，因此他们有时甚至批评希腊人为了与天主教势力联合抵御土耳其人而太过亲近西欧的天主教势力，他们说这样会危及他们所共同享有的古典文化遗产。君士坦丁堡可称为"第二罗马"，或者说叫作"东欧的罗马"，而此时的莫斯科却把自己装点成"第三罗马"或"北欧罗马"的形象。具有讽刺意味的是，1453 年后，许多希腊人并不愿意接受俄罗斯人的这种看法，他们更愿意在欧洲某地，而不是在俄罗斯建立一个强有力的君主政权来保护和支持天主教信仰。

16 世纪，俄罗斯统治者自封为沙皇（tsars，即皇帝）和"新君士坦丁"（暗指罗马皇帝，他曾把拜占庭建为罗马帝国的陪都）。他们还同从业已陷落的君士坦丁堡中走出的拜占庭前朝皇族联姻，以昭示自己的正统地位。1511 年，第一次有人公开声称莫斯科就是君士坦丁堡的继承者。当时有一位名叫菲洛修斯（Philotheus）的俄罗斯天主教教士对俄罗斯沙皇瓦西里（Vassily）说："前两个罗马已经陷落，但第三个罗马已经崛起，而且将不会出现第四个罗马。因为根据上帝的旨意，天主教独裁不会传播到任何其他地方。"因此，伟大的弥赛亚观念也很好地体现在俄罗斯官方文化的许多方面。俄罗斯人把俄罗斯视为沐浴在新古典主义光环下的欧洲皇室，占据着欧洲文化的中心地位。这种思想不仅为俄罗斯人带来威望和成就感，同时也大大增加了俄罗斯人的自信，此外还使俄罗斯人更有理由宣称他们就是包括波兰人、捷克人、斯洛伐克人、塞族人、克罗地亚人、乌克兰人及保加利亚人等民族在内的斯拉夫世界的领袖。

1453 年，奥斯曼土耳其人正式开始统治巴尔干半岛。当然，土耳其人早在 1350 年就已开始积极参与巴尔干地区的政治和军事事务。当时，他们只是以雇佣军的身份参与到拜占庭帝国内讧不断的各集团的相互争斗之中。此外，早在君士坦丁堡陷落之前的 1389 年便爆发了一场奥斯曼和巴尔干历史上最重要的战役，即著名的科索沃之战。许多塞族人相信，科索沃之战是中世纪塞族帝国灭亡的标志，同时这场战役也更加强化了塞族作为"基督教前哨"的概念，因为塞族人在保护西欧各国基督教免遭入侵者打击方面承受了巨大压力。事实上，有关这场战役的许多问题至今仍是个谜。问题是，君士坦丁堡腹地的大部分地区在1453年之前就已经落入土耳其人侵者之手。通常来讲，当时的拜占庭帝国并不是唯一对该地区人民施加影响的国家，奥斯曼对该地区的影响也不容小觑。

虽然有关土耳其占领巴尔干地区的性质现在仍然存在争议。但是有一点是可以肯定的，那就是巴尔干地区一直以来都不断涌现出新的知识和文化。至于当时身处土耳其统治下的当地居民的生活到底是个什么样子，在过去几十年的时间里，人们根据不断更新的资料不断丰富、修正和还原当时真实的历史样貌。虽然人们仍然认为当时身处奥斯曼统治下的东南欧基督教民众遭受到歧视和孤立，有时甚至是被蹂躏的待遇，但像过去那样认为当时的土耳其人对当地居民采取了极为残忍和近乎灭绝人性的迫害的说法，现在看来是站不住脚的。

在神学上，奥斯曼人尊重基督教和犹太教。这两种宗教均源于同一地区，且都属唯一神教。虽然伊斯兰教时不时会鼓励教众发动针对基督教政府的战争，但即便如此他们还是会允许其治下有信仰其他宗教的臣民存在。奥斯曼人知道，如果强迫巴尔干人改宗信仰伊斯兰教的话，一定会激起他们激烈而持久的反抗。因此，在中世纪时，奥斯曼人的统治还算比较宽容。所有宗教群体，包括穆斯林、犹太人和其他各式各派的基督教信众，都被纳入米列特（millets）中生活，即由信仰相同的人所成立的社区。米列特能够行使重要的司法和财政权力，它构建了一种基于宗教的家庭生活模式，而非基于地域或种族的统治模式。

虽然强迫他人改宗在本质上违反穆斯林法律，但是有一点还是值得人们注意，即在此时期，有相当大比例的波斯尼亚人、阿尔巴尼亚人和保加利亚人都改宗信仰了伊斯兰教。他们这样做能够得到一定的现实物质利益。因为当时奥斯曼人施行一种被叫作“壮丁征召制度”的政策，也就是通常被人们所熟知的“征童兵”或“血税”。壮丁征召制度通常会把尚未成年的巴尔干孩童从他们的父母身边抢走，然后把他们运到伊斯坦布尔，并在那里经土耳其和伊斯兰文化熏陶后最终培养为对苏丹极其忠诚和受过良好教育的私人随从或政府幕僚。几百年来，壮丁征召制度征召了数万名童兵。但是，值得注意的是，这些被征召的儿童后来在伊斯坦布尔都过上了远比在他们出生地更为体面的生活。事实上，许多当时被征召来的儿童在长大后都官居高位，甚至还有官至帝国维齐尔（viziers，旧时伊斯兰国家的高级官员大臣）的人，而那些获得权势的当年的童兵也经常向他们的家乡捐资赠款。奥斯曼苏丹喜欢壮丁征召制度，因为这个制度为他们训练培养出数量众多的士兵和官员，而这些人又往往对苏丹绝对忠诚，不会受其他土耳其国内势力和派别拉拢的影响。

因为穆斯林和基督徒之间不可避免地会发生流血冲突，所以许多人对这段战争频仍的历史时期并无好感。奥斯曼人在攻打一座城池时，如果这座城池拒绝投降，那么在城池被攻陷后，奥斯曼人通常会对当地居民大肆抢掠三天，以示报复。当年攻打君士坦丁堡时也是如此，但后来奥斯曼人很快便恢复了君士坦丁堡的城市秩序。此后，穆罕默德苏丹开始以各种方式维修并重建这座帝国都城。有些时候，奥斯曼苏丹还无法对一些诸如雇佣军和民兵组织等非常规军事力量进行管控，因此这些非常规军事力量，尤其在帝国后期，时常会给少数民族民众造成极大的伤害。然而，在通常情况下，奥斯曼苏丹更愿意与反叛军谈判，而不是耗费开支巨大的军事力量将反叛军打垮。至少在奥斯曼帝国前十任“好苏丹”（如苏莱曼大帝）统治时期里，来自不同民族和拥有不同宗教信仰的民众仍能够在帝国法律的保护下，性命无虞地与信仰伊斯兰教的穆斯林和平共处。

毫无疑问，奥斯曼入侵之后，东南欧地区经济和社会发展速度远远落后于西欧各国。然而，这些地区的发展却并未陷入完全停滞的状态之中。事实上，早在土耳其人控制这个地区之前，巴尔干的经济和社会发展情况就已经落后于西欧社会了。例如，巴尔干人没有赶上横跨大西洋的远航探险及殖民扩张的黄金时代，但是这也并不能完全归咎于奥斯曼土耳其对欧洲所造成的破坏。其实，奥斯曼人对其所占地区的经济增长还是做出过比较重要的贡献的，但是，我们也不得不承认，奥斯曼人所做的努力并未推动巴尔干地区快速发展。

土耳其人更喜欢让一些非穆斯林作为政府的行政管理人员。令人羡慕的基督教米列特（包括居住在帝国领地内的罗马尼亚人、阿尔巴尼亚人及各种斯拉夫基督徒）头人通常都由希腊人担任。希腊人从商经验丰富，因此他们受到土耳其人的极大重视，此外，还有许多希腊人为土耳其人充当水手、译员和职业商人。最终，一群不信教的被称为法纳尔人（Phanariotes）的希腊人在奥斯曼政府里担任极其重要的职务，例如，他们时常会担任行省总督等重要官职。土耳其统治者与其他人不同，他们建立了一种被称为“精英制度”的人事管理政策，即认可那些虽然属于少数民族也不信仰伊斯兰教，但才华横溢并愿意向土耳其统治者效忠的人为国家所做的贡献。

前人已经写过大量文章论述巴尔干人与其他欧洲人的差别。一方面，这个地区的人最初信奉东正教（与天主教和基督新教不同）。后来伊斯兰教开始影响这一地区。人们很容易过分夸大东正教与伊斯兰教的文化差异对这一地区的影响，并简单粗暴地给巴尔干人扣上一顶“落后”或“野蛮”的帽子。此外，今天巴尔干人的饮食、语言和民俗习惯都留有与奥斯曼帝国中东文化交互作用的影子和烙印。另外，在被希腊人称为“土耳其统治”的几个世纪里，巴尔干人似乎总体上并不相信政府，他们通常认为政府是异族，并且劫掠成性。这种心态又反过来一方面阻碍政治民主机构的建立；另一方面也阻碍了人们负责而积极地参与政治事务，并成为品行良好的帝国公民。

总之，由于奥斯曼人与生俱来的亚洲地缘和文化特点，加上他们深知只有对巴尔干基督徒进行间接统治才能从他们身上获取最大利益，而不会招致他们的激烈反抗，在这一过程中奥斯曼人没能在帝国范围内加强他们原有的高度集权的统治力量。然而，除了由其他宗教集团必须服从伊斯兰教的统治权威而引发的宗教摩擦外，奥斯曼人施行的间接统治制度实际上允许少数族裔基督徒通过建立基督教会内部的等级制度来培养他们自己的宗教独立性。在巴尔干地区，这种宗教政策为民族主义情绪的滋生准备了温床。这种民族主义情绪最终将把整个奥斯曼帝国撕裂了。

奥斯曼土耳其人源自中亚。13 世纪时，他们移居安纳托利亚建立塞尔柱王朝，并作为早期土耳其帝国的众多继承者之一在拜占庭帝国的东部边界定居下来。由于多种原因，奥斯曼人的实力和财富迅速增长，但是，奥斯曼人的成功改变了这一地区的人口构成，也导致当地政府的结构发生了巨大变化。

奥斯曼人用实践证明他们有能力快速更新原有观念和组织机构，以适应被征服地区的实际情况。例如，他们采用了在巴格达阿拔斯帝国和塞尔柱帝国有效使用过的众多政府管理政策。这些政策也帮助奥斯曼人实现了自己生活模式的转型，从一个武力征服型游牧民族转变为一个拥有长期执政能力和高效政府管理的高度发达的帝国。在奥斯曼传统文化中，“边疆”地区和“文明”地区长期存在价值观的冲突。例如，从军事角度来讲，人们可能会把这种冲突理解为一个具有独立意识的军事指挥官和一个地位逊于苏丹的军队指挥官之间价值观念的差异；而从宗教角度来讲，这种差异更多地体现在穆斯林加齐勇士（ghazi，亦称为伊斯兰教信徒勇士）和那些只强调税收和国家稳定性的统治者观念之间的差别。

奥斯曼人征服君士坦丁堡后又给自己赢得了一重新的身份。确实，奥斯曼苏丹特别是沉浸在亚历山大大帝传奇中的“征服者”穆罕默德均胸怀远大志向。他们一心想坐上东罗马帝国的帝位，而奥斯曼人的英勇和他们想征服西欧广大基督教世界（巴尔干地区）的决心正是这种远大志向的最好体现。在奥斯曼苏丹不断开疆拓土的过程中，他们也不会像原来那样仅仅满足于充当部落首领，而更愿意成为帝国皇帝或像蒙古君主一样的可汗。换句话说，征服君士坦丁堡之后，他们朝思暮想的帝国时代终于到来。奥斯曼帝国治下的土地极为广阔，人口数量众多，民族类型和宗教信仰亦多种多样。奥斯曼帝国首都也从亚洲迁到了欧洲，当然欧洲也正是帝国未来继续征讨的方向。奥斯曼帝国领导人穿过昔日庞大的罗马帝国末代帝都的大街小巷，根据传统仪式披上加冕斗篷，成为帝国新的王者。

中世纪早期，圣地巴勒斯坦、北非和西班牙纷纷落入阿拉伯帝国（阿拔斯王朝）之手。这让欧洲政治和军事统治者非常恼火。1095 年至 1350 年爆发的历史上著名的十字军东征便是这种种族仇恨的最好证明。然而，种族仇恨不但没有随着十字军东征的终结而结束，反而变本加厉地转向了塞尔柱土耳其人。因为塞尔柱土耳其人早在 11 世纪时就开始侵犯拜占庭帝国的领土，后来欧洲人又转而攻打奥斯曼人。当然，奥斯曼人在 14 世纪时也跟随潮流对拜占庭帝国展开入侵行动。1453 年，君士坦丁堡落入穆罕默德之手时，欧洲其他国家曾试图联合发动新十字军东征来铲除他们的土耳其敌人。

1453 年之前曾发生过两次抗击土耳其人的战争。来自中欧和西欧各国的将领、骑士、普通士兵和一些当地巴尔干人组成联军，试图阻止奥斯曼人的军事扩张进程。1396 年，匈牙利国王西吉斯蒙德（Sigismund）纠集了混杂有法国人、德意志人、英格兰人和尼德兰人的一群乌合之众向土耳其人的国家进军。这支杂牌军在教皇卜尼法斯九世（Boniface Ⅸ）的支持和激励下，沿多瑙河南下与罗马尼亚军队会师。但不幸的是，这支部队很快便在尼科波利斯城被强大的奥斯曼苏丹巴耶济德消灭。巴耶济德的别号是伊尔迪里姆（Yildirim），意思是“雷霆万钧”。颇具讽刺意味的是，巴耶济德军队中有为数不少的来自欧洲基督教国家的士兵和雇佣兵，其中就有很多塞族人。

后一次十字军东征比第一次更离奇，也更混乱。15 世纪 40 年代，随着土耳其占领越来越多西欧各国的土地，西欧各国也出现越来越多反抗土耳其入侵的民众。其中最著名的“抗土英雄”是一个名叫约翰·胡尼奥迪（John Hunyadi）的匈牙利人。他赢得的抗土声望可同弗拉德王子（绰号“德拉库拉”，又名“穿刺王”，是英国小说《德拉库拉》中吸血鬼德拉库拉伯爵的历史原型）、塞尔维亚的乔治·布兰科维奇（George Brankovic）和阿尔巴尼亚民族英雄斯坎德培（Skanderbeg）比肩。教皇尤金尼厄斯四世（Eugenius Ⅳ）曾把这些抗土英雄统称为匈牙利、波兰、法国、德意志和威尼斯抗土势力，当然还包括反抗土耳其的希腊人。1444 年，由这些抗土势力组成的联军再次与土耳其人厮杀到一起。然而，不幸的是，土耳其人再次迅速而彻底地将抗土联军击溃。打败西欧各国组成的抗土联军后，苏丹穆拉德一世转而继续与他的巴尔干敌人交战，并不断获得战争的胜利。至此，君士坦丁堡遭到土耳其人的团团包围，拜占庭帝国危在旦夕。欧洲各国已放弃营救拜占庭帝国的最后努力，只能眼睁睁看着君士坦丁堡被土耳其人攻陷。

15 世纪 60 年代，拜占庭帝国的历史终于走到了尽头。拜占庭帝国的命运让欧洲其他国家警惕起来。奥斯曼人已经完成了阿拉伯帝国、塞尔柱帝国、蒙古帝国和其他巴尔干帝国都未能完成的任务。此时的欧洲人必须认真思考和面对奥斯曼人的强大军力。君士坦丁堡陷落后，奥斯曼人继续赢取一个接一个的军事胜利。16 世纪中期，奥斯曼人已经攻占了罗马尼亚的两个亲王国：摩尔达维亚（Moldavia）和瓦拉几亚（Wallachia）。此外几乎匈牙利全境、克罗地亚（Croatia）、北非、美索不达米亚（Mesopotamia）、阿拉伯半岛和圣地巴勒斯坦等国家和地区的绝大部分领土也被其占领。在苏莱曼大帝在位时期（1520—1566），奥斯曼帝国达到鼎盛时期。除了其他卓越的战功之外，苏莱曼大帝还征服了重要城市贝尔格莱德（Belgrade）和重兵把守的罗德岛（Rhodes，中世纪西方骑士所建立的最后一个十字军国家）。虽然苏莱曼大帝对奥斯曼帝国国内政治进步和文化生活水平的提高也产生了极为重大而积极的影响，但是他最为世人所铭记的却是其伟大的军事成就。苏莱曼大帝领导奥斯曼帝国继续向欧洲北部扩张，并于 1529 年的秋天包围了维也纳。此次入侵进一步巩固了奥斯曼苏丹穆罕默德于 1453 年取得的胜利果实。此时欧洲的环境对土耳其人进入中欧政坛已十分有利，同时奥斯曼帝国也获得了对当时欧洲所有大国实施军事打击的能力。

16世纪初，欧洲一方面正处于改革阵痛期；另一方面哈布斯堡王朝同法国的战争使欧洲陷入频繁的动荡和不安之中。法国国王弗朗索瓦一世邀请苏莱曼与之结盟，共同对付哈布斯堡王朝。弗朗索瓦一世与苏莱曼结盟的目的是想通过苏莱曼的力量限制查理五世领导下的哈布斯堡王朝不断壮大的势力。而实际上，查理五世当时却正被国内新教徒和农民之中不断爆发的叛乱及匈牙利分离主义势力搞得焦头烂额。苏莱曼一方则希望通过扶持反对哈布斯堡王朝贵族亚诺什·扎波里亚（Janos Zapolya）来间接实现对匈牙利的控制。此外，苏莱曼还希望通过发动更多战争来满足军队对战利品（同时也是军队的主要给养来源）的需求。抱有各自不同目的和想法，法国人同奥斯曼人组成了联军。基督教国家和伊斯兰教国家进行联合，这在十字军东征时期是根本无法想象的事情。几百年间，法国人和奥斯曼人经常联合起来共同御敌。不过，后来对奥斯曼人影响最大的就变成了英国人，英国的影响一直持续到第一次世界大战之前，此后便让位给了德国。在第二次围攻维也纳失败后，对阵双方于17世纪初签订了《卡尔洛夫奇条约》（*Treaty of Karlowitz*）。此后，奥斯曼帝国开始缓慢收缩。他们收缩后遗留下的土地后来被称为“东方问题”。在奥斯曼帝国收缩势力范围的情况下，其他欧洲大国（和奥斯曼帝国境内的一些非穆斯林小公国）便开始扩张各自的地盘。由于已无法实施行之有效的财政预算和军事变革措施，奥斯曼帝国在19世纪时已沦为著名的“欧洲病夫”。但是，在一个社会迅速发展、不断远离传统的时代，奥斯曼帝国的穆斯林逐渐在欧洲列强的队伍中站稳脚跟，这无疑在很大程度上要归功于1453年君士坦丁堡的陷落。

约翰·K. 考克斯（John K. Cox）

约翰·K. 考克斯（John K. Cox），北达科他州立大学历史学教授、哲学与宗教研究所历史部主任，在印第安纳大学获得博士学位。主要著作包括《塞尔维亚史》（*The History of Serbia*，2002）和《斯洛文尼亚——渐进的忠诚》（*Slovenia: Evolving Loyalties*，2005）。

第八章
征服新大陆（1492—1550）

中国同时期：明孝宗朱祐樘—明世宗朱厚熜

概 述

1492年8月3日，热那亚航海家克里斯托弗·哥伦布率领3艘小船从西班牙港口帕洛斯起航。哥伦布以西班牙的名义向西航行，希望能找到一条通往印度或东亚地区的新航路，因为来自以上两个地区的香料和其他商品在欧洲市场上极为畅销，此类贸易利润极高。同年10月12日，哥伦布率领的船队终于寻觅到一块大陆，然而哥伦布当时所到的地方却并非亚洲，而是一块包括南北美洲的新大陆。尽管哥伦布从未承认他所发现的土地不是亚洲的事实（直到1506年去世前，哥伦布还坚称他发现的地方一定是属于亚洲东海岸的一些小岛），但是其他人却不这样认为，他们很快便如潮水般涌入新大陆，并估量这块土地究竟能为他们产生多少价值，他们尤其不清楚是否能够在新大陆开采出黄金和白银来。

哥伦布后来又组织了3次远洋航行，发现了加勒比群岛，考察了中美洲东海岸地区，还到过南美洲离奥里诺科河入海口不远的海岸地区。而与此同时，同样由西班牙政府资助开展远洋航行的佛罗伦萨航海家亚美利哥·韦斯普奇（Amerigo Vespucci）则跑得更远。1497年至1505年，亚美利哥·韦斯普奇的足迹遍布中美洲和南美洲沿岸各地，最远到达南美洲南部，位于今天乌拉圭和阿根廷之间的拉普拉塔河（La Plata River）入海口的地方。为了纪念亚美利哥·韦斯普奇所做出的贡献，这块新发现的土地就被后人命名为美洲。早几年前，另一位名叫约翰·卡伯特（乔瓦尼·卡伯托）的意大利航海家在英王的资助下向北探索新大陆，到达了新英格兰地区。1513 年，西班牙探险家瓦斯科·努涅斯·德·巴尔沃亚（Vasco Núñez de Balboa）在现在的巴拿马的一座小山上向太平洋方向眺望。这是欧洲探险家第一次望见浩瀚无边的太平洋。7 年后的 1520 年，航海家斐迪南·麦哲伦横跨大西洋，绕过南美洲最南端进入太平洋，并实现了环球航行。在麦哲伦完成环球航海的壮举之后，再也没有人会认为哥伦布发现的新大陆是距离印度不远的小岛之类了。

在欧洲早期探险活动的鼓动下，一些想在海外永久定居的欧洲人陆续加入新的探险活动中来。其中，西班牙人最为活跃。这些人当中有的想开采黄金，有的想去新大陆传播基督教，还有一心想感受探险刺激的。如此，西班牙人很快便在加勒比群岛的一些地方定居下来，这些地方主要有古巴、伊斯帕尼奥拉岛（Hispaniola）、牙买加、波多黎各等地。他们很快又沿加勒比海一路向南，在今天的巴拿马和哥伦比亚建立了新的定居点。

面对西班牙人的步步紧逼，加勒比海沿岸地区的原住民并没做出多少反抗。西班牙人也没有在那里找到多少黄金，于是便把重点转向了农业。西班牙人建立起以种植园或庄园为基础的“监护征赋制度”。其中，西班牙人当地主，印第安原住民则充当劳动力。在既狡猾又凶残的西班牙地主的剥削下，加之印第安人在体质上无法抵御诸如麻疹等源自欧洲的疾病，印第安原住民以惊人的速度不断死亡。据估计，自哥伦布的双脚踏上伊斯帕尼奥拉岛之后的 15 年时间里，伊斯帕尼奥拉岛原住民的人口数量下降了近 75%。由于印第安原住民数量急剧下降，导致当地劳动力严重短缺。为了弥补缺口，西班牙人只能从非洲大量引入黑人奴隶。奴隶制度因此进入了南美洲、中美洲和北美洲各地。

虽然没有在加勒比地区找到大量黄金，但欧洲人对这种贵重金属的欲望却从未减少。相反，欧洲人从加勒比地区的印第安人口中得知，地处内陆深处的一些部落建造了规模宏大、富裕繁荣的城市，当听说内陆城市甚至富裕到能够用黄金和白银铺设、装点街道时，欧洲人对金银的欲望被极大唤起。其中，受这些故事影响最大的是一位叫荷南·考特斯的探险家。荷南·考特斯于 1485 年出生在西班牙的一个小贵族家庭。他曾经在萨拉曼卡大学（University of Salamanca）读书，于1504年踏足新大陆。1509年，荷南·考特斯去古巴为古巴总督供职。在墨西哥当地流传着古代印第安人曾建有庞大富裕的阿兹特克帝国的传说，为了验证传说的真实性，古巴总督派遣考特斯深入美洲腹地进行调查。考特斯组织了一支由600人、几匹马组成的探险船队，向墨西哥航进。在路上，考特斯向他的随从人员说："我来这里不是为了像农民一样耕种这片土地，而是为了寻找黄金。"此外，考特斯还下定决心脱离古巴名义上的领导并自任总督。在墨西哥沿岸地区登陆后，考特斯建立了韦拉克鲁斯城（Veracruz），这座城市后来发展成为墨西哥最重要的港口城市。为表决心，考特斯破釜沉舟，焚毁了自己来时乘坐的船只，这样一来考特斯率领的一众人马便没有了退路，只能跟着他继续向前走。

考特斯的目标是得到整个阿兹特克帝国。传说有一支来自北方的好战民族南下后，于1325年在特诺奇蒂特兰（Tenochtitlán）建立了自己的首都。这批阿兹特克人喜欢东征西讨，很快他们便征服了附近的原住民部落，此后又继续征服了更多的美洲原住民部落和民族。阿兹特克人有崇拜太阳神和用活人献祭的传统，因为他们相信，只要每天坚持用活人的心脏献祭，他们的神便每天都会回来（标志是太阳会按时升起）。为了源源不断地提供活人心脏，阿兹特克人便需要持续不断的战俘供应。被阿兹特克人所征服的部落自然极力反抗阿兹特克人的这种做法，但他们的实力过于弱小，无法推翻阿兹特克人的统治。

阿兹特克人在许多方面在当时也是很先进的。阿兹特克人的首都规模很大、很干净，拥有大型高架渠组成的供水系统，人口数量也与当时欧洲国家的首都差不多。阿兹特克人的房屋由坚固的石头建成，他们还建有许多宏伟的寺庙。此外，阿兹特克人还拥有一套行之有效的法律制度，并发明了精确的太阳历。阿兹特克人的社会经济繁荣发达，经济来源中既有通过攻城略地聚敛的财富，也有通过采矿加工、商业贸易和农业耕作等方式获得的财富。要知道当年的阿兹特克人并不拥有今天人们所熟知的车辆、马匹和其他畜力，以及诸如由钢、铁等金属制造的生产工具，因此阿兹特克人的伟大成就更让人感到惊讶和神奇。

乍看上去，在如此庞大的帝国面前，考特斯一帮人好像没什么胜算。但是，凭借运气和现代科技，尤其是在现代武器的帮助下，西班牙人最终取得了成功。根据阿兹特克的传说，通体洁白、长满羽毛的羽蛇神在多年前便离开了他们。据说，羽蛇神将于未来某日重新回到他们中间。尽管没有说明羽蛇神回来的目的是什么，但阿兹特克人并不想弄明白。当考特斯在墨西哥登陆的消息传到阿兹特克统治者蒙特祖玛（Montezuma）的耳朵里后，他担心会发生可怕的事。因此，蒙特祖玛便派遣一支代表团带着礼物去了韦拉克鲁斯，请求考特斯离开。蒙特祖玛的众多礼物中有一些黄金，见到黄金反而让考特斯更坚定了留下来的决心，不仅如此，他还想继续向内陆其他地区进发。考特斯和一干人等翻山越岭，向传说中的黄金之地特诺奇蒂特兰进发。一路上，阿兹特克征服过的部落均对其施以援手。很明显，这些部落感到了白人给他们的神所带来的威胁，至少也是给那些已经征服他们很久的阿兹特克人带来了现实的威胁。当考特斯和他的人抵达阿兹特克帝国的首都特诺奇蒂特兰后，蒙特祖玛友好地迎接了他们。然而，蒙特祖玛的热情很快便丧失殆尽，随后西班牙人囚禁了蒙特祖玛。在此后的一场暴乱中，蒙特祖玛被杀死，或许当时只是个意外。考特斯也被迫撤出城外。

韦拉克鲁斯的援兵抵达后，考特斯运用他的战马和带来的先进武器，与阿兹特克人 1521 年再度占领特诺奇蒂特兰时所激怒的当地人一起组成联军攻打阿兹特克，考特斯最终摧毁了特诺奇蒂特兰，当然也抢到了数吨考特斯梦寐以求的贵重金属。为代替特诺奇蒂特兰，考特斯在附近又建起了一座新城，这就是后来的墨西哥城。鉴于考特斯取得的巨大成功，尤其是他带回西班牙的大量金银财宝，考特斯荣耀地当上了他所征服地区的新大陆君主，当时被称为“新西班牙”总督。作为总督，考特斯有效地促进了新西班牙的经济发展，矿场也稳定地生产着黄金和白银，种植园体系也开始在当地付诸实施。

考特斯是著名的征服者之一。虽然有时表现得较为鲁莽，但他一心想征服新大陆上的人民，为自己建功立业。他的名声常与弗朗西斯科·皮萨罗并称。后者在考特斯取得胜利约 10 年之后摧毁了南美洲庞大的印加帝国（Inca Empire）。

皮萨罗出生于 1470 年，出身背景不明，生性极端残忍。在做了很长时间的雇佣兵之后，这个一辈子都不识字的家伙于 1530 年成功说服了当时的西班牙国王卡洛斯一世（神圣罗马帝国的查理五世），让他率领一支探险队去南美洲的安第斯山脉（Andes Mountains）寻找传说中非常富裕的印加帝国。

皮萨罗带着由约 180 人和几十匹马组成的探险队翻过安第斯山脉，在秘鲁高地遇到了印加人。印加人和阿兹特克人一样也拥有十分先进的文明。印加人的生产方式主要以大规模灌溉和梯田这样的高效农业为主。此外，印加人还建设了四通八达的公路系统来促进社会商业和贸易的发展。然而，与阿兹特克人一样，印加人在科技上远远落后于西方的欧洲人，当然也就根本打不过皮萨罗的火枪队了。

皮萨罗与考特斯一样幸运。当他抵达秘鲁时，印加帝国正陷入一场争夺帝国皇位的内讧当中。皮萨罗利用浑水摸鱼的战术在一次小规模前哨战中抓获了印加帝国皇帝阿塔瓦尔帕（Atahualpa），而西班牙人一方却没有任何伤亡。皮萨罗把阿塔瓦尔帕当作人质向印加人索要赎金，要求印加人把一间大房子堆满黄金给他，而索要白银的数量还要更多。尽管印加人满足了皮萨罗的全部要求，皮萨罗还是残忍地勒死了阿塔瓦尔帕，随后继续征讨印加帝国的其他领土。1541 年，皮萨罗被己方人员所杀。

虽然其他西班牙征服者也想效法考特斯和皮萨罗，但后来者当中没有人能取得像他们两人一样的成绩。考特斯和皮萨罗为西班牙王室赢得了数不尽的黄金和白银，更不用说占领的土地和在被占土地上居住的人民了。

历史评论

荷南·考特斯、弗朗西斯科·皮萨罗及其他西班牙征服者的探险活动在很大程度上改变了美洲、世界经济和欧洲国家的发展历程。他们的探险活动为欧洲国家的集权化提供了一种方案，国王借此便可以更进一步控制国内贵族和商人。征服活动对当时世界经济的发展起到了至关重要的作用。它迫使新大陆成为旧大陆的一部分，并永远地与旧大陆捆绑在一起，再也无法逃脱欧洲政治和经济对其产生的影响。欧洲人在新大陆的征服活动中不仅大量杀死了当地居民，还摧毁了当地的政治、经济和社会结构。在漫长的历史发展过程中，新大陆形成了不同于欧洲、独具特色的社会阶层结构、种族和民族构成、宗教、土地分配制度、政治经济体制和文化。西班牙人征服新大陆导致的这些变化在今天的拉美社会中仍然能够明显看到。

西班牙人征服新大陆的速度极快，手段也极为残忍。1519 年，考特斯发现乔卢拉（Cholula）的当地居民想密谋杀死他的手下。作为报复，他用残忍的手段屠杀了近 3000 名当地居民。为征服阿兹特克帝国，考特斯用两年的时间铲平了阿兹特克帝国首都特诺奇蒂特兰。由于战争中被杀死的人过多，用考特斯自己的话说："那时根本找不到下脚的地方，没有办法，只能踩着印第安人的尸体向前走。"当印加皇帝阿塔瓦尔帕拒绝改信基督教时，弗朗西斯科·皮萨罗立即下令屠杀 2000 名印第安人。为支付赎金，阿塔瓦尔帕绞尽脑汁搜罗到 7 吨黄金和 13 吨白银。但是皮萨罗拿到钱后，还是残忍杀死了阿塔瓦尔帕。不到 3 年时间，皮萨罗便征服了印加帝国。

据可靠资料显示，在 1519 年至 1523 年的 4 年间，墨西哥中部地区人口数量减少了近 40%；在 1519 年至 1605 年的数十年间，这一比例增长到近 95%。据秘鲁资料显示，在 1570 年至 1620 年的 50 年间，当地居民的人数减少了 50% 以上。在死去的印第安人中，虽说部分死于西班牙人的先进武器（如被弓弩射杀，被剑、矛这样的金属武器刺死，被西班牙骑兵击杀，以及被火药灼伤致死等），但绝大多数印第安人都是死于流感、麻疹、斑疹伤寒等欧洲人带去的疾病。事实上，在考特斯围攻阿兹特克帝国首都的时候，麻疹替考特斯消灭了大量阿兹特克帝国的有生力量。在征服的过程中，考特斯和皮萨罗一方面充分利用当地居民的宗教信仰以获取当地人最大的支持；另一方面利用其他与阿兹特克和印加帝国有矛盾的部落力量对其各个击破，实现分别打击的战略。到 1535 年的时候，也就是哥伦布发现新大陆 43 年之后，西班牙王室在墨西哥或新西班牙首度设立行政总督一职，即代表西班牙政府监管征服地的总督。

从一定程度上讲，西班牙征服者按西班牙社会的模式在美洲建设了一个海外西班牙。由于西班牙人更乐意住在城市里，他们从 16 世纪初开始便在拉美各地建设了许多城市，如亚松森（Asunción）、波哥大（Bogotá）、布宜诺斯艾利斯、哈瓦那、利马、墨西哥城、基多（Quito）、圣地亚哥等。这些城市均仿照西班牙城市建成。同样，天主教也成了拉美各地的主流宗教。教会承担主要的教育功能。西班牙语成为拉美官方语言。当地的政治进程在西班牙君主体制下变得越来越集权化，并主要由当地的精英进行统治。当然，西班牙王室会授予拉美统治精英以贵族称号。此外，拉美各地还纷纷建起许多大地主庄园。严格的、等级分明的社会阶层也逐渐得以形成。当然，在其他一些方面，新大陆也呈现出属于自己独特的一面。

1492 年发生的两个重大历史事件为西班牙征服者提供了表现自己的舞台。第一件是哥伦布在西班牙王室的资助下发现了美洲新大陆。哥伦布在写给西班牙国王的信时总结了第一次远洋航行的经过，他还在信中提及这不但是西班牙征服新大陆的最好时机，而且新大陆就应当属于西班牙，就好比天堂就是属于上帝的一样。第二件是西班牙基督徒对摩尔人（穆斯林）的征服。经过长达几个世纪的再征服运动后，西班牙终于迫使摩尔人离开他们在伊比里亚半岛的最后领地格拉纳达，把穆斯林彻底赶回北非。以上两件事可以很好地让人们了解西班牙人所具有的强烈宗教使命感，以及他们为何急于消灭异教徒（非基督徒）或者强迫异教徒改信基督教。虽然西班牙征服者成功地让被他们征服的新大陆居民改信天主教，但是此时的天主教已经无可避免地与当地的传统宗教紧紧地联系在了一起。

许多因素促进了天主教和当地传统宗教的融合。历史上，美洲人便有吸收距离他们较近地区的外来宗教和文化的传统。西班牙征服者在当地建起的天主教堂虽说带有明显的西班牙风格，但当地的建筑工人却把美洲印第安人的文化品位和设计也融入这些新式的建筑当中。此外，他们还经常用建造当地宗教寺庙的石块来建造天主教堂。有时，新建的天主教堂就被建在当地寺庙的旁边。因此，一些当地居民经常到新建的天主教堂举行宗教活动也就不足为奇了。阿兹特克人的宗教也像天主教一样宏大，也有着类似的宗教仪式。天主教中有数量众多的各种各样的圣徒，当地阿兹特克人的宗教当中也能找到为数不少且形式多样的神。两种宗教对于惩罚和奖赏的教义也非常相似，这些因素都促进了两种不同宗教之间的融合。需要指出的是，许多天主教教士不但容忍，而且还乐于见到基督教与当地宗教之间的融合。例如，1531 年，在离墨西哥城外阿兹特克女神托南特珍（Tonantzin）的圣所不远的地方，一个名叫胡安·迭戈（Juan Diego）的印第安人宣称他看到了瓜达露佩圣女（Virgin of Guadalupe）显圣的情形，瓜达露佩圣女为人民祈福，并治疗他们的创伤。1648 年，天主教会正式接受瓜达露佩圣女的形象。此后，瓜达露佩圣女就变成了拯救被压迫人民的象征。这种融合版天主教（基督教）信仰在新大陆社会发展的过程中起到了十分关键的作用。

西班牙人征服拉丁美洲后建立起一个基于种族和民族背景的社会阶层结构，其中白种欧洲人处于社会最上层，当地印第安原住民和黑人奴隶处于最底层，其他混合种族处于社会的中间层。考特斯和皮萨罗来到新大陆的目的不只是为了寻找财富，也是试图挤进西班牙更高的社会阶层寻求更高的社会地位。考特斯出身于西班牙小贵族家庭，父亲当年未能从萨拉曼卡大学顺利毕业，后来当上了一名步兵上尉。皮萨罗则是一位西班牙士绅的私生子，不识字，小时候还养过猪。事实上，许多西班牙人征服者并非来自精英阶层。在当时伊比利亚半岛那种社会等级森严的情况下，他们根本没有机会挤进西班牙社会的精英阶层。然而，那些当过兵，后来征服了新大陆的人却可以从与当地印第安原住民的战争中攫取巨额财富，成功赢取进入上流精英阶层的入场券。西班牙征服者和他们的后裔（经常被称为克里奥尔人，他们虽出生在新大陆，父母却是西班牙人或欧洲人）会占据拉美社会的最上层，属于拉丁美洲生活条件最好的阶层。而当地印第安原住民却构成美洲社会的最底层，他们是劳动者阶层的主力军。在那些印第安原住民人口数量极少甚至没有印第安原住民的地方，西班牙人和葡萄牙人就从非洲输入黑人奴隶弥补劳动力的缺口。1518 年至 1870 年，西班牙人为美洲输入了逾 150 万名非洲黑人奴隶。到 1810 年为止，葡萄牙人为美洲殖民地输入非洲黑人奴隶的数量则高达 250 万人。在拉美地区，印第安原住民和黑人奴隶在当时一直处于社会的最底层，直到今天这种状况的影响依然没有消失。

在考特斯和皮萨罗时代，几乎没有白人女性或欧洲裔女性在新大陆生活。结果，当时美洲殖民地的许多西班牙殖民者便都娶了土生土长的当地印第安女人为妻。例如，考特斯就娶了一个“性格外向，爱管闲事，长相漂亮”的印第安女人为妻。考特斯的妻子既为考特斯洗衣做饭，又为考特斯承担翻译和讲解员的工作，有时甚至还会为获取情报而给考特斯充当间谍。西班牙人亲切地叫她“领航者”都尼亚·玛丽娜（Doña Marina），当地人则管她叫作“叛徒”拉·玛琳琦（La Malinche）。有趣的是，今天在墨西哥一个最具贬义色彩的词汇就是“玛琳琦主义者”，指的是与敌人共谋的人。考特斯和玛琳琦的混血儿子名字叫作唐·马丁·考特斯（Don Martin Cortés），是第一个梅索蒂斯（mestizo）混血儿，也就是欧洲人与印第安原住民的混血儿。在美洲有一座小教堂，从这座小教堂向外望去可以看见西班牙人来到美洲前的金字塔的遗址广场，名为“三种文化广场”。在这座小教堂里面有一块刻有文字的铭牌，上面写着：“1521 年 8 月 3 日，受英雄瓜特穆斯（Cuauhtemoc）所保护的特拉特洛尔科（Tlatelolco）落入了荷南·考特斯之手。这既不是一次胜利也不是一次战败。这是梅索蒂斯混血国家——墨西哥——痛苦诞生的过程。”今天，梅索蒂斯混血人是拉丁美洲人口中数量最多的族裔。

在许多地区，由于当地印第安原住民人口数量不足，非洲人被贩卖至此充当劳力使用。欧洲人和非洲奴隶的混血后代被称为穆拉托人（mulattos），意为白人和黑人的混血儿。穆拉托人后来构成了今天巴西热带低地地区和加勒比海盆地地区的主要人种。和梅索蒂斯文化类似，穆拉托文化也是欧洲文化和非洲文化融合的产物。这一点在天主教同非洲宗教的融合上体现得最为明显，穆拉托人口最多的国家是古巴、海地和巴西。

考虑到绝大多数西班牙征服者的职业都是基督徒士兵，他们最初的朴素想法只是想把上帝的福音传播至此。因此，直到20世纪初，拉丁美洲三大主要政治机构中有一个是军事机构，另一个是天主教会，也就不足为奇了。这两大机构以及所谓的寡头或大种植园主，是日益浮现的拉丁美洲政治体系中最主要的玩家。设计这种政治体系的首要目的无非是为了维持业已形成的社会阶层等级。

欧洲人、克里奥尔人以及后来生活条件更好的、拥有欧洲之根的梅索蒂斯人通过占有大量土地，控制劳动力，从欧洲获得财政支持等各种方式在美洲获取源源不断的经济利益，在经济领域中逐渐居于主导地位。作为他们在美洲取得军事胜利的奖励，西班牙国王把大量美洲土地赠送给美洲的征服者。1513年年初，西班牙国王还提醒美洲殖民者，要他们“利用农民为他们耕种土地”。值得一提的是，欧洲人拥有土地是私有财产的观念。然而，美洲的印第安原住民则习惯把土地视为公共财产，土地只能集体拥有，而不能由个人独占。后来，越来越多原属于美洲印第安原住民的合作农场（墨西哥人称之为“埃西多”）逐渐被欧洲人私有化。占有土地最多的当属欧洲精英和天主教会两大群体。这标志着拉丁美洲的土地开始日益集中到小部分欧洲精英手中。拉丁美洲各社会阶层所享受的不平等的土地拥有权和使用权导致社会各阶层间经济水平极不平等。由于土地和财富被迅速集中到少数大地主手中，而大部分劳动者则艰难地在贫困线上挣扎，严重的社会不公日益侵蚀着许多拉丁美洲国家的政治基础。到20世纪的时候，长久以来由于土地所有权、使用权及土地改革产生的土地权益分配不公所引起的抗议事件接连爆发，掀起了古巴、玻利维亚、萨尔瓦多、危地马拉、墨西哥、尼加拉瓜、秘鲁等拉美各国人民一浪接一浪的革命斗争浪潮。

土地所有权制度让白人和欧洲精英控制了美洲人所生产的财富，包括贵金属（黄金和白银）、经济作物（可可、靛蓝、咖啡、香蕉、糖、棉花和小麦）和工业原材料（铜、锡和橡胶）。这些美洲人生产的财富以出口品形式先是出口至西班牙，后来是欧洲其他国家，欧洲之后则是美国。此外，美洲的精英统治阶层也通过与欧洲统治精英间密切的关系获得来自欧洲的大笔款项，之后美洲的统治精英又将这笔钱投入发展美洲经济作物和原材料工业开采等方面。

开采金银、种植经济作物和开采原材料工业同样需要大量廉价劳动力。在各种殖民地高压政策的逼迫下，印第安原住民和黑人奴隶为殖民者提供了大量廉价劳动力。例如，在大种植园经济条件下，西班牙王室授权大土地所有者监管当地居民，而当地居民则在体制的束缚下被迫为大土地所有者工作。在这种体系下，土地所有者或种植园主也同时需要为当地居民提供教育服务和宗教服务，并承诺保护他们的安全。作为获得安全保障的条件，当地人则必须为土地领主提供劳力或者做出其他相应的贡献。当时考特斯负责监管的整个墨西哥城共有 22 个村庄，总人口超过 2.2 万，土地面积约为 2.5 万平方英里。在考特斯时期，土地所有者对劳动者极其残忍。一位天主教传教士巴托洛梅·德·拉斯·卡萨斯（Bartolomé de las Casas）曾记录下了一个名叫哈吐伊（Hateuy）的印第安原住民反叛者的故事。哈吐伊在被处死前说："如果基督徒要上天堂，我便不去天堂。我不想再遇到这些残忍恶毒、杀人放火，还把印第安人当奴隶使唤的基督徒。"为了让印第安原住民和黑人奴隶劳动者能够温顺地干活而不抱怨连连，大地主对劳动者暴力相向的情况简直就是家常便饭，稀松平常。

为更好地管理美洲劳动者，欧洲殖民者发明了恩庇侍从管理体系和方法。恩庇侍从关系出现在财富和权力不平等的两个人之间。在恩庇侍从关系中，双方为满足各自的生存需要而各取所需。例如，许多劳动者在地主的大种植园里劳作。而土地所有者则为劳动者全家提供居住用的房屋、养家糊口用的一小片可以耕种的土地，此外地主还为劳动者提供宗教服务、医疗救助及丧葬开支等。而作为交换和补偿，劳动者则须为土地所有者耕种土地，在举行选举（如果需要选举的话）活动时为他们的主人投上一票，尊敬并顺从土地所有者的社会地位。恩庇侍从关系为土地所有者和劳动者同时提供一种安全保护。这种社会关系的存在是当时拉美社会政治稳定的重要基础。在拉美社会的发展过程中，与恩庇侍从关系类似的社会关系在各城市中推广并最终确立下来。这种社会关系可以帮助我们更好地理解拉丁美洲历史上社会阶层等级制度形成并得以巩固的原因。

此外，天主教会在维护拉美社会阶层等级制度方面也起到了至关重要的作用。天主教会不仅是拉美宗教世界中的绝对精神权威，在20世纪初之前，它还是整个拉丁美洲最大的土地拥有者。此外，天主教会还控制着整个教育系统。教会人员教育印第安原住民接受他们现在处于社会底层的现实，说这些都是上帝的安排；他们还告诉印第安原住民说印第安人在现世中遭受的贫困将在来世得到补偿，任何反抗上帝意志的行为都是对神明的亵渎。如此一来，印第安原住民便能顺从地接受其所处的社会地位，社会阶层等级制度也借此得以稳固。

西班牙征服者和他们的后代都处于拉美社会阶层的上层。这反映出伊比利亚人（西班牙人和葡萄牙人）的价值观念、文化和政治哲学。伊比利亚的传统观念认为君主化的非民主精英统治天生就是合法的。此外，天主教会在强化这种传统政治和社会价值理念方面也起到了推波助澜的作用。天主教历史上最伟大的哲学家圣托马斯·阿奎那便是这种理念的拥护者。教会宣扬只有少数人才能蒙受上帝的恩宠，而大部分人总是容易犯下过错，因此，只有这些人（欧洲白人）才应该占据社会的权力阶层，因为只有他们才能够“更好地理解和执行上帝的旨意”。换句话讲，人与人之间天生就存在一种等级关系。用天主教的等级观念来解释拉美社会阶层的等级结构，一方面使得拉美精英统治变得合法化；另一方面也阻碍了拉美社会民主思想的发展。这也使人们不难理解为何长久以来拉丁美洲都没有发展出民主政体。同时，人们也明白了为什么要想研究拉丁美洲的政治历史，只需研究一下当时拉丁美洲各大权势集团之间的关系即可。

西班牙征服给拉美各国带来的最为深远的影响便是在拉美政治体系中强调军事实力的重要性。军事实力，无论强弱，总是获得政治领导权的前提。纵观拉丁美洲的各个国家，无一例外都至少经历过一次军管时期。即使在拉丁美洲某地实行了民主选举，这个选出来的政府也无法规避军队对政府产生的影响。然而，如果无法获得拉美社会中权势阶层最低限度的支持，仅靠军队的一己之力是无法对一个国家进行管理的。拉丁美洲的政治是权力阶层间不断协商和讨价还价的结果。从考特斯和皮萨罗到20世纪初，军队、天主教会和大土地所有者是最有权势的几个群体，均有自己的权力基础。军队拥有暴力和高压手段；教会占有精神高地，并通过教会执掌大量地产，具备很强的经济实力；大土地所有者更是控制着拉美社会的经济命脉。此外，每个群体也都有自己的特殊目的。军队想要最好的武器、高额军饷和更具吸引力的退伍保障；教会想维持自己在教育和精神信仰方面的垄断地位；大土地所有者希望自己现有的财产能够得到良好的保护。此外他们还需要继续获得廉价的劳动力，继续对劳动力进行有效的管控，以及继续享受低税收的优惠政策。除此之外，三股势力都拥有共同的目标，那就是继续维持现有社会阶层结构和政权的稳定。三者相辅相成，共同实现各自的目标和共同的目标。然而，三股势力在发展的过程中还需要不断讨价还价和谈判妥协，才能获取各自的利益。虽然自 20 世纪初以来，以上三个权势阶层的内部结构已经悄然发生了改变，但是它们之间总体上相互协调、互为掣肘的关系，仍然在拉美政治事务中发挥着十分重要的作用。

今天拉丁美洲的文化价值观念亦可以追溯到西班牙征服时期。两大重要的文化价值观念是玛切斯默（machismo）和玛利亚斯默（marianismo）。早期西班牙征服者因其作战勇猛、身强力壮和具有男子气概而广受赞美。玛切斯默，意为男子气概，是男性领导者身上所具有的权威、力量和男子汉的气概。西班牙作家萨尔瓦多·德·马达里亚加（Salvador de Madariaga）曾经说过："独裁作风不仅在一个国家政府首脑的行事中可以见到……在某村村长、某市市长、某地区区长、某商业公司总经理甚至某家户主身上，均可以真切地感觉到。"玛切斯默不但在拉丁美洲的政治过程中发挥作用，而且在被社会普遍认可的男性和女性行为规范上做出清晰的界定。男人被尊视为一家之主，女人则被赋予顾家、守夫的天职。人们愿意看到男人以权威身份发号施令，而女人则被期望忠诚于男人。人们并不反对男人在外拈花惹草，好像男人本就应该这样，却指望女人姑息男人的不忠行为，以显示贤妻良母的善良本性。

与玛切斯默相对应的是玛利亚斯默。在拉丁美洲，玛利亚斯默要求妇女在精神地位上优于男性。妇女享有此种重要地位的原因在于天主教对圣母马利亚的高度尊敬。这种精神上的优越感既是女性在家庭内部获取力量的源泉，有时也是她们在政治生活中拥有的精神支柱。阿根廷的贝隆夫人曾用这一精神意象作为自己政治力量的源泉。贝隆夫人在阿根廷广受人民爱戴，这正是玛利亚斯默在拉美国家政治生活中发挥作用的最好体现。

如前所述，西班牙征服者来到新大陆的主要目的便是寻找财富，尤其是搜罗黄金和白银。考特斯曾说过："西班牙人备受一种心脏病的困扰，而黄金才是医治这一疾病的唯一良药。”他们从拉丁美洲原住民手中抢掠大量黄金和白银。例如，1532 年，皮萨罗用 4 个月的时间从当地印加人手中抢掠了逾 8 吨的黄金制品。到 1534 年的时候，人们估计皮萨罗拥有的黄金总量已经超过 24 吨了。这些黄金制品包括珠宝首饰和由精雕细刻的鸟、树和动物图案构成的黄金制成品。皮萨罗把这些在文化上具有无上价值的宝贝全部毁形融化后运回了西班牙。此外，从新大陆殖民地搜刮来的黄金和白银（后来，还包括如锡和铜等工业原材料，如烟草、橡胶、靛蓝、可可、糖、咖啡、棉花等经济作物）被皮萨罗统统装船运回“母国”西班牙。当时，此类贸易尤其是黄金和白银贸易的首要目的是为西班牙和葡萄牙中央政府（当时是君主专制）增添财富，壮大经济实力。两国君主可以凭借这些财富加强对当地贵族、男爵、商人和农民的控制。15 世纪至 16 世纪，欧洲君主集权化的过程事实上成为建设国家过程中的重要组成部分。这一过程极为重要，因为它为建设现代欧洲民族国家打下了坚实的基础。与此同时，欧洲国家与新大陆之间的贸易往来还极大地促进了欧洲工业化的进程，进而也推进了欧洲城市化的速度。

马铃薯和玉米是当时欧洲从新大陆引进的两种粮食作物，同时也是当今世界最重要的四种粮食作物中的两种。马铃薯为欧洲提供了充足的食物，大大改变了欧洲社会的面貌，同时也促进了欧洲的城市化和工业化进程。玉米为畜牧业提供了充足的饲料供应，大大促进了欧洲畜牧业的快速发展。毫无疑问，这些价格便宜产量又大的农作物引入欧洲后对欧洲现代城市的兴起和工业化进程起到了极为重要的推动作用。

新大陆被征服后，新大陆和旧大陆之间的贸易得以迅速发展。贸易线路也纷纷建立起来。新大陆殖民地的财富（黄金和白银）、经济作物和工业原材料被源源不断地运往欧洲，而欧洲母国则把加工好的制成品及其他奢侈品运往新大陆。由此构建起世界经济体系中分工明确的经贸网络。对这种新型劳动分工进行认识十分必要，因为它可以帮我们解释为何旧大陆和新大陆在经济发展水平和财富数量上表现出历史性差异。同时，它也可以让人们理解，旧大陆之所以拥有巨额财富，关键就在于旧大陆与新大陆之间长久以来保持着一种以不平等交换为基础的商贸关系。例如，旧大陆把从新大陆进口的原棉加工成面料或衣服。换句话讲，欧洲人的技术和受过教育的工人在加工原棉时为原棉增加了附加值。这一过程非常重要，因为生产高附加值产品的地区和国家，几乎总是比那些生产低附加值产品的国家和地区更为富有或更为发达。在过去多数时间里，拉丁美洲一直是欧洲最主要的原材料产地，同时它的经济也一直比欧洲和美国更为落后。

征服新大陆为之前被更富裕的欧洲国家控制，后来又被美国所控制的世界经济的发展打下了坚实基础。新大陆社会阶层的上层人士都来自那些通过土地所有权和使用权制度掌控当地经济的精英家族。而那些新大陆的寡头不得不把经济作物和工业原材料卖给旧大陆，因为在拉丁美洲，这些东西根本找不到销售市场。换句话讲，新大陆的寡头或精英不仅依赖旧大陆的市场，还依赖来自旧大陆的财政和技术支持。这种经济上的依赖性或者说脆弱性让欧洲国家能够在一定程度上左右拉美国家的经济发展。新大陆的精英也不得不遵守西班牙或旧大陆制定的种种贸易规则。例如，从西班牙征服时代开始直到 18 世纪末，西班牙一直实行重商主义政策。这意味着，来自西班牙美洲殖民地的人只能在西班牙指定的港口从事商贸活动，同时在运载货物时还必须使用西班牙的船只。此外，西班牙在美洲的殖民地也只能向西班牙出口其所需的原材料。西班牙王室还对加工原材料的技术实施保护策略。这种经济方略极大地限制了拉丁美洲社会经济和政治的发展。虽说到 19 世纪的时候，经济自由主义或称自由贸易政策成为主导社会的经济政策，但是结果与之前相比却没有发生多大变化。只不过在自由主义经济政策下，拉美人更要遵守欧洲人制定的一套新的贸易规则。从此，拉丁美洲也继续沿袭以往的传统，经济上依赖富裕欧洲提供的原材料销售市场和来自政府的财政及技术支持。从考特斯和皮萨罗时代开始直到今天，拉丁美洲的社会经济和政治格局都直接受到欧洲的影响，甚至在某种情况下，还直接受到欧洲重大事件及欧洲决策的左右。

西班牙和葡萄牙两国在历史上对新大陆的征服标志着世界历史发展进程中的关键节点。印第安本土文化、欧洲文化和非洲文化在这一过程中融合到一起，形成一种多元价值观和传统文化的融合体，并再度塑造了一个与之前完全不同的新大陆。在欧洲方面，新大陆的财富为欧洲政治集权准备了条件，为后来旧大陆建立以民族为主体的现代国家奠定了基础。此外，征服新大陆还为欧洲城市化和工业化进程提供了最初的推动力。随着新、旧大陆政治和经济关系被永远地捆绑在一起，世界各国间的经济联系也越发紧密。然而，紧密的经济联系却把新世界置于旧世界政治、经济的牢牢掌控之下。结果便是，拉丁美洲从未掌握过决定自身经济及政治走向的命运。

克利福德 · L. 史坦顿（Clifford L. Staten）

克利福德 · L. 史坦顿（Clifford L. Staten），印第安纳大学东南分校政治学和国际关系研究教授，在北得克萨斯大学获得博士学位。主要著作包括《古巴史》（*The History of Cuba*，2003）、《尼加拉瓜史》（*The History of Nicaragua*，2010）。

第九章
宗教改革（1517—1648）

中国同时期：明武宗朱厚照一清世祖爱新觉罗·福临

概　述

1517 年，宗教改革开始。而在此前一个多世纪的漫长时间里，罗马天主教教会内部早已问题丛生。早在 14 世纪，天主教和民间领袖便发出“应该在天主教领导层和教权阶层内部”进行改革的呼声，文艺复兴早期的人文主义者也纷纷谴责天主教教会的腐败行为。

在地方层面，天主教教会教区教士大多出身于下层农民阶层。这些人总是毫无道德观念，违背当初独身的誓言。此外，这些农民教士也极度无知，虽然对做弥撒时朗诵的拉丁文一窍不通，但却对神话故事和迷信传说笃信不疑。在当时，对教士的监管几乎是不存在的，很多高级教会官员虽然位居俸禄可观的闲职，却很少有真正负起责任来的。此外，15 世纪和 16 世纪初多位教皇的行为为天主教教会教风不良、纪律涣散提供了多篇反面教材，他们沉迷于钩心斗角的政治阴谋，生活如王公一般奢侈，住豪华府邸，还往往坐拥情妇，子嗣绕膝。

最早在宗教改革上做出尝试的组织之一是 14 世纪于尼德兰兴起的共同生活兄弟会（Brethren of the Common Life）。该教会成员生活简朴，在地方学校传道并积极帮助病患和需要帮助的人。他们的高尚情操被记载在托马斯・肯皮斯（Thomas à Kempis）的《效法基督》（*The Imitation of Christ*）一书当中。该书在当时流传甚广，书中记述的故事激励读者要按照基督的标准对自己进行严格要求。

虽然罗马天主教会在当时存在诸多明显的问题，但是在15世纪的欧洲，绝大部分民众仍旧不但对天主教教义笃信不疑，而且还继续对其进行财政支持，并经由漫长的艰苦跋涉来到罗马进行朝圣。然而，天主教教会的问题依旧存在。1512年，教皇尤利乌斯二世召集全体主教会议商讨可能采取的改革方案。然而，虽然教皇和全体主教断断续续地召开了数次会议，但是直到1517年，除了让教皇负起治理教会官员腐败问题的责任外，其他方面并无任何进展。

许多历史学家都将马丁·路德（1483—1546）视为宗教改革运动的发起人。马丁·路德的父亲是一名德意志铜矿工人，即便如此，马丁·路德还是考入了大学学习法律，并于1504年获得了法学硕士学位。在受到一场雷暴的惊吓后，马丁·路德放弃了当律师的打算，并于1505年加入了奥古斯丁修会。1507年，他成为一名牧师，并通过不断学习获得了神学博士学位，在维滕贝格大学谋得了一份教职。

马丁·路德将反对贩卖赎罪券的《九十五条论纲》张贴在维滕贝格教堂的大门上，希望从内部改革罗马天主教会。然而，马丁·路德发起的宗教改革运动最终却迫使西方天主教发生了分裂。（来源：美国国会图书馆）

路德在研究神学的过程中形成了这样的观念：救赎作为基督徒的最终目标并非通过举行教堂仪式才能获得。只要教徒内心对上帝有着单纯的、直接的信仰，就能实现对自己的救赎。在当时，最广受非议的一项教会活动是贩卖赎罪券。赎罪券的实质是教会对教徒背负的原罪惩罚进行的特赦。赎罪券最开始是 12 世纪教皇授予十字军的特许状，然而此后赎罪券却逐渐发展为几乎在任何地方都能按规定价格买到的东西。对大多数人来说这是双赢的做法：一方面赎罪券的购买者——“有罪之人”通过购买赎罪券减免了罪名，获得了上帝的宽恕；而另一方面作为赎罪券的售卖者，天主教教会则能从兜售赎罪券的过程中获得一笔不菲的收入。

兜售赎罪券这一做法深深困扰着路德，他认为这一行为不仅破坏了人们对上帝的信仰，也使贩卖赎罪券的人变得腐败堕落。1517 年，路德为此专门致信主教，并随信附上一篇名为《论赎罪券功用的九十五条论文纲要》（*Ninety-Five Theses on the Power of Indulgences*）的文章。路德借此抨击赎罪券是愚弄人的把戏，只能对《福音书》中倡导的基督教信仰起到相反的作用。路德还把自己的《九十五条论纲》张贴在维滕贝格教堂的大门之上，但是也有学者认为张贴《论纲》一事实属谣传。无论怎样，路德的《论纲》最后得以出版并在神圣罗马帝国广袤的土地上传播开来，这使路德成为一名既家喻户晓又广受争议的公众人物。

经过长达两年的公众热议后，路德在莱比锡与天主教卫道士约翰 · 埃克（John Eck）就赎罪券一事进行了激烈辩论。在这场辩论中路德更是进一步地否定了教皇所拥有的绝对权威，认为教皇所召集的公会议并非完全正确。罗马的教会官员试图阻止路德向公众发表反对教皇权威的言论，他们谴责路德的观点，焚烧他的书籍，并勒令其一个月内停止继续发表对教会不利的言论，否则就将其逐出教会。1521 年 1 月，在路德的驱逐令即将生效之际，神圣罗马帝国民众对教皇及教会的批判发展到了白热化的程度，皇帝查理五世专门为此召见路德，要求其停止对天主教会的指责。但是路德却拒绝了皇帝的要求。这时，德意志萨克森公爵腓特烈向路德伸出了援手，并把路德保护起来免遭逮捕，路德也因此而逃脱了可能被处死的命运。

与此同时，在瑞士，人文主义者和伊拉斯谟的追随者胡尔德里希 · 茨温利（1484—1531）也与罗马天主教会决裂了。胡尔德里希 · 茨温利认为真正的基督教信仰存在于《圣经》当中，罗马教会举行的各种宗教仪式对增进信仰并无实质作用。茨温利抨击了教会的许多组织活动，甚至把弥撒也包括在内。1529 年，路德与茨温利对圣餐仪式的意义进行了公开辩论。茨温利和路德在“圣餐变体论”这一问题上意见截然相反——一方认为基督的血肉在圣餐的面包和酒上是具体的体现，另一方则认为是象征性的体现。两人曾努力在此问题上谋求一致意见，却以失败告终。

从 1530 年开始，德意志政府便试图将拥有不同教义的罗马天主教和路德宗统一起来。奥格斯堡会议（The Diet of Augsburg，1530 年）将双方召集到一起，但由于路德宗不肯答应天主教提出的条件，归附罗马天主教，调和两派对立关系的努力以失败告终。16 世纪 40 年代，查理五世试图寻找折中办法，也未能如愿。1547 年，宗教战争爆发。1552 年颁布的《帕萨和约》（*Peace of Passau*）结束了罗马天主教与新教路德宗之间的宗教战争，承诺尊重路德宗新教徒的宗教信仰自由。三年后，《奥格斯堡和约》（*Peace of Augsburg*）将一条专门法案加入各地普遍适用的法律文本当中：一个地区的统治者有权规定该地区居民信仰何种宗教，而对此不满的民众可以从该地迁走，移民至其他地方。

英格兰宗教改革的进程与德意志有很大不同。早从 13 世纪末开始，英格兰王室便与天主教会之间就很多问题表现出意见上的分歧，如赋税问题、罗马天主教教会的司法权力问题和教士财产权问题等。14 世纪至 15 世纪人文主义的兴起更加激化了二者之间的矛盾。16 世纪 20 年代，路德的宗教思想在英国流传开来。威廉·廷代尔将《新约》翻译成英文，就像马丁·路德将《圣经》译为德文一样，廷代尔的行为也遭到了教权统治阶级的谴责。人文主义者托马斯·莫尔和枢机主教托马斯·沃尔西（Thomas Wolsey）积极捍卫天主教教会的权利，反对声望一浪高过一浪的宗教改革运动。面对路德的批判，国王亨利八世以个人立场支持天主教的圣礼活动。

后来，亨利八世的个人生活也卷到天主教与新教的斗争中来。亨利八世与阿拉贡的凯瑟琳结婚 18 年，始终没有男性子嗣。亨利一直十分在意王位继承人的问题。亨利八世的女儿玛丽在 16 世纪的男权社会是很难获得认同的。当时，亨利八世十分迷恋凯瑟琳的侍女安妮·博林，认为安妮一定能为他生下一个男孩。然而罗马天主教会的制度却是不允许基督徒离婚，即便这个人是国王也不行。教会反对亨利八世废止与凯瑟琳 18 年的婚姻。由于沃尔西主教不批准亨利的离婚请求，亨利八世便于1529年罢免了沃尔西的主教职务。亨利的新智囊比较世俗，他们向亨利提议：既然国王掌管着英格兰的全部事宜，为什么不能把宗教事务也收在手中一并管理呢？这样一来，亨利就能自由地离婚或是赋予自己离婚的权利。

1529年到1536年，英国议会顺从国王的意愿，通过了国王掌管英格兰教会的法案。由此，亨利便顺利结束了同凯瑟琳的婚姻，迎娶了安妮。此外，他还取消了英格兰神职人员向罗马上交的费用并赋予国王决定信仰哪种宗教的权利。亨利宣布安妮的后代为其王位的合法继承人，也将是英格兰教会"独一无二的最高首脑"。后两项举措遭到托马斯·莫尔拼死反对，最终他也的确因此而丧了命。当时莫尔认为亨利的做法实在是太过分了。尽管亨利与罗马教会决裂了，但是亨利仍然是一个保守的教会领导者，管理着一个比较保守的英格兰教会。亨利强调牧师独身的规定，又重申了包括圣餐在内的许多传统圣礼。直至1547年亨利去世后，更加激烈的宗教改革运动才得以在英国展开。

在法国，新教的发展历程更为曲折。路德的宗教改革思想于16世纪20年代一经传入法国，便遭到了法国教会的强烈反对。神圣罗马帝国皇帝查理五世极力反对宗教改革，他在1525年战争中俘虏了法国国王弗朗索瓦一世。为了巴结查理并赎回国王，法国政府对法国境内的宗教改革派进行了严厉的打击和压制。10年后涌现出又一轮宗教激进主义思潮，宗教改革派被残酷镇压，许多新教领袖被驱逐出境。

1559年，法国国王亨利二世突然逝世，王位由其尚未成年的儿子弗朗索瓦二世（Francis Ⅱ）继承。然而，没过多久弗朗索瓦二世也死了，法国王位由查理九世继承。此时的法国早已陷入一片混乱之中。后来，三个权贵家族为了争取年轻的国王展开了激烈的竞争，最终由控制着法国东部的吉斯家族胜出。吉斯家族均为天主教的忠实信徒，因此要求弗朗索瓦二世领导法国支持专制保守的天主教。如此一来，法国新教徒，也称胡格诺派（Huguenots），便处于非常不利的地位。然而在法国新教徒受到天主教势力打压的时候，他们却得到了在当年争夺王权影响力之战中败北的两大家族的帮助。

后来，一系列教派冲突相继爆发，史称法国宗教战争（French Wars of Religion）。这场以血腥和残酷闻名的战争开始于1562年，其后断断续续打了30多年。1572年8月24日发生了圣巴塞洛缪日大屠杀，当时法国全境爆发天主教教徒有组织袭击新教徒的事件，近两万名新教徒在这场大屠杀中丧命。1598 年 4 月 13 日，教会颁布《南特敕令》(*Edict of Nantes*)，结束了这场旷日持久的宗教战争。此后，虽然法国官方层面仍是天主教国家，但是《南特敕令》仍赋予胡格诺派及其他小宗教团体信仰自由的权利，其中包括自由出入公共教堂的权利、入读高等学校学习的权利、建造属于自己房舍的权利，以及在城市要塞间自由通行的权利等。尽管《南特敕令》结束了血腥的宗教战争，但它没能建立起天主教和新教之间的互谅包容的和谐关系。过了不到 100 年，路易十四（Louis XⅣ）废除了《南特敕令》，勒令胡格诺派新教徒移民至欧洲的其他国家。在那里，他们同路易十四的敌人联合起来共同对付路易十四。而仍留在法国的胡格诺派新教徒的活动则转入地下，成为反抗法王及天主教教会的强大力量。

宗教改革运动之所以能在法国开展起来，全是约翰·加尔文（1509—1564）的功劳。约翰·加尔文是伟大的法国新教徒，也是加尔文主义的创立者。加尔文家境殷实，接受过很好的教育。他参与了法国的人文主义运动，并于 1534 年成为新教徒。为躲避天主教会的迫害，加尔文离开法国，来到瑞士日内瓦。在那里，他完善了自创新教教会的结构框架，撰写了教义问答书。后来，他来到斯特拉斯堡，创作了《基督教要义》(*Institutes of the Christian Religion*)一书，此后该书被公认为新教的基本教义。1540 年，加尔文回到日内瓦，开始致力于将他的新教理论与社会实践相结合。加尔文认为，一个好的新教徒不仅要在教会中，也要在世俗生活当中践行基督教义；他的主义对其追随者设置了很高的道德要求，一旦违规，他的教会有权进行惩处。在加尔文的领导下，日内瓦日益发展成为欧洲新教徒流亡者的会集地。

面对队伍日益壮大的新教群体，天主教教权阶层做出的应对举措更是掀起了一场在天主教教会内部进行的改革运动，包括成立一些诸如耶稣协会（Society of Jesus）的新修会组织。耶稣协会由著名教士依纳爵·罗耀拉（Ignatius of Loyola）于 16 世纪 30 年代创立。该会成员被称为耶稣会修士，他们虽然过着持戒简朴的生活，但是却毫不畏惧天主教会的权威，并敢于大胆地进行宗教改革。依纳爵著有《精神训练》(*Spiritual Exercises*)一书，该书旨在帮助天主教徒保持（或重获）自律精神和信仰能力。

天主教教权核心领导层对新教的崛起十分关注，他们专门组织召开特伦托会议（Council of Trent），商讨如何对天主教进行内部改革。特伦托会议于 1542 年到 1563 年共召开三次，在天主教会的管理和规定上进行了实实在在的改革，然而会议却没有对天主教教义至高无上的权威性做出任何改变。罗马教会授予地方主教在各自所属教区拥有较之前更大的权力，用以对神职人员进行日常管理，并监督其工作表现及作风行为。为达到上述目的，特伦托会议批准在各教区设立神学院。

历史评论

在 16 世纪后半期出现了一幅描绘路德被茨温利、加尔文等宗教改革者杀死的木版画。画中背景为一张桌子，火上架着大大的水壶，预示着晚餐十分丰盛。画中还印有一句警示语："看，可怜的路德一伙就是这样被他们的拥护者折磨、分割、绞杀、碾压、切碎、烹煮、炙烤，最终走向灭亡。"这是一幅天主教教会用来对抗新教改革运动的宣传画。当时的新教改革运动已使西方基督教阵营分裂成罗马天主教和新教两支。天主教认为这幅画准确地展现了宗教改革运动所具有的分裂属性：宗教改革运动发展到最后的结果一定是新教一方面会与天主教继续对抗；另一方面新教内部也将爆发战争并导致分裂。这幅震撼人心的画作无意间向大众传达了宗教改革运动的真相：如果路德、茨温利、加尔文等改革者胆敢向西方世界最具权威的教皇和最强大的机构天主教会提出质疑，将意味着任何人以及任何权威都有可能遭到质疑。马丁·路德发现了这个道理，其他对《圣经》做出不同解读的改革者也发现了这个道理并拥有了许多追随者。欧洲现代社会早期（1450—1650）的统治者从他们的反对者身上认识到这一点。那些反对者强烈反对君权神授且不容置疑的观点。16 世纪末，天主教会和国家都试图通过在人们的生活中发挥更重要作用的方式来达到控制这股追求独立的思潮的目的。

通过木版画我们可以看出，宗教改革以这样或那样的方式影响着天主教历史和所有受基督教教义触动的人。16 世纪的宗教改革使那些对天主教的心灵体验不满意的人重新去认真地解读基督教教义。同时，改革也促使天主教教会在神职人员的教育和管理上不断改革以重申其核心教义。然而，宗教改革运动影响的范围并不仅限于基督教自身，它还涉及神学、政治、经济、社会和文化等方方面面的问题，改革余波深刻影响着生活在16世纪的欧洲人。本文主要从德意志视角来看待这些问题。

在这一点上，需要注意的是早期现代天主教关注的是人的心灵救赎和尘世生活结束后的永生。但是，为了获取权力和财富，天主教很少关心人们的精神诉求。天主教内部腐败猖獗，甚至可以花钱买到教会要职。教区的神职人员很少有受过教育的。尽管长久以来天主教会一直拥有自我纠错的传统，但还是屡屡因利益因素而无法彻底地清除腐败。此外，教会还长期拥有对那些挑战天主教核心教义的言论和行为采取镇压和打击的传统。如14世纪英国的约翰·威克利夫（John Wycliffe，1330—1384）曾呼吁天主教教会对基督教教义和宗教礼制进行改革，威克利夫要求进行的改革与200年后路德要求的宗教改革十分相似。威克利夫提出的教义遭到天主教会的严厉谴责，他本人也被迫辞去牛津大学的教职。15世纪初，威克利夫的思想对捷克人约翰·胡司（John Huss，1372—1415）产生了影响，后者对基督教教义、礼拜仪式和教会经济提出的改革意见，对传统天主教会教权阶层造成了极为严重的威胁。1415年，胡司以鼓动异端思想的罪名遭到处决。

胡司虽然死了，但在胡司死后的一个世纪里，宗教改革运动却从未停歇。正如史学家尤安·卡梅隆（Euan Cameron）所说，有两大因素抨击着天主教教会的核心教义并动摇着天主教教会的根基。天主教认为自己承蒙天恩，通过耶稣基督创制的圣礼和重要礼制来广施恩泽，其中包括（当时存在的）洗礼、坚信礼（Confirmation）、圣餐仪式、婚礼仪式、苦行忏悔、临终涂油礼（人临终前举行的仪式）、圣秩（神职授任仪式）。经过神职人员执行圣礼，知错忏悔的罪人得到上帝恩典的赦免，获得灵魂世界的永生。马丁·路德等改革派人士并不同意举行上述宗教仪式，他们认为上帝对信徒施予的恩惠是由上帝直接传给他们的，而无须得到中介的帮忙，上帝使信徒在得到恩典的同时，内心永存信念。这一思想否定了教会在基督教信仰体系中所发挥的重要作用，因为如此一来基督信徒的救赎便不再取决于天主教教会，而且他们也不用继续忍受天主教会制度上存在的缺陷和不足了。

改革的呼声中包含着各种对天主教的质疑和抗议。路德宗的核心理论是三大信念：首先，上帝的恩惠是不受约束、无条件的，能否得到上帝施予的恩泽只看其有无信念，因此信徒获得了信仰上的自由，而无须再受原罪论的束缚。第二，《圣经》是基督徒生活的表述；作为上帝言辞的记录，《圣经》是教会的唯一基础。每个人都有权谈论和以自己的方式理解《圣经》。他们对《圣经》的解读不再局限于神学家的说辞。教会的职能应为通过学习上帝的言辞，帮助信徒与上帝相见。第三，每位基督徒都与上帝具有直接的联系，每个人都像神职人员一样能与上帝直接沟通，即信徒皆祭司。神职人员与上帝并无特殊关系。以上这些理论都说明，基督徒有探索《圣经》的自由，可以不同意神学家的说法，并可以与持有相同见解的人汇聚到一起。

从16世纪20年代开始，关于《圣经》的讨论变得越发热烈并使形势变得紧张。许多神职人员和普通信徒反对所谓"真正教义"的老掉牙观念。在瑞士，身为神父和宗教改革家的胡尔德里希·茨温利在圣礼的意义上与路德的观点产生了不同。后来，在宗教改革运动中茨温利死于一场同天主教教区的战争。16世纪30年代，德意志再洗礼教派（Anabaptists）反对婴儿受洗，认为只有成人受洗才能让人与基督完成订立圣约的过程。再洗礼教派信徒的生活较为封闭，基本上处于与世隔绝的状态之中，此外还遭受着天主教和路德宗的迫害。16世纪40年代，身为律师、神学家和宗教改革家的法国人约翰·加尔文在瑞士日内瓦建立了神权市政府来管理上帝的选民。加尔文主义的预定论信条，即"无所不能、无所不知的上帝决定一些人得以永生，而其他人则将永远死去"成为宗教改革信仰体系中的核心教义。从16世纪60年代到16世纪末，名为胡格诺派的加尔文主义的法国追随者因持有不同信仰和怀揣政治野心，与法国天主教教会频频爆发激战。1566年至1588年，尼德兰加尔文主义者反抗信仰天主教的西班牙统治者，在尼德兰建立了共和国。在这一极为特别的政治环境中，新教徒在改革宗教的思想和呼声中，坚定了反抗专制君主的决心。因为后者不能容忍他们的宗教信仰，并对他们怀有的政治抱负进行无情的打击。

到16世纪末，宗教改革运动不仅打破了西方基督教的大一统局面，同时也威胁到许多统治者的政治权力，因为对他们来说基督教式的自由等同于无政府主义。这一点早在1525年至1526年，在德意志农民和城市手工业者对达官贵人阶层的反抗中就已经表露无遗。在基督教倡导的自由旗帜下，农民拒绝被奴役剥削的地位，要求重获被统治阶级夺走的传统权利。到1526年，德意志贵族恢复了统治秩序。在这一过程中，有6万~10万农民惨遭杀害。当时路德同其他宗教改革者都站到了贵族一边予以支持。对统治阶级来说，宗教改革是把双刃剑。统治阶级一方面可以利用宗教改革运动削弱天主教教会的权力；另一方面却又不太情愿接受《福音书》中关于倡导社会公平的教义信条，如果接受，则无疑是鼓励其治下民众培养造反意识。因此统治阶级开始对宗教改革运动进行监督和指导，试图把改革运动引向不威胁其统治地位和实力的方向发展。从很大程度上来讲，宗教改革运动的发展有赖于改革者和反对旧信条统治者之间的良好合作。

欧洲各国的统治者均憎恶罗马天主教教会对其国内事务的干涉。教皇声称自己是上帝在地球上的代言人，从王公到贫民都是教皇的臣民，然而对于教皇的此番言论，法国、德意志和英格兰君主都不买账。不仅如此，上述君主还要求天主教会不要再干涉其所属国家的内政，然而教皇却以将这些君主逐出教会相要挟，坚称自己的权力应该大于任何君主。宗教改革给王室提供了一个机会，他们可以借机无视已被削弱权威的教皇权力，维护自己不可撼动的国家主权。从16世纪开始，各国君主开始自行管控各自国家的教会组织。其中最具代表性的就是英格兰国王亨利八世。1527年，亨利八世要求教皇解除他和西班牙公主阿拉贡的凯瑟琳之间的婚姻关系。从欧洲国家间外交关系的角度看，当时亨利八世与凯瑟琳的婚姻对两国的关系发展已无实质性的影响。亨利离婚的原因是想借此迎娶安妮·博林，因为凯瑟琳命中无子，而安妮却很有可能为亨利八世生下能够继承王位的儿子。作为一个虔诚的天主教教徒，凯瑟琳反对亨利与自己离婚的想法，此外教皇也很反对。因此，亨利宣布英国开始改革教会制度，任命自己为英格兰教会首领，如此一来亨利便可以如愿以偿自己决定是否可以离婚。

虽然亨利可以早早地直接宣布接管对英格兰教会的控制权，但是在德意志，情况则不如英格兰那么简单。德意志诸侯要想获得地方教会的控制权，首先要获得该地的政治自治权才行。中世纪的德意志由许许多多小块封地构成，包括侯国、公国、郡县和皇城等。这些封地全部归由神圣罗马帝国管理。这些封地的统治者（德意志诸侯）往往都是虔诚的基督徒，其中很多对宗教改革运动持欢迎立场。此外，这些封地领主也想利用这个机会从神圣罗马帝国的版图中独立出去，因为不仅他们须效忠教皇，而且他们管辖的土地也是属于教皇的。在16世纪上半叶，随着外敌入侵，加之宗教改革又对其国内统治造成了巨大影响，内忧外患下的德意志诸侯纷纷寻求获得独立的地位。皇帝查理五世（1519—1556）无力对抗反对势力，因此最终被击败，虔诚却怀揣实用主义宗教改革思想的诸侯力量占了上风。

查理五世统治着欧洲大陆的大部分地区和西班牙在西半球的大片殖民地。作为仅次于教皇的权力拥有者，查理是一个坚定不移的天主教教徒。查理五世认为无论是他掌管的神圣罗马帝国，还是罗马天主教教会，均需要统一，而非分裂。“一个上帝，一种信仰，一个国王”一直以来是其坚定的执政理念和指导方针。但是，这一原则在16世纪国际政治敌对大背景和信奉新教的德意志诸侯联合施予的重压下被彻底打破。从16世纪20年代至16世纪30年代，查理国王先是与威胁着帝国东端维也纳地区的奥斯曼土耳其帝国进行对抗，后又与不仅侵犯意大利北部地区，而且还支持德意志诸侯与神圣罗马帝国抗衡的法国进行对抗。在16世纪40年代，查理有力地反击了各国王公们发起的挑战。然而德意志诸侯得到的却是人民大众的支持力量，人们一致认为查理五世同罗马教会一样可恨。所以即便最初查理获得了胜利，到了1552年，德意志诸侯却再度组织联盟军队并一举将一败涂地的查理逐出德意志边境。随着1555年《奥格斯堡和约》的最终签署，德意志诸侯遂成为各自封地的最高统治者，并拥有决定自己领地人民信仰新教路德宗还是传统罗马天主教的权利，以此确保了宗教改革在德意志的发展。

苦于无法将天主教教会、基督信仰和庞大的神圣罗马帝国进行很好的整合，查理五世于1556年愤而逊位，将神圣罗马帝国分给自己的弟弟和儿子管理。16世纪时，治下多重政治远景产生的相互牵制作用，以及帝国范围内存在多种宗教信仰产生的影响相叠加，使得神圣罗马帝国以更快的速度走向灭亡。此后神圣罗马帝国还苟延残喘了很长一段时间，直至1806年在拿破仑的最后一击下最终被送入历史。由于查理五世逊位后，神圣罗马帝国的王公贵族均竭力维护各自的独立地位，因此德意志长期处于四分五裂的状态之中，直至19世纪后半期，普鲁士完成了德意志的统一。

1555年，宗教改革的浪潮席卷各地，虽然此次改革的形式没有发生变化，但是改革的重点却与之前不同。欧洲各地统治者纷纷巩固自身力量，建立起早期的现代式国家。地方教会也纷纷出现，并与国家政体结成联盟。地方教会的主导思想与其所在国家（或地区）的政治思想保持一致。教会追随者同样也支持着自己所在土地上的领主。从这个角度讲，16世纪的欧洲人并不太了解政教分离、信仰自由和人民主权等基本原则。对他们来说，政治共同体（不管是城市、农村、区县、公国还是侯国）也是宗教共同体，二者不可分割，救赎仍是大家共同关心的问题。同时这也意味着，如果共同体内某位基督教成员行为不端，那么整个共同体的救赎便将受到威胁，因此欧洲人十分强调对通奸和巫术的惩罚。许多统治者也因此认为自己有责任保证其治下共同体内人民的精神健康，并对他们自认为有必要干预的宗教事务进行干涉。虽然统治者的以上行为都可以理解，但是也恰恰因为统治者们信仰虔诚，所以他们都把地方教会当成了其统治的工具。当然，要想准确地厘清欧洲各地统治者的宗教信仰和政治野心的界限，是非常困难的。

1560 至 1650 年，各地方教会纷纷确立了自己的教义立场，建立了自己的教会组织。各地教会通过"信条化"的方式将各地教会的宗教主张、宗教崇拜方式和教规教纪具化成信条，形成了符合各自教会特点的宗教派别。正如文艺复兴教会历史学家海因茨·席林（Heinz Schilling）所说，三大教会团体——路德宗、加尔文宗（Reformed）和天主教各自都与当时的政治组织有联系，以达到提升自身实力和加强教会统治的目的。不同教派成员对各自信条的意义有着完全不同的看法，他们把各自教会持有的信条视为独创并有异于其他教派。成功的"信条化"意味着人们可以自行选择自己喜欢的教派，无论是路德宗、加尔文宗还是天主教都可以，并依照各自教派所订立的独特信条来约束自己的想法和行为。

从 1565 年教会对奉路德宗的萨克森（Lutheran Saxony）几个农村教区的督察中便可以看出，要想把宗教改革的思想和价值观念灌输给农民，将是一件异常困难的事情。教会督察就是对教区和牧师的视察活动。在这次检查当中，共有 5～10 名教会官员来到教区。教会督察员（监管人）由抄写员陪同。这些抄写员将大量资料整理好并呈递给诸侯或地区统治者做进一步决策，与督察员同行的还有国家的执法官员。督察员考核牧师对《圣经》和教会教义的掌握情况，询问教区居民对正确教义的理解并审查教区账目。

督察员认为人们对路德宗教义的信仰不够，并因此十分不满。他们走访了 40 多个教区后，发现 45% 的牧师没有很好地履行职责。他们解雇了 6 位不愿放弃对天主教教皇忠诚的新教牧师。（30 年后，督察员会让牧师对自己的信仰宣誓。）此外，他们还让 8 名牧师退休回了家。虽然督察人员还对另外 5 名牧师的表现表示不满，但由于人手匮乏，最终还是保留了这 5 名牧师的圣职。而牧师方面则向督察员抱怨当地教区居民不愿缴纳什一税（费用和遗产税），而无论地方教会的正常运转，还是牧师的日薪月俸，都要靠什一税来维持。某教区还有几人拒绝参加圣餐仪式。此外，牧师还抱怨医疗保健条件差，教区的财政情况不足以支持牧师及其家人的生活。此次检查使督察员们切身体会到亟须对牧师群体进行组织、指导和规范，“信条化”在这一过程中显得尤为迫切。

然而，教会通过对萨克森农村教区的督察发现，“信条化”是一个缓慢而费力的过程，需要地方教会和地方政府密切配合才能完成。普通村民不可能在一夜之间就变成品性良好的基督徒。一旦督察员离开，教区人民的生活便又恢复到常态，没谁能强迫人们去参加圣餐礼，学习《上帝祈祷文》（*Lord's Prayer*）、《摩西十诫》（*Ten Commandments*）或《路德教义问答书》（*Luther's Small Catechism*）。当教会督察员离开后，地方政府统治者也许在其后 5 年内都不会派人再到这个教区进行视察，但是当那些受过高等教育的精英人士来到教区时，约 250 名教区居民充分体会到，教会依靠着政府的“强制力”来贯彻其教义和纪律。神职人员非常清楚，他们需要同时满足教会官员和世俗统治者的期待。宗教团体也知道，以王公贵族及其代表官员为首的政府控制着可观的资源、职位的任命权及使用武力的重要权力。因此，人们的实用主义观念会告诉他们必须与之进行合作才行。

此外，宗教改革还带来很多社会方面的变革，比如对婚姻和家庭、教育和福利的新的理解。通过这些社会制度，政府和教会在人们的生活中发挥着更大的作用，努力把人们打造成优秀的基督徒和良好的臣民。

对天主教教会来说，婚姻是人与人之间不可破坏的神圣结合。但是，因为路德等改革者认为婚礼并未对婚姻施以恩典，所以婚姻也就成了民间事务，而人们也就拥有了离婚的可能。尽管新教教义容许基督徒离婚，但离婚事件却鲜少发生。这是因为，首先，婚姻法庭会极力促成矛盾夫妻的和解，只在特殊情况下（如长期背弃或通奸）才批准离婚。其次，家庭是新教社会的道德基石，离婚之人所承受的社会压力很大。此外，教会和民政部门还对人们的道德状况进行监督并为其专门立法。他们强令妓院关闭，制定着装规则，规范婚礼庆典流程。此外，他们还对通奸和堕胎者进行惩处。有人认为，宗教改革运动关注家庭，赞美女性基督徒妻子和母亲的身份，由此提升了妇女的社会地位。尽管教会的宣传小册子中强调妇女的这些身份，但是在 16 世纪严酷的社会现实当中，妇女的实际生活质量较之前的时代并无多大改变。女性在这个父权色彩越来越明显的社会制度下被要求完全顺从丈夫的意愿行事。

宗教改革对婚姻的颂扬与罗马天主教教会所提倡的禁欲生活大不相同。路德通过对自己“罪恶”本性的思索，得出结论：没有人天生能够过如此贞洁纯净的生活。婚姻而非独身才是基督徒的理想生活。路德劝说修女和修士离开修道院去过婚姻生活。在新教盛行的地区，结婚成为那些无法从事宗教职业的女性唯一体面的选择。虽然很多修女如路德的妻子凯瑟琳·冯·博拉（Katharine von Bora）一样从修道院走出来跨入了婚姻的殿堂，但是为数众多的修女依然不愿离开，坚定地选择继续过修道院的生活。16 世纪末，新教教权阶层禁止修道院继续接纳新人，随着年迈的修士和修女一拨一拨死去，修道院终于在新教国家和地区间消失了。

宗教改革取消了神职人员的特殊地位，坚持认为牧师是所在社区的成员，因此牧师也应当和普通人一样结婚、交税。牧师犯了罪也应和其他人一样要面对法庭的审判和制裁。实际上，到 16 世纪末，新教牧师发展成为一个特殊的神职人员群体，他们既服务于基督教会，也服务于国家。16 世纪 20 年代爆发农民起义后，宗教改革派开始逐渐意识到并非所有人都能明白《圣经》传递出的上帝的旨意。起义让他们明白他们需要经过正式培训的牧师，需要牧师们正确地理解上帝的旨意并把这种统一的理解内容以布道的形式向大众传播。然而，由于合格牧师的数量实在太少，所以外行人依然在兼任牧师的工作。为了培养神职人员，大学开始拓展课程，吸引更多想要成为神职人员的年轻人。16 世纪末，神职人员必须拥有大学学位才能进入认信教会，而此时 80% 到 90% 的路德宗牧师已拥有大学学位。这些牧师自成一派：他们的教育背景和知识水平、肩负的宗教使命、秉持的宗教信仰，以及赞成婚姻生活的观念，让这些新教牧师与其他牧师具有很大不同。这些新教牧师在他们自己的圈子内通婚，他们娶其他牧师的女儿为妻，他们的儿子也会成为牧师并会娶其他牧师的女儿为妻。结果他们形成了既服务于认信教会又服务于国家、旗帜鲜明的神职阶层。这群牧师在国家官僚政治中心与权力边缘之间形成了一个交流沟通网络，他们把国家敕令传达至农村和城镇地区。这个网络是双向的，神职人员也可以从下而上地传达消息，这对于早期现代社会机构实现准确而有效的管理是不可或缺的。

在新教国家，上帝的旨意——在正确传教的前提下——仍然是社会的根基，而教育的地位也变得越来越重要。人们需要具备读懂《圣经》的能力，虽然路德将《圣经》译成了简单的德语，但是当时德意志能够认字的人却少之又少。宗教改革掀起了一阵在每个城镇和农村地区兴建学校的浪潮，所有小孩，无论男女，均可在学校里学习读书和基础算术。同时，他们也要背诵《圣经·旧约》中的诗篇、祷词、赞美诗和《路德教义问答书》。城市中聪明的男学生可以学到较为繁复的拉丁语、希腊语和数学等学科知识，还可以进入新建立的大学接受高等教育，之后便能进入教会或政府部门工作。虽然16世纪欧洲人口识字率从大约5%的水平开始缓慢提升，然而，通过教育培养优秀的基督徒这一目标仍然难以实现。尤其是在农村地区，优秀的牧师不愿前往，教育水平也无法得到保证，人们抵触“新式教育”，更倾向于熟悉的传统信仰习惯和做法。

宗教改革放弃通过悔罪的仪式寻找救赎，于是福利改革便变得十分必要。各地纷纷建立起市政机构以帮助穷人、残疾人和孤儿。天主教教会曾经一度为穷人提供救济。当时慈善救济与忏悔挂钩，因为罪人必须通过救济他人才能得到救赎。在这样的信仰下，富人得到了帮助穷人、做善事的机会。在这样的慈善循环中，双方都获益，都获得了救赎。毕竟，上帝因贫穷保佑穷人，因慈善保佑富人。然而16世纪的时候，在宗教改革较成功的地区，人们的慈善行为在减少，因为人们不再被迫支持天主教教会的奢侈浪费行为了。另外，当宗教改革禁止通过悔罪仪式获得上帝的恩惠时，人们便明白了做慈善并不会得到上帝的救赎。在16世纪爆发经济危机的情况之下，人们接受了新教的思想观念，收紧了自己的钱包。从16世纪20年代起，政府通过市政福利项目救济穷人，从而取代了天主教教会的慈善布施行为。地方政府负责监督并分发从所谓社区福利基金中拿出的救济物，社区福利基金来自市民的税收和高层偶尔的捐赠。然而，当救济穷人成为政府的法定责任时，政府便获得了更多对社会进行控制和影响的能力。

存在关于如何救济穷人的探讨，说明宗教改革对经济有着影响。然而，这些影响很难衡量，因为人们对于宗教改革的反应以及经济状况的变化各时各地均有不同。另外，宗教信仰与经济发展之间的关系也并不明显。很多新教徒（包括改革者、统治者、平民及农民）预见天主教教会的败落将会使社会在经济上获得发展。他们相信采取没收方式得来的教会土地会带来财富和经济上的繁荣。然而，他们同时也发现，在社会上维持一个宗教以及承担多项社会职责（如教育和救济穷人），是需要大量经济支出的。而从天主教教会没收土地产生的收益远不足以抵消支出。然而各地教会和其所属国家还是在紧密关系的协调下最终满足了这些逐渐增长的民众需求。

在德意志，许多人认同宗教改革是因为他们真心认为路德宗教义在精神上比天主教更有优势。与此同时，他们还对天主教教会所施加的经济重担深恶痛绝。天主教教会几乎对他们生活的方方面面都施加征税条款。同样令全体德意志人民十分气愤的是，他们所交纳的部分钱款被送至遥远的罗马，被那里腐败的教皇官僚政府挥霍在琐碎、无意义的花销上面。原则上讲，只要牧师能够正规地组织宗教仪式，那么人们并不介意为此付钱给牧师，因为人们能够从中得到救赎。然而牧师却经常无法做到这一点。正如前文所述，一些教区的神父往往不但自身受教育程度不高，而且还十分腐败。人们曾经尝试过改革，却毫无进展。此外，当时德意志民众的生活十分艰苦，而不断上升的物价导致人们的生活越发贫困。德意志民众的工资收入水平在16世纪绝大多数年景都是停滞不前的。

天主教教会如何获取资源来完成上帝赋予的使命，即保持教会的正常运转、保障神职人员的待遇、教育年轻人、执行牧师圣职，以及救济穷人和帮助病人？天主教会能够从它拥有的大量土地中获得收益。君主会授予天主教教会土地，虔诚的基督徒有时也会将他们拥有的土地无偿捐赠给教会。农民租种天主教教会的土地时无须交租金，只需要干农活。收获后农民将收成的一部分上缴给天主教教会。牧师主持婚礼、洗礼和临终祈祷仪式都是收费的。重大节日（如圣诞节和复活节）时牧师还有额外收入，牧师会得到信徒赠送的面包、鸡蛋、活鸡或一些小钱。每个基督徒一年中需至少一次向牧师忏悔自己所犯的罪行，并向教会捐献钱款以完成赎罪仪式。牧师收入的另一来源是有钱的教区居民组建的基金会，他们付钱给牧师，请他们为自己或去世的祖先念祷词或做弥撒（经常是使其获得永生的弥撒）。

宗教改革支持新教君主没收原天主教教会拥有的土地（又称“世俗化改造”）。“世俗化改造”是指把原属教会的土地和修道院物资转移至民间权威组织和机构进行委托管理。例如，获得部分土地的收入会纳入社区福利基金。改造之初人们都以为天主教教会一定十分富有，统治者也早早做好计划，以为会得到一大笔意外之财，但结果却发现“世俗化改造”获得的收入根本不足以应付那些天主教教会之前承担的支出费用，如支付牧师的工资，发展教育事业和救济穷人等。当有人不再捐赠钱款，当人们认为救赎与捐赠钱财无关时，新教教会面临着前所未有的巨大经济困境。17 世纪的一名路德宗牧师曾伤心地说："人们希望上帝能够喂饱我们，但我们并非天使。"

虽然宗教改革对经济的影响无法完全评估，然而关于新教以及欧洲向现代早期资本主义过渡二者之间的关系，在 20 世纪初出现了一场有趣的辩论。德国社会学家马克斯·韦伯（Max Weber）在《新教伦理与资本主义精神》（*Protestant Ethic and the Spirit of Capitalism*，1930 年第 1 版英文译本）中提出了一个较有影响力也较有争议的理论。韦伯认为新教——尤其是清教徒的加尔文宗——导致了现代资本主义的出现。韦伯认为清教徒的价值体系创造了一套新的思维模式，与前人的思想相比更具实验性和创造性，也更自信。这一新的思维模式促进了现代资本主义的涌现，资本主义这一新型经济体系需要大量资源、大量雇佣劳动力，并以此获取大量收益，然后再将获取的收益有条理地、系统地用于投资领域。

韦伯并没有否定早期现代资本主义的商业和工业组织形式，但是他声称传统企业家缺少真正的创业精神，缺少发展现代资本主义的驱动力。传统商业运作的方式是不紧不慢的，它的运作只是为了维持传统的生活方式、传统的收益率、传统的工作量，保持与工人之间传统的工作关系，以及最核心的，维持传统的顾客圈子和传统的吸引新顾客的方式而设定。根据韦伯的理论，这种传统的"悠闲的"生活方式无法产生巨额财富。韦伯认为，在传统的世界里，许多社会、文化、经济屏障阻碍了传统思维模式向把资金、劳动力和资源进行科学整合的新型模式转化的可能。那么，这一切变化是如何发生的呢？

韦伯把资本主义精神与法国改革家约翰·加尔文的宗教教义联系到一起。加尔文的宗教思想从瑞士日内瓦传播到尼德兰、苏格兰、英格兰，并通过清教徒传播至北美各地。前文提及，加尔文告诉人们，上帝已预定了一些人的永生和其他人的永劫。逐渐地，预定论成为加尔文主义的中心思想。加尔文同样相信人类生来即有罪，无法得到上帝的恩惠，亦无法得到上帝的救赎。唯一重要的就是完全相信上帝的旨意并深信上帝的恩赐，在加尔文看来，对于上帝的信任能带来和平和宁静。

韦伯认真研究了 17 世纪至 18 世纪的清教徒，他的结论是预定论没有为人们带来和平和宁静，反而带来焦虑和恐慌。预定论的信奉者在心理上十分迫切地想知道，他们是否属于遭受“永劫”的对象，但这一点他们怎样才能知道呢？这里出现了一种叫作“使命”或“天命本职”的概念。无论是家庭主妇、牧师、木匠还是治安法官，所有人都有属于自己生活的“天命本职”。加尔文相信在上帝眼中任何“天命本职”均无高低贵贱之分，只要人们能将上帝赋予的“天命本职”做好就行。韦伯认为很多加尔文主义者逐渐明白，一个人若成功完成自己的“使命”，则表现出了自己的信念，也标志着上帝对其施予的恩惠。而这一成功可能意味着他是被上帝选中的人之一。通过辛苦工作和勤俭生活是有可能成功被上帝选中的。韦伯认为人们向往证明被上帝选中的观念为增加社会财富提供了强大的驱动力，人们源源不断地用赚来的多余的钱再次用于生产投资。正是加尔文清教主义伦理成为资本主义大发展的核心价值观念，最终驱动现代资本主义不断向前发展。

韦伯的理论是有缺陷的，因为其中包含的因果关系无法证明，很多人据此发出了强有力的质疑声。另外，历史学家一般不会喜欢用单一的理论来解释复杂的社会发展现象，而韦伯的理论则认为宗教问题就是影响现代资本主义发展的关键。不同时期、不同地区的各种想法和流派汇集到一起则会形成新的思想方式和新的商业模式。在16世纪的英格兰，不但清教徒拥有强烈的创业精神，英国国教教徒也无不如此。在深受加尔文主义影响的苏格兰地区几乎没有什么资本家。尼德兰也受加尔文主义影响，但很多尼德兰资本家不相信预定论。从另一个角度上讲，信仰天主教的资本主义者把今天比利时的安特卫普（Antwerp）打造成一个极为成功的商业化城市典范。因此，资本主义的发展、宗教信仰、17世纪至18世纪清教徒的价值观，这三者间的因果关系是很难简单确定的。此外，韦伯不承认中世纪晚期和文艺复兴时期发生在意大利、德意志和尼德兰的资本主义萌芽与现代资本主义有关系。事实上，德意志政治哲学家卡尔·马克思（1818—1883）早前已经指出，艰苦工作、勤俭生活、自我独立、理性主义的确是新兴资产阶级的特质，这些特质在16世纪新教教义中得到了很好的诠释。对马克思而言，这些资产阶级价值观并非用来解释资本主义成功的原因，而是用以说明为什么基督新教能够被欧洲社会所广泛接受。

实际上，16世纪出现的宗教改革运动并非完全不可避免，就算没有宗教改革运动，也早晚会有某一场其他的运动来纠正天主教教会倒行逆施的行为。尤其是在德意志，复杂的政治局面、传统的宗教信仰方式、经历变动的社会结构和错综复杂的经济关系产生了各式各样的问题，需要社会给予多方面的回应。宗教改革正是在这样的背景下发生的，但14世纪至15世纪的人们还较为富裕。当宗教改革否定了罗马天主教教会的政治和宗教权力时，人们便开始意识到原来权威是可以质疑的。很多人热情地要求他们的统治者和治安官支持宗教改革运动。欧洲各地的君主满足了人们的要求，支持宗教改革运动，扩大了各自国家的势力范围，并把地方教会归入各自地区的管辖范围。宗教改革运动引发了欧洲政治局势和宗教格局大范围的危机和战争，时间长达150年。直到三十年战争（Thirty Years' War，1618—1648）结束之时，欧洲各国才最终不再因宗教问题发动新的战争。

格里特蒂娜·依内克·贾斯蒂兹（Gerritdina Ineke Justitz）

格里特蒂娜·依内克·贾斯蒂兹（Gerritdina Ineke Justitz），北达科他州立大学历史学副教授，在加州大学圣迭哥分校获得博士学位。曾发表数篇新教改革时期德国社会与文化发展史方面的研究论文。

第十章

天主教改革或反宗教改革运动（1534—1563）

中国同时期：明世宗朱厚熜

概 述

据说德意志教士、神学家马丁·路德于1517年10月31日将其撰写的《九十五条论纲》贴在了维滕贝格教堂的门上。尽管其后果并非出于他的本意，但是路德对当时教会通行教义和做法的公开质疑仍然导致了西方基督教世界最终分裂为两种不同教派。一派是以罗马为首的天主教，另一派是持有与传统基督教教义不同信条的众多小教派，过去人们为了方便，把这些反对罗马天主教的教派统称为“新教”。

在路德之前的几个世纪里，天主教教会关注的焦点集中在如何更好地行使自己的统治权力上，而非集中在那些对天主教提出异议的反对派上。尽管天主教教义已经被打上了许多补丁，但是天主教教会还是如渡过之前几次危机时一样，再次成功地把基督教教义整合到一起，使基督教教会没有最终发生大的分裂。天主教教会的成功在于它能顺应内部的改革呼声。天主教的各级教会也的确经常呼吁对天主教整体进行改革。天主教往往会及时进行内部改变来满足改革者的意愿，并平息反对者的不满声音。天主教用这种方式成功地维护了天主教的基本教义和组织结构。

从14世纪开始直到1517年结束，天主教会发现，自身已陷入一系列的危机当中。这为宗教改革或者说西方基督教分裂埋下了隐患。在 14 世纪“巴比伦之囚”（Babylonian Captivity）期间，教皇和教会均从罗马转移到了法国小镇阿维尼翁。虽然身在阿维尼翁的教皇在筹集资金和行政管理等方面均表现得很好，然而，这仍然极大地削弱了天主教教会的权威，因为当时天主教教会的领导层几乎都成了只知道聚敛钱财的寄生虫。

巴比伦之囚之后紧接的便是天主教教会大分裂（The Great Schism）。尽管 1377 年时教皇从阿维尼翁重返罗马，但此后数十年间仍然会发生时而两人同时、时而三人同时宣称自己是教皇的情况。不用说，如此必然会导致混乱。在教会大分裂时期，欧洲人到最后也没能说清谁是真正的教皇，谁是冒名顶替的骗子。结果便是，许多人感觉自己对宗教的虔敬感遭到了玷污。

把各帮教派领导人全部召集起来研究解决办法的想法最终解决了教会大分裂的问题。1417 年，教阶高层在康斯坦茨会议（Council of Constance）上达成了被一致接受的解决方案。然而，这次权威会议又提出一个新的问题，那就是到底谁应该主政教会。教会到底应该是一个等级明确，以罗马为中心并由教皇集中发号施令的组织，还是一个结构更为松散，授予各地区主教和其他神父更多权力，但还需要定期集中开会来决定一些重要事情的组织？此外，这里面还有一个重要的政治考虑，因为世俗领导人，比如国王和贵族等，经常会控制自己地盘上的主教和其他的教会官员。如果授予主教更大权力，那就意味着世俗统治者的权力也由此增强。

那些主张建立一个组织更松散、拥有更大自治权力的教阶的人士发动了著名的大公议会运动（Conciliar Movement）。尽管这次运动以失败告终，但即便就是这么一次极不可能成功的运动，仍把 15 世纪文艺复兴时期的教皇和教皇法庭任命的随从人员甚至整个教会都吓得不轻。大公议会运动对教皇的影响极大地促进了天主教改革运动的进程。

16 世纪初，罗马天主教教会需要面对的问题越来越多。其中，有许多问题好像并未引起当时教皇和其顾问班底的重视。随着基督教大分裂之后文艺复兴教会的出现，基督教教会教权阶层比以前更加世俗化了。现在基督教教会的重点已不再是拯救人类灵魂，而是均集中到无休无止的政治斗争上面，暴力冲突也时常涌现。此外，追求世俗财富也成了教会的主要任务。那些有学问、受过教育的文艺复兴时期的教皇，都开始加入对世俗权力和财富的争夺之中，他们也开始追求安逸奢华的世俗生活。教皇人生态度的转变，为教会和诸如主教等众多教阶中层逐渐走向腐败埋下了伏笔。现在教会已经极少甚至根本不关心教徒们的精神需求了，也放弃了对诸如村庄教会下层神父的管理。碌碌无为的行事作风和道德沦丧的个人品质渗透到教会的各个角落和缝隙。大量神父开始酗酒，行为也越来越不检点，而且愚蠢无知，他们变成一群只知随大溜混日子的人。许多主教的教职都是花钱买来的，然后长时间在职不在岗，这些人长期住在罗马，不遗余力地为自己的将来筑巢铺路，为自己争取更大权力、积累更多财富而努力。

随着教会涉足世俗社会，由此遇到的麻烦也越来越多。世俗权力和宗教神权的斗争一直就不曾中断。然而，随着国王和贵族权力的不断增长，他们在与教权阶层角力中获胜的次数也越来越多。从15世纪开始，教权阶层的世俗权力变得越来越小，此后他们便开始向国王和贵族屈服，世俗王权对教会事务的影响也越来越大。发展到后来，越来越多的教会职员开始受控于当地或国家的世俗权力，而非罗马教会。

维持教会机构运转所需的不菲成本，文艺复兴时代的教皇口味刁钻，罗马大兴土木时满足他们殊不容易，这一切的成本高得令人难以置信。当教会当局为此匆忙向各地派出教职人员以扩大宗教税款的征缴范围，以尽力弥补教会的财政亏空时，教权阶层的所作所为引起了全欧洲尤其是德语区基督徒的极大反感，那里的人特别痛恨贪婪的教会领导人。这种针对罗马教会的反感情绪促进了当地民族意识的觉醒。他们说，日耳曼人的钱都让那些意大利教权阶层领导人拿去奢侈挥霍了。

在这种动荡的历史背景下，路德向天主教教会发出了挑战。以后，路德便与其他一小部分人一起，成为当时基督教徒对天主教教会及其教权阶层日益不满的代表。他们也为统一的天主教带来了明显而实时的危险。起初天主教教会对路德引发的天主教危机回应迟缓，应对不力。一贯遇事冷静且老练成熟的教皇利奥十世（1513—1521年在位）和克雷芒七世（Clement Ⅶ，1523—1534年在位）是佛罗伦萨显赫的美第奇家族的成员，他们对这个小字辈修道士的犯上斥责和胡言乱语采取的对策是置之不理。此外，在受过教育的罗马教宗眼里，路德的日耳曼人身份更让他们觉得不屑与其对话。结果，罗马教会无动于衷的冷漠态度成为天主教教会应对此次事件的致命伤，因为此时路德的《九十五条论纲》已经在那些对基督教教会不满并失去幻想的人中间引发了巨大的轰动。

只有在教皇保罗三世（Paul Ⅲ，1534—1549 年在位）在位时，天主教教会才开始不情愿地组织一些出工不出力的活动，与声势日益壮大的新教对抗。保罗也是一位文艺复兴时期的教皇，他虽然既生活奢靡又贪恋女色，还喜欢任人唯亲，但他仍不失为一个智慧聪明、忠诚虔敬并具有献身精神的人。保罗意识到天主教教会所面临的危险，并为与新教各派进行对抗而采取了实实在在的行动，虽然这些对抗行动来得有些晚，表现得也有些犹豫。

最初，保罗觉得可以和新教徒达成和解。然而，虽然他与一些反叛者多次通过会议进行商讨，但并没有取得任何效果。由于害怕如果向新教派让步太多反而会让大公议会运动借机卷土重来，罗马教会没有及时干脆利落地与新教徒达成妥协方案。基于以上原因，天主教会必须为与新教竞争的失败承担很大一部分责任。当时，对罗马教会来讲，如果失去了对天主教教会的控制，让那些想通过议会形式管理教会的人得逞，要比新教提出的任何要求都可怕。最后，当罗马教会终于认识到新教所带来的致命威胁的时候，与新教和解的良机已经一去不复返了。后来，这群从天主教分离出去的基督徒的领导权落到了法国法学家约翰·加尔文的手中。由于约翰·加尔文来自学术界，而非来自教会系统内部，因此对罗马教会来说，约翰·加尔文是一个非常难对付的人，在约翰·加尔文的词典里根本就没有“和解”这个词。在这种天主教发展前景尚不明朗的情况下，保罗三世召集各地主教召开了特伦托会议。这次会议最终解决了天主教的教义问题，在一定程度上也解决了天主教教会教职人员管理和神职人员道德滑坡的问题。此外，特伦托会议还为促进天主教改革起到了重要作用。

在自 1545 年到 1563 年的十几年时间里，特伦托会议时不时就会举办一次。由于特伦托会议在意大利偏远的阿尔卑斯山小镇特伦托举行，因此只有少数主教能赶来参加。经常到了开会的时候才来了二三十人。有时候，一些天主教会的重要决定都是在仅有 60 余名甚至更少代表与会的情况下做出的。

从 15 世纪初开始，教会议会制问题便一直困扰着教皇。但是天主教教会通过召开多轮特伦托会议，终于迫使那些极力鼓吹建立议会制教会的人改变了想法，取得了实效。尽管保罗三世从未参加过特伦托会议，但是他却委派教会里最为精明能干的人去完成说服反对派的任务。在制定特伦托会议章程时，罗马派出的官员不仅坚持保留罗马教皇在天主教教会事务上的主导权，还断然拒绝了其他教会官员索取更多权力的要求，同时他们也拒绝了世俗君主想利用教会实现个人主张的要求。

为了解决教义问题，特伦托会议否决了任何与新教妥协的想法。相反，特伦托会议还强硬地公开确认了传统天主教信仰的权威性，并对新教予以谴责。特伦托会议拒绝了新教“因信称义”的说法，重新阐述了天主教的传统教义，即“信方得救”，这也是教会当局确认的教义。特伦托会议还谴责了新教所称“世人皆可因信称义”的思想。此外，特伦托会议还重新确认了教徒等级和基督教七大圣礼的重要性。在理论神学方面，特伦托会议重新确认了圣餐仪式已成为基督教信仰的重要组成部分，即圣餐上的面包代表耶稣基督的身体，红葡萄酒代表血液。此外，本次会议还谴责了新教教义中有关《圣经》可由个人解释的观念（天主教认为只有教士才有能力解释《圣经》)，并明确赞扬背诵《圣经》的传统行为以及天主教会才是基督教权威的观点。在其他相关方面，特伦托会议还明确表示教会服务过程中不得使用方言，确认了对圣徒、圣迹及圣物的信仰，并且批准了圣母马利亚在基督教信仰体系中较之前更高的地位。

尽管特伦托会议没有那么直接地讨论天主教教会的管理和腐败问题，但在一段时期内，天主教的管理水平还是有所改善，教士的腐败行为也在一定程度上得以收敛。与会代表在保卫传统天主教信仰和神学立场上达成共识后，又审慎地讨论了对促进天主教宗教改革起重要作用的教会权力滥用问题。特伦托会议确实让天主教教会较之前更为成熟稳重，如此一来，天主教教会便可以一方面更好地承担抚慰大众心灵世界的责任；另一方面痛下决心处理削弱天主教教会公信力的公然腐败行为。

从此，天主教教会原来饱受争议的一些做法终于进行了改革。之前的神职兼职，也就是一位神职人员同时担任多种职务的行为，也受到了限制。另外，饱受指责的无故旷工行为，也就是教会官员居住地（通常是教会的权力和财富中心——罗马）非其供职所在地的情况，也得到了纠正。教会选人用人时出现的任人唯亲，即不管自己的亲属是否有能力担任某一教职都授予其神职权力的行为，以及神职买卖行为，也没有原来那么明目张胆了。对于那些滥用神职权力，腐败成风的修道院，特伦托会议还出台了相应措施加以清理整治。特别值得一提的是，特伦托会议还授予地区主教更大的权力来管控自己所属教区内包括僧侣和修道士等在内的教会神职人员。以前，这些神职人员的行为基本上不受教会的任何约束。

许多历史学家认为，特伦托会议上提出的最有力的措施是决定在每个教区建立一所神学院以培养神职人员。这样一来，教会便能够稳定地培养出一批又一批受过良好教育，具备良好道德品性，具有优秀职业能力的专业神父来满足基督徒管理的日常需要，同时也能逐步弥补路德发表《九十五条论纲》时，天主教教会系统中极度缺失的一些东西。

尽管特伦托会议上已经出现了一些天主教改革运动的萌芽，但与此同时，还有其他各种各样的组织和机构也在为天主教教会服务。过去当天主教教会面临挑战时，天主教教会通常会选择对自身进行改革，16 世纪爆发的天主教教权危机也同样如此。在这种情势下，欧洲出现了许多宗教研修会，它们试图重建教会和教徒之间的关系，提高神职人员和普通信徒的道德水平。其中有一个是由安吉拉・麦瑞西（Angela Merici）创建的乌尔苏拉修女会。另一位重要人物是来自阿维拉的圣女特蕾莎（Teresa）。特蕾莎是西班牙修女会的改革者，曾极度虔敬地见证了耶稣基督和基督教的神秘性。

在这些新出现的修会中，最重要的当属由西班牙贵族勇士依纳爵・罗耀拉创立的耶稣协会，又名耶稣会。罗耀拉在一次重伤痊愈后决定把自己奉献给教会。1540 年，保罗三世向一些耶稣会士委派了一些传教的任务。但当这些耶稣会士与初生新教徒发生冲突时，人们很快便发现这些耶稣会士马上就变成了天主教改革派的“突击队”。罗耀拉在招募耶稣会修士时首先要从天主教徒中甄选“品质最好、头脑最聪明的教徒”，之后罗耀拉会对这些精挑细选的天主教教徒进行心性修炼，再向其灌输铁一般的纪律和对教皇制度及其等级体制的极度忠诚，合格的耶稣会士至此便打造完成。当被派去与新教徒战斗时，那些受过良好教育，拥有高度组织纪律性，目的性极强的耶稣会士不仅可以在知识上反击敌人，还可以混在普通群众中间，通过他们努力而富有成效的工作、艰苦朴素的生活作风和乐于教育大众的献身精神，在普通群众中树立良好的榜样。耶稣会士不仅在欧洲从事意义重大的传播天主教信仰的工作，还在天主教改革运动期间经常阻断新教思想的传播，让人略感惊奇的是，有时耶稣会士甚至还能在一些地区重新夺取曾经被新教所占领的思想阵地。

事实上，反宗教改革运动还带有一点强制色彩。其中有两个机构可谓臭名昭著。一个是“禁书目录审查机构”，或简称为“目录”。这也是罗马天主教教会实施的一项图书出版审查制度。该机构标明目录上的书为官方认定为有害或不宜阅读的书籍，禁止信徒阅读。另一个是模仿西班牙宗教法庭建立的“教皇法庭”，尽管它并没有西班牙宗教法庭那么恶毒，但还是允许来自罗马的教会官员以保护基督信仰的名义，使用一些包括严刑拷打在内的极端粗暴野蛮的方法，来确定和根除异教徒。由于遭到来自世俗领导人、教皇或一些罗马人的反对，后来宗教法庭的适用范围主要限于意大利半岛。

历史评论

天主教改革运动也叫作反宗教改革运动，是14世纪至15世纪发生的源自西欧的系列改革运动中的一个。然而，天主教改革运动的影响却早已超越早期现代的时间范围和欧洲的地理空间范围，给天主教教会带来长久而深刻的影响。尽管在某些方面天主教改革运动是宗教改革运动的对立产物，但这次改革也可视为天主教会内部早期改革努力的一个顶峰。虽然早期现代天主教改革者主要是为了缓和中世纪晚期和文艺复兴时期天主教会教权阶层所造成的一些负面影响，但与此同时，他们也解决了诸如教皇的最高神权领导地位问题、所有圣礼仪式的重要性问题，确立了对圣者给予尊敬，加强神职人员和普通信徒的教育，甄选教徒的阅读作品和坚定信念的重要性，明确了清除宗教罪行的有效性、宗教生活的使命，确立了天主教外之信仰均不得救赎等观念。

在特伦托会议（1545—1563）后的一个半世纪里，虽然有时候变化来得过于缓慢或不甚均衡，但是天主教教会确实经历了缓慢而深刻的变化。神职人员和普通信徒得到了更多接受教育的机会，高级神职人员的权力也受到了一定程度的限制。新的宗教修会不但在全欧洲，而且也在殖民地的欧洲移民定居点传教。有些修会还为普通信徒建立了中小学、大学、神学院和其他一些教会组织。教会也审查了一些办会时间较长的老修会权力滥用、教职人员腐败或履职不力等过错行为。许多修会在整改后制定了新的规章制度。改革的精神也扩展到文化领域。当时的艺术和建筑发展状况便可证明这一点。1618 年至 1648 年，西欧各地爆发连锁战争，当时几乎欧洲各国均被卷入，史称三十年战争，战争造成了极大破坏。在此期间，枢机主教和大主教在外交方面做出了不小的贡献。甚至在像英格兰这样的前天主教国家，教会领导人也会委派神职人员从事一些暗中传教任务，此外他们还不失时机地吸纳教众，并对一些小教区行使非官方的却很重要的监管。此外，教皇办公室在很大程度上也变得越来越世俗化和政治化。其管理的官僚机构不断膨胀，当时教皇的权力也越来越像早期现代国家的权力。不管怎样，天主教改革运动一方面扩大了天主教的影响力；另一方面也重新确立了天主教教会的权威。

总之，经过改革的天主教教会的目的是保护天主教信仰，重新在新教国家确立天主教的地位，并且确保异教徒不会在大范围内再次出现。这个目标需要借助天主教教会全体教权阶层的艰苦工作和不懈努力才能实现。甚至在特伦托会议召开前，天主教改革者们已经开始提请中世纪的文艺复兴教皇在关注来自世俗权力的威胁前，先要解决各教区民众信仰缺失的问题。然而，天主教改革在解决教众信仰缺失的问题方面并未取得实效。经过短暂的自我调整后，在几位相对并不知名的教皇在位期间，天主教教会经历了一段长期世俗化的过程。17 世纪至 18 世纪的教皇通常出身于意大利的精英家庭。如果一位神职人员想当上教皇，登上天主教教会权力的顶峰，那么他必须具备很好的裙带关系，并且拥有大量财富，此外他还应接受过一流的教育。一旦开始了自己的登顶之路，那么这位心怀远大志向的神职人员必须再结交更多朋友，培养更多关系。除此之外，他还得给那些曾经帮助过他的人一些好处和礼物。大主教、枢机主教和“教皇法庭”就是这位“老男孩”的终极人际关系网络。在 18 世纪末以前，天主教教会从未对上述乱象进行过任何具有实际意义的改革。

尽管如此，天主教教会的上层神职人员的确在现代早期就已经看到教会机构里发生的一些变化。经过天主教宗教改革，各区主教和大主教们都被迫回到了自己所属的教区居住，再也不敢像中世纪时那样在职不在岗了。这回轮到主教对其所属教区的教育教学和神父的神职分配以及普通信徒的生活进行监管了。主教们与教区元老院共同确保天主教教义和宗教礼仪的一致性。如果主教手下有多家修道院需要管理，主教或主教派出的下属必须定期去各家修道院检查。许多教区都有医院和其他慈善组织，主教也必须对这些组织进行监管。在精神上，主教是所有普通信徒和神职人员的神父，必须定期到每个辖区体察民情，一方面确保他的教民能够亲耳聆听来自教会的指示；另一方面要确保他属下的神父切实按照天主教仪式举行相关圣礼，并且能够贞洁道德地生活。

为了服务于自己的信徒，神父必须一方面具备行政管理工作的能力；另一方面还能当好教育家并做好自己的神职工作。然而，在天主教宗教改革措施实行前，教会实际上缺乏测试神职人员工作能力的基本标准和规范。结果，许多人没有经过充分培训就被匆匆授予了神职。这导致一些神职人员缺乏必要的常识。因此，天主教改革的一个主要目标就是改变这种神职人员的无知和素质低下的状况。到17世纪初，教会在这方面所做的努力已经初见成效。事实上，许多主教对手下神父的要求已经变得非常严格。例如，在17世纪90年代的时候，法国主教米歇尔·勒·贝勒提耶（Michel Le Peletier）曾逐一巡访他属下的全部教区（数量近500个），并为普通信徒和神父写了一本教义问答手册，撤换了一批不服管制和年老体衰的神父。此外，米歇尔主教还为穷人募集了一部分善款，并为教区神父制定了一份日常教职工作检查对照表。教区神父的工作就是在周日向教众宣讲《圣经》，组织并监督圣礼仪式，回答教众提问，宣传天主教道德规范和要求。如果一位神父没有做完这些规定事务，他就会被送到神学院学习一些进修课程。像米歇尔·勒·贝勒提耶那样要求严格的主教比较少见，但是即使那些与他相比并不很勤奋的主教，也会经常派代表去教区检查神职人员的行为和做圣礼的仪式，以及检查教会和一些偏远地区教会建筑的情况。当然，并非所有的主教巡访都顺风顺水，有时甚至会引发暴力抗议。但在1700年时，欧洲天主教神职人员已经比1400年时受到了更为良好的教育，行事作风也更加认真负责了。

天主教改革最重要的一点是开始重视僧侣、男性修士和修女们的生活。天主教教会对一些原有的修会组织进行了改革，同时也建立了一些新的修会。有时新建修会的目的主要是满足远在殖民地传教的神职人员的要求。在其他情况下，修会则为信众提供布道、募捐、教育等服务，有时修会还会组织活动为特定人群服务，比如失足妇女。换句话说，新建修会也是天主教改革运动的重要组成部分。新建修会也必须经过天主教会的严格审查，尤其是那些与妇女有关的修会更是如此。

特别值得一提的是，新修会非常关注圣礼仪式。第一批新建立的修会中有一个是戴蒂尼会（Theatines）。戴蒂尼会创建者建立修会的主要目的是去除罗马人民的享乐主义行为。1524 年，加埃塔诺·迪·蒂耶内（Gaetano di Thiene）和他的几位朋友在教皇的祝福下开始筹建戴蒂尼会。他们到世界各地去照顾病人，建造教堂，教授当地神职人员和普通信徒组织圣礼仪式及研读《圣经》。此外，戴蒂尼会的修士拒绝拥有个人财产，过着非常简朴的生活。很多人都非常崇拜他们，戴蒂尼会的一位早期修士后来还当上了教皇，即保罗四世（Paul Ⅳ）。17 世纪，戴蒂尼会修士还曾经到美洲和中东地区传过教。另一个虽然规模比较小，但是非常重要的修会是圣保罗教士会（Barnabites）。该修会位于米兰，当时曾传遍欧洲，后来还传入中国。圣保罗教士会曾经培养出很多著名主教、枢机主教和神学家，其拥有的巨大影响力与它所拥有的较少人数相比显得极不协调。

当然，任何有关天主教改革中新修会的讨论都不能避开耶稣会和嘉布遣会（Capuchins）。1534 年，依纳爵·德·罗耀拉创立了耶稣会。罗耀拉曾是一位军人，后来经历了深刻的思想转变过程。与其他的修会创立者一样，罗耀拉也认为自己及其追随者就是教皇的心灵战士。因此罗耀拉带领着追随自己的一小拨天主教改革者公开宣称放弃财富和名誉，把所有精力都投入信仰世界和对自身心灵进行反省的事业之中。如同早期的新教徒一样，耶稣会的修士们也想效仿那些最初把耶稣基督福音传遍世界的传道者。罗马教皇让他们去哪里，他们就去哪里，罗马教皇让他们做什么，他们就去做什么。他们学会了当地人的文化和语言，他们是使当地人思想开化的教育家，也是传播基督福音的传教士。对于这群耶稣会的修士来说，有人爱他们，也有人恨他们，特别是在英格兰，耶稣会修士甚至遭到囚禁和罚款。尽管如此，全欧洲的耶稣会修士都在抵御新教徒的进攻，为各国君主提供咨询建议，调停各派纷争，为各地学校、大学和神学院担当教员。耶稣会修士教出来的学生和支持耶稣会修士的人，一起帮助耶稣会修士共同建立一个更加充满活力，知识水平更高的天主教王国。

嘉布遣会由对方济各会不满的修道士玛窦·达·巴西奥（Matteo da Bascio）于 1528 年创建，成员都是一些知识分子、传教士、神父和国王的心腹。玛窦·达·巴西奥觉得修道院的生活太过一成不变，因此便与朋友一起选择了一种更为简朴的生活方式，每天靠托钵乞讨为生，然后便像圣方济各和他的追随者一样到处宣教。起初，方济各会的修士觉得嘉布遣会修士的行为既可耻又可恶，因此嘉布遣会的活动范围在 1574 年前被严格限制在意大利境内。尽管如此，嘉布遣会还是从最初一个微不足道的小修会发展为早期现代社会最著名的修会之一。

一方面，嘉布遣会得到了那些位居罗马高层、满怀宗教热情的贵族的大力支持和经济资助。在嘉布遣会创建后半个世纪的时间里，世界范围内嘉布遣会修士的人数有共约6000人。嘉布遣会修士的布道方式与传统方式不同，到17世纪的时候，大量群众受嘉布遣会布道风格的影响，纷纷加入他们举行的布道活动，其中也有人在听了嘉布遣会修士的布道后提出加入嘉布遣会。嘉布遣会的修士在布道时慷慨激昂，有时还会提出一些激进方案，试图缓解穷困。尤其在意大利，嘉布遣会修士甚至公开呼吁富人与穷人分享他们的部分财产。

此外，嘉布遣会还尤为关心各个级别的普通教众，而且这种关心也是诚心实意的。在16世纪，尤其是在黑死病暴发期间，嘉布遣会修士也能够勇敢地照料病患，甚至有些修士因此染疾而亡。嘉布遣会修士也像耶稣会士一样担当起调解员的工作，帮助调解家庭纠纷，并为各家各户提供各种咨询和建议。另外，嘉布遣会还在整个欧洲建立和重新恢复了一些普通信徒团体。这些团体参加了除宗教礼拜之外的所有宗教活动，包括祈祷、学习、教事服务、圣歌游行和宗教慈善活动等。

有些虔诚的皇室成员也很喜欢嘉布遣会修士，例如，法国国王亨利四世的寡妻玛丽·德·美第奇（Marie de Medici），她和她的几个孩子均经常资助教会。其中最著名的是身在英格兰的汉丽埃塔·玛丽亚（Henrietta Maria），查理一世的这位妻子行事风格很果敢，她专门修建了一座主要由嘉布遣会修士管理的小礼拜堂。嘉布遣会修士因此而经常在伦敦大街举行声势浩大的游行活动，惹得国王身边的新教徒顾问很不高兴。有些著名的嘉布遣会修士还在三十年战争期间为国王及大臣提供了很多建议和方略。显然，嘉布遣会对欧洲修道院的天主教改革起到了非常关键的作用。

特伦托会议对原有修会的未来发展也发挥了非常重要的作用。特伦托会议特别强调恢复各级修会的正常秩序和天主教应具备的较高道德水平。从这一点上说，特伦托会议实际是中世纪晚期守戒运动（Observant Movement）的结果。守戒运动指号召天主教改革者远离凡世尘嚣，重新宣誓恪守天主教的各项教规教纪。从这个意义上讲，特伦托会议只是守戒运动的延续。有名望的修会都尽力确保他们的修士或僧侣能够恪守承诺，遵守天主教教规教义。此外，各修会也会对修士和僧侣进行严格监管，以限制他们与世俗社会的接触。然而，如此一来却造成修道院僧侣的流失问题愈演愈烈。有些修士和僧侣因与修道院的同事或院长产生矛盾，或不满自己的处境，甚至就是一心想当托钵僧人，纷纷走出修道院，致使社会上开始大量出现托钵僧人。这些人当中有的永久地加入了其他修会，有的被强制召回，有的则彻底脱离原来的修道院。特伦托会议主教意识到，如果任由托钵僧人泛滥而置之不理的话，只会给天主教教会带来更多丑闻，从而使大众对宗教生活失去信心。然而，改革本身同样也会招致不满。我们已经注意到，嘉布遣会这个重要的新建修会事实上已经脱离了方济各会。获得神启的不同模式，强调节俭苦行的不同方式，以及由此产生的持续的教派分裂等现象频繁地在基督教发展史上显现。

天主教改革对女性宗教修会产生过什么影响？中世纪晚期，虔诚的女性可能会加入某个修会。尽管有些女性拥有宗教热情，并像教徒一样保持着天主教传统，如坚持祈祷、做慈善、生活简朴和禁欲等。天主教教会通过拥有女性教众以显示这种中世纪宗教的勃勃生机和普适性。然而，天主教教会的教权阶层也意识到女性教众的这些生活方式所带来的潜在危险。那些宣称具有天主教信仰的女性并没有向上帝发誓，也没有加入一些知名的修会。她们有时可能会做出一些离经叛道的事来。如果这些女人和一些志趣相投的男人相邻而居，即使他们之间的合作一时并不违背社会道德规范，那也比之前都是男人的时候更危险，发生丑闻的可能性也更大。退一万步讲，即使大家均相安无事，也难保不会出现谣言。一旦谣言涌现，教会的声誉立刻就会受到损害。因此，天主教会不仅要求男修士不能到处乱跑，同时要求修女也尽可能不迈出修道院院墙。

天主教教会对那些管理较差的教派团体固然要严加管束，但这并不意味着可以将那些长期拥有良好声誉的欧洲修会置于免于审查和改革的名单之中。一般来说，各级各类修女都必须进入修道院接受教会的严格监管。她们甚至不能和自己的亲属接触。为何如此严苛？这个问题的答案的确比较复杂。

首先，教会要确保每一位入教女性的入教动机都是真诚的。尽管的确有一些女性是出于对宗教生活的向往而一心想去修道院里当修女，但是另外一些女性进入修道院的原因就复杂得多了。其中有的是因为家人认为把她们送入修道院比把她们嫁出去能省下很多钱。有的是因为失恋或受不了家人的虐待而加入修会。当然，也有一些女性并非对宗教特别虔诚才选择过宗教生活，而是不想过结婚后当家庭主妇的生活。她们希望通过进入欧洲的女修道院，使自己学习到更多的知识和文化，甚至接受艺术方面的教育。当然，许多修女在选择过宗教生活时的原因可能会有好几个。

在这里，需要特别指出的是，许多在中世纪或早期现代社会设立的女修道院在圣餐仪式、宗教音乐、宗教艺术和宗教诗歌等方面都取得过令人瞩目的成就。只要稍稍查看一下宾根的希尔德加德（Hildegard of Bingen）、锡耶纳的凯瑟琳和其他人的学术生涯就能发现，修女有时要比男修士在神秘主义和学术研究方面获得更高的成就。这种现象并没有因现代社会的到来而结束。但是，天主教会还是担心，与世俗社会过于频繁地接触，会让一些修女不再坚守一些核心的宗教价值观念，如对祈祷价值的认可、对工作的看法和对服从的观念等。事实上，除了上面提到的那些曾取得瞩目成就的修女外，还有一些修女过着世俗的家庭生活。见习神职人员可能带着仆人、抬着庞大的衣柜、扛着乐器和其他上流社会的娱乐装备进入修道院。应该说，修道院可以称得上一个小型社会，而绝对不是难民营。新入修道院的普通信徒和一些刚宣完誓进入修道院的修女，均可能在很少监管的情况下与访客会面，多日返家不归，甚至跟一些有钱的贵族长期外出旅行。

天主教教会改革者曾想方设法剔除这种违反教规和与世俗社会频繁接触的现象。特伦托会议后，教会官员认真地审查了全部男修会的情况，以确保每年都至少有一位主教或修道院院长到访过每个修会，并对每个修士的房间进行检查，使其处于教会的监管下。无论男修道院还是女修道院，都由一位既德高望重，又有管理能力的同性院长来领导。院长一职通常由年富力强的中年人担任并需经过严格、公正的选拔。在选拔院长的过程中要避免任人唯亲。很明显，天主教教会极力向新教徒证明，有关天主教教会骄奢淫逸、腐败不堪的说辞只是恶言诽谤而已。总之，天主教改革之后，除法国一两家历史非常悠久且极为富有的修道院之外，其他所有女性宗教修会均没有享受到完全自治的待遇。虽然天主教改革并没有全部根除教会的违规行为，但是改革者还是很好地遵从了特伦托会议所提出的观点和主张。

神秘的天主教改革者阿维拉的特蕾莎不仅是一个神学家，还是一位影响力巨大的教会管理者。特蕾莎是一位拥有犹太血统的西班牙修女。起初她被安置在管理较为松懈的加尔默罗会修道院，几年后，她和几位志趣相投的修女一起过起了简朴的宗教生活。但是，此时特蕾莎并没有离开加尔默罗修道院，也没有得罪过那些寻找叛教修女的教会官员。相反，特蕾莎不断强调教徒应该顺从圣灵的召唤，并凭借出众的口才成功地获得原来主要由男性担任的领导教职。特蕾莎尽力使自己制定的教会改革条款与中世纪晚期的禁欲主义思想保持一致，并把她管辖下的修女姐妹置于严格的教规监管之下。这一点正和特伦托会议后西班牙教会的主流一致。

17 世纪初，一群纪律严明的加尔默罗会修士抵达法国，这场以特蕾莎为首的加尔默罗运动也随之传到了法国。加尔默罗修会的几位资助者在当时或后来的一段时间内也纷纷加入该会。到 17 世纪 30 年代的时候，法国已经拥有多达 63 家加尔默罗修道院。意大利的加尔默罗修道院数量虽然没有法国多，但很快也纷纷加入了加尔默罗修道院禁欲苦修的运动当中。虽然求道的人很多，但由于一些人身体健康状况太差，还有的有残疾或被认为年龄太大，便未能参加修会的禁欲苦修活动。此外，加尔默罗修会的修女还与法国的精英阶层过往甚密，有的还为他们的女儿当过老师，其中就有人教过国王亨利四世的诸位公主。

弗朗索瓦·德·萨莱斯（François de Sales）是天主教改革运动中的主要圣徒之一。他既是学者、主教、宗教顾问，又是法国女性修会往见会（Order of the Visitation）的创建者之一。他和他的教会朋友圣女让娜·弗朗索瓦斯·德·尚塔尔（Jeanne Françoise de Chantal）一起为往见会创立了一套宗教规则。尚塔尔是个寡妇，在听过一次萨莱斯的布道演讲后，决定追求宗教生活。两人后来都成为著名的天主教改革家。往见会的规矩不像加尔默罗修会等其他修会那么严格，至少它允许修女积极地担任行政职务，而不强迫她们必须进入修道院修道。不过，萨莱斯后来不得不改回老样子，把自己的修女重新限制到修道院内，进行严格的封闭管理。尽管如此，弗朗索瓦和让娜还是坚持认为，要想获得真正的精神醒悟，需依靠修行者的内心，这要比外在表现出过一种简朴的生活更有价值和意义。往见会的影响范围主要集中在法国，直到 18 世纪才传到欧洲的其他国家和地区。与其他修会一样，往见会也接受王室的资助。多数法国的女性修会都有自己专门的服务领域，如乌尔苏拉修女会主要为年轻女性和妇女的教育服务。往见会则主要以帮助妓女和未婚母亲而闻名。

天主教改革运动对欧洲文化产生了重要影响。为反映特伦托会议的宗旨，天主教改革运动时期的绘画和雕塑作品，均以赞美上帝和圣徒为主题，同时还兼具向欣赏者传递宗教中敬畏上帝和崇敬圣徒的感觉。巴洛克（Baroque）是与意大利发起的天主教改革运动密切相关的一种艺术风格。这种艺术风格由于过度奢华、夸张和颓废，曾不时地受到当时人们的严厉批评。然而，这种风格的建筑和设计还是具有很强实用性的。具有天主教改革运动风格的天主教建筑一般都是尽可能地让光线进入室内，并且在专门的设计下，这些光线会投射到教堂里的一些关键器物如弥撒祭祀——圣餐的上面。因此，教堂艺术和建筑会强化弥撒的庄严感、戏剧性和神秘性。由此产生的敬畏感必然将人引向宗教崇拜的境界。此外，这种精细的巴洛克风格也是教皇权力和权威的展示。

另外，在一个文学尚未获得充足发展的时代，视觉艺术自然会成为为宗教布道和《圣经》宣讲增光添彩的必要物件。然而，新教神学理论却认为视觉艺术容易让人分心并易产生亵渎神灵之感，因此，新教教派经常拒绝在教堂里布置这种精细的视觉材料。特伦托会议后，天主教开始重新强调礼拜艺术的重要性。此外，很多在进行教义宣讲和改宗事务的改革派修会，也使用视觉艺术来创造一些新的、超礼拜的仪式。例如，嘉布遣会修士因引入视觉艺术，使举办的宗教活动效果更好。他们在组织游行圣歌会时加入耶稣被钉死在十字架上的生动场景展示，他们的礼拜仪式中也加入了对圣体和圣餐细节部分的展示。简而言之，宗教礼拜仪式被融入一些表演元素是可以为人们所接受的。有些修会，尤其是耶稣会更鼓励在教会活动中使用此类艺术作品，有时还作为说教道具使用，早期他们还曾制作有利于宣传耶稣会之伟大及其神圣创会者的道具。

天主教改革运动中产生了很多绘画作品，其中有耶稣的故事、圣母的故事和圣徒打败异教徒和魔鬼的故事等。确实，当时的教会雇用了一大批才华横溢的艺术家投身于精美宗教艺术的创作当中。我们很快就能想到的艺术家有彼得·保罗·鲁本斯（Peter Paul Rubens）和安东尼·凡·戴克（Anthony van Dyck）。伟大的意大利建筑师吉安·洛伦佐·贝尔尼尼（Gian Lorenzo Bernini）非常信任阿维拉的圣女特蕾莎，因此在雕刻时特别仔细认真。不仅天主教会会使用这些能工巧匠创作的作品，皇室和其他资助教会的世俗精英也会购买这样既富有说教性又能赋予人灵感的艺术作品。

更多世俗但同样重要的图画作品在强化大众对宗教的虔诚方面也会起到一定

作用。印刷机出现后，甚至那些不识字的人也能够得到并研究圣徒和殉教者的画像。一个城市总会有一名圣徒，当到了这名圣徒的圣日时，整个城市便会举行宗教游行、布道和发放圣卡等活动。尽管这些画像本身并没有传递任何神性或宗教荣耀，但是欣赏者在看到这些画像后会对这些圣徒的生活进行冥想，并最终得以效仿圣徒的生活方式。通过这种简单而有效的办法，普通信徒接受了基本的宗教信仰教育。

同样，如一些协会和兄弟会这样的中世纪晚期的世俗团体被保留下来并进入早期现代社会。这些团体较好地利用了他们自己创作的绘画和文学作品。其中有的精于刻画圣餐仪式，有的重点表现耶稣圣心，有的表现某位圣徒，或者像圣母马利亚兄弟会那样崇拜圣母马利亚。世俗的社会宗教团体通常是根据职业划分。特伦托会议后，教会鼓励这些社会宗教团体组织宗教活动，但同时又督促它们接受宗教机构的监管。当时人们认为加入这样的宗教团体是一件光荣的事。17 世纪初，许多普通信徒和神职人员都加入了一些世俗的宗教团体。许多宗教团体会组织表演宗教戏剧，或在宗教节日举行游行和进行朝圣等活动。所有这些活动均使用视觉艺术，最著名的是在四旬期（Lent）时，许多世俗宗教团体成员都会去参加几天公共忏悔或圣餐冥思仪式等活动。开始时这种现象还只在城市存在，但到 18 世纪的时候，这种现象便在西欧多数国家的农村地区传播蔓延开来。

特伦托会议后的几百年间，随着西方各国民众的文化素质不断提高，许多宗教文学便开始进入普通大众的视野。城中富裕的天主教教徒会珍藏一本装帧精美的插图版《圣经》。收入不高的人也可以买到一本便宜的装订版宗教典籍，如德·萨莱斯写的《灵修生活导论》(*Introduction to the Devotional Life*)。这些篇幅短小、内容理想化的圣徒传记激励着早期现代天主教信徒去效仿那些虔诚的基督徒。书中某些内容已经在读者的记忆中消失。从某种意义上说，出版他们的生活史是修会时刻保持其创建者或模范人物“在场”的一种方式。如此一来，即使他们业已去世，仍然可以通过书刊文字继续起到引导他人信仰基督教的作用。如果一位著名基督徒既是神学家，又是启迪别人思想的精神导师，那么这位著名人物的生前信件、训诫及作品，也可能在这位著名人物身后几代人的时间里陆续出版。那些在一些修会图书馆里保存下来的图书和小册子通常数量很大、内容广博，如果这家修会历史悠久或者修会中的修士经济情况较为富裕的话，情况则更是如此。总之，天主教改革运动对欧洲文学和视觉艺术的发展均起到了极大的促进作用。

在政治领域，后宗教改革时代的教会领导人经常在内外政策方面给国王和女王提供建议。例如，在17世纪初，嘉布遣会修士、主教黎塞留（Richelieu）的忏悔牧师约瑟夫·杜·特伦布莱（Joseph du Tremblay）曾鼓励黎塞留这位法国的政治家兼神职人员充分利用嘉布遣会及其他修会来迫使新教徒回归传统的天主教信仰。在整个欧洲都陷入宗教战争的时期，信仰小宗教是非常危险的。天主教国家的新教精英比其他教派更急于让普通大众信仰新教。1700年，法国公开宣布不再容忍加尔文教派，教会强迫新教徒公开宣布放弃新教。在比利时的部分地区和波兰全境，以耶稣会为首的天主教派在地方统治者的支持下对路德教派和加尔文教派发起了攻击。特别著名的是西属尼德兰大公及其妻子积极地支持和资助了一些修会，在天主教宗教改革运动中发挥了积极的作用。结果，他们的行为为精英群体树立了榜样。信仰天主教就代表着一个人对西班牙皇室的忠诚。法国也进行着同样的忠诚度测试。

另一方面，神圣罗马帝国的宗教情况也比较多元化。神圣罗马帝国是由300多个小国家组成的松散联合体，这使帝国内部的宗教事务越发复杂。17世纪，帝国的一些附属小国处于加尔文教派的掌控之下，天主教则控制着另外一些小国，在一些小国中，路德宗教派赢得民众欢迎的程度远远高于其他教派。此外，每个国家都有不同形式的政府。更麻烦的是，一国臣民无论个人愿意如何，只能被迫接受国家统治者的宗教信仰。在那些拥护特伦托会议的耶稣会教士和主教的帮助下，一些国家的宗教信仰仍然处于天主教的控制和管理之下。

当时几乎全部西欧国家都卷入了三十年战争。战争主要发生在德意志各国之间，主要起因正是新教和天主教之间的冲突。尽管冲突双方于1555年签订了《奥格斯堡和约》，从而结束了德意志天主教和新教路德宗之间的战争，但是在此后几代人的时间里，新教加尔文宗的势力却在德意志及其周边地区迅速蔓延，进而引发更为复杂的矛盾和纷争。此后，新教各派领导人和其他德意志地区宗派的领导人，以及其他欧洲国家的新教势力，共同组成了抵御天主教进击的联合阵线。1618年，新教控制的普法尔茨和天主教控制的巴伐利亚之间爆发了一场战争，导致大量德意志人和尼德兰人伤亡。尽管后来双方休战媾和，但宗教迫害事件还是不时地在一些像尼德兰一样的宗教分裂地区零星发生。尽管天主教改革运动促进共同打击新教阵线的形成，但是在三十年战争期间，许多耶稣会修士和嘉布遣会修士仍需担当天主教各派势力撮合者的角色。特伦托会议制定的政策并没有因宗教包容问题进一步引发旷日持久的欧陆宗教战争。

天主教改革运动对全球其他地区产生过什么影响呢？当时的天主教会向亚洲、非洲和美洲地区派出大量传教士，这些传教士在所在地区成功地说服了很多当地居民信仰天主教，这给那些在欧洲品尝过失败的天主教领导人带来莫大的安慰。当葡萄牙人开始在世界各地探险时，天主教改革运动中兴起的耶稣会也紧随其后，促使数千名非洲人信仰天主教，并按传统基督教仪式接受了洗礼。然而，非洲的面积实在太大，加上当时天主教教会派往非洲的传教士数量又太少，因此，在现代社会早期，天主教在非洲的传教努力只收获了为数不多的成果。天主教取得更大成功的迹象，要等到19世纪欧洲进入第二次帝国时代时才得以真正显现。

葡萄牙天主教进入非洲后不久，其传教士又在亚洲一个名叫果阿的印度小国扎下了根。后来，传奇人物方济各·沙勿略（Francis Xavier）又去日本传教，并且让很多人皈依了天主教（尽管经由他本人皈依天主教的人并不多）。此外，方济各·沙勿略还鼓励其他人也像他一样到处传教。或许，方济各·沙勿略最为成功的是在日本的传教，他在日本不但获得平民百姓的拥护，还赢得了当地精英阶层的尊敬。耶稣会在1600年时已经让大约30万日本人拥有了天主教信仰。受耶稣会在日本大获成功的鼓舞，其他天主教修会也相继派传教士进入亚洲各地，尤其是菲律宾地区。耶稣会在菲律宾与方济各会和多明我会竞相吸纳教众。到17世纪时，已经有大约200万菲律宾人信仰了天主教。无论与天主教发展历史中的哪个时代相比，让200万人信仰天主教都是一个无与伦比、令人惊讶的巨大成就。尽管根据利玛窦的著作，中国当时采取闭关锁国政策，把天主教势力拒于国门之外，但是耶稣会仍然没有放弃把天主教传入中国的努力。虽历经数次严重的挫折，天主教也终于勉强打入了中国，但是信仰天主教的中国人数量却少得可怜，仅有区区20万人左右，而且这些人当中没有一个来自社会的精英阶层。

美洲信仰天主教的人数令人震惊。方济各会和多明我会基本控制了中美洲。由于当地印第安原住民纷纷死于欧洲人带来的疾病，非洲奴隶便逐渐取代美洲印第安原住民在加勒比海种植园的工作，这种情况致使很多人选择投身于天主教的怀抱。此外，这些信仰天主教的人中多数都是墨西哥人。荷南·考特斯在征服当地后，也开始进行大规模的传教活动。这一次方济各会和多明我会再次占了上风，与此同时，奥古斯丁修会也加入传播天主教的传教队伍中来。在此后的20年间，信仰天主教的墨西哥人口从100万增长到约500万。1572年，耶稣会的势力也扩散至此，耶稣会的到来大大加快了墨西哥人信仰天主教的进程，此外耶稣会修士还在当地兴建中小学校和大学，培养教会人才。后来传教活动继续向北传播，这时耶稣会、方济各会和多明我会开始互相竞争。这三支天主教修会花了很长时间才将天主教传播至加利福尼亚（California）北部地区，直到18世纪时他们才在那里建立起属于自己的根据地。

同时，由于阿卡迪亚（Acadia）和魁北克（Quebec）的英国人对天主教传教士并不友好，天主教在北美的传教活动开展得并不顺利。在经历过几次困难和反复后，天主教逐渐得到人们的认可。开始时加入天主教的人很少，但是随着时间的推移，信仰天主教的人变得越来越多。然而，17世纪时，当地的几个原住民部落之间却爆发了战争。在战争中有的部落得到英国人的支持，有的部落得到法国人的支持。两派交火时，经常有耶稣会教士及其教徒被抓住殴打或被杀死的情况。在当今美国版图的大片地区，天主教到19世纪时还仍然只是一支微不足道的少数基督教教派。

我们不能忽视天主教改革运动所造成的全球性影响。这场自特伦托会议发端并持续到19世纪初的旷日持久的宗教改革运动，其所坚守的价值观念和基本原则为罗马天主教的发展奠定了基础。在天主教改革运动的整个过程中，值得人们注意的一点是，在这一时期的社会各阶层中，无论是普通大众还是神职人员，均不约而同地对新教抱有长期、固执的偏见，反对新教教义和主张。然而，天主教改革运动并不是没有产生任何消极的后果。18世纪时，对天主教来说，幸运的天平彻底反转，从偏向天主教的一方走开。启蒙主义的理性思想、天主教内部的腐败现象卷土重来，加上世俗君主对天主教产生的敌意，多重因素叠加到一起，共同削弱了天主教改革运动所取得的积极成果。革命时代之后，天主教不得不重新审视自己，并对未来的发展方向做出抉择。

斯蒂芬妮·西里－墨菲（Stephanie Seery-Murphy）

斯蒂芬妮·西里－墨菲（Stephanie Seery-Murphy），现任教于美国加利福尼亚州立大学萨克拉门托分校，在克莱蒙特研究生院获得博士学位。曾在《历史学家》（*The Historian*）和《跨学科妇女研究》（*Women's Studies: An Interdisciplinary Journal*）上发表有高水平论文。

第十一章
西班牙“无敌舰队”（1588）

中国同时期：明神宗朱翊钧

概　述

16 世纪欧洲的宗教和政治环境异常复杂混乱，在这一历史背景下，西班牙“无敌舰队”（Spanish Armada）遭受到了悲惨的命运。1517 年，马丁·路德在维滕贝格教堂大门上贴出了著名的《九十五条论纲》，彻底地打破了西方基督教世界弥合教派分歧的幻想。马丁·路德张贴《九十五条论纲》的行为在不经意间开启了宗教改革之门。在宗教改革运动中脱离天主教教会的人被统称为新教徒。面对新教徒提出的挑战，罗马天主教教会起初并未做出迅速有效的反应。直到 16 世纪中叶，天主教教会才幡然醒悟一般掀起了一场史称“天主教改革运动”（亦称“反宗教改革运动”）的宗教运动，并开始积极地与新教徒分庭抗礼。在许多地区，新教徒和天主教之间的斗争和其他非宗教事务纠缠在一起，逐渐发展为野蛮的宗教战争。宗教战争给欧洲造成了极大破坏。

强盛的哈布斯堡王朝为罗马天主教提供了世俗王权方面最重要的支持。哈布斯堡王朝国王查理五世不仅自 1519 年便当上了神圣罗马帝国皇帝，同时他还统治着西班牙（并管理着西班牙在新大陆的殖民地）、奥地利、勃艮第自由郡、低地国家（大体包括今天的比利时、卢森堡和荷兰）和意大利南部的大部地区。出于宗教和一些其他政治原因，虔诚的天主教教徒查理在天主教会极为困难的时期为其提供了强有力的支持。1556 年，查理逊位并把帝国一分为二，将中欧交给了他的兄弟管理，其余地区则交给了他的儿子腓力。

腓力即为时任西班牙统治者的腓力二世。跟父亲相比，腓力更支持天主教一方。同时，这也造成了腓力在低地国家不受欢迎的局面，最终促使腓力建设了一支强大的西班牙海军力量——“无敌舰队”。腓力从父亲手里继承了当时欧洲最富裕的低地国家（亦称尼德兰）的统治权。低地国家地处莱茵河口，北濒北海，近靠多佛海峡和英吉利海峡，战略位置非常重要，农业、渔业、工业、商业和贸易都非常发达。佛兰德斯人住的南部地区，曾经是欧洲最重要的纺织中心；安特卫普是当时欧洲最大的港口，北部的阿姆斯特丹逐渐发展成为当时重要的金融和商业中心。

尼德兰共有 17 个省，每个省都有属于自己的传统和一套独立的法律体系，在很大程度上是自治的。虽然没有什么东西能够把这些省份统一在一起，然而它们却拥有一个全民共享的国民议会和领导人（查理五世）。查理五世出生于低地国家，与低地国家的人民拥有共同的文化。这看起来并不合常理，但事实就是如此。在一位倡导慈善、忍让理念的国王的统治下，当地贵族和日益壮大的中产阶级的影响和权力变得很大。

由于尼德兰地处欧洲十字路口，欧洲各种思潮和观念都能在这里汇集。1517 年初，新教思想刚刚在尼德兰出现便受到许多人追捧，然而虔诚的天主教教徒查理五世却对其不以为意。

虽然尼德兰人对查理的不满并没有马上发展到非常严重的程度，但是促成了西班牙“无敌舰队”的建立。1556 年，查理五世逊位时，低地国家的人民突然发现他们的新领导人腓力二世并不像他的父亲查理五世那样拥有与尼德兰文化密切的联系，好像几乎从未属于过那里。1559 年，腓力离开尼德兰迁往西班牙永久定居。王国由腓力同父异母的姐姐、查理的私生女帕尔马的玛格丽特摄政。玛格丽特摄政期间起用了大量的西班牙人。这些新来的西班牙人无视尼德兰各地方传统势力和地方权贵阶层的利益，招致这些地位遭到排挤的贵族越来越大的不满。

腓力坚持继续提高当时已经被定得很高的税率，招致当地居民极大的不满。虽说查理在位时居民交缴的税赋也不低，但低地国家非常富裕，查理时期的高税率政策并没有造成很大的问题。即便如此，新教徒发出的反对声音还是越来越强烈。1514 年，尼德兰重要城市根特爆发抗税叛乱，致使查理不得不下令进行镇压。连受到民众欢迎的查理也曾遭到民众的反对，那么群众满意度比父亲低得多的腓力受到征税政策引起的反弹就更为强烈了。

尼德兰人宗教信仰上的不统一终于引发了国内的暴乱。16 世纪中期，新教加尔文宗已经在尼德兰站稳了脚跟，尤其是在商人和劳动者阶层中的影响更是很大。加尔文宗是新教各派之中非常激进的一个派别，强烈要求反抗那些不走宗教改革之路的世俗统治者。新教徒对改革尼德兰教会的狂热激情即便赶不上腓力对天主教事业的忠诚投入，但也差不多了。然而，在低地国家清除新教徒这件事上，腓力的态度要比他的父亲查理坚决得多。腓力不但通过宗教法庭对新教徒进行镇压，而且还通过行政改革手段把更多权力集中到自己的手中。如此一来，腓力在这一倡导宗教宽容传统的地区镇压新教徒时便更加得心应手了。

腓力这一十分欠妥的举动反而招致原来一些分散、独立的新教团体联合起来共同反对他的宗教、行政和财政政策。随着危机和矛盾程度进一步加深，终于在1566 年爆发了一场时间长达 40 年的宗教叛乱。同年，隶属于西班牙的低地国家地方当局拒绝了一项由几百名新教和天主教贵族共同签署的，要求在低地国家关闭宗教法庭的请愿书。此后，请愿者遭到了统治者方面的一番羞辱（玛格丽特的顾问把参加此次请愿的贵族们称为“乞丐”），当时也并非完全因为此事，受到刺激的加尔文宗狂热分子对低地国家的所有教会进行了攻击。他们打碎教堂的彩色玻璃，损毁教堂中放置的圣像、圣物及其他任何带有“邪神崇拜”意味的东西。这种肆无忌惮破坏教堂的行为不但使虔诚的罗马天主教教徒心生畏惧，而且还破坏了低地国家间原本就已经十分脆弱的关系。此时，无论是天主教教徒还是新教贵族都会再三考虑，决定是否真的要与这样一群暴徒结成联盟。

然而，腓力却并未很好地利用尼德兰人对加尔文宗暴行的愤怒之情重拾民众的支持。腓力将性情最为残暴的阿尔瓦公爵和由其率领的一队西班牙士兵派往叛乱地区，并下令严厉镇压当地异教徒。后来，阿尔瓦公爵接替玛格丽特当上了尼德兰摄政王，并施以恐怖统治。他成立了平乱委员会，又称“血腥委员会”，处死了几千名反叛者。此外，阿尔瓦对当地商业贸易征收高达 10% 的赋税，严重摧毁了当地经济。此后，阿尔瓦非但不尽力恢复当地秩序，反而采取了高压政策，致使低地国家人民都跑去支持奥兰治的威廉（William of Orange，因其沉默寡言又名

“沉默者”威廉）所率领的反叛力量。

随着阿尔瓦公爵对新教徒的迫害越来越深，血腥内战终于爆发。民众对西班牙的仇恨越来越强。1576 年，威廉成功地把低地国家的 17 个省份松散地联合起来，实现了他们所宣称的从西班牙人控制下独立的目标。

然而，这种松散的联盟并不安全也不稳固。随着 1578 年阿尔瓦公爵的离开和帕尔马公爵与玛格丽特之子亚历山大·法尔内塞（Alexander Farnese）的到来，腓力一方的实力得到增强。在强大的军事力量、积极的劝降，加上传统的宗教情感等诸多因素的共同作用下，法尔内塞击破了新教联盟，为西班牙一一收回了一度失去控制的南方诸省。1579 年，北方 7 省组成乌得勒支同盟（The Union of Utrecht）。两年后，乌得勒支同盟宣布独立，成立尼德兰联省共和国（The United Provinces of the Netherlands）。然而，法尔内塞方面则仍然一路高歌猛进，不断取得重大战役的胜利。1584 年，“沉默者”威廉被刺杀。尼德兰联合共和国的前途变得岌岌可危。

然而，在威廉刚被刺杀之时，低地国家或至少是尼德兰联省共和国的命运才发生了重大转变。由于担心西班牙对英格兰不利，英格兰逐渐插手这场尼德兰新教徒的叛乱。为防止完全独立的尼德兰新教徒控制的地区遭西班牙入侵，16 世纪 80 年代中叶，英格兰成为尼德兰新教徒叛军最大的保护者。

英格兰插手尼德兰叛乱的行为终于招致了西班牙的强烈反对。西班牙与英格兰之间的关系本来就错综复杂、矛盾重重，最早可追溯到 16 世纪初。众所周知，当时的英国国王亨利八世希望一名男性继承人继承自己的王位，因此便于 1533 年与自己的妻子也正是查理五世的姑母凯瑟琳离婚。虽然并非亨利的本意，但是他的行为造成了英格兰脱离天主教教权体系的结果。后来，亨利创建了英国国教——圣公会（Anglicanism），这是一种新教宗派。

1547 年，英王亨利八世去世，王位由其年仅 9 岁的儿子爱德华六世继承。爱德华的摄政顾问班底都是虔诚的新教徒。1553 年，爱德华六世去世。王位由爱德华六世同父异母的姐姐玛丽继承。玛丽是一名狂热的天主教教徒。玛丽刚当上英格兰国王，便迫不及待地对英格兰新教徒进行迫害，因此人送绰号“血腥玛丽”（Bloody Mary）。玛丽后来嫁给了腓力二世，但直到 1558 年玛丽去世时，她也没给腓力生下一个孩子。英格兰王位只得传给亨利八世唯一健在的女儿伊丽莎白

（Elizabeth）。伊丽莎白在英格兰的王位上一直坐到1603年。

起初伊丽莎白显得缺乏执政经验，但是，她最终的表现却证明她是一位杰出的女王。伊丽莎白勤政爱民，对内弥合宗教各派分歧，对外使英国与其他欧洲国家和平共处。为此，她设计了一个让大多数英格兰人满意的宗教和解方案。该方案把新教徒和罗马天主教教徒极端分子隔离开来。此外，她的外交策略也非常成功，有效地将英格兰置身于欧洲各国之间的合适位置，尤其是在腓力二世和西班牙之间游刃有余。

尽管伊丽莎白具有很强的个人能力，但是她仍然面对着难以解决的重大问题。她既不想把英格兰带回天主教时代，又不想把英格兰变成西班牙的附属国。如此一来，罗马天主教会和腓力二世便都成了伊丽莎白的仇敌。然而，让伊丽莎白的敌人感到庆幸的是，眼前有一个人可能会帮助他们实现目标，这个人便是苏格兰女王玛丽·斯图亚特（Mary Stuart）。

玛丽是亨利八世的姐姐玛格丽特的孙女、都铎王朝创建者亨利七世的重孙女。玛丽长得非常漂亮，但她在政治上是平庸之辈。有人认为，玛丽的家族血统让她比伊丽莎白拥有更好的理由来继承英格兰王位，事实上也的确有人曾宣称伊丽莎白无权继承英格兰王位。1561年，18岁就成为皇室寡妇的玛丽从法国回到苏格兰，开始进行统治。然而，性情活泼的玛丽很快便与由约翰·诺克斯（John Knox）带领的一帮沉默寡言的苏格兰新教徒发生了冲突。玛丽因一时的不理智和鲁莽行为备受指责。由于害怕因此丢了性命，玛丽于1568年逃往英格兰，向她的表姑伊丽莎白寻求庇护。

然而，玛丽却成了伊丽莎白的大麻烦。玛丽的天主教教徒身份让那些对英国国教心存不满的英格兰天主教教徒整天活动在玛丽身边，并形成了一个比较有势力的宗派团体。同时，玛丽的出现也给腓力二世和罗马天主教会带来了希望。因为他们都希望玛丽能够取代伊丽莎白当上英国国王，并借此维护他们各自的利益。而玛丽则真的参与了这场愚蠢荒唐而又极度危险的取代伊丽莎白的阴谋计划。政变计划最终流产。由于玛丽在这场政变中涉入较深，伊丽莎白不得不于1587年下令将其处决。

在对玛丽行刑前，伊丽莎白与罗马天主教教会及腓力的关系也日益恶化。1570年，伊丽莎白被罗马天主教教会开除教籍。此外，教皇还号召全体基督徒一起推翻伊丽莎白的统治。虽然欧洲天主教斗士腓力希望借政治、经济和宗教等原因废黜伊丽莎白，然而事实上，他却仍然希望把英格兰重新纳入西班牙的霸权统治版图。此外，腓力还特别痛恨那些被蔑称为“海狗”的英格兰私掠船。因为他们经常抢劫西班牙的过往船只，尤其是那些运载西班牙从新大陆获取黄金和白银的船只。腓力认为，英格兰女王显然是对这些海盗抢掠西班牙船只的行为采取了姑息、纵容的政策。面对西班牙对英格兰的威胁，伊丽莎白开始支持低地国家的反叛力量，并以此拖住腓力的军队，使其难以脱身，自然也就无法进攻英格兰了。随着“沉默者”威廉权力地位的日益下降，此外，越来越多的证据表明，腓力极可能利用低地国家作为桥头堡展开对英格兰的进攻，因此伊丽莎白更加大了对尼德兰叛军的支持力度。

苏格兰女王玛丽被处决后，腓力希望玛丽取代没有子嗣的伊丽莎白继承英国王位的努力彻底落空。但与此同时，这也让腓力在进攻英格兰一事上抛开了最后一丝顾虑。1587 年年初，腓力开始积极准备不久之后对英格兰展开的大举进攻。然而，弗朗西斯·德雷克爵士却在此时冒险地突袭了加的斯，减缓了腓力的备战步伐。但是到 1588 年夏天的时候，著名的西班牙“无敌舰队”（la felicissima armada，西班牙古语为“最幸运的舰队”）还是已经整装待发，准备列队出击了。

西班牙计划让“无敌舰队”穿过英吉利海峡抵达低地国家，并在那里接帕尔马的部队上船，此后再次穿越英吉利海峡将帕尔马部队送至英格兰某地登陆。如果在此过程中遭遇到英格兰海军的抵抗，那么西班牙“无敌舰队”将毫不迟疑地一举把英格兰海军葬入大海。

1588 年 5 月 9 日，“无敌舰队”拔锚起航。虽然此役西班牙舰队浩浩荡荡，由 130 艘战船组成，并搭载有 3 万人和 2000 多门大炮，然而，指挥这一庞大舰队的指挥官却是没有任何航海经验的公爵梅迪纳－西多尼亚（Medina-Sidonia）。7 月末，“无敌舰队”驶入英吉利海峡。在那里，西班牙舰队遭遇到由霍华德（Howard）和海军中将弗朗西斯·德雷克共同指挥的英格兰舰队。英格兰海军约有 150 艘战船，而且总体上比西班牙舰船的速度更快，也更易操控。此外英格兰战船也拥有比西班牙战船更好的武装。当时英格兰人还受到不期而至的，被后人称为“新教徒之风”的飓风的帮助。西班牙“无敌舰队”在狂风的吹袭下狼狈不堪。在随后数天的战斗中，英格兰人给予“无敌舰队”沉重的打击。未被击沉的西班牙战船仓皇逃离战场。此后，这些丢盔卸甲的西班牙人还得承受经由北海长时间充满危险的旅程才能回到西班牙。在归航过程中又有大量对英海战的幸存者纷纷死去。此次海战开始时腓力二世还雄心勃勃，结果却落得以惨败收场。

历史评论

英格兰和西班牙于 1588 年 7 月 29 日在英吉利海峡进行的格拉沃利讷海战硝烟还未散尽时，对战双方，事实上也包括整个欧洲，便开始对西班牙“无敌舰队”被英军击败一事的重要意义进行总结了。有关这个问题的争论一直延续到今天。尽管许多历史学家把这一事件视为西方文明史上最具有决定性意义的战役之一，但还是有另外一些人认为这场海战的意义被人为夸大，其造成的真正影响并不像传说中的那么大。

这场战役的直接后果主要表现在对战双方，即英格兰的伊丽莎白和西班牙的腓力二世两个方面。伊丽莎白在蒂尔伯里（Tilbury）满怀激情的演讲极大地鼓舞了其麾下即将出征的海军将士。伊丽莎白将这场海战的胜利看作是上帝的胜利，甚至还为此专门制作勋章用以纪念这一伟大的历史性时刻，这或许也与那场把西班牙舰队吹离英格兰海岸的“新教徒之风”有关。此外，此役胜利还为伊丽莎白赢得了“荣光女王”（Gloriana）的美誉。打败西班牙“无敌舰队”后，伊丽莎白沉浸在人民对其的爱戴和对国家的忠诚之中。在伊丽莎白统治下的人民眼中，自从 1588 年之后伊丽莎白就没有做过任何不对的事情。这位宣称愿意“为我的上帝和我的人民放弃我的荣誉和我的血液，甚至不惜自己的生命”的女王，赢得了人民不渝的忠诚。伊丽莎白余生一直享有其治下人民的爱戴和对国家的忠诚，直至她于 1603 年去世。

尽管伊丽莎白在打败西班牙“无敌舰队”后沉浸在民众的赞颂之中，然而伊丽莎白治下的政府却没有赢得来自民众相同的好感。强大的西班牙海军虽然被打败了，但英格兰和西班牙之间的战争仍没有结束。事实上，英格兰和西班牙之间的战争此后又持续了 15 年。直到 1604 年，伊丽莎白的继任者詹姆斯一世才终于结束与西班牙的战争关系。此时，英格兰人发现他们的命运与尼德兰人的命运已经被牢牢地拴在了一起。此外，英格兰人还发现他们必须维系一支强大的海军力量并保持在欧洲大陆的军事存在。然而，最初的战争激情早已随着成本的不断增加而逐渐减弱。1588年，英格兰财政部的支出已经超过了40万英镑。这笔巨额支出还通常会随着与他国之间敌意的加深而继续增长。随着政府债务递增，破产的幽灵时刻飘荡在英格兰政府之上。毫无疑问，巨额的债务压力也会不可避免地落到伊丽莎白的继任者身上。

尽管议会同意额外加税缓解了一部分财政负担，但是女王和女王顾问团仍然延续支持私掠船打劫过往船只的策略。事实上，自战争爆发以来，这早已成为英格兰的海军战略。来自新大陆的西班牙船只源源不断地向西班牙输送的巨额财富实在太过诱人，很难不会被英格兰的私掠船视为扩大财路的目标。伊丽莎白运用的“海狗”策略非常成功。弗朗西斯·德雷克爵士和约翰·霍金斯（John Hawkins）也是“海狗”打劫者中的一员。他们积极从事的私掠外国船只之事，不仅给英国的士贾富绅阶层带来极多好处，对英格兰王室也同样有益。结果，在整个英格兰与西班牙战争期间，英格兰人把原本可能用于开拓新大陆，或与东方国家进行贸易及降低西班牙对西印度群岛控制力的投资，全部投入海上私掠商船上来。

尽管腓力二世把对英失败的责任归咎于上帝抛弃了他和他伟大的事业，而非自己所犯的一系列错误，然而全程参与“无敌舰队”入侵英格兰计划的腓力二世仍然在对英海战失败后感到极度失望和懊恼。不过，很快腓力便从失败的阴影中走了出来。他开始计划建设一支新的舰队，并借此报仇雪恨，重塑西班牙过去的辉煌。然而重新打造一支新舰队需要大笔资金。只有继续增加税收才能弥补“无敌舰队”过去所造成的损失，并为打造新舰队筹集足够的资金。但是西班牙国王的加税请求却招致国内大批民众的批评浪潮，卡斯提尔还因此爆发了几次群众骚乱，民众对腓力提高税赋的做法和一些他个人的过分行为进行了毫不避讳的控诉。此外，“无敌舰队”战败所导致的人员伤亡也给西班牙民众带来了巨大伤痛。实际上，腓力对此也感到非常痛心。他手下经验丰富的海军将领死的死，被俘的被俘，损失极为惨重，因此，腓力不但要弥补自己的物质损失，而且还要补全战争中损失掉的士兵和将领。

虽然宗教法庭成功地使西班牙国内反对者集体噤声，但是腓力发现自己仍然要面对来自欧洲大陆的新威胁。1589 年，法国的亨利三世遭到刺杀，王位由亨利三世的顺位男性继承人新教胡格诺宗教徒纳瓦拉的亨利继承。慑于法国新教徒国王领导国家未来发展方向的不确定性，腓力把对英格兰和尼德兰紧绷的神经转移到对法国事务的关注上来。虽然天主教法国在过去一直是西班牙的敌人，但是此时来自法国的威胁比之前更大了。虽然腓力的战略重心发生了转移，但是英格兰并未因此而减少对西班牙的关注。英格兰过去虽然担心西班牙的“无敌舰队”对其造成的威胁，但是现在更为担心西班牙帕尔马公爵手下的 3 万军队，因为他们可能会从佛兰德斯方向对英格兰发动攻击。无论怎么说，西班牙“无敌舰队”的作用还仅限于帕尔马军队的护送力量。伊丽莎白的许多顾问认为，西班牙控制的天主教同盟控制着法国北部，极有可能成为帕尔马公爵发动对英战争的前进基地。因此，法国和西班牙再度敌对让西班牙进攻英格兰的可能性大大增加，至少在英格兰人的眼里是这样的。到 1591 年年中的时候，为应对可能遭遇的不测，英格兰将 1.4 万人的军队调往欧洲大陆。尽管法国和尼德兰两国均受益于英格兰的此番海外派兵行动，但是英格兰并没有从这次调兵行动中获得多少好处。不仅如此，这番大规模军事调动还使英格兰陷入了严重的财政危机。

1590 年年初，纳瓦拉的亨利封锁了巴黎。腓力认为，西班牙有必要对法国发生的事情进行干涉，以拯救法国垂死的天主教事业。因此，腓力把先前打造新舰队进攻英格兰的计划临时搁置在一旁，并着手与尼德兰进行和平谈判，以求在西班牙专注于法国事务时避免与其他国家发生冲突。1590 年年中，腓力下令帕尔马公爵进攻法国。帕尔马公爵带领自己的部队于同年 9 月进抵巴黎。此外，腓力还向布列塔尼派遣兵力，试图在那里建设军事基地，以便作为未来进攻英格兰的前哨。

然而，此时的腓力却发现自己可能太过专注于法国事务，以至于丧失了防御尼德兰的能力。而此时的尼德兰也充分利用这一难得的机会夺回先前被西班牙抢占的领土。因此，腓力不得不把他的军力分成几部分，分别对付来自法国、英格兰和尼德兰的挑战。雪上加霜的是，1591 年时腓力在西班牙国内又遇到了新麻烦，阿拉贡叛乱了。尽管阿拉贡叛乱最终被腓力镇压下去，但是这次平叛行动消耗掉腓力大量金钱，这给腓力拓展海外事务造成了极大制约。虽然花费巨大，然而腓力却坚持认为，不管花多大代价，都必须拯救天主教事业。正是基于这一顽固的想法，腓力在欧洲大陆的乱局中越陷越深。其实如果腓力不去帮助法国天主教教徒，那么法国的天主教势力也不会有多少继续生存的希望。此外，腓力也并未向法国的天主教势力提供足够的支持，以使其能够在纳瓦拉的亨利的打击下进行有力的反抗。最终，腓力对天主教的支持意味着法国内战并没有取得任何结果。内战双方基本上处于一种势均力敌的状态。

1589 年，亨利四世加冕成为法国国王，承诺将接受天主教信仰。1593 年，亨利认识到如果他不遵守自己之前改信天主教的诺言，那么法国便不会有实现和平的希望。法国国内各方势力均饱受内战之苦，加上那些来自波旁家族和洛林家族宣称拥有王位继承权的人，此时亨利的心里十分清楚，他只有改信天主教才能解决所有问题。1593 年，亨利宣布皈依天主教。先前，亨利就早已明确地告知伊丽莎白，他极有可能在无法抵御各方压力的情况下改信天主教。如此一来，亨利改信天主教一事对英格兰来说也就没什么好惊讶的了。然而，伊丽莎白仍然对亨利这种大张旗鼓地改变宗教信仰的行为提出严正抗议，并威胁要撤回原来部署在诺曼底和布列塔尼的英格兰军队。1593 年年底，英格兰的确撤回了诺曼底的英格兰驻军。这样一来，余下的英格兰军队也极有可能在不久之后被撤回英格兰。然而，慑于西班牙未来有可能会利用布列塔尼作为进攻英格兰的前哨阵地，伊丽莎白后来不但没有撤回布列塔尼的英格兰军队，反而于 1594 年增加了布列塔尼英军的驻防力量。但是，英格兰驻军的目标专属防卫，对法国国王来说没有什么帮助。1594 年年末，西班牙控制的克罗宗要塞（Fort Crozon）被法军攻占。如此一来，英格兰便没有必要在法国领土上保留驻军了。1595 年 2 月，伊丽莎白撤回了在布列塔尼留守的英格兰军队。

由于 1593 年英军撤回了原来在诺曼底驻防的英军部队，因此削弱了诺曼底的防守力量。法国请求英格兰派兵对诺曼底进行补防，却遭到英格兰方面的拒绝。英格兰对尼德兰也采取了对待法国的政策。伊丽莎白认为，虽然她在尼德兰事务上投入了很多金钱，但是英格兰花出去的钱没有得到任何回报。如此一来，英格兰便没有任何理由再在尼德兰事务上花钱了。事实上，伊丽莎白已经明确地向尼德兰方面表明了态度，那就是，如果尼德兰还想让英格兰继续为其花钱的话，就一定要在不久的将来能够给予英格兰一定程度的回报才行。

伊丽莎白认为，在大敌当前，国家命运处于紧要关头之际，在法国和低地国家实施这样的防守政策无可厚非。苏格兰天主教同盟和西班牙正合谋欲以苏格兰为基地对英格兰展开入侵行动。此事表明，伊丽莎白和她潜在的继任者苏格兰的詹姆斯六世（James Ⅵ）之间的关系出现了裂痕。伊丽莎白没有指定詹姆斯为她的合法王位继承人，这让詹姆斯感到非常恼火。伊丽莎白借此认为，詹姆斯一定（或许真的）参与了与西班牙人合谋推翻其统治的事情。尽管这一合谋从未变成现实，但此事确实在一定程度上破坏了两者之间的关系。伊丽莎白后来再也没有公开宣布詹姆斯为其合法的王位继承人。但由于詹姆斯天生就是伊丽莎白王位的顺位继承人，詹姆斯仍旧于1603年成功继位成为英格兰国王，称詹姆斯一世。

伊丽莎白虽然希望亨利四世不要与西班牙媾和，但是她还是明确表示，防御法国也是英格兰国王的事情。在伊丽莎白眼中，一个统一的法国和西班牙一样会给英格兰带来诸多危险和麻烦，尤其是在有关尼德兰事务方面。她希望法国人和西班牙人之间能够不断地争吵，如此一来便可确保西欧各方势力处于均衡的状态。此外，她还担心，英格兰这几年在尼德兰事务上的财政投入不但极有可能会一无所获，而且还可能会招致法国和西班牙联手对英格兰施以打击。然而如果尼德兰方面遭到法国和西班牙的联合打击，那么英格兰也不可能独善其身，对尼德兰的事情置之不理。因此，伊丽莎白希望法国和西班牙之间最好继续争吵下去。为此，伊丽莎白于1596年与亨利四世结成同盟。伊丽莎白这一招进可攻、退可守，用得极为聪明。同年年底，尼德兰也加入了英法同盟。尽管伊丽莎白根据三方同盟协议向皮卡第派出了一支两千人的部队，但是当法国和西班牙签订和平协议后，伊丽莎白还是把这支英军部队撤了回来。

到1595年的时候，很明显法国内战即将结束，天主教同盟也随即分崩离析。腓力在国内失去了核心的支持力量。此时，这场法国内战已经转变成了一场法国和西班牙之间的战争。战事主要在法国边境进行。此时，腓力的健康状况虽然一天不如一天，但是他仍然不得不整日处理发生在法国和尼德兰境内的兵变（为此，腓力还曾于1593年被迫与亨利四世达成临时停战协定）。此时的腓力已经越来越感到无力为自己在布列塔尼的军队和法国天主教基地提供支持和帮助。1596年年底，腓力逐渐认识到他必须和他当时的一些对手签订和平协议才能使自己暂时渡过难关。1594年，具有战略性地位的重要城市格罗宁根（Groningen）失守，西班牙在尼德兰的势力遭受重挫。此役之后，尼德兰人控制了河域两岸和大片的水域，拥有比西班牙内陆军队更好的机动灵活性。这场战争也逐渐发展为一场西班牙控制下的尼德兰人和羽翼未丰的尼德兰共和党人之间的尼德兰内战。

1597年，罗马教皇愿意调停法国和西班牙之间的战争。1598年5月，两国签署和平协议。尽管腓力并没有在战争中损失原有领土，但是战争仍旧造成了西班牙国内巨大的财力损耗。因为干涉法国天主教的事务，导致腓力领导的西班牙政府财力几乎亏空无几。此外，西班牙的对法战争又导致西班牙失去了西属尼德兰的部分财产。因此，腓力被迫做出让步，于1598年把西属尼德兰交由女儿伊莎贝拉管理。当时，伊莎贝拉正准备嫁给腓力的姐姐玛丽的儿子艾伯特（Albert）。此后，伊莎贝拉和艾伯特将作为西属尼德兰的统治者获得除外交和防务事务之外对西班牙的独立地位。腓力此番作为的目的一方面是继续拥有西属尼德兰的势力版图，对尼德兰人持续地施加压力；另一方面也是为了将西属尼德兰这块战略要地投入对英战争之中。此外，腓力还希望通过此事向西欧各国发出信号，即西班牙不但有能力恢复西欧各国间的势力平衡，并且还能够解决自己面临的压力和问题。

在与法国达成和平协议以及对尼德兰做出让步后，腓力把全部战略重心转到攻打英格兰的事情上来。此时的伊丽莎白意识到，英格兰不能把尼德兰丢在一边不管不问，但是她同时又认为，尼德兰人必须负担英格兰向其派兵协防所需的全部费用才行。此外伊丽莎白还主张尼德兰应当偿还此前几年英格兰为支援尼德兰所付出的一切。此时的伊丽莎白已经有能力集中几乎所有的财政资源与西班牙展开对抗。1596年，英格兰和西班牙的对决达到了高潮。

腓力为干涉法国天主教事务而在法国布设的新舰队最终被用于1596年对英格兰的进攻。然而，强大的海洋风暴迫使该舰队不得不立即折返。虽然遭遇挫折，但是腓力仍不死心，于1597年再次派出舰队攻打英格兰。在第二次进攻英格兰的尝试几近成功时，攻打英格兰的计划却再次因西班牙舰队遭遇风暴而失败。1599年，腓力又发起了第三次攻击行动，但在这次行动中，由于西班牙担心英格兰和尼德兰可能会联合攻打加那利群岛（Canaries）和亚速尔群岛，西班牙舰队最终不得不放弃进攻英格兰的计划。英格兰对西班牙的几次攻打行动均做出了快速的反应。埃塞克斯伯爵罗伯特·德弗罗（Robert Devereux）和埃芬厄姆（Effingham）的霍华德勋爵率一支英国舰队洗劫了大西洋沿岸的西班牙港口城市加的斯，抢到了大批财宝，并兴高采烈地把从西班牙人手中抢来的东西带给伊丽莎白。尽管这是一次了不起的胜利，但没有在本质上对西班牙造成多大影响。即便如此，此番行动还是为德弗罗的海军赢得了荣耀，并使伊丽莎白对德弗罗的能力颇加赞许。所有这些，加上德弗罗极度自负的性格，促成其于1597年再度远征费罗尔（Ferrol）攻打西班牙舰队。德弗罗此次被称为群岛之行（Islands Voyage）的军事行动远没有取得像上次在加的斯那样的胜利，反而以惨败告终。埃塞克斯伯爵把此役失利的责任推给了参与其中的每个人，唯独没有说过自己的不是。然而，伊丽莎白却认为埃塞克斯伯爵对此役失利负有不可推卸的责任。埃塞克斯伯爵不得不再次寻找机会，以恢复其已经丢掉的荣誉和尊严。

尽管苏格兰最终并未成为西班牙进攻英格兰的跳板，但爱尔兰却扮演了这一角色。虽然早在1300年英格兰人就完全统治了爱尔兰，然而随着英格兰派往爱尔兰的统治者逐渐被爱尔兰人所取代，英格兰在爱尔兰的势力已经日益衰弱。到1588年西班牙“无敌舰队”时期，信奉天主教的爱尔兰人对新教统治者的不满达到了顶峰。最初，西班牙曾想过对阿尔斯特首领休·奥唐纳（Hugh O’Donnell）和泰隆伯爵休·奥尼尔（Hugh O’Neill）给予支持，也曾想过协助他们推翻英格兰的统治。到1596年的时候，爱尔兰推翻英格兰统治的时机似乎已经来临。盎格鲁-爱尔兰人也顺应了爱尔兰原住民对英格兰新教徒的种种不满，遂加入了泰隆领导的反对英国统治的爱尔兰叛军。这股反叛英格兰统治的力量最初在西班牙的帮助下取得了一些斗争的胜利。

此时的埃塞克斯公爵将爱尔兰暴乱一事视为恢复自己失掉的荣誉的大好时机。于是，他于1599年请求伊丽莎白让其率领一支英军部队进攻当时爱尔兰叛军的核心基地阿尔斯特。然而，由于指挥失误，埃塞克斯公爵不仅没能夺回他昔日的荣耀，还在未经伊丽莎白许可的情况下与泰隆签订了和平条约。而对英格兰来讲，与爱尔兰签订条约本质上是一种卖国行为。当埃塞克斯回到伦敦向伊丽莎白解释此事时，伊丽莎白神情淡漠地接待了他，并且禁止他此后再踏入王宫。虽然埃塞克斯极力想恢复女王对他的好感，但是最终还是被控犯有叛国罪，并于1601年遭到处决。

1598年，腓力二世逝世，王位由腓力二世之子腓力三世继承。腓力三世延续了父亲的政策。1601年，腓力三世终于有能力集合并组织一支由1万人和100艘战舰组成的军队，在爱尔兰南部金塞尔（Kinsale）地区登陆。由于金塞尔与爱尔兰叛军的据点距离较远，泰隆不得不冒着冬天的严寒，经过长途跋涉才抵达西班牙在金塞尔的登陆地。如此一来，埃塞克斯公爵的继任者芒乔伊勋爵便有机会以逸待劳，并于圣诞前夜向泰隆长途转战行至此地的疲惫之军发起突然袭击。这是英国人对爱尔兰和西班牙联军取得的决定性胜利。西班牙人被迅速击溃，爱尔兰叛军也被迫投降。伊丽莎白终于赢得了对爱尔兰叛军战争的胜利。然而，此役也使伊丽莎白付出了巨大的代价。为了恢复英格兰对爱尔兰的统治，伊丽莎白共使用了 1.7 万名英军兵力，花费了 250 万英镑。

西班牙人在试图利用爱尔兰作为攻击英格兰的跳板而遭遇失利后，又重整旗鼓组织对尼德兰的进攻。与父亲腓力二世一样，腓力三世也希望尼德兰能够成为天主教的天下。在西班牙对奥斯坦德（Ostend）展开攻击行动后，伊丽莎白不得不再次向尼德兰提供支援。1599 年，英格兰人发现 6 艘西班牙大帆船已经驶入尼德兰的斯鲁伊斯。这让他们更加担心西班牙会以尼德兰为据点进攻英格兰。但是英格兰人觉得自己有能力像 1602 年击溃西班牙舰队一样击沉西班牙的这 6 艘帆船，因此英格兰人对这 6 艘帆船的担心并未持续多长时间。1603 年 1 月，西班牙议会发表声明宣布，无论如何，西班牙现在已经没有能力攻击英格兰了。尽管此后双方由于各种问题并没有签署和平协议，但西班牙议会的声明还是打开了英格兰和西班牙的和平之门。

伊丽莎白女王（于 1603 年 3 月逝世）的继承人詹姆斯一世并不想继续和西班牙缠斗下去。詹姆斯一世继位后不久便与西班牙达成了停火协议。西班牙在后来签署和平协议的一些条款上做出了重大让步。最终，英格兰和西班牙于 1604 年在伦敦正式签署和平协议。协议规定英格兰人可以继续同尼德兰进行贸易，也无须从尼德兰撤军。尽管英格兰坚持尼德兰必须参加本次和平谈判，但事实上，尼德兰并未参加。虽然协议仍然没有解决英格兰与美洲殖民地的贸易问题，但英格兰和西班牙之间的战争终于宣告结束。当 1625 年英格兰与西班牙之间的冲突再次升级到战争层面，并最终引发三十年战争的时候，那时的国际环境已经与此时完全不同了。

实际上，西班牙的“无敌舰队”以及随后爆发的英西战争都极大地消耗了两国的人力和财力。不论是在西班牙还是在英格兰，都有人反对这场耗资巨大的战争。同时，这些反对的声音也表明王室和百姓之间的隔阂变得越来越大。作为为国王筹集资金的部门，两国的中央政府经常备受指责，因为大家都认为是这些政府官员不断地从百姓的口袋中掏走金钱。此外，他们还不时地号召大家为国王服役出征，导致了百姓生活上的困苦。随着战争的不断深入，人们变得越来越不愿承担这种巨大的负担。随着时间的流逝，大家对这场战争的态度也变得越来越消极。尽管英格兰议会每次都能成功地满足王室对战争的需求，但是议会官员们也越来越担心，如果未来继续批准每一笔战争开销，将严重背离他们选民的切身利益。西班牙就为此爆发了激烈的抗税叛乱。西班牙政府利用宗教法庭的力量对那些反对国王及其政策的民间力量进行压制。而伊丽莎白和腓力二世在世的时候，毫无疑问，他们号召民众为王室承担义务，并不会制定任何政策以促进民众的消费需求。这种情况到 17 世纪的时候发生了重大改变：英国议会不但开始质疑王室的资金请求，而且还开始要求王室说明每一笔花费将会为英国带来什么样的回报。随着时间的推移，到了斯图亚特王朝时期，国王为了在涉及有关税收和资金问题时避免费力耗时的议会辩论过程，曾一度解散议会达数年之久。因此，西班牙“无敌舰队”和英西战争留下的重要遗产之一便是，纳税人以及他们选出的议员在决定每一笔财政支出时开始要求花钱的一方对这笔花费负起责任。此外，议员在确定每一笔钱具体花在什么地方时的决定权也变得越来越大。斯图亚特王朝的头两位国王由于没能满足议会的上述要求而最终导致了英国内战的爆发。

如前所述，虽然英格兰在战争期间仍然支持私掠船抢掠商船的行为，但是维系一支私掠船队伍也需要一笔数额不菲的资金。本来英格兰可以利用这笔钱在新大陆开拓殖民地或拓展与东方国家的商贸路线。尽管有些历史学家认为，西班牙“无敌舰队”的覆灭导致西班牙殖民帝国走向衰落，然而事实却并非如此。到英西战争结束的时候，英格兰也没有抢走属于西班牙的任何一块殖民地。英国在新大陆殖民是许多年以后的事情了。虽然西班牙“无敌舰队”在 1588 年被击溃，但这并不是西班牙海军的末日。相反，“无敌舰队”的这番失利促使西班牙在许多方面不断改进舰船的质量。英格兰则凭借自己的岛国地理位置获得比西班牙更为优秀的海员。虽然英格兰会继续保持其海洋优势地位，但是此时的英格兰要想成为海洋霸主并不现实。虽然英格兰的“海盗”政策在抢掠西班牙船只方面仍然屡屡得手，但是随着西班牙提高了他们的造船质量并建造出更好的护航舰队，在英西战争期间，流入西班牙的财富数量仍然呈几何级数增长。

尽管打了多年战争，但西班牙仍然未能成功地在西欧建立属于自己的霸权地位，更没有成功地入侵过英格兰。西班牙试图以爱尔兰为基地进攻英格兰的计划也终遭彻底失败。西班牙曾经长期拥有的无敌光环也消失了。新教徒把西班牙的失败视为上帝的旨意。西班牙版图以外的天主教教徒为西班牙在天主教世界专制霸权时代的终结而暗自窃喜。亨利四世改信天主教后，法国也结束了内战，实现了难得的和平。此后，法国逐渐发展为可以与西班牙和英格兰相匹敌的力量。如此一来，西欧各方势力达到了均衡。此外，年轻的尼德兰共和国也免遭西班牙霸权的蹂躏。1648 年签订的《威斯特伐利亚和约》最终确认了尼德兰享有的独立地位。

虽然欧洲人并没有完全结束宗教战争，但是腓力二世在西欧重建天主教世界的梦想还是不可避免地破灭了。哈布斯堡家族曾试图强迫加尔文教徒改信天主教，并由此于 1618 年引发了三十年战争。17 世纪中期，英国清教徒数量的增长仅仅是英国内战爆发的一个偶然因素。然而，如果当时腓力的“无敌舰队”成功地攻入了英格兰，并且帕尔马的军队也取得对英战争胜利的话，那么英格兰的新教事业很有可能将就此终结。自然，英国及欧洲以后的历史也将被彻底改写。不过即便同属一个天主教派，但是由于缺乏必要的聚合力量，也同样无法抑制新教势力的崛起。无论是天主教一方还是新教一方，都无法汇集足够的资源和力量抑制对方的发展。双方逐渐意识到它们不仅可以在欧洲大陆共存，也可以在同一个国家甚至同一个城市共存，然而这种共存共生观念的产生需要时间。因此，西班牙“无敌舰队”和此后的英西战争在很多方面只是隐隐地预示可以生成这种理念，而这种宗教共存理念直到 17 世纪中期才为人们所接受。

康妮 · S. 埃文斯（Connie S. Evans）

康妮 · S. 埃文斯（Connie S. Evans），鲍德温 – 华莱士学院历史学副教授，教授文艺复兴和新教改革史及其他与英国史有关的课程。在路易斯安那州立大学获得博士学位。曾在《阿尔比恩》（*Albion*）上发表高水平论文。

第十二章

地中海时代的终结（1571—1669）

中国同时期：明穆宗朱载垕—清圣祖爱新觉罗·玄烨

概　述

有史以来，地中海沿岸，尤其是地中海东岸的土地，在世界历史中扮演着极其重要的角色。对于西方世界来说，这些土地至关重要。可以毫不夸张地说，地中海一带是西方文明的发源地。古代地中海地区出现了有效运转的政治形式，如君主国、帝国甚至共和国。在这片土地上，还形成了以贸易为基础的繁荣的经济体系，这种贸易的范围远远超出原始农业模式下的贸易。在这一地区，人们创立了法律制度和哲学思想，这些制度和思想不仅为社会秩序提供了保障，还反映出人们在道德行为上的共识不断扩大。这片土地上的人们创造出行之有效的官僚体系，并促进了阶级社会的发展。在这里，文学、教育和科学技术也获得飞速发展。

地中海东岸的土地孕育出几大西方宗教。信仰单一神的犹太教在此盛行了若干世纪；而在西方世界占主导地位的宗教——基督教，大约于2000年前脱胎于犹太教；再后来，伊斯兰教出现并兴盛。虽然有人认为，伊斯兰教并非西方宗教，但事实上，它的所有核心教义都来自犹太教和基督教。

几乎与基督教成为一个真正意义上的宗教同时，古希腊人在文化上统一了地中海地区。他们对世俗世界和人本主义怀有强烈兴趣（前者是指现世和现时，后者是指人类在世俗世界中的状况）。希腊人还颂扬个人的重要性，而非看重没名没姓、千人一面的人类整体。由于他们的商业活动，希腊人的思想和态度传遍地中海世界；然而，古希腊人世界观的成功主要源于亚历山大大帝（Alexander the Great）的征服。在耶稣诞生之前大约300年，亚历山大将地中海东岸的世界置于其控制之下，或许在无意之中，传播了古希腊的思想和理念，同时使它们得以牢固确立。

几个世纪以后，罗马人取代了希腊人。罗马人发源于地中海上的意大利半岛，他们建立了西方历史上最广袤、最长久且统治最有效的帝国。他们在政治上统一了地中海，正如之前希腊人在文化上统一一样。除了对帝国政治形式进行完善之外，罗马人还在法学和工程学方面取得了巨大成就。他们的法典至今仍然是大部分西方世界法律体系的基础，他们的道路、建筑、桥梁和渡槽依然被现代工程师视为典范。

公元4世纪和5世纪期间，罗马帝国经历了一个漫长而缓慢的衰落过程，其标志是帝国分裂为东西两部分。476年，西罗马帝国的灭亡令欧洲坠入黑暗的深渊。而东罗马帝国，即首都位于君士坦丁堡（Constantinople，现称伊斯坦布尔）的拜占庭帝国（Byzantine Empire），却继续存在了10个世纪。东罗马帝国的基督教又称东正教，它的教义和习俗使它逐渐与西方的基督教即罗马天主教分离开来。东西方基督教事实上的分裂发生在1054年。

就在相当原始的欧洲继续控制着地中海北岸广大地区，而拜占庭帝国统治着地中海地区东北部的时候，一种新的力量——伊斯兰教——从阿拉伯半岛向外扩张，力图统治整个地中海世界。公元632年，伊斯兰教创始人穆罕默德去世，此后不到100年，他的宗教思想以及接受这些思想的中东地区的阿拉伯人控制了地中海世界的大部分地区，并威胁要征服信仰基督教的欧洲。然而，内部斗争，包括逊尼派（Sunni）与什叶派（Shia）穆斯林之间的分裂以及阿拉伯帝国即哈里发国（caliphate）过于庞大，对阿拉伯和伊斯兰世界的团结都构成了严峻挑战。最终，哈里发国四分五裂，使得地中海地区出现了许多独立的国家。而且，阿拉伯内部的不团结为来自中亚的征服者打开了大门。这些征服者包括塞尔柱突厥人（Seljuk Turks），突厥人保存和传承了古希腊－古罗马的许多传统，包括哲学、医学和科学等主要领域。

在这些世纪里，地中海地区依然十分重要。它仍然是古代希腊－罗马思想的有效保存地，不但保存了这些思想，还使它们有所发展。尽管拜占庭帝国停滞不前，但它继承了古代世界的衣钵，有足够实力在查士丁尼一世（Justinian I，又称查士丁尼大帝，527—565 年在位）统治期间，在君士坦丁堡建造雄伟壮观的圣索菲亚大教堂。同样重要的是，精力旺盛的阿拉伯人在其鼎盛时期，吸收并传播了从印度和中国传到地中海世界的知识。例如，地中海一带的阿拉伯人将印度人使用的“0”这一数字以及中国的造纸术传到欧洲。地中海世界的各民族所取得的进步极大地丰富了世界知识宝库。

信仰伊斯兰教的各民族在传播希腊－罗马文明以及来自更遥远文明的知识方面发挥了重要作用，在这方面，摩尔人统治下的西班牙是一个很好的例子。11 世纪，摩尔人——来自非洲西北部的穆斯林柏柏尔人（Berbers）——征服了伊比利亚半岛（Iberian Peninsula）的大部分地区。随之在伊比利亚半岛建立的摩尔人国家，因其美丽、富饶、包容和学术成就而闻名于世。其首都科尔多瓦（Cordoba）不仅是世界上最国际化、最宏伟的城市，还是一个闻名遐迩的学术中心。在这座城市，穆斯林、基督徒和犹太教学者和睦而卓有成效地展开交流。摩尔人统治下的其他重要学术中心也是如此，例如托莱多（Toledo）。知识上的探求带来了数学、天文、物理等诸多领域里的巨大进步。实用技术和农业现代化促进了已有农作物的培育及新作物的引进。医学技术的改进尤其显著。

目前，大多数专家认为，古代希腊－罗马世界最重要的思想和文化特征，是通过摩尔人统治下的伊比利亚半岛传到半野蛮状态的欧洲的。西西里岛也有过类似的历史过程，只不过规模稍小。比如，这里的穆斯林知识分子向基督教学者引介他们翻译的不同版本的亚里士多德的作品，这些基督教学者进而将古希腊的思想传播到整个欧洲。

最引人注目的是，地中海地区仍然是全球商业和工业中心。从欧洲、印度、中国、中亚、俄国和撒哈拉以南的非洲地区延伸来的贸易路线全都汇集于地中海东岸地区。内部的政治不稳定和外部威胁都没有影响到地中海地区的商业发展。并且，在西方所谓的中世纪这段漫长的时期内，地中海地区的商业活动有增无减，它开始生产各种高价值货物，此外还扮演全球中间人的角色。大马士革生产的钢铁、摩洛哥生产的皮革，这些商品直到今天人们还在使用，而这只是地中海商品生产的两个例子而已。商品生产使得这一地区的重要性进一步提升。最特别的是，地中海地区的商业以奢侈品为重点。对丝绸和香料几乎无法满足的巨大需求极大地增加了地中海地区商业圈的财富。

虽然这段历史非常复杂并且产生了意想不到的结果，但地中海地区衰落的开端可以追溯到 11 世纪欧洲的诸多事件。那时，罗马天主教会将欧洲凝聚在一起，这一角色它在此之前已经扮演了数个世纪之久。但这时，它面临着两个密切相关的问题。第一个问题是君主制的崛起。随着欧洲的成熟，君主制这一统治形式越来越有吸引力。最具野心的欧洲君主们在到底由谁来行使终极世俗权力的问题上，时不时挑战教会，这并不奇怪。虽然当时教会面临的威胁还不算严重，但这一潜在威胁对其世俗权威构成了危险，使其备受困扰。第二个问题是，欧洲有过量的骑士即年轻武士，这些人靠打仗为生。这些骑士当中，很多人虽然祖上身份高贵，但到他们这一代已经穷困潦倒。这些人有大量的时间，他们不断打斗、抢劫，都是不法之徒，经常破坏和平。而且，骑士们常常对他们的君主效忠，因此成为他们的主人展示武力的手段。这令教会十分担忧，当然，教会缺乏常备军。

在一次聪明的战略举动中，教会领导层利用了地中海地区东部的一次危机，以便达到一石二鸟的目的。由于受到不断入侵的突厥人的威胁，拜占庭皇帝阿历克塞一世（Alexius I）向罗马教皇求助。教皇乌尔班二世（Pope Urban Ⅱ）抓住这一机会，呼吁西方教会从异教徒手中夺回“圣地”。所谓异教徒，指的是土耳其人，他们已经征服大部分阿拉伯化的中东地区，并且对拜占庭帝国造成了威胁。通过派遣骑士去完成这项任务（并承诺宽恕和赦免他们的罪行），教会就能摆脱一个令其烦扰不已的困难。并且，通过动员君主来率领骑士，教会也能在地理上将其潜在竞争对手从欧洲腹地迁移到地中海地区东部。当乌尔班二世于 1095 年在法国克莱蒙（Clermont）一次言辞激昂的演讲中第一次做此号召时，得到了热情的回应。第一次十字军东征迅速变为现实。

提到“十字军东征”一词，人们通常想到的是欧洲的基督教骑士进攻今中东地区的众多城市和军事要塞。然而，十字军的征服在地中海地区西部也发生过。这里，伊比利亚半岛的基督徒为推翻摩尔人的统治并将其驱逐出今西班牙和葡萄牙，展开了长期的战争，并最终取得胜利。与此同时，西班牙的十字军征服（或称“再征服运动”）使欧洲人更加充分地接触到希腊 – 罗马文明的精妙之处。摩尔人位于科尔多瓦和托莱多的非凡的地中海地区学术中心保存了希腊－罗马文明的大量遗产，这一时期它们空前地启发了欧洲人的思想。

十字军侵扰地中海地区长达数百年之久。虽然欧洲人赢得了许多场战斗，但他们最终输掉了战争，伊比利亚半岛除外。在伊比利亚半岛，摩尔人的最后一个王国格拉纳达王朝（Granada）于1492年覆灭。人们曾经在很大程度上将介绍或重新介绍希腊－罗马文明到欧洲的功劳归功于十字军。尽管十字军可能促进了知识的传播，但他们在这个过程中扮演的角色不是最主要的。即使在中世纪的低潮期，拉丁语世界与地中海文明发祥地之间的接触仍在继续。例如，在众多方面，意大利人和拜占庭人从来没有停止过交流。而且，如前所述，在西班牙和西西里岛，基督徒和穆斯林学者之间的融洽合作为在欧洲知识界领袖中间传播希腊－罗马文明做出了巨大贡献。

然而十字军真正所做的，是强化并扩大了已经十分活跃的贸易关系。成千上万的骑士以及他们的随从人员，从欧洲腹地向地中海地区东部迁移，这需要巨大的人力物力。这样一来，一大批军队对交通运输、物资供应、武器装备以及一般后勤服务产生了巨大的需求。欧洲的商界迅速做出反应，但地中海盆地的各民族，无论其所在地和宗教信仰，都随着商业买卖的急剧增长而获得了巨大收益。尤其是意大利商人，在他们供应十字军所需的舰船、马匹、武器、粮食及一大批其他货物时，得以发家。热那亚（Genoa）、比萨等港口城市变得富有和强大起来。意大利最大的获益者是威尼斯，该城位于亚得里亚海（Adriatic Sea）前哨，自称“最尊贵的共和国”。威尼斯迅速主导了迅速增长的地中海贸易，并主导了意大利半岛东北部。

除了满足十字军的需要，意大利商人还从十字军东征的另一经济方面获得巨大利益。十字军在地中海地区东部东征西讨时，他们及其随军人员发现了一个物质极其丰富的世界，这令他们眼花缭乱。返回欧洲故乡时，他们也带回对他们见识过的奢侈品的需求，这种需求几乎无法满足，尤其是对从全世界四面八方汇集到地中海地区的香料的需求。

为满足这种需求，意大利商人迅速做出反应。冲突并没有阻碍商业的发展。在十字军东征的高潮期，意大利人从阿拉伯人、拜占庭人和其他民族的人们那里进口了一船又一船紧俏而吃香的货物。随后，他们将这些广受欢迎的货物销售到全欧洲。由于采取了成功商人贱买贵卖的思想，意大利商人获得了巨大的财富，其他意大利城市如佛罗伦萨和米兰也变得繁荣起来。

十字军的失败以及拜占庭人、阿拉伯人、塞尔柱突厥人的疲惫在地中海地区东部产生了一种政治和军事上的真空状态。不过另一个来自中亚的好战部落——奥斯曼土耳其人（Ottoman Turks）——最终填补了这一真空。对于奥斯曼人来说，他们最大的荣耀是在1453年攻占君士坦丁堡，摧毁了拜占庭帝国。然而好战的奥斯曼人并不满足于已有的战果，他们试图通过巴尔干山脉向欧洲本土扩张，并将地中海变成他们的私人领地。奥斯曼人的野心激起了信仰基督教的欧洲人的武装抵抗，他们在陆上和海上同时阻击穆斯林奥斯曼人。在陆上，奥斯曼人入侵的浪潮在1683年达到高潮，那一年，他们在夺取维也纳的战争中失败。在海上，欧洲人于1571年在勒班陀（Lepanto）赢得巨大胜利，由此使土耳其人夺取地中海地区西部的企图化为泡影。

非常有趣的是，相对原始的奥斯曼土耳其人的到来并没有削减地中海地区在思想和文化上的活力。然而，他们的到来的确使拜占庭帝国退出了历史舞台。由于深信拜占庭会落入土耳其人之手——这在1453年变为现实——学者们大批拥向西方，尤其是意大利。自然，他们带去了他们的思想、理念和习惯，所有这些都植根于希腊－罗马的传统，并且极大地影响了学者们移居的欧洲社会。

即使在土耳其人在地中海地区东部显著增强的时候，由十字军东征所带来的活跃的经济活动也有所增加。欧洲，尤其是意大利半岛的商人，继续与地中海地区东部开展贸易往来，即使在欧洲人与奥斯曼人全力武装对抗的时候也是如此。商业再次战胜冲突。

然而，具有讽刺意味的是，地中海地区活跃且富有成果的商业往来也埋藏着该地区衰落（即使不是毁灭）的种子。由于欧洲人对这种贸易中传来的消费品几乎上了瘾，意大利商人，当然这时还有别的商人，继续积聚巨额财富。他们的贪得无厌使价格不断上升，而这继而促使其他同样贪婪的欧洲人寻找途径来终结意大利商人的垄断地位，使他们自己赚取巨大利润。

于是，在15世纪中叶，葡萄牙人利用他们濒临大西洋的优势，开始远洋航行，希望找到一条水路，通往欧洲人视为奇货的那些消费品的原产地。几年后，他们的邻居西班牙也紧跟着效仿。又过了几十年后，其他大西洋国家——英国、法国和荷兰——也加入了这场竞争。

到15世纪末，葡萄牙航海家已经到达印度，并继续向亚洲深入。几乎同时，克里斯托弗·哥伦布（Christopher Columbus）向西航行，发现了所谓的新大陆，这里盛产欧洲人渴求已久或即将渴求的产品。在哥伦布发现新大陆之后30年，西班牙的斐迪南·麦哲伦（Ferdinand Magellan）的远航船队完成了环球航行。尽管有了这些探索和发现，地中海地区继续发挥着重要作用；不过，对于它仍然保持的全球首要地位，不祥之兆已经清晰地显现出来。

历史评论

1571年10月19日上午，一艘由安吉洛·加布里埃利（Angelo Gabrieli）指挥的桨帆船在威尼斯圣马可广场（San Marco Square）靠岸，带来了土耳其人于12天前在勒班陀被教皇、西班牙和威尼斯组成的神圣同盟击败的消息。起初，威尼斯市民十分警觉，因为加布里埃利的船员们穿着战败的敌人的衣服。然而，近距离探视之后，圣马可广场上越聚越多的人群注意到，奥斯曼的旗帜悬挂在船尾，甲板上还有土耳其武器和俘虏。很快，船上鸣炮庆祝，一股汹涌的情绪在全城爆发开来。人们因胜利而激动得大声哭泣，兴高采烈地将手高高地举向天空，在大街上相互拥抱。接下来的一整夜和整整一周，整座城市都在燃放烟花、敲响钟声、举行弥撒，庆祝勒班陀战役的胜利。该市金融区里亚托区（Rialto）的商人和工匠们用土耳其的地毯、旗帜和弯刀来装饰他们的店铺。市政部门打开债务人监狱，上演了一场由政府人员、战争英雄和犯人参加的盛大游行，向圣马可广场行进。

在接下来的两周，勒班陀战役胜利的消息在全欧洲传播开来。消息所至之处，人们都以欢笑和仪式来庆祝。据说，西班牙国王腓力二世（Philip Ⅱ）听到这个消息时，表现得淡定如常。当他在埃斯科里亚尔宫（Escorial）的私人教堂做弥撒时，他的大臣们告诉他土耳其人战败的消息，他却不动声色。然而，做完晚祷时，他站起身来，庄严地命令唱起圣歌，来庆祝基督教对土耳其人的胜利。就连新教国家也感到欢欣鼓舞。苏格兰国王詹姆斯六世（James Ⅵ）作了一组拉丁文短诗来纪念这次胜利。

当时的人后来断定这场胜利是天主教和伊斯兰教数十年斗争的终结。《堂·吉诃德》(*Don Quixote*)的作者米格尔·德·塞万提斯(Miguel de Cervantes)参加了这场战斗，他称之为“过去、现在和未来很长一段时间所能见到的最伟大的事件”。他以自己在勒班陀战役中所负的伤为荣，他的伤使他左手残废。教皇和威尼斯当局命令在象征他们权力的大厅里绘上壁画，以纪念基督教联盟的胜利。然而，不到两个世纪之后，法国哲学家伏尔泰颇具讽刺意味地将这场胜利称为一项无意义的成就。

勒班陀战役是地中海地区历史上最大规模的一场海战，在这场海战中，14万名土耳其人、西班牙人、威尼斯人和教皇的臣民分乘600多艘舰船，在希腊西部的海岸展开对决。在4小时的激战中，4万多人战死，将近100艘船只被击毁。战死者当中，大约有2500人是土耳其人。塞万提斯通过堂·吉诃德的嘴回顾说，那一天“对于基督教世界来说是如此令人高兴，因为全世界终于知道土耳其人在海上并非战无不胜的”。然而，根据其直接结果，勒班陀战役的后果证实了伏尔泰对神圣同盟胜利的消极评价。由于没有资源和人力继续战斗，威尼斯于1573年与奥斯曼人单独签订条约，承认丧失塞浦路斯。一年后，无论是西班牙还是奥斯曼帝国，都不愿也没有资源在地中海地区进行大规模海上对抗。两个大国在战斗中都遭受了人员和舰船方面的灾难性损失，这使它们花了数十年才得以重建其海军。而且，两个大国都将精力转移到其他威胁者：西班牙的哈布斯堡王朝将注意力放在他们与荷兰和英格兰的斗争中，奥斯曼土耳其人则不得不在两条战线同时战斗，一边在匈牙利与奥地利的哈布斯堡王朝作战，一边在波斯与萨非王朝(Safavids)作战。

然而勒班陀战役的后果，与广泛的社会和经济危机一起，带来了持久的变化，这终结了地中海地区长达数世纪之久的霸权地位。西班牙的哈布斯堡王朝与奥斯曼土耳其帝国不再公开冲突，这从根本上改变了地中海地区的军事和商业格局。由于缺少有力的治安力量，地中海海盗横行，尤其是地中海东部航道。自土耳其人在1453年征服君士坦丁堡起，他们就一直保卫这些航道。海盗呈现出多种形式。大部分海盗，不管是穆斯林还是基督徒，都是独立的冒险家，他们是大海中的小鱼，却对奥斯曼人和威尼斯人的国家以及它们的商业活动造成巨大打击。其他海盗受到国家的支持。这些人就是所谓的私掠船船员，他们在地中海盆地众多小国的庇护下，既做贸易，又当海盗。这些海盗的所作所为被称为“*corso*”，意思是去海上航行。但是“*corso*”也意味着在公海的劫掠行为。因此，“corsair”是海盗和其他类型的海贼的同义词。

其实，西班牙和奥斯曼帝国之间的宗教战争在地中海起到了打压海盗的作用。这两个国家之间的对抗大多发生在地中海地区中部，尤其是1534年发生在突尼斯（Tunis）的对抗和1565年发生在马耳他的对抗。然而，当这两个强国之间的敌对结束之后，大规模海战被“次等的小型战争”所取代，正如著名法国历史学家费尔南·布罗代尔（Fernaud Braudel）所称的一样。这些海盗并不是以十字架和新月的名义参加旷日持久的海战，争夺要塞和海上航道的主导权，而是乘坐敌对或中立的船只，投身于小规模袭击，或者抢劫海岸上孤立的村镇，将其居民掳为俘虏，再卖到地中海地区主要的贸易中转站。

从宗教信仰和社会背景来看，地中海地区的海盗是一伙混杂的人。这些海盗中最著名的是巴巴里海岸（Barbary Coast）的海盗，他们以北非的三座城市阿尔及尔（Algiers）、突尼斯和的黎波里（Tripoli）为基地。这帮穆斯林海盗由土耳其人、柏柏尔人、基督教的叛教者混合而成，他们从16世纪早期就已威胁地中海水域。海盗兄弟奥鲁奇·雷斯（Oruç Reis）和巴巴罗萨·海雷丁（Hayreddin Barbarossa）出生于爱琴群岛（Aegean Islands），当时已经当上阿尔及尔总督。从这里，他们派船袭击并打劫法国、西西里岛，尤其是西方教皇国（Papal States）沿海地区的海岸。俘获并贩卖奴隶成了这些海盗的主要活动，马格里布地区（Maghreb）的城市成为买卖这些在海上俘获的或者从沿海地区掳来的人口的重要市场。奴隶们要么被贩卖到伊斯坦布尔，成为奥斯曼苏丹的女眷，要么留在北非，为城市的统治者做苦力。少数幸运者被其家人赎回，或者被《仁慈圣母令》（*Mercedarians*）和《三位一体令》（*Trinitarians*）（罗马天主教会颁布的赎回令）赎回。从1530年到1580年，单是阿尔及尔的奴隶市场，被贩卖至此的信仰基督教的欧洲人就多达30万名。巴巴罗萨·海雷丁死后，巴巴里的海盗沿着一条独立的航线出击，这逐渐惹恼了他们在伊斯坦布尔的法律意义上的主人。的确，在1581年之后，他们将海盗袭击的场所转移到地中海东部地区，在这里，他们猛烈袭击从他们的航线上经过的基督徒船只。

乌斯科克人（Uskoks）是另一群狠毒的海盗。16世纪70年代之后，他们分布在一度非常和平的地中海东部水域。他们的基地位于伊斯特里亚海岸（Istrian coast）的莫拉卡山（Mount Morlacca）附近，他们的据点是一个名副其实的海盗窝，固若金汤，从海上难以攻击。乌斯科克人这一称呼来自意大利语，意为“逃犯”。以这个臭名昭著的贼窝为据点，这一小撮人在16世纪晚期和17世纪早期的大部分时间里，制造了一个持久的国际问题。在神圣罗马帝国（Holy Roman Empire）的保护下，乌斯科克人无视奥斯曼人和威尼斯人之间建立的和平。在亚得里亚海和达尔马提亚海岸沿线，这些离经叛道者明目张胆地袭击奥斯曼土耳其和威尼斯的船只，尤其是当他们认为船上载有土耳其和犹太商人及货物时。于是，他们使用宗教语言来为自己对战利品的贪婪辩护，试图使之合法化。他们的袭击出了名的残暴——他们有食人的恶名。而达尔马提亚海岸的许多居民愿意为他们提供帮助，尽管威尼斯的法律规定，协助这些人会受到严厉的惩罚，而不仅仅是惹怒威尼斯人。历史证明，他们的袭击和劫掠非常具有破坏性，以至于意大利历史学家阿尔贝托·特南蒂（Alberto Tenenti）认为，他们在17世纪20年代加快了威尼斯的衰落，损害了奥斯曼人和威尼斯人之间的谅解，而这正中位于维也纳的神圣罗马帝国皇室的下怀。

但地中海地区最凶猛的海盗是天主教教会的基督教军事团体。这些团体中最突出的是圣约翰骑士团（Order of St. John），该团体是善堂骑士团（Knight Hospitallers*）的最新化身，后者起源于第一次十字军东征。圣约翰骑士团统治着马耳他。1522年，当他们被苏莱曼大帝（Süleyman the Magnificent）的海军逐出罗得岛（Rhodes）时，他们取得了马耳他岛。马耳他骑士热衷于奴隶贸易和海上劫掠，以至于他们的旗帜——白底红十字旗——被看作地中海地区的骷髅旗，所有的水手只要看到它在地平线上出现，就会胆战心惊。圣斯蒂芬骑士团（Knights of St. Stephen）是一支托斯卡纳军事团体，由科西莫一世（Cosimo I）于1561年创建，其目的是“为基督教信仰而战”。尽管有这个宗教基础，但该团体是科西莫在地中海建立一支海军的借口，他企图借此来攫取日益猖獗的海盗活动所带来的财富。的确，从事海盗活动是托斯卡纳创建这一团体的真实目的。船只结束海盗活动，

* Hospital 最初并没有“医院”的意思，而是跟 hostel、hospice 一样，指的是旅馆、庇护所。文中指的是宗教团体开办的为朝圣者提供住宿的旅馆、招待所，它们也提供一般的医疗服务，后来还提供军事保护，但提供住宿是其主要职能。因此本书译者将 Knight Hospitallers 和 Hospitallers 译成“善堂骑士团”。详见下文“善堂骑士团”一节。——译者注

满载而归，在大公们的新港口城市里窝那（Livorno）靠岸时，会被授予国家荣誉，受到热烈仪式的迎接。返回的骑士会被视为圣战英雄，夜里会燃放烟花庆祝，游行队伍领着戴着镣铐的俘虏朝关押奴隶的地方行进。很久以后，1595 年，科西莫的儿子斐迪南一世（Ferdinand I）为颂扬托斯卡纳的这项海洋政策，命人在船坞附近竖立一座自己的雕像，雕像的脚旁还塑有 4 个被锁链拴着的摩尔人。

在整个 17 世纪，这两个军事团体使地中海中东部成为恐怖天堂，他们专门袭击威尼斯和奥斯曼帝国的船只，他们的袭击与乌斯科克海盗在亚得里亚海袭击过往船只有着同样的原因。这些骑士经常以威尼斯人的船只装载有犹太人和土耳其人的货物为借口，拦停并进行检查。尤其是圣约翰骑士团，十分蔑视威尼斯与伊斯坦布尔之间的商业伙伴关系，将“最尊贵的共和国”称为“土耳其人的娼妓”，因为它在与奥斯曼土耳其人进行贸易时采取国家利益至上的态度。因此，正如乌斯科克人一样，圣约翰骑士团直接威胁着威尼斯在亚得里亚海和黎凡特（Levant）地区的贸易活动。同样，正如在应对乌斯科克人时一样，威尼斯和奥斯曼帝国难以保卫自己不受地中海小国的这种袭击，这些小国既不承认这两个大国之间的条约，也不承认不成文的海上行为准则。

16 世纪晚期和 17 世纪早期海盗活动的激增，与此前一个世纪主导地中海的大国的衰落同时发生。这些大国包括威尼斯、奥斯曼帝国和西班牙。尽管它们面临的困扰有地区性与其各自的原因，但这三个国家都经历了一场遍及整个地中海地区的严重危机。这场危机从 16 世纪 90 年代开始，一直持续到 17 世纪中叶。在这次危机期间，作为所有国家生命线的食物和燃料变得越来越紧缺，原因是粮食生产跟不上贯穿整个 16 世纪的人口激增，并且制造船舶和火炮所必需的宝贵森林资源面临枯竭。16 世纪 90 年代，整个地中海地区的粮食收成下滑，因为在一段时间内，坏天气困扰着这一地区，使农作物产量少得可怜，因而饥饿时刻威胁着这一地区居民的生存。剩下的少量粮食价格飞涨：1589 年，1 蒲式耳（bushel）粮食的价格是 16 里拉（lire）；而到 1591 年，价格已飞涨到每蒲式耳 50 里拉。因为无法养活其子民，西班牙、威尼斯、奥斯曼帝国不得不进口荷兰商船从波罗的海运来的粮食。第一艘荷兰船只于 1590 年驶过直布罗陀海峡，从那天起，它们便成为地中海地区的常客。

地中海地区的大国试图避免依赖荷兰的粮食，但无济于事。1585 年，腓力二世颁发了针对西班牙领土上的荷兰船运和贸易的禁令，这使通过直布罗陀海峡成为一件危险的事。腓力二世这样做，部分是出于宗教上的考虑，即担心与异教徒打交道；部分是由于他试图拯救西班牙的经济。但是，当16世纪90年代的饥荒使整个地中海地区陷入困境无法解脱时，西班牙人通常对禁令置之不理。为此，腓力二世不得不在1595年重申该禁令。尽管面临这些困难，大规模的船队还是运载着粮食驶过直布罗陀海峡，为威尼斯和意大利其他城市提供供给。单是威尼斯，从1590年到1605年，就有超过400艘船只从阿姆斯特丹驶往此地。

对森林资源的过度使用，再加上干燥炎热的天气，使得适合造船的橡树成为一种稀缺资源。于是，来自波罗的海的资源再次挽救了危局，其结果是西班牙人、威尼斯人和奥斯曼人都依赖荷兰的海运。因此，自1590年到1650年，震撼地中海地区的生态和人口危机限制了这一地区的国家和它们的经济。尤其是一度贵为地中海强国的威尼斯，财富减少，国运衰落，沦为二流国家。

威尼斯和整个地中海地区衰落的部分原因是，瓦斯科·达·伽马（Vasco da Gama）于1497年航行绕过好望角并且在印度城市果阿（Goa）靠岸。这使葡萄牙人能够直接航行到印度和东印度群岛，以获取香料和东方出产的其他奢侈品。在15世纪之前，威尼斯和穆斯林商人通过努力，已取得香料贸易中的实际垄断地位。其中，穆斯林商人从陆路沿旧丝绸之路，或者从水路经过印度洋和红海，运载香料到开罗或者伊斯坦布尔。从这些城市，威尼斯商人将这些香料运往欧洲其他地区。达·伽马为争取优势而采取的行动永久地改变了威尼斯在香料贸易中的角色。到16世纪初，来自印度马拉巴尔海岸（Malabar Coast）和马来西亚马六甲贸易中转站的东方奢侈品开始运达里斯本。葡萄牙人信心大增，以至于之前曾在东印度群岛生活多年的药剂师托姆斯·皮雷（Tomes Píres）在1515年夸张地说："谁成为马六甲的主人，谁就扼住了威尼斯的喉咙。"

葡萄牙人环航非洲和闯入印度洋的直接效应被人们夸大了，他们使威尼斯人从心底感到无比恐惧和焦虑。到16世纪末，威尼斯人运往欧洲的香料仅有它前一个世纪运送量的三分之一。不过，葡萄牙人对香料贸易的主导是短暂的。17世纪，荷兰和英国商人使用更坚固的船只，并组成以资本为驱动力的股份公司，悄悄地从葡萄牙人手中夺走了印度和印度尼西亚的香料贸易主导权。他们富有进攻性的策略决定了威尼斯和地中海地区的厄运，因为荷兰人和英国人能以比威尼斯人和穆斯林商人更低廉的成本将香料运送到欧洲北部。他们的活动使地中海地区在国际和经济上的重要性降低，而地中海地区作为一种力量，从古代以来就一直享有这个重要地位。

地中海地区的普遍危机与布罗代尔所称的“北方人的入侵”，即荷兰和英国的商人以及海盗的到来同时发生，而且后者加快了前者发展的速度。英国人和荷兰人的海盗活动对威尼斯人和奥斯曼人商业活动的损害尤甚，其程度超过乌斯科克人、巴巴里海盗、圣约翰骑士团和圣斯蒂芬骑士团的洗劫活动。荷兰和英国的海盗将贸易和袭击结合起来，并且他们人数更多。当初，由于地中海地区缺少粮食，尼德兰人和英国人才于16世纪90年代被请到地中海，但到17世纪头10年，他们丝毫没有衰落的迹象。新教徒的船队也挤走了西班牙人，强行通过直布罗陀海峡，大量涌入爱琴海和黎凡特，使奥斯曼人及其希腊臣民和威尼斯人之间的贸易变得危险。这些来自北方的狂暴的冒险家将海盗活动与商业结合在一起，干扰地中海东部的贸易和海上航行。一名海盗所能产生的破坏作用可以从英国海盗约翰·沃德（John Ward）的活动看出来。约翰·沃德通过阻断到威尼斯的贸易并肆意俘获其商船，在1607年至1608年控制着亚得里亚海。荷兰人和英国人很快因其残暴的劫掠和手段而恶名远扬，他们甚至让其他海盗感到害怕。巴巴里海盗很快学会避开英国和荷兰船只，偏爱袭击软弱的、容易截获的威尼斯人和奥斯曼人的船只。北方的入侵者甚至在北非站稳了脚跟，他们将阿尔及尔和的黎波里作为避风港，使自身免遭敌船的威胁。

荒谬的是，起初无论是奥斯曼人还是威尼斯人，都张开双臂欢迎这些北方人，将他们视为在地中海地区抗衡西班牙力量的手段。威尼斯还寻求在更大程度上独立于地中海地区的主要大国，包括西班牙、法国和奥斯曼帝国。这一政治决定不符合其经济上的最大利益，并且也为北方人主导地中海地区打开了大门。威尼斯和奥斯曼帝国两国政府都反对海盗活动并寻求将北方海盗列为非法。然而它们，尤其是奥斯曼帝国，对北方的货物和运输能力的依赖限制了这些努力的效果。

从根本上讲，北方人在地中海水域的这种海洋主导权是其海军创新和技术创新（这种创新来自于他们在大西洋远海的经验），以及地中海地区未能创新的结果，而不是由这一地区整体上的衰落引起的。英国与荷兰的海盗和商人使用一种叫作“*bertone*”的小圆船作为在地中海航道航行的主要工具。这种船吨位中等，帆为方形，船身宽而圆，有三根桅杆。这些船需要的水手比地中海大国的那些大型老旧桨帆船所需要的少。而且，英国人和荷兰人将它们武装到牙齿，每艘船上装有超过20门甚至30门大炮。与桨帆船相比，小圆船具有多种优势：这种船在任何季节都可以航行，因为它们的船帆和较深的船体使其能够抵御猛烈的风暴，而桨帆船只能在春季和夏季航行；与桨帆船相比，它们在开阔的水域上速度更快，更机动，能够在船长的命令下组织追击或撤退。这些新型船只更适合勒班陀海战之后出现的新型海战。小规模突击和袭击取代了早先时期的大规模桨帆船战斗。桨帆船还有其他受限的地方，它们操作起来越来越麻烦笨重，代价越来越高。之前一个世纪对地中海主导权的争夺迫使威尼斯、奥斯曼帝国和其他大国投资建造装有更多大炮的更大船只。这样做只是增加了战争的代价，并且使地中海地区宝贵的木材供应变得枯竭。例如，在1520年，为一艘普通船只提供物资的代价只是运作一艘桨帆船的25%，而到1590年，这一数字近乎翻倍。而且，能操纵桨帆船的人也变得稀缺。在地中海各国，各地都借助于强制劳动力，而不是自由民提供的劳力，后者在中世纪占主导地位。上述强制劳动力要么是土耳其奴隶，要么是基督教的罪犯。事实证明，这些被迫划船的人不听使唤，不可靠，因此使地中海国家的海军变得低人一等。来自北方的水手是一帮勇敢的冒险家，为了利益和名声，他们甘愿冒任何危险。

虽然事实证明，北方海盗对地中海地区稳定的破坏性比当地海盗大得多，但正是他们的商业活动最终终结了威尼斯和其他地中海国家的经济霸权。如前所述，最初，威尼斯和奥斯曼帝国公开欢迎荷兰人和英国人，将他们作为平衡对方和抗衡西班牙人的手段。尤其是奥斯曼帝国，分别于1581年和1600年与英国人和荷兰人签订条约，对他们做出了贸易上的巨大让步。此前，奥斯曼帝国已经与威尼斯和热那亚签订了条约，但是北方大国是完全不同的层面上的对手。他们是比意大利城邦国家大得多的政治实体，并且能够利用的人力和物质资本比威尼斯和热那亚多得多。而且，除了海军上的霸权，这些国家还尝试过新的经济组织形式，这比在意大利占主导地位的家庭企业和合伙企业更有优势。也就是说，荷兰和英国商人组成股份公司，在这些公司中，个人向集体企业投资，这些企业能够减少个人损失，增加集体收益。更重要的是，英国政府和荷兰政府不怎么干预这些公司中商人的经济和政治事务的管理（这些公司分别叫作“英国黎凡特公司”和

“荷兰黎凡特公司”)。这跟威尼斯和伊斯坦布尔的情况形成鲜明对比，这两个国家插手商人和艺术家阶层的经济生活，这影响了他们创新和适应的能力。

英国黎凡特公司的存在应归功于女王伊丽莎白一世（Elizabeth Ⅰ），她于1581年向几名伦敦商人授予特许状，让他们组建一家股份公司。与此类似，荷兰黎凡特公司于1625年也在相似的情况下组建。这两家公司跟它们的意大利和奥斯曼帝国对手相比，都具有多项优势。它们的特许状给予它们的成员以商业活动的自由，从而保护它们不受国家干预。而且，两家公司都通过要求获得治外法权并尽可能低的关税，在威尼斯和奥斯曼帝国寻求最惠国待遇。起初，威尼斯积极回应这些提议，以此来加强自己落后的转口贸易。但全心全意欢迎英国贸易和商人的是奥斯曼帝国，因为它迫切需要英国的白银、锡、火药和木材。因此，到17世纪初，荷兰联省共和国（United Provinces）和英国已经建立起复杂精细的商业和行政网络，遍布地中海地区。

地中海地区的小国很快学会了适应这一地区新的霸主，并且在此过程中，加速了老商业中心如热那亚、巴塞罗那和威尼斯的衰落。除作为传统商业港口之外，新的城市成了海盗的避风港，并且成为他们劫掠来货物的销售市场。这些提供基地的港口包括阿尔及尔、的黎波里、位于马格里布地区的突尼斯、马耳他岛上的瓦莱塔（Valletta）及托斯卡纳的里窝那港。在早期现代，每个城市的人口都有增长。例如，从1609年到1670年，瓦莱塔的人口从3.2万上升到6万，而里窝那的人口从1591年的3700上升到1622年的1万。

位于托斯卡纳的里窝那港最能体现这段历史。里窝那曾是一个古老破败的海岸小镇，后在托斯卡纳大公的赞助下变得繁荣起来。科西莫一世非常支持这一城市，将其视为驶往黎凡特的船只在地中海地区的理想停靠港。美第奇大公热切希望吸引整个地中海地区以及其他地区的商人来此，不管他们的宗教信仰如何。里窝那是一个迅速发展的港口，成为英国人和荷兰人前往黎凡特途中的一个重要中转站。事实证明，里窝那比位于遥远的亚得里亚海的威尼斯和安科纳（Ancona）的港口更加便利。北方人的船只可以在此获得补给并进行必要的维修，商人们也能在此为他们的货物找到现成的市场。

通过向地中海地区的所有商人提供在当时极其优惠的定居条件，美第奇家族设法大力吸引商人、船只和货物来里窝那。1558年，科西莫一世“向任何国家的任何臣民”提出来里窝那定居的广泛邀请。但制定跟这个城市有关的最持久的包容性政策的是他的儿子斐迪南一世。斐迪南一世的一整套关于优惠的规定叫作“里窝那优惠条款”，该条款给予外国商人尤其是犹太商人和新教徒商人极其开放的定居条件。“里窝那优惠条款”是通过1591年和1593年的两个许可发布的，它以一系列惊人的优惠，包括贸易自由、免税、良好的住房条件、仓储设施及相对程度上的宗教自治，吸引商人们来到这个位于托斯卡纳的港口。因其宗教包容性和低关税，里窝那成功吸引了英国和荷兰商人，并成为北方人开展商业活动的一个基地，因而加速了威尼斯和奥斯曼帝国经济上的衰落。至此，荷兰人和英国人可以完全绕过威尼斯及其潟湖，找到一条更直接、更廉价的去黎凡特的路线。

17世纪，同时发生了多件大事，使地中海地区的地位边缘化。这些事件包括当地海盗和外来闯入者的劫掠、北方商人对该地区商业活动的介入，以及贸易从阳光灿烂的南欧海岸向寒冷的北大西洋国家转移。到17世纪中叶，地中海地区变得相对衰落。西班牙、经济大国威尼斯和政治大国奥斯曼帝国在世界舞台上已沦为二流国家。

威尼斯和奥斯曼土耳其之间的最后一系列重大敌对事件是地中海地区衰落的悲哀尾声。1645年，一个以宗教顾问基尼·霍卡（Jini Hoca）为首的主战派说服土耳其苏丹，使他相信征服威尼斯属克里特岛（Venetian Crete）就能提高国家名望，并重振国运。起初，这场战争之顺利远远超出苏丹及其宫廷的最大奢望：不到一年，除首府干地亚（Candia）之外，整个克里特岛就已被奥斯曼帝国的海军和土耳其苏丹的步兵即苏丹禁卫军征服。然而，尽管干地亚在整个战争中都处于被包围状态，它却一直坚守到1669年。这显示出奥斯曼军队的虚弱及其海军的落后。而且，无论是威尼斯人还是土耳其人，在这次漫长的战争中，都依赖荷兰、英国和法国的人员、船只和武器。最后，威尼斯失去克里特岛，该岛自1211年以来就是其东地中海帝国地位的基石，但两国在经济上和政治上都没有从克里特战争中恢复过来。威尼斯成了一个孤立的港口，只是游人梦想前往的一个城市，永远不再可能在欧洲事务中扮演主导角色。而奥斯曼帝国，作为一个政治力量，坚持得稍微久一些，但自18世纪起，只是一个“欧洲病夫”，一个垂死的国家。它之所以没有解体，是因为新兴的欧洲民族国家没有兴趣为夺取它的广大国土而相互争斗。于是，它跟西班牙一样，在17世纪败在荷兰人和英国人的手上，在政治上和经济上衰落下去，沦为欧洲政治版图上的二流国家。

约翰·M. 亨特（John M. Hunt）

约翰·M. 亨特（John M. Hunt），在俄亥俄州立大学获得现代早期意大利史博士学位。2005 年，获得富布莱特奖学金并到意大利学习。两次获得美国国家人文学科基金资助。目前在北佛罗里达大学做访问学者。

第十三章
俄国动荡时期（1598—1618）

中国同时期：明神宗朱翊钧

概　述

16 世纪末期，由于多条战线上的局势日益紧张，俄国处于一种危险境地。由于未能解决造成这些紧张局势的问题，导致在 17 世纪早期出现一场大危机，这一时期被称为“动荡时期”（Time of Troubles）。这是一个动乱时期，使得这一年轻国家的持久存在成为问题。在其 20 世纪早期的著作中，伟大的俄国历史学家普拉托诺夫（S. F. Platonov）认为，动荡时期背后的原因不止一个，而是因为好几种危机同时出现，这些危机涉及复杂的王朝、社会、经济和民族问题。

王朝的危机加速了动荡时期的到来。在这之前，现代俄罗斯国家在莫斯科大公们的领导下缓慢地发展。莫斯科大公们逐渐使俄国摆脱了蒙古人的控制，这种控制可追溯至 13 世纪中期。在伊凡三世（Ivan Ⅲ，又称伊凡大帝）统治期间（1462—1505），完成了这一进程。自伊凡三世以后，莫斯科大公们就开始自称沙皇*。在他们驱逐蒙古人、增强自己权威的行动中，大公们因相当平稳的继承程序而受益。在这一继承制度中，数代人以来，大公们最年长的儿子顺利地继承其父亲的地位成为统治者。

* “沙皇”一词的英文是 tsar 或 tzar，来源于古罗马的“恺撒”（caesar）称号。——译者注

然而，16世纪后半期，出现了严峻的问题。沙皇伊凡四世，历史上被称作“伊凡雷帝”（Ivan the Terrible），于1547年加冕，1584年去世。他在位期间，实施了狂暴的统治。伊凡难以控制自己的脾气，在1581年的一次争吵中，他杀死了自己的长子兼继承人。当伊凡于1584年去世时，皇位传给了他的次子费奥多尔（Fedor）。费奥多尔在心智上并不能胜任沙皇职位，他娶了伊琳娜·戈东诺娃（Irina Godunov），她的哥哥鲍里斯·戈东诺夫（Boris Godunov）成了皇位背后的实权人物。作为未加冕的实际统治者，戈东诺夫很有能力。费奥多尔于1598年去世，没有子嗣，于是戈东诺夫自己加冕为沙皇。唯一一个可能对他的皇位构成威胁的人，即费奥多尔同父异母的弟弟德米特里（Dmitry）于1591年死于乌格里奇（Uglich），死因不明。

虽然鲍里斯·戈东诺夫头脑聪明，精力充沛，但他也面临着严峻的问题，这些问题最终令他头疼不已。他与传统统治家族缺乏血缘关系，使得他的对手暗中破坏他的统治。而且，一系列偶然事件，包括肆虐的饥荒和瘟疫，降低了他受欢迎的程度，减少了他的资源，困扰着他的统治。最重要的是，鲍里斯从他的前任那里继承了很多大问题，都不好解决。

俄国的迅速扩张带来巨大的压力，伊凡雷帝的诸多政策也极大地加剧了这些压力。随着更多的土地被莫斯科控制，国家竭力对其实施有效治理。官僚机构十分混乱，导致行政上的重叠和混乱。在伊凡雷帝的统治下，曾经管理着很多土地的俄国大贵族（或称博伊尔）作为统治精英受到很大削弱。伊凡讨厌大贵族，不信任他们。他无情地迫害他们，幸存的大贵族被迫为国家服务，否则就会受到惩罚。为满足行政和军事上必要的人力需求，伊凡极大地扩大了服役贵族阶级。该阶级又称“*dvoriane*”，来自社会的各个阶层，为国家服务，以此来得到土地。只有服役贵族和他们的继承人继续为国家服务，他们才能保有土地。大贵族阶级对新贵服役贵族心怀怨恨，认为他们是暴发户。服役贵族也不满大贵族的傲慢。两个阶层都厌恶他们自己对沙皇的依赖。

尽管大贵族和服役贵族为沙皇服务，但为他们耕种土地的却是俄国农民。然而，一段时间以来，自由的俄国农民已经处于日渐被奴役的危险之中。这一情况，以及国家和地主阶级加大了农民的义务和对农民的限制，迫使越来越多的农民逃离土地，前往边境地区。农民的逃离让大贵族特别是服役贵族警觉起来，因为没有劳动力耕种，他们的土地就失去了价值。于是，他们迫使沙皇对农民实施更加严厉的控制。农民继续试图逃脱被奴役的命运，这对他们来说很快将成为一种制度形式，叫作农奴制。由于农民逃离，对劳动力的需求日益增加，而供应却日益减少。这使得大贵族以及拥有大量地产的东正教教会同服役贵族为争夺劳动力而暴发了激烈的竞争。由于前者拥有更多资源，他们经常在竞争中获胜。这令服役贵族的处境更加艰难。

其他问题包括：城市中心地区经济停滞，以及由于伊凡雷帝的集中化政策和过重的税负，使这些地区人口减少；南部边境出现了大批称为“哥萨克”（Cossacks）的武装强盗团伙；周边不得不面对充满敌意的邻居，包括南面的土耳其人、克里米亚鞑靼人和北面的瑞典人和波兰人，以及伊凡的类似于秘密警察的特辖军所带来的可怕后果。特辖军由伊凡组建，仅对沙皇负责，把俄国置于血腥的恐怖统治之下。

1598 年，鲍里斯·戈东诺夫被缙绅会议（*zemskii sobor*）选举为沙皇，缙绅会议包括教士、大贵族、服役贵族，甚至包括商人，但不包括农民。俄国东正教会牧首约伯（Job）支持戈东诺夫。戈东诺夫的支持率远远高于费奥多尔·罗曼诺夫（Fedor Romanov），后者是伊凡雷帝宠爱的第一任妻子阿纳斯塔西娅（Anastasia）的侄子。然而，很多大贵族感到不满，因为鲍里斯似乎偏爱服役贵族，并采取了一些小措施来减轻农民的负担。在这一背景下，鲍里斯日益残暴和专制的统治引起了反对。广泛蔓延的疾病和饥荒也损害了他的权威。

反对鲍里斯统治的人利用一个自称德米特里的年轻人作为他们的工具。真正的德米特里即伊凡四世的儿子，已于 1591 年死去。有传言说，别的男孩做了替死鬼，真正的德米特里逃脱了，现在回来要从篡位者鲍里斯·戈东诺夫手里夺回他应得的皇位。这第一个伪德米特里得到波兰宫廷及其耶稣会顾问的支持，他们希望利用他扩大自己在俄国的利益。毫无疑问，他也得到很多大贵族的支持。

1604 年 10 月，伪德米特里率领着由哥萨克人、波兰人和叛乱的俄国人组成的约 2000 人的乌合之众进犯俄国。在向莫斯科行进的过程中，他吸引了越来越多的支持者。俄国社会的每个阶层，从大贵族到农民，都把他看作解决各自特定问题的出路。但鲍里斯的军队击败了伪德米特里，尽管这个冒牌货逃脱了被俘的命运并重新集结人马，但他前景暗淡。然而，这第一个伪德米特里非常幸运。沙皇鲍里斯于1605年4月突然死去，随后，他的军事统帅叛逃到伪德米特里一方。6月，伪德米特里的军队攻陷了莫斯科。

伪德米特里的统治动荡而短暂。俄国社会的各种力量都期待他代表他们行事，但他们各自的期望往往互相排斥。而德米特里无视俄国的问题，尽管他十分聪明，但他的行为反复无常且不负责任。他蔑视俄国的传统习俗，并公然侮辱东正教会。他依赖善于吹嘘的波兰顾问，而他们总是夸耀他们的罗马天主教信仰，这令各个阶层的俄国人感到愤怒，而他与来自波兰的一位信仰天主教的贵族女性结婚更令俄国人怒气大增。

这时，俄国大贵族开始利用这种日益恶化的形势。在瓦西里·舒伊斯基（Vasily Shuisky）的领导下，他们指控德米特里为冒牌货，并煽动莫斯科暴徒进攻克里姆林宫并谋杀了沙皇。接下来是一场大屠杀，数千名波兰人及支持戈东诺夫和德米特里的俄国人被杀。除掉异己之后，瓦西里·舒伊斯基夺取了皇位。

然而，舒伊斯基的统治异常困难。俄国混乱不堪，除了几个大贵族家族之外，舒伊斯基缺乏支持，一点合法性都谈不上。农民因对农奴制心存恐惧而造反；哥萨克人在境内四处游荡，尤其是在南方；服役贵族在大贵族统治的前景下内心难安；莫斯科暴徒已经在两场事件中体验到杀人的快感；即使在大贵族当中，也有反对舒伊斯基的人。

当舒伊斯基开始实施对大贵族有利而对俄国农民尤为不利的政策时，他引发了公开的内战，这场内战具有明显的阶级斗争色彩。一支由哥萨克人、农民和逃亡奴隶组成的混合部队从俄国南部向北开进，直指莫斯科。部队首领是伊凡·博洛特尼科夫（Ivan Bolotnikov），此人先前是一个贵族奴仆，他呼吁追随者杀死大贵族。俄国南部许多绝望的农民加入了他的队伍。甚至一些心怀不满的破落服役贵族也支持博洛特尼科夫。但他流露出来的阶级仇恨信息最终迫使他们离开，转而投入舒伊斯基的怀抱。

舒伊斯基的大贵族军队最终击败了反叛者，但战争打得极为艰难。博洛特尼科夫一直宣称自己是在代表沙皇德米特里行事，他说德米特里以某种方式逃脱了被杀的命运，德米特里的名字激励很大一部分饱受苦难的绝望人民采取行动。实际上，当时出现了不计其数的皇位觊觎者。到那时为止，舒伊斯基最危险的挑战者来自“第二个伪德米特里”。这个新的德米特里得到波兰国王西吉斯蒙德三世（Sigismund

III）及其贵族的支持，他们将此视为掠夺弱小俄国的大好机会。博洛特尼科夫军队的残余力量、哥萨克人和一群绝望的农民也纷纷聚拢到德米特里旗下。

德米特里的"军队"包围了莫斯科，却无法拿下它。于是，德米特里在莫斯科郊外的图什诺村（Tushino）安营扎寨，在那里建立了平行政府。尽管这个通常被称作"图什诺的无赖"的德米特里贪婪残暴，但他还是在平民中间赢得了一些支持。然而，大多数大贵族和服役贵族由于厌恶支持德米特里的土匪、对社会不满者、哥萨克人和机会主义者，从而支持舒伊斯基。

就在这一关键时刻，正在围攻俄国重要城市斯摩棱斯克（Smolensk）的波兰人开始在俄国事务中扮演更重要的角色。舒伊斯基的军队由他的侄子米哈伊尔·思科平－舒伊斯基（Mikhail Skopin-Shuisky）指挥，并受到瑞典军队的支援。在沙皇舒伊斯基答应将芬兰湾的俄国土地割让给瑞典之后，瑞典派军队支援。就在舒伊斯基的军队开始战胜冒充者的军队时，德米特里的一些贵族顾问决定将皇冠献给西吉斯蒙德三世的儿子瓦迪斯瓦夫（Wladyslaw）。西吉斯蒙德接受了这一"大礼"，于是波兰军队向莫斯科开进。由于思科平－舒伊斯基突然莫名其妙地死去，舒伊斯基的军队失去了统帅，在1610年6月的克卢希诺战役中败给波兰人。一个月后，舒伊斯基退位。国家陷入完全无序的状态，俄国分崩离析。波兰人进入莫斯科，填补了这一真空，帮助击败了重整旗鼓的"图什诺的无赖"，宣称对士气低落的俄国残余部分实行统治。

外来征服引发了俄国人的民族复兴。俄国东正教牧首赫莫根（Hermogen）成功拒绝波兰人对皇位的要求，将俄国人团结在东正教信仰之下。在整个俄国，来自社会各个阶层的武装力量奋起驱逐信仰天主教的波兰人。社会分歧瓦解了所谓的第一国民军，但发源于伏尔加河流域城市下诺夫哥罗德（Nizhny Novgorod）的第二国民军，在肉商出身的爱国者库兹马·米宁（Kuzma Minin）和老兵德米特里·波扎尔斯基（Dmitry Pozharsky）的领导下迅速形成，并且对波兰人发动进攻。波兰守军在莫斯科的克里姆林宫避难，但他们的一支援军被击败，于是波兰人在1612年10月投降。

胜利之后，俄国人的目标是恢复政治秩序，结束社会动乱。一个由来自各个社会阶层的代表组成的缙绅会议推选米哈伊尔·罗曼诺夫为沙皇。罗曼诺夫是一个出身于大贵族家庭的16岁少年，跟原先的统治家族有姻亲关系。米哈伊尔在

1613年7月加冕，一个新的王朝开始了。但最初的若干年，罗曼诺夫的政府相当羸弱，后来通过战胜国内外对手才慢慢使其权力得到巩固。

历史评论

在几十年的时间内，动荡时期使数百万人遭遇了恐怖的经历，给他们留下了恐怖的印象。的确，在其后的数世纪，随着这一术语也被用来指其他国家或国际的大灾难，这一印象越来越深刻。在1812年拿破仑入侵之后，俄国雕塑家伊凡·马托斯（Ivan Martos）于1818年在红场上创作了动荡时期两位英雄库兹马·米宁和德米特里·波扎尔斯基的巨型雕像，以纪念俄国人的爱国主义精神。在文学和歌剧中，这一时代也被俄罗斯文化的代表人物，如尼古拉·卡拉姆金（Nicholas Karamzin）、亚历山大·普希金（Alexander Pushkin）和穆捷斯特·穆索尔斯基（Modest Mussorgsky）在他们对鲍里斯·戈东诺夫的描写中戏剧化地加以表现，他们的这些描写都非常有名。在其死后出版的一本书中，20世纪后期的俄罗斯历史学家亚历山大·斯坦尼斯拉夫斯基（Aleksandr M. Stanislavsky）这样强调动荡时期的吸引力："具有威胁的民众运动动摇沙皇的皇位；在历史舞台上出现了了不起的人物和辉煌的冒险、阴谋和背叛、令人难以置信的相互关联的一连串情况，以及至今仍未被学者解开的历史谜团。一想到这一切如何发生在我们历史上的一瞬，人们只能感到惊奇。"

动荡时期的根源深深延伸到俄国的历史当中，尤其是延伸到沙皇伊凡四世统治下的这一庞大的多民族帝国形成的那几十年。16世纪，俄国的领土几乎扩大了3倍，人口数量几乎翻倍，达到大约1100万人。俄国变成一个四面扩张的"复合君主制国家"，不同的部分由一套极其精简的国家机器治理，它的国家机器容易受到"帝国过度扩张"以及严重通货膨胀压力的影响，这种通货膨胀压力与16世纪的"价格革命"* 有关。早在16世纪80年代，帝国已经显现出结构性崩溃的迹象。16世纪90年代，由于小冰期（1550—1700）气候普遍变冷带来的反常天气导致饥荒和作物歉收，在整个欧洲，这种压力都加剧了。40年之间，数条战线上的持久

* 又称"物价革命"，是指从16世纪上半叶到17世纪上半叶发生在欧洲的通货膨胀。——译者注

战事以失败告终且代价高昂，导致国家财政短缺，经济萧条和人口迁徙；国家政策导致农民和市民都被奴役；大贵族和服役贵族分歧严重；伊凡四世于 1581 年杀死自己的长子，而他的长子没有子女，导致王朝运转失常，而他自己在 3 年后突然死亡，有传言说他是被毒死的。由鲍里斯·戈东诺夫领导的摄政政权来辅佐心智无能的沙皇费奥多尔·伊万诺维奇（Fedor Ivanovich），该摄政政权具有先天的不稳定性。贵族家族之间的争斗也十分激烈。由于沙皇的儿子兼皇位继承人德米特里·伊万诺维奇（1583—1591）在乌格里奇神秘死去，沙皇费奥多尔的继位颇受人质疑。费奥多尔死后无继承人，致使丹尼洛维奇王朝（Danilovich dynasty）* 终结，并引发了一场旷日持久的继承危机，他的妻兄鲍里斯·戈东诺夫被推举为沙皇只是稍微推迟了这种危机的到来。

在争当费奥多尔·伊万诺维奇继承人的竞争中，鲍里斯·戈东诺夫打败其他好几位贵族出身的候选人，特别是费奥多尔·罗曼诺夫（约 1556—1633），费奥多尔·罗曼诺夫的家族与伊凡四世的第一任妻子有亲戚关系。罗曼诺夫被指控犯有煽动罪，被流放到帝国北部的一座修道院。在那里，他被迫当了修士，其教名是菲拉列特（Filaret），由此他永远不得担任世俗官职。甚至早在得到皇位之前，戈东诺夫便做出安排，提拔莫斯科都主教约伯为牧首，即俄国东正教会中的最高神职人员，并且在 1595 年与瑞典人达成和平协议。作为新沙皇和独裁者（或称独立统治者），戈东诺夫进一步将俄国的统治范围向东延伸到西伯利亚，向南延伸到克里米亚汗国（Crimean khanate，或称公国），并建立边疆要塞，如在 1600 年建立的察廖夫 – 鲍里索夫（Tsarev-Borisov）要塞。最后这一措施或许在南部边疆引起哥萨克人的敌对，哥萨克人是由逃亡农奴组成的自由团体，他们与帝国南部草原的原住民通婚，哥萨克人被与戈东诺夫同时代的艾萨克·马萨（Isaac Massa）描述为“猖狂放肆、堕落和野蛮的人”，他们极其看重自己的独立性。国家扩张威胁到哥萨克人的行动自由，禁止他们进入边境城镇，政府重申了遏制逃亡者外逃的努力，这些逃亡者正在扩大他们的“军事民主”的规模。而且，由于可怕的饥荒、居高不下的面包价格及 1601 年至 1603 年的瘟疫，流离失所的人们如浪潮一般，在莫斯科公国中部泛滥成灾，他们将自己卖为奴隶，然后逃往南方。据法国新教雇佣兵雅克·玛格丽特（Jacques Margeret）称，“他们犯下的罪行如此残暴，让人

* 即通常所说的留里克王朝。——译者注

难以置信"：发生了吃人的情况，父母杀掉孩子，莫斯科成了12万名饿死的穷人的集体坟墓，"饥饿的狼将人撕成碎片"。政府应对这些灾难的手段是给予被主人释放的奴隶人身自由，并打击内陆地区的一伙土匪，这伙土匪由一个奴隶出身的绰号叫"赫洛普科"（Khlopko，意为"奴隶"）的人领导。但政府的这些手段都白费力气，不见成效。

这些灾难使鲍里斯·戈东诺夫和他的家庭成为恶毒流言攻击的目标。他的妻子，即伊凡四世的心腹马留塔·斯库拉托夫（Maliuta Skuratov）的女儿，被指迎合鲍里斯的野心，密谋当上皇后。二人被指责实施高压统治，对社会上层和下层都大肆迫害。对戈东诺夫参与谋杀沙皇继承人德米特里的怀疑或许早已秘密流传了许多年，后来，1598年2月，一名波兰间谍从莫斯科报告称，"德米特里"先前曾向斯摩棱斯克寄了一封信，并称鲍里斯有一位朋友长得很像已故的沙皇继承人。1600年之后，随着可怕饥荒的降临，这类传说变得更加令人信服了。第一个自称德米特里的冒名顶替者于1603年出现在立陶宛（Lithuania）。俄国政府称他是叛乱的贵族或被解除圣职的修道士格里高利·奥特里皮耶夫（Grigory Otrepiev）。

这个首次冒名顶替者到底是何身份，幕后主使是谁，一直备受争议。一位名叫谢尔盖·F. 普拉托诺夫（Sergei F. Platonov）的历史学家认为，此人是一个俄国人，其后台是俄国大贵族和波兰贵族，他的冒名顶替行为背后是精英集团内部的皇位之争。但历史学家莫林·佩里（Maureen Perrie）认为他是一个年轻的俄国人，对东正教会不满，并且正在经历一次中年危机，是他自己产生了冒充德米特里的想法。不管是哪种情况，乌格里奇的德米特里是俄罗斯君主国中伪德米特里的逻辑原型。16世纪晚期，相似的环境也使英国、摩尔达维亚（Moldavia）和葡萄牙出现了冒名顶替者。不管伪德米特里是何种出身，他都能自如地写俄文，写得远比波兰文好，而且展现出十足的自信。或许他真的认为自己是沙皇继承人。玛格丽特认为德米特里奇迹般地逃脱了被杀的命运，驳斥对他的轻浮举止和违反俄国习俗的指控（编造谎言指责舒伊斯基家族），甚至怀疑他被暗杀的说法。

"德米特里"于1603年公开露面，受到波兰贵族尤里·姆尼舍克（Jerzy Mniszech）和波兰宫廷耶稣会的支持，他秘密与姆尼舍克的女儿玛丽娜（Marina）订了婚。波兰－立陶宛联邦是一个由贵族和绅士组成的，由一个选举产生的国王领导的庞大的复合"共和政体"，国王是出生于瑞典的信奉天主教的西吉斯蒙德三世，他并不受人民欢迎。他领导反宗教改革运动（Counter Reformation），对抗瑞典人和俄国人。但他的政策受到波兰首相扬·扎莫伊斯基（Jan Zamoyski）的反对，国内分歧也削弱了他的统治。尽管扎莫伊斯基反对波兰人支持冒名顶替者，但西吉斯蒙德于1604年3月在克拉科夫（Krakow）接见“德米特里”，并答应有条件提供援助。

这个冒名顶替者于1604年至1605年率领约2000名雇佣军进攻俄国，这些雇佣兵由俄国人、鞑靼人、土耳其人、波兰人、立陶宛人、卡累利阿人（Karelians）和德意志人组成。尽管伪德米特里多次战败，并且不得不在普季夫利（Putivl）避难，但沙皇鲍里斯于1605年4月13日突然死去这一事件延缓了他的失败。很快，俄国军队中发生叛乱，新招募的顿河哥萨克士兵加入了重整旗鼓的冒名顶替者的队伍。他的军队得胜，于6月1日进入莫斯科，引发了一场暴动，推翻了戈东诺夫家族的统治，并掠夺了他们的财产。牧首约伯也被废黜，由伊格内修斯（Ignatius）接替。伪德米特里于6月20日抵达莫斯科，于7月17日与他的“母亲”玛丽亚·纳伽娅（Maria Nagaia）“相认”，并于7月21日在乌斯别斯基教堂（Uspensky Cathedral）加冕。在他夺权的过程中，这个冒名顶替者一直使用反映《圣经》中关于复活和新生这些主题的话语。

沙皇德米特里的统治仅仅维持了10个月便在暴力中结束。他以煽动罪流放了舒伊斯基兄弟，他偏袒波兰仆从，这些人的数量随着玛丽娜众多随从的到来而暴增，他们是前来参加她的加冕仪式和婚礼的。伪德米特里的这些行为冒犯了大贵族，他们中的许多人知道他是假冒的。在这些庄严的仪式中，他那毫无沙皇风范的行为举止也让莫斯科人成了他的敌人。他穿着波兰服装在公共场合到处走动，他建造新的波兰风格的府邸，并且进行喧闹的游戏，游戏中有移动的堡垒，装饰得像一条龙，他还和雇佣兵打雪仗。他看起来像一个畸形的小矮人，但他自认为拥有不可抵挡的魅力，据说他还强奸了沦为孤儿的克塞尼娅·戈东诺夫（Ksenia Godunov，鲍里斯·戈东诺夫的女儿），并且还干了其他许多道德败坏的事。他甚至与他的波兰赞助人争吵，往自己夸张的头衔上加上“恺撒”的称号，并扬言要在波兰煽动叛乱。尽管他花大量的钱来安抚俄国服役贵族和宫廷卫队，但他看起来刻意回避大贵族。他与玛丽娜·姆尼舍克于5月8日举行的婚礼进一步触怒了俄国传统派，因为婚礼破坏了斋日传统，他还在乌斯别斯基教堂为她加冕，尽管有传言说波兰人希望把首都从莫斯科迁往别处，但他仍然允许耶稣会会士参加婚礼。

所有这些不满在莫斯科引发了群众骚乱。1606 年 5 月 17 日，沙皇德米特里被推翻并且被杀死。他的尸体像巫师、波兰小丑或犹太人的尸体那样被侮辱。一根木桩刺穿他的心脏，最后，他的尸体在他那令人憎恶的移动堡垒的柴堆上被焚烧。据传他的骨灰被装在炮膛里射向波兰方向。仅仅两天之后，瓦西里·舒伊斯基被一个由大贵族、教士、士兵和市民组成的临时会议选举为沙皇。舒伊斯基是一位出身王公贵族家庭的老练政治家，他此前领导过调查沙皇继承人德米特里在乌格里奇死因的调查团，也曾帮助伪德米特里夺取权力，尽管他差点死在这个冒名顶替者的手上。人们普遍认为，新政府应由大贵族主导，舒伊斯基向大贵族们公开承诺公平对待，同时指责伪德米特里曾密谋屠杀大贵族。同戈东诺夫一样，他派了一个调查团前往乌格里奇挖出沙皇继承人的尸体，然后运往莫斯科。这位沙皇继承人被追封为圣徒，据说他的遗体可以产生奇迹。他的母亲玛丽亚再一次被请出来谴责被推翻的沙皇是一个冒牌货。赫莫根取代伊格内修斯成为新牧首。菲拉列特（费奥多尔）·罗曼诺夫由于不被舒伊斯基兄弟信任，没能得到这一职位。

尽管进行了这样的宣传，舒伊斯基的新政权还是很快遇到反抗，尤其是来自贵族奴仆和南部边境的哥萨克人武装的反抗。这些势力拒绝相信“沙皇德米特里”已死，宣布向他效忠，并推出十多个冒充者。领导反舒伊斯基力量的有普季夫利的军事统帅格里高利·沙霍夫斯科伊亲王（Prince Grigory Shakhovskoi，此人之前是伪德米特里的支持者，被舒伊斯基流放到边远地区）和两个贵族奴仆，即伊斯妥马·巴什科夫（Istoma Pashkov）和伊凡·博洛特尼科夫。博洛特尼科夫以前是一个贵族奴仆，被克里米亚鞑靼人俘虏，据说逃脱了土耳其人的囚禁，在匈牙利和乌克兰边境当了雇佣兵。在那里，他听到传言说“沙皇德米特里”已经逃脱了死亡的命运，正藏身于立陶宛。他或许拜访过这个新的冒充者，并且因为在后者呼吁他支持自己、反对舒伊斯基时看到一枚偷来的国玺，而相信此人是真正的德米特里。不管怎样，大量南部贵族和哥萨克人以“沙皇德米特里”的名义动员起来，对抗舒伊斯基政府。他们宣称德米特里奇迹般地存活下来。阿斯特拉罕（Astrakhan）和伏尔加河流域的其他城镇反抗舒伊斯基，向哥萨克军队打开城门，抗拒莫斯科的大贵族政府。到1606年夏末，博洛特尼科夫和巴什科夫的这两支大约有两万多人的混杂“军队”向莫斯科进军，并于1606年10月28日包围该城。

反舒伊斯基的军队以博洛特尼科夫为统帅，在11月中旬进犯莫斯科，但被击退，损失惨重。由普罗科皮·利亚普诺夫（Prokopy Liapunov）领导的来自梁赞（Riazan）的500名贵族奴仆的倒戈更令他们的挫折雪上加霜。牧首赫莫根说叛乱者是不信神的暴民，说他们热衷于嗜血的破坏活动，并且连妇女和儿童都不会放过，通过这种宣传，他将莫斯科人团结起来。12月2日，来自斯摩棱斯克的贵族增援部队帮助舒伊斯基的新指挥官即他的侄子米哈伊尔·思科平－舒伊斯基击败围城军队，巴什科夫的贵族也背叛了这支部队。许多造反者被俘虏，遭棒杀，或者被推入河流或池塘的冰窟里。博洛特尼科夫撤退至卡卢加（Kaluga），随后又退缩至图拉（Tula）。在那里，另一名冒充者加入了他的队伍，这名冒充者是“沙皇继承人彼得”，即曾当过哥萨克骑兵的伊利亚·柯洛温（Ilya Korovin），此人曾在伏尔加河下游从事打劫活动，后来在普季夫利实施恐怖统治。在普季夫利，他处死了许多拒绝承认“沙皇德米特里”的官员和贵族。有些人从高塔上或从桥上被扔下，或许还有人在一旁观看。其他受害者被倒挂起来，四肢伸展，手脚钉在墙上被射死，或者被肢解，被剥皮，或被钉在尖桩上。这些仪式化的处决方式让人想起伊凡四世特辖军的恐怖，特辖军对“叛徒大贵族”开展暴力报复，其折磨手段的灵感来自地狱刑罚的说法。

“沙皇继承人彼得”让格里高利·沙霍夫斯科伊亲王和一支哥萨克军队加入了对莫斯科的征讨。瓦西里·舒伊斯基亲自指挥军队围攻图拉，他的军队筑起大坝，水淹图拉，该城最终于1607年10月10日投降。沙霍夫斯科伊亲王被“解放”，“沙皇继承人彼得”被押往莫斯科处决，博洛特尼科夫被关押，眼睛被弄瞎，后来被溺死。伏尔加河下游又出现另外一名冒充者——“沙皇继承人伊凡·奥古斯都”，他自称是伊凡四世与其第四个妻子所生的儿子，他非同一般的名字让人想起以前的沙皇的做法，他们都试图编造自己与罗马皇帝的谱系关系。

最重要的一个新冒充者是第二个伪德米特里，他通常被人称作“图什诺的无赖”。此人于1607年6月在乌克兰西北部谢韦尔斯克（Seversk）地区的斯塔罗杜布（Starodub）宣布自己是沙皇继承人。跟其他冒充者一样，他的真实身份也不为人知。有人认为他是波兰人或犹太人，或者是一位神父的儿子，并且他不像第一个伪德米特里那样夸夸其谈。即便这样，他还是谴责其他与其竞争的沙皇继承人为叛徒，并且处死了其中好几个。他得到许多方面的支持，尤其是伊凡·萨鲁斯基（Ivan Zarutsky）等哥萨克领导人的支持，十分引人注目的是，他还得到第一个伪德米特里的遗孀玛丽娜的支持。被释放后，这位前皇后于1608年9月在莫斯科西北郊的叛军军营里虚情假意地承认了他是“丈夫”。

图什诺成了造反者精心打造的首都，吸引着众多不同的反舒伊斯基力量，例如菲拉列特·罗曼诺夫，他被任命为牧首，并主导图什诺政府。这是“无赖”势力第二次围攻莫斯科，它迫使舒伊斯基政府向瑞典国王卡尔九世（Charles Ⅸ）寻求军事援助，来抵抗后者的对手兼侄子——波兰－立陶宛联邦的西吉斯蒙德三世。当他在莫斯科附近与反舒伊斯基力量谈判时，西吉斯蒙德派了一支雇佣军进入俄国，支持那个“图什诺的无赖”，这支雇佣军由波兰指挥官斯坦尼斯瓦夫·若乌凯夫斯基领导。当瑞典答应支持舒伊斯基时，波兰向俄国宣战，并于1609年9月包围斯摩棱斯克。这年年底，“无赖”突然从图什诺逃往卡卢加，在那里，他又纠集军队再次威胁莫斯科，但“无赖”的部队被米哈伊尔·思科平－舒伊斯基指挥的俄国和瑞典雇佣兵部队击退。令人震惊的是，思科平－舒伊斯基于1610年4月23日在莫斯科死去，有传言说他是被毒死的。两个月后，波兰指挥官佐尔凯夫斯基在克卢希诺（Klushino）击败舒伊斯基的军队。这次失败导致这位沙皇被推翻，并于7月17日被迫削发当了修道士。后来，舒伊斯基兄弟作为囚犯被押往波兰，他们于1612年死在那里。

舒伊斯基的继承者是一个由7位大贵族组成的临时政府，该政府于1610年8月16日同意邀请波兰王储瓦迪斯瓦夫（Wladyslaw）前来继承俄国皇位，前提是他皈依东正教并听从大贵族的建议。菲拉列特·罗曼诺夫和瓦西里·戈利钦（Vasily Golitsyn）率领俄国使团前往斯摩棱斯克郊外西吉斯蒙德的军营护送瓦迪斯瓦夫，但他们一到，就被扣为人质。一支波兰卫戍部队留在了莫斯科。“无赖”逃回卡卢加后，于1610年12月11日被暗杀并被斩首。寡妇玛丽娜皇后生下一个儿子，从而保住了她的政治前景。这个婴儿即沙皇继承人伊凡·德米特里耶维奇（Ivan Dmitrievich），后来被称为“小无赖”或“小强盗”。图什诺阵营的主要人物、野心勃勃的哥萨克领导人伊凡·萨鲁斯基将玛丽娜和她的儿子置于他的保护之下。

在莫斯科被外国军队占领，并且尚未就谁来当新领导人达成协议的情况下，地方城镇和士兵开始动员起来，对抗大贵族政府及其波兰后台。梁赞州长普罗科皮·利亚普诺夫和扎赖斯克公爵德米特里·波扎尔斯基（Dmitry Pozharsky）领导该阵营，伊凡·萨鲁斯基和图什诺阵营的残余力量也加入进来。被软禁在莫斯科的牧首赫莫根呼吁利亚普诺夫和贵族奴仆反抗背信弃义的波兰人的残暴统治，同时避开哥萨克人和以前的图什诺阵营的人。赫莫根于1611年2月17日死去。陷于饥饿的人民在波兰占领下愤怒不已，最终在1611年3月19日爆发大范围起义。波兰占领军为了对抗，将首都付之一炬，在巷战和洗劫中，这座巨大的城市有大约三分之二被焚毁。利亚普诺夫领导的国民军没能及时救援，波扎尔斯基也身受重伤。而波兰占领军撤退到克里姆林宫，用几十门大炮来加强克里姆林宫坚固城墙的防御。

由于没有攻城大炮并且内部分裂，国民军花了两个月的时间围攻莫斯科。同时，一个政务总委员会发布了各种命令。1611年6月30日，这些命令汇集成一部临时法案，该法案承诺没收叛徒——大贵族的土地，将它们平分给因战争遭受损失的民兵领导人、服役贵族和哥萨克士兵。利亚普诺夫邀请“图什诺的无赖”阵营的大贵族德米特里·特鲁别茨科伊（Dmitry Trubetskoi）与哥萨克首领、大贵族伊凡·萨鲁斯基与他一起，形成一个三人执政团，监管大约25个城镇的贵族奴仆。然而，这3位执政官不和，并且与他们派别林立的追随者也时常发生争端。斯摩棱斯克最终于1611年6月3日陷落，利亚普诺夫计划于7月5日攻取克里姆林宫的尝试也失败了，使他们进一步遭遇挫折。有传言说利亚普诺夫支持一名瑞典候选人登上空缺的皇位，当时瑞典人仅占有诺夫哥罗德及其附近地区。这激怒了民兵中的哥萨克人，他们利用一份伪造的文件起事，文件声称一旦攻占莫斯科，便开始对付哥萨克人。利亚普诺夫由于无法与持怀疑态度者结成同盟，于1611年7月22日被杀。民兵加紧围攻莫斯科，直到1611年年底。他们试图阻止克里姆林宫的守军重新加强防守，但他们在12月初发起的又一场血腥进攻中失败了，不得不撤退，以补充供给并招募新兵。

随着伏尔加河流域的城镇喀山（Kazan）和下诺夫哥罗德之间开始合作，一种新的力量开始形成，后来发展成第二国民军。这两个城市都避免了在战争中被毁。它们都有繁荣的商业经济和商人群体。下诺夫哥罗德的第一领导人是库兹马·米宁，此人是一名成功的肉商，于1611年秋当选为市议员。库兹马·米宁对俄国的混乱十分关切，并受到赫莫根谴责哥萨克人和玛丽娜儿子的书信的激励，梦想带领一支新军拯救国家。米宁主张组建一支新的国民军，清除莫斯科的叛徒，选举一位合法君主。他发誓将自己的所有财产捐献给这项事业，并劝说别人加入他的事业。米宁的呼吁很快得到当地人的支持，而且新的领导人同意邀请波扎尔斯基在这项事业中领导军队，当时波扎尔斯基正在附近的庄园养伤，正在康复中。波扎尔斯基是一位经验丰富、受人尊敬的指挥官，他患有癫痫，在莫斯科战役中还可能头部受了伤。他同意领导新的事业，并提名米宁担任总财务官。米宁同意了，但前提是赋予他特别的权力征收钱款来装备和供应新军。下诺夫哥罗德市批准了这项安排，而且人们发誓为这项事业奉献自己的一切。波扎尔斯基和米宁立即着手动员当地和地区部队，并且欢迎从波兰占领下的斯摩棱斯克逃来的士兵。1612年2月底，下诺夫哥罗德的民兵主力开始向伏尔加河上游进军，边行进边吸收新的力量。一个月后，雅罗斯拉夫尔（Yaroslavl）成为这一全国运动的总部。在这里组建了联合临时政府，该政府是一个由大约50人组成的大会，由许多领导人、贵族和非贵族组成。波扎尔斯基的头衔是“俄国全民和各阶层人民、军队和平民选出的……主事兼司令”。不过，雅罗斯拉夫尔大会颁布的众多命令当中，仅有十分之一由波扎尔斯基签署，而由米宁签署的仅占十五分之一。这表明他们并非拥有完全的主导地位。雅罗斯拉夫尔政府还设计了一个新的盾徽：上面有狮子图案，跟伪沙皇使用的双头鹰盾徽形成鲜明对比。雅罗斯拉夫尔的国民军人数众多且与日俱增，1612年5月，他们开始受瘟疫困扰（很可能是斑疹伤寒）。他们通过传统方式，即在24小时之内建造一座木质教堂来寻求保护，这被称为“大拯救”。

雅罗斯拉夫尔临时政府建立时，莫斯科周围形势的发展加速了历史事件的进程。萨鲁斯基和围攻克里姆林宫的哥萨克人面对着僵局，预计由波兰指挥官扬·霍德凯维奇（Jan Chodkiewicz）领导的波兰援军即将到来，他们正在就占领诺夫哥罗德与瑞典人谈判，并且对支持谁（外国人还是玛丽娜的儿子）来继承空缺的皇位摇摆不定。1612年3月5日，萨鲁斯基和特鲁别茨科伊公爵（Prince Trubetskoi）公开宣誓效忠“沙皇德米特里”，此人是利用这个名字的第三个冒充者，他在1611年就已在诺夫哥罗德地区出现，就在“图什诺的无赖”死后不久。

与以往的冒名顶替者一样，他的身份不明，但他能讲出德米特里奇迹生还的标准说法，并决心重新得到皇位。起初很少有人注意他，直到 1611 年 12 月他突然被邀请到普斯科夫（Pskov），在那里他受到热烈欢迎。但他很快因残暴统治、敲诈勒索和诱奸而招致敌对。他同萨鲁斯基和波扎尔斯基均进行了接触，寻求他们的承认，然而波扎尔斯基拒绝承认这个冒牌货，并谴责所有支持他的人。由于担心被正在进军的瑞典人俘获或者被普斯科夫当局背叛，他于 5 月 18 日逃走，结果却被抓住并被押往莫斯科，在那里，他被铁链拴着示众，最后被处决。

这个最新的冒名顶替者使莫斯科周围的哥萨克军队进一步分裂。正当波扎尔斯基的民兵于 1612 年 7 月 27 日向莫斯科进发时，萨鲁斯基撤军前往科洛姆纳（Kolomna）去接玛丽娜和她的儿子，然后向南逃去，边逃边劫掠。萨鲁斯基为玛丽娜和她的儿子寻求承认，但在 1613 年 6 月，他在沃罗涅日（Voronezh）被击败。逃亡者向伏尔加河下游逃去，在秋季之前到达阿斯特拉罕，但他们很快失去了当地人的支持，接着他们在那里实施恐怖统治，同时试图与波斯国王和奥斯曼苏丹取得联系。在追赶他们的莫斯科军队到来之前，萨鲁斯基及其同伙再次逃跑，最终在乌拉尔河（Yaik River）* 被逼入绝境后投降。萨鲁斯基被押往莫斯科并被钉死，“小无赖”被处以绞刑，玛丽娜被处决，她也可能是自然死亡。

波扎尔斯基和雅罗斯拉夫尔民兵在 1612 年 8 月抵达莫斯科城下。在多场惨烈战斗中，他们击退了霍德凯维奇的援军。到 9 月底时，他们与特鲁别茨科伊的哥萨克军队谈判结成同盟；守卫克里姆林宫的波兰人几乎被饿死，于 1612 年 10 月 27 日投降。波兰国王西吉斯蒙德的军队被赶出图什诺，波兰人对沃洛科拉姆斯克（Volokalamsk）的围困也被打破，这使波兰人在极度严寒中于 11 月 27 日撤退。雅罗斯拉夫尔民兵很快被解散，同时，它的政务会议向各个城镇发出号召，要求它们在 12 月或 1 月之前派代表前往莫斯科选举新统治者。来自各个阶层的大约 700 名代表于 1613 年 1 月召开会议。他们当即拒绝了所有外国候选人。他们又花了一个月才决定选择米哈伊尔·罗曼诺夫为候选人。16 岁的米哈伊尔·罗曼诺夫是牧首菲拉列特的儿子，他在叛乱的图什诺就十分有名。显然，哥萨克的意见或施压对于达成共识起到了重要作用。米哈伊尔·罗曼诺夫的当选也证明了俄国政治中强烈的保守主义，因为他的家庭与伊凡四世的第一位妻子有亲戚关系，而且他的

* 乌拉尔河（Ural River）在 1775 年以前称为 Yaik River。——译者注

候选人资格在舒伊斯基统治期间及其后就已经被提及。而且，他年轻且没有经验，这预示着他将成为一个有名无实的首脑，很可能听从长辈的话。与俄国开展活跃的海军军需品贸易的英国预计新的俄国政权会全面崩溃，在1612年至1613年考虑将俄国北部作为其保护地。

在这个恢复了君主制的国家中，土地会议（Assembly of the Land）与重新组建的大贵族会议几乎经常碰头开会。米宁在新政府中扮演着突出角色，直到1616年去世。而波扎尔斯基在接下来的25年里，继续为该政府服务，政绩斐然。国民内部的不和以及外敌入侵又持续了许多年，在1618年10月1日瓦迪斯瓦夫进犯莫斯科，以及他后来攻占三位一体修道院的努力失败时达到高潮。1617年2月27日，通过与瑞典人签署《斯托尔波沃条约》（*Treaty of Stolbovo*）获得和平后，俄国最终通过1618年12月1日的《杰乌利诺停战协议》（*Truce of Deulino*）中止了与波兰–立陶宛联邦的敌对，该协议规定两国之间实行14年半的停战。然而，瓦迪斯瓦夫依然宣称他应得到俄国皇位，直到签署1634年的《波连诺夫卡条约》（*Treaty of Polianovka*）方才作罢。牧首菲拉列特于1619年6月14日回到莫斯科，与他的儿子成为实际上的共同统治者，直到1633年去世。

这个动荡时代的结果十分多样。从短期来看，它使俄国国势受到削弱，陷入痛苦之中，失去了大量的西部领土。17世纪，俄罗斯帝国逐渐挽回了它的损失。虽然一部分大贵族精英失去了特权，但贵族作为一个整体，保持了它的社会地位，大贵族家族几乎都没有没落。从政治上看，这些变化备受争议。普拉托诺夫认为，君主制这一概念发生了根本性的变化，从现代意义上来说，早期的罗曼诺夫家族也算不上绝对君主，他们的权力受到土地会议和大贵族会议的制约，俄国人开始将他们的国家视为一个联邦，而非为一个王朝所拥有。从文化上来看，这个时代留下一笔遗产，即与世界其他地区的接触大大增加且更加密切。随着更多的人努力思考动荡历史事件的意义，以及如何在重获和平与繁荣的努力中寻找安全与救赎，写作和文学活动或许也被激发。在欧洲，俄国作为一个充满着混乱事件和神秘人物的异域国度的形象令剧作家和公众都非常着迷。

约翰·T. 亚历山大（John T. Alexander）

约翰·T. 亚历山大（John T. Alexander），堪萨斯大学历史学荣誉教授，在印第安纳大学获得博士学位。主要著作包括《俄国现代早期的黑死病》（*Bubonic Plague in Early Modern Russia*，2002）、《叶卡捷琳娜二世的生平与传奇》（*Catherine the Great, Life and Legend*，1989）和《国家危机时期的专制政治》（*Autocratic Politics in a National Crisis*，1969）。

第十四章

英国进入亚洲（1599—1698）

中国同时期：明神宗朱翊钧—清圣祖爱新觉罗·玄烨

概 述

西欧对亚洲的兴趣最迟可追溯到13世纪晚期，那时，马可·波罗开始从中国和中亚运回香料和其他异国货物。尤其是香料，立即成为抢手货，不仅因为它们给食物带来的味道，还因为它们可以作为肉类和其他易腐烂物品的防腐剂。葡萄牙船只在15世纪早期航行到东南亚，西班牙于1565年在菲律宾建立了一个定居点。英国探险家弗朗西斯·德雷克爵士（Sir Francis Drake）在16世纪70年代末绕过南美洲，航行到所谓的“香料群岛”（Spice Islands）。一般认为，香料群岛就是位于现在的印度尼西亚东部的马鲁古群岛（Maluku，或称摩鹿加群岛）。但“香料群岛”这一称谓后来指整个印度尼西亚群岛。

后来英国向东南亚的航海活动受到与西班牙的一场战争的阻碍，但在1592年，约翰·兰开斯特（John Lancaster）指挥一支英国舰队航行到马来半岛，袭击那里的葡萄牙船只。德雷克和兰开斯特学到的经验促成了若干年后东印度公司的创立，该公司与英国黎凡特公司一样成功，黎凡特公司建立于1581年，目的是在地中海东部开展贸易。同时，荷兰在东南亚的利益始于1595年，当时，一支由4艘船只组成的舰队从阿姆斯特丹（Amsterdam）航行到香料群岛，目的是建立一个永久性基地。

他们在后来成为荷属东印度群岛的地方成功订立了一项商业条约，并在爪哇岛的万丹（Banten）有一个运营基地。荷兰的这些活动无不损害了英国商人的利益。

与此同时，1599 年，东印度公司在伦敦组建，女王伊丽莎白一世为公司颁发特许状，一群英国商人集资 3 万英镑作为公司的最初资本。1602 年，该公司派出一支舰队到香料群岛，在那里建立了永久基地，基地也建在万丹。这导致英国人与那里的荷兰人，与活跃在该地区的葡萄牙人，以及与当地爪哇人发生冲突，当地人很可能在所有这些外国人的觊觎之下不知所措。荷兰与英国的冲突一直持续到 1623 年，那一年，荷兰人在安波那*战役（Battle of Amboina）中取得对英国人的决定性胜利，巩固了他们对东印度群岛的控制。1640 年，在将葡萄牙人赶走之后，他们获得对东印度群岛贸易的实际垄断地位。

不过，东印度公司并没有把全部资金都投放到香料群岛。除了在万丹的定居点，该公司还在印度南部的默苏利珀德姆（Masulipatam）†建立了一个运营基地。1612 年，该公司获得许可在苏拉特（Surat）开展经营，苏拉特是印度西海岸的一个重要港口。很快，东印度公司的船只也出现在日本和波斯湾，在波斯湾，英国和波斯联军于 1628 年在霍尔木兹海峡（Hormuz）击败葡萄牙人。以新港口加姆布鲁姆（Gambroom）为基地，该公司开始经营其在中东的业务。尽管安波那的灾难性失败使该公司丧失了在东印度群岛的大部分贸易，包括其利润丰厚的肉豆蔻、丁香和肉豆蔻干皮生意，但进入亚洲其他地区帮助它减轻了损失。1623 年之后，东印度公司决定把力量集中于印度次大陆（南亚次大陆），这里有利润丰厚的棉织品、靛蓝染料、硝石和生丝贸易可做。17 世纪运往英国的棉织品数量非常大，以至于欧洲纺织业都感受到压力。作为对来自印度的货物的交换，东印度公司为印度运来羊毛织品、金属制品、美洲银器和一些黄金。

12 世纪之前，众多的印度邦国占据着印度次大陆。大约在 1200 年左右，突厥语穆斯林的一支军队从北方入侵，在德里附近建立定居点。在接下来的 3 个世纪，其他入侵者陆续入侵，但直到巴布尔（Babur）统治时期（始于 1526 年），才建立起一个强大而连续的王朝。巴布尔是莫卧儿人（Mughal），莫卧儿人是由蒙古人、突厥人和其他来自中亚的民族混合而成。

---

* 安汶岛（Ambon）的旧称。——译者注

† 默吉利伯德讷姆（Machilipatnam）的旧称。——译者注

巴布尔及其后继者都是骁勇的战士，但他们慷慨赞助文学和艺术。巴布尔本人设计了一个优雅别致的波斯花园，另一位皇帝贾汉吉尔（Jahangir）大力扩张帝国疆域，但对当地艺术家十分优待。还有一位莫卧儿皇帝是沙贾汗（Shah Jahan），他杀了所有可能的对手，但建造了泰姬陵，作为他妻子的陵墓。使帝国的辉煌达到顶峰的阿克巴（Akbar）也是一位艺术赞助人。他通过征服古吉拉特（Gujurat）、孟加拉（Bengal）和德干高原（Deccan），扩大了莫卧儿帝国的疆域，并且将印度次大陆的很大一部分统一于莫卧儿王朝的统治之下。阿克巴最重要的贡献或许是他的政治技巧和宽容。他明白，他的成功依赖于建立一个稳定的政权并赢得忠实的追随者。虽然他是穆斯林，但他对印度教徒十分宽容，完好无损地保存了他们的宗教和文化机构与制度，他还娶了一位印度当地公主，并赢得了印度当地人的接纳。阿克巴也是第一位建立起组织有序的行政和政府官僚机构的皇帝。

1498 年，葡萄牙人成为第一批到达印度的欧洲人。到 1510 年时，他们已经在西海岸的果阿建立了永久定居点，开展香料贸易和其他产自印度南部和西部的产品的贸易，并将天主教传到南亚次大陆，该政策未能在印度教徒和穆斯林当中赢得很多朋友。印度十分广大，大到足以让英国人和葡萄牙人避免直接冲突。东印度公司在 1612 年建立第一个定居点以后，逐渐扩大其影响和经营范围。17 世纪 30 年代，古吉拉特发生了一场饥荒，此后，东印度公司将更多精力集中在印度南部,后来又集中在东面的孟加拉。印度东南部的贸易中心马德拉斯（Madras）* 于 1639 年落入东印度公司之手。1665 年，由于国王查理二世（Charles Ⅱ）同葡萄牙布拉甘扎王朝的凯瑟琳（Catherine of Braganza）结婚，该公司又从葡萄牙人手中获得孟买。1690 年前后，孟加拉的主要港口加尔各答港（Calcutta）建成，由该公司控制。

英国人在印度的优势很大程度上是由莫卧儿帝国的衰落促成的。1658 年，在成功领导一场针对沙贾汗的叛乱之后，莫卧儿皇帝奥朗则布（Aurangzeb）开始掌权。奥朗则布对印度教徒和锡克教徒的敌视政策使帝国衰落并最终崩溃，在 18 世纪早期，这一进程又因来自印度南部的武士般的马拉地人（Maratha）以及影响力日益增强的东印度公司而加速。但帝国的衰落需要很长时间，统治帝国长达近半

* 现称“金奈”（Chennai），印度第四大城市，泰米尔纳德邦首府。1996 年它的名称被官方改为“金奈”，但旧称“马德拉斯”仍被广泛使用。——译者注

个世纪的奥朗则布仍能进一步扩大莫卧儿帝国在南亚次大陆的影响。扩张中的莫卧儿帝国吸纳了更多非穆斯林人口，这些人难以控制，奥朗则布及其后继者将越来越多的地方政府权力下放给当地居民。从18世纪20年代开始，来自印度中西部的马拉地人反抗莫卧儿帝国的统治，在接下来大约30年的时间内，逐渐控制了整个印度中部，并将其控制扩展到南亚次大陆东部。这将不可避免地导致同东印度公司的严重冲突。

当莫卧儿帝国在印度的统治危机四伏时，东印度公司在英国也遇到了麻烦。因为该公司要依靠君主定期为其颁发新的特许状，但1688年至1689年英国发生了光荣革命（Glorious Revolution），使亲罗马天主教的国王詹姆斯二世（James Ⅱ）被流放，这意味着东印度公司陷入危险境地，因为它与被废黜的詹姆斯有关系。1698年，议会授权建立一家新的东印度公司来取代旧的，但这两家即将成为对手的公司于1702年达成合并协议。合并后的公司叫作"商人联合公司"，但基本上总是被称作"东印度公司"。该公司向国王效忠，并在18世纪甚至19世纪继续享有好望角以东地区的贸易垄断权。除了在印度的稳固地位以外，该公司还在苏门答腊岛（Sumatra）和广东设有贸易据点。

18世纪中叶，莫卧儿帝国已混乱不堪，而东印度公司正面临来自法国人的竞争和挑战。1756年，罗伯特·克莱夫还是一个名不见经传的职员，在马德拉斯为东印度公司工作。然而，他是一位富有创新精神的军事战略家。在与法国人签订一项关于在加尔各答的贸易特权的重要贸易协议之后，他领导一支军队，征讨孟加拉当地统治者纳瓦布（the Nawab）。当时，加尔各答已经发展为欧洲–印度贸易中最重要的港口。1757年，克莱夫的军队在普拉西赢得一场重大战役之后，他的征讨演变成了一场征服活动。英国军队洗劫了孟加拉地区，且自16世纪20年代秘鲁落入西班牙人之手以来，英国人在孟加拉得到的财富比任何其他欧洲强国在海外得到的都多。

为巩固和保护其利益，东印度公司筹集数百万英镑建立了一支庞大的军队，并用它来夺取印度其他地区。到1782年，该公司的常备军人数已达11.5万人。虽然这支军事力量名义上是用来提供保护的，针对的是其他欧洲对手，如法国人，但它越来越多地被用于对付当地敌人，这使该公司前所未有地卷入到印度的政治生活中。英国议会觉得这不是该公司的主要使命，因此于1784年通过《印度法案》，该法案建立了一种制度，即由东印度公司和一个议会委员会共同控制印度。但议会远在伦敦，而东印度公司在印度当地，因此，该公司在当地事务中的影响继续不受节制。18 世纪 90 年代，英国人镇压了提普（Tipu），他是迈索尔苏丹，也是最后一位能向英国人发起严峻挑战的当地领导人。由于提普的法国盟友因为法国国内正在发生大革命而无暇东顾，提普基本上没有成功的机会，他后于 1799 年战死。同时，本来或许能够成为可怕敌人的马拉地人，已在 1761 年的帕尼帕特战役（Battle of Panipat）中受到阿富汗军队的严重削弱，因而无法持续地挑战英国人。1806 年，马拉地人的邦国联盟被击败之后，英国人在印度的绝对优势得到了保障，于是英属印度成为亚洲大陆上的第一块大面积欧洲殖民地。

第一个想到拥有战略性布局的殖民地的、组织有序的帝国这一概念的，当属英国人。到 1815 年拿破仑战争结束时，英国议会已经开始尝试沿主要贸易路线建立殖民地，其中有成功也有失败。英国人试图打破西班牙人对阿根廷和乌拉圭交界处的河口地区控制的努力在 1807 年以失败告终，而 1812 年在美国的战争也没有解决问题。与此同时，由于欧洲大陆各国忙于拿破仑战争，使英国获得马耳他和其他地中海岛屿、南非的一个据点、荷属东印度群岛的一部分，以及法国在加勒比海和南太平洋的殖民地。不过，这些殖民者和据点完全由议会控制；尽管有 1784 年《印度法案》的存在，但在印度情况有所不同，到 19 世纪 20 年代，东印度公司几乎控制了整个印度次大陆。最后，该公司控制的印度人士兵于 1857 年暴动之后，议会从东印度公司手中接过控制权，并于次年正式将该公司解散。

历史评论

大约在 1634 年，安东尼·凡·戴克（Anthony van Dyck）完成了一幅英国朝臣登比勋爵（Lord Denbigh）的油画像，登比刚刚结束在印度和伊朗的旅行回到英国，他想让这位艺术家作画纪念他的旅行，于是凡·戴克就根据他的意思作了这幅画。画中，登比穿着一套两件套的丝绸衣服，看上去跟今天在印度仍然穿的纱丽克米兹差不多。这位贵族在南亚的丛林中打猎，他右手拿着一支滑膛枪，旁边有个印度男孩指着附近一棵棕榈树上的一只鹦鹉。凡·戴克所作的登比画像象征着 17 世纪英国与亚洲关系中的一些变化：英国人在亚洲出现得越来越多，随着旅行者回国并讲述他们的故事或把它们画下来，英国人对亚洲和亚洲人的认识也随之增加（尽管对他们来说，这个大陆依然是一个具有异域色彩的地方，这里的服装、树木和禽鸟都跟英国人所知道的有很大不同）；在初始阶段，英国人在东印度群岛、日本和其他地方的活动急剧增多，在这之后，印度成为英国人在亚洲的焦点；印度的纺织品在英国和亚洲的关系中处于中心位置（尽管廉价棉布发挥的作用远比登比这样的贵族购买的丝绸衣服发挥的作用大）。

在很多方面，英国与亚洲的关系在 17 世纪的演变是英国与欧洲之外的世界日渐扩大的交往的重要组成部分，但它也有若干显著特点。这些特点大部分与以下事实有关，那就是，跟在北美洲等地不同，英国在印度的利益基本上在于商业。这意味着在不同时期，随着不同商品风行一时，并且随着政治因素影响贸易路线，不同的国家就会成为这些利益的中心。而且，英国与亚洲（除中东地区外）的所有合法贸易都由一家名为“东印度公司”的公司开展。因此，在很大程度上，17 世纪英国人在亚洲的历史就是东印度公司贸易事业的历史。

直到伊丽莎白一世统治时期（1558—1603），英国与亚洲的接触大约只到黎凡特，黎凡特位于亚洲，濒临地中海东部，数世纪以来，英国朝圣者（一度还有十字军）纷纷来到这里。个别英国人走得更远。英国人约翰·曼德维尔爵士（Sir John Mandeville）在波斯和印度的冒险故事在 14 和 15 世纪被人广泛阅读，但他是个虚构人物，不过在现实生活中他也有原型，尤其是在瓦斯科·达·伽马于 1498 年开辟从欧洲到印度洋的新航路之后。例如，1579 年，耶稣会会士托马斯·斯蒂芬斯（Thomas Stephens）在印度的葡萄牙人定居点开始了长达 40 年的传教士生涯。1600 年，一名叫作威尔·亚当斯（Will Adams）的水手乘坐荷兰商船到达日本，最后他做了高官，并成为詹姆斯·克拉维尔（James Clavell）的小说《将军》（*Shogun*）中的主人公的原型。

不过，比起亚洲本身，英国人更熟悉亚洲的商品。在整个中世纪，英国都进口产自东亚、东南亚和南亚的香料、纺织品和瓷器。数世纪以来，它们都是经一条迂回的路线运到英国：从产地经海路运到波斯湾，再经过漫长的陆路运到黎凡特或埃及，然后再经海路由威尼斯商人运送到欧洲各地。利用瓦斯科·达·伽马开辟的航线，葡萄牙人在 1498 年之后接过了欧洲和亚洲之间的大部分贸易。不管是由威尼斯人还是由葡萄牙人运送，英国从亚洲进口的货物很大一部分都经过安特卫普（Antwerp）中转，安特卫普现属比利时，但在16世纪是西属尼德兰的主要贸易城市。英国商人把羊毛（当时是英国的主要出口商品）运到安特卫普，在那里换取来自亚洲的货物（当然还有其他商品），再在英国销售。

后来，在16世纪下半叶，一系列发展（有些是相互关联的，有些不是）改变了英国与亚洲的关系。16世纪50年代，经济和政治问题导致英国布匹在欧洲大陆的市场急剧缩小。一部分此前在安特卫普用羊毛织品换取亚洲货物的英国商人决定模仿葡萄牙人，直接航行到这些货物的产地。为避免与当时主宰着好望角周围海路的葡萄牙人发生冲突，一群英国商人开始寻找新路线。他们把最大赌注押在"东北航道"上，他们认为这条通道横穿西伯利亚北部。1553年，他们建立了一家股份制公司来寻找和探索该通道。在当时十分常见的股份制公司中，投资者汇集他们的资源来获取外国商品，然后在国内市场销售并分享利润。"东北航道"没有找到，不过这项探寻将英国人带到了俄国，他们发现这里可以供应英国人所需的货物，包括从波斯经陆路运来的亚洲货物。1555年，成立了股份制的"俄国公司"来开展俄国和英国之间的贸易。20年之后，英国商人越来越多地来到土耳其港口黎凡特，在这里他们也能获得经陆路运来的亚洲货物。1581年，他们成立"土耳其公司"，并于1592年改名为"黎凡特公司"。在黎凡特的贸易几乎不可避免地使英国人前所未有地深入亚洲。例如，在1583年，土耳其公司的拉尔夫·菲奇（Ralph Fitch）到达葡萄牙人控制的现位于马来西亚的港口马六甲。

与此同时，当英国商人冒险的范围越来越大时，英国的航海技术也迅速进步。16世纪70年代，英国造船厂改进了大型帆船，这种船将帆船的速度和易操作性与可装载重型火炮的特点结合在一起，此前这种重型火炮只能装备在以桨橹为动力的桨帆船上。凭借其武器装备，大型帆船在海盗或敌国船只出没的水域，既可用作战舰，也可用作商船。与此同时，英国水手也掌握了远洋航行所需的技术，直到那时为止，掌握这种技术的基本上只有西班牙人和葡萄牙人。1577年至1580年，弗朗西斯·德雷克驾驶大帆船"金鹿号"（*Golden Hind*）进行环球航行，标志着英国的航海技术达到巅峰。德雷克向西航行，绕过南美洲，横渡太平洋，成为第一个到达马鲁古或香料群岛的英国船长。1591年，詹姆斯·兰开斯特率领第一支英国远洋船队向东航行，绕过好望角，到达印度洋。

英国的贸易增长和英国人航海技术的进步，跟英国与西班牙关系的恶化是互为因果的，英西两国在16世纪60年代关系开始恶化，并在1585年爆发了战争。这进一步扰乱了英国与原有贸易伙伴的关系。西班牙统治下的城市安特卫普现在位于敌国领土之上。而且，1580年西班牙与葡萄牙王权合并意味着葡萄牙人成了英国的敌人，而葡萄牙人一直是向英国提供亚洲货物的主要供应商。

这里所说的有关英国商人、水手和对外关系的事情，大部分也适用于荷兰人。荷兰人的情况中，还有另外一个因素，那就是，虽然战胜西班牙和葡萄牙对英国来说是最好不过的，但对于荷兰人来说，却至关重要，事关生死。自1516年以来，尼德兰地区一直由西班牙王室统治。1566年爆发了反抗西班牙的骚乱，并迅速演变成一场反对西班牙的全面起义。在接下来的80年的大部分时间内，荷兰人（尼德兰人）一直为争取独立而战斗。他们将葡萄牙的亚洲贸易所产生的财富视为西班牙重新制伏他们的基础之一。不过，如果他们夺取了同东方的贸易，获得的利润就可以用于维护而不是压制荷兰人的自由。于是，从1595年开始，荷兰商人组建了一系列公司，成功地挑战了葡萄牙人在亚欧贸易中的主导地位。1602年，在荷兰政府的鼓励下，这些公司合并成“联合东印度公司”，通常称作“荷兰东印度公司”。

与葡萄牙人相比，富有进取心且组织良好的荷兰商人对英国日益扩大的亚洲贸易构成前所未有的更大威胁。一群英国商人断定，阻止荷兰人获得对英国从亚洲进口货物的钳制力的唯一途径是重启始于半个世纪前的行动，并派他们自己的船只直接前往亚洲的物产中心。这些人包括一些商人，还包括黎凡特公司的商人，他们对亚洲商品的认识可追溯到安特卫普市场。1599年9月，他们集资建立英国东印度公司，目标是取道好望角，开辟英国与亚洲的直接贸易。（由于荷兰人的活动，葡萄牙人无力再阻碍往来于那条路线的英国船只。）次年，英国政府向新公司颁发特许状，除了其他特权，该公司还获得了对英国与所有亚洲国家和太平洋国家贸易的垄断权。这种垄断权对双方都有利。对东印度公司来说，排除竞争对手为赚取利润提供了保障。对英国政府来说，只跟一家公司打交道使它对亚洲进口货物征税变得更加便利（至少愤世嫉俗者认为，保持垄断地位的欲望也会迫使该公司经常向政府官员送礼或提供贷款）。随后，投资者购买了4条船，装满货物，并在1601年目送它们在詹姆斯·兰开斯特的指挥下驶往亚洲。10年前，兰开斯特曾率领英国远洋船队绕过好望角。

东印度公司的首要目标是在香料贸易中占据一席之地，香料贸易在16世纪让葡萄牙人致富，在17世纪又使荷兰人发财。香料贸易中的主要商品是胡椒（产自印度西南沿海的喀拉拉和东印度群岛的苏门答腊岛和马鲁古群岛）；还有丁香、肉豆蔻和肉豆蔻干皮（这些产品产自东印度群岛东部的马鲁古群岛）。兰开斯特航行到爪哇岛的万丹，在那里建立了一个贸易据点，那时叫作代理点，他在那里从当地生产者手中收购胡椒。1603年，他率领船队驶回英国并销售他的货物，获利颇丰。

取得这次成功之后，该公司的投资者紧接着又资助了第二次航行，这次航行到达了马鲁古群岛。然而，在爪哇岛和马鲁古群岛，英国商人遇到一个问题：香料生产者对英国的出口商品不感兴趣，当时英国出口的商品主要是羊绒织品。该公司可以用银子购买香料（它也确实是这样做的），但当时的经济学理论不赞成输出贵金属。一个更好的选择是找到香料生产者想要的其他亚洲货物。例如，多年来，许多来自亚洲国家的商人（更近时期的还有葡萄牙人和荷兰人）一直从印度西部的古吉拉特地区购买棉纺织品，然后运到马鲁古群岛换取香料。抱着这种想法（这是部分原因），1608年，该公司的第三次远洋船队在古吉拉特的主要港口苏拉特登陆。远洋船队指挥官威廉·霍金斯（William Hawkins）继续前行，到达当时控制着印度中北部的莫卧儿帝国的首都阿格拉（Agra）。他面见皇帝贾汉吉尔，后者允许英国人在苏拉特开办一家贸易站。

1611年，东印度公司在印度东海岸的默苏利珀德姆（现位于安得拉邦）开办了一家贸易站，如同在苏拉特一样，英国人在那里得到棉花。两年后，公司的一艘船到达日本，那时的日本仍然向外国人开放。在那里，商人们非常乐意用银元购买来自亚洲其他地方的货物。1622年，东印度公司又为其贸易利益增加了一处地盘：英国援助波斯人成功攻占了位于波斯湾出口处由葡萄牙人控制的霍尔木兹岛，作为回报，波斯政府授予东印度公司广泛的贸易特权。这特别受到重视，因为波斯是丝绸的主要产地。东印度公司也经营中国丝绸生意。中国那时不许外国人进入，但中国商人前往东印度公司位于其他国家的贸易据点，在那里销售中国的商品。

到17世纪20年代初，东印度公司已在现在的沙特阿拉伯、也门、阿曼、伊朗、巴基斯坦、印度、孟加拉国、缅甸、泰国、柬埔寨、越南、马来西亚、印度尼西亚、文莱和日本等国的许多地方设有贸易据点（有一份列表列举出 100 多个贸易据点）。它的船只将波斯的丝绸运往印度，将印度的棉花运往日本，将日本的白银运往印度尼西亚，并且还为亚洲商人运送货物。所有这些活动产生的收入都被用来购买亚洲的商品，再运回英国。这些商品包括一些纺织品和马鲁古的香料，但该公司的经营重点是胡椒，其中大多数是经万丹的贸易据点运回英国。对于公司的投资者来说，这些生意利润丰厚，但很少有其他人注意到什么变化。从亚洲进口的货物现在由东印度公司的船只，而不是由葡萄牙人和荷兰人的船只或者经俄国公司和黎凡特公司运来，这一事实并没有对英国消费者所能购买商品的范围、质量或价格产生影响。同样，英国人对亚洲商品的需求仍然很小，小到不足以影响它们的产量或生产者和中间商得到的价格。对这些生产者和中间商来说，英国人只是众多亚洲和欧洲的外国商人中的一部分。

在这一阶段，更加难以觉察的是，东印度公司的活动使英国和亚洲的关系发生了哪些变化。感兴趣的人或许已经注意到，英国人对亚洲的认识有所增加，这在一定程度上受到因公司生意而去过亚洲的人所写的回忆录影响。这些人包括约翰·赛利斯（John Saris），他是第一艘到达日本的东印度公司船只的船长；还包括托马斯·罗爵士（Sir Thomas Roe），他被詹姆斯一世（James Ⅰ）派往印度，去和莫卧儿皇帝贾汉吉尔就一项商业条约进行谈判。（罗还在英国外交史上享有一席之地：他是由英国君主派往欧洲之外宫廷的第一位大使。）一些亚洲人也对英国有了一定的认识。一个视觉上的例子是一幅由莫卧儿宫廷艺术家比奇特尔（Bichitr）所作的油画，它可以跟凡·戴克的登比画像相媲美。在画中，贾汉吉尔全神贯注于一位穆斯林神职人员，而故意无视外国君主们，其中就包括很容易辨认的詹姆斯一世。

只要能得到以白银或实物计价的公平价格，亚洲商人并不反对东印度公司。但其他欧洲人并非如此。在 30 多年中，葡萄牙人一直试图将东印度公司的船只赶出印度洋，但没有成功，后来双方在 1635 年达成停战协议。一个更严重的威胁来自荷兰联合东印度公司，那时该公司正逐渐稳步控制亚欧之间的所有贸易。1623 年，荷兰人的骚扰在所谓的安汶大屠杀（Ambon Massacre）中达到顶峰。当时，荷兰人在香料群岛处死了 10 名英国商人，以及 9 名日本人和 1 名葡萄牙人。在接下来的几年，荷兰人巩固了他们对马鲁古群岛的占有，并最终将英国东印度公司排斥在利润丰厚的印度尼西亚东部所产香料的贸易之外。荷兰人还用香料让欧洲市场饱和，并降低价格，因此也压低了其对手的利润。

于是，东印度公司逐渐转向印度的棉纺品贸易。这些棉纺品分为两大类：印花棉布（chintzes，当时指优质印染布料）和白棉布（calicoes，即廉价的素色无花纹布料）。（chintze 一词源自“*chint*”，是这种纺织品在印地语中的称呼；“calico”指的是印度港口科泽科德，即 Kozhikode。）从 17 世纪初开始，东印度公司就在亚洲各地销售这两种布料。少量印花棉布还被运回英国。17 世纪 20 年代，该公司也开始进口白棉布。在那以前，除了昂贵的亚麻布和丝绸之外，英国人用于穿着和家用的唯一纺织品就是羊绒，这种面料较为厚重，让人发痒并且难以清洗。白棉布是一种广受欢迎的替代品，并且从长期来看，棉布成了东印度公司的救命稻草。然而，这是后话，东印度公司不得不在 17 世纪 30 年代到 50 年代为生存而奋斗。查理一世统治期间（1625—1649）以及其后的共和政体和护国体制时期（1649—1660），英国政局动荡，在此背景下，17 世纪 20 年代末的一场经济萧条使得亚洲货物在全欧洲价格下跌。私商（破坏东印度公司往英国进口亚洲货物垄断权的独立商人）的激增也使该公司的利润减少。通常，私商直接从缺钱的英国政府那里购买在亚洲开展贸易的“权利”，东印度公司对此毫无办法。

所有这些因素都迫使东印度公司急剧缩减其业务范围。到 17 世纪 30 年代初，它已关闭大多数贸易据点，并将业务重点缩小，只经营两种商品，即产自万丹的胡椒和产自苏拉特和默苏利珀德姆的棉布。（1639 年，设在现称金奈的马德拉斯的一个新贸易据点取代默苏利珀德姆，成为该公司在印度东海岸的总部。）然而，问题仍继续存在。17 世纪 30 年代，发生在古吉拉特的一场严重饥荒使得来自苏拉特的棉布数量锐减。该公司不得不在印度东部的孟加拉寻找别的供应商，并于 1651 年在那里建立一个贸易据点。

随着 1660 年查理二世复辟，东印度公司的运气开始好转。这在一定程度上是因为该公司给了政府大量礼物和贷款，从而使它与查理二世及其弟弟詹姆斯二世关系密切。其中一个结果便是，英国政府坚持起诉破坏该公司垄断权的私商，这是 40 年来的第一次。东印度公司进一步削减成本。例如，那时大型帆船已经被分别设计的海军船和商船取代，而该公司火力强大的“东印度人”规格船只介于这两者之间。该公司不再花费大量资本来购买自己的船只，而是在需要时租用“东印度人”规格船只。与此同时，经济思想的变化意味着输出贵金属不再被视为一场灾难，这为该公司用直接从英国运来的白银购买亚洲货物扫清了障碍，使它能够从将货物从一个亚洲港口运到另一个港口的生意中解脱出来，不管这种货运是为了东印度公司自销还是只替各地商人运输，因为这些商人交了钱。另外，任何英国人，不管是不是该公司雇员，只要他想，都会被允许用自己的资源和船只在亚洲开展私人贸易，只要他不把亚洲货物运回欧洲即可。

与此同时，在 1652 年至 1674 年之间，英国与荷兰之间发生过三次战争，主要是围绕海外贸易（包括亚洲贸易）的主导权问题。每次战争期间，荷兰人都或多或少使英国与亚洲之间的全部贸易中止。后来在 1682 年，荷兰人夺取了位于万丹的贸易据点，这是东印度公司的胡椒贸易中心。英国人在苏门答腊岛的明古鲁（Bengkulu）建立了新的贸易据点，以取代万丹。由于 1689 年英国人与荷兰人达成和平协议，英国人将这个位于明古鲁的贸易据点一直保留到 1824 年，但从明古鲁运出的胡椒的量却再也没有达到以前从万丹运出的水平。

于是，印度的棉布此时占东印度公司进口到英国的货物的绝大部分。幸运的是，复辟期间，对白棉布的市场需求呈爆炸式增长，以至于在 17 世纪 80 年代，该公司每年为每个英国人进口 14 码（约 12.8 米）布料。人们注意到，在 17 世纪早期，东印度公司对香料贸易的参与改变了胡椒运达英国的方式，但对消费者影响很小。然而此时，印度棉布日渐取代羊绒成为数百万人喜爱的纺织品，不仅是在英国，在全欧洲以及在新大陆日益扩大的英国殖民地也是如此。而东印度公司在世界纺织品贸易中控制了前所未有的份额。从 17 世纪 60 年代到 80 年代，该公司从亚洲进口货物的价值几乎增长到原来的 5 倍，而棉布占总量的三分之二。

剩下的三分之一由多种商品构成。印度供应丝绸和硝石（火药的关键原料）。1644 年取得政权的清王朝将中国向英国商人开放，这时他们可以从原产地而非从亚洲商人或荷兰商人手中获得中国丝绸和瓷器。17 世纪 80 年代，东印度公司也进口绘有自然风光或日常生活场景的手绘中国壁纸，这几乎成为英国上流社会家庭中的必需品。该公司从也门进口咖啡，在 17 世纪末，这是英国最受欢迎的非酒精类饮料。几年后，咖啡又被该公司的另一种进口货物超越，那就是中国的茶叶。

1688 年，詹姆斯二世在光荣革命中被推翻，这对东印度公司来说是一场危机，尽管只是暂时性危机。该公司与被废黜国王的良好关系令威廉三世（William Ⅲ）

的新政权对它存有敌意。1698年，反对对亚洲贸易垄断权的商人通过向政府提供贷款和行贿，使政府同意组建另外一家东印度公司，该公司寻求将其对手置于死地。然而各方很快意识到，合作比敌对好。于是在1708年*，两家公司合并成一家新的实体，这家新公司继续垄断亚洲贸易，直到1813年。

到1700年时，英国从亚洲进口的货物在价值上相当于从加勒比海的甘蔗群岛（Sugar Islands）进口的所有货物的总和，是从北美大陆殖民地进口的货物价值的两倍。由东印度公司运到英国的亚洲货物再被出口到欧洲大陆和美洲，并且它们在卖给非洲统治者的货物中占有很大比重，这些货物被用来换取奴隶运往新大陆。英国与亚洲之间100年的持续接触带来很多变化。英国消费者此时已能购买到白棉布和其他物品，而这些商品在1600年几乎是买不到的。亚洲贸易在重新定位英国海外贸易的过程中发挥了重大作用，它使英国的海外贸易从相对较小的北欧走向全球。东印度公司的另一个效应是加强了伦敦在英国金融界的主导地位，因为，作为获得英国政府特许的最大公司，该公司总部设在伦敦，这里是公司大多数股东的家乡。

尽管对亚洲有直接经验的英国人数量仍然很少，但对英国有所了解的亚洲人数量更少，但到18世纪，英国人比以往任何时候都更了解亚洲，亚洲人也开始来到英国。不管个人的认识水平如何，贸易正影响着两个地区越来越多的人。随着次大陆西部的动乱使得经由苏拉特的贸易大大减少，该公司经营的棉布越来越多地来自印度东部的孟加拉。1690年，东印度公司在加尔各答建立了一个新的贸易据点，作为该公司在孟加拉的总部。在孟加拉，越来越多的印度人通过生产纺织品并卖给欧洲商人而发财致富。到17世纪末，每10个孟加拉纺织工中就有1个生产布料卖给英国人和荷兰人。同欧洲人的生意为印度官员、商人和生产者带来了新财富。

与此类似，17世纪末，随着出身卑微的公司雇员在印度发财致富（并非全是通过合法途径）并回到国内进入贵族阶层，英国出现了一个新的精英阶层。这些人包括出生于美洲的伊莱修·耶鲁（Elihu Yale），他的资金支持将康涅狄格（Connecticut）一所很小的学院变成一所重要的大学；还包括托马斯·皮特

* 本章“概述”一节讲到两家公司于1702年达成合并协议，与此处并不矛盾。两家公司于1702年开始合并事宜，但合并过程持续了六七年。1708年，议会通过一项法案，意在解决剩下的问题。两家公司的合并于1708年最终完成。——译者注

（Thomas Pitt），他的孙子和曾孙在 18 世纪成为英国首相。

或许，东印度公司在 17 世纪活动最重要的遗产是它创造了英国在亚洲的重要商业利益。为保护这些利益，已经导致英国人和葡萄牙人及荷兰人发生过冲突。18 世纪时，英国人又阻止法国人损害这些利益，其效应是在旧有商业利益上增加了政治、军事和战略考量。这又促进了大英帝国在亚洲的殖民活动，该帝国在 19 世纪和 20 世纪统治着从中东到马来西亚的大陆的很大一部分。并非巧合的是，大英帝国在亚洲的殖民地以印度为中心，而印度正是原来东印度公司开展贸易活动的地方。

约翰·麦克劳德（John McLeod）

约翰·麦克劳德（John McLeod），路易维尔大学历史学教授，在多伦多大学获得博士学位。其专长是殖民地时期的印度历史，主要著作包括《主权、权力、控制：1916—1947 年印度西部诸邦的政治》（*Sovereignty, Power, Control: Politics in the States of Western India, 1916–1947*，1999）和《印度史》（*The History of India*，2002）。

第十五章

德川幕府的建立（1603）

中国同时期：明神宗朱翊钧

概　述

17世纪初，日本位于全球文明的最边缘地带。日本由一系列岛屿组成，位于离亚洲大陆东海岸较远的地方（日本离朝鲜有100多英里，而朝鲜是亚洲大陆离日本最近的地方，朝鲜本身也是一个相当偏远的国家），并且在东面，日本被广阔的太平洋阻隔，因此它很少吸引外国人前来。不过，16世纪中叶，来自葡萄牙、西班牙和荷兰的勇敢无畏的欧洲水手开始将他们在中国的贸易活动拓展到日本。

尽管日本的地理位置可能有些偏远，但它既不贫穷也不野蛮。1600年，它的人口大约为1800万，大部分人都生活在三个大岛上，即本州、九州、四国，这三个岛总面积约为113500平方英里。这些岛屿多山，但植被茂盛，并且有肥沃的沿海平原和山谷，适宜种植水稻。

大部分日本人以种地为生，但也有相当数量的渔民以及较大的富有活力的城市社群，这些城市社群由工匠、神职人员、商人以及那些更喜欢在城市生活，而不愿待在其乡下庄园中与农民为伍的地主组成。17世纪以前，日本经济已经在稳步增长；即使在16世纪，尽管政局混乱，日本经济也经历了很大发展。

人们的生活以小家庭（父母和子女）和大家庭或家族为中心。在文化生活中，传统扮演着很重要的角色，宗教也是如此。日本人没有全国性宗教，这一点或许令人惊奇。但日本有好几种很好地融合在一起的宗教或伦理准则，其中之一就是传统宗教神道教，这是日本独有的一种宗教，起源于这个国家谜一般的历史。另一种宗教是佛教，它有很多派别。正如日本文化中的许多内容一样，佛教在1000年前从中国传入。另一种从中国传来并帮助塑造了日本文化生活的是儒家思想。中国人用汉字作为书面语言记录口头语言的做法同样也影响了日本。

16世纪初，尽管日本经济繁荣，文化生活活跃，但其政治局面却并不令人鼓舞。到处都充斥着混乱、暴力、流血事件。日本政治问题的源头可追溯至数百年前。在7世纪和8世纪，强大而富有的大和家族开始指定它的族长担任天皇，大和家族宣称与神具有特殊关系。一开始，大和家族的人扩大并巩固他们的权力；但是，当统治者将越来越多的土地和特权（与之相伴的是财富与权力）分封给宗教机构和重要家族的首领时，他们也开始走向衰落。实行这种分封政策，本来是为了加强天皇的统治基础，结果却适得其反。天皇慷慨行为的受益者采取了独立立场，因此逐渐使天皇沦为有名无实的傀儡。与此同时，日本版的欧洲封建贵族阶级时时处处相互争斗，动用大批武士，这些人有时肆意妄为，不受约束。贵族们的争斗给国家带来了灾难。

12世纪，日本发生了一场严重危机，大规模动荡遍及全国。贵族及其武士都纷纷加入这场类似于内战的混战之中。源氏家族在混战中胜出，在镰仓建立了他们的统治中心，后来"镰仓时代"被用来指日本历史上的这一时期。源氏家族的首领源赖朝并没有废黜天皇，而是宣称代表天皇进行统治。源赖朝强化了天皇半人半神的地位，利用他与天皇的关系使他自己的权力合法化。不过，源赖朝和他的继承者总是小心翼翼地将天皇及其侍从与社会隔离，使他们远离实权。为巩固他的胜利，源赖朝让天皇封他为"将军"（实为军事独裁者）*，由此开始了漫长的幕府统治时期，该时期一直持续到1868年。

镰仓幕府从未完全控制日本的地主士绅阶级，大贵族（又称"大名"）一直处

* "将军"一词是"征夷大将军"的简称。在日本历史上，征夷大将军原为大和朝廷为对抗虾夷族而设立的临时高级军官职位。"夷"指的是曾在本州东部和北海道居住的虾夷族。征夷大将军的衙门称为"幕府"。12世纪末，幕府将军转变为所有武士与军人的首领、总代表。公元1192年，源赖朝出任"征夷大将军"，建立镰仓幕府。由镰仓幕府开始，到明治维新之前，大部分幕府将军取代日本天皇，掌握日本实际政权，成为实际统治者。——译者注

于独立状态，不受幕府控制。随着历届幕府通过向大名授予土地和其他特权来换取他们效忠，而不是使用武力来抑制贵族的独立，地主士绅阶级的势力变得越来越强大。而且，由于人口增长以及缺少一个强有力的中央政府，使得地方上出现许多豪强，他们的人数和实力都在不断扩展，并不停地争斗。1333 年，发生了反抗镰仓幕府的叛乱并取得成功，但当时夺取将军职位的足利家族也无法行使多少权力。日本政局一盘散沙的状态仍然继续。天皇有名无实，被排除在权力之外；将军缺乏行使其权力的实力与意志力；传统贵族为了一丁点优势或有名无实的头衔而你争我斗；而当时多如牛毛的地方豪强（不管他们来自平民阶层，还是来自神职人员阶层，抑或是武士阶层）又挑战着现有秩序。内战四处蔓延，无休无止。

直到 16 世纪末 17 世纪初，这种混乱局面才得以终结。那时，一系列冷酷无情、实力强大且意志坚定的人物为日本带来了秩序，这种秩序将延续两个半世纪。日本的统一或平定始于织田信长，他是一位来自日本中部的年轻大名，出生于 1534 年。1560 年，织田信长的武士们歼灭了一支由另外一位大名领导的部队，该部队的人数比织田信长的多 10 倍以上。这场胜利如同大卫战胜巨人歌利亚（Goliath）一样。它立即使织田信长跻身日本最显赫的贵族行列。8 年后的 1568 年，织田信长夺取了古都京都，迫使天皇封足利义昭为将军。足利义昭是足利家族争夺将军职位的几个人之一，但他只是织田信长手中的傀儡，所有重大决定都由织田信长来做。

虽然织田信长显然控制了幕府，但很难说他统治了日本。抵抗遍及全国。宗教团体是一支主要的反对力量，他们小心翼翼地守卫着自己的世俗权力。1571 年，织田信长进攻俯瞰京都的比睿山上著名的延历寺。织田信长手下的人毫不留情，捣毁了该寺庙，杀死了所有落入他们之手的人。然而这只是反织田信长宗教团体发起的许多次进攻中的第一次和最著名的一次。到 1582 年去世时，织田信长已经决定性地粉碎了他的宗教界对手的力量。

16 世纪 70 年代，织田信长还采取了另外一些措施来巩固权力。1573 年，他迫使将军足利义昭离开京都。虽然他自己并没有当将军，但织田信长的确曾宣称自己拥有与将军同等的权力。他还在 1576 年至 1579 年在安土的琵琶湖湖畔建造了一座雄伟的城池。该城池用于抵御火器攻击（欧洲人已将火器引入日本），织田信长的城池反映了它的主人的重要性。

在稳固其权力基础之后，织田信长随即开始征讨更遥远的对手。他赢得众多领主的支持，其中最重要的一位便是丰臣秀吉，此人是一个出身低微的武士，由于其卓著的军事才能而迅速获得提升。1582 年，织田信长正在进行征讨时，被明智光秀逼迫自杀。明智光秀是一个叛将，他对自己往昔的盟友心怀个人怨恨。织田信长死后，丰臣秀吉巧妙施展手段，宣布继承织田信长的遗产。

直到 1598 年丰臣秀吉去世时，他都继续奉行织田信长的统一政策，并取得显著成果。他领导一个由许多野心勃勃的领主组成的联盟，对剩余的大名发动了一系列毁灭性讨伐。当他在 1590 年击败日本西部的北条氏家族时，丰臣秀吉和他的盟友几乎控制了整个国家。丰臣秀吉以他新近建成的位于大阪的城池为基地实行统治，并改进了政府体制，该政府体制类似于成熟的封建制度。丰臣秀吉并没有全然消灭敌人，而是采取威胁与讨好相结合的办法，让他们变成忠诚的领主。例如，丰臣秀吉逼迫大名将他们的妻子和子女送到他的大阪城生活，这其实是把他们扣为人质，使这位领导者能够控制其封臣。同时，丰臣秀吉也讨好他的封臣们，把没收的财产送给他们，并允许他们随意自由地管理自己的领地。如以往一样，天皇被架空，拥有半人半神的身份，但毫无实权，丰臣秀吉代表天皇进行统治。

丰臣秀吉也采取别的措施来加强他的权威。1588 年，他发布公告，要求所有农民和村民上缴武器。在日本平定之前的长期内战期间，平民经常把自己武装起来，结成团体，以求自我保护。如今丰臣秀吉没收了他们的武器，于是创造出一种武器垄断，只有大名和他们的武士才可以保有武器。两年后，他颁布新法令，消除社会阶级流动性，强化了 1588 年的法令中规定的阶级区分。于是，农民和武士之间有了清晰的区别。根据该法令，出身于农民家庭的人终其一生都必须当农民，而武士被禁止回村重新从事农业生产，也不得离开其主人去投奔新主。最后，在 1598 年，丰臣秀吉完成了始于 16 世纪 80 年代的一系列土地调查，这极大地促进了征税。

丰臣秀吉在国内事务上的极大成功被他那反复无常、适得其反的外交政策所抵消。丰臣秀吉骨子里是一个武士征服者，他梦想征服中国。他的征服梦导致他在 1592 年侵略朝鲜，但他的侵略注定要失败。在初始阶段取得一些成功之后，日本人遇到朝鲜人和中国大明帝国的顽强抵抗。双方陷入僵局，开始谈判。然而，丰臣秀吉在谈判桌前的过分要求让朝鲜和中国再次对日本产生了敌意，这对日本并不怎么有利。丰臣秀吉一死，他的继承者就被迫求和。

丰臣秀吉对自己的继承人问题处理得也不妥当。他选择将他的位子留给5岁的儿子，并任命一个摄政委员会来实行统治，直到这个孩子成年。不出所料的是，随着摄政者为了丰臣秀吉的职位而彼此竞争，这个安排很快被打破。德川家康取得了胜利，他是统一日本的三个大名中的最后一位。胜利之后，德川家康延续了其前任织田信长和丰臣秀吉的政策，包括更早的政策，即通过大名领主网络，而非通过宣称自己拥有绝对权力来进行统治。1603年，他让傀儡天皇任命他为将军。这项任命标志着德川幕府的开始，该幕府一直延续到1868年。

历史评论

在1868年德川政府倒台后的一个世纪里，该政府被普遍抨击和妖魔化，说它压制人的种种渴望长达265年。人们将日本的各种实有和想象的病症都怪罪到它的头上。福泽谕吉或许是德川幕府之后的日本最著名且最有影响力的“现代化推动者”及各种西方事物的推广者，他宣称自己对德川幕府就像对“杀父仇人一样”痛恨。新的明治天皇在其1868年4月的《五条御誓文》中批评德川幕府“旧有之陋习”，承诺自己将摒弃这些陋习，从今以后将自己的政府建立在“天地之公道”的基础之上。

“二战”后的日本历史学家认为德川幕府几乎和那个将日本推入20世纪中期残酷的世界大战的“军国主义分子小集团”一样可耻和野蛮。要不是因为1947年远东战争罪特别法庭（远东国际军事法庭）的审判结果，从1603年到1868年统治日本的德川幕府或许已经被判应为“反人类罪”负责，而不会遭到日本人的太多抗议。

直到最近，历史学家们才不带任何思想偏见地去考察德川幕府。这在一定程度上是因为幕府是一个易于攻击的目标，一个便于利用的稻草人，需要时就拿来打倒。它在经济上实行封建制度，在社会方面死气沉沉，压迫女性，在宗教方面高压专制，在思想方面愚钝不堪，在国际关系方面盲目排外。它一点都不符合任何地方的好人所具有的各种真实而合理的愿望。

然而，我们必须记住，如果说幕府不民主，那么它从来没有想不民主。如果说它专制残酷，那么它绝对比当今世界上数百个政府好得多。1603 年它建立时，相比破坏日本已近两个世纪的恐怖内战来说，是一个巨大进步。

这个政府将要统治日本长达两个半世纪以上。可以肯定的是，它的建立绝对不是什么历史必然性。它统治那么长久，本身就是一种反常现象。它之前的军事独裁政府，在其首都被贪婪的封臣洗劫并且几乎被摧毁之后，其残余力量仍然苟延残喘将近一个世纪。实权在残暴的封建军阀（大名）手里，他们为了一丁点土地就会彼此凶残地斗争。

16 世纪下半叶的日本，经历了人们所能想象得到的最残酷和最不义的战争。儿子背叛父亲；兄弟之间互相残杀已成惯常之事，惯常到令人麻木不仁；父亲将女儿像牲口一样卖掉，拿来做交易，希望短期内宽裕一些；大名不假思索地洗劫和焚烧寺庙；以家庭为中心的封建政府像潮水一样大起大落，不断更替。实际上，这些离心力似乎更可能将日本撕扯成更小的碎片化封建割据状态，而不是走向国家统一和强大。

16 世纪三位“伟大统一者”中的前两位都以残忍可怕的手段无情地杀戮、折磨或烧死他们的敌人，但这两人一死，他们的政府就随之倾覆。织田信长（1534—1582）强悍的军事力量随着他的自杀而土崩瓦解。他的后继者丰臣秀吉（1536—1598）控制了织田信长的同盟，并将它很好地打造成一个具有凝聚力的军事机器，几乎征服了整个日本，甚至将力量拓展到朝鲜，并意图征服中国乃至整个世界。然而他死后没几个月，他最信任的 5 个领主便背弃了效忠他儿子的誓言，使这个世纪末的日本又重新陷入血腥的内战之中，这样一来，这个世纪以内战开始，以内战结束。

同样，第三位“统一者”的胜利也不是注定的。德川家康（1542—1616）是一位不怎么重要的大名的儿子，他曾经为其父充当人质，在织田信长那里生活，他在继承父亲当了大名之后，随即成为织田信长的一名封臣和将领。

德川家康很务实，他并不像织田信长和丰臣秀吉那样是一个精明强干、富有魅力的军事领导者，而是一个富有耐心、善于观察、机智灵活的人。他的每一个行动都经过仔细考虑，他积极鼓励手下向他提出富有建设性的批评意见。因此，他们对他都很忠诚。对那些忠诚的追随者，他给予慷慨奖赏。他很谨慎，从不滥用武力，让他的士兵打不必要的仗。他从不被信用束缚。有好几次，他都不遵守自己庄严发过的誓言，因为那些只是权宜之计。有一次，德川家康的妻子和儿子被怀疑密谋对付织田信长，织田信长要求德川家康杀掉他们以示忠诚。德川家康几乎没有犹豫，就奉命照办。毕竟，德川家康娶了很多女人，还有若干小妾，他有很多儿子，绝不会仅仅为了一个妻子和一个儿子而危及自己的性命和事业。

1582年织田信长自杀后，很短一段时间内，德川家康曾经是丰臣秀吉继承前任封建领主的对手。他们的军队曾短暂交锋，但没有明确结果。随后，在剿灭日本东部敌人的过程中，德川家康很聪明地选择效忠并辅助丰臣秀吉。德川家康接受关东平原作为对他的忠诚的赏赐，放弃了他原来控制的本州中部的领地。

德川家康更像一个不安的盟友，而非一个恭顺的奴仆。因此，当受邀充当丰臣秀吉远征朝鲜的先锋时，他摇摆不定。最后，他留在关东地区。在丰臣秀吉不切实际的征服朝鲜的冒险全过程中，他都忙着加固他位于江户（东京的旧称）的城池。1598年丰臣秀吉死后，德川家康发誓效忠他年幼的儿子丰臣秀赖，但暗自争取时间，直到其他摄政者行动起来争夺控制权。他精心设计了一个时间安排极其妥当的计谋，使敌人同盟中的很大一部分在1600年的关原之战中突然背叛他们的盟友。结果，他在战役中大获全胜。此后几个月之内，德川家康就成了全日本的领导者。

德川家康从未完全实现中央集权并巩固其控制，这真切地反映了1600年的日本分裂程度之严重。他效仿织田信长和丰臣秀吉，采用联盟和分封的办法进行政治控制。他创立了一系列完备的制度，包括分地制度、人质制度、社会控制、政治控制和经济控制制度，以及最终创立的国民隔离制度。他能做到这些说明他有一定的权力和实力，他必须做这些说明他还有弱小的一面。

德川家康既不是创新者，也非圣人。但他精于权术：他享受着自己已有的权力，巧妙地运用它，并渴望得到更多。最重要的是，他有耐心。德川家康认为，如果他使现状保持不变，他就能永远拥有他所拥有的东西。而改变制度，就会危及他所拥有的东西。因此他很少冒险，而是下大力进行改良。他模仿织田信长和丰臣秀吉，调整行得通的政策和制度，摒弃行不通的。他不在乎主意来自哪里，他只在乎效率。

他推算，对于维持社会秩序而言，没有必要养近100万名武士。因此，他明确划分了武士和其他臣民之间在社会政治上的区别。允许每位大名养一定数量的武士，具体数量与他们领地的生产力成正比。

普通步兵（足轻）被迫沦为世袭的村官、治安官、审判员、税务官及芝麻小官。他们可以保留自己的姓氏以及短剑，这种武器此时在很大程度上已成为礼仪性的摆设，作为权威和合法性的象征，但他们被剥夺了其他武器，地位降级为农民。

同样，德川家康禁止社会阶层间的流动。任何试图改变自身社会阶级属性的人都将受到严厉惩罚。商人和工匠（町人）不得拥有田地，农民不得迁移到城市或从一个领地迁移到另一个领地。不同阶级之间禁止通婚。

显然，德川家康想冻结时代。本来，他可能想剥夺大名的权力，也可能想削减武士数量以节省开支，但因为他无力做到这些，他就把标准降低到自己力所能及的程度，并禁止大幅改变现状。他支持儒家政治思想家，因为这些人解释了商人为什么要一直当商人，农民为什么要满足于他们低贱贫苦的农村生活。但对他来说最重要的是他们这样去做，因为这保证了他的家族和日本的未来。

1603 年德川家康成为将军时，他面对的是一个严重分裂的国家。此前日本长期深陷战争，没人能记得一个中央集权化的政府如何真正运作。长期以来，大名靠他们的精明以及他们的军队生存，不能指望他们服服帖帖地听从不符合他们近期最大利益的所有命令。仅仅是封建效忠誓言，不值得浪费时间、力气和纸张。历史上长期变幻莫测的军事结盟关系使德川家康的任务难上加难，因为他自己就非常善于搞欺诈，是个两面派。他必须想出一个办法，遏制住可能出现的政治劲敌。

德川政府延续了 265 年，因此不得不说它取得了一定的成功。该政府是军事政府和非军事政府的混合，也是私人政府与公共政府、地区性政府与全国性政府的复合体。

德川家康最忠诚的家臣们（叫作“旗本”）组成了他的家臣团。他们管理着德川家族的大片土地，统领着数万名有封地的武士。他们担任法官、军需官、兵器修护员、稽查官、间谍，以及让任何一支军队有效运转的其他各种职业。德川家康在世期间，几乎没有一丁点浪费和低效，他以“全日本最吝啬的守财奴”而著称。他任命有能力的和品德高尚的人担任有实权的职务，而不在意他们的家庭和社会地位。尽管他的后代在任能选贤方面并不像他那样精明，但由于该制度受到严密监督，行政上也非常精简，以至于它几乎运行了一个多世纪，直到后来才需要做出实质性改革。

这个“全国性”政府包含着一些矛盾。已故历史学家埃德温·赖肖尔（Edwin Reischauer）将其称作“中央集权封建制”。同为历史学家的乔治·威尔逊（George Wilson）提出，该制度的特点像一块由碎布缝成的被单，类似于一个复杂的室内游戏。更加不祥的另外一种归纳或许说它是“官僚封建制”。它有明显的权宜应急和机会主义性质。这个政府制度设计的目的似乎就是为了应对每一项新的危险。的确，它是一件虚伪的工具，其目标不过是政治幻想而已。

在将军颁布法律和发布法令之前，一个由高级顾问组成的政务会议就政策进行辩论，并向将军提供建议。另一个由“低级顾问”组成的政务会议监督旗本（主将旗下的近卫武士）、军队指挥官和管理着规模巨大的江户城建筑群的官员。这里的“高级”和“低级”跟年龄无关，而是表明大名的财产规模。高级顾问是“藩”（领地）的产出多于2.5万石*大米的人。

当时最紧迫的任务是需要将大约250名半自治的大名控制住。德川家康将大名分为三种。第一种属于他的大家族，由20多个有直接亲缘关系的家庭（或称“亲藩”）组成。这种大名控制着日本全部农业的大约三分之一。

与德川家族没有亲缘关系的大名有200多名，分为两组。德川家康的长期盟友叫作“谱代大名”（世袭大名），是德川家康信任的人，他将他们封为大名。他们的封地通常规模较小，但处于战略地区。加起来，谱代大名共控制着略少于三分之一的田地。

德川家康的“新封臣”叫作“外样大名”，他们是德川家康曾经的劲敌，控制着近40%的土地。大多数外样大名管理着更大的藩，他们在自己的封地内拥有任意权力，这种情况强有力地说明了德川家康在政治上必须小心行事。任何企图逐步削弱他们的行动都将促使其他人迅速抱团，尽管他们相互之间也有敌意和担忧。如果发生冲突的话，他无法完全依靠亲藩的忠诚，更不要说依靠谱代大名，所以最好还是维持令人不安的现状，而不是打破平衡，带来不确定的未来。

德川家康和他的子孙后代逼迫每一位亲藩大名、外样大名、谱代大名一生中一半的时间住在都城江户，另一半时间住在他们的领地（藩）。这种“参勤交代”制度还有其他目的。通过这种方式，将军能使每个人处于被监控的状态。此外，

* 石是日本的一个容量单位，历史上，其定义和数值有过变化。——译者注

大名们维护藩内居所以及他们在江户的居所的巨大费用及高昂的路途花费，都需他们自己承担，这成了间接征税，削弱了他们的财力。德川家康将他们的亲属扣为终身人质，住在江户。大名之间的收养、通婚和政治经济联盟也被禁止。他还利用一个全面的、无处不在的间谍网络来严密监视大名。

德川家康利用大名之间长期以来的嫉妒和猜忌，避免他们发展关系。他把他的亲藩大名安插在通往江户的主干道上，把他的盟友谱代大名安置在外样大名之间。这一时期的头20年，他经常把大名到处调动，而且经常把宿敌安插在彼此相邻的地方，以制约他们。在德川幕府头10年之后，德川家康仍保留着剥夺大名领地的权力，理由可能是他们不服从命令、没有管理好他们的藩（只有在爆发全面的农民起义时，这种理由才适用）或者是他们未能生出合适的男性继承人，但他很少使用这种权力，即使使用，也非常审慎。这些理由，他也非常谨慎地使用，以防其他大名猜测是否有某种阴险的计划在针对他们开展。

德川家康被迫授予他的封臣实际上的独立行政权。他尽可能地干预他们的生活，但他必须非常小心，不能把他们由相互为敌推向结盟。他制定了基本的法律，作为范本让大名效仿，但他不能强迫他们遵守，除非大名没有能力治理其领地。

德川家康不能直接向大名征税，但他要求他们保护国家，费用由他们自己承担。这些间接征税包括维护供幕府信使使用的公共道路和驿站的费用。他要求大名修整和保卫现已十分古老的海防墙，这些防御工事位于九州西北部，13世纪时这里曾两次遭受蒙古人的进攻。大名负责疏浚运河、港口和河道；栽植阔叶树和竹子；偶尔，他们也被迫提供稻米和其他食物，用于赈济饥民。总之，跟织田信长与丰臣秀吉一样，德川家康让大名替他管理公共工程，并迫使他们为这项殊荣承担费用。

尽管有这些详尽的制约措施，德川家康在1603年依然面临着三个危险源，这些危险源使他倍感焦虑，它们是皇室、丰臣秀赖和宗教。三者都是潜在的定时炸弹，威胁着依旧不稳定的政治解决方案，并且这三者都有成千上万名支持者。在他的地位巩固并且变得更加稳固之前，他必须小心行事，如履薄冰。

他立即着手处理与皇室的关系，因为他将它视为最大的潜在危险源。德川家康知道，历史上至少有三次试图复辟天皇统治的事件使政府突然发生变化，因此他十分警惕，限制天皇。1603年，德川家康取得将军职位，两年后，他又将这一职位交给他的儿子、继承人德川秀忠。德川家康在京都建立了一个联络局，由他最忠诚的家臣充任。没有将军本人亲笔许可，甚至禁止任何大名进入古都京都。他对待天皇极其敬重和尊敬。他把德川家族管理的大片可征税的土地授予皇室，并将皇宫修整得富丽堂皇。但天皇和皇室依旧是德川家族的人质，甚至连皇家活动也要受到严密监视。没有德川家族的人以客人身份出席，皇室不得举办任何仪式。

一开始，来自丰臣秀赖的威胁更难对付。德川家康已于1598年失去对丰臣秀吉儿子的直接控制，因此不得不远远地监视他的行动。他将数名自己信任的间谍秘密安插在这个男孩周围，但这个孩子由他强干的母亲及大阪附近若干德川家族的对手控制。这个男孩被允许从他父亲的大片征税土地上获得大约300万蒲式耳的粮食，因此十分有潜在实力。德川家康将忠于德川家族的部队部署在这个男孩周边，并且，当1605年德川家康的儿子成为将军时，德川家康在骏府城安家，以便更好地监视丰臣秀赖。但是来自丰臣秀赖的威胁将继续存在许多年，令他不安，直到它在1614年爆发。在去世前两年，德川家康亲自指挥军队包围大阪城，诱使这里的忠于这个男孩的近10万人的军队造反。在僵持的最后阶段，他用计打破包围，残存的3万名保卫丰臣秀赖的守军被杀。丰臣秀赖和他的母亲自杀，来自丰臣家族力量的威胁终于终结。

来自宗教的威胁持续得更长一些，因为这种威胁既来自国外，也存在于国内，甚至存在于他自己的军队内部。正如以前织田信长和丰臣秀吉所做的一样，德川家康一开始利用基督徒来对抗势力强大的佛教寺院及其支持者。一旦寺院的军事力量被破除之后，德川家康就不得不面对他曾经的基督徒盟友。

丰臣秀吉在1587年宣布禁止基督教（但从来没有执行该命令）。跟丰臣秀吉一样，德川家康也惧怕这个外来宗教。随着传教士圣方济各·沙勿略（St. Francis Xavier）的到来，基督教于1549年首次在日本出现，并以不快不慢的速度传播。德川家康逐渐开始利用其他欧洲人来对付葡萄牙人。西班牙的方济各会（Franciscan）、奥斯定会（Augustinian）和多明我会（Dominican）的传教士都对葡萄牙的耶稣会会士充满怨恨。德川家康还利用英国人和荷兰人，因为他们是新教徒，不像信仰罗马天主教的葡萄牙人和西班牙人那样，他们并没有试图在日本布道。德川家康给予他们贸易特权，并支持中国和朝鲜的丝绸贸易商，试图打破葡萄牙人对中国丝绸贸易的垄断。

然而，最大的威胁不是来自外国基督徒，而是来自他自己的封臣，这些人中有一部分此时已经是第二代或第三代基督徒。1606 年，他开始试探，看看他们对他们的上帝和教皇到底有多么顺从。他命令他的个别封臣要么放弃他们的信仰，要么离开这个国家。当信仰基督教的大名选择流放而非放弃宗教信仰时，他知道了答案：基督徒们首先忠于上帝。他再也无法信任他们了。

1614 年，在围攻大阪城期间，德川家康命令所有外国传教士在一个月之内离开德川家族的领地。两年后，传教士在全日本都被禁止。所有日本基督徒都被命令放弃他们的基督教信仰，几乎要在一夜之间变成佛教徒。拒绝服从命令的人会面临死亡。大约 150 名传教士中，大约只有三分之二离开日本。其他人被搜出，被拷打，并最终被杀。很多日本基督徒躲藏起来，更多的人放弃信仰，还有不少人殉道。但一切马上就要结束了。1637 年至 1638 年，一场由基督徒领导的反抗歧视性税收的起义在靠近基督教城市长崎的岛原爆发。德川幕府派军包围了这片区域，将基督教的同情者逼到岛原半岛上一座荒废的城堡里，并且慢慢地将那里变成地狱。在饿了守城者几个月之后，德川幕府的军队开进城里，屠杀剩余的 4 万名守军。

到 1640 年时，德川幕府基本上已在日本消灭了基督教的每一丝残迹。在此期间，罗马天主教会仅承认了 3125 名殉道者，但此外还有数千名未被承认。在长达两个世纪的迫害中，只有很少的人通过藏身于偏远的孤岛和深山躲过被害的命运。在接下来的 200 年里，在日本，每个人每年都要表明自己不是基督徒，方式是到附近的佛寺登记，然后参加踏绘仪式。该仪式要求每个男人、女人和小孩亵渎基督或圣母马利亚的画像或雕有他们画像的铜牌。他们要从像上面踏过，以象征性地表示他们对基督教的蔑视。

取代了葡萄牙商人的荷兰人全部被关押在长崎港附近一个被称作“出岛”的人工小岛上。他们也要踏绘，以表明自己没有同情罗马天主教。荷兰人从其在岛原半岛近海的船上炮轰岛原基督徒，借此已经证明了他们对罗马天主教的仇视。中国人和朝鲜人也被允许从事被严密监视的贸易，但他们也要接受试探。英国人和西班牙人已经自愿离开日本。下一步几乎不可避免：幕府制定法律来确保锁国。日本人被禁止去海外，违者处死。大型远洋船被列为非法。只有小型近海船只获准在日本水域往来。未被授权的船只将遭到炮击。船只失事的外国水手在踏上陆地之前就在海上被杀。外国书籍此时也被禁。那些由荷兰人带来供自己使用的书籍要经过仔细检查，看有没有任何关于基督教的内容。毫无疑问，这种闭关锁国也在经济上和技术上将日本与世界其他地区隔绝，但比起外国干预和颠覆，德川幕府更倾向于闭关锁国。

在12世纪，由中国儒家改革者朱熹发展的新儒学社会政治思想成了德川家康的天赐之物。虽然新儒学更适合中国世俗化、官僚化的宋朝，但它也非常符合德川家康的需要。它以仁政和德政观念为基础，而仁政和德政效仿的是规范家庭和其他社会关系的孝道。新儒学认为，上天授权最贤能者，即有学问、有道德的人来进行有效统治。它认为，当贤能者治国时，世俗的伦理秩序就能得到最好的遵守。根据职业划分的四种社会阶级有助于保持社会有效运转。如有效加以运用，这一哲学思想能避免任人唯亲和其他偏私不公带来的腐败。

在中国，新儒学思想允许替换掉邪恶和无能的皇帝；在日本，它被解释为天皇的腐败大臣和官员可以被罢免，但半人半神的天皇本人则不能。令人毫不意外的是，德川幕府将这一豁免权延伸到神圣天皇的军事副手将军身上。日本已处于和平状态，新儒学偏爱受过良好教育，属于文化精英的文官，而非出身贵族，具有强大军事实力或拥有大量财富、属于地主阶级的领导者，但很多粗鲁的，未受过教育的武士也成为官员。因此用新儒学的德政原则来教育他们很有意义。那些想在新政权下飞黄腾达的人开始认真地学习。至于德川家康本人，他只任命和提拔最有才能的官员，而不论他们的家庭背景如何。在200多年的时间里，武士一直以他们的武力为荣，但他们的仕途很大程度上取决于他们对新儒学的掌握程度。

受到官方支持的儒家武士学者将新儒学的仁政和德政原则纳入他们的军事职业道德之中，保持着他们忠、勇、诚、无私、坚毅、鄙视享乐和个人财富的武士美德。总之，他们帮助创造了一个可怕的事物——军事官僚。

德川家康在所有亲藩大名的领地上为他的武士设立了儒家学校，其他大名也争相效仿。在一代人的时间内，在全国已很难找到一个不识字的武士。学校的学生首先是武士阶级自身，但也有有学问的佛教僧人和神道教神职人员，他们精通朱子学说。他们的启蒙读物是新儒学大师们著作的简易本。毫无疑问，每一名年轻武士都要学习各种武艺，如剑术、箭术和骑术，他的地位和荣誉要求他们掌握这些技艺。但他们的仕途和将来的社会经济地位很大程度上也取决于他们对文学艺术的掌握情况。

这种新伦理观的核心思想是，所有人，不管其身份和社会地位如何，都能以适当的方式履行他们的职责和义务。这种观念认为，每个人都应根据其在社会生活中的位置而恰当地行事，并以此为荣。每个人在社会中都有自己的位置；每个人的职责就是以适合那个位置的方式行事。农民不能像武士一样做事，商人不能模仿农民。每个阶级都应尊重其他阶级，而且这种伦理观的语言甚至反映了社会阶级分化的极细小的层面。

连女性也有其社会地位，虽然其地位悲惨而低下，但她们也应扮演自己的角色。一本叫作《女大学》(*Onna Daigaku*)的著作广为流行，它阐述了“三从”原则，即女性一生中有三个主人：父亲、丈夫、儿子(如果她们以后成为寡妇的话)。女性在任何事情上都应听从和顺从男人。反过来，男人要保护她们，要体贴而仁爱地对待她们。总之，女性被当作永远长不大的小孩来对待。女孩可能被她们的父亲卖为奴隶或妓女，而且尽管她们的生活非常悲惨，她们还要通过守节来保护她们父亲的名誉。

武士儒学伦理在其他阶级中也有相应的内容。町人的思想在于他们的道德完备，即对他们自己的商人和工匠家庭的孝道。虽然与新儒学思想相比不太完备，但心学要求商人牺牲个人的情感需求，以保证社会的效率。戏剧里充斥着义理和人情的感情对立。在每个故事的最后，作为社会义务的义理都会战胜人情。

町人资助和支持叫作“寺子屋”的社区学校。这些学校之所以叫“寺子屋”，并非因为它们讲授宗教课，而是因为它们都位于社区的寺庙里。这些学校的基本课程包括基础写作知识，并重视必要的算术技能，这是经营他们的商社所需要的。

町人家的女孩也学习基础算术知识，为的是当男性家庭成员不在家时帮忙打理家庭生意。事实上，女性通常很少能学到很高的水平，或许当她们帮助愚笨的兄弟学习时，能偶尔出现这种情况。艺妓学习阅读，学到足以熟练阅读诗歌和武士传说为止，这有助于她们为顾客提供消遣。

对识字率的统计高度令人怀疑，但日本有重视文学艺术的悠久历史，因此或许有四分之一到三分之一的男性有阅读能力(当然每个武士都有，他们占人口的6%)，女性能阅读的比例为上述数字的一半。

拥有土地的精英农民接受新儒学观念，因为该观念在社会地位上使他们仅次于武士，高于商人阶级。大多数农民家庭拥有受到高度重视的关于伦理的“家规”，这些家规仿照武士和富商家庭的家规制定。这些简单的规定都一致宣扬诚实、节俭、勤劳、对家庭无私奉献等美德。如果照下面这么说，也并不夸张：农民之所以接受他们在社会中的平民地位，是因为新儒学思想将他们固定在日本社会更大、更宏观的整体中，正如在中世纪欧洲，雇农和农奴因他们在“存在链条”* 中的位置而自豪一样。

可以说，新儒学作为一种社会控制工具，效果非常好。每个人都有一个由上天决定的位置。平和地遵守并履行自己在社会中的职责有助于实现更大的利益。佛教极力试图融入这种世俗的人本思想，它提出了一种与新儒学思想相符合的社会思想。一个人在社会中的位置由他前世的所作所为决定；一个人的来世可以因他在此生的恰当行为而得到改善。

当然，被历史学家乔治·桑塞姆（George Sansom）称为“德川和平”的政治稳定也偶尔被农民起义、政治暗杀和家族间的仇杀所打破。但江户时期的总体特征是和平，武士贵族都勤奋好学，非常庄严地想要以公平正义、仁爱和伦理来治理国家。

或许因为这个国家近两个世纪都处于和平状态，并且肯定是因为这个社会处于与外部世界相对隔绝的状态，德川幕府时期是日本文化有意识地重新审视自我的时期之一。没有其他文化的不断影响，日本人开始变得具有内省意识。他们有意识地对他们认为真正属于本国的艺术加以综合，将它们与外来艺术进行区分。虽然日本几乎与外部世界隔绝，并因此错失了工业革命带来的好处（有人或许会补充说还有人类的无节制），但它在文化和艺术发展方面并不落后于欧美。

当然，社会秩序的“冻结”和闭关锁国抑制了经济的“自然”发展和增长。然而，由德川幕府的政治解决方案（尤其是“参勤交代”制度）所引起的强制城市化有助于发展强劲而多样的国民经济。除了发展程度最高的北欧经济体，日本经济可与任何国家的经济相媲美。

尽管德川幕府在社会、政治、宗教和思想方面具有专制性（这一点十分确定），但可以说，它的建立为日本带来的好处持续了两个半世纪。它使一个陷入野

* “存在链条”来自拉丁语 scala naturae，后者的字面意思是“自然的等级”，指的是欧洲的源自柏拉图和亚里士多德时代的一种观念，它描述了自然界中各种物质和生命的一个严格的宗教等级结构，最上面是神，往下有天使、魔鬼、日月星辰、国王、贵族、普通人、野兽、家畜、树、其他植物、贵金属、其他矿物等。——译者注

蛮和非人性的可怕内战的社会恢复和平，或许还有人说使它文明开化。

在那个时代，我们很难找到很多为臣民带来两个世纪和平保障的其他政治体系。我们只需要比较一下幕府的行为和同一时期西方帝国主义国家的行为。幕府并没有进行殖民、剥削、禁锢、掠夺或屠杀邻国的数百万国民。通过闭关锁国，它还保护自己的人民免遭印度人、菲律宾人、印度尼西亚人、非洲人和美洲印第安人所遭受的文化、经济和政治上的种族灭绝。

路易斯·G. 佩雷斯（Louis G. Perez）

路易斯·G. 佩雷斯（Louis G. Perez），美国伊利诺伊州州立大学日本现代史教授，在密歇根大学获得博士学位。曾作为富布莱特学者到中国交流学习，著有《日本史》（*The History of Japan*，2008）和《日本现代早期的日常生活》（*Daily Life in Early Modern Japan*，2002）。

第十六章
詹姆斯敦的建立（1607）

中国同时期：明神宗朱翊钧

概　述

克里斯托弗·哥伦布的探险航行之后不久，欧洲多个国家很快派远洋船队探索新大陆，并且这些国家的人后来在那里定居下来。16 世纪的大部分时间里，探索北美洲和在那里建立定居点的活动被西班牙垄断。然而到 16 世纪末，法国、荷兰和英国已加入这场竞争。1587 年，英国人第一次尝试在北美洲定居。那一年，著名探险家沃尔特·雷利说服 100 多个男女从英格兰移民北美洲大西洋沿岸中部，此前他将这个地方命名为“弗吉尼亚”（Virginia），这个名字是为了纪念英国女王伊丽莎白一世，她被称作“童贞女王”（virgin queen）。雷利远洋船队的人在罗阿诺克岛（Roanoke Island）定居，该岛位于今北卡罗来纳州海岸附近。英国人在北美洲生的第一个小孩弗吉尼亚·戴尔（Virginia Dare）就出生在那里。然而，由于英国和西班牙（著名的西班牙无敌舰队）的战争使英国派往北美的物资补给船推迟了 3 年才出发，这种在北美建立永久殖民地的尝试失败了。当补给船只最终在 1590 年到来时，已经找不到殖民者的任何痕迹了，仿佛他们已消失在空气中。

若干年后，伊丽莎白一世去世，她的远亲——苏格兰的詹姆斯·斯图亚特继承王位，开始统治英格兰，称为“詹姆斯一世”。此后，英国人再次试图在北美洲建立一个定居点。为达到这个目的，投资人组建了一个私营公司并获得特许状，该公司叫作“伦敦弗吉尼亚公司”，组建该公司是因为建立定居点的目标意味着利润，并且是英国或英国君主的无上荣光。

弗吉尼亚公司成立于1606年。次年，该公司组织了一场远洋航行，其船队有3艘船，105名男人和男孩，他们奉命在今天的切萨皮克湾（Chesapeake Bay）地区建立一个殖民地。1607年5月，这些船在一条河的河口处下锚，为纪念他们的国王，他们将这条河命名为“詹姆斯河”。船员们登上岸，建立了詹姆斯敦，这是英国人在北美建立的第一个永久定居点。

詹姆斯敦的位置并不好。虽然这里易于防守，但它位于一个沼泽中，容易让人感染疟疾等传染病，并不适合居住，这里的土壤也不怎么肥沃。而且，殖民者的本性也使问题复杂化。多数殖民者并不打算永久定居于此。相反，他们要么是怀揣发财梦、梦想寻到金子或其他财富的士兵，要么是想通过跟当地原住民进行商品交易来快速获利的商人。很少有人知道如何种植作物。疾病和营养不良夺去了很多人的性命。当补给船在1608年到来时，原先的那批人中仅有38个人还活着。

不断的争吵也威胁着殖民地的生存。殖民者做事都非常自私，只有当环境所迫而不得已时才进行协调与合作。当28岁的定居者约翰·史密斯于1608年接过殖民地指挥权时，这个问题才得到解决。史密斯组织了一帮乌合之众，他发布命令，要求建造防御工事并开垦农田种植作物，并威胁说“不愿劳动的人休想吃饭”。由于殖民地的生存危在旦夕，史密斯的继任者也继续奉行他独裁专制的统治方式，甚至会处死懒惰的殖民者。

史密斯还规范了殖民者同印第安人的关系。当地原住民是阿尔冈昆人（Algonquian people）的一支，由一位名叫波瓦坦（Powhatan）的强悍酋长领导，波瓦坦不太懂得如何与新来的白种人打交道。显然，他将他们视为阿尔冈昆人同其他印第安人部落进行斗争的盟友，并将他们视为贸易对象。但殖民者的存在也让波瓦坦感到不安，因为他并不信任他们，并且从一开始就怀疑他们来这个地方的动机。最初，波瓦坦为饥饿的英国人提供了玉米，但后来试图将他们赶走。波瓦坦的女儿波卡洪塔斯（Pocahontas）与殖民者成了朋友，并且至少有一次曾向她父亲求情，救了史密斯的性命。

尽管最初有印第安人提供帮助，但殖民者的生活仍然朝不保夕，新定居者的到来只会使情况恶化，降低生存概率。1608年和1609年，大约500名新殖民者来到这里，包括第一名妇女。然而，没有资源来支持新来者的生存，因此死亡在这片土地上蔓延。由于饥荒、疾病以及此时已经变得怀有敌意的印第安人，到1610年，仅有60名殖民者还活着。实际上，当这60人在1610年6月遇到一支救援船队并返回詹姆斯敦时，他们已经开始准备起程返回英国了。

弗吉尼亚公司对该殖民地没能产生利润而倍感失望，它现在想通过共同努力，重振其财运。公司筹集了新资本，并开始在英国招募新殖民者，后来他们招募到数百人。在史密斯因伤被迫返回英国之后，弗吉尼亚公司为殖民地找到了新领导者。史密斯不在时，这块殖民地经历了磨难。一系列总督，包括托马斯·盖茨、托马斯·戴尔（Thomas Dale）和塞缪尔·阿高尔（Samuel Argall），都加强了史密斯实用而专制的政策。然而，疾病与怀有敌意的印第安人使殖民地发展减慢。尽管有数千名定居者到来，但弗吉尼亚的人口在1619年仅有约1000人，在1624年仅有1300人。

尽管增长极其缓慢，但殖民地扩张的经济动机已经出现。虽然弗吉尼亚没有金子，并且印第安人提供的贸易物品如毛皮等令人失望，但一种主要作物——烟草的种植得到发展。烟草是一种源自美洲的植物，哥伦布将其带到欧洲，在欧洲它因具有药用价值而备受欢迎。在整个16世纪，尽管国王詹姆斯等人反对，认为吸烟令人厌恶、有害且危险，但吸烟的习惯一直在增长。烟草大多在加勒比海地区种植，但后来与波卡洪塔斯结婚的英国殖民者约翰·罗尔夫（John Rolfe）尝试在北美殖民地种植烟草，并发现它们在弗吉尼亚的土地上生长得很好。1617年，从弗吉尼亚运回英国的烟草多达10吨，被英国人争相抢购。

烟草种植是一种劳动密集型产业，随着人口增长，弗吉尼亚对劳动力的需求也相应增长。最终，出现了两种劳动力来源来满足这种需求。1618年，因资本投资收益微薄而倍感失望的弗吉尼亚公司进行重组，获得了新资本，并发起一场积极主动的活动招募新定居者。为吸引可能愿意成为殖民者的人，公司承诺给每位定居者50英亩土地，如果定居者带人一同前往，并且为别人支付跨大西洋航行费用的话，他们每带一个人还会额外获得50英亩土地。因此产生了契约劳工制度，根据这种制度，贫苦的英国人移民到弗吉尼亚，在这里为带他前来并替他支付跨大西洋航行费用的人干活，达到一定的固定年限后，他们就可获得自由，追求自己的发展。他们的发展通常包括前往边疆地区，开垦自己的农场。大多数契约劳工是自愿前往弗吉尼亚的，他们把这视为改善生活的一个机会。然而，有些人是罪犯，他们被迫离开英国，还有一些人是被绑架过去的。

第二种劳动力来源是黑奴。第一批奴隶于 1619 年被运到弗吉尼亚。当时，一艘荷兰私掠船将 20 多名奴隶卖给殖民者。然而，有证据显示，非洲人受到的待遇更像是契约劳工，而不是完全意义上的奴隶。他们在作为奴仆工作一定年限后，就可获得自由。最后，黑人奴隶确立了自己的地位，但契约劳工的数量远远超过黑人奴隶。

尽管做了最大努力，但弗吉尼亚公司还是破产了。1624 年，国王获得这家破产公司的控制权，将弗吉尼亚变为王室殖民地，并任命总督来负责国王在此处的利益。在殖民地，自 1619 年起，就存在一个叫作“下议院”（House of Burgesses）的由财产所有者组成的代表会议。

幸运的是，詹姆斯敦殖民地多灾多难的历史并没有在英国人的第二块北美殖民地重演，这里所说的第二块殖民地是指 1620 年建立的普利茅斯殖民地。建立普利茅斯殖民地的缘起并不在于对发财的渴望，而是在于当时遍布欧洲的宗教争端。16 世纪，英国已改信新教。然而到 17 世纪初，一些英国新教徒认为英国国教会（Church of England）过于腐败。这些倍感失望的新教徒里面有一部分人，即清教徒（Puritans），选择留在英国教会，希望通过自己的努力来净化教会；而其他人，即分离派（又称脱离国教者），认为英国教会已经无可救药，于是他们决定从英国国教会中分离出去。建立普利茅斯殖民地的人属于分离派。

17 世纪初，一群来自英国诺丁汉郡（Nottinghamshire）斯克鲁比村（Scrooby）的脱离国教者离开英国前往荷兰，他们定居在莱顿（Leiden）。然而，分离主义者很快就发现，他们在荷兰的经济机会有限，并且他们的孩子正在丧失英国根源，被荷兰文化同化。于是，他们决定离开荷兰，前往美洲寻求与世隔绝的清净。在回英国短暂待了一段时间之后，102 名分离主义者，即后来被称为“清教徒”（Pilgrims）* 的人，于 1620 年 9 月从英国普利茅斯港出发，前往新大陆。12 月底，他们建立了普利茅斯殖民地，这块殖民地位于今天的马萨诸塞州，它的名字就是

* Puritans 和 Pilgrims 都称为“清教徒”，但二者有区别。Puritans 是指 16 和 17 世纪英国新教中一个派别的成员，他们主张严格的宗教原则，同时对英国教堂的仪式及教义加以简化。Pilgrims 特指 1620 年移居美洲的英国清教徒移民前辈。因此，Puritans 泛指清教徒，而 Pilgrims 特指早期移民到美洲的清教徒。——译者注

根据他们的出发地英国的普利茅斯港命名的。

登陆美洲之前，清教徒就解决了治理问题，而这个问题此前在最初阶段困扰着詹姆斯敦殖民地。通过根据他们的船命名的《五月花号公约》(*Mayflower Compact*)，清教徒们发誓效忠英国君主，发誓“订立契约并组成一个民众自治团体”。换句话说，清教徒们将实行自治。不久，清教徒选举威廉·布拉福德(William Bradford)为他们的总督。

正如早先弗吉尼亚的殖民者一样，清教徒们并没有为在北美洲荒野的艰难生活做好准备。1620 年与 1621 年之交的那个冬季，最初的 102 名清教徒中有 44 人死亡。如果没有当地原住民的慷慨帮助，很可能整个殖民地都将消失。一个名叫斯匡托(Squanto)的波塔克斯特印第安人(Pawtuxet Indian)提供了很大帮助。斯匡托以前被一支英国远征队绑架，回到北美洲之前，在英国待了若干年，他在美洲教清教徒们种植诸如玉米之类的本地作物。

虽然清教徒们缺乏农业、打猎和捕鱼方面的实际训练，但他们展示出坚定的决心，即使没有繁荣发展，但至少设法生存了下来。他们的生产方式主要是自给农业。同时，在普利茅斯殖民地北面不远处，清教徒在 1630 年建立了马萨诸塞湾殖民地(Massachusetts Bay Colony)。大量清教徒带着充足的物资补给来到这里(一开始有 1000 人，15 年内超过了两万人)。他们在今波士顿所在的地方建立了自己的大本营，然后迅速向四面八方扩散。1691 年，清教徒的马萨诸塞湾殖民地正式吞并了普利茅斯清教徒殖民地。

历史评论

1776 年，伟大的苏格兰经济学家亚当·斯密(Adam Smith)写道：“美洲的发现以及经由好望角通往东印度的航道的发现是人类历史上最伟大最重要的事件”。当然，评选“最伟大”事件是一种愚蠢行为，但如果考虑到亚当·斯密带有欧洲式偏见，具有他自己的经济视角，并且强调控制世界这一目标，人们就会明白他的观点值得考虑。确定无疑的是，如果西方文明没有霸占美洲资源的话，是不可能战胜伊斯兰文明和中华文明，从而获得主导权的。如果穆斯林或中国人尝试殖民新大陆，世界力量对比的历史肯定会大大改写。但历史事实是，新大陆成了欧洲的资源，并且正如亚当·斯密所乐见的一样，北美洲最终成了英国文明在文化上的延伸。

欧洲人在美洲定居的世界背景也与发生在三个大陆上的心理和肉体上的大屠杀相互交织。对于北美洲和南美洲的原住民来说，欧洲人带来并传播了疾病，这些疾病导致两个大洲的居民大量死亡，人口锐减，并且毁灭了繁荣发达的经济、文化和政府组织。非洲也饱受其害。美洲对劳动力的需求促使非洲发生了部落战争，战争的目的是掠夺非洲人力资源以供在美洲使用。

在殖民美洲这一世界性催化剂的大背景下，存在着一个视点较小但意义深远的问题：英国文化是如何在争夺北美洲主导权的斗争中最终胜出的？在争相殖民北美洲的欧洲人当中，英国人的兴趣来得较晚，而且他们得到的是最差的土地——东海岸。西班牙将注意力集中在北美洲东南部和西南部。现在我们知道，这些地区有大量的金、银、农业和旅游资源。法国占有渔业资源丰富的东北部，并逐渐取得北美洲富饶的内陆河湖地区。通过毛皮贸易，这个地区立即产生了大量财富，并最终在农业方面也产生了大量财富。最终，英国人只能与另外两批后来者即荷兰人和瑞典人分享岩砾遍地、遍布沼泽、被群山包围的东海岸地区。没有任何一张 17 世纪北美洲势力范围地图能够预示英国人最终将控制整个北美洲。

既然英国人一开始处于弱势，那么他们为什么能最终战胜西班牙和法国而取得成功呢？最简单的答案是，英国人的殖民策略鼓励建造幸福的城镇，即具有家庭、教堂，具有社会服务性自治政府的、功能完善的城镇。西班牙和法国建造贸易站点、堡垒和传教团体，但在北美洲建立城镇和家庭方面从来没有取得成功。萨米埃尔·德·尚普兰（Samuel de Champlain）、佩德罗·德·梅嫩德斯（Pedro de Menéndez）和胡安·德·奥纳特（Juan de Oñate）希望在新法兰西、佛罗里达和新墨西哥建立稳定的城镇生活方式，但他们所做的根本没法和英国人的成功相比。到 1700 年，英国人的殖民地上城镇众多且繁荣发展。其中人口位居前列的是波士顿、纽约、费城和查尔斯顿（Charleston），这些城镇都有数千居民。而与此同时，新法兰西的魁北克、佛罗里达的圣奥古斯丁及新墨西哥的圣达菲（Santa Fe）仍旧是人口不多的贸易站点。

“幸福”对于英国人来说是一个重要概念。妥善制定的关于城镇生活的制度目的在于保障公民的幸福。正如托马斯·莫尔（Thomas More）在《乌托邦》（*Utopia*）一书中写道："他们的制度构成了他们的国民过上幸福生活的道德和社会基础。"英国政治传统部分源自古典时代希腊人的城邦理想，这种理想对于人类来说，是关于生活的恰当安排。亚里士多德说，人是政治动物。美好生活只能在功能完善、运转良好的自治城镇中实现。

在英国，典型的城镇政府是由当地地主执掌的，这些地主从他们自己中间选出"最好和最诚实的人"来担任城镇议长和城镇长官。教会也拥有很大的民事权力。在理想状态下，牧师在工作方面与教区内部选举出来的教区委员会和教会委员保持一致。教会委员的职责通常包括负责照顾穷人，向各级教会报告公民中的任何不道德行为。教育事务由两级机构处理。契约劳工制度是一种标准的学徒契约制度，包括基础教育。在这种教育中，要上大学的人通常跟着牧师或者跟着一些愿意教年轻男孩的大学毕业生学习。总之，英国到处都是得到良好治理的城镇和村庄。那里，人们为他们的自由和自治责任而感到自豪。人们十分幸福，因为他们是责任之网的一部分。在这张网里，秩序和道德由当地政府和教堂来保障。

在殖民美洲的过程中，英国殖民者当然干过有悖人性的暴行，但他们也渴望创造和传播城镇生活的幸福，我们不能小视他们这种渴望的重要性。1776 年，美国《独立宣言》声明，在美国追求幸福的权利神圣不可侵犯。在英国殖民者看来，他们已经实现了这种幸福，并且想要保护它。

位于弗吉尼亚的詹姆斯敦建立于 1607 年，建立目的就是要把幸福的城镇生活移植到美洲，但它在这方面却十分失败。身在英国的弗吉尼亚公司股东们希望建立既能支持原住民又能支持移民过上幸福生活的城镇。他们希望建立印第安人和白人能够共同劳动并且享有平等权利的城镇。公司股东明确承诺，要建立与西班牙"极端残暴"的殖民政策相反的殖民制度。印第安人将体验"适合我们英国人特点的公平和充满爱的生活方式"。

从理论上讲，建立詹姆斯敦的目的是将这种幸福带到美洲，这既是为殖民者，也是为印第安人，但它失败了。一个叫约翰·史密斯的詹姆斯敦居民后来写道，人们饱受饥饿之苦，一个男人杀死妻子，把她腌了，以供在整个冬天吃，这种惨状不能怪天气，而是殖民者自己的错。詹姆斯敦政府从来没有以"公平和充满爱的方式"运作，而是宣布实行军事管制，处死试图逃跑以和印第安人一起生活的白人。教会的作用也非常弱小。这一切都表明，由于单身汉占人口的绝大多数，这里的文化以不安为特点，根本无视城镇生活理想。

历史学家埃德蒙·摩根（Edmund Morgan）将1607年之后10年的詹姆斯敦生活描述为一幅“壁画”。居高不下的死亡率、管理不善和误解使幸福城镇生活的任何可能性都荡然无存。但它并没有完全毁灭追求幸福城镇生活的希望。总部位于伦敦的弗吉尼亚公司，在其财务主管埃德温·桑兹爵士（Sir Edwin Sandys）的推动下，最终意识到需要做出某种努力，以在弗吉尼亚促进稳定的城镇生活。1619年，该公司启动了授予定居者土地的项目，尤其鼓励英国人全家移民美洲。桑兹甚至搜罗了100名妇女，她们愿意卖身给想建立新家庭的殖民者，这些妇女足足装了一船。他还想实行更大程度的自治，因此他呼吁弗吉尼亚组建一个由选举产生的会议，给予殖民地更多的政府自治权，他甚至设计了一种使税收保持低水平的方法，这样政府官员就“不需要掠夺人民”。约翰·史密斯说，如果弗吉尼亚公司的计划能取得成功，“那么我们或许真的可以说，在弗吉尼亚，我们是世界上最幸福的人”。

但仅有少数人获得幸福。以家庭之网、教堂和选举产生的官员为特点的城镇生活从来没有稳定地确立起来。相反，有大量劳动力需求的烟草种植园主导了经济。种植园主利用新的殖民地下议院来制定压迫大众的法律，并且往往对建立城镇生活模式造成了破坏。移民们很少得到土地，家庭和教堂生活也很少受到鼓励，对劳动者的买卖完全撕破了相互责任之网。

但移民仍继续源源不断地到来。1622年，印第安人屠杀了数百名白人定居者，但因疾病而死的白人更多。国王詹姆斯一世取消了弗吉尼亚公司对殖民地的控制权，由他自己掌控，以求结束这种崩溃的状态。埃德蒙·摩根将其书中关于弗吉尼亚这段历史的章节命名为“与死亡一起生活”。1625年到1640年，每年至少有1000名定居者来到弗吉尼亚，但这里的人口增长却十分缓慢。统治阶层仍然希望弗吉尼亚获得稳定。以下文字摘自约翰·史密斯在1631年所写的《招募种植园新劳工的广告》：

> 尽管如此，假如他们没有如此热衷于种植烟草，我们本来也能在苦难的遗迹之上，依靠时间和经验在这个地方创造出美好而幸福的生活。以烟草为

经济基础，基本上没有什么稳定可言。除烟草之外，这里还有许许多多别的好商品。但他们仅凭种植烟草，就已建造了很多美丽的村庄、漂亮的房屋和教堂。

这段话里的天真希望远非事实。1632 年，弗吉尼亚立法机关试图通过无偿提供土地和减税来建立一座城镇，但并不成功。17 世纪 60 年代，总督威廉·伯克利（William Berkeley）试图鼓励城镇建设，因为他知道，“只有城镇和城市才能滋养艺术与技能，将文明人与野蛮人区别开”。但他也失败了。

直到 1699 年建造威廉斯堡时，弗吉尼亚似乎才开始致力于践行英国人建造城镇的理念。英国君主威廉和玛丽希望在他们的帝国建立秩序。他们鼓励从英国派去的强大勤勉的军事领导和教会领导在弗吉尼亚建立一座模范城镇。詹姆斯·布莱尔是威廉斯堡勤勉的教会领导，弗朗西斯·尼科尔森（Francis Nicholson）是其勤勉的军事领导。

詹姆斯·布莱尔是弗吉尼亚为数不多的几个活跃传教士之一，他负责管理包括中央种植园在内的一个教区。中央种植园是殖民地下议院在 17 世纪早期为建造城镇所做的些许尝试的产物之一。詹姆斯敦在一次叛乱中被焚毁之后，中央种植园曾短暂地做过弗吉尼亚殖民地首府。17 世纪 90 年代初，布莱尔想把中央种植园重新打造成弗吉尼亚殖民地的宗教、教育和行政中心。1693 年，他取得建立威廉与玛丽学院（University of William and Mary）* 的皇家特许状；1699 年，殖民地下议院同意将该镇更名为“威廉斯堡”，并将首府迁到那里。当时的皇家总督是弗朗西斯·尼科尔森，他是一名职业军官和殖民地官员。尼科尔森积极参加英国的福音传道会 † 和基督教知识促进会 ‡，这显示了他的主要思想。尼科尔森设计了威廉斯堡，目的是让它从外观上展现理想英国城镇的模样。议会和大学位于主街道两端，教堂位于最重要的十字街，这条街通往总督府。尼科尔森的规划表明了弗吉尼亚人关于城镇生活的认真态度。以压迫劳动为特点的种植园文化仍然存在，但英国人已经进行了一个意义重大的尝试来规范弗吉尼亚的生活，以便使英国价值观在

* 现在的英文名称是 College of William and Mary。——译者注

† 全名是 Society for the Propagation of the Gospel in Foreign Parts（SPG），即海外福音传道会；现名为 United Society for the Propagation of the Gospel（USPG），即英国圣公会差会。——译者注

‡ 现在的英文名称是 Society for Promoting Christian Knowledge。——译者注

殖民地完全得到体现。这个过程花了 90 多年的时间，但英国人坚持建造城镇。西班牙人和法国人从来没有表现出如此长久的毅力。

在北面的普利茅斯和马萨诸塞湾殖民地，英国人在快速建造大量城镇和实现他们所追求的稳定和幸福方面，比在弗吉尼亚成功得多。詹姆斯·布莱尔在论述建造威廉斯堡的理由时，将新英格兰人（New Englanders）视为模范，称在他们那里，“幸福的教会和政府治理”为人民的兴旺提供了支持。

虽然普利茅斯殖民地和马萨诸塞殖民地有显著不同，并且这两个地方的清教徒源自不同批次的移民，但他们有着共同的英国乡村传统，他们想把这一传统带到美洲。并且虽然新英格兰人大讲教会和政府分离，但他们只想把牧师与地方行政官、把宗教领袖与世俗领袖区别开。当涉及城镇建设时，城镇和教区相互交织在一起的古老英国理想仍然占统治地位。

《清教徒威斯敏斯特信条》（*The Puritan Westminster Confession*）规定，人的主要目的是“了解上帝并永远因信仰上帝而感到快乐”。这种快乐始于我们的世界，但只有在秩序井然的社区的幸福生活中才会出现，在这种社区中，每个成员都是互惠契约之网的一部分。1620 年的《五月花号公约》确认了清教徒们深思熟虑的渴望，即“立誓签约，自愿结为一民众自治团体，以在我们中间实现更好的秩序，使我们更好地存活下去，并更好地推进我们的上述目的”。10 年后，当清教徒离开英国去建立新殖民地时，总督约翰·温思罗普（John Winthrop）对他们宣传说：

> 为了这项事业，我们与（上帝）订立契约。我们已经做出承诺……在这项事业中，我们必须团结一心，我们必须以兄弟般的感情相互给彼此带来快乐，我们必须愿意放弃我们的富余之物，供他人之需，我们必须为彼此感到高兴，一起哀悼，一起劳动，一起吃苦，在这项事业中，时刻不忘我们的承诺和社区。

清教徒们一到达新英格兰，就通过了一项法律。该法律规定，只给通过立约组织在一起形成教会和城镇的人分配土地。普利茅斯殖民地的清教徒也遵循这一模式。

两批清教徒都深知人类的弱点。他们都没有对自己即将在新英格兰的城镇中遇到的斗争、失败和争端感到吃惊。12 年后，约翰·温思罗普来到这里以后，在他的日记中这样写道："随着人口的增加，这里也充满着罪恶"。

但最令人惊奇的不是罪恶泛滥，而是清教徒的城镇在政治上普遍取得成功。当然，这种成功一定程度上也是建立在印第安人大量死亡的基础之上，印第安人早在清教徒们到来之前就已生活在这片土地上。新英格兰最早期的历史学家，如威廉·布拉福德、约翰·温思罗普和科顿·马瑟（Cotton Mather），无不感谢上帝给印第安人带来了疾病，从而为清教徒顺利定居扫清了障碍。上帝没有清除弗吉尼亚强大的波瓦坦部落联盟，但清除了新英格兰的印第安人。而在布拉福德看来，波塔克斯特部落的唯一幸存者、会说英语的斯匡托对清教徒来说，是"上帝因他们的美德而赐予的超出他们期待的特殊工具"。

在整个新英格兰快速建造充满活力的城镇过程中，殖民地在政治上的成功最为明显。肯尼斯·洛克里奇（Kenneth Lockridge）所写的马萨诸塞戴德姆（Dedham）历史告诫人们不要将新英格兰的城镇看作神话；不过，他所做的关于新英格兰的研究和其他无数同类研究都证实了清教徒对城镇生活的重视和城镇建设的蓬勃劲头。普利茅斯和马萨诸塞湾殖民地甚至通过法律要求人们住在城镇。

新到美洲的移民需要组建一个城镇，或者加入一个城镇和教会组织，才能分到土地。清教徒立法机构授予的建镇许可要求公民为他们社区的外在和精神健康负责。每个城镇都有责任开展教育和扶危济困。城镇领导和立法机构代表从成年男性教会成员中选出。研究萨德伯里（Sudbury）的萨姆纳·奇尔顿·鲍威尔（Sumner Chilton Powell）注意到，在第一年，立法机构、城镇和印第安人之间就相互达成了协议，这些协议非常有条理，完全体现了英国人的理念。当然，大量移民很快产生了过多的活力，以至于事情都难以像人们所希望的那样保持井然有序。然而，鲍威尔注意到，在头 40 年，城镇的会议记录从未提及国王或英国政府。正如詹姆斯敦一样，新英格兰的城镇不需要外部干预。

17 世纪末，波士顿牧师科顿·马特写了一本关于新英格兰历史的书，叫作《基督在美洲的奇迹》（*Magnalia Christi Americana*）。他将新英格兰与以色列相比较，将约翰·温思罗普与尼赫迈亚（Nehemiah）相比较，后者是在"巴比伦之囚"（Babylonian Captivity）事件之后重建耶路撒冷的人。马特讲述了建立城镇、教堂和新教徒大学的过程。他还感谢约翰·艾略特（John Eliot）。后者是派向印第安人的使者，他的主要传教策略是使当地印第安人到城镇生活。马特的书宣示了新英格兰建立者的胜利。1700年，马特对他的新英格兰同胞的精神忠诚感到担忧，但他仍为其祖父那一代人的成就而感到自豪。他把波士顿称为“整个英国美洲殖民地的大都会”。

但波士顿作为“大都会”的日子不会太久。北美英国殖民地上发展较晚的费城将在18世纪上半叶在人口上超过波士顿。很可能，宾夕法尼亚是17世纪英国人在美洲人口急剧增长的最佳案例，这种人口增长使英国人主导了北美洲。起初，荷兰人和瑞典人沿休斯顿河和特拉华河（Delaware Rivers）建立了一些小型定居点，但数量增长缓慢。它们是英国人蔓延并占领的第一批欧洲殖民地。17世纪60年代，英国人已经控制了弗吉尼亚和马萨诸塞之间的土地。17世纪80年代，宾夕法尼亚开始迅猛发展。

1681年，国王查理二世授予教友会信徒（Quakers）* 威廉·佩恩（William Penn）大片土地，国王的唯一要求就是英国的自治价值观和宗教包容要得到保护。佩恩随后开始向人们宣传他的殖民地，尤其是向德国受压迫的新教徒。他鼓励他们整村整村地从欧洲移民到美洲。

佩恩喜欢这些德意志新教徒，因为他们的观念跟他自己的政治观念以及英国的城镇价值观相同。佩恩的政治价值观源于耶稣的山上宝训（Jesus' Sermon on the Mount，包括不要起誓、要和睦、要生活俭朴），而英国的城镇价值观是自治、秩序和互惠责任。从法律上讲，佩恩是整个殖民地的主人即所有者，但他对财产所有权方面的压迫并无兴趣。他的理想主义在其《政府体制》（*Frame of Government*）中得到最明显的体现。在其论述中，他认为所有政府都应为“幸福”而奋斗。他想在美洲建立一个以良民为基础的好政府。他写道：“只要人民是好的，政府就不会坏；如果政府出了问题，人民将治好它。”

佩恩不想设太多限制，所以他并不要求移民住在城镇。然而，城镇还是获得了繁荣发展。而费城的发展比其他所有城镇都要繁荣。1683年，佩恩在写给有可能前来定居的人的信中说，费城满足了所有人的期待。他写道：“我会说，由于上帝保佑，在我所见到的全世界所有地方当中，没有一个比费城好。”经济和社会方面的成功所需的一切这里都有。“在不到一年的时间里，它已发展到拥有大约80

* 又称“贵格会”或“公谊会”，是基督教新教的一个派别，成立于17世纪的英国。——译者注

所房屋，商人们和工匠们在这里安居乐业。”

费城很快成为大英帝国发展最快的城市。20年后，波士顿在北美的重要地位很明显受到了威胁。同样，那时殖民地和城市的强劲发展超出了佩恩和教友会信徒的控制。源自“山上宝训”的和平主义和其他价值观受到威胁并将最终消失。1708年，佩恩本人也将被送到英国的债务人监狱，很大程度上是因为他的殖民地上的人并不想向他支付名义免役税，尽管他作为土地所有者把土地提供给这些人使用。正如在新英格兰一样，殖民地的发展最终将更高层面的宗教理想挤出了政府。剩下的只是关于城镇和教区、自治、有秩序地照料贫困者等基本理念。在费城，政治和文化的多样性得到繁荣发展，与之相伴的还有自由和经济活力。费城将成为本杰明·富兰克林的家乡。在一篇短文中，富兰克林写道，美洲人口的自然增长将很快使英国在其殖民地面前相形见绌。

马萨诸塞和费城确定无疑地表明英国人在美洲建立众多幸福城镇方面的成功，弗吉尼亚在这方面稍晚一点。法国人和西班牙人也想建立住满家庭的稳定城镇，他们想让宗教事务和民事事务在这样的城镇中相互支持，但他们从来没有表现出弗吉尼亚的英国人所具有的毅力，那些英国人凭借这种毅力，实现了上述目标。法国和西班牙也想在北美洲占有土地。当需要维持对某块土地的主权宣示时，他们行动迅速，但这种宣示只是停留于表面。从长期来看，后来起家的英国人赢得了控制权，因为他们的殖民政策支持进行大批移民，这些移民的目标是为自己创造幸福生活。17世纪末期的一个例子能够说明这种情况。

鉴于英国殖民地人口的迅猛增长，西班牙和法国在整个17世纪都试图加强他们在北美洲的地位以对抗英国人，这不足为奇。法国人巩固了他们在内陆地区的一系列要塞，将它们沿密西西比河向南延伸，最后于1718年建立了新奥尔良。随着英国人将控制范围向南扩展到北卡罗来纳、南卡罗来纳和佐治亚，西班牙人试图从佛罗里达向北施加军事压力。法国人和西班牙人的战略设想都很好，但他们没有鼓励本国宗教异见者和穷人往北美洲移民。当那些小小的据点受到人口众多，充满财富和机会主义，充满活力的英国殖民地威胁时，哪有什么军事战略能够保住这些据点?

17世纪对北美洲的最后争夺表现为1698年至1699年法、西、英三个国家为控制彭萨科拉—密西西比河三角洲地区而展开竞争。17世纪90年代初，法国人积极推进，努力在墨西哥湾沿岸建立定居点。作为回应，西班牙制订了一个计划，欲在彭萨科拉建立一个要塞，以强化自己对这一地区的主权宣示。与此同时，在英国，一个英国土地丈量员购买了一项土地授予权，涉及的土地叫作卡罗拉那（Carolana，不同于今天的卡罗来纳），包括墨西哥湾沿岸地区。

1698年秋，这场争夺进入白热化阶段。10月，两艘双桅帆船载着前往北美定居的移民离开英国。西班牙人和法国人知道英国人的计划，已派军事远征队向墨西哥湾沿岸地区开进。西班牙人在11月首先到达彭萨科拉。英国船只在墨西哥湾东部海岸停下，只有一艘船继续航行。而法国远征队发现彭萨科拉已经被占领，就转而前往今密西西比河流域的比洛克西（Biloxi）。而英国人只派一艘船，于1699年8月到达密西西比河三角洲地区，由于来得太晚而且力量太弱而无法强行宣示主权。正如在17世纪初一样，英国人行动迟缓。他们看似已经永远失去定居的机会了。

但事情的进展并没有到此结束。在英国人的船上，有一群法国新教徒，又称胡格诺派教徒（Huguenots），他们希望作为法国宗教压迫的难民在新大陆定居。看到他们的法国同胞已经在密西西比河流域建立了定居点，这些法国新教徒就请求国王路易十四允许他们以法国的名义在美洲定居。国王拒绝了他们的请求，理由是他“并没有将异教徒赶出他的王国，为他们在美洲建立一个共和国”。这是国王的政策。坚强的胡格诺派教徒们于是乘船返回弗吉尼亚，在那里，他们向英国国王申请加入英国国籍。英国国王威廉不仅同意，还指示弗吉尼亚总督弗朗西斯·尼科尔森为他们提供帮助。威廉斯堡的设计者尼科尔森将他们安置在马尼金镇（Manikin Town），此地位于詹姆斯河上游的丘陵地带。胡格诺派教徒的首领充满感激地写道：“感谢上帝，我们终于来到一个美好而美丽的地方。在这里，经过最初的磨难之后，我们终将过上美好而幸福的生活。”

与此同时，西班牙和法国占据着墨西哥湾沿岸地区，但这种情况不会太久。西班牙和法国依靠军事远征赢得竞赛，但西班牙人的据点非常小，而法国人拒绝了本可以使他们变得更加强大的难民。虽然英国人一开始输掉了竞赛，但他们最终获胜。60年后，法国人将他们在美洲的土地割让给兴旺发达的英国人。在同一年，即1763年，西班牙人将佛罗里达割让给了英国人。1803年，已经从西班牙人手中夺回路易斯安那的法国人不得不再一次从美洲撤退。1848年，墨西哥战争结束以后，北美洲西南部和加利福尼亚的弱小定居点被并入美国。尽管英国人最初行动迟缓且力量弱小，但他们鼓励建立幸福城镇的策略为人口大量增长提供了支持，因此他们轻松赢得了争夺北美洲控制权的竞争。

里克·肯尼迪（Rick Kennedy）

里克·肯尼迪（Rick Kennedy），美国波因特洛马拿撒勒大学历史学教授，在加州大学圣芭芭拉分校获得博士学位。主要著作包括《理性的历史：思考艺术中的证据与权威》（*A History of Reasonableness: Testimony and Authority in the Art of Thinking*，2004）。曾为《美国文化和思想史百科全书》（*The Encyclopedia of American Cultural and Intellectual History*）撰稿。

第十七章

三十年战争（1618—1648）

中国同时期：明神宗朱翊钧—清世祖爱新觉罗·福临

概　述

欧洲的德语地区向西延伸到法国，向东延伸到匈牙利和波兰，向北延伸到波罗的海（Baltic Sea），向南延伸到阿尔卑斯山。在这一地区，几十年间逐渐加剧的紧张局势终于在三十年战争（Thirty Years' War）期间达到高潮。这场战争明显经历了四个阶段，战事极其复杂，因为它其实是三场战争在同一时间发生，即三场不同的斗争在德语地区同时上演。

三十年战争是一场宗教战争。16 世纪的宗教改革运动（Reformation）破坏了西欧和中欧地区基督教内部的团结。罗马天主教和新教之间的分裂在德意志表现得最为明显，这里大约有一半人口仍然信仰天主教，而另一半则改信新教。宗教改革引发了一连串非常激烈的斗争，称为“宗教战争”，这场战争使基督教的一个分支与另一个分支针锋相对。三十年战争是这一系列战争中的最后一场，也是最具破坏性的一场。

三十年战争也可算作一场内战。虽然人们常用“德意志”这一说法，但当时并不存在现代意义上的统一的德意志民族国家。相反，德意志由 1000 多个“小国”组成，它们大部分都非常小，由当地豪强统治。然而，大部分德语地区属于建立于962年的神圣罗马帝国。但正如18世纪法国哲学家伏尔泰所说，神圣罗马帝国既不“神圣”，也非“罗马”，更非“帝国”。自15世纪起，神圣罗马帝国皇帝就一直出自统治奥地利的哈布斯堡皇室。帝国皇帝的权力较小，实权掌握在各个公爵、男爵、主教、伯爵手中，他们统治着数百个诸侯国、公国、自由市和教会领地，他们一起构成了帝国。神圣罗马帝国皇帝对自己缺少权力感到不满，决定尝试将权力集中到自己手中，而这必然会伤害上述那些贵族统治者的利益。三十年战争就是为争夺德意志的统治权而打的。

最后，三十年战争是一场国际冲突，欧洲大多数国家都卷入其中。到16世纪初，曾经不怎么知名的哈布斯堡家族已经成为欧洲最有权势的统治家族。来自哈布斯堡家族的统治者查理五世同时担任神圣罗马帝国皇帝，奥地利、波希米亚（Bohemia）和匈牙利统治者，以及西班牙国王。西班牙国王这一头衔不仅使他成为西班牙本土以及西班牙在新大陆和亚洲所有殖民地的统治者，还使他成为低地国家（Low Countries，即今天的比利时与荷兰）、弗朗什–孔泰地区（Franche-Comté，今天法国东部的一个重要省份）、那不勒斯王国（kingdom of Naples）以及意大利北部大片土地的统治者。1556年，查理将他的土地分给弟弟斐迪南和儿子腓力。斐迪南得到欧洲中部的土地，腓力得到西班牙的财产。虽然哈布斯堡家族的土地被分开了，但这个家族的两个分支依然密切合作，在很多利益上捆绑在一起，包括忠诚地信奉罗马天主教。

最先反对哈布斯堡家族的是法国瓦卢瓦王朝的统治者。瓦卢瓦王室消亡后，法国王位最终传给波旁家族。波旁王朝也坚定地反对哈布斯堡家族，尽管它自己也信仰罗马天主教。由于宗教改革，由于害怕某一天被迫再改回天主教信仰，欧洲信仰新教的国家也反对哈布斯堡家族。新教国家包括英国、丹麦、几个较大的德意志诸侯国及荷兰（荷兰位于低地国家北部，经过几十年的斗争，最终在17世纪初成功摆脱西班牙的统治）。

三十年战争期间，西班牙奉行扩张主义政策，其目的是将哈布斯堡家族的所有土地连接起来。西班牙的哈布斯堡家族以意大利北部为基地，希望占领瑞士东部，将其土地与奥地利哈布斯堡家族的土地连接起来。与此同时，他们计划占领瑞士西部，进入莱茵河流域，从而创建一块属于哈布斯堡家族的连片土地，纵贯中欧，直达北海。显然，西班牙的领土野心对法国构成了严峻挑战。法国还反对建立一个由哈布斯堡家族统治的统一德意志国家。由于政治和宗教两方面的原因，新教国家都与哈布斯堡家族作对。

16 世纪上半叶，宗教斗争困扰着德意志。直到 1555 年，随着《奥格斯堡和约》(*Peace of Augsburg*) 的签订，才恢复秩序。《奥格斯堡和约》确定了“教随国定”(*cuius regio eius religio*) 的原则。这就使每个德意志诸侯有权决定其臣民的宗教信仰。

17 世纪初，这个对新教和割据统治有利，对天主教和皇权统治不利的条约开始失去约束力。一方面是因为《奥格斯堡和约》没有考虑到人们皈依除天主教和路德教（Lutheranism）之外的其他教派的情况。16 世纪下半叶，新教的一种形式加尔文教派（Calvinism）在德语区获得很大发展，由此产生一个问题，即如何将加尔文教派纳入《奥格斯堡和约》的平衡框架。而且，尽管《奥格斯堡和约》中的“教产留置”规定有效地禁止了天主教教职人员改信路德教，禁止他们带着自己的土地加入新教队伍，但新教依然继续蚕食天主教在德意志的地盘。最后，为了阻止新教的传播，罗马天主教会向德意志派遣了规模庞大的耶稣会（Society of Jesus，或称 Jesuits），耶稣会是一个天主教军事宗教团体，致力于消灭新教。为了应对日益紧张的局势，新教诸侯于 1608 年创建了新教联盟；1609 年，天主教的统治者也随之效仿，建立了天主教同盟。

真正的敌对始于 1618 年，三十年战争中所谓的“波希米亚阶段”就此开始，这一阶段一直持续到 1625 年。1617 年，施蒂里亚的斐迪南（Ferdinand of Styria）成为波希米亚国王，波希米亚是神圣罗马帝国的一个王国，包括波希米亚、摩拉维亚（Moravia）、西里西亚（Silesia），其首都是布拉格。斐迪南出身于哈布斯堡家族，跟神圣罗马帝国时任皇帝马蒂亚斯（Matthias）是堂兄弟关系。1619 年马蒂亚斯死后，斐迪南继承他的皇位，称为“斐迪南二世”。斐迪南二世也是一个狂热的罗马天主教教徒，但在他统治的波希米亚，新教徒人口占多数。当皇帝采取的措施威胁到波希米亚新教时，在波希米亚王国占主导地位的新教徒于 1618 年 5 月 23 日与他的代表发生了冲突。这次事件可以说是一场暴动，其间，皇帝的代表们被从布拉格城堡的窗户扔下。他们的伤并不致命，因为他们落在一个肥堆上，然而天主教的说法是，他们之所以没有摔死，是因为有天使搭救。在这次“布拉格扔出窗外事件”（Defenestration of Prague）之后，波希米亚的新教徒废黜了斐迪南，并宣布新教联盟首领、普法尔茨的腓特烈（Frederick of the Palatinate）为他们的国王（普法尔茨是莱茵河流域中部的一个公国）。这引发了战争。1620年，在布拉格郊外的白山战役（Battle of White Mountain）中，新教徒的军队被击溃。随后，波希米亚的新教被消灭，腓特烈的普法尔茨公国被送给信仰罗马天主教的巴伐利亚（Bavaria）。而曾援助过胜利者斐迪南的西班牙也加强了它在莱茵河流域的地位。

1625年，三十年战争的波希米亚阶段结束，战争进入丹麦阶段，该阶段一直持续到1629年。信仰路德教的丹麦国王克里斯蒂安四世（Christian Ⅳ）担心罗马天主教的复兴和皇权的加强会威胁到他在德意志新近获得的土地，于是领导新教势力，致力于巩固国王和诸侯的地位。不幸的是，他的对手是阿尔布雷希特·冯·沃伦斯坦（Albrecht von Wallenstein），此人是17世纪一位伟大的军事家。沃伦斯坦原本是一名新教徒，后来改信罗马天主教，在斐迪南与腓特烈的斗争中，他支持斐迪南，作为奖赏，他在波希米亚得到大片地产。现在，斐迪南征召他，要他组织一支军队抵抗克里斯蒂安。沃伦斯坦集结起一支大约由5万名雇佣兵组成的部队。这其实是一支私人军队，只效忠于沃伦斯坦。沃伦斯坦是一个性格复杂、深藏不露的人，但他似乎很乐意增加自己的财产，提升自己的地位。总之，他带领军队投入战斗，支持皇帝，他的主要功劳是让克里斯蒂安吃了一系列败仗，这使信仰新教的德意志震惊万分。沃伦斯坦将信仰罗马天主教的皇帝的势力一直拓展到波罗的海南岸。

三十年战争的丹麦阶段结束于1629年，结束的标志是神圣罗马帝国皇帝颁布《归还教产敕令》（*Edict of Restitution*），该敕令将罗马天主教会自《奥格斯堡和约》签订以来失去的土地全部归还教会。于是，大片土地上的人们又重新改信罗马天主教，而这些土地中的很大一部分多年以来一直属于新教徒。《归还教产敕令》不仅使本已恐惧不安的新教徒感到愤怒不已，它也是复兴的罗马天主教胜利的标志，并且象征着皇权达到了一个新的高峰。于是，新教世界更加密切地关注德意志的局势，许多德意志诸侯，不论宗教信仰，都开始对皇帝日益增长的力量十分担忧。而且，在西班牙和哈布斯堡家族节节胜利时，原本一直紧张旁观的法国，也开始扮演积极角色。

三十年战争的瑞典阶段开始于1630年，这一年，瑞典国王古斯塔夫·阿道夫

（Gustavus Adolphus）进军德意志。古斯塔夫是一位虔诚的路德派信徒，意欲阻挡天主教复兴的浪潮。在这方面，他得到法国的大力支持，法国为他的军队提供资助。古斯塔夫领导的军队是一支装备精良、训练有素、纪律严明的军队，大约有 4 万人。另外，法国国王背后的实权人物枢机主教黎塞留（Cardinal Richelieu）也对德意志的天主教诸侯施加影响，防止他们与皇帝结盟。1631 年，瑞典人赢得了布赖滕费尔德战役（Battle of Breitenfeld）的胜利，次年又取得吕岑战役（Battle of Lützen）的胜利，尽管在吕岑战役中，古斯塔夫战死。随着瑞典人节节胜利，伟大的天主教军事领袖沃伦斯坦的行动变化无常，令人难以预测。在三十年战争的丹麦阶段之后，他被皇帝解职，后来又被起用，奉命阻挡瑞典人。然而，比起为皇帝效劳，野心勃勃的沃伦斯坦似乎更有意拓展和巩固自己的力量，于是皇帝再次解除他的职务。两年之后，即 1634 年，沃伦斯坦被暗杀。

由于古斯塔夫·阿道夫战死，瑞典人在 1634 年的讷德林根战役（Battle of Nördlingen）中战败，1635 年的《布拉格和约》（*Peace of Prague*）让较大的信仰新教的萨克森公国（Saxony）退出了战争（这使信仰新教的其他德意志诸侯国重新审视它们对瑞典的支持），于是法国决定参战，由此开始了三十年战争的法国阶段或曰国际阶段。与以往一样，法国想防止神圣罗马帝国皇帝在德意志巩固权力，并想解除由西班牙在莱茵河流域的存在构成的威胁。虽然法国此前谋求借助外界力量，即通过支持德意志新教徒、资助瑞典人、讨好信仰天主教的德意志诸侯来实现这些目标，但并没有完全取得成功。因此，1635 年黎塞留决定对西班牙宣战，让法国直接介入战争。这样一来，战争蔓延到德意志本土以外，但德意志这块多灾多难的土地与以前一样，继续饱受战乱之苦。在经历了西班牙入侵之后，法国从伊比利亚半岛上的困局中坐收渔翁之利。因为在伊比利亚半岛，西班牙面临两场叛乱，一场是在加泰罗尼亚省（Catalan province），另一场是在其新近（1580 年）兼并的葡萄牙王国。

最终，各方在 1644 年开启和谈，但谈判一直拖拖拉拉地进行到 1648 年年末。最后，在明斯特（Münster）和奥斯纳布吕克（Osnabrück）分别签订了两个条约，它们合称为《威斯特伐利亚和约》（*Peace of Westphalia*）。至此，这场被一些史学家称为“第一次世界大战”的冲突终于结束。

历史评论

1624年，三十年战争蔓延到黑森（Hesse）。至此，这场战争已经进行了6年，给德意志大部分地区带来严重破坏。黑森的情况很快变得令人无法忍受，于是，黑森的领主们以可怜而绝望的口吻给他们的统治者写了一封信，信中说："上帝通过先知们的预言，对他那不听话的子民们发出了威胁，我们已经经历了一段时间的苦难，包括极其悲惨的痛苦、苦难与悲叹，我们失去了属于我们的一切，上帝好像要毁灭我们的土地和人民，将我们从他的视线中抹去，因为战争的刀剑已刺进我们的灵魂，而且没有人能拯救我们摆脱灾难的魔爪"。然而他们并不知道，战争给他们带来的恐惧才刚刚开始。

战争不可避免地会带来苦难，17世纪的欧洲人对战争的痛苦并不陌生。然而，在当代人看来，德意志的三十年战争所带来的苦难远远超过一般的战争创伤。时至今日，它仍然历历在目，让人觉得十分悲惨。三十年战争中，军事上的伤亡十分巨大，因为当时的战术让士兵们暴露于敌人的火力之下，这十分恐怖。在1631年的布赖滕费尔德战役中，神圣罗马帝国损失了大约两万名士兵，是其军队总人数的三分之二。有些人是被俘虏的，但与死亡的士兵相比，这些人数量少之又少。士兵死亡的原因包括饥寒、瘟疫和其他流行病，并且，由于在各方的军队中几乎没有医疗服务，即使一点点伤也会造成死亡。

正如黑森人可怜的哀诉向我们提示的一样，苦难与死亡并不局限于那些真正参加战争的人。事实上，德意志的平民远比士兵们更易受战争的影响，经历更多的恐惧。每当有部队占领一个地区，当地的村民就知道，他们来之不易的食物和其他物资就会被部队的长官征用，而且，他们将被迫与士兵们分享自己的房屋，而这些士兵往往残暴不堪。更糟的是，随着战争的进行，越来越不受约束的士兵们会用严刑拷打的方式，逼迫人们说出他们将牲口、钱财和其他值钱的物品藏在了哪里。妇女们被抓去，被士兵们强奸，她们通常会被扣押，直到她们绝望的家人能赎回她们。撤退的部队为了防止他们放弃的土地为追兵提供补给，会破坏田里的庄稼，杀掉所有他们带不走的牲畜，烧毁房屋、谷仓和装备。农民们即使在这种暴行之后幸存下来，也会失去食物、房屋和柴火。很多人出于绝望，干脆丢弃所有财产离家出逃。对比战前（1583年）和战争期间（1639年）黑森地区各个村庄的户口数，就会发现战争的破坏性之严重。伯尔尼堡村（Berneberg）的户数从 24 户减少到 8 户，柯尼希瓦德村（Königswald）的户数从 58 户减少到 14 户，阿尔滕伯希拉村（Altenburschla）的户数从 49 户减少到 7 户。

由于有环绕城市的坚固城墙保护，城市居民的日子通常会好过一些，尤其是大城市，即使被攻占，居民们通常也不会像农村人那样受到残暴对待。毕竟，这些城市的新统治者会乐意将城市用作堡垒和稳定的生财工具。然而，只有几千居民的小镇，有时甚至是大城市，可能遭遇难以置信的恐怖行径。最惨的例子发生在 1631 年，当信仰新教的马格德堡（Magdeburg）在被围数月之后被强大的敌军攻占时，约翰内斯・蒂利伯爵（Count Johannes Tilly）和其他天主教指挥官无法阻止其部下疯狂的掠夺和报复行为。该城遭焚烧时，他们也同样无能为力。厄运降临于这座城市。当时，大火借助大风，以惊人的速度蔓延到全城。仅仅几天之内，德意志的这座美丽城市就被烧成一片废墟，无论是对友军还是对敌军，都丧失了利用价值。该城的全部守军大约有 4000 人，他们全部被杀。另外，有多达 1.5 万名平民（占该城人口的四分之三）也死于非命。

尽管 17 世纪的军队没有大规模杀伤性武器（这些武器让当今的战争变得十分致命），但三十年战争使很多人缺衣少食，无家可归，并且在疾病面前脆弱不堪，因此战争造成的伤亡跟现代战争一样令人恐惧。我们只需看一看人口数据，就可以清楚地知道战争伤亡的程度是多么严重。战争开始时，德意志很可能有 1800 万居民，但当三十年后战争结束时，剩下的人口还不到 1200 万。尽管德意志西北部大部分地区和神圣罗马帝国东南部的奥地利受战争影响较小，但其他地区受到严重破坏。德意志东北部损失了超过一半的人口，莱茵河流域人口减少多达 70%。尽管德意志在战后几十年总体上的恢复速度令人满意，但一些地方在一个多世纪以后，人口仍远未接近战前水平。这次战争仍然是中欧三个世纪之前黑死病大流行以来所经历的最大人口灾难。从伤亡比例上来看，它令其后的所有战争都相形见绌，包括我们这个时代的两次世界大战。

这场冲突为何会如此致命呢？因为在传统上，军队毕竟要靠土地生存，也就是靠掠夺和抢劫，在全欧洲的整个历史上都是如此。三十年战争之所以独特，最明显的一个因素从其名字就可以看得出来。三十年对于战争来说，是一个很长的时间。随着血腥的战争年复一年地进行，那种能够迫使一方或另一方放弃冲突、恢复和平的决定性胜利几乎不可能出现，这简直令人发疯。而且双方内部都不团结，盟国之间互不信任，经常变换阵营，未能形成纪律严明、团结一心的整体。所有参战方都几乎像对自己的敌人一样，对自己的盟友充满疑心，随时准备退出盟约。如果战局显示其盟友将获得决定性胜利，它们甚至会加入敌阵。这实际上决定了这场战争没有决定性胜利，并且是一场持久战、拉锯战。由于各国部队到处劫掠，很多地区一遍又一遍地遭受摧残。此外，与短暂的冲突相比，持续几十年的战争所带来的沉重赋税令人难以承受，对人们养活自己能力的削弱要严重得多。

造成这场战争巨大破坏性的第二个因素在于参战军队的规模非常大，远远超过欧洲历史上的任何一次战争。在此之前的各种战斗中，双方各自的人数很少超过几千人。欧洲人此前从未见过能与 1631 年的布赖滕费尔德战役相比的冲突，在这场战役中，由瑞典国王古斯塔夫·阿道夫率领的 4 万人军队击败了由 3 万人组成的帝国军队。1634 年的讷德林根战役的规模几乎同样大，在这次战役中，3.3 万人组成的帝国军队击败了 2.5 万人组成的新教徒部队。如果把三十年战争的历次战役合起来统计，很可能有 100 万人参加了这场无休无止的战争。

第三个因素是宗教因素。尽管在决定各国何时参战、站在哪一边方面，政治利益的重要性与日俱增，但宗教激情也起到了重要作用。在德意志和全欧洲，战争点燃了人们的希望，即上帝的真理将会取得辉煌胜利；上帝的敌人将会遭遇挫败和羞辱，死无葬身之地。这里所说的上帝的敌人，要么是新教徒，要么是罗马天主教会，这取决于一个人的立场。与这些美好希望相伴而生的，还有令人不寒而栗的恐惧，即除非代表神的这一方给敌人迅速、猛烈和经常性的打击，否则神的真理或许会令人恐惧地从地球上被抹去。胜利会带来幸福与美德，失败会招致灾难性的恐怖，这种感觉激起的宗教热情达到了十分危险的程度。很多人愿意为暴行正名，即使是极端的暴行，因为他们自认为有充分的理由，尤其是因为敌人是上帝的敌人，他们理应承受痛苦。如果说引发战争的，或者让战争拖得如此之久且造成这么多不可胜数的暴行的只有宗教激情，那么这种结论就过于简单了。但必须承认，在所有这些事情当中，都有宗教因素。

尽管我们永远不应忘记这场战争对幸存者和遇难者的影响，但我们也必须审视这场残酷冲突对德意志乃至整个欧洲的文化、社会和制度的长期影响。这场战争对德意志的经济影响一直都极难评估。一个很容易得出的结论是，战后的人口、贸易和生产力水平全都比1618年时低得多。但这些下降必然全是由战争造成的吗？历史学家所说的“17世纪的普遍危机”又使这一问题更加复杂化。在整个欧洲，在16世纪大幅增长的人口到1600年开始达到极限。从总体上看，欧洲已经变得人口过剩，无法持续为所有人生产足够的食物。因此，几乎全欧洲，而不仅仅是受战争破坏的地区，在17世纪都遭遇了经济和人口上的停滞甚至是下降。的确，数据显示，在德意志的若干地区，经济衰退早在战争爆发之前就已经开始了。

然而在17世纪初，德意志的许多其他城市、地区和行业依旧十分繁荣，但在它们被卷进战争旋涡之后，这种繁荣消失了。当代学者认为，三十年战争对德意志经济来说是一场灾难。熟练的工人四散奔逃或死于非命，原本用于投资的资本都花在巨大的军费上，贸易路线和贸易关系也令人绝望地中断了，德意志的大部分基础设施也化为废墟。战争至少深深地加剧了在战争爆发时就已十分明显的经济问题，并且在更多时候，让急剧衰退取代了繁荣增长。确实，许多学者认为，德意志经济花了一个多世纪才完全从战争的创伤中恢复过来。他们指出，在西欧，17世纪的人口压力让人们产生了巨大的动力去寻求经济上的变革。地主、农民、商人和工匠最终都被迫寻找更有效和更合理的方式生产和销售货物。那些西欧经济体，尤其是英国和荷兰，为17世纪的问题所迫，都踏上了现代化道路。而在德意志，战争导致的大量人员伤亡消除了人口过剩的问题，而这个问题在西欧起到了触发变革的作用。因此，在西欧被抛弃或被简化的低效能旧生产方式在18世纪的德意志仍然得以继续存在。

然而，说到这里，实际情况或许并非这么简单。早在战争开始之前，与西欧相比，德意志的经济就已经落后了。当然，战争在延缓德意志经济现代化方面确实扮演了重要角色，但如果将德意志经济上的落后完全归咎于三十年战争，也会显得夸张。

三十年战争似乎加深了德意志社会的分化和不平等，而这长期以来就是德意志社会的特征。战争结束时，许多农民没有资本重新养殖牲畜和家禽，或重新添置在战争中毁掉的篱笆、谷仓、工具和建筑物。很多人背上了令人绝望的债务，无法重新起家。对于他们来说，重新耕种自己的土地让人看不到多少希望。同时，工资又特别高，因为战争的伤亡造成劳动力短缺。许多农民干脆卖掉世代继承的土地，其社会地位由自耕农沦为佃农。在德意志东部的大部分地区，尤其是在霍亨索伦家族（Hohenzollerns）的土地上，比如在勃兰登堡，农民的身份沦落甚至更为极端。为了让贵族同意他们可以不经各社会等级允许而征税，霍亨索伦家族做出让步，即贵族可以将其土地上的农民视为农奴，实际上也就是他们的私人财产。在西欧正在消亡的农奴制由于三十年战争的缘故，在德意志的许多地区又获得了生命力和合法性。

乍一看，或许很难看出三十年战争对德意志的政治组织形态有什么影响。战争开始时，神圣罗马帝国只不过是一个空壳。帝国哈布斯堡家族皇帝的实际权力仅局限于他们的家族领地，例如奥地利和波希米亚。在帝国境内的其他地方，数百个领主统治着他们各自的公爵领地、伯爵领地、主教辖区和城市，很少把皇帝放在眼里。战争结束时，这里的情况并没有多少改变。哈布斯堡家族依然享有帝王的尊贵，而各类领地实际上依旧是独立的实体。的确，《威斯特伐利亚和约》赋予这些领地的统治者实行他们自己的外交政策的权利，这在理论上使他们比以往任何时候都更加独立。然而实际上，他们早就在奉行自己的外交政策了，不受皇帝约束。因此三十年战争和《威斯特伐利亚和约》对他们的地位没有什么影响。

其实，三十年战争对德意志政治和宪法发展的重要意义主要体现在没有发生的事情上面，而不是体现在已经发生的事情上面。长期以来，哈布斯堡家族一直在寻求增强他们对神圣罗马帝国的广大领土和资源的实际控制权。他们最愿意看到的是将帝国变成一个统一的君主制国家，就像英国和法国那样。三十年战争是他们为实现统一德意志的目标所做的真真切切的最后尝试，但他们失败了。

17世纪20年代末，整个德意志的实权似乎已经掌握在哈布斯堡家族手里。德意志境内强大的新教诸侯国，尤其是萨克森和勃兰登堡，已经倾向于谨慎地在一旁观战，而非冲在前面帮助它们被围攻的信奉同一教派的盟友，从而冒军事灾难的风险。皇帝斐迪南二世的军队已经取得一个又一个胜利，控制了越来越多的土地。由于有诸如蒂利伯爵和阿尔布雷希特·冯·沃伦斯坦这样的杰出将领在其旗下效劳，继续取得军事胜利似乎没有悬念。斐迪南从软弱无能的新教公爵手中夺取了梅克伦堡公国（Duchy of Mecklenberg），他还将这片广大且重要的土地赠予他的爱将沃伦斯坦，从他的这些举动中就可以看出他的信心和野心。他于1629年春颁布的《归还教产敕令》更加明显地揭示出他的信心和野心。该敕令宣布将1552年以来改信新教的高级教士拥有的土地全部还给天主教会。如果该敕令得到执行，将极大地削弱许多新教诸侯国，将它们的一些最有价值的土地从其领主手中夺走，这样一来，一旦时机成熟，皇帝将来就可以接管这些土地。此外，该敕令将极大地加强皇帝在整个德意志的权力，因为皇帝实际上可以任命许多信仰同一教派的新富和新贵。他任命的肯定是自己的忠实朋友。

然而，哈布斯堡家族的权力从1629年的巅峰衰落的速度也非常快，而且是不可逆转的。皇帝的成功依赖信仰天主教的诸侯的支持，但这些诸侯日益担心如果哈布斯堡家族真的成功获得对德意志新教诸侯国的完全控制，他们自己的独立性也将很难维持。于是他们开始从战争中退缩，并且成功地要求斐迪南解除他最大的军事资本沃伦斯坦的职务。同时，《归还教产敕令》也使先前中立的新教诸侯国站到了皇帝的对立面，因为这些诸侯国面临非常不容乐观的前景，即它们可能失去至关重要的土地和收入，并且可以预见，在它们的边境之内，将会建立新的充满敌意的天主教宣传和煽动中心。许多诸侯国决定参战，而帝国军队在1631年残酷洗劫新教诸侯国马格德堡又使它们对这一决定更加坚定。

对哈布斯堡家族权力的持续增长表示担忧的不仅仅是德意志人。1630年，能力出众的瑞典国王——信仰新教的古斯塔夫·阿道夫率领他的纪律严明、装备精良的部队进入德意志北部。古斯塔夫进军德意志的部分原因是他同情德意志的路德派教友，但主要原因是他希望在德意志获得土地和权力，并希望阻止一个强大而统一的神圣罗马帝国出现在波罗的海南岸。同时，法国的枢机主教黎塞留也决定介入，支持新教一方。长期以来，黎塞留一直认为，打破哈布斯堡家族的权力是法国的首要目标。尽管法国直到1635年才真正宣布参战并派兵进入德意志，但黎塞留早在1631年就已开始慷慨资助瑞典军队了。古斯塔夫·阿道夫率领重整旗鼓的新教部队在1631年秋季的布赖滕费尔德战役中击溃了神圣罗马帝国军队。直到1632年年底瑞典国王在吕岑战役中战死，新教部队的攻势才被打破。随后，斐迪南承认战败，通过同意废除《归还教产敕令》收买了不少德意志新教诸侯国。虽然这足以暂时避免哈布斯堡家族一败涂地，但他们再也无法盘算着去统治德意志了，而只能当个有名无实的皇帝。战争结束时，根据《威斯特伐利亚和约》，德意志诸侯的传统权利和自由得到确认，甚至有所扩展。

尽管三十年战争对德意志政治进程的影响相当大，但也不应被过度强调。毕竟，在战争前夕，神圣罗马帝国就已经是一个由实际上独立的诸侯国组成的联邦，而非一个现代意义上的真正国家。再者，战争并没有导致德意志像18世纪和19世纪初那样在政治上四分五裂，一盘散沙，它只是确认了当时的权力分散状态。

三十年战争对神圣罗马帝国境内各诸侯国政治和宪法的影响非常深刻。战争开始时，几乎所有这些诸侯国统治者的权力都非常有限。他们征税、组建军队、干涉臣民生活、奉行自己政策的能力通常受到法律和传统、代表大会、担心自身独立性的教会，以及执意保持其传统权利和自由的贵族的制约。通常情况下，统治者的权力与臣民抵抗这种权力的能力之间存在着一种不稳定的平衡。在几乎所有方面，战争都破坏了这种平衡，使德意志的诸侯们逐渐成为各自领地内的绝对君主。

战争带来的危险时刻存在，让人们选择的余地很小，只能支持他们的领主建立规模庞大的军队。当然，这种军队既可以用来抵御外敌入侵，也可以用来镇压内部反抗。要维持这些军队，有必要征收比以前多得多的税，人们都已经习惯纳这么高的税了。在德意志的大部分地区，诸侯在战争期间将税率提升到很高的水平，而这样高的税率在战前通常会引发起义，而在战争期间，诸侯们却可以一次又一次地提高税率。战争结束时，人们已经习惯了这种高水平的赋税，把钱交给他们的统治者，用于维持军队和官僚机构，而军队和官僚机构极大地增强了诸侯的权力。人们普遍信任在战争的混乱与危险中建立起来的强大而稳定的政府，这也帮了诸侯的忙。大多数人那时候愿意效忠一个能保护他们的领导者，即使这个领导者会损害他们的传统自由，他们也不愿反对他而使自己有重新坠入混乱无序旋涡的危险。

无论是天主教还是新教，教会在战争期间都倾向于更加依赖诸侯。只有诸侯才能确保教会的信众得到保护，不被敌对教派阴险的花言巧语所诱惑；只有诸侯能维护教会的地位和特权。战争结束时，教会已不再是能够限制诸侯权力的重要因素。德意志贵族的境遇也跟教会差不多。战争对这个高傲而暴虐的阶级打击非常大。这一阶级要靠农民纳税生存，而农民由于战争而大量死亡，这极大地减少了贵族的收入。贸易路线的中断进一步降低了他们高价出售粮食并从中获利的能力。而且，他们的庄园经常被不友善的部队占领，他们的房屋经常被焚毁，财产经常遭洗劫。很多贵族不得不绝望地求助于他们的诸侯，努力争取让自己以及自己的儿子到诸侯的军队中服役，或者在诸侯的官僚机构中谋得一官半职，这毫不令人感到奇怪。渐渐地，贵族们的收入和地位要依靠与诸侯合作以及为诸侯服役才能得到保证。战争结束时，绝对君主制在德意志正日益成为占主导地位的政治制度。我们还是要小心，不能夸大三十年战争的影响，因为这种集权主义的根源在德意志的历史上早就存在。然而，战争肯定加剧了德意志向集权主义发展的趋势，并且扮演了重要角色，使集权主义在整个德意志牢固确立。

虽然三十年战争大部分发生在神圣罗马帝国境内，但有必要记住，这是一场国际大冲突。欧洲的几乎每个国家都以这样那样的方式卷入了三十年战争，而这场战争对若干个欧洲国家产生了深刻而长远的影响。一开始，德意志境内的冲突就与原有的西班牙与荷兰共和国之间的斗争有千丝万缕的联系。1618 年，战争爆发时，西班牙的哈布斯堡家族立刻站出来帮助他们在奥地利的兄弟，为其提供军队和资金支持。致使他们这样做的，绝不仅仅是家族感情或者为了支持天主教。其实，西班牙人盼望着 1621 年的到来，这一年他们与荷兰的停战协议将会到期。他们打算重新征服荷兰人，而其计划成败的关键是他们是否能够将部队和物资经陆路从意大利北部运送到荷兰，他们需要沿莱茵河北上，需要经过神圣罗马帝国西部。西班牙自己的野心使它致力于支持德意志境内哈布斯堡家族权力的增长和天主教的复兴。

西班牙为其在德意志境内的军事行动，以及为对抗荷兰人投入了巨大的财力、精力和人力。然而，法国人的深深敌视、荷兰人的抵抗及神圣罗马帝国军队未能保住对西班牙人经德意志境内去荷兰的陆路的控制，都使这些努力注定要失败。随着 1648 年《威斯特伐利亚和约》的签订，西班牙最终被迫妥协，正式承认荷兰完全独立。然而，接受失去荷兰这一现实还远非战争对西班牙造成的最大影响。西班牙为这场战争投入的军力实在超出了它自己的能力。当西班牙国王腓力四世（Philip IV）的首相奥利瓦雷斯公伯爵（Count-Duke of Olivares）试图改革，精简西班牙的政府和税收体系，以便使西班牙能够更为有效地发动战争时，遇到了暴力革命。1640 年的葡萄牙叛乱尤为严重，这场叛乱一直惨烈地进行了很长时间，直到将近三十年后西班牙承认葡萄牙独立时才结束。另外还有发生在伊比利亚半岛另一侧的加泰罗尼亚的叛乱，虽然这场叛乱不像葡萄牙的叛乱那么成功，但它对西班牙造成的创伤同样巨大。这场叛乱从 1640 年一直持续到 1652 年，它使西班牙变得更加分裂。通过《威斯特伐利亚和约》，1648 年西班牙人与荷兰人言和并从德意志撤军，但这也没有结束西班牙的痛苦，因为法国人继续在多条战线上同西班牙人战斗。他们之间的冲突一直持续到 1659 年，那一年，疲惫不堪、士气低落的西班牙通过《比利牛斯条约》（*Treaty of the Pyrenees*）接受了战败的现实。

如果说三十年战争是造成西班牙大国地位衰落的一个重要因素，那么它对于法国崛起为欧洲最强大的国家也同样是一个重要因素。自 16 世纪初以来，法国一直因哈布斯堡家族的崛起而备受困扰。哈布斯堡家族在西班牙、意大利北部、神圣罗马帝国以及荷兰的力量使法国大有被包围的危险。从 1624 年开始，枢机主教黎塞留一直在路易十三（Louis XIII）手下主政法国，直到 1642 年去世。黎塞留坚信，同哈布斯堡家族的斗争必须优先于一切。无论是宗教上的考虑，还是改革法国摇摇欲坠的政府的需要，抑或是重税所致的民怨，都不会将他的注意力从这项任务上转移开。早在 17 世纪 20 年代，信仰天主教的法国就开始为三十年战争中的新教一方即反哈布斯堡家族的一方提供资金和外交支持。17 世纪 30 年代初，这种支援升级为公开支持瑞典入侵德意志，1635 年又升级为法国军队公然介入战争。

法国不仅挫败并削弱了它最危险的对手——哈布斯堡家族统治下的西班牙，而且在粉碎哈布斯堡家族主导德意志并重新控制荷兰共和国的希望方面，也发挥了重要作用。法国消除了被哈布斯堡家族包围的威胁，所有这些都极大地加强了它自己的安全。此外，《威斯特伐利亚和约》承认法国对阿尔萨斯（Alsace）大部分地区的统治，并强化了它在洛林（Lorraine）的地位。11 年后的《比利牛斯条约》为法国增添了更多领土，这些领土都是从哈布斯堡家族那里剥夺过来的。诚然，三十年战争结束时，法国正在因一场严重的国内叛乱即投石党运动（Fronde）而备受困扰，这与困扰西班牙的那些叛乱相似。然而，法国君主有能力镇压这些国内叛乱。在同哈布斯堡家族的斗争中，法国成为欧洲最强大的国家。直到《威斯特伐利亚和约》签订两个多世纪以后，即德意志最终实现政治统一时，法国的地位一直未受到过严峻挑战。

因篇幅所限，这里不可能详述三十年战争给每个受影响的国家带来的后果。我们只想说，几乎没有哪个欧洲国家敢说自己未受这场巨大而持久的冲突的伤害。在战争的那几十年，德意志使其他国家感受到迫害和混乱的恐怖，使它们意识到需要扩军和增税。这些因素在各国都导致了社会、宗教和政治压力，这些压力跟西班牙和法国遇到的那些十分明显的压力相似。西班牙和法国在战争期间都发生了暴动和叛乱。

就连小心谨慎地处在这场战争边缘的英国也深受影响。当三十年战争在德意志爆发时，尽管英国国王詹姆斯一世的许多臣民敦促他领导德意志新教徒的斗争以保卫真正的信仰，但由于长期缺钱，他没有参战。直到1624年，詹姆斯一世才同意对西班牙宣战，但是英国军队十分倒霉，表现很差劲，令人尴尬。詹姆斯的继任者查理一世在1630年耻辱地签订了一项和约，退出了欧洲的冲突。国王对保卫受围攻的新教缺乏热情，让英国清教徒们充满恐惧，他们担心国王缺乏应有的虔诚，甚至怀疑王室有可能跟罗马有秘密联盟关系。这些怀疑本身并没有产生导致17世纪40年代英国内战的那种急剧增长的不信任，但它们肯定在其中起到了一定的作用。

评估三十年战争对欧洲文化和价值观的影响，比衡量它对政治和社会发展有多大影响还要难。宗教在欧洲文明中的地位是一个值得考察的领域。17世纪，在几乎整个欧洲，宗教激情都在减退。后来主导现代西方文化的日益世俗化的世界观那个时候开始成型。这种现象是由很多因素造成的，但如果不审视一下三十年战争的作用，我们对此的认识就不完整。看来，对于欧洲最大宗教分歧的双方来说，三十年战争无绝对胜负的性质使很多人认识到，不可能根除另外一种信仰，不可能用武力恢复欧洲在宗教上的统一性。随着战争不断进行，宗教统一的大愿望和由此带来的对宗教迫害的大恐惧都变得越来越不切实际。尽管人们不情愿，但宗教多元必将被接受的思想赢得越来越多的支持。《威斯特伐利亚和约》反映了这一变化。它规定，信仰路德教的国家和信仰天主教的国家都可以在宗教方面保持原状，由此确认了战前和战争期间很多人都无法接受的宗教多样性。此外，该条约在许多方面都有更深入的规定。战前在神圣罗马帝国全境均为非法的加尔文教现在跟路德教和天主教一样，都被官方承认。该和约将1624年1月1日定为“规范日”。此前人们有信仰加尔文教、路德教或天主教的自由，那一天，人们可以保留或重获那项权利，即使他们所在的国家由一个信仰别的宗教的诸侯领导。因此，尽管三十年战争并没有给德意志境内带来完全的宗教自由，但它朝那个方向迈出了若干重要步伐。

另外，三十年战争所带来的恐惧和痛苦在整个欧洲产生了强烈的反作用。很多人对这种以慈爱的上帝的名义强加给人们的痛苦感到越来越厌恶。一度被天主教和新教都普遍接受、认为是必要手段的宗教迫害，现在要受到更多的严格审查。17 世纪中叶，尽管接受宗教宽容，认可它是一种具有积极意义的良好事物并做好思想准备的人依然很少，但是这一重大进步的种子已经播下，并开始发芽。从长远来看，三十年战争在使西方变得更加宽容方面发挥了重要作用。

20 世纪末期，认为 17 世纪是欧洲大危机时代的观点已经被史学家们普遍接受。17 世纪是充满战争、饥荒、叛乱、恐惧和不确定性的时代。在这个时代，各种权威，包括宗教的、政治的、社会的、传统的以及思想上的，都受到前所未有的挑战。三十年战争使欧洲大部分地区陷入长达几十年的混乱，并且在欧洲大陆的其他大部分地区造成了紧张和斗争。三十年战争无疑是这种危机中的一个重要因素。

加勒特 · L. 麦安什（Garrett L. McAinsh）

加勒特 · L. 麦安什（Garrett L. McAinsh），美国汉德里克斯学院历史学荣誉教授，在埃默里大学获得博士学位。曾为《关于和平的世界百科全书》（*The World Encyclopedia of Peace*，1986）、《改变世界的政治家》（*Statesmen Who Changed the World*，1993）和《阿肯色历史文化百科全书》（*The Encyclopedia of Arkansas History and Culture*，2010）撰稿。

第十八章
路易十四的统治（1643—1715）

中国同时期：清世祖爱新觉罗·福临—清圣祖爱新觉罗·玄烨

概　述

据说，法国国王路易十三病危在床时，他的助手们将他年幼的儿子小路易带到他的病床前。这位垂死的国王让他的儿子说一说自己的身份，于是这个 4 岁的孩子大胆地宣布他自己是路易十四。尽管这个故事极有可能是杜撰的，但它却为人们提供了关于路易十四这个人的一条重要线索。在长达半个多世纪的时间里，他将成为欧洲最重要的人物。从早年起，路易十四就清楚地意识到自己的重要性，并在他大部分统治时期内都致力于加强王权。这个目标并不像它乍看起来那样轻率，因为路易十四是专制主义时代的典型人物。

由于经济、行政和技术上的进步，从中世纪晚期开始，欧洲的君主们在同他们的对手即同贵族的斗争中稳步取得进展。君主们也从 16 世纪的宗教改革中获益，宗教改革不仅破坏了西欧和中欧基督教内部的团结，也使教会受到削弱，教会曾是王权的一个严重威胁。随着君主们将越来越多的权力集中到自己手中，他们有必要解释和论证自己地位上升的合理性和合法性，而君权神授理论或者说专制主义就提供了一种解释。

根据君权神授理论，君主的权力源自上帝。上帝以其无限的智慧（这种智慧不是凡人所能理解的），选取王室中最年长的具有合法地位的男性在政治事务中作为上帝在世上的代理人。因为君主是由上帝选取的，并且显然肩负体现上帝意志的使命，所以任何凡人、任何凡人所组成的集体（如议会）、任何由凡人创制的文件或制度（如宪法）都不能限制他的合法权威。根据君权神授理论，挑战君主就等于挑战上帝。这并不是说君主可以像20世纪的独裁者们所做的那样，随心所欲、变化无常地随意行事。他的行为必须善良公正，反映上帝的天性。然而，路易十四时代法国专制主义的主要倡导者之一、主教雅克·波舒哀（Jacques Bossuet）认为，王权本身是上帝意志的体现，他写道："王权是至上的……国王的行为不需要对任何人负责"。

路易十四是专制君主的典型代表。他生于1638年，成年后身高仅为5英尺4英寸*，但他具有帝王气概，一举一动总散发出莫大的魅力和威严。路易十四没有受过全面教育，但他有条理、勤奋且目的性强。他的记忆力非常好，知识渊博，有很强的判断力。

1643年，路易十三去世后，路易十四的母亲即奥地利的安妮（Anne of Austria）† 领导摄政机构统治法国。不过，实际行使权力的是枢机主教儒勒·马扎然（Jules Mazarin），此人是路易十三统治期间的实权人物枢机主教黎塞留提拔上来的。路易十四年少时，马扎然继续执行黎塞留的政策，即让国王成为法国的最高权威，让法国成为欧洲霸主。1661年马扎然死后，长大成人的路易十四开始亲政，自此统治法国长达54年，直到他去世时为止。

路易十四继承的法国是当时欧洲最富有、人口最多的国家，它还有着悠久的文化传统。自1589年亨利四世统治时开始，历任法国国王和他们的顾问都致力于使整个法国，尤其是贵族服从君主，因此法国的王权一直在逐渐加强。在欧洲，法国是一个大国，并且在路易十四的统治下，还会变得更加强大。法国的宿敌，无论是西班牙的哈布斯堡王朝还是奥地利的哈布斯堡王朝，都已在不久前刚刚结束的三十年战争中战败。17世纪剩下的时间里，西班牙统治者领导不力，致使国力迅速衰落，而来自奥斯曼土耳其的威胁是奥地利的哈布斯堡王朝首先要顾虑的事。英国则不断发生革命，内部事务十分混乱，而路易十四最顽强的敌人荷兰没

---

* 1英寸合0.0254米，12英寸为1英尺。5英尺4英寸约等于1.63米。——译者注

† 虽然被称为"奥地利的安妮"，但她其实是一位西班牙和葡萄牙公主。她的父亲是西班牙和葡萄牙国王腓力三世，母亲是奥地利的玛格丽特。——译者注

有足够的人口和领土来挑战法国。另外，德语地区四分五裂。

路易十四的国内政策有一个一以贯之的高于一切的目标，那就是加强君主的绝对权力和威望。为了达到这个目的，他建造了凡尔赛宫（Versailles）。这是一座宏伟的宫殿，只有由上帝选择的国王才真正配得上它。凡尔赛宫位于巴黎西南 11 英里处，它的所在地一开始是一片沼泽地，是路易十三的一处狩猎场。建造凡尔赛宫的工程开始于 1669 年，持续了几十年。这项工程将在这块地方建成最著名且最广受模仿的欧洲宫殿。工程动用的劳动力多达 3.5 万人，许多人因为这里的条件恶劣而死在工地上。建造凡尔赛宫花费巨大，据说路易十四不敢公布，把账单烧掉了。但最终成果却异常宏伟，令人赞叹。这座宫殿是欧洲最大的建筑，坐落于数百英亩修剪得整整齐齐的草坪、公园、步行道、雕塑、喷泉和湖泊中间。它的画廊装饰着最精美的挂毯、镶嵌木家具、镜子和油画。凡尔赛宫一向是一个令人赞叹的地方。欧洲各国君主都争相仿建，引起了一场宫殿建造热潮。凡尔赛宫为路易十四的声望增光添彩，并且证明了他的绰号“太阳王”果然名不虚传。对于路易十四来说最重要的是，凡尔赛宫证实了他的威严。的确，只有上帝选择的国王才能住在这么豪华的宫殿里。

在路易十四为控制法国贵族而不断进行的斗争中，凡尔赛宫是他的总部。路易十四最担心大贵族和所谓的亲王（国王家族的成员），他们似乎有意无视甚至妄图颠覆他的神授权威。尽管黎塞留和马扎然已采取许多重要措施来抑制贵族权力，但投石党运动仍然揭示出，不受约束、不安分守己的贵族依然威胁着君主的权威。（投石党运动是一场贵族叛乱，其规模非常大，以至于在 1649 年，年轻的路易十四不得不连夜逃离巴黎。）尽管法国贵族不听话，但他们当中的许多人都要依靠国王得到奖赏、官职、荣誉和其他特权，这些特权为他们的社会地位提供了保障，并能为他们带来金钱。路易十四一向尊重贵族的社会特权，他善于利用贵族对他的依赖。他运用的策略可以被称作一种巨大的赞助行为。国王操控贵族，根据他的需要，授予或剥夺贵族头衔。这样，他使贵族更加亲近他。事实确实是这样，因为贵族有时会在凡尔赛宫讨好国王。在这里，他们通常会对上流社会花样颇多的娱乐活动沉湎不已。凡尔赛宫的宫廷礼仪是典型的 17 世纪礼仪，十分繁复、神秘、耗时。路易十四认为，来觐见的贵族理所应当遵守这套礼仪。如果他们在这个过程中分神了，那对国王来说是最好不过的事了。

国王也制定了一系列文化政策，这些政策提高了他的声望。路易十四统治期间，法国文化名人，包括剧作家莫里哀（Molière，本名让－巴普蒂斯特·波克兰）、让·拉辛（Jean Racine）和皮埃尔·高乃依（Pierre Corneille）、画家夏尔·勒布伦（Charles Le Brun）、建筑家儒勒·芒萨尔（Jules Mansard）、音乐家让－巴普蒂斯特·吕利（Jean-Baptiste Lully）和弗朗索瓦·库伯兰（François Couperin），都得到了可观的赞助。作为回报，这些具有创造力的人物创作了许多艺术杰作，反映了他们的赞助人的荣耀，提高了他的声望。

路易十四是一位虔诚的天主教徒，几乎每天都做弥撒。在他的国家，天主教占主导地位，但也有一个重要的少数派信仰新教，他们约占总人口的10%。路易十四并不是宗教偏执狂，但他总是从君权神授思想的角度来看待事物。因此国王认为，少数派即新教徒的存在威胁到专制王权原则。路易十四的目标是“一君、一法、一教”。于是，1685年，他撤销了1598年的《南特敕令》（*Edict of Nantes*），该敕令给予法国新教徒（他们也被称为“胡格诺派”）宗教自由。由于该敕令被撤销，许多胡格诺派信徒都改信罗马天主教，其他人移居到新教国家，还有一些人被逮捕并被送到船上当奴隶。

国王的怒火也降临到持不同意见的天主教徒头上。路易十四镇压了詹森教派运动（Jansenist movement），这一运动的构成人员是一些罗马天主教徒，他们的教规比一般教派更严格更苛刻。1660年，路易十四关闭了他们位于罗亚尔港（Port Royal）的总部。然而，同时，路易十四又大力保护“高卢自由”。“高卢自由”给了（深受路易影响的）法国罗马天主教会很大自由，使它能够独立于包括教皇在内的罗马教会的权威。整合和控制的需要总是决定着路易十四的决策。

虽然路易十四对经济所知甚少，但他选拔让－巴普蒂斯特·柯尔培尔担任他的财政大臣。柯尔培尔是一个雄心勃勃、精力旺盛的人，他为保持路易十四政府的财力提供了必要的专业经验。柯尔培尔奉行重商主义，重商主义是17世纪占主导地位的经济政策，也是专制主义的一项重要内容。重商主义者致力于使国王及其领地在经济上和财政上获得独立性。为了达到这种目标，重商主义者干预市场经济。他们规范商业活动，提供经济补贴，有选择性地征收税收，实施意在抑制进口、刺激国内生产并积累黄金储备的关税政策。他们还鼓励帝国扩张，以此作为保障廉价原料供应的一种方式，这也是为国内剩余产品获得可靠市场的一种方式。

在维护专制制度的过程中，路易十四改革了法国的行政体制。尤其是，他将此前实际上独立于国王的法国武装力量置于国家的牢牢控制之下。他加强了“指挥链”思想（在这个链条中，他本人是最高长官），他扩充了军队规模，并成功地将步兵和炮兵等各类军事单位融合成一支单一而统一的军事力量。

路易十四的外交政策既重虚荣，也重实力政治。路易十四是一个虚荣的人，他将征服看作通往荣耀的道路。同时，他意欲拓展法国领土，从而加强法国的安全，并将法国确立为欧洲霸主。路易十四的欲望引发了一系列冲突，这些冲突最终使法国成了欧洲大多数国家的敌人。1667 年至 1668 年的西班牙遗产战争 *（War of Devolution）之后，又发生了更为激烈的荷兰战争（Dutch War，1672—1678），荷兰战争使法国获得了富庶的弗朗什－孔泰地区（Franche-Comté）以及西属尼德兰的几座重要城镇。然而，路易十四的进攻性政策疏远了大部分欧洲国家，它们都日益怀疑法国国王。路易十四的下一场战争，即 1688 年至 1697 年的奥格斯堡同盟战争（War of the League of Augsburg）对增添他的荣耀或扩大法国领土并没有起到多大作用。这场战争之后，又发生了 1701 年至 1714 年的西班牙王位继承战争（War of the Spanish Succession）。这次战争期间，法国军队表现不佳，法国遭受严重损失。难怪路易十四临死时告诫他的继承人要避免战争，说他自己以前“太好战了”。

路易十四于 1715 年 9 月 1 日去世，他的统治就此结束。然而，在其统治期间，路易十四竭尽所能去证明他的名言“朕即国家”。不过值得注意的是，路易十四的送葬仪式在巴黎举行时，有民众朝他的棺材扔石头和瓶子。

历史评论

路易十四是一位具有传奇色彩的法国国王，但他从来不像我们所认为的那样地位稳固且权力强大。国王的宣传者们粉饰他的名字、他的形象以及波旁家族的族徽——太阳。长期以来，历史学家们在很大程度上对此信以为真，把这位“太

* 法国与西班牙争夺西属尼德兰的战争。路易十四的王后是西班牙国王腓力四世的长女，1661 年腓力死后，路易以其后代之名义要求继承西属尼德兰的遗产，因此这场战争史称“遗产战争”。——译者注

阳王”描写成君主专制的代表。这种观点有一定的真实性。路易十四传奇式的统治期间，官僚体系逐渐扩大，国王的权力也得到空前加强。为了打压潜在对手，路易十四将他自己的家族成员和大贵族排除在他的最高国务会议之外，换句话说，他们别再指望成为大臣。而且，与他父亲的做法不同，路易十四也不任命首相。他清楚地表明，他打算自己当家，特别是在战争和外交方面。

17世纪的法国国王意味着什么？用君主专制这个词来概括最精当不过了。一方面，国王的权力在不同省份有所不同。在有些省，国王的代表需要和选举产生的掌管税收的代表会议讨价还价；在别的省，政府直接行使征税权。在巴黎，即国王的首都，王权要比在边远省会城市大得多。实际上，对他自己的官员，国王行使的权力也有很大差异。不论是文官还是武官，很多官员实际上对他们的职位拥有所有权，也就是说，他们的职位是从国王或者从别的职位拥有者那里买来的，或者是继承而来的。买卖官职并不代表买官的人无能或者买卖官职的行为存在腐败。买官的钱相当于借给政府的一笔贷款，官员所得的收益是工资，相当于贷款的年利。路易十四可以随时解雇他的大臣，但官员并不像国王的大臣那样受国王直接控制。国王想必希望废除买官卖官的制度，但他做不到，只要有战争或者即将发生战争，他就不可能做到。因为战争是国王们代价最高昂的游戏，会花光税收，逼迫国王借钱并创造更多职位来出售。废除买卖官职制度将意味着需要赎回这些职位，这需要巨大开支。出售官职限制了国王的绝对权力。这并不是路易十四所能控制得了的。有时，他必须劝说官员或与他们谈判。

国王对监察官的控制更为有效，这些人由国王直接任命，是国王在各个省的代表。一些历史学家已经摒弃那种认为监察官其实是地方上的土皇帝的观点。例如，彼得·坎贝尔（Peter Campbell）认为，他们“绝不是法国的实际治理者”。为诸如让－巴普蒂斯特·柯尔培尔这样的重要大臣提供所需信息，或许是他们的一项重要工作。对其他握有权力的人，例如省长，监察官不是简单地发号施令，而是要与他们合作。

缺乏快速通信手段使国王的大臣们很难控制各种事件，很难丝毫不受抵抗地治理离巴黎几百英里的省份。地方官员往往暗地里与反对税收的民众站在一起。按照法律，仅靠国王发布命令是不够的，因为许多法律只有等到叫作“高等法院”的法庭登记注册之后才有法律效力。如果国会拒绝登记，国王可以命令高等法院予以登记。但大多数时候，高等法院不会直接拒绝国王，而路易十四通常也十分谨慎，不去侵犯法庭的特权。

历史学家们越来越多地认为，君主专制只在它自己的范围内有效，而这个范围比20世纪政府的权限要小。许多日常法律事务都不属于这个权力范围。法国国王提名继承人的任何举动都是违反法国的根本大法即宪法的。虽然任命罗马天主教主教是国王的特权（只有教皇拥有否决权），但假如主教们认为有必要，他们知道如何拒不执行国王的政策。

与西班牙的战争主导着路易十四的早年。欧洲各国之间的这场长达40年的混战开始于1618年，但法国直到1635年才加入战争，打击它的老对手西班牙。路易十四于1643年继承王位，但因为他当时只有4岁，所以由一位摄政者以他的名义进行统治。那位摄政者是他的母亲安妮，由首相即枢机主教儒勒·马扎然辅佐。马扎然以前是一位意大利外交官，但不是教士。1643年至1661年间，很多时候都是由马扎然来制定政策，因为他得到安妮和她的儿子路易十四的信任。教导路易十四如何进行统治的正是马扎然。

对于这位年轻的国王，同样具有教育意义的是他在投石党运动期间的经历。这场内战期间（1648—1653），路易十四和他的母亲一度不得不逃离他们在巴黎的住所。这场动乱的起因是不得民心的与西班牙的战争、税收、高利贷以及由此引起的国家破产。这场暴乱的导火索是巴黎高等法院法官们的反叛，巴黎高等法院的管辖权涵盖法国的三分之一甚至更多。这些法官属于新近产生的长袍贵族（nobility of the robe）中的最高级别，长袍贵族是指那些担任重要司法或财政职务的人。不久之后，随着王公们即国王的亲戚以及一些更大的贵族掌握了控制权，这场叛乱进入一个新阶段。这些更大的贵族也称佩剑贵族（nobility of the sword），是贵族阶级中最有权势的人，他们拥有源自军事的头衔和非常古老的血统（或者他们自称是这样）。

投石党运动迫使马扎然和王室从巴黎出逃。从这一痛苦经历中，国王吸取的教训是，需要打压不受管束的贵族，并且一次孤立的抗税暴动可能引发更严重的后果。路易十四后来的一些决定，例如建造庞大的凡尔赛宫，可以看作是保证投石党运动不再发生的措施。

随着舆论反对暴力的投石党运动，马扎然政府得以在1653年恢复秩序，尽管这种秩序只是假象。但始于1635年的与西班牙的冲突一直持续到1659年签订《比利牛斯条约》时为止。虽然《比利牛斯条约》表明法国在欧洲取得了主导地位，但它并不像人们所预料的那样，在一个世纪的敌对之后，对战败国十分严苛。法国获得了比利牛斯山沿线法西边境一带的少量领土，也获得了西属尼德兰的一些领土（相当于现在的比利时和卢森堡）。两国政府同意，路易十四将迎娶一位西班牙公主，这一安排的目的是确保两国之间的和平。具有重要意义的是，如果西班牙的王位没有直接继承人，那么这对法国王室夫妇的继承人将有机会继承西班牙王位。

同样重要的是，马扎然留给路易十四的是一个安全的体系。法国当时是欧洲占主导地位的大国。西班牙已经被击败，并且沿法国东部边境，一些德意志诸侯国结成了对法友好的莱茵同盟（Rhine League）。（德意志当时不是一个统一国家，而是神圣罗马帝国的一部分，神圣罗马帝国由一系列广泛分布的诸侯国组成。）总之，马扎然在1661年去世时，他留给路易十四一个稳定的政府，路易十四没有再进行对外战争的理由。但历史事实告诉我们，这位国王无论如何也会找出一个借口来。

这时，和平迎来了一线生机。财政改革似乎至关重要，几十年的高税收和财政赤字之后，财政处于非常困难的境地。事实证明，改革对政府的债权人来说是一种令人不快的经历，因为即将成为财政大臣的让－巴普蒂斯特·柯尔培尔虽然有能力，但也十分无情。战争期间，国王的债主曾经欺骗过政府，如今恢复了和平，国王要实施报复了。17世纪60年代，一个称为“审判庭”的特别法庭审判了数百位债权人，这些审判成为巴黎街谈巷议的话题。对于那些之前曾通过国王的财务官员（帮国王管理钱财的人）秘密借钱给国王的大贵族来说，这些审判无疑令人心神不安。如果被发现，这些贷款对于一个希望看起来没有不正当商业行为或借款行为的阶级来说将显得尴尬。那些财务官员中有许多人在和平时期接受过审判庭的审判，但战争期间，他们跟国王的共谋是国家机器不可缺少的一部分。

审判尼古拉·富凯（Nicolas Fouquet）是17世纪60年代初的一件大事，富凯自马扎然时代以来就一直担任财政大臣。说到诈骗或其他不法行为，马扎然和柯尔培尔所做的并不比他少，这两个人都很随意地处理国王的钱。在公共资金和私人财富很容易被有权势的人混为一谈的时代，国王让大臣们致富并不是秘密。拥有昂贵住宅是大臣向公众炫耀的一种方式，因此也成了统治管理的一种工具。然而，即使按照大臣的标准衡量，马扎然的财产也超过了标准。他成为路易十四最富有的大臣之一，但他临死时，答应将财富交给国王，路易十四拒绝了。路易十四这样做，或许是为了向一个在战争和叛乱期间为国王效命的人表示感谢。

在此之前，富凯其实已经自掏腰包，花了很多钱为国王服务，并且与其他许多贵族不同，他在投石党运动期间对国王忠心耿耿。问题是他爱炫耀财富，并且他的行为让人看起来觉得他想继承马扎然成为首相。显然，作为一位臣子，他过于有权势，这想必吓到了年轻的国王，国王显然没有忘记投石党的惨痛教训。在柯尔培尔的极力怂恿下，国王于 1661 年 9 月将富凯解职并逮捕，并下令审判庭以叛国罪和欺诈罪审判他。假如富凯没有按照国王的吩咐出售他在巴黎高等法院的职位，他或许还可以要求由那里的法官也就是他的同僚们审判他。那样的话，他很可能逃过一劫，被判得很轻或者被判无罪。但国王和柯尔培尔想让富凯被判处死刑，他们为此在高等法院安插了一大批法官。然而，法庭拒绝了叛国罪的指控，以欺诈罪判处富凯流放。最终的结果是一种妥协：国王并没有干脆把法庭的判决书甩在地上，坚决要求判处富凯死刑，而是判处他永久流放，并且更糟的是，他将被关押在意大利。很明显，路易十四之所以这样做，是出于恐惧，虽然这个判决也可能是为了给过去的财政混乱找一个替罪羊。现在看来，富凯并不像一个危险的潜在投石党分子，而是像一个糊里糊涂、不明智的政客。而路易十四的做法也有点反常，不像太阳王的一贯作风，他一般都按照法律办事。

随着政府对它认为罪恶最深重的国王债权人处以重罪，审判风暴在 1665 年消停下来。柯尔培尔想方设法确保他自己的朋友们不被当成罪大恶极的人。与此同时，他成了总揽各种事务的大臣。在他的施政框架内，不仅包括财政和商业，还包括海军和一些防御工事，更不用说包括建造国王的宫殿和巴黎的现代化改造了。后者将会使首都拥有欧洲最好的城市警察、更充足的供水、更宽阔的街道以及由国王提供的年度修路补贴。但国王不喜欢他的首都，并最终于 1682 年搬出巴黎，在一处新扩建的王宫即凡尔赛宫永久定居，这座宫殿距巴黎数英里远。巴黎的铺路费用在 1671 年达到峰值，这一事实反映了路易十四的重点考虑对象的变化。从那时起，战争将经常干扰柯尔培尔在城市修建、工业补贴和收支平衡方面的计划。

路易十四于 1661 年组建新政府，开始了国王的个人统治，也就是说，由路易亲自统治。他密切注意政府事务，尤其是外交和军事政策。国王不再任命首相来替他决策。路易十四统治期间，大臣一般来自长袍贵族，长袍贵族没那么高贵，但绝非不重要，这些人往往从事司法工作。长袍贵族包括诸如柯尔培尔这样的国务大臣以及他的一些亲戚，包括米歇尔·勒泰利耶（Michel Le Tellier）及其子卢瓦侯爵（Marquis de Louvois）。这些人并非仅仅是中产阶级，他们还是贵族，国王或许会鼓励他们的家庭与古老的佩剑贵族联姻。但是，与那些拥有古老头衔的更高贵的贵族不同，这些大臣明白，他们的家族之所以掌握权力，全靠国王提拔，因此他们不会背叛国王。他们对路易十四非常忠诚，并且往往对自己的工作十分精通。

至于大贵族，路易十四很少任命他们为大臣，但也不剥夺他们的等级和头衔以及他们在政府中的份额。为防止他们在各省煽动事端，路易十四鼓励他们来凡尔赛宫居住。当然，只有富有的贵族才能承担得起这种花销，但如果有职位空缺的话，在凡尔赛宫居住的贵族有可能从国王的慷慨中受益。大多数贵族住在自己的家里。小小的凡尔赛镇无论如何也不可能容纳那么多贵族。在凡尔赛宫，法国最重要的一些贵族成为国王的仆人。要想理解这种状况，我们必须记住，人们并不认为给国王当仆人有失身份，而且要记住，凡尔赛宫既是国王的住所，也是朝廷或者说是政府的中心。（一天路程之外的巴黎仍然是首都，并且是国王政府大多数部门的总部所在地）因此，如果一个绅士早上还在为国王递衬衣或假发，下午却能与路易十四非正式地秘密商讨国家大事，任何人都不应感到奇怪。路易十四被称为法国“第一绅士”。但同时，他也尊重让其他绅士有别于普通民众的等级和社会差别。而且，军事和外交职位对大贵族是开放的，各省省长职位也是如此。

有人认为大贵族在凡尔赛宫只是过着无所事事的生活，这种说法也有误导性。同样具有误导性的观点还有：这座庞大的建筑群造价非同一般地高。有估计显示，这不超过国王在17世纪六七十年代总开支的3%到5%。战争而非建造宫殿常常使政府跟在借款人屁股后面跑。但柯尔培尔坚持认为，如果国王住在巴黎这个有几十万居民的地方，而非住在乡村离宫，他的表现会好得多，柯尔培尔很可能是对的。

作为国王的朝廷和住所，凡尔赛宫十分庞大宏伟，给外国来访者和使节传达的信息是：它的主人是一位多么强大的国王啊！他非常强大，因此外国人应该小心翼翼，以免冒犯他。对于国王的臣民来说，凡尔赛宫既是一种壮观的展示，也是一个出游的去处。凡尔赛宫对公众开放的程度比今天的白宫还高。衣着整齐得体的游客可能跟贵族们混在一起而难以分辨，他们甚至可能打劫一两个贵族。还有更糟糕的情况：有一次，柯尔培尔命令巴黎的警察在凡尔赛宫的人群中搜寻一个逃脱的杀手——那个人皮肤黝黑，戴着金色的假发作为伪装。

清晰的组织结构或许是当代政府的理念，但路易十四时期的法国不是这样。显然，国王位居社会和政治金字塔的顶端，是最高立法者和最高法官。在政治权力上，国王下面是大臣、最高会议的成员，他们为国王提供建议并撰写信件。但路易十四曾经做过一个决定，即最高会议成员们不得与他争辩，争辩的人可能很快被解职。

政治阶梯的底层是监察官，他们在各省为国王服务，负责监督收税并搜集情报。但他们也为自己所在的地方服务，将当地人的意见汇报给他们在巴黎或凡尔赛宫的联络人。在政府圈子里，人们担心的是，监察官尤其是监察官的助手与地方上的关系太密切。监察官的数量并不是太多，大约有23~30个不等，然而在柯尔培尔时代，还有14个巡官协助他们宣传各种法规。路易十四的官僚系统就是由大臣、监察官、国务会议成员和其他数百人组成。当然，除了这些人，还有一大批通过买官产生的官员，这些人其中一些有用，一些仅担任虚职，他们分布在全国各地，每出现一次战时财政紧急状况，他们的数量就随之增加。

除监察官、国务会议成员及类似的人之外，还有一套并行的治理机制，即庇护网。一个大庇护人，比方说一位大臣，可能有数十名被庇护人，他将这些人战略性地安插在某些地区，以便为位于凡尔赛宫的朝廷或者为该大臣的个人利益效命。（一些大臣并没有细分朝廷利益和个人利益。）历史学家沙伦·凯特林（Sharon Kettering）认为，对于加强国王在整个法国的控制力这一目的而言，向有广泛联系的人提供赞助与派遣监察官同样有效，尤其是在边远省份。

大臣庇护人有各种好处可以提供给被庇护人，例如体面的工作。作为回报，被庇护人提供服务，比如向凡尔赛宫报告他们所在省份的可靠消息，例如谁可信谁不可信之类的信息。被庇护人可以利用他自己的影响，在当地最重要的家族面前为他的庇护人说好话。

为了给潜在庇护人和被庇护人牵线搭桥，还有中间人或介绍人。比方说，一位偶尔去凡尔赛宫或者从凡尔赛宫回来的省长或许会帮助一位大臣与该省的一位有名望的绅士建立通信联系。在所有这些事情当中，很少有规则，很少有明文规定的组织结构。庇护人绝不仅仅限于大臣。一个庇护人可能拥有数十名被庇护人，而一名被庇护人也可能同时为好几位庇护人服务，并希望其中不存在利益冲突。的确，该体系（找不到更好的词来称呼它）具有流动性：当一位庇护人在朝廷的影响力下降时，他的被庇护人可能会抛弃他和他的家庭，转而为他的对手服务。要想知道某个人在社会上的地位，可以先弄清楚他有多少被庇护人。因为庇护关系是统治体系的核心，在这个体系中，国王不是以东方暴君的方式来进行统治，而是靠精英阶层的认同和拥护进行统治。表面上看，国王的敕令可能是专制君主独自的行为，实际上，它可能是庇护人和被庇护人之间复杂谈判的最后结果。

路易十四掌管军事和外交政策，将财政交给柯尔培尔负责，财政上有了钱，国王的外交政策才能实施。17 世纪中期的那些年对法国军队来说十分重要，在这一时期，战争大臣米歇尔·勒泰利耶将原先由各个指挥官控制的私人军队转变成一支国家军队。然而，路易十四对这支军队的控制很容易被夸大。军官们继续诓骗政府，向政府要钱支付仅仅存在于纸面上的部队的军饷，并对军队中开小差的行为熟视无睹。监察官的巡查也不是完美的矫正方法。相反，历史学家尼古拉·亨歇尔（Nicholas Henshall）认为，士兵们入伍，仅仅是充个数，马上就开溜。那时距电报和电话为通信带来变革尚有两个世纪之遥，有时部队运动非常快，以至于监察官可能错误地将同一支部队看成是两支部队。在维持国内秩序方面，国王的军队也不一定可靠，因为贵族军官可能不愿用纪律去约束其他贵族。很容易理解，一位军官因为害怕自己的军队在乡下被劫掠而不愿意将其派出。然而尽管如此，路易十四仍然拥有全欧洲最高效的军队。

路易十四的外交政策中最重要的一件事是他老惦记着西班牙帝国，以及如果国王卡洛斯二世去世后没有继承人，这个国家的最终命运如何。但路易十四的政策也可以被视为只不过是一系列临时性、适得其反的、不连贯的措施，目的只是赢得军事荣耀和暂时获得一些领土。1667 年的西班牙遗产战争期间，路易十四入侵西属尼德兰，这一举动促使英国、荷兰和瑞典结成了三角联盟，迫使法国与西班牙讲和。由于面临干预威胁，路易十四结束了战争，签署了 1668 年《亚琛条约》，该条约让他获得了西属尼德兰的一些土地。从长期来看，更重要的是，联盟已经迫使路易十四走和平道路，而他傲慢专横的姿态致使友好的德意志国家莱茵同盟解散。

人们很容易夸大路易十四的野心，他的敌人就是如此。他或许想成为主导欧洲的力量，但他不像拿破仑那样想征服整个欧洲，甚至想兼并西班牙帝国。他也不寻求“天然边界”，例如莱茵河，而18世纪90年代大革命期间的法国则提出过这样的要求。然而，从1667年开始，特别是从1672年以后，他所走的道路吓坏了他的邻国，促使它们结成反法同盟，一起遏制“太阳王”。

1667年，受到遏制但并没有被击败的路易十四与英国国王查理二世合谋，对荷兰发动战争。在1672年至1678年的荷兰战争中，路易十四的真正目标是诱使西班牙加入这场冲突，使它看起来明显像一个侵略者，然后再夺取西属尼德兰。攻占几座荷兰要塞只是一种佯攻，法国人并不打算进军阿姆斯特丹。

随着路易十四的军队发动先发制人的攻击，入侵德意志，法国的计划在1673年偏离了既定方向。路易十四的部队受到神圣罗马帝国皇帝利奥波德一世（Leopold Ⅰ，1658—1705年在位）的军队的遏制，利奥波德一世还是奥地利统治者以及最近一次反法同盟的成员。偏离原定计划入侵德意志看起来毫无意义。不光如此，路易十四的盟友查理二世不想与西班牙产生争端，因此退出了战争。虽然路易十四如愿以偿地挑起了与西班牙的战争，但国内抗税暴动的不安状况以及英荷之间欲建立同盟的威胁迫使他走到和平谈判桌前。荷兰战争的结束以1678年至1679年《奈梅亨条约》（*Treaty of Nijmegen*）的签订为标志，该条约迫使法国取消一种针对荷兰的关税，允许路易十四吞并西班牙的弗朗什－孔泰地区，但不能吞并比利时，而吞并比利时显然是路易十四发动战争的目标。这场冲突对路易十四来说显然代价高昂：与别国的敌对长达6年，由本身反对这场战争的财政大臣柯尔培尔借了大量的款，并且与荷兰统治者也即未来的英国国王奥兰治的威廉（William of Orange）成了永久敌人。路易十四宣称自己获得了胜利。1679年，巴黎的一场焰火表演将这位君主描绘成神话中的大力神赫拉克勒斯（Hercules），站在一个基座上，向欧洲授予和平。

强大的统治者必然清楚他们在干什么，这样的观念值得商榷。颇具影响力的学者安德鲁·洛斯基发现了路易十四统治中的“混乱”。17世纪80年代，这种“混乱”将会继续下去。显然，路易十四从未放弃这样一种想法，即如果西班牙国王卡洛斯死后无嗣，西班牙的继承权或者部分继承权应属于他（路易十四）的一位波旁家族的亲戚。但他所奉行的政策注定要把西班牙人逼到对立面，而如果他要继承西班牙王位，西班牙人的友好正是他所需要的。在东面，路易十四不仅疏远了原来的莱茵同盟，17 世纪 80 年代，他还将通过恐吓和瓦解而非通过旷日持久的战争继续树敌。他得到的领土包括斯特拉斯堡和卢森堡。1684 年，神圣罗马帝国皇帝利奥波德与法国人签订《雷根斯堡停战协议》(*Truce of Regensburg*)，该协议允许路易十四拥有沿东部边境一带的某些领土，期限为 20 年。

作为德意志皇帝，利奥波德在这一边界问题上有着巨大利益，但奥斯曼（土耳其）帝国向他发起的战争更加让这位奥地利统治者分心。1683 年，土耳其人围攻维也纳促使一支多国部队前来救援，解围之后，基督教军队继续将穆斯林土耳其人逐出奥地利和匈牙利。同时路易十四关注着东欧的事态进展。尽管他没有跟土耳其人结盟，但对于土耳其军队打败利奥波德及其盟友的可能性，路易十四坦然看待。如果出现这种情况，路易十四就可以以救世主的姿态出来拯救欧洲，将穆斯林驱赶出去，并为他的付出赢得盛赞。但是，基督教军队打乱了路易十四的计划。于是，路易十四寻求以其他方式赢得卫教者和征讨者的美名。对他而言，撤销《南特敕令》的时机似乎已经成熟，该敕令自 1598 年起，向法国的少数派加尔文教徒提供宽容待遇。在法国国内，国王的很多臣民对撤销敕令表示欢迎。

在国外，新教徒、一部分德意志天主教徒及教皇对撤销敕令反应消极。随着西班牙、神圣罗马帝国以及德意志其他一些诸侯国组成奥格斯堡同盟，以打压法国国王在领土方面的野心，路易十四在欧洲的地位和处境继续恶化。此后不久，路易十四的宿敌荷兰统治者奥兰治的威廉在 1688 年得到英国王位，并准备动用英国海军和财政力量随时与法国开战。同时，路易十四对德意志要塞菲利普斯堡发动先发制人的打击，这一行动引发了一场他不想看到的战争，法国对此也没有做好准备。与往常一样，一个联盟形成了，这一次包括西班牙、神圣罗马帝国、荷兰和英国。1697 年，经过 9 年难分胜负的战斗，各方通过谈判签署了《里斯维克条约》(*Treaty of Ryswick*)。

到 1697 年，人人都知道欧洲面临的主要问题是西班牙王位继承问题。由于病重的西班牙国王卡洛斯二世没有直系继承人，如果要保持欧洲的均势，分割西班牙帝国看来是不可避免的选择。于是，当时已成为英国国王威廉三世的奥兰治亲王威廉与路易十四达成了 1698 年的《第一次分割条约》(*First Partition Treaty*),该条约将西班牙帝国的大部分割让给一位巴伐利亚诸侯,其余部分将分给波旁家族和奥地利的哈布斯堡家族。这三个家族都与西班牙国王有关系。选择一位巴伐利亚诸侯来继承西班牙帝国的大部分领土是有原因的,因为由一位来自德意志小诸侯国的候选人来继承王位不太可能打破欧洲的稳定,而一位来自法国或奥地利的候选人看起来则会对邻国构成威胁。

不巧的是,这位巴伐利亚诸侯于 1699 年去世了,使第一次条约失效。于是,路易十四和威廉三世这两位国王又商定了 1700 年的《第二次分割条约》,这一次将西班牙、西班牙在美洲的殖民地及比利时分给了一位奥地利的候选人,并为法国提供补偿。但卡洛斯二世和神圣罗马帝国皇帝利奥波德一世都不会同意这么做。

西班牙人坚持认为他们的帝国不可分割。对他们来讲,一位来自波旁家族的继承人似乎最能完好无损地保存他们的帝国。于是,卡洛斯二世于 1700 年去世时,他的遗嘱规定将继承权全部交给路易十四的孙子腓力。如果路易作为自己家族的首领拒绝这项继承权,它将被授予一位奥地利哈布斯堡家族的成员。不管路易十四坚持《第二次分割条约》还是接受卡洛斯二世的遗嘱,奥地利人都很可能发动战争,因为这两个文件都没有将他们希望在意大利得到的立足之地给予他们。

虽然这份遗嘱没有将任何领土给予法国,但路易十四还是决定接受它。现在看来十分明显的是,如果发生战争,巧妙的外交手段可以限制战争发生的范围。英国的反应至关重要,并且在英国议会的许多成员看来,一个波旁家族统治下的西班牙不会构成威胁。但路易十四行事太鲁莽。在法国国外,认为法国和西班牙王位最终可能统一到一个人之手的观点流传开来。由于某些原因,路易十四从未出面解释说这种情况不会发生,而西班牙人绝不会容忍这种情况出现。经腓力同意,路易派兵到西属尼德兰,但荷兰人认为西属尼德兰是抵御法国的一块屏障。因此,路易十四的这一举动给人留下一种坏印象。他还为法国取得了在西班牙帝国的贸易特权。于是,荷兰人和英国人组成一个大同盟(Grand Alliance),神圣罗马帝国皇帝最终也加入了该同盟。

1701 年至 1713 年的西班牙王位继承战争与以往的战争有显著不同。这次战争是神圣罗马帝国皇帝而不是路易十四发起的,在这次战争中,神圣罗马帝国皇帝在意大利发动了先发制人的进攻。盟国军队抓住绝佳机会,长距离行军,赢得了更大规模的战斗，但也遭受了更大的损失。之前已经承认腓力为西班牙国王的英国人，非常欠考虑地违背协议，扩大他们的战争目标，同意让神圣罗马帝国皇帝的幼子做西班牙国王。

军事局面的逆转迫使路易十四准备在1709年做出真正让步，但英国人拒绝认真谈判，坚持要求路易十四将他的孙子从西班牙王位上赶下来。由于担心自己甚至有可能失去王位，路易十四向他的人民求助。但打破僵局的还是英国人。1710年，英国人选出一届托利党（Tory）占多数席位的议会，取代了好战的辉格党（Whigs）。英法两国通过谈判最终签订了1713年的《乌得勒支和约》（*Peace of Utrecht*），该条约的条款跟英国与荷兰在1701年达成的分割方案接近。西班牙及其美洲殖民地依然由西班牙国王腓力五世统治，奥地利的所得包括原来的西属尼德兰和米兰。路易十四对自己的判断将长久成立：“我太好战了。”考虑到对外政策，当代历史学家保罗·松尼诺（Paul Sonnino）做了很好的总结：太阳王永远不会“适可而止”。

安德鲁·P. 特劳特（Andrew P. Trout）

安德鲁·P. 特劳特（Andrew P. Trout），印第安纳大学东南分校历史学教授，在圣母大学获得博士学位。其主要著作包括《塞纳河畔的城市：黎塞留和路易十四时期的巴黎》（*City on the Seine: Paris in the Time of Richelieu and Louis XIV*，1996）和《让-巴普蒂斯特·柯尔培尔》（*Jean-Baptiste Colbert*，1978）。曾与人合作撰写过许多篇关于公共财政的文章。

第十九章

清朝建立（1644）

概　述

17 世纪初，自 1368 年起统治中国的明王朝看起来江山稳固。可以说，明朝时的中国是当时世界上最富有、人口最多、最强大、最成熟的国家。明朝的皇帝们统治着大约 1.2 亿人，他们的帝国囊括当今中国的大部分地区。明朝统治者通过一个高度发达的专业官僚体系来实行统治，该官僚体系的特点是有一支庞大的官僚队伍，官员们很有才智，受过良好教育，他们通过一条严格划分的权力链条来行使职能，这个权力链条与现代国家和跨国公司的治理结构非常相似。

明朝晚期的经济也很繁荣。由于官员勤政、商业繁荣，城市很繁华。在人口众多的农村，数以百万计的农民享受着一定程度的繁荣，尽管这种繁荣的程度在不同地区之间存在差异，甚至在不同人家也有所不同。

明朝人的文化生活很丰富，很有活力。在整个东方世界，中国文化备受推崇，被众多国家效仿。中国文化以儒家思想为基础，这种思想可以追溯到 2000 年前。17 世纪初，中国文学经历了一段引人注目的繁荣期，中国绘画、戏剧以及诸如陶瓷生产和织锦之类的手工业也十分高产。由于有重视教育的传统，而且活字印刷术促进了印刷品的传播，人们的识字率也很高，至少富人的识字率很高。

然而，尽管看起来一片繁荣，但明王朝面临越来越多的严重问题，它却未能解决这些问题。就统治阶层来说，明王朝开始显现出衰竭的迹象。这种迹象在万历皇帝漫长的统治期间变得十分明显。1582 年，万历的内阁首辅张居正去世后，年轻的皇帝变得内向而封闭，余生都在北京紫禁城的宫墙内过着近乎与世隔绝的生活。由于皇帝不理朝政，国家的统治权落入宦官手里。

尽管皇帝选拔任用宦官是因为他认为他们忠诚而有能力，但宦官们并没有好好地为他们的主人效忠。他们贪腐堕落，在与帝国官员们无休止的争斗中消耗着帝国的资源。在他们的影响下，帝国的事务陷入混乱。1620 年万历皇帝去世以后，最臭名昭著的宦官魏忠贤把持了朝政。魏忠贤挥霍国家的财政收入，并加重税收以弥补由他的挥霍无度造成的财政赤字。他下令为自己建造生祠，这花光了国库的钱，进一步恶化了明朝的社会状况。

明朝统治阶层的软弱和宦官们的可耻行为激起了一部分学者和官员的反对，他们聚在一起来探讨明朝的问题。其中最重要的一支力量就是东林党人，他们的会面地点是无锡。东林党人的支持者和友人敦促改革和革新，这一提议使他们与专擅朝政的宦官们产生了冲突。万历死后的那几年，改革者似乎要获胜。然而，魏忠贤和宦官们成功地抵制了改革者，许多改革者在 1625 年至 1627 年之间被处死。尽管 1628 年崇祯帝即位之后逼死了魏忠贤，但改革运动的基础已经被破坏，明王朝继续走向灭亡。

经济和财政上的困难加速了有效领导能力的崩溃。明王朝在很多方面都毫无节制地花钱，例如建造奢华的帝陵和维持人数众多但基本没有用处的皇族。宦官的贪婪以及抵御外部威胁所带来的开支也令国库空虚。由此造成的赤字导致对农民的征税大幅增加，一系列增加收入的措施也影响了贸易和商业。伴随着欧洲商人的到来而产生的白银流入也给这个国家的金融带来了伤害。欧洲商人们能够间接地利用新大陆正在开采的异常丰富的银矿。就像欧洲的情况一样，明朝白银的过剩导致通货膨胀压力，影响了经济社会的稳定。

与金融方面的困难并存的还有经济上的困难。数以百万计的明朝农民一直生活在生存线边缘，明朝生产和消费模式的一丁点儿变化都会将他们推进绝望的深渊，甚至会促使他们直接造反来改变他们的命运。因此，增加对农民的税收实际上使农民起义不可避免，而在 1618 年至 1639 年之间，明政府 7 次下令增加农民的赋税。另外，明朝政府几乎废弃了所有的公共工程，因此使穷人失去了急需的就业机会。在城市，惨淡的就业前景、不断下降的工钱以及很高的税收激起了不满。17 世纪早期，矿工、纺织工人、陶瓷生产者纷纷罢工，掀起暴乱，对地方官员处以私刑，以此表达他们对整体经济状况的不满。

明朝统治者还面临着外部压力，这些压力削弱了明王朝。1592 年，复兴的日本入侵明朝的藩属国朝鲜。明朝援助了朝鲜，花了很大代价帮助朝鲜人，最终在 1598 年将日本人驱逐出朝鲜。尽管取得了军事上的成功，但在朝鲜的军事行动消耗了明朝的国力。在北方和东北方，明朝面临着其他的问题，即蒙古人的威胁，他们经常突破长城防线。在中国南海，海盗团伙侵扰着沿海地区，越来越令人头疼。最后，一些欧洲人开始来到中国，对明朝的稳定至少带来了潜在的威胁。

明王朝的一系列内部动乱和起义给了满族人推翻它的机会。17 世纪前几十年，混乱在明帝国更偏远的地区扎下了根。由于经济和财政状况恶化以及领导阶层软弱无能，造成了一种权力真空，不法事件、造反和盗匪活动逐步扩散。很大程度上具有雇佣军性质的明朝军队未能恢复秩序。到了 17 世纪 30 年代，两个相互为敌的起义领袖已经巩固了他们的力量，领导着庞大的起义军队伍。其中一个是李自成，他的军队最终控制了陕西、河南和湖北这些省份，他建立了一个新的王国，国号叫“大顺”，并宣称自己是这个政权的首领。李自成的主要对手是张献忠，二人之间时而合作，时而斗争。张献忠控制了富庶的四川省大部分地区。

明朝统治者既无法镇压李自成，也无法镇压张献忠，而且在明帝国的东北地区，他们还面临日益严重的威胁。一个叫作“女真”的部落控制着这里。12 和 13 世纪，女真人曾建立过自己的王朝，国号叫作“金”，金国的版图曾包括中国北方大部分地区。然而，蒙古人摧毁了他们的帝国。16 世纪，女真人是明朝的藩属。

17 世纪初，一位强大的女真贵族努尔哈赤开始将女真人统一和组织起来。具有讽刺意味的是，在这个过程中，他受到明朝统治者的帮助。明朝统治者利用努尔哈赤刚刚组建的女真军队帮助其在朝鲜击败日本人，因此授予他“龙虎将军”的称号。努尔哈赤还受到许多少数民族的帮助，这些民族要么叛乱要么投降，它们都受到礼遇和尊重。与许多女真人一样，努尔哈赤曾广泛接触汉族文化和汉族官僚体系。他所做的事情中最著名的或许是创立了“八旗制度”。“旗”是一种军事组织形式，努尔哈赤的士兵按“旗”分成若干单位，用彩色的旗加以区分。努尔哈赤的几乎全部臣民都被编入八旗。“旗”既有民事和行政职能，也有军事职能。

努尔哈赤逐渐蚕食明朝在东北地区的势力，这个过程比较缓慢，但事实毫无疑问。他还横扫在这一地区人数众多并承认其领导地位的蒙古人。1616 年，他宣称自己成为一个新女真王朝“大金”（史称“后金”）的可汗即统治者。“金”这一国号后来改成了“清”。再后来，“女真”这一名称也弃而不用，用“满族”代替。从1616年直到1626年他去世时为止，努尔哈赤一直挑战着明朝在东北地区的势力，他赢得了许多战斗，并夺取了重要城市沈阳，随后他迁都于此。在沈阳，满族人模仿明朝制度建立了自己的官僚系统。

努尔哈赤的继承者皇太极延续了努尔哈赤的政策。大清控制了朝鲜，而且他们的突击队攻破了长城。一支清军突击队甚至到达北京，并在这里进行掠夺。这一时期，明朝的制度再次成为大清改进其行政措施的模范。皇太极精心任用汉族人、蒙古族人和满族人担任高官，从而使民族界限变得模糊。满族人的成功与明朝的失败形成了鲜明对比，这使少数民族人民特别是军事人物纷纷投靠满族人。1636年，皇太极称帝后，加剧了对明朝的威胁，而到1643年皇太极去世时，满族人实际上已控制了整个满洲和黑龙江省。当时，皇太极的弟弟多尔衮和皇太极的堂弟济尔哈朗作为已故皇帝5岁儿子的摄政王，领导着满族人。

满族人对明朝的最终胜利很大程度上要归功于李自成。1644年4月，李自成率领军队进入北京。明朝守军溃逃，明朝末代皇帝自缢而亡。这时，吴三桂正在保卫山海关，防止满族人进攻北京。吴三桂是所剩无几的有能力的明朝将军中的一位。吴三桂得知李自成进军北京的消息后，放弃了他的阵地，欲返回北京保卫皇帝。吴三桂尚未到达，北京就陷落了。吴三桂一走，满族人没了抵抗，于是满族人的军队如潮水般通过山海关。吴三桂现在面临艰难抉择：他和他的军队要么站在李自成一边，要么加入满族人。吴三桂蔑视李自成，于是选择了满族人。1644年6月6日，满族人和吴三桂将军的联军进入北京。李自成逃跑了，于是那位还是小男孩的满族统治者加冕为顺治皇帝。

满族人要想取得完全胜利，尚须消灭主要的汉族农民起义军并驱散忠于明朝的军队。各路起义军受到无情的追击。李自成死于1645年，满族人军队在1647年1月杀死另外一位起义军首领张献忠。降服明朝的残余力量所花的时间更长一些，特别是在中国南部，那里是明朝的堡垒。数位明朝皇子在不同时间称帝，然而满族人有条不紊地追逐并消灭了他们。最后一位明朝称帝者在1661年被吴三桂俘获，并于次年被处死。于是，清王朝统治了中国，直到1911年。

历史评论

驱逐了农民起义军之后，清王朝于1644年在北京正式建立。被驱逐的起义军此前曾占领京城，并试图建立一个新王朝，以取代明王朝（1368—1644）。清朝是两个在较长时间内成功统治整个中国的非汉人建立的王朝之一（另一个是元朝，1279—1368）。建立清朝之前，满族人已经在中国东北地区，在中华文化的边缘地带繁衍生息。在满族人的统治下，清王朝跨越两个半世纪，但它为顺应历史潮流所做的努力甚少。因此，清帝国是中国漫长的朝代更替过程中的最后一个朝代也就不足为奇了。1911年，当清朝末代皇帝逃离北京的皇宫时，中国漫长的帝王统治历史也随之结束。在清王朝的废墟上，建立了一个共和制国家，这标志着中国进入了一个新时代。

在对清王朝的研究中，人们普遍关注的是清朝统治者的“外族”血统。这个民族名叫“满族”，是中国东北边疆的一个游牧部落民族。这个少数民族是如何统治中国的？或者说，他们是如何统治“文明的”汉族人的？他们对中华文明做出了哪些贡献？他们在19世纪面对西方列强挑战时，未能步入现代化，原因又是什么？具有讽刺意味的是，尽管多数人认为，清王朝是一个腐败软弱的政权，无力抵抗19世纪西方列强的侵略，但人们也将清朝看作中国历史上开展征服活动最成功的一个朝代。著名历史学家魏斐德（Frederic Wakeman）这样评价清朝：“清王朝既是传统中国国家的顶峰，又是它的低谷。”17世纪，清朝早期统治者加强了他们统一全国和扩张的努力，最终建立起一个满族人统治的王朝，这个王朝在1644年至1911年期间统治中国。这就是上面所说的“顶峰”的含义。然而，清王朝早期的成功或许已经为它后来的崩溃埋下了种子。

学者们对清王朝成功的关键因素争论不休。这个朝代的兴盛是因为它为适应中华文化主动做出调整，还是因为它有能力保持其民族身份并利用其非汉族根源？表面上看，似乎两种因素都有：融入汉文化和保持满族人的生活方式。从深层次看，这种并存变成一段复杂的历史，既包含民族同化，也包含文化保存。满族统治者在中国的经历，主要特点之一是一种长期存在、根深蒂固的模糊性，即在对待汉族人以及汉族人在满族人统治体系中的地位方面的模糊性。在其与汉族人接触的早期，满族人迅速意识到，汉族人能够改进满族人的生活方式，因为他们拥有农业生产、制造、贸易方面的知识和技术。于是，作为入侵者的满族贵族俘虏了很多汉人，将他们变为奴隶，这些汉人帮助俘虏他们的满族人发展出一种更高效、产生更多利润的经济制度。

但汉族人的价值并不局限于能够帮助满族人取得物质上的进步。对于那些渴望征服中国的满族人来说，汉族人提供了一个机会，使他们能够学习，能够为将来坐上北京皇宫的龙椅做准备。为实现这个目标，满族人帝国的建立者们有意识地安抚汉族人，争取他们的支持。满族军事首领往往雇用汉族顾问，这些顾问能够为他们提供有价值的服务。然而，这种建国方式在满族人内部引起了尖锐对立，结果对立双方不得不妥协。满族首领们对统治全中国的最终目标产生了深刻分歧。很多满族人认为，让他们这个习惯了在马背上生活的民族统治全中国，不会有前景。他们想继续保持满族人的生活方式，削弱汉族人的影响。但一旦统一的国家建立起来，他们的观点就失去了基础，统一的国家的建立将满族人推上了不可逆转的征服中国的道路。即便如此，关于汉族人在满族人生活中的作用的争论仍在继续。在清王朝统治中国的漫长时期内，作为统治者的满族人努力在接受汉族人的社会和政治制度和保持满族人的文化传统之间，以及与汉族人分享权力和保持他们自己的权力之间达到一种平衡。从本质上讲，这是清朝统治者策略的核心。

清王朝是比较成功的：它的疆域几乎是明朝的两倍，是中国帝制历史上最大的一个帝国；由于长期的和平与繁荣，清朝的人口比明朝时增加了一倍以上；并且清王朝成功地让满族人、蒙古族人和汉族人在一个多民族社会中共存。18 世纪的清朝皇帝使中国发展到传统中华文明的顶峰。清朝的这些成就很大程度上要归功于它在武力上的优势，归功于它有能力接受被征服者的文化和政治制度。但与此同时，满族人未能解决传统和汉化之间的矛盾。

满族人的成功故事始于努尔哈赤（1559—1626）。努尔哈赤是一位勇武之人，他的祖辈父辈曾为明朝效命。明朝的政权是从蒙古人手中夺来的，蒙古人发源于北方，又逃回北方，所以明朝一直很关注它的北部边境。时间一长，明朝在边境地区维持大规模边防力量的政策使得守卫边疆的人与当地居民即满族人混合在一起。那些接受了满族人习俗甚至使用满族人姓名的汉族人失去了他们的汉族人特点。即使多数与满族人共处的汉族人抵制被满族同化，但他们在边境地区的存在以及他们在满洲的工商业活动也使满族人变得更加富有和更有力量。汉族人和满族人相互影响，汉族的生活方式再加上满族人的勇武，促进了满族人的崛起。

明朝统治者密切关注着边境上这种令人担忧的发展态势。为了防止任何一个满族部落取得主导其他部落的霸权，明朝蓄意挑起满族不同部落之间的竞争和冲突。它依靠一系列手段，包括直接军事干预和授予各个部落首领明朝官衔。在一次干预期间，明朝军队杀死了努尔哈赤的父亲和祖父，这也许是误杀。但这位年轻的将领发誓要报仇雪恨，他打击在军事上帮助汉人的部落首领，动员他的家族和部落，征服和吸收所在地区的其他部落，并于1586年杀死了与他为敌的另一个部落首领。这是他建立霸权的第一步。在接下来的20年中，他控制了满洲，统一了各大部落，成为一位无可争议的满族首领。

1601年，努尔哈赤设计了一种新制度来组织他的族人，巩固他的权力。以蒙古人的模式为基础，努尔哈赤制定了八旗制度。最初，他建立了4个旗，到1615年，已经发展到8个。按照这一制度，每300名士兵或农民组成一个牛录，每5个牛录组成一个甲喇，每5个甲喇组成一个固山（旗）。每个旗用一种颜色的旗帜区分，由一名旗主指挥。有3个旗归努尔哈赤亲自指挥，其余的旗由他的儿子和侄子指挥。旗主是他们各自旗的最高军事长官，但他们都听命于努尔哈赤。不过，旗不仅仅是军事组织，还具有行政单位的功能。人口登记、税收和其他民事问题都在旗的领导下开展。因此，旗既是民事军事组织，也是政治组织。八旗系统也吸收非满族的人加入，这对于以血亲和婚姻为基础的旧的部落关系来说是一种进步。因此，在当时，从部落组织向官僚组织的过渡正在进行中，为建立满族国家做准备。

受称帝野心的驱使，努尔哈赤继续努力建立满族国家。他将部族政府重组成一种新的行政机构，在这个机构中，5位宗室首领组成一个议政会议。议政会议每5天开一次会，讨论国家事务。与旗的军事官员们一道，议政会议的成员们组成了国家的权力中心。一切最终决定都由努尔哈赤本人来做。

为了建立国家，满族人还创制了一种书写系统，该系统使用蒙古语文字辅以点和圈，点和圈用来表示满语的发音。这一创造满足了国家的行政需要，使满族人能够用文字来记录自己的历史。随着这种发展，译自汉语的翻译作品进入了满族社会，包括翻译成满语的儒家经典和明朝法律法规。

17世纪早期，努尔哈赤在满洲的权力扩张使他与明朝产生了直接冲突。在与明朝军队的战斗中，这位满族指挥官依靠他的八旗军来进行军事征服。与此同时，他试图不战而赢得汉人的支持。他向汉族将领明示，他们如若抵抗，必定被击败，在这种情况下，他们拼死防守的城市将面临无情的大屠杀，被彻底摧毁。然而，如果他们选择不战而降，努尔哈赤保证，他们不但可以保命，还可以保持他们的汉族习俗，他们防守的城市也将免遭屠杀。而且，努尔哈赤还表示，合作的人还可能得到提拔。

这种方式表明，努尔哈赤并不认为能够使汉族人接受满族人的生活方式，它还表明，努尔哈赤打算以平等身份对待听从他建议的汉族人。与此同时，它还表明，努尔哈赤将非常严酷地对待那些抵抗他权力的人。17 世纪 20 年代，努尔哈赤统治下的汉族人曾进行过两次叛乱。努尔哈赤镇压了叛乱，处死了许多汉族知识分子，他怀疑是他们煽动叛乱。随后，他采取了更加严格的隔离汉族人和满族人的措施。尽管意识到汉族人对其称帝野心的重要性，但他并不完全信任那些一有机会就可能与他为敌的人。因此，在对待汉族人问题上，他交替实行平等对待和民族歧视的政策。与后来的清朝统治者相比，努尔哈赤对待汉族人的政策是比较严酷的。

跟成吉思汗一样，努尔哈赤未能在有生之年实现征服中国的目标。他的儿子皇太极（1626—1643 年在位）继承了他，并加快了征服的步伐。皇太极是一位旗主，并且此前就是议政会议的成员。他的继位代表着一种延续性。然而，在接受汉族制度和依靠汉族支持者方面，他比他的父亲走得更远。

满族人朝北京方向的扩张与明朝的内部衰落发生在同一时间。一种“普遍危机”削弱了曾经辉煌的明朝文明。皇帝无能、政治瘫痪（正如东林党文官与朝廷宦官之间的激烈斗争所显示的一样），以及诸如使农业减产的气候变冷等自然灾害，都对明王朝造成了破坏。一场由汉族造反者李自成领导的反明起义给了明朝最后一击。虽然李自成和他的军队十分强大，足以推翻明王朝，但他们缺乏建立国家的能力。满族人利用这种混乱，在一位汉族将领的帮助下，驱逐了起义军，在中国建立起他们的统治。

进入北京之前，皇太极的满族帝国已经模仿汉族人的范例，发展出一种国家结构。满族人将他们的国家命名为“大清”。与努尔哈赤的做法相比，皇太极在巩固权力，增强满族人国家实力以及为征服中国做准备的过程中，对汉族人采取了一种更加友善的办法，以换取他们的支持。他给汉族人更多保护以及在满族人体制中的机会，他改善了汉族人的社会地位，将他们作为与满族人平等（虽然实行满汉隔离）的社会成员来对待。他吸纳以前的明朝官员和汉族文人到他的政府中任职，并在满族人的军事系统中增加了由汉族人组成的旗。他仰慕汉族文明，并命令他的官员送他们的儿子去学习汉族文化，以使后代更好地通晓汉族人的生活方式。他的一个儿子（即后来的顺治帝，1644—1661 年在位）之所以喜爱汉族文化，就与他早年接触汉族文化有关。

满族人夺得皇位并不是征服的最后阶段，新统治者必须巩固权力。新的北京政府很快恢复了京城的秩序，从而为其他地方的汉族人展示了这个新国家的良好形象。通过选择北京作为都城，满族人证明了自己作为明朝继承者的合法性，并表明他们将延续明朝式的统治。为了证明自己继承明朝的合法性，满族人宣称他们是来拯救汉人免受反明起义军残暴、不合法的统治的。为赢得汉族人的拥护，他们按照儒家礼仪和程序，为明朝末代皇帝举行了帝王规格的葬礼。为防止不满和抵抗，他们保证原明朝官员的安全，并且保证他们将在新政府中得到官职。新统治者甚至允许原明朝官员继续穿戴明朝样式的官服。以前致力于研究儒家经典和在政府中任职的学者的生活也不会受到干扰。新政府延续科举考试这一历史悠久的汉族传统，并从成绩优秀的考生中招募官员。为了安抚地主阶层，清王朝迅速放弃其最初在自己民族内部重新分配土地的政策。清王朝实行安抚政策，而非严酷的种族灭绝政策，目的是获得中国北方汉族人的拥护并为其他地方的汉族人树立好榜样。它十分有效地说服北方的大多数地方官员接受新王朝。但赢得南方的民心所花的时间将长得多，北京政府需要用军事力量来消灭抵抗力量。它相对容易地征服了中国北方，使自身得到汉族官员的帮助，这些汉族官员为平定南方做出了巨大贡献。

在其早期征服过程中，满族人既依靠残酷的武力，也依靠绥靖政策。1645 年的扬州大屠杀表明清王朝下决心粉碎汉族人的抵抗。扬州失守并且该城的明朝最高指挥官死后，满族军队对扬州的幸存者实施了严厉的惩罚。起初，清军士兵只是抢劫富裕人家，随后进行了大规模有组织的处决。当躲藏起来的人们听信了承诺留他们一条性命的公告之后，被用链子拴在一起，成群地遭到屠杀。大火蔓延，那些试图在家中躲藏的人要么被烧死，要么在他们冲出来的时候被杀死。妇女们被强奸和肢解。没有人得到宽恕。这场屠杀持续了许多天，估计有 80 万人遇难。

南下过程中，清军屠杀的人数成千上万，由此粉碎了任何抵抗，显示了新王朝统治整个帝国的决心。但满族人明白，他们需要赢得汉族人的民心。杀戮不会为满族人的统治赢得支持。扬州大屠杀数天后，皇帝下了一道诏书，谴责那些不立即服从清王朝统治的人的"罪行"，为屠杀正名。不过，同一道诏书以"天命"的名义，赦免并提拔停止抵抗的文武官员。平定了北方大部分地区，新政府牢固建立起来之后，用不了多长时间，决心坚定的新统治者们就说服南方大部分精英投降了。

虽然清王朝直到 17 世纪 80 年代才最终控制全中国，但这个年轻的王朝稳步巩固着自己的统治。与大陆东南海岸隔海相望的最大的岛屿台湾是抵抗者的最后堡垒。1624 年至 1662 年，荷兰东印度公司在这座岛上有着强大的力量存在。17 世纪四五十年代，这座岛屿吸引了很多忠于明朝的人。1662 年，最后一支残存的反清抵抗力量在台湾建立了自己的根据地。接下来的 20 年，郑成功（又称"国姓爷"）的后继者驱逐了荷兰人，无视清王朝，建立了一个由 10 万多名汉族移民组成的团体。直到 17 世纪 80 年代初，台湾的汉族人都拒绝承认清朝的权威。最后，清朝皇帝派了一支水师远征军到台湾，征服了这座岛屿。在不到一个世纪的时间里，清帝国就已从一个松散的游牧部落组织发展成一个中央集权国家，控制着一个地域比以前更加辽阔的中国。

1644 年以后，满族人面临着两大任务：巩固权力和加强对国家的控制。在两位有作为的皇帝即顺治帝（1644—1661 年在位）和康熙帝（1661—1722 年在位）的统治下，满族人在 17 世纪末实现了这些目标。

人们说满族人善于继承，事实也正是这样。因为他们的文化缺少一种思想和政府制度，而且他们被汉族人包围，因此必须依靠汉族人并采用汉族人的制度。尽管遭到那些坚决主张保持满族人对汉族人的优越地位的人的反对，但顺治帝和康熙帝都意识到汉化满族人以保持权力的必要性。在顺治帝去世和康熙帝亲政之间的那些年（顺治帝死时，康熙年仅 7 岁，他直到 13 岁才开始亲政），不喜欢顺治帝汉化政策的摄政者当权。顺治迅速而成功地接受汉族制度使他们感到害怕，他们尤其对顺治帝将重大行政职责托付给汉族人而非满族人而感到不安。通过共同努力，他们恢复了若干满族制度，并任用满族官员。例如，他们撤销了内阁，设立了一个由满族人组成的机构，叫作“内三院”。内阁是明朝的一个机构，内阁大学士们负责为皇帝提供建议，并协助皇帝治理国家。尽管内阁中汉族人的数量比满族人多，但在内三院中，满族官员占据 9 个职位中的 6 个。

从努尔哈赤到康熙，在不到一个世纪的时间里，满族的领导者从以集体领导为基础的氏族统治稳步向权力集中于皇帝手中的帝王统治过渡。努尔哈赤的继承者皇太极加速了这一进程。在 10 年的时间里，皇太极不断剥夺作为领导集体一部分的满族贵族的权力，扩大自己的权力，增加官僚数量。到他死时，满族贝勒们的政治权力已经被大大削弱，一个明朝式的官僚体系已经成形。

从清朝统治中国开始，皇帝一直在寻求在国家事务方面拥有更大权力。顺治帝和康熙帝都长期努力学习治国之术。在不属于官僚系统的亲信的辅助下，他们逐渐为自己取得了决策权。一方面，这反映了满族人控制这一继承自明朝的行政体系的决心；另一方面，它也表明其汉化的意愿。

满族皇帝以民族平衡的方式建立政府，汉族官员和满族官员的人数一样多。例如，在京城处理政府事务的六部中，各有一名汉族长官和满族长官 *。在省级，巡抚一般是汉人，而总督是满族人，总督是巡抚的上司，通常管理不止一个省。在地方级，大多数知县是汉人。清政府遵照久已有之的汉族传统，通过科举考试来招募汉族官员，清朝的科举考试跟明朝的相比没有多大变化。清朝皇帝会亲临殿试环节，这是童生试和乡试之后的最高级别的考试，殿试将赐予少数最勤勉、最忠心的学者最高称号。

因此，满族人继承了原有政治结构，并未做任何根本改变。这种安排让满族人可以保留大量的原明朝官员并继续招募更多汉人，而且在征服中国、控制更高级别的官僚体系之前，清廷依靠这批数量庞大的官员为满族帝国服务。满族人将这种鲜明特点赋予政府——政府是多级叠加的层级和组织。但这种分层的等级结构并非要在政府内部建立两个相互独立的组织结构。清朝统治者早已决定，不会让满族贵族和旗人凌驾于他们的汉族盟友之上。相反，他们希望与一个效仿汉人制度并由汉人执掌的官僚体系共同掌握控制权。

康熙在位 61 年，为清帝国做出了持久的贡献，并且也为汉族文化留下了不可磨灭的印记。他保持着满族人的尚武精神，但同时，他也精通汉族文化。作为一

* 称为“尚书”。另外，各部副职长官称作“侍郎”。——译者注

个勇武之人，这位年轻的皇帝领导了卓有成效的军事征讨，粉碎了反清抵抗力量。他喜爱骑马和狩猎，并且他也珍视满族习俗。由于担心汉族文明会取代满族传统，他将满洲的部分地区封闭隔离起来，不让汉族人进入，将那块土地专门留给满族人。在那里，满族人可以重振他们的尚武精神，在一种熟悉的环境中自在地生活。在很长一段时间里，满族人控制着军队，所有的旗指挥官都是满族人。康熙不仅是一位有才干的满族军事和政治领袖，在汉族学术方面的成就也获得汉族知识分子的高度评价。他熟读儒家经典，并且积极资助学术工程。在他的支持下，产生了一批重要作品，其中一些他还亲自作序，例如《康熙字典》和大型多卷本类书《古今图书集成》。

康熙的学术兴趣也使他注意到西方科学，西方的科学知识是由耶稣会传教士带到中国来的，他们在明末来到中国，并留在了清廷。耶稣会传教士精通天文。康熙帝为他们更精确的制定历法的方法所折服之后，任命一名耶稣会会士做钦天监监正，直到 19 世纪，这一职位一直由耶稣会会士担任。康熙钦佩他们的科学知识。1692 年，他下了一道诏书，放宽对耶稣会会士的限制，允许他们在北京居住。他在北京与他们保持着私人接触。

混乱之中进入北京的满族人努力迎合汉族人对统一而强大的帝国的渴望。他们宣称自己的统治是对秩序和力量的恢复。为了为他们得到天命的说法争取支持，满族统治者必须证明他们的政府比明末政府更合乎道义。满族人和汉族人一致认为，明朝的一个失败的做法是让宦官在朝廷和政府中获得权力。虽然在明朝期间，宦官权力在中国帝制历史上达到顶峰，但儒家学者们鄙视宦官。宦官的数量数以千计，他们形成一个独立的行政集团。虽然宦官不是官僚体系的正式成员，但他们通过为皇帝提供忠诚而亲密的服务，满足皇帝的个人需要而走向权力中心。他们将自己安插到皇帝和官僚之间，成为皇帝的耳目。他们建立官员们的秘密档案，只有皇帝才能接触到这些档案。他们与皇帝的密切接触破坏了官僚体系的作用。意识到汉族宦官的危险性，满族统治者努力限制宦官在朝廷中的权力。到康熙年间，宦官已受到严格控制。对于这个长期存在并使许多汉族朝廷陷入腐化混乱的问题，清王朝的最终解决方法是设立内务府，内务府主要由奴仆充任，负责皇帝的日常生活。这些奴仆是汉族出身，但他们在满族人征服中国以前就已被编入满族户籍。在很长一段时间里，这个新部门有效应对了宦官威胁。

由于其非汉族出身，清朝皇帝与以前的明朝皇帝相比，对少数民族事务和政策更感兴趣。在处理中亚事务的机构中，人员全部由蒙古族人和满族人充任。清朝统治者努力把所有被征服的少数民族都整合到他们已采用的政治体系中。通过将中国领土扩大到明朝的两倍那么大，清朝统治者成功建立了一个多民族帝国。这有助于增强中国对自身吸收外来文化能力的信心。然而，由此产生的自满对于未来来说是一种复杂的遗产。

满族人还需要一个强大的税收体系来为帝国的稳定提供支持。此前，税收制度不公平和缺少效率加速了明朝的灭亡。然而，清王朝发现自己处于两难境地。一方面，它致力于保持汉族的社会结构，由此来争取汉族地主阶级的支持，它认为这种支持对新帝国来说至关重要。另一方面，它明白地主阶级有能力缴更多的税，并且富人逃税此前已造成财政赤字。最初，新王朝将免税政策的对象扩大到汉族地主阶级，但当清王朝在北京站稳脚跟之后，便开始有针对性地打击滥用免税制度的地主。它惩办了数千名地主，其中许多人遭到关押、殴打和侮辱。汉族地主的意志被瓦解了。出狱之后，他们更愿意配合新政府为改革税收系统所做的努力。新制度被称为“摊丁入亩”，该制度在很长一段时间里使得清王朝出现了财政盈余。

清王朝取得了一系列成就：让台湾重归并将中亚纳入中国版图；改进了中国的官僚体系；在其大部分统治期间保持着和平与繁荣；促进了艺术和文学的发展。尽管清王朝取得了这些成就，但人们依然将中国后来在 19 世纪面对西方挑战时的崩溃归罪于它。清朝统治者属于满族，满族这个少数民族统治着一个人口日益增多的多民族国家，在这个国家中，汉族人口占绝大多数，是满族人口的许多倍。清朝统治者吸取明朝灭亡的教训，时刻守护着自己的权力，阻碍政府或社会方面的任何创新。例如，清朝法律是仿照明朝法律制定的，社会对女性的期望仍然以严格控制为特点。清朝统治期间，拒绝再婚的寡妇比以前更多，为了表彰这种服从社会的行为，她们的族人为她们树立牌坊，以此来表彰她们的忠诚顺从，这也是公众对她们这种行为的一种认可。

清王朝正是在这种背景下衰亡的。它花了大量精力和资源来保持传统，并且在汉族人的协助下，中央政府的权力得到加强。因为它的统治十分有效，所以在早期它能抵御西方列强的侵略，但很长一段时间内，这延迟了任何具有重大意义的改革。一旦该王朝再也无法保持自己的传统统治方式，它便迅速衰落并崩溃。

沈于（Yu Shen）

沈于（Yu Shen），印第安纳大学东南分校历史学教授，在伊利诺伊大学获得博士学位。其研究领域是中美关系，尤其是“二战”期间的中美关系。

第二十章
科学革命（1650）

中国同时期：清世祖爱新觉罗·福临

概　述

科学革命并非通常意义上的革命。在这场革命中，没有激战，没有人群拥上街头，没有设置路障，没有哪个君主人头落地。然而，科学革命改变了世界思考问题、解决问题的方式和世界本身的运行方式。

尽管科学革命始于16世纪，但直到17世纪才达到高潮。这场革命仅限于欧洲，但历史证明它非常重要，后来遍及整个世界。中世纪时期（约公元500年至1300年），科学在欧洲人生活中的作用并不明显。绝大多数欧洲人辛苦劳作，竭力维持基本生存，有闲暇思考的那极少一部分人往往专注于宗教问题，例如上帝的意义及天堂与地狱的本质。

变化十分缓慢，但如下因素为科学革命奠定了基础：社会变得更加稳定、接触到阿拉伯人的知识、重新提起对世俗生活的兴趣以及16世纪以前大学在西欧建立起来。不过，中世纪晚期的科学与现代科学有显著不同。

虽然科学已经作为哲学学科的一部分进入大学，但与其他学科——神学、法律、医学——以及哲学的其他分支相比，科学并不受重视。在上述那些学科中，逻辑学最受重视，并且那时讨论最热烈的问题是："一个针尖上可以容纳几个天使跳舞”？而且，在中世纪晚期的科学中，真实和虚幻的东西都包括在其中。天文学与占星术、化学与炼金术、数学与魔法都同时存在。

文艺复兴对科学革命的到来起到了推动作用。文艺复兴时期，人们对古典事物的着迷促使人们发现了许多古希腊、古罗马时期的作品。与中世纪学者们不同，古典时期的学者们往往关注俗世，即尘世中的此处和此时，而非关注精神世界，他们的作品反映了这一点。于是，欧洲人遇到一系列关于他们所处的世界的新鲜而重要的思想。尤其重要的是数学领域的进步，而在这一领域，古人已经有过重大进展。事实证明，高等数学是现代科学最有效的工具。

科学革命还得益于欧洲人长期以来对技术的兴趣以及他们迫切解决现实问题的需要。欧洲人乐于接受技术创新，并且渴望找到诸如如何使远洋航行更安全更令人放心之类的迫切问题的解决方法。这两种特点结合起来，带来的结果便是望远镜、温度计、气压计和显微镜等工具的发明。发明这些工具的往往是工匠而非科学家，但后者使用它们来促进他们的科学探索。就这样，在数世纪中间，形成一种关系：现实问题需要新工具；新工具促进科学知识的发展；科学的发展又被用来解决越发复杂的现实问题。

科学革命历时好几个世纪，许多人在此过程中做出过贡献。并非所有这些先驱者都能完全明白他们所做出的成就的意义，但他们的成就加在一起，重塑了世界。尽管科学革命涉及我们今天所说的科学的许多分支，但这场革命中的活动主要集中于三个具体领域：解剖学、天文学、物理学。

中世纪的解剖学几乎完全依赖公元2世纪学者伽林（Galen）的著作。数世纪以来，伽林的观点被认为无可置疑。然而，意大利帕多瓦大学（University of Padua）的教员安德烈亚斯·维萨里（Andreas Vesalius）挑战了这种正统学说。维萨里注意到，伽林的一些思想不符合从解剖中得来的数据。1543年，他出版了《人体构造》（*The Structure of the Human Body*）一书。在此书中，他宣称，人体研究应该以从尸体解剖中收集的数据为基础，而不是盲目地接受任何流行观点。英国医生威廉·哈维（William Harvey）进一步发展了这种理性思路和方法论。在其1628年的《心血运动论》（*On the Motion of the Heart and Blood in Animals*）一书中，哈维引用了他从解剖中细心收集的数据，得出一个结论，即心脏像一个泵，血液通过动脉和静脉循环。

就在维萨里出版其开创性著作的同一年，同样曾在帕多瓦学习过的波兰神父尼古拉·哥白尼（Nicolaus Copernicus）出版了《天体运行论》（*On the Revolutions of the Heavenly Spheres*）一书。与解剖学的情况一样，中世纪的天文学学生几乎完全依赖古人的著作。在天文学中，公元前 4 世纪的古希腊哲学家亚里士多德和公元 2 世纪的古希腊天文学家托勒密（Ptolemy）的学说占统治地位。这两个人都宣称地球是宇宙的中心。然而，哥白尼发现，他关于行星和恒星的数据计算得出的结果与古人的观点相左。他的数据似乎显示，太阳而非地球才是太阳系的中心，由此诞生了现代日心说宇宙模型。

然而，哥白尼的结论被人接受还需要一定时间。16 世纪晚期的丹麦天文学家第谷·布拉赫（Tycho Brahe）不经意间朝这个方向迈出了重要一步。第谷在一个由丹麦国王大力资助的设施先进的天文台工作了 20 多年，其间，第谷对恒星和行星的运动进行了细致的观测并做了详细记录。然而，由于数学能力不足，第谷未能从自己的数据中得出一套清楚明白的结论。这个任务落到了他的助手、数学家约翰内斯·开普勒的肩上。开普勒运用自己的数学技能来分析处理第谷的数据，证实了哥白尼的日心说。开普勒还解决了一个困扰哥白尼和其他学者的问题，他运用高等数学知识，证明了行星绕日轨道是椭圆形而非圆形。他随后得出的行星运动三大定律深刻地影响了艾萨克·牛顿（Isaac Newton）的思想。牛顿是 17 世纪后期的天才，他的成果似乎能够解释宇宙。

不过，在回顾牛顿对科学革命的贡献之前，我们必须提到另外一位重要人物，即生于 1564 年，卒于 1642 年的意大利人伽利略·伽利雷（Galileo Galilei）。与科学革命中的许多其他重要人物一样，伽利略生于一个小贵族家庭。然而，他的数学能力引领他朝另一个不同方向发展。他对运动特别感兴趣，在其一生中，他清楚地阐释了物体运动的实质，其中一项成就便是提出惯性定律。他还将注意力转向天空。运用望远镜这一新技术，伽利略很快发现了木星的前 4 颗卫星、太阳黑子及月球表面凹凸不平的特点。他不仅巩固了哥白尼的假说，似乎还证明太阳和行星并非只是简单的光点，它们还含有物质，就月球而言，它的物质与地球自身的物质没什么两样。而且，因为即使用望远镜观察，行星仍然是一个个小点，所以伽利略指出，宇宙比任何人想象的都要大得多，它或许无限大。

英国人艾萨克·牛顿将科学革命中产生的数学、天文学和物理学知识结合起来，对宇宙做出了综合而全面的解释。牛顿生于1642年，是一个小地主的儿子，后被送到剑桥大学学习。他是一个非常聪明的学生，毕业后留校担任教授。他最伟大的作品是《自然哲学的数学原理》（*Mathematical Principles of Natural Philosophy*），这本书出版于1687年，通常根据其拉丁文书名，称其为《原理》（*Principia*）。在《原理》一书中，牛顿将开普勒关于行星运动的思想与伽利略提出的解释地面上的运动的思想结合起来，指出这两种思想其实是同一套原理的不同组成部分，这套原理支配着地面上的运动和天体运动。牛顿依靠高等数学来阐述他的观点，揭示了万有引力定律。大约在这一时期，牛顿和德国人戈特弗里德·威廉·莱布尼茨（Gottfried Wilhelm Leibniz）各自独立发明了微积分。这时，整个宇宙似乎是一个巨大的但又能够用科学来解释的机器。1730年，也就是牛顿去世3年之后，英国诗人亚历山大·蒲柏（Alexander Pope）写下了这样一句话，来描述这种感受。这句话是："自然和自然法则隐藏在黑暗之中。上帝说：'让牛顿出世吧！'于是一切豁然开朗。"

科学革命产生了新的探究方法，这反过来进一步促进了科学的发展。总地说来，新方法论拒绝所有既定知识（例如《圣经》上所说的关于物质世界的知识），用从观察、实验和推理中得来的知识来代替。有两位科学哲学家特别突出。第一位是英国人弗朗西斯·培根（Francis Bacon），他生于1561年，卒于1626年。培根坚持认为，唯一合理的知识是从归纳推理中得来的。换句话说，要想真正理解某个事物，人们必须不停地观察和实验，积累数据，从数据得出符合逻辑的结论。培根还展望了通过这种方式得来的知识所带来的巨大现实好处。他去世后才出版的著作《新大西岛》（*New Atlantis*，1627年出版）预言了一个近似乌托邦的世界，在这个世界中，科学家们一起协作，将会发现宇宙的奥秘，并因此使全人类都能取得巨大进步。

第二位科学哲学家是法国人勒内·笛卡儿（René Descartes），他是一位名副其实的大数学家，是解析几何的创始人，解析几何这一数学工具对现代科学具有重大意义。笛卡儿与培根、开普勒、伽利略是同一个时代的人。与培根一样，笛卡儿也拒绝既定知识。而且，与培根一样，他也赞同归纳推理。然而，笛卡儿发现，演绎推理，也就是利用一般原理推出科学法则的过程，有更大的价值。笛卡儿还运用数学语言来表达他的思想。在很大程度上，可以说，现代科学就是培根的归纳法与笛卡儿的演绎法结合的产物。

17 世纪的科学革命在当时引起了人们的注意。这场革命中的几个主要人物，例如伽利略和笛卡儿，都是用本国语言即普通民众的语言写作，而不是用拉丁语写作，拉丁语是当时科学界普遍采用的语言，是行家的语言。尤其是伽利略，他的著作清晰而诙谐，采取了辩论式的写作风格，这使他和他的思想拥有广大的受众。

尽管这些作品普及了科学方法及其结果，但大批涌现的正规学术组织起到了科学知识汇集地和交流中心的作用。短暂存在的罗马猞猁学院（Lincean Academy of Rome，1603 年）与佛罗伦萨的奇门托科学院（Accademia del Cimento，1657—1667）或许是第一批学术机构。存在时间更长的是建立于 1660 年的伦敦皇家学会（Royal Society of London）和 6 年后建立的法国皇家科学院（Royal Academy of Sciences）。这些学术团体开展实验，并在第一批科学期刊上发表实验结果。它们也使科学家们彼此保持接触，并知晓最新发现。它们所产生的宣传效应有助于确保科学革命的持久成功。

历史评论

16 和 17 世纪的科学革命深刻地改变了西欧科学的思想、方法和社会组织。天文学和物理学的观念基础发生了巨大变化。其他科学领域如化学、生物学和地球科学的革命要到 18 世纪末和 19 世纪才会到来。实验方法出现了（根据定义，该方法用人工或受控的情况来检验数据），它改变了生理学和光学，促进了新的科学如电学、气体力学的产生，但跟天文学、力学、植物学和动物学的关系还不是太大。实验方法被人们接受还与西方人对科学与技术的关系看法上的重要转变有关。之前，人们认为，科学与技术是相互独立的，但到 17 世纪末，人们越发认为，两者是有联系的，是相互支持的活动。到 17 世纪下半叶，伦敦和巴黎的新形式的科学组织已超越大学，成为科学交流的中心。而且，这类新的“科学学会”反映了这些组织所在的、为其提供财政支持的民族国家的情况。而大多数大学依旧表达着中世纪时期的欧洲观，而非对民族国家身份的认同，这从它们主要使用拉丁语就可以看得出来。这些发展变化使西方科学摆脱了以往的平庸，跟殖民之前的美洲、中国、印度和中东伊斯兰文化的经验科学相比，获得了明显优势。从那时起，西方科学在现代早期的崛起就深刻地影响着世界历史。

1508年与1510年之间的某个时候，在波兰有一位名叫尼古拉·哥白尼（1473—1543）的神父接受了日心说。根据被普遍接受的亚里士多德和天文学家托勒密的学说，地球静止不动，处于宇宙的中心，所有恒星和行星都围绕它旋转。哥白尼知道，古希腊的一位天文学家阿利斯塔克（Aristarchus）曾提出过日心说，根据这一学说，地球每天都在自转，并且每年绕太阳运行一周。哥白尼是自古代以来第一位接受日心说的天文学家，尽管这一学说明显处于劣势。一方面，《圣经》某些章节的文字暗示，太阳每天绕地球运行。而且，如果地球围绕太阳运行，那么恒星应该显现出“恒星视差”（即在一年中的不同时候，相对位置会有所不同），但实际情况并非如此。* 最后，承认地球是运动的，需要抛弃亚里士多德关于土、水、气、火4种元素各有其“自然位置”的观念。因此，亚里士多德的“自然运动”再也无法解释轻重物体自发的升落运动。根据“自然运动”学说，每种元素到达其自然位置才能静止。†

在其著作中，哥白尼并没有向我们解释他为什么要接受这一学说。但他很可能认识到，日心说能够解释行星与太阳之间的关系，而这种关系用传统的地心说是解释不通的。哥白尼的学说能够解释金星和水星总是在黎明和傍晚时分出现，而永远不会在午夜出现这一现象，而亚里士多德－托勒密学说无法解释这一现象。与此类似，哥白尼的学说能够解释火星、木星和土星各自经历以恒星为参照物的周期性反向运动（逆行）时，总是出现在太阳的两侧（180度），而传统学说无法解释这一现象。除了这些考虑，哥白尼支持日心说，还因为它使我们能够确定行星距系统中心即太阳的相对距离，由此确定行星的顺序。而亚里士多德－托勒密学说无法提供一种方法，严格按照观测数据来计算行星的顺序。

然而，哥白尼无法宣称也从未宣称日心说在预测行星位置方面比传统学说优越。日心说的计算方法也不比地心说简单。尽管哥白尼相信毕达哥拉斯的观点，即行星和恒星按照严格的数学关系来运动，但与前人一样，他也没能演示这一观

---

* 恒星视差是存在的，只是非常小，所以直到19世纪才被观测到。在此之前，观测不到恒星视差被作为反对日心说的论据。——译者注

† 亚里士多德认为，物体都有运动到其自然位置的倾向。比如，重物之所以下落，是因为它的自然位置在地球的中心。——译者注

点。在 1543 年哥白尼的日心说发表之后的几十年，很少有人接受这一学说。

16 世纪晚期最杰出的天文学家是丹麦人第谷・布拉赫（1546—1601）。过去，在通俗天文学历史中，第谷的作用往往被低估，但他对西方天文学做出了三大贡献。首先，在几十年专心致志的观测过程中，他积累了关于行星位置的准确数据，这是发现行星运动的确切数学关系的一个必要前提。其次，第谷确定，彗星的视差比月球小（在同一时间从两个相距遥远的位置观察时，彗星显示的位置差异更小）。这表明，彗星到地球的距离比月球到地球的距离远。但彗星在行星区域的运动意味着先前地心说设想的固态透明的天球并不存在，根据这一设想，行星固态在这些天球上，这些天球的运动带动行星一起运动。第谷不相信固态透明天球是行星运动的推动者，于是带来了一个问题：是什么使行星运动？直到 17 世纪 80 年代艾萨克・牛顿的著作出版，才有了令人满意的答案。最后，第谷提出一种新的宇宙体系，这一体系以他的名字命名。这种“第谷体系”保留了传统观念，即地球静止不动，处于宇宙的中心，太阳围绕地球运行。但它也体现了哥白尼的观念，即太阳是行星的轨道中心（太阳带着行星一起绕地球运行）。的确，这种体系包括了哥白尼体系的全部优点，又摒弃了其全部不足之处，因为哥白尼体系的所有不足都源于地球运动的假说。

首先从第谷的数据中受益的是年轻的德国天文学家约翰内斯・开普勒（1571—1630），他是 17 世纪初为数不多的相信哥白尼学说的天文学家之一。在 17 世纪头 10 年，他发现第谷关于火星运动的数据与这样一种情形相符，即火星的轨道是椭圆形的，并且在其运动过程中，一条假想的连接火星与太阳的线在相同时间内扫过的面积相等。这既是天文学上的一个技术革命，也出色地证明了毕达哥拉斯的信念，即自然展现出精确的数学关系。1627 年，开普勒向人们展示，根据椭圆形轨道和“面积法则”预测的行星位置比之前的任何行星表精确 20~100 倍。

开普勒及其同时代的意大利人伽利略・伽利雷（1564—1642）是 17 世纪天文学和物理学革命中的两个关键人物。伽利略的专长是运动物理学和简单机械。起初他并不是一位天文学家，并且他没有活跃地参与关于宇宙体系的讨论，直到新发明的望远镜在 1609 年他 45 岁的时候改变了他的生活。伽利略自己制造并改进望远镜，并用它来观测天空，由此得出令人震惊的结果，使他在 1612 年公开支持哥白尼的学说。他观测到木星的卫星和太阳黑子的运动，这为哥白尼的学说提供了支持。他最重要的发现是金星也有盈亏变化。毫无疑问，这意味着金星绕太阳运转。因此，通过用望远镜观测，伽利略将不同宇宙体系的竞争缩小为哥白尼体系与第谷体系的竞争。有趣的是，在随后那些年，当他讨论行星排列的问题时，他几乎将第谷体系忽略不计，这一点在他著名的《关于两大世界体系的对话》（*Dialogue on the Two Chief World Systems*，1632 年）一书中表现得特别明显。在该书中，他描绘的争论双方是哥白尼体系和传统的亚里士多德－托勒密体系。虽然没有明说，但伽利略由此承认，从 17 世纪初到 17 世纪中叶，不论是哥白尼体系还是第谷体系，都没有明显优势。17 世纪前 10 年中期，伽利略提出了运动物理学的两种新观点。首先，他注意到，一个以恒定速度运动的物体，在没有阻力的情况下，将继续以那个速度不停地运动下去。其次，他观察到，在没有阻力的情况下，任何重物都以恒定加速度（同样的加速度）下落。所有重物，不论其体积、重量、密度、形状如何，都以同样的加速度下落，也可以表述为：下落的距离跟时间的平方成正比。

法国人勒内·笛卡儿（1596—1650）是 17 世纪中期最有影响的自然哲学家。他为科学和自然哲学提供了一个清晰的框架，该框架将数学关系作为自然界的组织原则，将机械作用（物质运动、碰撞和聚合）作为所有现象的原因。笛卡儿的自然哲学排除了任何从目标或目的角度所做的解释（例如 4 种元素的自然运动 *）。同样不可接受的是（人类智力不可理解的）超自然的非物质力量，例如巫师和炼金术士所设想的用来解释金属和矿物在地表以下发展变化的神秘的行星力量。

笛卡儿进一步发展了伽利略关于匀速运动的假说。他宣称，如果没有阻力，一个做匀速直线运动的物体将一直那样运动下去，而不需要外因来维持它做那种运动。这是革命性的一步。他认为匀速直线运动是物体的一种状态，跟静止类似，这跟亚里士多德的观点截然不同，亚里士多德认为，任何运动都需要外因。

不幸的是，笛卡儿未能使数学描述（例如开普勒的定律和伽利略的自由落体定律）适应关于运动物质流效应的机械论解释。他的后继者英国人艾萨克·牛顿（1642—1727）在 1679 年左右承认，仅数学描述和机械论解释无法令人满意地解释众多自然现象。牛顿将“力”的概念重新引入物理学和自然哲学。虽然具有非物质性和神秘性，但牛顿的“力”有明确的定义，该定义在本质上与笛卡儿的新

* 指的是亚里士多德“四因说”中的“目的因”，即认为事物的存在和改变都有其目的。——译者注

运动观念有联系。虽然匀速直线运动不需要外因来维持（这就是笛卡儿和牛顿的第一运动定律），但力是改变物体运动状态的原因（牛顿第二运动定律）。有了这个观念以后，牛顿通过认定造成重物（加速）下落的力和造成天体沿轨道运动的力是同一种力，进一步将天体物理和地面上的物理统一起来。除了提出“万有引力”这一概念之外，牛顿还揭示出伽利略的自由落体定律与开普勒的行星运动定律之间的密切关系。到 1700 年时，牛顿的伟大理论成就已经说服欧洲大多数受过教育的人接受哥白尼的学说。

与哥白尼 16 世纪 30 年代公开发表他的新行星体系学说大约同时，另外两个人的活动标志着科学方法向实验方法论转变。菲利普斯·奥里欧勒斯·特奥夫拉斯图斯·邦巴斯图斯·冯·霍恩海姆（Philippus Aureolus Theophrastus Bombastus von Hohenheim）自称帕拉塞尔苏斯（Paracelsus，1490—1541），他正在挑战古代世界最伟大的医学和解剖学权威伽林关于疾病的思想。自 13 世纪大学出现以来，伽林的医学理论就一直对大学医学系有着巨大影响。伽林认为，疾病产生的原因是 4 种体液（血液、黏液、黑胆汁和黄胆汁）失去平衡。治疗疾病的方法包括调节饮食、服用草药，如果必要，还可使用更极端的疗法，包括发汗、催吐或放血。与此相反，帕拉塞尔苏斯认为，是某些体外的东西控制了某项生理功能才导致疾病。治疗方法是制造一种能够控制病因的药物。帕拉塞尔苏斯认为这些有效的药物来自金属和矿物，因此他呼吁医生用炼金术和冶金术在实验室中将它们分离出来。帕拉塞尔苏斯以化学为基础的医药传统和他对通过实验室操作从金属和矿物中提取有效药物的重视，鼓励人们在医学、制药学和炼金术之间建立联系。这是通向由安德烈亚斯·利巴菲乌斯（Andreas Libavius，约 1555—1616）和后来的罗伯特·波义耳（Robert Boyle，1627—1691）所倡导的实验化学概念的重要过渡阶段。

在帕拉塞尔苏斯挑战伽林的疾病观念的同时，安德烈亚斯·维萨里（1514—1564）用直接经验来检验伽林的解剖学著作。16 世纪 30 年代末，维萨里在帕多瓦大学任教时，在课堂上进行人类尸体解剖，由此打破了传统观念。当这个名不见经传的医生带着批判性观点毫不费力地进行解剖时，许多解剖学教授还满足于阅读伽林的著作。维萨里十分尊重伽林，并承认伽林的解剖学观点大部分是对的。发现其中的错误时，他毫不犹豫地批判这些错误，例如他没有找到伽林所说的左右心房中膈上的孔。他对解剖采取的是一种更加主动的实证式方法，由此他在帕多瓦大学开创了一个传统，该传统在实验生理学中达到顶峰。

17世纪初，真正的实验研究方法已经在若干科学领域得到广泛应用。除了威廉·哈维关于血液流动的著作以外，威廉·吉尔伯特（William Gilbert）将实验研究方法用于研究磁力和静电。伽利略试图用实验来验证他的自由落体定律。弗朗西斯·培根（1561—1626）认识到这项工作的意义，因此对实验研究大加赞扬，把它视为探究自然的一种基本方法。培根极力否定亚里士多德的传统观点，即利用人为或受控状况令实验室里的现象不自然，因此不适合用于自然哲学研究。对培根来说，实验室里的现象就和动植物生长或刮风下雨一样自然。

这种培根式分析方法还影响到工匠、手工艺者和工业技术的产品和过程。它们也跟自然界中的植物、动物和矿物质一样自然。培根有意识地将实验方法、自然哲学和技术联系起来。他承认望远镜对天文学的巨大影响，望远镜的发明源于技术传统。随后发明的还有气压计、气泵和显微镜，所有这些都是技术传统的衍生物，这一传统将深刻地影响科学理论。培根还预测，科学理论将促进技术发展。他认为，实验产生新知识，新知识反过来改善人类生活的物质条件。最终，他认为这将提升人类的道德水平。

新的科学观念和方法在欧洲大多数大学并不受欢迎。这些大学重视逻辑分析、亚里士多德的自然哲学和拉丁语，这不利于新的物理学和天文学、实验研究方法和技术训练走进大学。于是其他组织兴起，成为科学交流的中心。短暂存在的罗马猞猁学院（1603）和佛罗伦萨的奇门托科学院（1657—1667）开启了这种趋势。存在时间更久的是伦敦皇家学会（成立于1660年）和巴黎皇家科学院（成立于1666年）。这些学院或学会使用本国语言来交流，出版科学刊物，开展工农业工艺调查研究，并且鼓励其成员开展实验。虽然新教和天主教大学与这些新科学学会所属教派的行政领导层保持着联系，但这些科学学会均依附于世俗权力和政治权力。巴黎科学院成员的工资由法国国王来发。英国皇家学会的成员获得了皇家颁发的特许，但从一开始该学会就是一个私人组织，在财政和管理上独立于国王。

1500年和1700年之间的这200年中，欧洲传统文化和新兴文化相互交织，产生了现代科学的知识、方法论和机构形式。在天文学和物理学的科学理论方面，有两个层面的话语值得注意。它们的哲学背景涉及4种主要的阐释模式，这些模式发源于古希腊。在天文学和物理学的主要人物中，每种模式都有倡导者。具体观念或现象解释层面的争论不可能脱离这一哲学背景。

亚里士多德倡导的目的论解释模式在大学中拥有稳固地位，该模式将自然描述为一个按逻辑组织的物体的舞台，这些物体都在运动和变化，以实现它们自身的目的。例如，一个重物之所以下落，是因为它的内部推动因素迫使它移动到其“自然位置”，以此来达到静止状态，其自然位置位于宇宙中心（地心）。更高级的智慧推动着包含行星的固体透明天球来表现对神的爱，神是“不动的推动者”（Unmoved Mover）。橡子的生长和变化是为了实现长成一棵成熟橡树的目标。

认为自然过程是按照严格的数学关系来组织的观念源于毕达哥拉斯。柏拉图和后来的圣奥古斯丁都将数学看得很神圣，而且在16世纪早期，在与大学中的亚里士多德哲学竞争的过程中，柏拉图的学说对欧洲文化的影响逐渐增长。

当佛罗伦萨的马尔西利奥·费奇诺（Marsilio Ficino）于15世纪60年代将《赫尔墨斯秘文集》（*Hermetic Corpus*）从希腊文翻译成拉丁文并为这些作品中包含的基督教正统观念做辩解之后，法术（magic）开始大规模复兴。在古典时期晚期（《赫尔墨斯秘文集》完成的时候），赫尔墨斯（Hermes）是希腊神话中的一个人物，这个人物也被人们等同于罗马神祇墨丘利（Mercury）和埃及神祇托特（Thoth）。费奇诺认为，赫尔墨斯曾经是一位古埃及神父，上帝向他揭示了法术和炼金术的秘密，后来这些秘密在少数人当中世代相传。费奇诺的法术声称控制着恒星和行星发出的“美德”和“力量”，这些美德和力量为金属等物质赋予特性和变化的力量。在费奇诺的法术著作以及其后的乔瓦尼·皮科·德拉·米兰多拉（Giovanni Pico della Mirandola）和科尔内留斯·阿格里帕（Cornelius Agrippa）关于法术的著作中，这些力量被认为是“神秘的”，因为它们既不能被人类感知，也无法被人类理解。这种神秘的解释模式强调，人类能使金属发生转变，能改变他人的行为（例如使一个人爱上另一个人），以及对人和事物施展其他法术。但它认为人类智力在理解自然运作方面的能力是有限的，而无论亚里士多德学派还是毕达哥拉斯学派都不接受这一点。

第四种解释模式是机械论。这种模式发源于原子论，它强调用微观粒子（原子）的运动、碰撞和聚合来解释自然界中的各种过程。原子论作为一种哲学，从来没有广泛流行过。在16世纪早期，与其他三种解释模式相比，原子论的影响小得多。但在欧洲的技术领域，机械逐渐发展出更加复杂的形式。15世纪早期，波焦·布拉乔利尼（Poggio Bracciolini）发现了罗马作者卢克莱修（Lucretius）的诗《物性论》（*De rerum natura*），这首诗对原子论哲学大加赞赏。这些发展都预示着原子论和机械论解释模式前途光明。

哥白尼开创了日心说的早期现代版本，但他对天文学变革的影响仅限于此。的确，他的天文学术语仍然是传统的托勒密式的。在将近 1500 年的时间里，托勒密的《天文学大成》（*Almagest*）都是欧洲—地中海世界最有影响的天文学著作。在这部著作中，托勒密继承了柏拉图和亚里士多德的观念，即天文现象的几何形状从根本上讲是圆形。托勒密的目标是设计一个行星运动模型，该模型将多个简单圆周运动合成起来，以生成复杂、不规则的复合运动，来表现人们所观测到的行星运动。虽然托勒密及其后继者在预测行星运动方面达到了相当的准确度，但他们未能使自己的计算模型与行星的实际运动精确符合。在其技术天文学中，哥白尼（包括第谷·布拉赫在内的所有 16 世纪天文学家都是这样）继续遵循将简单圆周运动合成起来的思路。哥白尼也没有向亚里士多德的物理学发出过严峻挑战。关于行星运动的原因，他几乎只字未提。

哥白尼为发现天文学中的精确数学关系所做的探索是在 17 世纪头 10 年由约翰内斯·开普勒来继续完成的。开普勒关于行星轨道形状是椭圆形的论断与他的面积定律是天文学中的技术革命。这些创新也要求对行星运动做出解释，这正是开普勒所急切追求的。开普勒认为，神用数学法则来支配自然，并认为是神秘力量维持着这种秩序。有两种力作用于行星。一种是太阳发出的，使行星沿自己的轨道运动。另一种是伪磁力，使行星和太阳之间交替产生引力和斥力。如果来自太阳的力单独起作用，它将使行星围绕位于圆心的太阳做匀速圆周运动。伪磁力使行星轨道呈椭圆形。因此，无论开普勒的天文学多么具有革命性，它都认为圆周运动是椭圆轨道的一个因素。因此，它保持了自己与古代和中世纪天文学和物理学传统的联系。

与开普勒同属一个时代的伽利略对自然哲学的看法有很大不同。在他的学说中，几乎不承认有神秘力量存在。在他的《对话》一书中，他蔑视魔法师和炼金术士，并批判开普勒的观点，即月球通过一种神秘力量对潮汐施加影响。对伽利略来说，用有着精确数学关系的力学原因来解释这一现象，是可取的科学框架。

但伽利略并非笛卡儿。直到他去世，亚里士多德的目的论仍然是他的地面运动物理学的一个基本方面。而且，圆周仍然主导着他对行星运动的讨论。看来伽利略并没有确定他所说的永恒匀速运动是直线运动还是圆周运动。在其著作中，他在多处设想一个水平抛射的炮弹，在没有阻力和不受重力影响的情况下，继续沿那条直线以恒定速度运动下去。更多情况下，他描述的是一个球沿着地球表面一个绝对光滑、没有阻力的平面做匀速运动。他将此描述为第三种运动，既非自然运动，也非受力运动。对他来说，自然运动依然是一种由内部推动者推动的、朝向自然位置的自发运动。受力运动是由外部推动者推动的、离开自然位置的运动。因为在匀速圆周运动中，运动物体围绕圆心运动，既不向中心靠近，也不离中心远去，伽利略想象，该物体将无限地那样运动下去。但伽利略的整个框架是中世纪式的，建立在传统的自然运动和受力运动观念之上。

笛卡儿否定了自然位置和自然运动的存在，并重新将运动本身定义为一种状态（在这种状态下，物体以恒定速度沿着一条直线做永恒运动，而不需要外因来维持），因此他割断了自己的学说与中世纪物理学的联系，而此前伽利略仍然受中世纪物理学的束缚。当艾萨克·牛顿将力定义为一种改变物体运动状态的原因时，他斩断了自己的学说同中世纪机械论的最后一丝联系。在中世纪物理学中，力与沿绝对方向（与自然运动的方向相反）的运动有联系。牛顿将造成物体下落的力与迫使物体从匀速直线运动状态转变到圆周运动状态的力视为同一种力，由此最终消除了圆周运动在从柏拉图到哥白尼，再到伽利略的西方物理学和天文学中的纯粹和优越地位。

在更加宽泛的哲学层面，牛顿巩固了笛卡儿将亚里士多德的目的论解释模式从物理学中剔除的努力。他继承了笛卡儿的观念，即数学关系和机械原因是合理的科学分析模式。但通过在他对天文、化学、光学、电学和磁力现象的解释中引入引力和斥力的概念，他重新引入了神秘的解释模式。

牛顿的力的概念标志着科学革命达到了高潮，还为随后两个世纪的物理学确立了关键议程。在其《数学原理》一书中，牛顿使用了力这一概念，这使大多数受过教育的欧洲人接受了哥白尼的学说。但让哥白尼的学说最终获胜的实际证据是直到后来才出现的。

而且，牛顿非常成功地将力的概念应用于力学和天文学，这鼓励人们将他提出的力的概念应用到其他科学领域。化学家们将牛顿的引力设想为微观原子或原子团之间的化学反应的动因。在磁力和电学理论中，牛顿的力变得很重要。最终事实证明，对于理解化学、光学、热力学、电学和磁力学现象而言，力的概念不如 19 世纪新的能量概念那么成功。但牛顿的力的概念在这些领域依然很有用，在天文学和力学中，更是至关重要的。

在流传下来的文献中，古代和中世纪时期进行实验研究的例子比较明显。例如，为验证其动脉输送血液的观点，伽林做过实验。在炼金术士的实验室中，在冶金作坊中，在药剂师的店铺中，似乎进行过一些实验。但实验研究法在古代和中世纪西方科学中处于边缘地位。这有若干原因。柏拉图和亚里士多德都轻视实验研究。在柏拉图看来，感官经验充其量只是不完美的知识，他的哲学专注于纯粹思想或心智的活动。亚里士多德认为，对自然界中的物体与过程的理解不能来自于施加人工条件。当 13 世纪初大学在西方兴起时，亚里士多德学派重视逻辑和自然哲学，这不利于让实验室和技术活动进入那种文化。

17 世纪初，若干因素似乎促使人们承认实验研究方法是获取科学知识的一种基本方式。当然，在医学和解剖学中，帕拉塞尔苏斯和维萨里的过渡作用十分重要。此外，对西方人来说，古代的知识权威们似乎更加脆弱了，西方人似乎越来越急切地想去批判既有知识。古典人文主义者试图找回古希腊和古罗马学者的手稿。与此相关，人们也进行过一种努力，目的是拓宽欧洲人的学术生活，使其跳出亚里士多德对逻辑学和大学学术生活的影响。16 世纪，人文主义者的翻译活动扩大到科学作品。此前没有被翻译过的伽林、阿基米德（Archimedes）的作品和托勒密的《地理学》（*Geography*）被翻译成拉丁文。大多数人文主义者对科学本身并不像对发现古典作品那样感兴趣，但他们的翻译作品揭示了古代权威的思想，事实证明这些思想是错误的，有时是虚假的。例如，托勒密的《地理学》中的地图并没有很好地经受住日益成熟的地图绘制技术的检验，地图学的成熟是 16 世纪人们进行探索的结果。这个例子和类似例子鼓励人们进行批判和寻求另外的解释，这些批判和解释要能经受经验的考验。当弗朗西斯·培根在 17 世纪 20 年代赞赏实验研究方法时，与其说他是一位预言家，不如说他是一位见证者。欧洲许多重要科学家和自然哲学家当时正在运用和公开宣扬实验研究方法。到 17 世纪中后期，活跃的科学探索者已经非常普遍地接受了实验研究方法，以至于使该方法毫无疑问地成为新科学团体讨论和活动的中心。

培根关于科学和技术互相促进的观点值得我们注意。长期以来，大学里的学术语言都是拉丁语，而工匠和手艺人在很大程度上都是用本国语言进行口头交流，这两者之间有很大的鸿沟，很少有例外。直到16世纪，科学和技术才相互影响，其原因是大学培养的知识分子与各类与物质打交道的人（炼金术士、工匠、药剂师、熟练手艺人）的接触更加频繁。

17世纪20年代，培根的作品问世时，产生于技术传统的工具对科学的影响已非常明显。但科学和技术之间的关系真如培根所说的那样是相互促进的吗？不断发展的科学理论对技术进步的影响真如当时技术传统对科学的影响那样深刻吗？很明显，答案是否定的。直到19世纪，技术进步的主要领域，包括武器制造、农业、纺织，从科学思想和接受过科学训练的人那里受益非常有限。改进这些技术的是有一手经验的发明者，而不是科学家。直到19世纪晚期，在电学技术和合成染料制造领域，才需要受过科学训练的人在我们今天所说的工业研究实验室中进行持续不断的、不可缺少的研究。以科学为基础的技术变革首先出现在19世纪的电学和有机化学领域。培根去世两个半世纪以后，他的科学与技术互相促进的观念才完全被人们接受。

中世纪的大学附属于西方基督教教会组织。所有大学要想被正式承认，均须获得教皇颁发的特许。但在巴黎、牛津、帕多瓦和博洛尼亚（Bologna），哲学、医学、法律院系的发展基本上不受教会影响。的确，当时刚翻译的亚里士多德、托勒密和伽林的异教著作对教学、写作和争论产生了巨大影响。其著作被译成拉丁文的伊斯兰哲学家和科学家，如阿尔哈曾（Alhazen）、阿维森纳（Avicenna）、和阿威罗伊（Averroes），影响也很大。* 在所有院系，逻辑分析和论文的正式文体都是教学和辩论的工具。自然哲学、数学及亚里士多德著作中论及的一系列理论问题深刻影响着各所大学的哲学系。但与罗马教会的联系仍然十分重要，因为教师和学生都有神职，这意味着他们受教会保护，并受其基本教义的约束。

16世纪初对大学学术的内容和形式发起挑战的人文主义学术活动从其他赞助者那里获得支持，这里所说的赞助人就是世俗富人和王室。例如，马尔西利奥·费奇诺翻译柏拉图的著作和《赫尔墨斯秘文集》的活动是在一座专门分配

* 阿尔哈曾又叫海什木；阿维森纳又叫伊本·西那；阿威罗伊又叫伊本·鲁世德。正文中这三个人的名字都是西方人对他们的称呼。海什木、伊本·西那、伊本·鲁世德的叫法在中文中更常见。——译者注

给他的房子里完成的，并受到佛罗伦萨商人科西莫·德·美第奇（Cosimo de Medici）的资助，而且他的佛罗伦萨柏拉图学院是受世俗资助的早期学术和艺术机构的一个例子。伦敦皇家学会（1660 年）和巴黎科学院（1666 年）是受宫廷认可才创办起来的，它们成立后继续受到宫廷的认可。最初巴黎科学院看起来或许只不过是国王路易十四资助的各种文化活动的新的一个。然而，到 18 世纪，当法国（巴黎）成为欧洲最有活力的科学中心时，巴黎科学院已成为最负盛名的世界科学人才的聚集地。事实上，巴黎科学院是法国重视科学组织并为其提供赞助的国家传统的缩影，该传统一直延续到 20 世纪，各类机构中有才能的科学家的小规模集会在管理与财政上与位于巴黎的法国中央政府有着密切联系。

在英吉利海峡对岸，情况大为不同。在英国，皇家学会在整个 18 世纪会员规模都很大，而且主要是业余会员，尽管几乎所有的英国主要科学家也都是它的会员。皇家学会的管理和财政独立于英国政府。18 和 19 世纪的英国其他科学组织也都效仿皇家学会，都属于私人资助的机构，它们的首要目的是促进各个科学领域内的交流。在英国，直到 20 世纪以前，科学机构既不归政府管理，也不受政府资助，几乎没有例外。

在当时的法国和英国，大学都不培养科学家。在科学革命期间及以后，大学都反对新的实验科学的内容和精神。虽然在大学任教的人有可能参与 18 世纪的科学发展并做出卓越贡献，但很少有人认为大学是进行实验科学研究的合适场所。直到 1825 年至 1850 年之间，以及在后来的德意志国家，大学才承担了这个角色。因此，现代科学机构框架的出现主要分为两个阶段：科学革命时期的科学学会；最先出现在德国，后来到 20 世纪初几乎已遍布所有西方国家的研究型大学。

尽管有了新的思想、方法和机构形式，但西方科学仍然固守着传统。它几乎依然是男人的天下。女性无法得到有地位有影响的职位，这一现象并非西欧基督教文明所独有。在犹太文化、伊斯兰文化、中国文化和其他许多文化中，对女性的偏见根深蒂固，没有受到挑战。大学的大门对女性紧闭，这种情况直到 19 世纪后期才有所改变。再加上疯狂的女巫迫害运动以及教士们竭力消灭异教徒女性，在 17 世纪初，科学机构中的女性几乎比以往任何时候都少。事实的确如此，新的科学学会将继续严格地将女性拒之门外。罗马的猞猁学院要求它的成员禁欲。在创立之初及以后的日子里，伦敦皇家学会和巴黎科学院都完全是男性的天下。直到 1979 年，女性才首次当选巴黎科学院的候选正式成员（玛丽·居里赢得诺贝尔奖的科学成就在 20 世纪初还不足以为她赢得会员资格）。直到 1945 年，女性才首次当选伦敦皇家学会的正式会员。从女性历史的角度来看，科学革命没有带来任何革命！

罗伯特·K. 迪科斯基（Robert K. Dekosky）

罗伯特·K. 迪科斯基（Robert K. Dekosky），堪萨斯大学历史学副教授，在威斯康辛大学获得博士学位。专注于科学史研究，著有《知识与宇宙：中世纪观点的发展与衰落》（*Knowledge and Cosmos: Development and Decline of the Medieval Perspective*，1979）。

第二十一章
莫卧儿帝国的黄金时代（1650）

中国同时期：清世祖爱新觉罗·福临

概　述

古代印度，即幅员辽阔的南亚次大陆，曾在数百年间一直处于四分五裂状态。孔雀王朝曾经统一过印度，并产生了古代世界的伟大统治者之一，即著名的阿育王。公元前 2 世纪孔雀王朝解体后，印度分裂成不计其数的小邦国。许多地方权贵对众多大小不等的中小王国行使着不同程度的控制权。富有野心的统治者们时不时会试图巩固他们的领土，建立一个辽阔而强大的国家，但他们的努力总是以失败告终。一个最好的例子便是笈多帝国，该帝国在 4 世纪和 5 世纪一度很繁荣，后来崩溃了。

11 世纪，印度历史上出现了一种新力量——伊斯兰教。以 7 世纪穆罕默德的教义为基础，伊斯兰教早在 8 世纪就传播到印度。当时，阿拉伯人征服了西部省份信德。然而，直到 11 世纪初来自中亚的伊斯兰入侵者攻占印度西北部的旁遮普地区（Punjab region）之前，伊斯兰势力在印度没有进一步扩张。

12 世纪末，中亚人即突厥语族人已经将他们的统治扩展到整个恒河流域，并于 1206 年在德里建立了一个苏丹国。他们的统治相当开明，许多印度本地统治者可以继续统治他们的王国，只要他们承认苏丹国的权威。而且，突厥统治者缺乏进行有效统治的人力。这使他们吸收印度本地人进入他们的官僚和军队系统，尽管他们与印度本地人的宗教信仰不同。突厥帝国逐渐从恒河流域往外扩张，将恒河三角洲的孟加拉地区和南亚次大陆西海岸和南部的一部分地区也纳入帝国版图，尽管后者从未完全被帝国征服。然而，14 世纪末，一支由另一位来自中亚的征服者帖木儿（Timur Lang，或称 Tamerlane）* 领导的军队沿恒河而下，大肆劫掠，所过之处全被破坏。帖木儿率领的蒙古人于 1398 年攻占德里，突厥帝国灭亡了。最终，蒙古人撤退，到别处进行劫掠，苏丹国得以复国，但实力大不如前。

印度继续衰落，直到 16 世纪初巴布尔（Babur，意为“老虎”）出现，这一趋势方才结束。1483 年，巴布尔生于中亚，据他自己称，他身世显赫。从父系来讲，他是帖木儿的后代；从母系来讲，他是蒙古征服者成吉思汗的后代。他的功绩是在印度建立了莫卧儿王朝（Mughal dynasty，“莫卧儿”一词来自波斯语，意思是“蒙古”）。

在其事业的早期，巴布尔想在中亚建立一个帝国。这一计划失败后，他于 1504 年攻占阿富汗城市喀布尔（Kabul），将注意力转移到印度。身在印度的阿富汗王公异见者请求巴布尔在他们看似无穷无尽的与苏丹的斗争中援助他们。巴布尔轻而易举地侵占了旁遮普，随后进入恒河流域。1526 年，他以少胜多，在帕尼帕特战役（Battle of Panipat）中击败了苏丹的军队，随后占领了同为都城的德里和阿格拉。随后，巴布尔安抚了之前邀请他到印度的阿富汗首领，并且击败了几个趁苏丹国覆灭宣布独立的印度王公。到 1530 年他去世时，巴布尔的帝国已经从喀布尔向东扩张到离恒河三角洲不远的比哈尔。我们对巴布尔的了解大多来自他的回忆录，这是一个自传性记述，根据他一生中所做的记录写成，这些记录显示，他是一个很有文化修养的人，也是一位重要而成功的勇士。

虽然莫卧儿帝国是由巴布尔建立的，但巴布尔尚未来得及巩固其成果便去世了。因此，帝国的基础仍然不稳固，而巴布尔的儿子兼继承人胡马雍为减少这种危险也所做甚少。胡马雍是一位有天赋的勇士，而且相当富有人格魅力，但胡马雍放荡不羁且优柔寡断。他的弱点使当地贵族（既包括伊斯兰贵族也包括印度贵族）以及他自己的兄弟们向他发起挑战。胡马雍在每个关键时刻都被击败，但他从未屈服。胡

---

* 帖木儿（1336—1405），中亚帖木儿帝国的奠基人，军事征服者。波斯语称“帖木儿 · 兰格”（Timur Lang，即“跛子”帖木儿），欧洲人讹为“塔米兰”（Tamerlane）。——译者注

马雍逃到了信德，他的儿子阿克巴于 1542 年在那里出生。直到晚年，胡马雍才回到印度，因为他的对手们不停地相互争斗，实力已经受到严重削弱。

1556 年，胡马雍去世后，阿克巴继承皇位，并开始在巴布尔奠定的基础上建立一个庞大的帝国。阿克巴是一个复杂的人。他坚强勇敢，富有胆识，这些特点使他备受那些统治印度社会的军事首领们的拥戴。他还拥有出色的领导能力，这使他人对他忠心耿耿。他非常聪慧，尊重知识。在其统治后期，他的宫廷成为各类知识分子的聚集地。虽然阿克巴热爱学习，极其重视书本，但非常奇怪的是，他自己却是一个文盲，这在莫卧儿统治者中是独一无二的。然而，他搜集了很多藏书，并且成为一个伟大的艺术赞助人。1605 年他去世时，已赢得了“大莫卧儿”（Great Mughal）的称号。

阿克巴的首要任务之一就是将莫卧儿帝国的疆域恢复到巴布尔时期的水平。1573 年，他占领了濒临阿拉伯海的富庶省份古吉拉特；1576 年，他攻占了孟加拉，该地区位于恒河三角洲，更加富庶。经过短暂休整后，阿克巴又占领了克什米尔、信德和俾路支。随后，他转向印度南部的德干地区。在这一地区，他取得大量战果，但这些战果并不怎么长久。

或许，阿克巴最重大的成就不是他的征服活动，而是他的治理方式。阿克巴遵循巴布尔的路线，通过安抚而非武力进行统治。他有意识地与敌人结盟，努力打破穆斯林统治者和广大印度民众之间的隔阂。

为实现其目标，阿克巴采取了若干措施。据说他的后宫妻妾有 500 多人，她们来自许多不同民族，其中主要是印度公主，来自帝国境内主要印度人家族即拉其普特人的家族。阿克巴宠爱的妻子，即他的继承者的母亲是一位拉其普特公主。1564 年，阿克巴取消针对非穆斯林的人头税。随后，他又废除若干其他仅向非穆斯林征收的歧视性税收。阿克巴还让印度人尤其是拉其普特人进入帝国的官僚体系，包括财政大臣等重要职位都让这些人充任。最让乌理玛即身为伊斯兰教权威的穆斯林学者反感的是，阿克巴禁止任何强迫让人皈依伊斯兰教的行为，而是实行宗教宽容政策。

阿克巴在行政方面的创新也让帝国受益。他建立了一种现代指挥体系，当然，他居于这个体系的最高位置。他任用官员倾向于以德才为标准，他还从他很了解的波斯人那里借鉴了领薪军官的概念，即“曼萨卜达尔制”。在阿克巴之下，有 33

个等级的曼萨卜达尔，指挥的骑兵数量从 10 人到 5000 人不等。为保障帝国的财政来源，阿克巴确定了统一的土地税。尽管这种税税率比较高，即年收成的三分之一，但税收的征收却统一而公正。在阿克巴统治期间，印度十分繁荣，但财富的分配却非常不均衡。

凭借阿克巴统治期间形成的势头，他的继承者们在印度境内将自己的影响力扩展到更远的地方，莫卧儿帝国进入了黄金时代。然而同时，国内矛盾也使庞大的帝国变得虚弱，最终导致它的衰落。

阿克巴的继承者是贾汉吉尔。贾汉吉尔是一个残暴荒淫的皇帝，喜欢喝酒，但他也很有文化素养，是一位有名的艺术赞助人，特别是对绘画大力资助。贾汉吉尔对统治臣民没有多少自己的思想，继续执行他父亲的基本政策，包括扩张帝国领土。他于 1614 年征服了梅瓦尔要塞，1620 年征服了坎格拉，1616 年攻占了德干地区的艾哈迈德讷格尔王国一半的领土。

贾汉吉尔的儿子兼继承者沙贾汗继续兼并德干地区的王国，然而他也迈出了破坏帝国宗教平衡的第一小步。与阿克巴不同，沙贾汗对宗教宽容的承诺并不是真心的。不过，他仍然将宗教宽容作为官方政策，并继续对穆斯林和印度人一视同仁，让他们在他的政府中任职。然而，他允许穆斯林神职人员的影响力上升，这些人起初强烈反对阿克巴的政策。沙贾汗也将大量的钱花在宫殿建造和宫廷生活方面。或许他最著名之处就是建造了泰姬陵，这是一座华美壮观的陵墓，是为他宠爱的妻子建造的，每天动用两万名劳力，用了 20 年才建成。

在他于 1666 年去世之前，沙贾汗的帝位就已被他的儿子奥朗则布取代。奥朗则布是莫卧儿帝国最后一位伟大统治者。为夺取权力，奥朗则布击败并杀死了他的兄弟们（这种做法在当时并不罕见），并将他年迈的父亲囚禁起来。奥朗则布或许是印度统治者中最狡猾、最残暴、最无情的一个，但他也非常聪明，并且在宗教方面非常严格，是一个笃信伊斯兰教的人。他的政策有两大目标：既要将正统伊斯兰教派提升到高于所有其他伊斯兰教派的地位，又要把这种伊斯兰教派树立成帝国的官方宗教，而这是以牺牲所有其他教派的利益为代价的。他放弃了莫卧儿帝国宗教宽容的传统政策，历史证明这对莫卧儿帝国的利益是有害的。尽管印度人很重要，但奥朗则布的做法令帝国的印度人感到震惊，他重新开征对非穆斯林的人头税，并捣毁了印度人的寺庙和学校。

在某些情况下，奥朗则布的政策直接引发了叛乱。例如，在帝国中心地带旁遮普地区，本来已经心生怀疑并且不友好的锡克教徒拒绝选举奥朗则布做他们的宗教领袖。动乱随之而来，当奥朗则布俘获并处死了锡克教徒们青睐的宗教领袖候选人时（该候选人拒绝皈依伊斯兰教），引发了锡克教徒的大规模起义。

同时，一场后果更为严重的起义在德干地区爆发。在那里，德干地区的一个山区民族马拉地人向帝国发起了挑战。在他们的王公希瓦吉及其子萨姆哈吉的领导下，马拉地人建立了一个印度人联盟，并发起了似乎无休无止的游击战。尽管马拉地人输掉了一系列战斗，但从未被彻底击败，他们的反叛成为莫卧儿帝国一个人尽皆知的痛处。

1707 年，当奥朗则布在 88 岁去世时，莫卧儿帝国的黄金时代已经淡去了。一股新的力量正在兴起，这股力量宽泛地讲是欧洲人，尤其是英国人（他们已于 1639 年在次大陆建立了第一个永久定居点）。他们正在积聚必要的力量，将取代莫卧儿人成为印度的主宰。

历史评论

1631 年 6 月 17 日，一位 39 岁的女性在印度中部的布尔汉布尔（Burhanpur）死于难产。这位女性名叫穆塔芝·玛哈（Mumtaz Mahal），她是印度莫卧儿王朝第五位统治者沙贾汗的爱妻。为纪念他的爱妻，这位悲伤的皇帝建造了泰姬陵，这或许是世界上最著名的建筑之一，它已屹立了 350 年，是莫卧儿王朝黄金时代的见证。但穆塔芝·玛哈的死也是莫卧儿王朝走向终结的预兆。这对帝王夫妇之所以到布尔汉布尔居住，是因为沙贾汗当时正在印度南部征讨，沙贾汗征服南方的梦想却使穆塔芝·玛哈死在异乡，她去世的地方离北部的阿格拉和拉合尔（Lahore）的豪华宫殿有数百英里之遥。这种征服梦想也最终导致莫卧儿帝国灭亡。穆塔芝·玛哈并不是 17 世纪印度兴盛与衰落之间的唯一因素，因为无论是对于莫卧儿帝国在贾汉吉尔（1605—1627 年在位）和沙贾汗（1628—1658 年在位）统治期间的强大，还是对于它在奥朗则布（1658—1707 年在位）与巴哈杜尔·沙阿（Bahadur Shah，1707—1712 年在位）之后的崩溃，帝国的政策都有很大关系。

1605年，阿克巴将伊斯兰世界最伟大的帝国之一传给了他的儿子贾汉吉尔，这个帝国从西面的阿富汗延伸到东面的孟加拉，从北边的喜马拉雅山脉延伸到南边的戈达瓦里河（Godavari River）。阿克巴的前辈们之前统治着一个松散的联盟，该联盟由同为移民的穆斯林军事贵族组成，这些军事贵族大部分是阿富汗人和中亚突厥人，这些人有一个特点，当他们的国王看似足够虚弱，使他们有可能成功发动一场叛乱将其推翻时，他们往往会推翻国王。阿克巴意识到，要想建立一个帝国，必须改变这一点。因此，他在国家行政方面做了两大改革。首先，他将自己的权力基础扩大，不再仅仅包括阿富汗人和突厥人。他让波斯人、非洲人、印度穆斯林，甚至打破传统让印度教徒进入他的宫廷、政府和军队。以前的印度穆斯林国王通常将行政和军事权力局限于信仰他们自己的宗教的人中间。虽然印度教徒在管理国家方面发挥着重要作用，但他们处于从属地位。阿克巴最重要的举措是从一个名叫拉其普特人的族群中招募印度人，拉其普特是印度北部地区的主要居民。阿克巴与一位拉其普特公主结婚，这位公主后来成为他的继承人贾汉吉尔的母亲。阿克巴还结束了官方的宗教歧视政策，最引人注目的是，他在1564年废除了吉兹亚税（*jizya*），吉兹亚是非穆斯林缴纳的一种人头税，以此来换取他们信仰自己的宗教的权利。

阿克巴的第二项创新是创建了一个官僚体系，这样他就可以通过忠诚的官员而非依靠不可靠的贵族进行统治。阿克巴的民事和军事官员都是“曼萨卜达尔”，该词的字面意思是骑兵指挥官，但这里是指一群贵族式的国家公职人员。皇帝亲自选拔和提拔他的所有曼萨卜达尔，由此确保他的下属都是忠诚度无可置疑的人，并且他每隔几年就会给他们分派新的职务，这样就没有哪个曼萨卜达尔能利用其职位建立权力基础。曼萨卜达尔需要为帝国军队提供骑兵，但丰厚的薪水也使他们能够过上奢华的生活。这增强了他们对皇帝的依赖性，因为不忠将意味着失去收入。阿克巴通常用现金来支付曼萨卜达尔的薪水，但贾汉吉尔及其后继者们喜欢用札吉尔（*jagirs*，采邑）来支付。札吉尔即征税权，每个曼萨卜达尔在某个地区被授予这种特权，按照估计，这一地区的征税收入相当于他的薪水。皇帝经常收回一个曼萨卜达尔的采邑，再将其授予另一个曼萨卜达尔，通过这种手段来保持控制权。帝国国库中的资金和曼萨卜达尔的采邑形式的工资都来自土地收入，即农业税。在阿克巴时代，农民将他们收获粮食的三分之一作为税收缴纳，这是印度莫卧儿王朝的主要税种。这很自然，因为帝国大约 85% 的人以农业为生。土地收入将农业财富转移到城市经济中。皇帝和他们的曼萨卜达尔们将大量收入花在仆人、艺术家和艺人身上，这些人进一步支持帝国首都和各省首府的商人和手艺人的生存。结果便是，17 世纪的印度有大规模城市人口。莫卧儿帝国的首都之一阿格拉有 50 万居民，是伊斯兰世界中的大城市之一。

印度的穆斯林王朝通常比较短命，原因之一便是它们的统治者没有赢得臣民的忠心，臣民并不在乎一个国王被另一个国王推翻。为改变这种状况，阿克巴试图创立一种帝国宗教，在这种宗教中，皇帝高高在上，地位远高于其他人，他的人民将他视为神的宠儿，进而将他视为神为他们选择的君主。这在阿克巴及其继承者们的官方肖像中有所表现。画像中，他们头上通常画有光环（这是从欧洲艺术中学来的）。但阿克巴还通过花费大量金钱来展示他的伟大，他花钱的规模在印度没有其他人能够承担得起。他认识到建筑在反映帝国荣耀方面的价值，并亲自招募各民族有才华的建筑师。于是出现了一种新的建筑风格，它融合了中亚、印度、波斯和欧洲的建筑元素。这是印度伊斯兰建筑的一个自然发展，此前好几个世纪，印度伊斯兰建筑就一直显现出伊斯兰设计和印度建筑技艺的影响，但阿克巴让混合风格成为定制。在他的皇室的资助下，莫卧儿王朝还在诗歌方面取得重要成就。虽然他的母语是莫卧儿人的突厥方言，但他将波斯语作为帝国官方语言。波斯语是伊斯兰印度文化的传统中介语，因此很适合在伟大统治者的宫廷中使用。阿克巴还慷慨支持波斯文学家，他们使印度成为波斯诗歌的一个中心。同时，他也鼓励印地语诗歌创作，印地语是印度北部印度本地居民的主要语言。阿克巴还资助画家、音乐家和舞蹈家。在他统治的末期，帝国皇室的赞助已经开始创造出一种独特的莫卧儿文化，该文化成为他统一多个民族的象征。

然而，帝国的力量掩盖了它的弱点。资助文化事业非常耗费财力，而且不能产生财富。即使在印度这样辽阔的国家，能够通过农业税筹集的资金也是有限的。并且宗教宽容可能让位于政治需要，在贾汉吉尔登上皇位之后，这很快就变得十分明显。1606 年，新皇帝镇压了他的儿子库斯鲁（Khusrau）发动的一场叛乱。这位被击败的皇子的支持者包括阿赞（Arjan），阿赞是锡克教领袖，锡克教自从近一个世纪以前建立之后，就已在旁遮普地区蓬勃发展起来。贾汉吉尔以叛国罪处死了阿赞，这引起了莫卧儿皇帝与锡克教宗教领袖之间长达百年的敌对。库斯鲁的叛乱暴露了莫卧儿帝国的另一个弱点。这个王朝出了很多能人。这意味着该王朝 17 世纪的所有皇帝都是有才能的统治者，但这也意味着他们的儿子们也很能干，他们急切地想登上皇位。贾汉吉尔本人曾在 1601 年发动过反对阿克巴的叛乱，库斯鲁的叛乱是效仿他父亲的先例。有人认为，这种叛乱能够确保皇位总是由最强大的皇室成员占有，但叛乱也耗费钱财，并且将皇帝的注意力从治理国家上转移开。

除了文化开支，莫卧儿皇帝也通过战争来展示其力量。通过统一印度北部，阿克巴向他的臣民展示，他是次大陆最伟大的将军，并为他的后代树立了军事成功的一个典范。然而，这也是另外一种危险源，因为帝国扩张的梦想会导致代价高昂并且无法获胜的征讨。莫卧儿王朝时期的印度尤其易受这种梦想的影响。莫卧儿帝国西面是波斯，波斯是莫卧儿文化的一个灵感源泉，也是跟莫卧儿人保持长期外交关系的唯一大国。两国的边境穿越今天的阿富汗境内，但边境地区却时常变化，充满不确定性。在遥远的西北方向，即在今天的乌兹别克斯坦境内，是撒马尔罕（Samarkand），这里是巴布尔的祖先、伟大的征服者帖木儿的故乡，每一位莫卧儿皇帝都想重新获得这块地方，将其纳入帝国版图。在南方，穆斯林统治的艾哈迈德讷格尔王国、戈尔康达王国（Golconda）和比贾布尔王国（Bijapur）也令人想去征服，征服它们不仅会使莫卧儿王国控制整个印度，还会增加帝国国库的财富（比贾布尔和戈尔康达的钻石矿举世闻名）。

贾汉吉尔统治期间，莫卧儿帝国的弱点还没有明显显现出来。贾汉吉尔巩固了他对印度北部的控制，并从南方的艾哈迈德讷格尔王国那里夺得了领土。总体上来说，他是在和平年代实行统治的，并且与他的父亲一样，他也提倡宗教共存。或许是遵从他的拉其普特母亲的传统，他也庆祝印度教的重大节日。在文化政策方面，他受到他的波斯妻子努尔・贾汉（Nur Jahan）的影响。1611 年他与努尔・贾汉结婚，到 17 世纪 20 年代初，努尔・贾汉成为帝国的真正统治者。努尔・贾汉资助波斯哲学家，而贾汉吉尔本人也是一位出色的波斯语散文家和诗人。同时，贾汉吉尔也是半个印度人，在他统治期间，莫卧儿文化持续吸收印度文化的影响。他对设计宫殿和花园很感兴趣，但贾汉吉尔和努尔・贾汉最值得纪念的是他们对绘画的支持。正统穆斯林反感绘画艺术，认为它亵渎神明，试图模仿只有神才拥有的创造力。尽管如此，波斯君主长期以来就资助画家，而阿克巴的宫廷也曾吸纳波斯和印度画家。贾汉吉尔和努尔・贾汉鼓励艺术家进行试验，于是产生了莫卧儿风格的绘画。与总体上的莫卧儿文化相似，这种绘画融合了不同传统，包括印度绘画的自然主义和欧洲绘画的明暗技法。莫卧儿绘画是美术中一种伟大的传统画派，为后世树立了典范，在整个 19 世纪，印度绘画都沿袭这一风格。

后来，在 1622 年，波斯占领了边境城市坎大哈（Kandahar）。此后贾汉吉尔再未从这场打击中恢复过来。随后，他的儿子沙贾汗发动了长达 3 年的叛乱，努尔·贾汉和有权势的朝臣之间也发生了权力争斗。1627 年皇帝贾汉吉尔去世，使情况变得更加混乱。沙贾汗恢复了秩序，于 1628 年登上皇位。沙贾汗和他美丽的妻子穆塔芝·玛哈（努尔·贾汉的侄女）统治着处于黄金时代的印度莫卧儿帝国。但同时，帝国的弱点开始显现。沙贾汗很幸运，因为他在繁荣时期实行统治。总体而言，尽管帝国局部有饥荒，但印度经济的农业基础很稳固。除了传统作物，如水稻、小麦和棉花之外，还有烟草、玉米和其他新型作物作为补充。这一时期的工业和商业也很发达。除了农业，纺织业可能是印度第二大劳动密集型产业。手艺人和工匠生产布匹和其他产品，他们通常在自己家里生产，但也时常在皇帝或贵族开办的作坊里生产。阿克巴和贾汉吉尔都通过取消许多针对国内贸易的税收来鼓励商业发展，而在沙贾汗统治时期，一条由公路和河流组成的网络把原料和产品运送到帝国各地。

印度产品既销往国外，也在国内销售，而对外贸易使沙贾汗统治的印度成为世界上较大的商业中心之一。商队将货物运往中东地区，但陆上贸易的贸易额远小于海上贸易，而大部分海上贸易控制在欧洲人手中。阿克巴将莫卧儿帝国的疆域拓展到印度洋沿岸，西至濒临阿拉伯海的苏拉特港（Surat），东至孟加拉湾。在整个 16 世纪，葡萄牙人垄断了印度洋上的航运业，所有船只要么属于他们，要么从他们那里购买许可。贾汉吉尔统治时期，葡萄牙人被来自英国和荷兰的竞争者取代。英国东印度公司和荷兰东印度公司的商人在印度各地建立了贸易站，在这些地方，他们从当地生产者那里购买商品。然后，公司的船只再将这些货物运到美洲、欧洲和日本销售。此前数百年，印度的主要出口商品一直是棉布，但英国人和荷兰人也购买丝绸、靛蓝染料和蔗糖。（印度南部出产香料，但在 17 世纪末之前，这一地区不受莫卧儿帝国控制。）反过来，印度富人购买葡萄酒，偶尔也会买一些新奇货，但欧洲人出口到印度的主要是金银，这些金银大部分是在西属美洲开采的。然而，除了与贸易有关的商人、工匠和农学家以外，同欧洲人的贸易直接影响到的印度人很少。帝国政府很少关心同欧洲人的贸易，只是将它作为铸币所用的白银的来源。政府从土地收入获得的财富远比从关税得来的多。印度莫卧儿帝国是 17 世纪世界贸易不可缺少的一部分，但对于该帝国来说，商业的重要性很低。

跟他的父亲和祖父一样，沙贾汗通过大量开支进一步增添了他的荣耀。他资助哲学家、诗人、画家、音乐家和舞蹈家，但他最大的爱好是建筑。他跟宫廷建筑师一起设计新建筑。一些评论家说，在他统治时期，莫卧儿帝国达到了世界伊斯兰建筑的高峰。沙贾汗的建筑风格影响了其后的整个印度建筑史。与贾汉吉尔一样，沙贾汗的母亲也是拉其普特人（不是他父亲的爱妻努尔·贾汉），他有四分之三的印度血统。因此，由他来完成伊斯兰建筑和印度建筑的最终融合是再合适不过了，但他的工程吸收了许多其他影响，创造出一种令人赞叹的混合风格。1628 年，皇太后努尔·贾汉在阿格拉为她父亲建造了一座陵墓，这座建筑将名为"彩石镶嵌细工"（又称"佛罗伦萨马赛克装饰"）的马赛克装饰引入印度。同时，沙贾汗也修缮了位于阿格拉的堡宫。在那里，他第一次使用白色大理石作为建筑材料。泰姬陵是这两个工程之后的又一个建筑作品，也是用大理石修建，用彩石镶嵌细工装饰。它也显示出莫卧儿建筑的混合风格，因为沙贾汗的这座最伟大的建筑由两位波斯建筑师设计，由印度劳工建造，由意大利人杰罗尼莫·韦罗内欧（Geronimo Verroneo）和其他外国艺术家装饰。与很多穆斯林建筑一样，泰姬陵是一个花园中的一组建筑。沙贾汗建立了新的园艺标准。1637 年，他在拉合尔建造了著名的莎丽玛（Shalimar）园林群。两年后，他启动了他最伟大的建筑工程，即新都的建设。在中古时期的城镇德里附近，他建造了一座叫作"红堡"（Red Fort）的宫殿，还建造了印度最大的清真寺贾玛清真寺（Jami Masjid）。他从全世界招募人才，宫中的朝堂由法国人波尔多的奥斯汀（Austin of Bordeaux）装饰。沙贾汗鼓励王公和贵族将他们的住所建在皇宫周围，于是服务业和商业随之而来。结果便出现了一座有活力的城市，即现在的老德里，这里直到莫卧儿王朝结束时都一直是其首都。

除了是一位建筑家之外，沙贾汗也是一位热衷打仗的将军。他于 1638 年重新占领坎大哈，但于 1649 年再次失去了它。在一次徒劳无功的攻占撒马尔罕的尝试中，他损失了 5000 人。他只在南方取得了胜利，在那里，他首先追击一位因被怀疑叛国而于1629年逃到艾哈迈德讷格尔王国的将军。沙贾汗在布尔汉布尔指挥军事行动（穆塔芝·玛哈就死在那里）。1633年，他击败并兼并了艾哈迈德讷格尔王国。然而，这次胜利却激起几股力量的反抗，这些力量将加速莫卧儿帝国的灭亡。征服艾哈迈德讷格尔王国使沙贾汗的边境与比贾布尔王国和戈尔康达王国相接，这两个国家是南方的另外两个穆斯林王国。此后50年，莫卧儿人和他们新邻居的关系都在战争和不稳定的和平之间交替。艾哈迈德讷格尔和比贾布尔的大部分人口属于一个印度人族群，叫作马拉地人。他们通过当官或参军为他们的穆斯林国王服务。当莫卧儿帝国与比贾布尔王国之间在1656年爆发新一轮敌对之后，马拉地人首领希瓦吉·蓬斯尔（Shivaji Bhonsle）利用这一混乱状况夺取了比贾布尔王国北部的一些要塞。以此为基础，希瓦吉建立了一个马拉地军事国家，这将削弱印度莫卧儿王朝的实力。

沙贾汗追求荣耀的行动代价高昂，因此农业税税率从三分之一提高到二分之一。1657年，沙贾汗病重，他的4个儿子开始争夺皇位。沙贾汗宠爱他的长子达拉·什克（Dara Shikoh），但他的第三子奥朗则布在诸王子中最有能力，他和达拉·什克尤其相互仇视。显然，皇储达拉·什克是富有野心的奥朗则布登上皇位的障碍，二人还有性格和宗教信仰上的差异。怠惰的达拉·什克是一个神秘主义者，与其曾祖父阿克巴一样，他认为伊斯兰教和印度教的核心都是真理，而勤奋的奥朗则布是虔诚的穆斯林。令人意外的是，沙贾汗恢复了健康，但那时他的儿子们之间的冲突已经到了没有回头路的地步，因此他无法阻止家族内部的战争。1658年，奥朗则布获胜，废黜了他的父亲，他父亲此前支持达拉·什克。奥朗则布将他父亲囚禁在阿格拉的城堡中。次年，奥朗则布以背离穆斯林信仰的罪名处死了达拉·什克。沙贾汗直到1666年才去世，去世后被埋葬在泰姬陵，与他去世已久的皇后葬在一起。

奥朗则布对非穆斯林缺乏宽容的政策激起了反抗，这些反抗最终导致莫卧儿帝国的灭亡。奥朗则布是一个极端虔诚的穆斯林，比他的任何前任都要虔诚，他试图终止此前一直被允许甚至被鼓励的不符合伊斯兰教义的行为。在奥朗则布看来，将皇帝抬得高于其他人是神化一个人，是罪恶的。因此，他不再赞助旨在增添帝国荣耀的世俗文化工程，所有这些工程都不符合一个真正的穆斯林应有的节俭原则。画家、音乐家和诗人被逐出宫廷。尽管贵族和皇室成员继续支持艺术，但皇帝对慷慨赞助的取消终结了莫卧儿文化的黄金时代。奥朗则布的大多数臣民并不关心文艺政策的变化，但他们受到奥朗则布想要成为一个真正穆斯林的其他表现的影响。他实施《古兰经》法令，这些法令规定非穆斯林在伊斯兰国家地位低下。他对信仰印度教的商人征收的税要比对穆斯林商人征收的高。一开始，他禁止新建印度教寺庙，随后下令拆除印度教寺庙和学术中心。而所有变化中最巨大的是，他在 1679 年重新开征针对非穆斯林的吉兹亚税。

但将奥朗则布统治时期描述成一个实利主义和宗教褊狭的时代也不全面。奥朗则布停止建造宫殿，但他也监督过宗教建筑方面的几个重大工程，尤其是位于德里的珍珠清真寺（Pearl Mosque）和位于拉合尔的帝国清真寺（Imperial Mosque）*。如果知识分子的工作不挑战伊斯兰教，他也会赞助他们；他最亲近的朋友之一是达尼什曼·汗（Danishmand Khan），此人研究印度教哲学和勒内·笛卡儿、威廉·哈维的著作。奥朗则布也不会仅仅因为某些官员是穆斯林就任用或提拔他们。在他统治期间，在宫廷、政府和军队的最高级别官员中都有印度曼萨卜达尔。奥朗则布对达拉·什克的战争通常被人看作他缺乏宗教宽容的证据，但兄弟二人之间的斗争本质上是政治斗争。达拉·什克的异端观点为奥朗则布处死他提供了一个借口，但他如果不是妨碍奥朗则布登上皇位的话，很可能不会被处死。历史学家们仍在为奥朗则布的歧视性法律的实际效果辩论不休。信仰印度教的商人通过让穆斯林帮他们运送货物来逃避更高的税收。已经有人提出，印度教寺庙只是有选择性地被拆除。

在夺得皇位之前，奥朗则布就已久经沙场，而作为一个皇帝，他在征服中追寻荣耀。一个严格的穆斯林可以进行征服，但不可以进行艺术资助和帝王崇拜。奥朗则布放弃了不切实际的重新攻占坎大哈和撒马尔罕的梦想，将注意力集中在印度。到 1707 年他去世时，他实现了印度 2000 年来的首次统一。然而同时，在帝国各处，他又面临着叛乱。大多数叛乱者是非穆斯林，这表明这些叛乱是由皇帝的宗教政策引起的。实际上，所有大规模叛乱背后都有非宗教方面的原因，非穆斯林在叛乱者中占多数可以用他们在印度人口中的优势来解释。有两场最著名的叛乱，一场是旁遮普地区锡克教徒的叛乱，另一场是南部马拉地人的叛乱。自从贾汉吉尔处死他们的精神领袖阿赞之后，锡克教徒一般都仇视莫卧儿人，但锡

---

* 又叫“巴德夏希清真寺”（Badshahi Mosque）。——译者注

克教徒大叛乱的根源并不在于宗教迫害，而在于奥朗则布与一位锡克教徒的友好关系。这位锡克教徒就是拉姆·拉伊（Ram Ray），他的父亲当过宗教领袖，他的兄弟也当过宗教领袖。1664年，他被皇帝奥朗则布认定为锡克教精神领袖。然而，锡克教领导人拒绝奥朗则布提名的人选拉姆·拉伊，而是选择拉姆·拉伊的亲戚得格·巴哈都尔（Tegh Bahadur）做他们的宗教领袖。由此，奥朗则布和得格·巴哈都尔之间开始了长达10年的敌对，直到1675年，得格·巴哈都尔被奥朗则布处死。巴哈都尔的儿子哥宾德·辛格（Gobind Singh）继承了他的位置，将锡克教改组成一个军事兄弟会，寻求通过叛乱进行报复，反抗莫卧儿人的统治。

由希瓦吉·蓬斯尔发动的马拉地叛乱对奥朗则布的帝国的破坏比任何其他因素都强。为赢得其他马拉地人的支持，希瓦吉把叛乱说成是印度人反抗穆斯林压迫的自由之战。19世纪的印度民族主义者也采用这种说法，来激励自己反抗英国统治者，他们将英国统治者视为现代版的莫卧儿征服者。但实际上，希瓦吉叛乱的初衷是他想把自己的地位从部落首领提升到国王。17世纪50年代末和60年代初，他发动游击战来夺取比贾布尔王国的领土。1664年，他袭击了莫卧儿帝国港口苏拉特。一支帝国军队随即击败希瓦吉，宽宏大量的皇帝任命他为曼萨卜达尔。1666年，希瓦吉进入位于阿格拉的莫卧儿帝国宫廷任职。然而不久之后，希瓦吉愤而离开宫廷，重新夺得他的要塞。他发怒有若干原因，但奥朗则布的宗教政策不在此列。他发怒的主要原因是同为印度人的拉其普特朝臣将他视为等级低下的新贵，而非视他为国王。这时，经过多年与莫卧儿帝国的冲突，比贾布尔王国正在解体，而奥朗则布此时正在遥远的西北部镇压一场阿富汗人的叛乱。这使希瓦吉成为比贾布尔王国大部分地区的统治者。1674年，他自封国王。1680年他去世后，他的儿子萨姆哈吉继续进行叛乱。

很快，奥朗则布决定将比贾布尔和戈尔康达纳入莫卧儿帝国的统治之下。45年以前，沙贾汗曾派他到南方当总督，自那时起，奥朗则布就一直梦想着统一印度。然而，他的动力不仅仅是扩张，传说中的比贾布尔和戈尔康达的财富将充实帝国的国库。但更重要的是，奥朗则布预计，征服这两个南方王国将使他能够击败马拉地人。25年来，希瓦吉和萨姆哈吉一直骚扰帝国边境地区，在比贾布尔名义上的领土上来回进出。将南方置于帝国统治之下将使莫卧儿帝国包围和击败马拉地人成为可能。尤其让奥朗则布愤怒的是，他的儿子阿克巴发动了一场并不成功的叛乱，而萨姆哈吉不久前竟然为他提供庇护。于是在 1681 年，已经 60 多岁的奥朗则布离开印度北部，亲自在南方指挥军队。这次征服开始时进行得很顺利：1686 年攻占比贾布尔，1687 年攻占戈尔康达，1689 年奥朗则布的人俘虏并处死萨姆哈吉。奥朗则布的军队横扫南方，直到这位皇帝统一了除最南端之外的整个次大陆。通过统一印度，奥朗则布实现了莫卧儿人的古老梦想。然而有人指出，这个梦想曾经把皇帝、贵族和臣民团结在一起追求共同目标，而随着该目标的实现，团结开始瓦解。反抗帝国统治的叛乱开始频繁爆发，而奥朗则布征服比贾布尔和戈尔康达使马拉地人集中全部精力对付莫卧儿人。更糟糕的是，处死萨姆哈吉意味着奥朗则布不得不面对若干个马拉地人首领，而不再是一位唯一的国王。他或许能够打败一位首领并使他顺服，但一旦莫卧儿军队继续攻打下一帮武装人员，已归顺的人就会重新叛乱。奥朗则布未能彻底击败马拉地人，这使他们更加大胆，他们利用这一机会进行掠夺，皇帝奥朗则布一投身到征服南方的活动中，这种劫掠就开始了。1699 年，马拉地人渡过讷尔默达河（Narmada River）进入印度北部；1702 年，他们到达古城乌贾因（Ujjain）；1706 年，他们洗劫了富庶省份古吉拉特。

这时，在与马拉地人的战争的拖累下，印度莫卧儿帝国潜藏的弱点暴露出来。奥朗则布庞大的军队开支巨大，到 17 世纪晚期，它消耗着帝国一半的税收。主要税种农业税成为农民的沉重负担。同时，官员们的压迫越来越严重。莫卧儿帝国皇帝对许多曼萨卜达尔的任命总是出于政治原因，而非根据其行政才能，他们以高官厚禄来收买潜在敌人的忠心。奥朗则布将此视为争取南方王国贵族或者使马拉地叛乱者和其他叛乱者归顺的好办法。不幸的是，尽管征服了南方，但帝国的札吉尔（采邑）用完了。由于担心自己的收入，许多曼萨卜达尔不再将精力集中于行政和军事职责，而是密谋对付彼此，并竭力讨皇帝欢心，以求得到更多采邑。这使每个曼萨卜达尔更加倾向于使自己从采邑获得的收入最大化，而不顾采邑上的农民日后的死活。皇帝在外远征又加剧了这一趋势，远征使皇帝不再对曼萨卜达尔的压迫行为保持警惕，而此前皇帝的警惕遏制了曼萨卜达尔的压迫行为。绝望的柴明达尔（zamindars），即负责征税的当地显贵带领他们的农民起来造反。此时，奥朗则布的法律的后果开始显现，它侵蚀了非穆斯林对皇帝的忠诚，而此前一个世纪，非穆斯林是忠于皇帝的。这打破了造反的主要心理障碍。

1707年，88岁的奥朗则布去世，他仍然在世的儿子中最年长的巴哈杜尔·沙阿继承了他的皇位。尽管受马拉地战争和地方叛乱的影响，但莫卧儿帝国依然很强大，而新皇帝试图重建秩序。此前，奥朗则布让萨姆哈吉的儿子沙胡（Shahu）成为曼萨卜达尔，将这位马拉地王子抚养成人，使其成为一个忠诚的莫卧儿贵族。巴哈杜尔·沙阿允许沙胡返回故乡继承他父亲的王位，想借此来安抚马拉地人。他还与锡克教徒达成和平，他们的精神领袖哥宾德·辛格进入帝国的宫廷。但巴哈杜尔·沙阿继承皇位时已经63岁了，没有力量或时间来复兴帝国。哥宾德·辛格被仆人刺杀后，锡克教徒再次叛乱，而巴哈杜尔·沙阿于1712年去世，这在王公和朝臣中间引发了权力斗争，并引发了由沙胡的首相领导的一场马拉地人的新的叛乱。所有这些因素加在一起，对本已被南方战争削弱的帝国产生了破坏作用。到1750年，莫卧儿帝国的强盛已经成为历史。虽然还将有好几任皇帝生活在德里，但印度已经被相互为敌的曼萨卜达尔瓜分，这些曼萨卜达尔已经成为实际上独立的地区统治者，或者成为马拉地叛乱者或阿富汗入侵者。英国东印度公司的商人将利用这种政治重组开始扩张，这种扩张直到一个世纪之后才结束，那时，整个次大陆都已处在英国人的控制之下。

最终，莫卧儿皇帝对荣耀的追求加速了他们的毁灭。但它也给世界带来了一批最美丽的建筑、绘画作品、优美的波斯语和印地语散文和诗歌，并为印度古典音乐和舞蹈奠定了基础。阿克巴、沙贾汗和奥朗则布的军事胜利令莫卧儿帝国成为17世纪最强大的亚洲国家之一，这使印度变得稳定和富有。它的繁荣的出口贸易吸引外国商人到来，这些外国商人首先让很大一部分欧洲人穿上了印度的纺织品，然后取代莫卧儿人成为印度的统治者。有人指出，莫卧儿人统一印度为印度人带来了一个现代次大陆行政体系，它超越了地方分歧。当英国人于1947年离开时，新印度的第一位领导人贾瓦哈拉尔·尼赫鲁（Jawaharlal Nehru，一个印度曼萨卜达尔家庭的后裔）通过复兴那种曾经造就莫卧儿帝国黄金时代的民族融合和民族文化来寻求国家力量，并吸取印度和世界其他地区的最好传统，来为他的祖国赢回伟大。

约翰·麦克劳德（John McLeod）

约翰·麦克劳德（John McLeod），路易维尔大学历史学教授，在多伦多大学获得博士学位。其专长是殖民地时期的印度历史，主要著作包括《主权、权力、控制：1916—1947年印度西部诸邦的政治》（*Sovereignty, Power, Control: Politics in the States of Western India, 1916–1947*，1999）和《印度史》（*The History of India*，2002）。

第二十二章
维也纳之围（1683）

中国同时期：清圣祖爱新觉罗·玄烨

概　述

1683年，土耳其人出现在维也纳城门外。在此之前的数百年间，“土耳其人来啦！”的呼喊一直让欧洲人心惊胆战，特别是对那些生活在巴尔干地区和多瑙河流域的欧洲人而言。因为土耳其人以富有侵略性和残暴闻名，并且因为他们是穆斯林而非基督徒，土耳其人令大多数欧洲人感到恐惧。

突厥人*发源于中亚，但在11世纪以前，他们就已迁移到小亚细亚西部，并在那里定居。然而，突厥人并非一个统一的整体，相反，他们分为好几支。11世纪，最重要的突厥人是塞尔柱突厥人，但奥斯曼土耳其人的重要性很快超过塞尔柱突厥人。奥斯曼土耳其人的名称来自奥斯曼（Osman或Othman），此人于14世纪初建立了一个王朝。

土耳其人以安纳托利亚为基地，将目光锁定在他们西边的邻国拜占庭帝国，该帝国的首都位于君士坦丁堡，这座城市富庶而繁华。数世纪以来，拜占庭帝国一直在衰落，当塞尔柱突厥人于1071年在曼齐刻尔特战役（Battle of Manzikert）

* 突厥人和土耳其人的英语写法都是Turks。他们有一定的渊源关系。这里根据约定俗成的原则，按照历史时期的不同，不同地方采用不同名称。——译者注

中击败拜占庭人时，以及当第四次十字军东征中的罗马天主教骑士忽略了他们的既定目标圣城耶路撒冷，转而在 1204 年洗劫信仰东正教的君士坦丁堡时，本已危险的形势变得更加糟糕。

随着拜占庭帝国的衰落，奥斯曼土耳其人逐渐扩张。1354 年，他们渡过达达尼尔海峡（Dardanelles），攻占了加利波利（Gallipoli），由此在欧洲获得了一个立足点。后来，同样是在 14 世纪，土耳其人征服了塞尔维亚人（Serbs）和保加利亚人，这两个民族此前趁拜占庭帝国衰弱宣布独立。现在，拜占庭人面临的情况是他们被奥斯曼土耳其人包围，并且几乎被西方基督教世界抛弃。

15 世纪初，帖木儿从中亚开始，横扫四方，欲重建成吉思汗的广袤帝国。崛起中的奥斯曼土耳其人面临的来自帖木儿威胁是非常真切的，他们险些被消灭。由此造成的土耳其人力量的分散在大约半个世纪的时间里阻止他们灭亡拜占庭帝国。然而在 1453 年，奥斯曼土耳其人在苏丹穆罕默德二世（Mehmed Ⅱ）的率领下攻占君士坦丁堡，他们将这座城市改名为“伊斯坦布尔”，并作为自己的首都。

灭亡拜占庭帝国之后，好战的土耳其人继续进行征服，势头丝毫不减。此前宣布独立的那部分塞尔维亚领土于 1458 年至 1459 年被占领，摩里亚半岛（Morea）* 也在大约同一时间陷落。几年之后，阿尔巴尼亚、波斯尼亚（Bosnia）以及黑塞哥维那（Herzegovina）的一部分地区也被土耳其人控制。

但土耳其人并没有将他们建立帝国的行动局限在欧洲。黑海成了土耳其人的内湖，并且阿拉伯人的土地也被征服，阿拉伯人的土地从北边的大马士革延伸到南边的伊斯兰教圣城麦地那和麦加。埃及也被征服。奥斯曼土耳其人在陆上征服的同时，也在海上推行扩张主义政策。土耳其人决心控制地中海东部，于是挑起了与当时的海上霸主威尼斯的冲突，这场冲突持续了好几代人的时间，结果奥斯曼土耳其人占领了威尼斯的地中海东部帝国的很大一部分地区。

土耳其最辉煌的时期是苏丹苏莱曼一世（苏莱曼大帝）统治期间，即 1520 年至 1566 年。1521 年，苏莱曼攻占了贝尔格莱德，由此他的军队打开了多瑙河中游和匈牙利平原的大门。在 1526 年的莫哈奇战役（Battle of Mohács）中，奥斯曼军队击败了匈牙利人，匈牙利人此前被视为阻挡土耳其人扩张的一道坚固壁垒。凭借这次大胜，土耳其人占领了匈牙利大部分地区，包括首都布达（Buda），布达坐

* 中世纪和近代初期希腊伯罗奔尼撒半岛的名称。——译者注

落于多瑙河西岸的高地上，居高临下俯瞰着东岸的肥沃平原。

匈牙利人在莫哈奇战役中的失败使土耳其人直抵哈布斯堡帝国边境，该帝国由当时欧洲最重要的君主查理五世统治。受匈牙利人厄运的影响，哈布斯堡帝国很快就与土耳其人开战。1529 年，苏莱曼围攻哈布斯堡帝国首都维也纳，但未能使哈布斯堡帝国屈服，于是他解除了围攻。然而，土耳其人在匈牙利的地位牢固确立起来。这个国家的大部分领土于 1541 年被直接并入奥斯曼土耳其帝国，并且，一名土耳其人的傀儡统治着匈牙利的重要省份特兰西瓦尼亚。只有一小块叫作“皇家匈牙利”（Royal Hungary）的匈牙利领土由哈布斯堡家族统治。

苏莱曼大帝去世后，奥斯曼帝国进入一个漫长而缓慢的衰落过程。该帝国停滞不前的原因包括：帝国过度扩张，疆域过大，导致这个国家在人力和财政资源方面出现紧张；苏丹们的能力普遍下降；官僚系统中存在大范围腐败；贸易路线从地中海东部转移到大西洋；禁卫军（苏丹军事力量的核心）长期不稳定；未能跟上西方技术的前进步伐，尤其是对军队而言。尽管存在这些弱点，但奥斯曼帝国仍然是地中海东部和东南欧的主导力量。

到 17 世纪中叶，奥斯曼帝国面临的严重问题数十年未能解决的状况已经令人无法容忍。此前 100 年，苏丹们的时间越来越多地花在后宫中，他们忽略了自己作为皇帝的职责，尤其是作为奥斯曼帝国军队首领的勇士职责。由于苏丹们对国家日常事务不闻不问，大维齐尔（类似于西方的首相）填补了这一权力空白。1656 年，80 岁高龄的穆罕默德 · 柯普吕律（Mehmed Köprülü）成为大维齐尔。铁腕的柯普吕律成为奥斯曼帝国复兴的一手缔造者。

接受大维齐尔职位之前，穆罕默德 · 柯普吕律就明白，由于奥斯曼帝国的宫廷政治复杂混乱，大维齐尔的起落更替频率惊人，因此，他与皇帝达成协议，该协议给予他根据自己的意志自由处理国家事务的权力。他最著名之处或许是实行了严厉措施来降低令人震惊的腐败程度。据统计，在他担任大维齐尔的 5 年中，被处死的贪官数量多达 3 万 ~6 万人。而且，柯普吕律明白，奥斯曼帝国的国家稳定依赖其军事特征。他认为，如果奥斯曼帝国军队不时刻开拓前进，并给予作为政权支柱的士兵们进行征服的机会以及随之而来的战利品，国家的麻烦肯定会接踵而至。这种对奥斯曼帝国军事能力的重新强调最终引发了 1683 年的维也纳之围。

哈布斯堡家族是 16 世纪欧洲最重要的家族。1555 年，强势的查理五世退位时，将他的庞大帝国分给了他的儿子腓力二世和他的弟弟斐迪南一世。腓力二世得到西班牙的王位，斐迪南一世得到奥地利的继承权并成为神圣罗马帝国皇帝，这一位置给了他在德语地区占优势但并非绝对主导的地位。

野心勃勃的奥地利哈布斯堡家族不仅宣称对德语地区拥有领导权，还宣称对中欧许多小王国和公国拥有所有权。有趣的是，土耳其人在16世纪初的成功给哈布斯堡家族带来了未曾预料到的巨大好处。苏莱曼大帝在莫哈奇战役中的胜利令波希米亚（捷克）和匈牙利贵族非常震惊，以至于他们愿意将各自的王权献给哈布斯堡家族的斐迪南，斐迪南对此欣然接受。虽然哈布斯堡家族得到波希米亚，增加了他们的领土，但匈牙利被哈布斯堡家族和土耳其人分割，土耳其人得到了一大部分。不管怎样，当时土耳其在欧洲紧挨着一个由哈布斯堡家族统治的强大而富有的基督教国家。

从苏莱曼时期一直到17世纪中叶，哈布斯堡王朝和奥斯曼帝国时而处于交战状态，时而受令人不安的停战协定的约束，处于停战状态，但这些停战协定往往预示着敌意的恢复。17世纪60年代初，因混乱纠缠的匈牙利问题，两国之间再次爆发战争。之前，匈牙利贵族乔治·拉科齐（George Rákóczi）是奥斯曼土耳其帝国在匈牙利自治省份特兰西瓦尼亚的傀儡，现在他开始脱离土耳其人的统治。于是，土耳其人攻击乔治·拉科齐，在战斗中杀死了他，任命另外一位匈牙利贵族迈克尔·奥保菲（Michael Apafi）来接替他。

获胜的奥斯曼军队现在转而向西挺进。1663年，他们与哈布斯堡王朝发生冲突。哈布斯堡王朝也对匈牙利事务怀有强烈兴趣，他们之前就曾派兵援助乔治·拉科齐，但未成功。由于受到土耳其人的威胁，哈布斯堡王朝向欧洲基督教世界请求支援。他们得到的回应不冷不热。大多数欧洲国家深陷彼此之间在中欧和西欧的敌对状态，而这些敌对往往与哈布斯堡王朝的野心有关。因此，即使面临土耳其人带来的伊斯兰教威胁，它们也不愿向一个竞争者派救兵。然而，尽管很不情愿，西欧还是派来了援兵，提供了资金，并且这些军队优于土耳其人的军队。1664年，奥斯曼土耳其人在圣高特哈特战役（Battle of St. Gotthard）中遭到惨败。由于一心关注法国国王路易十四在德意志日益增长的影响力，哈布斯堡王朝没有乘胜追击，而是急切地签订了《沃什堡停战协定》（*Truce of Vasvar*），该协定对土耳其人有利，尽管他们在军事上遭到失败。《沃什堡停战协定》确认了奥保菲作为特兰西瓦尼亚统治者的地位，允许土耳其人保有他们之前占领的几座匈牙利要塞，甚至要求哈布斯堡王朝支付赔款。该协定还规定，哈布斯堡王朝和奥斯曼土耳其帝国之间实行停战，有效期到1682年。

在匈牙利的好运以及对威尼斯的一场重大胜利，鼓舞了奥斯曼土耳其人（对威尼斯的胜利使土耳其人夺得克里特岛），他们于1672年入侵波兰，并吞并了乌克兰西部和波兰的波多里亚省（Podolia），尽管乌克兰很快又被俄国吞并。

奥斯曼土耳其帝国的扩张和复兴于1683年达到高潮，这一年，一支庞大的奥斯曼土耳其军队围困维也纳达数月之久。据统计，包括随军人员，这支军队人数可能多达27.5万人。发动这次代号为“红苹果”的奥斯曼入侵的是大维齐尔卡拉·穆斯塔法，此人是柯普吕律家族的成员，一心想要成名。1683年春横扫多瑙河流域之后，卡拉·穆斯塔法于7月围攻维也纳。

土耳其人尚未到来，哈布斯堡家族就逃走了，他们将首都的防御任务交给一支由恩斯特·吕迪格·冯·施塔尔亨贝格伯爵（Count Ernst Rüdiger von Starhemberg）指挥的1.1万人的部队。依靠坚固的防御工事，并极大地受益于卡拉·穆斯塔法拙劣的军事能力（他未能对该城发起协同进攻），维也纳坚守不懈。尽管有些困难，但哈布斯堡家族还是从德意志和波兰纠集了一些部队来增援他们自己的军队。并且，9月11日，一支由洛林公爵查理（Charles, Duke of Lorraine）和波兰国王扬·索别斯基（Jan Sobieski）率领的援军赶到维也纳郊外。次日上午，帝国的军队击败了土耳其人。残余的土耳其军队四散而逃，卡拉·穆斯塔法被苏丹下令处死。

哈布斯堡王朝的军队继续追击土耳其人。在接下来的15年中，奥斯曼土耳其人遭到数次重大失败，包括第二次莫哈奇战役（1687年）。这次战役跟第一次莫哈奇战役结果恰好相反，被土耳其人占领145年的布达也被收复。哈布斯堡王朝的将军、萨伏依的欧根亲王（Prince Eugene of Savoy）在1697年的森塔战役（Battle of Zenta）中击败土耳其人之后，奥斯曼人求和。于是双方于1699年签订了《卡尔洛夫奇条约》（*Treaty of Karlowitz*），该条约将匈牙利大部分领土划给哈布斯堡王朝，将达尔马提亚海岸划给土耳其的另外一个欧洲对手威尼斯。

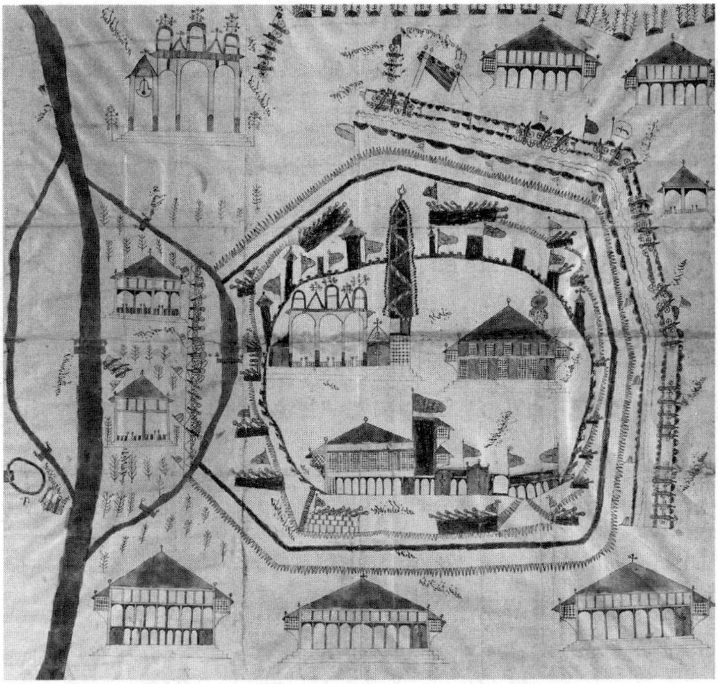

这是一张描绘1683年维也纳被奥斯曼军队包围的地图。这次围城标志着奥斯曼土耳其帝国的实力达到高峰，而该帝国未能攻下这座城市又标志着它的漫长衰落过程的开始，这一衰落过程随着第一次世界大战结束时奥斯曼土耳其帝国的崩溃而结束。（来源：Erich Lessing/Art Resource, NY）

历史评论

1683 年夏，钟声响遍整个中欧。这种钟声并不是为了通报好事，相反，它传达着巨大危险即将到来的消息。这些钟被称作“土耳其钟”，它们发出的警告是奥斯曼土耳其军队又开始进军了。这一次，它的目标似乎是维也纳。

奥斯曼帝国发动新一轮猛攻的消息令欧洲人震惊。此前每个人都认为，已经被削弱的奥斯曼帝国无力像以前那样威胁欧洲。中欧和维也纳上一次受到威胁是在 1529 年苏莱曼大帝统治时期，那是一个多世纪以前的事了。自那时以来，统治奥斯曼帝国的是一系列无能的苏丹，如“酒鬼”塞利姆。由于缺乏强有力的领导，奥斯曼帝国衰落了。苏丹禁卫军和西帕希骑兵（Sipahis）分别是奥斯曼帝国军队中的精良步兵和骑兵，它们反复在军中发动叛乱。这时常分散奥斯曼帝国统治者的注意力，使帝国内的各民族有机会追求更大程度的自治甚至独立。在今天罗马尼亚的土地上，爆发了这种民族暴动。而且，地方总督们也利用这种日渐加剧的混乱局面来打造他们自己的小王国。所有这些都极大地减少了伊斯坦布尔的税收收入。收入不足损害了整体经济，并且国家的基础设施开始崩溃。由于桥梁、道路失修，贸易也减退了。革命和腐败使一个曾经十分强大的帝国陷入近乎崩溃的状态。

奥斯曼帝国的衰落在穆罕默德四世的大维齐尔穆罕默德·柯普吕律的领导下得到遏制。柯普吕律复兴了奥斯曼帝国，使该帝国再一次威胁要给中欧和维也纳带来死亡和破坏。

1648 年穆罕默德四世继位时，只是一个 6 岁男孩，由他母亲担任摄政者。1656 年之前，帝国一直很混乱。然而在 1656 年，穆罕默德·柯普吕律被任命为大维齐尔，这标志着奥斯曼帝国改革的开始。穆罕默德四世并不是复兴帝国的料，所以寻找合适人选的任务落到作为摄政者的他的母亲肩上。穆罕默德·柯普吕律引起了她的注意。柯普吕律是一位有能力的地方总督，通过严格管控他手下的官员并根除所有腐败，将他管辖的地区治理得很好。最初，柯普吕律是个养马人，后来一步步升官成为总督。他不识字，但他是个好官员。他到伊斯坦布尔当大维齐尔时可能已经有 80 岁了。他答应当大维齐尔，但前提条件是最高统治者让他放手去改革奥斯曼帝国的制度。苏丹的摄政的母亲允诺：苏丹将批准他的所有行动。此外，他还寻求并得到了帝国宗教领袖们的支持。

权力现在由苏丹的宫廷转移到大维齐尔手中。柯普吕律的目标是将帝国中央集权化，并扩张帝国。前者是后者的前提。柯普吕律将伟大的改革者苏丹穆拉德二世（Murad Ⅱ）奉为楷模，并掀起反对一切腐败的斗争。

穆罕默德·柯普吕律很清楚军队的所作所为如何在此前一个世纪使帝国变得不稳定，所以军事改革成了他的优先任务。为重获对军队的控制权，他下令处死所有搞叛变的军官。然后他从阿尔巴尼亚和保加利亚招募新人来填补空缺。柯普吕律让军队忙于建造边防工事以及在帝国各地建造新的军事基地。他还重振奥斯曼帝国海军，自从上一次被威尼斯人击败后，帝国海军就再没有被重建。军事改革产生了预期效果：伊斯坦布尔重新控制了军队，并且将一种作为伊斯兰教和苏丹保卫者的荣誉感和使命感灌输给军人。

柯普吕律还铲除了腐败官员和法官。逮捕和死刑往往不经警告，不许上诉。5年时间内，数万人被处死。仅宫廷行刑人就宣称自己亲自绞死了4000人。然而，这种非常真切的死亡威胁对消除帝国内部的腐败确实起了很大作用。

柯普吕律还镇压了罗马尼亚的少数民族叛乱。在镇压罗马尼亚叛乱的过程中，柯普吕律采取非常残酷的手段，以警告任何潜在的叛乱者。结果，他暂时遏制了帝国境内的民族主义叛乱。

到1661年去世时，穆罕默德·柯普吕律已经恢复了帝国的力量和稳定。他的铁腕统治传给了他的儿子艾哈迈德·柯普吕律（Ahmed Köprülü），艾哈迈德·柯普吕律成了新任大维齐尔。死前，穆罕默德留给他儿子两条建议：绝不要听女人的话，时刻让军队处于忙碌状态。艾哈迈德将这些建议记在了心里。跟他的父亲一样，艾哈迈德同样得到苏丹和宗教领袖们的支持，他继续处死腐败官员，3年后才慢慢放弃了这种恐怖手段。

艾哈迈德开始奉行富有侵略性的对外政策，以使他的士兵们不停忙碌并扩张伊斯兰教的边界。1663年，他发动了攻击，率领一支12万人的军队进攻奥地利要塞诺伊霍伊塞尔（Neuhäusel）。经过5周的围攻，该要塞被攻克。与此同时，艾哈迈德的盟友克里米亚鞑靼人再次入侵摩拉维亚。次年，艾哈迈德率领军队向圣高特哈特关隘（St. Gotthard Pass）进军。

当诺伊霍伊塞尔战败的消息传到维也纳时，奥地利人迅速集结起一支军队。其他国家也派了兵，以增强奥地利在圣高特哈特关隘的防御力量。洛林公爵查理被任命为联军统帅。两军在1664年8月1日相遇时，艾哈迈德才发现奥斯曼军队落后于其欧洲敌人有多远。装备有最新火器的法国部队遏制了奥斯曼军队的首攻。当奥斯曼人试图重整旗鼓时，查理率领他的重骑兵冲进他们的队伍。艾哈迈德的军队被冲散了，丢弃补给装备物资而逃，包括15门大炮。尽管损失了1万人，但艾哈迈德重新控制了他的部队，有序撤退。奥地利人赢得了一场重大胜利，但他们未乘胜追击。他们没有利用有利形势，而是决定谈判。令人惊奇的是，经过10天的谈判，获胜的却是艾哈迈德。维也纳同意奥斯曼帝国保有特兰西瓦尼亚和诺伊霍伊塞尔要塞及其周围的土地。在战场上丢掉的，艾哈迈德通过外交手段重新得到了。当他回到伊斯坦布尔时，被当作伊斯兰世界的大英雄受到热烈欢迎。

5年后，艾哈迈德再次进攻。1669年，他从威尼斯人手中夺取了克里特岛，由此取得奥斯曼人25年来的首次胜利。艾哈迈德再次被当作英雄。分别通过战争和外交手段击败奥斯曼帝国的两个宿敌之后，艾哈迈德开始转向第三个——波兰。1673年，艾哈迈德组织了一支6000人的部队，此外还得到克里米亚鞑靼人的支持，欲从波兰－立陶宛联邦手中夺取波多里亚。土耳其人迅速占领了波多里亚首府卡缅涅茨（Kamieniec），这令波兰人感到震惊。波兰国王试图开展谈判，但波兰的战地指挥官大盖特曼（Grand Hetman）* 扬·索别斯基在1673年和1675年分别在霍京（Chocim）和利沃夫（Lwów）组织反击。对于土耳其人来说，幸运的是，波兰的常备军规模很小。在军队方面，波兰主要依靠本国豪强即地主贵族，这些人拥有私人军队，他们把私人军队租借给波兰国王。1675年，波兰豪强们已经厌倦了战争，决定带兵回家。这时，艾哈迈德反击了。他重新占领波多里亚，并迫使索别斯基谈判。在1676年的《祖拉瓦条约》（*Treaty of Żurawa*）中，波兰人承认割让波多里亚给伊斯坦布尔。

艾哈迈德·柯普吕律在跟波兰签署和约期间去世，未能在有生之年享受他的胜利。本来，艾哈迈德的弟弟穆斯塔法·柯普吕律应该继承他的职位，但穆罕默德四世任命他的打猎同伴、艾哈迈德的同奶兄弟 † 卡拉·穆斯塔法为新任大维齐尔。自负且野心勃勃的卡拉·穆斯塔法对巨大的财富和权力梦寐以求，他设想自己比苏莱曼大帝还要伟大。在卡拉·穆斯塔法的统治下，腐败和贿赂又重新在帝国内滋生。大维齐尔本人中饱私囊。

卡拉·穆斯塔法也继续奉行富有侵略性的对外政策。1678年至1681年之间，他在奥斯曼帝国北部边境跟波兰人和俄国人战斗，这场战争胜负难分，却极大地消耗了奥斯曼帝国的财力。但卡拉·穆斯塔法非常幸运，匈牙利的一场暴动给他提供了一个新财源。当神圣罗马帝国皇帝利奥波德一世试图将天主教反宗教改革运动引入匈牙利时，匈牙利伯爵伊姆雷·特克伊 ‡（Imre Thököly）对此感到十分愤怒，于是组织了一场反抗维也纳的叛乱。领导着人数众多的匈牙利新教徒，特克伊向土耳其人求助，卡拉·穆斯塔法答应了他的请求。卡拉·穆斯塔法公开反

---

* 盖特曼是15至18世纪波兰、乌克兰及立陶宛大公国（1569年至1795年称为波兰－立陶宛联邦）军队指挥官的头衔，地位仅次于君主。——译者注

† 即吃同一个人的奶长大的兄弟。卡拉·穆斯塔法是柯普吕律家的养子。——译者注

‡ 此人与下文的埃梅里希·铁克利是同一个人。——译者注

对天主教，他曾声称有一天他要把圣彼得大教堂变成他的马厩，现在，他决定援助匈牙利新教叛乱者，领导一场针对维也纳的圣战。卡拉·穆斯塔法说服穆罕默德四世承认特克伊伯爵为西匈牙利国王，并将他置于奥斯曼帝国的保护之下。为回报这一支持，特克伊每年向伊斯坦布尔进贡。特克伊伯爵还受到法国国王路易十四的资助，路易十四鼓励匈牙利人和土耳其人分散维也纳的精力和注意力，他想损害哈布斯堡王朝的利益，扩张法国。1681 年，第一支土耳其部队被派去支援特克伊，1682 年，他们还得到波斯尼亚和塞尔维亚的支持，这些部队扮演的角色不仅仅是顾问。奥斯曼军队的主力于 1683 年抵达。

奥斯曼人集结了一支 27.5 万人的军队，由苏丹率领到达贝尔格莱德，在那里，他将军队连同先知穆罕默德的旗帜一起交给卡拉·穆斯塔法。土耳其军队进入匈牙利，和特克伊伯爵的部队会合，特克伊伯爵打出的旗号是“为了上帝与国家而战”。特克伊的士兵自称“十字军”，现在他们成了真主安拉的士兵的盟友。

奥斯曼军队在匈牙利乡村向维也纳方向进军时几乎未遇抵抗。尽管卡拉·穆斯塔法的顾问建议他沿途占领一系列奥地利要塞，但卡拉·穆斯塔法决定绕过它们，给维也纳以迅雷不及掩耳的打击。攻占维也纳将使乡村地区和诸要塞的敌人丧失士气。奥地利军队虚弱的防御暗示，攻占维也纳的时机成熟了。“进军维也纳”成为奥斯曼军队的战斗口号。

卡拉·穆斯塔法的判断是正确的。维也纳并没有做好战争准备。奥地利感觉夹在两个敌人中间——西边有法国及其国王路易十四，东边有土耳其人。当时的一句话反映了奥地利的困境：“新月爬上了夜空，高卢鸡也不睡觉。”不过，维也纳把法国视为更大威胁，并认为自己可以通过谈判与土耳其人和解。希望谈判这一意愿能够解释奥地利人为什么在土耳其人抵达维也纳城下之前，抵抗如此薄弱。

皇帝利奥波德一世优柔寡断，刚愎自用，是一个相信宿命的人，他不是领导防御力量对抗一支近 30 万人大军的最佳人选。皇帝任命洛林公爵查理作为主要军事指挥官，但随后又牵制他，将他置于一个帝国战争委员会的控制之下，该委员会由巴登的赫尔曼亲王（Prince Herman of Baden）领导，赫尔曼憎恶查理。虽然帝国战争委员会将一支 3.5 万人的军队交给查理，但只有 1.1 万人被指派保卫维也纳。在教皇英诺森十一世（Innocent Ⅺ）的支持下，皇帝向所有信仰基督教的王公们求助。德意志诸侯的反应冷淡。最重要的回应来自波兰，当时已是波兰国王的扬·索别斯基同意派兵支援。帝国的大使沃伦斯坦伯爵同意，如若出兵相救，波兰将得到120万达克特金币的补偿，而且索别斯基将被任命为联军总司令。在联军中，波兰人数量最多，与土耳其人战斗最有经验。虽然援军已在路上，但没人知道它需要多久才能抵达维也纳。

1683年7月13日，当奥斯曼军队的第一路部队出现在维也纳城外时，恐怖的气氛传遍全城。几天前，皇帝和皇室已经离开维也纳前往巴伐利亚的帕绍（Passau）。这种弃城而逃的行为让维也纳人很不高兴。按照惯例，卡拉·穆斯塔法向维也纳城的人们发出信息："接受伊斯兰教，在苏丹统治下和平地生活！或者交出该城，在苏丹统治下和平地生活，仍可信仰基督教。如果愿意，任何人都可以带着他们的财物平安离开"。卡拉·穆斯塔法想让该城投降他，这样这座城市的财富就可以归他独有了。如果非要通过进攻拿下该城，卡拉·穆斯塔法就不得不与他的将士们分享维也纳的财富。维也纳守军指挥官恩斯特·施塔尔亨贝格伯爵拒绝了卡拉·穆斯塔法的提议，决定甘冒被围攻的风险，希望救兵能及时赶到。他很幸运，因为土耳其人没有携带任何攻城大炮，他们只有轻型和中型火炮，这些炮可以有效打击步兵，但对加固的城墙就没什么效果了。要想破坏城墙，必须在城墙下埋地雷，这就要求土耳其人在他们的阵线和城墙之间挖一条地道。这是一个缓慢的过程，但卡拉·穆斯塔法很有耐心。

1683年7月15日，土耳其人用火炮攻城，这标志着为期两个月的维也纳之围的开始。施塔尔亨贝格伯爵只能坚守，等待援军到来。维也纳城有充足的食物和弹药物资。卡拉·穆斯塔法也准备进行长期围攻。他将大营扎在城市西边，围成一个新月形。这个军营本身就像一个城市，有2.5万顶帐篷和5万辆辎重车。

整个7月和8月，维也纳每天都受到攻击。被围初期，城内的人信心十足，认为援军很快就会到来。然而，当垃圾、瓦砾和尸体开始堆积时，信心变成绝望。干净的饮用水成了珍贵的商品，痢疾也成了土耳其人的"盟友"。到8月底，食品逐渐短缺。1683年9月4日，土耳其人在城墙上打开了一个大缺口。随后发生了血腥的战斗，后来土耳其人被击退，缺口略微得到了加固。苏丹禁卫军想趁城墙防守薄弱时发动一场大规模进攻，但卡拉·穆斯塔法拒绝了。他想给维也纳人一些时间，让他们为自己虚弱的防御忧虑，并重新考虑他的招降。

事实证明，卡拉·穆斯塔法的拖延代价巨大，维也纳人的援军最终到来了。

在波兰国王扬·索别斯基领导的联军中，波兰军队占多数，他们熟悉奥斯曼人的军队和他们的战术。索别斯基知道，土耳其人想征服维也纳，将它作为进入中欧的跳板，进而威胁波兰中部和德意志诸侯国。早在1681年和1682年，他就曾尝试组织一场对土耳其人的先发制人的打击，但奥地利人拒绝了他。现在，索别斯基很乐意组织对维也纳的解围。波兰军队于8月25日离开克拉科夫（Cracow），他们有2.6万人，2.9万匹战马和8000辆运送物资的马车。

8月29日，索别斯基与洛林公爵查理会合，查理带来2.3万神圣罗马帝国士兵以及来自萨克森、弗兰肯（Franconia）、巴伐利亚和士瓦本（Swabia）的2.8万名士兵。联军现在有7.7万人，而土耳其军队有近30万人。9月11日，索别斯基来到维也纳森林高地。从这一有利地点，索别斯基可以俯瞰整个战场。他对眼前的景象感到既惊又喜。土耳其人的军营未加保护，四散分布在旷野上。索别斯基这样总结他的对手："这个人不会扎营。他不懂战争，我们肯定能击败他。"那天白天和晚上，索别斯基都在与查理和其他军事将领一起为即将到来的战斗制订作战计划。

索别斯基和他的小规模军队未引起卡拉·穆斯塔法的重视。穆斯塔法非常自信，以至于他都不派哨兵和巡逻兵观察敌人。他的注意力仍然集中在战利品维也纳上面。联军的进攻开始于1683年9月12日，先是依靠一门火炮和火箭发射器，然后分三路向土耳其人发动进攻。那天一整天，战斗像拉锯一样。卡拉·穆斯塔法一度非常恐惧，下令屠杀3万名基督徒人质。到下午3点左右，战争陷入僵局，这时土耳其军队的防线令人意想不到地出现了一个缺口。索别斯基命令波兰重骑兵利用这个机会攻占大维齐尔的营帐。这支强大的披甲骑兵的特点是每个人的铠甲后面有两排羽毛，看上去像翅膀一样。他们令土耳其人及其盟友鞑靼人非常害怕。这些骑兵手持长矛，骑着高头大马，他们粉碎了土耳其人的决心。鞑靼人是最先溃败的，紧接着是土耳其人的其他盟军和土耳其人自己。苏丹禁卫军拒绝逃跑，死伤惨重。战场上散落着一万具土耳其人和土耳其盟军士兵的尸体。卡拉·穆斯塔法没有来得及清点士兵们的尸体，就匆匆忙忙地带着先知战旗逃走了。到傍晚时分，战斗结束了，大维齐尔的营帐现在有了一位新主人，那就是扬·索别斯基。

只有一半土耳其士兵逃脱。卡拉·穆斯塔法试图将失败的原因归咎于其他人，但最终付出了生命的代价。到达贝尔格莱德后，他被苏丹下令绞死。这场惨败之后，穆罕默德四世本人也没有长时间保住皇位，1687年，他被废黜。新苏丹苏莱曼二世取代了他。随着在维也纳战败，奥斯曼帝国再次开始衰落。柯普吕律的成功完全成为过去并被遗忘，被这次重大失败所掩盖。

当卡拉·穆斯塔法因战败被处死时，苏丹的旗帜被当作战利品在维也纳全城到处游行展示。维也纳人把扬·索别斯基和洛林公爵查理当作拯救者。数天后，皇帝利奥波德来到维也纳，人们对他就没那么热情了。庆祝活动结束时，索别斯基说："我来了，我看见了，上帝征服了"。联军现在准备推进他们的优势。

奥斯曼帝国在维也纳战败对有关各方都有重大影响。这次战败之后，奥斯曼帝国连续4年遭遇挫折，接二连三的军事失败使帝国陷入更加迅速的衰落。奥斯曼人的宿敌威尼斯人觉察到奥斯曼帝国的虚弱，于1684年加入神圣同盟。他们进攻土耳其人在摩里亚半岛的要塞，并沿达尔马提亚海岸进行军事征讨。威尼斯在那里的成功使它敢于尝试获取更大的战果——雅典。威尼斯人一直梦想着将希腊南部并入他们的商业帝国。为保住雅典，奥斯曼帝国军队投入了巨大兵力参加战斗，但一个事件使战局转向对威尼斯人一方有利。奥斯曼军队决定将古老的帕特农神庙（Parthenon）作为火药库，但一枚打偏的威尼斯炮弹击中该建筑，引爆了火药库，导致神庙的顶部和侧边被炸毁。由于缺少火药，奥斯曼军队不得不暂时撤退，这使得威尼斯人得以在一段时间内占领雅典。

奥地利人在维也纳获得胜利后，也看到了大好机会。他们的军队深入匈牙利逼迫奥斯曼人后退，他们的目标是占领布达和佩斯（Pest）这两座挨在一起的城市。这场战争持续了4年，决定性时刻在1687年8月12日的莫哈奇战役中到来。在这场战役中，洛林公爵查理大胜土耳其人，而就在同一个战场，苏莱曼大帝于1526年获得过巨大胜利，苏莱曼大帝的胜利使匈牙利被奥斯曼人统治。现在，匈牙利王位落到哈布斯堡王朝手中。洛林公爵查理准备征服匈牙利其余领土，但在1688年，一场与法国的新战争迫使他暂停追求这一目标。

奥斯曼帝国军队因遭受损失而感到愤怒，它归罪于穆罕默德四世并迫使他退位。新苏丹苏莱曼二世是名为"赛格邦"（Segbans）的军事派别的傀儡。其他军事派别如苏丹禁卫军和西帕希骑兵发动叛乱，于是爆发了一场内战，其结果是，相互为敌的奥斯曼部队洗劫了伊斯坦布尔和其他城市。苏莱曼二世试图通过任命柯普吕律家族的另一位成员担任大维齐尔来平息叛乱。穆斯塔法·柯普吕律被迫接过他的兄弟艾哈迈德留下的烂摊子。他迅速行动起来，整顿奥斯曼帝国的财政并建立一支新军，这支新军开始镇压国内叛乱者以及其他潜在威胁。穆斯塔法·柯普吕律从叛乱者手中夺回贝尔格莱德和尼什（Nish），并稳定了伊斯坦布尔的局势。他试图反击奥地利人，但于1691年在斯兰卡曼战役（Battle of Slankamen）中被杀。同时，新任苏丹穆斯塔法二世试图继续战斗，但失败了。在1697年的森塔战役之后，匈牙利和贝尔格莱德以北的土地被维也纳占领。此时，穆斯塔法二世任命侯赛因·柯普吕律（Hüseyin Köprülü）做他的大维齐尔，并命令他与奥斯曼帝国的所有敌人开始和谈。

1683年年底，波兰人再次参与进来。扬·索别斯基此前已率领波兰军队从对抗土耳其人的神圣同盟中退出。索别斯基这样做有两个原因。首先，为波兰军队提供大部分部队的波兰贵族认为土耳其人的威胁已经结束，因此没必要继续战斗。其次，法国人一开始就试图让波兰人不要参加战争，但未能打消索别斯基对土耳其人的厌恶和恐惧，现在，他们又通过索别斯基的妻子接近索别斯基，并使他相信，继续战争只会对哈布斯堡王朝有利，会损害波兰人的利益。索别斯基决定返回华沙。然而在1697年，索别斯基的继承者奥古斯特二世（August Ⅱ）恰好在和谈开始前重新开始了对土耳其人的战争。

土耳其人又多了一个新敌人——莫斯科公国。莫斯科公国是一个新兴国家，由一个相对较新的统治家族罗曼诺夫家族统治。索菲亚·罗曼诺夫担任她的两个年幼弟弟的摄政者。她派她的情人瓦西里·戈利钦（Vasili Golitsin）分别于1687年和1689年进攻奥斯曼人的盟友克里米亚鞑靼人。这对于索菲亚的弟弟彼得一世登基后发生的事似乎是一种预兆。作为新沙皇，彼得的第一次军事征讨是进攻土耳其人在亚速海（Sea of Azov）沿岸的堡垒。1695年，彼得仅取得少许成功，但他次年又率领一支陆军和海军卷土重来（这是莫斯科公国的第一次重要海战）。俄国人的首要目标是亚速港。经过两个月的围攻，该港守军向俄国人投降。彼得将亚速港用作在亚速海周围扩张的中心。俄国人也参加了和谈，和谈的结果是签订了《卡尔洛夫奇条约》。

始于1683年的这场战争的主要交战国于1699年在卡尔洛夫奇举行会谈。已经受到很大削弱的奥斯曼帝国的代表处境艰难。奥地利人要求并得到匈牙利和特兰西瓦尼亚的几乎全部领土。参战较晚的威尼斯人得到摩里亚半岛和达尔马提亚海岸，这使他们获得了爱琴海上的霸权。参战最久的波兰人重新得到波多里亚和卡缅涅茨。欧洲各大国留给奥斯曼人的活动空间很小。为了软化欧洲人的要求，奥斯曼人请希腊人帮他们翻译并代表他们。这一策略对阻止奥斯曼帝国的衰落并没有多大作用，但它标志着希腊人在奥斯曼帝国外交队伍中地位的上升。

谈判期间，奥斯曼人抵制俄国人的要求。俄国代表要求得到亚速海和亚速港。土耳其人试图无视俄国人的要求，因为俄国人的要求没有得到其他欧洲大国的多少支持。为满足自己的要求，彼得一世向奥斯曼人施加压力，他于 1699 年和 1700 年加紧了在亚速海地区的军事活动。谈判一直拖到 1700 年，奥斯曼代表最终同意将亚速海和亚速港的控制权交给莫斯科公国。

事实证明，《卡尔洛夫奇条约》只相当于一个短暂的停战协议，只持续了 25 年，并且对于俄国来说，持续的时间更短，因为俄国和奥斯曼帝国之间于 1710 年重新恢复敌对。欧洲各大国感觉到奥斯曼帝国的衰弱，于是在接下来的两个世纪中继续向奥斯曼帝国施加压力。奥斯曼帝国不再被视为真正的军事威胁，曾经用于传递土耳其人入侵警示的土耳其钟也沉寂了。

戴维·斯特凡茨（David Stefancic）

戴维·斯特凡茨（David Stefancic），圣玛丽学院历史学教授，在威斯康星大学密尔沃基分校获得博士学位。主要著作包括《机器人：波兰劳工简史》（*Robotnik: A Short History of Polish Labor*，1992）和《流亡的军人：波兰人争取国家和民族独立的斗争》（*Armies in Exile: The Polish Struggle for Nation and Nationalism*，2005）。

第二十三章
光荣革命（1688—1689）

中国同时期：清圣祖爱新觉罗·玄烨

概　述

中世纪晚期，与大多数欧洲国家一样，英格兰发展出一种半代议性质的机构，国王往往就重大问题征询这类机构的意见。这些机构代表的不是整个国家，而是国内的各种利益群体。这些机构在不同国家有不同的名字：在西班牙叫议会（Cortes），在法国叫三级会议（Estates General），在英国叫议会（Parliament）。

17 世纪之前，英国议会历史上最重要的发展或许发生在 14 世纪。当时，国王爱德华三世向议会做出让步，以求获得进行百年战争的资金。最重要的是，在征税和国家收入的支出方面，议会逐渐获得相当大的权力。到 14 世纪末，议会实际上已经控制了国家的财政。它还在立法和行政事务中获得了一定的发言权。与习惯法（传统的法律程序、判决、惩治）的首要地位一道，议会重要性的增长起到了限制王权的作用。

15 世纪，英国在百年战争中战败，随后又发生了内战，国内陷入混乱状态。都铎家族（Tudor family）于 1485 年夺得王位之后，大多数英国人愿意服从它的权威，以换取和平与稳定。以亨利七世（1485—1509 年在位）、亨利八世（1509—1547 年在位）和伊丽莎白一世（1558—1603 年在位）为首的都铎家族的统治者都是专制主义者。他们赞同君权神授理论，即上帝选择他们作为统治者，并授予他们绝对权力。根据该理论，任何凡人、由人组成的组织或由人建立的机构和制度，例如议会和习惯法，都不得挑战君主。这种挑战不仅是政治犯罪，也是对神的冒犯。

然而，由于议会和习惯法的观念在英国根深蒂固，都铎王朝的统治者在追求完全控治权的过程中必须十分谨慎。不过，在整个 16 世纪，他们确立了自己专制君主的地位。他们通过贿赂、奉承、威胁和恐吓等手段，多管齐下，努力“管理”议会，并且他们通过建立最高王室法院，例如星室法院（Court of Star Chamber，该法院无视传统），来规避习惯法。在都铎王朝的统治者追求绝对权力的过程中，有两个独特情况给了他们极大帮助：首先，西班牙对英国的持续威胁促使英国人团结在他们的君主身后；其次，如果没有强硬的王室，与宗教改革有关的宗教斗争将使整个国家有被吞噬的危险。

然而，直到伊丽莎白去世时，有些英国人已开始质疑英国君主向专制主义的转变。越来越多的反对声音集中在议会。议会有 500 名成员，代表大约 500 万人口。议会分为下议院和上议院，下议院级别较低，但更有代表性；上议院级别较高，贵族属性更强。议会关注的事情很多：它担心自己的独立性和有效性；它担心国债规模太大，担心维持现代政府所需的开支暴增；它不喜欢由都铎王朝的统治者强加的王室法院制度；它还抱怨自己不得不为国王或政府买单，而在决定国家政策时没有发言权。

而且，英国的宗教问题也日益升温。因为它的世俗性和腐败，英国国教即英国圣公会（Anglican Church，或称 Church of England）在许多圈子里不受欢迎。越来越多的英国人，尤其是商人和中小地主信仰清教，清教是新教中的一种严格的形式，它将彻底改变英国国教。最后，为数不多但很有势力的英国大地主和朝臣倾向于回归天主教。

在其晚年，伊丽莎白完全凭借自己的强悍和权势压制这些问题，但她从来没有解决这些问题。这一任务落到了她的继承者，即她的远亲詹姆斯·斯图亚特肩上，詹姆斯此前统治着苏格兰，称“苏格兰国王詹姆斯六世”，如今他又成为英国国王詹姆斯一世。尽管当时詹姆斯非常聪明，并且受到过良好的教育，但他被人形象地称作“基督教世界里最聪明的傻子”。因为他的外国血统，他的臣民本已对他疑虑重重，但他不加掩饰地热心追求专制，并且他完全蔑视他的臣民，这进一步加剧了英国人对他的敌视。詹姆斯鼓吹不受抑制的王权，并向议会宣扬他的观点，尽管议会不接受他的说教。他的宫廷充满腐败、不道德之事和奢靡风气，而这位国王似乎从来不顾英国人的感受。在财政问题上，詹姆斯总是绕过议会，因而威胁到议会对财政权的控制，以前，十分有能力的都铎王朝的统治者都非常小心地避免这种情况。甚至就连詹姆斯最重大的一个胜利，即与英国的传统敌人西班牙签订和约，也产生了消极影响。17 世纪初，英国人对西班牙的仇视非常强烈，以至于詹姆斯的和约被认为是卖国条约，而非重大胜利。更糟糕的是，它似乎证实了关于詹姆斯的传言：尽管他是英国国教领袖，但实际上他同情罗马天主教。清教徒们特别不喜欢詹姆斯，而詹姆斯也厌恶清教徒。

1625 年，詹姆斯一世去世，他的儿子查理一世继位。虽然查理远比他的父亲更有魅力，但他同样信奉专制主义。在其统治早期，他在财政问题上与议会发生了冲突。他对更多资金的要求遭到了抵制。1628 年，议会向国王提交了《权利请愿书》（*Petition of Right*），指出国王滥用权力，要求国王遵守法律。由于急需资金，查理勉强接受了《权利请愿书》，但当议会在 1629 年再次提出要求时，查理下令解散议会，并且丝毫没有恢复议会的打算。

查理的专横行为引起了举国上下对他的敌视。他不仅解散议会，还诉诸法外手段来获得维持政府运转的资金。当反对者对查理提出诉讼，指控他非法征税时，查理破坏法律制度，以求获得有利裁决。而且，查理的宗教政策也引起了人们对他的敌意。他同一位信仰罗马天主教的公主结婚，而且他本人表现出对罗马天主教的喜好，这使他的臣民感到惊恐。当他的坎特伯雷大主教威廉·劳德（William Laud）试图在英国国教中强制推行严格的教义解释和宗教仪式并骚扰清教徒时，情况更为复杂化。清教徒的人数在英国一直在增长。劳德似乎在国王的批准下带领英国回归罗马天主教。

查理的宗教政策最终导致他的毁灭。当劳德试图把他的思想强加给苏格兰人时（要知道，查理既是苏格兰国王，又是英格兰国王），他们造反了。由于查理仅凭匆忙拼凑起来的贵族非正规军无法打败造反的苏格兰人，所以他在 1640 年极不情愿地重新召集议会，以获得资金与苏格兰人作战。重新召开的议会表示如果查理不做出明显让步，就拒绝为他提供资助，于是查理解散了议会。但由于他的需求非常迫切，他不得不再次召集议会，这个议会正式存在了 13 年，因此得名“长期议会”。

在这一重要关头，议会坚持自己的立场。在答应查理的资金要求之前，议会逼迫他接受它的法案。包括劳德在内的查理的大臣被推翻，有的人还被处死；包括星室法院在内的王室法院被取消；议会控制征税的权利得到确认；还通过了一个法案，该法案要求国王每 3 年召集一次议会，并严格限制君主解散议会的权力。查理不情愿地接受了这些提议，但当原本团结一致的议会于 1642 年因宗教问题而分裂时，查理逮捕议会领导人，重申自己的权威。这等同于国王向议会宣战，触发了英国内战。

查理的军队被称作“骑士党”（Cavaliers），主要来自英格兰北部和西部，主要由贵族和支持劳德有关英国国教设想的人组成。查理的反对者被称为“圆颅党”（Roundheads），原因是他们的发型 *，他们主要从市民、小地主和清教徒中争取支持。他们的基地在英格兰南部和东部。圆颅党由清教徒地主奥利弗·克伦威尔领导。克伦威尔组建了一支有效的战斗力量，叫作“新模范军”（New Model army），并在 1644 年的马斯顿荒原战役（Battle of Marston Moor）和 1645 年的纳西比战役（Battle of Naseby）中击败了骑士党军队。1649 年 1 月，胜利的圆颅党人处死了查理一世，内战正式结束。

奥利弗·克伦威尔和清教徒控制了英国。尽管他们的意愿是好的，但清教徒的统治过于严苛，因此内战胜利者很快就丧失了民众支持。克伦威尔无法说服英国人支持他的政策，于是诉诸武力，他的统治变得跟军事独裁统治差不多。随着 1658 年克伦威尔去世，复辟的障碍被扫清了。1660 年 5 月，查理一世的儿子查理二世宣布成为英国国王。

随着克伦威尔护国政府的结束，大多数英国人松了一口气，热烈欢迎新国王。查理二世很高兴能在流亡法国后回到英国，他向人们表明他不希望“再次踏上旅途”。然而，当初引发内战的问题依然存在，并且很快再次浮出水面。

从 1661 年开始一直到 1665 年，议会通过了一系列关于宗教的法律，这些法律合称为《克拉伦登法典》（*Clarendon Code*）。该法典重新建立了统一的英国国教，并歧视所有不服从者，尤其是清教徒。即便查理没有皈依罗马天主教，但他

---

* “圆颅党”成员皆将头发理短，在样貌上与当时的权贵有很大不同。因为没有卷发，头颅相较之下显得十分圆，该团体因此得名。——译者注

至少是一个同情天主教的人，他担心这种宗教不宽容政策将不可避免地打击天主教。于是，他在 1672 年颁布了《宽容宣言》(*Declaration of Indulgence*)，该宣言提出一种宗教宽容思想，包容所有基督教派。一年后，怀有敌意的议会逼迫查理二世撤销《宽容宣言》，并通过了《宣誓法案》(*Test Act*)，该法案实际上禁止英国国教信徒以外的所有人担任公职。

以财政为焦点的治理问题也再次出现了。虽然恢复的议会给予查理二世一大笔资金，但政府的收入并不十分充足。当查理要求得到更多资金时，议会犹豫了。由于议会内一群保王派的支持，查理设法取得了一些进展。(议会内的保王派被他们的反对派辉格党人讽刺性地称为“托利党”。托利党和辉格党是英国现代政党的前身。他们难听的名字都是他们的对手起的，托利是一个爱尔兰土匪，而辉格是一个谋杀过多位主教的苏格兰长老会教徒。) 然而，尽管查理与议会的关系恶化，但他要求得到更多资金。1670 年，他与路易十四签订《多佛条约》(*Treaty of Dover*)，该条约规定法国国王向查理二世提供资金。作为回报，查理秘密承诺跟法国一起与荷兰作战，并在英国重新确立罗马天主教的地位。条约的内容泄露了，英国人愤怒不已。然而，查理二世在政治上非常老练，尽管他与议会的关系日益恶化，但他活了下来，并在 1685 年得以善终。

查理二世的弟弟詹姆斯二世继承王位使问题变得十分危急。詹姆斯二世不仅是一个顽固的专制主义者，还信奉罗马天主教。詹姆斯二世愚蠢、傲慢、令人反感的行为很快疏远了几乎所有人。英国人几乎无法容忍詹姆斯二世。詹姆斯二世已经上了年纪，他的王位很快将传给他的女儿玛丽，玛丽是一位新教徒，嫁给了新教徒奥兰治亲王威廉，威廉是荷兰执政，是一个习惯与人分享权力的人。然而，当詹姆斯二世的第二任妻子出人意料地产下一个儿子时，局面被打乱了。这个孩子出生时接受了天主教的洗礼，并且毫无疑问，在其长大过程中将会在一种专制主义氛围下接受天主教教育。冲突将会继续的前景令英国人感到惊恐。詹姆斯二世发现自己缺少支持，于是在 1688 年 12 月逃离英国，前往路易十四的宫廷寻求避难。又一场革命就这样在英国发生了，这场革命就是“光荣革命”。与第一场革命不同，这场革命几乎没有流血。

在光荣革命中推翻国王詹姆斯二世后，议会于1689年2月将英国王冠献给了奥兰治亲王威廉和玛丽。（来源：美国国会图书馆）

历史评论

1688 年至 1689 年的光荣革命是英国历史上具有决定意义的时刻。革命中，不仅解决了与英国内战有关的长期的宗教和王朝问题，还出现了新的历史力量，这种力量预示着现代的到来。这些进步在政治、经济、对外政策和文化成就方面都表现得十分明显。革命本身促进了议会占主导地位的时代的开始，这个时代见证了内阁制政府的建立，见证了 18 世纪王权的衰落，还为 19 世纪和 20 世纪的民主改革搭建了舞台。

在其任国王的 3 年中（1685—1688），詹姆斯二世疏远了英国社会的许多重要阶层。然而此前查理二世去世时，托利党和辉格党领导人都支持詹姆斯二世继承王位。议会中的辉格党领导人不允许排斥问题 * 再次出现（排斥问题质疑信仰天主

* 即不允许天主教徒担任英国国王。詹姆斯二世在成为国王之前已皈依天主教，议会中有人遂提出《排斥法案》（*Exclusion Bill*），规定天主教徒不得成为英国国王。法案虽获下议院通过，但被上议院否决。——译者注

教的詹姆斯二世担任英国君主的权利，因为英国信仰新教，这个问题曾是查理二世统治后期的一个主要问题），他们也不反对多数派托利党延长向王室的长期拨款的行动。因此，在其统治之初，詹姆斯二世得到代表乡绅阶层的托利党的压倒性支持，并得到代表商人和市民利益的辉格党的默许。

詹姆斯把国民对他这位天主教国王的接受误认为是支持。他未能认识到英国的社会、价值观和当务之急已经与中世纪时有很大不同。1685 年，国民支持镇压查理二世的私生子蒙茅斯公爵（Duke of Monmouth）和苏格兰的阿盖尔伯爵（Earl of Argyll）反对詹姆斯二世的叛乱，原因不是他们热爱国王，忠于国王，而是他们普遍认识到需要有一个稳定的政府。托利党和辉格党的领导人都不想重新点燃曾在 17 世纪中叶引发英国内战的火焰。

1686 年，詹姆斯二世重组他的宫廷之后，开始实施旨在减轻某些现存刑法影响的政策，这些刑法限制英国为数不多的天主教信徒的宗教和政治活动。利用国王废除和中止法律的权力（这些权力本身值得质疑，它们使国王能够无视或中止法律），詹姆斯二世任命天主教徒担任国家公职，并免除他看不顺眼的官员的职务。1686 年，詹姆斯二世任命信仰天主教的爱德华·黑尔斯爵士（Sir Edward Hales）担任公职，引起一桩宣誓案，国王赢得了这个案子。同一年，詹姆斯二世成功压制了伦敦和牛津大学莫德林学院（Magdalen College）的英国国教领导人的反天主教情绪。尽管国王在这些事件中占了上风，但舆论尤其是伦敦的舆论开始反对他。

1687 年 4 月，詹姆斯二世颁布第一份《信仰自由宣言》（*Declaration of Liberty of Conscience*）后，进一步疏远了大多数英国人。这个敕令赋予了包括天主教在内的所有基督教派别宗教自由。同一年，詹姆斯二世开始逐步在议会中安插他的朋友和支持他废除《宣誓法案》的人。尽管他的受欢迎程度继续下降，但民众并不支持罢免他。然而，詹姆斯二世的政策重新唤起人们对 1678 年的天主教阴谋案（Popish Plot）以及对耶稣会密谋推翻政府的传言的恐惧。

1688 年上半年，三件事情改变了公众情绪和政治情绪，人们一致认为詹姆斯二世必须被废黜。第一件事是，1688 年 4 月，詹姆斯二世颁布了第二份《信仰自由宣言》（在内容上几乎与早先的宣言一样），他命令在所有教堂中宣读该宣言。坎特伯雷大主教威廉·桑克罗夫特（William Sancroft）和其他 6 位主教拒绝听从当众宣读该宣言的命令。他们被逮捕并关进伦敦塔。第二件事是詹姆斯二世和他的第二任妻子生了一个儿子。詹姆斯二世给他的儿子取名詹姆斯王子，并让他接受天主教洗礼。这件事改变了英国政治领导人（托利党和辉格党）在 1685 年接受詹姆斯二世为国王的政治安排的基础。人们原本预计，詹姆斯二世的统治将相对短暂，随后他将被他的女儿玛丽或安妮取代。玛丽和安妮都是虔诚的新教徒，因此，一个新教国家由一个天主教国王统治的情况就不会太长久，相比重新开始曾严重干扰英国人生活的内乱，这是一个可以接受的方案。如今，国王有了一位天主教王子，这位王子相比他同父异母的姐姐们享有继承王位的优先权，因而英国面临天主教国王统治时间延长的可能性，这是令人无法接受的。第三件大事也发生在 1688 年 6 月。威廉·桑克罗夫特和其他主教被判无罪，同时，公众表现出对詹姆斯二世的不满。

1688 年 6 月 30 日，托利党和辉格党领导人运用议会权力，向奥兰治亲王威廉发出联合邀请，请他介入并从天主教手中拯救英国。威廉的妻子是詹姆斯二世的长女玛丽。威廉和玛丽考虑这件事达数月之久，直到 9 月 30 日威廉才接受邀请。尽管威廉首先考虑的是在他与法国国王路易十四的斗争中获得英国的支持，但他也认识到他将英国与荷兰的命运联系在一起的决定会产生长期影响。经过一次因天气影响而未成功的尝试后，奥兰治亲王威廉于 1688 年 11 月 5 日抵达英国。英国大多数人都把威廉和玛丽当作解放者来欢迎，因此詹姆斯二世的统治很快就崩溃了。军队领导人格拉夫顿公爵（Duke of Grafton）和约翰·丘吉尔爵士（Sir John Churchill）的叛变终结了詹姆斯二世的命运。到 1688 年 12 月底，詹姆斯和其他王室成员包括他的儿子都已逃亡法国。路易十四成为流亡的信仰天主教的斯图亚特王室成员的保护人。

议会领导层建立了临时政府，他们并没有急于提名威廉和玛丽为新君主；1688 年至 1689 年的光荣革命不仅仅是一次简单的从一个君主到另一个君主的权力转移。1689 年 1 月召开了非常议会（Convention Parliament）来处理这场危机。1689 年 1 月 28 日，下议院宣布，詹姆斯二世逃离英国，他的行为属于退位，使王位出现空缺。而且下议院宣布国家不能再由一位信仰天主教的君主统治。在下议院同威廉和玛丽进行了一段时间的谈判之后，议会同意将王位授予威廉和玛丽，让他们成为共主。

议会领导人看到推进议会权利和关切的历史机遇，于1689年2月起草了一份《权利宣言》(*Declaration of Rights*)。这份文件后来经修改，成为《权利法案》(*Bill of Rights*)。它成为代议制政府发展史上最重要的文件之一，为后来19世纪和20世纪的民主改革铺平了道路。它最突出的要点如下：未经议会批准，君主不得制定或中止法律；废除君主传统上拥有的废除法律的权力；宗教法庭及其司法程序都是不可接受的；未经议会授权的税收是非法的；向国王请愿是合法的；设立和维持常备军必须得到议会批准；私人持有武器是合法的；议会选举不得受胁迫；议会的辩论和言论自由应得到保障；不得要求过多的保释金；承认接受陪审团审判的权利；定罪前没收土地和财产是非法的；议会应经常召开。威廉和玛丽接受了《权利宣言》。议会宣布他们为英国君主，承认威廉为统治者兼执政者。议会还明确规定，威廉和玛丽的亲生子女将继承他们；假如他们去世时没有子女，王位继承权将让渡给玛丽的妹妹丹麦王后安妮及其子女。1689年2月13日，威廉和玛丽分别成为英国的国王和女王。9天之后，议会和教士宣誓效忠，承认他们的最高权威，承认他们为新君主。

除了《权利宣言》中涉及的问题之外，议会还建立了一个程序，将国王预算分为民事预算和军事预算。宫廷和个人需求将通过议会的一般性法案满足；所有其他需求包括军事开支将通过特定的短期拨款来满足。1689年，议会还通过一个新的《宽容法案》(*Toleration Act*)：新教徒中的不信国教者（清教徒、浸信会教徒、长老会教徒等）只要向国王宣誓效忠，并宣布他们强烈反对天主教，他们就可以不受与《宣誓法案》有关的刑事法的约束。若干主教和数百名教士拒绝宣誓，建立了英国国教中的分离派。有趣的是，虽然法律中说天主教应受到有效压制，但光荣革命之后的数十年，英国的天主教仍获得了稳步但有限的发展。

在路易十四的支持下，流亡的詹姆斯二世于1689年3月在都柏林登陆，向新秩序发起挑战。虽然都柏林欢迎这位以前的君主，但他的反对者获得了胜利。1690年，在博伊奈战役（Battle of the Boyne）中，威廉三世的军队击败了詹姆斯二世的军队。詹姆斯二世逃到法国，继续制订他的复辟计划。虽然詹姆斯二世于1701年9月16日去世，但他的儿子詹姆斯·爱德华（老僭王，The Old Pretender）和孙子查理（小僭王，The Young Pretender）继续追求詹姆斯二世的拥护者或斯图亚特王朝的复辟目标，分别在1715年和1745年发动叛乱，但均遭失败。

光荣革命之后，那个时代伟大的政治哲学家约翰·洛克（John Locke）结束在荷兰的自我放逐回到英国。1690 年，洛克出版了两部重要著作，即《人类理解论》（*An Essay Concerning Human Understanding*）和《政府论》（*Two Treatises of Government*）。虽然第一部著作其实是一部探索经验思维过程的哲学著作，但第二部作品直接与光荣革命有关。直到最近，历史学家们还认为，洛克是受命写出这样一部作品，为光荣革命提供理论依据，证明其正当性。但实际上，《政府论》写于 1682 年或 1683 年，只是当时并未发表而已。与托马斯·霍布斯关于社会和政府的观点不同，洛克提出了一种思想，摧毁了专制主义的思想基础。他认为，主权在民，主权不能转移给任何人或任何职位。因此，一位君主宣称拥有绝对君权既不可信，也站不住脚。政府的目的是保护公民的自然权利；政府领导人和政府必须显示其社会效用，否则就会有被推翻的危险。政府应关注议会具有的立法权；国王是议会通过的法律的执行者。因此，洛克提出了两个基本原则，它们对于理解光荣革命的理论根据和人们对它的认同至关重要。这两个基本原则即分权和革命的权利。詹姆斯二世由于奉行有悖于国家利益和价值观的政策和做法而失去了国民的支持。代表公民的议会及其领导人有权抛弃詹姆斯二世并建立一个新政权。

就光荣革命和英国日后的政治发展方向而言，洛克思想的重要性不容小觑。人们对这些思想的普遍接受不仅有效终结了专制主义在英国的威胁，还加速了政府中代议制机构和制度的发展。18 世纪 20 年代，英国出现了第一届由首相领导的内阁。

在其他许多方面，光荣革命成为英国思想和文化生活中的一个转折点。促使解决 1688 年至 1689 年危机的新观念是英国文化中出现的一种对更加理性科学的新思维方式的反思。17 世纪，包括弗朗西斯·培根、罗伯特·波义耳、托马斯·霍布斯、约翰·洛克、威廉·哈维和艾萨克·牛顿在内的英国知识分子，对欧洲发生的科学和思想革命做出了重大贡献。他们各自的成就在此不必赘述，但要认识到这些思想家是启蒙运动这一文化时代的先锋。17 世纪最后几十年，英国文化生活被这种新思想改变。科学思维和理性方法论在大学和伦敦的公众文化生活中被接受。17 世纪 70 年代，皇家学会成立，出现了同行评审刊物，并且博物学家受到尊敬。这些发展塑造了光荣革命发生的文化环境。在应对挑战的过程中，英国领导人不是回归过去失败并造成分裂的方法，而是采取负责任的措施，保存了国家和社会的团结统一。

欧洲的外交是促使1688年发生光荣革命的一个重要因素，而革命的影响又改写了欧洲外交史。除了保卫他妻子的英国王位继承权，威廉三世愿意开始在英国的军事行动，原因还在于他需要把英国拉入他的同盟，该同盟针对的是路易十四统治的法国。法国实力在欧洲的上升与1618年至1648年的三十年战争同时发生。从17世纪20年代到17世纪40年代初，枢机主教黎塞留担任路易十三的首相。尽管黎塞留是罗马天主教主教，但他奉行民族主义对外政策，支持信仰新教的多个国家的领导人对抗信仰天主教的哈布斯堡王朝。枢机主教马扎然在路易十四幼年时担任首席大臣，并继续奉行黎塞留的政策。到1660年路易十四开始亲政时，法国毫无疑问已是欧洲最强大的国家。

17世纪60年代，法国力量的继续发展威胁到欧洲的国家体系，法国主导欧洲大陆成为欧洲其他国家真正担心的事。路易十四开始实施一系列富有冒犯性的对外政策之后，这种威胁变得更加明显。1667年至1668年的遗产继承权战争与1672年至1678年的荷兰战争使新近（1648年）独立的荷兰陷入危险境地。随着西班牙为路易十四统治早期的这些冒险行为付出代价，荷兰领导人奥兰治亲王威廉认识到，他的国家很容易成为牺牲品，除非他与其他国家结盟。英国的查理二世认识到均势面临的危险，但他这个人让人难以预料，因为他本人对路易十四非常崇拜。查理十分仰慕法国宫廷的壮观。

1685年，路易十四撤销了1598年颁布的《南特敕令》，该敕令给予法国新教徒宗教宽容。撤销《南特敕令》后，成千上万的人逃离法国，到英国、荷兰和普鲁士避难。路易十四的行动激怒了欧洲新教国家的领导人，这些人同时也面临着一场继承危机，该危机是由于普法尔茨选帝侯查理去世但没有继承人引起的。路易十四坚称他有权占有普法尔茨（普法尔茨是一个重要的德语地区，位于莱茵河中游西岸），但在1686年，奥兰治亲王威廉宣布路易十四的要求不可接受，并组成一个外交同盟（奥格斯堡同盟）来对抗法国。除了荷兰，反法同盟的成员还包括瑞典、西班牙、巴伐利亚、萨克森和普法尔茨。奥格斯堡同盟战争开始于1686年，但直到1688年才演变成全面敌对。就是在那时，威廉三世（奥兰治亲王威廉）和他的妻子取代了詹姆斯二世成为英国君主，并将英国带入这场冲突。随着英国成为同盟的一员，威廉成功地抵制了法国吞并荷兰的努力。他领导同盟反对法国，在1692年的拉和岬战役（Battle of La Hogue）和1695年的那慕尔战役（Battle of Namur）中取得重要胜利。1697年，战争结束，签署了《里斯维克条约》。签署国包括英国、法国、西班牙和荷兰。尽管条约的条款对法国有利（损害的主要是西班牙的利益），但威廉三世成功保住了荷兰的独立地位并阻止了法国在欧洲取得霸权。

下一个外交障碍是即将到来的西班牙王位继承问题。西班牙国王卡洛斯二世病重，人们认为他时日不多。1698年和1700年，威廉与路易十四就西班牙王位继承和分割西班牙帝国问题达成两个秘密协议。之所以达成这些协议，比起获得西班牙的殖民地，威廉考虑得更多的是避免与法国的又一场斗争。然而，1700年卡洛斯二世去世让这些条约变得毫无意义。卡洛斯二世的遗嘱将西班牙王位和西班牙帝国的一切财产授予路易十四的孙子安茹的腓力，腓力成为西班牙国王腓力五世。威廉三世再次组织了一个反法同盟。1701年，西班牙王位继承战争开始了。

尽管威廉三世于1702年去世，但英国继续参加战争，直到1713年战争结束。随着《乌得勒支条约》的签订，英国成为世界大国，获得了纽芬兰、直布罗陀、梅诺卡岛以及在西属美洲开展贸易的宝贵商业权。更重要的是，英国作为阻止法国称霸欧洲大陆的决定性力量进入18世纪，并且有了更强的民族认同感。在18世纪中叶的奥地利王位继承战争中，英国将支持普鲁士对抗法国，并且在18世纪90年代，英国将在组建反对法国革命军和拿破仑的联盟中发挥重要作用。这些政策是光荣革命的直接表现，通过这些政策，英国成了法国的首要对手。与此同时，英国致力于使流经低地国家的欧洲河流开放，这成了它的政策的基石。

或许，更为重要的是英国国家认同感的转变。那时，英国的国家利益已与世界贸易、帝国主义和殖民联系在一起。光荣革命之后，英国成为一个世界大国，不再局限于主导欧洲政治的地区性问题。的确，英国政治家和政治领导人越来越多地将英国视为独立于欧洲之外。这些观点受到英国的商业革命即18世纪的工业革命，以及随后新重商主义者与自由贸易倡导者之间的争论的支持。

光荣革命是英国历史上的一个转折点，它见证了国家利益战胜一个把宗教认同看得高于一切的政权，见证了新的现代统治方式战胜宗教改革产生的教派政治的残余。

威廉·T. 沃克（William T. Walker）

威廉·T. 沃克（William T. Walker），切斯努特山学院负责学术事务的副院长和系主任，在南卡罗来纳大学获得博士学位。主要著作包括《麦卡锡主义和红色恐慌：参考指南》（*McCarthyism and the Red Scare: A Reference Guide*，2011）和《19世纪世界史学期论文资料指南》（*Term Paper Resource Guide to Nineteenth-Century World History*，2009）。

第二十四章
俄国彼得大帝改革（1689—1725）

中国同时期：清圣祖爱新觉罗·玄烨—清世宗爱新觉罗·胤禛

概 述

刚刚进入 17 世纪，俄国便陷入岌岌可危的境地。在历史上的“混乱时期”（Time of Troubles，1598—1613），俄国对内缺乏稳定的领导，对外无力击退波兰人的入侵*，社会动荡不安。这种情况持续到 1613 年，米哈伊尔·罗曼诺夫（Michael Romanov）成为俄国沙皇，社会秩序才得以恢复。自此，俄国进入罗曼诺夫王朝统治时期，直至 1917 年该王朝被推翻。

在 17 世纪余下的时间里，俄国的实力逐渐恢复。然而，当时的俄国仍是一个半亚洲式的国家，远离欧洲主流社会，崇尚东方而非西方，国民的服饰风格、生活态度和习俗也体现着东方的价值观和传统。例如，妇女必须深居闺阁、足不出户。尽管如此，西方的影响还是无可避免地渗进了这个国度。随着与西方贸易的往来，大量外国人定居首都莫斯科，其中尤以德意志人和荷兰人居多。

生于 1672 年的彼得大帝（Peter the Great）是决心将俄国引向西化道路的第一人。年轻的彼得高大魁梧、气度非凡，表现出无穷的精力和永不满足的好奇心。对军事问题有着强烈兴趣的他，甚至组建了一支属于自己的微型军队。这支军队

* 指“伪德米特里”事件，1605 年 5 月，伪德米特里率领波兰的军队顺利进入莫斯科。——译者注

后来发展为他的帝国射击军（streltsy）。从一开始，彼得就严格要求自己的亲属从底层做起，凭借个人功绩而非世袭特权晋升至社会顶层。令人惊叹的是，甚至他自己也对这一原则身体力行。

彼得痴迷于机械，对技术的求知欲促使他成为莫斯科一小块外国人聚居区的常客。在那里，他时常拜访来自欧洲的技术人员和商人，不仅向外国人学习技术，还和他们一起狂饮作乐。而他酗酒的习性很快便成了传奇。与此同时，他也初次接触到了船只。对航海的热情贯穿他的一生，俄国海军的创立也是他的功劳。

彼得大帝兼具对西方，尤其是西方军事技术的浓厚兴趣与对俄国东方传统的强烈反感。1697 年，彼得大帝进行了一次大范围的欧洲之旅。虽然贵为举世公认的俄国统治者，他却坚持在出行时隐瞒身份。这场旅行的大部分时间，彼得都用来全身心地感受欧式生活。他甚至花了好几天的时间在一家荷兰造船厂当工人。1698 年，不受管束的俄国射击军发动了叛乱，彼得闻讯后中断了欧洲之旅。他虽然立即动身返回莫斯科，却未能镇压这场叛乱。尽管如此，彼得向叛乱的射击军施以严酷的打击报复，见证了他们的彻底覆灭。沙皇彼得丝毫不手下留情，经常参与实施骇人听闻的恐怖刑罚，还亲自处决不忠的射击军士兵。

为对抗土耳其人的作战计划寻求支持，是彼得西方之旅的原因之一。当时，黑海（Black Sea）及其北部沿岸处在土耳其人及其同盟克里米亚鞑靼人的控制之下。1695 年，彼得展开对土耳其人的进攻，袭击了位于顿河河口的亚速（Azov）城堡。由于土耳其人可以轻易经由海路为亚速提供补给，彼得的围城行动以失败告终，不得不命令军队撤退。然而，沙皇彼得攻占亚速城堡的决心丝毫没有动摇，他意识到拥有强大的海军对取得成功至关重要。同年冬季，彼得在顿河上建立了一支小型舰队。1696 年春季，他再次向亚速发起进攻。这支小型舰队成功封锁了亚速，从而切断了土耳其人对守备部队的补给。不到两个月，俄国军队便攻克了亚速。

彼得从未停止扩张俄国疆界，并不惜为此向盘踞在南部的土耳其人开战。尽管如此，在其统治期间，俄国一直将军事行动的重心放在北方。彼得向控制那里的波罗的海霸主瑞典下了战书。经过数年协商，彼得与萨克森（Saxony）、丹麦和波兰签订同盟协议，共同对付瑞典。1700 年，战争爆发。这场战争持续了 21 年，在历史上被称为“大北方战争”（Great Northern War），或第二次北方战争。

瑞典国土辽阔，呈不规则状延伸，拥有的资源不足以保卫其领土完整，加之新国王卡尔十二世（Charles Ⅻ，1682—1718）年仅18岁，彼得向瑞典发动攻击似乎颇为合理。此外，彼得急切地想要打通俄国通往波罗的海的通道，以便为与西方交流创造更为便利的条件。然而，卡尔十二世在实践中展现的军事天赋让俄国很快深陷困境。

战争刚爆发，卡尔十二世便迅速击败丹麦，继而把矛头对准俄国。1700年年末，他在纳尔瓦战役（Battle of Narva）中大败俄国军队。令俄国万分庆幸的是，卡尔十二世并没有乘胜追击，而是转而进攻波兰。这一间隙让彼得有机会重建溃败的军队。整顿后的俄国军队战斗力处于瑞典军队之上，取得了数场著名战役的胜利，并最终在1704年占领了纳尔瓦。早在一年以前，彼得就着手在涅瓦河注入芬兰湾的入海口处修建一座新首都，他准备将新都命名为圣彼得堡（St. Petersburg）。虽然那里沼泽遍布，充满瘴疠之气，且过分靠近外敌，处境危殆，但因其能够赋予俄国通向欧洲的水路通道，开创一扇“西方之窗”，彼得坚持认为这一地点是建造新都的绝佳位置。

然而，大北方战争远不会就此结束。卡尔十二世击败了萨克森－波兰联军，于1708年入侵俄国。然而，瑞典军队行至乌克兰便陷入困境，1709年夏季，沙皇彼得率领一支庞大的俄国军队在波尔塔瓦会战（Battle of Poltava）中大败瑞典。为了避免被俘，卡尔随后逃往土耳其。颇具讽刺意味的是，俄国军队在取得这场伟大的胜利之后，紧接着遭遇了一场极不光彩的失败。1710年，一直保持中立的土耳其向俄国宣战。彼得迅速率领军队与土耳其人作战，却于1711年被围困在普鲁特河畔。彼得迫于压力做出让步，所幸的是，土耳其人只要求归还亚速并保证卡尔十二世安全返回瑞典。

大北方战争持续数年，俄国在波罗的海地区进一步获得利益。1718年，卡尔十二世去世，俄国对瑞典统治构成一系列威胁。1721年，大北方战争结束。俄国在《尼斯塔德条约》（*Treaty of Nystadt*）中获得了拉脱维亚、爱沙尼亚、因格利亚（Ingria）和卡累利阿（Karelia）等波罗的海地区的领土，至此确立了“西方之窗”的地位。为了纪念这一重大胜利，俄国宣布成为帝国。俄国议会同时为彼得加冕，并授予他“彼得大帝”的称号。

彼得大帝的对内政策和他的外交冒险产生了同等重要的意义。怀着将俄国建设成为欧洲强国的雄心，彼得解散了莫斯科公国，在其基础上建立了至少形式上类似欧洲政体的俄国，虽然其并非总是名副其实。

对于彼得来说，军事上的考虑总是处于优先位置。为此，他彻底改革了俄国军队，用一支纪律严明、训练有素的专业军队替换了原先的散兵游勇。他还创建了俄国海军，其中一支队伍装备现代、实力过硬，足以在1714年的汉科角海战中击败瑞典舰队。在彼得的领导下，俄国建立了军工厂和海军造船厂。由于俄国缺少技术人员和训练有素的士兵及海军军官，彼得鼓励技术熟练的西欧人移民俄国，以便实现他的军事改革计划。

事实证明，为实现军事力量现代化投入大量资金颇具风险。当时的莫斯科公国一穷二白，财政状况混乱。因此，彼得决定刺激俄国经济，建立更为坚实的财政基础。同时，他鼓励国内发展制造业，以农奴国有的管理方式向国有企业提供劳动力；他还扩大政府贷款，并设置高额关税，以便保护国内产品免受国外竞争对手的影响。为了稳定俄国财政，彼得进行了税收制度改革。出于增加财政收入

彼得一世，又称彼得大帝，1682年开始统治俄国，直至1725年逝世。他以将西方文明引入俄国，提升俄国国际地位，使其成为欧洲各国公认的强国而闻名于世。（来源：美国国会图书馆）

的考虑，各种琐碎的项目都被列入征税范围，比如，船只税、蜂箱税、出生税、胡须税和巴尼亚斯税（banias，澡堂税）。1718年，人头税，也称投票税，取代了户税。赋税改革之后，每一个“灵魂”（soul，男农奴）都必须缴税。俄国税收收入随之急剧增加。

怀抱着将俄国引上现代化道路的决心，彼得大帝坚决要求包括他自己在内的每个人为国家服役。他实行“精英统治”。在这种统治之下，世袭特权和等级变得无足轻重，能力成为衡量一切的标准。他的许多亲密顾问都出身寒微，但是凭借为国家服役时做出的杰出贡献，得到了重视和尊敬。

彼得大帝在招募更多为国家服务的臣仆时，坚决要求拥有土地的阶层履行服役义务。大约三分之二的贵族被派到俄国军队服役，余下的三分之一进入了民政机构。彼得大帝还彻底改革了俄国的继承法。每个家庭仅有一个儿子可以继承其父亲的土地；余下的儿子由于没有土地，为生存所迫开始或持续为国家服役。1722年颁布的“官衔登记表”成为彼得大帝所热衷的服役制度的一个独特特征。顾名思义，“官衔登记表”是以列表的方式显示俄国政府的所有军衔和民政官衔。所有为国家服役的人都必须从最低的官衔做起，凭借表现和成绩逐渐晋升至表中的较高官衔。

彼得大帝还重组了旧沙皇政府。因效率低下、职责重叠而声名狼藉的部门（或称中央行政办公室），被委员会取代。改革之后，俄国形成了类似欧洲现代政府部门雏形的政府机构。1711年，彼得大帝设立参政院。参政院最终发展为处理行政、财政和司法事务的机构。

内政改革的另一项主要措施在于剥夺俄国东正教会的独立性，将其变为一种替国家服务的灵活工具。1721年，彼得大帝用宗教事务管理总局代替了大牧首办公室，标志着该项改革措施的完成。宗教事务管理总局由12名祭司（priest）组成，受由沙皇任命的宗教事务管理总局局长监督。

彼得大帝在推进西化改革的过程中，引进了大量影响深远的文化改革措施。他废止了从某一假定的起始时间开始记年的旧莫斯科历法，取而代之的是儒略历（Julian calendar）。直到1917年俄国大革命，儒略历才被现行公历即格里历（Gregorian calendar）取代。此外，彼得大帝虽然并未采用拉丁字母，但简化了古斯拉夫语字母，即西里尔字母*。他将报纸引入俄国，并加速了前人已经开启的俄国妇女解放运动。彼得大帝得出了一个结论，他认为建立一个现代的西式国家需要接受过良好教育的精英，而他也按照这一结论继续推行改革。数学和航海等具有军事价值的学科顺理成章地成为第一批学校的专业科目。他在去世前不久，创立了俄罗斯科学院（Russian Academy of Sciences），负责推进俄国的高等教育。

彼得大帝一心想要将俄国引领上西化的道路，他甚至将注意力集中在人们的装束上。他坚决要求贵族改穿西式服装，并以身作则刮掉了自己的络腮胡，因为他认为胡子是俄国落后的象征。

彼得大帝有一项改革措施却适得其反。其子阿列克谢（Alexis）的行为方式招致彼得大帝的厌恶，在他的折磨之下，阿列克谢于 1718 年去世。彼得大帝随之颁布了一条法令，从此以后沙皇有权选择王位继承者。这一改革动摇了原本稳定的长子继承制度。颇具讽刺意味的是，彼得大帝在 1725 年 2 月逝世时，并没有来得及为自己指定王位继承人。

历史评论

1939 年，第二次世界大战爆发之际，英国政治家温斯顿·丘吉尔（Winston Churchill）谈及俄国在这场激烈冲突中可能发挥的作用时，创造了一种戏剧性的意象，为后人津津乐道。他说，俄国“是一个包在谜团里的谜中之谜”。无论对于外国游客、西方学者，还是公众而言，这个国家一直都是一个引人不断探索、研究和诠释的议题。

西方对俄国及其历史存有好奇心的原因来自多个方面。地理特性和气候是一大关键性因素。俄国的地理位置给人尤为偏远的感觉，从美国出发，绕半个地球才可以到达。俄罗斯幅员辽阔（为世界上面积最大的国家），国土包含北极圈以内的偏远地区，横跨广袤的西伯利亚（Siberia）。大片森林和众多河流为当地自然风光增添了一些美丽和神秘感。俄国的冬季极为寒冷，当地居民必须适应这种塑造

---

* 西里尔字母：源于脱胎自希腊字母的格拉哥里字母，目前使用西里尔字母的文字不少是斯拉夫语族的语言，包括俄语、乌克兰语、卢森尼亚语、白俄罗斯语、保加利亚语、塞尔维亚语、马其顿语等。——译者注

了他们生活方式的季节。俄国连接欧洲和亚洲，融合了两大洲的区域特点和文化特征，形成一个独特的欧亚混合体。

除了其独特的物理和地理特征之外，俄国悠久的历史也极富戏剧色彩：剑拔弩张、危机四伏、战乱频仍、领袖辈出。屡经兴衰的移民潮带来了大量外国移民，他们为争夺土地和资源进行的斗争，使俄国的历史充斥着暴力和磨难。建立一个拥有强大中央集权政府的民族国家，成为许多俄国领导人的目标。然而，仅有少数几位领袖成功控制了整个广袤的国家。沙皇彼得一世（Peter Ⅰ，1672—1725）就是其中的佼佼者，“彼得大帝”的赫赫威名昭示着他在这个帝国的无上权威。的确，不论是在其统治期间还是他身后的历史评价中，彼得大帝的形象都似乎已经被无限放大。然而，在一代又一代的俄国民众和学者描述、讨论和评价他的贡献时，关于他的争议却从未停止。

毋庸置疑，彼得大帝是一位重要的民族领袖和改革者。他所取得的成就有目共睹，在民族的现代化进程中功不可没。一种广泛持有的观点将彼得大帝描述为一名进步的思想家。然而，我们必须考虑到的是，对他的解读应该建立在何种基础之上。应当参照 18 世纪的标准，还是按照今天的标准来评判他？是否应当以民主为准绳来衡量他呢？他作为俄国统治者的身份使我们不能把他与普通俄国民众同等看待。但是，将他与俄国历史上的其他统治者相比，我们又能够得出怎样的结论呢？他的性格是否值得我们投入如此多的注意力呢？

尽管彼得大帝声名在外，环绕着英雄般的光环，但如果按照那个时代的价值观和期待来衡量，他也许相当普通，甚至可以说非常典型。他对一些事物固守传统观念，甚至表现出无知、粗鲁和暴力的一面，以至于使其名誉受损。他几乎没有接受过正规教育，其文化程度仅能让他掌握最简单的读写。历史上对他的评价充满悖论。正因为如此，在后代观察家和读者眼中，他的声名和他所起到的作用变得更加引人入胜。彼得大帝从而成为丘吉尔所说的“谜中之谜”。

要想客观地评价彼得大帝，我们无法不立即求助于阐释性的方式。关于彼得大帝和俄国的研究数量庞大，研究者不仅来自俄国国内，还遍布世界其他国家和地区。自彼得所处的时代开始，就已经出现了大量关于他的研究记录。直到今天，对彼得大帝的研究著述仍层出不穷。关于彼得大帝的统治对俄国产生了怎样的影响，各派学者均持有自己的意见，达成一致的希望十分渺茫。可能有人会问：

“‘彼得大帝’的头衔是否实至名归？”根据提问情景、参考资料以及评价方式的不同，我们可以对彼得的统治和政策做出不同的评价。尽管有些人可能认为，对彼得的评价已经盖棺论定，但实际上，历史并非已成定局。相反，历史可供人们讨论，甚至可以更改。回顾历史、解读过去能够引发争论，产生怀疑，激发灵感，丰富原有知识。历史永远是一个鲜活的话题。历史学家们喜欢细细品味历史，探索和发现其中的奥秘；他们非常享受在教室里或在出版物中与别人唇枪舌剑地探讨问题。

大多数历史学家坚信“彼得大帝”的称号实至名归。彼得凭借强大的领导力对俄罗斯民族的发展方向产生了深远的影响，在风起云涌的历史长河中留下了难以磨灭的印记。即便如此，彼得大帝的举措却鲜有独创性，其改革计划、目标和政策在很大程度上是对前任统治者的延续。不同之处在于，彼得大帝的改革举措在他当政的 30 年中产生了空前强大的影响力。

一些历史人物同时扮演着两种截然不同却又相互补充的角色，彼得大帝便是一位典型人物。在他身上，我们可以同时读出“时势造英雄”和“英雄造时势”。对他的评价也可以从这两个方面入手。西德尼·胡克（Sidney Hook）的《历史中的英雄》（*The Hero in History*）一书阐述了上述观点，同时提供了一套如何评价历史人物的理论。他在书中写道，一些人在对的时间出现在对的地点，从而造就了时势。即便没有他们，也会出现另一些人改变历史。马丁·路德（Martin Luther）便是一例。如果没有他，16 世纪还会出现宗教改革（Protestant Reformation）吗？多数学者断定，在所有条件均已成熟的前提下，无论如何宗教改革都会发生。从这一层面上看，时势造就了路德。他所做出的杰出贡献，产生的重要影响，以及引发的一系列事件，均带有偶然性质。相反，胡克指出，“造时势”的英雄具有鲜明的个性特征，对周围环境具有很强的操控性，从而可以决定历史的走向。那么，彼得大帝应被归为哪一类型呢？总的来说，彼得大帝是典型的“时势造英雄”。然而，他领导俄国在 18 世纪步入欧洲政治强国之林，展现了鲜明的个性，对历史产生了深远的影响。

我们可以从彼得大帝的个性特点来一窥他的全貌。彼得天资聪颖，但几乎没有接受过任何正规教育，因此文明社会的礼节对他来说毫无约束力。他从小便比同龄人长得高，成年之后身高超过了 6 英尺 5 英寸（约为 1.96 米），远远超过他的朋友和下属。少年彼得经常和朋友一起纵情饮酒。他还曾指挥自己组建的一支小型军队参与假想的战斗。西欧人眼中的这位俄国统治者衣着随意，举止粗鲁，行为野蛮，印证了他们亲眼所见或观念中的落后文明。在同代人及后世研究者笔下，成年彼得头脑简单，充满好奇心，喜欢恶作剧，对不切实际的想法抱有很高热情，是个颇具孩子气的人物。他的期望很高，要求严苛，常常令不敢违拗命令的手下丢掉官职。彼得兴趣广泛，喜爱户外运动，对宫廷礼仪不屑一顾。他常饶有兴趣地观察经济行业中的某项工作和军事器械的操作方式，手工劳动使他的双手变得强壮而且布满老茧。他还与密友一同工作、一同休息，一同组织和参与人声鼎沸的聚会活动。他喜爱狂喝豪饮，其放荡不羁的行为在许多资料中都有记载。

彼得大帝性情多疑而暴躁。毫不夸张地说，他的坏脾气随时可能爆发，无论敌人还是朋友都因此遭受了致命的伤害。现有资料表明，彼得大帝很可能深受羊痫风的困扰。疾病不仅影响了他的健康状况，还导致其行为变化无常。彼得早年在莫斯科居住时，只不过充当了家族权力斗争中的一枚棋子。这段经历可能造就了他多疑的性格。彼得大帝高大魁梧，貌似一位无所畏惧的统治者，但是，他竟然因害怕黑夜而不敢单独睡觉。彼得的个人生活中充斥着巨大压力和各种紧张与不愉快的事件。年纪轻轻的彼得在家族权力斗争中迫于政治考虑而不得不联姻。这段政治婚姻很快恶化。在第一个孩子出生之后，他便把原配妻子送进了修道院，让她在那里孤独地度过余生。他的长子阿列克谢成了俄国王位继承人。彼得一生有许多孩子，但多夭折于襁褓之中，或未及成年便离开人世。唯一长大成人的阿列克谢与彼得形同陌路，他们多次发生争吵并相互指责，直到彼得认定自己的亲生儿子意图叛国，下令将其逮捕并严刑拷打。1718 年，阿列克谢惨死狱中。虽然彼得可能没有目睹致使儿子死亡的施刑过程，但他对用残酷的方式排除潜在对手的做法，并没有感到良心上的丝毫谴责。

与此同时，彼得和另一个女人——叶卡捷琳娜（Catherine）有了感情纠葛。叶卡捷琳娜是一个目不识丁的农村姑娘，大北方战争中，她在马里恩波尔附近成为俄军的俘虏，不久成为彼得一世的情妇。她一共为彼得生了 12 个孩子，但大多早夭，很少得以成年。彼得大帝最终迎娶了叶卡捷琳娜。1725 年，彼得大帝逝世，叶卡捷琳娜加冕成为俄罗斯帝国女皇，历史上称为叶卡捷琳娜一世（Catherine Ⅰ，1725—1727）。俄国历史上另一位更为著名的女性统治者与其同名，被称为叶卡捷琳娜二世。叶卡捷琳娜二世嫁给了彼得大帝的孙子，后继承皇位，于 1762 年至 1796 年统治俄国。

彼得变化无常的性格特点在下面两个例子中暴露无遗。据一位著名历史学家记载，彼得对牙医学非常感兴趣，曾强迫那些可怜的宫廷侍卫充当拔牙试验品。此外，彼得认定妻子叶卡捷琳娜和一位皇室成员有染，便下令逮捕和处决了这名皇室成员。之后，他将死者的头颅装在充满液体的罐子里，把罐子作为礼物送给妻子，还命令妻子把这个“礼物”放置在卧室中，不得扔掉。彼得一世去世之后，叶卡捷琳娜立即把这个骇人的东西扔出了卧室。

如此具有个性的统治者难怪会成为俄国历史上的焦点。1695 年至 1725 年，彼得成年之后开始统治俄国。他在执政期间大力推行改革，其中包括发展与经济相适应的基础工业；重组政府部门的官僚体制；将俄国领土向东、西、南三个方向扩展；削减俄国内部现有或潜在竞争对手的力量。彼得大帝是一位真正意义上的“西化论者”。他主张根据俄国具体国情，向西方学习先进知识和技术。然而，这些举措的真实目的和达成的效果有待进一步求证。彼得直到 17 世纪 90 年代才合法继承皇位，成为俄国统治者。此时，俄国已经由原先领土仅限莫斯科周边的一个小公国发展为地域辽阔的重要国家。从 14 世纪开始，俄国领土开始扩张；17 世纪下半叶，俄国领土扩张速度加快。在彼得执政之前，俄国统治者通过发动战争、进行外交斡旋和加强与各国的贸易关系等方式，将俄国领土以莫斯科为中心向周围扩张。其中，伊凡三世（Ivan Ⅲ，1462—1505 年在位）对俄国领土扩张和国家统一做出了巨大贡献，历史上将他称为“伊凡大帝”（Ivan the Great）。

彼得在位期间将俄国领土稳步向东部的太平洋沿岸推进，一直延伸至亚洲，与中国接壤。这样一来，乌拉尔山脉（Ural Mountains）以东便再也没有能够阻碍俄国领土扩张的竞争对手。即便这样，俄国也未能轻易控制邻国，对东欧诸国发动的战争结果也喜忧参半，多次军事行动或未能达成目的，或为取得胜利付出了巨大代价。俄国对南部奥斯曼帝国发动的几场战争便是典型的例子。大北方战争延续了 20 年之久，俄国才在对瑞典的作战中取得决定性胜利。彼得的领导能力并不稳定，俄国与丹麦、法国、波兰、普鲁士（Prussia）和波斯（Persia）等国的外交关系和军事关系成效不一。

彼得大帝所持的基本经济观点与前任统治者类似，他仍将农业作为俄国国民经济的基础。但是，毫无疑问，彼得大帝对俄国工业发展和现代化建设做出了巨大贡献。他采取多项举措，致力于发展与军事作战相适应的工业。此外，为给军事行动筹措必要的资金，他还推行新型税收制度，或改革原有制度。但是，上述举措均建立在前任统治者铺设的道路之上。

彼得大帝虽然被称为“西化论者”，但他并非俄国与西欧诸国外交关系的开创者。然而，彼得又确实是第一位造访西方的俄国君主，他曾先后前往英、法、普、荷等国，拜访了各国的著名统治者。随着俄国与西方各国的外交关系逐渐加深，多项经济协议相继达成。彼得利用出国游历的机会进一步了解了自己感兴趣的行业，例如造船业等。他甚至前往荷兰造船厂，为了学习造船工艺，向木匠不耻下问。

在彼得大帝担任统治者之前，俄国就已经与欧洲国家建立起了经济联系。伊凡三世从欧洲引进了大批技术人员，包括负责修建莫斯科克里姆林宫主体建筑的建筑师和技术工人在内。1547 年至 1584 年统治俄国的伊凡四世（Ivan Ⅳ），即人们熟知的“伊凡雷帝”（Ivan the Terrible），曾和女王伊丽莎白一世（Elizabeth Ⅰ）通信，极力动员掌握先进技术的英国人移民俄国，以便利用他们的知识和技术支持俄国工业发展。彼得年轻时也曾前往莫斯科的外国人聚居区与欧洲移民交谈。

在宗教事务方面，彼得大帝名义上一贯支持俄国东正教，实际目的是将东正教变为指导本国基督教徒的有益资源。他鼓励教会改革，主张对神职人员进行更为充分的专业培训，不仅极大地提高了宗教著作书写的准确性，而且杜绝了神职人员的腐败行为。但是，彼得大帝所关注的首要问题仍是如何培养忠于国家的臣民。为了避免对自身统治造成威胁，他绝不允许俄国基督教发展为一支独立的政治力量。

教会和政府的权力斗争数十年来一直是俄国的主要矛盾。1645 年至 1676 年彼得大帝的父亲阿列克谢沙皇（Tsar Alexis）统治期间，矛盾演化成一场危机。17 世纪 60 年代，俄国教会最高领导者尼康牧首（Patriarch Nikon）公开宣称自己的权柄高过沙皇。倘若这一宣传成为现实，牧首等其他宗教领袖将直接凌驾于政府权威之上。最终，阿列克谢沙皇取得胜利，尼康遭到罢免和流放，在一座修道院里度过余生。沙皇的胜利大大削弱了教会权威，从此以后，教会在俄国国内不再发挥重要作用。

彼得大帝沿袭了其父的政策，继续致力于削弱神职人员的权力。1725 年，彼得大帝逝世，俄国东正教会已经演变为一个政府部门，完全处于国家的控制之下。新设立的宗教事务部门由彼得大帝任命的军官全权管辖，充分显示了教会独立性的丧失。大牧首被废黜，不再领导东正教会。直到20世纪，大牧首这一职位才得以恢复。

彼得大帝的性格特点、军事才能和领导能力常常成为研究重点，相比之下，人们较少关注其统治期间的社会阶级和法律建设情况。与“西化论者”和俄国改革家的赫赫威名相比，彼得大帝在其他许多方面的成就就显得无足轻重了。然而，实际上，在彼得大帝统治期间，大部分俄国人民都在某种程度上处于一种法定的奴役状态之下。自10世纪开始，农奴制便一直存在于俄国。这一词汇界定了一种丧失自由的状态。彼得大帝的父亲阿列克谢沙皇在执政期间进行了法制改革，农奴制度得到了强化。彼得大帝并未采取有效措施削弱农奴制度，法律对俄国人民造成的残酷压迫也没有得到缓解。相反，在彼得大帝统治期间，农奴制的影响范围有所扩大，程度进一步加深，产生的不良影响有增无减。彼得大帝曾将大批农奴作为礼物或报酬赐予亲友和部下，以犒赏他们对国家所做出的贡献。随着工业的发展，数以千计的农奴被当作国有财产，送入新建工厂劳动。他们被剥夺了人身自由，忍受着恶劣的生存条件。

俄国农奴面对私人业主和政府的虐待，丝毫没有合法途径寻求帮助。他们只有孤注一掷，要么逃跑，要么集体反抗，才有机会免受欺压。17世纪爆发了多次著名的农奴起义，斯捷潘·拉辛（Stenka Razin）曾领导起义，反抗彼得大帝的父亲阿列克谢沙皇的统治。拉辛在起义失败后惨遭处决。反抗彼得大帝统治的农奴起义层出不穷，对皇室权威和残暴的阶级制度构成了一定威胁。1707年至1708年，布拉温（Bulavin）领导了著名的农奴起义。在彼得大帝强大的军事力量镇压之下，起义最终失败。20世纪，布拉温被塑造成了苏联民间的传奇式人物。他被写进苏联历史，被描绘成反抗暴君彼得和不公平的社会政治制度的民主改革家。

彼得大帝在统治俄国的30年当中并未实行太多首创政策。众多学者一致认为，在彼得大帝实施的众多举措当中，仅有4项可以称为“前无古人”：第一项成就，在俄国北部新建定居点。因莫斯科给彼得大帝留下了不良印象，且可能被竞争者利用，成为统治者的潜在威胁，彼得大帝对这座俄国历史上的首都十分反感。他由此在莫斯科几百英里之外，选定了一块从瑞典人手中夺得的土地，准备在上面建造城市。这座城市便是后来的俄国首都圣彼得堡。圣彼得堡这座城市的名字来源于一位著名的基督教圣徒“圣彼得”，同时也与沙皇彼得重名。1703 年，圣彼得堡（意为“彼得的城市”）出现了第一个定居点；十年之后，这座城市成了俄国的首都。

在毗邻芬兰湾和波罗的海（Baltic Sea）的北部荒野建造一座城市似乎是一个不可能实现的梦想。然而，圣彼得堡却最终发展成了俄国西部著名的窗口城市和西方先进技术、文化知识进入俄国的切入点，为俄国与欧洲的商业往来创造了更为便捷的路径。圣彼得堡的公共建筑、教堂和精致的私人豪宅均逐渐呈现出欧式风格。彼得大帝亲自监督圣彼得堡的修建，为了实现自己的雄心壮志，他强迫许多劳工持续数年在疾病肆虐的沼泽地施工。许多人因此丧命。实际上，圣彼得堡这座举世瞩目的美丽城市是在数以万计压迫制度受害者的肩膀和尸骨之上建造而成的。

彼得大帝的第二项成就在于创建了俄国的第一支海军部队。随着领土扩张，俄国的边界逐渐延伸至包括亚速海、波罗的海、黑海和里海（Caspian Sea）在内的主要海域。相应地，领土扩张加速了俄国海军力量的发展。彼得大帝在 17 世纪 90 年代曾造访荷兰造船厂，对航海怀有浓厚的兴趣，在奥斯曼帝国（Ottoman Empire）和瑞典这两大对手海军力量的威慑之下，他迫切希望创建一支强大的海军队伍。到彼得大帝去世之时，尽管俄国仍以数量庞大、装备先进的陆军闻名于世，其海军力量也足以和邻国抗衡。

彼得大帝的第三项成就在于改革了国家与东正教会的关系。正如前文所述，彼得大帝将主要精力放在东正教会的内部改革之上，重点致力于削弱教会领袖的权威。

彼得大帝的第四项成就在于派遣大批俄国人前往欧洲学习先进技术和知识。一些学者就彼得大帝能否算得上这项举措的创始者尚存有争议。然而，即便前任统治者曾派遣人才到欧洲学习，其规模也无法和彼得大帝统治时期相比。彼得大帝极力推崇西方技术，对先进的知识和技术抱有强烈的兴趣，因此他不断地从国内选拔优秀人才，派遣至欧洲学习俄国需要的技术。其中主要包括航海、数学、冶金、采矿、造船、兵法、武器制造和工厂管理。外派人才的主要任务在于学习和掌握对俄国经济和军事发展有益的知识和技术，归国之后投身于祖国的建设。

西方文化并不是他们学习的要点。然而，也有历史学家认为，相比于在俄国定居、为俄国服务的欧洲移民，这些外派人才所起的作用微乎其微。

彼得大帝对俄国所做的贡献远远不止以上4点，他在国内推行的一系列改革措施具有鲜明的特点，尽管影响极为有限，却为世人津津乐道。比如，他坚决要求俄国上层社会改变衣着风格，摒弃传统的俄国服饰，改穿西式服装。此外，他还以身作则，首先在俄国上层社会推动剃胡运动，废除了传统的蓄胡习俗。据记载，沙皇彼得大帝曾亲自操刀，为那些拒不执行命令的大臣剃胡子。如果想要保住胡子，这些大臣必须向国库缴纳特别税收，用以弥补各项工程造成的巨大财政空缺。这些除旧革新的举措虽然对俄国社会现代化具有重要的象征性意义，却并没有起到多少实质性的作用。

受服饰改革和禁止蓄胡命令的影响，上层阶级普遍不满于皇权干涉私人生活。怒火和怨恨渐渐郁积起来，最终引发了反抗沙皇统治的斗争。其中，作为东正教的一个分支，“旧礼仪派”（Old Believers）进行了最为激烈的公开反抗。他们坚决认为胡子具有重要的宗教意义，代表了俄国社会的传统价值观，对彼得大帝的宗教改革进行了殊死抵抗，许多旧礼仪派教徒宁愿自杀，也不愿意改变自己对外表的信仰。根据当时的资料记载，旧礼仪派之外的一些人把剃掉的胡子悄悄地收藏了起来，准备死后和自己的尸体一同入葬。但是，服饰改革的影响仅限于俄国上层社会，包括数百万农奴在内的俄国广大民众却很少受到影响。服饰改革虽然表面上成效显著，但从本质上来说并未被内化为新的习惯和价值观，所以实质效果并不明显。改革展现了彼得大帝彻底变革俄国民众习俗的强烈愿望，但论及改革的影响范围和长期效果，穿上西式服装和把脸上的胡子刮掉所产生的作用并没有人们公认的那么巨大。

彼得大帝还进行了俄历和俄文字母的改革，我们可以对此类改革做出类似的评价。值得一提的是，虽然许多证据表明俄历和俄文字母的改革展现了彼得大帝的个人影响力，但总体而言，此类改革对普通大众造成的影响却相当有限。在一个大多数民众都是文盲的国家里，废除西里尔字母中的烦冗字母并不会引起人们的太多关注。18世纪初，彼得大帝下令采用儒略历。而同一时期，几乎所有欧洲国家都已经摒弃了这种漏洞百出的历法，转而使用更为准确的公历纪年。西方国家一直沿用公历至今。

彼得大帝的改革虽然有趣，却收效甚微。可以证明这一观点的例子还有很多。比如，彼得大帝极力主张用卷烟代替雪茄，还命令俄国贵族妇女改穿西式服装，鼓励她们在公共场合抛头露面，而非在传统价值观的束缚下深居闺阁、足不出户。尽管这些改革措施颇有趣味，却无法从根本上给俄国社会带来变革。彼得大帝不断通过行政命令满足一时兴起的奇思妙想，无论这些命令的初衷在于打压对手，还是在于开创新风，我们能够从中看到的，也仅仅是他的激进态度而已。

彼得大帝的命令并不都是经过认真思考而得出的结果，有时他的想法并不清晰，甚至称不上理性。比如，他曾下令，规定适龄贵族男子只有在掌握一定的数学知识和航海知识之后，才能结婚。我们不难理解为何这项命令引发了贵族们的不满和敌对情绪。诸如此类的命令究竟对俄国产生了怎样的影响，仍然是一个值得深入讨论的话题。彼得大帝的政策也难免带来负面影响，有时甚至非常严重。他因此不得不常常事后弥补政策造成的不良影响。彼得大帝推进各项政策的首要目标是把俄国建设成一个军事强国，确保俄国在与邻国的战争中立于不败之地。但是，除此之外，他的政策体现不出国家的远期发展规划。俄国参议院对彼得大帝言听计从，完全成了沙皇的拥趸。实际上，“彼得大帝”的称号可谓来之不易。1722 年，俄国在长达 20 年的大北方战争中击败瑞典，夺取最终胜利。为此，参议院才决定授予即将离世的彼得“大帝”的称号。颇为奇特的一个现象在于，后世历史学家往往理所应当地把彼得描绘成一位精力充沛、不可一世的领袖，将他实施的各项政策描述得和战胜瑞典一样重要。事实上，我们需要有充足的理由，才能证明“彼得大帝”的头衔名副其实。

彼得一世对俄国做出的贡献是否具有重要意义，影响究竟有多么深远？毫无疑问，彼得大帝在历史长河中留下了不可磨灭的独特印记，不仅对他所处的时代，也对未来数十年的历史进程产生了重大影响。他塑造了国内社会的方方面面，同时也奠定了俄国的国际地位，无愧为俄国历史上的重要人物。

在执政 30 年间，彼得大帝在军事改革方面产生的影响最为持久和深远。他执政之前和执政早期的研究资料显示，俄国军队缺乏系统训练，战略战术落后，武器装备和军事补给都不充足，征兵系统毫无效率。在彼得大帝执政之前，俄国的常备军队数量极少，多数军队在战争结束后即被解散。彼得大帝针对上述问题进行了卓有成效的改革，使俄国在 18 世纪成为瑞典、土耳其、丹麦和波兰的强劲对手。1725 年，彼得大帝逝世。直到那时，欧洲其他国家的领导者已经感受到了俄国的强大军事实力，将其视为一支与自己等量齐观的军事力量。

彼得大帝的改革还加强了专制制度和沙皇统治的权威性。作为俄国的统治者，他有意识地加强了自身的独裁统治，其个人权力不受任何制约，所创设的政府管理部门也丝毫不影响彼得大帝的权威性。相反，新设的政府部门和委员会为彼得大帝在国内行使权力创造了更多机会。改革措施并未削弱其统治权威，相反增强了他的统治地位。俄国的专制主义制度在彼得大帝统治期间达到顶峰。

在 18 世纪，几乎所有国家都处在专制主义制度之下。彼得大帝依靠独裁统治树立了和其他国家君主同样的权威。在彼得大帝的统治时代，民族国家的权力正逐渐凌驾于民众之上，军事和外交领域亦是如此。民族主义这一政治和哲学概念在当时尚未形成，尽管如此，民族国家的概念在俄国及其他国家却向来根深蒂固。从政治角度来看，君主统治并非总能奏效，也无法做到完美无缺和绝对公正。事实与预期常常背道而驰。不过，总体而言，在那个时代，统治者仍被视为法律的制定者和命令的下达者，国家则被视为执行其旨意的机构。

无论从领导力、国土面积还是国家影响力等方面来看，俄国在彼得大帝的领导下都取得了巨大进步。他一手创建的政治机构体系和中央集权制度一直延续到 20 世纪末，1917 年革命前的沙皇俄国和共产党统治下的苏联仍继续沿用了这种政治体制。

正如前文所述，俄国彼得大帝改革存在以上 4 点创新之处。他精力旺盛，满怀热情，赋予了本人和所处时代以特殊意义。俄国在彼得大帝执政末期，经济异军突起，其他多个方面也迅速跻身世界强国行列。

社会变革仍在继续酝酿，俄国文化氛围尚未出现明显的成熟标志。然而，等到彼得大帝去世之时，俄国社会已经出现了变革的端倪。一位学者指出，彼得大帝的政策犹如播撒在泥土中的种子，随着时间的推移将逐渐萌芽、生长。后继统治者在位的数十年中，俄国相继发生了一系列变革。在俄国定居和工作的外国人数量显著上升，许多欧洲人在俄国政府和文化领域扮演重要角色。在彼得大帝执政时期，教育改革尚处襁褓之中；随着时间的推移，教育改革逐步扩大、日臻完善，直至第一所中世纪大学在俄国建立。

总而言之，彼得大帝对俄国的现代化建设做出了不可磨灭的贡献。时势造就了彼得大帝这位精力充沛的英雄，他审时度势、恰如其分地运用了自己的领导能力，虽然他性格急躁且缺乏耐心，但却认识到了只有依靠强制性措施，才能促使俄国摆脱懒惰与迟钝等民族劣根性的束缚。彼得大帝的改革无论成败，都为后世统治者创造了良好的发展基础。正如某位传记作家所写的那样，彼得大帝的改革为俄国奠定了坚实的发展基础，创造了后续发展的良好体系，使得后继统治者能够在此基础上进行全方位的现代化建设。

我们可以从上文中看出，俄国也许并不像丘吉尔在1939年描述的那样，是一个难以破解的“谜中之谜”。彼得大帝的执政时期充满重要和有趣的事件，研究俄国及这段时期能够帮助我们更好地了解这个国家、这个民族和它的成就。我们在分析和研究历史的过程中，往往能够发现一个个代表历史发展进程转折点的重要标志性事件。毫无疑问，彼得大帝改革便是其中最为重要的一个标志性事件。

泰勒·斯塔尔茨（Taylor Stults）

泰勒·斯塔尔茨（Taylor Stults），玛斯金格姆大学历史学荣誉教授，在密苏里大学获得博士学位。编写了《20世纪的50篇主要文献，1950—2000年》（*Fifty Major Documents of the Twentieth Century, 1950—2000*，2004）一书，同时负责更新已故学者梅尔文·C. 雷恩撰写的《俄国历史教程》（*The Course of Russian History*，1994）。

第二十五章
西班牙王位继承战争（1701—1714）

中国同时期：清圣祖爱新觉罗・玄烨

概　述

17 世纪至 18 世纪的欧洲饱经战火洗礼。路易十四为了提高自己的声誉和影响力，在欧洲大陆发动了一场旷日持久的战争。西班牙王位继承战争则给这场长达 50 年的纷争画上了句号。颇具讽刺意味的是，这场战争对提高路易十四的地位和影响并没有起到丝毫帮助，反而带来了一场血雨腥风。

18 世纪伊始，路易十四便开始称霸欧洲大陆。1643 年，路易十四年仅 4 岁，便继承了法兰西帝国的王位。1661 年，君主幼年时期的辅政大臣儒勒・马扎然（Jules Mazarin）去世，至此路易十四开始亲政。在他的带领下，法国走上了一条国富兵强的道路，人口也开始迅速增长。法国充分利用这些资源进行国家实力建设，逐渐变得繁荣富强，威力足以震慑整个欧洲大陆。

除了执掌国内事务，自诩为"太阳王"（Sun King）的路易十四还采取了侵略性的外交政策，将权柄伸向整个欧洲大陆。从某种意义上说，正是由于他的好斗个性，哈布斯堡家族（Habsburg family）和波旁家族之间的欧陆争霸战争才变得如此旷日持久。路易十四是第三位来自法国统治家族——波旁家族的国王。200 多年来，这两大家族不断在德国、意大利和低地国家（Low Countries）展开斗争。

但是，其中任何一方都未能取得压倒性胜利。换一个角度来看，外交冒险被路易十四视为赢得声誉的重要手段之一。持有相似观点的君主不在少数；实际上，在18世纪，欧洲许多君主都表现得沉溺于荣誉的绚烂光环之中，而路易十四便是其中最具代表性的人物。他一一列举了法国对外政策的立足点，据此他和顾问得出结论，捍卫东至阿尔卑斯山脉，东北达莱茵河的领土不受侵犯，对法国具有重要的战略意义。实现这一目标，法国会不可避免地与大多数欧洲国家发生冲突。但是，面对可能发生的战争，路易十四并没有退却。

1667年，路易十四发动了第一场战争——遗产战争（War of Devolution）。法军成功突袭了包括现今比利时大部分领土的富裕省份——西属尼德兰（Spanish Netherlands）。西班牙腓力四世（Philip Ⅳ）的女儿玛丽·泰蕾兹（Marie-Thérèse）是路易十四的妻子。路易十四以妻子的名义，宣布拥有被占领土的主权。但是，腓力四世已经在遗嘱中明确声明，西属尼德兰的所有领土均由第二任妻子的儿子，即1665年继承西班牙王位的卡洛斯二世（Charles Ⅱ）继承。因此，路易十四的做法并不具备合法性。成功突袭西属尼德兰也给荷兰人敲响了警钟，荷兰与英国、瑞典结成三国同盟（Triple Alliance），希望以和谈促和平。1668年，法国与三国同盟签订《亚琛和约》（*Peace of Aix-la-Chapelle*），标志着遗产战争的终结。法国仅从和约中获得一小块西属尼德兰的土地。

路易十四虽然取得了这场战争的胜利，但仍对阻碍自己完成大业，并因此得意扬扬的荷兰感到大为光火。当时，市面上流传着一种这样的讽刺画：一轮用荷兰奶酪做成的月亮闪耀着夺目的光芒，而象征路易十四的太阳却在一旁显得黯然失色。看到这种讽刺画之后，路易十四越发恼羞成怒。荷兰反对法国控制西属尼德兰的态度非常明确，要想占领比利时，法国必须与荷兰开战。对于这点，路易十四本人也相当了解。但当时的实际情况却是，荷兰共和国积累了大量财富，而路易十四却缺乏足够的资金。

为了获得西属尼德兰，路易十四以英国为突破口，通过贿赂成功使英国从三国同盟中退出。随后，三国同盟瓦解。1672年，路易十四将一支庞大的法国军队派往荷兰，数量上形成压倒之势。为了抗击法军，荷兰采取了一些带有英雄主义色彩的极端手段，诸如打开拦海大坝，引入洪水，淹没土地。与此同时，奥兰治亲王（Prince of Orange）威廉三世（William Ⅲ）坚定不移地领导荷兰人民抗击法国侵略者，保卫国家免于全境沦丧。

初战告捷之后，法方战况急转直下，战争陷入僵局。法国军队无力占领荷兰，荷兰军队也无法将法国军队驱逐出境。欧洲其他国家对法国的对外扩张之势备感不安。威廉三世借机联合西班牙、神圣罗马帝国（Holy Roman Empire）、丹麦和勃兰登堡（Brandenburg）等国，共同组建了强大的反法同盟。这场战争持续了6年之久。1678年，《奈梅亨条约》（*Treaty of Nijmegen*）签订，将西班牙广阔的富饶地区——弗朗什－孔泰（Franche-Comté）割让给路易十四统治下的法国，同时将西属尼德兰境内的若干城镇也划归至法国名下。条约签订之后，路易十四立即派遣著名军事工程师塞巴斯蒂安·沃邦（Sebastian Vauban）前往新占领地区构筑防御工事。即便如此，威廉三世领导下的荷兰仍是路易十四强劲的竞争对手。

法国与荷兰之间的战事刚刚结束，路易十四便把目光移向东方，贪婪地觊觎着莱茵河谷中的多个德意志城邦。神圣罗马帝国当时已摇摇欲坠，尽管这些城邦名义上受它控制，实际上却独立行使主权。它们各自为政，力量弱小，根本不是法国的对手。1681年，路易十四率军攻占军事要地斯特拉斯堡（Strasbourg）。在此之前，洛林（Lorraine）和阿尔萨斯（Alsace）地区已遭法国蚕食鲸吞。虽然一些德意志邦国也试图进行抵抗，但因力量弱小且各自为政而无法对法军构成任何威胁。余下的邦国则被法国收买，默许了这种侵略行为。1683年，土耳其侵略者兵临维也纳城下，本应强烈抵抗法军侵略行径的神圣罗马帝国皇帝——奥地利哈布斯堡王朝统治者利奥波德一世（Leopold Ⅰ）因忙于应对，而无暇顾及法军的侵略行为。

最终，结盟似乎成了阻止路易十四野心的唯一选择。1686年，法国的敌对国结成了奥格斯堡同盟（League of Augsburg）。截至1689年，这一同盟已囊括神圣罗马帝国、西班牙、瑞典、萨伏依（Savoy）、勃兰登堡（Brandenburg）和巴伐利亚（Bavaria）、萨克森、普法尔茨等德意志城邦在内的多个成员国。此外，荷兰和英国也加入了奥格斯堡同盟。当时，英国刚刚爆发了光荣革命（Glorious Revolution），与路易十四亲善的斯图亚特王室被罢免，威廉三世独揽政权。

奥格斯堡同盟战争爆发于1688年，是路易十四参与的第三场战争。法国在一系列陆地战争中取得了胜利。尽管如此，还是因树敌太多，而疲于应对。在海上，英国和荷兰结成同盟，共同抗击法国军队，战争一度陷入僵局。1697年，战争双方签订《里斯维克和约》(*Peace of Ryswick*)，敌对状态结束。然而，和约只为双方赢得了短暂的休战，并不意味着战争的终结。在和约中，法国承认了威廉三世在英国的统治地位。荷兰也依据和约，收回了西属尼德兰境内的数座城堡，从而得以更好地抵御法国的侵略。通过和约，威廉三世同意归还英军所侵占的原属法国的新世界（New World）殖民地，同时不再反对路易十四吞并阿尔萨斯地区和斯特拉斯堡。

然而，所有一切只是西班牙王位继承战争这场世纪之战的序幕。当时，论国家实力，西班牙虽然已今非昔比，但仍是欧洲一支重要的军事力量，在世界各地均有海外殖民地。西班牙哈布斯堡家族的卡洛斯二世没有生育能力，自1665年即位之始，就有野心家一直觊觎他死后的王位。

路易十四与卡洛斯二世的姐姐玛丽·泰蕾兹成婚，从而取得了西班牙王位继承权。同时，利奥波德一世迎娶了卡洛斯二世的另一个姐姐玛格丽特·泰蕾兹（Marguerite Thérèse），从而也获得了西班牙王位继承权。路易十四和利奥波德一世早已做好分割西班牙领土和属地的准备，他们料到，卡洛斯二世一旦逝世，一系列问题将会随即爆发。随着其他欧洲国家的相继加入，分割计划被不断更新。面对多国的一致行动，西班牙虽然极力反对，却无力阻止。在多国的热烈讨论中，卡洛斯二世却迟迟没有离世。

直至1700年10月，西班牙国王终于与世长辞。人们迫不及待地宣读了他的遗嘱。根据遗嘱，整个西班牙王国将由路易十四的孙子安茹公爵腓力（Philip of Anjou）继承。消息传开之后，整个欧洲大陆备感震惊，只有凡尔赛宫举行了盛大的庆典。法国人对外宣称："比利牛斯山脉（Pyrenees）不再成为阻隔。"然而，面对卡洛斯二世的遗嘱，欧洲其他国家却一片愁云惨雾。尽管遗嘱注明，法国和西班牙将永不合并，但毫无疑问，波旁家族从遗嘱中获得了至关重要的优势。按照路易十四的一贯做法，西班牙和法国将很快联合各自资源。欧洲大陆的权力平衡状态将就此被打破。

为阻止路易十四称霸欧洲大陆，威廉三世率先倡导各国结盟。1701年，英国、荷兰、奥地利、葡萄牙、萨伏依、勃兰登堡以及其他德意志小邦结成同盟，史称"大同盟"（Grand Alliance）。而法国仅得到西班牙和巴伐利亚的支持。

路易十四最终集合了25万大军。在18世纪，这已经算得上天文数字。尽管如此，胜利女神还是弃他而去。法国屡战屡败，损失惨重，接连损失孔代亲王（prince of Condé）和杜伦尼子爵（Viscount Turenne）两员大将。路易十四手下的另一员大将——战术高超、用兵如神的卢瓦侯爵（marquis of Louvois）也命丧战场，留下的空缺无人可以替代。盟军一方却数战告捷，萨伏依亲王欧根（Prince Eugene of Savoy）和马尔伯勒公爵（Duke of Marlborough）两位杰出将领脱颖而出。他们领导大同盟军队于1704年和1706年分别在巴伐利亚和拉米伊（Ramillies）击败法军及其盟友。此后，法军气势一度低迷，加之国内饥荒的影响，法国社会爆发动荡。路易十四本人也在凡尔赛宫遭到群臣的暗中嘲笑。

1709年，盟军提出了苛刻的和谈条件，路易十四拒不接受，战争再度打响。双方在马尔普拉奎特爆发的一场重要战役中均损失惨重。盟军虽然最终取得了这场战役的胜利，但因资源消耗过大而无法攻入法国本土。次年，盟军在西班牙遭遇惨败。1711年，中断两年的和谈得以恢复。

1714年3月间，交战国双方签订了一系列和约，历史上统称为《乌得勒支和约》。路易十四在和约中承诺放弃向西属尼德兰进攻，同时弃用斯图亚特家族顾问，承认英国安妮女王的合法地位。1702年，威廉三世逝世，安妮女王即位。1707年，英格兰和苏格兰合并，形成了大不列颠这一新的政治单元。通过和约，英国从法国手中收回了纽芬兰（Newfoundland）、新斯科舍（Nova Scotia）以及尚存争议的哈得逊湾（Hudson Bay）的主权。

大同盟军队虽然未能彻底摧毁路易十四领导下的法国，但着实从这场战争中获得了巨大利益。英国除了获得大片海外殖民地，巩固了在新世界的地位之外，还从西班牙手中夺取了直布罗陀海峡（Gibraltar）和梅诺卡岛（Minorca）的主权。同时，西班牙还向英国颁布了奴隶贩卖许可证。凭借许可证，英国便可以向西属北美殖民地贩卖奴隶。路易十四的宿敌——哈布斯堡家族通过战争获得了西属尼德兰，并将其更名为奥属尼德兰。此外，哈布斯堡家族还接管了西班牙在意大利境内的领地，其中包括米兰、西西里岛（Sicily）和那不勒斯（Naples）。在这场战争中，荷兰重挫了路易十四的野心，赢得了巨大的商贸优势。同时，荷兰还在紧邻法国边境的奥属尼德兰领土上设有一连串防御堡垒，这些堡垒的戍卫权也在战争中得到确认。和约也给加入大同盟的小国带来了实惠。萨伏依公爵获得了原属西班牙的撒丁岛（Sardinia），称谓也随之由公爵变为国王。早些时候，在1701年，勃兰登堡统治者也因加入大同盟而获得了“普鲁士国王”的称号。

停战和约签订之后，西班牙成了最大的利益受损方。尽管如此，和约仍然设法保护了西班牙在新世界的既得利益。西班牙国王仍旧是路易十四的孙子腓力五世，但依据和约，任何人都不能兼任法国国王和西班牙国王。

路易十四年事渐高，在西班牙王位继承战争结束后不久撒手人寰。临终之际，他对自己“过分好战”的行为万分后悔，并告诫后嗣一定要与邻为睦，力避战事。

历史评论

17世纪逐渐接近尾声，一个重大世纪外交难题令欧洲各国统治者备感苦恼。1665年，卡洛斯二世继承西班牙王位。在他死后，谁将继承西班牙王位？30多年来，在人们的传言中，对于他，死亡似乎一直近在咫尺。卡洛斯由于死后没有直系后嗣，需要在外国的统治家族中寻找一名亲属来继承王位。除了领土之外，不动产的继承和遗赠也需要依据基本法或宪法的规定。但是，君主并没有权力自行决定身故之后国家将由谁继承，至少在英国、法国和西班牙是这样。在那个时代，君主的权力远远无法和20世纪的独裁者相提并论。

西班牙王位继承问题不仅关系到西班牙自身利益，还影响着国外统治王朝，乃至整个欧洲大陆的权力平衡。所谓的欧洲大陆权力平衡，意味着任何一个家族或国家的力量都不足以对邻国构成威胁。在17世纪70年代至80年代，多个国家认为，法国国王路易十四（1643年至1715年在位）对欧洲的权力平衡构成了严重威胁。

1697年，长达9年的奥格斯堡同盟战争以《里斯维克和约》的签订而终结。此后，路易十四转而全力维护欧洲大陆和平。倘若他从最初就坚持采用和平方式解决争端，西班牙王位继承战争或许不会发生。当时，英国国王威廉三世同时也是联省共和国（United Provinces，荷兰共和国）国王。《里斯维克和约》刚一签订，他便联合路易十四共同商讨西班牙问题的解决方案。整个西班牙王国可能由法国的波旁王朝或者奥地利的哈布斯堡王朝（神圣罗马帝国）接手。奥地利大公（archdukes of Austria）和匈牙利及波希米亚国王对这一可能的结果备感担忧。也就是说，强权即公理。但是，结果并没有想象的那么糟糕，各国外交家普遍认为，西班牙王位应由欧洲二流统治家族继承。因此，1698 年，威廉三世和路易十四一致同意，卡洛斯二世去世之后，西班牙的绝大部分领土，包括西班牙本土、西属尼德兰（比利时）和新世界的广大殖民地，都移交给西班牙已故国王腓力四世（1621 年至 1665 年在位）的曾孙——年轻的巴伐利亚亲王。而意大利境内的西班牙领土将被法国的波旁家族和奥地利的哈布斯堡家族瓜分。

实际上，对西班牙遗产将由谁继承最有说服力的要数路易十四家族。腓力四世的女儿，即路易十四的亡妻玛丽·泰蕾兹，已经将自己的儿子和孙子指定为西班牙王位继承人。但是，她的决定很可能导致路易十四在欧洲四处树敌，并引发新一轮战争。因此，路易十四主动放弃了西班牙王位继承权，转而接管了那不勒斯和西西里岛。

1699 年，灾难终于爆发。巴伐利亚亲王逝世之后，西班牙王位再度空缺。即便做出妥协，也难以找到合适的继承人。于是，路易十四和威廉三世经过协商，再次签订协约，将西班牙本土、西属尼德兰和新世界的广大殖民地一并移交给哈布斯堡国王利奥波德一世（1658—1705 年在位）最小的儿子查理大公。否则，倘若上述领土直接落入利奥波德一世手中，欧洲各国的权力平衡状态势必遭到破坏。依据协约，意大利境内的西班牙领土由路易十四的儿子即法国王太子接管。此种安排引起了一些海上强国的担心，其中以英国和联省共和国最甚。他们担心法国在地中海地区的势力会因此而过于膨胀，于是要求法国放弃意大利境内的西班牙领土，并承诺将法国边界附近的一系列土地划分给路易十四，作为补偿。但是，鉴于卡洛斯二世的遗嘱明确注明不得分割西班牙本土，这一交换一直未能落实。除此之外，奥地利和西班牙哈布斯堡家族之间也达成了一系列协约。由此，利奥波德自认为获得了西班牙全部遗产的继承权。他不仅对反战呼唤充耳不闻，还一再对外宣称哈布斯堡家族拥有西班牙全部遗产的继承权。他为自己定下底线——至少获得意大利境内的西班牙领土。西班牙占领了意大利境内的一系列交通要道，这些土地甚至比西班牙本身更具战略价值。

1700 年年底，西班牙国王卡洛斯二世逝世。因为没有子嗣，他的遗嘱给欧洲带来了巨大的麻烦。鉴于西班牙坚决反对分割本国领土，各国对西班牙分而治之的方案被排除在外。与奥地利不同，法国强大的海军力量使其拥有足够能力来保卫西班牙。也正是基于这一原因，卡洛斯二世将路易十四的孙子安茹公爵腓力指定为西班牙全部遗产的继承人。如果波旁家族拒绝接受王位，继承权将移交至查理大公手中。路易十四和他的顾问针对遗嘱制订了两套应对方案——要么按照1700年签署的协约分割西班牙，要么遵照卡洛斯二世的遗嘱继承西班牙全部遗产。

法国从1700年签订的分割协议中获得了边境线附近的许多重要领土，可谓获得了巨大利益。因此，法国政府的立场和波旁家族恰恰相反。利奥波德国王则极力反对分割西班牙。作为海上强国的国王，威廉三世也明确表示不会冒着爆发战争的风险来支持分割协定。他表示，签署分割协定是为了避免战争，而非引发新一轮对抗。路易十四本人也非常明白，一方面，一意孤行将会很快被孤立，进而只能独自面对觊觎意大利北部领土的利奥波德军队；另一方面，如果绕过安茹公爵腓力，将西班牙王位授予查理大公，自己将被迫卷入一场由西班牙人民发动的战争之中。

最终，路易十四选择让自己的孙子来继承西班牙王位。两位外交大臣促使他做出了这一决定，他们分别是让–巴蒂斯特·柯尔培尔（Jean-Baptiste Colbert）和托尔西侯爵（Marquis de Torcy）。托尔西曾向路易十四汇报，西班牙贵族和民众支持腓力。据此他得出结论，已有的两种解决方案都不可避免地会引起战争。遵照卡洛斯的遗嘱行事将会导致法国与奥地利开战，但不会遭到其他国家的反对。假设路易十四遵照遗嘱，将西班牙王位交由自己的孙子继承，同时利用外交手腕安抚邻邦，便可以避免一场惨烈的战争。然而，路易十四却在接下来的行动中接连犯错。

卡洛斯的遗嘱规定，法国和西班牙不可由同一个人统治。因此，凡尔赛宫的王室成员便无权成为西班牙统治者。否则，西班牙将会变成法国的一个总督辖区，进而可能激起西班牙人民的反抗。此外，若有人集西班牙和法国王权为一身，欧洲各国的权力平衡将会被打破，从而引发欧洲社会的舆论紧张。因此，虽然腓力的法国王位继承权得到了路易十四的官方认可，但并不说明他将同时成为法国和西班牙两国国王，而仅表示他拥有这两个国家王位的世袭权利。腓力继承法国王位的前提是让出西班牙王位。但让人们匪夷所思的是，路易十四并没有向包括英国在内的其他任何国家说明这一原则，反而对各国的意见一概置之不理。对此，有人这样解释，路易十四坚信波旁家族是唯一同时拥有法国和西班牙王位继承权的家族，他握有真理，从而不需要向任何人解释或道歉。倘若路易十四果真这么认为，那么，他的决策将带来巨大风险。

路易十四选择遵从卡洛斯的遗嘱。一开始，这并没有给他在英国造成任何麻烦。当时，处在经济快速增长中的英国显然不愿意自找麻烦来干涉欧洲大陆的事务。对于路易十四放弃分割协约，遵从卡洛斯遗嘱的做法，大多数英国民众都感到欢欣鼓舞。但是，实际上英国国王威廉三世曾经说过，这种一片欢腾的景象令他非常痛苦。他认为，"和以往一样愚蠢"可以很好地概括英国民众的判断力。许多英国议会议员之所以对威廉三世和1700年分割协约嗤之以鼻，部分原因在于这一协约是国王在未与议会商议的前提下直接签订的。此外，遵照卡洛斯的遗嘱似乎可以规避一些风险。人们普遍认为，腓力最终将被西班牙同化，走向法国利益的对立面。威廉三世极力操纵舆论，反对反战主张。最终英国议会推翻了此前的决定，转而支持发动战争。其中的原因可以归结为对法国的恐惧与不信任，而非威廉三世的个人魅力。

接下来，路易十四却一再轻率行动。他显然希望借助与西班牙的密切联系，获得军事防御和经济合作等切实利益。与此同时，根据《里斯维克和约》和《荷西条约》，荷兰人可以在西属尼德兰的防御性堡垒驻防，设置障碍，更确切地说是构成一道警戒线，阻止法国军队入侵联省共和国。但是，消息传来，荷兰人拒绝承认腓力五世成为西班牙国王。路易十四闻讯派兵攻入西属尼德兰，其间在荷兰人的防御性堡垒附近发生了一系列战役。荷兰战败，被迫承认腓力五世的西班牙国王地位，以换回被路易十四俘虏的士兵。

威廉三世虽然极不情愿，但还是于1701年4月承认了腓力五世的西班牙国王地位。路易十四希望法国商人在海外殖民地取代英国及荷兰商人的意图极为明显，以至于引发了一场国际争端。英国和联省共和国发表联合外交声明，声称西班牙帝国的命运应当由利奥波德国王和西班牙人民自己主宰。同时，两国要求法国军队离开比利时，敦促西班牙国王取消针对法国的商贸优惠。由于路易十四占据着军事优势，这些要求在他眼中只不过属于虚张声势。此外，路易十四担心孙子腓力五世在继任王位之后，如果屈从外部压力，甚至包括自己的压力，会导致民心丧失，乃至爆发国内起义。统治者不能理所当然地认为臣民会服从自己的统治。

然而，事实最终证明，法国国王费尽心机，却让原本微妙的局势变得更加严峻起来。路易十四在17世纪60年代和80年代曾经表现出激烈的好斗性格，现在这一性格再次突显。虽然“太阳王”对领土的胃口有限，但成为欧洲“普世君主”的野心却在包括威廉三世在内的许多君主眼中昭然若揭。他在1701年的所作所为虽然从表面上看合乎法律，实际上却引发了欧洲其他国家的信任危机。

西班牙王位继承的纷争并不仅限于此。1701年春，奥地利国王利奥波德对西班牙不宣而战，派遣国内最为杰出的指挥官萨伏依亲王欧根率军攻入意大利境内的西班牙领地，企图占领这些土地。也就是说，利奥波德挑起了西班牙王位继承战争。此外，利奥波德成功恢复了与军事强国的战时大同盟关系。根据1701年9月签订的条约，比利时和西班牙在意大利境内的领地应转交给奥地利的哈布斯堡家族；此前，英国和荷兰在西班牙王国享受的贸易特权因受到法国的威胁而被迫取消，现在这一特权也得以恢复。大同盟条约做出了这样的预测：想要阻止两大波旁家族联合起来征服欧洲，一场战争将在所难免。然而，在诸多同盟国当中，只有奥地利国王利奥波德采取了实际行动，力图改变伊比利亚半岛的现状。他宣称，西班牙国王的所有遗产都应该由他的小儿子查理继承；同时，他私下表示，尽管分割西班牙也许在所难免，但奥地利获得意大利境内西班牙领土的决心不会动摇。1701年年末，普鲁士王国也加入了大同盟条约。

此时，大部分争议领土处在路易十四和腓力五世的控制之下。意识到这一点后，路易十四对可能爆发的战争充满信心。他不必再次派兵入侵西属尼德兰，就能将那片土地纳入波旁家族的势力范围。历史书中充斥着各类事例，从中我们不难发现路易十四和他的大臣们是多么低估即将爆发的这场战争的难度。1672年，路易十四尚未入侵荷兰，便犯过过分轻敌的错误。1701年至1702年，交战双方都未能料到，即将参与一场异常艰难和血腥的战争。正如1914年“一战”爆发时那样，几乎没有人能够预料到，一开始的敌对状态将引发如此巨大的灾难，甚至那些所谓的“战胜者”也是如此。

路易十四和孙子就基础性问题达成了一致。英国、荷兰和奥地利则各有主张。荷兰希望能够在战时继续与敌对国开展贸易活动，同时将英国海军在维哥湾海战中从西班牙人手中缴获的财物都归到本国商人的名下。而英国则视战时贸易活动为趁火打劫。此外，荷兰人还怀疑英国盟友企图在地中海和西印度群岛攫取不正当的商业利益。如何在比利时重建战略堡垒是荷兰最为关心的问题。因为在商业和港口等方面的意见存在分歧，荷兰和英国发生了激烈的争执。各同盟国对作战计划的安排也莫衷一是。荷兰政治家认为，英国首席指挥官兼安妮女王政府官员马尔伯勒公爵的大胆计划将使同盟国在一天之内便输掉战争。

让路易十四没有料到的是，伴随战争而来的是许多超出他预期的难题。波旁家族的计划在意大利宣告失败；1706 年，路易十四被迫将军队从意大利转移到其他战场。奥地利人借此机会控制了米兰，继而最终占领了那不勒斯。西班牙战场的局势一开始也不容乐观，法国的财力仅能够勉强维持路易十四的孙子在马德里的开销。1704 年，路易十四在布伦汉姆战役中才意识到法军在德意志战场前线所面对的对手非常强劲。

在 17 世纪，衡量一个国家是否有能力发动战争的标准很大程度上取决于这个国家的经济实力。早期的欧洲现代国家并没有足够财富可供政府支配。以法国为例，路易十四发动的一系列旷日持久的战争，比如荷兰战争和西班牙王位继承战争，耗尽了政府的一般税收收入 *。财政大臣不得不增设税目种类和方式，以缓解捉襟见肘的财政状况。毫不夸张地说，法国国王下令对一切没有长翅膀、不会飞走的实物征税，并宣布他有权借用、抵押和出售这些物品。

早在 1673 年，法国国王便下令组织工人加入行业协会。然而，这只是表面上的意图，其实际目的在于劝说工人购买政府规定的免税商品。九年战争（Nine Years' War）† 刚一打响，法国政府便急不可耐地公开售卖巴黎行业协会中的高级官职。法国政府数十年来一直公开卖官鬻爵，将获得的资金用以弥补财政空缺。可供出售的官职种类繁多，从握有实权的法官、高级财政官员职位到街头公告员、测量员（负责称量谷物、盐和木炭的重量）等低级官职应有尽有。法国政府曾向民众征收“泥浆和路灯税”，用以清扫巴黎街道，并在街道两旁装置路灯。然而，路易十四的政府官员甚至携带这笔税收所得资金潜逃。战争为法国政府提供了充足的官职可供贩卖。不仅如此，政府还强迫所有现任官员将已有职位全部买下，以免他们和后来担任同一职位的官员分担费用。

英国政府也被迫举借外债。英格兰银行（Bank of England）作为向政府发放

* 一般税收收入，相当于现代税收中的一般预算收入，指通过一定的形式和程序，有计划有组织并由国家支配的纳入预算管理的资金。——译者注

† 九年战争即大同盟战争（1688—1697），荷兰、神圣罗马帝国哈布斯堡王朝、英国和西班牙等国组成大同盟联合对抗法国在欧洲的大规模扩张行动。——译者注

贷款的专门机构，为英国政府提供了比法国更为坚实的财政基础。这也成为英国在西班牙王位继承战争中崛起的重要原因之一。

英法两国政府在1688年至1714年的战争期间都曾尝试采用基于概率的金融工具。从1694年开始，国有投注站成为英国的常设机构。另一些彩票投注站也分别于1697年和1710年开始营业。在接下来的一个多世纪里，无论战争时期还是和平年代，彩票开奖几乎成了一年一度的娱乐庆典。法国国王早在1693年便开始出售养老金保险。人们只要支付一定数量的金钱购买这种养老保险，便可以终生获得规定数量的收入。1700年，路易十四设立了第一家公共彩票投注站；此后，这种投注站逐渐演变为一种半固定的机构。然而，这些措施仍无法阻止法国的财政状况在接连的战争中愈加恶化。战争刚结束，接踵而来的便是严酷的寒冬和不断飙升的粮食价格。政府被迫支付巨额开支，1709年也成为法国在1789年之前所经历的最为艰难的一年。

法国被马尔伯勒公爵和欧根亲王联合发动的战争打得措手不及。路易十四低估了英荷联军在东北方向前线上的强大军事力量。马尔伯勒公爵率军接连攻克法军的防御工事，路易十四的军队被迫转为防守。更加糟糕的是，法军的盟友逐渐退出战争。科隆（Cologne）首先退出战争；1703年，萨伏依公爵和葡萄牙国王也通过外交手段终止了和法国的盟友关系。后者的背叛恰逢海上强国英国的野心迅速膨胀，因此所造成的影响也比表面上要严重得多。英国外交家约翰·梅秀因（John Methuen）指出，葡萄牙最终加入“反法阵营”的原因在于英葡之间的若干协定。英国为了确保葡萄牙免受波旁家族的报复，同意支持查理大公继承西班牙王位。颇具讽刺意味的是，这一承诺却招致奥地利哈布斯堡家族的厌恶。其原因在于，查理大公即位很可能促使英荷联军的注意力转移到西班牙而非意大利，而维也纳政府的核心利益却在意大利。因此，哈布斯堡家族期望海上强国英国不要兑现承诺。一些英国人认为，哈布斯堡家族统治西班牙之后，将比波旁家族对英国做出更多的商业让步。更为确信的一点是，若将“没有西班牙，就不停战”作为战争的首要目标，最终的和平局面将变得扑朔迷离。我们可以从第一次世界大战中得出类似的结论，对立国获得领土的欲望一旦超越了其他战争目标，冲突便不可避免。

1704年，英葡协议签订后不久，英荷联军便占领了直布罗陀巨岩（Rock of

Gibraltar)。几十年之间，古代的“罗马帝国内湖”变成了“大不列颠内湖”。至此，法军舰队再也无力在地中海对英国构成任何威胁。

同年，法国遭遇了一场军事灾难。荷兰民政长官在见证了较早前战争的巨大威力之后，对马尔伯勒公爵的高风险作战计划备感焦虑，并极力劝说他停止攻击性行为。1704 年，马尔伯勒公爵不顾民政长官的劝说，向路易十四的德意志盟友巴伐利亚发动了一系列进攻，成功将 3 万大军从西属尼德兰调遣至多瑙河一线。在当时，这可谓不可思议的壮举。马尔伯勒公爵联合奥地利盟友欧根亲王在多瑙河一线对法国发动了突袭。联军的火力掠过城堡和要塞，直指位于布伦海姆（Blenheim）的巴法联军军营。马尔伯勒公爵和欧根亲王共损失了 5.5 万士兵中的 20%。法国和巴伐利亚的损失更为惨重，死伤和失踪士兵占 6 万士兵总数的三分之二。在这场战争中法国一败涂地，至此，它从巴伐利亚和德意志莱茵河以东永久撤军。

布伦海姆战役之后，荷兰一度严格监管马尔伯勒公爵的行动。然而，1706 年，马尔伯勒公爵在西属尼德兰的拉米伊战役 * 中再度重创法军，迫使法国将军事力量移至意大利。路易十四原本期望打赢拉米伊战役，以弥补法军在布伦海姆战役中的损失，并迫使对手接受和谈。然而，事与愿违，马尔伯勒公爵率领 6.2 万大军横扫战场，将 6 万法军打得溃不成军。法国的要塞相继失守，路易十四被迫将军队撤离西属尼德兰。仅仅在一个夏季之内，法军及其盟军就接连被逐出意大利和西属尼德兰。而此时，查理大公正准备自立为王，自称卡洛斯三世（Carlos Ⅲ）。

1707 年，波旁军队重新攻占比利时，逐出荷兰军队。当地居民一片欢腾。然而，1708 年，奥德纳尔德会战（Battle of Oudenarde）给法军上了一课，让他们懂得比利时不容侵占。盟军为了迎击法军，在不到 60 小时之内行军 50 英里，在当时可谓了不起的军事成就。此外，在奥德纳尔德会战中，双方军队没有采用定位进攻战术，而是在绵延两英里的前线上流动作战。法军在会战中失利，同年 12 月，盟军攻占了法国边境的里尔（Lille）† 堡垒。

路易十四迫切期望恢复和平状态。然而，1708 年至 1709 年，法国却迎来了

* 拉米伊战役（Battle of Ramillies），西班牙王位继承战争中，马尔伯勒公爵战胜法军的一次战役。这一胜利导致英荷联盟占领西属尼德兰的整个北部和东部地区。——译者注

† 里尔（Lille）现为法国北部的经济、文化、教育与交通中心，法国第四大城市。——译者注

18 世纪战况最为糟糕的一个冬季。死伤和逃走的士兵数量激增，法军人数锐减。1709 年，巴黎爆发粮食危机，面包价格飙升，军粮也同样短缺。盟军指挥官考虑率军向凡尔赛宫挺进，借此逼迫法国求和，也即现代战争中的“无条件投降”。通常情况下，交战双方经由协商而达成基于若干条件的和谈协议，双方一般都会在协议中做出让步和妥协，各有得失，以求结束敌对状态。而盟军在 1709 年的和谈中却丝毫不肯做出让步，和平协议初定四十项条款，其中第三十四项条款不仅要求西班牙现任国王腓力五世（Philip V）退位，而且规定路易十四必须为罢黜腓力五世提供资金和兵力。路易十四向法国人民宣布国家进入了紧急状态；为了激发法国人民的爱国热情，他还向民众详细解释了盟军在协议中提出的侮辱性条款。这种做法在 18 世纪相当罕见。著名历史学家约翰·科温·儒勒（John C. Rule）这样写道：“路易十四的举动可能会同时‘挽救’西班牙和法国王室。”

1709 年，法国表示为了重获和平，愿意付出一切代价，甚至包括放弃 1648 年在《威斯特伐利亚和约》（*Peace of Westphalia*）* 中的既得利益。法国甚至表示，腓力五世可以放弃西班牙王位，前提是保证他拥有的意大利领土不受侵犯。可是，为何盟军得知之后没有欣喜若狂呢？难道他们没有意识到和谈协议的内容不切实际，甚至可以说毫无意义吗？很显然，盟军一开始误认为路易十四会接受它们提出的所有要求。马尔伯勒公爵和欧根亲王最终意识到和谈协议的条款过于严苛；虽然这样，一些民意领袖却坚持提出更为不切实际的要求。他们在英国叫嚣“没有西班牙，就不停战”。1705 年，约瑟夫从父亲利奥波德手中接过奥地利王位，并坚决要求弟弟查理入主马德里。1709 年 9 月，马尔普拉奎特战役爆发，表明双方均为和谈破裂付出了巨大代价。

同年 7 月，法军东北战区司令维拉尔元帅（Marshal Villars）示意路易十四，军中的面包储备已经不足以维持长期作战，法国必须尽快做出选择，要么接受和谈协约，要么向敌人开战。

路易十四选择了后者，马尔普拉奎特战役爆发。这场战役的胜利一方付出了极大代价。马尔伯勒公爵和欧根亲王虽然是名义上的胜利者，但战争带来的创伤却让盟军无力再次取得类似战争的胜利。

---

* 法国在《威斯特伐利亚和约》中获得了哈布斯堡家族的部分奥地利领地，洛林内梅林、图尔、凡尔登这三个主教区，以及除斯特拉斯堡之外的整个阿尔萨斯。——译者注

俯瞰那时的西属尼德兰国土，我们可以发现一条长长的防御战线。法军在这条战线上设置了许多堡垒、战壕和多面堡来防范敌军的突然袭击。在马尔普拉奎特战役中，维拉尔元帅率领 6.5 万人的军队迎击盟军的 7.5 万人大军时，在盟军前进道路上挖出了一条长长的战壕，在战壕周围设置了多个野外堡垒和炮台。盟军认为这种安排将增加突围成功的机会，以便攻占巴黎，迫使法国接受和谈。面对盟军从左侧翼发动的攻击，法国步兵有序后撤。同时，他们向战壕周围方圆 50 步以内密集发射炮弹。描述 18 世纪军事策略的文章有时会让读者认为那时的作战不过是一种庄严的舞步。然而，马尔普拉奎特战役绝非如此，其惨烈程度远胜 1812 年博罗迪诺战役（the Battle of Borodino）* 爆发前欧洲发生的所有战争。荷兰在马尔普拉奎特战役中损失惨重，作战的两个营的士兵人数都从 1500 人减少到 50 人。荷兰军队不顾损失惨重，仍顽强作战，突破了法军的外围工事，将军旗插在敌军的木栅之上。荷兰军队紧接着突破了法军的第二道木栅，与法军步兵部队发生正面冲突。最终，法军在战争结束时收齐武器，平静撤退。荷兰军队则筋疲力尽，无力追击。据估计，盟军死伤 2.05 万多人，法军损失 1.5 万人。如果按照另外一种估算方法，盟军死伤 1.5 万人，法军损失 1 万人。无论如何估算，如此强度的战争都是 18 世纪的欧洲国家所无法承受的。

40 年前，路易十四开始拆除首都巴黎的古旧城墙和堡垒，准备修建一条环绕城市的大道，即我们今天所说的环形公路。1709 年，巴黎在这条环城大道的保护下安然无恙，那些荒废的堡垒自然也无人怀念。战争可能继续，但马尔伯勒公爵却再也不会参与如此激烈的战争。

直到 1710 年春，双方和谈仍没有取得任何进展。盟军坚持要求路易十四承诺在必要的情况下使用武力，将他的孙子逐出西班牙。路易十四拒不接受这一要求，在孙子继承西班牙王位的问题上也不愿意做出任何让步。此外，腓力五世的众多支持者不满于盟军对待天主教会的态度。1710 年 12 月底，腓力五世在法军的帮助下，基本控制了西班牙全境。

反观法国东北战区前线，盟军拥有明显的军事优势。盟军在夺取法国军事城堡的过程中极力避免与法军发生正面冲突。路易十四修筑的那条长长的防御线一

* 博罗迪诺战役，1812 年 9 月 7 日，在俄国的卫国战争中，俄法两军所进行的一次规模最大的战役，结果是双方均损失惨重。俄军达成战略目的，战争主动权逐渐转移至俄军方面。——译者注

直延伸到法国北部的皮卡第海岸，一端是长达10英里的土木工事，另一端是围绕陆地修筑的防洪大坝。1711年8月，马尔伯勒公爵突破了这条号称“军事工程学杰作”的防御线。他将这次突围视为自己一生中最伟大的军事成就。然而，4个月之后，这位杰出的军事指挥家在英国国内政变中被解除了职位。

显然，战争让双方军队都筋疲力尽。20世纪的民主国家也许能在战争期间承受财力物力上的巨大消耗，但在18世纪，君主制国家的国王和寡头政治都无力承受这样的消耗。除此之外，荷兰因战事不得不在国内征收重税，国内商业贸易随之衰落。荷兰为了和英国结盟，迫使西班牙在商业上做出让步，并获得西属尼德兰境内的若干城镇，愿意付出一些代价。英国也同样需要和平。1709年，粮食价格飙升；“马尔普拉奎特”成了血腥战争的代名词，令许多人闻之生恨；当时的执政党辉格党因强制征兵和带来战争造成的各种消耗，在民众中的支持率下降；反对党托利党则倾向于用和谈结束战争。

机遇很快降临。1710年3月，一些托利党人与法国外交部长托尔西间接进行交流。同年8月，安妮女王手下的大部分辉格党人被免职，将注意力集中在大英帝国海外殖民地而非欧洲大陆的托利党人开始频繁出现在政治舞台。1710年8月，英国下议院举行大选。托利党凭借反对在非必要情况下延长战争的主张赢得了多数选票。他们主张放弃辉格党人一贯坚持的苛刻和谈条件，例如要求哈布斯堡家族继承西班牙王位。最后，交战双方都准备进行正式和谈。但是，就在这一时刻，奥地利大公约瑟夫的逝世又一次打破了欧洲平衡。约瑟夫一世逝世后，由他的弟弟查理大公继承王位。查理大公同时成为神圣罗马帝国皇帝查理六世、奥地利大公、匈牙利国王和波希米亚国王。如果盟军的主张得以实现，他将同时成为西班牙国王。托利党认为，英国没有必要为恢复如查理五世（1519—1556）般“世界君主”的地位而战。

英国一方面继续与法国和谈，一方面维持着与盟军的同盟关系，对外宣称法国单方面提出了和谈要求。1711年10月，英法初步签订和谈协约。1712年年初，双方商定在荷兰小镇乌得勒支召开和谈会议。路易十四对和谈会议表现出了强烈的兴趣。他不仅关注和平谈判所涉及的实质性问题，还仔细研究了各国大使在谈判桌前的座次安排，每位大使允许携带的马匹数量，以及与会者的称谓等问题。

盟军一方将乌得勒支的和谈会议弄得剑拔弩张。英国外交部长博林布鲁克子爵毫不掩饰对奥地利的鄙视；相反，他虽然曾谴责法国的态度“连对待商贩都不如，甚至像对待辩护律师”，但仍与法国交好。直到1712年，英国政府仍佯装继续与法国交战，暗中却命令部队力避冲突。这一密令后来不慎被盟军获知。1712年7月，法军在德南战役中获胜的时候，英军已经主动从战场撤离。

会议持续了1年零3个月，英国、萨伏依、葡萄牙、普鲁士和联省共和国与法国签订和平协约，乌得勒支会议结束。当时英国本土和北美殖民地仍采用旧历，而非1582年颁布的格里历。按照旧历，和平协约签订的真实日期为1713年4月11日至12日。但据称，一些签约国为了避开旧历愚人节，故意把签署和约的日期往后改写。毫不奇怪，神圣罗马帝国国王查理六世奋起抗争，拒绝接受全部条款。但他最终做出让步，于1714年同意签署《拉施塔特和约》（*Peace Treaty of Rastatt*）和《巴登和约》（*Peace Treaty of Baden*）。

《乌得勒支和约》《拉施塔特和约》和《巴登和约》的签订使得欧洲三大强国之间的力量对比重新达到平衡。法国依旧是老牌强国。英国设立了英格兰银行，获得了直布罗陀海峡、纽芬兰和新斯科舍，经济实力和军事实力均迅速壮大。此外，英国还取得了奴隶贩卖许可证，每年可以向西班牙在北美的殖民地贩卖约4800名奴隶。但是该许可证并没有为英国带来太多实际收益。和约签订之后，奥地利成为欧洲第三大强国。1699年，奥地利从土耳其人手中收回了匈牙利，同时获得了比利时、那不勒斯和米兰。1718年，奥地利国王查理六世才被迫承认腓力五世西班牙国王的地位。

《乌得勒支和约》在许多重要方面与1701年的大同盟和约类似，它承认了哈布斯堡家族在西属意大利和比利时的合法地位，但保留了腓力五世的西班牙王位和北美统治者的位置。分割西班牙成了不可避免的最终结果。如果一开始双方就采取更为负责的态度进行外交斡旋，即使无法规避战争，也可以将战争的风险降至最低。欧洲在10年间耗费了大量资源，终于达成了一项类似1701年大同盟和约的解决方案。

安德鲁·特劳特（Andrew P. Trout）

安德鲁·特劳特（Andrew P. Trout），印第安纳大学东南分校历史学荣誉教授，在圣母大学获得博士学位。主要著作有《塞纳河上的城市：黎塞留和路易十四时代的巴黎》（*City on the Seine: Paris in the Time of Richelieu and Louis XIV*，1996）和《让－巴蒂斯特·柯尔培尔》（*Jean-Baptiste Colbert*，1978），并与他人合作撰写了多篇关于公共财政问题的文章。

第二十六章

大不列颠第一帝国（1701—1763）

中国同时期：清圣祖爱新觉罗·玄烨—清高宗爱新觉罗·弘历

概　述

自 15 世纪中叶起，西班牙和葡萄牙两国的航海者进行了一系列风险极高的海上冒险活动，他们在旅途中发现了一片片令人眼花缭乱的土地，以及生活在那些土地上的原住民。这些冒险成为欧洲波澜壮阔的殖民探险时代的开端。在探险与殖民活动上，西班牙和葡萄牙自然是一马当先，数十年间便建立了环绕全球的庞大殖民帝国。出于黄金的诱惑，荣耀的梦想和传播基督教的坚定信念，葡萄牙和西班牙的探险家们将旗帜插遍非洲、亚洲和美洲新大陆。但进入 18 世纪后，西班牙和葡萄牙的地位受到了新兴殖民帝国的威胁。法兰西王国和英格兰王国（1707 年《联合法案》签署后，英格兰合并了苏格兰与威尔士，改名为“大不列颠王国”）成为全球最重要的两大殖民势力，这两个国家为了建立殖民帝国而明争暗斗，这场旷日持久的纷争耗去了整个 18 世纪前三分之二的时间，后世的历史学家们称之为“第二次百年战争”。

从地理角度来看，英法之间争夺殖民霸权的战争在三个地区同时进行——北美大陆、加勒比诸岛（或称西印度群岛），以及被称为亚洲次大陆的印度。法国在北美占领了北起圣劳伦斯河（St. Lawrence River）河口，南达墨西哥湾，包括五大湖区（Great Lakes）、俄亥俄河（Ohio River）及密西西比河河谷在内的一大片辽阔的土地。而英国占据着大西洋和阿巴拉契亚山脉（Appalachian Mountains）之间的狭长地带。西印度群岛的几座主要岛屿和一批次要岛屿分属英法两国，法国占领了马提尼克（Martinique）、瓜德罗普（Guadeloupe）和圣多明各（St. Domingue，即海地），英国则据有牙买加和巴巴多斯（Barbados）。英法两国在17世纪对印度的渗透都未能完成。17世纪末，法属东印度公司在印度东南海岸的本地治里（Pondicherry）和东北海岸的金德讷格尔（Chandernagore）分别建立了贸易站。英国则针锋相对，命令英属东印度公司在马德拉斯（Madras）和加尔各答（Calcutta）建立了贸易据点。

盛行于当时的重商主义思想将英法这两个截然不同的庞大殖民帝国联系在一起。按照重商主义理论，一个殖民地国家对于宗主国有几种主要好处，其中最重要的好处之一，就是殖民地可以提供宗主国无法生产的产品，例如烟草之类，这样，宗主国便无须从海外进口这些产品。如果殖民地生产金银的话，那就更好，因为重商主义者衡量一个国家经济实力的标准便是金银的多寡。重商主义者还视殖民地为宗主国产品的最佳销售市场，他们限制殖民地对宗主国产品（如布匹和铁器）的进口，希望以此来刺激本土经济的发展，或者至少为过剩产品寻找一个倾销场所。重商主义的固有特性之一便是原材料和成品的流动，这种流动促生了一支规模庞大、生意兴隆的海上商船队，这支船队垄断了宗主国和殖民地之间的贸易运输。

英法两国在北美的殖民地有着明显不同。法国占有的土地多于英国，但英国殖民地的人口密度却高于法国。18世纪中叶，法属北美殖民地的定居者还不到5万人；而英属北美殖民地虽小，其人口总数却是前者的40倍。费城是当时世界第二大英语城市，仅次于伦敦。英国国内的过剩人口都渴望移民北美，而法国人普遍对前往新大陆毫无兴趣。另外，新法兰西殖民地经济基础不牢，主要依赖和当地印第安人之间的零星贸易；而英属北美殖民地的经济随着农业、贸易、工业和商业的发展而日趋繁荣。英属殖民地居民的生活比他们的法国邻居们更为独立自主，这一点在不久之后令他们的宗主国深感切肤之痛。

和北美殖民地不同，英法两国在西印度群岛的殖民地情况相似度更高。庄园主们遥控着大型种植园的生产，保证咖啡豆、靛蓝和烟草等诸多热带产品的稳定供应，欧洲市场对这些产品的需求量很大。最有力的证据便是食糖的需求。18 世纪的欧洲人嗜糖成瘾，他们对甜品的热情经久不衰。1713 年至 1792 年间，英国进口了价值 1.62 亿英镑的商品，几乎全都是糖——产地为英属西印度殖民地，远高于从印度和中国进口商品的价值总额。仅在牙买加一地，食糖的年均出口额就达 65 万英镑。食糖最大的产地海地属于法国。难怪加勒比海上的这些岛屿会被冠以“帝国明珠”之称。

生产食糖需要大量劳动力。为了打理加勒比海诸岛的甘蔗田，并发展英属北美殖民地的种植园经济，英国从非洲贩运了大量黑奴。18 世纪时，至少有 6 万黑奴运往牙买加。而据不完全统计，在整个 18 世纪，有数以百万计的黑奴被贩运到美洲新大陆。

黑奴的重要性令所谓“三角贸易”日益繁荣。法国和英国都在从事三角贸易，但后者在奴隶贸易中占据了支配地位，影响力也更大。三角贸易的三个顶点分别是非洲、美洲新大陆殖民地和欧洲。这种贸易的一般模式如下：满载商品的船队从欧洲出发前往非洲西海岸，在那里用产品交换奴隶；然后奴隶们被运往新大陆出售，贩奴者会获得一笔丰厚的利润；接着商船会采购大量原料——很多时候是糖——然后从殖民地港口出发返回欧洲；这些原料会在欧洲出售，再好好地赚上一笔。这种贸易模式会带来数额惊人的巨大财富。

法国和英国在印度的经营方式，和西印度群岛及北美大陆诸殖民地有着本质上的区别。在印度，私人公司会和对宗主国表示善意的土邦组成联盟。英国女王伊丽莎白一世，于 1600 年授权成立了英属东印度公司。这家公司原计划建立在香料群岛（Spice Islands，今印度尼西亚），但未能成功，之后便将目光投向印度。法国紧随其后，路易十四最信任的财政总监让 – 巴蒂斯特 · 柯尔培尔于 1664 年成立了法属东印度公司。之后多年，法属东印度公司一直笼罩在英国同行的阴影下。

无论法国还是英国，在印度经营的规模都十分有限，一般都是几家工厂，或是几座沿海的小型贸易据点。印度和北美荒原是不一样的，这里人口稠密，有着历史悠久且高度发达的文明，政治和经济结构也相对完善。欧洲商人们只有得到当地印度统治者的允许才能开办工厂，而贸易的最大麻烦，就是印度人对来自欧洲的商品并不感兴趣。欧洲从印度进口了大量价格便宜的棉布，却只能用白银来支付，因为印度对欧洲商品的需求几乎为零。18 世纪初，随着莫卧儿帝国

（Mughal Empire）的崩溃，欧洲和印度的关系也随之发生了转变。在之后的动乱中，法属东印度公司总督约瑟夫·迪普莱（Joseph Dupleix）开始干涉当地内政，他先是支持一位印度王公，然后又支持另一位。这种策略需要耗费大量金钱。从杜布雷那里获得资助的王公们大权在握后，作为回报，准许他的公司拥有重要的贸易特权。英国人的反应稍慢了一步，但在罗伯特·克莱武（Robert Clive）的领导下，英属东印度公司采用了和杜布雷相同的策略，并取得了惊人的成果。

英国和法国在18世纪打了几场旨在争夺殖民霸权的战争，战斗不仅在殖民地进行，欧洲大陆上也爆发了更大规模的军事冲突。按照以往的作战方式，英国会与某个欧洲大陆国家结盟，然后予以大量支援，让盟友把法国拖在欧洲，以腾出手来在殖民地行动。在七年战争（Seven Years' War）期间担任英国首相的老威廉·皮特（William Pitt）成功实施了这一策略，英国与普鲁士结盟后，皮特恰如其分地描述了自己当时的感受——"我在德意志赢得了加拿大。"

18世纪殖民争霸战的首场是西班牙王位继承战争，这场战争是大英帝国的奠基礼。《乌得勒支和约》的签订结束了这场战争，按照该条约的规定，纽芬兰和新斯科舍等原属法兰西王国的殖民地割让给大不列颠王国。法国方面还不得不将具有争议性的哈得逊湾地区交给英国。此外，英国还从法国的盟友西班牙那里获得了另一份和约，西班牙的殖民地市场从此向英国敞开了大门。

殖民争霸战的第二场是奥地利王位继承战争。这场战争结束的标志是1748年签订的《亚琛和约》。虽然条约内容当中没有关于领土的变动，但英国依然在战争中确立了在海上以及大多数殖民地世界中的霸权。

殖民争霸战的第三场，也是规模最大的一场战争在1756年爆发，直到1763年《巴黎和约》（*Peace of Paris*）签订之后才宣告结束，又名为"七年战争"。法国战败，被迫将密西西比河以东的所有土地割让给英国，加拿大也被英国占领。法国在密西西比河以西占有的土地则交给西班牙。这场战争将法国完全逐出了北美，虽然法国没有向英国割让更多的土地，但显而易见，大不列颠帝国正在崛起，而法兰西帝国则日趋衰落。

这个结论的另一个证据便是英国在印度的胜利。七年战争爆发后，克莱武领导下的英属东印度公司对曾经支持法国的印度王公们发起了进攻，由于英国掌握了制海权，法国无力对其印度盟邦进行有效支援。在1757年的普拉西战役（the

Battle of Plassey）中，克莱武消灭了法国在孟加拉地区的主要印度盟友，并扶植一名亲英国的印度王公统治孟加拉。此战之后，英属东印度公司成为富庶的印度孟加拉邦的幕后统治者。

英国花费了整个 18 世纪三分之二的时间，在世界范围内确立了殖民霸权。在此过程中，英国不仅取代了西班牙和葡萄牙这两个老牌殖民帝国，而且还打垮了自己的主要对手法国。但没过多久，美国独立战争（American Revolution）便爆发了，不列颠第一帝国的地位岌岌可危。

历史评论

长期以来，历史学家们认为 18 世纪是“英国风格”首次亮相的时代，这种风格富有特色，它是英国国民发自内心的国家认同感。“光荣革命”（1688—1689）结束了英国国内关于宗教信仰和政府组织形式的纷争，18 世纪便成为英国历史上一个相对和平的时代。出于对舶来文化（尤其是法国文化）带有民族主义色彩的排斥感，英国的作家和艺术家们开始尝试着表达英国文化的独特之处，例如威廉·荷加斯（William Hogarth）的绘画，亨利·菲尔丁（Henry Fielding）的小说和塞缪尔·约翰逊（Samuel Johnson）的英文词典。

18 世纪的英国人在塑造自己的民族特性与文化时，一直试图摆脱欧洲大陆的影响，其程度大小至今尚不清楚，不过新生的英国风格源于对某种异国风格的吸收与转化，即帝国式作风。总体来看，帝国式作风带来了不少好处，它为英国提供了新的财富与繁荣，并使 18 世纪英国的文化革命成为可能。商业革命和 18 世纪末开始的工业化，都依赖于英国本土和殖民地之间贸易网的扩张。甚至在新型英国文化的细枝末节中，研究者们依然能够发现帝国式风格影响的证据。塞缪尔·约翰逊是咖啡馆的常客，他杯中的咖啡和烟斗里的烟草都来自帝国殖民地。英国人茶里放的糖是从帝国殖民地运来的，泡茶用的茶叶也是在帝国殖民地生产的。

在研究 18 世纪英国的急速崛起时，我们应当关注的不仅仅是荷加斯和菲尔丁为使英国文化摆脱法国和意大利文化影响所做的努力。我们还应该看到，有些事实是荷加斯和菲尔丁避而不谈的：英国风格之所以能成形，归功于无数从非洲西海岸贩运到加勒比海和南美的黑奴；归功于那些为英属东印度公司提供布匹、香料和茶叶的中国人和印度人；也归功于那些背井离乡漂洋过海的英国人，他们或在爱尔兰定居以减少不列颠岛无地可种的人口，或前往北美开拓新的生存空间，同时将当地的原住民逐出家园，向新大陆的西部驱赶。

冰冻三尺，非一日之寒。大英帝国的起源可以追溯到伊丽莎白时代，那时英国正和西班牙以及葡萄牙在探险和征服上进行角逐。早在18世纪的开端，不列颠第一帝国的轮廓与构架便已基本成型。

17世纪爱尔兰天主教会引发的叛乱被镇压之后，英国征服了爱尔兰。英国国王詹姆斯一世（James Ⅰ）于17世纪初下令没收叛乱者的土地，分给苏格兰和英格兰移民开辟为种植园。在17世纪40年代，奥利弗·克伦威尔（Oliver Cromwell）对爱尔兰的血腥战争掀起了又一轮土地掠夺，天主教会手中只剩下四分之一个爱尔兰。在1689年至1691年间，爱尔兰支持詹姆斯二世（James Ⅱ）复辟，结果英国议会通过了一系列惩罚性法案，严格限制天主教集团的政治影响力和土地所有权。

在北美大陆，东部沿海地区（今日的美国）的开拓和定居活动也在17世纪末大部分完成。整个17世纪当中有大批移民前往北美，他们有的是被试图通过商业性农业经营获利的公司，例如成立于1609年的弗吉尼亚公司所征召；有的是想寻找一块信仰自由的乐土，例如新英格兰的殖民者，他们于1628年获得皇家特许令，在1630年后迁往北美；有的是听了国王为了让经营新大陆的侍臣们高兴而做出的美妙许诺，如1632年马里兰（Maryland）殖民地和1681年宾夕法尼亚（Pennsylvania）殖民地的建立都归功于这些人。17世纪，南方殖民地的种植园经济在奴隶劳动的基础上确立，同时新英格兰也和贩运奴隶的三角贸易融为一体。蓄奴制在殖民地的法律条文中神圣不可侵犯，黑奴的买卖由特批部门所独占，如1663年至1670年的皇家冒险者公司（Company of Royal Adventurers），以及1672年之后的皇家非洲公司（Royal African Company）。在英荷战争中获胜后，英国顺势于1664年夺取纽约，占领了除佐治亚（1732年被发现，作为罪犯流放地，以及英国殖民地和西班牙的佛罗里达之间的缓冲区）和佛罗里达（七年战争胜利后，根据1763年《巴黎和约》，佛罗里达归属英国）之外的北美东部沿海地区。

英国在西印度群岛的拓殖速度和在北美殖民地大致相当，在各方面都参照北美殖民地的模式，依靠皇家专项拨款进行经营。首批英国定居点建立于 17 世纪 20 年代，主要集中在巴巴多斯和背风群岛（Leeward Islands）。在克伦威尔统治时期，英国于 1655 年将西班牙势力逐出牙买加，又过了 20 年，该岛上的英国定居点才得以安定。黑奴第一次出现在西印度群岛，是在英国人开始对该地区殖民的时候。1626 年，大约 60 名黑奴运抵圣克里斯托弗（St. Christopher），20 年后，巴巴多斯的法律承认蓄奴制。到 17 世纪中叶，由于西印度群岛当地的劳动力锐减，来自非洲的黑奴成为劳动力的主要来源。和美国南部地区相似，皇家非洲公司在奴隶供应方面拥有官方垄断权，虽然这份特权实际上并不完善。七年战争爆发后，英国在背风群岛开拓的土地增加了不少，17 世纪时划定的领土界线也开始变动。

英国在非洲的经营方式如下：殖民者沿非洲西海岸建立起一连串贸易站，以便进行奴隶贸易。欧洲其他国家的贩奴者，荷兰人，葡萄牙人，特别是法国人，都在这条海岸线上建立起自己的贸易站。即使在没有贸易站的地方，奴隶交易也在进行。从非洲的角度来看，奴隶贸易建立了更广泛的地理联系，这种联系延伸到非洲内陆和南部；但欧洲人认为，对非洲内陆的探索十分有限，也没有建立多少永久性定居点。18 世纪，英国在大西洋奴隶贸易中占据主导地位，把荷兰与葡萄牙排挤了出去，成为新大陆市场最大的奴隶供应商。即便如此，英国在非洲的经营方式依然变化甚微，贸易据点的数量在增长，但与当地统治者之间的关系却没有提升，甚至连所占的地盘都没有变动。而法国在 1763 年建立的贸易站给当地带来的变化非常明显。

17 世纪，英国人在亚洲大陆和印度次大陆的某些地理要冲位置建立了据点。1600 年成立的英属东印度公司垄断了英国和亚洲之间的贸易，但该公司必须面对来自欧洲强国和亚洲国家的双重挑战。英属东印度公司在广东各港口的贸易活动受到中国方面的限制，在印度尼西亚的生意又因为荷兰而举步维艰，公司的头头们只得将注意力转向印度（法属东印度公司遇到的问题和应对策略基本相同）。

和在中国一样，英国在印度的重要地区建起了工厂和贸易站：首先是印度西北海岸的苏拉特（Surat，1612）；其次是东海岸的马德拉斯（1638）；然后是在孟买（1661），这座城市曾经是查理二世王后嫁妆的一部分；接下来为了提升贸易机会，又选中了孟加拉的加尔各答（1690）。1660 年后，东印度公司开始征召印度人进行军事训练，这些武装人员称为“印度土兵”，职责是保护东印度公司的贸易站。一方面因为莫卧儿帝国崩溃的天赐良机，另一方面为了加强对法国的竞争，英国在印度所扮演的角色出现了戏剧性的转变。但英国所关注的地理区域没有发生变化：17 世纪为英国提供贸易场所的印度城市，在 18 世纪都成了英国势力扩张计划的一环。

从地理位置来看，18 世纪时有两个地区在大英帝国的早期构建中具有决定性意义：地中海和加拿大。地中海地区的直布罗陀（1704 年英占）和梅诺卡岛（1708 年英占）为战略要地，其军事价值远高于殖民价值。这两处军事要地让英国牢牢控制了地中海通向大西洋的出口，这在 18 世纪的一系列战争中为英国提供了极大帮助。

英国在北美所占领的地区当中，只有加拿大到了 17 世纪末还一直没有安定下来。哈得逊湾公司在 1670 年垄断了该地区的所有贸易；新英格兰的渔民也在纽芬兰附近捕鱼。但法国已经在加拿大经营多年，势力稳固，在魁北克和新斯科舍地区都拥有定居点，还控制着几条通向内陆的漫长贸易路线。法国和当地的原住民建立了贸易同盟以保证占领区的稳定，并试图进一步夺取密西西比河西岸的大片土地。1713 年《乌得勒支和约》签订，英国第一次在加拿大站稳脚跟。1763 年，英国在七年战争中胜出，完全消灭了加拿大境内的法国势力。

17 世纪末，大英帝国不但确立了对外扩张的目标，而且完成了帝国内部的关系构架。该构架的基本观点是：帝国是一部商业机器，为宗主国的富强而服务。重商主义学说认为，殖民地是宗主国的经济外延，是大不列颠本土的原料供应地和产品销售市场，这些学说以法律条文的形式写进了《航海条例》（*Navigation Acts*）。1660 年和 1663 年颁布的《航海条例》规定，只有英国船只才能在英国本土和英国殖民地之间自由运送货物，往殖民地运送货物的船只必须首先经过英国本土，之后出台的法令对《航海条例》又进行了补充。大英帝国在其成形的过程中，创建了一套全球性商业系统，因此，管理帝国贸易的重商主义法规旨在保证英国在全球市场的中心地位。

在处理王室和帝国各方面之间的关系时，重商主义的政治功能得到了体现。因为殖民地不管是合资公司开发出来的，还是私人基金垦殖出来的，只有得到皇家特许状才能存在下去。如果得到特许状的公司经营不善，国王便会取代它们，例如 1624 年弗吉尼亚公司关门之后，弗吉尼亚就变成了直辖殖民地。一些公司手中掌握着不同殖民地之间，以及殖民地和本土之间的大量生意，它们的生存仰仗于王室授予的跨地区垄断经营权（如东印度公司和哈得逊湾公司），或是长期固定的经营模式（如皇家非洲公司）。帝国的商业以英格兰为中心，那么帝国的政治自然以英国王室为核心。

英格兰的政治平衡在17世纪当中不断变化，这对帝国统治的实际机制产生了深远影响。议会与国王之间的权力斗争首先造成的结果是内战与过渡期（1640—1660），然后是光荣革命，王室与议会达成协议，后者的权力得到相对提高，这项协议引起诸多不满，后来导致美国独立战争的爆发。特别要指出的是，国王和议会之间的权力制约是光荣革命的产物，它削弱了殖民地立法机构的自治权。1689年之前，殖民地的政治机构在国王或其全权代表皇家总督的领导下运作；现在他们面对的是一种全新的附属关系，一个由国王和议会共同决定的英国。

18世纪，英国政府试图强化对殖民地贸易的控制，殖民地机构发现自己被国王和议会联手边缘化了。值得深思的是，在走向战争和独立之前的最后时刻，北美殖民地的人民回顾了之前抱怨议会对待国王的方式时所做出的政治约定。殖民地政府和英国政府之间的公开冲突在18世纪达到顶峰，但早在几十年前，1688年到1689年的政治协议就已经埋下了冲突的祸根。

不列颠第一帝国花了数个世纪才初具轮廓，18世纪这区区百年却让它走向巅峰。我们不禁要问：是什么在18世纪发生了改变？答案包括两方面。首先也是最明显的，就是规模大小的显著变化，帝国商业网的扩张、大西洋奴隶贸易和英国本土居民向殖民地的迁徙，在18世纪前便已存在，但1700年后，这些交易活动的数量与规模呈爆炸式增长。政府维持帝国的开销也越来越大，特别是军费支出。其次是巩固措施的推行，部分原因是帝国实力的增长，从西班牙王位继承战争到七年战争，都在为帝国开拓生存空间，这一系列欧洲战争也是导致巩固措施出现的主要原因。为了应对这些战争给帝国带来的威胁，英国政府试图集中手头的权力来管理整个帝国。这种巩固措施不但抑制了帝国的活力，而且播下了导致帝国毁灭的种子。

从殖民地生产的各种日用品的消费水平上，可以衡量帝国企业规模的明显变化。食糖是一个经典的例子。理查德·谢立丹（Richard Sheridan）在《糖和奴隶制》（*Sugar and Slavery*）一文中进行了估算，1700年英国从西印度群岛殖民地进口了 2.8 万吨食糖，到了 1775 年便猛增至 11.2 万吨以上；75% 的糖供家庭消费。不断增长的食糖需求，使西印度群岛的农业日趋单一种植化。

食糖需求量的增长令黑奴的需求量直线上升。还有另外几种因素，也在促使英国奴隶贸易规模扩大，最有名的便是贩奴特许证。这是 1713 年《乌得勒支和约》所提供的便利，该条约允许英国向西班牙领地输送奴隶。更简单的原因是，英国对海洋的控制越来越强，使之成为最值得信赖的交易者，以及最讲信用的国家。

贩运奴隶时，计算当前奴隶的数目可不太容易，但据菲利普·柯廷（Philip Curtin）估计，约有 950 万黑奴在那段危机四伏的中间航程上活了下来，这个数字得到了大多数人的认可；但根据另外一些人的估算，存活的奴隶人数还要翻倍。贩奴贸易延续了 4 个世纪，18 世纪时大约有一半的奴隶能活着到达目的地。理查德·谢立丹估计，从 1627 年到 1775 年，英国仅贩运到西印度群岛的黑奴就达 150 万，更多的奴隶则运往北美殖民地及其他国家的领地；82% 的奴隶是在 1700 年后被贩卖的。

大量奴隶劳动力涌入，其影响首先反映在蓄奴殖民地的人口比例上，在西印度群岛尤为明显。约翰·麦卡斯克（John McCusker）和拉塞尔·梅纳德（Russell Menard）在《英属美国的经济》（*The Economy of British America*）一书中指出，在 1650 年，西印度群岛的奴隶数量仅占当地人口的 25%，1700 年增至 70%，到 1770 年则是 91%。美国殖民地的变化没有这么明显，不过在深南部（该地区的主要产业为农作物出口，和西印度群岛差别不大），奴隶比例从 1700 年的 18% 上升至 1770 年的 45%；在上南方，1770 年的奴隶数量是 1700 年的 3 倍，占当地人口的 39%。

这些数字意在表明，各殖民地人口并未出现普遍的快速增长。麦克卡斯科和梅纳德也列出了以下数据：1700 年的北美殖民地有 26 万名定居者，1770 年增至 210 万。即使在 1713 年被英国收购的加拿大各省，英国居民的人数到了 18 世纪中叶也不过 200 万左右，法国定居者仅有 7 万。人口的增长意味着贸易规模的扩大。当时殖民地出口额的增长速度双倍于人口的增长速度。同一时期，印度莫卧儿王朝的垮台，特别是 1707 年皇帝奥朗则布（Aurangzeb）去世后，当地的印度人和英国商人都找到了夺权发财的大好机会。关于该时期和印度的贸易，菲莉丝·迪恩（Phyllis Deane）和 W. A. 柯尔（W. A. Cole）在《英国经济的增长》（*British*

Economic Growth）一书中有如下记载：1700 年至 1701 年，英国从印度进口货物总价值为 77.5 万英镑，而 1797 年至 1798 年为 578.5 万英镑；出口货物总价值则从 11.4 万英镑增至 164 万英镑。

自从英国学者埃里克·威廉姆斯（Eric Williams）首次将英帝国主义和资本主义与奴隶制工业化的开始联系在一起之后，帝国贸易和英国在工业革命中的领头羊地位之间的关系便一直是热门话题。虽然威廉姆斯的观点遭到了广泛质疑，但帝国贸易的大幅增长对英国工业发展所做出的贡献不可磨灭。帝国政府致力于贸易网的扩张和海上力量的强化，为工业生产创造市场。帝国的财富为英国经济提供了广阔的发展前景，同时也促进了金融和信用体系的发展，这些都是帝国工业化的关键因素。此外，帝国和其久经考验的贸易网为英国的工业化提供资源，例如，纺织业是工业革命早期的领军者，而纺织厂的发展依赖于棉花的进口。

贸易领域的欣欣向荣令整个大英帝国焕然一新，帝国中心和周边地区之间的关系也发生了改变，最有力的证据就是 18 世纪英国国民对战争关注程度的变化。西班牙王位继承战争期间，直到和约签订为止，殖民地居民都对战争漠不关心。奥地利王位继承战争（War of the Austrian Succession）在加拿大、加勒比诸岛、印度和欧洲大陆上同时进行，但和平协议达成之后，殖民地很快就恢复了平静。而七年战争的第一枪在殖民地打响，英法两国于偏远的美洲展开了较量，战火自加拿大烧过美洲荒原，一直蔓延到加勒比海，从非洲西部到印度的广大地区都卷入了战争，战后的和平协议明显改变了殖民地的力量平衡。最后是 1776 年英属北美殖民地的暴动，很快便发展成一场世界性冲突，法国和西班牙都试图和英国在各方面一较高下。1783 年《巴黎条约》确认了美国的独立，但这份和约的签订地点既不是费城，也不是伦敦，而是巴黎。

经过这些战争及帝国疆域的变化，英国政府开始着手巩固本国在领土、商业和政治态度等领域中的地位。这个巩固过程在大英帝国的掌权者们（特别是那些深受重商主义学说熏陶者）总结的一套理论下实施，导致帝国的现有运作方式发生了显著改变。巩固措施所带来的后果在印度和北美殖民地最为明显。

在印度，帝国战争和政治动荡的冲击使东印度公司在该地区的贸易站和商业关系都急需保护，要求英国对日益扩大的印度领地进行直接统治的呼声越来越高。印度的政治动荡也引发了东印度公司首脑们的贪婪，在克莱武于孟加拉战争

（1757—1760）中获胜后更是一发而不可收。从 1660 年英国征召并训练印度士兵开始，到七年战争爆发为止，英法两国的殖民公司对印度内政的直接干涉变本加厉，最初是签署贸易协定，后来则是和当地统治者结盟，扶植自己的代理人上位。18 世纪的印度处于分裂状态，莫卧儿王朝的崩溃无疑给英法两国的干涉创造了更多的机会。

欧洲殖民者对印度政治的干涉有多种方式，而法属东印度公司的总督约瑟夫·迪普莱是个老手，他于 1749 年策划了印度南部卡纳蒂克地区（Carnatic region）的一场宫廷政变。英国的克莱武则支持一位政变的受害者，但在谋略上他远非杜布雷的对手，直到 1752 年，克莱武率军夺取法国占据的阿科特（Arcot），并在迪普莱的全力围攻下一直坚守着这座堡垒。印度南方的问题在外部力量的运作下最终得以解决：法国政府于 1754 年召回迪普莱，并在 1763 年的谈判桌前放弃了这位总督为法国夺取的所有利益（法国的势力也大部分退出印度）。

克莱武在和迪普莱的交手中受益匪浅，之后他远赴北方的孟加拉。1756 年，孟加拉的新任纳瓦布（行政长官）西拉杰（Siraj）攻击东印度公司在加尔各答的定居点，克莱武于 1757 年击败西拉杰，并和其结成军事同盟。但克莱武用重金收买了西拉杰手下一名名叫米尔·贾法（Mir Jafar）的将军，支持他发动宫廷政变，并以武力协助他掌权，直到 1760 年克莱武本人返回英国。米尔·贾法对东印度公司的首脑们报以厚礼，并给予公司各种特许权，讽刺的是他连日常政务和私人买卖都交给公司代表来打点。

克莱武离任之后的 5 年中，东印度公司内部的政治纷争、贪污和管理不善令英国政府面上无光，于是在 1765 年，克莱武重返印度，他的回归使英国对印度的直接统治得以有效推行。克莱武将收税权掌握在自己手里，将司法权留给印度方面；他的继任者沃伦·黑斯廷斯（Warren Hastings）于 1772 年对司法权重新进行安排，完成了对印度的权力接管。与此同时，在伦敦那边，在质询了东印度公司的行为后，英国议会通过了《东印度公司管理法》（*Regulating Act*，1784），规定议会对公司拥有部分监督权，该法令在 1784 年再次强化。这些变化是 17 世纪初英国政府全面取代东印度公司的先兆。随着英国贸易地位的巩固，对待印度的方式由和印度政府与自治商人进行商业上的合作，转向土地掠夺和直接统治。

英国在大西洋彼岸推行的巩固政策导致北美殖民地暴动，并使不列颠第一帝国走向毁灭。讽刺的是，这种结果在很大程度上要归咎于大英帝国所取得的一连串辉煌成就，七年战争的胜利激化了长期以来的紧张情绪，致使美国独立战争爆发。《巴黎和约》（1763）确认了美国的领土完整，这归功于法国的让步，以及满足了英国获得加拿大的要求。但战争留下了巨额债务，而且英国议会坚持认为殖民地应当为战争耗费提供物质补偿，因为英国政府之前花费了大量时间完善《航海条例》以繁荣殖民地，这种做法也符合重商主义理论。

但重商主义是一种理论，它更接近于理想而非现实。大西洋上的贸易才是最真实的一幕，在《航海条例》管不到的地方，非官方贸易、走私和海上劫掠层出不穷。英国在18世纪的战争中取得了一系列海战的胜利，随着制海权的确立，英国对非官方贸易的渠道进行遏制。18世纪60年代，英国试图调整关税征收，并增加殖民地的税收负担，这项政策引发了公开冲突，1765年《印花税法案》（*Stamp Act*）的颁布更是火上浇油。十年后，一场全面战争爆发了，在七年战争中失利的欧洲国家不甘心就此罢休，纷纷加入这场战争中来。

1783年的《巴黎条约》标志着不列颠第一帝国的终结。最明显的就是，英国失去了北美殖民地，帝国其余部分也陷入一片混乱。爱尔兰也效仿北美殖民地的方式，抗税，发表自治演讲，进行战争动员。不想雪上加霜的英国政府解除了对爱尔兰的贸易限制，并扩大了爱尔兰的立法自治权。1780年，英属东印度公司处于破产的边缘，议会不得不出面干涉，按照克莱武先前的方式，对已经掌握的印度地区进行管理策略上的调整。公司内部的反对派则强行弹劾黑斯廷斯，将公众的注意力转到对公司的权力滥用上。与此同时，法国暗中支持印度人进攻马德拉斯和孟买，进一步动摇了英国在印度次大陆的地位。加拿大的英国和法国定居者之间的紧张局面并未因1763年的一纸妥协宣言而缓解，《魁北克法案》（*Quebec Act*，1774）也未能解决问题。

大英帝国赖以立国的意识形态理论也遭到冲击。亚当·斯密（Adam Smith）的《国富论》（*Wealth of Nation*）恰好在1776年出版，全面动摇了重商主义经济理论，该书主张自由贸易应该作为国与国之间，以及国家与殖民地之间关系的基础。埃德蒙·伯克的政治哲学在和帝国的冲突中逐渐成形，伯克出生于爱尔兰，他在议会的演讲内容中有美国殖民地人民的不满，西印度群岛奴隶所受的待遇，以及对东印度公司的批评。伯克关于在北美和印度建立民权社会的构想十分独特，这也令他之前反对帝国政策的立场发生了转变。伯克的论战对手当中最有名的是托马斯·潘恩（Thomas Paine），他的观念也是在对帝国的认知上形成的，在北美殖民地任职期间，潘恩对人的自由与权利有了更深的认识。托马斯·潘恩的《常识》（*Common Sense*，1776）给北美的暴动以正当的战斗理由。18 世纪 80 年代，福音派教徒威廉·威尔伯福斯（William Wilberforce）成为废奴运动的先驱，在英国引起了强烈反响。

不列颠第一帝国于 1783 年宣告解体，但这个帝国并未彻底终结。英格兰重新控制了西印度群岛、印度和加拿大。《巴黎条约》签订数十年后，通过对东印度公司的一系列立法监控，英格兰重新巩固了在印度的力量，并扩大了在印度的统治区域；在加拿大，通过《加拿大宪法法案》（*Canada Act*，1791），当地的政府机构得以恢复。另外，英国所蒙受的损失也不是绝对的。英国失去了北美殖民地的统治权，但独立战争结束后不久，英国和北美之间的贸易便恢复到战前水平。

不列颠第一帝国还留下了影响深远的丰厚遗产，这是纯粹的政治手段所无法抹杀的。最明显的便是帝国创立初期的大规模人口迁移：以英国人为主的无数欧洲人在北美重建家园；非洲的移民将黑奴运送到西印度群岛和北美的英国聚居地，以及加勒比海和南美洲的西班牙和葡萄牙聚居点，并在此过程中催生了横跨大西洋的非裔亚文化；欧洲殖民者的精英成员在印度的各个战略要地扎下了根，非洲西海岸也出现了定居点，但规模要小得多。这些变化甚至对英格兰也产生了影响，第一批少数民族社区出现在英国的港口城市，而第一座出现这些社区的城市就是伦敦。

在 18 世纪作为不列颠第一帝国支柱的贸易网，并未随着帝国的崩溃而解体。例如，西非已成为全球市场牢不可分的一部分，该地区的政治结构和经济已随奴隶贸易的需求而发生了永久转变。和欧洲商人的交流合作给了非洲新生商界精英前所未有的力量，之前非洲海岸供应奴隶的政治机构已演变为新兴国家。奴隶贸易结束后，非洲人会拿其他商品如象牙、橡胶或者矿石做交易，以保证他们在国际市场中的位置。印度已经和欧洲做了很长时间生意，由于印度本土的商人和生产者在整个 18 世纪逐渐处于不利地位，英国和印度之间的贸易关系随之发生了转变。印度的贸易方式逐渐由英国的需求来支配。北美的情况如上文所述，在独立战争结束后，英国和旧殖民地间的贸易关系迅速恢复，18 世纪末，英国再次成为新生美国的主要贸易伙伴。

不列颠第一帝国留下的这些遗产，为之后的不列颠第二帝国奠定了基础，英国人首次在澳大利亚建立定居点（1788），并重新恢复了和加拿大及印度之间的关系，这些行动是第二帝国崛起的先兆。新帝国的几个显著的不同点是：以自由贸易为基础，致力于结束奴隶交易；在太平洋和非洲建立新的发展目标，而不是将眼光局限于印度；减少对定居殖民地的关注。但帝国复兴的根源，那些在1783年之后依然属于英国的殖民地和贸易网，都来自第一帝国的废墟。

托马斯·普拉斯科（Thomas Prasch）

托马斯·普拉斯科(Thomas Prasch)，华盛本大学历史学教授，在印第安纳大学获得博士学位，担任该校《美国历史评论》(*American Historical Review*) 电影剪接师。现研究方向包括维多利亚时代摄影、国际展览会和博物馆历史。

第二十七章

奥地利王位继承战争和七年战争（1740—1763）

中国同时期：清高宗爱新觉罗 · 弘历

概　述

18 世纪前 70 年的一个特点，是几乎所有的欧洲国家都陷入连续不断的战争中。1740 年，当战争不仅席卷到整个欧洲大陆，还扩展到如北美和印度的远方地区时，由西班牙王位继承战争的结束带来的短暂和平也宣告结束。战争的展开分两个阶段：第一阶段是奥地利王位继承战争，持续到 1748 年；第二阶段是从 1756 年到 1763 年的七年战争（在美国被称为法国 – 印第安人战争，开始时间为 1754 年）。

早在奥地利王位继承战争开始之前，欧洲诸国之间的关系就非常紧张。在某些事件中，导致关系紧张的原因远在欧洲大陆之外。例如，大不列颠、法国和西班牙就以新世界为中心展开了殖民地和商业上的激烈的斗争。法国在北美大陆的扩张让英国人开始警惕。如果法国将其在加拿大和墨西哥湾的殖民地连起来，英国在大西洋海岸的殖民地就会被法国殖民地围住，从而有可能受到威胁。

而与大西班牙帝国的商业关系则是更重要的问题。西班牙继续实行严格的重商主义政策，禁止其他国家的船只进入其殖民地。在所有的欧洲国家中，只有法国有权进入西班牙那利润丰厚的殖民地市场，但是法国的进入权也受到了严格限制。然而，由于西班牙殖民地对商品的需求远远超过了合法输入的商品供应，走私非常盛行。英国是这一现象的主要受益者，很多英国人因为这些不合法的贸易而变得富有。当英国的走私商贩被西班牙当局逮捕时，受到了苛刻的对待，从而激怒了英国民众。在英国，民众对战争（和要求西班牙向英国开放殖民地进行贸易）的呼声越来越频繁，主和派的英国首相罗伯特·沃波尔也很难压制。当英国的走私商贩——船长罗伯特·詹金斯在英国议会上公开宣布西班牙人割掉了他的耳朵作为对其走私的惩罚时，首相沃波尔让步于主战派，于1739年发动了“詹金斯的耳朵战争”，英国开始抗衡西班牙。不愿看到英国独占在新世界的利益，法国年老的主和派的首席部长——主教安德烈·弗勒里（André Fleury）领导法国向英国开战。

战争前夜，欧洲局势的紧张主要集中在奥地利王位的命运上。奥地利哈布斯堡王朝的统治者查理六世生命垂危，查理六世同时也是神圣罗马帝国的皇帝，所以在说德语的世界中是最有影响力的人物。查理没有男性子嗣，他生命的最后几年都用来收集欧洲各国君主的签名，表明他们保证允许将自己的王位和平传给长女——玛丽亚·特蕾莎（Maria Theresa）。这一协议被称为《国事诏书》（*Pragmatic Sanction*）。在《国事诏书》上签字的有勃兰登堡－普鲁士（Brandenburg-Prussia）国王腓特烈·威廉和法国波旁王朝的国王路易十六。虽然波旁王朝一直以来都同哈布斯堡王朝争夺欧洲大陆的最高统治权，但路易十六还是在诏书上签了字。然而，1740年查理逝世之后，欧洲各国的统治者无视《国事诏书》，不承认玛丽亚·特蕾莎的继承权。西班牙试图夺回之前在意大利的领地。在路易十六的帮助下，巴伐利亚的统治者查理·阿尔伯特（Charles Albert）自选为神圣罗马皇帝，成为自15世纪以来第一个不是来自哈布斯堡家族的皇帝。最不幸的是腓特烈·威廉（Frederick William）离世后，他那才华横溢却肆无忌惮的儿子腓特烈二世（Frederick Ⅱ）即腓特烈大帝想要拓展普鲁士的边界。在微乎其微的合法性和无限的鲁莽中，腓特烈于1740年12月入侵了哈布斯堡富饶的省份——西里西亚。

在一系列打击之下，年轻而毫无经验的玛丽亚·特蕾莎显得难以招架，但她最终还是维护了自己的地位。她呼吁发扬骑士精神，要求人们承诺尊重她一贯拥有的特权，成功拉拢了起重要作用的匈牙利贵族。此外，她还获得了英国除军队以外的援助。这些支持虽然足以让玛丽亚·特蕾莎掌控整个帝国，但是却无法将普鲁士驱逐出西里西亚。

同一时期，法国的主战派实力增强，他们跃跃欲试，希望向哈布斯堡家族开战。法国尤其希望得到奥属尼德兰（Austrian Netherlands，现在的比利时）。弗勒里渴望和平的诉求遭到压制，法国进入战争状态。英国因惧怕法国在欧洲大陆取得统治地位，也发动了战争。

随着法国和英国向对方宣战，战争的硝烟扩展到了欧洲之外的地区。在加拿大，英国人击败了法国人，夺取了圣劳伦斯河的要塞——路易斯堡（Louisbourg）；在加勒比海地区，英国人赶走了西班牙和法国的海军；在印度，法国人占领了英国在马德拉斯的重要贸易据点。

欧洲的大部分战争都发生在奥属尼德兰，法国最终击败了英奥荷联军。奥地利没能将普鲁士人从西里西亚驱逐出境，法国试图煽动苏格兰人民反抗英国统治的努力最终失败。截至 1748 年，欧洲大陆普遍对战争感到了疲倦，在亚琛宣布的不确定性和平让欧洲大陆恢复到了战前状态。然而，需要强调的一点是，此时腓特烈二世继续控制着西里西亚，这一点激怒了奥地利人。

事实表明，《亚琛和约》带来的只是休战，让好战分子得以休养生息，从而开始新的战斗。休战期间最重要的事件是 1756 年的外交革命（Diplomatic Revolution）。在外交大臣亲王文策尔·考尼茨（Wenzel Kaunitz）的带领下，奥地利开始重新考虑自身的战略地位。普鲁士的崛起对德语世界，尤其对哈布斯堡家族而言，构成了严重的威胁。显而易见的是，奥地利想要削弱普鲁士的力量，必须首先收复西里西亚。尽管哈布斯堡王朝和波旁王朝长期处于敌对状态，为达成此目标，考尼茨还是计划把法国拉入他的阵营。幸运的是法国人也不满于腓特烈对外扩张的野心，因此同意成立直接对抗普鲁士的法奥联盟。考尼茨还同一直以来急于同普鲁士开战的俄国及瑞典、西班牙和萨克森结成联盟。而英国为了维持欧洲大陆的势力均衡，同时保护英国对德意志汉诺威的所有权，抛弃了奥地利，改同普鲁士结成联盟。

腓特烈清楚地意识到，欧洲大陆的局势发生了变化，针对他的敌对势力有所增强。1756 年 8 月，他先发制人，首先袭击了萨克森，从而引发了花费巨大且毁坏性极强的七年战争。虽然这场战争基本上可以说是奥地利王位继承战争的延续，但其清楚地反映了外交革命带来的变化。作为英国的盟友，受英国财政而非军事援助的普鲁士要对抗强大的奥、俄、法、瑞联盟。

面对敌方势不可当的优势，普鲁士的军队在腓特烈的亲自带领下完成了若干场漂亮的战役。普鲁士在1756年后半年的罗斯巴赫战役（Battle of Rossbach）和洛伊滕会战（Battle of Leuthen）中取得了胜利，极大地巩固了腓特烈的地位。但是，联合起来对付普鲁士的力量着实强大。1757年，腓特烈领导的军队在霍克齐战役（Battle of Hochkirch）中被击败，瑞典从北方入侵；1759年8月，俄国在库纳斯多夫会战中击溃了腓特烈的军队。历史上还曾一度出现奥地利军队和俄国军队同时占领柏林的情况。

七年战争期间，腓特烈因不屈不挠的精神和杰出的军事才能赢得了“大帝”的称号，但是最终的失败似乎不可避免。不过，幸运女神还是向腓特烈展开了笑颜。法国人忙于其他地方的事务，减少了对奥地利的支援，无暇顾及对外战争。奥地利和俄国配合不力，更重要的是，他们开始越来越不相信对方。1762年，腓特烈大帝难以和解的敌人——俄国女沙皇伊丽莎白逝世。彼得三世继位，他是腓特烈大帝的崇拜者，性情不稳，心智不定，决策往往缺乏理性。彼得三世很快决定撤军，普鲁士得到了拯救。奥地利此时已经筋疲力尽，无法依靠自己的力量击败普鲁士，和平谈判随之开始。根据1763年签订的《胡贝图斯堡条约》（*Treaty of Hubertusburg*），西里西亚仍归普鲁士所有，而腓特烈1740年占领西里西亚便是这场惨烈战争的起因。

与奥地利王位继承战争相似，七年战争的影响也是全球性的。实际上，英法早在1754年就开始了在北美殖民地的对抗。最开始，一支殖民小分队在乔治·华盛顿的带领下进入俄亥俄河谷争议地区，并被驻扎在迪尤肯要塞（Fort Duquesne，位于现在的匹兹堡城）的法国军队击退。第二年在同一地点，法国人和他们的印第安盟军击败了由爱德华·布拉道克将军（General Edward Braddock）带领的一支更为庞大的英国常规军。不久之后，法国人将英国人赶出了五大湖区。

虽然法国取得了早期胜利，但大不列颠最终还是占据了优势地位。这不仅是因为英国拥有资源优势、海军实力更强，更重要的是，1757年，威廉·皮特开始直接指挥英国的军队。皮特坚定地支持英国的殖民扩张，他在欧洲事务之中只投入了有限的资金和注意力，而将剩余的资源都用在与法国的全球斗争中。1758年，英国军队占领了迪尤肯要塞和路易斯堡。次年，英国占领了魁北克，加拿大归入大不列颠。英国人在加勒比海地区也击败了法国人，占领了瓜德罗普岛

（Guadeloupe）、格林纳达（Grenada）和马提尼克岛。

大不列颠和法国在印度也发生了一系列冲突。在精力充沛的约瑟夫·弗朗索瓦·迪普莱（Joseph François Dupleix）的带领下，法国东印度公司通过支持当地统治者内战，换取领土和贸易特权，谋取了重要利益。罗伯特·克莱武成功复制了这一模式，由一个小小的办事员迅速晋升至英国东印度公司总裁。

大不列颠和法国通过操纵这两家公司相互争夺在印度的地位。1754 年，迪普莱被召回法国，这一事件助了英国一臂之力。七年战争爆发后，克莱武积极有力地对抗法国人。他和印度盟友在 1757 年的普拉西战役中击败了法国最重要的印度盟友，并夺取了法国在本地治理的重要贸易据点，从而让英国的东印度公司得以控制印度南部的大部分地区。

1763 年，《巴黎和约》的签订宣告了七年战争的结束。根据该条约，法国撤销了在印度的据点，并将其在加拿大和密西西比河以东的属地移交给大不列颠。法国将密西西比河以西及新奥尔良的属地移交给西班牙，西班牙则将佛罗里达移交给大不列颠。法国还将格林纳达、圣文森特（St. Vincent）和多巴哥岛（Tobago）割让给英国。

历史评论

欧洲 18 世纪中期爆发的一系列战争习惯上被称为奥地利王位继承战争和七年战争。其规模虽然不及 18 世纪初期和末期反抗法国霸权的一系列战争，但前者的惨烈和血腥程度，以及耗费的人力、物力、财力，毫不亚于后者。诚然，奥地利王位继承战争和七年战争揭露了 18 世纪战争“文明”和“节制”的虚伪性。大部分历史教科书对反抗路易十四和拿破仑·波拿巴的战争书以浓墨重彩，却将 18 世纪中期的一系列战争一笔带过。然而，后者也毫无疑问地促进了欧洲文明的发展进程。考虑到地缘政治学上的一些永久性变化以及全球政治，后者对西方文明发展的影响便愈加凸显起来。

实际上，将 18 世纪中期的一系列战争命名为“奥地利王位继承战争”和“七年战争”非常具有误导性。它们并不是两场相对连贯的战争，而是一系列相互重叠，发生在不同地点，有着不同侧重点和优先性的战争。这些战争通常由对当时问题的短期的剧烈反应引起。这也说明了为什么北美人民喜欢分别称这两场战争为“乔治国王战争”和“法国－印第安人战争”，而德国人则将这些战争称为三次西里西亚战争。根据便利原则结成的联盟，常常因利益难以一致和地区优先性的不同而陷入危机。大部分的参战者都想建立或者加入某种国际“系统”，以巩固自身的安全利益和支持其更大的野心，但不断变化的战争利益和外交政策让他们难以达成所愿。国内的派别斗争、财政压力和时而出人意料的突发性冲突，加剧了政策的不稳定性。每一场战争的爆发和结束都无共同点可循，乃至很多好战分子从未有机会和他们盟友的最大敌人交战。

18 世纪中期，17 世纪末到 18 世纪初用来对付路易十四的进攻而形成的国际体系最终被打破。此前，国际关系以哈布斯堡王朝和波旁王朝两大王朝的长期对峙为中心，形成了相对明确的势力均衡状态。然而，16 世纪仅仅是法国担心被哈布斯堡王朝包围，而到了 18 世纪初，局势已经演变为欧洲国家普遍对法国的对外扩张野心感到恐惧。当时的欧洲海上强国英国和荷兰支持哈布斯堡王朝抵制法国对外扩张。法国试图通过与瑞典结盟，对波兰实施“前进政策”，以及对奥斯曼土耳其帝国的私下援助，来动摇哈布斯堡王朝的统治。就哈布斯堡王朝而言，它支持正在崛起的俄国，希望以此抵消法国所创设的“东方集团”的威力。认为这种局势包含着一种“自然秩序”的观点很普遍，许多政治理论家口若悬河地宣称当前体系能够有力地维持欧洲诸国之间的和平状态。

1715 年，路易十四去世。此后的 25 年被认为是这种“自然秩序”变化最为剧烈的一段时间。原先的宿敌成为盟友，另一方面，甚至连由家族关系而结成的盟友都变成了敌人。经历了王位继承战争而变得四分五裂的西班牙帝国爆发了更大的野心，为这种“自然秩序”带来了更大的不稳定性。此前，西班牙已将伊比利亚和殖民属地移交给了波旁王朝，其在意大利和低地国家的属地则全部移交给了奥地利的哈布斯堡王朝。西班牙决心收复其在意大利半岛的部分属地，加剧了欧洲局势的动荡。奥地利和俄国的胜利侵蚀了法国的“东方集团”，加之不列颠日益增长的商业野心，进一步增加了欧洲局势的不稳定性。然而，在大多数情况下，本世纪的大部分战争都可以视作对国际体系的细微调整。该国际体系对拥有最高领导权的政客的局限性有着合理的认识，其目标是稳定和完善当前虽不完美但已足以令人满意的势力均衡状态。

该国际关系的模式虽不稳定，但大部分变化都在预测范围内。然而，臭名昭著的“西里西亚大屠杀”（Rape of Silesia）变成了扰乱迄今为止所有预测的陨石。普鲁士的新国王、勃兰登堡的选帝侯腓特烈二世，年轻而野心勃勃。他背弃了普鲁士对国际的承诺，向他认为势力较弱的哈布斯堡王朝的女继承人、女大公、王后，也就是后来的玛丽亚·特蕾莎女王，发起了进攻，企图夺去她最富饶的土地。关于腓特烈二世发动此次进攻的动机，不是所谓的对某些西里西亚公国的合法拥有权，也不是因众所周知的腓特烈二世之父曾受到哈布斯堡王朝国王的不公对待而进行的复仇。在由腓特烈二世狂热的宫廷档案保管员所编撰的王朝史中，此次进攻被称为“优秀的骗术师之作”。腓特烈二世甚至天真地认为，在对西里西亚进行大屠杀之后，仍能同当地人民保持友好的关系。腓特烈直言不讳地表明，发动侵袭主要是为了吸引世界的注意力并被永久载入史册。正如现代史学家们将20世纪初德国威廉时期的鲁莽政策视为夺取世界霸权之举，腓特烈的做法也是为获大国地位的孤注一掷之举。而他敢于进行此次赌博的原因是他自认为不用承担任何后果。

可以说腓特烈二世是18世纪中期一系列战争的中心人物，因为他毫无疑问是这些战争背后的重要推动力量。德国民族主义者普鲁斯菲乐（Prussophile）和一些纳粹历史学家冠腓特烈以“大帝”之名，西方的历史编纂者也都沿用了这种称呼。然而，纵使被称为“开明的暴君”的腓特烈二世取得了一些成就，拥有毋庸置疑的军事才能和执政能力，抑或是享有“一心谋私利的天才发起者”的光彩名誉，腓特烈缔造的只是一个值得注意的国家，而不是一个伟大的帝国。腓特烈二世最具有批判性的传记作家就曾指出：没有对西里西亚的侵略和成功占领，腓特烈二世难以称得上是“腓特烈大帝”。让腓特烈二世流传千古的最重要原因，也就是他为了能载入史册而犯下的这场重罪。

然而，重要的是入侵西里西亚具有很大的不确定性，腓特烈能够带着战利品顺利逃跑也有非常大的偶然性。1741年4月的莫尔维茨会战确定了当时腓特烈对西里西亚的占领，具有关键性的政治意义，但这场战役在军事上并没有太大的胜利意义。相反的是，这场战役证实了腓特烈的一些猜想：奥地利有很大的潜在实力；如果战争不扩大，后果将由他一人承担。因此，虽然腓特烈想极力避免卷入持久战，但他也意识到扩大化的国际战争能够分散和消耗奥地利的力量。从这个意义上来讲，腓特烈确实是幸运的，因为莫尔维茨会战增强了法国臭名昭著的军事好战主义者夏尔·德·贝尔－艾尔元帅（Marshal Charles de Belle-Isle）的政治地位。为了完全摧毁法国“世袭的敌人”，贝尔－艾尔催促使法国抛弃了自西班牙王位继承战争结束以来法国盛行的温和政策。宁芬堡联盟（Alliance of Nymphenburg）的建立及随后签订的条约，将法国支持的反哈布斯堡王朝的联盟（西班牙、巴伐利亚、萨克森和普鲁士）的掠夺性声明联合在一起，目标是摧毁奥地利，以及让法国在德语世界获得无可争议的主导地位。接下来的军事活动的主要目的就变成了瓦解哈布斯堡王朝。

1715 年以来的国际体系的一个特点是稳定性和不稳定性共存，这一特点的一个表现就是英国起初政策上的模糊性。随着内阁发生变化，以及英国越来越清楚地认识到法国对霸权的追求，其政策才变得清晰起来。对西班牙王位继承战争模式的回归，以及腓特烈已准备好背叛部分或所有联盟国，很快导致了哈布斯堡王朝军事上惊人的胜利和法国在德国主动权的丧失。对法国 1743 年政策的重新评估让英国更加确信了法国的称霸雄心。1743 年 10 月法国同波旁王朝的第二次家族协议让战争扩展到殖民地区域，让大家开始认识到了殖民地战争的重要性。从法国对不列颠和奥地利的正式宣战，到其征服奥属尼德兰的活动，再到公海领域海军冲突的加剧，以及入侵英格兰的计划和在苏格兰激起詹姆斯起义，都说明了法国的目标已经明显地从击垮奥地利变成了摧毁不列颠。

一系列的猛攻给不列颠带来了巨大的痛苦，1745 年的情况尤为严重。这就使得不列颠在公海上取得的胜利，特别是在殖民地战争中对加拿大的路易斯堡的占领，显得极其重要。从宏观的战略角度来看，不列颠对路易斯堡的占领的重要性有限，但在精神层面上，此次占领具有非常重要的作用。此次占领不仅鼓舞了不列颠的士气，还开始让不列颠在政治上将对国际贸易问题的系统深入研究和殖民地问题放在更为优先和重要的位置上。随着不列颠在意大利的胜利和对詹姆斯起义的镇压，英国的运气开始恢复，时局开始扭转。很多自信的英国精英准备开始执行贬低法国的前进政策，很多方面都传来可以让战争拖得更久的好战的呼声。而让这些声音最终消失以及限制所有参战人员野心的，是英国财政的现状。

最近几年，历史学家们越来越倾向于详细地研究该世纪中期的一系列战争对参战国经济的影响。虽然同18世纪初和18世纪末的战争相比，该世纪中期的战争在军事规模上明显要小，但对这些战争在经济上的投入达到了前所未有的高度。在七年战争中，短短几个月，军事上的实际花费达到了战前预估的3倍，这让政客们很不安。而在奥地利王位继承战争中，战争刚开始时只有哈布斯堡王朝面临着严重的亏空问题，数量庞大的贷款用尽了财政税收并让国债翻倍。可到了战争中期，几乎所有的参战国都走到了经济瘫痪的边缘。到1747年，法国的海外贸易已经严重毁坏，财政收入锐减，财政部预测，如果不立刻恢复和平，经济上将会出现严重的萧条。甚至曾作为欧洲大陆发薪员的不列颠，也害怕因税收问题和国际债务的飞速增长而导致国家破产。这些担忧都有利地刺激着战争走向结束。

所以说，为奥地利王位继承战争画上句号的《亚琛和约》说到底是因参战国经不起消耗而缔结的和平条约。通过大体回归到战前的状态，该条约解决的欧洲国际问题很少。熟练的欺诈技巧和纯粹的运气让腓特烈二世巧妙地走进和走出了战争，得到了西里西亚。很少有参战国对这样的和平感到满意，也没有任何国家感到安全。而且，虽然哪种联盟形式能够最好地服务于每个国家的未来利益这一问题还悬而未决，某些敌对情绪却明显加重了。接下来发生的“外交革命”，并不是让一个牢固的欧洲联盟系统简单地转向另一个系统，不是非常地具有革命性。从很多方面来讲，英法两国之间的敌对关系日益加剧，同时哈布斯堡王朝明显地开始优先考虑应对来自普鲁士的威胁。尽管如此，外交革命只是让1775年至1740年间的灵活政策得以回归。

另一种新现象是北美对欧洲事件的影响力。一直以来，欧洲战争会在美洲产生涟漪般的效果；而现在，在美洲发生的冲突能够对欧洲战争各个方向产生决定性的影响。随着英法的政客们越来越重视世界贸易，开发北美的重要性变得越来越明显。英属殖民地上人口的不断增长也成了一个不稳定因素。人口的增长意味着母国产品的市场在扩大，相应地，该市场的重要性也在提高。同时，美洲商品市场的繁荣刺激了殖民者的胃口，他们想要获得更多的利润。土地的不足让殖民者们将贪婪的眼光投向了军事管理更好且数量居多的新法兰西的领地，以及科技上比较落后和居住地比较偏僻的当地民族。不列颠的殖民者虽野心勃勃，但军事上太弱，无法有效执行野心计划；他们实施计划时无所顾忌，却缺乏合适的协调能力将计划进行下去；就这样，不列颠的殖民者将母国往美洲的旋涡中越拉越深。

不列颠殖民者的这种做法带来了具有重要意义的后果——这不仅是对北美而言，对欧洲来说也是如此。不列颠在全球贸易问题上给予了前所未有的重视，并不断地将其拉入隐藏处，通过其固执但高要求的殖民者们同法国公开进行斗争，不列颠想以此尽可能地为其大陆侧面做好掩护。对不列颠而言，最理想的状态是在欧洲诸国中谋求和平和中立——同奥地利和俄国保持友好关系，同时寻求普鲁士的中立态度。长久以来，不列颠外交政策的不足之处，就是没有看清其他国家是如何看待各国自身利益的。而这次不列颠显然没有充分认识到，同普鲁士的中立协议会对奥地利和俄国有何种不利的影响。至于腓特烈二世，虽然他一直有持续进行的扩张计划，并随时准备抓住时机实施，但对奥地利可能复仇的恐惧主宰了他当前的政策。腓特烈从没想过奥法会达成友好关系，并深信俄国是对不列颠俯首帖耳的玩偶，因此他自信同不列颠签订协议能够有效地孤立奥地利，同时挫败奥地利对复仇的渴望。这一系列的因素带来的结果就是著名的《西斯敏斯特公约》（*Convention of Westminster*），然而，该公约很快就带来了与不列颠和普鲁士所期待的相反的结果。

在先前的战争中，不列颠对奥地利哈布斯堡王朝最关心的西里西亚问题表现出了冷酷的漠视态度，奥地利对此已有不满，便抛弃了其长久以来对不列颠的政策。而俄国并没有普鲁士认为的那么依赖于不列颠的财政支援，对普鲁士的敌对态度也超出了英国的预期，停止了充当英国的代理和雇佣兵的角色。法国不满于普鲁士的欺诈做法，并且担心会因为同英格兰正在进行的殖民地战争而被孤立，便认为同奥地利的和解是有必要的。随之而来的结果，就是预示着三个欧洲大国为共同对付普鲁士而结盟的一系列防御性条约的签订。腓特烈二世也意识到了自己在外交政策上所犯的致命错误，想要通过军事办法来挽救此种情形。腓特烈二世认为迅速袭击该联盟的关键——哈布斯堡王朝，可以避免被包围。因此，他发动了防御性战争，迅速侵袭了德意志公国萨克森，并企图通过此处来入侵哈布斯堡王朝的波希米亚省。

对普鲁士而言，占领萨克森在战略和军事层面上都有很大的帮助。萨克森的士兵被重组进了普鲁士的军队，在接下来的战争中，被占领的萨克森公国遭到了无情的剥削。战略上，占领萨克森让腓特烈有了能够进行指挥的核心领地，萨克森也成为快速袭击布拉格的平台。但同时，占领萨克森以及接下来对哈布斯堡王朝的侵略，非但没有瓦解反而是巩固了由奥地利的外交大臣文策尔·安东·考尼茨伯爵所悉心缔结的大联盟。普鲁士计划好的闪电偷袭也很快失败。1756 年 10 月的罗布西茨战役（Battle of Lobositz）明显地表明事情没有朝着普鲁士国王所期望的方向发展（害怕灾难的降临，腓特烈不是第一次也不是最后一次，不成熟地离开了战场，留着他的部下从失败的绝境中偷取胜利）。普鲁士于 1757 年 4 月在布拉格那代价巨大的胜利则是进一步的警告，而接下来 6 月在科林战役中的失败，则宣告了腓特烈此次赌博的结束。腓特烈被迫从波希米亚撤军，而他给他的那些哈布斯堡王朝的敌人以致命一击的计划也相当失策。从局势上看，很明确的事实是主动权已经转移到了联盟那边，因为奥地利、俄国和法国的军队已经开始包围普鲁士。然而，联盟给腓特烈致命一击的行动也严重受挫。1757 年 11 月法国在罗斯巴赫遇到了灾难性的失败，同年 12 月奥地利人在洛伊滕惨败。这对联盟来说毫无疑问是个非常坏的消息。但是，这对腓特烈来说也是非常坏的消息，或者说是更糟糕的消息。因为现在，腓特烈面临着一个他愿付出一切代价来避免的局面——持久战。

腓特烈的存活依赖于他能出人意料地先发制人，并让敌军失去平衡。而这些先发制人的行动的范围和有效性每年都在收缩。1758 年，他还有能力尝试跨越国界来进行突袭，如他对摩拉维亚的侵袭。就算在当年，他也不得不承认撤退比继续战斗更能体现英勇的精神。但自 1759 年以后，他只能守在勃兰登堡 – 萨克森 – 西里西亚的范围内，对联盟的袭击进行防御和抵抗。在这场意义深远的战争中，幸运的是腓特烈集国王和军事上的首要指挥官两个角色于一身。因为这样，他就敢冒那些向君主汇报的联盟将军所不敢想象，而他自己也不会允许部下去冒的险。这种内部战线的好处还让他能够更方便地对某些特别的威胁做出快速反应，让物资的供应链更短，行动起来比敌军花费更少。他那吸干所占领的萨克森的资源和对本国货币进行贬值的策略，同不列颠提供的大量财政支援相结合，让他在这场可以称作“财政消耗”的关键之战中更具有竞争力。最后，腓特烈还受益于他那些带兵参战的指挥官的军事才能，这些指挥官中包括他的哥哥亨利亲王（Prince Henry）、他的姐夫不伦瑞克的斐迪南公爵（Duke Ferdinand of Brunswick）。斐迪南公爵的英国雇佣军有效地在整场战争中保护了普鲁士的西后方。

联盟国家在战争上的努力受到了两个关键问题的阻碍。第一个问题是，联盟内部的各个国家通常有着完全不同的目标和不同的区域优先性，这导致联盟军队之间的行动协调性能够达到的最好状态也不过是行动上的试探。第二个问题没有受到历史学家们的足够重视，那就是在军事行动中如何寻找过冬的地方。18世纪战争的两个关键性要素是饲料和补给，这使得联盟军队即使在战场上获得胜利，也需要为这两个要素撤回到本国的基地中。这便为腓特烈提供了喘息机会，对他的存活具有非常重要的意义。尽管如此，对他恶行的掌控已成为不可阻挡的事实，腓特烈实施计划的希望也一年比一年暗淡。在1759年8月库勒斯道夫战役（Battle of Kunersdorf）中，奥俄联军获得了对普鲁士的压倒性胜利，但联盟军队未能有效地乘胜追击，这对腓特烈而言，可以说是“勃兰登堡王室的奇迹”（Miracle of the House of Brandenburg）。但是，他可能需要很多有益于他的奇迹发生，才能避免由于消耗太大而带来的最终失败。在1760年的利格尼茨战役（Battle of Liegnitz）和托尔高战役（Battle of Torgau）中，普鲁士确实也不乏这些“奇迹性”的幸运，这似乎让不可避免的失败延迟了一年才到来。但是到1761年年底，就算是腓特烈自己也必须得承认他输掉了战争。

然而，另一个“奇迹”拯救了腓特烈并戏剧性地改变了欧洲的历史。这就是俄国女皇伊丽莎白之死，以及精神错乱、幼稚且有虐待症的沙皇民族主义者彼得三世的继位。比起俄帝国在波罗的海的利益，彼得三世认为他在德意志的荷尔斯泰因－戈托普（Holstein-Gottorp）小公国的扩张更为重要。他转换阵营的时间之长，让通过消耗使奥地利获得胜利的计划变得不可能。彼得三世的继位是这场欧洲战争中一个决定性的事件。这次奇迹性的事件发生的概率非常之低，约瑟夫·格贝尔（Joseph Goebbels）后来用此例说服了希特勒在1945年进行了一场毫无希望的失败之战。腓特烈只需要坚持住，避免任何大型的战役，就可以避免失败，而奥地利人必须发起战役才能打败他。濒临破产的奥地利已经在1760年和1761年被迫大量削减军事开支，此时此刻，奥地利可能还有人力，但几乎没有物质资源来发起战斗了。1763年2月签订的《胡贝图斯堡条约》让哈布斯堡王朝不得不承认以下裁决：普鲁士享有西里西亚，并成为欧洲的一个大国。

英法战争的局面在1755年至1756年年初的时候对不列颠并不利，但是到1760年，对不列颠来说，形势已经变成了非常辉煌的胜利之一。皮特－纽卡斯尔（Pitt-Newcastle）内阁政府的坚决政策让不列颠在公海和殖民地区域都获得了巨大的胜利。老威廉·皮特几近疯狂的贡献当然也是重要的促进力量，但不列颠胜利的核心在于其明确了事情的优先顺序。其将重心和重点放在殖民地的斗争上的决定被证实非常正确。这一决定不仅让不列颠获得了重要的领土，还收获了经济上重要的意外之财。这意外之财来自对泛大西洋繁荣的三大支柱确确实实的完全控制：加勒比诸岛对消费品的高度需求，纽芬兰大浅滩和圣劳伦斯河湾极其丰富的渔场，以及非洲沿海村落中臭名昭著的奴隶贸易。可是，想要只通过关键性的财政支出来达到皮特和其支持者想要获得的完全胜利，即使是获得一系列胜利的不列颠也是做不到的。因此，不列颠也要通过妥协来达成和平。法国从印度撤军及其在加拿大的失利是重要的转折点，但这些损失从本质上说，伤害的更多的是法国的威望，而不是法国的力量。根据《巴黎和约》，法国保留对加勒比诸岛的占领权，在北大西洋渔场和非洲奴隶贸易中仍占有一定的份额，这些使法国拥有了在全球经济基础建设中所需要的最核心的成分，也成为下一代法国人对不列颠进行复仇的非常好的平台。

因此，虽然 18 世纪中期的一系列大型战争似乎没有像 1715 年击败路易十四和 1815 年击败拿破仑那样明确的结果，但这些战争的影响不可低估。首先，这些战争确认并加速了欧洲外交结构向东边移动。长久以来实力一直在下降的西班牙和荷兰明显下降到了二等国家的地位，而崛起的俄国和普鲁士变成欧洲大国已是无可争辩的事实。哈布斯堡王朝的君主也从根本上改变了其政治上的重心，从以前神圣罗马帝国对西边边界的关注转移到了对本国中部和东欧核心——其在奥地利、波希米亚和匈牙利的领土的关注。这种有 5 个大国的新的欧洲国际体系持续到了 20 世纪，各国在这些战争中得到的一些教训也随该体系流传了下来。例如，在七年战争中，联盟宣传的是如果普鲁士成功了，则代表着普鲁士军国主义的成功，那么普鲁士便会强迫其他国家进行类似的军国主义“改革”。不断增长的社会军事化的趋势，法国大革命中的“全民动员”也是其中的例子，很显然吓坏了欧洲社会。只有 1945 年欧洲完全崩溃时才能对这些政策的优点有清醒的重新认识。

这些战争在经济方面的影响更为深远。让人们从全球视角来看问题，是这些战争带来的巨大飞跃，这不仅预示着帝国主义时代的到来，也预示着想要争夺全球霸权的国家意识到，最有利的控制工具并不是领土而是经济的那一天的到来。然而，最重要的是，这些战争带来的财政浩劫产生了最关键的后果。最直接的后果是这些战争中的花费让法国在债务危机中越陷越深，变成了法国大革命爆发的最主要原因。对不列颠而言，可以引用两个非常重要的结果。从消极方面来说，英国企图通过向在美洲的殖民者征税来弥补其在战争中的消耗——美洲的殖民者起初要求军事介入，这导致了叛乱以及美利坚合众国的最终建立；从积极方面来看，为支援战争所进行的经济基础设施建设，尤其是对公共信用的了解，为工业革命的资本市场奠定了基础。在欧洲大陆上，很多国家，当然最突出的要属哈布斯堡王朝，认识到取得大国地位的关键在于广泛的经济发展和社会解放，这促进了欧洲大陆的“开明的专制主义”在接下来的30年中的政治议程。最后，也不能低估经济对文化的影响。跟巴洛克时期资助和挥霍的规模相比，战后的经济紧缩让新古典主义“高贵中的简洁和安静的宏大”不仅更加有吸引力，也更加处在可承受范围内。贵族艺术资助资产阶级化趋势的不断增长，以及18世纪后期资产阶级文化的胜利，在某种程度上都是起源于这些事件。

从推测的角度来总结的话，你可以想象这些战争为不列颠帝国及英语在国际上的崛起奠定了基础。20世纪那些小心翼翼的眼睛可能将怀疑的目光落到了1755年的英国，认为当时英国将阿卡迪亚人从新斯科舍驱逐的事件是其“种族清洗”政策第一次大的演习。从一个更大的规模上来看，你可能会觉得虽然法国在北美受挫消除了英国殖民者向西边运动的障碍，但却并不是向北美本土民族释放出命定扩张论的全部愤怒的决定性时刻。不管这些遐想的好处、乐趣在哪儿，很显然的一点是18世纪中期那些看上去很小的“内阁战争”，从意义上来看一点也不小。

弗朗茨·绍博（Franz A. J. Szabo）

弗朗茨·绍博（Franz A. J. Szabo），加拿大阿尔伯塔大学历史学教授兼沃思学院奥地利和中欧研究所主任，在阿尔伯塔大学获得博士学位。主要著作有《1756—1763年欧洲七年战争》（*The Seven Years War in Europe,1756—1763*，2007）和《柯尼茨与开明专制主义，1753—1780》（*Kaunitz and Enlightened Absolutism, 1753—1780*，1994）。

第二十八章

启蒙运动（1750）

中国同时期：清高宗爱新觉罗·弘历

概　述

启蒙运动（Enlightenment）严格意义上不能算是一个历史事件，而是一个历史发展历程。启蒙思想是看世界的一个新角度，要求摒弃上帝启示和传统教条，强调理性和自然规律，并且相信人类有无限发展的可能。启蒙运动的影响深远，因此，18 世纪被人们称为“理性时代”（Age of Reason）。

启蒙运动的先驱很多都参与了 17 世纪的科学革命。特别值得一提的是，英国数学家艾萨克·牛顿（Isaac Newton）的发现为启蒙运动奠定了基础。牛顿 1687 年的杰作《自然哲学的数学原理》（*Mathematical Principles of Natural Philosophy*）似乎为物理世界的运行提供了一个可能的合理解释。牛顿的研究都是基于严谨的科学观察和人类理性，而不是上帝的指示，他的研究获得了各方的赞誉。1727 年牛顿逝世时，越来越多的欧洲人争相致力成为各个领域的牛顿，政治、经济、司法只是这些领域中的几个。

17 世纪的哲学家也为启蒙运动铺平了道路。17 世纪中期，英国人弗朗西斯·培根（Francis Bacon）和法国人勒内·笛卡儿（René Descartes）已经成功地动摇了传统知识探索的根基。他们认为真相是可知的，但是真相并不来自上帝启示，而是必须通过缜密的观察和实验这类运用人类理性的方法来发现。这其中的含义是很惊人的，要知道，如果人类能发现真相，发现自然的规律，那么这些知识就能帮助我们创造一个更好的世界。

培根和笛卡儿之后最具影响力的当属英国人约翰·洛克，其 17 世纪后期的作品广受欢迎，探讨问题的常识性方式也引起了广泛的共鸣。在他的散文《人类理解论》（*Essay Concerning Human Understanding*）中，洛克批评了宣称人生下来便带有内在思想的哲学理论，他认为出生时人类的心灵像一张白纸。洛克相信，后来产生的思想和观念都反映了人类的生活经验和生活环境。恶劣的生活环境会导致人性的堕落，反之，优越的环境能够改善人性。洛克的观点清楚地表明，人类应该也必须实施一些能够改善环境的政策，并且人类完全有能力改善自身的境况。

洛克认为，能否改善人类的境况取决于能否保存人类的自然权利。在他于 1690 年出版的著作《政府论》（*Two Treatises of Government*）中，他宣称人类“生而自由、平等、独立”，每个人都拥有一些自然权利，包括生命权、自由权和财产权。问题在于怎样最好地保护这些权利，使人类能够发挥所有的潜能。洛克主张，人类为了保护自己的地位、加强自己的权利，和同伴一起自愿达成协议，建立了政府。因此，政府不是神明创造的，政府是为人类服务而生的。如果政府没能做到这点，例如，如果政府侵犯了被统治者的权利——那些它应该保护的权利——那么被统治者有权利解散这个政府，去建立一个新的政府来代替它。洛克的观点对理性时代有很深远的影响。

启蒙运动强调科学地收集数据，强调发掘自然规律，强调运用理性，并且相信人类的进步不但是可能的，而且是很有可能的，这激发了 18 世纪多数有文化的欧洲人的想象。启蒙运动最忠实的支持者被称为“哲学家”。虽然他们不是严格意义上的哲学家，但他们不但运用启蒙运动的方法处理哲学问题，还将其运用到实际问题的解决过程中。他们中很多人都是成功的宣传员，以一种自相矛盾的、近乎宗教式的狂热来传播启蒙运动的观点。

最认同启蒙运动的人物大概是伏尔泰。伏尔泰 1694 年出生于巴黎一个富裕的非贵族家庭，他的本名是弗朗索瓦 – 马利·阿鲁埃（François Marie Arouet）。诙谐、不惧权威的他很快和当局发生了冲突，被关进了巴士底狱（Bastille）——巴黎市中心一个城堡式的监狱。出狱之后他开始使用他的笔名伏尔泰。在又一次触犯法律后，他逃到英格兰定居了几年，回到巴黎的他毫不掩饰自己的亲英情结，写下了《哲学通信》(*Philosophical Letters on the English*)，信中他高度赞扬了英国相对自由的社会和宗教包容。

事实上，呼吁宗教包容是伏尔泰作品中反复出现的主题。为了阐释他的观点，他以机智、挖苦、讥讽的风格写了一系列散文、信件、话剧、评论和发展史。他用清晰易懂的作品炮轰了同代人的褊狭，尤其是有组织宗教的不宽容行为。他厌恶罗马天主教，认为天主教是一个偏见和迷信的堡垒。伏尔泰写下了名句"消灭臭名昭著的东西"(écrasez l'infâme, crush the crused thing)，以此呼吁人们远离偏见和迷信，同时暗示有组织的宗教应该被摧毁。

虽然伏尔泰厌恶天主教，但是他并不是一个无神论者，像很多"哲学家"一样，他是一个自然神论者。自然神论把上帝比作钟表匠，把宇宙比作一个复杂的钟表。钟表匠——上帝——创造了这一独特的钟表——宇宙，使其运转起来，然后就任由其发展。自然神论者对神迹、超自然启示、上帝启示、祈祷的力量等诸如此类的说法都嗤之以鼻。

尽管如此，作为理性主义者的伏尔泰也清楚地看到了宗教的社会价值。和他的大多数同代人不同，伏尔泰并没有把人类放在一个很高的位置；和他曾经的朋友普鲁士的腓特烈大帝一样，伏尔泰认为大多数人愚蠢、贪婪、无节制，宗教能够控制这些难以管束的民众，避免暴动的发生。

在他最有名的小说《老实人》(*Candide*)中，伏尔泰指出了世界不完美的地方，并且无情地嘲笑那些盲目的乐观主义者，这些人相信现有的世界尽善尽美。《老实人》激发了越来越多的欧洲人彻底改变社会的想法。

另外一个寻求改变的哲学家是出生于1689年的法国贵族孟德斯鸠(Montesquieu)。孟德斯鸠男爵将他的大部分精力和对启蒙运动方法论的信仰投入到政治问题的研究上。在他1748年的经典之作《论法的精神》(*On the Spirit of the Laws*)一书中，孟德斯鸠总结道：没有任何一种政体有绝对的优势。相反，他认为每个国家都应该有一个与它的大小、历史、气候、传统和劳动力相适应的政体。

和伏尔泰一样，孟德斯鸠很欣赏英国，特别是英国的宪法。他认为英国的政府系统能够运行得如此顺畅，原因是英国政府采用了"三权分立"和"权力制衡"的机制。"三权分立"清楚地将政府职能分成了三种权力——行政权、立法权和司法权。与此同时，“权力制衡”的机制确保各项权力是相互独立的，并且在各自的领域中这些权力是至高无上的。由此，统治的力量分散了，神圣的个人自由得到了保障。

让-雅克·卢梭的事业呈现了一个悖论。神经质的卢梭不仅几乎完全疏远自己的同伴，而且他的大部分作品都否定理性的重要性，而高度赞扬情感的价值。这么说来，卢梭应该被视为19世纪浪漫主义运动——在很多方面都与启蒙运动相对立的文化运动——的先驱。然而，1762年，卢梭写下了《社会契约论》(*The Social Contract*)，这是一部理性时代的重要作品。在《社会契约论》中，卢梭提出了一个现代民主的理论——有人认为这是现代极权主义的理论。卢梭认为：“我们每个人都以其自身及全部的力量共同置于公意的最高指导之下。”个人的利益必须服从集体的意志，即公意。至少在理论上，每个人都要参与到公意的形成中，而且公意一旦形成，每个人都必须遵守。因此，公意作为人们意志的表达是绝对的，所有人都必须服从。

虽然很多哲学家都只关注纯哲学问题，其他的专注于政治问题，然而也有另外一群被称为“重农主义者”(Physiocrats)的哲学家致力于研究经济问题。重农主义者运用启蒙运动的方法论(这一方法论当然是建立在现代科学的方法论基础之上)，通过观察和实验去发现经济领域的自然法。早期的重农主义者，例如米拉博侯爵(Marquis de Mirabeau)维克托·德·里克蒂和宫廷御医弗朗斯瓦·魁奈(François Quesnay)，声称所有的财富都来自土地，攻击重商主义。重商主义是当时最流行的经济形式，这种经济形式要求国家对经济生活进行显著的调控。重农主义者提倡国家不干涉经济的发展，鼓励自由放任的精神——让个人按照他们喜欢的方式去处理经济事务。

放任经济最著名、最有推动作用的提倡者当属苏格兰的教授亚当·斯密。亚当·斯密1776年出版了《国富论》(*An Inquiry into the Nature and Causes of the Wealth of Nations*)。他整合了重农派的思想，强调自然法的重要性，谴责重商主义，极力主张政府在经济中只扮演被动的旁观者的角色：为经济的发展提供国防支持，保证国内和平，承担一些个人不愿尝试的公共工程。斯密坚称，不受调控的经济能够按照经济规律运行，这些经济规律中最重要的一条便是供需定理。在斯密和其他人看来，只要个人能够追求自身经济利益，最后的结果会对大多数人都有利。

传播启蒙主义思想最伟大的工具是由理性时代最重要的宣传员德尼·狄德罗（Denis Diderot）编辑的《百科全书》（*Encyclopédie*）。《百科全书》包括 17 卷文本和 11 卷插图，第一卷出版于 1751 年，最后一卷出版于 1772 年。《百科全书》重点介绍了启蒙运动大师的文章，这些大师包括狄德罗和他主要的助手、启蒙运动的重要人物让·勒朗·达朗贝尔（Jean Le Rond d' Alembert）。《百科全书》是为了引导人们思考，而不是为了传授知识。狄德罗和他的合作者想要揭露建立在传统和非理性基础上的社会的缺点，同时想把理性和科学方法的优点介绍给读者大众。尽管天主教和国家反对，《百科全书》和启蒙运动本身还是取得了成功，它们的影响持续到了现在。

历史评论

启蒙运动不是一个单独的历史事件，从 18 世纪开始到 19 世纪，它对欧洲和美洲的知识界有着一系列的影响。启蒙思想也不是由一批相关的知识分子阐释的自成一体的概念体系，而是受了形形色色的思想家的影响，包括伏尔泰、孟德斯鸠、让－雅克·卢梭、爱德华·吉本、伊曼努尔·康德（Immanuel Kant）和大卫·休谟（David Hume）。所有的这些作家都是启蒙运动的一员。他们一致认为，在他们的世界中，最重要的知识问题，包括人类进步在文明发展中的地位，个人在世界规划中的决策权，自然的定义和自然与上帝的关系，都与理性在知识体系里的地位有关。然而，他们对启蒙运动本身的焦点、形象和动机以及定义启蒙运动的思想有着不同的意见。一些最有影响力的思想家，如卢梭和约翰·哥特弗雷德·冯·赫尔德（Johann Gottfried von Herder），从很多方面都可以被看成是“反启蒙运动”的拥护者。除此之外，虽然英美法的政治革命在捍卫个人权利和主张自己的体系比之前的体系更合理时，声称他们追随的是启蒙运动的哲学，但是事实上这些革命与主流启蒙运动思想是对立的——主流启蒙运动认为哲学家永远不应该参与政治，并且，任何政体想维持公共秩序都必须有君主。因此，很难找出一种方式来讨论这个“事件”的影响，使得这些影响普遍适用。探讨的最好方法就是从启蒙运动的作品中经常出现的几个大的主题入手——理性、个人主义和进步，讨论这些主题对当代政治、社会、经济和知识发展的影响，勾勒出这些主题在启蒙运动中的内部矛盾。

启蒙运动的第一大主题是强调理性高于情感。事实上，这一思想产生于17世纪而非18世纪，值得一提的是，这一思想是由科学革命的思想家提出的。启蒙运动认为理性能够战胜人类的弱点，人性会进步（这一主题在后面会有详细的讨论），并且人性能够在理性探索和理性活动中得到完善。弗朗西斯·培根、托马斯·霍布斯（Thomas Hobbes）、约翰·洛克、勒内·笛卡儿和最重要的艾萨克·牛顿，都对启蒙运动的这一思想的形成有所贡献。启蒙运动也吸收了卢梭作品中对于理性优越性的排斥。卢梭强调情感的价值，认为理性主义的观点是堕落文明的产物。卢梭在这方面跟在其他许多方面一样，摒弃了启蒙理性主义，转向了下个世纪的主流文化现象——浪漫主义。

虽然启蒙运动理性高于情感的观点在当时知识分子的话语中占了主导地位，但是即使那些认同这一观点的人，对理性的意义仍有不同的看法。一些思想家，尤其是那些早期法国启蒙运动的思想家，一直把理性与笛卡儿的理性主义哲学联系在一起。但是，其他人，尤其是英国的知识分子，把理性与培根哲学的科学探究方法联系在一起。牛顿对培根哲学和笛卡儿哲学进行了整合，整合的结果影响了启蒙主义的后期——特别是伏尔泰和让·勒朗·达朗贝尔捍卫牛顿物理学之后的几年——并且也推进了理性意义的又一转变。从所谓的启蒙运动高涨时期开始，理性不仅意味着精神高于肉体（笛卡儿的定义），实验高于猜想（培根的定义），还意味着科学和所谓的科学方法高于人文主义和印象派的研究方法。

伴随上述对科学的评价而来的是数学“语言”。数学语言最初由霍布斯提出，他认为数学语言是唯一一种理性的话语形式，接着数学语言被诸如戈特弗里德·威廉·莱布尼茨（Gottfried Wilhelm Leibniz）和牛顿的思想家和科学家当作新的物理语言来使用，这使得数学语言成为理性至高无上的象征。通过数学人们能够以完全客观的方式来了解宇宙的“秘密”。强调数学不仅发展了新颖的、不同形式的微积分、解析几何和其他先进的数学体系，还使得如下的观念深入人心：人类的语言在某种程度上是不完美的，一个真正理性的体系需要用数学语言表述。同时，对数学的重视也预示着人类最终能够通过数学语言全面地了解宇宙的本质。反过来，这使得人们甚至更加重视自然科学这一优于人文学科的知识探索，尤其是物理学的实践和研究。这对未来有着重大的影响，例如，19 世纪的政治哲学家卡尔·马克思（Karl Marx）把他的理论系统称为科学社会主义（scientific socialism），以此来表明，与之前的唯心主义者相比，他的系统是客观而理性的。

对理性和“客观”的重视并不仅限于科学领域。事实上，启蒙运动时期的知识界非常小，“人文”哲学家和“自然”哲学家不但和平共处，而且模糊了科学学科和人文学科之间传统的区别。因此，形形色色的政治思想家，如君主主义者孟德斯鸠和共和主义者托马斯·杰斐逊（Thomas Jefferson），都明确表示，他们认为能够创造出一个理性的法律和政府体系，这样的体系在洛克眼中是“被统治者同意授予”的体系。

对理性的重视也促使包括大卫·休谟在内的非自然科学的哲学家摒弃“谬误的形而上学”，不再用此类方法理解物理世界和人类行为。因此，休谟写了一篇富有影响力的文章，批判人们盲信神迹。这篇文章使得人们不再那么相信《圣经》中上帝的启示，不再那么相信上帝能凌驾于自然法之上。休谟对于上帝能力有限的论述非常理性，论述的根据与约翰·洛克的观点类似。他认为，如果上帝是完美的，那么上帝就能创造出唯一一种自然法的理性体系。这意味着，上帝不能为了实现某种神迹而随意以一种不理性（因此不完美）的方式去改变这些法则。因此，休谟虽然不否认上帝的存在（启蒙时期人很少有否认这一点的），他质疑的是这样的一个上帝的存在，一个活跃于世上并且能改变日常生活的、犹太教与基督教所共有的上帝。

不止休谟一个人认为上帝只在一个合理的体系和理性的世界里才能有所作为。虽然多数启蒙运动的思想家，从牛顿到伏尔泰，再到其他人，都承认上帝的存在，但是多数人都认为有组织的宗教是非理性的、是人为的。他们提出了一个被统称为自然神论的体系，在这个体系中，上帝是世界的创造者，但是上帝并不是世界的一分子，因此并不活跃于其中。1778 年后，后革命时期的美国强调人们需要绝对的宗教容忍和政教分离，这就是强调理性对待上帝的产物。大多数启蒙哲学家（那些积极参与启蒙运动，在西方世界传播和普及启蒙运动的人）不拥护任何特定的有组织的宗教，他们往往反对全部的有组织的宗教，因为他们有这样一个原则——一个组织对其他组织的控制是非理性的，因此是令人厌恶的。从理性的角度来讲，不需要让国家和任何特定的宗教结盟，也不需要颂扬某种信仰，标榜它高于其他的信仰。

一些哲学家，甚至包括卢梭在内，一致摒弃传统宗教，认为宗教只是空洞的迷信。他们主张，为了维持一个文明、有道德规范的社会，有必要由君主或者政治领袖建立一个“公民”的宗教。在理性基础上摒弃有组织的宗教使得其他一些哲学家，特别是那些追随巴鲁赫·斯宾诺莎（Baruch Spinoza）哲学的人，转向了彻底的泛神论。泛神论认为自然本身是神圣的，上帝和自然是合为一体的。虽然这些哲学家只是少数，虽然这些哲学家确实偶尔会因为他们的观点遭到迫害，但是这些彻底的泛神论者对于启蒙运动十分重要，因为理性的自然神论提倡容忍，在这样一个容忍有着广泛基础的背景下，泛神论者能够相对公开地发表、讨论他们的观点。

对理性的重视，对于社会理论的发展以及社会性别理论产生了重大影响。虽然哲学家声称要把过去知识分子的理论都放在理性话语之“光”下检验，但是他们都欣然接受了过去许多基本原理，特别是古典希腊哲学家柏拉图和亚里士多德对人类行为和人类动力学的研究所得出的一些基本原理。这些哲学家赞同男性是更加完美的生物类型，而女性，就算不说是“畸形的”——亚里士多德会这么说——至少也是次要的。启蒙运动的思想家认为理性的最高形式存在于男性之中，并且质疑女性理性思考的能力。古典希腊文化就认为精神和肉体之间存在着一定的差距，这一差距在启蒙运动当中被放大，启蒙运动认为女性没有能力超越她们的身体特性，也无法得到理性。以强调理性发展出来的法律体系相信，只有男性才能真正运用理性去了解法律的本质。这样的思想发展最终把女性和儿童、疯子和智障归为一类。他们被看成是次等人类，无法进行理性思考，因而必须受到成年男性所领导的机构的管束。

这一局面引起了女性和部分男性作家的反对——虽然反对者大都是女性——他们用启蒙运动的理论来驳斥男性的优越性。例如，在写给丈夫约翰那封著名的信中，艾碧该·亚当斯（Abigail Adams）敦促约翰要“记住这些女士”，她用约翰和大陆会议（Continental Congress）反对英国君主和议会对美国殖民者压迫的理由来反对家庭对女性的持续压迫。18世纪后期，在某种程度上作为对法国大革命的响应，玛丽·沃斯通克拉夫特（Mary Wollstonecraft）、杰曼·德·斯戴尔

（Germaine de Staël）和奥兰普·德·古热（Olympe de Gouges）都通过写作来捍卫女性的权利——特别是女性作为公民的权利和她们同男性一样享有被雇用和接受教育的权利。

认定女性无法获得理性，这与人们把女性看作“情感”动物而非“理性”动物，认为女性的生物特征和男性不同有关。正如一些哲学家所认为的，即使女性有获得理性的可能，她们也无法真正获得理性，因为她们的感官知觉已经将她们“淹没”，所以她们的注意力无法同时集中在一个想法上，而这个反思的过程恰好被认为是获得理性的必经之路。

这些思想在启蒙运动最重要的文件之一、狄德罗和达朗贝尔编辑的《百科全书》中阐释得非常清楚。在这个浩瀚的知识宝库和启蒙思想的纲目中，关于“人”的文章把“高尚的人”看成是最文明的存在，“高尚的人”被塑造成资产阶级（与贵族阶级相对）的典范：他们努力勤奋、尽职尽责，无论结果如何都愿意履行对公众事务和国家所应尽的义务。另一方面，高尚的人也包括贞洁、贤惠的母亲，她们无私、谦恭地照顾丈夫和孩子。这一看法为19世纪人们把“妻子–母亲”看成是家庭的“天使”打下了基础，并且使得18世纪产生了伦理和理性的区别。伦理被认为是家庭美德，理性被看成是脱离伦理的公共美德。因此，那些政治和社会利益学说虽然在伦理上存在异议，但是伦理和理性的分离使这些学说变得合理了。

现代的一些历史学家从这些关于女性本质的争论中，几乎看到“社会性别”这一与生物意义上的“性别”不同的社会学定义的产生。认为女性没有理性的讽刺之处在于，启蒙哲学家的生活，特别是法国的哲学家，在很大程度都需要依靠女性的资助。女性负责组织哲学家们那些被称为“沙龙”（salons）的聚会；她们赞助作家、艺术家和音乐家，如果没有她们的赞助，这些人会非常贫困。她们支持启蒙运动，虽然她们被轻蔑地称为演员。例如，《百科全书》的作者，包括达朗贝尔、孔多塞侯爵（Marquis de Condorcet）和杜尔哥男爵（Baron de Turgot），虽然他们在作品中认为女性在“文学界”没有地位，但是他们经常参加由莱斯皮纳斯小姐（Mademoiselle de Lespinasse）组织的沙龙。英国反对女性参与的声音更加强烈：在英国启蒙思想家的推动下，只有男性能参加的俱乐部和为知识分子对话提供适当场所的专属咖啡馆变得十分流行。卢梭拥护这些只有男性参加的组织，认为这些组织使知识界“男性化”，并且鼓励这些组织在法国的发展。

重视理性也使得启蒙思想家否定过去对现在的影响，他们提出了一种历史“终点”的观点。从很多方面来看，启蒙运动最杰出的文学作品是爱德华·吉本的《罗马帝国衰亡史》(*Decline and Fall of the Roman Empire*)，这本书里面囊括了启蒙运动的很多思想。吉本认为历史“终点”来到了“现代”的18世纪，在他看来，历史的“终点”最终从过去的黑暗中挣脱出来，进入18世纪的现代光明。他摒弃基督教文化，褒扬古典的过去，这是因为他认为理性体系在中世纪完全迷失了方向（又一启蒙运动中冒出来的想法），希腊和罗马的哲学、政治和法律是对理性体系的发展。吉本以古典模式为根据为“男性化”组织辩护。他反对文化“女性化”，因为他认为女性化通过基督教的传播已经污染了罗马的理性。对过去的否定促使一些哲学家声称他们能够建立一个完全理性、不受情感和欧洲堕落的历史影响的“新世界秩序”。

最后，理性被看成是普世的典范，其他文明如果发展到18世纪欧洲的文明程度，就能拥有理性。这可能是哲学家最有影响力，也是最邪恶的主张之一。这一主张的前提是哲学家的理性不受文化态度、历史趋势和人性弱点的影响。理性被包装成一个具有普适性、包罗万象的体系：理性法则适用于所有的文明。哲学家对这一体系的信心使得他们得出了如下结论：欧洲文明及其对西方模式下科学探索的重视和所有其他文明致力于达成的目标相同。他们对西欧理性体系普适性充满信心，这解释了为什么18世纪末欧洲实行帝国主义政策并且试图消除文化多元主义（指的是在某种特定文化占据首要地位的地区仍然保留少数民族的文化），例如在欧洲地区，大不列颠就曾企图摧毁爱尔兰和威尔士。

即使是在启蒙运动时期，也有人对理性的普适性有所不满。特别值得一提的是，赫德提出了文化相对论，文化相对论认为每一种文化体系对于它特定的“氛围”——地理和物理边界——都是合理的。再者，所有的文化都包含这个国家特有的，与这个国家匹配的“精神”。因此，适用于英国的并不一定适用于法国，适用于德意志的可能对俄罗斯并不适用，在启蒙运动末期形成的这种观点推动了19世纪对现代最有影响的意识形态之一民族独立主义的形成。

启蒙运动的第二大主题是强调个体对建立理性体系的重要性。哲学家认为群体行为不能促成理性文明。事实上，群众心理学理论很可能就来源于启蒙运动个体高于集体的观点。虽然在早期的知识运动中，例如文艺复兴的人文主义运动中，个体的价值早有体现，但是启蒙运动的个体概念更富影响力。它包含了洛克建立“文明”政府需要征得统治者同意的观点，因此影响了包括美国的《独立宣言》(*Declaration of Independence*) 和法国的《人权与公民宣言》(即《人权宣言》，*Declaration of the Rights of Man and of the Citizen*) 在内的很多革命性文件。它包含了牛顿关于个体有能力通过对物理和数学的研究掌握宇宙奥秘的观点，也因此影响了 19 世纪最重要的黑格尔和尼采的历史理论。除此之外，对个体重要性的反驳，例如卡尔·马克思的反驳和卢梭提出的“公意”，用的都是启蒙思想的术语。

启蒙思想对个体能力的看法也很大程度上影响了 18 世纪对社会和性别差异的看法。人人平等的概念和个人权威的概念完全纠缠在了一起，使得建立一个平等的国家从理论上来说成为可能。但是实际上，大多数启蒙哲学家认为所有个体的本质并不平等，并不是每个人都被赋予了追求“幸福”这一“不可让与”的权利。对这些哲学家来说，只有具有理性的人才拥有这些权利，对大多数启蒙思想家来说，这意味着只有中产阶级以上的成年男性才拥有这些权利。这些给予这些男性权利的主张强制他们接受教育，提高了他们的地位，从而也把工人阶级、穷人和所有的女性边缘化。只有那些所谓的激进启蒙思想家才认为洛克口中那些不可让与的权利属于全人类。就是这些处于启蒙运动边缘，被大多数君主主义哲学家蔑称为“共和主义者”的激进人士最终影响了 18 世纪最重要的两个历史事件：美国独立战争和法国大革命。

温和的哲学家在试图将理性赋予全人类时遇到了困难，这些困难特别体现在启蒙思想家与女性君王如俄国的叶卡捷琳娜大帝和瑞典的克里斯蒂娜女王 (Christina of Sweden) 的关系上。叶卡捷琳娜大帝和克里斯蒂娜女王都信奉启蒙思想，和她们来往的哲学家都对她们赞美有加，他们把她们当作男人，认为她们能够理性地思考，能够作为自由的个体行事。

启蒙运动第三大主题是人类能从野蛮的状态迈入理性文明的状态。古代的哲学家认为当代是设想中的“黄金时代”衰败的结果，中世纪的神学家认为上帝为了惩罚人类，把人类从伊甸园的完美状态里驱逐出来，强迫人们生活在这个世界上。启蒙哲学家和他们的观点都不一样，他们认为他们的时代能够超越过去，并且，事实上，人类能够进入一个更加完美的状态。相信人类能够进步和理性的优势、科学话语的价值紧密相关，人类能进步的观点从 17 世纪末产生以来就蕴含了很多深远的意义。首先，进步的概念是从一个极其乐观的角度去看待人类的发展。其次，启蒙思想家为进步提供了具体的判断标准：任何理性的、科学的、遵循自然和科学法则的都是进步的。从进步这个概念衍生出来的一个很重要的推论就是自然需要人类去控制，人类需要控制自然。因此，英国和美国的工业化的开端被誉为进步的、理性的、顺理成章的。工业化可能带来的结果包括污染、失业、过度开发、破坏自然资源等，但是这些结果跟进步这一重要目标相比是微不足道的。亚当·斯密的经济理论认为资本主义、自由市场经济是唯一的理性体系，市场的竞争会带来进步。他把竞争当成"所有人的战争"。这个看法反过来导致一些人也把竞争当成进步：托马斯·马尔萨斯（Thomas Malthus）认为资源竞争的结果是通过适当合理地减少工人阶级的财富来促进经济的发展；查尔斯·达尔文（Charles Darwin）认为物种进化依赖于不同物种对于稀缺资源的竞争，适者生存；最后，马克思认为阶级之间的竞争会导致革命，通过革命，文明会从一个主仆关系主导的状态发展成一个平等自由的状态。

受启蒙运动中人类能够进步这一观点影响的，还有对死刑和如何看护精神病患者的看法。虽然某些惩罚，例如虐待，被看成是野蛮、倒退的行为，但是把罪犯和精神失常的人关起来却被认为是理性和进步的。假如人类中不安分的因素没有被严格监管和控制，人类进步的能力会变得非常有限。在这种看法的促进下，流放地和疯人院等将"野蛮人"和文明人隔离起来的机构不断设立。从某种程度上来讲，这两种机构的目的都是为了改正人类的行为。道德堕落和精神失常都开始被当成是疾病：犯罪可以被看成是社会疾病，精神失常则被当作"精神疾病"。因此，流放地和疯人院不仅能够将"野蛮人"和文明人隔离起来，还具有积极的教育意义。关在这两个机构里的人在理论上都会被"改造"，改造成一个健康而负责的社会成员之后，他们将回归到文明生活中去。

人类正沿着理性道路前进，这一想法也催生了严格的父权制婚姻和家庭观念。腓特烈大帝等"被启蒙"的专制君主所颁布的修改后的法律体现了这些观念。腓特烈大帝对本国法律的修改被誉为是启蒙运动的理想典型。在"家庭"一章中，腓特烈大帝勾勒出了普鲁士普遍的家庭结构："因此单从理性出发，我们就能得到这样的结论：丈夫是家庭的主人，是家庭的首脑。妻子自愿加入这个家庭时，她在某种程度上隶属于她的丈夫。"

妻子并不被当成一个个体，而被当成丈夫在家里的“助手”。这些在启蒙思想的基础上对法律的改变最清楚地体现在拿破仑修改后颁布的法律上。法律规定，在法国只有男性才算是政治和法律意义上的“人”，并且法律也很大程度地限制了女性的权利，其中一些被剥夺的权利包括继承土地权，而女性即使是在所谓的“黑暗时代”（Dark Ages）都享有这些权利。

相信理性的男性能够建构出受不变的、通用的规则支配的理性体系，这不仅在法律和政府上引起了一系列改变，也带来了艺术、文学和音乐上的改变。人们开始摒弃在艺术和音乐中加入过分工人元素和装饰性元素的巴洛克风格，转而推崇强调“自然”和“理性”的新古典主义。这一改变被认为是启蒙运动的重大进展。18 世纪对音乐和美术作品的风格有着严格的规定，这些规定强调比例、平衡和简洁，与巴洛克花哨、过度华丽、纷繁复杂的风格形成了鲜明对比。18 世纪也是现代小说快速发展的时期，虽然小说的文体限制不断受到许多小说家的挑战，但小说仍受到许多规则的严格束缚。诗歌和戏剧也必须有“合理”的结构；正如 5 世纪的希腊建筑风格成了欧洲教堂和庄园设计者及美国公共建筑和大学设计者学习的典范一样，古代的诗歌和戏剧，特别是公元前 5 世纪的希腊诗歌和戏剧，也成了文学的典范。

启蒙运动首先是一场文化运动。启蒙思想虽然在学者中受到欢迎，但是将启蒙思想付诸实际政治的过程并不顺利。后革命时期，欧洲的政治和社会局势十分紧张，在许多方面，这反映出了实际运用启蒙主义思想时会遇到的本质问题。法国大革命的拥护者声称法国大革命是启蒙运动的直接产物：法国大革命根植于洛克和卢梭的社会契约思想，拥护个体的权利，反对国教的绝对权威。他们甚至认为用于处决的断头台都是合理的、有人性的，是高科技的产物（还是高效的）。最初，法国大革命的支持者从革命的胜利中收获了动力，包括玛丽·沃斯通克拉夫特在内的作家为法国革命家的行为辩护，他们还进一步把政治激进主义（例如沃斯通克拉夫特对女性权利的辩护）解释成启蒙运动的理性产物。

刚开始，法国大革命的批评家在法兰西第一共和国的胜利中显得无所适从；然而，后来自由党政府被推翻，所谓的“恐怖统治”（Reign of Terror）取而代之，这逆转了他们的命运。这时的批评家能够断言法国大革命实际上是反启蒙的。启蒙运动更温和的拥护者支持君主制，甚至支持开明的专制政治制度，他们和部分有选举权的地主和商人精英跟那些声称对理性的、有序的世界有着相同期待的政治激进者撇清了关系。激进派对革命进程有着不同的看法：他们认为，很难把恐怖时期和拿破仑征服泛欧洲时的大屠杀解释成理性的、合乎常理的行为。虽然法国大革命的争论双方都坚称他们的想法来源于启蒙思想，但他们都不能断言他们的想法和主流启蒙思想完全一致。最终，维也纳会议（Congress of Vienna）上的政治领袖决定对他们的政治冲突采取务实的解决方式。虽然这些解决方式是用理性、温和的语言表达出来的，但是对哲学理想的潜心研究并不能孕育出实际政治上的成功。

最后，一些重要的知识分子对启蒙思想中某些重要原则的反对意见很好地反映出启蒙运动对18世纪的影响。这些思想包括对理性的重视，个体高于集体的观念和人类能够随着科学技术的进步而进步的乐观信念。18世纪末19世纪初，对这些思想的反对意见都体现在了浪漫主义运动中，浪漫主义运动是反启蒙思想的运动，它直白、有意识地反对任何与“启蒙”理性沾边的东西。浪漫主义者认为情感高于理性。他们认为，不存在不变的、通用的规则，他们相信，与人类文明和先进的科学技术相比，未经开发的自然世界能够更好地体现出上帝的荣耀。从卢梭和赫德开始，到包括约翰·沃尔夫冈·冯·歌德（Johann Wolfgang von Goethe）、约翰·克里斯托弗·弗里德里希·冯·席勒（Johann Christoph Friedrich von Schiller）等德国浪漫主义（German Romanticism）的推动者，以及19世纪初期的英国诗人拜伦勋爵（Lord Byron）、珀西·比希·雪莱（Percy Bysshe Shelley）和约翰·济慈（John Keats），这些知识分子不像启蒙运动的乐观主义者那样沾沾自喜，而去研究被启蒙运动摒弃的人力和自然：哥特式建筑的雄伟壮观，中世纪浪漫文学对情感的冲击，工业化前农村的原始美。否定理性主义并不是自然而然的事情，相反，和启蒙运动一样，对理性主义的否定也来源于17世纪笛卡儿、洛克和牛顿等人的思想。不同之处在于，浪漫主义者继承的是这些思想中“哲学家”摒弃的观点，特别是那些赞颂神秘体验、自然和谐统一和贬低人类心智在人类进步方面重要性的观点。启蒙运动无法完全脱离之前的哲学、思想和背景，浪漫主义也一样，它吸收了之前的相关思想并加以运用。

琳达·米歇尔（Linda E. Mitchell）

琳达·米歇尔（Linda E. Mitchell），美国艾尔佛雷德大学历史学教授，在印第安纳大学获得博士学位。主要著作有《中世纪的家庭生活》（*Family Life in the Middle Ages*，2007）、《1225—1350 年英国家庭、婚姻和政治》（*Family, Marriage, and Politics in England: 1225—1350*，2003）和《中世纪和西方文化下的妇女》（*Women in Medieval and Western Culture*，1999）。

第二十九章

农业革命（1750）

中国同时期：清高宗爱新觉罗·弘历

概　述

一提起“革命”，人们一般会把它和“暴动”“骚乱”“混乱不堪”联系在一起，这些瞬息万变的过程中还常常伴有杀戮和暴力。要是按照这些标准，18 世纪的农业转型根本算不上一场革命。事实上，农业革命带来的改变是缓慢的，并且历时几十年。这几十年中，没有混乱不堪，没有流血；有理性，却没有暴力。不过，字典中“革命”的定义含有这样一条：“重大的变革”。这一点，没人站出来否认——重大的变革确实发生了。

农业革命让种植业和畜牧业焕然一新。18 世纪初，绝大多数欧洲人都从事农业生产。除了荷兰之外，80% 以上的欧洲人都在土地上耕作，越往欧洲大陆东部走，这个比例越高。

18 世纪的耕作方式与几百年前几乎毫无二致。大量农民在土地上耕种，却只能得到微薄的收入。洪涝、旱灾时常发生，土地产量低，庄稼颗粒无收。一旦发生洪涝旱灾，饥荒往往随之而来。土地是未经圈占的敞地，而且被分成狭长的条田，大家集体耕种。至于种什么，什么时候播种，什么时候收割，都是整个村庄说了算。这种敞地制度意味着农民基本可以达到温饱，但是大大降低了效率，以至于把其他的农业生产形式拒之门外。此外，土壤耗竭也是主要问题。与中世纪的老祖先一样，18 世纪的农民在土地上轮流种植作物，这样每隔 1 年或 3 年，就让一块田地休耕。尽管这样的做法能保护土壤，但每年可耕地面积还是减少了 33% 到 50%。每个村庄都有公共土地、草地或牧地，这些土地上放养着各种牲畜，牲畜往往由农民自有。

这种耕作模式在欧洲几乎是通行的，只有荷兰与之不同。基于空间狭小、人口众多的压力，同时也出于试验需要，荷兰采取了精耕细作的技术，大大提高了效率。例如，他们善于农田排水技术，并应用于种植庄稼作物上。同时，引进新作物，轮种老作物，圈起土地。英国是农业革命的忠实拥护者，农业革命伊始，就十分热衷效仿荷兰的做法，最后取得了成功。

从很大程度上讲，农业革命脱胎于科学革命和启蒙运动。前者关注实际，催生了大量关于动植物的新知识，随后应用于 18 世纪的农业生产；后者则让人们抱着“合理利用能转换为物质利益”的想法，激发人们去探索和实验。早期的浪漫主义思想也有所贡献。到了 18 世纪中期，富有的土地主越来越多，他们拾回了对自然的热爱，为了乡间的地产而放弃了城市生活。他们成为乡绅，从事农业试验，负责自家财产的合理开发及利用。

也许，利益的驱动是农业变革中最大的刺激因素。至少从 1740 年开始，农产品价格，尤其是粮食价格一直上涨，这大大激励了种植者，产量也不断增加。对种植者而言，全新有效的种植庄稼的方法能够提高作物产量，而提高产量则意味着市场扩张，利润也因此扩大。

农业革命包括几个连锁的部分。扩大耕地是其中一个重要特征。英国的乡间散布着许多沼泽和湿地，它们被人们排干了水，填了起来。早在 17 世纪中期，荷兰的工兵就在剑桥郡开垦了 4 万英亩的土地；到了 18 世纪，本土英国人继续并加速了这一开垦进程。

更重要的是农作物轮种方法的引进，轮种与休耕一起进行。这次，英国又效仿荷兰，同样效果显著。粮食作物通常会消耗土壤，因此需要休息一段时间，即休耕，以便土壤恢复。为了避免休耕，荷兰开始种植储氮作物，例如豌豆、豆荚、芜菁、马铃薯和车轴草等，这些植物都有助于修复土壤，不久英国也开始种植。储氮作物的重要效益日渐凸显：不再休耕，可耕地面每年增加了 33% 到 50%。此外，许多新作物可以提供粮食，从而提高了农民摄入的食物热量，增加了营养。如果农民不吃这些粮食，也可以给家畜当饲料。牲畜有了更多饲料，冬月期间就有了充足的食物，为避免牲畜冬季饿死而不得不杀掉它们的情况也不复存在。这样一来，牲畜的数量也增加了。这不仅表示人们餐桌上会出现更多的肉类，更意味着有更多的肥料，有更健康、更肥沃的土壤。优良土壤带来的最终结果便是农业革命的另一部分——更高的单位亩产。

农业革命不仅仅见证了牲畜数量的增多。有了更好的饲养方法，这些牲畜的质量也大大提高，这也是农业革命的一部分。1710 年至 1795 年间，伦敦史密斯菲尔德市场（Smithfield market）上出售的牲畜平均重量翻了一番。有了更多、质量更好的牲畜，平常百姓餐桌上的肉类也就更多了。

新作物培育也是农业革命的重要部分之一。特别要提出的是马铃薯的广泛种植。马铃薯由新大陆传入欧洲，渐渐地整个欧洲开始培育这种作物。事实上，欧洲大陆上几乎哪里都可以看到马铃薯，无论是在爱尔兰还是俄国，马铃薯迅速成为那些贫穷欧洲人的日常主食。历史学家塞缪尔·克拉夫（Samuel B. Clough）在《世界眼光中的欧洲历史》（*European History in a World Perspective*）一书中写道："没有哪种作物每英亩能够产出这么多营养，并且成本如此低廉，还几乎不受土壤和气候条件的制约。"

最后，全新和改良的生产工具在农业革命中大放异彩。例如，人们改进了犁这一工具，改进了犁铧前面的犁刀，让其可以垂直挖进草地，犁板也能更容易翻起草皮。

杰斯罗·塔尔（Jethro Tull，1674—1741）是农业革命中伟大的机械发明家之一。他是"改良地主"的代表人物。"改良地主"是一群对英国农业影响重大的乡绅。塔尔从法国朗格多克地区（Languedoc region）农民身上得到提示，完善了一种用马拉动的锄具，可以高效除去苗间杂草。作物不会杂乱无序，而是一排排整齐地生长，也归功于塔尔。为了减少不必要的浪费，提高播种效率，塔尔发明了一种播种机，可以按照相同的距离和深度一个个地点播种子。

查尔斯·汤申德子爵（Viscount Charles Townshend，1674—1738）在农业革命中也占有重要地位。在担任英国驻荷兰大使期间，汤森就注意观察荷兰农民如何进行轮种。回到英国，汤森从外交部门退休后，便把荷兰农民的经验应用到自己在诺福克郡的土地上。为了避免休耕，汤森在上面种植车轴草和芜菁。这种作物不仅恢复了土壤，还给牲畜提供了良好的饲料。汤森十分热衷于推广使用芜菁，还得了个绰号“芜菁汤申德”（Turnip Townshend）。

汤申德的方法由托马斯·威廉·柯克（Thomas William Coke，1752—1842）改进。柯克制定了四茬轮作制，后来被称为“诺福克系统”，最终推广到英国大部分地区。柯克的做法是通过种植小麦、芜菁、大麦和车轴草，达到废除轮种的目的。

柯克还探索选择性育种以优化猪的品种，但农业革命期间这个领域最重要的人物还属罗伯特·贝克威尔（Robert Bakewell，1725—1795）。贝克威尔决心改变当时的畜牧业现状，而当时的畜牧业“育种毫无章法可言”。他反对当时放养牲畜的做法，而是提出，最好的牲畜应该单独挑选出来置于厩中，再进行饲养。通过这些方法，贝克威尔培育出莱斯特羊这一品种。他的试验也极大地改善了英国牛的体形和质量。

阿瑟·杨格（Arthur Young，1741—1820）是一名精力充沛的宣传家，同时也是位热情高涨的乡绅，他把农业改革的消息传开。杨格出版和发表了250多本关于科学耕种的书籍和文章，同时还是《农业年鉴》（*Annals of Agriculture*）的主要撰稿人。《农业年鉴》的投稿人还包括拥有“农夫乔治”（Farmer George）美名的国王乔治三世。

杨格四处游历，推广现代农业事业，在1793年创立英国农业委员会的过程中也发挥了作用。

随着农业革命发展加快，敞地制度（openfield system）显然阻碍了农业生产效率的提高，从而使得英国加速了圈地运动的步伐。这项运动可追溯到都铎王朝时代。顾名思义，圈地运动需要把条田合并，然后竖起栅栏或篱笆，把一块块土地分隔开来。圈地需要分割土地，因此公共用地便消失了。许多小农场主反对圈地，但是在18世纪，议院顺从了富人拥护圈地的意愿。1700年到1760年，议院平均每年通过四项圈地法案。1760年到1792年，这个数字增长到每年40项。1798年到1815年，则达到了每年80项。

乔治三世并非唯一一个拥护农业革命的著名人物。乔治·华盛顿、托马斯·杰斐逊、拉法耶特、腓特烈大帝、叶卡捷琳娜二世（凯萨琳大帝）都曾大力支持农业革命。农业革命最早出现在英国、低地国家和法国，逐渐在全世界范围内扩展。

历史评论

18 世纪的农业革命并非以技术为推动力的革命。18 世纪末工业革命开始，直到那时真正的技术革新才出现。19 世纪的农业革命更依靠技术进步，相比之下，18 世纪的农业革命则更注重改善土地使用方式，开发新耕作技术以及引进新作物。由于缺少重大技术革新，很多学者并不重视这次革命。然而，英国农场产量的大幅提升表明革命确实出现了。

在农业领域，欧洲农民贡献颇多，极大地提高了农业生产力。英国是其中的典型代表。这次革命的开端并不引人注目。学者在革命的开始时间和地理范围上仍未达成一致意见。不过所有学者都赞同农业领域在 18 世纪发生了重大变革。

在此时期，欧洲及美洲都有农业进步。然而，只有英国产量的增长达到了革命的规模。19 世纪，英国的革命成果传播到了过去的英属北美殖民地及欧洲其他国家。18 世纪以前，英国的农民和地主就已经开始着手改善土地。在 18 世纪，所有促使农业生产力大幅提升的必要因素都出现了：食物需求增加，交通更加便捷，人口增长，动物饲养方式进步，引进了新作物，耕作技术也得到改良。这些进步以及对更高生产力的需要都呼唤着农业革新。18 世纪上半叶的农业大丰收致使农产品价格骤降，地主和农民迫切需要找到降低成本的方法，从而在满足生产需求的同时保持财务上的稳健。

虽然英国农业革命在 18 世纪展开，但是革命的最早阶段发生在 16 和 17 世纪的荷兰。那时，荷兰这个小国正经历从农村人口到城市人口的转型，提高农业生产力变得必要。18 世纪初，英国也遇到了同样的状况。英国农民使用源自荷兰的耕作技术、种植从荷兰引进的新作物，过去依靠大量农业人口的经济模式发生转变。同样的人口增长压力促使农业革命在 19 世纪传播到了北美、法国及其他欧洲国家。

革命中出现的各种进步和创新高度关联。牲畜饲养、繁殖技术的进步，新作物的引进使收成不及早年的土地获得更好的利用。在一个世纪内，大量土地恢复了生产力。革命以圈占过去的开放土地或荒地为开端。由于大多数荒地遍布泥塘沼泽，变荒地为可耕地的第一步是给沼泽排水。这一步完成后，农民就可以竖起栅栏耕作土地了。在系统性轮作引进之前，农民不得不休耕大片可耕地，很多土地甚至是好几十年都在休耕。农民在曾经休耕的土地上种植饲料作物，例如从荷兰引入的三叶草和蔓菁，或是种植可以恢复土地肥力的草料。这些举措使土地恢复到了它的原始状况。新作物不仅使土壤恢复了肥力，还给牛羊提供了食物，尤其是过冬的饲料。牛群和羊群规模的扩大也产生了更多肥料。因此，农民有了充足的天然肥料给曾经的休耕土地恢复肥力。由于农民和地主不再需要休耕大片土地，农业产量得到了大幅提升。耕作土地面积的增多极大地提高了用于国内消费和出口的食物及农产品的产量。

或许18世纪革命的最大进步在于英国圈地运动的扩展。圈地后土地更便于管理，耕作变得更有效率。18世纪末，600万公顷土地，也就是四分之一的可用开放土地被圈占，其中大多数是通过议院立法。通过圈占土地，农民得以更好地维持耕地和牧场之间的平衡。他们采用新的饲养方式，使土地更具盈利性。他们有效使用几世纪以来耕作效率不高的土地，在肥力耗尽的土地上种植饲料作物、草料或者三叶草，使土壤恢复肥力。农民把土地辟为牧场，牧场产生的粪肥是极好的天然肥料，可以进一步恢复土壤肥力，为将来耕作打下基础。与此同时，给长期用作牧场或者几十年来被休耕的土地犁地，为耕种做准备。给荒地除草、犁地，加入泥灰改善土壤。泥灰是一种石灰、黏土、沙子、肥料的土质混合物。有远见的地主和农民圈占土地，采用新式轮作法，土地生产力得到了极大的提升。这次革命的核心就是从长期耕作和种草放牧相分离的体系转变为耕作和种草放牧相结合的灵活耕种体系，休耕土地从此成为历史。

正如新技术和新农作物在农业革命中的重要性一样，找到一种省钱的方式将过剩的农产品运输到市场上也相当重要。缺少合适的运输方式阻碍了法国革命的发展，因此，法国农民发现，比起英国农民，他们建立起一个全国市场的难度要大得多。在19世纪50年代铁路网建立之前，法国农业的区域性一直相当明显。

虽然英国和荷兰依赖和法国类似的交通方式，但是这两个国家的国土面积较小，又可以利用水路运输，因此他们在法国之前便成功创立了全国市场。在铁路出现之前，水路是最为合算的运输方式。在18世纪，运河网络的发展使得距离海岸和河流遥远的城市和地区也可以利用运河获得一些重要资源。水路运输比陆路运输要便宜得多，因此比起依靠马车和骡车运输的农民，那些通过水路运输的农民可以以低得多的价格售卖农产品。事实证明，水路运输为主要依赖河流运输的英国农民带来了诸多利益，尤其对于那些距离最近的河流也有15英里以上的重要经济区而言，更是如此。即使在本世纪，水路仍是重要的交通运输方式，特别是针对大宗货物。

开辟全国市场当中最重要的一步便是创立运河网络，而这一步骤早在17世纪便已经开始。到17世纪中期，人们开始了拓展运河的重要举措，使得农民可以更方便地使用水路运输方式，并且可以更高效、更便捷地运输大批量货物。运河降低了产品的成本，从而使农民进一步获利。

另外一项主要的交通运输方式是公路运输。在18世纪初，英国的公路体系非常匮乏，由本地团体兴建和维护，其状况相当糟糕。英国议会在18世纪创立了一套付费公路网络，显著地改进了陆上交通状况。议会不再向教区财产所有者征税，取而代之的是向道路使用者征收通行费，用作道路维护的供给资金。尽管征收对象声称通行费具有惩罚性质，并反对上缴这一费用，但兴建道路的确使商品运输变得更加容易和迅速。除了通行费，付费公路和逐步取代骡马的四轮马车也使货物的运输总体费用下降。随着交通运输方式的进步，商品运输，尤其是易腐坏商品的运输成本和消耗的时间都大大减少，商人从而可以将节省下来的部分让利于顾客，进一步促进消费需求。

航运业的发展促进了农产品贸易的繁荣。海盗活动减少，装备更精良的船只促进了保险费用的下降。现代航海技术和更高效的组织管理方式缩短了航程，并且更充分地发挥了港口的作用。中断航运业成本下降趋势的事件只有18世纪70年代爆发的战争。

农业革命的影响表现在两个相关领域——人口增长和城市化。英国人口总数在18世纪大约增长了一倍，从1700年的500多万增长到1800年的900多万。而英国的城市化人口由1520年的不到人口总数的6%上升到1800年的28%。随着革命的发展，相当一部分农村人口自动由农业相关部门流向工业部门。到18世纪末，从事农业的人口由农村总人口的80%下降至50%。尽管仍然保持劳动密集型的农业生产方式，但是与之前相比，土地本身可以供养的非农业人口总数大大增加。英国农业革命的另一个显著标志是5000人以上的城镇数量增多。区分城镇和农村生活的分界线在于人口数量是否达到5000。如果将伦敦排除在外，5000人以上的城镇人口数占英国总人口数的比重由6%上升到了17%。

伦敦作为英国中心城市的地位仍不容撼动。作为英国的首都，无论以面积还是声誉来衡量，伦敦都远远领先于其他城市。伦敦在18世纪成了欧洲最重要的城市之一。这座城市的影响力也随之超越国界，远播世界各地。仅仅在几个世纪以前，伦敦还算不上欧洲的前十大城市。但是到了1800年，它却跃居为世界第一大城市，成为日不落帝国的中心。英国人口在17世纪便已经开始大幅增长，而在18世纪则增长了将近一倍，由1700年的57.5万人增长至1800年的96万人。

城市化进程不仅发生在伦敦这一座城市。曼彻斯特（Manchester）、利物浦（Liverpool）和伯明翰（Birmingham）等在17世纪排不上名次的城市也相继发展为英国的领军城市。在18世纪，随着人口成百倍甚至更加剧烈地增长，新的城市中心兴起，它们的重要程度也跃居诸如诺威奇（Norwich）和约克（York）等传统地区中心城市之上。其中，曼彻斯特的人口由1700年的约8000人增长至1800年的9万人。1700年，利物浦的人口数量仅为7000。一个世纪以后，该城市的人口数量增长到了8.3万。这些新兴中心城市很快成为英国国内仅次于伦敦的工业和贸易中心。

更为重要的是，这些城市将成为工业革命的领导中心。如果没有持续增长的农产品作为支持，人口增加将无法实现。与英国形成鲜明对比的是，除了荷兰，欧洲大陆仍然是大片乡野，情况和北美相去无几。1776年，北美最大的城市费城拥有约3.5万人口。在北美广大乡村殖民地，只有波士顿、纽约、纽波特和查尔斯顿几座港口城市零星点缀其中。广袤的土地和北美人民的独立精神阻碍了城市化进程。在1500年，法国不但国土面积大于英国，其城市化水平也远在英国之上。然而，到了1800年，英国的城市人口已经是法国的3倍。英国与邻国的巨大差距很大程度上源于农业生产力的显著提高，只有英国和荷兰拥有足够资源养活众多城镇人口。

如果一个国家仍然依靠自给农业，无法以合理的价格向非农人口提供充足食物，人口显著增长和城市化便无法实现。18世纪，英国做了大量努力，力求提高农产品产量。尽管如此，到18世纪末，英国还是从农产品出口国变成了农产品进口国。不过，英国仍然在欧洲各国中傲视群雄，以强大的实力超越了自给农业阶段，同时开创了国家市场。

英国人民的饮食结构得到了显著改善。食物价格降低且更易获得，处在社会较低阶层的人们也可以买得起营养丰富的食物，包括营养丰富但一度价格昂贵的燕麦，以及富含丰富蛋白质的肉类。饲养方式的改进，加之发现了更有效的方法在冬季为牲畜提供饲料，农民可以将牲畜多养上几年，从而生产更多牛犊和羊羔。这样一来，牲畜不仅在数量上有所增多，由于不必过早宰杀幼畜，农民还可以将牲畜饲养得更加膘肥体壮。冬季饲养牲畜的关键在于芜菁等饲料作物的引进。随着肉类价格下跌，越来越多的普通百姓也可以吃得起肉制品，英国人口的营养状况从整体上得到了改善。

英国从事与农业直接相关工作的人口比重由 60% 迅速下降至 36%，彰显了 18 世纪英国生产力革命的威力。虽然直接从事农业相关工作的人口比重上升了约 9%，人口总数却上升了超过 80%。

与此同时，在欧洲大陆，除了荷兰，农业劳动力占人口总数比重仍保持在 55% 至 60% 的范围之内；在有些国家，这一比重甚至更高。美洲的情况也是如此。因此，依靠农奴和贫农为主要劳动力的耕作方式在中欧和东欧及西欧大部分地区仍占统治地位。在东欧，尤其是俄国，土地仍然为贵族所有，农奴则负责耕种土地。农奴本质上是贵族的奴隶。直到 19 世纪中叶，俄国才废除了农奴制度。西欧农民虽然在更大程度上拥有自由，但由于缺乏改进农业生产方式的激励机制，当时的农业技术与中世纪相比并无实质性改善。甚至连法国也继续依靠贫农的手工劳作来进行农业生产。在美洲殖民地，尤其是南美洲，不但小农生产方式仍占主导地位，而且农业仍以数量庞大的黑奴进行大规模耕种的方式进行着。直到 1865 年，美国南部才废除了农奴制，远远晚于英国。

对于英国而言，在农业人口比例显著下降的背景下养活不断增长的人口，需要强大的决心和雄厚的资本。而富裕乡绅认识到农业扩张蕴藏的巨大商业利益之后，同时贡献了决心和资本这两大要素。英国通过圈地运动、农作物轮作和开垦荒地提高了土地的农业生产力。与此同时，小农生产方式也逐渐被使用佃农和付费工人的大规模农场生产所取代。

英国向大规模农场转型的道路与欧洲大陆的国家有所不同。英国议会颁布法案，严格执行长子继承制，将土地全部交给最年长的儿子，从而限制了地产和大农场的分散。相反，大多数欧洲大陆国家的法律体系允许更为多元的继承方式。此外，英国议会还通过了抵押贷款法案，允许土地所有者用土地作为抵押，这样他们便能够购入更多土地，或者开发现有土地，而免去了被没收财产的风险。同时，贷款利率下降到了 4% 至 5% 之间，进一步刺激了借贷行为。

大片地产的所有者通常在采矿和贸易等其他领域谋取利益，但是地产本身及其附加值仍吸引他们投入大量资源。甚至在工业发展的背景之下，土地所有者的社会地位也没有丝毫降低。因此，地产所有者得以依靠从其他金融渠道获得的资金开发他们所拥有的土地。开发土地不仅提高了农业生产的效率，还使得地产所有者拥有丰厚的资金，足以抵御市场动荡。在农业革命早期，农产品产量的提高导致价格显著下降。拥有充足资本的地产所有者得以在接踵而至的现金流*危机中生存下来，他们同时发现自己可以利用18世纪下半叶的农产品价格上涨谋取利益。

另一些地产所有者将利润投入其他行业，其中以采矿、河运和收费公路等投机行业居多。1760年至1815年，富裕的土地所有者大约拥有三分之一的运河公司股份。拥有地产的乡绅不仅从资金上对运输业的发展做出了贡献，同时他们也利用在议会中的影响鼓励了交通运输业的发展。因此，土地和经济之间似乎建立起了互利共赢的关系。

在18世纪，地产的发展逐渐使小型独立农场变得不重要起来。地产所有者轮流将土地租给农民耕种，自己收取租金，坐享丰厚的粮食收成。通常，土地所有者依靠管家，确保将土地租给高效、多产的农民。尽管小型独立农场的影响力逐渐下降，但并未全部消失。其中一些不仅生存了下来，而且发展得很好。然而，许多独立中小型农场还是被大型农场所取代。这一事实使得议会颁布的许多圈地法案受到大众的质疑。许多独立农民支付不起栅栏和篱笆的费用，甚至没有足够的土地可供圈占。佃农依靠制造钉子或纺纱织布维持生计，尽管如此，他们也受到了圈地运动的影响。他们虽然与纯粹的农民不同，但仍然需要公共耕地放牧奶牛和猪，或者种植土豆和豆类农作物。圈地运动剥夺了他们能够使用的土地数量。也许在圈地运动中遭受打击最深重的，要属那些居住在荒地上搭建的棚户中并依靠打猎和种植农作物为生的人。圈地运动将他们从原来的土地上赶走，致使他们无家可归，一贫如洗。

但是，土地所有者却从圈地运动中获得了极大好处。他们的地产得以扩张，生产力也有所提高。此外，将资金投入其他方面的土地所有者发现，投资地产既可以获得政治上的利益，又可以带来社会效益，因此他们将注意力转移到了地产

---

* 现金流的基本概念是指企业某一段时间内可以立刻拿出来使用的现金，企业经营者必须切实控制好现金流，若现金流不足，将可能很快使企业资金供应短缺而倒闭。——译者注

投资之上。甚至随着城市的发展，一批商人新贵出现之后，政治权力仍然掌握在绅缙阶层手中。1688 年至 1689 年的光荣革命爆发之后，议会成为英国的重要权力机构，而拥有土地的多寡对于能否成为议员起到决定性作用。此外，18 世纪的欧洲在很大程度上仍是父权制社会，陈旧的传统习俗仍然盛行。虽然启蒙运动思想已经开始影响到了社会的许多方面，但绅缙阶层仍然领导着整个社会。简而言之，拥有土地便意味着拥有权力和社会地位。

圈地运动不仅为土地所有者提供了获得经济利益的机会，还为他们提供了探索美学价值的可能性。一些希望在良田上建造花园的贵族为英国创造了另一种养活人口的方式。尽管英式花园的基本模型源自欧洲大陆，但却具有独特的审美特点，力求创造一种经人类驯服的自然意象。在英式花园中，人们可以在受控的“文明”情景下享受户外乐趣。

从总体上说，农业革命对英国经济的腾飞起到了重要作用。虽然英国在 18 世纪末已经变为粮食净进口国，但在 1760 年以前，英国农民的粮食生产都存在剩余，每年 10% 的农产品可用于出口。导致英国由粮食出口国变为进口国的首要原因在于人口增长。英国农民试图使粮食产量增长的速度与粮食需求增长的速度保持一致，然而，18 世纪末的人口增长，加之战争和连续数年的粮食歉收，给他们带来了巨大压力。虽然如此，无论出口还是进口的粮食，都只占国内粮食消费储备的一小部分。

也许农产品产量提高的最大收益方是工业革命本身。工业革命始于 18 世纪中期，18 世纪末发展到顶峰。如果没有农业革命的前期铺垫，工业革命很可能便不会发生。工业革命首先在英国出现，也正是由于英国具备了工业化的基础设施和一定的人口数量。

18 世纪早期，粮食和其他农产品的价格下降，导致工人阶级的实际收入增长，成为工业革命发生的根本原因。甚至一些曾经将工资的 70% 用于购买粮食的低收入工人也开始出现工资盈余。他们用这些资金购买工业制成品，随之产生了工业制成品的大众市场，刺激了工业发展和投资。虽然粮食价格在 18 世纪下半叶持续增长，交通运输业发展的滞后却限制了增长的幅度。随着农产品需求的增长，对工业技术创新的需求也同样变得迫切起来。工业技术创新自此成为新时代发展的基础。

农业发展还影响了工业区域化。英国南部的土地比北部肥沃，光照更为充足，因而成为农业中心；而英国北部则演变为工业发展中心，曼彻斯特、利物浦和伯明翰等城市发展成了工业重镇。

农业还为工业化提供了原材料。对首先发生工业革命的纺织业来说更是如此。18世纪晚期，棉花成了重要商品。畜牧业发展，放牧机会增多，羊毛产量随之增加。纺织业的发展刺激了对原材料的需求，反过来鼓励人们生产更多的羊毛和棉花。

农业对现代工业的发展造成了巨大影响，反过来也受益于技术革新。虽然较早期的农业技术革新在很大程度上受制于土地的利用率，到了18世纪末，新生产工具开始推动农业发展。工厂生产的标准化铁制品开始取代石器和木质器具成为英国农民的主要生产工具。伊莱·惠特尼（Eli Whitney）在18世纪末发明的轧棉机为棉纺织工业带来了革命性变化，尤其在美国南部。1790年，美国还是一个不知名的棉花生产国；然而到了1821年，美国却超越印度成为世界第一大棉花产地。比起18世纪，19世纪的农业发展在更大程度上受技术驱动。

与许多其他革命类似，农业革命也免不了经历一些曲折。在某些方面，农业革命更类似一个渐变过程，而非激烈的革命性事件。战争、干旱和生产过剩经常成为阻碍革命持续发展的原因。英国农民却在整个18世纪不断调整和创新农业革命的方式，使英国得以持续扩大人口基数，推进城市化进程并且发展工业。英国和荷兰的发明创造被适时地引入其他国家，进一步推进了这些国家的农业革命、人口增长和工业化进程。

罗伯特·康沃尔（Robert D. Cornwall）

罗伯特·康沃尔（Robert D. Cornwall），伍德沃德中央基督教会的独立学者和牧师，在富勒神学院获得博士学位。《宗教、政治与反国教者：向詹姆斯·布拉得利致敬的文章汇编》（*Religion, Politics and Dissent, 1660—1832: Essays in Honour of James E. Bradley*，2010）。

EVENTS THAT FORMED THE MODERN

WORLD

FROM THE EUROPEAN RENAISSANCE
THROUGH THE WAR ON TERROR

世界大历史

Frank W. Thackeray
John E. Findling

下

62 个大事件塑造 700 年世界文明

[美] 弗兰克 · 萨克雷　[美] 约翰 · 芬德林
——主编

严匡正 等
——译

中国画报出版社 · 北京

第三十章
美国革命（1763—1783）

中国同时期：清高宗爱新觉罗·弘历

概　述

1763年，七年战争终告结束。这是一场真正的全球性战争，在北美洲进行的阶段又被称为法印战争。英国是该场战争的最大赢家之一，它从战争中获得了法国在加拿大和密西西比河以东的殖民地。然而，战争的开销给英国国库造成了严重的负担，英国变得负债累累。此外，为了防守和管理北美殖民地，英国更是耗尽了所有库存。尤其是战争结束后，英国决定在殖民地驻扎万人部队，以维护稳定。为缓解财政压力，英国决定让北美殖民者为帝国的开销支付更大的份额。

很多美洲殖民者曾参加过法印战争，他们把自己看作英王的忠实臣民，认为自己享有跟所有英国人一样的权利和特权，并承认英国议会的权威。然而，他们也担心自己的经济福利受到影响，不愿向英国国库贡献比目前更多的钱。此外，法印战争使不同殖民地之间更加团结一致，很多殖民者已经倾向“大陆”* 立场，开始自称美国人。

法印战争一结束，乔治·格伦维尔（George Grenville）领导的英国政府便在精力充沛的英王乔治三世（George Ⅲ）的命令之下颁布了一系列法令，以实现英

* 此“大陆”指的是独立战争期间的美国殖民地。——译者注

国在北美洲的各项目标。为稳定同印第安人之间的关系，英国颁布了《1763 年公告》（*Proclamation of 1763*），规定殖民扩张不得超过阿巴拉契亚山以西。1764 年颁布的《食糖法》（*Sugar Act*）规定，北美应缴纳的所有关税均将纳入英国国库，食糖关税尤其如此。该法令还制定了措施，打击殖民地商人普遍参与并从中获利的走私活动。同年颁布的《货币法案》（*Currency Act*）禁止殖民地发行纸币。北美人民虽然反对这些措施，但态度较为温和。然而，未经纳税人同意便征收税款的做法遭到一些北美人的强烈反对。波士顿开始出现抵制英国商品的运动，并且有迹象表明这一运动将蔓延至其他殖民地。

格伦维尔决心继续实施英王的行动计划，于 1765 年经议会批准颁布了《印花税法》。这项税法中违背常规之处在于，征税对象为殖民地之间进行的各项贸易活动，而非进口商品。按照税法要求，报纸、纸牌、法律文件及年历之类的物品均须缴纳赋税，所得款项收归英国，用来抵消英国为保卫殖民地所进行的投入。

《印花税法》引发了北美人民的强烈反对。各殖民地掀起了针对王室代理人和税务员的破坏性骚乱。在年轻律师帕特里克·亨利（Patrick Henry）的带领下，弗吉尼亚下议院通过了《弗吉尼亚决议》（*Virginia Resolves*），宣布征税权掌握在弗吉尼亚人自己手中，弗吉尼亚人没有义务执行英国议会的征税法令。其他殖民地也喊出“无代表，不纳税”的口号。人们组成“自由之子”（Sons of Liberty）等团体，抗议英国的行为。1765 年年底，9 个殖民地的代表在纽约召开反印花税法大会，正式对《印花税法》提出反对意见。

反对《印花税法》最有效的武器莫过于对英国进口商品的抵制。抵制运动主要由殖民地商人组织，事实证明此举非常有效。英国出口商和贸易商发现自己的收入一落千丈，之后自发前往议会大声抗议。格伦维尔下台，取而代之的是罗金汉侯爵（Lord Rockingham），后者于 1766 年废除了《印花税法》。然而，议会却通过了《宣示法案》（*Declaratory Act*），坚持议会对殖民地拥有绝对征税权，可视情况进行征税。

次年，议会又颁布《汤申德税法》（*Townshend Acts*），规定向殖民地进口的铅、纸张、颜料、玻璃和茶叶等征税，形势再度变得紧张起来。为确保税法得到严格执行，文件还包括协助收缴走私物品令，也称“空白搜查令”。此外，海事法院审理案件不设陪审团。

殖民者的反应可想而知。他们谴责《汤申德税法》侵犯了他们作为英国人所应享有的权利，再次发起抵制英国商品的运动。抵制运动卓有成效，1768 年至 1769 年从英国出口到殖民地的商品价值减少了 41%。然而，1770 年 3 月，英国警察和投掷石块的群众在波士顿的混战引发了枪击，导致 5 名北美人死亡。这一事件被殖民者称为"波士顿惨案"（Boston Massacre）。讽刺的是，该冲突发生的当天，英国议会废除了《汤申德税法》的大多数条款，只保留了茶叶税。

随之而来的是一段和平时期。然而，马萨诸塞激进分子塞缪尔·亚当斯（Sam Adams）成立了"通信委员会"（Committee of Correspondence），用以交换情报并了解各殖民地的现状。"通信委员会"这一组织迅速蔓延至各个殖民地，北美人民更加紧密地团结起来，革命的浪潮也越来越近。

1773 年，英国新任领袖诺斯勋爵（Lord North）通过议会推行《茶叶法案》（*Tea Act*），和平时期宣告终结。由于之前《汤申德税法》中的茶叶税未被废除，殖民者一直都在抵制英国进口茶叶。诺斯勋爵希望一方面能打破抵制活动，另一方面强调英国有权向殖民地征税这一原则。因此，新的《茶叶法案》将茶叶税降低至每磅 3 便士的最低极限。

殖民地的激进分子显然看出了《茶叶法案》的意义所在，于是发起新一轮的抗议活动。英国政府精心挑选了一批支持自己的商人，准备赋予他们进口茶叶的销售权。另一些反对这一阴谋的商人也加入了抗议活动。1773 年 12 月，反对《茶叶法案》的运动达到高潮。几十名波士顿人身着印第安人服饰，潜入停泊在港口的一艘商船，将船上的货物——茶叶尽数倒入海港。

波士顿倾茶事件激怒了英国议会。作为回应，议会于 1774 年 4 月颁布了所谓"不可容忍法令"（Intolerable Acts）。这是一个看似直击殖民地自由之核心的法令合集。"不可容忍法令"关闭了波士顿港口，将马萨诸塞经由选举产生的立法机关的多项权力移交至王室指派的总督，并且限制马萨诸塞镇民大会的自由。此外，《驻营条例》（*Quartering Act*）允许英国可以不顾殖民者的利益在私人住宅驻扎军队。《魁北克法案》又将加拿大和英国更紧密地捆绑在一起，似乎进一步预示了英国打算削弱北美自主权的企图。

美国殖民者强烈谴责了"不可容忍法令"。1774 年 9 月，第一届大陆会议（First Continental Congress）在费城召开。大会向英王抗议自 1763 年以来议会所

The TIMES are Dreadful, Dismal, Doleful, Dolorous, and DOLLAR-LESS.

An Emblem of the Effects of the STAMP

O! the fatal Stamp

Thursday, October 31, 1765. THE NUMB. 1195.

PENNSYLVANIA JOURNAL; AND WEEKLY ADVERTISER.

EXPIRING: In Hopes of a Resurrection to LIFE again.

I AM sorry to be obliged to acquaint my Readers, that as The STAMP-ACT, is fear'd to be obligatory upon us after the First of November ensuing, (the fatal To-morrow) the Publisher of this Paper unable to bear the Burthen, has thought it expedient TO STOP awhile, in order to deliberate, whether any Methods can be found to elude the Chains forged for us, and escape the insupportable Slavery, which it is hoped, from the last Representations now made against that Act, may be effected. Mean while, I must earnestly Request every Individual of my Subscribers, many of whom have been long behind Hand, that they would immediately Discharge their respective Arrears that I may be able, not only to support myself during the Interval, but be better prepared to proceed again with this Paper, whenever an opening for that Purpose appears, which I hope will be soon. WILLIAM BRADFORD

类似这样的出版物在北美殖民地广泛传播，表达了北美人民对英国政策的抗议，加速了美国革命的到来。（来源：美国国会图书馆）

采取的若干措施，呼吁全面停止殖民地同英国之间的商业活动。大会决定，若英国拒不做出改变，将于 1775 年 5 月召开第二届大陆会议。

然而，第二届大陆会议（Second Continental Congress）尚未召开，便爆发了流血事件。1774 年与 1775 年之交的那个冬天，渴盼独立的情绪在几乎所有殖民地迅速高涨起来。越来越多的殖民者无视王室权威，攻占了民政当局。“亲英分子”（Loyalists）或曰“托利党”被涂上柏油并粘上羽毛，他们的家被抢夺一空后再被付之一炬。殖民地开始组织民兵，公开进行训练，并收集武器和军需用品。马萨诸塞的“一分钟人”（Minute Men）承诺在一分钟之内便可全副武装，集合完毕。弗吉尼亚的帕特里克·亨利也说出了他那句“不自由，毋宁死”的名言。

1775 年 4 月，一队英国士兵离开波士顿前往康科德（Concord）搜查殖民者藏在那里的武器。队伍行进至列克星敦（Lexington）时，遭遇全副武装的殖民者袭击，爆发了枪战。英军继续向康科德前进，其间遇到更多的武装反抗，英军只

好向波士顿撤退，撤退的途中遭到数次毁灭性枪击，亦针锋相对。这一天结束后，有 73 名英国士兵死亡，202 名受伤或失踪。殖民者一方的伤亡人数为 95 人。

如果尚有人怀疑英国同 13 个殖民地尚未彻底决裂，那么这种怀疑很快就会被打消。1775 年 5 月，美国造反派在提康德罗加堡（Fort Ticonderoga）俘虏了英国卫戍部队；6 月爆发的邦克山战役（Battle of Bunker Hill）导致 400 人死亡，1000 多人受伤；8 月，乔治三世宣布 13 块殖民地已处于反叛状态。

1775 年 5 月正式开始的第二届大陆会议不可避免地朝着一个方向发展——宣布北美从英国的统治中独立出来。1775 年 6 月，会议任命乔治·华盛顿为大陆军总司令；几个月后，会议批准创立了美国海军；1776 年 1 月，托马斯·潘恩出版了《常识》，这本小册子强烈而有力地主张北美从英国独立出来；终于，1776 年 7 月 4 日，会议通过了《独立宣言》，这份鼓舞人心的文件主要由托马斯·杰斐逊撰写。

《独立宣言》发表之后，美国革命的重点转向了战场和外交战线。很快人们就明白，初出茅庐的美国新军不可能总是战胜英国正规军；同时亦显而易见的是，

1781年10月19日，康华里勋爵（Lord Cornwallis）在约克镇战役（Battle of Yorktown）中投降，这一事件标志着美国革命战争阶段的结束。两年后签订了承认美国独立的《巴黎和约》。（来源：美国国家档案馆）

只要美国不发动战役，英国就无法战胜他们并摧毁革命。因此，在整个战争过程中，英国控制着英军所在的地区，殖民地的其余地区则落入造反派之手，他们在广大乡村自由移动。

1776年，殖民者输掉了布鲁克林高地之战（Battle of Brooklyn Heights），沿新泽西撤退。然而到了平安夜，他们扭转了战局，成功袭击了驻扎在特伦顿（Trenton）的英国雇佣军。几天后，华盛顿在普林斯顿（Princeton）取得了另一场胜利。1777年，英军从纽约攻向费城。华盛顿虽率军在布兰迪万河（Brandywine Creek）和日耳曼敦进行了抵抗，英军仍获得了胜利。殖民军在福吉谷（Valley Forge）扎营过冬。

外交战线方面，美国早期曾于1776年取得过一次胜利。当时法国和西班牙都同意为美国提供战争物资并发放贷款，作为打击其对手英国的一个方式。1776年年末，本杰明·富兰克林被派往法国，试图说服对方与美国结为正式同盟。尽管富兰克林极富个人魅力，但法国还是不愿做出承诺。然而，1777年美国萨拉托加战役（Battle of Saratoga）大捷的消息传到法国后，法国于1778年加入战争，站在美国一方。1779年，西班牙也紧随其后。

北方殖民地陷入僵局后，交战国于1778年年末将重心南移。英国希望充分利用南部殖民地显著的效忠情绪，并在萨凡纳（Savannah）、查尔斯顿（Charleston）和卡姆登（Camden）打了胜仗；然而，美国人相应地在国王山（Kings Mountain）和考佩斯（Cowpens）赢得了重大的胜利。吉尔福德之战（Battle of Guilford）在法院大楼战平之后，英国指挥官康华里勋爵（Lord Cornwallis）向北行军至弗吉尼亚，随后在约克镇被困。英军在陆地上被华盛顿指挥的美法联军包围，海路又被格拉斯伯爵（Comte de Grasse）率领的法国舰队切断。1781年10月，康华里率其麾下的7000名英军投降。康华里的战败标志着美国革命战争阶段的结束。

英美之间的和平谈判始于1782年。1783年9月3日，《巴黎和约》签订。根据合约条款，英国承认了北美13块殖民地独立，并同意将密西西比河作为这个新生国家的西部边界。

历史评论

美国革命在世界历史上的重要性不在于战争，而在于其对政治理念的实现。当然，战争远不止理念那么简单：有人流血牺牲，富商变得更富，将领们重新划定版图。然而，美国革命的伟大之处和它在所有近代世界文明教科书中占据重要位置的原因在于，这场革命基于《独立宣言》中个人主义和民主的理念，建立起了一个稳定的新国家。美国革命的伟大之处还在于美利坚合众国的成立——这是一种政治制度，它将个人自由同强大稳定的制度结合起来；这也是一个实验，美国被认为是世界上第一个，也是最古老的现代国家。

如今，世界上大部分国家将美国革命之后所建立的政府定义为“现代政府”：一个专为保护“人民”权利，反映“人民”意愿而成立的政府；一个以这样一种方式从结构上分散自己的权力以获得制衡的政府；一个防止权力集中的政府；一个在强调国内稳定安宁的同时高举自由大旗的政府；一个颂扬却又恐惧民主的政府。

长久以来，历史学家一直为美国革命是激进还是保守而争论不休。事实上，美国革命二者兼具。历史学家戈登·伍德（Gordon Wood）称美国革命为“美国历史上最伟大的乌托邦运动”，并令人信服地论证了美国革命是为了创造一个基于平等、自由、民主的激进新社会，《独立宣言》正是这些理念的最佳陈述。然而，伍德也注意到，“《独立宣言》上的墨水尚未干透，很多革命领导人便开始怀疑这些高尚的目标能否实现”。美国革命的确是激进而乌托邦式的，但那些新制度的创立者竭尽全力缓和其中的激进主义，尤其是《独立宣言》中所体现出的强大民主驱动力。国父们需要的是稳定，他们认为让美国成为比从前所有国家“更完善的合众国”是他们的道德职责所在；然而，这个新国家仅仅是“更完善”而已——美国并非平等和追求幸福的民主乌托邦。宪法的目标是自由，但这种自由是可以延续给后代的自由，稳定的自由，不会被民主所毁灭的自由。

《独立宣言》多少有些令人尴尬，它在很多重要事实上是错误的：最重要的一点就是在北美人民为什么有权宣布独立这一问题上。那句关键性的陈述——“但是，当追逐同一目标的一连串滥用职权和强取豪夺发生，证明政府企图把人民置于专制统治之下时，人民就有权利，也有义务推翻这个政府”——是不符合事实的。英国并没有追求同一目标。其殖民政策或许很糟糕，但它并未打算让殖民者

沦为暴政的牺牲者。约翰·亚当斯、托马斯·杰斐逊等如此多聪明的北美人为何对此确信不疑，对历史学家来说是一个谜。

重要的是《独立宣言》所陈述的内容中没有一项令其签署者觉得不可思议。《独立宣言》呈交第二届大陆会议以求得批准时，一些小地方做了改动，但——“不言而喻的真理，人人生而平等，造物者赋予他们若干不可剥夺的权利，其中包括生命权、自由权和追求幸福的权利”——这句狂妄的序言却毫无争议地通过了。“人类才在他们之间建立政府，而政府之正当权力，是经被统治者的同意而产生的。”这句话在思想进步的英国公民看来是理所应当的。《独立宣言》谴责英王的非英国式表现。革命最初所要求的自由是英国式的自由，美国革命是为了进一步落实英国的政治理念。

这些理念在英国神话中得到了明显的体现。亚瑟王（King Arthur）用圆桌会议进行裁决的做法标志着国王是平等者中的首席，而不是绝对的最高统治者。罗宾汉（Robin Hood）这位贵族捍卫盎格鲁－撒克逊（Anglo-Saxon）式的价值观，即最高统治者同由税收所代表的人民之间有着相互的责任。罗宾汉的故事告诉我们，反抗暴君是市民的权利和责任。这种反抗的正当目标是恢复国王、贵族和人民之间的正确关系。罗宾汉故事的结尾处，好国王重返王位，罗宾汉恢复了他在贵族中应有的地位，而税收也调回了“适当的”比例。

英国小学生长久以来被教导，在盎格鲁－撒克逊历史深处存在着一种被称为“贤人会议”的代表性立法机构，这便是议会的原型。当时的每一个年轻美洲学生一定都学过，1215 年的《大宪章》（*Magna Carta*）再次确认了刚愎自用的国王在贸然发起战争前要先征求贵族的意见。英国国王是权力有限的君王，他们需要征得被统治者的同意。不懂得这一道理的君主如查理一世和詹姆斯二世最终都被废黜了。

美国革命者的祖父辈和曾祖父辈都坚信英国有权废黜国王。年轻的托马斯·杰斐逊在其首个革命手册中无礼地宣布他要“提醒”国王，不要忘了英国公民一直以来所享有的权利：“我们的祖先在移民美洲之前是自由的。”

杰斐逊认为很重要并提醒国王不要忘记的自由正是美国国父们所标榜的核心价值之一。美国早期的宪法正是含糊而不成文的英国宪法更为具体、系统和制度化的版本，而后者本身常被视为古罗马共和国的仿制品——这一点非常重要。美国的现代化建立在英国发展出的古老原则之上，而（这些原则）又可溯源至日耳曼

习惯法和古罗马政治学理论。其中两个关键性的术语便是“民主”和“共和”。

美国的国父所理解的共和国是由3部分构成的混合政体。古罗马理论认为，国王会自然而然地成为暴君，假如暴君被贵族赶下台，贵族最终也会滥用他们的权力。接下来，人民将推翻贵族的统治，建立起民主制度。民主政府是由人民统治的政府，但相当不稳定，因为权力最终会落入暴徒和煽动者之手，混乱随之发生。人民为自己的生命和安全而担惊受怕，直到出现一个强有力的人从混乱中建立起秩序。那人随即获得王位，而循环再一次开始。该理论认为3种主要制度——君主制、贵族制和民主制——本身就是不稳定的。每一种都会趋向腐败。然而，共和国却通过将3种制度混合为一个制衡政府的方式，解决了不稳定的问题。

“三分混合政府”（three-part mixed government）的理念在所有由州长、委员会、集会共同治理的北美殖民地得到了最明显的体现。每个殖民地都是一个小“共和国”。英国人将美洲当作政治实验的场所，（在此）将旧有的理念进行拓展或改变。弗吉尼亚1619年确立了共和国制度。1629年马萨诸塞殖民地建立之时，清教徒将一家依法成立的公司和一个相对专制的机构变成了一个小共和国。在很多方面，北美殖民者所在的政府比他们英国表亲所在的政府更能代表他们的意愿——比那个贵族过于强大的古老国家更加开放、公正而自由。美国混合政府所达到的“平衡”比英国或者古罗马曾经有过的更加平衡。18世纪六七十年代的美洲白人按照英国宪法生活在殖民共和国里。他们比大多数欧洲人更加自由，更少受到压迫。

那他们为什么要造反呢？那些热爱英国传统，生活质量比世界上大部分人都要好、大多数情况下生活在开明的自治政府之下的人们所在的殖民地，为什么要向那个建立了这些传统，鼓励他们追求幸福，给予他们比期望中更加自主的政府的国家宣战呢？

每个支持美国革命的人都会给出不同的答案，然而，有一个统一因素很容易理解：他们误以为国王和英国议会想要减少殖民地广泛拥有的权利和自由，以至于北美人民最后甚至会失去普通英国人所享有的权利和自由。美国革命是造反者对其认为终将压迫他们的人做出的先发制人的一击。

撰写《独立宣言》的原因是，“对于人类舆论的真诚与尊重，要求（革命者）必须将不得已而独立的原因予以宣布”。《独立宣言》的目的是告诉欧洲人北美人民为什么要战斗，告诉北美人民大家为什么要造反。《独立宣言》中关于政府应当

保护每个个体“生命、自由和追求幸福”的权利的豪言壮语，宣扬的是一个激进的民主愿景，革命期间很多人为这一愿景而牺牲。因此，美国因战争之故而组建的第一届政府比美国国父们后来所希冀的更加民主而危险。

组织起独立的各州，用一项外交政策将它们团结起来的必要性推动美国建立第一届政府。美国革命开始后不久，各殖民地便着手撰写州宪法。这些州宪法通常以殖民政府为模型——那些市镇会议手握重权，州长软弱无力的“三分混合政府”。由于市镇会议都很强大，所以州宪法可以说是非常民主。这些新政府派代表参加大陆会议并最终制定了《联邦条例》（*Articles of Confederation*）以稳固这一体系：大部分权力掌握在各州手里，联邦政府类似今天的联合国。美国第一届政府最重要的一点就是，它赋予了“人民”很多权力。当时的美国达到了前所未有的民主，这一事实令国父们有些担心。

为什么美国的第一届政府比后来的更为民主呢？想要了解美国第一届政府，就得想象 13 个独立共和国派大使参加联合会议，以确定统一的外交政策。由于每个共和国都赋予其三分政权中民主的一支以广泛的权力，而削弱其君主的一支，这种做法所累积的效果便是“人民”通过州立法机关对联邦政府起到很大的影响作用。联邦政府由于无权征税甚至无权拥有自己的军队，不得不依靠州立法机关提供的资金和人力。“人民”——指的是大多数拥有财产的成年男性选民，他们来自美国各地的农场、村庄，可将地方领袖送去立法机关——拥有很大的权力，从城市、种植园那些富人的角度来看，这权力有些过大了，他们担心过度的民主将滋生暴徒、骚乱和煽动者。

没过多久，暴徒、骚乱和煽动就接踵而至。1783 年，一伙退伍士兵以威胁的姿态包围了在费城召开的大陆会议；1787 年，马萨诸塞州西部出现了更为严重的退伍士兵叛乱，由参加过独立战争的老兵、农民丹尼尔·谢司领导。在很多人看来，谢司就是带领着私人军队的煽动者。试想一下这个状况：马萨诸塞州政府要求大陆会议派兵镇压谢司叛乱，大陆会议回答由于（联邦政府）没有军队，马萨诸塞州应使用自己的民兵；马萨诸塞州领袖试图让联邦政府明白叛军事实上就是当地的民兵。最终，马萨诸塞州东部的富人领袖借雇佣军之手平定了谢司的叛乱。

这正是国父们所担心的民主的腐败。詹姆斯·麦迪逊（James Madison）和亚历山大·汉密尔顿（Alexander Hamilton）已着手推翻美国现有政府并建立更加完

善的政府这一进程。谢司的叛乱让他们更加确信自己原本就有的想法：美国已经太过民主；人们过多地谈论自己的生命、自由和追求幸福的权利；这样的政府和社会无法保持稳定。必须有一部新的宪法来纾解《独立宣言》中的价值观，通过削弱个人在政府中的权力来保护个人自由。

大多数历史学家认为宪法的创立是对革命激进主义的保守背叛。的确，这是富有的精英阶层怕民主会危及他们的地位和财产而偷偷摸摸做出的事。然而，在他们自己看来，国父们是高尚的稳定守护者。他们接受了良好的教育，知道民主必须由共和的制衡机制来制约，以改变民主自毁其身的天然趋势。正是那些富有的精英花钱请来雇佣军，将马萨诸塞州从它自己的公民手中拯救了出来。这些人确实不够光明正大，但他们确信自己的卑鄙是为了不辱完善美国实验的更高使命。

詹姆斯·麦迪逊是典型的温和派革命者。他既不爱舞刀弄枪，又不喜揎拳捋袖，是个彻头彻尾的委员会爱好者。这位单身的书呆子对那些爱卖弄的政客只做声明的问题长时间地冥思苦想。作为富有种植园主的儿子，体弱而娇生惯养的小"吉米"·麦迪逊是现代世界史上最伟大的人物之一。他是一个实干家，不过他发挥所长的地方既不是战场，也不是公共论坛；相反，他晚上读书，白天在政客间组织各种小委员会。他是名副其实的美国宪法之"父"，但他并不主持制宪会议，甚至也不主导讨论内容，他多数情况下坐着记笔记。他的工作是在会前写好供受邀代表阅读的、论证充分的信件，晚上或会后充分利用自己的政治史知识说服那些犹豫不决的代表，大会结束后再写文章给报纸阐明宪法的结构。言语并非总能胜过刀剑，然而就美国革命而言，麦迪逊的笔、他娓娓道来的思想、他对于目标坚定不移的专注力，却起到了刀剑的作用。乔治·华盛顿深知这一点，他信赖这个写信说服他重新出山的小小年轻人的智慧。

麦迪逊最明确的信念便是过度的民主会毁掉美国，过少的民主则会毁掉独立战争所赢得的自由。麦迪逊以 18 世纪的方式在制宪会议上讲述"民主的不方便"，以及不管个体的道德有多高尚，在成为群体之后，整体的道德都会滑坡。"这些观点，"他在会议中说，"经过了古今所有国家历史的检验。"他经过长时间的论证才得出州政府的民主正在阻碍美国的进步这一结论。作为革命期间一个年轻的议员，麦迪逊参与了每一次委员会会议，见证了《联邦条例》大会上的伟大成就：赢得对英国的战争；签署《西北条例》（*Northwest Ordinance*），并以此确立美国理性

而平等的扩张体系。然而，他确信联邦政府太过软弱，而州政府太过强大。詹姆斯・麦迪逊的伟大之处始于他决定推翻自己所在政府的那一刻。

这是美国历史上一个决定性的时刻——与民兵在列克星敦和康科德战役中开枪的那一刻同样重要。可是一个年轻而默默无闻的忧郁症患者如何推翻一个政府呢？答案就是请求《联邦条例》大会召开委员会，商讨波托马克河（Potomac River）上的州际贸易。各州立法机关将派代表参加这样的会议，麦迪逊在朋友中游说，以说服他们争取委员会会员的资格。1786 年举行的第一次会议失败了，但麦迪逊说服华盛顿允许弗吉尼亚州立法机关授权他参加计划于 1787 年在费城举行的第二次会议。有了这位著名将军的出席，麦迪逊确信大家都会严肃看待此次会议。就这样，将州际贸易会议改为推翻现有政府会议的准备工作全都就绪——而麦迪逊的头脑里已经有新政府的基本方案了。

麦迪逊一个人不可能将会议内容从讨论州际贸易变为推翻现有政府，并建立新政府取而代之。受人信赖的著名领袖乔治・华盛顿、本杰明・富兰克林等的最终支持被证明是至关重要的。因此，即将被称为制宪会议的大会的唯一授权便是一些代表收到的措辞含糊的委任状，以及这些代表在道德和爱国主义方面的个人声誉。代表们知道自己的行动未能得到适当的授权，这种行为很容易被认为不妥当，这从他们第一天投票决定会议保密就可看出。

基本上，国父们在其秘密会议中决定建立一个结构上同州政府类似的联邦政府，沿用原有的共和国模式，目的是让民主在发挥效用的同时得到监督。三分混合政府由“一个”、“一些”和“许多”三部分组成：一个强大的总统指挥的联邦军队、一些贵族构成的参议院以及许多人组成的众议院。从“人民”只能投票选举代表可知，民主得到了限制。参议员由各州而不是“人民”选举，总统则通过选举团选举。从众议院在税收和货币上被赋予特殊权力可知，国父们不想毁掉民主的力量。英国传统要求人民拥有一定的财权，以避免他们遭受不义税收之苦。

然而，宪法并非英国原有共和国理念的重复。最具创造力的法例便是在原有的一个、一些、很多的层面之上增设了另一层面的制衡机制。行政、立法、司法的三分结构覆盖最高统治者、上议院、下议院的三分结构，创造出一种新的格局。

让我们看看这种新的格局让民主有了怎样的变化。众议院被置于一角，参议院、行政部门、司法部门依次与之制衡。司法部门尤为不民主，众议院无权干涉

联邦法院的委任，法官为终身任职，由总统经参议院同意后任命。

联邦司法部门是宪法打出的一张万能牌，它是最不用负责“人民”意愿，也是结构最不清晰的一个分支。麦迪逊有意让司法部门的权力模糊化。他写信给杰斐逊概述司法部门权力的一般主体时说：“宪法应避免过分详细地规范这个部门，这样，当我们因人口状态变化而有所需求时，才有改变的余地。”很显然，国父们明白，可以选择用不负责民意的联邦法院的权力来对抗民主。

尽管新宪法极大地限制了民主，但“人民”的意愿并未被堵塞，不过却得到了约束和调整。麦迪逊希望这样的结构能让人民变得驯顺，他尤其希望这种结构能降低效率。麦迪逊认为低效率的好处在于它能避免困扰民主的迅速变化和煽动行为。新的宪法将通过低效率来加强稳定。以挣钱为目标的人会这样安排自己的生意吗？当然不会。然而赚钱，迅速满足市场需求或“人民”意愿等并非宪法的目标。宪法的目标是稳定，这一目标要通过削弱民主的作用来完成。

可国父们要如何在推翻《联邦条例》的同时实现《独立宣言》中建立一个稳定的政府，保护个人权利不受暴政侵犯的愿望呢？他们如何让美国人通过宪法呢？

答案就是要求成立特别的“批准会议”，这创下了马萨诸塞州历史上的先例。这些“批准会议”更容易为社会精英阶层所控制，较少受民主的影响。然而国父们深知，即使有了批准会议这一策略，他们仍然面临一场艰难的斗争。

各州最终正式批准了宪法，但仍然有许多异议，流血事件也有可能发生。美国革命最令人称叹的地方就是在这个节骨眼上。大约在同一时期，法国革命已陷入暴力和混乱，但美国仍保持冷静。原因便是乔治·华盛顿的信誉，他优秀的品格激发了全体的信心，这信心强过任何可能导致流血事件的行动。

乔治·华盛顿声誉的力量是不可小觑的。独立战争结束后，他有机会宣布戒严令。很多有影响力而又认真尽责的人希望他这么做，然而他却退休了。华盛顿位于世界历史上最伟大领袖之列的原因就是在这一关键时刻，他选择了放弃权力。像罗马历史上的辛辛纳图斯那样，他宁愿“人民”自己负起对未来的责任，而不愿做他们的王。他出现在制宪会议上，在辩论中站在支持宪法的一方并接受第一届总统职位的做法，极大地平息了“人民”的担忧。他们相信华盛顿会把事情做对，而他也没有令他们失望。

但“人民”向政府提出了另外的要求：一项《人权法案》。正如我们不可小觑

人们对乔治·华盛顿的信任那样，我们也不应低估新宪法造成的恐惧——它那著名的序言便足以让远在宾州西部的农民担心自己的权利。美国人民要求用《人权法案》来保护他们免受宪法之害。作为美国第一届国会的领导者，詹姆斯·麦迪逊违背自己的最佳判断，而撰写了《人权法案》，因为他知道只有这么做才能平息“人民”的恐惧。

宪法只字未提每个个体“生命、自由和追求幸福”的权利，只字未提政府保护市民不可剥夺的权利这一职责。与《独立宣言》不同，宪法不允许对政府进行正当的反抗。事实上，宪法序言明确地警告那些胆敢像1775年和1776年间的革命者那样扰乱社会的人。序言即刻声明新政府将“保障国内安宁”并“提供共同防务”。这一点须通过创建由总统领导的联邦军来实现。事实上，联邦军的首要任务便是进攻宾州西部正在扰乱“国内安宁”的农民。宪法的威吓是货真价实的。

那么麦迪逊在《人权法案》(*Bill of Rights*)，也就是宪法最初的10个修正案里写了些什么呢？第一修正案声明了个人不可剥夺的权利。修正案赋予“人民”携带武器以保护自己的权利——暗示人民可保护自己不受更加强大的新联邦政府之苦。第三和第四修正案列举了更多新政府不能否认的权利，第五至第八修正案则回应了宪法中关于创建无关民主的法院系统的含糊声明。最后，第九和第十修正案向个人和各州承诺新宪法只是多承担了几项责任，个人和各州仍享有他们在英国殖民统治时期所广泛享有的自由和权利。

《人权法案》平息了很多人对新宪法的恐惧。乔治·华盛顿深受绝大多数市民的信赖。美国革命，这场充满了响亮宣言的真刀真枪的战争，至此催生了一个强大到足以维护国内安宁的政府。革命中所有关于人人平等、个人生命、自由、追求幸福的权利，政府密切关注个人权利的责任，以及市民有义务也有权利推翻失职政府的豪言壮语，所有这些高尚的理想激励着各州在其新宪法中加强民主的作用。非常民主的各州曾按照《联邦条例》组成了非常民主的联邦。但深知共和传统、担心过度民主的冷静人士在每个州都有很多。这些冷静人士赞赏《独立宣言》中的伟大理想，但希望它们能以一种稳定的形式存在。早在1776年，美国革命了不起的冷静人士之一约翰·亚当斯就收到自己妻子的一封信，请他和朋友在规划政府的时候“不要忘记女士们”。“男人，”她写道，“会成为女人的暴君，就像国王对殖民地那样。”亚当斯不愿提起性别问题让事情复杂化，他和他的同僚也无意

提出奴隶问题。相反，他们只想让目前的所得更加稳固。

从一开始，美国革命的口号就以稳定之名做出了妥协。这样的妥协是为了让美国革命取得成功。国父们以秘密会议推翻《联邦条例》时，他们所感受到的是妥协者的谦卑，而不是革命者的骄傲。

他们制定的宪法没有任何不切实际的豪言壮语。看看那句对宪法目的的声明是何等小心翼翼："为了建立更完善的联盟。"更完善！这是什么意思？这3个字放在一起没有任何意义。但这3个字打开了一扇窗，使美国革命成为世界历史上最伟大的事件之一。美国革命是保守的激进。它改变了历史的进程，证明了庞大的共和国在维持广泛民主的同时抑制了与民主相关的不良倾向的可能性。"更完善"象征着建立"民有、民治、民享"政府的犹疑的理想主义者在美国革命中摸索出了自己的方式。

如今的"现代"国家是追求民主和稳定的混合物。如果一个国家想要获得世界各地的尊重，那么撰写宪法已成为创立政府的标准形式。美洲通过美利坚合众国的成立引领对"现代"的追求。美国的成功显而易见之后，很多其他国家便追随其后。法国大革命、海地革命（Haitian revolution）、墨西哥革命（Mexican revolution）、1848年革命（revolutions of 1848）都是对现代化的早期尝试。20世纪90年代，南非通过了建立更加民主而稳定的国家的新宪法。他们当时的总统纳尔逊·曼德拉（Nelson Mandela）是个和华盛顿一样的人，一个冷静的理想主义者，一个被证明是值得信赖的人。这样的人绕过杀戮和战乱进行了能经得起时间检验的政治革命。世界历史上最有影响力的、成功的政治革命模式便是18世纪的美国革命。

里克·肯尼迪（Rick Kennedy）

里克·肯尼迪（Rick Kennedy），波音特洛玛基督大学历史学教授，在加州大学圣芭芭拉分校获得博士学位。主要著作有《理性的历史：思考艺术中的权威与证言》（*A History of Reasonableness: Testimony and Authority in the Art of Thinking*，2004），曾为《美国文化与智力历史的百科全书》（*The Encyclopedia of American Cultural and Intellectual History*）撰写文章。

第三十一章

南太平洋的开辟（1760—1790）

中国同时期：清高宗爱新觉罗 · 弘历

概　述

被人们称为南太平洋（South Pacific）的区域也叫大洋洲（Oceania），广而言之（没有明确的政治边界），它北起夏威夷（Hawaii），南至澳大利亚东部和新西兰，东到约西经 130 度，或者说皮特凯恩岛（Pitcairn Island）以东，西至约东经 130 度。大洋洲包括新几内亚（New Guinea）的大岛和许多较小的岛屿或岛群，比如塔希提岛（Tahiti）、库克群岛（Cook Islands）、汤加王国（Kingdom of Tonga）、萨摩亚群岛（Samoa）、新喀里多尼亚（New Caledonia）、斐济（Fiji）、关岛（Guam），以及更广阔的马里亚纳（Mariana）、加罗林（Caroline）、马绍尔（Marshall）、吉尔伯特（Gilbert）和所罗门群岛（Solomon Island），而其中人们最为熟悉的要属法属波利尼西亚（French Polynesia）。其他未在所描述区域内的岛屿或岛群，如西边的菲律宾群岛（Philippine Islands），东边的复活岛（Easter Island），此外，当然还有澳大利亚和新西兰，也与大洋洲的历史息息相关。

亚洲人早于欧洲人好几个世纪首次发现了大洋洲的岛屿，本章此后所用的术语“发现”是指欧洲人对某某地方的发现。虽然我们不知道人类到底是在何时第一次踏入了南太平洋，但学者们认为他们是从亚洲大陆航行到了这里。鉴于欧洲

早期的探险家指出了南太平洋区域人们之间的文化差异，因此我们可以合理地推测这些人来自亚洲不同的区域。欧洲人对澳大利亚、新西兰和南太平洋的岛屿感兴趣的原因有好几个，也许最重要的原因是从陆上收获本土果蔬和从邻海捕鲸和捕鱼获取经济利益的可能性。不久之后，他们就建立了欧洲永久殖民地和商业性农业。传教士前来南太平洋寻找可以拯救的灵魂，水手们则期待着去岛屿上找年轻女子寻欢作乐。

欧洲人认为其他岛屿能用作战略目的，并且收购了另外一些岛屿，以求通过建立一个辽阔的帝国来满足提高民族自豪感的欲望。

不管出于何种动机，其造成的结果显然就是使南太平洋深深地卷入了西方主流大国的政治、商业和文化生活，尽管到20世纪后期，大部分岛屿已获得独立。

西班牙和葡萄牙的航行早于英格兰（英国于1707年后）、荷兰和法国更为著名的探险，这些探险以18世纪后期的大量活动为高潮。1513年，瓦斯科·努涅斯·德·巴尔沃亚（Vasco Núñez de Balboa）从巴拿马（Panama）穿越了中美洲海峡，成为第一个看到太平洋的欧洲人。巴尔沃亚的壮举鼓舞了费尔南（或费尔南多·斐迪南）·德·麦哲伦船长（Captain Fernão de Magellan）在1519年至1522年之间的伟大航行。麦哲伦是听命于西班牙航行的葡萄牙探险家，他于1519年9月带着5艘船起航。大约一年后，他航行至南美洲的尖端，在那里失去了两艘船。他到达了南太平洋，发现并命名了一些岛屿。1521年4月，麦哲伦在今菲律宾宿务岛附近的一个岛屿遇害。最终，贡萨洛·戈麦斯·德·埃斯皮诺萨（Gonzalo Gómez de Espinosa）担任了这次探险的指挥。1522年9月，仅存的一艘船到达了西班牙。在后来的几年中，西班牙还进行了两次航行，一次从西班牙出发，一次从墨西哥出发，这两次航行后，西班牙宣布了对摩鹿加群岛（Moluccas Islands）的所有权，后来又把摩鹿加群岛卖给了葡萄牙。

1564年11月，西班牙的一支探险队踏上了征程，以求控制菲律宾并建立贸易关系。他们得偿所愿，后来就进行定期航行。除了菲律宾，西班牙对南太平洋的入侵相对较少，一直到18世纪60年代其他大国的活动使其产生了兴趣。总地说来，西班牙16世纪的航行使人们在1541年发现了新几内亚，此外还发现了马里亚纳、加罗林－马歇尔地区（Caroline-Marshall region）以及南太平洋东部的许多其他小岛。西班牙建立了许多横跨太平洋的标准航线，但在18世纪后期，这些成

就很多都被英国或法国所取代。这些岛屿被重新命名，西班牙对航海的贡献则被遗忘。

尽管荷兰主要是对拥有利润丰厚的香料贸易的东印度群岛感兴趣，但其舰队确实也偶尔入侵南太平洋。最重要的一次入侵是亚伯·塔斯曼（Abel Tasman）在1642年至1643年间的航行。他从东印度群岛出发，沿着澳大利亚南海岸航行，在那里发现了一个大岛，他为上司把这个岛屿命名为范迪门斯地（Van Diemen's Land），后被更名为塔斯马尼亚（Tasmania）。他继续向东航行并在新西兰的南岛着陆，在那里，毛利人（Maoris）杀死了他的一些船员。之后他向北航行，但没有注意到新西兰两个主要岛屿之间的通道，即现在的库克海峡（Cook Strait），尽管他的同伴之一画了图表标注有这样一个通道。塔斯曼继续向北航行，发现了汤加、斐济和新不列颠（New Britain，位于新几内亚的东北角），之后则返回东印度群岛的巴达维亚（Batavia）。

从15世纪以来，人们就一直怀疑南半球有“澳大利亚”这样一个地方的存在，但是直到1605年，荷兰的威廉·扬松（Willem Janszoon）才使欧洲第一次“发现”了澳大利亚，他称其为新荷兰（New Holland）。1679年，英国人威廉·丹皮尔（William Dampier）在澳大利亚登陆，20年后，他又带着一支探险队来到这里研究原住民人口。

人们认为，声名显赫的詹姆斯·库克船长的三次远航是英国对太平洋进行探索和声明所有权最重要的举动，这是很恰如其分的，但更早之前就已有人航行至世界的那一部分，并在英国引起了兴趣。早在库克1769年第一次起航前，弗朗西斯·德雷克爵士（Sir Francis Drake，1577—1580）、约翰·拜伦（John Byron，1765—1767）、塞缪尔·沃利斯（Samuel Wallis，1767—1768）和菲利普·加特利（Philip Carteret，1767—1768）就已贡献了关于太平洋这一地区的知识。

如下面的解读所示，詹姆斯·库克船长的名字是18世纪南太平洋史研究中最重要的名字。詹姆斯·库克出生于1728年，年幼时即被送到海上，随即加入海军，并成为一名出色的航海家。1768年，他接到秘密指示，受命领导一支探险队前往塔希提岛，宣称所有可能遇到的土地为英国所有。他的航程持续到1771年，其成果就是南太平洋一些岛屿的观察报告，以及新西兰海岸和澳大利亚，为他命名为新南威尔士（New South Wales）的东海岸绘制的地图。在第二次航行期间

（1772—1775），库克在世界各地寻找一块真正适合居住的南方大陆。他再次来到新西兰和南太平洋其他地区，在那里他“发现”了更多的岛屿。在第三次也是最后一次航行（1776—1779）中，库克在寻找大西洋和太平洋之间更北的通道时遇到了夏威夷群岛，并在那里被他所认为的友好的原住民杀害。他的航行是为找出太平洋究竟有些什么地方所做的最后一次伟大的努力。部分因为库克的航行，议会决定将澳大利亚变成一个流放地，并在 1788 年派出载有 700 名囚犯、36 名妇女以及警卫的 11 艘船，前往今悉尼附近的区域。该殖民地的建立标志着澳大利亚近代史的开端。

英国在澳大利亚建立了殖民地，但鲜有举动来增强帝国在南太平洋的存在感。英国后续殖民发展的动机是防止法国扩大自己的殖民利益。这些发展包括 1840 年收购新西兰。此时福音奋兴运动（Evangelical Revival）放慢了进程，这是因为它支持辛勤工作和道德的家庭生活，此外还反对奴役，并限制了海外传教活动。在世界各地传播福音是一种善举，但其他类型的殖民活动受到了谴责，因为这些活动花销太大，此外还不给原住民建立自己政府的机会。

与此同时，其他欧洲大国并不想让英国独吞整个南太平洋。法国第一次引人注目地进入该地区是在 1766 年，当时路易·安东尼·德·布干维尔（Louis Antoine de Bougainville）指挥环游了世界的航行。路易·安东尼·德·布干维尔最初卷入了关于南大西洋马尔维纳斯群岛的争端。不久之后他就谨慎地离开了，并驶入了太平洋。他对塔希提岛印象特别深刻，但他向西航行经过其他岛屿到达了新几内亚，最后到达了新不列颠，在那里他可以修复他的船只并补充淡水。在荷属印度群岛补充食物后，布干维尔横跨了印度洋，并于 1769 年返回了法国。法国到南太平洋的第二次最重要的航行也许要数拉·彼鲁兹伯爵（Comte La Pérouse）1788 年的航行。拉·彼鲁兹曾被派往太平洋调查捕鲸和毛皮贸易的前景，并对一些海岸绘制图表。

对于拿破仑战争中的损失，法国的应对之策是重新确立法国民族主义，并通过增加科学探险和在世界各地，特别是在新教正在发展的地方，支持罗马天主教重拾失去的威信。

法国还试图建立一系列海军基地来抗衡英国在直布罗陀和新加坡等地的类似举动。虽然其他欧洲大国在南太平洋有一些政治利益，但大多数国家还是注重经

济问题。英国复兴了其捕鲸业，俄国则搜索皮草，而美国开始对与中国进行贸易产生兴趣。美国船只在美国东海岸和亚洲之间穿梭时横跨了南太平洋，从而与南太平洋岛民产生了联系。

对澳大利亚、新西兰及南太平洋的岛屿进行探索和殖民的动机之一是建立一种全球性的食品交易。

西班牙曾在1774年把无花果带到塔希提岛，但这是一次失败的殖民尝试。詹姆斯·库克船长发明一种保存咸猪肉的方法后，猪肉的实用性得到了极大提高，1790年，猪被送往澳大利亚，用作这一流放地的食物来源，然而澳大利亚人很快就发现从塔希提岛进口猪肉比自己养猪更经济。

太平洋——本土作物面包果在18世纪80年代引起了欧洲人很大的兴趣，因为欧洲人认为它能够成为加勒比奴隶的主食。正是为了寻找面包果，威廉·布莱船长（Captain William Bligh）才在1787年乘坐“邦蒂号”（*Bounty*）进行其著名的航行。布莱的航行更多的是因为其叛乱而不是面包果而出名，面包果后来被证明是一种不太实用的食物，因为它不是很有营养，而且很容易变质，对大多数人（包括奴隶）来说，它的味道也不是很好。库克在1769年登陆新西兰时，带去了猪和马铃薯。起初，毛利人既不吃猪肉也不吃马铃薯，但他们最终改变了心意，并于1801年开始买卖马铃薯，于1815年开始买卖猪。其他一些食品，包括大蒜和白菜，由于与毛利人的传统饮食相差太远，未能在新西兰成功引进。澳大利亚和新西兰等殖民地被描述为“新欧洲”（New Europe），这些地方的气候和当地环境与欧洲足够相似，能够让殖民者在这里建立永久殖民地，并种植水果和蔬菜。正如一位历史学家所说：“根是欧洲的，但树却长成了不同的样子。”

1776年，捕鲸者出现在太平洋上，不久之后，即在澳大利亚和新西兰之间的海域及新西兰北部太平洋岛屿附近的公海上捕猎。后来，捕鲸者在北太平洋海域获得了成功。然而，至少在整个19世纪中叶，英国和法国捕鲸者都是在南太平洋到处寻找鲸鱼。

法国在18世纪60年代和80年代期间，以及1815年之后的科学探险中，帮助自身获得了梦寐以求的威信，这些探险也为捕鲸者提供了帮助。尽管如此，法国捕鲸业从未达到过英国或美国的水平。大型捕鲸船队在小岛上的登陆对太平洋岛屿产生的影响是巨大的，船员的饮酒量、与当地妇女和女孩的关系，也产生了

巨大的影响。像塔希提岛和萨摩亚这样的岛屿成了热门的旅行目的地，因为人们把它们描绘得热情好客、美女如云，而其他岛屿，主要是美拉尼西亚地区的岛屿，则被人们认为既不健康也不好客，不是休息和放松的好去处。

海岛产品的良好市场也促使南太平洋进入全球贸易轨道。檀香、珍珠、玳瑁和椰子油都找到了良好的市场；新西兰建立了生气蓬勃的木材和亚麻贸易，并在澳大利亚周边地区出售这些东西，此外还提供经过熏制和脱水的人头作为古董。

历史评论

在 18 世纪下半叶，欧洲横跨太平洋的探险以惊人的速度发展。到 1800 年，大英帝国已冉冉升起，但在今后的几十年中它也面临着许多新老对手。

詹姆斯·库克在学术和通俗文学领域最受关注——这是他应得的，但其他英国水手以及那些来自法国和西班牙的水手，都为欧洲了解太平洋做出了重要贡献，库克的航行恰好出现在这样一个大背景里。

从太平洋最初激发欧洲人想象力的时候开始，地理学家们就认为有一片未被发现的南方大陆，而这片大陆几乎不可避免地被认为会带来巨额财富。今天再看这样的想法会觉得可笑，但美洲自 1492 年被欧洲人发现以来，为西班牙和葡萄牙征服者提供了巨额财富，此外，随着艰难的陆路被海路取代，欧洲商人也越来越多地从亚洲商品中获利。1498 年，葡萄牙水手瓦斯科·达·伽马（Vasco da Gama）经过好望角航行到印度，不到 10 年，印度次大陆就有了葡萄牙交易站。

到 1510 年，西班牙殖民者已经活跃于南美洲北部和加勒比海，1513 年，今哥伦比亚的一个地方长官瓦斯科·努涅斯·德·巴尔沃亚听到传闻说有一片未知的海域，于是他带着一小队人航行到巴拿马地峡，站在海岸的山上看到了太平洋，然后开辟了通往海面的路线。巴尔沃亚把这片海洋命名为马尔·德尔·苏尔（Mar del Sur），即“南海”，因为它是在他所站地方的南面。1512 年，葡萄牙人从 1511 年获得的马六甲（Malacca）穿越爪哇海（Java Sea），从西边来到了这片海洋。

西班牙和葡萄牙在 1494 年商定了如何分割“新世界”，西班牙获得了中美洲和南美洲的主导地位，葡萄牙人则获得了好望角周围的亚洲海上航线的专有权。

因此，西班牙就需要寻找通往亚洲的新航线。1518 年，出生于葡萄牙但听命于西班牙的斐迪南·麦哲伦带领 4 艘船穿过了美洲大陆南边狭窄而又多风暴的海峡，该海峡现在以他的名字命名。该海峡西边的海域很平静，因此他们就把它命名为太平洋。当时已减为 3 艘船的舰队向西北航行了 15 周，横跨了太平洋，并且先后在关岛和宿务岛登陆。在这里，麦哲伦很不明智地参与了当地的冲突而遭到了杀害。1522 年，仅存的一艘船回到了西班牙。

西班牙对菲律宾的殖民始于 1565 年，当时墨西哥城的长官米格尔·洛佩斯·德·黎牙实比（Miguel López de Legazpi）受命追溯麦哲伦的航线，以求在香料群岛为西班牙建立永久基地。西班牙与一些岛民联合，在宿务岛建立了一个殖民地。洛佩斯·德·黎牙实比把一些船只送回墨西哥，而安德烈斯·德·乌达内塔（Andrés de Urdaneta）发现如果向北航行，这些船最终能赶上将他们带回墨西哥的顺风。这条从阿卡普尔科（Acapulco）直线出发，呈向北的弧线从马尼拉（Manila）返回的路线成为每年航行一到两次的西班牙大帆船的标准路线。

虽然亨利七世（Henry Ⅶ）在 15 世纪末赞助了约翰·卡伯特（John Cabot）重新发现纽芬兰的航行，但在 16 世纪末前，英国王室对海上探索兴致不高。到 16 世纪 70 年代，西班牙和英国已走向公开战争。西班牙国王扩张领土的野心，因罗马教皇渴望取代顽固的信奉新教的英国女王而越发膨胀。

弗朗西斯·德雷克（Francis Drake）在 1578 年至 1580 年间进行了英国的第一次环航，这次环航既是为了按照王室指示去探索北美洲西北海岸，也是为了搞点海盗行动给自己捞点好处。德雷克向南返航（也许是去旧金山港），为了不遇上西班牙船只，他带领船员横跨太平洋到了棉兰老岛（Mindanao）、摩鹿加群岛、爪哇，并从好望角回到了家乡。虽然出发时有 5 艘船，但只有“金鹿号”（*Golden Hind*）越过了太平洋。德雷克带着约 60 万英镑的战利品回到了家乡，贫穷的伊丽莎白女王从这些战利品中分得了可观的份额。到 1600 年，英西战争渐渐偃旗息鼓。此时英国的当务之急不是掠夺西班牙大帆船或美洲殖民地，而是北大西洋和新东印度公司。后者的船只选择了好望角路线，当时太平洋上显然已经 70 年没有出现过英国船只。同样，荷兰水手也倾向于待在西太平洋，虽然在 1615 年至 1616 年期间，雅各布·勒梅尔（Jacob le Maire）和艾萨克·斯考滕（Isaac Schouten）先后发现了合恩角（Cape Horn）和汤加。欧洲人在西太平洋地区的其他发现包

括奎罗斯（Quiros）和德·托里斯（de Torres）在1606年发现的新赫布里底群岛（New Hebrides），他们也同样从东边而来。

在18世纪末前，横跨太平洋的航行有两个主要问题尚未解决。一个是坏血病，坏血病是由缺乏维生素C引起的。维生素C只能在人体内储存几个星期，因此新鲜食物是必不可少的，而罐头肉和船上的饼干不能够替代新鲜食物。但柑橘类水果的益处直到18世纪末才得以确定。另一个是导航问题。纬度很容易根据太阳和星星的位置确定，因为太阳和星星的位置在地球上的所有纬度都是固定的。经度却不一样。纬度不能任意划分，因为赤道是一个固定的位置，经度则取决于确定的基线，这条基线可以是格林尼治（Greenwich）、巴黎或其他地方。如一名荷兰航海家16世纪30年代确立的规则那样，如果水手既知道当地时间也知道基线时间，那么计算经度就很容易。问题是要制作一个能在海上保持精确时间的航行表。但直到18世纪60年代，英国钟表匠约翰·哈里森（John Harrison）才实现这一目标。坏血病和经度问题持续到18世纪60年代，横跨太平洋的水手倾向于选择从墨西哥到东印度群岛的直接路线。

到1640年，荷兰水手已合理地勾画出澳大利亚西部和南部海岸的轮廓。荷兰东印度公司的亚伯·塔斯曼船长于1642年奉命寻找南方大陆。虽然他看见了塔斯马尼亚岛并在新西兰海岸登陆，但后者的敌对态度以及库克海峡的波涛汹涌使得他没有进行详细勘探，之后他取道汤加回到了巴达维亚。荷属东印度群岛的总督安东尼·范·迪门（Anthony van Diemen）批评塔斯曼缺乏首创精神，这么说也许是不公平的，因为他的航行“在库克1770年抵达澳大利亚水域前，为这一地区的地理情况提供了参考”。[参见威廉姆斯（Williams）的《伟大的南太平洋》，1997年版第62页。] 总之，该公司的阿姆斯特丹长官认为塔斯曼的发现不值得跟进。

在17世纪末，英国人威廉·丹皮尔探索了澳大利亚西北海岸和新几内亚周围的海域，但他这次横跨太平洋的航行是沿着已有的路线。当时英国海盗再次在加勒比和墨西哥西海岸骚扰西班牙船只，而太平洋对英国人想象力的影响越来越大。当时盛行的狂想之一，是17世纪90年代苏格兰在巴拿马地峡（Panama isthmus）达里恩（Darien）半途而废的殖民地。而另一个是18世纪10年代臭名昭著的南海泡沫。1711年，南海公司以跟东印度公司一样的原则成立于伦敦，这一原则就是垄断南美周边和进入太平洋的贸易。“这些书面特许如何变成商业实践，并且

为……西班牙……所接受，未被提及。”（威廉姆斯《伟大的南太平洋》第 163 页）

1720 年，在不可避免的崩溃和贸易萧条之前，股价增长了 10 倍，到了疯狂的、不可持续的地步。英国在太平洋的利益停滞不前，只通过新的西班牙战争才有所恢复。1740 年，乔治·安森（George Anson）带领一支海军舰队经过合恩角进入了太平洋，企图骚扰西班牙海运和殖民地，并且试图接管秘鲁，在智利海岸开放贸易。他带着 8 艘船扬帆起航，沿着智利海岸还未航行多远，就丢失了 3 艘。当安森到达澳门时，只剩下了旗舰“百夫长号”（*Centurion*）。离开菲律宾后，安森俘获了一艘阿卡普尔科大帆船，并带回 40 万英镑，但也付出了很高的代价：安森的 6 艘船损失了 5 艘，此外还损失了 1300 余人，大部分人死于坏血病。安森的航行被写成了好几本书出版，安森也晋升为海军上将，并开始计划其他航行以探索太平洋，但这些航行计划成为与西班牙外交谈判中的筹码，并且被束之高阁。

15 年后，约翰·拜伦于 1765 年奉命带着护卫舰“海豚号”（*Dolphin*）沿着美洲大陆的西海岸航行，并最终探索加利福尼亚北部以寻找西北航道——一条曾激发德雷克想象力的、从北大西洋到北太平洋的海路，一条在安森的船员以骇人听闻的数量死于坏血病后越来越有吸引力的海路。然而，一到合恩角附近，拜伦就向西航行横跨太平洋。实际上，他是在跟进安森 1749 年的计划。拜伦于 1766 年 5 月返航时，另一次探险已经受到批准。塞缪尔·沃利斯率领“海豚号”和“燕子号”（*Swallow*）于 1766 年 8 月动身出发，寻找麦哲伦海峡和新西兰之间的“广袤大陆”。沃利斯受命尽量靠近合恩角所在的纬度横跨太平洋。在合恩角与“燕子号”失去联络后，瓦利斯带着“海豚号”先向北后向西航行，“发现”了塔希提群岛。塔希提群岛是理想的休息地，后来对欧洲人来说象征着波利尼西亚人的无知。

安森、拜伦和沃利斯的航行是先后发生的，从概念上来讲，它们是库克三次伟大航行的直接先驱。库克乘坐“奋进号”（*Endeavour*）在 1768 年至 1771 年间进行第一次航行的直接原因是 1769 年 6 月的金星凌日。这种相对比较少见的天文现象发生时，人们会看到金星横跨太阳表面。金星凌日在 10 年之内出现了两次，然后一个多世纪都没有再出现过。这一现象的科学意义就是，如果能在地球的某些位置对这一现象发生的时间进行准确观察，那么就可能通过三角运算确定太阳和地球之间的距离（被称为天文单位的距离），并且由此得出太阳系的规模。

1761 年 2 月的金星凌日结果令人失望，因此在 1768 年，英国皇家学会请求英

王乔治三世派遣一艘海军舰船前往南太平洋观察1769年的金星凌日。这次请愿在某种程度上要了点花招，因为它是打着实用性的旗号，说这次金星凌日能够推动天文学的发展，并且研究成果能应用于航海。航海确实要依靠天文学，但跟确定天文单位没有关系。此外，皇家学会还打着民族自豪感的旗号，说其他大国都在计划进行观察，英国也不应落后。国王提供了4000英镑的款项，海军则提供了船只。不久之后，沃利斯完成了他的漫漫航程，他的报告明确指出塔希提岛将会是金星凌日的理想观察点。由于沃利斯猜想塔希提岛的南部有一片大陆，海军决定除了进行天文观测外还将进行探索。

水道测量家亚历山大·达尔林普尔（Alexander Dalrymple）受到了皇家学会的青睐（也是自告奋勇），来指挥观察这次金星凌日，他曾写过一本书全面介绍太平洋的发现。然而，海军部不允许让一个平民来指挥海军军舰，因此经过讨论，海军部最终决定使用类似约克郡和达勒姆海岸附近船只的仿中插板式独桅运煤船。这种船速度不快，但是储存能力很好，还能行驶于浅水区。有些学者认为，是这一决定使得海军上尉詹姆斯·库克被选为指挥官。作为船舶检验员和水道测量家的库克正声名鹊起，而且他也很了解运煤船。指挥官库克并非特别德高望重，他只是一名出身卑微的新晋上尉。

“奋进号”于1769年4月抵达塔希提岛，库克和其他两位科学家在此观察了6月3日的金星凌日。之前沃利斯拜访该岛时，先是发生了冲突，之后则进行了谨慎的交易。“奋进号”受到了更为热情的接待，这也许是因为岛上的居民已经知道，虽然不能阻止欧洲人登陆，但这些白人并不会逗留太久，再说他们是对女人和获取新鲜食品感兴趣。当时的一个关键人物是来自瑞亚堤亚岛（Ra’iatea）的牧师兼航海家土帕伊亚（Tupaia），他和年轻富有的绅士、博物学家约瑟夫·班克斯（Joseph Banks）懂得一些基本的塔希提岛词汇，建立了持久的关系。要把欧洲人形容为文化侵略者真是太容易了，从某种程度上来说也确实如此。经常被提及的例子之一就是班克斯身着华丽的塔帕布（tapa cloth）的全身像。但这种侵略是双向的。塔希提岛人偷走了班克斯的白色夹克和背心，要不是土帕伊亚的干涉，他可能会失去所有的衣服。我们现在也知道，关于欧洲人和波利尼西亚人之间交流的几幅画是土帕伊亚的作品。食品交易以及对铁质工具和欧洲服装的喜爱通常让他们关系友善，虽然有时关系也比较紧张。在之后的几十年中，他们之间的关系

变得更加不平等。

从塔希提群岛开始，库克接到的秘密指示是向南航行，然后向西航行，直到他发现南方大陆或新西兰东部。在1769年10月，“奋进号”在北岛东海岸登陆。在接下来的6个月中，库克环航了新西兰，确定它由两大岛屿组成，并在几个地方登陆休息、补给和交易。土帕伊亚是一个关键的谈判者，因为塔希提语和毛利语是相通的。

探索新西兰后，库克已完成了他接到的指示。返航的路线由他自己确定，但直接回家的话就得面对隆冬时节的亚南极海域，而探索当时在欧洲地图上还是空白的澳洲大陆东海岸更具吸引力。沿着澳大利亚海岸航行2000英里后，船只在大堡礁（Great Barrier Reef）上触了礁，几乎酿成了灾祸。在东印度群岛的巴达维亚休息时，有些船员死于痢疾和一些类似的疾病，土帕伊亚未能幸免于难。库克在预防坏血病方面则更为成功。

“奋进号”的航行因为填补了南太平洋地图的许多空白仍然享有声望，这是很公正的。同样重要的还有约瑟夫·班克斯和船上的次席植物学家丹尼尔·索兰德（Daniel Solander）所做的科学观察、测量、绘图和收集。在对科学感兴趣以及追求科学兴趣的方式方面，班克斯并不是富有绅士中的特例。然而，很少有人“愿意放弃庄园里的休闲时光，选择在颠簸的旧运煤船上一待3年，每晚睡在6平方英尺的客舱的吊床上”。这完全是功利主义科学：经历漫长一生，班克斯成了英国科学政策方面，尤其是探索、扩张和植物学方面最具影响力的人物之一。

库克1772年至1775年间的第二次远航终于解决了南方大陆的问题。他的船“决心号”（*Resolution*）和“冒险号”从西驶入太平洋，在新西兰的南岛度过了南半球的大半个秋天，并在那里大肆推广欧洲植物和家畜，以求满足未来船只的需求。库克在南极圈附近的高纬度地区待了整整两个夏天，足迹遍布波利尼西亚的几乎所有群岛。

库克最后一次航行的目标在北太平洋，主要是为了寻找西北航道（Northwest Passage）。除此之外，如果有时间，他也能找到俄国北部的东北航道（Northeast Passage）。这次航行实际上完成了环航，并与俄罗斯几十年来在陆上扩张的终点相连接。库克返回陆地后得到了一份美差，但进一步航行的诱惑令他无法阻挡。他选了一艘新船“发现号”（*Discovery*）与“决心号”一起出航，再次经过了好望

角，并于 1777 年年初在新西兰登陆补给。这次航行也极大地促进了欧洲对太平洋的了解。库克发现了曼加伊亚（Mangaia），其中的一个岛屿现在以他的名字命名，然后驶往塔希提群岛。从这里开始，要前往北美洲的话，就需要向北航行，之后则乘着北太平洋的西信风行驶。这条路线把船带到了夏威夷群岛，之前还没有欧洲人踏足这里。

1778 年 3 月，库克从温哥华岛（Vancouver Island）出发，在接下来的 5 个月时间里向北航行，对阿拉斯加错综复杂的海岸线进行测量及制图，一直到达白令海峡（Bering Strait）。在 8 月，北极浮冰使得船只无法前行，于是他们回到夏威夷进行休息及补给。1778 年 12 月下旬，探险队离开了夏威夷前往堪察加。但由于船只漏水漏得很厉害，他们不得不迅速返航，在堪察加湾（Kamchatka Bay）登陆。两星期后，他们扬帆起航，但几天之后，疾风摧毁了"决心号"的桅杆，因此他们不得不回到堪察加湾。这个之前热情好客的地方，现在因为食物、补给、女人、欧洲工具和其他物品而爆发了严重的冲突。"发现号"的刀具被偷后，事态进一步恶化。库克召集一队武装的人马抓获了一名夏威夷首领作为返航的人质。当这名人质被家人告知自己将遭到杀害时，紧张局势进一步加剧。当沙滩上的人群得知远处有一名首领被英国人杀害时，事态进一步恶化，并爆发了小规模的打斗，库克在打斗中遇害。

很多文章已经写到了库克的死亡。有的学者认为，探险队第一次在堪察加湾逗留时，欧洲人之所以在岛上受到了款待，是因为库克无意间具备了罗诺神（god Lono）的特征，跟夏威夷的神话和仪式扯上了关系。但当船队返回时，已经过了罗诺神的和平季节，取而代之的是战神库神（war god Ku）的季节，而库克的好战行为再次与原住民宗教吻合，并最终使之命丧黄泉。其他人认为，这只不过是因为欧洲人耗尽了他们的热情，并且举止不端。库克当时可能已经患病，最近有研究指出他一直活在情绪压力之下，因为他的行为越来越古怪，甚至残忍，不同于他之前冷静慎重的风格。库克为第三次航行设立了不切实际的时间表，而且可能不切实际地高估了自己的航海能力。他的前两次航行大获全胜，然而没有水手能掌控海洋，因此，第三次航行真是期望太高了。

其他欧洲大国一直活跃于太平洋地区。英国的发现之旅迫使法国和西班牙进行类似的航行。直到 19 世纪初才被赶出南美洲的西班牙，把触角伸向了加利福尼

亚海岸及其以北地区，希望能赶在英国和俄国之前抢占先机。美国革命使得对太平洋的探索在1778年至1783年间出现了暂停；法国和西班牙都支持殖民地人民反对英国。

法国在太平洋的探索深受与西班牙的关系影响。从17世纪90年代到1713年，这两个国家是亲密的盟友；在1700年至1713年的西班牙王位继承战争中，其他大国阻止了这两个国家紧密结盟。在法国战败之前，其船只在西班牙的许可下在智利附近进行贸易，法国的第一次环航（1709—1711）还是由塞巴斯蒂安·迪弗雷纳（Sebastien Dufresne）领导的。到1719年的时候，法国和西班牙已兵戎相见，法国在太平洋地区的利益已经领先。印度公司得到了复兴，并且在不到一年内控制了300艘船。但法国和西班牙的和谈条件包括法国同意退出太平洋地区，在1718年至1768年期间，法国船只没有出现在太平洋上。

法国哲学家对南方大陆非常感兴趣，在第戎社交界和学术圈很有影响力的人物夏尔·德·布罗斯（Charles de Brosses）在1756年编写了一本全面透彻的书籍《澳大利亚航海史》（*Histoire des navigations aux terres australes*）。他还创造了两个词“Polynesia”（波利尼西亚）和“Australasia”（澳大利亚），前者基于一些知识，后者是纯粹的推测。法国人在七年战争（1756—1763）中惨败，把加拿大输给了英国。有的法国海军将领认为重拾太平洋探险是法国重新发家致富的新方式。魁北克投降的谈判者路易·安东尼·德·布干维尔拜读了布罗斯的史书，并从安森的航程中看到了英国未来对太平洋地区的兴趣。

1767年，布干维尔率领“愤怒号”（*Boudeuse*）和“明星号”（*Etoile*）经过麦哲伦海峡（Strait of Magellan），然后向西北航行，到达了未知的土阿莫土群岛（Tuamotu Islands），并在1768年4月抵达了塔希提岛。布干维尔自然不知道瓦利斯和“海豚号”一年前来过这里。他们在塔希提岛进行补给，然后向东航行，经过了萨摩亚群岛、沃利斯和富图纳群岛（Futuna），接着又经过新赫布里底群岛进入了珊瑚海（the Coral Sea）。他们确定了所罗门群岛的位置，自西班牙水手发现这个地方但错误地估计其距南美洲的距离以来，所罗门群岛在将近两个世纪中被半神化。布干维尔于1769年3月带着探险队和许多发现回了家，只有9人因病死亡。在这两方面，布干维尔都足以光荣地与库克第一次航行中的表现媲美。

七年战争削弱了法国在印度和北美的势力。东印度公司于1770年解体，公

司的很多船长需要另谋生路，让·弗朗索瓦·玛利·德·叙维尔（Jean François Marie de Surville）就是其中之一。他与公司的两名理事成立了一家贸易公司，打算在东南亚和南亚进行贸易。他们有一艘船“圣让－巴蒂斯特号”（*Saint-Jean-Baptist*），该船于1766年建造于法国，不久之后他们就听到了英国人发现塔希提岛的夸张报道。事实上，这些故事极大地夸大了将被发现的财富，跟古老的寓言混为一谈。1769年6月，“圣让－巴蒂斯特号”满载贸易品从印度的主要港口本地治里出发，经过马六甲和菲律宾驶往加罗林群岛。这艘船错过了这个群岛，也未能获得新鲜食品。10月的时候，它在所罗门群岛登陆，获得了一些水，但只得到了很少的食物，此外也没有受到热烈欢迎。

由于逆风逆水，叙维尔错过了新赫布里底群岛和新喀里多尼亚，此外，由于船员身患坏血病，他决定到新西兰碰碰运气（德·叙维尔对新西兰的了解基于塔斯曼的短暂停留）。幸运的是，他们在12月中旬发现了新西兰的北端，于是在此登陆并补充新鲜食物和淡水。“圣让－巴蒂斯特号”和“奋进号”一度仅相距30英里。补给后，“圣让－巴蒂斯特号”向东航行，穿越汹涌的大海。后来，“圣让－巴蒂斯特号”又面临着淡水和食物的短缺，船员也患上了坏血病，因此它在1770年4月初挣扎着到了秘鲁的奇尔卡。德·叙维尔在乘坐一艘小船登陆时溺亡，西班牙把他的船和船员扣留了两年。这次探险的日志和地图扩充了布干维尔对所罗门群岛、新赫布里底群岛及周边地区的绘图。

布干维尔的探险队中有一位年轻的塔希提岛人阿胡－托卢（Ahu-toru），而把他送回家是马克·约瑟夫·马里恩·杜·弗伦（Marc Joseph Marion du Fresne）进行探险的直接原因。马里恩曾在海军和东印度公司任职，他当时正想从太平洋贸易中发财。他的探险是与法国政府一起合作的。阿胡－托卢离开法国几天后死于天花，但探险队没有停下来，他们绕过好望角，在范迪门斯地抛锚（他们是自塔斯曼以来的第一批欧洲人），然后于1772年3月在新西兰北部登陆。6个星期后，毛利人杀死了马里恩和他的一些同伴，马里恩的同伴则杀害了许多毛利人为他报仇。法国人逗留了太长时间，违反了复杂的“塔普”（tapu）（宗教禁忌和社会规范），并卷入了当地的斗争中。探险队之后向北航行，先后经过汤加、关岛和马尼拉。

库克的航行在18世纪70年代占主导地位。所有相关人员都明白，海上发现极大地提高了国家的威望。1785年至1788年期间，让·弗朗索瓦·德·拉·彼

鲁兹（Jean François de La Pérouse）领导了一支探险队，希望能取得跟库克一样高的成就。这个深受路易十六影响的计划，让“罗盘号”（*Boussole*）和“星盘号”（*Astrolabe*）沿着加利福尼亚到澳大利亚的环太平洋区域航行，然后从好望角返回。在这一事件中，他们用航行日志描述了太平洋周边的环境。阿拉斯加海岸仍有许多绘图工作需要做。在堪察加登陆时，拉·彼鲁兹收到了从陆上传来的新命令，那就是驶往植物湾（Botany Bay），找出英国人意欲何为。1788 年 1 月，拉·彼鲁兹和流放地第一舰队的指挥官亚瑟·菲利普（Arthur Philip）进行了很有礼貌的会面，然而，法国探险队在驶出悉尼之后迷了路。幸运的是，拉·彼鲁兹从堪察加和悉尼都发回了进程报告。

当时法国即将淹没在革命中，但革命政府在 1791 年资助了一个探险队寻找拉·彼鲁兹探险队的幸存者。约瑟夫–安托尼·当特尔卡斯托（Joseph Antoine d'Entrecasteaux）和让–米歇尔·德·克马德克（Jean-Michel de Kermadec）带着“探索号”（*Recherce*）和“希望号”（*Espérance*）绕过了好望角，沿着澳大利亚南海岸驶往新喀里多尼亚和西太平洋，一路上仔细勘察。在沿着澳大利亚西部和南部海岸以及新西兰北端返航时，这两艘船发现了克马德克群岛（Kermadec islands），然后再次在巴达维亚登陆，当时两名船长都已患病身亡。探险队不久之后就解散了，1827 年的时候，拉·彼鲁兹探险队被证实在一场飓风中于圣克鲁斯群岛（Santa Cruz group）的瓦尼科罗（Vanikoro）失事，这地方现属所罗门群岛，但离瓦努阿图（Vanuatu）很近。

1789 年，意大利人亚历山德罗·马拉斯皮纳（Alessandro Malaspina）向西班牙政府申请负责太平洋发现之旅。马拉斯皮纳两次横跨了太平洋，尽管当时已没有什么可供发现，但他的大量记录从未被完全公布，因为他一回到西班牙就被囚禁了，而西班牙政府有其他更需要尽快考虑的事情。除了——也许是因为——革命风暴和帝国的过度扩张，西班牙政府试图加强其仍拥有的对太平洋航运和贸易的垄断。库克的第三次航行已经向欧洲人表明，南太平洋的鲸鱼和温哥华岛努特卡海峡（Nootka Sound）的海獭是很有价值的商品。从 18 世纪 80 年代末开始，英国的捕海豹者就已经在努特卡建立基地。

1790 年，西班牙军队在那里俘获了英国船只，并阻止英国船只登陆巴塔哥尼亚（Patagonia）补充木材和水。由于法国身陷革命，西班牙不得不屈从于英国 1790

年的最后通牒，接受英国在太平洋东北部的所作所为。1791 年至 1795 年间，乔治·温哥华（George Vancouver）领导了另外一支英国探险队，部分原因是为了执行西班牙在努特卡的投降协定。“发现号”（不是库克的那艘船）和“查塔姆号”（*Chatham*）选择了一条越来越常规的路线，那就是从好望角出发，经由“四十度啸风带”（roaring forties）驶往新西兰南海岸，他们发现了查塔姆群岛（the Chatham Islands），之后到达了塔希提岛和太平洋东北部。温哥华的任务包括寻找西北航道在太平洋的末端，以及战胜马拉斯皮纳，保护英国在现已是英属哥伦比亚海岸（the British Columbia coast）的地位。他对这些海岸，包括普吉特海峡（Puget Sound）在内的绘图非常详细，因为相比库克，他有更多的时间来完成任务。

在悉尼的流放地，英国战胜其对手，极大地提高了在太平洋的战略和商业地位，因为澳大利亚殖民地既提供了海军基地，又提供了补给库。约瑟夫·班克斯对建立英国滩头阵地的决定及其位置的确定产生了一定影响，而且他依然对澳大利亚感兴趣。然而，英国的对手大国依然挑战着其地位。法国对太平洋的野心并没有因革命而有所减少。在 1801 年至 1803 年期间，尼古拉·博丹（Nicolas Baudin）领导的法国探险队环航了澳大利亚。与此同时，马修·弗林德（Matthew Flinders）也为英国环航了这块大陆；他和乔治·巴斯（George Bass）已在 1797 年和 1798 年测量了范迪门斯地的海岸。直到 1804 年，英国才在墨尔本（Melbourne）附近的菲利普港（Port Philip）和塔斯马尼亚建立了殖民地。

太平洋在下一个世纪中的变化，不仅是由欧洲 1740 年后的 60 年间的快速探索引起的，也是由欧洲大国与作为下个世纪不变主题的美国之间的竞争引起的。

吉姆·麦克伦（Jim Mcaloon）

吉姆·麦克伦（Jim Mcaloon），新西兰惠灵顿维多利亚大学历史学助理教授，在新西兰奥塔哥大学获得博士学位。主要著作包括获奖作品《没有无所事事的富人：1840—1940 年坎特伯雷和奥塔哥地区的富人》（*No Idle Rich: The Wealthy in Canterbury and Otago, 1840—1940*）（2002）。目前致力于新西兰的苏格兰移民研究。

第三十二章

第一次工业革命（1760—1780）

中国同时期：清高宗爱新觉罗·弘历

概　述

从传统意义上说，所谓的“工业革命”（Industrial Revolution）很难算得上一场真正意义的革命。社会的主流状态并未因这场革命而有任何改变，大街上也并非挤满革命者。然而，工业革命的结果却影响深刻，为人类生产方式带来了翻天覆地的变化。工业革命的核心是用动力驱动的机器代替手工劳动。

机器生产代替手工劳动是一次意义深远的变革。虽然这一变革的最初标志清楚地出现在18世纪下半叶，但是工业革命何时开始并无确切日期。时至今日，工业革命仍在继续，一些非工业化国家努力进行工业化改革，已经完成工业化的国家也在继续推广效率更高的新技术。

英国是工业革命的发源地。一系列偶然形成的环境因素共同作用，既为英国创造了改革的必要动力，又提供了创造新技术或改进原有生产方式的工具。英国拥有充足的自然资源，煤炭和水利资源尤其丰富，为工业革命提供了能源。英国同时拥有充足的劳动力资源，足以为新机器配置充足人员；而且，农业革命将数量庞大的劳动人口从英国农场中解放出来，他们拥入工业革命中新建的工厂，为工业发展提供了充足的廉价劳动力。

创业精神也是英国生活的鲜明特征之一。一代又一代的英国人投身到商业活动中。他们练就了把握机遇、获得巨大商业回报的能力。甘于承担风险，以期收获丰厚回报，成为英国人根深蒂固的思维方式。在这种思维方式的推动下，英国逐渐繁荣起来。创业精神和大西洋沿岸优越的地理位置联合作用，为大不列颠帝国带来了巨额财富。反过来，上述优势意味着英国有充足的剩余资本向新兴潜在获利行业投资，诸如发明和改进机器。同时，也意味着许多英国人了解银行和金融的复杂性，这构成了经济扩展的必要因素。

幸运的是，英国广大殖民地正在迅速扩张，为国内生产准备了广阔的市场。来自殖民地的商品需求刺激英国生产者迫切需要提高产量的方法。此外，殖民地还为英国提供了廉价原材料，比如为工业革命中发挥重要作用的新机器提供了棉花这一原材料。

最后，经历了 17 世纪剧变的英国在 18 世纪为世界提供了稳定政府的典型模式。英国的工厂主们从这种稳定性中获得了充足的自信心，进而鼓励他们尝试和探索新的生产方式。英国政府也非常理解工厂主在贸易和商业上的浓厚兴趣，同时英国社会更具欧洲大陆其他国家无可比拟的流动性，这两个方面进一步推动了英国工厂主持有上述态度。尽管在 18 世纪，传统意义上的精英阶层仍控制着英国社会金字塔的顶端，但勤奋、聪明并且具有创新精神的人仍能够攀登至社会阶梯的顶端。

工业革命首先发源于纺织行业。此前，英国连续数个世纪制造并出口羊毛衣料。基于分散在家庭加工的制度，英国乡村分散着不计其数的衣料生产小作坊。这种小作坊的特征如下：商人或工厂主将原料提供给农户，有时他们也提供机器设备，农户利用空余时间在家中纺纱织线。商人和工厂主定期从纺纱工人和织工那里采购成品，支付给相应家庭一定报酬，再向市场出售这些商品，以获得利润。

直至 18 世纪早期，随着人们越来越偏爱从印度进口的舒适布料，羊毛织物的流行程度逐渐下降。英国议会为抑制进口，保护国内羊毛行业，对印度织物征收高额关税。高额关税并未降低国内需求，国内需求仍然居高不下，但确实为英国棉纺织者带来了更多可能性。一方面印度棉花的价格高得惊人，阻碍了人们的购买；另一方面，国内对棉花的需求仍然非常旺盛。此种形势似乎给英国棉纺织生产者获得巨额利润提供了无限可能性。

然而，技术问题带来了巨大困难。棉线的纺织和棉布的制造速度都无法满足日益增长的市场需求。18 世纪 30 年代，一位名字叫作约翰 · 凯（John Kay）的技工发明了飞梭，解决了部分棉布制造的速度问题。依靠飞梭设备，仅需一名工人便可以在织布机前操作梭子来回穿梭于布匹的经纱之间（梭内的纬线会经过一条长长的路径）。这种简单的装置极大地提高了织布效率；同时，该装置不再需要另外配备一名工人操作飞梭，因此减少了生产棉布所需的员工数量。

飞梭的发明极大地提高了织布速度，与此同时，纺线的效率却一直相当低下。直到 18 世纪 70 年代，织工兼水车制造木匠詹姆斯 · 哈格里夫斯（James Hargreaves）发明了珍妮纺纱机之后，纺线效率才有了长足进步。哈格里夫斯用女儿的名字命名了这台机器。珍妮纺纱机的操作原理虽然和原先的纺纱轮相同，但水平更高，保证一名织工一次性纺出原先 6 倍、8 倍甚至 16 倍的棉线。

更为先进的发明紧随其后，18 世纪 70 年代晚期，理查德 · 阿克赖特发明了水力纺纱机。阿克赖特的水力纺纱机是珍妮纺纱机的升级版，用水力取代了人力。可是，水力动能并不完全可靠。1785 年，阿克赖特改进了水力动能，代之以蒸汽驱动机器。从水力驱动到蒸汽驱动的改进，要求纺线发生过程由私人农舍转移到更大的工作地点，通常这些地点靠近河流。许多工人从四面八方聚集到同一地点，利用机器而不是像之前那样在农舍中以手工的方式生产货物。这一改变预示着工厂即将诞生。

1779 年，织工塞缪尔 · 克朗普顿（Samuel Crompton）进一步改进了原有纺纱工艺，发明了走锭纺纱机。这种纺纱机由蒸汽推动，结合了珍妮纺纱机和水力纺纱机的优势，能够大批量生产上等纱线。

市场对棉纺织品的需求丝毫没有减退的趋势，另一个新的瓶颈随之产生。棉线制造的生产效率不断上升，而织工将棉线织成衣料的效率却相对落后。1784 年，牧师兼业余发明家埃德蒙 · 卡特赖特（Edmund Cartwright）发明了动力织布机，使得纺线和织布的效率得以平衡。动力织布机依靠牲口、水力或者蒸汽驱动，极大地提高了织布的效率。尽管一段时间之后，动力织布机才逐渐流行起来，但到 1833 年，英国本土投入生产的织布机数量就已经超过了 10 万台。

棉纺织业同时也面临着来自原材料本身的问题。将棉籽从棉铃纤维中分离的过程相当烦琐，需要投入大量时间和密集劳动力。1793 年，美国人伊莱 · 惠特尼

上图为1860年左右坐落于英国谢菲尔德（Sheffield）的温特沃思铁厂（Wentworth Iron Works）。当时英国中部地区有多家铸造厂为英国工业革命提供前进的动力，温特沃思铁厂便是其中之一。（来源：美国国会图书馆）

发明了轧棉机，不仅极大地提高了棉籽与纤维的分离速度，同时降低了人力消耗。这一发明使得种植园主，尤其是美国南部的种植园主，转而开始种植棉花；英国的纺织工厂也因此有了足够的原材料。到 1800 年，英国的棉纺织生产量比 20 年前增长了 8 倍。截至 1820 年，棉织品占英国出口贸易总量的 46%。

实践证明，动力机器对纺织业的发展起到了必不可少的作用。相应地，在水力仍是重要动力的同时，驱动蒸汽机的蒸汽很快成为首要动力来源。很久以前，人们就发明了蒸汽动力。亚历山大大帝就曾经发明了类似蒸汽机的装置。但是，直到 17 世纪，现代人才开始将注意力转到蒸汽之上，开始认真研究它的作用。

随着欧洲森林面积的减少，木炭供不应求，价格飙升，对煤炭资源的需求也随之上升。人们需要使用煤炭熔炼钢铁，锻造金属。然而，当矿井的深度降至含水层之下时，水便会漫进矿井里。很快，人们便发现，继续开采煤炭这一能源的

关键在于找到有效的方法，将水从矿井中快速排出。18 世纪第一个 10 年中，铁器商托马斯·纽科门（Thomas Newcomen）利用蒸汽提供动力，驱动水泵，从而解决了这一难题。然而，纽科门发明的发动机笨重、代价高昂，且效率不高。

1763 年，格拉斯哥大学（University of Glasgow）的技术员詹姆斯·瓦特（James Watt）开始改进纽科门的发明。瓦特提高了原先装置的效率，同时通过名叫“太阳与行星”的齿轮系统为大多数机器提供了旋转动力。1769 年，他为这一新机器申请了专利，但新机器并没有立即被普遍使用。18 世纪 80 年代，瓦特发明的蒸汽机才逐渐被认可为一种持久而强劲的机器动力来源。工业革命爆发所需要的动力来源终于成熟了。

铁是工业革命中最重要的建筑材料。用木质材料建造的机器和发动机在持久性方面无法与铁质产品相提并论，但生产铁的难度要比木材高出许多。将铁矿石熔解还原成金属的过程尤其需要消耗大量木炭，但在 18 世纪，可以提供木炭的森林资源已经被包括英国在内的许多欧洲国家消耗殆尽。

由于煤矿中包含的杂质在熔炼的过程中容易被熔化的液态铁吸收，因此用更为廉价的煤炭代替木炭并未获得令人满意的结果。然而，1709 年，铁厂厂长亚伯拉罕·达比（Abraham Darby）部分解决了这一问题。他用焦炭冶炼铁矿石。焦炭中的杂质已经在烘烤的过程中被燃烧殆尽。生产的产物——生铁虽然适合铸造，但仍包含过多杂质，需要进一步使用木炭冶炼，以获得熟铁或钢，而这一过程也极为费时耗力。

对铁日益增长的需求催生了新技术，用以加速制铁过程。人们发现，在冶炼过程中向焦炭中喷入空气，可以提高温度，从而燃烧掉更多的杂质。18 世纪 80 年代，亨利·科特（Henry Cort）无意中发现在捣浆的过程中，一边使用焦炭熔解铁矿石，一边搅拌熔化的铁矿石，可以更大程度上除去杂质。生成物可以直接制成熟铁或钢，而不用额外使用焦炭进行二次熔炼。同时，科特发明了轧钢机，使得熔炼纯度更高的铁成为可能。轧钢机的工作原理类似老式挤水机的滚筒，通过挤压将更多杂质从熔化的铁浆中除去，进而在工业上制成更为实用的钢板。工业革命爆发的基本单元终于成熟了。

历史评论

1850 年，英国经济人均总产值比 1750 年增长了 50%。这意味着，1750 年至 1850 年间，英国经济人均总产值的年均增长率为 0.5%。如果按照 20 世纪早期经济生产的标准来衡量，这一增长率可谓十分一般。1950 年以来，美国每年人均生产值增长率约为 2%，联邦德国为 4%，韩国为 5%，日本为 6%，新加坡为 8%。此外，人类由于具有与生俱来的智慧，总是有能力不断提高自身的生活标准。自石器时代以来，技术进步和随之而来的经济生产率提高证明了这一点。

然而，18 世纪末至 19 世纪初，英国人口的年均增长率为 1%，在这一背景下仍保持人均产值持续增长，却是史无前例的成就。1750 年以前，在人口持续增长的背景之下，每年保持 0.5% 的人均产值增长率的可能性几乎为零。将时间回溯几十年或者更久，经济高速增长往往仅是一种表面现象，实际上先前的经济产值已经低到了不足以维持人们正常生活的地步。基于对生产力提高可能性的保守估计，托马斯·马尔萨斯在 1798 年出版的《人口论》(*An Essay on the Preineiple of Population*) 中指出，人口增长速度超过食物供给量增长速度的威胁一直存在，因此将广大人类置于维持生存的最低生活水平之上。阿什顿（T. S. Ashton）在《工业革命》(*The Industrial Revolution*) 一书中对英国工业革命做出了如下颇具影响力的论述：

> 在我们所处的这个年代（18 世纪末至 19 世纪初），最大的问题莫过于如何为数量超过之前任何一个时代的儿童提供充足的食物、衣物和工作岗位……如果英国仍旧维持农业和小手工业国家的现状……那么日益增长的人口一定会压抑着她的精神。能够舒缓她精神压力的不是统治者，而是那些为了个人生计奔波的奋斗者。这些奋斗者利用自己的智慧和资源，设计出新生产工具和工厂管理的方法。时至今日，在印度和中国的广袤平原上生活着的男男女女们仍遭受疾病和饥饿的折磨。从外表看来，他们的生活状况仅比那些白天一同劳作的耕牛、晚间一起休息的羊群稍好一些。此种亚洲标准，此种因没有实现机械化而造成的恐怖状态，注定了那些人口迅速增长却尚未经历工业革命的国家将遭受悲惨的命运。

1750年至1850年，英国经济迅猛增长，创造了人类历史上空前的成就。英国著名历史学家和议会成员托马斯·巴宾顿·麦考利（Thomas Babington Macaulay）对此做出了如下评述。1830年，英国工业革命即将完成之际，麦考利断言："如果我们预言，1930年遍布大不列颠岛的5000万英国人口将拥有比我们这个时代好得多的食物、衣物和居住环境，苏塞克斯（Sussex）和亨廷登郡（Huntingdonshire）* 将比现在约克郡西区最富裕的地方更加富有……根据现今仍未发现的原理制造出的高新机器将进入每家每户……大多数人都会觉得我们可能疯了。"

麦考利对历史的发展，甚至人口数量的预测都极为精准。如果包含爱尔兰在内，他预测的人口数与实际数字的偏差还不到2%。

一名正在上学的英国男孩在考试中对关于工业革命的问题写出了如下回答："大约在1760年，一股小装置的发明之风席卷了英国。"诸如棉纺机械、动力织布机、钢铁捣炼机和蒸汽机在内的一系列新技术的研发，无疑是工业革命的核心。1760年至1830年，英国经济人均产值增长量的2/3以上都应归功于生产力的提高，而不是劳动力和资本的集中。在18世纪晚期的英国，一些工业部门的技术进步速度要远远超过其他工业部门。然而，技术的急速进步在纺织业、钢铁制造业、铁路运输业、航运业和农业等不同行业中的特点是迥然不同的。因此，英国工业革命可以被视作技术革新撬动经济和社会变革的典型例子。

但是，为何18世纪晚期英国技术进步会如此之快呢？出乎意料的是，18世纪早期在科学知识领域取得的突破，包括艾萨克·牛顿在物理上的重大研究成果，对技术进步都没有起到任何作用。英国工业革命中的所有发明创造均来自反复尝试，从失败中找到解决办法的小修小补，而不是基于对科学原理的洞察力。回过头看，这些18世纪晚期的发明者唯一采用的几项正式科学原理也漏洞百出。

总的来说，任何一项单一原因，都不足以对英国技术进步，以及为何工业革命首先发生在英国做出令人满意的解释。最为典型的例子便是，有人将英国成为18世纪技术领袖的原因归结于其先进的教育系统。但是，实际上，无论从哪个层面来看，18世纪英国的教育制度充其量不过能冠以"平庸"二字。在18世纪，无论男女，大约超过半数的英国人连自己的名字都无法写出。同当时荷兰和苏格兰充满活力的高等学府相比，牛津和剑桥这两所英国顶级学府体制陈旧、学术氛围

* 苏赛克斯和亨廷登郡均为英国偏远地区。——译者注

迂腐，在学术界可谓臭名昭著。

其他针对英国早期工业化的普遍解释也无法令人满意。英国拥有丰富的煤炭和铁矿储量，岛国的地理位置为英国提供了廉价的水路运输条件。同时，从国外进口至国内的稀缺资源可以克服自然资源的限制。英国的确在19世纪进口了大量铁矿石。拥有大量煤矿和铁矿石资源的比利时以较快速度紧跟英国工业化进程，瑞士虽然不得不进口煤矿和铁矿石资源，但其工业化速度并不亚于比利时。重要资源依靠进口并没有阻碍工业持续增长，英国棉纺织业生产便是一例。英国棉纺织业所需的棉花原料全部依赖进口，但棉纺织业却是英国工业革命中增长最快的部门之一。相似地，在工业革命前夕，英国的农业生产力似乎在持续增长，但从国外进口食物的能力却将这一点的重要性降至最低。最后，让我们一起关注另一个关于英国工业领导力的普遍阐释，人们经常发现英国新兴工业公司中所有人的所作所为与激进的新教信仰不符。在荷兰和普鲁士，对新教的接受程度也相当高，但这两个国家并没有像英国一样出现制造业快速增长的现象。

即便上述每项原因都无法单独发生作用，来解释为何工业革命首先发生在英国，但是，我们的确可以将英国在18世纪晚期出现大量发明的原因归结为以下几点。过去的一个半世纪以来，英国商人一直不断在全世界范围内开辟贸易航线。随着棉纺织业的蓬勃发展，英国生产商获得了丰富的经验，并且在全世界范围内建立了完善的网络，用于寻找产品的国外买家。17世纪晚期至18世纪早期，君主立宪制的发展意味着英国国王或女王的权力在很大程度上受到议会权力的制约和平衡。国王或女王的有限权力主要集中在从日益繁荣的公司利润中抽税，这些公司涉及纺织业、钢铁行业等类似产业。习惯法体系在英国日臻完善，确立了明确的财产所有权和控制权。这使得制造业公司投资商对保持高比例回报的信心进一步增强。除此之外，和其他欧洲社会相比，在英国，财富带有更为浓厚的社会阶层含义。在英国社会当中，人们追求财富积累的动机更为直接，而相对不愿意通过其他途径来获得诸如贵族头衔和不动产等名誉。虽然不能一概而论，但英国人对不同宗教和文化传统的宽容度普遍较高，为不同类型的人才和想法留出了生长的空间，从而为新技术和公司的创新与发展提供了推动力，这也成为促使工业革命首先发生在英国的另一个因素。

因此，从一方面来看，工业革命为经济持续增长创造了可能性。从另一方面

来看，审视工业革命发生的原因之后，我们可以发现维持这一经济增长背后因素的复杂性。

工业革命至少为一些英国工人提供了获得高收入的机会。1800 年左右，在英国，一名男性纺织工人每周的收入可以比一名男性农民高出两倍以上。安德鲁·尤尔是 19 世纪著名的制造业新技术倡导者。他在《制造业的哲学》（*The Philosophy of Manufactures*）一书中提出理由证明，工人的收入是在相对安逸的工作环境下获得的：

> 在最近的旅行中…… 我前往工业区，穿行其间，看见数以千计的男女老少，在他们当中，许多人瘦弱无力，在原先的任何工业模式中都无法获得每日所需的面包；而现在，他们辛苦劳作，汗流浃背，不必忍受烈日的曝晒和寒霜的摧残，就能在比大城市中穿着时尚、拥有立法权的贵族们的住处更为通风和有益健康的房屋中赚取充足的食物、衣服，并获得家庭住所。

然而，棉纺是纺织行业中回报率最高的工序之一，棉纺织业的大多数工人，无论男女，都没有机会和技术胜任这一高收入工序，因此他们只有转而从事收入较低的工种。如果我们把劳动力当成一个整体来衡量，并且充分顾及高回报制造业部门的增长，工业革命期间普通工薪阶层的收入充其量不过稍微有所增长，甚至有研究认为，普通工薪阶层的收入反而有所下降。最终，生产力显著提高所带来的益处确实惠及了英国劳动力的所有部门。在 1900 年，英国普通工人能够购买的商品和服务价格可能是 1850 年同类工种的两倍以上。

但是，不论工人的收入是否有所提高，也不论这一提高或降低何时发生，考虑到其他重要方面，工人阶层的生活条件在整个工业革命期间都在持续变化。

也许最容易测量的改变是人们由农村迁往城市。1760 年，4/5 的英国常住人口居住在农村地区。而到了 1840 年，许多历史学家认为英国工业革命已经完成，此时这一数字下降到了 1/2。然而，直到人们公认的工业革命完成的时期，与农村及其相关因素有关的影响仍弥漫于英国社会。但是对于那些由农村进入城市的男女老少而言，他们通过视觉、听觉和味觉所感受到的对比是强烈而鲜明的。以下是 19 世纪作家伊丽莎白·加斯克尔（Elizabeth Gaskell）在小说《南方与北方》

（*North and South*）当中描述的场景，表现了黑尔（Hale）一家离开居住多年的南部小村庄，搬到虚构的北方制造业城市弥尔顿之后的经历：

> 在距离弥尔顿数英里的地方，他们向城市所在的方向望去，看到一片浓重的铅灰色云彩凝滞在地平线上空。在冬日淡淡的蓝灰色天空衬托之下，云彩的颜色显得越发深沉…… 愈加靠近城镇之后，他们嗅到了一股微弱的烟味，嘴巴里也尝到了烟丝的味道；也许，更明显的感觉是缺少了一种植物的香气。很快，他们便走到了用小砖块统一建造的房屋之间那糟糕得一塌糊涂、长而笔直的街道上。一座开满窗户的工厂厂房四方四正，好似一只站立在雏鸡群中的母鸡。黑色的浓烟徐徐升起，虽然违背了议会的惯例，却足以使得玛格丽特认为预示着大雨即将来临的乌云。每辆货车、四轮马车和卡车都载满了成包装起来的棉荚或者成捆打包的白棉布。小路上挤满了人，他们看上去衣冠楚楚、物质丰裕，但玛格丽特却从他们的脸上察觉出一种怅然若失的表情，这种失落不同于她在伦敦相似阶层的人们脸上所看到的那种贫寒与落魄，但却深深地印刻在了她的脑海中。

卡尔·马克思的挚友弗里德里希·恩格斯（Friedrich Engels）在1844年完稿的《英国工人阶级状况》（*The Condition of the Working Class in England*）一书中，比加斯克尔更为直白地描绘了工业革命中的城市景象。如下描绘基于他在英国的见闻：

> 如果简单地描述漫游所得出的结论，我们必须承认，在曼彻斯特及郊区生活的35万工人几乎全部居住在潮湿、污秽、简陋的屋舍内，他们周围的街道通常处于最为糟糕和最为污秽的状态，随意铺展开来，丝毫没有考虑通风问题，一切布局仅仅是为了让合约商获得利润……房屋之间是狭长的小径，连接起扭曲而挤压在一起的院落和通道，庭院和通道的入口极不规则，以至于探索者每走几步，就会误入一个死胡同当中，抑或忽然身处于意料之外的地方。除非探索者准确知晓每个院落和每条小径的位置，才能避免出现上述情况……1831年，卫生检查人员到此处检查时，发现380个人挤挤挨挨地居住在一条街上，一条通道两旁建造了30座拥挤的住所，然而却仅仅只有一间厕所。

工业革命给工人的日常生活带来的一个重要改变在于，生产活动的发生地点由农舍和小作坊转移到了工厂。使用中央动力驱动机器是工厂技术的显著特点。但是，工厂的出现造成了工作地点的相对集中，从而提高了对工作投入的掌控程度。19世纪著名的工厂化生产倡导者安德鲁·尤尔（Andrew Ure）指出："工厂体系的原则……在于用机械化科学代替手工劳动……现代生产商的最大目标在于通过资本和科技的集中，将工人的任务难度降低至仅需要发挥他们的警惕与机敏。"

然而，制造业的发展并不仅限于大型工厂。在19世纪，诸如小手工业者和小作坊生产等较为传统的生产方式，仍发挥着重要作用。1851年，英格兰和威尔士的人口普查数据显示，基于传统手工业和工匠等典型生产方式组织的行业，例如建筑业、制衣业和制鞋业，比普遍采用工厂化生产方式的棉纺织业、毛纺织业和钢铁制造业等新兴工业部门雇用了更多的男性工人。然而，如果将女性工人也包括在内，采用工厂化生产的组织相对来说变得更为重要。在工厂中工作的数小时内，城市或制造业环境从本质上将以一种更为集中的形式发挥作用。正如恩格斯描述的：

> 监督机器的运转、连接起断开的棉线……这些工序并不需要操作者具备思考的能力，却占用了操作者的全部精力，阻止他们去思考别的问题……这些工作使得操作者的肌肉没有机会从事任何其他的体力活动。此外，这些工序没有给操作者留出一刻休息的时间；引擎在不停地转动；车轮、皮带和纺锤发出的吱吱咯咯的声音在耳边轰鸣，一刻也不曾停歇。如果操作者们试图抓紧时间休息片刻，他们的名字便会被身后的监督员记录在罚款小册子上。

英国制造业和农业部门之间的差别不仅在于制造业部门的超高体力劳动量，还在于制造业部门的高致病率与死亡率。通常情况下，制造业部门的高收入在很大程度上仅仅是对工人在这种居住环境中所承担的高健康风险和低预期寿命的补偿。

伴随着制造业部门的兴起，工作场所的物理环境发生了显著变化。尽管如此，在英国农村地区，传统行业也在一些重要方面有了进一步发展。在工业化地区，人口中的很大一部分在成年之后会前往距离自己出生地很遥远的地方生活，这一现象在工业化地区和许多前工业化的乡村地区一样常见。如果说在前工业化的农业社会当中，家庭是个人面对危机时稳定与安全感的来源。那么，在19世纪中期

的工业化城市当中，虽然家庭成员在空间上分离，居住地可能相隔数英里之远，但家庭所起的作用与此前并无差异。工业革命可能为妇女和儿童带来了更多就业机会，但他们从事农业生产劳动的机会同样很多。并且，在农场和工厂中工作的10岁以下儿童数量在劳动力人口总数中所占的比例一直很低。甚至在工业化地区，许多已婚妇女也没有从事全职工作。

在英国工业革命时期，传统地产利益的影响比我们通常所认为的还要持久稳固。数量不断增长的工人发现自己的工作地点由农场转移到了工厂，同时工厂所有者开始掌握英国财富的巨大份额，这一点确信无疑。然而，随着英国工业革命即将接近尾声，至少在19世纪前1/3的时间里，议会决策仍然继续受到乡村地产利益的左右。在19世纪晚期之前，除了偶发的罢工和起义，英国工人运动并没有在全国范围内引起较大影响。直到20世纪，工党（Labour Party）才开始成为英国的一支主要政治力量。工业化前的英国社会以错综复杂的阶级分层而闻名于世。尽管阶层的本质和职业人群随着工业革命的发展而变化，与此前类似的阶层复杂性却保持不变。正如工业革命前的英国社会，社会等级会随着土地所有状况的变化而逐渐变化，在工业革命开始之后，类似的改变会随着在商店或工厂中投资额的多少而改变，抑或根据个人掌握的制造技术的明确类型的变化而变化。

伴随工业革命而来的经济和社会变化确实为政治变革提供了动力。自19世纪30年代以来，议会执法机关和多种民间组织对工业化带来的普遍问题展开了一系列广泛的调查。这些问题包括犯罪、健康状况不佳和贫困等。各类议会立法机关开展了一系列行动，旨在纠正这些问题所产生的结果。所谓的《工厂法》（*Factory Acts*）限制了妇女和儿童在工厂中的工作时间，并限制了女工和童工的使用。为了应对工业化城市所暴发的霍乱疫情，议会的立法机关于1848年颁布了《公共卫生条例》（*Public Health Act*），旨在改善污水处理系统，净化生活用水。在工业革命期间，工业化地区的教育设施相当落后。在19世纪后2/3的时间里，推动教育发展的努力带来了识字率的显著提高。随着工业化进程的推进，人们越来越意识到社会问题的严重性，也逐渐察觉到仅仅依靠自由市场和自发性机构，不足以应对上述问题。据此，国家和地方政府都逐渐肩负起处理社会问题的责任。这又反过来促使各级政府致力于提高管理能力，以便摆脱教区官员和乡绅个人利益的左右，形成系统性的指导政策。

英国工业革命在全世界其他地方均产生了反响。1850 年，英国成功崛起为工业强国，此后工业革命的影响依然存在。然而，也需要指出，我们不能把英国产生深远国际影响的重要原因仅归结为工业革命。截至 18 世纪中期，英国已经在北美、印度和亚洲等其他地区建立起了广阔的殖民地，此时英国工业革命正在如火如荼地展开。与此同时，当时英国商人已经在全球范围内建立了商业贸易的网络。毋庸置疑，英国工厂对棉花这一原材料的需求，促进了美利坚南部种植园的奴隶大面积种植棉花。但在那片新大陆，许多奴隶仍被用来种植非工业化用途的农作物，诸如糖料和水稻。

英国企业家在推进公平贸易方面的影响也远远超过他们对大不列颠帝国扩张产生的作用。超过半数以上的英国棉纺织产品出口到国外。并且，英国企业家同时也致力于削减从国外进口谷物的高关税。更低的谷物价格必然拉低面包价格，也就意味着可以向工厂工人发放更低的工资。提出关于自由贸易经典论述的亚当·斯密和大卫·李嘉图（David Ricardo）与工业利益并无直接联系。此外，在 19 世纪早期工业革命蓬勃发展之际，进口谷物的关税实际上不降反升。1846 年，谷物进口关税被取消，这一政策背后包含了复杂的原因。取消谷物进口关税绝不仅仅表明工业利益在议会中已经比地产利益更占据优势地位；尽管如此，反谷物法同盟（Anti-Corn Law League）这一当时最活跃的游说团体奋力争取取消谷物进口关税，也很好地体现了工业利益的重要性。19 世纪晚期出现的电报和蒸汽轮船也许比较早时间兴起的制造业部门更好地促进了世界市场的融合。不过，企业家为了获得利润大力推动出口贸易，同时鼓励进口廉价食物，以便降低工人的薪资支出。由此，英国工业革命被视作推动现今经济全球化的一个重要因素。

英国工业革命是早期经济发展史中的大事件，产生了极为深远的影响，极大地推动了人均收入和人口总数的同时增长。然而，其他国家也通过不同方式达到了同样的结果。比利时紧跟英国工业化步伐，首先在棉纺织业取得经济增长，随后煤炭行业也有了长足发展。比利时早期工业化进程的确颇为用心地仿效了英国模式，甚至不惜采用间谍行动盗取英国工业机密。一个叫作利芬·鲍文斯（Lieven Bauwens）的比利时人成功将英国的精纺机走私到了比利时，从而得以开设了英国之外的第一家精纺工厂。棉纺织机械化对美国和日本的工业化进程也起到了显著作用。但是，其他经济体另辟蹊径，同样走向了繁荣。19 世纪晚期，斯堪的纳维

亚半岛国家并没有进行广泛的工业化改革，但它们利用奶制品、木材和水产品强劲的国际市场，同样迅速取得了经济增长。20 世纪晚期，新加坡依靠贸易中心的优势位置，迅速在制造业部门取得了经济增长。

英国工业革命没有为此后各经济体快速发展定义一个可以效仿的标准模式，但其体现的许多特点却成为现代经济增长的固有特征，尽管这些特点绝不能一一拆分开来看待。经济增长由依靠农业活动向依靠经济活动转型，成为最为显著的特征。1760 年工业革命前夕，英国半数以上的男性劳动力从事农业生产。同样，法国和德国的男性农业劳动力人口的比例在 19 世纪中期工业部门扩张之时也出现了相似的变化。1840 年，工业革命的第一阶段完成，英国的男性农业劳动力人口比例下降到了仅为人口总数的 1/4。而到了 1910 年，这一比例继续下降至 11%。在英国工业化进程中，农业人口比例大幅度变化并不常见。19 世纪晚期，在工业革命第一阶段基本完成的比利时、德国和法国，仍分别有 32%、36% 和 40% 的男性人口从事农业生产。不过，在工业革命促进经济显著增长的一个半世纪中，虽然并非所有国家都经历了农业生产地位下降的过程，但至少这一现象非常普遍。

另一个伴随现代经济增长的普遍现象是城市化，同时产生了城市和乡村的分化。正如上文所述，英国城镇常住人口比例由 1760 年的 1/5 上升到 1840 年的 1/2。1870 年，德国和法国正经历着工业革命的第一个阶段。此时，两国的城镇常住人口比例都约为 1/3，与工业化前夕的英国相比相对较高，但这两个国家的城市化速度均相对较慢。截至 1900 年，只有 56% 的德国人口和 44% 的法国人口居住在城市中，而此时英国城镇人口的比例为 3/4。

如前文所言，在英国工业革命期间，一项重要指标的改变相对于此后其他国家经济增长而言十分平淡。在工业革命期间，英国人均产值的年增长率为 0.5%，而法国、德国、苏联和美国在 19 世纪末 20 世纪初工业化阶段，人均生产值的年增长率是英国的 2 倍甚至 3 倍。

英国采用制造业生产模式推动工业化，与其他后续开始工业化的国家相比，推进速度处于中等水平。尽管在工业革命当中工厂的兴起与发展吸引了许多当代评论家的注意，但传统手工作坊和手工业者模式在整个工业革命当中仍发挥着重要作用。人们普遍认为，法国和瑞士在工业化进程中更多地利用了传统生产模式。美国则广泛采用流水线和大批量生产模式。拥有众多大型联合企业的德国在发展

工厂管理新方式上表现突出。

在许多工业化国家，传统的农业利益仍然深刻地影响着政治生活。如果说英国在19世纪中期废除了数量可观的食品进口税，那么法国、德国、日本和美国等其他工业化国家在长得多的时期内实行了更为强硬的贸易保护主义关税政策。并且，上述国家和英国一样，直至19世纪末20世纪初，才出现了具有影响力且有组织的工人运动。不过，大多数国家紧随英国之后，意识到有必要采取政府干预的手段以应对工业化带来的不利影响。大多数工业化国家先后建立起了诸如妇女、儿童用工规范，健康、失业和养老社会保险等制度。

英国工业革命让世界意识到，长期经济变化带来了复杂而深刻的变革。1776年，在工业革命几乎还未开始的时候，亚当·斯密便出版了最具历史影响力的著作之一——《国富论》。亚当·斯密分析了政府政策如何影响经济业绩。半个世纪之后，另外两本颇具影响力的书籍改变了这一论断。它们分别是卡尔·马克思写于1867年的《资本论》(*Capital*)，以及1884年出版的阿诺德·汤因比(Arnold Toynbee)所著的《18世纪英国工业革命讲稿》(*Lectures on the Industrial Revolution of the Eighteenth Century in England*)。这两本书都强调了制造业的发展如何广泛而深刻地改变了英国的政治和社会关系。马克思和汤因比在英国工业革命完成之后，才充分意识到经济变革对改变整个人类历史的巨大潜在作用。

大卫·米奇(David Mitch)

大卫·米奇(David Mitch)，马里兰大学巴尔的摩分校经济学博士，在芝加哥大学获得博士学位。主要著作有《维多利亚时代英国大众识字率的上升：私人选择与公共政策的影响》(*The Rise of Popular Literacy in Victorian England: The Influence of Private Choice and Public Policy*, 1992)，同时与人合作编著了《现代职业的起源》(*The Origins of the Modern Career*, 2004)一书。

第三十三章
现代保守主义的形成（1776—1796）

中国同时期：清高宗爱新觉罗·弘历

概　述

自有历史记载开始，人类便对经济（如何最有效率地生产和分配商品）和政治（如何组织和管理人类社会）表现出了强烈的兴趣。追溯到公元前18世纪，《汉谟拉比法典》（*Hammurabi's Code*）已经使用大量篇章，对农业、贸易和商业等方面做出了相关规定。从中，我们可以看到一个在“君权神授”观念的操纵下，由国王统治的分层社会。12个世纪之后，中国伟大的学者孔子对经济学进行了大量论述，支持市场运行应依照自由的方式。孔子还对统治者与被统治者的理想关系，以及如何定义此种关系的相互职责进行了详细论述。在西方世界，古希腊和罗马人仍在继续认真思考人与人之间的复杂关系，以及人类通过经济和政治活动形成的多种社会群体。后来，基督教对解答这些问题起到了重要作用。然而，这些宗教解释稍后再一次被世俗思想家和统治者的观点所取代。

在18世纪后半叶，启蒙运动和理性时代在西方世界已经发展成熟，催生了创造精神的勃发，进而引发了剧烈变革，同时极大地加速了正在进行中的重要发展，例如农业革命和工业革命。在这一时期，思想家的博学和智慧到达了顶峰，涌现出了许多著名人物，其中包括伏尔泰、卢梭、孟德斯鸠、休谟、狄德罗、康德和杰斐逊。

同时，医药和物理等实用科学也发展到了全盛时期。爱德华·詹纳（Edward Jenner）研发了一种天花疫苗；本杰明·富兰克林发明了避雷针，并发明了一种更为有效的火炉；安东尼·拉瓦锡（Antoine Lavoisier）的杰出成就为他赢得了“现代化学之父”的称号；詹姆斯·赫顿（James Hutton）开创了现代地质学。

启蒙运动也许是对与其密切相关的政治和经济领域影响最为深刻的历史事件。启蒙运动催生了开明专制，一种以腓特烈大帝、叶卡捷琳娜大帝和约瑟夫二世等著名统治者为代表的统治形式。上述君主利用调查获取的经验和人类理性来推行改革，力图提高国家实力，并且有意识地清扫僵化的传统，在贵族和教会等宿敌面前加强自己的实力。更为重要的是，来源于开明思想家的主张和理念在法国和遥远的北美大陆，都带来了翻天覆地的改革。

经济思想和经济实践也同样发生了翻天覆地的变化。固定不变的经济理论和实际政策经历着革命性的改变，在集体重要性降低的同时，极大地提高了个人的地位和作用。国家和中世纪遗留下来的行业协会都发现自己在启蒙运动中受到了攻击。

两位英国思想家从这种环境中脱颖而出，启蒙运动从根本上塑造了他们对经济和政治的看法。然而，其中一位思想家接受了启蒙运动的基石——理性；另一位思想家并没有严肃地对待理性，只是希望利用理性摒弃传统、等级制度及新生的民族主义。一些人误解了启蒙思想，得出了一些错误和有害的政治原则。在这些原则的指导下，法国爆发了暴力革命，新生的民族主义在革命中产生。尽管亚当·斯密和埃德蒙·伯克的观点似乎并不一致，但这并不妨碍他们一起奠定了现代保守主义的基础。

亚当·斯密是一名伟大的苏格兰经济学家，1723年出生于柯卡尔迪（Kirkaldy）的一座小镇上。同年6月17日，亚当·斯密接受洗礼。他出生之前父亲去世，他由母亲抚养长大，此后多年他一直与母亲保持着密切的关系。亚当·斯密在相对宽松的环境中长大。事实证明他是一名颇具灵气的学者。青年时期，他在格拉斯哥求学，后来获得哈佛大学奖学金，从而得以前往哈佛大学继续深造。可是，哈佛大学沉闷死板的学术氛围却让亚当·斯密感到窒息。尽管如此，他还是利用求学机会广泛阅读，极大地拓宽了自己的视野。

1746年，亚当·斯密回到苏格兰，开始前往各地进行一系列公开演讲。出

色的表现逐渐为他赢得了声誉，并最终为他带来了在格拉斯哥大学任教的机会。1752年，他成为伦理学教授，并在格拉斯哥大学任教超过10年。他在这段时间吸引了人们的关注，并且结交了诸多好友，其中包括称得上苏格兰启蒙运动中最为著名的代表性人物的大卫·休谟。

斯密鼻子硕大，眼睛突出，看起来相当不讨人喜欢。他很好地塑造了一个心不在焉的教授形象，有时自言自语，有时一边深思，一边漫无目的地四处走动。据说他有口吃的毛病，但总体上说，他的公共演讲以逻辑性强和效率高而得到人们的认可。他彬彬有礼，为人温和，正直善良且富有同情心，才华横溢加上这些优秀品质使他得到了学生的极大推崇。

1763年，斯密离开格拉斯哥，转而为年轻的巴克卢公爵担任家庭教师。这是一份收益颇丰的工作。他和巴克卢公爵前往欧洲大陆，在法国停留了大部分时间。在法国，斯密见到了许多重要的法国思想家，其中包括伏尔泰。此外，他还结识了弗朗索瓦·魁奈（François Quesnay）、雅克·杜尔哥（Jacques Turgot）和皮埃尔·杜邦·德·内穆尔（Pierre Du Pont de Nemours）等重农主义或经济改革的领军人物。虽然重农主义者所关注的主要是农业问题，但他们也支持推行自由市场经济。在这一思想的深刻影响之下，斯密开始利用业余时间撰写《国富论》。

回到英国之后，伦敦和柯卡尔迪两地都成了斯密的常住地。在伦敦，斯密能够有机会和当时最出色的思想者交流；而在柯卡尔迪，他可以依靠丰厚的退休金过着舒适自在的生活，同时兼任海关行政长官一职。1776年斯密出版了《国富论》一书。8年之后，他成为苏格兰皇家协会的创始会员。1790年斯密去世。

事实证明，《国富论》是历史上最具影响力的书籍之一。重商主义是《国富论》出版之时最流行的经济哲学流派，各国政府都在重商主义的指导下发布行政命令。重商主义的核心思想在于，经济应该是统治君主所代表的国家利益，而不是为诸如公司等个人或集体服务。在这一思想的指导下，统治者下达命令，对经济生活的各个方面做出严格规定，力图使经济生活受“国家理由”的控制。因此，国家可以行使权力鼓励一类经济活动，同时限制另一类被认为对国家利益有害，或者至少被认为无益于国家利益的经济活动。

重商主义者尤其强调金银块亦即金、银等贵金属的价值。重商主义认为，只有金银贵金属才能代表真正的价值，因此，国家应该采用一切可能的手段增加手

中可以控制的金银块数量。这一原则在政策上的表现是增加国库中的金银块储备量，其中最为重要的政策为鼓励出口、限制进口。不管如何，政府对经济活动的严格规定仍为恒定不变的政策核心。

斯密的《国富论》对重商主义起到了破坏性的作用。斯密认为，一个国家的真实财力在于生产的商品和提供的服务，而非金银块的集中。既然如此，问题的关键便在于如何将金银块的生产最大化。对此，斯密彻底认可经济和个人自由的价值，认为它们才是解决问题的关键。当然，经济和个人自由要求最大程度上去除政府规定对经济的影响。

人类的行为受到贪欲（个人利益）的驱动，对于整个社会而言，这并不一定是一件坏事。对于这一点，斯密虽然从未直接点明，但却清楚地阐释了其论断。如果给个人完全的行动自由，相当一部分人将发挥自己的潜能，卓有成效地提高他们在经济生活中的地位，也即努力成为富人。在致力于赚钱的过程中，他们会在需求的刺激下，研发更新、更高效的方式来生产和分发商品及提供服务。其他人在暴利的驱动之下，进入市场生产相似甚至更好的商品，或者提供相似或质量更高的服务。在此过程中，价格会随之下降，供需逐渐趋于平衡，甚至出现供给超过需求的情形。在相对没有约束的环境下，这些具有创业精神的人不断追求财富，社会这一整体便随之收获利润。在计划之外，自由经济竞争带来了极为有利的副产品—— 市场上的商品和服务数量更多，品种更加多样，同时价格也越来越低。国民的生活标准也自然而然地水涨船高。

斯密将上述过程概括为劳动力分工、放松国际贸易限制和优待殖民地人民。此外，他确实在一定程度上承认使用规章制度规范市场经济的合理性。然而，争论的核心在于个人经济自由是否是促使社会繁荣的正确方式。这一激进的建议在当时社会引起了巨大反响，并迅速波及全球。

并没有证据显示亚当·斯密曾经与埃德蒙·伯克见过面。然而，他们生活在同一个年代，有诸如塞缪尔·约翰逊等共同好友，并且彼此了解对方的工作内容。实际上，有记录显示，斯密曾经说过自己和伯克虽然没有面对面交流，但对经济问题的思考却几乎一模一样。此外，正如斯密的经济主张构成了当今经济保守主义的基础，伯克对政治和政府的思考构成了今天政治保守主义的基础。

1729 年 1 月 12 日，埃德蒙·伯克出生于一个富裕的英裔爱尔兰家庭。他似乎

注定子承父业，进入法律行业；然而，1750 年他搬往伦敦，结束了对法律的学习，转而投入作家和政治家生涯。他的早期作品赢得了一些关注，直到 1765 年，他接连获得了罗金汉侯爵和英国首相的支持，他们为伯克提供稳定的收入和进入伦敦政治精英和知识分子圈的机会。罗金汉侯爵还为伯克在议会中留出一个席位。伯克在议会上的演讲激情洋溢、妙语连珠，有时甚至称得上偏激而刻薄，他的名字也因此变得家喻户晓。

人们可能认为作为现代保守主义创始人的伯克属于英国托利党，即保守党。事实却并非如此。伯克其实是辉格党即自由党的成员。即便如此，他还是习惯按照自己的方式行事。伯克是第一批承认现代政治生活中两难选择的政治家之一：政治家的选票应该反映选民的意愿，还是应该反映其本身的意志？伯克顺理成章地选择了后者，也很快因此失掉了议会席位。然而，多亏罗金汉侯爵，伯克得以很快返回议会，并担任议会议员直到 1794 年。退休之后，伯克仍然继续到各地研究，撰写文章，为政府摇旗呐喊。1797 年，伯克逝世。

伯克作为美国革命坚定的支持者，在数年之后转而坚决反对法国革命。从这点看上去似乎颇为矛盾。然而，每场革命都有自己的独特之处，伯克举例说明了两者之间本质上的不同。这些不同之处反映了知识分子阶层的一致性，以及保守主义者在接下来的两个世纪中一直坚持的世界观。伯克认为，国王乔治三世及其政府违背了将全体英国人紧密联系在一起的庄严契约。由此，伯克对北美殖民者采取支持的态度。根据伯克的理论，英国国内在君主、议会、上层阶级和普通大众之间，逐渐发展形成了一种非书面协约，用于维护和平、稳定、繁荣和满足。这一协约并非是从启蒙运动或者抽象的原则和概念中生发出来的限制性规定。相反，这一协约营造了一种和谐的关系，几个世纪以来都以自然、有序的方式发生作用，以至于这一协约已经演变成当下英国人的第二重本质。每位英国人都认识到了协约的重要地位，同时由于经历了几个世纪的智慧沉淀，该协约得到了普遍认同。此外，这一协约也因为英国几个世纪的历史经历而变得与众不同。在对 19 世纪的浪漫主义运动和 20 世纪的民族情感有所预见的前提下，伯克坚持认为每个国家都有自己独特的发展历程，并且由此形成了普遍的现状，满足各自的特定需求。普遍真理并不存在。

就美国革命来说，伯克坚持认为，国王和他的部长已经逾越了规定的限度。

他们忽略了英国发展的基础在于对殖民者征税。这些殖民者虽然居住在大西洋彼岸，但归根到底毕竟是英国人。每个在英国国内居住的英国人都无法忍受这一不公正的现实。君主颠覆了久经历史考验的平衡状态，明目张胆地激怒了殖民者。伯克力谏英国政府不放弃北美主权；然而，对于殖民者抵制争权夺利，抛弃一切有益传统的态度，伯克却表示赞赏。从英国殖民者的行为中，伯克察觉到了他们企图维护已在英国长期运转的体系。

然而，"人人生而平等"以及人生而享有"生存、自由和追求幸福"等不可剥夺的权利等宣言让伯克骇然色变。数年之后，法国革命刚刚爆发，伯克便有效地阐明了这一观点。在伯克看来，法国大革命宣扬的"自由、平等、博爱"的口号只是不切实际的妄想，最终只能带来灾难。

1789 年，法国爆发了暴风骤雨般的革命，巴黎人民攻占了巴士底狱。数月之后，伯克出版了他最重要的作品《法国革命论》(*Reflections on the Revolution in France*)。他在书中严厉谴责了法国大革命及革命的英国支持者。伯克预言革命将摧毁长期以来维系法国正常秩序的传统，建立激进、好斗的独裁政府，并最终演变为一场灾难。

伯克根据相同的逻辑为美国革命辩护。他认为法国和英国一样，都是经历了长期有序的渐进过程，才建立了民族国家。不同之处在于，传统的法国组织和结构产生于法国独特的经历之中，并且满足法国的需求。革命者们十分不明智地断然推翻了这一切。

然而，何种因素促发了革命？伯克将责任归咎到蓄意欺骗的思想家和雄心勃勃的社会改革家身上。他们希望立即根除法国经历了几个世纪形成的传统，将法国变为一个巨大的实验室。这样他们便可以在那里肆意尝试和修改自己的理论，同时推行一些抽象概念。这些象牙塔中的初学者喜欢强加干涉，自以为了解一切，能够一挥理性的魔杖，变出最大数量的最佳商品。在伯克看来，他们与匈奴王卷土重来无异。他们所带来的危害甚至更大，因为他们让大众的愤怒情绪不加控制地释放出来。伯克习惯性地把这些思想家和改革家描述成"猪一般的家伙"。

《法国革命论》一经出版，几乎立即引起了巨大反响。被称为"第一位女权主义者"的玛丽·沃斯通克拉夫特出版了《人权辩护》(*A Vindication of the Rights of Man*)一书，严厉指责伯克为层级组织和传统辩护，为建立在压迫制度上的社会寻

找理由。伯克观念最严厉的批评者——美国革命中的名人托马斯·潘恩，重申了对人类理性的信心，谴责伯克维护残暴、专制、不公和存在偏见的现状。

面对上述谴责，伯克并没有退缩。18 世纪 90 年代，他一直四处演讲，并撰文为传统辩护。他拒绝社会实验，主张以人类经验作为保障和谐社会的唯一可靠指标。他尊崇有组织的宗教，认为宗教是造物主意志的反映，同时将国家视为一种独特而神圣的机构。

历史评论

1960 年，美国亚利桑那州参议员、即将成为总统候选人的巴里·戈德华特（Barry Goldwater）出版了一本颇具影响力的书籍，题为《一个保守主义者的良知》（*The Conscience of a Conservative*）。人们常把 20 世纪后半期政治权利和知识产权的复兴归功于戈德华特。他也被认为替罗纳德·里根（Ronald Reagan）总统的当政扫清了道路。戈德华特在书中明确阐释了保守主义思想的核心原则。对戈德华特而言，政府的最高目标在于帮助个人实现最大程度的自由，同时保持个人自由与社会秩序一致。因此，一旦当政，保守主义者必须采用能够最大程度维护个人自由，而不向法律和秩序妥协的方式统治国家。历史和传统在维持这一平衡中起到重要作用。戈德华特写道：

> 政治思想家的首要职责当然在于理解人类的本性。保守主义者并没有自诩为拥有洞察人类本性的特殊能力，但是他们却自信对人类智慧和历史经验悉数了解，并且他们也不会骄傲自负，而愿意向先贤学习。

尽管林登·约翰逊（Lyndon B. Johnson）在 1964 年的总统竞选中以压倒性胜利击碎了戈德华特的政治抱负，但戈德华特的保守主义思想宣言还是将众多美国人从沉睡中唤醒。

然而，戈德华特绝不是保守主义哲学的创始人。实际上，保守主义的主要三原则从 18 世纪的启蒙运动时期开始就已经问世。21 世纪早期普遍理解的保守主义

世界观建立在自由市场经济和对传统价值敏感的社会政策这两大支柱之上。这两大支柱反过来又建立在亚当·斯密和埃德蒙·伯克这两位18世纪最重要的经济和政治思想家的遗产之上。苏格兰经济学家斯密第一次引入了不干涉经济政策的观点。该观点认为，在没有政府规则广泛干预的情况下，经济市场能够更有效地运行，同时为数量最多的人提供质量最高的商品。英国政治家伯克目睹了法国大革命的过激行为，从而对激烈的变革产生了质疑，同时转而为传统社会和政治组织机构辩护。

尽管斯密和伯克的观点最终融为一体，形成了人们熟知的“保守主义”，但面对18世纪的启蒙运动，他们却产生了两种截然不同的反应。启蒙运动及其对自然规律的尊重吸引了亚当·斯密的注意。斯密希望像艾萨克·牛顿建立完整的物理学理论那样，发现支配经济活动的科学法则。然而，伯克留下的最具价值的遗产在于他放弃了启蒙运动中冰冷无情的理性主义。法国大革命在神化“理性”概念的旗帜下进行着血腥的大屠杀，伯克目睹了这样的情景，从而坚定地认为，激进的变革漠视从传统中蓄积已久的智慧，所能带来的只是破坏性的结果，而无法成为一种建设性的力量。

18世纪的启蒙运动留下了丰富的遗产，也凸显了保守主义思想中自由和秩序之间的内在矛盾。在20世纪晚期和21世纪早期的世界中，全球化引发了保守主义思想家同样矛盾的反应。从一方面看，国际边境逐渐消失，全球统一市场的形成成为可能，亚当·斯密的经济愿景似乎将最终得以实现。20世纪90年代，这一趋势在美国更是相当明显，美国人激烈地讨论着《北美自由贸易协定》(*North American Free Trade Agreement*)所带来的利弊。然而，伴随国家边界弱化的是异国文化和新意识形态的流入，比如欧洲各国可以观察到的伊斯兰化。伊斯兰化似乎威胁着西方世界的民主制度，并且促发了对西方社会和政治传统的保守主义辩护。埃德蒙·伯克必定会对此产生共鸣。

现代保守主义思想缔造者主要有两位，其中之一便是经济家和哲学家亚当·斯密（1723—1790）。他出生于苏格兰的柯卡尔迪，自1752年起在格拉斯哥大学担任伦理学教授，直至1763年退休。他晚年担任私人家庭教师，从而有机会在欧洲广泛游历，并与启蒙运动中的一些知识分子领袖结成私人关系。作为一名学者和哲学家，斯密致力于创立综合性理论，用以精确描述人类社会。尽管他

在去世之前未能完成这一充满雄心的计划，但却成功撰写了两本颇具影响力的书籍。斯密的第一部主要著作《道德情操论》（*The Theory of Moral Sentiments*）完成于 1759 年。1776 年，他出版了经济学发展史上最具影响力的书籍之一——《国富论》，并在书中为自由市场经济摇旗呐喊。

斯密的自由资本主义理论对当时保守主义经济观点构成了巨大挑战，这一挑战深深地根植于启蒙运动当中。18 世纪启蒙运动的一大特点在于认为宇宙的运转遵循固定的自然法则。英国诗人亚历山大·蒲柏纪念艾萨克·牛顿的著名诗句“自然和自然规律隐没在黑暗中；神说，让牛顿去吧！万物遂成光明”，表明牛顿的物理学综合体系为许多欧洲人带来了灵感。诸如斯密等 18 世纪的思想家都以牛顿为榜样，致力于在经济学等领域发现宇宙运行的法则，将理性探究运用于人文学科，也使得人文学科获得了和自然科学一样的预测能力。

在《国富论》一书当中，斯密以劳动力分工为出发点，评论道：“在进步的社会中，农民一般只是农民，制造者只是制造者。”通过劳动力分工，构成经济体的无数个体任务向能够最高效完成该任务的人那里倾斜。换句话说，比起建立试图消灭商业需求、包含诸多项目的自给自足型贸易，促使个人成为专家并和其他专家进行商品和服务贸易，具有更高的效率。

斯密明白，金钱是劳动力价值（以及资本投资和地产）最典型的表达形式。然而，货币仅仅是一种量化商品和服务内在价值的工具。货币只是衡量真实价值的尺度，而不能存储价值。当时流行的重商主义观点将货币的积累视为商业的最终目标。斯密对此进行了深刻的批判。他认为重商主义的规则只能为贸易创造新的障碍，同时阻碍商品的自由交换。在《国富论》最为著名的段落中，斯密写道：

> 因此，每个个人都尽最大努力把他的资本用来支持国内产业，都尽最大能力管理国内生产，使其生产物的价值达到最高，他的努力也必然使社会年收入尽可能地增加起来。确实，他通常既不打算促进公共的利益，也不知道他自己是在何种程度上促进了公共利益。由于宁愿投资支持国内产业而非国外产业，他只盘算着自己的安全；由于他管理产业的目的在于使其生产物的价值实现最大化，他所追求的也只能是自己的利益。这个场合和在其他许多场合一样，有一只看不见的手在引导着他去实现另外一种目标，该目标并非他原本期望达到

> 的目的。这一目标也并不会因为并非本意，就对社会有害。他追求自己的利益，往往使他能比在真正出于本意的情况下更有效地促进社会的利益。

人类的本性促使人们在从事买卖活动时本能地选择对自己最有利的方式。斯密相信，买方总是寻找价格最低的商品，而卖方则总是力图将价格抬至最高，这是几乎确凿无疑的科学事实。最终，供应方和需求方会促使这两股相互竞争的势力在交易过程中协商定价，从而达到一种平衡状态。在斯密看来，有一只“看不见的手”在指导着市场。为大多数人乃至整个国家带来最大经济利益的可靠方法，不是政府通过干预阻止人们从事某些指定的交易活动，而是给人们按照个人利益行事的自由。斯密将经济学纳入科学范畴，从而使公共政策可以依据自然法则来制定。

正如斯密对启蒙运动持积极态度一样，在20世纪，保守主义继承者对经济全球化也持有相似的积极态度。《大英简明百科全书》(*Britannica Concise Encyclopedia*)对全球化的定义如下：

> 以商品与信息的扩散为标志，在世界范围内日常生活经验的标准化过程被称作经济全球化。促进经济全球化的因素包括日益复杂的通信手段及交通服务、大规模的人口迁移、人员流动，以及降低国外贸易费用的国际协定。其中，由于跨国境的工业联合和商业分组，经济活动已经超出国内市场范围，从而产生了人员的流动。全球化为公司和国家提供了大量潜在的获利机会，但也由于期待、生活标准、文化、价值观、法律体系，以及无法预料的全球因果链的巨大差异而变得复杂起来。

尽管美国国内对全球化的优点仍存在大量争议，1994年，两党一致通过《北美自由贸易协定》，标志着美国在近代史上迈出了通往自由贸易的重要一步。

在美国，尽管人们普遍将共和党视为保守党派，但是直到20世纪早期，共和党人仍然是坚定的贸易保护主义者，他们大多对自由贸易持反对态度。相反，在合众国早期，支持自由贸易最坚定的声音来自南部的民主党人。自美国革命到19世纪中期，联邦党和辉格党就将自己视为东北部工业利益的代表。因此，他们支

持征收进口关税，以便使国外产品的价格高出美国本土制造的商品的价格。同时，他们倡导以国家银行的形式设立更为集中的经济规范。然而，战前的美国南部几乎没有工业，贸易保护主义的关税等政策只会让种植园主和农场主需要的产品价格上升。实际上，美国南部强烈抵制征收关税。1832年，南卡罗来纳州冒着引起内战的风险，试图废除议会通过的关税政策。

尽管如此，基于经济问题的政治联盟直到19世纪90年代才开始出现。在19世纪最后10年，威廉·詹宁斯·布莱恩（William Jennings Bryan）领导下的民主党赢得了许多民粹主义运动积极分子的投票。民粹主义者是支持货币改革和增强政府的经济参与度的农业积极分子。持改革论调的伍德罗·威尔逊（Woodrow Wilson，1913年至1921年在任）总统还将民主党进一步引上经济规范的道路。威廉在任期内建立了联邦储蓄系统（Federal Reserve System）——一种控制利率的金融机构，对美国经济有很大影响力。在第一次世界大战期间，威尔逊还尝试通过政府推行中央计划经济。1933年，富兰克林·罗斯福（Franklin D. Roosevelt）在大萧条（Great Depression）期间临危受命，担任美国总统，他推行的新政（New Deal）政策建立在如下假设之上：政府在更大程度上参与经济活动有助于经济复苏。他的新政在美国开创了国家调节的资本主义新时代。

与此同时，共和党在经济问题上也经历了逐渐转变的过程。在镀金时代（Gilded Age），共和党一直忠实贯彻联邦党和辉格党的思想遗产，并继续倡导贸易保护主义经济政策。甚至在西奥多·罗斯福（Theodore Roosevelt，1901年至1909年在任）和威廉·霍华德·塔夫脱（William Howard Taft，1909年至1913年在任）担任总统期间，“老大党”（GOP，美国共和党的别称）中仍有一支改革论者派系强烈支持政府监管的经济。然而，随着民主党越发向经济激进主义倾斜，以及1913年共和党中的改革论派系在塔夫脱和西奥多·罗斯福组建第三支党派的计划失败后逐渐丧失影响力，不干涉经济政策开始在“老大党”中复兴。共和党总统沃伦·哈丁（Warren G. Harding，1921年至1923年在任）、卡尔文·柯立芝（Calvin Coolidge，1923年至1929年在任）和赫伯特·胡佛（Herbert Hoover，1929年至1933年在任）主张政府干预经济的力度远远小于那些持改革论调的前任。然而，刺激共和党致力于建立自由市场经济的却是富兰克林·罗斯福的新政政策。批评家不停指出罗斯福新政并没有成功结束大萧条。并且，在许多观察者

看来，20 世纪 30 年代在罗斯福领导下出现的监管性国家机构看起来好像对商业利益构成了威胁，同时永久性地歪曲了美国人对资本主义与企业的自由经营的理解。

“二战”结束后的几年中，涌现了许多赞同上述观点的经济学家。1944 年，奥地利经济学家弗里德里希·冯·哈耶克（Friedrich von Hayek）出版了《通往奴役之路》（*The Road to Serfdom*）一书。针对此书，保罗·戈特弗里德（Paul Gottfried）和托马斯·弗莱明（Thomas Fleming）在《保守主义运动》（*The Conservative Movement*）一书中这样描述：“为企业的自由经营做道德辩护……反映了法西斯主义的社会主义冲动和现代计划经济的反自由主义特征。”1976 年，芝加哥大学经济学家米尔顿·弗里德曼（Milton Friedman）提出理由证明政府对经济的大部分干预充其量只能用效率低下来形容，若进一步发展，甚至存在危害经济活动的风险。弗里德曼建议，在经济活动方面，政府权力的唯一正当用途在于制定货币供给规则，从而抑制通货膨胀。

因此，截至 20 世纪 80 年代，在共和党内部，不干涉政策的支持者已经发展成了一个强大的选民团体。部分因为第二次世界大战造成的破坏，美国在 20 世纪中期很少面对国外工业的竞争。但是，到了 20 世纪 70 年代，美国在从汽车制造到电子工业等领域都面临着严峻的国际竞争。1975 年是美国贸易顺差的最后一年，此后美国的进口额一直超过出口额。在许多美国人看来，这种推动国家化贸易的行动似乎前景无限，并表达了亚当·斯密所倡导的劳动力分工的准确含义。竞争导致劳动力成本降低和商品价格下降，从而为消费者提供了大量不同种类的商品作为选择。这一前景成为乔治·布什（George H. Bush）总统在任期间（1989—1993）组建北美自由贸易区的动力。北美自由贸易协定组建了包括美国、加拿大和墨西哥在内的广大自由贸易区，美国也因此可以在国际市场中找到正确的位置。尽管美国正逐步退出竞争力逐渐降低的传统制造行业，但仍然可以凭借该协定在科技和服务领域取得经济繁荣。

然而，《北美自由贸易协定》并非没有遭到外界的批评。1992 年，独立总统候选人罗斯·佩罗（H. Ross Perot）警告，随着美国的工作机会往南部边界集中，跨国公司将如吸血鬼一样攫取利益。4 年前，美国众议院议员吉姆·赖特（Jim Wright）针对那些支持服务相关产业而忽略制造业在美国重要性的人提出了批评，他指出：“我们无法只通过分发比萨来建立一个充满活力的经济体。”正如著名历

史学家保罗·约翰逊（Paul Johnson）指出的那样：

> 长期以来，各国将经济现代化视为通往和平和繁荣的必经之路。但是，在新的经济全球化背景之下，这一老式灵丹妙药的意义越来越变得微乎其微。在当代世界，企业跨越国境以期将劳动力成本降至最低；尽管大批人口等待就业，致力于代替人工劳动的科技创新还是在不断继续；取得进步的标准公式也随之不再适用……
>
> 亚当·斯密支持自由贸易和专门化的论断……并没有解决社会中多种资源存在竞争的现实问题。然而，资源竞争是现代自由市场经济的基础。如果除了持续降低劳动力成本之外无法有效地生产出更为廉价的商品，又会怎么样呢？

倡导《北美自由贸易协定》的保守主义者进行了回击。《国家评论》（*National Review*）编辑兼作家拉梅什·波奴鲁（Ramesh Ponnuru）解释了为什么从经济角度和哲学角度来看，自由贸易都优于经济干预：

> 首先，（贸易保护主义者）将抬高消费品和生产资料的价格，由此必将导致失业率上升：随着受保护商品的价格上升，使用该商品的行业，甚至一些受保护的行业必将收缩……贸易壁垒既会削弱美国公司从受保护的国内市场进口商品的热情（通过引起汇率上升），也会削弱它们的进口能力（通过提高它们的供应成本）……
>
> 自由贸易允许消费者和投资方用钱包来投票，反对政府的不节制行为，从而迫使政府参与竞争。当私营企业的负担过重时，经济活动便向其他行政辖区转移。贸易壁垒却阻挡了这一逃脱路径……
>
> （自由贸易）从结构上限制了政府权力，从而具有重要的战略意义。从另一方面来说，贸易保护主义为更高水平的规则、花费和税收提供了先决条件。

直到 20 世纪 90 年代，尽管民主党严重依赖隶属工会的工人的支持，并且充当了富兰克林·罗斯福和林登·约翰逊所预见的受国家调控的经济体的先行者，但出人意料的是，比尔·克林顿在 1992 年总统竞选中支持建立北美自由贸易区。

也正因为如此，克林顿虽然在10月的大选中战胜了布什，但《北美自由贸易协定》的进程并未因此受到阻碍。次年，议会正式通过创立包括美国、加拿大和墨西哥在内的最大自由贸易区。对许多保守主义者而言，北美自由贸易区的建立，标志着在实现亚当·斯密构想的无商业障碍和人类作为自由经济体的市场上，迈出了重要的一步。全球化进程至少在经济领域和保守主义价值观一致。

18世纪出现的保守主义思想的第二个主要支柱是以埃德蒙·伯克为代表的传统主义。与深受启蒙运动影响，持有不干涉经济政策的斯密不同，伯克的政治观点体现了反理性时代的特征。1729年1月12日，伯克出生于爱尔兰都柏林。他在18世纪50年代前往伦敦学习法律。1765年，他第一次在议会中当选三个选区的代表——文多弗（Wendover）、布里斯托尔、马尔顿（Malton），之后他的政治生涯延续了30年之久。

在下议院任职期间，伯克经历了促使他政治观最终形成的两大事件——美国革命和法国大革命。尽管伯克坚信，一个国家的社会和政治传统代表了该国从历史经验中积累的智慧，但他对政治抗议甚至革命并不一定持反对态度。实际上，在美国革命期间，伯克深切同情殖民者面对的困境，他相信比起英国政府的政策，殖民者的不满之情更好地反映了英国价值观。1777年，他在对国王乔治三世的致辞中说道：

> （导致美国革命的）那种不满之情从本质上来说非常简单，对大众倦怠的情绪产生了最强烈的影响；它是：
>
> “在未取得一致同意的前提下，剥夺所有人民财产的尝试。”
>
> 国王陛下的殖民地臣民……明白在推行此种政策的政府领导之下，不是居住在自由的国度。陛下在殖民地的臣民仍然怀着对先辈肃然起敬的古老感情。他们无法忍受不将自由作为统治基础的政府的领导。

由于专制政府和英国法制传统背道而驰，美国人民有权抵制英国议会发布的政策。引起美国危机的责任应归咎于试图颠覆政府与个人权力平衡的英国人，而非殖民地那些致力于维护这一平衡的人。

然而，伯克对法国大革命采取了截然不同的态度。法国革命者试图推翻几个

世纪以来的社会和政治传统，同时建立基于抽象概念的社会制度。伯克对此深感恐惧，并想要退缩。革命者想要推翻君主政体，建立通过使用诸如断头台等暴力工具来维持权力的共和政体。基督教先后被对理性的崇拜和对至高之主的崇拜所取代。法国甚至采用了共和国历法，将 1792 年设定为共和国元年。在伯克看来，社会如此彻底、快速地转型，所摧毁的远远多于它所创造的。他在开拓性的著作《法国革命论》中写道：

> 我自认为像其他任何一位绅士一样热爱勇敢、道德和规范之内的自由…… 但我无法昂首前进，也无法以最简单的视角来挣脱一切关系的束缚，赤裸而孤立地从形而上学的抽象意义上，赞扬抑或指责任何与人类行动相关以及人类所关心的事情。环境……在现实中将屈从一切政治原则，从而失去独特的色彩，丧失产生特别效果的能力。给人类带来或有益或有害的民事和政治方针，即为环境……难道仅仅因为自由这个抽象概念可能会给人类带来福祉，我就应该一本正经地为逃脱保护性约束的疯子庆贺，庆祝他能够重新享受光明和自由？难道我会恭喜拦路强盗和杀人犯成功越狱，重新获得了自然赋予的权利？

亚当·斯密发现，自己被启蒙思想和启蒙运动描绘的那个完全按照自然规律建立起来的世界深深吸引着。与此同时，伯克则对启蒙运动中那些貌似颇具魅力的抽象理论持怀疑态度，他认为这些理论将引发无法预料的恶果。

正如启蒙运动在 18 世纪给保守主义者带来了一个极化问题一样，全球化在 21 世纪导致了保守主义运动的内部分化。20 世纪晚期出现了“地球村”这一具有隐喻性的词语，世界贸易也随之向自由化方向发展，尽管许多保守主义者都对这一趋势欢欣鼓舞，但他们对非西方的社会和政治影响却持更加怀疑的态度。尤其在欧洲，人们十分担心大批穆斯林移民的到来将导致欧洲大陆的“伊斯兰化”。许多欧洲保守主义者担心民主、平等和宗教自由等传统西方价值观受到穆斯林群体的威胁。这一群体坚决抵制被西方价值观同化，希望按照伊斯兰教法（一套根据《古兰经》和先知穆罕默德的教诲建立起来的伊斯兰宗教法律体系）和宗教规则来维持社会的运转。

面对伊斯兰教日益增长的影响力，欧洲保守主义者做出了回击。2009年，在保守主义党派瑞士人民党（Swiss People's Party）的催促之下，瑞士政府通过一项法令，宣布国内新建的宣礼塔为非法建筑（宣礼塔是清真寺的附带建筑，用作穆斯林的宣礼场地。考虑到噪声污染问题，瑞士政府禁止了宣礼活动。尽管如此，瑞士国内现存的四座宣礼塔免受该法令的约束）。次年，法国政府颁布法律，禁止女性在公共场合穿着罩袍（罩袍是伊斯兰妇女的传统服饰，这种服饰遮盖住妇女全身，仅在眼睛周围留出一条窄窄的缝隙）。一旦发现在公共场合穿着罩袍的人，将处以150欧元的罚款，同时强制其参加公民教育课程。任何人一旦被发现强迫妇女穿上罩袍，将处以1.5万欧元的罚款，同时判处一年监禁。法国总统尼古拉·萨科齐公开支持该项禁令，声称："罩袍不是宗教而是顺从的标志。"

实际上，这类法律的倡导者采用一系列论据为自己的立场辩护，丝毫不愿向埃德蒙·伯克妥协。西欧国家在相当长的历史时期内建立了一整套价值观体系，其中包括民主、个人自由、世俗政府和人人生而平等的观念。这套价值观已经被定义为一种文明。而外国意识形态却似乎在宣传一套截然相反的价值观，比如独裁政府、伊斯兰教法和对女性的压制等。面对不同意识形态的威胁，积极维护自身核心价值观对西欧国家来说非常重要。例如，美国《石板》杂志（*Slate* Magazine）已故专栏作家及知名批评家克里斯托弗·希钦斯（Christopher Hitchens）认为，反对法国2010年罩袍禁令的人在要求社会"抛弃自古以来的平等和开放传统，只为了满足一个信念，一个在尊重女性权利问题上存在不良记录的信念"。或者，正如记者兼作家萨达南·杜梅（Sadanand Dhume）指出的那样：

> 尤其重要的是……法国人认为罩袍和希贾布（hijab）* 的个人意义和政治意义同样重要。世界各地的伊斯兰教主义者……毫无例外地要求女性遮住头发。对于他们来说，巴黎公交车或者里昂公共医院中出现穿戴罩袍的妇女标志着他们事业的普及和发展。像许多力图创造完美社会的乌托邦运动一样（在这一例子中，通过在世界上推行真主的旨意），激进的伊斯兰主义依靠此类看似象征着它最终胜利的标志存活。卷起罩袍违背了他们的必胜信念。

* 希贾布：穆斯林妇女佩戴的面纱或头巾。——译者注

然而，此类禁令的反对者也将西方传统价值观作为支持自己观点的论据，声称禁令违反了西方文明中最珍贵的价值观——宗教自由。例如，在《石板》杂志中，著名美国穆斯林剧作家兼评论家阿里主张：

> 法国的罩袍禁令极为虚伪，其理由自私自利，且背弃了“自由、平等和博爱”的三联箴言。也许政治家会声称这一禁令将保护妇女尊严、国家安全和作为法国人的基本价值观，但实际上这一不自量力的法令却只能为激进的伊斯兰主义者更加大胆地叫嚣“西方”正在向伊斯兰教开战提供理由。

最终，阿里得出这样一个结论：“法国应当按照宪法，践行民族平等的观点，接受身穿罩袍的伊斯兰女性，将她们视为有权利做出自己选择的友好公民。”摩洛哥裔作家和批评家拉乐蜜（Lalami）在《国家杂志》中评论道：

> 宣礼塔禁令一经颁布便被证实是一项愚蠢且毫无效果的命令。该禁令不会使瑞士的穆斯林停止践行他们的宗教信仰，实际上反而可能促使他们中的一些人开始标榜自己的宗教信仰。禁令不会使瑞士将近50万的穆斯林消失得无影无踪；相反，该禁令加深了每位公民在法律面前不平等的观点，使得穆斯林和非穆斯林更加难以和睦相处。

在伯克逝世200多年后的今天，社会面对剧烈的变化，仍在思考如何在维护优秀传统的同时坚持社会的核心价值观。

巴里·戈德华特在接受1964年共和党总统提名时评论道：

> 现在，我的美国同胞们，潮流已经朝背向自由的方向发展……我们必须，也应该回归到经过证实的道路之上——不仅因为这些道路长期存在，还因为它们真实可靠……
>
> 那些追求绝对权力的人，尽管他们试图使用权力完成自认为正确的事情，实际上是在要求获得权力，以便在世界上建立起自己的天堂。让我来提醒你们，他们便是那些创造如地狱般暴政的一群人……他们的错误道路源自对平

等的错误理解……平等一旦被正确地解读……将导向自由和创造性差异的解放；若被错误地解读……则将导致屈从和专制……

我要提醒你们，捍卫自由时的极端并不是罪恶，追求正义时的温和并不是美德。

在变幻莫测、风云激荡的20世纪60年代，戈德华特试图提醒美国人自由和政治传统的重要性。美国亚利桑那州议员在探究那些主题时留心倾听了保守主义两大主要奠基者的思想，他们分别是亚当·斯密和埃德蒙·伯克。斯密希望废止庞杂的经济规定，依靠在人们可以自由做出经济决定时占主导地位的市场这只“看不见的手”，来最大限度地提升经济效率和人类的幸福感。伯克相信，一个国家的社会和政治传统代表了前人积累的智慧和经验，因而一定不能被忽视或者轻易抛弃。这一成对关联的观念使得保守主义者对许多改变文明发展进程的运动都持审慎态度，不论对于18世纪的启蒙运动还是20世纪和21世纪的全球化，均是如此。斯密和伯克观点的继承者从根本上并不信任政府权力，将剧烈的社会和政治变革视作潜在危险，因而他们主张自由、尊重传统，在新千年中继续对世界面临的重大挑战提出独到的重要见解。

蒂莫西·伍德（Timothy L. Wood）

蒂莫西·伍德（Timothy L. Wood），西南浸会大学历史学助理教授，在马凯特大学获得博士学位。主要著作有《愤怒的代理人、不和的煽动者：清教徒之城——马萨诸塞州的权威人士与不信奉国教者》（*Agents of Wrath, Sowers of Discord: Authority and Dissent in Puritan Massachusetts*，2006）。

第三十四章
大西洋黑奴贸易（1730—1807）

中国同时期：清世宗爱新觉罗·胤禛—清仁宗爱新觉罗·颙琰

概　述

奴隶制的历史几乎与人类历史等长。欧洲最早的原始居民极有可能已经开始蓄养奴隶，在古代的两河流域（Mesopotamians）和埃及地区，奴隶制更是毫无疑问地存在过。公元前 5 世纪的古希腊文明备受赞誉，而其主要特点之一便是奴隶制度。罗马帝国不仅仅奴役白人，还从撒哈拉以南地区进口黑奴。之后穆斯林沿袭了这项活动。直至中世纪，欧洲人仍然不时地从阿拉伯商人手中购买一两个黑奴。最早的关于现代欧洲直接从撒哈拉以南地区进口黑奴的记载是 1441 年，一位葡萄牙船长从几内亚沿岸运回了十来个非洲人，作为礼物敬献给他的君主——航海家亨利王子。这是现代黑奴贸易的开端，从此以后，黑奴贸易这项对经济和社会都有着极其深远的影响的经济活动一直持续，并在 18 世纪达到顶峰。

很大程度上来讲，黑奴贸易是随着新大陆的发现和欧洲人在开发新大陆时产生的经济压力而发展起来的。欧洲殖民者在新大陆占有了大量的土地，形成了巨大的劳动力需求，这个需求最终为非洲黑奴所填补。西班牙人最早开发美洲，葡萄牙人紧随其后，也将开始进军新大陆。早前西班牙人着力于获取金银之类的贵金属，之后他们转向了大规模的农业生产。

无论是提炼贵金属，还是发展农业生产，都需要大量的劳动力。由于西班牙移民自己无法满足这个劳动力需求，他们将目标转向了当地的印第安人。印第安人被他们强迫从事采矿和耕作等工作，成为事实上的奴隶。但是，印第安人不能满足欧洲奴隶主的要求：很多印第安人的身体条件不足以承受艰苦的劳作，更有许多印第安人死于疾病。劳动条件过差，印第安人大批死亡，最后几乎灭绝，甚至在一些地区，比如加勒比海沿岸一带，印第安人事实上已经灭绝了。除此之外，当时被送往新大陆的罗马天主教的传教士反对奴役印第安人。这些反对的声音，更主要的是因为劳动力供应的缩减导致了一场用工危机。这场危机最终通过进口越来越多的黑奴得到了解决。

早期到达新大陆的黑人，最早可能是由哥伦布带去的，其他的则可能是在16世纪初期到达的，但是黑奴贸易正式的开端却是在1513年，标志性的事件就是当时的西班牙国王斐迪南批准西班牙殖民地进口黑奴。最早的一批黑奴被运往古巴、伊斯帕尼奥拉岛（Hispaniola）、波多黎各（Puerto Rico）和牙买加（Jamaica）。随后，位于今巴西一带的葡萄牙殖民地也开始进口黑奴。直到16世纪中叶，被运到美洲的黑奴可能已多达10万人。

最早黑奴贸易为西班牙人和葡萄牙人所垄断，前者控制了新大陆的奴隶市场，而后者则控制了黑奴的“货源”——非洲西海岸。为了规范黑奴贸易，西班牙人创立了“席位制”，由西班牙政府挑选一些商人或以股份公司形式合作的商人团体，授予皇家特许，允许他们参与黑奴贸易。通常情况下，这一制度运转良好，不过偶尔也会有外国的船只插足这项由西班牙人和葡萄牙人一手开创并垄断的生意。这些插足者中最著名的便是英国船长约翰·霍金斯（John Hawkins），他在1562年将他的第一批黑奴贩卖给了西班牙殖民者。到了16世纪末，荷兰人也参与了这项贸易。

野心勃勃的英国商人和法国商人起初并未参与黑奴贸易，直到17世纪，随着劳动力需求的增长，英国和法国的殖民地也开始进口黑奴。1619年，第一批黑奴乘着荷兰人的商船登上了今日美国境内的弗吉尼亚州的詹姆斯敦（Jamestown）——当时的英国殖民地。

黑奴贸易在17世纪发展平稳，但到17世纪末突然加快发展速度，并在整个18世纪保持了高位增长。之所以会出现这样迅猛的发展，主要是因为当时殖民地

的生产方式发生重要的转变，对廉价劳动力（奴隶）的需求激增。新大陆的殖民者建立了一种面积广阔、规模巨大的大型经济单位，称为种植园。从17世纪中期开始，种植园主开始种植劳动密集型的作物，包括棉花、靛蓝、咖啡、姜和烟草，但当时最重要的作物还是甘蔗。从1713年到1792年，英属加勒比海岛屿殖民地向其宗主国大不列颠输送了总值达1.62亿英镑的货物，几乎全部都是蔗糖或者蔗糖加工品。1.62亿英镑，是同时期大不列颠从中国和印度进口货物总值的一半多。甘蔗是利润很高的经济作物，但是种植甘蔗需要大量的劳动力。仅仅牙买加一个岛屿就为种植甘蔗进口了60万名以上的黑奴。

在18世纪，许多国家的商人参与了买卖黑奴。大不列颠主导了黑奴贸易市场，大约有一半的非洲黑奴是由他们运到美洲大陆的。法国也占据了举足轻重的地位，大约有1/4的黑奴贸易是法国人完成的。荷兰、美洲殖民地、丹麦和葡萄牙也都从事贩运黑奴的活动。西班牙依然在美洲的奴隶市场上占据一席之地，但是基本上已经退出从非洲“进货”的环节了。

白人奴隶贩子之所以能够从非洲获取黑奴进而输送到美洲市场，与非洲当地人的配合是分不开的。一般来说，欧洲的奴隶贩子一到非洲，就会与当地的黑人首领接触。长期驻扎在非洲沿海的贸易站（或称“工厂”）的欧洲贸易代表经常组织这样的会面。见面之后，双方开始讨价还价，之后奴隶贩子就会用欧洲产品与非洲当地首领交换黑奴。这些非洲部落酋长也会给奴隶定价，并常常对出售的奴隶征税或向奴隶贩子索要赏金，这些税收和赏金都直接进了酋长的口袋。为了保证黑奴贸易长盛不衰，非洲部落酋长也会派士兵护卫欧洲人，并与当地的商人保持联系。卖给欧洲人的黑奴，有一些是因为负债或犯了轻微的罪行，但大部分都是战俘。严格地讲，“战俘”这个词用在这里并不准确，很多时候奴隶贩子只是随便冲进一个普通的村子，将所有他们看到的黑人，无论男女老幼全部抓起来，把他们变成了“战俘”。不管怎样，非洲部落之间爆发战争的一个很大原因就是他们希望抓到战俘，满足欧洲人对黑奴的需求。

对于欧洲人而言，黑奴贸易原本是一项垄断性的生意，其主要特点就是获得政府特许证的公司对黑奴贸易享有专营权。到了18世纪早期，特别是在大不列颠和法国，独立商人和独立公司成功地进入了这一领域。由于在黑奴贸易中获得了丰厚的利益，许多欧洲港口，如大不列颠的布里斯托尔港、利物浦港和法国的南

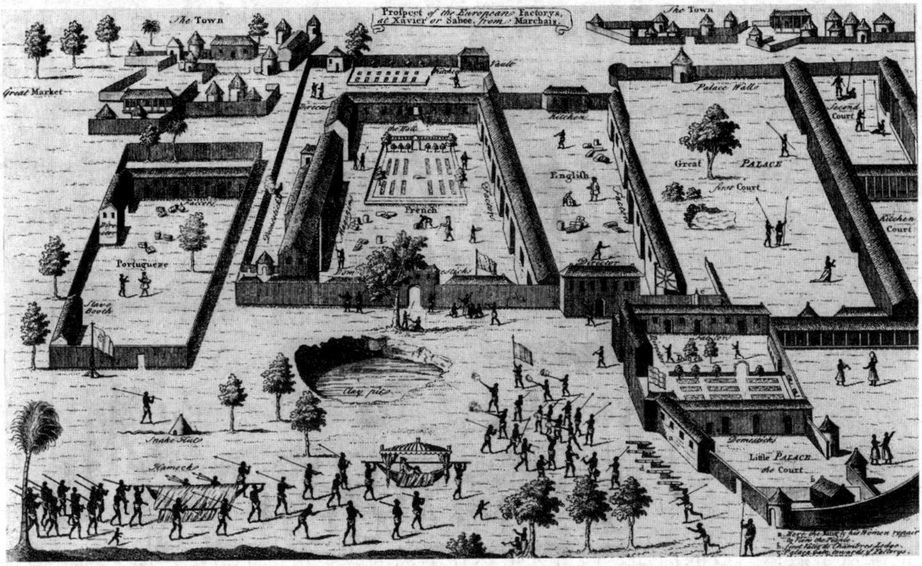

上图是一幅18世纪的版画，内容是一座18世纪中期位于几内亚湾尼日利亚境内的黑奴营地，该营地由来自欧洲4个国家的奴隶贩子共同管理和经营。自17世纪50年代至19世纪60年代，大西洋沿岸的黑奴贸易共造成了超过350万人口被迫迁移。（来源：美国国会图书馆）

特港（Nantes），都变得繁华强盛起来。一些美洲的城市也是如此，比如波士顿和普罗维登斯（Providence）。

黑奴贸易是构成欧洲、非洲和新大陆之间“三角贸易”一个不可或缺的部分。所谓“三角贸易”，是一种颇为复杂而成熟有效的商品交换方式，虽有很多种形式，但最主要的贸易形式是：货船将欧洲的商品，如布匹、酒、铁器、铜器、枪支和火药等载往非洲，用来交换奴隶，再将奴隶运往新大陆，通常是巴西、加勒比海的岛屿、拉丁美洲和今日美国南部地区，换取种植园的出产，主要是糖或糖浆之类的糖制品，最后这些产品被运回欧洲出售。

将黑奴从非洲运往新大陆的那条航线被称为“中央航路”，这是一条充满残忍和野蛮的路线。为了获得更多的利润，奴隶贩子每次出航都尽可能多装一些黑奴。黑奴们被捆住手脚，推进船舱，每个人的空间都只够他们勉强坐下，根本不能躺下。除了偶尔奴隶贩子允许他们到甲板上放风、活动身体之外，其他时间黑奴都被关在船舱里，船舱里卫生条件极差，黑奴的排泄物、老鼠和昆虫遍地都是。疾病横行，加上为了省钱，奴隶贩子都将黑奴的口粮削减到最低限度。中央航路全

程的航行时间平均持续 4 到 10 周。虽然很多黑奴死于途中，但是奴隶贩子仍然能从每趟航行中获取巨额的利润，因此没有哪个奴隶贩子愿意改善黑奴的待遇。

可想而知，关于黑奴贸易的确切数据是很难获取的。但是，大部分专家都推测有 1000 万至 1100 名万黑人被运往了新大陆，其中约 40% 被送往巴西，另有 40% 被送往了加勒比海地区，剩下的 20% 则被送往了英属美洲殖民地和西属美洲殖民地。奴隶人口经常远远超过白人人口。例如，在法国大革命同期，圣多明各岛，即今天的海地上有 50 万名黑奴，而岛上只有 3.5 万名白人。

在 18 世纪奴隶贸易达到高峰的时期，每年奴隶贩子运往新大陆的黑奴约有 8 万人。卖到英属加勒比海地区的黑奴，平均存活时间为 7 年。不用说，这些黑奴没有任何法律权利，仅仅只被视为奴隶主的私人财产。

到了 19 世纪初，大西洋沿岸的黑奴贸易开始渐渐消失。关于残暴恐怖的中央航路的情况描述被传到欧洲，引起了欧洲人极大的震惊与反感。早在 1727 年，大不列颠的贵格会教徒便站出来反对黑奴贸易。新大陆爆发的黑奴叛乱也让人们将注意力转移到黑奴贸易上。牙买加黑奴在 1760 年爆发了叛乱，在 18 世纪 90 年代，著名的英国文人塞缪尔·约翰逊在一次牛津集会上举杯致辞“为下一次西印度群岛黑奴叛乱干杯”，让所有与会群众震惊不已。

贩卖人口也触怒了许多接受了启蒙运动思潮的人。对于接受理性主义的人而言，由一个人出售另一个人，不合情理。托马斯·潘恩曾质问北美的革命伙伴，如果他们还在继续贩卖人口，他们又凭什么从英国手中获取自由。

英国废奴主义者托马斯·克拉克森（Thomas Clarkson）和威廉·威尔伯福斯（William Wilberforce）积极从事废奴运动，他们的努力终于取得了成果——1807 年，英国宣布奴隶贸易为不合法，而在 5 年之前丹麦便已经禁止奴隶贸易，成为第一个禁止贩卖黑奴的国家。之后从 1808 年到 1836 年，美国、荷兰、法国和葡萄牙等国，以及当时刚刚独立的拉丁美洲国家中的大部分，也都相继禁止了黑奴贸易。但是，由于奴隶制度并未废除，尤其是在美国南部、古巴和巴西，非法的黑奴贸易依然秘密持续，直到 1865 年美国内战结束，古巴和巴西分别在 1886 年和 1888 年废除奴隶制度之后，黑奴贸易才真正退出历史舞台。

历史评论

大西洋黑奴贸易是人类历史上最大规模也是最残忍的人口强迫性迁移。西欧国家的商人将西非的黑人输送到美洲，让他们成为美洲矿场和种植园里的劳动力。这个过程破坏了西非的传统社会结构，并在美洲创造了一个全新的社会体系，也对欧洲关于自然权利和人种的思潮产生了深远的影响。但是，即便黑奴贸易在18世纪达到顶峰，人们依然普遍对其持反对态度，并且反对的声音越来越强烈，到后来西欧许多国家和刚刚独立不久的美国都将其视为罪恶之行和经济效率低下之源。奴隶贸易为何在最鼎盛的时期广受批判？这一问题至今未有定论，仍为许多人反复讨论。

关于奴隶贸易的范围和影响，学界仍然存在许多争议。最有争议的问题之一便是被运往新大陆的非洲黑奴的具体数量。由于记载抓到的和运走的黑人人数的记录很少被保留下来，所以我们永远不可能知道确切的人数。另一个影响因素也使得统计大西洋黑奴贸易的人数变得更为复杂困难，那便是，在大西洋黑奴贸易的同一时期，在西非还存在另一种规模较小，但持续时间更长的奴隶贸易，那便是往北非和中东地区的伊斯兰教国家贩运黑奴。如今大部分学者认为，欧洲商船在1450年到1850年之间的400年内总共贩运了1000万或1100万名黑人至新大陆，其中又以18世纪的数量最多，达到将近550万名，因此18世纪是黑奴贸易最鼎盛、最重要的时期。在同一时期移民到新大陆的欧洲人只有50万名左右，远不及黑奴的数量。黑奴贸易在18世纪80年代达到了最高峰，每年横穿大西洋抵达新大陆的黑奴数量超过8万名。

几乎所有欧洲的主要港口和许多美洲的港口都参与了黑奴贸易的活动。但是，由于黑奴贸易操作复杂，占用资金大，只有最富裕的几个国家和少数几个港口真正支配着这项贸易。英国遥遥领先，法国紧随其后，但在1789年法国革命前的10年里，法国一度超越英国成为最重要的黑奴贸易国家。18世纪大西洋黑奴贸易中有75%的黑奴是由这两个国家贩运的。这二者之后，便是巴西的葡萄牙商人，以及荷兰、西班牙、丹麦等国的商人，偶尔也有瑞典商人和各式各样的德国商人参与其中。英国的13块殖民地（美国于1783年之后独立）也小规模地涉足了黑奴贸易。每年都有几十艘轮船从利物浦、布里斯托尔、伦敦、南特、拉罗谢尔（La

Rochelle）、波尔多和葡萄牙殖民地巴西的巴伊亚（Bahia）和里约热内卢等主要港口驶往非洲西海岸。

欧洲的奴隶贩子在非洲划分了各自的势力范围。法国控制了北部的塞内冈比亚地区（Senegambia region），英国和葡萄牙分享了南部的几内亚沿岸地区。最大的黑奴贸易中心——从黄金海岸（Gold Coast）到比夫拉湾（Bight of Biafra）之间的广大区域，则被英国商人占据，不过一些荷兰和法国的奴隶贩子也在该区域内活动。葡萄牙商人控制了更南面一些的自扎伊尔河（Zaire River）至今天的安哥拉之间的区域。黑奴被奴隶贩子送往贸易站等待装船。这些贸易站最早都由大的垄断公司控制，比如皇家非洲公司（Royal Africa Company）或法国东印度公司（French Compagnie des Indes Orientales）等，但是到了18世纪20年代，大部分贸易站的控制人都变成了独立商人。黑奴贸易因此成了欧洲商业逃脱重商主义控制的第一个重要领域，成了最早出现的"自由贸易"中的一部分。

由于欧洲人对热带非洲疾病没有抵抗力，容易感染并死亡，所以他们将贸易站（他们称为"工厂"）全都设在沿岸岛屿上或河口地带，或者干脆在货轮的甲板上做买卖。装一船黑奴通常需要几周时间，货轮需要去多个贸易站"收货"才能凑够一船的黑奴。欧洲人几乎从来不进入非洲内陆。这不仅仅意味着在大多数区域，非洲沿海的部落首领掌握了黑奴贸易的绝对话语权，而且也说明了欧洲人对非洲的认识仅仅局限在沿海地区。因此，欧洲人对西非的社会形态和政治发展状况都只有很模糊的概念。

大部分的黑奴都是部落战争或非洲内陆国家之间扩张领土的战争的战俘。例如，1700年之后，黄金海岸的阿散蒂王国（Asante Kingdom）开始扩张领土，它的统治者便将战俘送去贸易站，一时之间战俘就如潮水一般涌入附近的沿海地区。同样，在比夫拉湾和安哥拉地区爆发的战争也使黑奴一时之间充盈于野。当时很多欧洲人认为黑奴都是由罪犯或巫师组成的，事实上恰恰相反，只有极少数黑奴是因为犯罪或施行巫术而被奴役。不过，也有许多黑人是因为西非频繁的旱灾导致的饥荒而卖身成为奴隶。随着战争越来越频繁、黑奴贸易规模越来越大，为了得到足够多的黑奴，非洲的奴隶贩子不得不深入内陆，甚至经常深入距海岸超过500英里的安哥拉内陆地区。

大西洋黑奴贸易对西非社会的影响主要体现在4个方面。第一，几百万人被

迫成为奴隶或被迫逃亡，其中大部分是年轻人，无论是成为奴隶或是逃亡，都对当地的婚姻形态和农业生产造成了破坏。人口的损失和频繁迁移改变了整个地区的人口结构，产生了持续几十年的深远影响。根据人口统计学家帕特里克·曼宁（Patrick Manning）的统计，所有输出黑奴的地区在18世纪都至少发生过一次严重的人口衰减。其中最严重的两个地区是贝宁湾（Bight of Benin）和安哥拉内陆地区，人口减少了20%以上。第二，黑奴贸易影响了战争的性质。奴隶本身成了有价值的商品，而不再仅仅是战争的副产品。第三，欧洲人对黑奴的需求导致非洲本身的奴隶结构发生了巨大的转变。例如，即便一开始抓获的黑奴中男性与女性一样多，送到沿海出售的黑奴中男女比例也会超过2:1。造成这种比例失衡的原因，一方面是战争的胜利方倾向于将更多的男性奴隶出售而将女性奴隶留下自用，另一方面是参与黑奴贸易的非洲沿海国家鼓励他们在内陆的联系人多提供男性奴隶。同时，战争中受到袭击的部落通常会失去许多年轻男性，这进一步加剧了人口衰减。第四，黑奴贸易影响了西非的整体经济，但究竟影响到何种程度，并无清楚的定论。英国对非洲的出口贸易增长率达到了对美洲的贸易增长水平，这个数据并不令人惊讶。非洲进口的商品中有一半以上是欧洲或印度产的布料，剩下的则是金属工具、琉璃珠子、武器等，至18世纪末，还增加了桶装烟草和酒。沃尔特·罗德尼（Walter Rodney）、约瑟夫·以利科瑞（Joseph Inikori）和一些学者认为，枪支促使非洲战争更加频繁，而酒的流入破坏了非洲乡村生活的稳定。但是其他一些学者则指出，进口布料并未冲击非洲当地的生产，而且枪支和酒的进口直到19世纪中期才达到高峰。根据现存的资料可以推断，黑奴贸易对西非的经济影响有限，虽然在一些年份对某些区域的影响比较大。

一旦黑奴被送到沿海的黑奴营地内，就只剩下最后一个环节了。白人船长将黑奴装船之后便起航，沿着中央航路，横跨大西洋，驶往美洲。全程通常需要航行4到10周，整个航程对所有人而言都是严峻的考验。每艘货轮的黑奴和船员的死亡率不尽相同，平均而言，每次航行至少会死1至6名黑奴、1至5名船员。到了18世纪末，黑奴的死亡率降到了1/15，但是死亡率降低的原因是收购黑奴的成本上涨和航行时间缩短，并不是因为奴隶贩子自愿改善黑奴的待遇。大部分奴隶被卖到巴西开采钻石或挖金矿，或去了巴西和西印度群岛的甘蔗种植园和咖啡种植园。英国的奴隶贩子贩运到北美洲的13块殖民地的黑奴数量较少，18世纪的总

数大约为 50 万。在这一时期，黑奴劳动力遍布 13 块个殖民地，他们有的从事农业生产，有的成为家庭仆人，有的甚至成为半熟练的手艺匠人，但是大部分还是被迫到切萨皮克湾（Chesapeake Bay）一带种植烟草，或到南卡罗来纳州的低地种植水稻。

虽然所有种植园的条件都非常艰苦，但甘蔗种植园的劳作尤其严酷而致命。白昼漫长，气候酷热，劳动使人精疲力竭，田野里遍布传播疾病的老鼠和剧毒的蛇，榨糖机器经常压碎或切断黑奴的肢体。而且甘蔗种植园的工作一年到头从不休息，到收割和榨糖的时候工作更加繁忙，也会干扰正常、稳定的家庭生活。这就导致了高死亡率和低生育率的结果。总之，每年甘蔗种植园死亡的黑奴达到数千人，自然生育的黑奴小孩远不及这个数，种植园主只能通过源源不断地进口新的黑奴来满足甘蔗种植园对劳动力的需求。

出于对市场条件和安全问题的考量，奴隶主采取了许多措施，这些措施塑造了并不断重塑着黑奴的民族、语言和文化传统。种植园主在买入新的黑奴的时候，总是尽可能将他们分散开，与原有的黑奴混杂起来，以避免同民族的或同语言的黑奴团结起来发起叛乱。奴隶主费了很大的力气才迫使黑奴将他们的住所建成一排排整齐的房子，而不是按他们的民族风俗建造圆形的茅草房。而在古巴、特立尼达岛（Trinidad）和圭亚那（Guyana）等 18 世纪晚期才刚刚开发的甘蔗种植地，这项工作尚未完成。非洲的音乐、舞蹈、故事、精神信仰、饮食和医药知识不仅仅深入克里奥尔人（在美洲出生的黑奴）的社会，还在白人种植园主之间广泛传播。此外，最近学界开始认识到非洲黑奴的农耕知识对法属殖民地路易斯安那和英属殖民地南卡罗来纳等地的农业生产做出的重要贡献。

黑奴贸易同样也深刻地影响了美洲地区的传统贸易形式，形成了早期的国际经济，其形式主要表现为殖民地之间的自由贸易和大量存在的走私活动。官方的进口黑奴许可证，比如西班牙政府在 1713 年之后颁发的，允许英国商人每年向美洲的西属殖民地贩卖 4800 个黑奴的“席位证”，并不受到重视。从长期而言，西印度群岛和 13 块英属殖民地之间的贸易的发展远非一纸证书能左右。美国人自营的黑奴贸易规模较小，主要集中在波士顿和罗得岛的纽波特这两处地方。在美国独立战争爆发前夕，每年约有 25 艘船只满载着朗姆酒从这两个港口出发，驶向西非。相对而言，西印度群岛的合法贸易和非法走私带来了更大的经济机会。种植

园都急需食物、布料、鞋子、工具、建筑材料和马匹，英裔美国人的船只从英格兰和大西洋中部的英属殖民地运来了这些物资，以合法途径卖到牙买加，或非法走私到法属西印度群岛和西属美洲殖民地。此外，黑奴走私活动还利用荷属岛屿圣尤斯泰希厄斯岛（St. Eustatius）和库拉索岛（Curaçao），以及丹麦殖民地圣托马斯岛（Danish St. Thomas）作为中转站。这些岛屿不对黑奴收取重税，黑奴被送上这些岛屿之后便转卖到英属殖民地、法属殖民地和西属殖民地。我们无法确定这些非法贸易的规模究竟多大，但是根据一份 1765 年的官方记录，仅仅法属马提尼克岛（French Martinique）一处便有超过 90 艘美国船只。这样，黑奴贸易间接地对美洲的经济繁荣做出了巨大的贡献。

黑奴贸易还给种植园行业带来了不安定因素。刚到美洲的黑奴与后来在奴隶制度下长大的克里奥尔黑奴不同，他们具备打仗的技能，他们清晰地记得先前的生活。虽然很难确定二者是否确切相关，但西印度群岛爆发的几次主要的黑奴叛乱都是发生在刚刚进口大量黑奴之后。1791 年在法属圣多明各岛之所以会爆发黑奴叛乱并最终取得胜利，一些学者认为，主要应归功于当时刚刚大量拥入该岛的刚果黑奴（Congolese），他们组成了革命军的主力。民间故事、精神信仰，尤其是伏都教（Voodoo）* 的宗教仪式和庆典活动，成了凝聚两个不同民族、不同语言的人民共同意志的媒介。这是第一次取得最终胜利的黑奴叛乱，北自马里兰州，南至米纳斯吉拉斯（Minas Gerais），所有的奴隶主都对这场黑奴叛乱感到了恐惧。

现在没有几个历史学家相信黑奴贸易促进了英国的工业革命。但是，我们现在知道，从 1750 年到 1775 年，西印度群岛出产的农产品是英国增长最快的商品之一，到 1770 年已经占据了出口贸易的 1/3，而这些农产品都是黑奴种植出来的。同时，越来越多的种植园主用种植园的产权抵扣他们欠黑奴贩子的债务，许多黑奴贩子成了种植园事实上的幕后管理人，这将欧洲人与种植园的奴隶制度联系得更加紧密了。到 1769 年，西印度群岛商人和种植园主俱乐部已经成为英国议会上的一支重要的势力。在法国，沿海城市因为黑奴贸易而获得了发展和繁荣，许多从事黑奴贸易的商人在这些沿海城市建立巨大的庄园，购买贵族头衔，并新建了许多新的公共建筑。

黑奴贸易的增长反映在欧洲船长的贸易活动的总额上。根据经济历史学家大

* 伏都教，又译“巫毒教”，源于非洲西部，是糅合祖先崇拜、万物有灵论、通灵术的原始宗教。——译者注

卫·艾提斯（David Eltis）的估计，这项贸易的总额在17世纪晚期为每年大约45万英镑，到1790年已经增长到每年将近440万英镑。这个增长有一部分原因是奴隶价格的上涨，但是价格上涨并非受奴隶市场的供求关系影响，反而是非洲的内部因素，比如非洲的王国收取高昂的土地租金，或者非洲一些日渐集权的国家对奴隶的需求量增加，导致了奴隶贩子收购黑奴的成本上涨。同时，由于后来奴隶贩子不得不深入非洲内陆俘虏奴隶，抓获的奴隶在被送到沿海装船之前必须途经多个不同的疾病区，不可避免就有一些奴隶染病死亡，这不仅增加了死亡率，而且幸存下来的奴隶的售价也自然而然会提高。因此，奴隶贸易极大地刺激了西欧国家的出口经济。

尽管大西洋黑奴贸易迅猛发展，很多宗教领导人和思想家却都对奴隶制度和黑奴贸易在一个进步的社会里所扮演的角色表达了深切的担忧。在英国、法国和荷兰本土，奴隶制度并没有正式存在，但是白人殖民者可以随意带着他们的黑奴自由出入这些国家。早在1727年，贵格会教徒便反对奴隶贸易，指责买卖奴隶和蓄养奴隶的人。贵格会教徒安东尼·贝尼泽特（Anthony Benezet）于1766年出版了《几内亚史话》(*Historical Account of Guinea*）一书，详细地刻画了黑奴贸易的罪恶，激起了废奴主义者强烈的愤慨。但是相较而言，黑奴和有色人种本身对废奴运动可能起到了更大的作用。越来越多的非洲黑奴和自由的有色人种迁移到了英国和法国的港口城市，他们要求正义与公平；黑人和有色人种的团体日益扩大，不断提醒着欧洲人黑奴贸易的影响已经渗透到欧洲社会的中心。

18世纪60年代，受到遣返殖民地威胁的黑人开始向同情黑奴的英国专业人士和宗教领袖寻求帮助。其中尤其有两个法律案件极大地影响了公众的意见和态度，推动了英国大规模反对奴隶制度运动的产生。第一个是詹姆斯·萨默塞特（James Somerset）的案件。詹姆斯·萨默塞特是一个非裔美国人，1772年他拒绝随他的主人返回弗吉尼亚州。废奴运动活动家格朗维尔·夏普（Granville Sharp）为他辩护，伦敦的报纸对这个案件进行了大量的报道。虽然最后法庭依然承认萨默塞特为奴隶，但是英国最高法院的首席法官判决他的主人无权强迫他回美国。这个案件开了保障英国非裔居民自由的先河。第二个案件也极大地震惊了公众。1783年，奴隶船“中号”（*Zong*）的船长为了索要保险赔偿金，在中央航路途中，将113名患病的黑奴投入海中淹死。伦敦的一个非裔自由人团体的领袖奥拉达·艾库维阿

诺（Ouladah Equiano）将此事告知了夏普，报纸随后对此进行了详尽的报道。这个案件让正在从失去美洲殖民地的损失中逐渐恢复元气的英国举国震惊，迫使许多人不得不质疑英国作为欧洲文明的领导者是否名副其实。

1787 年，一个包含了 9 位杰出的贵格会教徒的英国领导者的联盟组建了废除黑奴贸易协会（Society for the Abolition of the Slave Trade）。废奴主义者领袖托马斯·克拉克森、威廉·威伯福斯、老詹姆斯·斯蒂芬和小詹姆斯·斯蒂芬父子（James Stephen Sr. and Jr.）等人开始彻底、详尽地披露黑奴贸易的受害人之众和黑奴贩子手段之残暴，并开始推动国会改革。他们的工作先后得到了浸信会教徒、卫理公会教徒（Methodists）和刚刚实现工业化的英国中心地区的英国国教信徒的广泛支持。刚刚兴起的中产阶级的妇女组织收集请愿书，赞助废奴主义者演讲，编写并散发废除黑奴贸易的宣传册，但西印度国会游说团和英国黑奴贸易港口的大商人反对他们的工作。1792 年，英国举行了关键性的议会选举，在这个具有决定性的时刻，法国大革命和法属圣多明各岛黑奴叛乱的血腥事件却转移了部分公众的注意力，还使一部分公众转变了原本支持废奴的态度，但是反对黑奴贸易的力量最终获胜。1807 年，英国议会禁止了黑奴贸易，次年该决议生效。在美国，包括弗吉尼亚州在内的一些州在 1780 年之前便禁止了黑奴贸易，但是依据新宪法第九条，黑奴贸易继续合法存在，直到 1808 年美国官方才宣布禁止黑奴贸易。

英国为何在黑奴贸易的规模和利润方面都处在高峰的时候率先尝试废除黑奴贸易，做出经济历史学家西摩·德雷舍（Seymour Drescher）称为“经济自杀”的行为？很多西欧国家的知识分子，甚至是西印度群岛的许多人都相信，如果奴隶贸易被禁止，那么奴隶制“尚未开花，便要凋零”。因此，废奴主义者第一步便将他们的注意力集中在终结黑奴贸易上，而不是试图废除奴隶制。广受支持的废除黑奴贸易的运动也受到了其他一些因素的影响，其中英国宗教界的奋兴运动起了关键作用。奋兴运动宣扬重生的必要条件就是主动与罪恶作战、摧毁罪恶，而最严重的罪恶无过于将一个人变成另一个人的私有财产。而且，无论是西印度群岛的黑奴，还是英国工业化城市中新兴的中产阶级和工人阶级，绝大部分都是浸信会教徒和卫理公会教徒。黑奴贸易和奴隶制的残暴不仅仅让英国的浸信会教徒和卫理公会教徒备感难堪，而且也让他们为自己的未来忧心忡忡。再者，声援 5000 英里外的大西洋对岸的不幸的人，比抗议本国的政治和社会状况要来得容易，不

用担心自己的国家发生动荡。从这个意义上讲，反对黑奴贸易的运动其实是一个安全的发泄渠道，让英国人能够表达对本国政治的不满，又不用进行根本的变革。

新的社会理念和商业理念也起到了关键的作用。亚当·斯密和一些其他的学者都批判奴隶制度“效率低下”，并且宣称经济上实现“自利”和自由雇用劳动，必然带来更大的经济繁荣和社会稳定。亚当·斯密和其他一些思想家甚至将奴隶贸易视为一项残忍的商业行为，并将奴隶制度视为阻碍社会抵达新的财富领域的绊脚石。从这个意义上讲，他们将奴隶劳动视作新兴的文明与“进步”理念的对立。在启蒙运动思想家之间，如《百科全书》的编者孟德斯鸠和狄德罗等，开始萌发新的关于普遍人权的观点，冲击传统的“不平等与生俱来”的理念。同时，要求经济自由和政治自由的呼声越发强烈，不自由的奴隶制度因而被贬斥为时代的落伍者。

受到英国废奴运动的胜利的鼓舞，欧洲各国的废奴主义者都纷纷动员其支持者发动废奴运动，但是结果不尽相同。1792 年丹麦预见到英国将禁止黑奴贸易，丹麦枢密院一纸法令终结了该国规模微小的黑奴贸易，使丹麦先于英国成为第一个禁止奴隶贸易的国家，并为结束黑奴贸易制订了一个为期 10 年的逐步退出计划。荷兰由于 18 世纪末其美洲殖民地的经济萧条，黑奴贸易规模锐减，因此黑奴贸易结束与否并未引起荷兰人太多的关注。在拿破仑战争（Napoleonic Wars）期间，英国占领了荷兰的国土，随后迅速禁止了荷兰的黑奴贸易。但在荷兰和丹麦的殖民地内，黑奴贸易仍然存在，一直持续到 19 世纪中期。西班牙和葡萄牙由于黑奴贸易利润丰厚而并未禁止黑奴贸易，直至 19 世纪，这两国的黑奴贸易依然十分兴盛。

在法国，反奴隶制度和反殖民主义的力量通力合作，共同发起了一些规模不大但影响深远的废奴运动。1770 年，阿贝·雷纳尔（Abbé Raynal）的著作《东西印度欧洲人殖民地与贸易的哲学与政治史》（*Philosophical and Political History of the Two Indies*）问世之后，群众对这些运动的关注度和支持度迅速提高。至 18 世纪 80 年代早期，法国启蒙运动中支持废奴运动的杰出学者尝试着向法国国王路易十六宣扬废奴主义的观点。受英国废奴运动的鼓舞，加上反奴隶贸易的文学作品在法国广泛传播，1789 年法国成立了黑人之友协会，其性质与英国的废奴组织类似。一些主张改革的思想家，如布里索（Brissot）、孔多塞（Condorcet）及后来的米拉博（Mirabeau），均为该社的重要成员。但是成立于 1789 年攻占巴士底狱之后的国民议会（National Assembly）却对黑奴贸易和奴隶制度之事不闻不问。虽然

议会官方在1794年宣布禁止黑奴贸易，可是过了10年，拿破仑·波拿巴掌握大权之后，黑奴贸易和奴隶制度又死灰复燃了。1818年，迫于英国的压力，法国才最终禁止了黑奴贸易，因受高额利润驱使，仍然有许多奴隶贩子从事非法的黑奴贸易，这一现象直到1831年法国政府采取有效监管之后才渐渐消失。

时至今日，黑奴贸易早已消失在历史长河中，只有博物馆里的镣铐、手足枷和船舶证件和西非沿海日渐崩塌的石砌贸易站，能够让我们追忆起那段岁月。然而黑奴贸易的余音至今仍在三个大洲回荡。非洲国家将大西洋黑奴贸易视为他们经济发展的主要历史障碍，并试图向西欧和美国要求赔偿。在美国，西非人民的后裔正在慢慢地追溯和找回数百年前被生生切断的文化根源。但是，在很多国家，对黑人的种族偏见及黑人遭受的经济上的不平等待遇依然根深蒂固。大西洋黑奴贸易的影响依然给国际关系和社会稳定带来阴影。

肯尼思·班克斯（Kenneth Banks）

肯尼思·班克斯（Kenneth Banks），伍佛德学院历史学助理教授，在加拿大安大略皇后大学获得博士学位。主要著作有《跨越海洋追踪帝国：1713—1763年法属大西洋的交流和状况》(*Chasing Empire across the Sea: Communications and the State in the French Atlantic,1713—1763*，2002)。

第三十五章

法国大革命（1789—1799）

中国同时期：清高宗爱新觉罗·弘历—清仁宗爱新觉罗·颙琰

概　述

对于大多数人而言，法国大革命的爆发可谓突如其来。在大革命爆发前的数十年里，法国一直处在逐渐衰退当中。尽管如此，大革命爆发前的法国实力强大，人口众多，极具影响力，仍然位列欧洲大陆强国之林。然而，一些国内问题却一直困扰着法国，其中以社会财富和权力分配不均最为严重。大部分法国民众对社会现状非常不满，但主张用革命的方式改变现状的人却为数甚少。

在18世纪，法国与多数国家一样仍是一个农业国。农民数量约占人口总数的80%。相比于欧洲其他国家，法国农民的生活要相对富裕。然而，法国的税收制度保留了大量封建残余，在这一制度的压迫下，他们不得不被迫上缴巨额赋税。

法国中产阶级也怨声载道，商人们之间的抱怨并不亚于农民。法国中产阶级对阻碍贸易的规章制度备感愤懑，他们渴望建立受市场驱动的自由贸易经济。此外，诸如法律面前人人平等和税收制度改革等启蒙思想也逐渐萌芽。简而言之，中产阶级希望获得与他们日益增长的财富所对等的社会地位和政治影响力。

当时，法国首都巴黎的人口总数高达60万人，国内大多数城镇居民集中于此，他们不满的呼声也同样高涨。法国的手工艺者、小商店主和做零工的人都过

着朝不保夕的生活。在整个 18 世纪 80 年代，法国失业率不断飙升，物价飞涨，城镇居民的生活状况也日益恶化。

财政危机成为法国大革命的直接诱因。预算赤字严重，支出远远超过收入，法国经济处在崩溃的边缘。在国际收支方面，法国卷入了美国革命，对其支出占据国家财政收入的 50%。更为糟糕的是，税务压力的分配并不均衡，贵族和罗马天主教会实际上并不承担税收义务。

为了克服此次危机，法国王室决定向贵族征税。该决定遭到了贵族阶层的拒绝，这一结果完全在意料之中。许多贵族直截了当地拒绝了王室成员的要求；另一些贵族在启蒙思想和美国革命的影响下，提出只有在王室成员愿意分享政治权力时，他们才同意交税。而这一条件也遭到了王室成员的断然拒绝。贵族依托法国议会或传统的法院，与王室成员的旨意抗衡。法国国王却无意识地助了贵族一臂之力。路易十六软弱无能，经常一意孤行，完全不听从大臣的改革建议，无力面对贵族的反抗。

国王和贵族之间的僵持状态直到路易十六被迫召开三级会议（Estates General）* 时才略见缓和。从 1614 年到路易十六统治时期，三级会议中断了 175 年。1788 年至 1789 年的冬天，法国为确定参加三级会议的代表而举行了大选。等到凡尔赛宫举行正式会议时，代表人数已经粗具规模。代表除了来自第一等级（教士）和第二等级（贵族）之外，也来自第三等级（市民）。但是，参加会议的第三等级代表主要来自律师阶层，他们支持改革，反对革命。

三级会议几乎刚一召开，就在应按照等级投票，还是按照人数投票上出现了严重分歧。如果按照等级投票，主张维持现状的一派将以 2:1 占据上风；如果按照人数投票，主张改革的一派将赢得多数选票。国王的态度和往常一样犹豫不决。争论愈演愈烈，第三等级起初声明自立为国民议会，接着发表"网球厅宣誓"（the Tennis Court Oath）†，宣称在法国制定宪法之前永不解散国民议会。自立议会已经构成一种革命行为，国王准备召集军队，解散三级会议。

在革命一触即发之际，法国民众也参与其中。1789 年 7 月 14 日，愤怒的巴黎人民攻占了巴士底狱（一座古代堡垒），从贵族手中夺取了城市的控制权。与每次

* 又译国民制宪议会。教士为第一等级，贵族是第二等级，其他各种人都归为第三等级。第一、第二等级的总人数只占全国总人口的 1%。——译者注

† 或译网球场宣言，一份由 577 名法国三级会议第三等级代表和少数第一等级代表于 1789 年 6 月 20 日签署的誓言。它是法国大革命的序幕。——译者注

革命类似，骚乱接踵而至，“大恐慌”（Great Fear）席卷了整个法国农村地区，农民频繁袭击贵族城堡，焚烧当地领主手中的地契。

随着国内局面逐渐失控，法国国王再度陷入恐慌。8 月 4 日，三级会议宣布法国封建制度终结。3 周之后，议会发表《人权宣言》，其中包括世人熟知的“人人生而平等”等经典论断。

路易十六面对日益激化的危机，最终下定决心进行武装镇压。他首先暗中将自己的禁卫军集结起来，准备借武力迫使三级会议永久解散。但是，法国民众又一次进行了殊死抵抗。10 月 4 日，一支主要由巴黎妇女组成的队伍前往凡尔赛宫进行游行示威，迫使法国王室陪同游行队伍返回巴黎。在巴黎，国王实际上已经失去了人身自由。三级会议，也即国民议会，也从市郊的凡尔赛宫搬回巴黎，逐渐处于法国首都的影响之下。

然而，1789 年 10 月至 1791 年 9 月，国民议会采取了较为温和的路线，企图通过改革将法国建设成一个君主立宪制国家，并将人人生而平等的原则写入宪法。虽然王权在很大程度上得到保留，但立法权却移交给了基于有限选举权的立法议会。公民权利得到确认，土地税收制度和营业税制度取代了含糊不公且令法国人困惑多年的司法制度。此外，国民议会之后，法国建立了较为自由的经济制度，但这一制度未能获得城市贫民的拥护。同时，《教士的公民组织法》（*Civil Constitution of the Clergy*）规定，法国国内的所有罗马天主教教堂都隶属法国政府。紧接着，教会的土地被政府征用。《教士的公民组织法》触怒了教皇，教皇发动天主教徒反对这项法律，法国社会由此出现分化。

1791 年 10 月，国民议会完成了历史使命，权力移交至立法大会（Legislative Assembly），亦即新选举成立的法国议会。然而，不到一年，预计永久设立的立法大会便在法国国内爆发的不满情绪中解散。法国社会开始走向两极化，中间派或称温和主义者逐渐消失。

包括王室、贵族、政府上层官员、国家军队和虔诚的天主教徒在内的众多法国人联名抵制革命带来的改变。1791 年 6 月，法国国王计划了一场拙劣的出逃，计划失败之后，他只得亲自批准了反对者的提案。这一史称“路易十六的出逃”的事件以国王被迫返回巴黎而告终。从此之后，路易十六在民众眼中成了不守信用却最为保守的法国人。

1789年7月14日，被通货膨胀、高失业率和政府不作为所激怒的暴民占领了巴黎街头。人们普遍将这一天视为法国大革命的开始，即攻占巴士底狱日（Bastille Day）。巴黎暴民在接下来的革命历史中扮演了极其重要的角色。（来源：美国国会图书馆）

面对守旧派，激进分子发动了一系列运动，将革命推向高潮。在一定程度上由于个人抱负的推动，激进分子在政治俱乐部里聚会，其中雅各宾派俱乐部最为知名，几乎成了法国大革命中最激烈时期的代名词。同时，激进分子还鼓动巴黎普通市民，起初是为了谋取权力，紧接着则是为了将他们的政策强加于民众之上。

国际舆论对法国大革命的走向起到了重要作用。革命爆发之后，法国贵族持续分批逃离国家，在欧洲其他国家的首都定居。他们在国外谴责法国大革命，并试图征募大量军队，巩固自己的统治。然而，欧洲其他国家的王室虽然内心不愿看到法国革命爆发，却对这场革命避而不谈，也没有做出任何阻止革命的措施。

但是，法国政治舆论非常支持发动战争。守旧派认为战争将创造一个双赢的局面。若法国战败，革命将很快被镇压下去；若法国获胜，国王和贵族的军队将坐享胜利果实，从而更容易走向反对革命的一面。激进分子则认为，战争是守旧

派之不可靠性和温和派之效率低下的明证，同时也为激进派掌权铺平了道路。更为重要的是，在吉伦特派（Girodins）*领导下的雅各宾派断定，只有将革命之火烧向其他国家，才能保证法国国内的安全。他们将战争视为鼓动其他国家参与革命的一种方式。终于，法国于1792年4月对奥地利宣战。

战局朝着不利于法国的方向发展，然而，法国的对手——奥地利和盟友普鲁士实际上却互为对手、彼此猜疑，它们的不合拯救了法国，使法国避免陷入一场巨大的灾难之中。与此同时，雅各宾派正在抓紧时间积蓄力量。1792年的整个夏季，他们的工作重心都放在如何赢得巴黎人民的信任上。同年8月初，巴黎人民发生暴乱。暴民袭击了王室官邸杜伊勒里宫（Tuileries Palace），迫使王室成员出逃。雅各宾派通过操纵暴民成为他们的武装力量，占领了首都巴黎，进而成立公社，也称革命市政委员会。巴黎公社很快变成最高权力机构，拒不承认宪法，下令解散立法议会；紧接着，巴黎公社通过选举选出国民公会（National Covention），起草了一部更为激进的新宪法。与此同时，暴乱席卷了整个巴黎。九月屠杀标志着暴乱的高潮，超过1000名反对革命的人被处以死刑。在这样的氛围之下，国民公会重新回到巴黎暴民所支持的多数激进分子手中。

国民公会在1792年召开了第一次会议，宣布成立法兰西第一共和国。随后，国民公会对路易十六的叛国行为进行了审讯。1793年1月，这位不幸的国王遭到处决。同时，国民公会表示，准备将革命之火燃烧到法国之外的地方，借此作为向欧洲其他国家敲响警钟的第一步。

1793年4月，国民公会宣布成立公共安全委员会，用以履行政府职责。公共安全委员会成立了一个12人秘密小组，在国内实行恐怖统治。起初，恐怖统治旨在打击法国反革命势力，实际上却为雅各宾派消灭其对手和潜在敌对势力提供了绝佳机会。雅各宾派解体之时，公共安全委员会被激进分子的内部派别利用，成为彼此消耗的工具。恐怖统治也揭露了一些社会丑陋现象，比如卖淫，尽管多数受害者都是农民和工人。恐怖统治于1793年夏季开始，于1794年7月结束，其间共计约4万人受害。

在法国大革命最激进的时期，权力过渡到了狂热的革命分子手中，其中最为知名的要数公正严明且对“美德”极端推崇的农村律师——马克西米连·罗伯斯

* 法国大革命期间推翻波旁王朝既而掌握实权的共和派。其中很多人原是吉伦特省人，故得此名。——译者注

庇尔（Maximilien Robespierre）。其他重要领导人还有让－保尔·马拉（Jean-Paul Marat）和乔治·丹东（George Danton）。前者是一名言辞激烈的新闻记者，后者曾组织保卫法国政权，后被追随他的激进分子杀害。

恐怖统治让法国民众深陷恐怖气氛之中，同时也给法国社会带来了一些变革。尽管大多数领导人都推崇自由放任的经济政策，但革命者却在 1793 年 4 月颁布的最高限价法令中引入了价格调控政策。在这一时期，法国引入了新的纪年方式——共和历法，1792 年被称为共和元年，月份被重新命名，用以记录季节的变更。另一项重要的改变在于公制代替了混乱的传统重量和长度计量制度。同时，服饰风格也有所改变。男人们脱去了贵族式的及膝马裤，渐渐爱上了普通的男士裤子。女人们的穿衣风格则仿佛回到了罗马共和时代和雅典民主时代。革命者也对基督教群起而攻之，他们将原先的教堂变成了“理性的殿堂”。罗伯斯庇尔宣称，法国人民应该共同信仰一个“至高无上的存在”，以填补信仰上帝者和不信仰上帝者之间的鸿沟。

面对英国、荷兰、西班牙和葡萄牙共同支持的普奥联军，法国革命者引入了“大规模征兵”，即强制征兵制度。许多平民被迫卷入保卫祖国、抵御外敌的战争当中。到 1794 年春天，法国革命者已经拥有了一支 80 万人的军队，代表了法国当时武装力量的最高水平。这支军队士气高昂，部署周密，重创了对手。他们在 1794 年夏天取得了一系列战争的胜利，消除了威胁共和国存在的因素。

与此同时，恐怖统治在法国受阻，一些恐怖政策最为忠实的拥护者被送上断头台。这激发了一系列连锁反应。1794 年 7 月 27 日，法国大革命激进时期的化身——罗伯斯庇尔遭到处决。

接下来发生了历史上著名的“热月政变”（Thermidorian Reaction），该事件以共和历法上罗伯斯庇尔统治被推翻的月份（热月）命名。那些取代罗伯斯庇尔及其朋友的人当中，很多是前雅各宾派成员。他们现在转而主张采取温和、稳健的路线，废除了许多国民公会的激进措施，并于 1795 年颁布了新法国宪法。新宪法通过财产资格限制，保证参加立法的人都拥有足够的财产，从而能够恪尽职守。任何想要恢复君主专制政体的想法都被消灭在萌芽状态，行政权交由国民公会和参议院联合选出的 5 名督政行使。这段时期从而被称为法国历史上的“督政府”（Directory）时期。然而，“督政府”统治时期极为短暂。自 1792 年开始，法国就被保守、腐败、

政治瘫痪和对外战争失利等一系列问题困扰。督政府在1799年11月的政变当中，被野心勃勃的军事人物拿破仑·波拿巴（Napoleon Bonaparte）推翻。

历史评论

1789年7月14日，成千上百万的巴黎人民发动武装暴动，反抗君主政府的潜在威胁和军队对革命活动的镇压。自此，长达10年的法国大革命拉开帷幕。人们拿起石块、大刀等简陋的武器，洗劫了装满枪支和火药的军火库，并占领了巴黎市政府。最后，这些革命者攻占了巴士底狱。这座监狱是法国数世纪以来关押政治犯的古堡，象征着旧社会残暴的压迫制度。巴黎人民的起义迅速扩展到整个法国，许多城乡的传统行政机构遭到破坏。在巴黎西南方11英里处的皇家宫殿凡尔赛宫内，新的国家立法机构正在举行会议。该机构被称作国民议会，巴黎人民起义保证了它的存在和运转。攻占巴士底狱日也如其他重要日期一样，在历史上闪耀着熠熠光辉。对世界数百万民众而言，攻占巴士底狱标志着现代民主主义的开端。

然而，自发生之日起，人们对攻占巴士底狱这一事件的态度就存在极大反差。当时一位杰出的英国政治家查尔斯·詹姆斯·福克斯曾形容："这是多么伟大的事件，在世上前所未有，多么美妙！"其他一部分人则同意法国历史学家依波利特·泰纳（Hippolyte Taine）的观点，认为攻占巴士底狱是由"恶棍、暴徒、土匪和市井无赖偶然发动了一场暴乱"。丹纳认为，大革命是一场彻头彻尾的人类灾难。

的确，历史上未曾有像法国大革命这样，引发如此深远探讨和热烈争论的事件。争论如此激烈的主要原因在于，法国大革命经历了若干个不同的时期，在体现人类创造力光荣胜利的同时也充斥着暴力和杀戮；人类的慷慨善行和计划缜密的暴虐行径同时在革命中暴露无遗；在法国大革命中，我们既可以找到思虑周密的绝佳事例，也可以发现令人痛心的无知行为。革命在朝向民主、正义和自由等伟大目标前进的同时，也预示着现代独裁主义和极权主义的到来。法国大革命在10年之间，从多个方面诠释了现代社会的美德与罪恶。

许多学者认为，法国大革命当之无愧为历史上影响最大的革命。这一评价的部分因素在于，法国是当时世界上最先进和最有影响力的国家。举例来说，在18

世纪，法国是启蒙运动的中心，同时也是科技和文化领域的领导者。在整个西方世界，受过高等教育的专业人士普遍掌握了法语。从某种程度上说，法国与英国并驾齐驱，同为欧洲最富裕的国家。同时，法国还是单一政府领导下人口最多的国家。其他国家和民族在各个层面上都将法国视为潜在的最强大国家。这样一来，法国顺理成章地成为新风尚和时尚潮流的先驱。因此，1789 年法国爆发暴乱之后，整个欧洲和美国都密切关注了事件的发展进程，法国之外的广大民众也竞相效仿法国取得的成就。法国大革命爆发仅仅三年，就造成了世界性的影响。

更为重要的是，法国大革命超越了历史上同时期的其他事件，演变成了一个大众的民主运动。这意味着，绝大部分法国民众都积极参与了发展的主要方面，同时也从革命成果中获益。法国大革命几乎为法国全体民众创造了一个更为公正公平的社会。

尤为值得一提的是，法国大革命至少在 5 个方面超越了美国独立战争（1775—1783）。第一，从民众参与程度上看，参与美国独立战争仍仅限于一小部分人，而法国大革命却涉及大多数国民。第二，女性广泛参与了法国大革命的整个发展进程，女性权利平等的问题也在革命中被反复讨论。第三，法国大革命发展到顶峰时废除了奴隶制度，而美国独立战争却保留了万恶的奴隶制度。第四，法国在大革命结束之后成功建立了革命性的政府，开启了现代社会主义的方方面面。这意味着政府可以集中一切国家资源为社会全体民众谋取福利。而以上各方面无一在美国得到体现。第五，在法国大革命期间，历史上首次出现了一个强大的中央集权政府，可以号召全体人民，以举国之力克服那场前所未有的危机，这也预示着法国政府将在第一次世界大战（1914—1918）和第二次世界大战（1939—1945）之中扮演怎样的角色。美国独立战争的领导者却从未有过类似想法。总之，由于上述因素的存在，法国大革命才在世界历史上占据了如此重要的地位，并产生了空前的影响力。

要对法国大革命所造成的巨大国际影响做出评价，必须从当时流行的一句著名口号——“自由、平等、博爱”开始分析。“自由”意味着“自主”，“平等”意味着“民主”。具体来说，自由和平等意味着取消权贵团体和个人的特权；放宽公民权范围，保证公民依法享有演讲、出版、集会、投票和宗教信仰自由；引入新的书面法律文件，明确规定公民权利和政府权力的范围；同时设立经选举产生的

国民代表大会来协助管理国家和制定法律。法国大革命废除了此前被称作君主专制政体的政权组织形式，王权不再具有无限权威。受宪法和经选举产生的立法机关制约的君主立宪制度及统治者，一律由普选产生的民主共和制度取而代之。

鉴于自由和平等这两个概念的内涵，法国大革命清楚地展现今天仍困扰着现代社会的一个困境——我们有时无法做到既维护个人自由又追求权利平等；在实现其中一个的同时，必须对另一个有所舍弃；自由和平等这两个概念之间永远存在着一种紧张的状态。这是因为如果想要为所有人创造机会均等的环境，政府必须制定规章制度来限制和约束个人活动范围。因此，在法国大革命的头两年（1789—1791），扩展自由范围，为更多人创造更多机会的努力取得了巨大成效。在这一阶段，对自由的追求胜过对平等的追求。而恐怖时期一改此前的趋势，集体牺牲和社会团结凌驾于个人意愿之上。革命的最后5年见证了自由和平等这两个方面的全面倒退。

然而，尽管将自由和平等的概念落实到现实生活中存在很多制约，这两个词却在世界范围内变得神圣起来。甚至站在自由和平等对立面的人也利用这两个概念本身来为自己辩护。1789年之后，没有任何一个法国统治者能够在不承认最终主权来自人民的前提下维护长久统治。

与此同时，法国大革命使人们对新生活有了前所未有的期待。甚至与历史上的一系列宗教狂热运动相比，这种乐观精神也是前所未有的。法国大革命之所以为人们带来了如此之高的期待，是因为它描绘了一个存在于现实生活中的美好世界，而宗教却只能给人们许诺一个死后不确定的天堂。诚然，大革命也有许多不尽如人意的地方，但相比于它所取得的成就，这些缺憾显得微不足道。最重要的是，法国大革命开辟了朝向现代民主主义前进的道路。在最近的两个世纪里，人们在追求幸福的道路上所取得的成就超过了先前6000年当中国王、女王、皇帝、皇后、专制者、暴君和祭司等独裁主义者统治下取得的所有进展。

“博爱”这个概念所表达的含义更加模糊，不同的人有不同的理解。然而，它被理解为“民族主义”的频率最高。大革命之前，法国人大多把自己归为一个特定的阶层或职业群体，人与人之间有着鲜明的等级区分。国王和王室成员通常自命不凡，对广大民众持鄙夷的态度。而大革命之后，法国人首先将自己视为享有平等权利的公民，他们有权追求正义，并影响政府决策。公平原则提升了法国民

众的地位，也很快激发了人们的自豪感和爱国心。社区、团结和兄弟情谊等历史上未曾存在的概念在大革命之后开始出现。值得一提的是，现代民族主义激励了数以千计的法国人民为了祖国承受巨大牺牲。在法国大革命的某些阶段，深层次的社会阶层差距，包括农村与城市利益，农民与农场主，没有一技之长的城镇劳动者及下层中产阶级与富裕的资产阶级之间的差距，使得社会产生了严重的分歧。尽管如此，民族主义还是最终得到激发、加深并传遍世界。

大革命时代结束之后，“民族主义”发展成了具有特定目标的运动，主要表现为殖民地人民追求独立，反抗外国统治者；在德国和意大利等国，具有统一身份认同的各城邦人民追求统一；处在异族统治下的自治或半自治少数族裔争取文化和政治独立，以及对文化和语言多样性的尊重。大革命中的法国成为第一个印证民族主义潜在结果的现代国家。促进合作，增强集体力量，提升社会凝聚力、民族自豪感和文化创造性，将汇聚成一股有利的力量。从另一方面来看，民族主义也可能导致两个不同民族之间互不容忍，互不了解，彼此存有偏见甚至发生冲突。此时，民族主义所产生的破坏力也相当巨大。总而言之，自由、民主和民族主义这 3 种塑造现代社会的力量更多地源于法国大革命，而非其他历史事件。

进一步来说，在政治领域，现代社会用来描述政治观点的术语根植于法国大革命。1791 年的制宪会议制造了“左翼”（left wing，可以用来描述迫切期望进行极端而迅速民主变革的“激进”观点，或是支持稳定而持续民主改革的“自由”观点）和“右翼”（right wing，可以用来描述维护传统社会、反对民主改革的“保守”立场，或是为了维持财富、特权和现状长期存在而抵制一切民主改革的“反动”立场）。从议会大厅的讲台上看去，思想上偏向民主的代表坐在大厅左侧，而他们的反对者坐在大厅右侧。同时，力求在民主改革和寡头政治维持现状的诉求之间寻求平衡的“温和派”则坐在了两者之间。

针对法国大革命时期的经济研究，对于理解现代世界大有裨益。截至 18 世纪晚期，商业资本主义形式已经在西欧存在了至少 5 个世纪。大约从 1500 年开始，法国已经开始实行被称为重商主义的资本主义政策。重商主义需要一个强有力的中央政府，来推行诸如关税、法规、补贴、免税和垄断等调控方式管理整个社会的经济。重商主义的首要目标在于通过实现经济上的自给自足来积累国家财富，巩固国家实力。然而，重商主义还将个人利益置于国家利益之下。因此，尽管重

商主义提升了法国的国民财富，并在某种程度上提高了法国人民的生活水平，但上层社会仍是利益的主要获得者，大部分普通民众依旧生活在贫困之中，或在贫困线上苦苦挣扎。

封建制度的残余也塑造了旧经济体制，其中一部分封建制度残余甚至可以追溯到1000多年以前。在封建主义统治下的农村，农民需要向贵族领主纳税并提供劳役。城镇劳动者有时也需要向熟练工匠和资深商人尽相似义务。封建制度还赋予了一些有权势的当地商人组织以特权。传统的封建结构容易抑制贸易和投资，同时阻碍国民经济的整体发展。

18世纪的启蒙思想家信奉“自由企业”资本主义（法语写作“laissez-faire”，直译为“自由放任的”）。他们强调政府应尽可能较少地干预经济事务，废除规章制度，为“市场力量”留出更多空间，让供需关系决定工资和价格水平。与重商主义思想恰恰相反，“自由企业”资本主义将个人利益置于国家利益之上。持有该观点的大多是接受过良好教育的专业成功的商务人士。他们认为，这种方式更加合理且能够获得更大利益。

在法国大革命开始的前4年中（1789年4月至1793年6月），自由企业政策收到了良好的效果。重商主义和封建主义遭到压制，受过训练的富裕人士（上层资产阶级）掌握了国家政府的领导权。随之而来的便是经济发展和扩张。然而，在此期间出现的两个问题改变了经济的发展方向。第一个问题，迫于国外战争和国内战争的双重压力，法国需要一个强有力的中央政府来统筹国内经济资源并对产品进行统一分配。第二个问题涉及人民大众的困境。在资本主义制度下，生产资料所有者比起工人来说对工资和价格更具话语权。此外，在市场经济条件下，商人很容易操纵供求关系，利用“市场的力量”谋取个人利益。这导致法国人民怀疑物资不足和通货膨胀是商人剥削他们的阴谋，进而要求政府进行干预。

中央政府为了解决这两个问题，在恐怖统治时期（1793年6月至1794年7月）实施监管乃至一系列社会主义性质的措施，以帮助法国稳定经济，赢得战争。然而，恐怖统治结束之后（1794年7月至1799年12月），“自由企业”经济政策又重新在法国占据上风。在法国下层社会民众眼中，苦难、腐败、政府拖欠债务和许多不确定因素是大革命最后5年，即督政府统治时期的显著特点。督政府依靠法军掠夺他国财物才勉强维持经济支出。

法国大革命在恐怖统治时期达到高潮，戏剧化的场景不断出现，激进措施层出不穷，对后世产生了深远的影响。从本质上说，战时紧急政府在恐怖统治时期控制着法国社会，通过极端手段来应对一系列棘手问题。首先是外敌入侵的威胁。法国当时几乎与所有欧洲国家处于交战状态。其次是国内战乱。保王党成员和持异见者在国内数省发动叛乱。再次是长期通货膨胀和重要商品供给不足导致的经济动荡。接着是叛国者和反革命分子煽动的社会叛乱。最后是巴黎爆发的为争夺国民政府领导权的权力斗争。

面对上述威胁，恐怖统治采取了史无前例的应对方法。政府号召所有法国人民共同迎战威胁。历史上第一部征兵法令横空出世。根据该法令，所有 18 至 25 岁的未婚男子都必须应征入伍；已婚男子需要从事战争物资生产和运输补给的工作；一些女性负责生产制服和帐篷，另一些则在战地医院服务；儿童充当通信员并完成简单的任务；年老公民则负责为年轻人鼓舞斗志。

为了应对国内反抗和暴动，法国政府设立了公共安全委员会（Committee of General Security）作为最高“政治警察”。其主要作用是追踪和逮捕叛国嫌疑犯。此后，设在巴黎的革命特别法庭将会审讯这些嫌疑犯，确定是否将他们定为“人民公敌”。被定罪的犯人几乎不可避免地被送上断头台。断头台是 1792 年发明的一种新式斩首工具，使用它来终结罪犯生命是恐怖统治得名的主要原因。在一年多的时间里，断头台大约处决了 4 万名罪犯。

在经济领域，政府采用限量供给制度来应对物资短缺。强征制度迫使农民和商人将食物和其他物资以低于其市场价值的价格出售给国家。同时，政府向富裕城镇居民强制贷款。更为重要的是，工资和价格控制从某种程度上也许维持了货币的稳定，也消除了下层消费者心头的一部分恐惧。

这场历史上最为宏大和惊心动魄的改革，对社会和文化生活的方方面面造成了巨大影响。法国殖民地的奴隶制度得以废除；基于十进制的公制问世，世人从此拥有了一种极为方便的度量尺度，整个科学界也开始采用这种度量制度；严格的出版、言论和集会审查制度开始在预防改革可能造成的政府公信度下降问题上发挥关键作用。更为重要的是，政府采取一系列改革措施来倡导革命和共和政体，同时清除君主专制和旧政权的残余。这些改革措施包括衣着风格、大众称谓（“先生”和“太太”一律改称“公民”），以及地名、人名、音乐主题、建筑风格、戏剧创作和流行

娱乐活动等名称上做出改变。纪年法也发生了巨大改动：每个月都有了新的名称，年份采用罗马数字记录（1792 年 9 月被定为元年的开端），一周由原来的 7 天增至 10 天。此外，几处皇家宫殿被改为公共博物馆、档案馆和图书馆。其中最为知名的便是现今的罗浮宫博物馆（Louvre Museum），前身为杜伊勒里宫。官方甚至发起运动，阻碍天主教实行传统的宗教仪式——赞颂一个非人的、虚无的“至高无上的存在”。在此之前，没有任何一场运动能如此剧烈地改变整个社会的流行文化。

为了实现这些意义深远的目标，巴黎国民公会设立临时独裁机构作为一个高度集权的全能性国家政府。然而，事实上，统治整个法国的是与之独立的公共安全委员会。该委员会由 12 人组成，名义上由国民公会选出并对其负责，实际上却几乎独自行使着国家管理权。

为了确保政策被有效落实，公共安全委员会向各省份和各军队派遣了具有特殊权力的“特派专员”，以便监督政府和民众的日常活动。“特派专员”的不满可能加速人们利用断头台声张所谓“迅捷、严酷、不屈不挠的正义”。* 颇具讽刺意味的是，起初标榜为历史上最具解放意义的法国大革命，逐渐蜕变为高压政策和独裁统治横行的运动。

虽然人们常常批判恐怖统治中的过激行为，不过这一时期的许多政策还是对那个时代的很多方面产生了积极作用，帮助法国战胜了一系列国内外危机，并且挽救了整个法兰西民族。1793 年年底，外国军队基本从法国本土撤出，共和国军队掌握了进攻主动权，并将革命浪潮推到了国外。同时，国内暴动被全面镇压。经济稳定发展，生产力大幅提升。在这个过程当中，一股关于爱国主义、理想主义和民族精神的巨浪席卷了整个法国社会。

事实上，恐怖统治所取得的巨大成功引发了 1794 年春夏之际激进革命者之间的权力斗争。公共安全委员会的领导者马克西米连·罗伯斯庇尔一直致力于清除想要结束恐怖统治的温和派及推进倾向社会主义和平等主义政策的激进分子。然而，他的野心和过激行为导致了自身的灭亡。1794 年 7 月 27 日（共和 2 年的热月），罗伯斯庇尔被送上断头台。紧接着发生了“热月政变”，恐怖统治时期实施的措施和设置的机构遭到废除。法兰西第一共和国因此回归到了相对温和甚至保守的状态。

---

* 源自罗伯斯庇尔的名言：“高压恐怖政策就是国家正义的化身：它迅速、严酷、不屈不挠。”——译者注

理论家弗朗索瓦－诺埃尔·巴贝夫（François-Noel Babeuf）在大革命的最后5年间第一次提出了共产主义的概念。这一概念后来得到卡尔·马克思的进一步发展，并被弗拉基米尔·列宁（Vladimir Lenin）运用到实践当中。巴贝夫自称“格拉古”（Gracchus），以此纪念古罗马共和国的改革先驱们。他推翻政府的计划被称为“平等派运动”（Conspiracy of the Equals）。巴贝夫最具影响力的观点是号召一小撮组织紧密、完善的忠实革命者发动政变，夺取政权。此后，革命者应在国内实行独裁统治，直至未受过良好教育的普通民众能够理解并支持当局政策。巴贝夫及其追随者希望废除私有财产制度，将生活必需品平均分配给所有人。此外，巴贝夫所领导的平等派还对组织结构进行了创新性改革：他们秘密地将成员分成不同组群，为不同机构编码，对敌对组织进行渗透，暗中颠覆军事和非军事权威机构。遗憾的是，他的计划尚未实施便已被泄露。1796年5月，巴贝夫及其战友被捕，1年后被处以极刑。然而，他的革命目标和方式将在其创建的组织和未来的革命事业中得到传承。

最后，法国大革命向现代社会提出了这样一个问题：当遭遇军事强权时，个人抑或社会应如何抵御暴政并捍卫道德准则？对于这个问题，法国人民在大革命中采用了5种解决手段，可供后人借鉴。

第一，发动武装起义或暴动。这种方式最为著名，声势也最为浩大，攻占巴士底狱便是一个例子。然而，在过去两个世纪里，依靠这种方式推翻原有政权的成功事例根本没有。

第二，进行游击战争，也即西班牙语里的“小型战争”。这种作战方式适用于以弱对强的战争，非传统、无固定套路的“打一枪换一地”的战术，为弱小一方抗击强大军事力量提供了可能。法国大革命结束后不久爆发的半岛战争（Peninsular War，伊比利亚战争）便是一个很好的例子。1808年至1814年，葡萄牙人在伊比利亚半岛通过游击战争击败了拿破仑指挥的法国军队。1793年3月，首次游击战实例发生在法国西部中心旺代省。一支农民起义部队在宗教信仰的驱动下，通过诸如伏击、施刑和焚烧教堂等暴行抗击当地政府。直至拿破仑时代，这支部队也没有被完全镇压。游击战在后来的布尔战争（Boer War）*、第二次世界

* 英国人和布尔人为争夺南非殖民地而展开的战争。布尔人指居住于南非的荷兰、法国和德国白人移民后裔形成的混合民族。——译者注

大战和越南战争（Vietnam War）中都有所体现。

第三，实施恐怖政策，通过一系列不可预测的偶发性暗杀、爆炸、破坏个人财产、处以极刑等方式达到骚扰、恐吓或者消灭敌人的目的。显然，个人、组织甚至政府都可以使用恐怖政策。法国大革命期间充斥着大量恐怖事件。学者们至今还在讨论恐怖政策可能造成的潜在影响，大部分学者认为，恐怖政策可能会在短期内产生一些效果，但从长远来看，收效甚微。

第四，暴力夺取政权。组织一小撮训练有素、意志坚定的革命者发动政变推翻政府。暴力夺取政权的目的是实行独裁统治，但革命者同时希望能够迅速赢得群众的广泛支持。暴力夺权的典型例子便是以失败告终的巴贝夫平等派运动。从那以后，现代社会多次发生此类战争，但大多以失败告终。然而，1917 年布尔什维克革命（Bolshevik Revolution）的胜利在很大程度上影响了 20 世纪的发展进程。

第五，进行消极抵抗，也即后来所说的“公民不服从”（civil disobedience）。由于这种方式排除了暴力因素，因而比较受大众欢迎。这种非暴力不合作方式在不同时代以不同形式体现出来：联合抵制、罢工、孤立或是回避特定敌人，不支持政府对竞争对手的打击策略。

美国作家亨利·戴维·梭罗（Henry David Thoreau）在《论对公民政府的抵抗》（*Resistance to Civil Government*）一文中详细阐释了以上 5 种方式。这篇文章最初于 1849 年发表，梭罗死后，又被重新命名为《论公民不服从》（*Civil Disobedience*），从而为人们所熟知。后来，这些策略被广泛运用在诸如爱尔兰人反抗英国殖民统治的运动，莫罕达斯·甘地（Mohandas Gandhi）领导的印度非暴力不合作运动，以及 20 世纪 60 年代美国民权运动之中。苏联和东欧人民在本国共产主义制度解体的过程中也使用了上述策略。有意思的是，正如可提出证据加以证明的那样，消极抵抗、公民不服从和非暴力不合作可以说是反抗压迫最有效的方式。

在法国大革命中，睿智、魅力十足、广受崇拜的年轻将军拿破仑·波拿巴轻而易举地推翻了腐败、独裁、不受欢迎的督政府。法国人民一致默许了拿破仑的行为，他们对督政府的垮台和大革命的终结都没有表现出任何悲伤之情。

唐纳德·巴里（Donald H. Barry）

唐纳德·巴里（Donald H. Barry），塔拉哈西社区学院历史学教授，在佛罗里达州立大学获得博士学位。主要著作有《欧洲历史：概要与综合》（*European History: An Outline and Synthesis*）。《改变世界的政治家》（*Statesman Who Changed the World*，1993）收录了他的一篇文章。

第三十六章
拿破仑时代（1799—1815）

中国同时期：清仁宗爱新觉罗·颙琰

概　述

常言道：时势造就英雄，而拿破仑·波拿巴却是史上罕有的几位推动时势的英雄人物之一。他左右了许多重大事件，屡次让世界格局依照他的思路而变。而事实最终证明，他的想法普遍具有巨大的革新意义。尽管拿破仑最终失败，但他给现代世界留下了不可磨灭的印记。

拿破仑·波拿巴于1769年出生于科西嘉岛（Corsica）。这是个法国当时才收购不久的偏远的地中海岛屿。波拿巴家族属于低阶贵族，因此拿破仑获得了进入军事学校的资格。他之后被授予皇家陆军的少尉头衔，并在法国大革命的动乱中保持了时局的镇定。1793年，他帮助法国在土伦港（Toulon）击退了英国军队。1795年，他带领炮兵部队成功平定了巴黎的武装叛乱，并因此小有名气。随后，他被1795年成立的脆弱而腐败的法国督政府任命为中将。

1797年，拿破仑被任命为法兰西共和国意大利方面军总司令。在意大利北部，他取得了几场重大的军事胜利。奥地利被迫与其在10月签订了《坎波福尔米奥条约》（*Treaty of Campo Formio*）。在意大利的战役期间，拿破仑不仅证明了他在军事上的非凡能力，还展现出他独一无二的自我推销技巧。他迅速成为法国炙手可

热的人物。

1798 年，为了威胁英国在印度和地中海东部的地位，拿破仑远征埃及。尽管在 8 月的阿布基尔湾（Aboukir Bay）海战（又称尼罗河河口海战）中，英国将领霍雷肖·纳尔逊（Horatio Nelson）率领英国舰队击败了法国海军，将拿破仑的部队一截两段，但法国公众依然将这位年轻的将军视为英雄。拿破仑感到进一步实现自己雄心的时机已经成熟，于是抛弃了在埃及的军队，回到法国，加入了密谋政变的集团。这个集团计划推翻督政府，需要一位军事领袖来确保计划能够施行。1799 年 11 月 9 日，密谋集团政变成功，成立了法国执政府代替原来的督政府。尽管执政府有三名执政官，但拿破仑很快成为其中的领袖，以第一执政的位置控制了这个新政权。

到了 1804 年 12 月，拿破仑已经将这个执政府变成了以他为领袖的帝国。事实证明，这个帝国是如此令人印象深刻，以至于许多后来的统治者都按照其体制来建立政府。帝国的核心特质之一是集权的官僚政治。皇帝手握所有权力，利用无所不包的行政体系管理整个国家。尽管在纸面上，帝国一度存在大量代议制机构，实际上它们却形同虚设。最重要的立法机关是国务院，这个受任命的组织中满是依照皇帝的喜好编订法律的专家。此外，拿破仑实质上废除了地区政府，所有地区的人事任命几乎都是由巴黎发出的。

尽管拿破仑并未施行民主政治，却建立了英才教育制度。法国成为“向有识之士敞开事业之门”的国度。只要一个人能力出众、忠心耿耿，拿破仑就不会在意他的社会背景。尤其是他表示“每位士兵都有当将军的潜质”，这句话更是完美地体现了这一点。而实际上，在拿破仑王朝中，的确有普通士兵最终成为将军。拿破仑当政时期的上流社会人士，从以前的贵族到革命家到弑君者，无所不包。能力和忠诚是他最为看重的，其他都是次要的。

拿破仑还提倡以法治国，不过有趣的是，这最终扶持出了一个警察国家*。《拿破仑法典》（*Code Napoleon*）让全法国有了统一的法律依据。它一劳永逸地解决了旧政权法律混乱的问题，建立了全新的秩序。然而，拿破仑同时也建立了独裁主义的上层构造，采用了中央集权的系统的审查制度。政治俱乐部遭到禁止，皇帝

---

* 警察国家：描述了一种国家，其政府认为自己是人民的监护者，有法定权力，可以在缺乏法律程序的前提下，直接违反人民意愿，以行政力量控制人民，指导人民如何生活。（资料来源：维基百科）——译者注

的敌人被流放到殖民地。制服警察和便衣警察数量激增，警探遍布各地。

拿破仑政权还将注意力转向了教育。毫不令人意外，它创建了大型的集权官僚机构来管控法国的教育。值得一提的是，它还建立了法国国立中等学校系统，或称为精英中学。在其中，最优秀和最聪明的学生被教育要忠于帝王，他们还需要接受大量科目的培训，合格后方可毕业。后来证明，此举对国家大有好处。

拿破仑还与罗马天主教会达成协议，签订了《教务专约》(*Concordat*)。在法国大革命时期，法国与梵蒂冈的关系逐步恶化。拿破仑意识到如果这种敌意继续下去，那么他的政权就难以安稳。因此，他在1801年签订了《教务专约》。条约的条款有助于这位准皇帝解决这一麻烦。根据《教务专约》，法国承认了一个事实——即罗马天主教是大多数法国人民的宗教信仰。《教务专约》对梵蒂冈做出了重要让步，赋予了罗马天主教会对法国的教堂更大的控制权。作为回报，梵蒂冈承认法国执政府，承认法国大革命时期被出卖的教产的合法性。《教务专约》允许教堂在法国进行基础教育，但教职人员的薪俸将由国家支付，主教也将由国家任命(尽管授职仪式仍由教皇主持)。最后，也许是最重要的一点，《教务专约》赋予了法国公民宗教信仰的自由。

在1807年更名为《拿破仑法典》的《民法典》(*Civil Code*)尽管有许多不足，却仍不失为一项伟大的成就。它牢牢树立了法律之下的平等原则，给法国带来了法律和司法上的统一。它还保证了人们的宗教信仰自由，赋予了个人签订合同和拥有财产的权利。其中所述的财产权部分尤其为广大人民所关注。然而，《法典》也有其缺点，如明确规定女性从属于她们的父亲和丈夫。工会与罢工被定性为非法，工人在雇主面前处于下等地位。《法典》还剥夺了刑事被告人的权利，取消了陪审团制度。

而拿破仑在法国的统治中最光辉的一点，在于他几乎成功地征服了欧洲。拿破仑以带兵成名，即便在他手握法国重权之后，“从军”和“征服”这样的字眼，也从未在他的脑海里消失。

执政府建立后不久，奥地利便再图反抗。1800年，拿破仑的军队在意大利的马伦戈(Marengo)和德意志的霍亨林登(Hohenlinden)连获大捷。1801年2月，奥地利签署《吕内维尔条约》(*Treaty of Lunéville*)。条约规定奥地利须履行《坎波福尔米奥条约》，法国因此将比利时(奥属尼德兰地区，Austrian Netherlands)纳

入领土，把莱茵河划为东北边界，还从意大利手中获取了大片疆域。

《吕内维尔条约》签订后，对法国保持战争状态的只剩下孤悬海外、筋疲力尽的大不列颠。1802 年 3 月，英法签订《亚眠和约》（*Peace of Amiens*）。然而在 1803 年 5 月，战争再起。英国建立了第三次反法同盟。

之前的两次反法同盟均以失败告终，而包括英国、奥地利和俄国参与的第三次同盟也遭遇了同样的命运。在 1805 到 1807 年间，拿破仑取得了一系列不可思议的军事胜利，成为俄国广袤草原以西的欧洲大陆真正的霸主。法国在乌尔姆（Ulm，1805）、奥斯特里茨（Austerlitz，1805）、耶拿（Jena，1806）和奥厄施泰特（Auerstedt，1806）连战连胜，让奥地利和普鲁士无可奈何。埃劳（Eylau，1807）会战和弗里德兰（Friedland，1807）的告捷大挫俄国锐气，沙皇亚历山大一世只好请求谈判。根据签订的《提尔西特条约》（*Treaty of Tilsit*，1807），法俄结成同盟，法国可以继续占有柏林，而普鲁士则被迫割让威斯特伐利亚王国（Kingdom of Westphalia）的大片领土。

《提尔西特条约》标志着拿破仑在欧洲的霸主地位达到顶峰，不过即便在那时，拿破仑也并未能完全统治欧洲。岛国大不列颠仍然在反抗这位法国皇帝，而英国也在 1805 年 10 月取得了一次关键的胜利：纳尔逊将军在特拉法尔加海战（Battle of Trafalgar）中一举摧毁了法国和西班牙的联合舰队。由于无法即刻入侵英国，拿破仑开始对这个老对手发动经济战。他开始实施大陆经济封锁政策，禁止欧洲各国与英国进行贸易。

在推行这一政策的过程中，拿破仑遭遇了陆地上的第一次挫败。1808 年，拿破仑入侵西班牙，企图阻止它与英国的贸易。西班牙人拒绝了拿破仑扶植其兄约瑟夫登上西班牙王位的计划，并展开了游击战。英国对西班牙表示支持，并由阿瑟·韦尔斯利（Arthur Wellesley）带领英国军队前往支援。这位将军就是之后的威灵顿公爵（Duke of Wellington）。拿破仑从未在与西班牙的较量中占得上风，这个所谓的“西班牙溃疡”一直到最后都困扰着他。

尽管拿破仑在 1809 年与奥地利的战争中再次轻松取胜，但俄国与法国的矛盾却在不断加剧。拿破仑最终决定对盟友下手，1812 年 6 月，他率领大约 50 万军队入侵俄国。然而，即便在法军攻占莫斯科以后，俄国也拒绝与他商讨和平条款。在敌国孤立无援，补给线绵延几百英里力不从心，军队没有住所，疾病肆虐，严

冬即将到来，考虑到这些不利情况，拿破仑已经别无选择，只得撤退。这个结果是灾难性的。等到法军终于从俄国的泥潭中脱身而出时，兵力已然折损了大约九成。与此同时，拿破仑却抛弃了他的军队，返回法国继续招兵买马。

拿破仑开始从权力宝座上加速滑落。1813 年 1 月，取得胜利的俄国人决定深入欧洲腹地追击拿破仑。不久之后，普鲁士便抛弃了他，加入了俄国阵营。同年 6 月，威灵顿越过比利牛斯山脉（Pyrenees Mountains），从西班牙入侵法国。同年 8 月，奥地利加入反拿破仑同盟。最后，在 1813 年 10 月，这个巨大的联盟在莱比锡之战（Battle of Leipzig）击败了拿破仑。这场战役也被称为莱比锡各民族大会战。

拿破仑退回法国，但他的对手穷追不舍。1814 年 3 月，联盟军占领了巴黎，4 月，拿破仑退位，并被流放至地中海的小岛厄尔巴岛（Elba）。不过，他可并未就此罢休。1815 年 3 月，他返回法国，建立了“百日王朝”。尽管他在登陆法国南部时，实际上是孤身一人，却在前往巴黎的途中迅速获得了支持。在很短的一段时间内，他就推翻了复辟的波旁王朝（Bourbon Dynasty），再次获得了军队的指挥权。然而，在 1815 年 6 月，他在比利时的滑铁卢与威灵顿率领的英德联军展开激战，遭遇惨败。这一次，胜利者把他流放到了遥远的南大西洋的圣赫勒拿岛（St. Helena）上。6 年之后，他在那里逝世。

历史评论

拿破仑也许是欧洲舞台上出现过的最重要的人物。他一生中引起的巨变给欧洲带来了深远的影响，至今仍体现得十分明显。通过关注两个问题，我们也许就能很好地理解拿破仑的重大影响。

其一是他作为统治者的一生。拿破仑如何改变了传统的欧洲势力格局，又是如何通过军队、外交、经济和其他手段改变了世界的格局，这种改变的结果是什么？人们通常从军事角度来解读这个问题，不过这是一种狭隘的误解。实际上，我们应当把眼光放宽一些。也就是说，我们应当从地缘政治学的角度来解读拿破仑。

其二要求我们进入思想领域。拿破仑在动乱之中，戏剧性地让法国大革命的理念——启蒙运动中所述的主权在民、法律平等、共和形式和行政改组——传遍了欧

洲。此外，强调人民主权的法国重组大大促进了政治上的民族主义这一概念，即每个民族共同体均有权自由地、不受外力控制地表达自己的意愿。民族主义也许已成为当今世界上最强大的政治力量。拿破仑和他倾力打造的那个时代，对民族主义的形成和欧洲的民族团结运动，产生了巨大的影响。在这样的背景下，我们要关注拿破仑时代最受争议的话题——拿破仑是否真正传播了法国大革命的理念，并在历史中扮演了革命性的力量；还是说，他的独裁政府实际上“背叛了革命”？

法国大革命引发了欧洲君主立宪派和保守派的反对。法国与普鲁士和奥地利的战争早在 1792 年便已展开。那一年，法国政府宣布共和，对任何反对君主立宪的人民提供援助。这是对欧洲政治体系的宣战。法国不但击退了奥地利－普鲁士联军的入侵，还大胆地在荷兰边境展开了进一步行动。这让法国成为当时战略平衡的一大威胁。欧洲各势力看清了利害关系：法国有主宰欧洲西北部的危险，并能以此重新采用激进的外交策略。这让它们想起了一个世纪以前路易十四的战争。不过现在法国的威胁可远大于从前：不仅是它们的军队正在开赴边境，大革命的共和理念也有破坏对方的内部凝聚力的危险。因此，欧洲大部分地区决定联手面对这次危机。

第一次反法同盟凝聚了强大的力量来对抗法国，然而其内部并不团结。这次同盟产生了许多影响。1796 年初，法国军队在北部战线一路顺利，击败并占领了荷兰，迫使普鲁士议和。然而南边的奥地利帝国却韧性十足，难以应付。法军被迫在意大利前线采取守势。当时拿破仑尽管只有 26 岁，却已经是一位声名卓著的将军。督政府派他去指挥在意大利的士气低落、无心战斗的法军。在那里，他策划了一系列对奥军的耀眼的胜利。在这些战役中，人们可以首次一睹拿破仑战争艺术的缩影。第一，拿破仑改变了补给系统，坚持让部队自给自足。这不仅让其摆脱了对过长而易受攻击的补给线的依赖，还让军队在机动性上远胜以传统方式补给的敌军。第二，拿破仑强调速度和机动性，在攻击时要有局部人数优势（即便在他的军队总人数已经多于敌军的情况下）。这要求他的军队具有独一无二的侵略性，要不断地发动进攻，利用出其不意的袭击和强烈的斗志打败敌人。拿破仑曾由于其侵略性受过批评，不过在意大利和之后的其他战场，这一点往往让敌军士气低落，也导致了第三点，也许也是拿破仑军事系统中最重要的一点——军队对拿破仑才能的无与伦比的信心和近乎狂热的信仰。拿破仑在滑铁卢的著名对手威

灵顿公爵曾经表示，拿破仑的个人魅力就抵得上 6 万名法国士兵。

1797 年，拿破仑击败奥地利和萨丁尼亚王国，发动了一次短暂的南征，迫使那不勒斯的教皇进行谈判，还翻越阿尔卑斯山脉再次袭击了奥地利，就此签订了《坎波福尔米奥条约》。这让拿破仑成为国家的英雄。奥地利退出战争，法国获得意大利和瑞士的所有领土，还粉碎了反法同盟。法国就此统治了整个西欧。只有英国由于其岛国的地理位置，在法国的主宰之下得以幸存。

英国的海军力量让法国无法对这个岛国展开直接攻击。它也使得英国可以随意插手欧洲大陆的事务，从而阻止法国人继续稳固他们的地位。为了对英国的威胁予以还击，拿破仑设计了削弱和分化他们的战略。这便能解释他似乎不切实际的埃及战役。拿破仑入侵埃及往往被看作是一次奇怪的军事行动，而实际上是出于许多战略考量的。占领埃及（其名义上的宗主国是土耳其，实际上依靠的是英国），法国大有裨益：可以把英军赶出地中海，动摇英国整体的海上地位（其力量之源），切断英国与印度这个帝国心脏的联系，在世界范围内限制英国的贸易。不过拿破仑太过不幸，英国海军上将霍雷肖·纳尔逊在阿布基尔湾摧毁了法军舰队，困住了法国的陆上部队，这让法国在埃及获得的战果化为乌有。在意识到这场战役已经失败之后，拿破仑无情地抛弃了他的部队返回欧洲。海军力量和海上主导权的重要性在这次战役中体现得淋漓尽致。

拿破仑一回国便面对了严峻的形势。埃及战役的失败，促使第二次反法同盟成立。奥地利再度上阵，俄国这次也加入其中。后者对法国在地中海东部的行为极度不满，那本来是它计划夺取的地区。小一点的势力那不勒斯、葡萄牙和土耳其也参与了同盟。拿破仑从埃及返回时，奥地利和俄国的联军已经打到了意大利北部和瑞士。不过两国联盟很快便告解散，到了 1799 年，只剩下奥地利独自面对法国。这时的拿破仑实际上已经是法国的独裁者，他在马伦戈击败奥军，而另一支法军也在霍亨林登取得大捷。奥地利连战连败，被迫于 1801 年接受《吕内维尔条约》。英国此时孤立无援，厌战情绪严重，经济也不景气，于 1802 年也接受了《亚眠和约》。至此，欧洲十年来首次获得全面的和平，而法国借此展现了其军队的强大。

法国在西欧的统治是与英国的国家利益相抵触的，因此 1802 年的和平只是暂时的。英国人尤其关注拿破仑在法国霸权之下对欧洲中部统治的巩固。更糟糕的

是，有迹象表明拿破仑希望将法国的影响扩大到整个西半球。在法国的一系列轻微挑衅之后，英国于 1803 年再起战端。拿破仑则建立舰队针锋相对。不过法国的重心转向北部海岸，就给了奥地利在东部活动的机会。在首相小威廉·皮特的出色领导下，英国组建了第三次反法同盟，奥地利和俄国再次联合起来进攻意大利北部。

奥俄联军打算突袭防御薄弱的意大利北部，然后向西渡过莱茵河攻入法国本土。拿破仑洞悉了对手的战略，迅速出击，于 1805 年 10 月把还没搞清形势的奥军几乎围在了乌尔姆。这是史上最具决定性的战役之一，而实际上，这简直不能算一场战役，奥军在这次较量中完全落于下风，没怎么抵抗便投降了。

让奥地利在乌尔姆吞下一场惨败之后，拿破仑开始继续清扫挡路的俄军，于 1805 年 11 月占领维也纳。剩余的奥军与数量相当可观的俄军联合起来，准备将战线过长的法军围困在维也纳附近。不过拿破仑精心设计了一个圈套，最终反而于 12 月在奥斯特里茨包围了他们。奥地利只得无条件投降，签订《普雷斯堡和约》（*Treaty of Pressburg*）。由于路途遥远，俄国无法及时地调遣援军，却最终幸运地脱身事外。此时，拿破仑已经彻底统治了整个欧洲中部，而这仅仅是个开始。

法军取得了辉煌的胜利，这让普鲁士感到了害怕。在英国的不断怂恿下，普鲁士终于姗姗来迟加入战争。这是一个巨大的错误。1806 年 10 月，普鲁士军队在耶拿遭遇重创，同一日又在奥厄施泰特再次受挫。士气低落的普鲁士军接连战败，就此分崩离析。拿破仑继续追逐着普鲁士的残兵败将及其俄国盟友，最终占领柏林，普鲁士国王只好逃往俄国避难。1807 年初，拿破仑沿着波罗的海（Baltics）沿岸追击俄军，在埃劳展开了血战。之后他夺取了但泽（Danzig），并迅速于 1807 年 6 月展开决定性的弗里德兰战役。这场战役中，拿破仑击垮了俄军，造成了大量伤亡，幸存的俄军四散逃窜，俄国只能请求停战。双方于 1807 年 7 月签订《提尔西特条约》。拿破仑成为欧洲的主宰。

在第三次反法同盟的战役中，法国只遭受过一次失败，不过这次失败确实非常严重。1805 年 10 月，纳尔逊在特拉法尔加海战中歼灭了不走运的法军及其西班牙盟友。这也许是史上最具决定性的海战。它终结了海上控制权的争斗，保住了英国海上霸主的地位，让拿破仑从此再没有了强大的海上武器，再也无法入侵英国。拿破仑在海上无法匹敌英国，这使得其宏伟战略指导下的陆上胜利变得徒劳。

拿破仑深知这一点，却无可奈何。

拿破仑在陆地上的一次次胜利让他能够重新划分欧洲领土。《提尔西特条约》迫使俄国实质上同意法国对欧洲疆域的划分。普鲁士的版图彻底改变了，它被迫交出曾经占领的波兰地区。法国在那里建立了华沙大公国（Grand Duchy of Warsaw），实际上是法国对东欧的战略前哨。普鲁士还整个交出了西部莱茵河和易北河（Elbe River）之间的土地，在支付一大笔战争赔款之前，那里都将由法军占领。拿破仑建立了莱茵邦联（Confederation of the Rhine）。这是一个在法国的影响下的德意志各邦国的松散组织。它取代了神圣罗马帝国，帝国皇帝只能保留奥地利帝号。拿破仑重新划分欧洲中部疆域，强调德意志的疆域，是为了他在欧洲的统治着想。然而尽管他终结了神圣罗马帝国，却无法让法国控制接下来的进程。最终，这为欧洲中部一个新国家的成立奠定了基础，这个国家就是强大统一的德国。

法国在欧洲的短暂统治由几个同心圆构成。其圆心是法国本土，四周环绕着它攫取的领土，尤其是意大利和北海（North Sea）沿岸。再外面一圈是法国的属国，比如莱茵邦联、西班牙（1808 年，拿破仑打算让他的哥哥约瑟夫去那里当国王）和拿破仑的妹夫若阿尚·缪拉（Joachim Murat）统治的那不勒斯王国。更远一些则是被吓坏的普鲁士和被打趴的奥地利，旁边还有法国的前哨华沙大公国。1809 年，倒霉的奥地利再次起身反抗法国统治，其结果便是在瓦格拉姆（Wagram）又一次被击败。奥地利还企图在东线动摇法国的地位，结果遭遇了类似的败绩，波兰军队将其赶出了华沙大公国。最后两国于 1809 年签订了《申布伦条约》（*Treaty of Schönbrunn*），法国吞并了所谓的伊利里亚行省（Illyrian Provinces）。这是亚得里亚海（Adriatic Sea）沿岸的一长条土地，包含如今斯洛文尼亚和克罗地亚的大部分领土。此时，只有远东的俄国和孤悬海外的英国仍在法国的魔爪之外。

为了对付英国，拿破仑做好了安排。他强迫俄国和普鲁士同意参与大陆经济封锁政策。这个宏伟的经济方针意图阻止欧洲大陆各国与英国进行贸易，从而在经济上削弱英国的实力。然而事实证明这个方案太难实现，最终破产。大陆经济封锁政策与之前的埃及战役采用了同样的战略思想。两次都是由于法国缺乏足够强大的海军力量来与英国直接交战，不得不考虑使用间接方法，破坏英国经济和军事的贸易支柱。这两个案例都证明了英国海军实力的强大，也由此证实了海军力量对战争的胜利有何等举足轻重的战略意义。

尽管拿破仑征服了欧洲的大部分地区，并且煞费苦心地建立了保证法国优势地位的机制，却依然无法保证欧洲统治的稳固。究其缘由，还是因为愤愤不平的俄国和无懈可击的英国仍未屈服。拿破仑 1812 年入侵俄国之举引起了许多争议，这也许能够解释其动机。1807 年以后，法国控制下的欧洲明显不安分起来。尽管拿破仑征服了西班牙和葡萄牙，这个伊比利亚半岛（Iberia）却并不让他安心。多年来，西班牙的非正规军和英国的入侵部队在这里牵制了法国成千上万的军队。与西边的烦心事遥相呼应，东边的奥地利也在不断反抗。不过拿破仑最害怕的，还是与遥远的俄国发生冲突。大陆经济封锁政策对俄国经济造成了破坏性的影响，沙皇亚历山大一世对此深表怨恨，并于 1812 年宣布将其废除，这等于是公然向拿破仑发起挑战。英国尚未破产，俄国开始违背《提尔西特条约》，奥地利难以驾驭，西班牙也一直消耗着法国的资源，拿破仑已经很清楚，在欧洲，法国的国家安全已是摇摇欲坠。既然已经决定动手——这是拿破仑的性格，惯于用行动解决问题，即便风险很高——那么应该打哪里呢？英国是稳如泰山，不过俄国又是另一回事了。法国之前击败过俄国，而且相信自己的军事实力更胜一筹。一旦击败俄国，法国就可以在中欧和东欧确保自己的威信，迫使俄国重新执行大陆经济封锁政策，还可以向不服气的奥地利等国家证明：法国将永远保持强大。因此，1812 年的战役就此揭开序幕。

我们已经说过很多次，拿破仑 1812 年试图征服俄国是一个错误。不过实际上，他的野心并非不切实际。入侵俄国的军队规模前所未有的浩大，然而 50 万大军中只有 20 万是法国人。剩下的德意志人、意大利人和奥地利人并不愿意打仗，不是特别可靠。只有波兰军队将拿破仑看成波兰的解放者和重建者，对他保持着无比的忠诚。

1812 年 6 月，拿破仑挥师东进。在几场战斗中，拿破仑都取得了胜利，不过没有一场具有决定性的意义。在博罗季诺战役（Battle of Borodino）中，拿破仑的健康问题出乎意料地拖了他的后腿。俄军再一次败退，但是拿破仑有病在身，无法迅速展开追击。9 月，拿破仑占领莫斯科，俄军继续撤退，筋疲力尽的法军只得一直追赶。然而，此时天气开始转寒，军队士气开始下降。由于无法顺利结束战争，法军内部弥漫着沮丧感，这迫使拿破仑于 10 月放弃莫斯科。恶劣的气候让法军漫长的撤退之途变成了噩梦，军队的后勤补给已经完全瘫痪，俄军也不断地进

行骚扰。到了年底，法国的入侵军已经所剩无几，拿破仑抛下了他们，火速赶回巴黎重新募集军队。

看到拿破仑陷入困境，盟友普鲁士和奥地利当即撕毁盟约，反戈相向。拿破仑率领的法军大多是新兵，缺乏经验，而他面对的是一大批乘胜而来，不再迷信拿破仑不败神话的敌军。到了 1813 年夏末，奥地利的军队和英国的财力支持让法军的形势越发严峻。然而，尽管联军人数比法军多了 50%，却依然不敢与拿破仑亲自率领的部队交战，转而将火力集中对付他的部下。拿破仑的部下接连战败，而德意志盟友也抛弃了他，这简直成了一场灾难。同年 10 月，拿破仑被迫在莱比锡与围城的俄国、奥地利和普鲁士联军交战。法军战败，但联军阻止不了拿破仑逃往仍有人追随他的法国。遗憾的是，尽管拿破仑精湛的战术素养在此时盛放出最亮的光芒：1814 年 2 月，拿破仑多次打败普鲁士部队，还击退了奥地利和俄国的大军，但联军还是在拿破仑赶回救援之前就迫使巴黎投降了。面对首都陷落、敌军遍地、国力疲乏的境况，拿破仑只得同意退位。而几乎在巴黎陷落的同时，法军在西班牙的战争也画上了失败的句号。

事实证明，拿破仑在厄尔巴岛上只“退休”了很短一段时间。1815 年 3 月，他再次返回法国，策划了一场大胆的战役，试图在敌人联合之前就把他们打垮。然而，一系列错误和厄运，包括滑铁卢战役开始阶段击败威灵顿后他自己的犹豫，最终葬送了法军的努力。拿破仑几乎力挽狂澜，将这场惨败扭转为又一场胜利。然而这一次，这位史上最伟大的战士冒的风险实在太多了。

拿破仑的统治尽管只给法国带来了短暂的辉煌，然而他对欧洲的影响，在他的王朝消失之后却依然长存。这是因为拿破仑的统治并非仅仅是军事上的胜利，他还重新建构了欧洲政治和社会秩序的基础。无论人们认为拿破仑贯彻了法国大革命自由主义和共和主义的理念，还是将他看作利用这些思想以达到自己目的的玩世不恭的统治者，都无关紧要。无论拿破仑的动机如何，他都改变了欧洲的版图和政治格局。他摧毁了当时存在的政治秩序——无论是神圣罗马帝国、支离破碎的意大利，还是被瓜分的波兰。他以共和理念、人民主权、各民族表达自己意愿的权利的名义，将这些旧势力一扫而光，这才是更加重要的。无论拿破仑是否愿意，他都被视为全新政治文化的引导者。他被人们看作是这个从根本上抵制君主制、疆域不断改变、政体不断更替的时代的象征。因此，拿破仑的统治具有双

重影响。表面上看，他常以愤世嫉俗的任性态度，颠覆现有国家，重新划定边界，改变人口分布。与此同时，他在重新划定的地区扮演了重组的力量，迫使那些地区的居民思考最基本的政治问题：我们是谁？人民是什么？我们应该属于谁？我们领土的主权最终将有怎样的归宿？

有人说，改变欧洲政治秩序的是法国大革命，而不是拿破仑。这话有一定道理，却忽视了重要的一点：没有拿破仑的军事天赋，法国大革命的理念可能只会变成法国本土束之高阁的珍品。失去了战无不胜的军队和富有魅力的领袖，它将力量全无，不为人知。拿破仑成了法国大革命理念的代言人，将这些理念散播到了欧洲各地。由于他的势力极大，军队攻无不克，因此人们即便无法接受这些思想，也不得不对其抱有敬意。从这层意义上来说，拿破仑酷似20世纪的美国总统伍德罗·威尔逊（Woodrow Wilson）。后者是美国军事和经济实力，以及美国求贤若渴、吸收进步思想的形象的化身。威尔逊缺乏创意，政治理念模仿他人、漏洞百出、自相矛盾，但这正如拿破仑可能并不真正相信法国大革命的共和主义理想一样，无伤大雅。

要论证拿破仑的重要性，最令人震撼的方式莫过于看看他戏剧般的统治带来的后果。拿破仑永久地改变了欧洲中部的版图。在咄咄逼人的法国面前，中世纪的神圣罗马帝国摇摇欲坠，无力自保；普鲁士连受重创，几乎要在欧洲地图上消失。欧洲各势力都已经意识到，对中欧进行彻底重组已是势在必行。拿破仑为统一的德国的出现打下了坚实的战略基础，促进了中欧的稳固。

不过事实证明，拿破仑对中欧的影响比这要复杂得多。法国的不断胜利对德意志人产生了多方面的影响。法国的成功，向德意志的年轻一代证明，一个统一的国家，其力量远远超过一个分裂的国家。这一例证在建立德意志民族的国家时起到了相当大的推动作用。普鲁士在法国的打击之下狼狈不堪，进行了彻底的重组，最终在俾斯麦（Bismarck）时代统治了中欧。拿破仑的法国成为许多德国人心中的楷模，这种观念直到俾斯麦统一德国时依然存在。德国同样重视国家统一和军事效率，并超越法国成为欧洲大陆最先进的国家。

18世纪末期，波兰遭遇列强瓜分，从欧洲地图上消失了。拿破仑给了波兰人复国的希望。他们走向拿破仑的旗帜下，为了波兰，与法军共同战斗。拿破仑并未成功地让波兰复国，也许他也从没有真心想这么做。然而对瓜分波兰的奥地利、

普鲁士和俄国的猛烈打击，华沙大公国的建立，以及法国盟友和全世界对他们英勇行为的认可，都证明波兰人并非徒劳无功。这也难怪随着拿破仑的一次次胜利，波兰人的浪漫让他们更加坚信自己终能复国。拿破仑时代对波兰的影响，揭开了欧洲政治上波兰问题的序幕。

拿破仑在意大利的战役摧毁了18世纪意大利半岛上复杂而支离破碎的格局。正如拿破仑并未建立一个统一的波兰一样，他也没有建立一个统一的意大利。他的主要作用在于扫清了障碍。为意大利的下一代创造了开展席卷全国的意大利复兴运动（Risorgimento）的条件。拿破仑战败后，欧洲列强召开维也纳会议（Congress of Vienna），恢复了拿破仑战争前的各势力版图。但历史最终证明这是徒劳的，意大利复兴运动如星火燎原一般迅速发展。

而要论证拿破仑的影响力度和广度之大之深，伊利里亚行省是最精彩的例证。拿破仑通过《申布伦条约》从奥地利手中得到了这里，它就此成为法国思想向欧洲东南部传播的通道。法国将这片区域直接并入了法国本土，废除了这里的农奴制度，引入了《拿破仑法典》，把它从中世纪的麻木混沌中唤醒了过来。更重要的是，伊利里亚行省的榜样促进了南部斯拉夫各民族的整合。他们发起了伊利里亚运动（Illyrian Movement），希望建立一个强盛的国家，即南斯拉夫（Yugoslavia）。

不过，拿破仑传达出的政治改革和民族团结的信息，其影响并不仅仅止于伊利里亚行省，而是深入了巴尔干半岛（Balkans）。希腊人、罗马尼亚人、保加利亚人和塞尔维亚人都参考了拿破仑的示例来推动自身的民族运动。拿破仑时代发生的塞尔维亚起义（Serbian Rising，1804）和希腊独立战争（Independece War of Greek，1821）绝非巧合。在巴尔干半岛的人民看来，奥斯曼土耳其帝国（Ottoman Turkish Empire）给他们带来了沉重的外来统治和落后的社会政治，而拿破仑则是让他们从中解放的象征。因此拿破仑对巴尔干半岛现今各国的形成起到了直接而显著的作用。

即便是无心之下，拿破仑也影响了许多民族运动。1809年，《提尔西特条约》下的盟国俄国入侵瑞典——表面的理由是瑞典亲英。沙皇最终夺取了瑞典的芬兰地区。而如今芬兰已经是另外一个独立国家了。正如一位芬兰爱国者所言：“我们已经不再是瑞典人，我们也不能当俄国人，那我们必须成为芬兰人。”

拿破仑让法国短暂地统治了欧洲。讽刺的是，这时候发生的工业革命，注定

了缺少矿产、人口较少的法国不太可能成为欧洲的霸主。无意之中，拿破仑带领法国为实际上无法达成的伟业而奋斗，法国因此无法接受一个可能更有利于自身、却稍低一些的地位。这直接导致了 1815 年之后，法国过度扮演自己的角色，产生了不良的后果。

英国和俄国在拿破仑垮台的过程中出力最多，这也让它们有足够的资格进行自我标榜。它们不仅夸耀自己军事上的强大——英国无敌的皇家海军和俄国固若金汤的防御能力，还将拿破仑视为文明的破坏者，自诩为文明的捍卫者，并将此视为它们政治文化中的标志性元素。俄国自以为是的使命感和英国对欧洲大陆国家的蔑视，是西方世界继承的两大不良遗产。

不过拿破仑既不是恶魔撒旦，也不是圣乔治*，将他与其他征服者，特别是希特勒进行对比，都是失当的，而将他比作希特勒尤其令人厌恶。拿破仑的军事成就并非缘于科技创新或理论研究，而是来自对现有工具的大胆和直觉般的应用。另外，尽管他在陆上非常成功，却在海上连遭失败，暴露了他在理念和技术上的局限性。拿破仑的战略思想——尤其是削弱英国的各项措施——体现了他的强大和智慧，但他还远远称不上一个天才。埃及的战役尽管目标很美好，但他并未仔细评估法国海军在地中海的弱势，而远征俄国显然超出了法国的能力范围。不过，他的大陆经济封锁政策尽管最终失败，在目标和意义上却是超前的。当时法国的能力和技术上的限制最终阻碍了拿破仑一展宏图。此外，他重组意大利和德意志，应对波兰问题，还有尤其是在帝国内部建立复杂的裙带关系，都难以称得上是意图深远、思路清晰的战略。不过无论如何，抛开短处不谈，拿破仑依旧统治了欧洲。他代表了一股变革的力量，不仅在统治时期给欧洲带来了翻天覆地的变化，还将他的理念散播出去，从而塑造了欧洲的未来。从古至今，他的战争才能也许无可匹敌，光这一点，就足以让他成为一位引起人们极大兴趣的伟人。

M.B. 毕斯库斯基（M. B. Biskupski）

---

* 据说圣乔治是罗马帝国时代生活在近东地区的一位基督徒，因为成功杀死一条贻害当地人的毒龙而深受爱戴。他是消灭兽性的压迫者和拯救无防御者的象征。——译者注

M.B. 毕斯库斯基（M. B. Biskupski），美国中康涅狄格州立大学教授，波兰与波兰美国人研究中心主任，于耶鲁大学获得博士学位。主要著作有获奖作品《波兰的好莱坞战争，1939—1945》（*Hollywood's War with Poland, 1939—1945*，2010）和《波兰史》（*The History of Poland*，2000）。

第三十七章

拉丁美洲独立战争（1808—1826）

中国同时期：清仁宗爱新觉罗·颙琰—清宣宗爱新觉罗·旻宁

概　述

自克里斯托弗·哥伦布（Christopher Columbus）时代起，欧洲各国便开始在新大陆殖民。包括英国、法国、荷兰、葡萄牙在内的许多欧洲列强都建立了美洲殖民地政权。这其中又尤以西班牙的为最大，其势力范围北起加利福尼亚，南至好望角，从大西洋一直延伸到太平洋。在美洲建立的西班牙王朝绵延数百万平方英里，其中人口可能达到约1500万。这些人中有数百万是当地人，即印第安人。不过在欧洲人来到这里以后，许多当地人都由于疾病和被充作苦力而死亡。为了弥补因此导致的劳动力稀缺，西班牙人引入了大量非洲奴隶。拉丁美洲还有一些混血儿，即欧洲人和印第安人的后代，以及克里奥尔人（Creoles），即生于美洲殖民地的欧洲人。

19世纪伊始，不满情绪就开始在西班牙的美洲帝国抬头。克里奥尔人逐渐开始抵制西班牙从本国派遣官员——即所谓的“半岛人”（peninsulares）——来殖民地就职并进行独裁统治的政策。他们希望自己能够扮演更重要的角色，用自己的方式管理殖民地，即便不是完全独立，也可以在很大程度上实现自治。西班牙的贸易政策也引起了许多反对。马德里当局坚持让殖民地遵守重商主义的经济体制。

这种贸易政策有利于母国，但往往会以损害殖民地的利益为代价。殖民地的商人更喜欢自由贸易，即政府对他们的贸易对象和贸易时间不加以干涉和管制。

18 世纪欧洲和美洲的发展也激化了殖民地对西班牙统治的不满。强调理性、宽容和人格尊严的启蒙运动与西班牙的传统完全背道而驰，后者往往由罗马天主教会来决定。就欧洲本身而言，许多受过良好教育的西班牙殖民者接受了启蒙运动的思想，开始改革他们的国家。美国独立战争（American Revolution）和法国大革命给他们提供了大量的模仿案例。美国《独立宣言》和法国《人权宣言》都被翻译成西班牙文，并在拉丁美洲传播扩散开来。

人们心中的不满逐渐发酵，而理想的愿景不断呼唤着他们，在两股力量的推动之下，促成了越来越多的反抗暴动。在说西班牙语的国家所谓的独立战争开始之前，也许弗朗西斯科·德·米兰达（Francisco de Miranda）于 1806 年在委内瑞拉推翻西班牙当局的失败尝试，便是革命的最好示例。米兰达在美国招募了许多志士，漂洋过海来到委内瑞拉，却发现这个国家还没有做好跟随他发动革命的准备，因此他的力量很快便消散了。尽管他最终失败，但拉普拉塔河（Rio de la Plata）总督辖区（大部分区域在如今的阿根廷）的克里奥尔人却很大程度上获得了自治。1806 年，面对英军对布宜诺斯艾利斯（Buenos Aires）的进攻，西班牙当局逃之夭夭，而当地领袖控制了局面并打退了侵略者。自此以后，拉普拉塔便脱离了西班牙的管辖范围。然而，只有圣多明各岛（Santo Domingo）的西部，即之后被命名为海地的地区，获得了真正的独立。在那里，奴隶起义军在杜桑·卢维杜尔（Toussaint L'Ouverture）的领导下驱逐了法国殖民者，建立了虽然并不稳固，却完全独立的国家。

欧洲的拿破仑·波拿巴的崛起引发了拉丁美洲的独立战争。1808 年，拿破仑逼迫卡洛斯四世和他的儿子斐迪南七世退位，并扶植他的哥哥约瑟夫·波拿巴坐上王位。这一举动引起了反感拿破仑的西班牙爱国人士的抵抗。在西班牙的美洲殖民地，同样掀起了抵抗拿破仑的运动。然而与欧洲反抗法国皇帝不同，美洲的反抗运动分化出了两派：其中一派真心希望波旁王朝复辟，统治西班牙；另一派则希望以反抗运动为契机，让美洲殖民地从西班牙独立出来。尽管寻求独立的力量越来越强，但忠于西班牙的人仍然控制着局势。这导致了 1808—1816 年一系列不成熟的独立宣言，比如米格尔·伊达尔戈神父（Father Miguel Hidalgo）在墨西

哥的讲话。伊达尔戈的独立运动同其他地区的一样，最终失败了。忠于西班牙的力量打败了革命军。

在基多（Quito，1809—1810）、查科斯（Charcas，现玻利维亚，1809—1810）、新格拉纳达（New Granada，1810—1816）、智利（1810—1814）和危地马拉（Guatemala，1811—1814），革命纷纷爆发，但最后都以失败告终。1808 年，委内瑞拉反抗拿破仑，宣誓效忠被废黜的西班牙王室。不过在两年后，委内瑞拉人却选择了独立。革命家弗朗西斯科 · 德 · 米兰达从流放地返回了委内瑞拉。在那里，年轻的反抗者西蒙 · 玻利瓦尔（Simón Bolívar）投奔了他。然而，米兰达的军队仍然抵挡不了西班牙保王军。1812 年，他再次被击败。玻利瓦尔设法脱身，继续进行革命斗争，不过到了 1814 年年末，他还是被迫流亡国外。

这段时期革命层出不穷，能够称得上成功的只有拉普拉塔河总督辖区的起义。赶走英国人后，克里奥尔人控制了辖区，直到西班牙势力 1809 年卷土重来。然而后者的统治也仅仅维持了很短的时间。1810 年，满怀独立决心的克里奥尔人再次掌握了权力，虽然他们内部常常因分歧而僵持不下，但到 1816 年，他们终于还是成功独立。拉普拉塔的各大区域：查科斯、巴拉圭和拉普拉塔河东岸区（Banda Oriental，即日后的乌拉圭）开始分道扬镳。此外，由于查科斯和秘鲁仍然掌握在忠于西班牙的保王派的手中，向起义军发动进攻轻而易举，因此拉普拉塔的革命是否最终取得了成功，人们目前尚无定论。为了应对这一威胁，革命派当局请来了何塞 · 德 · 圣马丁（Jose De San Martin）。

说起 1816 年至 1825 年这段拉美独立战争开始迈向胜利的过程，总离不开圣马丁和玻利瓦尔这两个人的名字。尽管这两位革命军领袖各自在不同的区域活动，但他们都为赶跑殖民者、解放南美大陆立下了汗马功劳。圣马丁 1778 年生于拉普拉塔，是一名西班牙官员的儿子。他进入了一所西班牙的军事院校学习，并在拿破仑战争期间为西班牙王室效忠了 20 年。1812 年，他返回拉普拉塔，投身于革命之中。

革命分子邀请圣马丁来到安第斯山麓的门多萨（Mendoza）。他在这里待了几年时间，组建了统治秘鲁的军队，扫清了威胁到拉普拉塔独立的势力。圣马丁的计划非常大胆。他提议带领士兵跨越 1.2 万至 1.4 万英尺高（约合 3658 米至 4267 米）的安第斯山脉奇袭智利，并在那里打败了西班牙军队。夺取智利之后，

他又越洋北上抵达秘鲁。在这次冒险的行动中，他得到了贝尔纳多·奥希金斯（Bernardo O'Higgins）的有力支持。后者之前曾参与了失败的智利起义。

1817年年初，圣马丁跨越安第斯山脉，开始了在智利的军事行动。他在查卡布科（Chacabuco）和迈普（Maipu）击败了西班牙军，智利因而在1818年宣布独立。在扫除了在智利的西班牙军之后，圣马丁将注意力转向了秘鲁。他寻求了前英国海军官员托马斯·科克伦（Thomas Cochrane）的支持，组建了船队，做入侵秘鲁的准备。1820年，圣马丁封锁了秘鲁海岸。在秘鲁南部登陆后，他采用了伺机而动的策略。在那里，他的主要工作是散播言论，激发秘鲁的克里奥尔人和混血儿的不满。最终西班牙人对利马（Lima）的掌控力减弱了，圣马丁不费吹灰之力便在1821年7月拿下了这座城市。之后秘鲁宣布独立。然而，大量西班牙军隐藏到了秘鲁内陆，圣马丁孤立无援，无法根除他们的威胁。

“北方的解放者”西蒙·玻利瓦尔很快便带来了援助。玻利瓦尔出生于1783年，是一位富有地主的儿子。他很早便失去了双亲。教师的指导和在欧洲列国的旅行让他年纪轻轻便拥有了对自由的信念。1807年他返回委内瑞拉，并立即投身于祖国的自由事业之中。

委内瑞拉第一阶段的革命失败以后，玻利瓦尔逃亡到了牙买加。之后他前往海地。在那里，革命政府热烈欢迎他的到来，并帮助他准备1816年对委内瑞拉的入侵。他这一次解放祖国的努力起初很不顺利。西班牙军击败了他。他被迫在奥里诺科河（Orinoco）的偏僻山谷里重整旗鼓。在河南岸的安戈斯图拉（Angostura，即之后的玻利瓦尔城），玻利瓦尔建立了他的总部。

玻利瓦尔并未被打倒。他聚集了一群当地的志愿者，之后随着许多具有献身精神的理想主义者、失业的士兵和来自欧美的淘金者加入这个队伍，玻利瓦尔逐渐组成了一支军队。此外，他还设计了大胆的战略，想要带领他的部队穿越潮湿的委内瑞拉内部，跨越安第斯山脉，直取西班牙在波哥大（Bogota）的总部。1819年5月，玻利瓦尔开始了这段危险的征程。尽管在途中可能损失了1/3的队伍，他却最终横越安第斯山脉，在博亚卡战役（Battle of Boyacá）中大胜殖民军。1819年8月10日，他成功攻入波哥大。两年后，玻利瓦尔在委内瑞拉的卡拉沃沃（Carabobo）击败西班牙军，从而终于扫清了殖民军残余势力，南美洲北部地区得以彻底解放。

北部获得胜利后，玻利瓦尔转向了南部。此时，他的副手安东尼奥·何塞·德·苏克雷（Antonio Jose de Sucre）已经占领了重镇瓜亚基尔（Guayaquil）。随后，苏克雷得到了从秘鲁北上的圣马丁的分遣部队的支持，于1822年5月在皮钦查战役（Battle of Pichincha）中击败了西班牙人，就此占领基多。同年6月，玻利瓦尔也抵达了这里。

圣马丁在南部连战连捷，而玻利瓦尔在北部也取得了胜利。1822年7月，两位解放领袖在瓜亚基尔会面。显然，这次会面并不顺利。他们不仅性格不合，对于南美的未来也看法迥异。圣马丁较为保守，他认为南美应当被分为多个主权国家，采用欧洲舶来的君主立宪制进行管理。玻利瓦尔则抵制君主政体，他主张建立共和政府。他还认为在联邦制度的基础上，南美洲终将走向大统一。会谈结束后，圣马丁离开了瓜亚基尔，并辞去了一切职务。他返回了欧洲，并一直在那边隐居到1850年去世。

对手退隐之后，玻利瓦尔将注意力转向了秘鲁。尽管圣马丁已经统治了沿岸，但内陆地区仍由西班牙的强大军队控制着。玻利瓦尔决心扫除这最后的一点西班牙残余势力。1824年，玻利瓦尔和苏克雷发起了进攻。在8月的胡宁战役（Battle of Junin）中，他们战胜了西班牙军。几个月以后，苏克雷取得了决定性的胜利，西班牙在南美的势力宣告灭亡。苏克雷解放了查科斯，为了纪念玻利瓦尔，这里被改名为玻利维亚（Bolivia）。1826年，最后一批西班牙军队离开了南美洲。

然而，玻利瓦尔的梦想仍未完全实现。胜利者内部出现不和，开始了争吵。他丧失了信心，因劳累过度于1830年逝世，时年47岁。他在去世前不久写道：“美洲实在难以管理。革命者简直像是在海里耕种一样白费力气。”

历史评论

拉美各国在取得独立战争的胜利之后，面临着自我管理的问题。随后，为了建立稳固的政府和经济制度，处理独立后的社会问题，同时在摆脱殖民地后重新定位自身与世界各国的关系，拉美人民进行了漫长而艰苦的斗争。为了达成启蒙运动、自由主义和独立运动的目标而进行的奋斗，迅速导致了幻灭和沮丧情绪的

蔓延。西蒙·玻利瓦尔捕捉到了这种失望情绪，他说：“在拉美，不仅人们彼此缺乏信任，各国之间也缺乏信任。和约不过是一堆废纸，制度形同虚设，选举就像打架一样，所谓的自由是一片混乱，活着只是一种折磨。”

拉美的政治、经济系统、社会结构和国际关系错综复杂，是一个很大的难题。对其进行分析必须考虑到政治背景、种族构成、地理、殖民经历和罗马天主教会的影响。这一系列客观因素使得各国人民的观点、教会扮演的角色和成立的政府类型都大不相同。

独立后，拉美各国希望建立民主的宪政政府。除了巴西之外，这些国家都属于共和政体。在宪法体制下，国家保证了公民的权利，确保政权过渡都是在自由选举的情况下发生的。然而，随着独立后宪政政府与倡导集权的传统君主政体发生冲突，问题随之而来。尽管君主们已经遭到了驱逐，许多拉美国家发现自己的政府仍然被军事独裁者和他们的亲信和支持者所统治。

从一开始，这些难题就困扰着拉美各国。事实证明，宪法的力量太弱，无法保证权力的和平移交。这带来了双重问题。首先，手握实权的人为了保证他们的统治，违反了基本的宪法规定。正如智利的自由主义评论家弗朗西斯科·毕尔巴鄂（Francisco Bilbao）在 1862 年所言，这样的行为表明，保有权力才是终极的目标。尽管统治者违背了宪法规定，但毕尔巴鄂认为政府采用的策略是所谓的“保留形式”。政府允许甚至鼓励选举，但同时也允许违背选举过程的事情发生。比如，政府会通过滥用计票权力，委派选举检查员，限制言论自由，控制新闻媒体的方式来操纵选举结果。其次，寻求政治控制的人们相信，由于政府控制了选举过程，他们无法增加权力。因此，反对派认为除非将现有的秩序推翻，否则他们永远无法获得控制权。

一旦发生经济危机，或是打了败仗，政府无力压制反对派掌控权力时，政变就发生了。这时，武力将代替票选决定政治结果。政权一旦不稳，决定究竟是旧政府还是反对者坐上权力王座的，就是军队。在这一系列追逐权力的斗争中，军事独裁者们攫取权力，通常不是通过民主途径，而是运用切实的军事力量、领袖气质和胁迫威吓。由于他们地位超凡，政局也并不稳定，所以他们享有了凌驾于法律之上的特权。

军事独裁者们通常从军队中发家，最终夺取国家的控制权。掌权后，他们要

求部下对其保持绝对忠诚。他们得到了影响力强大但权力稍弱的地方领袖的支持，凌驾于宪法之上，并且控制了立法、司法机构和选举流程。由于他们的权力实在太大，反对者们最终得出了结论：唯有通过武力途径方可求变。

在拉美，军队在政治中扮演的角色大约有两种。在阿根廷，军队领袖控制了本地军队，并随后得到当地根深蒂固的地方精英的支持。这些领袖的主要任务就是保证权力的稳固性，并满足地方精英的需求。除非必要，否则他们不会干预国家政治。另一种形式则出现在墨西哥和秘鲁，那里的军队支持他们的领袖以各种理由干涉政治。直到19世纪甚至20世纪，在拉美各国，军队在决定国家的政治方向上都起到了举足轻重的作用。

拉美独立早期，许多国家都谋求建立政府，政治和理念上的不同使得政治家和政治团体彼此产生了分歧。类似于“自由党”、“保守党”和“联邦党”这样的标签开始在政治演说中出现。这些“特质”与其说是描述各种理念的名词，不如说是用来分化个人与他们的团体的手段。例如，墨西哥的军事领袖安东尼奥·洛佩斯·德·桑塔·安纳（Antonio López de Santa Anna）出于政治需要，就时常切换自由党和保守党的身份。尽管转变政治阵营非常简单，但直到20世纪之前，这些标签仍然起到了分化作用，也在描绘各派的政治理念上立下了汗马功劳。

想要把某人归类于某个政治阵营是很困难的，因为这些术语的含义一直在变化。此外，家庭和地区内部的忠诚，社会阶层和职业之间的差异，让这种归类变得更加复杂。许多时候，这些标签都是按照以前的阶级制度对社会进行分类的。那些曾经较少触及政治和经济权力的人往往被划归自由党。自由主义往往吸引了工匠、小店主、专业人士和小地主。他们希望改变现有的秩序，呼吁保障个人权利，并要求剥夺教会和军队享有的特权。

保守阵营通常包含大地主、位高权重的教会官员、大商人和军官。大多数保守党支持中央集权政府，继续保有军队特权和教会的统治地位。在早些时候，保守党还为拉美独立而感到失望，期望能复辟君主政体。

自由主义和保守主义的倡议者有两种选择：建立一个类似西班牙1812年宪法构建的政治系统的中央集权政府，或是西蒙·玻利瓦尔倡议的联邦政府。显然，保守党希望是前者，而自由党支持后者。最终，大哥伦比亚共和国（1821）、秘鲁（1823）、智利（1828）和委内瑞拉（1830）采用了西班牙1812年宪法构建中央集

权政府。而墨西哥1824年宪法则拥有上述两种政府的特质，其框架大量借鉴了西班牙的模式，却创造了一个联邦体系，各州拥有有限的自治权。

随着拉美独立战争的打响，社会和政治关系随之改变，经济秩序也发生了翻天覆地的变化。西班牙丧失了对拉美的贸易控制，而英国后来居上，成为该地区最强的贸易力量。西班牙无法保持贸易控制权的缘由可以追溯到18世纪，但是在1808年法国占领伊比利亚半岛后，西班牙已经无力保障美洲的进出口贸易。西班牙丧失贸易力量的原因有以下几点：

首先，法国占领伊比利亚半岛，以及西班牙、葡萄牙殖民地的纷纷独立，使得外来商人得以参与拉美的经济。其次，西班牙缺少阻止外国商人在美洲经营的经济资本。最后，为保持自由贸易，自由党和保守党罕见地达成了协议来破坏西班牙的控制。自由党更喜欢没有限制的放任式经济，而保守党也希望外国人尤其是英国人在拉丁美洲进行交易。由于需要同英国人保持友好关系（英国和西班牙当时联合起来对抗法国），保守党愿意给英国商人在当地交易的权利。

英国（以及随后的美国和法国）的出现给拉丁美洲的经济秩序造成了极大的影响。在19世纪前半段，外国资本家基本不会在西班牙控制的拉美殖民地投资。许多专家将投资匮乏归因于政局的不稳定。这是有道理的，不过欧洲当时刚刚发生工业革命，许多欧洲经济体也缺乏资金，无法向外部市场投资。此外，拉丁美洲战事不断，造成了大量破坏，使得当地资本极其匮乏，外国投资者裹足不前。拉美独立战争和之后的内战更让这里满目疮痍。它们不仅造成了物理上的伤害——入侵者大量消费农产品、掠夺公共和私有财产、摧毁矿场，还破坏了各国内部的经济、政治、司法和社会体系。在这样的动荡下，本地和外国自然不会有大规模的投资了。

尽管拉美地区缺乏大规模的投资，但英国人带来了他们新的工业中心生产的廉价商品。廉价商品的到来，削弱了拉丁美洲当时的生产体系。大批量生产的低价服装成功打入了当地市场，本土手工制造的产品难以与其竞争。再加上资金的紧缺，拉丁美洲成了单纯的农产品出口地。在墨西哥，主要的出口商品是龙舌兰纤维（用于制造绳索和麻线）、烟草、咖啡和香草。委内瑞拉的咖啡、古巴和巴西的糖及阿根廷的牲口成了这些国家重要的出口商品，但它们都没有完善的工业基础设施来与英美两国竞争。对于原材料出口的依赖，使得西班牙殖民下的拉美完

全离不开外国市场，也延缓了自身产业经济的发展。

拉美独立尽管提高了拉美国家的社会流动性，却几乎没有给它们的社会结构带来重大变化。虽然在政治上，人们分为自由党和保守党，但双方在许多社会问题上达成了一致。对印第安人和混血人，他们都表现出同样的漠然，并认为这些人是落后和愚昧的。

特别是许多印第安人和混血人并未从自由的目标上获益。读写能力测试和财产限制使得他们当中许多人无法获得投票权。而那些可以投票的人，其选择权也受到了他们的庇护者的影响。拉美独立后，社会精英由于希望保有他们的社会地位，受到了越来越多的指责。在殖民时期，这些精英利用种族制度和社会歧视来压迫克里奥尔人、混血人和印第安人，从而维护他们的统治。独立战争、城市动乱和自由主义的理念打破了大部分社会流动性的壁垒。此外，独立战争还给克里奥尔人和混血人提供了赢取权力的机会。克里奥尔人阿古斯汀·德·伊图尔维德（Agustin de Iturbide）短暂地坐上了墨西哥皇帝的宝座。在秘鲁，安德列斯·德·桑塔·克鲁兹（Andrés de Santa Cruz）、阿古斯汀·加马拉（Agustín Gamarra）和拉蒙·卡斯蒂利亚（Ramón Castilla）这样的混血人走上了领导层，由此可见社会流动性已经得到改善。桑塔·克鲁兹甚至在 1826 年担任了秘鲁总统。

拉美独立以后，上层的克里奥尔人开始寻求挤入上流社会的机会。在殖民时期，克里奥尔人任职于官僚机构，从事商业和一些技术性工作，但几乎都只能谋取二流的职位。实际上，当时的政府、官僚机构和教堂对他们是有歧视的，那些最好的位置都留给了“半岛人”（出生在西班牙的人）。随着社会秩序的改变，克里奥尔人开始出现在曾经只留给半岛人的岗位上。

独立带来的变革对混血人、印第安人和奴隶而言，体现得并不明显。克里奥尔人上位以后，并不愿意分享权力。混血人通过在军事上的表现赢取了荣耀，爬到了坐拥权力和政治影响力的高位，但他们的肤色让许多人感到担忧。即便是西蒙·玻利瓦尔也对混血人占据重要的政治地位感到害怕。

尽管拉美独立给社会秩序方面带来的改良几乎没有，但人们对所谓的“底层阶级”的观点却发生了改变。独立战争以后，有人开始发起运动，要求改善拉美的印第安人和奴隶的地位。在 19 世纪 20 年代，有个别国家开始立法，希望解放奴隶。墨西哥、智利和美洲中部的一些国家在取得独立以后废除了奴隶制，不过

这些国家的奴隶在人口中的比重相对较小。在那些更加依靠奴隶劳动力的国家，解放奴隶不过是一句空洞的口号。在拉美独立后的至少20年内，奴隶都并未获得完全的解放，只是有一些国家通过了相关法律，在废除奴隶制上走得稍远了一些。例如，早在1810年，就有国家立法，规定奴隶交易是非法的；在19世纪20年代早期，智利和阿根廷保证了奴隶的子女能够获得自由。但是，南美的奴隶真正获得解放，则是很久以后的事情了。尽管在19世纪20年代初这一话题就已经被提上议程，但直到19世纪40年代以及50年代，乌拉圭、哥伦比亚、阿根廷、秘鲁和委内瑞拉这些国家才废除了奴隶制。然而，古巴和巴西依然将奴隶作为农业经济的重要劳动力，一直持续到19世纪80年代。古巴也在1870年方才赋予奴隶子女自由权。

在印第安人的眼里，独立的问题主要在于公共土地的所有权。在19世纪的前半段，印第安人控制了公共土地，尽管常有人认为如果将土地私有化，会对印第安人更好。希望修改印第安人土地管理法的人认为，公共土地的所有权问题与基本的经济法相冲突。另一些人则建议人为地将印第安人和社会中的其他人种分离开来。不过，分化印第安人群体的举措，几乎没有得到实施。著名的拉丁美洲历史学家图里奥·霍尔珀林·唐伊（Tulio Halperin Donghi）认为，经济因素决定了当时对待印第安人的土地的方式。他指出，当时的国内市场非常虚弱，印第安人群体可以自给自足，这两点因素使得夺取印第安人土地的计划流产。此外，那些拥有足够的资产，可以考虑购买印第安人土地的人，却因为19世纪前半段的政治和经济局势都不稳定，而不敢轻举妄动。随着19世纪后半段政局逐渐稳固，墨西哥等国逐渐开始出台法律，动摇印第安人的土地所有权，最终导致大量印第安人流离失所，生活极其贫困。

自由党和保守党或许不急着解决印第安人的公共土地问题，也不急着结束奴隶制，但他们一刻都不想容忍教会所扮演的角色了。在殖民时期，教会是一个拥有强大权力的独立实体，利用什一税、捐款、投资，以及拥有土地和牲畜攫取了大量财富。在教会强大经济实力的支撑下，其威望日益提升，其独立的司法体系也更加稳固。

对自由党而言，教会的地位与他们的改革观点相冲。教会持有巨大的财富，还不用交税，这触怒了不少自由党成员，他们认为国家因此损失了一大笔收入。

教会还坚持开设教会法庭，并在其中配有单独的工作人员，这更让自由党恼怒：教会怎么能游离于国家之外？教会权力的触角深深探入了拉丁美洲社会的每一个层面。它决定了神职人员的人事任免，要求追随者们遵守教会的法则，并通过参与教育项目、决定教学用书的方式限制某些科学理念的传播，阻止非天主教思想的流传，进而扩大其影响力。

有许多团体都在捍卫教会的特权地位。拉美独立后，一些社会精英开始与教会结盟，因为对教会地位的攻击有了威胁他们自身利益的趋势。此外，地主和商人也将教会看作他们经济收入的重要来源。在墨西哥的瓜达拉哈拉（Guadalajara），从 1721 年至 1790 年，几乎 80% 的借款都来自教会。教会作为资本来源，与传统的城镇商人和精英们依旧保持着不可分割的关系。

军队也支持教会。与教会一样，殖民时期的军队也有着超然的地位。他们收入丰厚，拥有独立的司法系统。如此状况也引起了自由党人的不满，他们认为这会加剧社会的不平等。对教会地位的攻击往往会波及军队，因此后者也自觉地将教会视为盟友。

拉美的独立运动并非无根之木、无源之水。欧洲各国错综复杂的关系，在这些殖民地脱离西班牙和葡萄牙的统治中，也发挥了重要的作用。拉美独立战争起初吸引了欧洲人的关注，但欧洲人的目光很快又转回了欧洲本土。在西班牙控制了西半球之后没多久，欧洲其他国家也都想来分一杯羹。它们的尝试从某些程度上也昭示着殖民地终将脱离西班牙的统治。为了保护自己的殖民地，西班牙疲于奔命，终于在 19 世纪初财政告急，再无力阻拦欧洲其他国家的染指。

欧洲在其他方面也影响了拉丁美洲。科学革命、启蒙运动和法国大革命带来了新潮的思想。在西班牙统治下闷闷不乐的克里奥尔人借法国大革命之机，开始寻求支持独立的人们，试图打动欧洲充满同情心的听众。

法国大革命对西班牙统治下的美洲国家的独立进程起到了巨大的推动作用。1808 年，拿破仑·波拿巴入侵西班牙，把他的大哥约瑟夫·波拿巴扶上了西班牙王位。半岛人和克里奥尔人对法国攻占西班牙表示强烈反对，并认为到了殖民者管理殖民地的时候了。在布宜诺斯艾利斯和委内瑞拉，殖民者建立了以被罢黜的斐迪南七世的名义领导的临时政府。临时政府组建成功，一切顺利，证明西班牙本土的确自顾不暇，也证明了殖民者是有能力自治的。随后，西蒙·玻利瓦尔等

克里奥尔人不满足于自治，开始谋求创建独立政府。

其他两个国家，英国和美国，对拉美的独立也有着重要影响。随着法国于1808年入侵西班牙，英国与西班牙结盟，开始支持西班牙政府对保有其殖民地的要求。当殖民地公开对西班牙表现敌意时，英国展开了艰难的交涉，一方面，英国需要支持盟友西班牙；另一方面，又得保护英国商人贸易所需的拉美开放市场。在如此两难的情况下，英国对殖民地的独立问题保持了中立。最终，英国拒绝帮助西班牙保住殖民地。此举体现出了英国与殖民地开展贸易的强烈愿望，不过确实有损其国际信誉。

拿破仑战败后，欧洲的联盟国于1815年召开了维也纳会议，重新建立了拿破仑战争期间被颠覆的政府。会议达成的协议暗示各国可以重新取得战争中失去的殖民地。然而，到了1820年，英国、普鲁士、奥地利、法国和俄国都得出结论：由于路途遥远，加上拉美经济需求旺盛，西班牙恐怕将在夺回殖民地的战争中吞下失败的苦果。为了避免卷入革命，以及随之而来的流血冲突，欧洲各国的领导人建议西班牙同意殖民者的部分要求。这样的方针缺少利他动机，揭示了欧洲各国保守党的恐惧心态。他们害怕任何革命性的举动都会产生多米诺骨牌效应，从而破坏已有的欧洲秩序。

1820年，西班牙的自由党强迫斐迪南七世根据《1812年宪法》建立君主立宪制。消息传到拉美，政府官员、军官、商人和地主们惊恐万分。保守派人士害怕独立会威胁到传统的社会秩序。因此，墨西哥、委内瑞拉、秘鲁和美洲中部各国的保守党开始领导独立运动，希望建立体现他们意志的新政府。

到了1822年，西班牙只能把收复殖民地的唯一希望寄托在欧洲联盟上，但英国的中立使得这一可能性化为乌有。欧洲各国时常讨论帮助西班牙的议题，奥地利、普鲁士和俄国有意帮忙，但它们的海军力量不足，没法支撑起跨洋战争。由于英国保持中立，欧洲各国不得不慎重考虑美国总统詹姆斯·门罗（James Monroe）的警告。后者声称，欧洲任何试图控制拉美地区政府的行为，都将被美国视为敌对信号。

尽管门罗主义（Monroe Doctrine）与英国的目标不谋而合，但美国的宣言并没有受到欢迎。英国外交大臣乔治·坎宁认为美国想要降低英国在拉美地区的影响。与此同时，欧洲一些国家的政府怀疑英国在背后给门罗撑腰，以此结成保守

党联盟，从而称霸欧洲。最终，由于欧洲本土还有诸多事务亟待解决，干涉拉美事务也需要付出不小的代价，欧洲各国最终没有响应西班牙的求助。

拉美独立既然已成事实，美国和英国便与新成立的拉美各国签订了贸易条款，这也是对它们某种形式的认可。有英美领头，欧洲其他国家也开始重新考虑与新成立的国家的关系。毫无疑问，西班牙拒不承认它们的独立。不过许多国家已经开始寻找签订经济条款的可能性。普鲁士、奥地利和俄国挣扎于两者之间，但最终也接受了殖民地的独立。

尽管商业协议证实了拉美各国的合法性，但这些协议并未带来谈判人所期冀的利益。随着拉美独立，交易的确比以往更为频繁，却并未达到人们的预期值。有几个原因可以解释这一情况。首先，独立战争破坏了原有的拉美经济，因此商品产量不足，无法维持循环的贸易关系。其次，拉美独立后政局不稳定，许多投资者裹足不前。再次，农业在当时尚未发展成出口经济中的强大力量，而拉美经济中的另一大盈利产业——采矿，却在战争中受到了巨大影响。最后，许多拉美人民极为贫困，购买力低下，限制了欧洲产品的市场规模。

从国际上看，拉美的外交进展非常缓慢。由于长年战争导致经济不景气，再加上各派不间断的权力斗争，拉美极为虚弱，在国际舞台上只能扮演微不足道的小角色。与此同时，欧洲各国要面对更为激烈的斗争、改革的威胁和工业化带来的社会摩擦，它们更倾向于放任拉美。英国和法国试图插手墨西哥、布宜诺斯艾利斯和拉普拉塔河地区的事务，但很快便意识到自己的影响力很有限。

西班牙和葡萄牙殖民地的成功独立带来了社会变革的理念。独立后，改革家们开始着手废除奴隶制，建造公共学校，剥夺军队和教会的特权，消除种族歧视。然而，事实上大多数旧秩序仍然难以撼动。引领独立运动的克里奥尔人无意为大众推行改革，他们只是想把半岛人推下权力的王座，自己取而代之。拉美独立以后，克里奥尔人终于得到了梦寐以求的位置，而社会和经济系统仍然是老一套。比如，他们并未切实推行土地改革。革命后地主的数量确实有所减少，但这使得越来越多的人削尖脑袋想要挤入地主贵族精英的特权阶层。重大的社会改革一直到 20 世纪才在拉美拉开帷幕。

J. 伯顿 · 柯克伍德（J. Burton Kirkwood）

J. 伯顿·柯克伍德（J. Burton Kirkwood），埃文斯维尔大学历史系教授、前系主任，于佛罗里达州立大学获得博士学位。主要著作有《墨西哥史》（*History of Mexico*，2009），编有《城市工厂历史回顾》（*The Urban History Workshop Review*）。

第三十八章

维也纳会议和梅特涅时代（1815—1848）

中国同时期：清仁宗爱新觉罗·颙琰—清宣宗爱新觉罗·旻宁

概　述

随着 19 世纪初的拿破仑战争落下帷幕，胜利者决定联手营造一个和平的时代。尽管许多欧洲国家参与了反抗拿破仑的战争，但是英国、奥地利、俄国和普鲁士在击败拿破仑的过程中做出了最主要的贡献。这些欧洲大陆的强大势力于 1813 年建立了联盟，它们不只是要打败拿破仑，还打算在接下来至少 20 年内压制法国，使其不得翻身。1814 年 4 月，联盟军强迫拿破仑退位，第一个目标就此达成。

击败拿破仑以后，联盟军还有两个任务要完成。首先是与法国言归于好，其次是在屡遭战乱的欧洲大地上建立起稳固可靠的新秩序。后者又包括重新划分欧洲版图，应对数不清的各种诉求，创造维持和平的机制，或者至少杜绝下一个拿破仑出现的可能性。

1814 年 5 月 30 日，联盟军与法国签订《第一次巴黎和约》（*First Peace of Paris*）。几经犹豫，他们还是在法国复辟了波旁王朝，与被送上断头台的路易十六的弟弟路易十八就和平问题展开了磋商。和约的内容相当友好，因为联盟军害怕如果对法国过于苛求，会对他们致力维护的欧洲和平有害无益。受辱的法国人很可能会在将来借机报复，这是胜利者们不想看到的。

除去复辟波旁王朝以外,《第一次巴黎和约》还允许法国保有其 1792 年 1 月时的边境线，即所谓的自然边界，这样一来，法国的疆域范围比 1789 年法国大革命爆发时还要大。不过，法国也得把从德意志、意大利和低地国家（荷兰、比利时、卢森堡）侵占的领土归还。此外，法国的殖民地多巴哥岛（Tobago)、特立尼达岛和圣卢西亚（Santa Lucia）等也须让给英国。通过路易十八的成功交涉，法国免于赔款。《第一次巴黎和约》是如此宽大，甚至都没有要求法国交还拿破仑在攻打各国时有计划地劫掠的各种艺术珍品。和约还要求之后在维也纳举行会议，“以决定日后安排，确保和约的切实执行”。

维也纳会议于 1814 年 9 月开幕，君主、王公、贵族、政治家、立法专家、权力贩子、投机者、交际花和上流社会人士们闻风而动，在奥地利首都汇聚一堂。会议期间还举办了大量奢侈的娱乐活动，让主办国的财力受到了严峻的考验。维也纳会议产生了显著的社交效益，一位观察家尖刻地表示：“维也纳会议只是一场舞会。”当然，这句评论有失公允。某种程度上，这一系列社交活动都是主办方刻意举办的，目的是让那些不够重要的与会者消磨时间，而真正的大国代表们则需要专注于处理摆在眼前的诸多事宜。

会议中，各大势力的代表们闭门商议，做出了一系列决定。起初英国、奥地利、俄国和普鲁士打算把决策权握于己手，但事实很快证明他们绕不开战败国法国。法国是一个非常重要的国家，他们无法将其排除在外。此外，法国代表塔列朗亲王（Prince Talleyrand）也威胁称，如果法国被排除出内部委员会，他将联合其他小国家建立新的团体，干扰会议的顺利进行。最后，胜利者们还发现，他们的分歧实在太大了，在许多有争议的问题上让法国居中斡旋十分有必要。

19 世纪的外交群星们开始在维也纳会议上绽放光芒。普鲁士的代表是年老而且近乎失聪的哈登贝格亲王（Prince Hardenberg)，而俄国则是沙皇亚历山大一世（Alexander Ⅰ)。由于俄国在击败拿破仑的过程中起到了关键作用，亚历山大一世极其自豪，时常以大嗓门说教他国，这种自以为是和道德上的优越感让其他与会者感到十分不满。塔列朗亲王代表战败国法国，照理说，他的话语权很小。不过他运用了高超的外交技巧，不仅成功进入了核心决策圈，还设法在许多具有分歧的问题上让法国拥有了决定性的一票。

英国外交大臣卡斯尔雷子爵（Viscount Castlereagh）在维也纳会议上成了关键

人物。尽管他胆怯、保守，不为许多英国同胞所喜，但由于英国在《第一次巴黎和约》中已经保住了胜利果实，这次会谈于他们而言利害关系不大，因此他扮演了关键的居中调解的角色。卡斯尔雷按照传统的英国方针，试图在大会上平衡各方势力，确保欧洲的和平与稳定，如此一来，英国在追逐国内和全球利益时便不必担心被卷入欧洲大陆的纠纷了。

不过要说起会议上最为重要的政治家，那么非主宾国奥地利的代表、外交大臣克莱门斯·冯·梅特涅亲王（Prince Klemens von Metternich）莫属。这位风华正茂而自信的外交官在没有损害奥地利本国利益的前提下，努力促成了各国意见的统一，营造了欧洲长久的和平。梅特涅是如此成功，以至于他不仅被认为是维也纳和谈成功的推动力量，还在接下来的 30 年中对欧洲事务产生了举足轻重的影响。

在开始的仪式结束之后，维也纳会议，或者更准确地说是欧洲各大势力，开始讨论正事。事实证明，对波兰领土的处置是最具争议性的议题。古代的波兰消失于 1795 年，奥地利、俄国和普鲁士将其瓜分。然而拿破仑以华沙大公国的形式重建了波兰。维也纳会议上，沙皇亚历山大一世建议将波兰确立为君主立宪制国家，他来担任第一任世袭制的君王。俄国的盟友普鲁士也同意把自己国家持有的波兰领土让给亚历山大，以此换来萨克森的土地作为补偿。

亚历山大的提议引起了英国和奥地利的警惕。它们认为俄国兼并了芬兰和比萨拉比亚（Bessarabia），已经算是拿到了抗击拿破仑应有的回报。更重要的是，它们不希望在欧洲腹地看到一个如此强大的俄国存在。这两国在抗击来势汹汹的法国时，付出了太多代价，不愿意让俄国得偿所愿而大搞扩张。此外，奥地利也不想把萨克森州的土地让给普鲁士，因为此举会大大增强普鲁士在说德语的人心中的地位，这一利好可是奥地利打算独吞的。另一方面，英国不反对给普鲁士补偿土地，不过它们希望那块土地位于莱茵兰（Rhineland）地区。如此一来，万一将来法国再次崛起，普鲁士就可以充当前哨。

1814 年年末，就波兰问题导致的不满情绪在会议中弥漫，这种不合已经发展到了相当危险的程度。就在这时，塔列朗亲王出面了，他提议结成对抗俄国和普鲁士的英法奥秘密同盟。1815 年 1 月 3 日，三国同盟成立。当这一同盟的消息泄露出去后，俄国和普鲁士迅速评估了自己所处的地位，并很快做出了妥协。最终，俄国拿到了华沙大公国的大部分领土，以此建立了所谓的波兰会议王国（Congress

代表们在维也纳汇聚一堂。这次会议从1814年9月一直持续到1815年6月，意图在法国皇帝拿破仑一世垮台后恢复欧洲各势力的平衡。欧洲的四大势力俄国、普鲁士、英国和奥地利同法国复辟的君主政体一起重新划定各国边界，同时商议对策，避免下一个拿破仑的出现。（来源：美国国会图书馆）

Kingdom of Poland）。普鲁士和奥地利也保有了一部分波兰领土。而波兰重要的枢纽城市克拉科夫（Cracow）成为拥有独立主权的自由市。普鲁士还得到了萨克森几乎一半的土地，以及瑞典的波美拉尼亚（Pomerania）地区和莱茵兰的大片领土。不过萨克森的国王还是保有了他的王朝和两个最重要的城市：德累斯顿（Dresden）和莱比锡。

维也纳会议还导致了另外一次重大的领土变更。奥地利把奥属尼德兰地区（比利时）划给了新独立的荷兰王国，以此树立了又一道屏障，防备可能的法国入侵。比利时人反对这项决议，但是没人理会他们。奥地利通过放弃这片偏远且难以防守的地区，换来了意大利富饶的伦巴第（Lombardy）和威尼西亚（Venetia）。奥地利还拿到了亚得里亚海（地中海的一部分）东岸以及多山的蒂罗尔（Tyrol）地区。经过这一系列领土变动，奥地利的人口比 1792 年增加了 400 万至 500 万。

奥地利在意大利半岛也收获颇丰，意大利北部的公国帕尔马（Parma）、摩德纳（Modena）、卢卡（Lucca）和托斯卡纳（Tuscany）此时也间接为其所控制。意

大利的其他变化还包括教皇和皮埃蒙特（Piedmont）的国王重新攫取了甚至比以前还多的财产，波旁王朝恢复了对两西西里王国（Kingdom of the Two Sicilies）的控制权。

英国则一如既往地扩张着自己的殖民帝国，甚至在维也纳会议开始前，他们就已经着手行动了。这次英国的版图中又加入了赫里戈兰（Heligoland）、马耳他（Malta）、开普殖民地（Cape Colony）、锡兰（Ceylon）、圣卢西亚、特立尼达岛和多巴哥岛。

维也纳会议的最终决定使得德意志支离破碎，包括奥地利和普鲁士在内的39个主权国家组成了德意志邦联（German Confederation），这是一个由奥地利主导的松散组织。会议还重新确立并确保了瑞士的独立，复辟了西班牙的波旁王朝，禁止了奴隶贸易。

在维也纳会议期间，拿破仑从地中海的厄尔巴岛逃离，回到法国重获权力，再一次开始了他的军事行动。拿破仑最后的挣扎，即所谓的“百日王朝”，在1815年6月18日滑铁卢战败后画上了句号。这段时期虽然很短，却产生了重大影响，尤其是对法国。《第一次巴黎和约》遭到废除，代表们议定了《第二次巴黎和约》（*Second Peace of Paris*），对法国提出了更为严苛的要求。根据1815年11月20日签订的新和约，法国须放弃东部和北部的领土，退回1789年的法国边境线，在这一过程中他们失去了约50万人口。此外，和约要求法国支付7亿法郎的赔款，同时至少负责三年占领军的给养。塔列朗亲王之前的努力有大半都付诸东流。

1815年6月，在维也纳会议结束前，代表们考虑了亚历山大一世组建神圣同盟（Holy Alliance）的提议。亚历山大希望所有国家都以基督徒的信条作为行为准则，而神圣同盟则是维持这一目的的具体形式。卡斯尔雷子爵认为，这不过是个“充斥着神秘主义的无聊组织”，因此英国拒绝加入。不过，除了教皇及信奉伊斯兰教的奥斯曼帝国苏丹外，欧洲各国君主都纷纷加盟。与此同时，梅特涅修订了协议，让签署国有权扼杀他们本国的反动势力，并暗示如果有必要，他们还可以跨国行动，以摧毁反对派。

几个月后的1815年11月20日，俄国、英国、普鲁士和奥地利又签约形成了四国同盟（Quadruple Alliance）。这一同盟比亚历山大的神圣同盟有着更加重要的作用。很快这个四国同盟变成了五国同盟——法国也加入其中，它们决定定期会

面，讨论欧洲事务，将任何可能威胁到欧洲和平的反动行为扼杀在摇篮之中。欧洲的外交至此进入了一个全新的合作时代。

历史评论

维也纳会议的最后决议于1815年6月9日签署。英国外交大臣卡斯尔雷子爵预计，在接下来的70年内，欧洲都能保持和平。实际上，在接下来的一个世纪中，欧洲都没有爆发过大型战役。简而言之，维也纳会议确立了19世纪欧洲的地缘政治和道德风气。它开启了一直持续到20世纪初的和平时代。到第一次世界大战爆发前，只有持续时间很短的小范围冲突在欧洲间或发生。

维也纳会议到1848年革命这段时间常被称作梅特涅时代。这是由于奥地利外交部部长克莱门斯·冯·梅特涅通常被看作维也纳会议的关键人物，对日后的欧洲产生了深远影响。正是这位自称为"欧洲的马车夫"的人物开创了定期磋商机制，维持了欧洲大陆的政治平衡，直到1848年他代表的势力被推翻。在这个机制下，不仅欧洲各国间相安无事，各国国内也风平浪静。梅特涅和维也纳会议为何如此成功？成功到了何种地步？为此又付出了怎样的代价？这些历史问题一直为后人津津乐道。

人们基于许多理由，多年来对维也纳会议和梅特涅时代进行了各种研究。当时的人们关注的是依循旧制和开辟新途的抉择；之后的研究者们则希望从中学到一些经验，从而解决自己时代的难题。例如，在19世纪末，自由派人士和民族主义者研究了这一时代，并对其进行了谴责，认为它延缓了所谓的自由主义和民族主义的发展。而在第一次世界大战以后，历史学家们惊叹于维也纳会议后的长期和平，想以此探寻创造稳定局势的办法。冷战期间，"实在论者"认为世界已经由强权政治主导，他们也意图从这一时代中找到平衡两大势力的途径——他们觉得欧洲就位于跷跷板的中间，而两边分别是美国主导的西方世界和苏联主导的东方世界。

冷战后，历史学家们也时常回顾这段时期。对他们而言，维也纳会议值得注意之处，不在于与会者犯下了何种错误，也不在于他们如何平衡了欧洲各势力，

而在于会议利用广为接受的道德及行为准则，开辟了国际政治的新视角，并以此为基础评估各种状况及相关后果。近期的历史学家们认为，梅特涅时代以后，18世纪的概念“国家理性”和“权力均势”被新概念“政治均衡”所取代。这一理念提倡维护彼此稳定，互惠互利。以前的“各国自扫门前雪”的旧观念逐渐遭到淘汰。

若要理解维也纳会议和梅特涅时代的伟大之处，我们有必要从最广泛的意义上来研究这段历史的延续性，以及它带来的改变。通常来说，历史学家们会强调法国大革命和拿破仑时代的革新意义。历史课本和历史课也通常从1789年法国大革命开始展开。以此来看，维也纳会议和梅特涅时代不过是历史进程中的一个插曲——甚至是倒退，因为对于法国大革命及拿破仑所宣扬及强调的自由、平等和友爱原则而言，这可称得上是南辕北辙。然而，如今的历史学家开始逐渐重视这段历史，重新评估其意义。毫无疑问，从人类历史进程上对自由和个人主义的追求来看，相对于法国大革命和拿破仑时代，这段时期的确有倒退的趋势。但是现在已经有许多证据显示，当时拿破仑的意识也远远没有达到现代的层次。

当拿破仑横空出世，打破法国乃至欧洲的宁静时，他的一切行动都是基于“国家理性”的准则，实际上是一种利己主义。这种思想在17世纪末及18世纪的王朝战争中有十分普遍的体现。这些战争与拿破仑战争一样，目的都是为了扩张。发动这些战争的国家推行的是传统的强权政治，即具有统治力的王朝和国家利用战争，阻止它们的邻国变得过于强大。在这一内阁外交的时代，王朝和国家的利益至高无上，而整个欧洲以及欧洲人民的利益则无关紧要。尽管拿破仑在战时的宣传和回忆录粉饰了自己的动机，但拿破仑战争并未脱离以上所述的主导整个18世纪外交的思维体系。

从这一点来看，维也纳会议和梅特涅时代可以说是国际关系的一个重大的转折点。长期的王朝战争，及近期内发生的拿破仑战争，逐渐让欧洲的政治家们产生了新的想法。这种全新的意识和决心，促成了维也纳会议和梅特涅时代。因此，尽管维也纳会议使得波旁王朝得以复辟，但这段时期与其说是历史进程的倒退，倒不如说是现代历史的开端。

拿破仑统治的最后时期，新的外交理念已经出现了萌芽。尽管拿破仑自己从未接受这种新观点，但他曾经的盟友，日后的敌手克莱门斯·冯·梅特涅却欣然

接受了。1813 年夏天，这位奥地利外交部部长试着调解拿破仑与英国、普鲁士和俄国的关系。他力劝拿破仑考虑到莱茵邦联的独立和中立情况，与这些国家握手言和。梅特涅的此番建议，并不会损害法国的威望、国力以及领土，还能重构欧洲的政治均衡。但拿破仑认为奥地利此举是为了自己的利益，因此拒绝相信他们。

一些历史学家认为，梅特涅这次调停完全就是为了给哈布斯堡家族（Habsburgs）* 找一个与战争狂人拿破仑决裂的理由。另一些人则认为梅特涅旨在平衡各方势力。议和不仅可以让拿破仑稍微安分一点，还可以保证曾是拿破仑的莱茵邦联的德意志保持中立和独立，从而遏制普鲁士和俄国的野心。不过以中立作为平衡势力的手段，这是一个全新的想法；而出谋划策只为实现地区的和平和稳定，这同样也是前所未有的。

梅特涅所考虑的，既不是让拿破仑垮台，也不是让欧洲的王朝复辟。他只是呼吁建设一个公正和平的欧洲。这位欧洲大陆的政治家意识到欧洲的混乱对于哈布斯堡家族来说非常不利，他希望拿破仑放弃霸权，共同开创和平稳固的时代。无论是当时还是现在，反对者和革命家们都谴责梅特涅的行为，认为他因循守旧，维护了当时的政府和社会关系。但在 1813 年，正是所谓的“革命之子”拿破仑，还困于自己的那套旧思维中，无法理解梅特涅的意图。最终，梅特涅不情愿地在 1814 年 3 月 9 日签订《肖蒙条约》（*Treaty of Chaumont*），加入了英国、俄国和普鲁士的联盟，四国共同议定为和平而战，抹去了拿破仑分化敌对力量的最后一点希望。《肖蒙条约》构建的联盟在接下来的 20 年中还在不断发展，保证了加盟国一同抵御法国的入侵。拿破仑的顽固，使得法国必须面对欧洲列强的联盟军。这些国家在历史上第一次齐心协力面对一个共同的敌人，为了全大陆的和平和稳定，它们不仅要打败拿破仑，还要彻底消除他东山再起的可能。就像现代的联合国一样，这个战时的军事同盟甚至在成立之初就已经确立好了持续长久地维护国际安全的目标。

拿破仑于 1814 年 4 月 11 日退位，为了找到一个合适的统治者，梅特涅开始支持波旁王朝重返法国。但这不应看作他反对革命、支持复辟的依据。1814 年 4 月 30 日，《第一次巴黎和约》签订，其中的条款对法国异常宽容，因为联盟军的

* 哈布斯堡家族是欧洲历史上最为重要、影响力最大、统治地域最广的王室家族，该家族成员曾出任过奥地利、匈牙利、西班牙、比利时、荷兰以及德意志等地的君主，通过联姻与全欧洲的王室都有血缘关系。梅特涅即出自此家族。——译者注

主要目的是维持政治均衡，而不是要求所谓的复仇、索赔和复辟。尽管从 1814 年路易十八登上法国王位到 1830 年法国七月革命（July Revolution）这段时间，在法国史上通常被称作“复辟”时期，但法国的宪法和其与欧洲的关系几乎没有出现倒退。为了维护欧洲的稳定，战胜国在法国颁布的宪法十分温和，还允许法国维持其 1792 年 1 月的边境线。梅特涅和其他盟国的政治家们都不想重复那危险而不稳定的过去。

抱着“维持和平的均势，而不是复仇、索赔和复辟”这样一种宗旨，维也纳会议于 1814 年 9 月开幕。不过这不意味着梅特涅和其他与会的政治家都是怀抱着伟大理想的无私者，将欧洲和平置于一切利益之上，也并不意味着一开始在磋商中，这些政治家就意识到了欧洲各国同心协力、彼此尊重、追求和平的益处。1815 年 2 月末，被流放至厄尔巴岛的拿破仑东山再起，才让他们意识到外交理念亟须革新，“国家理性”亟须摈弃，如此才能让欧洲走向稳定的正轨。

要理解维也纳会议的处理方式的独特性，我们有必要看看后拿破仑时代的政治状况。当时还有许多条路可走，不过还有一些比如王朝复辟等选择，很快就将永远消失了。维也纳会议几乎没有什么“复辟”的元素，因为从拿破仑战争中幸存下来的统治者们，没有人对回到战前的生活感兴趣。

英国想要成为海上霸主，这也意味着获取更多殖民地。俄国沙皇亚历山大一世希望被大家承认为欧洲的保卫者，他们想统治波兰，想在幸存的德意志和意大利的公国上分一点好处，还想领导一个欧洲基督徒的统治者团体（即后来的神圣同盟）。普鲁士的代表哈登贝格亲王希望摆脱主导 18 世纪德意志的奥地利—普鲁士二元模式，至少在德意志北部拥有绝对的统治力。而由于奥地利是个多民族国家，当时情况下发生的任何变故都可能威胁其安全，因此该国代表梅特涅希望建立新的欧洲平衡机制，这样不仅可以压制可能意图报复的法国，还可以约束过于狂热的俄国沙皇和热衷于扩张的普鲁士。

不过维也纳会议之所以独特，并不是因为小国遭到忽视，欧洲列强各自追逐自己的利益；也不是因为法国代表塔列朗亲王出色的外交能力，让法国跻身会议的决策层。会议的非凡之处在于传统的强权政治、国家理性、势力平衡对最终决议的影响不大，所有的与会者都怀抱着良好的意图，最终实现了欧洲的和平。这不仅能够解释维也纳会议为何如此成功，也能够解释随之而来的梅特涅时代为何

风平浪静。

这种精神上的影响可以在会议解决波兰问题上略见一斑。波兰问题曾经一度威胁到会议的进程，差点让欧洲列强的联盟分崩离析。沙皇亚历山大一世意图重新建立波兰的君主政体，他自己担任世袭制的立宪君主。不过问题在于，波兰自1795年起已经从历史上消失，其版图已经被俄国、普鲁士和奥地利瓜分。普鲁士愿意把自己手上的土地交给俄国，以此换来萨克森的土地补偿。萨克森的国王长期以来都是拿破仑的盟友，看起来是个合适的受害者。由此，18世纪以来传统的国际问题就浮现了，其他列强想要追求传统的势力平衡，不同意他们做此交换。实际上，1815年1月3日，英国、奥地利和法国便结成秘密同盟，想要与普鲁士和俄国抗衡。不过这一同盟还是很难阻挠北欧列强的计划。主要依靠海军的英国、被击溃没多久的法国和财力耗尽的奥地利还不是俄国和普鲁士的对手。然而，亚历山大一世还是妥协了，顽强的俄国人并不惧怕军事冲突，但他更希望欧洲能够保持均衡的态势。这位俄国沙皇自命为欧洲的解放者，迫切地想证明自己的国家能够肩负维护和平的重任。在维也纳会议上，他最终把国际道德置于国家理性之上。这昭示着一个新的时代即将到来。

与此同时，索赔、势力平衡以及“正统性”这些通常在战后会议中提到的字眼呢？在历史学家描述维也纳会议时，难道把这些18世纪残留下来的概念从他们的词典中删去了吗？“政治均衡”和“基督教的道义”最终大获全胜？尽管过去有许多历史学家相信维也纳会议中传统政治的思维依旧占据了主导地位，但实际上，上述迹象所体现的比人们所想象的更加淋漓尽致。

在维也纳会议上，代表们的确就领土问题进行了交易，不过此举更多的还是为了全欧洲的利益，而不是王朝的扩张。比如说，梅特涅继续了他1813年的德意志政策。他并未恢复由哈布斯堡皇室领导的神圣罗马帝国，而是创立了拥有39个邦国的德意志邦联。这些邦国为了欧洲的稳定，决定成立一个自卫性质的同盟。不过这个同盟内部非常松散，每个邦国都有自己的主权，它们的国王都是拿破仑时代的幸存者。从本质上来说，德意志邦联就是中立了之后的莱茵邦联，只是奥地利与普鲁士也加入其中。实际上从1815年至1848年，德意志邦联的主导权一直平衡在奥地利和普鲁士之间，这就是德国历史在梅特涅时期的特征，也是体现梅特涅和其他代表所持的全新的“政治均衡”理念的最佳例证之一。

法国之前通过革命战争，抢走了奥地利的奥属尼德兰地区，但是奥地利并未要求物归原主。相反，奥地利把这片地区与拿破仑入侵导致的另一个受害者——尼德兰联省共和国（United Provinces）并为一起，组成了尼德兰王国（Kingdom of the Netherlands），又称荷兰王国。这可不是为了补偿尼德兰亲王威廉一世及他的王国。之所以如此做，是为了将尼德兰王国当作监视热爱扩张的法国的前哨站。之后在欧洲列强的默许之下，比利时共和国（Republic of Belgium）于 1830 年从尼德兰分离*。尼德兰王国的成立和分裂,都体现出了欧洲各国追求和平的政治均衡的新理念。

只有在意大利的处置上，可以准确地认为梅特涅是为了索赔，并利用了强权政治的手腕。吞并伦巴第—威尼西亚王国（Lombardy-Venetia）显然是出于“征服者应有这个权利”的想法。不过获取这片意大利的领土，也意味着奥地利哈布斯堡家族需要承担欧洲大陆上更多的责任。此后，奥地利开始以维护欧洲稳定为名，干涉意大利的政治，这也是梅特涅时代的一个重要特征。显然，这种干涉受到了 19 世纪自由主义者和意大利民族主义者的谴责。

1815 年 2 月底，拿破仑从厄尔巴岛逃脱，重建所谓的百日王朝。但大体上来说，这一事件没有改变欧洲列强的处置思路。1815 年 11 月 20 日签订的《第二次巴黎和约》也并未改变欧洲各国携手合作、追求道德正义的主旋律。与《第二次巴黎和约》一同签订的，还有英国、俄国、奥地利和普鲁士的《四国同盟协议》。协议规定，在接下来的 20 年中，它们需要共同努力，阻止法国打破欧洲的安宁。四国同盟还呼吁各国代表定期开会，共议欧洲的和平发展事宜。首次定期会议于 1818 年召开，在会上，威胁力大减的法国也被承认为正式成员。这一系列讨论欧洲平衡的会议让列强们有了前所未有的合作精神，这样的态势持续了将近 40 年，直到 1853 年克里米亚战争（Crimean War）爆发。

这里必须说的是，打下欧洲列强的合作基础，奠定和平稳定的梅特涅时代的，并不是神圣同盟，而是四国同盟。由于沙皇亚历山大一世的政治方针逐渐趋于保守，他的神圣同盟通常被人看成镇压国内改革的奥地利、普鲁士和俄国同盟。许

---

* 在维也纳会议中，荷兰与比利时合并为荷兰王国。但荷兰商业发达，主张自由贸易，信仰新教，而比利时经济发展较晚，主张实行贸易保护主义，信仰天主教。由于信仰不同，经济实力有差距，且荷兰处于压迫者的地位，因此激起了比利时人民的反抗。为了避免法国趁机获利，同时削弱荷兰王国的实力，欧洲列强最终默许了比利时的独立。——译者注

多19世纪的自由主义者和民族主义者错误地将神圣同盟和四国同盟混为一谈，抨击维也纳会议导致了历史的倒退，这是不公平的。

对于英国外交大臣卡斯尔雷子爵，我们也有必要详加介绍。他与梅特涅一样，是维也纳会议和梅特涅时代初期的真正英雄。维护欧洲大陆的稳定，对身处欧洲大陆的政治家梅特涅来说，事关切身的利益。但是岛国的政治家卡斯尔雷要劝说英国政府为欧洲大陆着想，却并不是一件容易的事。他不仅让英国参与了维护欧洲大陆稳定的工作，还与梅特涅作为“公正无私的一方”共同探求欧洲的平衡，这样的手腕着实令人称道。可惜直到卡斯尔雷于1822年自杀以后，他的这一番贡献才逐渐显露出来。卡斯尔雷的继任者们如乔治·坎宁和帕默斯顿子爵（Viscount Palmerston）不喜欢梅特涅的保守主义，他们希望利用强权政治为英国谋求最大利益，因而不断挑战着欧洲同盟的约束。可以说，在1822年到1848年的大部分时间，梅特涅实际上都是欧洲唯一的“马车夫”，他以一己之力约束着这些试图脱缰，最大化本国利益的野马们。

正因如此，梅特涅时代可以说是名副其实。在这一时代，梅特涅使尽了浑身解数，试图让欧洲列强信任这个同盟。然而，他个人的虚荣心，让当时和后代的历史学家们对其是否真心维护欧洲的政治均衡表示怀疑。批评者们认为，梅特涅的陈述不过是花言巧语，掩盖了他为奥地利谋取利益的真相。当时的人通常认为，梅特涅希望从四国联盟中得到的，并非欧洲的和平和稳定，而是对脆弱不堪的哈布斯堡家族的保护。英国、法国以及之后持有改革思想的普鲁士等君主立宪制国家的政治家们尤其持有这种观点：梅特涅让欧洲远离战火和革命，可不是为了欧洲好，完全是为了让哈布斯堡王朝能够延续下去。欧洲和美国支持自由主义的历史学家也有此类论断。然而，他们没有考虑到，梅特涅是一位拥有改革思想的保守派人士。他们没有看到梅特涅的欧洲联盟体系得到了多广泛的支持，他的努力避免了欧洲走向其他更加危险的道路。

梅特涅关心的是革命——不是我们如今所想的革命，而是类似法国大革命那种不仅改变了社会，还席卷了全国，最后孕育出了一个志在征服欧洲的狂人的革命。他最担忧的就是这类革命再次爆发。奥地利一直压制着革命的暗流，与拿破仑统治下的法国相抗衡，因为这些都会破坏欧洲的政治均衡，导致各国的内忧外患。1815年以后，梅特涅的担忧已经不只局限于法国，因为埋藏有革命种子的国家还

包括1815年至1825年沙皇亚历山大一世的俄国，以及1840年以后腓特烈·威廉四世（Frederick William Ⅳ）的普鲁士。梅特涅不仅将这些国家看作革命的受害者，也认为它们是破坏欧洲和平的元凶。只有明白这一点，我们才能了解到梅特涅的困难和他取得的成功的本质。

要维护欧洲的稳定，梅特涅依靠的是在各国元首及部长之间不断举行会谈，增进他们的私交。因此，梅特涅时代也同样可说是"大会议时代"，其间召开过维也纳会议（1814）、亚琛会议（Congress of Aix-la-Chapelle，1818）、卡尔斯巴德会议（Carlsbad Conference，1819）、维也纳会议（1820）、特拉波会议（Congress of Troppau，1820）、卢布尔雅那会议（Congress of Laibach，1821）和维罗纳会议（Congress of Verona，1822）。此外，1830年和1840年还有两次在伦敦的会议，第一次是为了处理比利时1830年革命，第二次则是为了避免东方问题（Eastern Question）* 让欧洲各国大动干戈。梅特涅组织并主导了这最后的两次会议。在会议中，这位奥地利的外交官慷慨激昂地陈述了自己的观点。

在所有这些会议上，梅特涅都试图让列强相信：善意、合作和对欧洲稳定的关注会取代自私的利己主义和国家主义。梅特涅发出的这个时代的道德之音，甚至盖过了欧洲君主对革命的恐惧，这一点使得他更加伟大。他经常呼吁君主之间要保持手足情谊。正是这种情谊，才让沙皇亚历山大一世和腓特烈·威廉四世这种吹毛求疵的人能够相处融洽。不过与此同时，梅特涅苦口婆心宣扬的手足情谊却让英国和法国政治家感到厌烦。英国作为岛国，早已养成了以自我为中心的思维习惯。而法国人经历过了拿破仑统治时代的风光无限，现在要他们学会放弃、学会无私是很困难的。

由上所述，梅特涅的会议制度，完全不是像传统观点认为的那样为欧洲列强自私自利的本能服务，它并不是让政府彻底压制人民的工具。比如说，在亚琛会议上，梅特涅努力抑制俄国沙皇亚历山大一世和普鲁士国王腓特烈·威廉三世的狂热，力图避免他们干涉德意志大学中涌现的民族主义者和自由主义者。尽管梅特涅从来都不欢迎革命，但他对革命的恐惧也远不如其他国家的领导人，如亚历山大一世。后者对革命过度敏感，因此屡屡把手伸出国界，干涉其他国

* 东方问题：近代欧洲列强为争夺昔日地跨欧亚非三洲的封建神权大帝国——奥斯曼帝国及其属国的领土和权益所引起的一系列国际问题。从欧洲来看，奥斯曼帝国地处其东，故统称为"东方问题"。——译者注

家的家务事。

梅特涅确实也做出了行动反对德意志的革命运动，从 1819 年的卡尔斯巴德决议（Carlsbad Decrees）[*] 和 1820 年的维也纳会议中可见一斑。然而，为了达成他的目的，他并未号召其他欧洲列强，而是利用了德意志邦联的力量。梅特涅希望德意志能够保持安宁，既不要被国内的革命力量打扰，也不要被国外的密谋者（包括俄国、法国和英国国内的自由主义力量）利用。在梅特涅眼中，德意志如果能保持稳定，那么脆弱的奥地利以及整个欧洲都会维持平衡。在与其他欧洲国家举行的会议中，他不断对"保守派"和"革命派"加以抨击。他确信，不论在任何方向上过度狂热，都会陷欧洲于骚乱之中。

在 19 世纪 20 年代西班牙、意大利和希腊的革命中，梅特涅阻止亚历山大激进行动的意图体现得十分明显。在特拉波会议、卢布尔雅那会议和维罗纳会议上，梅特涅不仅阻止了俄国介入西班牙和意大利的事务，还力图让欧洲列强暂缓介入希腊问题。前两国爆发革命时，亚历山大一世都提出要从遥远的俄国派兵镇压。梅特涅设法让他相信：周边国家介入足以解决问题，如意大利事件中的奥地利和西班牙事件中的法国。因此，对这两次革命镇压的过程都较为干净利落，并未引起复杂的局势变化。而在之前的几个世纪中，这种程度的干涉他国内政的行为，总会不可避免地影响到各国间的合作和信任，由此可见梅特涅之才能。

比起西班牙和意大利的革命，东方问题更是危险的顽疾。希腊新兴的资产阶级要求摆脱奥斯曼帝国军事封建制度的束缚，建立自己的国家，它们在 1821 年发动了起义。而之后在 1840 年，奥斯曼帝国的属国埃及也爆发危机。欧洲列强为瓜分奥斯曼帝国蠢蠢欲动，这让梅特涅的努力成果开始受到威胁。希腊起义揭开了 19 世纪 20 年代残酷战争的序幕，这场战争打了近十年，激起了英国、法国和德意志大部分地区对希腊的同情，却使得俄国深表不满[†]。各国的分歧几乎让梅特涅的会谈体系分崩离析。梅特涅一直从道义上劝说俄国沙皇亚历山大一世，但随着亚历山大一世于 1825 年逝世，其弟尼古拉一世（Nicholas I）上台，他的努力也付诸东流。新任沙皇对奥斯曼帝国虎视眈眈；法国希望欧洲同盟解体，从而摆脱同盟对法国的种种限制；英国对奥斯曼帝国的暴行也义愤填膺——面对这样的局面，梅

* 卡尔斯巴德决议是德意志政府为反对和镇压民族统一运动和自由制定的四项法律，在梅特涅召集奥地利、普鲁士及 8 个德意志邦国举行的卡尔斯巴德会议上产生。——译者注

† 俄国本打算独吞奥斯曼帝国领土，从而控制黑海、君士坦丁堡和两海峡，自由出入地中海。——译者注

特涅暂时失去了对会谈体系的控制权。1828 年，俄国、法国和英国联手胁迫奥斯曼帝国，让希腊获得解放，与此同时获得了革命者和崇尚强权政治者的一片好评，而梅特涅对此无能为力。

然而，1830 年法国七月革命爆发，让西方列强回想起了革命者和革命国家的危险。梅特涅带着维护欧洲稳定的热情站了出来。他推动各国承认了被资产阶级自由派拥上法国王位的路易·菲利普（Louis Philippe，又称路易·腓力）的合法性，阻止了法国变成革命国家。在接踵而来的比利时 1830 年革命中，尼德兰王国分裂，欧洲有战火再燃之虞。又是梅特涅在列强间斡旋，促使各国合作。在 1830 年伦敦会议上，梅特涅提出了欧洲各国都赞同的解决方案，比利时得以独立，但须保持永久中立。以司法和政治均衡为名，这场风波的解决成为欧洲列强团结稳定下的又一次胜利。

1840 年争端再起，原因依旧是东方问题。奥斯曼帝国曾经的附属国埃及的领袖穆罕默德·阿里（Mehemet Ali）率军猛攻土耳其，帝国几乎将要崩溃。为了避免各国哄抢土耳其领土，奥地利和英国代表土耳其介入此事。不过法国首相阿道夫·梯也尔（Adolphe Thiers）希望法国恢复在拿破仑时代的荣耀，在外交上支持埃及。梯也尔认为，法国在欧洲地位有限，这一点奥地利要负主要责任。但是他无法挫败梅特涅，因此转而威胁德意志的莱茵兰地区。

梅特涅的外交手腕又一次力挽狂澜。在 1840 年伦敦会议上，他不仅成功避免奥地利激怒法国，也阻止了普鲁士国王腓特烈·威廉四世试图挑起德意志爱国主义浪潮，与法国针锋相对的行为。这位具有浪漫情怀的国王已经准备好武装军队，想让法国尝尝厉害。梅特涅阻止了他将德意志——乃至整个欧洲——推入与头脑一时发热的法国无意义的战争之中。通过他的外交手段，德意志邦联和欧洲重新回到政治均衡的稳定轨道上。

当然，稳定是要牺牲法国的革命派、普鲁士的国家主义者和德意志的民族主义者的利益的。后两者与具有革命精神的自由派和民主派一样，对梅特涅在 1848 年 3 月的倒台感到极其满意。不过 1848 年淹没欧洲的革命不仅赶走了这位欧洲的“马车夫”，还摧毁了维也纳会议和梅特涅时代的核心——欧洲同盟体系。1848 年欧洲革命还终结了法国的七月王朝，路易－拿破仑·波拿巴（Louis-Napoleon Bonaparte）成为法国首任普选上台的总统。他在 1852 年称帝，号称拿破仑三

世（Napoleon Ⅲ）。在拿破仑三世和1862年成为普鲁士首相的奥托·冯·俾斯麦（Otto von Bismarck）之间，现实政治，即19世纪版本的权力平衡，代替了梅特涅苦苦追寻的欧洲的政治均衡。这两位19世纪后半段的革命分子，让欧洲重新拾起维也纳会议之前主导大陆的强权政治思维。梅特涅对这类革命家的恐惧，远超过对平民革命者。他们给欧洲带来的不是自由、民主以及和平，而是独裁政府和战争。社会达尔文主义（Social Darwinism）* 取代了君主政体的团结和政治均衡的准则。欧洲的会议体系至此终结。而欧洲历史上极不平凡的梅特涅时代，也就此画上了句号。

罗伯特·D. 小比林格（Robert D. Billinger, Jr.）

罗伯特·D. 小比林格（Robert D. Billinger, Jr.），温盖特大学历史系教授，于北卡罗来纳大学获得博士学位。小比林格是富布莱特学者，研究领域是奥地利历史。主要著作有《阳光州的希特勒士兵：佛罗里达的德国战俘》（*Hitler's Soldiers in the Sunshine State: German POWs in Florida*，2002）。

* 社会达尔文主义：是将达尔文进化论中自然选择的思想应用于人类社会的一种社会理论。持有此观点者根据自然界的“食物链”现象提出“弱肉强食，物竞天择，适者生存”，并以此解释社会现象。——译者注

第三十九章
《1832 年改革法案》(1832)

中国同时期：清宣宗爱新觉罗 · 旻宁

概　述

在 1688 年英国爆发光荣革命，推翻国王詹姆斯二世（James Ⅱ）之后，英国国会便逐渐掌握了国家大事的指导权。尽管国会成员基本来自贵族群体，但在对待改革措施的问题上也并不死板顽固。然而，法国大革命和拿破仑战争极大地惊吓了英国下议院和上议院的许多成员。由于害怕革命的种子在不列颠群岛生根发芽，他们开始戴着有色眼镜看待任何企图改变现状的提议。在拿破仑战败后的 5 年至 10 年，这种拒绝改变的成见在英国政坛体现得尤其明显，一部分极度保守的托利党（Tory）成员把持了国会。然而，这段时期也是英国国内极度混乱的时期：经济持续低迷，工业化步伐太快，从战时经济到和平时期经济的转变也非常不顺利。数十万士兵回国退伍，给本已饱和的劳动力市场带来了巨大压力。

面对越来越多的不满，以及时有爆发的暴力事件，保守派国会决定中止人身保护法，限制新闻出版及公共聚会。1819 年 8 月，曼彻斯特爆发了规模浩大的和平示威，而英国政府却派兵进行镇压，导致了 11 人死亡，大约 400 人受伤。这场

"彼得卢屠杀"（Peterloo Massacre）*不仅点燃了群众的怒火，还让保守派更加恐惧革命，他们出台了《六条法案》，赋予了政府搜查与扣押的权力。国会还建立了复杂的审查制度，并禁止公众集会。一年后，革命分子开始秘密策划对整个内阁的刺杀行动，从而建立共和政体，不过他们的计划没有成功，这些人遭到逮捕，很快被处决。

尽管包括拿破仑的征服者威灵顿公爵和英国外交大臣卡斯尔雷子爵在内的许多保守派名人尽了自己最大的努力，但支持改革的力量依旧越来越强。英国的中间阶层，即中产阶级，借工业革命之机走上了富裕的道路，他们要求拥有与他们的财富相匹配的政治力量。英国工人开始在新式工厂中遭受剥削，英国农民也被机器赶出了田地，他们也对改革有着迫切的需求。

改革的呼吁甚至影响到了托利党内部，党中也诞生了由乔治·坎宁、威廉·哈斯基森（William Huskisson）和罗伯特·皮尔领导的改革派系。这些自由派的托利党想了个折中的办法，他们支持温和的改革，如此既可以让国家重获生机，又可以平息革命分子的激烈情绪。1822 年，托利党的政治领袖、自 1812 年起担任首相的利物浦勋爵将大部分保守派托利党调离要职，并让改革派接任。接下来的事情就顺理成章了，英国的温和改革就此展开。

商务大臣哈斯基森通过国会立法减少了贸易关税，修订了陈旧过时、阻碍商品流动的《航海法》，这一系列举措极大地促进了贸易。内政大臣罗伯特·皮尔则把注意力放在治安问题上。他说服国会改革了残暴的《刑法典》（每年至少对 600 起以上的案件动用死刑）。原来的监狱不仅惨无人道，而且也是滋生暴力的温床，皮尔上任后便对监狱系统进行了整顿。而皮尔最著名的政绩是在伦敦建立了一支专业的警察队伍，他们被人们亲切地称为"博比"（Bobby）。这支队伍在维持秩序和打击犯罪方面是如此成功，以至于其他的城市很快就竞相效仿。直至今天，"Bobby" 在英语中依然有警察的含义。

在外交大臣坎宁的带领下，英国与由极度保守思想主宰的欧洲大陆保持了距离。作为下议院的领袖人物，坎宁成功地推行了哈斯基森和罗伯特·皮尔的改革措施。1827 年，他取代了年事已高、疾病缠身的利物浦勋爵，成为英国首相，但

* 示威活动于曼彻斯特的圣彼得广场举行。由于镇压这次集会的军队中有部分曾参加过四年前的滑铁卢战役，因此群众讥称这次流血惨案为彼得卢屠杀。——译者注

几个月后便不幸逝世。首相的席位最终落到了托利党中最为保守的威灵顿公爵手上。讽刺的是，正是这位保守派的公爵，推行了托利党最后也是最具争议性的一项改革：天主教解放。

自混乱的17世纪开始，英国法律一直区别对待天主教徒与信奉英国国教的新教徒。尽管多年来这些法规的约束力已经不如从前，不过爱尔兰的罗马天主教徒仍然遭受着不公。他们无法参加国会、担任军官，或是在政府机关就职。1828年，爱尔兰的天主教律师、著名演说家丹尼尔·奥康奈尔（Daniel O'Connell）迫使天主教改革的议程向前推进。他违反了天主教徒不能当选议员的规定，执意竞选，并以压倒性的优势在大选中取胜。显然，借奥康奈尔胜利之机，爱尔兰的天主教徒已经铁了心要追逐国会中的爱尔兰席位了。威灵顿和托利党此时面临着两难的选择。他们可以拒绝给奥康奈尔席位，不过这可能会导致爱尔兰爆发内战，或者他们也可以取消对天主教徒的这类限制。最终，威灵顿不情愿地选择了后者。1829年3月，《天主教解放法案》（*Catholic Emancipation Act*）正式成为法律。如此一来，天主教徒可以担任公职了，但托利党内的温和改革派和顽固保守派之间的矛盾变得更加激化。

托利党内部分歧不断，不过他们的对手辉格党（Whigs）也状况不佳。双方的关注点再一次聚焦到了国会改革的问题上。多年来，许多英国的有识之士都认为国会改革即便不是起死回生的灵丹妙药，也是势在必行的明智之举。国会最基本的问题在于无法反映19世纪英国的基本情况。工业革命之后，英国南部的人口和财富已经流动到了英国中部。然而国会的席位却并未做出相应改变。实际上，自1688年起，英国的行政区就再未有过增减。如此一来，新兴的人口重镇和经济中心如伯明翰、曼彻斯特、利兹和谢菲尔德在国会中都没有席位。这些工业城市中的富有制造商们为此感到极其不满。

而选举制度也并不公平。在下议院大约660个席位中，有465席的代表来自市镇选区，却没有明确统一的法律规定谁有选举权。尽管有一些市镇选区非常民主，但大多数情况下，当地有权有势的人物都能够操纵选举过程。这些选区被人称作“衰败选区”（rotten boroughs）或“口袋选区”（pocket boroughs），因为那些选票仿佛已经装在了富有地主的口袋里。古萨勒姆（Old Sarum）就是一个极为典型的衰败选区，那里已经没有居民了，却仍在下议院中保有席位。谁拥有古

萨勒姆的土地，谁就有权把他想选派的任何人送进国会。另一个衰败选区邓尼奇（Dunwich）更是杳无人烟，因为这里已经沉没于北海了。买卖选票也是非常普遍的事情。

还有190个席位来自乡郡选区，其代表由“收入40先令的不动产所有者”投票选出。即拥有土地，年收入40先令以上的人都有选举权。然而，因为农业土地整合，这一类人的数量开始减少。满足收入要求的人大多数也是佃户，他们容易在地主的压力下屈服。最后的结果就是一小部分强大的地主操控了乡郡选区的选举。

研究显示，在1820年，数量不足500名的权贵阶级把控着下议院的大部分名额。而且这些人大部分都有在上议院的席位，手握着相当可观的权力。到1827年，贵族控制了下议院的276席，其中最有权势的8名地主掌握了51个席位。

尽管国会改革的呼声越来越大，但威灵顿和保守的托利党依然抗拒着这一潮流，结果他们玩过了火。内部已经严重分化的托利党在下议院中只有微弱的优势，而威灵顿却不断地夸赞现有的选举系统，并宣称他（以及托利党）绝不考虑对其做出改变。于是，托利党的政府垮台了。

托利党名声扫地后，辉格党的格雷伯爵（Earl Grey）成立了政府，提出了《改革法案》（*Reform Act*）呼吁彻底的国会改革。1831年3月，《改革法案》以微弱的劣势，没有在下议院通过，于是格雷提请解散国会，提前大选。1831年5月的大选，使得格雷和辉格党在19世纪首次占据了下议院的多数席位。随即，辉格党重新提交了《改革法案》。1831年9月，法案在下议院通过，不过上议院在10月将其否决。

1832年3月，下议院不屈不挠地又一次通过了另一份《改革法案》。不过上议院的贵族和保守派不为所动。随着这份法案在上议院再一次遭到否决，格雷伯爵宣布辞职。威灵顿试图组建新一届政府，但上议院否决法案一事使得民意对他极度抗拒。工人们开始罢工，纷纷上街抗议。改革的支持者策划了一场对英国银行的挤兑，威胁说要让国家陷入经济混乱。

由于威灵顿无法组建政府，英国国王威廉四世（William Ⅳ）转而支持格雷。在国王不情愿地同意在上议院中加入足够的改革派人士，保证《改革法案》能够通过的情况下，格雷再度组阁。由于格雷的方针获得了国王的许可，形势已经明朗，上议院为了避免让新来的改革派加入，不得不屈服。《改革法案》最终于1832

年6月4日获得通过。

在《1832年改革法案》(*Reform Act 1832*)之后，国会又通过了几项其他的改革措施。1833年，英国废除了奴隶制。同一年，首部《工厂法》通过，禁止了工厂雇用9岁以下童工，规定9岁至13岁的童工工作时间不得超过每天9小时，每周48小时；13岁至18岁的童工的工作时间不得超过每天12小时。1835年，国会通过《市议会组织法》(*Municipal Corporation Act*)，改变了当地城市政府的选举办法。从此以后，几乎每位缴税超过3年的成年男性都有权在市议会选举中投票。不过，1834年的《济贫法》(*Poor Law*)却并未取得很好的效果，尽管英国的整体经济实力不断增强，国内的穷困人口却有增无减。英国作家查尔斯·狄更斯在作品中还对可憎的济贫院进行了生动的描绘。

历史评论

随着18世纪启蒙运动的兴起，欧洲的改革者们把英国看成了一个可供参考的典型，他们在这段历史中发掘着政府、社会、经济和宗教改革的经验。确实，伏尔泰等哲学家倾向于以浪漫的笔触描绘英国体系与个人自由，这使得英国人民对自己国家的不平等有着天生的关注。不过，英国的改革者的确与欧洲大陆的改革者有所不同，因为英国的制度比起主导欧洲大部分地区的专制体系要先进许多。因此，尽管英国并非一些哲学家描述的理想社会，但其灵活的制度能够允许和平改革的发生，从而惠及个人。这样的体系显然鼓舞了欧洲乃至全世界的改革者，让他们相信有序的变革是可以实现的。

英国的体系中包含一个极其重要、极具代表性的立法机构——国会，欧洲只有少数几个国家有与之匹敌的机构。国会的主要职责是平衡君主的行政力量。其投票权只有富有的人才可以获得，这里“富有”的含义包括社会地位和经济实力。尽管在国会改革前，上议院和下议院的成员都是贵族，但国会通常都能反映大多数英国人对重要事务的关心。在《改革法案》之前，国会选举往往都只关注当地事件及当地的领导阶层更迭，甚少涉及国家问题。

在乔治一世(George Ⅰ，1714—1727年在位)和乔治二世(George Ⅱ，

1727—1760 年在位）统治的很长一段时间内，都是辉格党一党专政。国王给了内阁很大的政策制定权，这使得选举中出现的腐败问题开始损害国会系统的公正性。此外，18 世纪的经济扩张，以及农业、商业、工业的飞速发展成了真正革命性的因素。它们不仅动摇了传统的社会结构，还破坏了政治制度的功能和目的。由于商业和工业扩张及城镇化，英国的许多人口从南部迁移到了中部，这导致了市镇席位分配的不平等状况变得更加突出，而市镇席位在下议院中占据了最大的比例。

当乔治三世（George Ⅲ，1760—1820 年在位）在 18 世纪 60 年代试图重新扮演国王的角色，成为一名手握大权的行政长官时，辉格党的政治家们表示了不欢迎，他们不想让国王重新控制内阁大臣的任免权，或是插手国会的政策。双方对实权的争夺，与不速之客约翰·威尔克斯（John Wilkes）促成的国会改革运动不期而遇。在一份名为《北不列颠人》（*North Briton*）的报纸上，威尔克斯大胆地对国王进行了指责。* 乔治三世震怒之下，下令逮捕威尔克斯。但由于政府利用“空白搜查令”逮捕威尔克斯属于违反宪法的行为，在威尔克斯的再三质疑之下，法庭最终将其释放。不过王党并不会善罢甘休，他们再次找到机会起诉威尔克斯及其作品，迫使他潜逃出国。1768 年，长期流亡海外的威尔克斯不堪窘境，被迫回国接受监禁。但伦敦的选民以压倒性的优势将他选进了国会。下议院拒绝给他席位，宣布选举无效，让选民重新投票。而威尔克斯再次当选，下议院只得再次剥夺他的议员资格。

18 世纪 60 年代的威尔克斯事件，尤其突显了政府试图违背选民意愿的形象。人们成立了首个国会改革组织，呼吁政府肃清选举中出现的不正当行为，重新分配选区票数以体现人口的变动，对获得选举权所需的财产资格要求做出统一规定——这可能会增加许多选区中的选民数量。然而在 1770 年，由于托利党人和部分辉格党人的抵制，这次改革运动最终流产。

美国政府在 1775 年至 1783 年也多次阻止了改革措施，这使得英国的改革派感到更加沮丧。在美国独立战争之后，辉格党的领导层依然试图推行国会改革，不过党内两位领导人埃德蒙·伯克和查尔斯·詹姆斯·福克斯之间的分歧却影响了改革的进程。法国大革命（1789—1799）期间产生了许多流血事件，许多人对改革产生

---

* 威尔克斯在报纸中表示：英国就《巴黎和约》的条款同法国进行了既不体面又不正当的谈判，而国王是当事人之一。他还宣称国王不过是头号治安官，执行君主权力时要向人民负责；在任命大臣的“特别职责”中，国王与最低下的臣民都是平等的。最后，他警告乔治三世不要步专制君主的后尘。——译者注

了成见，两位领导人的矛盾也开始爆发。* 与此同时，由于英国同法国开战，小威廉·皮特（之前是改革的支持者）领导的政府开始倾向于镇压革命的保守派。政府出台了一系列压制性政策，同时开始剥夺宪法上规定的公民的言论自由和出版自由，此举让许多改革派噤声。英法之间的战争旷日持久，一直打到拿破仑战争结束，进一步推迟了改革的进程。然而，英国国内存在的社会和经济问题依旧没有得到解决，因此在拿破仑战争后，人们关于改革的呼声又一次复苏。

要理解改革的目的，我们必须知悉从 18 世纪到《1832 年改革法案》通过这段时间内英国国会的结构。因为上议院自动纳入了所有的主教及拥有头衔的贵族，因此这一部分不再需要选举。在英格兰和苏格兰于 1707 年合并前，英格兰在下议院拥有 489 个席位，其中包括 403 个市镇选区席和 82 个乡郡选区席，还有 4 个席位来自大学（剑桥大学和牛津大学各 2 席）。威尔士拥有 24 个席位，市镇选区和乡郡选区各 12 席。历史学家估计，在 1700 年，拥有资格选举下议院代表的选民大约是 25 万人。

在乡郡选区有统一规定，年收入 40 先令以上的不动产所有者都拥有选举权。而在英格兰的市镇选区，评定财产的方法则大相径庭。在 38 个征收教区税的选区，所有缴纳这种税的居民均有选举权。还有 14 个选区允许在当地居住至少 6 个月、位于贫困线以上、拥有家庭、房间大到要用汽锅来取暖的居民投票选举。在另外 35 个选区，不动产所有者都具备选举权。也许最不合理的是 29 个当局选区，即只有市镇当局的人才有资格投票，拥有这种资格的通常只有几十人。还有 86 个自由选区也许拥有最多的选民，这些选区没有居住年限的要求。

1707 年《联合法案》（*Act of Union*）签署后，苏格兰并入大不列颠，获得了英国上议院的 16 个席位和下议院的 45 个席位（其中包括 15 个市镇选区席位和 30 个乡郡选区席位）。然而，苏格兰的选民只有大约 4500 人，比例相对于英国而言小得多。下议院的成员数一直固定在 558 人，直到 1800 年爱尔兰加入大不列颠。1801 年，爱尔兰获得了下议院的 100 个席位：64 个市镇选区席位、35 个乡郡选区席位和 1 个三一学院（Trinity College）的大学席位。

18 世纪期间，国会的另一项变化是竞争性的选举越来越少。尽管由于国家的

---

* 埃德蒙·伯克认为法国大革命已经演变为一场颠覆传统和正当权威的暴力叛乱，而非追求代议、宪法民主的改革运动，他批评大革命是企图切断复杂的人类社会关系的实验，也因此沦为一场大灾难。同为辉格党的政治家查尔斯·詹姆斯·福克斯因此与伯克闹翻，辉格党内部也因为这些争议产生冲突。——译者注

繁荣，从18世纪早期到19世纪早期，英国选民的数量几乎翻了一倍，但代表获得选票的难度却没有相应增长。1815年时，可能有一半的市镇选区只有不到300位选民，在大多数情况下，当地的贵族都能够控制选举结果。因此，一些政治团体手中掌握了下议院近一半的市镇代表席位，而在18世纪初，这一比例仅有1/5。毫无疑问，这些能够控制国会代表的少数权贵并不希望改革。自始至终，对任何试图寻求修改宪法的行为，他们都予以反对。

通常以保守闻名的托利党，其名义领袖是利物浦伯爵（Earl of Liverpool）* 罗伯特·班克斯·詹金森（Robert Banks Jenkinson），在1812年后开始管理政府。由于英国之前的注意力都集中在国外，因此内阁真正拥有权力的人是外交大臣卡斯尔雷子爵——罗伯特·斯图尔特，他同时还是下议院的领袖。不过不幸的是，尽管卡斯尔雷子爵在外交方面能力极强，但1815年后面对国内堆积如山的问题，他显得力不从心。最早出现的是经济问题，由于战时的通货膨胀，英国于1816年至1817年出现了经济衰退，工厂的工人也要求加薪。受到亨利·亨特（Henry Hunt）等激进派演说家的煽动，沮丧的工人和英国军队之间发生了多次冲突，这使得局面更加恶化。1816年，伦敦城外的一家纺织厂中爆发了斯帕菲尔兹暴乱（Spa Fields Riot），事后，政府决定中止《人身保护法》。如此一来，警察有权在不经审问的情况下逮捕嫌疑犯。彼得卢屠杀事件造成了11人死亡，而政府唯一的回应就是通过了《六条法案》，进一步限制公民权利。

托利党的对手辉格党，其内部自18世纪60年代起屡次发生分歧。尽管实际上所有的辉格党成员都希望进行一定程度的改革，但他们似乎不愿意在没有获得中层和下层阶级支持的情况下行动。而在工人阶级中，对改革的呼声大小是与经济的景气与否直接相关的。因此在1815年至1820年的经济困难时期，要求改革的示威事件频繁发生，而到1820年以后，英国经济好转，工人们就开始对改革漠不关心。中产阶级——无论是商人、制造商还是小老板——都只关心能让自己受益的改变。他们怨恨那些能影响国会决定的特权贵族，也害怕劳动阶级为了民主变得过分激进。

到了19世纪20年代，部分辉格党成员的政见又重新偏向查尔斯·詹姆

* 英国的贵族爵位共有五等，依次为公爵（Duke）、侯爵（Marquess）、伯爵（Earl）、子爵（Viscount）和男爵（Baron）。除了公爵，所有拥有爵位的男性贵族在普通场合可称为“X勋爵”（英文则是“Lord X”）。前文中提到的利物浦勋爵即这位罗伯特·班克斯·詹金森。——译者注

斯·福克斯的自由主义，他们开始抨击国会的腐败现象以及拥有特权的少数贵族。一些激进派的记者于1821年和1824年分别在《卫报》(*Guardian*)和《威斯敏斯特评论报》(*Westminster Review*)上发表了自己的观点。而宣扬功利主义的哲学家詹姆斯·穆勒(James Mill)也旁征博引，在1820年的《大英百科全书》(*Encyclopaedia Britannica*)中支持解放工业革命后新兴的中产阶级。这些对政治体系的猛烈抨击，普遍都集中于选举过程上。然而，就在辉格党为改革的形式和范围争论不休时，托利党内部也产生了分歧。卡斯尔雷子爵无法解决国内的困局，最终于1822年自尽。利物浦伯爵选择了一位进步派的托利党成员继任，他就是乔治·坎宁。坎宁承诺上任后结束镇压，推行温和的改革措施。

尽管坎宁本身是反对国会改革的，但为了平息民愤，他愿意在社会和经济领域做出一些改变。商务部部长威廉·哈斯基森通过降低关税的政策，向古老的重商主义体系发起了第一次正式进攻。这一政策被提倡自由贸易的经济学家亚当·斯密屡次赞扬。在贸易的刺激下，就业率确实有所提高，工人的工资甚至也有上涨。内政大臣罗伯特·皮尔废除了政府在国内的间谍网，修改了刑法典以减少过多的死刑判罚，还在伦敦建立了专业的警察队伍，用以代替军队来执行法律。皮尔还设法劝说国会撤销了1799年至1800年通过的《结社法》(*Combination Acts*)，允许工人们结成工会。这些措施减少了工人阶级对官员和政府的关注，平息了人们对于国会改革的呼吁。

托利党中的许多保守派甚至对坎宁这些平淡的社会和经济改革都表示了不满，不过真正激化党内矛盾的还是爱尔兰的天主教解放事件。为了消除长期以来选举上的偏见，1828年托利党把持的国会废除了17世纪的《宣誓法》(*Test Act*)*，这为天主教解放运动做好了铺垫。在1800年爱尔兰并入大不列颠时，曾经获得过天主教解放的承诺，让爱尔兰的天主教徒拥有投票权或是担任公职。而天主教徒丹尼尔·奥康奈尔于1826年违抗规定强行竞选，让这一议题变得十分尖锐。1827年，坎宁还没有来得及为天主教解放立法，便溘然辞世，他的继任者是更为保守的威灵顿公爵。但面对爱尔兰人随时可能爆发起义的态势，威灵顿政府不得不于1829年通过《天主教解放法案》。这项法案赋予了天主教徒选举权，同时提高了对财产

---

* 这项法律剥夺了天主教徒和新教徒的选举权达半个多世纪之久，尽管后来新教徒重新被允许参加选举。——译者注

资格的要求，使得大约 20 万选民失去了投票的资格。

天主教解放从几个方面为国会改革扫清了道路。此事证明了修改宪法并不是非常困难的事情。托利党也因此分为三个派系。天主教解放还把选民的注意力从当地事件转移到国家大事上，这是前所未有的。宗教与社会经济地位一样，成为影响选民投票的重要因素。奥康奈尔也向英国改革者展现了向大众进行政治游说的价值。激进派领袖托马斯·阿特伍德（Thomas Atwood）和约瑟夫·帕克斯（Joseph Parkes）于 1829 年成立了伯明翰政治联盟（Birmingham Political Union），号召中产阶级和工人阶级联合起来推动国会改革。激进派记者威廉·科贝特（William Cobbett）也在 1829 年年底开始巡回演讲声援改革。中产阶级和工人阶级中激进分子的联合，让许多贵族相信改革已经势在必行，否则将会有更加严重的剧变发生。

1830 年 2 月，辉格党的约翰·罗素勋爵（Lord John Russell）提交了一项法案，为新兴的工业城市伯明翰、曼彻斯特和利兹设立下议院的席位。威灵顿的托利党政府对此并不认可，提案最终以 140 票对 188 票的结果未能获得通过。罗素提出的另一项要求为几个制造业城镇设立席位的提案在同年 5 月也被驳回。同年 5 月，爱尔兰领袖丹尼尔·奥康奈尔还公然提出要赋予所有成年男子选举权，这一要求显然也遭到了拒绝。尽管如此，各界要求改革的呼声却越来越大，威灵顿政府面对着如山的压力，前景一片黯淡。

1830 年 6 月，乔治四世逝世，国会解散重选。不过 1830 年的选举几乎没有迹象表明接下来会发生什么变化。其间只发生过 83 场选举论战（1722 年有 156 场，1826 年有 89 场），获选的新代表数量也不多（1826 年有 171 位，这次有 175 位）。不过，这次托利党在大部分选举论战中落败，约克郡（Yorkshire）的亨利·布鲁厄姆（Henry Brougham）等一批辉格党的改革派赢得了许多托利党的席位。在选举后，威灵顿试图在反改革的托利党内寻求同盟，而不是与格雷伯爵等温和派辉格党和解。这一决定注定了托利党的命运。在同年 11 月的投票中，托利党政府落败，内阁宣布辞职。

格雷伯爵随即着手组建辉格党政府，他几乎立刻便指派了一个四人的委员会来起草能够满足公众愿望的国会改革法案。不过，赋予所有成年男子选举权、平等对待所有选区这两项意见并未被纳入其中。这项 1831 年最终成形的草案基本上

取消了那些人口稀少的“衰败选区”的代表资格。此外，人口在 2000 至 4000 的 47 个市镇选区，其代表数从 2 人减至 1 人。法案还为那些人口增长的城镇增设了 97 个席位，英国中部的新兴制造业城市从中得益，还有 26 个乡郡选区也因此增加了席位。法案对市镇选区的选举资格做出了统一规定，每年拥有价值 10 英镑以上的任何土地或住房的人即有选举权。乡郡选区的收入 40 先令的不动产所有者的选举门槛不变，不过价值 10 英镑以上的任何土地的所有者，或是每年缴纳 50 英镑以上房租或地租的租户也能拥有选举权。国会代表的最长任期是 5 年。那些导致腐败的选举传统，如把投票期从 15 天缩减到 2 天，要求所有候选人都拥有一定的居住年限，阻止市镇的不动产所有者去乡镇选区投票等，在法案中统统遭到了取缔。格雷伯爵试图说服威廉四世支持这项法案。

与此同时，1830 年 7 月发生的法国七月革命几乎在没有流血的情况下导致了王朝的更替。随后，比利时人奋起反抗，要求脱离尼德兰王国。毫无疑问，七月革命（以及某种程度上的比利时革命）导致了全国各大改革团体在接下来的几个月内有组织有计划地呈交了 3000 份要求国会改革的请愿。此外，由于经济萧条，英国南部的农民爆发了零星的起义。辉格党的历史学家 M. P. 托马斯・巴宾顿・麦考利（M. P. Thomas Babington Macaulay）在下议院声称这项《改革法案》能够最大限度地阻止革命的爆发。

1831 年 4 月，下议院阻止了《改革法案》的通过，在格雷伯爵的要求下，英国国王同意解散国会，提前大选。与 1830 年的选举不同，1831 年的选举让许多反对《改革法案》的托利党成员流失。新一届国会成立后，《改革法案》再一次被提出，以 346 票对 235 票的结果在下议院通过，并随后被提交至上议院。在五天的辩论会上，格雷和布鲁厄姆极力为法案辩护，但法案最终还是以 41 票的劣势遭到否决。激进派的政治团体愤怒了，他们在诺丁汉（Nottingham）、德比（Derby）、布里斯托尔（Bristol）和伦敦引发了严重的暴乱，许多贵族的财产遭受损失。在改革派政治家弗朗西斯・伯德特（Francis Burdett）的支持下，中产阶级的领导者弗朗西斯・普莱斯（Francis Place）在伦敦成立了英国政治同盟（National Political Union），以进一步联合中产阶级和工人阶级。无论是伯明翰政治联盟这样的中产阶级组织，还是英国工人阶级联盟（National Union of Working Classes）这样的劳动阶级组织，都从不劝阻他们的成员武装自己。

1832年3月，下议院以324票对162票的优势又一次通过了修正版的《改革法案》。接下来的重点就是劝说国王在上议院中安插足够的改革派贵族。然而，尽管上议院面临着极大的压力，同年5月，《改革法案》却依旧以116票对151票的劣势被推迟执行。格雷伯爵一怒之下辞职抗议。

随后，国王让威灵顿公爵组建新一届托利党政府，推行更加温和的改革，但威灵顿缺乏罗伯特·皮尔等党内关键进步派人士的支持。弗朗西斯·普莱斯等激进的中产阶级放出话来，说要用武力抵抗新的威灵顿政府，尽管这吓不倒威灵顿本人，但许多托利党人因此止步不前。一个星期过去了，威灵顿倾尽全力仍无法组建政府，国王威廉四世只能再次任命格雷伯爵组阁。面对国王支持的格雷，托利党保守派最终悄然退出。1832年6月，《改革法案》以106票赞成、22票反对的结果在上议院获得通过。国王威廉四世同意根据《1832年改革法案》立法。国会再一次解散，依照改革后的规定重新选举。同年7月和8月，这项法案分别在苏格兰和爱尔兰实施。通过这次国会改革，苏格兰有资格投票的选民数量从4500人猛增至6.5万人。

作为政治变革的工具，《1832年改革法案》既不像热心的支持者所想的那般伟大，也不像许多保守派的批评者预计的那般可怕。这项法案实际上并未达到所有改革目标，只是一种折中方案，不过也体现出为何独一无二的英国国会能屹立数百年不倒。辉格党的领导层希望所有新的市镇选区都有300名以上的选民。尽管这一目标并未实现，但改革后，只有31个市镇选区的选民数不足300，还有29个市镇选区拥有超过2000位选民。由于英格兰和威尔士的选民数量增加了大约80%（从1831年的36.6万人增加到1832年的65.3万人），越来越多的公民开始参与政府和公共生活。不过，改革过后，仍然只有18%成年男性拥有投票权（改革之前是11%）。因此毫无疑问，《改革法案》并未营造出民主政治的氛围，只是朝这一目标迈出了必要的第一步。在接下来1867年的《第二次改革法案》（*Second Reform Bill*）和1884年的《第三次改革法案》（*Third Reform Bill*）中，成年男性进一步争取到了自己的权益。到那时，包括法国和德国在内的其他许多欧洲国家已经保障了成年男性的普选权。尽管如此，公正地说，英国的《1832年改革法案》再一次向欧洲其他国家证明了：让公民有组织地参与政府事务，能够在不爆发革命的情况下完成宪法框架的改变。

《1832 年改革法案》最终得以推行，而辉格党领袖在这次改革中的真正动机，以及法案新规定的选举和代表条款产生的影响，在日后却一直众说纷纭，没有定论。传统观点认为《改革法案》是利益相关方为了避免革命爆发所做出的一次妥协。一些身为贵族的辉格党领导人如格雷伯爵的确害怕可能出现的革命。不过格雷也相信参与政事的人群范围应该扩大，贵族阶层也需要平衡与广大群众的利益分配。实际上，格雷确实承认改革实际上是为了维护贵族的利益，尽管亨利·布鲁厄姆认为他们的权力已经被中产阶级瓜分了。托利党的领袖如威灵顿等人相信，《改革法案》增加了工人阶级的利益，这会带来潜在的危险。而托利党的进步人士如罗伯特·皮尔则坚持认为受益的是中产阶级。一些政治领袖将《改革法案》描绘成巩固现有社会和政治秩序的工具，而激进分子则将其看作指引未来社会和政治革新方向的灯塔。

《1832 年改革法案》还促使其他一系列改革政策出台，这一功劳是不容忽视的。废除奴隶制、控制童工劳动时间、改革市政府，都是在《改革法案》的方向上推行的新政策。《改革法案》还直接导致了伊丽莎白时代的《济贫法》的修订。到 19 世纪 30 年代中期，辉格党的改革热情开始衰退，剩下的求变的努力主要来自国会外部。通过直接吸引工人阶级，宪章派（Chartists）——推行议会改革的激进派政治联盟的后继者——希望利用阶级意识争取新一轮选举改革。他们以《大宪章》（*Great Charter*）向国会请愿，要求废除选举的财产门槛（即赋予成年男性普选权），根据人口数重新分配下议院的席位数，平衡各选区的人口数，实行无记名投票，同时给国会成员提供薪水。1839 年、1842 年及 1848 年，《大宪章》三次被提出，又三次被国会拒绝。不过宪章派的提议最终在 19 世纪的后期得到了采纳。在约翰·布莱特（John Bright）和理查德·科布登（Richard Cobden）的领导下，支持自由放任的经济政策的商人和制造商于 19 世纪 30 年代结成了反《谷物法》* 同盟（Anti-Corn Law League），呼吁取消重商主义的余毒：进口食品税。不过直到 1846 年爱尔兰大饥荒爆发，《谷物法》才最终遭到废除。这些国会改革以外的改革运动，显然是《改革法案》推行后产生的结果。中产阶级和工人阶级的文化开始不断影响着政治决策。

---

* 《谷物法》是一道于 1815 年至 1846 年强制实施的进口关税法案，借以“保护”英国农夫及地主免受来自从生产成本较低廉的外国所进口的谷物的竞争。它规定国产谷物平均价达到或超过某种限度时方可进口。其目的是维护土地贵族的利益。——译者注

还有一件事可以肯定，《1832 年改革法案》增强了国会扮演的角色，这反过来增加了党派政治的重要性，扩大了党派的功能。尽管在英国历史早期已经确立了国会的重要性，但《改革法案》更进一步地强调了这种重要性。英国的执政者从原来的“国王、上议院和下议院”，转变为以下议院为主的代议制政府。国会最终扮演了政策的执行者、官僚机构的管理者、公民权益的保护者、外交方针的指导者等多项角色，远远超出了其原来立法者的职权范围。

由于国会成为了最重要的政府机构，两大政党对政治事务能否取得成功也更加关注。《改革法案》施行后，选民数量大大增加，为了争夺选票，两党之间也展开了新的竞争。1832 年以后，政府的工作重心从当地事务转向了国家事务，因此选民的行为逐渐开始产生党派的倾向性，两党之间成员的流动性比起以前小了很多。历史学家通常会强调辉格党和托利党（或之后的自由党和保守党）之间意识形态上的差别，将此作为党派倾向产生的原因。不过两党的政治原则其实非常接近，尤其是与欧洲大陆的各政党之间的差异相比。两党都支持英国的政治体系，愿意对公众关注的事务做出回应，以让国家获得最大利益的方式进行管理。此外，由于社会经济地位和投票行为之间几乎没有直接联系，因此《改革法案》并未保证辉格党在政治上占据长期的支配地位。《改革法案》真正改变的是两党的关注点——他们终于脱离了地方政治的樊篱，开始着眼于国家大事了。

丹尼尔 · 韦伯斯特 · 霍利斯（Daniel Webster Hollis）

丹尼尔 · 韦伯斯特 · 霍利斯（Daniel Webster Hollis），杰克森维尔州立大学历史学荣誉教授，在范德堡大学获得博士学位。主要著作有《爱尔兰史》（*The History of Ireland*，2001）和《ABC-CLIO 美国媒体指南》（*ABC-CLIO Companion to the Media in America*，1995）。

第四十章

欧洲革命（1848）

中国同时期：清宣宗爱新觉罗·旻宁

概 述

1848 年发生的这次革命席卷了欧洲，波及巴黎、布达佩斯、哥本哈根和西西里岛。欧洲主要国家中，只有英国和俄国未受影响。这次紧张时局引发的革命，起因可以追溯到数十年前。18 世纪的启蒙运动以及美国革命、法国大革命使得自由主义呼声在欧洲不断高涨。而 19 世纪中期的自由主义者尽管从未互相达成一致意见，但他们也有着共同的主张：制定宪法，实行法治，由部分市民参与选举立法议会，实现宗教自由以及法律面前人人平等，支持国家与市场分离的自由主义经济。而另一边的欧洲保守派领导力量，主要包括君主法庭、贵族、国家宗教团体（尤其是罗马天主教会）以及军官团，他们极度反对自由主义，主张维持现状。

导致时局紧张的另一原因是不断高涨的民族情感。受民族主义信徒朱塞佩·马志尼（Giuseppe Mazzini）等人的影响，要求国家统一或民族独立的呼声越来越高。德意志和意大利的人民属于前者，希望国家能够统一；而波兰、匈牙利和爱尔兰人民则属于后者，希望自己的民族能够独立。

还有一个原因是科技的进步。工业革命不断改变着长久以来的经济关系。手工艺者无法与机器竞争，迫切需要救济。无产阶级作为新生劳动力，长时间在工

作条件糟糕、安全性较差的工厂中照管机器。他们的工资很低，而且没有保障，下班后，只能回到拥挤、脏乱的贫民窟里。机器的所有者——资产阶级也对现状不满，工业革命使资产阶级的财富不断增长，因此他们想获得与财富相对等的政治权利和社会威望。当局拒绝资产阶级进入政治核心圈，这让他们很不满意。

此外，欧洲中部的大部分农民也对社会不满。尽管农民本质上偏于保守，但他们憎恨中世纪封建主义残留势力处处干涉他们的生活，要求获得解放。然而，保守的统治者不可能满足农民的要求。

在 19 世纪 40 年代，又有另外两大因素加剧了这种紧张的气氛，为革命营造出了合适的氛围。由于铁路建设产生的工业繁荣景象开始坍塌，取而代之的是工业萧条期。许多工人失业，而且没有足够的社会福利措施保障他们的生活。随着失业人数的增多，不满情绪日益高涨。欧洲还遭受了严重的农业问题，粮食全面歉收，城镇粮价飞涨，人民的温饱得不到解决，甚至有村民饿死街头。欧洲农民感到深深的绝望，但是政府无力也不愿努力去缓解他们的痛苦。

1848 年 1 月，西西里岛开始出现革命。不过，1848 年革命的真正起始点在法国。法国人民对国王路易 · 菲利普呆板保守而且腐败的统治逐渐不满，当他的大臣直截了当地拒绝改革后，革命爆发了。巴黎的工人区建起了路障，2 月 23 日，示威者和军队发生冲突，造成数十名人员伤亡。第二日，路易 · 菲利普退位，法兰西第二共和国（French Second Republic）成立。路易 · 菲利普政权被推翻，震惊了欧洲。然而这场法国革命还远远没有结束。这场革命更倾向于自发事件，随后的掌权者面临着艰巨的统治任务。

各派别对革命的不同看法很快显现出来。一方主要包括资产阶级，由诗人阿尔方斯 · 拉马丁（Alphonse Lamartine）领导，希望实现自由主义理想，由资产阶级控制法国政府。另一方由社会主义政治家路易 · 布朗（Louis Blanc）领导，旨在进行彻底的社会革命。而占法国人口绝大多数的农民，基本上持保守意见。

农民的保守主义在 1848 年 4 月的国民制宪议会（National Constituent Assembly）的选举上大获全胜。尽管制宪议会接受政治改革，但它拒绝将改革放到全社会去进行试验，尤其反对布朗的社会主义提议。为了安抚布朗，议会决定实行“国家工厂”计划（National Workshop scheme）。不过他们对此的准备并不充分，执行也不彻底。“国家工厂”着手建设市政工程项目，为失业群体提供工作。然而没过多

久，加入工厂的人的数量就大大超过了可提供的工作量。许多人无事可做，却仍然能够获得酬劳。

“国家工厂”计划的支持者包括巴黎工人阶级及其他因工作期望或宣传单的吸引来到巴黎的人，这些支持者与社会保守派制宪议会的对抗开始不断升级。1848年6月底，对抗演变为暴力事件。内战，更准确地说是阶级斗争，席卷了巴黎。制宪议会获得胜利，但是此次六月起义（June Days）造成了1万多人的死伤。

六月起义后，制宪议会起草了新宪法，决定选举一位强有力的总统。在1848年12月的选举中，拿破仑一世之侄路易–拿破仑·波拿巴（Louis- Napoleon Bonaparte）获得了压倒性的胜利。尽管路易·拿破仑公开承诺忠于新共和国，但他实际上想获得绝对的权力。3年后，路易·拿破仑发动军事政变，法兰西第二共和国为法兰西第二帝国（French Second Empire）所取代，路易·拿破仑加冕称帝。

巴黎发生革命的消息震惊了哈布斯堡王朝。这是一个古老的王朝，势力蔓延至整个中欧地区。哈布斯堡王室成员包括德意志人、匈牙利人、捷克人、斯洛伐克人、波兰人、鲁塞尼亚人（Ruthenians）*、罗马人、斯洛文尼亚人、塞尔维亚人、克罗地亚人以及意大利人。他们占据了德意志大部分领土和整个意大利半岛。这个王朝的首相，年长的克莱门斯·梅特涅主导着整个王朝的命运，他反对自由主义和民族主义。

路易·菲利普退位刺激了匈牙利的马札尔（Magyar）† 贵族，许多人畏惧并且憎恨德意志对匈牙利领土的侵犯。1848年3月15日，在激进派记者路易·科苏特（Louis Kossuth）的影响下，马札尔国会出台了新宪法，借维也纳起义之机确立了匈牙利自治权。数周之后，捷克地区（波希米亚）也效仿之。

与此同时，维也纳的旧政权也垮台了。3月13日，学生和工人发起暴动。后拿破仑时期的典型代表梅特涅逃往英国。骚乱蔓延至整个帝国，德意志和意大利也爆发起义。这些起义迫使哈布斯堡王朝实行多项改革，但这些措施面对蔓延至整个王朝的革命来说只是杯水车薪。

革命浪潮在初夏到达顶峰，随后开始慢慢平息。哈布斯堡王朝解放农民的决策加速了这一进程。农奴制废除平息了农民的怒火，也冷却了保守派农民对革命的热情。

---

* 生活在奥匈帝国的一个少数民族，位于现在乌克兰、波兰、斯洛伐克、罗马尼亚、塞尔维亚、克罗地亚、匈牙利和捷克等国家的领土上。——译者注

† 马札尔人是匈牙利的主要种族。——译者注

1848年7月1日《伦敦新闻画报》（*The Illustrated London News*）的插图，描绘了当年6月的巴黎情景。法国工人在圣安托万市郊（Rue du Faubourg St. Antoine）街口修建起了巨大的路障。（来源：伦敦新闻画报图片库）

在捷克地区，种族怀疑最终让革命流产。捷克和德意志退出革命队伍后，阿尔弗雷德·温迪施格雷茨（Alfred Windischgratz）司令领导忠于王室的军队，重新确立了王室权威。6月中旬，温迪施格雷茨炮击布拉格，血腥镇压了布拉格起义。

1848年3月，哈布斯堡王朝在意大利地区的领土：伦巴第（米兰）和威尼西亚（威尼斯）也爆发起义，宣布独立。意大利的独立王国——萨丁尼亚王国的统治者卡洛·阿尔贝托（Carlo Alberto）支持这些地区独立，并对奥地利宣战。而迅速宣布与奥地利结盟的帕尔马、摩德纳、托斯卡纳和西西里岛也相继爆发革命。但是，这并没有打败奥地利人。7月，奥地利军队在库斯托扎战役（Battle of Custozza）中大胜卡洛·阿尔贝托，重新确立了哈布斯堡王朝在伦巴第的统治。1849年，哈布斯堡王朝再次打败卡洛·阿尔贝托，将威尼西亚重新划入王朝版图。

接下来失败轮到了匈牙利革命。1848年夏天，马札尔人的极端沙文主义作风引起了匈牙利其他民族的反对。克罗地亚人尤其反感马札尔人。同年9月，维也纳政府任命约瑟夫·耶拉契希（Joseph Jellachich）为克罗地亚总督，领导克罗地

亚人民反抗马札尔人。不久，哈布斯堡王朝也对马札尔人宣战。1849 年年初，匈牙利人打败了奥地利及其同盟军，宣布独立。奥地利新任国王弗朗茨·约瑟夫（Francis Joseph）向俄国寻求帮助。欧洲最保守的统治者，俄国沙皇尼古拉一世（Nicholas I）迅速抓住机会镇压革命。他向匈牙利派遣了 14 万军队，于 1849 年 8 月击败了马札尔人。

同时，维也纳革命也以失败告终。革命之初，社会经济的极端需求和不受约束的街头暴力让维也纳资产阶级感到惶恐，他们支持政治改革，但痛恨社会革命及社会混乱。帝国的迅速瓦解引起人们对革命的深思。随着骚乱的不断发生，学生和工人的需求越来越极端，支持革命的中产阶级逐渐减少。对于许多人来说，恢复到革命前的情况非常有吸引力。1848 年 10 月再次爆发骚乱后，中产阶级终于决定抛弃革命。就在此时，温迪施格雷茨发动了军事反击。10 月底，哈布斯堡王朝再次掌控了维也纳。

1848 年革命也波及了德语地区。巴黎和维也纳不断传来革命的消息，普鲁士经济衰退严重，普鲁士国王腓特烈·威廉四世还不愿实行改革，所有这一切导致了普鲁士的暴乱。国王很快选择了妥协，但军队向示威者开枪，造成了数十人死伤，并随后引发了混乱。尽管普鲁士军队掌控着大局，但是受到惊吓的国王命令军队撤出柏林，他也不知不觉间成为人们的俘虏。在群众的压力下，腓特烈·威廉四世任命温和的自由派组建内阁，同意选举负责撰写宪法的国民议会。

1848 年 5 月，国民议会召开，但真正的权力仍然掌控在军队手里。腓特烈·威廉逐渐重获权势，他拒绝交出任何独裁权力。由于国民议会选举进程缓慢，同年 6 月，柏林的下层阶级再次拥向街头，游行示威。许多原本希望进行适当政治改革的温和派见此情景，开始不再支持革命，期望国王和军队能够恢复法律权威和社会秩序。同年 11 月，腓特烈·威廉决定坚决打击革命残余势力，解散国民议会，把军队重新召回柏林。小规模骚动迅速受到镇压，普鲁士的革命彻底终结。

当时，德意志还没有统一。在维也纳会议上，包括普鲁士和奥地利在内的 39 个独立德意志邦国组成了德意志邦联，这是一个以奥地利为首的松散组织。1848 年革命对所有邦国都产生了实质性的影响；传统的权威消失，空白期出现。德意志的革命分子抓住了这个时机，建立了一个自由、统一的德意志，并为此在全国选举代表。1848 年 5 月，法兰克福国民议会（Frankfurt Assembly）召开会议。

法兰克福国民议会的成员几乎全部为温和派的中产阶级。会议没有认真考虑解决当时的社会经济问题，而是专注于德意志统一的问题。会议中就奥地利这个多民族帝国采取什么政策发生了严重分歧。大德意志（Grossdeutsch）的方案设想将匈牙利以外的奥地利领土划入新德意志版图，而在小德意志（Kleindeutsch）的方案中，德意志版图里不包括任何奥地利领土（包括德意志和非德意志领土）。

尽管法兰克福国民议会的代表就这一棘手问题不断争论，会议还是按照既定流程进行。哈布斯堡家族重新掌控王朝后，拒绝了法兰克福会议的提案，这表明皇室反对德意志民族主义以及其他任何的民族主义。最终，小德意志方案的支持者因对方缺席而获胜。但是德意志君主——普鲁士国王对小德意志设想并不感兴趣。腓特烈·威廉四世拒绝拾取由“屠夫和面包师”给予的“沟渠中的王冠”。他的拒绝致使法兰克福国民议会解散。同欧洲其他地区一样，德意志革命以失败告终。

历史评论

1848 年革命在欧洲历史上意义非凡。革命浪潮从未如此之大。整个革命过程中，共发生过 50 多次起义和暴动，其中一些起义获得了相当意义上的成功。

革命爆发的前几个星期里，革命力量成功推翻了多个政府。值得关注的是，革命发生在一个地域、社会、政治和经济情况都十分多元化的地区。西欧地区在经济和社会制度上十分先进，而欧洲东部和南部地区则较为落后。受到革命力量冲击的不仅有法国的君主立宪制度，还有实行专制的多民族王朝哈布斯堡王朝。革命分子之间动机不同，追求的目标也不同。民族主义促使一些革命发生，而经济困难和政治疏远则抑制了一些革命的发生。资产阶级要求确保既得利益，并获得投票权。城镇工人要求获得工作保障并解决温饱问题。而占欧洲人口绝大多数的农民，要求结束农奴制，因为农奴制使农民成为地主的奴隶。

由于 1848 年革命具有多重性质，因而很难评价革命的影响意义。无法用笼统的观点来解释每一次革命事件，甚至是整个革命阶段。各国经历的革命都发生在特定地区和特定环境下。但是，除了发生在共同时间段以外，各国革命还有其他共同点。革命所造成的影响已经超越各国革命的不同点。一些共同条件和观点顺

应着革命浪潮，在各国之间迅速传播。尽管各国革命各不相同，但确定革命整体意义的最好方法是：找出各国革命间的基本特征和影响。

1848 年革命最明显的特征为：所有革命都有着共同的命运——失败。到 1848 年夏天，大部分起义失去了前进的动力，革命分子之间在方法和目的上出现了严重分歧。这使得反革命势力有机会重新积聚力量。到 1849 年，只有匈牙利人和维也纳人还有能力抵抗保守派的反攻。随后在 1849 年 8 月，革命分子在哈布斯堡王朝与俄国的联军面前败下阵来，象征着 1848 年革命的彻底失败。尽管 1848 年革命展开得轰轰烈烈，但革命者没有确立革命政权来稳固权力。大多数欧洲贵族依然在上流社会拥有稳固的地位，除法国以外，其他国家革命前的政府重新获得权力，并重新确立了独裁统治。由于下层阶级进行社会革命会带来威胁，许多温和派自由党也开始赞同社会保守派的做法。随着革命的不断失败，保守派也越来越团结，力量不断壮大。

在法国，六月起义击溃社会主义革命分子后，制宪议会通过一项宪法，要求选举总统。1848 年 12 月，拿破仑·波拿巴的侄子路易·拿破仑以压倒性优势当选总统，宣布法兰西第二共和国成立，任期四年。但是，这位新总统对任期限制不满，于 1851 年非法解散议会，发动军事政变，掌控了国家大权。随后他召开选举大会，将任期延长至十年。这引起了人们的反抗，但这些反抗最后遭到军队的武力镇压。1852 年，路易·拿破仑召集公民投票，加冕称帝，称拿破仑三世，由第二共和国总统转为个人独裁统治。尽管他的统治是由大选投票决出的，但政府基本上实行的是独裁统治，统治阶层也主要支持旧秩序。这对于法国 1848 年革命的理想来说是一大失败。

在德意志，法兰克福国民议会中的自由派没能建立统一的德意志国家。尽管议会选举腓特烈·威廉四世作为新德意志君主，但普鲁士国王拒绝即位，不愿意接受由议会选举产生的王冠。这对于德意志自由主义来说是一次巨大失败。1849 年，腓特烈·威廉解散普鲁士制宪议会，通过保守派宪法，使得保守派获得了议会的控制权。19 世纪 50 年代，普鲁士同德意志其他邦国一样，陷入了保守时期。

同样，哈布斯堡王朝也比革命前更加集权和保守。维也纳政府重新实行极端保守分子梅特涅创建的旧秩序，并有了进一步加强。政府于 1851 年废除了 1848 年通过的宪法，取消了 1849 年授予人民的权利。新法律取缔了包括 1848 年前的

议会在内的各级议会，确立了集权程度极高的新政权。法律还规定将奥地利的法律引进帝国所在的匈牙利地区，确保其地位在当地高于德意志法律。没有机构再来监督中央权力。多年来，维也纳政权像统治征服的领土一样统治着整个王国。

意大利各地的保守派势力不断壮大。摩德纳的政权抓捕自由主义分子，关闭大学。教皇庇护九世（Pius Ⅸ）反对自由主义和民族主义，谴责对天主教奥地利发动的战争。那不勒斯政府同犯罪集团合作，巩固统治。只有皮埃蒙特王国的政府保留了 1848 年通过的自由主义宪法。

可以说，在短期内，1848 年革命或者 1848 革命的失败，导致了独裁主义的强化。政府当局和警察开始审查潜在的革命出版物，逮捕政治对手，制造镇压气氛。在多数经历革命的国家中，军队权力得到扩张。法国革命家皮埃尔－约瑟夫·普鲁东（Pierre-Joseph Proudhon）哀叹："我们被打败，我们被羞辱，我们被分散、被囚禁、被缴械、被禁止言论自由。欧洲民主的命运从我们的手中——人民的手中落入禁卫军的手中。"

由于革命失败，起初引发革命的许多问题并没有得到解决。城市中的穷人仍然忍受着糟糕的生活环境，工人并没有获得受教育权，工时也没有减少。由于工业化，手工艺者依旧面临着失去谋生手段的困境。尽管中产阶级在多数情况下成功地增加了投票的权利，但他们没能建立奉行自由主义价值观的长久政权。表面来看，许多欧洲人表现出政治冷漠感，对有意义的改革失去信心。

许多观察家曾认为 1848 年革命将会激发出自由主义和民主等先进观点。历史也似乎向这个方向发展。随着法国大革命和拿破仑征战的胜利，自由主义的政治思想得到了广泛传播。19 世纪上半时期革命表明，尊崇自由主义价值观的政府取代保守主义君主制只是时间问题。起初，1848 年革命似乎可以完成这一任务。因此，革命的最终失败使得人们更加失望。保守派的反攻使得革命的失败更加彻底。英国著名历史学家 G. M. 特里维廉（G. M. Trevelyan）甚至声称："1848 年是当代历史没能成功转折的转折点。"1848 年革命本应该完全推翻旧政权，但是结果却远非如此。一些历史学家认为 1848 年革命根本算不上革命，因为它并没有成功建立新政治体系或政治结构。考虑到这一观点，有人可能会问，1848 年革命属于 19 世纪的"历史大事件"吗？

为了回答这一问题，我们有必要考虑 1848 年革命的政治余波。尽管保守派重

获权力，但是他们需要面对一系列现实问题。虽然革命分子在 1848 年被打败，但革命的蔓延速度非常快，革命带来的思想不可能被轻易抹杀。民族主义和普选权成为政治生活中无可争辩的一部分。保守派不可能直接实行 1848 年之前的政策，他们需要制定更为有效的新方法来应对革命思想带来的挑战。具有讽刺意味的是，镇压革命的独裁领导者最终选择采纳 1848 年革命提出的许多观点。虽然革命很快遭到镇压，但革命思想却成为此后几十年内政治和社会生活的一部分。1848 年革命以这种方式改变了欧洲。

尽管保守派在革命后重获权力，但是人民不再接受君主制作为政治和社会制度。旧政权的传统体制失去了权威性。很少有领导者能因专制主义和保守政治获得成功。1848 年革命后的领导者遭遇如此状况时，开始明白他们需要制定新政策来巩固权力，需要了解有人民参与的政治。保守派领导者也开始讨论如何影响公众舆论，采取措施将社会不满群体融入现有政治体系。保守派依然畏惧革命，他们意识到需要为政治和社会不满提供发泄途径。因此，1848 年革命后的许多政权制定民主制度，允许人们拥有一些政治权利。但是，保守派巧妙地利用选举人和政治制度，控制了政治进程。总之，1848 年后出现的独裁政府与之前的大相径庭。

在一些经历过 1848 年革命的主要国家中，可以发现独裁统治的新战术。在法国，拿破仑三世成了玩弄大众政治的高手，他对公众舆论十分敏感，总是努力让大众支持自己的政策。拿破仑三世恢复了普选权，召集选举，不断验证自己的统治权。议会并没有解散，但面对政府重要议题时几乎没有发言权。拿破仑三世鼓励公共工程项目建设，开设投资银行，促进经济繁荣。他是第一批现代领导者之一，不仅依靠军队及君权神授说进行统治，还充分利用政治宣传吸引平民。

尽管保守派依旧掌控着政权，但普鲁士却在向建立现代政治结构的方向迈进。议会力量虽然弱小，但它作为分歧和不满的发泄口，是普鲁士政治的一大重要特征。普鲁士政府也着手制定策略，吸引多数人民的支持。农民由于废除农奴制以及土地分配问题上有限的解决措施而获益。同时，这些改革并没有严重威胁到地主阶级的利益。政府鼓励发展工业和经济，改革官僚制度和司法体系，这让中产阶级从中获益。这些政策帮助普鲁士摆脱了停滞不前的困境——这曾是 1848 年革命爆发的原因之一。当然，并不是所有问题都得到了解决，但这些进展已经足够使社会大多数群体不再赞同用革命解决问题。

在哈布斯堡王朝统治的地区，1848 年革命体现出了民族主义对多民族王国的威胁。如果哈布斯堡想要保留君主制，领导者除了恢复传统政策以外，还需要制定新的战略。因此，哈布斯堡政府改革了过时的政权结构，逐渐走向现代化。国王弗朗茨·约瑟夫出台法律，期望政府运转更加高效。政府改革了行政部门，规范了税收体系和商务法，鼓励经济发展。弗朗茨·约瑟夫保留了 1848 年革命中的一大改革：废除农奴制。满足了农民的最基本需求。即使在最独裁的体制下，领导者也不得不接受革命影响后的政治环境。

1848 年革命使许多之前没有多少政治经验的欧洲人参与到时事政治问题中。本来在政治及社会生活中没有发言权的妇女、工人和手工艺人，在革命游行示威中展示了他们的力量。人们开始相信政治与他们的日常生活息息相关，他们能够获得更好的生活环境。“改变所有！”是革命的主要口号。过去只有具有自由主义思想的知识分子才会讨论的思想观点，得到了许多人的支持。民族主义、民主和平等为大多数人民提供了动力。尽管革命的失败致使一些人不再参与政治，但 1848 年革命经历使人们开始持有某些政治思想，它们会在时机成熟时重新涌现出来。

1848 年革命使得社会分工和新的阶级结构逐渐在欧洲出现。革命失败的主要原因之一是革命力量不团结。多数情况下，革命开始于城镇穷人发起的抗议活动。工人和手工艺者发起街头抗议，建设路障。革命最初并没有领导者。下层阶级促使具有政治意识、支持变革的知识分子参与革命。尽管知识分子、工人、农民和其他人发起革命的原因相同，但这并不代表他们可以形成长久的政治合作。不同革命团体因成立新政府以及改革事宜而分崩离析。许多自由主义的倡议者来自资产阶级，他们希望巩固自身地位，确保产权并获得一些政治民主权利。下层阶级，尤其是贫穷的城镇工人，希望获得真正的平等权、社会公平和工作保障。对于这些人而言，自由主义远不能满足他们的要求。他们想要进行社会革命。下层阶级的态度，以及人们对暴力起义的期望使自由派担忧不已。尽管自由主义者想进行改革，但他们不接受可能会威胁社会稳定和秩序的社会政治变革。

最终，自由主义者宁愿默许保守派重掌政权，也不愿意接受社会革命。他们不愿意公开反对现有秩序。因此，自由派撤出革命阵线，保守派有机会重获权力。革命失败不是因为保守派打败进步势力，而是因为拥有权力和财富的社会阶层，包括多数自由主义者，选择支持稳定秩序而非社会革命。

革命阵线的分裂促使新的阶级对抗产生。下层阶级无法获得自由派知识分子和资产阶级的支持。革命缺乏团结性，表明单纯推翻旧秩序并不能实现真正的改革。破灭的革命期望使许多工人意识到，只有社会主义和阶级联合才能实现革命。这为德意志政治理论家卡尔·马克思和弗里德里希·恩格斯提倡的社会主义奠定了基础。马克思和恩格斯在1848年的《共产党宣言》中首次阐述了社会主义观点，表示阶级斗争是不可避免的，如果工人想要真正获得权力，就需要以暴力革命推翻资产阶级。1848年革命展现出各阶层的不同斗争目标和斗争目的，这仍然是19世纪下半叶政治的重要特征之一。19世纪，在政府职能和社会阶层方面，自由主义者和社会主义者之间依旧分歧严重。

民族主义的力量是1848年革命保留下来的最重要的遗产之一。1848年之前，民族主义基本属于知识分子关注的领域，他们主要关注文学、历史和语言等文化方面。然而，1848年革命显示出民族主义拥有广泛的政治吸引力，能够为改朝换代提供依据。许多自由派革命分子认为主权属于各国人民，而不只属于君主。在讲德语和意大利语的地区，革命分子提倡利用民族统一实现政治变革。德意志人和意大利人长期生活在不同邦国和公国，许多革命分子期望成立立宪政府，建立统一国家。

尽管意大利和德意志都没能在1848年实现统一，但是民族主义和国家统一逐渐为人广泛接受。同其他政治观点一样，独裁统治者意识到民族主义可以为他们所用。它们可以为加强中央集权和军权提供现成的理由，也可以缓和国内阶级斗争。

意大利最终在1860年实现了统一，领导人为意大利北部皮埃德蒙王国的首相卡米洛·迪·加富尔伯爵（Count Camillo di Cavour）。加富尔赞同自由主义和1848年革命思想，但是他意识到统一意大利需要外交和战争，而不是依靠主张和民主。法兰克福国民议会在1848年首次提出统一德意志的目标，并于1871年实现统一。但是，新统一的德意志帝国实际上是由普鲁士政府及军队统治，并没有通过民主选举产生议会。普鲁士打败奥地利和法国军队后，德意志统一成为可能。普鲁士首相奥托·冯·俾斯麦领导了此次胜利，提出“当今重大问题的解决，不是依靠演讲和大多数人的决议——这都是1848年革命的错误——而是依靠铁和血”。意大利和德意志都选择了强大的中央集权。尽管两国的统一没有按照1848年革命分子所提倡的方式进行，但是统一的过程明显是受到了革命的影响。1848

年提出的国家统一目标显示出民族主义的力量，也让加富尔和俾斯麦将国家统一提上议程。

在多民族的哈布斯堡王朝，民族主义产生了强大的分裂作用。1848 年革命期间，自治成为哈布斯堡地区许多民族的具体目标。1848 年革命还唤醒了包括捷克人、斯拉夫人、克罗地亚人、斯洛文尼亚人和塞尔维亚人在内的斯拉夫语民族的民族意识。1848 年，斯拉夫的知识分子在布拉格召开代表大会。参会代表提倡民族统一及语言统一，以对抗德意志的民族主义，有些代表甚至要求在欧洲建立独立的斯拉夫国家。民族主义是引发匈牙利革命的主要原因，而且因为匈牙利不同阶级联合起来反对君权，革命在很大程度上获得了成功。但民族主义经常会转变为沙文主义，人们容易对其他民族产生偏见。匈牙利人想要获得民族独立，但是他们不愿让受匈牙利控制地区的少数民族获得同样权利。

尽管哈布斯堡政府暂时镇压了他们的愿望，但这是无法长久的。政府出台了改革措施，完善了官僚体系，但这并不能解决王朝的民族斗争，还适得其反，某些新政策使民族问题变得更加严重。改革后的行政部门职员大多为德意志人，这激怒了非德意志人民。在 1848 年至 1849 年的革命中走得最远的匈牙利人，通过《1867 年奥匈折中方案》（*Compromise of 1867*）终于获得了自治权，能够自主决策内政，但需要保留一支统一的帝国军队以及外交部。匈牙利人得到了满足，但是匈牙利所属地区的其他民族，如斯洛伐克人和克罗地亚人不满匈牙利人的统治，继续为本民族获得自治权而努力。

1848 年后的几十年里，民族主义目标的实现致使欧洲势力出现了重大变化。德意志作为统一国家，越来越强大，在欧洲政治中的影响也越来越举足轻重。统一的意大利也迈入了大国行列。法国新皇帝拿破仑三世蓄意培养法国民族主义，企图恢复 1815 年前法国的崇高地位和强势权力。同时，由于民族主义不断威胁国家的稳定性及完整性，哈布斯堡王朝势力逐渐衰弱。1848 年革命鼓励了民族主义并使其合法化，这让欧洲的国际权力结构开始发生改变。

1848 年革命对经济的影响则十分难以确定。1848 年至 1868 年，欧洲经济迎来了前所未有的发展，但这并不代表革命对经济的整体影响。可以说，革命带来的一些变革的确有利于经济增长。陈规旧俗的瓦解和新思想的传播，使人们改变了传统的活动和生活环境。封建制度的废除使农民可以移民到城市，在工厂工作。

对革命的恐惧还使许多革命后的政权改善了行政管理手段。政府制定了统一法规，降低了贸易门槛，从而促进了经济的发展。总体来说，1848 年以后，中产阶级获得了最大的经济利益。他们主要从经济扩张中获益，而财富的积累使其产生了更大的政治影响。

尽管 1848 年革命没能建立新的政治结构，但它是 19 世纪欧洲历史上的关键事件。自 1789 年法国大革命以来近 60 年，欧洲不断经历起义和革命。然而，“革命时代”随着 1848 年革命的结束画上句号。自此以后，除了战争时期，欧洲没有发生过重大的革命。革命分子的许多目标也逐步实现。人们不再接受贵族特权、君权神授等传统政治观点。独裁政府开始对某些社会群体适当妥协，以避免可能发生的骚乱。因此，镇压革命的领导者转而开始促进许多革命观点的实施。

1848 年是一个时代的开端。革命提出的问题以及目标虽没有及时解决实现，但成功地成为之后政治和社会秩序的组成部分。社会主义、政治民主、自由主义和民族主义促进了现代政治意识的发展。由于国家组织更加严密，经济更加繁荣，中产阶级放弃了革命观点，因而让逐步的改革成为可能。农民的革命意向也不再强烈，因为政府废除农奴制，满足了他们的基本需求。下层阶级开始具有政治意识，能够及时发出呼声要求改革。工人成立工会，普选权为更多的人所接受。1848 年被称为“人民之春”“民族之春”，许多民族将这一年视为民族觉醒的时刻。这些变革并不是在一夜之间发生的，但 1848 年革命的确为封建社会向具有现代国家结构的工业社会过渡奠定了基础。从这方面来讲，1848 年革命确实改变了世界，虽然改变的步伐没有像革命分子想象的那样迅速。

保罗 · D. 伦辛克（Paul D. Lensink）

保罗 · D. 伦辛克（Paul D. Lensink），前富布莱特学者，于印第安纳大学获得博士学位。伦辛克博士是独立学者，为《现代东欧百科全书》（*Encyclopedia of Modern East Europe*）提供过文章。他的研究领域是斯洛文尼亚民族主义的发展。

第四十一章

水晶宫世界博览会（1851）

中国同时期：清文宗爱新觉罗·奕詝

概　述

万国工业产品博览会（Exhibition of the Works of Industry of All Nations）更常见的说法是水晶宫博览会（Crystal Palace Exhibition）或1851年大博览会（Great Exhibition of 1851），是维多利亚王朝中期进步和繁荣最显著的标志。这次博览会举办于工业时代，博览会场馆“水晶宫”由玻璃和钢铁架设而成，长563米，宽125米。展会吸引了超过600万游客。连维多利亚女王也对展馆中的1.4万件机械、美术、工业和原材料展品赞不绝口。

维多利亚王朝中期，通常是以1846年《谷物法》废除和1848年宪章运动的失败为开始，以1867年《第二次改革法案》和19世纪70年代的经济萧条为结束。在这段时期，英国经济发展较快，政治局面也较为稳定。从1857年至1871年，英国的国家收入增长了80%，国民平均收入是法国的1.5倍，经济也以平均每年3%的速度稳步攀升。举办一场国际展览会，让世界上的其他国家都来称赞英国的繁荣，还有什么比这更好的主意吗？

尽管水晶宫博览会被认为是现代的第一次全球博览会，但其源头可以追溯到中世纪欧洲大陆的大型交易中心，这些交易中心基本上可以说是国际化的。不过

在英国，这种中世纪的展览却尚未体现出国际特色。据说，到 1754 年英国皇家艺术协会（Royal Society of Arts）在伦敦成立，水晶宫的萌芽才就此产生。

1761 年，皇家艺术协会举办了“艺术、制造和贸易”年度大奖的获奖者作品展。这次展览持续了七周，大获成功。随后，法国也举办了第一次工业展览会，这个点子来自三家制造厂的理事艾维斯侯爵（Marquis d'Avèze）。1789 年法国大革命之后，艾维斯侯爵发现他的生意很差，于是在 1797 年，他在巴黎安排了一次展会（实际上可以说是一次展销，因为展会上的物件是可以出售的），用来展示他的挂毯、地毯、瓷器，以及他邀请的其他行业制造商的产品。这次展会是如此成功，以至于法国政府吸纳了这个点子，决定在 3 座专门设计的建筑中每年举办全国展览会。法国之所以要如此做，部分原因也是为了向游客展示法国工业的强盛不输于其主要对手英国。不过由于两国早在 1797 年就已经开战，英国从未参加过法国的展会，因此也无从比较。

因为战事连绵、政局不稳，原定于每年举办的法国展览会往往好几年才能举办一次。1849 年，第 11 届也是最盛大的一届法国展览会开幕，吸引了超过 4500 家参展商，持续时间达到了 6 个月。法国展览会上不出售任何物件，但法国人吸取了英国皇家艺术协会的经验，会为每次展会上的最佳展品颁奖。而在英国，这类展会却不再举办。英国人对此没什么兴趣，还认为法国举办展览只是为了削弱英国制造的商品众所周知的优势。不过，尽管英国没有了国家级展览，但技术学院却会组织工业展览。这些学院的设立，主要是为了教授工人阶级一些科学规律。它们于 19 世纪 20 年代开始蓬勃发展，很快就开始举办定期展览，以论证科学规律、展示机械设备——不过为了展出的需要，展品的尺寸通常会小于真正的设备。

水晶宫博览会也许最初源于一位英国企业家威廉·福瑟吉尔·库克（William Fothergill Cooke）在 1845 年的构想。在英国皇家艺术协会赞助举办了两次艺术和现代发明的小型展览后，库克建议举办一次国家级展览。协会采纳了这个建议，不过直到四年后才开始着手认真规划这个项目。历史学家们一直都在争论阿尔伯特亲王（Prince Albert）在促成水晶宫博览会这件事上所扮演的角色。阿尔伯特亲王出生于德意志，是维多利亚女王的丈夫，自 1843 年起担任皇家艺术协会的会长。早期的观点认为他起到了绝对的推动作用，但实际上并非如此：他清楚地认识到若在 1845 年举办全国性的大展览，时机并不算成熟，可能得不到广大群众的

支持，而且在那时英国公众对他也并不十分了解。

阿尔伯特亲王与亨利·科尔（Henry Cole）的交情，使得他更进一步地介入到展览活动当中。亨利·科尔是一名公务员，对艺术和设计有着浓厚的兴趣，认为英国的工业产品在美学上需要有进一步的提升。他作为皇家艺术协会的成员，在1847年及1848年帮助举办了几场小型的展览。这些展览很受欢迎，保持了公众对于举办更大型的国家级展览的兴趣。科尔还对推动艺术教育很感兴趣。他认为通过收集最好的展品，并将它们在国家级展会上展出，会有助于实现这一目标。他希望展会能在市中心的建筑中举办，以吸引最多的观众，比如伦敦的特拉法尔加广场（Trafalgar Square）就是一个不错的选择。伦敦和巴黎的多次工业展览都大获成功，似乎昭示着举办国际级别的大型展览的时机已经到来。这个想法深深吸引了阿尔伯特亲王，让他开始专注投身于该项目中。由于他与英国王室和政治领袖的关系非同寻常，所以他的推动力量十分强大。借此机会，他也能够更好地造福英国大众，同时提升他的知名度，可谓是一举多得。

在1849年6月的筹备会上，大家估计这次博览会将花费7.5万英镑（展会建筑5万英镑，奖品2万英镑，行政开销5000英镑），这笔钱可以通过公众捐款来募集。皇家艺术协会和阿尔伯特亲王可以获得富豪们的担保，保证银行能够预先支付贷款。为了激励制造商提高展品的质量，同时赢得制造商对博览会的广泛支持（筹备会上，大家一致认为这一点至关重要），博览会准备了价值不菲的奖品。皇家艺术协会认为，项目大约需要2万英镑的启动资金，但政府不愿支付这笔钱，游说伦敦贵族的举动也失败了。最终，一家名为詹姆斯 & 乔治·芒迪先生（Messrs. Jas. & Geo. Munday）的承包公司愿意提供赞助，于是皇家艺术协会开始着手准备博览会的相关事宜。

1850年1月1日，筹备展览的皇家委员会成立，阿尔伯特担任会长。在接下来的一年中，他们建造了水晶宫，准备了一场拥有10万件展品的国际博览会。委员会通过私人捐赠，筹得了8万英镑的资金，还有价值超过25万英镑的各种抵押品，做好了一切确保博览会成功的准备。但人们都觉得，如果是由国营企业来筹备的话，这次展会可能会变得更好。最终委员会不得不解除与詹姆斯 & 乔治·芒迪先生公司的合约，因为公众怀疑他们会借此机会谋得大量好处。

筹备委员会在全国筹集资金时，利用了地方组织作为中介。总的来说，英国

这幅图描绘了宏伟壮丽的玻璃与钢铁架设而成的水晶宫。水晶宫世界博览会被认为是现代的第一场世界博览会。（来源：美国国会图书馆）

北部的工业化城市如曼彻斯特和格拉斯哥（Glasgow）大都慷慨解囊支持博览会，而工业化程度较低的城市如伯明翰、利物浦和巴斯（Bath）则显得没有那么大方，不过这一点也并不出人意料。

1850 年 1 月，筹备委员会挑选人员组成了建筑委员会小组，征集合适的场馆提案。在接下来的几个月中，他们收到了 254 份提案，但没有一份令人十分满意。建筑小组决定按照自己的计划，用砖块、钢铁和石头构建展馆，其穹顶比圣保罗大教堂的还要大。不过建筑小组以外的任何人都不赞同这一提议。就在这时，约瑟夫·帕克斯顿（Joseph Paxton）提出了一份草案。他是德文郡公爵（Duke of Devonshire）的园艺师，在设计温室方面颇为在行。草案建议用钢铁和玻璃搭造场馆，让整个场馆看起来就像个巨大的温室。他的设计被刊登在《伦敦新闻画报》，受到了公众的一致好评，委员会最终采纳了这一方案。

施工队几乎即刻便开工了，因为此时距离博览会开幕只剩下九个月的时间。通过预制各零部件的方式，展馆迅速地拔地而起，在 1851 年 1 月竣工。展馆占地 18 英亩，为了避免砍掉一些老榆树，设计师把它们罩在了屋顶下。这座使用大量

玻璃搭造的建筑深深吸引了公众的注意力，流行的幽默杂志《笨拙周报》（*Punch*）也发表了许多关于展馆的漫画，描绘其玻璃的覆盖面积之大。历史学家约翰·R.戴维斯（John R. Davis）认为，《笨拙周报》在普及"水晶宫"这一展馆的昵称时厥功至伟。在当时，水晶宫可算是建筑界相当了不起的成就。预制各零部件然后组合成建筑的方式前所未有，而所有钢铁打造的建筑支撑结构——支柱、大梁、窗框等，都可以更换。与之类似的是无数4英尺长、10英寸宽、1英寸厚的窗格玻璃，它们也是预先制造的。在工地最热火朝天的那段日子里，玻璃工匠每周要装上1.8万块这样的玻璃。伦敦建筑师和设计师欧文·琼斯（Owen Jones）负责内部设计。他采用了当时流行的主色调，在建筑内部的栏杆、支柱和其他金属上喷上了蓝色、红色和黄色的颜料，把整个会场装扮得活力十足。

博览会于1851年5月1日正式开幕，游客可以在展馆中欣赏到超过10万件不同的展品。主办国英国和其殖民地的展品占据了展馆一半的空间，展馆另一半则分配给了其他国家。除英国外，法国和德意志的展品也非常优秀，令人印象深刻。美国占有了除英法外最大的空间，但它们的展品不足，甚至没有放满。不过，在最初遭遇一些批评之后，美国展品尤其是火器及农业工具，以其简明实用很快赢得了观众的认可。在博览会中，最引人注目的展品是一颗印度钻石，其重量达到186克拉，被称为"光之山"（Koh-I-Noor）*。

最初三周，水晶宫博览会的门票高达5先令，随后有了显著降低，在一周的大部分时间内都只要1先令，以便让平民能够进去参观。男性的季票是3英镑3先令，女性的季票则是2英镑2先令。但关于博览会票价是否过高的争论依旧持续了很长时间（有些雇主会给员工补贴一部分门票费，算是帮了一些小忙）。除去政府到后来才资助的15万英镑，展会的资金都是通过私人和志愿捐赠的途径募集的，不过政府也没有对这部分资金征税。共有超过600万游客参加了这次博览会，有一些政治家和警务局领导担心秩序问题，但展会还是在愉快的氛围中有序地落下了帷幕。无论从哪一方面来看，水晶宫博览会都可说是大获成功，还将世界博览会这一盛事传承了下去。最近的一次世博会于2010年在上海举办，会上展现出了中国近些年来在经济和文化上的长足发展。

---

* "光之山"钻石在1895年被献给英国女王，钻石镶嵌在英国女王母后王冠上，保存在伦敦塔。2009年，印度独立领导人甘地的曾孙图沙尔曾呼吁英国归还该钻石。——译者注

水晶宫博览会最后盈利颇丰。其中 18.6 万英镑被用去购买南肯辛顿区（South Kensington）的土地。如今，维多利亚和阿尔伯特博物馆（Victoria and Albert Museum）*、皇家阿尔伯特音乐厅（Royal Albert Hall）和其他一些著名建筑便坐落于此区。博览会结束后，一家私人公司以 7 万英镑的价格买下了水晶宫，将其拆解后在伦敦南郊的西德纳姆（Sydenham）重建。水晶宫在接下来的许多年中都继续充当展览馆和会议中心，直到 1936 年的一场大火将其毁于一旦。博览会剩下的盈余于 1891 年被皇家委员会用以设立奖学金项目。直到如今，这个项目仍在奖励那些在科学和艺术上有所成就的学生，这也是阿尔伯特亲王的一个心愿。

历史评论

水晶宫博览会是 19 世纪中期的重要事件。它既包含着崭新的工业时代的梦想，也昭示着将来的噩梦。水晶宫是科技进步的象征，让人们看到了美好的未来，而它逐渐沦为游乐场所，最终于 1936 年毁于大火，与那时水深火热的世界交相辉映。博览会庆祝着这个世界向机械时代的伟大转变，也预言了这样的转变将会给全球带来怎样的剧变。

通过水晶宫博览会，英国大大增强了自信，最终确立了维多利亚王朝中期英国的价值观：劳动、商业、自律和消费。在英国之外，水晶宫博览会揭开了一个工业化国家展示炫耀、沾沾自喜、自我推销，并彼此展开竞争的时代。国际博览会的风潮一直持续到了 20 世纪。作为迄今为止规模最大的公共活动，这些世界博览会帮助促进了许多现代社会结构的形成，培养了大众旅游休闲的新方式，促进了消费主义的诞生，建立了公众行为的新标准，还让各种社会阶级在同一公共场所出席。在这次博览会中，政府以一种新的方式参与进来。在政府的帮助下，博览会成功地实现了寓教于乐。这样的一种形式为现代的博物馆所广泛采用。

水晶宫博览会反映出了人与商品之间的一种崭新的关系。从壮丽宏伟的水晶宫本身，就能明显地看出这种全新的关系。对于参观博览会的 600 万名游客而

---

* 维多利亚和阿尔伯特博物馆是世界上最大的装饰艺术和设计博物馆。——译者注

言，水晶宫既是巧夺天工、美轮美奂的建筑，又是聚集和展现工业时代产品的乐园——这是现代百货商店和购物中心的前身。游客不仅为展品的数量感到震撼，还为这些新事物的前景所吸引。在维多利亚时代的英国和工业革命后的欧洲其他国家，工业革命就意味着前所未有的大量新鲜事物的涌现。由此，人与商品的关系，以及购物模式，都开始发生转变。这帮助确立了当今社会多变的潮流和消费主义观念。

水晶宫博览会还引发了关于建筑和工业设计的辩论，这场论战最终导致了20世纪早期的现代主义美学理论的产生。水晶宫是现代钢筋与玻璃搭建的摩天大楼的前身，其独创性地采用了预先制造各部件然后拼装的建筑方式，昭示着工业材料在公共建筑上的新应用，带来了“工程建筑”的新形式。现代城市的钢筋与玻璃结构正是从水晶宫得到的启发。最后，从世界各地带来的原材料，让参展的英国人见识到了海外的富饶、异国的情调。在接下来的50年中，大英帝国的版图几乎翻了一倍，可以说这与水晶宫博览会不无关联。在水晶宫中，我们看到了19世纪的梦想以及20世纪的噩梦。

社会转型

人们普遍认为，水晶宫博览会第一次让英国公众见识到了工业化的进程。1851年，英国只是完成了部分工业化，不过其第一阶段：1800年左右因为蒸汽机改进而导致的生产机械化已经实现。未来在工业化和机械化范围上的扩大，基本只是水到渠成之事。博览会的组织者们尤其注重于让公众了解未来，同时也在设法缓和新的工业化经济产生的社会矛盾。19世纪40年代，对英国来说是国内冲突不断的时期。日益不满的工人和陷入激进的宪章运动，使得英国的政治局势极为紧张。欧洲大陆1848年革命的浪潮就是工业化国家社会不稳定的证明。对于上层社会和中层社会的观察家而言，社会动荡的迹象比比皆是。在英国，工业化造成了城镇人口飙升，这导致了一个悖论：传统的社会学说认为，城镇人口具有潜在的革命性，对于国家安全存在威胁，而新兴的工业城市恰恰正在创造这群人——他们逐渐意识到了自己的经济和政治潜力，感受到了自己遭受的不公待遇。年轻的德意志制造工人弗里德里希·恩格斯在1844年出版的著作《英国工人阶级状况》中对这些城镇工人的糟糕状况进行了详细描述。1848年，卡尔·马克思出版《共

产党宣言》，在书中，他鼓励无产者联合起来，与新兴的工业资本主义抗争。而上层阶级、工厂主及新兴的中产阶级相信这些社会变革中存在着让他们恐惧的东西。

水晶宫博览会的目的就是要应对这些恐惧。用阿尔伯特亲王的话来说，博览会要成为“科学、艺术和工业的学校，培养全世界人民的手足情谊”。博览会的组织者紧紧抓住这一目标，向公众传达工业发展和新的机械加工方式带来的好处。这就意味着要尽可能多地让观众参与进来，而组织者制定的入场票价也很好地贯彻了这一理念：在 144 个开放日中，有 80 天的票价被定为 1 先令，让工人阶级也能进入参观。尽管这一价格依旧不是赤贫阶级能够支付的，但毫无疑问在举办公众活动上，组织者走出了具有创新性的一步，让参观人数达到了前所未有的高峰。尽管批评者担心这些游客可能行为不端、举止粗俗、不守秩序，但最终证明他们多虑了。在相当于英国人口数 1/5 的总共 600 万名游客中，有 400 万都是在票价为 1 先令的日子里进来的。因此，水晶宫博览会可以说是一种全新概念的公众活动。

就这样，水晶宫博览会转变了数百万普通人的旅游观念，开启了大众旅游的新时代。许多工人阶级的游客通过托马斯·库克（Thomas Cook）* 等商人提供的旅行服务来到伦敦参观水晶宫，然后于当晚赶回家里，从而不耽误第二天的工作。在 1851 年以后，世界博览会成为数百万欧洲人的旅游目的地，新型的休闲旅行潮流就此诞生：500 万游客参加了 1855 年的巴黎世博会，600 万游客参加了 1862 年的伦敦世博会。与会人数随后还在稳步攀升，1867 年的第 3 届巴黎世博会吸引了 900 万游客，1889 年的第 4 届巴黎世博会吸引了 2700 万游客，而 1900 年的第 5 届巴黎世博会则创造了空前的纪录，参展游客达到了惊人的 5000 万。随着铁路技术的持续发展，人们对于旅游的渴望不断增长，创造了旅游这一新的产业。

来到水晶宫博览会的大量游客还建立了公共场所的行为举止的新标准。1851 年，英国的许多人口都住在农村，他们也从来没有旅游经历，因此需要学习如何在城市里表现得举止得体。理查德·阿斯克里尔（Richard Askrill）等人撰写了《约克郡游客的博览会参观指南》（*Yorkshire Visitors' Guide to the Great Exhibition*）等手册，告诉游客在城市里应当如何表现：不要随地吐痰，应当定时洗澡、勤洗勤换衣物。还有一些指南则告诉游客不要推推搡搡，应当有秩序地进出展馆，与

* 托马斯·库克是近代旅游业的先驱者，也是第一个组织团队旅游的人，被称作“近代旅游业之父”。——译者注

曾经参加过展览的有经验的游客一起——以便得到指导。这些公共场合的行为的背后，隐含着“自律”这一要素。在那些票价 1 先令的日子里，警察的监管力度有所加强，但游客依然能够仔细观察水晶宫的每一个角落。通过水晶宫三楼的美术馆，游客可以俯瞰展馆，人群和展品尽收眼底。这一切也向游客逐渐灌输着“自律”的习惯，正如 1901 年全美博览会的指导手册中所写到的：“请记住，当你走进博览会的大门，你也就成了展览的一部分。”1851 年的水晶宫博览会开了先河，教会了大众在全新的工业社会的公众场合，应该有着怎样的得体举止——如今，在商场和机场里，这些自律的行为在我们看来已经是习以为常了。

水晶宫博览会平息了贵族和中层阶级对于广大人民的行为举止的担忧。上层阶级和工人阶级在短时间内实现了交流和合作，培养了所谓的“手足情谊”。在维多利亚时期，英国的阶级结构壁垒分明，水晶宫博览会第一次让大量来自不同阶级的人群面对面地出现在无差别对待的公共场所。上层和中层阶级通常会聚集在水晶宫的中央位置，但在那些票价 1 先令的时间段，他们只能和工人阶级共享这片区域。各大报纸纷纷登载关于“英镑和先令”（上流阶级和中产阶级的游客的门票费更昂贵）会面的评论。不过出乎中产阶级的游客意料，他们没有看到“肮脏粗鲁、大声说话、满嘴酒气的野兽”，而是“干净整洁、遵守秩序的工人”以及他们的家属。通过这次展会，各阶级之间的紧张情绪得以缓和。

水晶宫博览会声称的“手足情谊”，还史无前例地在管理者和劳动者之间的合作关系上有所体现。工厂主愿意付钱让工人去观看展览，而工人们也制订了储蓄计划，从每周工资中节省出一部分用作参加展会。这导致了另一个悖论的产生：工厂主希望工人们通过展会了解到工业生产的巨大潜力，而工人们参加了展会以后，却逐渐意识到他们自身处在一个怎样的不利处境中。1864 年，马克思主义的国际工人联合会（International Working Men’s Association）即第一国际（First International）成立，正是在 1862 年伦敦世博会之后。从这个角度来看，1851 年水晶宫博览会之后的世博会浪潮，催生了部分工人的阶级意识的觉醒。

水晶宫博览会所取得的巨大成功，甚至超出了组织者的预料，还改变了全国对于博览会、展览以及公共教育的看法。这次博览会最重要的教育遗产便是 1857 年建立的南肯辛顿博物馆（South Kensington Museum），目的是为了继续向公众介绍工业化的生产过程。同水晶宫博览会一样，南肯辛顿博物馆也是一个无差别对

待的公共场所，鼓励不同社会阶级的人汇聚一堂。博物馆从此慢慢成为推行公共教育的场馆。这家博物馆并非英国的首家博物馆，大英博物馆（British Museum）及其他几家重要的博物馆早在1857年之前便已存在，但它对公众开放的方式却是全新的。在19世纪50年代，想参观大英博物馆的游客需要事先写好申请，经过批准方可参观。这种流程有效限制了公众的参与度。此外，大英博物馆的开放时间也十分有限，相关领导拒绝在馆内安装煤气灯来延长开放时间。相比之下，南肯辛顿博物馆进行了十分友好的创新，馆内有一家餐厅，还在晚上（通过煤气灯）对工人阶级开放。历史学家托尼·本内特（Tony Bennett）认为，这种于1851年以后出现，将教育、展示和公众性创造性地结合起来的方式，实际上是国家用来管理公众的全新机制。与远离人们视线的惩戒机制（监狱等设施都设置在公众视线之外）不同，这种全新机制体现了更加柔和的控制——并非向公众展现国家力量，而是通过向公众展示知识，从而“赢得他们的心”。

水晶宫博览会之后，在英国及其殖民地、欧洲大陆以及美国，博物馆如雨后春笋般兴起。如奥地利维也纳的艺术与工业博物馆（Museum for Art and Industry，1863）和德国柏林的应用艺术博物馆（Applied Arts Museum，1875）等一系列新的博物馆都是以南肯辛顿博物馆为模版建立的。而在其他一些博物馆中，王侯和贵族的收藏逐渐被放到了公众的目光下，比如维也纳的艺术史博物馆（Imperial Art History Museum）。这股兴建博物馆的风潮有一个共同特征，即国家在其中扮演了创造公众展示环境、制造知识的角色。随着博物馆拔地而起，许多新学科（比如艺术史和人类学）也逐渐诞生。而公众对于展品的渴望，与国家作为知识的管理者和组织者的角色交织在一起。博物馆成了一个征服世界，并将珍奇物品带回本国的理由；国家是否强盛，能否让自己的国民了解世界，则可以在博物馆中得以体现。这成了一种全新的公众教育的方式。

在促进教育和手足情谊的同时，水晶宫博览会还让劳动人民看到了未来的繁荣前景。农村和城市的工人阶级通过展览，认识到了新型的消费方式。博览会的教育目的非常明显——让工人阶级接受维多利亚工业社会的全新价值观：工作、自律、帝国主义和消费主义。博览会上展品的分类——原产品、机械和制成品，使公众意识到了工业制造的能力与潜力，而制成品占大多数，也预示着将来人们会越来越多地使用消费品。所有来到水晶宫的客人都为那里品种繁多的展品惊叹不已，

甚至连维多利亚女王都把水晶宫称作展品的“乐园”。历史上从来没有过将如此多展品向公众展现的先例。从用于制造的机械到大批量生产的鞋子和披肩，水晶宫中充满了各种工业时代的新事物。对于大多数来自农村的游客而言，琳琅满目的展品带给他们的冲击力是无与伦比的。尽管这些展品并未标价（到1855年才首次给展品标价），但消费观念却是水晶宫博览会所宣扬的。因此，水晶宫实际上是现代百货商店和购物中心的前身，其中弥漫着对物质的渴望。博览会对各个阶层的人而言都是公平的，与此同时，它还在所有人心中植入了消费者的标识。

水晶宫的展品的“乐园”创造了一种消费现象，卡尔·马克思将其称为“商品拜物教”（commodity fetishism）。根据马克思的说法，这是工业体系中诞生的一种新的经济和社会秩序，其标志之一即商品的创造——通过客观的工业过程产出，并在客观市场销售的产品。当某物品（比如一双鞋）进入市场，它就有了自己的生命。这双鞋如今是一件商品了。但商品的重要性远远超出其实用性，在某些情况下，商品具有象征价值，即鞋不仅是用来穿的，它还具有其他意义。按照马克思的理论，“拜物”即是让一件商品有了一定的象征价值。在一个由工业过程创造的世界中，消费者如果为某一物品深深迷住，不再考虑那些通常非人道的生产过程，而去购买它，这种心理状态即商品拜物教。我们很少会去考虑位于那些偏远地区的鞋类工厂，我们很多时候购买商品也不仅仅是出于需要它的动机（还可能是因为其附带的社会象征、品牌名称或商标）。

在水晶宫的工人游客并没有意识到他们的劳动力已经通过机械转化为消费品。实际上，“乐园”的幕后是工人们遭遇的不公和剥削。水晶宫“是一座闪闪发光的神庙，社会发展的信徒和奴隶在这里汇聚一堂，共同参拜”。来到这里参观的英国工人期待着未来会变得更好，能够享受到一定的物质好处，这最终抑制了他们的革命潜能。随后的博览会则成了消费主义的朝圣之行，通过购物带来的无与伦比的满足感最终对20世纪的工业社会产生了深远影响。

设计理论

1851年的水晶宫博览会证明了中产阶级的消费观可以怎样影响工人阶级。消费的诱惑可以部分转变为上进心，而这与良好品位的培养也有关系。因此，水晶宫博览会的另一个教育意义是提高了公众的品位。阿尔伯特亲王把这个让公众提

高品位的任务称作“艺术和工业的联姻”。这体现出了贵族定义的艺术与工业品位。对阿尔伯特亲王而言，品位是生产者与消费者面对的最为紧迫的问题，是质与量、艺术价值与实用性上的抉择。

当时的批评家认为，尽管英国在工业生产率上居于世界前列，但其产品却并不十分美观。现在该是将英国的工艺技术与美感结合的时候了，就像法国人一直在做的那样。接下来的难点在于如何用合适的装饰物来装扮工业产品，同时却不影响它们的实用性。

关于品位的争论是水晶宫博览会留下的最为经久不息的遗产。从这次争论中，衍生出了19世纪晚期的两种最为重要却又互相抵触的设计理论：工艺美术运动（Art & Crafts Movement）和现代的功能主义美学。前者批判了减少工人增加器械的工业生产过程，强调了工人的困境，支持简约美，这种理念的主要实践人物是艺术家兼社会主义活动家威廉·莫里斯（William Morris）。后者则对于机械及机械带来的可能性持欣赏态度，将设计推进到了现代的功能主义美学的层面。

工艺美术运动始于水晶宫博览会。年轻的威廉·莫里斯来到水晶宫参观，发现里面的展品“丑得惊人”。在19世纪40年代晚期，莫里斯与一批来自牛津大学的朋友建立了拉斐尔前派（Pre-Raphaelite Brotherhood），其中聚集了一些艺术家和诗人，他们关注迅速变化的工业社会中艺术的道德和社会功能。在莫里斯看来，博览会中的展品已经说明了机械化生产的危机：制造商可以大量生产一切他们想要的（或公众想要的）物品，却几乎不考虑他们创造的物品是否具有美感。对一些批评家而言，设计糟糕的物品最终会卖不出去；而对莫里斯而言，设计糟糕的物品折射出了社会的不公。莫里斯认为，从水晶宫中展品的丑陋和无用，可以看出现代工业社会的道德困境。艺术评论家约翰·拉斯金（John Ruskin）在参观完博览会以后，也对英国的工业社会提出了批评。拉斯金同意莫里斯的观点，认为现代的工业过程破坏了传统的劳动者与工作之间的联系，劳动者的技艺再精湛也无法同机械相比。因此，工匠退化成了工人，而劳动者与产品之间也不再具有私人的对应关系。这种劳动者与产品的“异化”（马克思创造的术语）正是社会的产物。因此，工人阶级与装饰、工业生产和消费有直接的关系。对莫里斯和拉斯金而言，水晶宫充满了不当的欲望和为满足这些欲望创造的物品。两人认为，这个社会之所以创造和消费这么多丑恶的事物，是因为有些东西从根本上就错了。

莫里斯希望重新恢复手工生产，他建立了工人组织，试图重新推广手工艺。在水晶宫博览会后的几年中，莫里斯成为一名成功的设计师。他的公司设计的壁纸、纺织品以及家居都表达了他的观点：人们不应该拥有既不实用也不美观的物品。不过讽刺的是，他的作品设计巧妙、工艺精湛，只有那些富裕人才能买得起。他只能一边批评着工厂生产，一边依靠富有顾客的光顾来谋生。不过由他的理论带起的工艺美术运动确实对水晶宫展示的浮夸而粗制滥造的产品进行了严肃的批判。参与工艺美术运动的理论家们创立了简约美学，弃用矫揉的装饰，使用纯手工制造产品。这产生了深远的影响：奥地利的维也纳艺术馆以及美国的古斯塔夫·斯迪克里（Gustav Stickley）的手工艺设计，让这种设计理论完好地传承到了20世纪。

水晶宫博览会还产生了另外一套理论，这套理论欣然接受了工业过程，强调装饰要具有功能性。这项理论最终演化成了现代主义的设计风格。这一学派来源于博览会中各种经过装饰的“工业产品”以及机械展厅中的各种器械。观察家们将没有必要的装饰与机械的功能型设计对立起来。比如说，蒸汽机车的“外形是由其内在的功能所决定的”。这种机械的“能量、舒适感、和谐感和简洁的外部线条”与商品“不协调的装饰”截然相反。即便是在展会举办时，批评者也很清楚制成品的装饰与制造它们的机器的装饰之间的区别。德国理论家戈特弗里德·森佩尔（Gottfried Semper）将设计的功能主义理论阐述得最为透彻：“那些最认真地注重其功能性的产品，不会允许任何不必要的设计存在……人们时常能够发现……（武器、医疗器械、车厢等）可以有更好的改进形式。”对森佩尔而言，物品的装饰是次要的，物品的功能才是最重要的。这种规律在用于生产的机器上已经体现得十分明显，在生产出的制成品上却尚未得以彰显。最终，这一理论演化成了20世纪初期注重功能的现代主义美学——功能为主，外形次之。

关于美感和功能的争论一直持续着，而水晶宫本身，却是美感和功能并重的象征。尽管批评者们对于水晶宫内的展品颇有微词，但谁也不能否认，水晶宫是工程学上的一次重大进步。其设计者约瑟夫·帕克斯顿弃用了传统大型建筑常用的材料（如石雕），创造了一种全新的建筑类型。水晶宫是当时最大的建筑，长563米，宽125米，占地面积7万多平方米，可以说是由钢铁与玻璃打造的史诗级建筑。采用预制各部件然后拼装的方式，这栋建筑在四个月不到的时间内便拔

地而起。水晶宫的承重墙由铸铁支柱构成，二层和三层的展馆则由钢铁横梁支撑，这是一种全新的工程建筑。帕克斯顿大量采用了玻璃材料，辅以纤细的钢铁支架，打造了极具新意的内部空间，给人以美的感受。在这之前，这类建筑从来没有被建到过这样的大小，对所有观众而言，这都是一种完全新鲜的体验。这一类钢筋和玻璃的组合型建筑，在博览会之后逐渐被应用于火车站等场馆的建设，最终成为一种风靡20世纪的建筑风格。而利用金属承重的方式最终导致了19世纪70年代电梯的发明，从此，建筑的高度突破了以往的限制。水晶宫博览会在这方面也起到了预言的作用：在展会上，A. W. 奥蒂斯（A. W. Otis）展示了他新发明的“升降器”。它在19世纪80年代改为用电力驱动，最终成为摩天大楼诞生的前提。

而水晶宫透明的墙壁也折射出了英国在规划和建设上的成功。为了使得参观的人群整齐有序，水晶宫的设计师帕克斯顿规划了活动区和休息区，在三楼建立了用于俯瞰的长廊，还在最初建设时就预留了公共洗手间等基础设施，创造了和谐舒适的参观环境，让所有的游客都留下了深刻印象。

装饰的问题，最终引发了全英国关于品位、国家身份和工业设计的大辩论，这是水晶宫博览会留下的重要遗产之一。不过这场辩论很快与欧洲的国际竞争和民族主义联系了起来。1851年以后，制造商和政治经济学家认为美学不仅与国家的发展相关，还涉及与他国竞争市场份额的问题。优秀的设计就意味着更好的销路。各大工业化国家的竞争，在1851年之后逐渐集中于对市场控制权的竞争。在水晶宫博览会之后，所有的博览会都将设计问题带到了最前端，并将其与国家身份和经济实力联系起来。在英国，良好的美学品位与消费者的新需求结合起来，形成了审美标准。在欧洲的欠发达地区，或是殖民化程度不高的地区，如爱尔兰和波兰，设计问题与国家身份直接联系了起来。比如说，一家爱尔兰制造商复制了塔拉胸针（Tara Brooch）* 送展,这种具有浓郁的地方气息的艺术品立刻就能让人联想到爱尔兰。寻找国家风格成了1851年之后博览会的一项重要特色，设计问题开始上升到民族主义的高度。随着19世纪接下来的博览会越来越体现出民族主义特色，国家风格也体现得越来越明显。精美的展品和高品位的装饰不仅有助于提高市场占有率，还能体现出文化上的优越感。没有什么比在国际市场上占有一席

* 塔拉胸针是最古老的也是最著名的爱尔兰艺术品。最早的塔拉胸针珍藏在都柏林的国家博物馆里，被称为是欧洲早期最精致的艺术品。——译者注

之地更吸引人的了。工业生产与国家利益的结合，促使欧洲的工业化国家在1851年之后展开了越来越激烈的竞争。

而这种竞争在世界博览会的殖民地和帝国的展品上体现得十分明显。在19世纪的最后10年，欧洲各国开始把更多的空间和成本分配给来自殖民地的展品。这种模式最早也起源于1851年。在水晶宫博览会上，各国还并未完全意识到来自殖民地的展品的重要意义，不过，东印度公司的展区却非常火爆。公司送来了特色各异的野生动物模型（如毛绒大象）、用于制造商品的原材料，以及来自印度的装饰艺术品（如羊绒围巾），这让消费者和制造商感到欢欣鼓舞。在另一个展区，孟加拉的工匠用象牙雕成饰品取悦观众。随着英国的崛起和英国人生活水平的提高，博览会也开始越来越重视外国展品。更重要的是，这让英国开始接受帝国征服的理念。在接下来的几十年中，大英帝国进行了惊人的扩张。而观众们已经对帝国给他们提供的琳琅满目的展品习以为常。这些展品不仅可以展现英国在商业上的成功，还可以展现出英国对遥远殖民地的强大控制力。随后的世界博览会上，参会国家纷纷把殖民地的展品看作重要的参展元素，最后甚至还建造了原住民村，让欧洲人（以及之后的美国人）能够看到自然情景下的殖民地人民。这种场景仿佛人类动物园一般，原住民村里的村民被要求表演事先排练好的祭祀舞蹈，游客甚至还能看到非洲女性未着片缕的胸脯。这些博览会让欧洲人产生了一种妄想，认为自己有权力也有使命主宰全球，将先进的文明、繁荣的商业和发达的工业带给落后的殖民地。

1851年的水晶宫博览会塑造了维多利亚中期英国的价值观，向全球展现了英国的工业力量和稳定的政局。英国国民对发展科技的力量产生了前所未有的信心。水晶宫博览会充当了现代工业社会中许多社会结构的催化剂，培养了大众旅游休闲的新方式，促进了消费主义的诞生，建立了公众行为的新标准，还让各种社会阶级在同一公共场所出席。这些社会变革使得城镇居民学会了自律，帮助政府找到了公众教育的新途径——博物馆。博览会还引发了关于审美和艺术设计的长达半个世纪的辩论，最终导致了20世纪初现代主义美学思想的出现。水晶宫作为世界工厂英国的象征，体现出了新的工业技术带来的强大生产力，建立了消费品的乐园，吸引了无数潜在消费者。同时，水晶宫让英国人燃起了无限自豪感，却掩盖了工厂体系下的剥削和不公。这幢闪闪发光的玻璃建筑映射出了19世纪的美好希

望，但阴影中也隐喻着将来的危机——在水晶宫博览会上，德国军火制造商克虏伯（Krupp）的加农炮首次亮相；殖民地以英国的原材料和财富的提供者的形象出现；工厂工人的劳动成果被转化为夺目的商品。水晶宫是全球社会进步、工业发展、帝国兴起的标志，而它于1936年不幸失火遭到焚毁，冥冥中也预示着第二次世界大战的战火将给人类文明带来浩劫。从闪亮登场到浴火谢幕，水晶宫的命运与19世纪全球的历史轨迹竟如此惊人的相似。

戴安娜·雷诺兹·柯迪亮（Diana Reynolds Cordileone）

戴安娜·雷诺兹·柯迪亮（Diana Reynolds Cordileone），波因特洛马拿撒勒大学副教授，于加利福尼亚大学圣迭戈分校获得博士学位。主要著作有《艺术史上的君威和政治：维也纳的综合展览》（*Alois Regal and the Politics of Art History: The Exhibitionary Complex of Fin-de-Siècle Vienna*，2002）。

第四十二章
达尔文革命（1859）

中国同时期：清文宗爱新觉罗·奕詝

概　述

大家都说，查尔斯·达尔文（Charles Darwin）是一个善良、温和、富有同情心的人。他忠诚于自己的妻子，爱护自己的孩子，享受漫长宁静的散步，从未说过别人坏话。然而，达尔文有关“自然选择”的作品却印证了那句古老的谚语——“文字的力量强于刀枪”，给世界带来了革命性的改变。他的作品不仅为现代生物学奠定了基础，还在理论界和哲学界引起了一场大风暴，一直持续到今日。

达尔文的成功有很多原因。其中，最重要的一点就是他才智过人，细致入微。达尔文虽出身于富贵且颇有教养的家庭，但这一点并没有给他带来困扰；同样，达尔文和他的亲表姐艾玛·韦奇伍德（Emma Wedgwood）的婚姻也没有给他带来困扰。他的妻子是一名杰出的女性，是韦奇伍德陶器家族财富的女继承人。达尔文人脉广阔，这为他带来很多机遇，尤其是与英国知识分子精英和文化名流之间的交往。而且，达尔文家族精心管理自己的财产，积累了相当可观的财富，这让达尔文能尽心投入自己的研究，不必担心生计问题。

进化概念，即认为物种随着时间发生进化的观点，并非起源于达尔文。早在2000多年以前，古希腊的思想家，如阿那克西曼德（Anaximander）就提出了基

本的进化概念。17 世纪至 18 世纪，欧洲的科学革命重新激发了人们对自然界的兴趣，带来了众多领域的发展，对达尔文产生了重大影响，为他后来的理论奠定了基础。例如，法国博物学家让 – 巴蒂斯特 · 拉马克（Jean-Baptiste Lamarck）在 19 世纪初的一篇文章中提出，进化的特点是两代人之间的获得性遗传。达尔文很欣赏拉马克的观点，却反驳了拉马克在进化上的发现，因为这些发现缺乏科学证据。有趣的是，达尔文的祖父，也就是受人尊敬的物理学家伊拉斯谟 · 达尔文，因写文章支持这种进化观点而出名。

地质学这一新学科深深地吸引了达尔文。1830 年至 1833 年，英国杰出的地质学家查尔斯 · 莱尔（Charles Lyell）发表了三卷本作品《地质学原理》（*Principles of Geology*）。莱尔细致的科学研究证实，地球早在人类出现以前就已经存在了。这一观点驳斥了英国人普遍持有的基于《圣经》基础上的信念——即地球出现于公元前 4004 年。除此之外，莱尔最终还证明，行星会发生缓慢、持续的变化，即发生演化，而且这一过程自行星诞生之日起就一直存在。莱尔的观点极大地影响了达尔文。

达尔文与亚伯拉罕 · 林肯同年同月同日生（都是出生于 1809 年 2 月 12 日），但达尔文在年轻时并未展露出特殊的才华。他的父亲是一名英国物理学家。他本人在爱丁堡大学学习医学以及在牛津大学学习神学时，都取得了一些成功。然而，真正激励达尔文的人，是经常与他散步的牛津大学植物学教授约翰 · 亨斯洛（John Henslow）。在散步时，达尔文对自然界的兴趣越发浓厚，还可以在闲暇时间观察各种各样的植物和昆虫。受亨斯洛的影响，达尔文成为进行科学考察的“贝格尔号”（*HMS Beagle*）的博物学家。这是达尔文年轻时期的一次重要经历。

“贝格尔号”于 1831 年起航，5 年后返回英格兰。“贝格尔号”在航行期间主要探索了南半球，针对一切能想到的事物都收集了宝贵的数据。达尔文虽然长期晕船，但仍十分活跃。他花费大量时间，研究陆地上的植物群和动物群，收集了一仓库的化石、贝壳和他保存的动物标本。其中值得一提的是，他发现远离厄瓜多尔（Ecuador）海岸的加拉巴哥群岛（Galapagos Islands），尽管被隔离，也无人居住，却有丰富的动植物和生物变种。这一发现让达尔文想到很多意义深远的问题。如果按照当时的常规观点来看，物种是不变的（从不发生变化或变异），为什么不同的环境条件会孕育不同的动物和植物？而且，在环境条件一致或相同的情

况下，为什么会有不同的亚种？

1836年，达尔文返回英国后，与艾玛·韦奇伍德结婚，后来居住在肯特郡。就是在那儿，达尔文用其余生对他从“贝格尔号”航行中带回来的大量标本和记录进行了最重要的、最细致的划分和研究。就在达尔文潜心研究，思考自己提出的问题时，同时代不同科学领域的发展对达尔文的思想产生了影响。莱尔的另一部作品让达尔文相信，地质学家正确地解释了物质地球的本质，也让达尔文提出了一个大胆的假设，即同样的进化原则是否也适用于植物和动物。

达尔文试图在英国经济学家托马斯·马尔萨斯的作品中找到问题的答案，这可能是让人意想不到的。这个问题一直困扰着达尔文，即为什么物种不是一成不变的。虽然达尔文非常谨慎，在没有搜集到更多的科学证据之前，不愿意随意谈论这个话题，但物种会发生演变这一事实对于达尔文来说，已经是毫无疑问。但是，为什么会发生物种演变？1798年，马尔萨斯在《人口论》中给出了答案。他认为，人口数量总是超过食物供给量。在这种情况下，很自然地就会有人死去，有人活下来。而决定谁活谁死的因素就是适应大环境的能力。这种适应过程，或自然选择过程，就被概述为“适者生存”。

达尔文认为，马尔萨斯对人类奋力生存的理论非常适用于他对植物界和动物界的观察结果。和人类一样，所有动植物都面临着持续不断的斗争，要获取足够的必需品来维持生存。随着时间流逝，物种内部的部分成员会获得一系列性状，更有利于它们的竞争和生存。而没有获得这类性状的成员就会失败，最后走向灭亡。例如，那些大型食肉性猫科动物为了获得足够的食物维持生存，会一直处于竞争状态。更敏捷、更强壮、爪子更锋利的猫科动物能最好地满足自己的需求。相应地，它们就可以生存下来。同时，它们会把这些积极的、利于生存的性状传给下一代。而那些动作稍慢、有些虚弱、爪子迟钝的猫科动物就无法获得足够的食物来维持生存。它们无法适应环境，没有进化成功，并继续把这些消极性状传给后代，最后，就会走向灭绝。

通过借鉴地质学，达尔文认为性状的发展和遗传（进化）对物种延续（自然选择）来说是必需的，这一过程早在几千年以前就已经发生了。因此，植物界、动物界以及整个物质世界都在不停地发生变化。这种变化的速度非常慢，也很漫长。所以，人类一生都看不出这种变化。

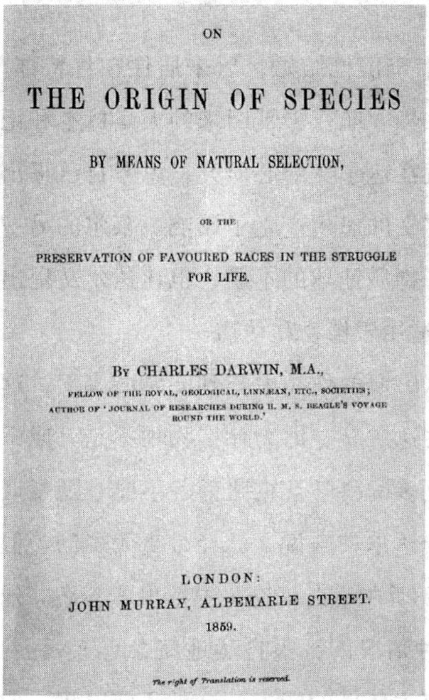

ON

THE ORIGIN OF SPECIES

BY MEANS OF NATURAL SELECTION,

OR THE

PRESERVATION OF FAVOURED RACES IN THE STRUGGLE FOR LIFE.

BY CHARLES DARWIN, M.A.,

FELLOW OF THE ROYAL, GEOLOGICAL, LINNÆAN, ETC., SOCIETIES;
AUTHOR OF 'JOURNAL OF RESEARCHES DURING H. M. S. BEAGLE'S VOYAGE ROUND THE WORLD.'

LONDON:
JOHN MURRAY, ALBEMARLE STREET.
1859.

The right of Translation is reserved.

查尔斯·达尔文《物种起源》（*On the Origin of Species by Means of Natural Selection*）的扉页。达尔文的理论建立在“自然选择”机制基础之上。这种机制有利于传播优异基因，并消除那些不太优异的基因。（来源：美国国会图书馆）

达尔文潜心研究进化论 20 多年才把它展现给世人。一方面是因为达尔文执意要对所有的事情做出充分解释。他知道，他所说的话将会引起一场浩大的争议，他想要确保事情的正确性。毕竟，他是在公然对抗当时盛行的物种不变论。更重要的是，他的观点可能严重威胁到普遍持有的《圣经》无谬论。因为，他的观点不仅质疑了《圣经》里的“创世说”，甚至还质疑了上帝这一至高无上的存在。

单纯从科学角度来看，达尔文并不明白自然选择是如何发生的。他知道，自然选择确实存在，而且，为了证实这一点，达尔文提供了大量证据。但是，他还是不能从科学角度充分解释自然选择的原因。让达尔文意想不到的是，一个默默无名的同时代人正在研究达尔文的问题，并给出了答案。就在达尔文烦恼之时，来自罗马天主教奥匈帝国的修道士格雷戈尔·孟德尔（Gregor Mendel），对圣托马斯教堂（St. Thomas Abbey）后花园的豌豆进行了杂交试验。基于细致的观察，孟德尔最终形成了一套针对遗传性状的命题。他的研究成果奠定了现代遗传学的基础。借助孟德尔对遗传学的解释，人们终于能够理解性状是如何从上一代遗传到下一代身上。不幸的是，孟德尔的研究从 1850 年开始，历时 15 年，却直到 20 世

纪初才颇有名气。那时候，达尔文已经去世。但是，孟德尔与达尔文观点的融合解决了进化论的一大谜题，让众多批评家沉默不语，包括一些享有名望的科学家。他们之前对达尔文的观点持怀疑态度，就是因为达尔文不能很明确地解释自然选择是如何发生的。

就在《物种起源》出版之前，英国科学界承认达尔文是一名富有声望的学者。他不仅入选了伦敦的地质学会和皇家学会，还发表了有关藤壶*的作品，这是达尔文在19世纪40年代的研究重点，发表后颇受欢迎。于是，对受过教育的群众而言，达尔文不再是一个完全陌生的名字。他有几卷作品描述了“贝格尔号”的航行事迹和航行期间的科学活动，虽赢得了称赞，却免不了受人指摘。但是，没有人能想象到达尔文会在知识界带来什么样的震撼，尤其是考虑到他那极其害羞又谦逊的性格。

1858年6月，一直与达尔文有通信联系的阿尔弗雷德·拉塞尔·华莱士（Alfred Russel Wallace）寄给他一封信，让达尔文的生活起了波澜。华莱士是一位年轻的博物学家，他在亚马逊和荷属东印度群岛（Dutch East Indies，也就是现在的印度尼西亚）进行科学研究，与达尔文在“贝格尔号”探险中所做的研究相似。在信封里，华莱士附上了一篇原创文章，是有关自然选择原理的。达尔文惊呆了。写出这篇文章的人本应该是他，因为文章阐述的观点正是达尔文研究了20多年的理论。他之所以没有发表研究成果，主要是因为他的工作进程缓慢，而且他过度关注每一个叙述与结论的演示和证明，好让别人没有一丝怀疑。

达尔文十分焦虑，他向自己的学术好友寻求建议。但是，他非常信任华莱士，他宁愿烧掉自己的研究成果和那些未完成的手稿，也不希望伤害华莱士，不想让自己面临指控，认为他窃取了华莱士的观点。随即，莱尔和约瑟夫·胡克（Joseph Hooker），一名杰出的植物学家，也是达尔文的好朋友，安排了一场林奈学会（Linnean Society）†的会议。会议上，达尔文和华莱士的观点会被同时展示。莱尔和胡克深知，达尔文一直致力于进化论的研究，之前也多次敦促他发表研究成果。现在，他们急于确保达尔文的观点能够得到认可。

---

* 藤壶是附着在海边岩石上的一簇簇灰白色、有石灰质外壳的小动物。它不但能附着在礁石上，而且能附着在船体上，有着极强的吸附力，任凭风吹浪打也冲刷不掉。——译者注

† 林奈学会是一个研究生物分类学的协会，成立于1788年。学会出版动物学、植物学以及其他生物学期刊，同时也研究分类学本身的历史沿革。——译者注

林奈会议进行得很顺利，但华莱士的出现让达尔文感到意外。经过几年的修改与完善，达尔文终于在 1859 年末发表了《物种起源》。虽然这本书在很大程度上吸收了 19 世纪的科学研究成果，但还是立即引起了轰动。这也是应该的。因为达尔文的研究质疑了不同群体共同持有的观点，包括牧师、浪漫主义运动的支持者、众多科学家，当然，最主要的还是普通群众。

浪漫派和其他知识分子局限于他们的乌托邦信念，认为自然界是仁慈的、和谐的。然而，现在所面临的世界却被诗人坦尼森勋爵（Lord Tennyson）阿尔弗雷德描述为“野蛮的世界”。有些科学家大致接受达尔文的观点，但他们仍然犹豫不决，因为达尔文不能明确地解释自然选择是如何运作的。更具有争议的是，达尔文驳斥了物种不变这一根本信念，由此引发了一系列问题，因为任何形式的基督教都坚信，上帝创造万物，他的创造不会改变。如果达尔文是对的，传统基督教就会陷入麻烦。而且，达尔文在《物种起源》中暗示，人类并非高人一等的生物，而是和普通野兽或动物差不多的生物。在 1871 年《人类的由来》（*Descent of Man*）一书中，达尔文明确表示，这正是他的观点。但是，即使是受过高等教育的人，也很难接受这一点。

《物种起源》出版几个月后，英国科学进步协会（British Association for the Advancement of Science）在牛津大学举办了一场为期一周的会议，在此期间，有关达尔文的争议愈演愈烈，几近高潮。当时，达尔文身体抱恙，又极其害怕在公共场合露面。因此，他没有参加这次会议。会议上，关于达尔文的进化论有很多激烈的辩论。他的主要对手是英国牛津教区的主教塞缪尔·威尔伯福斯（Samuel Wilberforce），他坚持上帝创世和《圣经》无谬论的观点。威尔伯福斯在演讲时指控达尔文将人类与猿联系在一起，而事实上，达尔文在《物种起源》中并没有如此言论，而是在 11 年后的《人类的由来》中有此结论。

达尔文并非没有支持者。最主要的支持者就是托马斯·赫胥黎（Thomas Huxley），他被称为“达尔文的斗犬”，因为他在为达尔文辩解时总是一副凶恶的表情。赫胥黎在反驳威尔伯福斯时，呈现了许多科学数据和进化论的证据。不过，最为人所熟知的是赫胥黎在结束辞中对威尔伯福斯的还击。他说，他宁愿是猿的后代也不希望是那些拥有大脑却不用脑的人类的后代。很明显，这就是现代西方世界宗教与科学的争斗。这场冲突的开始至少可以追溯到哥白尼和他的日心说。

对达尔文来说，他是知道这些争议的。但是，有时他似乎并不在意这些骚动。他继续在家里观察、研究、写作，直到 1882 年安静地离开人世。

历史评论

达尔文历经 5 年的“贝格尔号”航行，为人类研究动植物生命提供了很多资料。他的航行也激励了其他科学家的航海活动，如约瑟夫·胡克、托马斯·赫胥黎以及阿尔弗雷德·华莱士。他们是达尔文的朋友，也是进化论的支持者。他们的航行并非一帆风顺。海上航行取决于水流和风向。这种依赖具有许多不利因素。如果海上无风，船只可能会数天或数周无法前进。如果遇到暴风雨，也找不到地方躲避。华莱士很幸运，他没有在暴风雨中丧生，当“海伦号”着火，他必须乘救生艇离开时，也没有丢失任何笔记和标本。当华莱士快要死于饥饿和脱水时，路过的船只又营救了他。而胡克在探索南极洲海岸时，也险些撞上冰山。

航行虽然危险，但如果没有约翰·哈里森（John Harrison）发明的航海经线仪，也就没有这些航行了。航海经线仪是计算经度的仪器。经度可以从星图上计算出来，但更适用于北半球，而且，经线仪在白天和多云的夜晚也无法使用。就算要采取措施，也必须花费 4 小时才能计算出经度。跟北半球相比，南半球的海域更为广阔，计算起来更加困难。

如果知道船所在位置的时间，还知道已知经度位置的时间，就可以计算出船所在位置的经度。水手能借助太阳判断出当地时间，却不能推算出其他地方的时间。手表上的时间也并不完全准确，尤其在海上，手表会受到晃动、海水和极热极冷气温的影响。一两天后，钟表显示的时间就会有所偏差，而航行通常要持续几周、几个月，甚至是几年。

能解决经度问题的人可以获得一笔丰厚的奖赏。许多堪比伽利略、艾萨克·牛顿和埃德蒙·哈雷（Edmond Halley）的科学家都尝试了，但也都失败了。1762 年，英国制表匠约翰·哈里森制作出了一个航海经线仪，在历时 81 天的航行中只有 5 秒钟的偏差。不过在 10 年后，这种技术才得以在全世界推广。一名技术娴熟的工匠要花费 3 年才能做出一个经线仪。而大规模工厂生产直到 1785 年才成

为现实。截至 1825 年，英国海军已将航海经线仪作为船只标配。1831 年，达尔文乘坐的“贝格尔号”配有 22 个航海经线仪。

在达尔文之前，博物学的主要研究者是业余爱好者和神职人员。而植物学和动物学也主要局限于物种的划分。达尔文和进化论对地质学和生物学的贡献，就像牛顿对物理学和天文学的贡献一样。太阳、月亮和星星在宇宙中的运行来自于大自然的力量，而不是上帝。彩虹只是太阳光照射到水滴上，光线衍射而成。上帝也许是这一切的设计者和发动者，但是现在，上帝只是一个旁观者，自然界的力量遵循数学法则发挥作用。光、无机元素和行星轨道的研究都不再涉及《圣经》的《创世记》(*The Genesis*)。

达尔文和他的同事坚持认为，有机生物研究应和无机生物研究享有同等地位。进化论为生命科学奠定了理论基础，也搭建了一个框架，即思考物种之间如何产生关联以及物种如何与居住地的地形和气候联系在一起。这一点就解释了化石在岩石层的分布情况，也支持了当时兴起的地质观点，即地球是古老的，一直在变化的。更重要的是，进化论将有机生命从宗教制度中解放出来。地质学、植物学和动物学能够作为自然现象进行科学研究，不再是所谓的超自然现象。进化论不会取代上帝和宗教。教会仍旧是有力的社会机构。很多人仍然崇拜上帝，向上帝祷告，相信上帝的力量。然而，不一样的是，上帝已经退居次位了。人类的思想和创造越发重要了。

达尔文生活在 19 世纪的英国，当时正发生工业革命。现代人类不再是捕猎者和采集者，不再像其他野兽那样依靠大自然生活。相反，人类创造了一个新的环境，有永久居住的房屋，有越来越多的城市。工厂取代了手工业。这是一个用人类思想和工具创造的世界，它保护人类，不受捕食动物和其他不利因素的危害。现代人类的世界，由人类制定规则，是一个文明、法治的世界。政治家、创业家和人民大众不再依靠祈祷解决问题，而是利用科学思考和技术创新。

《物种起源》出版后的 150 年间，数以千计的科学研究都证明、阐释了进化论的基本原理，还有成千上万的化石出土。人类已经基本完成了对马类和鲸类进化的化石记录。而鱼类和陆地动物之间缺失的那层联系，恰恰就在进化论中预示的地方找到了，那就是在水下 2.75 亿到 3.8 亿年前形成的裸露岩石上。我们还知道，现代的鸟类是由恐龙进化而来。

在达尔文的时代，人们没有找到南方古猿、直立人和能人的骨骼。根据达尔文观点的暗示，路易斯·利基（Louis Leakey）和玛丽·利基（Mary Leakey）夫妻在 20 世纪 30 年代前往非洲。在那儿，他们发现了早期原始人类物种的化石。目前，我们拥有的早期原始人类化石来自中东、非洲、亚洲、欧洲和澳大利亚。而人类化石记录的几处空白也正在被更多超乎想象的祖先化石填补。

达尔文见过的唯一的活类人猿是伦敦动物园的一头猩猩。如今，我们对所有类人猿和众多猴子物种的研究已有近 50 年，包括野外的、动物园的和研究室的。它们和人类一样，有家庭组织，亲子间有强烈的情感纽带。它们遇到老朋友会高兴，家人或朋友去世会伤心。它们分享食物、用草本疗伤、参与合作、解决问题。有些还会制作和使用工具。黑猩猩都是集体捕猎，形成政治联盟。它们也有战争、杀婴、卖淫和虐待母猩猩的行为。而倭黑猩猩，与人类的关系虽同于黑猩猩，却平和得多。它们从不发生战争，也没有杀婴行为；公猩猩也不会虐待母猩猩。

同样地，我们所掌握的解剖学和胚胎学的知识要比以前丰富许多。达尔文认为，哺乳动物的胚胎会经历鳃裂阶段，这是成为陆地动物之前的进化阶段。现在，我们还知道，哺乳动物的胚胎有两种形式的前哺乳动物的肾，在它消失后，会形成适应陆地生活的肾器官。神经病学研究了大脑的进化过程。虽然哺乳动物的大脑保留了爬行类动物的组成部分，但不同的是，哺乳动物的大脑有情感边缘系统。而灵长类动物，尤其是人类的大脑皮层，在规模上急剧增加，能够控制更高级别的心智功能，包括意识思想和语言。

达尔文和他的同事为植物学、动物学和地质学带来了革新。进化论不再只是与《创世记》对抗的一个理论，它是所有生物科学的奠基。但这只是个开始。进化论已经跨越学科界线，延伸到其他科学中，如化学、农业、医学、神经病学和宇宙学。

哲学家、认知科学家丹尼尔·丹尼特（Daniel Dennett）在《达尔文的危险思想》（*Darwin's Dangerous Idea*）中，将进化论称为“无所不能的酸”——进化论“侵蚀”了一切，就像强酸一样无法控制。到 20 世纪 70 年代，社会科学也开始使用进化分析法。E. O. 威尔逊（E. O. Wilson）出版了《社会生物学：新的综合》（*Sociobiology: The New Synthesis*）一书，进化心理学由此诞生，而灵长类动物学家开始聚焦于社会模式和文化模式的研究。最近几年，进化论观点被应用于多个

方面，如心理健康、身体健康、犯罪、虐待、性行为、对美的认知、笑与幽默、游戏、自我认知、政治联盟、经济交往、宗教信仰，甚至是逻辑法和科学方法。

进化论观点还被应用于语言学领域。计算机程序能自动演化出新的、更好的算法系统。人们可以在前沿学科获得博士学位，像生物医药工程和药物基因组学，因为它们就建立在遗传学和进化论基础之上。

在过去的一个半世纪中的所有重大突破里，遗传学对进化论的影响最大。格雷戈尔·孟德尔和达尔文一样，并不知道什么是染色体、基因或DNA。直到1953年，詹姆斯·沃森（James Watson）和弗朗西斯·克里克（Francis Crick）才发现了染色体的双螺旋结构。然而，讽刺的是，他们的发现却证明达尔文的泛生论假说，即性状是如何遗传的，是不对的。但是，总体来看，他们的发现对进化论的影响是积极的，极大地巩固了进化论的地位。

沃森和克里克的发现开辟了一个全新的、极为有效的方法来分析个人与物种是如何联系起来的。达尔文的猜测得到了证实。他认为，人类这一物种来自非洲，并且与类人猿关系密切。我们的DNA与黑猩猩和倭黑猩猩有98%的相似度。它们，而不是大猩猩，才是现存的与人类关系最近的“亲戚”，这点让很多人感到惊讶。500万至700万年前，我们从黑猩猩或者倭黑猩猩中分离出来一拨。现代人类的基因有99.9%的相似度，其祖先是20万年前居住在东非的一小群人。

除了证实人类与类人猿之间有密切联系，遗传学还证实了很多其他物种之间的联系，如鲸和牛、大象和海牛、人类和老鼠。所有动物，从苍蝇、昆虫到哺乳动物，都含有同源异型盒基因（Hox genes），负责调节身材比例。我们不再是自己一度认为的那样特殊了。

强大的理论不仅仅是思想，它们还能孕育出有用的技术。通过把进化论和遗传学结合起来，基因技术为重要的农业生产和医药工业提供了支持。我们的法律体系也可以依靠基因技术确定亲子关系，解决犯罪问题。

人类虽然缺乏遗传学知识，但仍然在自然界的动植物中扮演积极主动的“设计师”。他们从更大、更美味的水果、蔬菜和谷物中挑选种子，将其种植、培育。得益于人类的智慧，绵羊、山羊、奶牛、鸡、鸽子、狗和猫等动物的数量也有所增加。如此一来，食物产量急剧增加。付出的努力得到了回报，食物供给量超过了快速增长的人口数量。

如今，有更新的遗传成果被应用于农业。大米是全世界大部分地区的重要食物，但缺乏重要的营养素维生素 A。据世界卫生组织估计，每年大约有 50 万儿童因缺乏维生素 A 而失明。科学家识别出能产生维生素 A 的基因，将其植入到大米的基因组，创造出富含丰富维生素 A 的黄金大米。其他转基因植物也能自发产生抗虫成分，抵制霉菌和疾病，由此减少了含有潜在危害的化学药物的使用。

化学药品减量、改善农作物并不是这项技术的唯一用武之地。大型的农业食品公司孟山都（Monsanto）利用转基因技术垄断了市场。孟山都拥有近 700 项生物技术专利，垄断了大部分蔬菜和谷物的种子销售，包括美国 90% 的大豆。他们能有这样的成就，是因为发现了能抵抗除草剂的基因，而这种除草剂也是他们发明的。喷洒除草剂后，只有孟山都的转基因农作物能够幸存下来。根据法律合同的要求，农民不可以储存第二年农作物的种子，必须每年购买新的种子。为防止“作弊”，基因工程师正在发明带有不孕种子，或者直接没有种子的水果、蔬菜和谷物。

很久以来，人类一直用植物疗法和草本疗法积极对抗各种疾病。近 1000 年以来，人类试验了多种形式的接种和免疫法。在 20 世纪，磺胺类药物和抗生素降低了由感染引起的死亡率。天花得到治愈，小儿麻痹症也只在偏远地区存在。工业时期，儿童疫苗接种和流行感冒疫苗接种成为常规，大大降低了死亡率，延长了预期寿命。

遗传病给我们的医疗体系带来了沉重负担，如家族黑蒙性白痴病（Tay-sachs，一种神经系统疾病）和镰状细胞性贫血病（一种血液病）。遗传学家理查德·科尔斯（Richard Kowles）在《遗传学的奇迹》（*The Wonder of Genetics*）中写道：“大约 25% 的住院病人患有遗传疾病，30% 入院治疗的儿童患有遗传病，42% 的儿童因基因缺陷而死亡。”发现人类基因组排序后的 10 年内，人们发现有成千上万种基因会导致各种疾病，如心脏病、癌症、肥胖症、小儿麻痹症等其他疾病。虽然，目前并没有治疗方案能治愈这些疾病，但也不是没有发生过奇迹。

1994 年 7 月 4 日，丽萨·纳什（Lisa Nash）生下了她的第一个孩子莫莉·罗斯（Molly Rose）。就在庆祝之时，他们发现莫莉没有拇指，而且她仅仅是啜泣，却不能哭喊。丽萨·纳什和她的丈夫并不知道，这是因为莫莉患有范科尼贫血症。莫莉继承了两个隐性基因，注定夭折，除非她的父母和医生能找到匹配的骨髓进

行移植。由于纳什夫妇找不到捐献者，他们决定自己创造出匹配的骨髓。如果不这么做，他们未来生育的孩子同样也会面临风险——25% 的概率会和莫莉一样，50% 的概率会携带这种基因——于是，丽萨进行了体外受精。医生从丽萨体内取出卵子，与杰克的精子受精，在胚胎分裂三次形成八个细胞后，医生从每个胚胎中取出一个细胞，测试它是否携带有范科尼贫血基因，是否与莫莉的骨髓匹配。随后，医生会留下最匹配、不携带疾病基因的胚胎，重新放入丽萨的子宫，希望她能成功怀孕，为莫莉提供一个捐献者。

在三年内，他们经过了五次尝试，最终让丽萨生下了亚当。亚当脐带里的干细胞将代替莫莉的骨髓细胞。虽然莫莉仍有健康问题，但骨髓问题已经解决了。2003 年，莫莉和她的弟弟亚当迎来了他们的小妹妹德莱纳（Delaine）。她是丽萨体外受精程序中被冻结的另一个健康胚胎。

虽然莫莉的情况是个案，但现如今，胚胎测试，也就是植入前遗传学诊断，在患有基因遗传疾病的人群中已相当普遍。犹太人受过良好的教育，又相信科学，利用这种技术大大减少了患有家族黑蒙性白痴病的婴儿数量。随着植入前遗传学诊断价位降低，普及度更高，其他基因遗传疾病也有望减少，尽管还不能完全消除。

目前，植入前遗传学诊断只是众多基因工具之一。人们利用转基因牛和细菌制造人工合成胰岛素。科学家试图将新基因植入病人细胞，改变他们出生后的基因序列。理论上，在未来，如果缺陷基因或整个染色体被捐献者的健康基因取代，人就会有两个以上的父母。实际上，已经有了利用两只雌鼠的基因孕育的老鼠。

干细胞和基因疗法已成功应用于白血病治疗、艾滋病、导致失明的先天性黑内障、镰状细胞性贫血、重度联合免疫缺陷病或泡沫男孩综合征。目前，上百个人类医学实验正在进行中。有些人预测，这些疗法最终可以重新结合被截断的脊髓，让肢体再生，取代被损坏或患病的器官。

多样性是进化论的关键因素。目前，药物治疗的重点是个性化治疗。成功的药物疗法和干细胞疗法并不适用于每个人。有些人适用的药物和疗法可能会对别人造成伤害，甚至致命，正如我们从药物说明书上看到的一长串负面影响一样。但是，由于掌握了个人的基因组信息，医学研究人员认为，许多负面影响是可以避免的。

人类社会依据法律管理社会事务和经济活动：比如，车辆靠哪边行驶，公共

饮水的含汞量控制以及外科医生的许可要求，这些都对人类事务起到治理作用。而进化论和遗传学就像社会其他方面一样，在法律体系中发挥着更为重要的作用。

1922年，美国的田纳西州通过了一条禁止在公立学校教授进化论的法律。著名的斯科普斯审判在当时成为重要的媒体事件，人们都处在狂欢的氛围中。这次案件中，教授进化论的生物老师约翰·斯科普斯（John Scopes）被判有罪，罚款100美元。在上诉时，田纳西州的最高法院驳回了宣判结果。而州检察长也没再重审案件。虽然这项法律在1967年以前一直有效，但再也没有被执行过。一年后，也就是1968年，美国最高法院在埃珀森诉阿肯色州案（Epperson v. Arkansas）中取消了阿肯色州和密西西比州类似的法律。

路易斯安那州则另寻方法，其法律要求基于《创世记》的宗教理论宇宙创造说应与进化论一同讲授。1987年，美国最高法院在爱德华诉阿奎拉德案（Edwards v. Aguillard）中取消了这项法律，理由是该法律违反了《第一修正案》（*First Amendment*）中“确立宗教”的条款。在2005年基茨米勒诉多佛案（Kitzmiller v. Dover）中，由乔治·W. 布什（George W. Bush）任命的保守派共和党法官判多佛败诉。多佛是宾夕法尼亚州学校董事会的成员。董事会将智慧设计论（Intelligent Design）融入公立学校的科学课中。智慧设计论是基于《创世记》的创造论和进化论的融合。它承认宇宙或许是古老的，进化论能解释自然界许多问题，但它同样声称，超自然力量能对进化论某些方面做出解释。州地方法院法官约翰·E. 琼斯（John E. Jones）判定智能设计论是宗教理论，而不是科学理论。而且，他认为智能设计论是伪装了的宇宙创造说，是为了躲避法院之前的判决，即禁止在公立学校的科学课上讲授宗教的宇宙创造说。

虽然进化论在法庭上一直占据优势地位，也得到科学界的广泛认可，但在美国的公立学校，仍有许多科学老师不教授进化论。研究发现，许多公立学校的老师缺乏必备的科学教育，教授不了进化论。其他老师则绕开进化论，以免接到家长或地方教会的投诉。因此，美国学生的科学成绩要落后于其他现代工业国家的学生。

同样地，基因技术的使用也涉及了政府。乔治·布什总统利用行政命令和否决权，限制干细胞研究。布什任职8年期间，这类研究的发展受到严重阻碍。后一届总统巴拉克·奥巴马则解除了布什的行政命令，同时增加了50亿美元资金，

用于支持 1.3 万项生物项目和医疗研究项目。

1980 年，在戴蒙德诉查克拉巴蒂案（Diamond v. Chakrabarty）中，美国最高法院允许阿南达·莫汉·查克拉巴蒂（Ananda Mohan Chakrabarty）取得一项生命有机体的专利权，该有机体是一种能吞噬水面浮油的转基因细菌。除此之外，法院还允许公司获得基因、转基因植物和老鼠的专利权。孟山都公司得到了有利于自身的法庭宣判，如果转基因农作物在邻近田地里被发现，则这些农作物都属于孟山都公司，除非农民能够证明是基因“漂流”到了他们的田地里。这样的证明花费大、难度高，已经让一些农民破产，同时也增加了孟山都公司的市场份额。

亲子关系认定有法律意义和社会意义。人们历来就喜欢寻找家族世系的悠久历史。如今，法庭在绑架案和亲子鉴定案中利用 DNA 测试确定亲子关系。“清白专案”项目（Innocence Project）利用 DNA 测试释放了 250 多名罪犯，他们入狱几十年，有些人被迫承认自己并未犯下的罪行。DNA 测试非常准确，甚至能够推翻目击者的证词。罪犯无罪释放的案件有 40% 都是依据 DNA 证据确认出真正的重犯。英国和美国的司法体系都有 DNA 数据库，分别收录了 450 万人和 700 万人的基因。

对于科学家、犯罪调查者甚至是业余爱好者来说，DNA 分析已非常普遍。遗传学家、人类学家斯宾塞·威尔斯（Spencer Wells）借助 DNA 探索原始人类的迁徙模式。医药科学家利用 DNA 研究流感病毒。在“9·11”事件世贸中心受袭后，人们用骨碎片上的 DNA 测试确认受害者身份。还有一些商务公司向家谱爱好者提供 DNA 测试服务，确定他们祖先的发源地。

不过，成功的理论与技术并非从一开始就十分完善和成熟。1543 年，尼古拉斯·哥白尼反对教会的地心说，他认为是地球绕着太阳转。继哥白尼的推测后，日心说得到了极大的发展。伽利略·伽利雷借助望远镜，发现其他行星都有运行轨道。后来，借助更强大的望远镜，人们发现太阳位于拥有 2 万亿行星的银河系的外缘，而银河系又是几十亿星系中的一个。哥白尼和伽利略从不知道什么是星系、红巨星、黑洞或脉冲星。同样，进化论的发展已远远超出了达尔文预想的范围。进化论的演变与哥白尼革命一样，需要新的观察、实验和技术予以完善。

科学技术在阐释基因运行原理方面发挥了关键作用。孟德尔的豌豆实验表明，遗传单位是不连续的。而染色体的螺旋结构是通过更先进的实验、显微镜和 X 射

线折射技术才被发现的。强大的电脑技术和排序技术出现后，人们发现了人类和其他物种的基因排序。如果要确定哪些基因能编码蛋白质，还需要更先进的技术和进一步的实验。

2000 年，几千名科学家和工程师耗费 27 亿美元完成了人类基因组计划。2007 年，詹姆斯·沃森和克雷格·文特尔（Craig Venter）发布了自己的基因组排列结果，排序费用高达 100 万美元。机器人、电脑和排序技术的发展，又将基因排序费用降至几千美元。目前已经有计划对几千人进行完整的 DNA 排序，希望这项技术在以后会像新生儿指纹识别一样得到普及。

基因技术仍处于初级阶段，但已经大大拓展了我们的遗传学知识，远远超过了达尔文和孟德尔的时代。令人惊讶的是，人类只有 2 万多个基因，其中有 1/5 已经被预测出来了。除此之外，基因仅占人类染色体的 2%。它们分布不均，在有些区域聚集分布，而有些染色体则没有基因分布。科学家发现，基因有时处于激活状态，有时处于非激活状态，这样的行为通常由环境因素刺激引发。基因之间有重叠部分。有些基因能编码两种以上的蛋白质。有些基因甚至可以“跳跃”到染色体不同的区域。

从 1859 年第一部明确阐述进化论的书《物种起源》，到 1881 年最后一部著作《腐殖土的产生与蚯蚓的作用》（*The Formation of Vegetable Mould Through the Action of Worms*），达尔文一共出版了 10 本有关进化论的书。书的内容囊括了霉菌、植物和各种各样的动物，包括昆虫和人类。当然，达尔文也会犯错。进化论就像进化的过程一样，会遇到“死胡同”，会有许多未经证实的假设。但是，“进化”这一基本观点已经演化成一个强大的理论，不论在食物、医学还是法律公正方面，我们都依赖这项理论。从精神层面来看，进化论让我们明白了自己在自然界中的地位。

达尔文强烈提倡“用自由的思想看待一切”，但他并不想与宗教发动文化战争。达尔文在一封信中写道：“在我看来（或许对，或许错），与基督教和有神论发生正面冲突几乎不会对公众产生任何影响；解放思想最好的办法，是科学进步带来的人类思想的启蒙。因此，我的目标就是把自己贡献给科学，避免写一些与宗教有关的文章。”赫胥黎被称为“达尔文的斗犬”，因为他在为进化论主义者和科学家辩解时总是一副凶恶的表情。机智聪敏的赫胥黎自创了“不可知论者”

（agnostic）这个词。有了这个词，科学家就可以避免与牧师发生正面冲突。他们会说，作为不可知论者，如果认为自己能读懂上帝的思想，就真的是太狂妄了。

早期，许多科学家信仰宗教，并认为自己对科学好奇是因为想要了解上帝是如何统治世界的。而现在的科学家已经不像普通大众那样信奉宗教了。1998 年，美国国家科学院（U.S. National Academy of Sciences）的一项研究表明，只有 7% 的人信奉上帝，8% 的人相信永生。21% 和 19% 的人与达尔文一样，声称自己是不可知论者。分别有 72% 和 73% 的人不相信上帝和永生，占据了大部分。但是，科学家不是反宗教者。美国杰出物理学家史蒂文·温伯格（Steven Weinberg）在《终极理论之梦》（*Dreams of a Final Theory*）中写道："如今，大部分物理学家对宗教的兴趣已不是特别浓厚，甚至成了无神论者。"

还有许多著名科学家公开声称自己有强烈的宗教信仰，如研究黑猩猩的简·古道尔（Jane Goodall）以及人类基因工程的领头人弗朗西斯·柯林斯（Francis Collins）。同时，他们也相信进化论。他们认为，上帝在一次大爆炸中启动了进化过程，设定进化规则，但不会干涉超自然现象。同样，大多数欧洲人和部分美国人将进化论与宗教信仰融合。但是，大部分伊斯兰教徒和美国的基督教激进主义者仍将进化论视为宗教信仰的对立面。民意调查显示，40% 到 50% 的美国人反对进化论。《圣经》直译者相信，《圣经》是上帝的言论，他们中有 70% 反对进化论。美国有 1/3 的天主教徒反对进化论，即使进化论得到了教会的认可。不过，人口分布的改变预示着即将到来的变化，受过良好教育的年轻人，尤其是接受过大学教育的年轻人，更倾向于相信进化论。

虽然美国许多公立学校的老师不具备讲授进化论的能力，或因为害怕激进主义者而不敢讲授，但是，进化论已成为媒体、博物馆和动物园不可避免的话题。报纸、杂志经常刊登有关进化论的趣味故事。博物馆和动物园也开设了以进化论为主题的展览、活动。还有一些科学中心和动物园，针对进化论为教师开设课程。那些动物园，尤其是颇受欢迎的灵长类动物，也许已在不知不觉中改变了人们对进化论的看法。

宗教对进化论的抵制主要来自于亚伯拉罕诸教（Abrahamic religions）。* 而

* 亚伯拉罕诸教，指世界主要的三个有共同源头的一神教：基督教（包括天主教、基督新教和东正教）、伊斯兰教和犹太教。如此称之，皆因这三个宗教均给予《圣经》旧约中的亚伯拉罕（阿拉伯语译作易卜拉欣）崇高的地位，且均发源于中东沙漠地区，来源于闪米特人的原始宗教。——译者注

东方宗教（如印度教和佛教）对进化论的态度则更为宽容。达尔文出现的几个世纪之前，非洲就有一些传统宗教认为，人类由猿进化而来。灵长类动物学家法兰斯·德·瓦尔（Fans de Waal）认为，亚伯拉罕激进主义者抵制进化论，是因为在中东，灵长类动物只有人类。中东人民看到的动物王国不同于亚洲人和非洲人看到的景象。他们认为，人类不同于爬行动物、鱼或飞禽。其他哺乳动物有蹄，用四肢行走，也不像人类一样聪明。但是，中东人并不了解其他的灵长类动物物种，它们也有手，有很长的幼年期，中东人也并不知道猴子和猿有多么聪明。在他们看来，人类哪怕算不上特殊，也绝对是独一无二的。

或许，接不接受进化论，只有遗传学说了算。没人会围着医生办公室，高举“禁止达尔文牌流感疫苗”的牌子。有人不喜欢转基因食品，但不是因为宗教。有人对法律系统使用DNA测试表示担忧，但也不是因为宗教，而是担心样本受到污染、被测试者的个人利益以及DNA测试结果遭到否决。如此谨慎，并不是因为宗教领导人担心进化论这股“邪恶力量”会渗入法律系统。不同于进化论，《创世记》理论并没有孕育出同等的技术，不能培育出更好的农作物、拯救生命的药物，也不能在犯罪现场确认受害者身份。人类越依赖这些技术，就越难拒绝进化论。

无论是被上帝启动，还是自然寻常的过程，进化论的证据无处不在。化石证据、胚胎学、解剖学，还有最近出现的DNA证据，这些都证实了生物学家理查德·道金斯（Richard Dawkins）所说的“地球上最伟大的表演”。这一“表演”展示了单细胞生命体如何进化为多种形式的生命体，如何适应最极端的环境并生存下来。

一个聪明的非洲猿家族离开森林，来到热带草原，最后遍布全球。他们的后代进化成智人，拥有心智和制作工具的能力，这些是之前从未有过的。借助这些能力，他们的生物机能进一步得到加强。他们用衣服遮盖身体。眼镜、望远镜和显微镜拓宽了他们的视野。数学、写作和计算机强化了他们的大脑。汽车、船和飞机让他们的海陆空旅行更加快捷。迄今为止，已有12人登上月球。

在这场探险过程中，人类一直思考自己在自然界的位置。达尔文和进化论让我们更好地理解自己从何而来。身处这偌大的工业社会，我们很容易忘记自己与自然界的联系。而进化论则提醒我们，我们是进化而来的物种，我们是自然界的一部分。

进化论的传播带来了革命性的改变，就像进化论刚出现时一样。它改变了我们的思考方式和处理生活的方式。作为高度进化的物种，人类利用达尔文进化论对推动进化的力量进行控制——食物、健康、环境和生育。截至目前，马尔萨斯所说的其他物种的命运并未发生在我们身上，这都是进化论的功劳。人类有多少“智慧”，我们不得而知。而进化论对未来的唯一预测就是，明天将会是崭新的一天。

G. 山姆·斯洛斯（G. Sam Sloss）

希拉·A. 安德森（Sheila A. Andersen）

G. 山姆·斯洛斯（G. Sam Sloss），印第安纳大学东南分校历史学名誉教授，于辛辛那提大学获得博士学位。主要研究领域是社会无政府主义、社会演化和社会学，在相关刊物上发表过多篇论文。

希拉·A. 安德森（Sheila A. Andersen），路易斯维尔大学教授，于路易斯维尔大学布兰代斯法学院获得法学博士学位。曾经是路易斯维尔新城卫生与健康署政策规划与评估办公室主任。

第四十三章

俄国农奴解放（1861）

中国同时期：清文宗爱新觉罗·奕詝

概　述

19 世纪中叶的俄国，处在水深火热之中。俄国领导人在 50 多年的时间内对国内问题不管不顾，导致国内发展几乎陷入停滞。而想要着手振兴俄国，首先就要面对农奴问题，这一人类的桎梏已经在俄国存在了长达几个世纪的时间。俄国的贵族不仅拥有土地，还拥有在土地上工作的农奴。有几百万农奴隶属于俄国皇室、东正教会及国家本身。尽管俄国法律已经有明文规定，用以缓和农奴的悲惨处境，但除了肤色以外，俄国农奴和美国奴隶几乎没有什么区别。据估计，1858 年俄国人口大约为 7400 万，其中 2300 万为私人所有的农奴，2500 万为国家或其他机构所有的农民或农奴，还有大约 200 万农奴为俄国沙皇本人所有。

俄国农奴缺乏教育、文化程度很低，而且十分迷信，他们长期处在孤立的环境中，遭受着令人难以忍受的贫困。农奴们没有公民自由或是人权，受到他们的主人支配。他们对自己的地位十分不满，有时也拒绝合作，但找不到改变现状的办法。

大多数农奴主都希望保持现状，然而，在 19 世纪中叶，越来越多的俄国人已经发现，农奴制度需要进行彻底改革，甚至彻底废除。这是由许多因素造成的。

对一些人来说，要让俄国逐渐从封建经济转变为资本主义经济，就必须废除农奴制。自由劳动力是资本主义经济的基础之一，相比农奴而言，自由劳动力效率更高，效益更好。另一些俄国人，尤其是那些访问过西欧的人，从人道主义的角度赞同解放农奴。在他们看来，农奴制度不仅野蛮而且不文明，还阻止了俄国接纳欧洲主流思想。

此外，还有一些重要的理由使得俄国必须严肃考虑废除农奴制的问题。农民起义和叛乱是一个永恒的威胁，可能会导致俄国政局不稳。尽管大多数骚乱规模都不大，很快就能被平息，其影响完全不能同18世纪的普加乔夫起义（Pugachev Revolt）* 相比，但人们对于大规模农奴起义爆发的恐惧却一直存在。

俄国在克里米亚战争的糟糕表现也推动了农奴制改革的进程。军队的新兵都征自农奴，他们在战场上表现糟糕。整场战争彻底暴露了俄国的落后、低效，让俄国陷入了非常危险的处境。

然而，俄国改革的重任却落到了一个不太像是英雄的人的肩膀上，他便是沙皇亚历山大二世（Tsar Alexander II）。亚历山大二世于1855年37岁时继承皇位。生性羞涩、谦虚内敛的他更倾向于因循守旧，而不是改革。然而，他也清楚地意识到，如果再不做出改变，王朝的统治恐怕将会摇摇欲坠，因此他在改革这一点上下定了决心。1856年3月，俄国宣布克里米亚战争结束，亚历山大二世认为改革已经迫在眉睫。一周后，在对莫斯科贵族的讲话上，他表示："现行的农奴制度不能一成不变，与其等待农奴自下而上地废除农奴制度，倒不如从上面来废除农奴制度。"在这次讲话过后，农奴解放成为公众问题，被提到了政府议程的头等位置。

1856年年底，亚历山大二世从高层官员中选取了一批人建立秘密委员会，来认真探讨农奴问题。参加委员会的多数也是大地主。不出意外，这个随后更名为农民事务总委员会（Main Committee of Peasant Affairs）的组织认为农奴制度的确有害，但他们认为废除农奴制度的步伐应当尽量缓慢。亚历山大二世并没有畏惧，1857年，他开始在俄国各省建立贵族委员会，命令他们起草农奴解放的提案。由于省贵族委员会中反对终结农奴制的贵族较多，因此他们起草提案时并不情愿。然而，在他们自己能获得最大好处或者说是补偿的前提下，他们还是同意了解放农奴。

* 普加乔夫起义发生于1773年至1775年，是俄国农民群众反抗封建压迫的起义。战争席卷了俄国的广大地区，踊跃参战的起义者达10万人。最终起义遭到镇压，起义军的领袖全部遭到处决。——译者注

1858年年底，省贵族委员会完成了他们的工作，向农民事务总委员会提交了他们的建议书。草拟法例的真正任务落到了新成立的编纂委员会（Editing Commission）肩上。该委员会最早由雅科夫·伊凡诺维奇·罗斯托采夫（Yakov Ivanovich Rostovtsev）领导，在他死后，由支持农奴解放、精力旺盛的尼古拉斯·米利乌汀（Nicholas Miliutin）接任。编纂委员会在1860年12月完成了起草，在经过一系列小的修订后，解放农奴的法令于1861年3月3日正式签署。俄国又于1863年和1866年颁布了类似的法令，解放了隶属于封地和国家的农奴。

解放农奴的法令产生了一定的效果。农奴终于不再被人当作财产的一部分任人买卖。他们也不再被迫听从奴隶主的任意驱策，或是因为不服从命令就被送去西伯利亚，为了填补征兵配额就被派去前线。农奴们如今可以拥有自己的财产，不经主人同意就能娶妻。然而，他们还需要交人头税，人们往往按照传统做法，而不是新制定的法令来对待他们。

由于亚历山大二世相信俄国还是得依靠贵族，所以解放农奴的法令依然照顾到了贵族的许多利益。这一点在土地分配的条款中体现得最为明显。尽管农奴们获得了大约50%的可耕土地，但贵族们也留了一手。一系列复杂的规定，使得农奴必须为所获得的土地支付相当的赎金，以补偿贵族们损失的劳动力。这些规定根据各省各地区的情况而制定，能够满足贵族们的特殊需求。根据政府的计划，贵族可以立刻从政府那里获得价值相当于分给农民的土地的75%的附息票据，而剩下的25%则由农民直接付给贵族。此外，农民还被迫在接下来49年中每年付给政府一笔钱，作为获得土地的回报。

而在分地问题上，依然是以贵族的利益为先。他们通常能拿到更为肥沃的那50%的土地，而且他们还想让刚解放的农奴付款来维护他们的牧场、水域和森林。

俄国担心农奴解放可能会产生一批没有土地的无产阶级，也担心贵族在行政和司法上一直存在的优势会因此消失。为了解决这些问题，俄国在农村建立了一系列管理农民的机构，如村社。分给农奴的土地并没有直接分配给个人，而是分给了村社，然后由贵族大地主和村社的代表共同决定土地的分配。村社的代表们给村社的所有人安排工作，包括决定在土地上种什么、什么时候播种、什么时候收割等。政府让村社每年上缴赋税，村社再把这些赋税摊派给每个公社成员。村社还代替了之前的贵族，行使管理和司法权。比如说，村社可以实施传统的农民

法，颁发内部的通行证，还须为军队供应士兵。

农奴解放还推动俄国政府进行了其他几项大型改革。随着贵族退出了乡村管理，俄国政府不单强化了村社等组织，还创造了一个新的行政机构：地方自治会（zemstvo）。1864 年，政府颁布《地方机构法令》（*Statute on Zemstvos*）。地方自治会需要自理许多本地问题，包括修路、教育、医疗、贫民救济以及农业生产。然而，这实际上是个残疾机构，只有有限的收税的权力，往往得听从圣彼得堡派去的官僚的命令。

1870 年，沙皇推行了一项市政改革，让市政府合理化。作为《地方机构法令》的姊妹篇，市政改革的法令赋予了俄国的城市更多的自治权。所有交税的男性城市居民都可以拥有投票权。此外，市政府还拥有了开展教育、维护公共安全、建立社会福利项目的权力。不过同乡村的地方自治会一样，市政府在收税上依旧没什么自主权，也要服从沙皇任命的官僚的指挥。

在农奴解放之前，俄国的司法系统可以说是西方世界中最糟糕的，其特点是效率极其低下，反应迟缓，而且腐败盛行。这一切都在 1864 年发生了变化：一场大范围的司法改革让俄国的法律体系有了坚实的基础。更重要的是，这场司法改革把俄国的法庭从行政管理中解放了出来，它们如今可以独立运作了。改革给俄国引入了公开审判和陪审制度，让被告有了请律师的权利，还实现了大法官的终身任职制度。此外，俄国还建立了和平仲裁系统。然而，俄国的法律问题仍然存在。法律所规定的平等，并不适用于所有人：农奴仍然是个例外，他们被视作一个与众不同的阶级。更有一些尚未接受改革的法庭还保留着一切原来的劣根性，教会法庭和军事法庭尤甚。

改革最后波及的是俄国军队。从 1861 年到 1881 年，在军务大臣德米特里·米利乌汀（Dmitri Miliutin）的领导下，俄国军队进行了彻底的重组。他是在推进俄国农奴解放中起到重要作用的尼古拉斯·米利乌汀的兄弟。在重组前，俄国军队中的步兵几乎都是从农奴中征来的，服役期长达 25 年。这些应召入伍的士兵遭受了非人的待遇，他们被迫服从野蛮的命令，时常要接受残忍的惩罚。他们的命运实在是非常悲惨。

德米特里·米利乌汀在沙皇的坚定支持下，开始大刀阔斧地清理这些积弊。军队改革的基础是 1874 年颁布的法律。这项法律规定了普遍征兵制，所有年满

20 岁、身体健康的俄国男性都需要服兵役。其他的改革包括将服役期缩减为 6 年，视士兵受教育程度的不同，还可能进一步减少。军队中还取消了残忍的体罚，建立了预备役体系，创建了军事专业院校，开始向所有士兵传授基础教育课程。

俄国的整个改革过程在亚历山大二世在位期间断断续续地推行着，直到 1881 年亚历山大遇刺身亡，才正式画上句号。

历史评论

美国的奴隶制和俄国的农奴制度在 19 世纪 60 年代几乎同时遭到了废除。对这两个国家而言，解放运动都出现了巨大的分歧，造成了一定的危机，也都产生了决定性的作用。最终的结果是这两个国家都发生了翻天覆地的变化。

对美国而言，在 19 世纪 60 年代的前几十年中，废除奴隶制的问题给政治家们带来了极大的困扰。由于无法通过政治途径解决这一问题，美国最终陷入了南北战争，这是美国历史上最为血腥的战争。在南北战争前夕，美国大约有 400 万黑奴，占总人口的 12%。其中 320 万黑奴居住在美利坚联盟国（Confederate States of America），占那里总人口的 35%。在南北战争期间，总统亚伯拉罕·林肯发表了解放黑奴宣言，并临时免除了南部邦联以外的 83 万奴隶的税收。不过，获得解放的奴隶通常还居住并工作于曾经被奴役的地方，他们没有获得土地，从而无法保证自己的自由。

而在俄国，农奴属于贵族地主、政府或皇室，依靠他们的土地为生。农奴的数量大约在 4500 万到 5000 万人之间，占到了欧洲部分的俄国人口的 3/4（西伯利亚地区实际上没有农奴）。当废除农奴制被提上议程认真讨论时，俄国的农奴主与美国的奴隶主一样，感到十分惊慌和害怕，他们担心自己失去人力资本和土地。俄国的政治家也同样害怕过于巨大的变革会导致动乱。在 19 世纪 50 年代之前，政府多次组建委员会，讨论农奴问题，最终得出了统一结论：改革势在必行。在这一过程中，他们进行过多次小型改革，但每一次都无法贯彻实施，最终又回到了原点。然而，从 1858 年到 1866 年，通过几次大规模改革（以及之后的多项小的法令），俄国成功解放了所有农奴，并在避免大型流血事件发生的情况下，给大

多数农奴提供了土地。

解放农奴的理由很多，也很具有说服力。在之前的半个多世纪中，已经多次证实了解放农奴的正确性。但历史依旧用了 50 多年时间来克服人类的惰性、恐惧和贪婪，以及让俄国政府畏缩不前的领导人确信：解放农奴是无法避免的。

从人道主义的角度来看，也的确如此，而且俄国解放农奴也比美国解放奴隶更加容易，因为俄国的农民都是白种人，也都信仰东正教，这和他们的主人都没有区别。尽管许多贵族认为农奴很无能，担心他们自由后无法养活自己，但他们还是把农奴当成和他们一样的人。不过，这依然无损农奴制度的不公正以及不人道。

此外，从经济学的角度来看，这一制度也应该遭到废除。19 世纪以来，农奴拖累经济发展的论调越来越流行。在俄国严肃考虑农奴解放问题之前，西欧的农奴制基本已经自然灭绝。随着商业革命创造了货币经济，地主们逐渐意识到比起从农奴身上赚钱，利用自由劳动者和闲置土地赚钱的效率会更高，因此他们允许农奴赎身，保证他们的自由。在大多数地区，这都是一个缓慢的过程，持续时间长达几个世纪。而进程较快的地区，通常都需要经历残酷的历史事件。比如英国的圈地运动 * 就强迫农民离开他们赖以生存和劳作的土地，导致许多人处于赤贫状态，开始走上犯罪的道路。不过到了 19 世纪，欧洲的资本主义经济有了强大的生产力，比起仍然依靠农奴制度的俄国，西欧各国都要繁荣得多。

货币经济使得欧洲开明的地主解放了他们的农奴。而随着俄国贵族们受教育程度的提高，见识的增长，越来越多的人开始接受欧洲更先进的模式。在 1860 年时，许多人就已经十分熟悉所谓的古典自由主义（classical liberalism）† 的相关论点。他们已经意识到，为了创造资本主义经济，农奴必须获得解放。就这一点而言，俄国的农奴解放实际上是仿照了西方的做法。

然而，俄国的农奴制度在这几个世纪中也在发生变化。尤其是在 19 世纪，随着货币经济在俄国逐渐发展起来，北部和中部的贵族们也转变了对农奴的要求，

* 在 14、15 世纪的农奴制解体过程中，英国新兴的资产阶级和新贵族通过暴力把农民从土地上赶走，强占农民份地及公有地，剥夺农民的土地使用权和所有权，限制或取消原有的共同耕地权和畜牧权，把强占的土地圈占起来，变成私有的大牧场、大农场。这就是英国历史上的“圈地运动”。——译者注

† 古典自由主义是一种支持个人先于国家存在的政治哲学，强调个人的权利、私有财产，并主张自由放任的经济政策，认为政府存在的目的仅在于保护个体的自由。古典自由主义发源于 17 世纪和 18 世纪，也因此，它通常被视为由于工业革命和随后的资本主义体制而产生的一种意识形态。——译者注

不再让他们充当劳动力，而是让他们交纳地租。这些地区的土地较为贫瘠，农作物能够生长的时间很短，因此农业收成比不上那些土地肥沃的草原地区。而在农业发达的黑土地上，地主们施行的依然是封建主义的那一套。然而，无论哪个地区的地主，都没有感觉到解放农奴能够让他们从土地上获利更多。

极少数大农奴主非常富裕，他们的社会地位超然，收入极多，完全没有必要改变与农奴的关系。而大多数农奴主的农奴数量有限，也没有特别肥沃的土地。他们的生活与农奴们差别并不大，对资本没有什么概念，也根本想不到要把他们的财产转化为资本主义的农场。和美国的奴隶主一样，这些农奴主更喜欢现有的规则。从1803年起，农奴主可以合法地让自己的农奴获得自由，但只有不到1%的农奴主选择了这么做。

因此，最终是政府选择了插手。官员们意识到了解放农奴的必要性，并开始着手推行这一进程。许多官员都有着贵族农奴主的背景，但数代传承下来，他们与土地之间的联系并不紧密。大多数官员几乎没有了农奴，土地也很少。因为无法靠农奴和农业养活自己，他们追随着父辈的脚步来到政府工作，开始了为国家服务的生涯。教士和其他一些职业人员的子嗣通常也会走类似的路线。到19世纪50年代，尽管沙皇政府的大部分部长级高官仍然是富有的农奴主，但普通的公务员占据了大部分中层和一部分高层官员的位置。

从他们的角度来看，国家的利益才是至高无上的。到19世纪中叶，公务员们发现农奴制度已经严重阻碍了俄国的农业和工业发展。从单位土地的粮食产量来看，俄国只有西欧和美国同期产量的1/7。由于很大程度上农民与土地捆绑在了一起，他们很少会住进城市成为工人阶级，而俄国的工业革命也几乎没有开始。其结果便是俄国政府囊中羞涩，俄国的国力也弱于工业化程度更高的邻国。在征召、供养和调动俄国的庞大军队上，这一点体现得十分明显。

在18世纪末19世纪初，俄国迅速扩张，成为东方最大的国家。俄国的边境线极长，而它与其邻居——中国、奥斯曼帝国、奥地利和普鲁士等——又时常不睦，因此准备相当规模的军队很有必要。俄国在技术上很落后，为了弥补装备上的不足，俄国必须把更多的士兵投入战场，这更使得军队人数不断攀升。自拿破仑战争起，俄国的军队数量就是全球最多的，维持这样的大军显然耗费不菲。

直接导致农奴问题突显的是1853年至1856年间的克里米亚战争。1813年，

俄国击败拿破仑，并一路追击他到巴黎；1815 年，俄国帮助各国在维也纳达成和平协议，从那以后，人们普遍认为俄国拥有全欧洲最强大的陆上力量。直到 19 世纪中叶，大家在印象中都依然认为俄国是极强的国家。在那些年中，英国的幽默杂志《笨拙周报》把俄国描绘成一只横行欧洲的凶猛巨熊。然而，在 1854 年至 1856 年的俄国本土上，俄国与英法联军展开了激战并最终落败。其原因很明显：工业化的西方列强已经超过了封建主义的俄国一大截，俄国光凭借广大国土和大量军队，已经无法弥补这一劣势了。俄国迫切需要实现工业化，进行军队改革，挡路的农奴制度已经没有了存在的意义。

开明的官员已经知道接下来应该怎么做了，但俄国政府是一个独裁政府，在没有取得沙皇支持的情况下，他们无能为力。1825 年至 1855 年在位的沙皇尼古拉一世意识到俄国国内存在着一系列问题。他任命了委员会来调查农奴制度，但是委员会没有人提出过类似于解放农奴的建议。这可能是因为尼古拉一世本身就非常保守，他喜欢刺刀、严酷的训练，以及一切传统的军队和国家制度。更可能是因为尼古拉在位时期，俄国主要的扩张方向是中亚，那里的对手更加落后，在克里米亚战争爆发前，俄国军队从未遭遇过大的失败。因此，俄国存在的问题的严重性尚未体现出来。我们无从得知在克里米亚战争失败后，尼古拉准备做些什么来挽回局势，因为他不久后便去世了。他的儿子亚历山大二世在即位后很快就表现出准备改革并坚持下去的意向。在当沙皇的第一年，他就放松了严格的审查、教育和国外旅游制度。而在传统习惯中用来悼念父亲的第一年结束后，亚历山大随即着手推行农奴解放。

亚历山大二世在自己的加冕礼上，对贵族说，现在到了考虑如何解放农奴的时候了。在讲话中，他引用了许多示例，并表示与其等待农奴自下而上地废除农奴制度，倒不如从上面来废除农奴制度。苏联的历史学家们往往认为对农奴起义的担忧是推行农奴解放的主要诱因。不过这实际上没有什么道理，无论是在农奴主还是官员的话语中，或是从一些零星的农奴叛乱中，都找不到论据来支持这一论断。上一次大规模农奴叛乱已经是近一个世纪以前的事情了。亚历山大二世如此说，可能只是为了恐吓贵族们，让他们不要因为政府准备动他们的财产而大肆闹事。

事实证明，起草解放农奴的法案是一件非常复杂的事。相关领域的俄国专家为此付出了数年的努力，还收集了全国各地的农奴主的意见。1856 年底，亚历山

大二世从高层官员中选取了一批人建立秘密委员会，认真探讨农奴问题，标志着解放农奴项目的正式开始。这个组织随后更名为农民事务总委员会。到 1858 年 12 月，委员会确定了农奴解放的一些基本原则：(1) 农奴将获得自由，但仍将从属于他们的村庄或村社；(2) 村社将成为国家最低级别的管理机构，代替之前的地主执行中央政府的命令；(3) 农民可以获得一定土地，这样他们可以继续在原来的村庄生活、工作、自给自足、缴税并履行其他应尽义务，不过土地并不属于农民个人，而是属于村社；(4) 农民需要为获得的土地，给贵族（或国家以及皇室）一定补偿。与此同时，国家政府要求贵族们建立省贵族委员会，讨论解放农奴的具体细节，并向莫斯科提交建议。这些建议也在 1858 年 12 月收集完毕。毫无疑问，在省贵族委员会的建议中，维护贵族利益的倾向十分明显。

1859 年 3 月，亚历山大二世成立编纂委员会，起草农奴解放的法案。编纂委员会试图兼顾贵族们的报告和建议，以及农民事务总委员会的基本原则。不过显然这不太现实。最终编纂委员会忽略了大部分贵族过分保守的要求，同时参考了少数派的提议，形成了最后的提案。

总委员会和国务院又花了一年半的时间来仔细推敲细节。尽管总委员会的主席在此期间逝世，政府有了反悔的机会，但他们只是做了一些小的修改。最终，亚历山大宣布于 1861 年 3 月 3 日正式废除农奴制。

历史学家们对这一事件观点迥异。一些人认为这只是一个表面的形式而已，极具讽刺意味：官员们假装听从民间的意见，实际上做的只是政府想要做的事情。然而，委员会采纳了许多少数派的建议，因此我们很难说亚历山大二世领导的政府是在一意孤行。另一方面，由于农奴解放法案对农民并不公平，也没有解决农奴制度给俄国带来的种种问题，一些历史学家认为法案是贵族主导的政府与农奴主勾结的产物。不过，根据当时总委员会和贵族的表现来看，这种说法也缺乏事实根据。第三种论调强调了这一问题的复杂性，认为当时其实还可以施行其他一些更为彻底的解决方案，不过最终实施的这一种也没有人们通常认为的那么糟糕。解放农奴法案的确不够完美，但在当时困难的情形下，不失为一次优秀的折中举措。

虽然耗时 4 年时间拔除了许多人认为的古时流传下来的陋习，但政府并没有迫不及待地庆祝农奴解放的胜利。解放农奴的法令又拖了 1 个月还没有颁布。与此同时，政府准备了一份简短的宣言，对这份长达 360 页的法律进行了总结，还在预计

可能发生暴乱的地区加派了军队。显然，俄国政府没有指望农民会喜欢这部法律。最后，在当年大斋节*的第一个星期日，全国的神甫们在教堂中诵读了解放农奴宣言——政府认为在这段为复活节祷告做好准备的时间内，农民们应该能够保持冷静。

正如政府所料，农民们非常失望，部分人难掩愤怒。期待已久的自由终于来了，但既不是以他们想要的方式，也没有给予他们应得的东西。解放农奴的法律条款非常复杂，我们可以公平地说，从历史学家解读这些条款产生的分歧来看，它们的意义显然不是大多数农民所能理解的。不过我们也很能想象，即便农民们能够彻底理解条款，他们也不会感到满意。新的法律规定，农民们能够获得“自由”，不过这只是比他们能被作为财产出售的时候好上那么一点点。在接下来的至少两年内，他们仍然要同之前一样付钱给原主人，也一样要受到司法管制。“土地宪章”让农民们拥有了土地，从司法上脱离了地主的控制。但农民还须在接下来的一段时间中“暂时”履行对地主的义务，直到政府认为农民的付出达到了从地主那里获得的土地的价值。事实证明，对一些农民而言，“暂时”履行的义务直到1883年才终结。

大部分地方的农民虽然不满意，但还是平静地接受了他们的新地位。不过也有不止一个村庄拒绝接受解放农奴的条款。起初他们拒绝继续履行对地主的义务，随后也拒绝在土地宪章上签字。在贵族和教士无法劝服他们的情况下，政府会派出官员进行训导和恐吓。如果还不服从，政府便会动用军队。武力威胁最终压服了大部分农民，只有少数地区的农民与军队起了冲突。总共有几百名农民在事件中丧生，还有几千人遭遇了肉刑，或被流放到西伯利亚。到1863年，农村已经基本平静，政府感到大局已定，便取消了大部分肉刑。

为了帮助贵族和农民就土地宪章问题达成一致，协助农民建立自治组织，政府创立了一个和平协调员的新职位。一些苏联的历史学家认为，这些由当地贵族任命而且大多也属于贵族阶层的调解员，扮演的是地主的代理人的角色。但大多数西方的历史学家和另一些苏联的历史学家都认同调解员的工作，并认为他们基本上是不偏不倚的。1863年底，农村的自治组织已经遍布全国，绝大部分农民接受了土地宪章。

* 大斋节是基督教的斋戒节期。大斋节期由大斋首日（圣灰星期三，因为耶稣是在星期三被出卖的）开始，至复活节前日止，一共40天。对俄国的东正教信徒来说，每年的大斋节是“洗涤肉体与灵魂”的神圣节日。——译者注

然而，在如何分配土地以及农民应当为土地付出何种代价的问题上，地主和农民迟迟没有达成一致。农奴解放的法律中，对俄国不同地区的土地分配标准做出了不同的规定，综合考虑了土壤类型、土地使用率、旧有的农奴责任、地主的种族划分等因素。法令规定了持有土地的上限和下限，设定了用现金或劳动力补偿地主的标准。除了大多数地主都是波兰人的乌克兰地区，地主在决定分配给农民何种土地的问题上通常都能占据主动权。农民则会表示不满并讨价还价，这一过程通常会持续很多年。

到最后，解放后的农奴得到的土地比之前使用的土地要更少，减少的量根据地区不同而有很大差异，从全国范围内平均来看，大约减少了 10%。通常来说，当地的土壤越肥沃，贵族们就越要设法把它们留下。显然，农民失去了大多数能够蓄养动物、获得肥料的草地，还失去了许多水源丰富的土地以及所有的森林。最终的结果就是比起解放前，很多地区的农民们现在在经济上更加依赖地主。历史学界也普遍认为农民购买土地的价格要高于其实际价格。尽管法令明确有过禁止，但很明显农民的赎身钱不仅仅包括他们获得的土地价格，还包括对地主损失劳动力的补偿费。

然而，贵族们也没有因此获得太大利益。在农奴解放前，许多人就已经债台高筑。贵族之所以没有群起反对农奴解放，是因为许多贵族把很大一部分农奴作为抵押品向政府借款。他们希望政府解放农奴后，可以顺带免除他们的债务。但实际上，在赎身时，政府留下了所有贵族欠政府的钱，这笔钱占到了贵族应该收到的钱的 25%。而剩下的部分，国家以 5% 利率的债券补给了地主。这些债券贬值得很快，因为许多贵族缺钱花，在债券到期前就将其售卖了。在没有钱的情况下，那些缺乏相关知识的贵族无法把原有的经营模式转换为现代化的资本主义农场模式。居住在市场尚不发达的地区，远离城市，所拥有的土地也不肥沃的贵族们无比需要农奴的劳动力，就如农奴需要他们的土地一样。他们只能雇用原来的农奴继续为他们工作。只有极少数贵族成功转换成了资本主义模式。整体来看，在未来的几十年中，贵族保有的土地数量在持续减少。

除了私人拥有的农奴之外，还有其他一些农奴。其中封地的农奴是最好处置的。他们总共只有 200 万人，都从属于一个地主——皇室。封地农奴由一个政府办公室统一管理，他们的生活条件比私人拥有的农奴更好，独立性更强。通过 1858 年和

1859 年的法令，封地农奴获得了个人自由；在 1863 年分地时，他们得到的土地比私人拥有的农奴的要更多；到 1865 年补偿地主时，他们要付的钱也少了许多。

国家拥有的农民数量很大，几乎赶上了私人拥有的农奴，但他们也都属于一个地主——国家，也一直由一个政府部门管理。在 19 世纪 30 年代和 40 年代，政府出台了一系列改革，大大提高了这批农民的待遇。在解放前，他们拥有比农奴更多的土地，交纳给国家的钱也更少。在 1866 年他们获得自由时，几乎保留了拥有的土地，远远多于封地的农奴和私人拥有的农奴。尽管他们的赎地价格很高，但考虑到他们的待遇更好，因此所付的代价相对农奴而言还是较低的。

在农奴解放对农民和国家的长期影响上，历史学家观点不一。某一学派认为，解放后农民的经济状况反而恶化了。高昂的赎地费给农民们带来了沉重的负担，再加上 19 世纪晚期赋税的增加，该学派认为这实际上是一种新型的农奴制，并最终催生了 1905 年和 1917 年的革命。另一些历史学家认为农奴解放是俄国实现现代化的必经之路，但它只取得了部分成功，因为政府采用了村社制度。他们相信村社这种集体结构以及传统的农业形式，阻止了现代化农业的发展，也无法在农民群体中培养出先进的理念。1905 年至 1917 年间的一些俄国政治家也持有相同的观点，他们试图把农民从土地共同所有和共同承担义务的环境中解放出来。

还有一种观念似乎在最近几十年成为了主流，这种观念强调了农奴解放的成功性。尽管在农民获得自由的过程中有种种不完善的地方，但这批历史学家认为农奴解放使得俄国向资本主义经济迈出了坚实的一步。一些贵族和具有进取心的农民开始尝试现代化农业，种植新的作物，还有更多农民发现离开村社来到迅速发展的工业化城市，谋生会更为容易。近来，一些西方学者通过人口研究，为这一论点提供了强有力的支撑。他们发现 19 世纪末的俄国农民，是全球人口增长最快的那部分。考虑到在那些年里乡村的医疗技术并未有很大发展，学者们将此归因于营养因素，并推断出由于改变了土地的使用方式，俄国的农业生产率有了可观的提高。毫无疑问，在那几十年中，俄国的农产品产量有了极大提升，尽管平均生产率依旧低于欧洲和美国，但俄国的城市人口已经丰衣足食。在 1880 年至 1914 年间的大部分时候，俄国都是最大的食品出口国。

农奴解放是 19 世纪 60 年代俄国推行的一系列改革中的第一步。随后，俄国在 1863 年对大学进行了大规模改革，赋予了教员们更多自由和权利。同年，大多

数残酷的肉刑都被废除，剩下的几种也被限制使用。1864 年，俄国进行了司法改革，借鉴了许多西方司法体系的元素。俄国还在同年建立了全新的地方管理机构：地方自治会。1870 年，俄国对城市管理体系进行了改革，圣彼得堡的部门将许多权力下放给了各城市。1875 年，俄国军队也推行改革，建立了专业的军官团，储备了许多训练有素的士兵。

从改革者和当时的许多人的角度来看，这一系列改革无疑是令人欢欣鼓舞的，也证明俄国正在成为一个现代化的西方国家。然而，凡事都有两面性。改革让俄国的结构产生了翻天覆地的变化，不过与所有的大型社会和政治变革一样，它们在唤起人们希望的同时，也埋下了恐惧和怨恨。在没有经历革命剧变的情况下，俄国的改革终究还是没能更进一步。地方自治会成了力图捍卫民主的自由运动的摇篮。农奴解放法案在实施中对农奴的不公正对待，孕育出了民粹主义*，并迅速演化成激进的运动。随着一名激进的学生在 1866 年试图刺杀亚历山大二世，曾经在 19 世纪 60 年代初遭到打压的保守派重新抬头。在剩下的统治时期内，沙皇亚历山大二世开始认真考虑保守派的提议。1881 年，亚历山大二世遭到革命分子刺杀身亡，他的儿子亚历山大三世（Alexander Ⅲ）继位，随后保守派彻底掌控了局势。在 1881 年至 1894 年的统治期间，政府推行了一系列反改革措施，单方面加强集权统治，导致社会隐患不断放大，最终促成了 20 世纪的俄国革命。

布鲁斯 · F. 亚当斯（Bruce F. Adams）

布鲁斯 · F. 亚当斯（Bruce F. Adams），路易斯维尔大学历史系教授，于马里兰大学获得博士学位。主要著作有《惩罚政治学：俄罗斯监狱改革》（*The Politics of Punishment: Prison Reform in Russia*，1996）和《俄罗斯的小型革命：20 世纪的苏联和俄罗斯轶闻》（*Tiny Revolutions in Russia: Twentieth-Century Soviet and Russian History in Anecdotes*，2005）。

* 民粹主义是在 19 世纪的俄国兴起的一股社会思潮，把平民化和大众化作为所有政治运动和政治制度合法性的最终来源；依靠平民大众对社会进行激进改革，并把普通群众当作政治改革的唯一决定性力量。——译者注

第四十四章
明治维新（1868）

中国同时期：清穆宗爱新觉罗·载淳

概　述

自 17 世纪起，日本便开始了与世隔绝的生活，到 19 世纪已经有 200 多年时间。这并非偶然的原因所致，而是刻意选择的结果——日本统治者决定最大限度地断绝与外界的联系。他们之所以采用如此激烈的手段，部分原因可能是欧洲的影响。欧洲的扩张，尤其是基督教的发展，让日本人感到担忧。1640 年以后，日本决定只与中国、朝鲜和荷兰在严密的监督下进行有限的通商。想要出国的日本人若被发现，将受到死刑的惩罚。

然而，进入 19 世纪以后，外界开始越来越频繁地对日本施加影响。俄国跨越西伯利亚，势力开始南下；英国想要发展在东亚的贸易；美国也逐渐将目光转向太平洋。日本人用警惕的眼光打量这些外国人，将他们看作对日本价值观和传统的潜在威胁，这种心态反过来加剧了日本国内的不安。

此时，日本的统治者是自 17 世纪初开始在幕后控制国家的德川家。德川家给战乱频繁的日本带来了和平，不过在这一过程中，他们逐渐架空了天皇。被所有日本人崇敬的天皇在名义上管理着德川家，实际上没有政治上的决策权，在经济上也需依靠后者。

就这样，日本的权力被掌控在德川幕府的手上。这是一种中央集权机构，其最高权力者为征夷大将军（或称幕府将军）。日本的大名，即封建领主，拥有较大的自治权，不过幕府要求大名在每年来到江户（现在的东京）的幕府城堡居住一段时间，以便于监视。大名以下是武士，这是一种社会阶级，由最早的武官演变而来。在德川家掌权后，许多武士也成了特权阶级。武士内部有许多层级，差别很大。一些武士大权在握，家财万贯，而另一些武士则穷困潦倒，除了领取君主给予的有限俸禄之外，没有其他养活自己的手段。

在德川幕府统治的200多年中，日本在大部分时间维持了和平与稳定，休养生息，励精图治，社会秩序井然，经济态势良好，呈现出一派繁荣的景象。然而，到了19世纪中叶，德川幕府开始崩塌。政权的财政状况陷入了糟糕的境地，农民起义开始不断爆发，日本西部的大名们也逐渐有了不服管制的倾向。德川家的政府沦为了一个冗余、腐败、低效的官僚机构。内忧之际，又逢外患，外国人的出现让日本陷入了危机。对许多人而言，德川幕府无法解决来自外国的威胁，意味着它已经不再强大，有必要让更为高效的机构来取代它了。然而，在如何应对外国势力的问题上，日本产生了较大分歧。一些人认为日本应该倾尽全力与他们抗衡，不过另一些人已经意识到国外在技术上十分领先，他们愿意学习和模仿外国的方法来对抗外国人，以此维护日本主权。

英国在1839年至1842年的鸦片战争中战胜了中国，强迫中国对外开放了五座城市作为通商口岸。这让日本对装备精良的外国人带来的威胁产生了警觉。荷兰人在出岛*的贸易队伍警告德川幕府说，英国的胜利意味着与西方进行更多接触是不可避免的，并建议日本放弃闭关锁国的政策。然而，德川幕府拒绝了这个建议。

在19世纪40年代，日本与外界的接触越来越多，不过决定性的还是美国海军准将马修·佩里（Matthew Perry）的“黑船事件”。† 佩里的黑船带来了远超日本的技术，大大加速了日本的开放进程，同时加深了日本国内的危机。

1854年，佩里第二次来到日本，美日签订了《神奈川条约》（*Treaty of Kanagawa*）。尽管这份条约只让日本开放了下田和函馆两个港口供美国船只补给，且不得进行贸易，

* 出岛是日本德川幕府执行锁国政策时所建造的人工岛，在1641年到1859年期间是荷兰人居留日本的地方。荷兰在出岛设有贸易站。——译者注

† 1853年，马修·佩里率领舰队进入江户岸的浦贺，把美国总统写给日本天皇的信交给了德川幕府，要求同日本建立外交关系和进行贸易。史称“黑船事件”。——译者注

但日本与世隔离的状态已经无法维持。短短一年内，英国和俄国等列强纷至沓来，与日本签订了类似的亲善条约。随后，在19世纪50年代末，日本被迫与西方列强进行不平等贸易。这些条约允许外国人控制日本的关税政策，于是关税被定得很低，外国商品能够轻松进入日本。外国人还享有治外法权，即居住在日本的外国人不需要遵守日本法律。

德川幕府面对外国入侵的反应，对它的灭亡起了关键作用。事实证明，包括购买西方生产的装备，建立军队训练设施，允许大名扩充私人军队等一系列改革措施，来得已经太晚了。晕头转向的幕府试图寻求大名和天皇的建议和帮助，更加使得其权威性受损。没过多久，德川家的政敌便以天皇的名义对抗幕府，而长期受到压制的天皇及顾问并未对此提出异议。

1860年至1863年，日本境内出现了一波恐怖势力，使得国内几乎就要陷入内战。由于日本没有断然拒绝外国人的无理要求，这批恐怖分子，即所谓的“维新志士”，感到十分愤怒和耻辱，他们出手刺杀了国内的几位幕府高层，使得德川家威严扫地。不过志士们还顺带袭击了一些外国的商人以及外交官，这引来了西方世界的反击。1863年，英军炮轰了鹿儿岛，焚烧了城市。第二年，一组西方的联合舰队又成功轰开了当地大名封锁的马关海峡（今关门海峡）。*

在这段混乱时期，日本西部几位强大的大名决定反抗幕府。1866年，他们发动武装倒幕运动，击败了幕府军队。1867年，德川幕府试图卷土重来，但1868年初的战役彻底使其垮台，新天皇上位，史称明治维新。明治是1867年登基的天皇睦仁统治期间的年号。他登基时年仅14岁，统治日本直到1912年逝世为止。

大名们发动明治维新，似乎是为了将天皇重新扶上由德川家抢走的权力的宝座，不过实际上他仍然只是一个象征性的符号。真正的权力最初移交给了取得胜利的大名、具有改革精神的武士，以及他们的政治盟友。而在接下来的几年中，大部分大名遭到排挤，官员也逐渐失势。日本的控制权就落到了激进派的武士手中。

日本的新领袖之中，许多既不是维新志士，也不认同维新志士的目标。然而，之前与西方势力的交手让他们相信，如果日本不进行改革，是无法与技术更先进的西方抗衡的。因此，他们决定进行彻底的改变，从而挽救日本——这一目的高于

* 1863年，开始实行攘夷大义的长州藩，封锁马关海峡，并炮击航行中的西方商船。受到海峡封锁而经济损失惨重的英国决定报复。1864年，荷、美、英、法以17艘舰船组成联合舰队炮击马关。——译者注

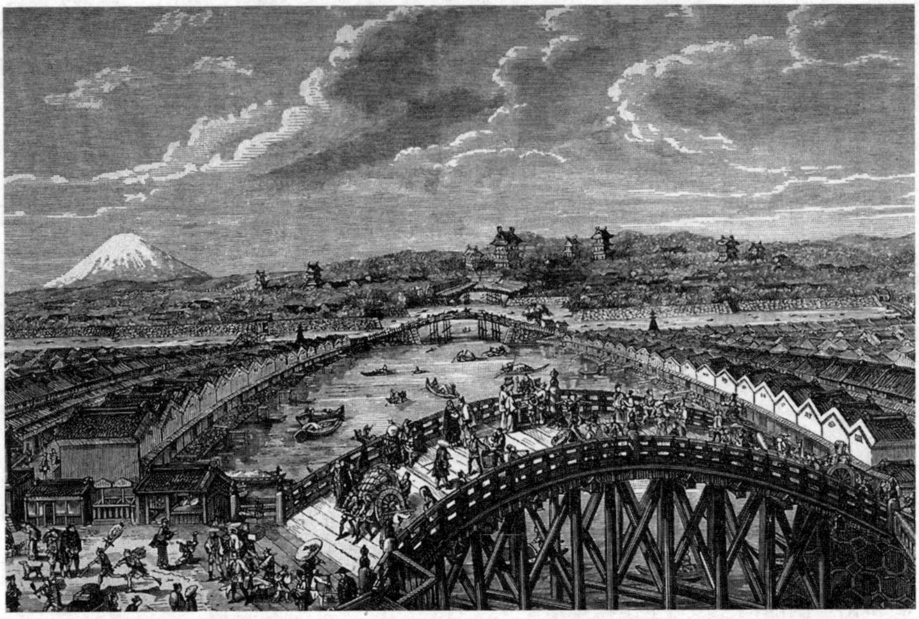

在19世纪末，日本的最大城市东京已经有超过100万的人口。人口的快速增长，部分要归功于明治维新带来的现代化改革。（来源：盖蒂图片）

一切。这其中最重要的一条便是“师夷长技以制夷”。最终的事实证明，这一方针取得了极大的成果。

起初，日本的领袖们把权力收归中央所有，调整了国家的社会结构。他们组建了一个类似于国务院的机构，以及战争、外事、财政、司法、教育等国家部门。他们还开始动手剥夺大名的权力。在接下来的数年中，明治政府的领导层将大名的私人军队定性为非法，劝说大名把土地还给天皇（尽管他们仍然可以作为土地的“管理者”），并最终将之前大名的土地转变为由东京委任的官员管理的辖区。还有一点令人吃惊，明治的管理层虽然有大量武士，但他们却彻底废除了武士阶级。因为考虑到武士的福利问题需要解决，所以这一过程较为缓慢。不过到1876年，武士已经成为实际上消失了的特殊群体。

明治政府的领导层还推行了一整套改革措施，旨在模仿西方的模式，让日本实现现代化，从而抵御西方的威胁。在1868年起的10年中，日本重新打造了整个法律体系，引入了法律面前人人平等的理念。日本的刑法进行了彻底的修改，

并根据《拿破仑法典》创造了新的法律程序。

明治政权是通过武力上位的，因此它们将大部分精力和资源都投入军队改革也就不足为奇了。根据法国和德国的理念，日本打造了现代化的军队。之后，日本还按照英国模式，建立了一支足以令人生畏的海军。

1872 年，明治政府颁布《学制》(*Education Ordinance*)，建立了现代化、西方化的教育体系。不过在 1890 年，日本又对其进行了修订，恢复了以日本传统价值观为准绳的教育系统。

为了强化中央政府，明治政权把持了国家的金融事务，在这之前，该领域可谓是乱成一团。他们创立了合理的税务系统，让日本有了稳定的财政基础。政府还确定了国家货币，建立了中央银行。这些举措对工业化进程提供了有力的支撑。甚至在明治维新之前，工业化的萌芽便已出现。而在 1868 年之后，尤其是到 1885 年之后，日本向着工业化的目标大步迈进，成为纺织品、钢铁、机械、轮船、煤矿和化学制品的主要生产国。

出于抵御西方入侵、捍卫国家主权的强烈的爱国情感，明治维新就这样轰轰烈烈地兴起了。在日本改革完成后，国家的目光便开始转向外交事务。政府的首要目标便是修正不平等条约，重新获得彻底的独立。由于西方列强依旧认为日本是个“未开化”的可以随意掠夺的国家，所以它们并未对日本加以理睬。西方各国，尤其是英国，多次拒绝修改条约。然而随着国家日益强大，到了 1900 年，日本人终于取得了成功。新版条约取消了外国人的治外法权，日本也重新获得了制定关税的自主权。

日本决心与西方列强平起平坐，而在这一过程中，明治政府的统治者也逐渐接受了西方的帝国主义思想，开始对其他国家故技重施。尽管日本没能强迫中国签订类似于之前与西方列强签订的不平等条约，但他们确实在 1876 年打开了朝鲜的大门。* 很快，中国和日本就朝鲜问题展开了争端。1894 年，这两个亚洲大国大打出手。在甲午战争中，日本取得了决定性的胜利，明确昭示着国家的强盛实力。在 1895 年的《马关条约》中，日本获得了中国不菲的补偿：包括台湾和辽东半岛在内的大片土地被割让给日本，日本还获得了西方列强在中国享有的绝大部分权力。不过这次日本的手伸得太长了些。就在同年，西方列强强迫日本归还辽东半岛。

---

* 日本与朝鲜于 1876 年 2 月签订《江华条约》，标志着朝鲜打开国门，进入半殖民地半封建社会。——译者注

无论如何，日本的国际地位开始不断提升。1902年，日本与英国结成防御性同盟，意味着其已经受到了传统强国的认可。不过日本真正与所有欧洲列强平起平坐是在1904年至1905年——为了侵占中国东北和朝鲜半岛，日本与俄罗斯产生摩擦，最终引发战争。在这次日俄战争（Russo-Japanese War）中，日本在海陆两大战场全部取胜。1905年《朴次茅斯条约》（*Treaty of Portsmouth*）的签订，不仅彰显了日本的胜利，还标志着非白人的国家首次击败白人国家。从当年海军准将佩里的"黑船事件"一路走来，日本早已不再是当初那个封闭的小小岛国。

历史评论

无论我们阅读哪一份明治维新的相关研究，这一历史事件似乎都存在着模糊不清的难解之处。明治维新的两种面貌给人以截然相反的印象——一面是改变与进步，另一面则是强烈的传统与复古倾向。这样一分为二的形象，在所有关于这史诗般的事件的相关记载中都能找到。明治维新在时间上也可以分为两部分。第一部分是准备阶段，到1868年日本天皇建立新政府为止；第二部分是改革阶段，政府在之后的几十年中推行了一系列改革。两种面貌、两段时间——它们构成了世界史中这一令人疑惑的片段。

本文将着重阐述明治维新的这种明显的二元性。在对明治维新中明显的矛盾进行多种可能的解释时，我们有必要指出对于这一历史事件，通常有两种观点。第一种强调外部力量，认为外国人侵犯了日本主权，促使了变革的出现。另一种则认为是日本的领导层在让国家迅速崛起，成为现代化强国的过程中厥功至伟。这两种观点并不冲突，但都忽略了广大人民的贡献，在他们的协助下，日本存在了许多个世纪的封建制度才最终消亡。

外国人在19世纪50年代把摄影术带入了日本。因此，通过留存的几千张已经开始褪色的黑白照片，我们可以一窥整个维新时代的面目。有一张照片可以大概介绍这一时代。照片中是一名目光炯炯有神的年轻男性，从他身上的衣着来看，他是要去出席活动，而不是去打仗。他的腰间有一把长剑，象征着日本封建时代的精英战士阶级——武士。武士的阶级在日本1876年颁布的法律中取消，不过即

便是在这张照片中，他的长剑和顶髻也只是“传统”的象征。他穿了一套欧洲风格的服装，有点像当今日本的学生制服。脚上的皮鞋让他看起来十分干练。他还戴了手套，礼服大衣也裁剪合身。他的衬衫有领，但他没有打领带，衬衫一直扣到脖子处。照片中的这个人物是19世纪60年代和70年代的维新积极分子。

这张年轻战士的照片能够很好地概括明治维新时期日本的处境。他穿着西式的服装，却拥有日本传统的长剑和顶髻，整体给人以一种无所畏惧的感觉。照片中的年轻人以及他们那一代人为了让日本重新独立，摆脱西方各国强加于他们的不平等条约，在挣扎中不断前进。他不是名人，但他的气质很像，因为那些致力于变革的领导者看起来和他差不多——他们虽然感到悲伤，但已痛下决心开辟出一条新路，将日本带往光明的未来。

“求新”是明治维新的特色。推动维新运动的人不指望拯救旧规则，他们害怕那些坏习惯会因此留存下来，日本将无法应对西方军队和商业力量的入侵。他们的目标是巧妙地将欧洲和北美的长处带入日本社会。明治维新的300年前，整个日本岛国的体系以封建君主制的形式被重新架构。到1600年以后，德川家的幕府代代相传，以一种笨拙却有效的政治体系管理着国家。在这一体系下，日本封建领主即大名*能够进行较大程度的自治。以江户即如今的东京为总部的德川幕府与国家的几百万居民几乎没有什么互动，而贵族的武士阶层则占据高位。当时的城镇坐落在山间、谷中、河流旁，星罗棋布，里面居住着大量人口。江户的官员看管着大名的妻子和儿女，以保证他们的忠诚。不过，甚至幕府也不能随意命令这些封建领主，因为他们的地位基本相等。这样一种幕府和大名间复杂的权力游戏一直从1600年玩到了1868年明治登基。

要说明治维新的故事，得从19世纪中期西方军队驶入日本海域开始讲起。因此，明治维新应该从1853年海军准将马修·佩里的到来算起。按照日本杰出的思想家、社会学家丸山真男的说法，没有什么比这一“决定性事件”更能引发大规模的风暴了。将维新开始的时间点提前，并将其主要原因归于日本国内的发展或许有一定道理，却并不能完全站住脚。可以肯定的是，这个国家内部有许多顽疾，比如食物短缺等，但这些问题已经存在了很长时间，在19世纪早期也没有明显恶化的趋势。日本的人口数在当时接近3000万，从1720年至1850年间，这一数

* 当时日本全国有超过250位大名。——译者注

字基本没有变化。日本的饥荒、地震和火灾在全国各地时不时爆发，但总体来说，日本的经济较为健康，城镇化程度较高，供大名和忠心的武士居住的城市也越来越繁荣。这种17世纪开始的城镇化促进了新作物的种植，在日本农村，人们开始以新的方式工作和经商。

尽管一些思想家怀疑幕府和顾问能否行使政府权力，但几乎没人挑战以大名和武士为基础的封建系统的合法性。自从德川家于1600年在关原之战*中获胜，封建制度便成功地维持了日本国内势力的平衡。在大名作为国内和平卫士的情况下，幕府只需要维护秩序，阻挡国外侵略者，保护日本的安全即可。德川家从未想过集中政府的权力，也从未这么做过。多年来，日本都由这样的封建当局统治着，直到西方的海上力量到来前，他们没有遭遇过其他外在的威胁。

1853年，佩里的到来对这种旧规则发起了挑战。与之前的西方来访者不同，佩里的船队没有按照惯例停留在长崎与幕府的代表进行交涉，而是直接开进了江户湾（现在的东京湾）。他带来的8艘船中，有2艘当时最先进的战舰，由蒸汽机驱动，类似于如今的驱逐舰。这支船队有着黑色的船身，火力凶猛，速度极快，令日本人感到十分恐惧。和平民一样，前去交涉的日本官员希望美国人能够赶紧离开。实际上，佩里的确很快就走了，但1854年春天他又卷土重来，并带来了更大的船队。

在此期间，幕府试图推出政策，以维护17世纪30年代以来德川家的闭关锁国状态。他们不想与外国人交易或是有其他任何交流，不希望美国人的到来破坏这一切。而佩里的目的则正好相反，他的使命是把日本变成一个“文明国家”，让日本开展外交工作，并与他们“贸易往来”。他带来了美国总统米勒德·菲尔莫尔（Millard Fillmore）的一封信，要求日本打开国门，至少要让美国商船在与中国贸易的途中到日本进行补给，并遣返遭遇海难的美国海员和船只。如果幕府（佩里称之为皇帝）拒绝美国的要求，佩里将动用武力达到这一目的。佩里要求签订协议，日本幕府将如何应对呢？

江户的领导人知道，幕府需要决定全日本所有的外交政策。他们也明白，日本无法抵抗佩里带来的海军力量。幕府试图征集大名们对此的意见。不仅如此，

---

* 关原之战的交战双方为德川家康领下的东军以及石田三成等组成的西军。最终，在西军将领小早川秀秋叛变的情况下，这场战争在一天内即分出了胜负，德川家康取得了统治权，三年后成立德川幕府。——译者注

他们还寻求了日本古都京都的皇室的意见。一方面，这一咨询的过程让每个人都了解到了日本的现况，减轻了幕府的压力，但另一方面，这一非常做法从未有过先例。自 1603 年起，德川幕府从来没有就外交事务问题征求过意见。所有人都知道德川幕府现在已经无能为力了。哈佛大学的著名日本史专家埃德温·O. 赖肖尔（Edwin O. Reischauer）得出了一个结论，即德川家自己导演了自己的毁灭。赖肖尔写道，调查大名们的意见，也许是“一个赢得国内支持的好方法”，但也预示着“德川家的统治即将结束”。因此，从佩里到来，到明治天皇登基的那段时间，被历史学家们称为幕府末年。

佩里如愿以偿地签订了条约，日本结束了闭关锁国的历史。不过，情况并没有多大变化，因为日本其实没有做出什么让步。美国船舰可以进入日本的两个港口——江户西边、太平洋沿岸的下田和人口稀少的北部小岛函馆——而且他们的条约没有允许贸易，更别说鼓励贸易了。不过美国也有了向日本派遣外交官的机会。1856 年，汤森·哈里斯（Townsend Harris）与他的翻译，一名叫作亨利·休斯根（Henry Heusken）的年轻人，来到下田担任美国驻日领事。不过让他沮丧的是，日本拒绝承认他的地位。哈里斯又花了两年时间，终于与日本签订了贸易条约。即便是 1858 年这份条约，对日本来说也没有太大的不公平，尤其是与强加于中国的那些条约相比。日本不必进口鸦片，传教士和外交因素的介入并不严重，而通商口岸也只是在未来的八年内逐步开放。不过这些让步已经让日本人极度不满，他们纷纷控诉幕府的无能。不过考虑到日本当时的情况，幕府确实别无选择，只能接受哈里斯的要求，他们已经尽力将损失降到了最低。

这些让步损害了日本的政治秩序，越来越多的日本人认为幕府已经脆弱不堪。批评家们呼吁日本进行改革，以应对外国侵略者。如果西方人的枪炮、蒸汽船和科学仪器非常先进，那么日本人也可以学习模仿，造出一样的东西来。他们喊出口号“和魂洋才”（seiyo gei），号召人们在保留东方价值观的同时，向西方人学习科技（gei 指的是“艺术”，不过在这里指科技）。这一口号最早由思想家和兵法家佐久间象山于 1854 年提出。佐久间象山精通炮术，他的口号吸引了那些担心丢失日本传统文化的批评家们。

如果幕府再找不出摆脱困难的方法，那么他们离终结也不远了。日本开始了海外求学之旅。1860 年，日本的第一艘蒸汽船“咸临丸”带着学者和学生们前往

美国和欧洲。年轻的福泽谕吉参加了这次求学，并及时回到日本，领导了明治初期的文明启蒙。幕府倾尽所能，建立防卫设施，增强军备。他们招募了知识分子，建立了西方的知识体系。但这一切都已是徒劳。

1868 年初，德川家的末日来临了。德川家的末代将军德川庆喜在 1867 年 10 月将大政奉还，把权力转让给了大名组成的委员会，希望以此作为苦肉计，在新政体下保留实力，以便争回主导权。然而这一方案过于狭隘，因而没有顺利得到实施。首先，日本需要一个强硬的领导来与外国人周旋；其次，委员会包含大名，却没有包含封建力量的核心部分——武士；第三，德川庆喜也忽视了其他对日本政治情况不满的人群。人们对外国侵略者的入侵、新涌现的宗教崇拜以及流传进来的粗鲁行为极为不满，但他们在大政奉还中发现没有自己的一席之地，也没有京都的皇室一席之地。

随后皇室在千年的沉寂后参与了进来，这是明治维新这段历史的标志性事件。没有皇室的加入，明治维新将会是另一番景象。通过明治维新，古老到似乎过时的日本皇室迅速蜕变为帝国主义者，甚至让许多日本人也感到十分吃惊。天皇的主要权力都来源于其象征性的角色。幕府代表只占日本 7% 人口的武士和封建大名。当幕府无法把敌人阻挡在国门之外时，其作用也就消失了。天皇平时或许是一个由幕布遮挡起来的神秘人物，但他能够号召所有日本人，无论他们高低贵贱，是名士还是平民。一个新的政府可以让他将所有日本人团结起来，向着共同的国家目标前进。由此产生了第二句口号："尊王攘夷"——尊敬天皇，击退野蛮入侵。这一口号点出了日本人的民族梦想：我们可以不把外国人扫地出门，但是日本将会用西方人的技术驯服他们。这也是第一句口号"和魂洋才"的核心内容。

日本的外国人很快在 1868 年看到了一些新事物。新生政权迅速打败了忠于幕府的武装力量。这让一些认为封建力量根深蒂固难以拔除的人感到颇为吃惊。随后，天皇决定移驾江户，并仿照京都，将江户改名为东京。由于江户是当时日本贸易和外交的中心，天皇这一大胆的举动着实出人意料。

更令人惊讶的是日本没有再出现新的幕府了。对外国人而言，德川家的失败并非象征着封建制度的垮台，而只是意味着一个政治联盟的解体。他们认为，日本未来将会成立一个新的政治联盟，某个新的封建领主将成为征夷大将军。实际上，最有潜力成为征夷大将军的几个领主，比如日本西南部的萨摩藩和长州藩领

主，都是倒幕派的核心力量，他们向天皇效忠，并放弃了祖传的土地。新生政权掌握了几乎所有的封建领土，拥有了改革的强大力量。在天皇的引领下，日本开始推行一系列影响深远的改革措施。

这些改革措施几乎涉及生活中的方方面面，让日本在全球范围内保持了长久的竞争力。明治政权的目标是取消那些与西方列强签订的不平等的外交和贸易条约。这需要一个新的法律体系，还得建立现代化的陆军和海军。国家还必须建立新的教育系统，训练技能精湛的工人，加快工业化的步伐。明治天皇于1868年4月颁布《五条御誓文》，给臣民传达了第一条信息，指明了未来的方向。在这五条简明扼要的条款的引领下，日本走上了一条稳定和繁荣的新道路，其内容如下：

> 一、广兴会议，万机决于公论。
>
> 二、上下一心，盛展经纶。
>
> 三、官武一体，以至庶民，各遂其志，毋使人心倦怠。
>
> 四、破除旧有之陋习，一本天地之公道。
>
> 五、求知识于世界，大振皇国之基业。
>
> 我国即将进行前所未有之变革，故朕躬身先众而行，向天地神明宣誓，定斯国是，立万民保全之道。盼众卿亦念兹在兹，同心勠力。

《五条御誓文》的第一条花费了最长的时间才实现，因为帝国议会（Imperial Diet）即日本国会直到1890年才开设。正式定下日本政治体系的规则的宪法，则在帝国议会前一年出台。在这两起政治大事发生的同时，天皇就教育问题发表《教育敕语》（*Imperial Rescript on Education*），指出日本国体之精华在于天皇之德化与臣民之忠诚，主张把忠、孝、仁、爱、信、悌等儒家思想与日本社会的伦理道德结合在一起。《五条御誓文》的第二条到第四条很快便得以实施，尽管并不是采用民主的途径，但是几乎不折不扣地执行了誓文中的内容。武士和平民在法律上已经没有了区别。政府向武士提供了公债补偿，同时取消了武士之前从大名那里获得的俸禄。政府设立了大型的项目，将经济福利倾向工业领域，以促进工业的发展，这一策略贯穿了整个19世纪70年代。面对19世纪80年代的通胀危机，政府则采用了相反的政策，以低价抛售了那些新兴产业。曾经的武士和商人收购

了它们，带着它们走向了新的未来。在这一过程中，日本的现代财阀逐渐诞生，比如著名的企业三井和三菱。

正如誓文所承诺的，改革抹平了公民与军队的地位差别。旧时代的许多秩序都发生了变化。在东京新成立的事工部门开始协助制定国内外的政策。政府要求日本的每一个儿童都接受教育，并开始从社会各个阶层招募新的陆军和海军。这一系列改革可以看作是日本试图建立国家资本主义政策，追赶西方列强的持续的努力。日本为此鼓起了很大的勇气，付出了相当的代价，但总体来看，改革取得了成功。1894 年至 1895 年，日本在甲午战争中击败了中国，让全世界的观察家们都感到惊讶：曾经落后的封建民族居然在如此短的时间内就建立了一个现代化国家。

《五条御誓文》的第五条得到了最忠实的实施。日本将目光转向世界各地，寻找建立新社会的模式。显然，那些最先进的资本主义国家掌握了最多的先进技术和模式。日本模仿法国和美国，建立了教育制度，又从德国和英国那里学习了军队制度。法国的官僚机构和美国的农业也成为日本，尤其是北海道地区的模板。日本还引入了大学制度，并要求日本的儿童至少要接受四年的教育（之后改为六年）。

整个现代日本看起来和西方国家没有什么差别。明治的改革中采用了大量的西方元素。尽管在千年以前，日本有过学习中国文明的历史，但这次维新仍然使得日本人对于曾经的传统是对是错产生了迷茫。通常来说，一个国家和民族的历史会强调他们以往取得的成就，并援引其中的例证，来证明他们当下行为的正确性。然而日本的明治维新是一个例外，因为日本从来没有过这种改革的先例。一名德国医生受雇前来日本治疗政府高官并建立一所医疗院校，他问日本朋友关于这个国家的历史。朋友回答道："我们没有历史，我们的历史从今天开始。"另一个朋友则说："那是未开化的时代。"

没有历史，就让科学来充当变革的权威，日本决定仿照西方的办法来办事。啤酒和牛排开始在日本流行。各大臣们穿着燕尾服，与他们的妻子一起在派对中跳着交际舞。坐落在东京日比谷地区的鹿鸣馆*里夜夜笙歌。而明治天皇也放弃了

* 鹿鸣馆：日本明治维新后在东京建的一所类似于沙龙的会馆，供改革西化后的达官贵人们聚会风雅的地方。由于来客都是日本近代化的栋梁型人物，因此很多重要的政策都出自于鹿鸣馆。人们把这一时期称为"鹿鸣馆时代"，把这个时期的日本外交叫作"鹿鸣馆外交"。——译者注

白色的神道教*长袍，改穿普鲁士风格的陆军元帅制服，并开始蓄须。日本首相开始举办化装舞会，所有的客人都以戏装出席。一位年轻人曾经当过武士，随后又成为首批赴美使者，并在最后成为教育部大臣。他与妻子在1875年结婚，并于1886年离婚（离婚也是西方的舶来品）。他名叫森有礼，还曾经建议将英语作为日本的官方语言，认为它比日语更能适应这个充满竞争的世界。这也许是社会达尔文主义散布到全球的结果，但它也确实能体现出日本人面对文化认同危机时的想法之大胆。

还有另一句口号在明治时期的日本流传很广。它没有记载于法律文本中，也不是在政府的正式讲话中提出，却全国闻名。这句口号便是“富国强兵”，它概括了明治时期改革者的目的。明治时期日本最杰出的启蒙思想家和教育家福泽谕吉，呼吁日本人通过接触欧洲和美国的思想进行“文明启蒙”。他认为只有见多识广的公民与组织良好的机构才能给日本带来财富与力量，让日本在全球占有一席之地。财富带来力量的观点开始盛行，在天皇的领导下，日本人以这几句口号为目标，努力学习西方的科技。东方的君主、东方的道德准则，结合西方的技术，这就是日本走出的足以同西方的工业和军事力量抗衡的道路。

明治天皇于1912年去世，在他统治时期的最后，全世界都为他统治下45年中日本所取得的成就感到惊叹。在那时，日本已经废除了所有不平等条约，同时获得了信奉社会达尔文学说的帝国主义者的尊重。在第一次世界大战中，日本展现了强大的实力，可以说是谱写了一个奇迹。然而麻烦也接踵而来，日本不仅在第二次世界大战中陷入了中国的泥潭中，还于1941年与西方世界开战。为何情势会如此急转直下？

回头看日本自1868年以来的发展，很明显是冲突和压力促成了接下来剧变的时代。明治时期的日本努力创造财富、积蓄力量，试图以此赶上西方国家，在这一过程中，国家欺骗了大多数人民。比如说日本人口数量最多的群体——农民，必须承担繁重的赋税，以促进工业的发展。无论日本国民受到了多少教育，所有人都必须在所有事情上听从天皇的号令，尤其是在战事方面。日本帝国建立后，他们再次模仿英国等西方列强，开始欺凌在亚洲的邻居。这些邻居尽管有着足以自

* 神道教：日本的传统民族宗教，最初以自然崇拜为主，属于泛灵多神信仰（精灵崇拜），视自然界各种动植物为神祇。——译者注

豪的东方文明遗产，但他们似乎找不到继续发展的方向。日本全神贯注于发展，大幅消耗着国家各方面的资源，国家的财富没有让任何公民受益，而是无限制地服务于天皇的远大志向。

明治时代的遗产似乎体现出了很大的两面性。归根结底，明治维新是一次文化革命，这种革命会创造很多，但不可避免也会毁掉很多。西方的科学技术也许是让日本跨入文明大国行列的无害的工具，但在这一过程中，“传统”的道德标准难免缺失。人们无条件服从天皇的命令来牺牲自我、创造财富，整个体系是单向的——从上到下——统治者和官僚的愿望传达给了广大人民，富人的愿望传达给了穷人，而那些下层人民的愿望则没有向上表达的途径。

从某种意义上来说，日本在不让整个国家体系发生巨大改变的情况下，成功地从封建的诸侯分立状态转变成为一个君主政体国家的集权状态。尽管日本国土面积不大，资源贫乏，但日本动员了所有人才进行生产，并设法把国内的负担转嫁给亚洲其他国家。早在1885年，启蒙思想家福泽谕吉便警告他的同胞避免同“坏邻居”交往，要“脱亚入欧”：

> 日本虽处亚洲东部，但国民精神已脱亚洲固陋，转向西洋文明，虽常说“唇齿相依”，但现在的支那（中国）、朝鲜于我日本无丝毫帮助，反而玷污我名。当今之计，我日本已不可坐待邻国开明，共兴亚洲，毋宁脱其伍，与西洋文明国共进退，对待邻国支那、朝鲜，亦无须特别客气，竟可效仿西洋人处之。

福泽谕吉的这种思想也许是日本高速“文明化”的副产品。他的警告是19世纪标志性的社会达尔文主义倾向的体现，许多日本人也认为国际秩序便应当是如此。这种意识形态上的倾斜，也许源自其长期的封建历史。在努力向西方学习的过程中，日本背离了它们的亚洲传统，只是把它们看作使亚洲同胞们落后的原因。因此，它们最终违背了最初开展维新时“和魂洋才”的口号，为了“洋才”而抛弃了“和魂”。对国家和天皇的热爱让日本人偏离了立场。他们将自己独立过程中获得的各种资源转变为坚船利炮，并将枪口对准了亚洲的其他国家，这让日本未来的几代人遭受了惨重的损失。

第二次世界大战以后，日本再现了明治维新期间的景象。通过国民的自我牺牲与努力工作，日本从战时的一片废墟中奇迹般地重新崛起，到1985年时一跃成为全球第二大经济体。在这一过程中，日本人以“经济动物”的形象震惊世人，又一次证明了他们与亚洲邻居的不同。从这一角度来看，明治维新的后两句口号“尊王攘夷”和“富国强兵”可谓是日本民族性的极佳诠释，甚至直到如今依然适用。这是一个极具天赋、非常富有的国家，但也是一个为了飞速发展而抛弃了东方传统的国家。

明治维新的两面性就这样展现在我们面前。是的，这是一起翻天覆地的大事件，一次浩浩荡荡的文化革命。日本以西方为模板，倾全国之力打造出了一个工业化的帝国。整个国家建设的过程完全可以用宏大来形容，然而以皇帝和领导层精英为首，为了追求力量和财富而滋生的激进主义，最终又毁灭了他们自己。

而其中又有一个挥之不去的问题：在国家大举获取财富和力量时，日本平民们究竟得到了什么呢？究竟谁在这次维新的飞速发展中受益？这一问题贯穿日本的近现代史，直到明治维新落幕100多年后的今天，仍然让观察家们疑惑不解。

乔治·M. 威尔逊（George M. Wilson）

乔治·M. 威尔逊（George M. Wilson），印第安纳大学东亚问题研究中心的历史学名誉教授，于哈佛大学获得博士学位。主要著作有《日本的爱国者与救世主：明治维新的动机》（*Patriots and Redeemers in Japan: Motives in the Meiji Restoration*，1992）。

第四十五章

德意志统一（1871）

中国同时期：清穆宗爱新觉罗·载淳

概　述

在欧洲中北部，有一些德语地区在几个世纪以来一直都存在着政治分歧。这片土地上有着公国、自由城邦、教会管辖的土地以及许多王国。这里就是神圣罗马帝国。19 世纪的思想家伏尔泰认为它既不神圣，也不具有罗马风格，同时也不是一个帝国，这是一个看似统一的地区，但也仅仅是看似罢了。事实上，神圣罗马帝国没有能够让德意志人得到统一。

1806 年，拿破仑灭亡了神圣罗马帝国。然而，在拿破仑 1815 年战败后，也没有谁试图重振帝国。相反，参加维也纳会议的政治家建立了德意志邦联。德意志邦联包含 39 个德意志邦国，但它们很快落入了奥地利首相克莱门斯·冯·梅特涅的统治中。梅特涅不是德意志邦联的朋友，他利用自己的权力统治德意志邦联，并尝试扼杀德意志的民族情绪。

1848 年革命致使梅特涅失去了统治权力，德意志的民族情绪由此开始高涨。然而，法兰克福国民议会没有成功地建立统一的德意志，因为小德意志（不包含奥地利）的愿望与包含奥地利在内的大德意志（包括新德国内部的奥地利帝国内说德语的地区）的愿望相冲突。

1848 年革命失败后，德意志统一运动戛然而止。复苏的奥地利强硬反对德意志统一，他们挽救了德意志邦联，还开始压制德意志的民族情绪。

然而，这种民族情绪在 19 世纪上半叶就已经深深植根于德意志的中产阶级和知识分子心中。面对奥地利对德意志统一的强硬反对，德意志的民族主义者开始求助普鲁士。求助普鲁士统一德意志，说起来似乎有些奇怪。普鲁士尽管是个强国，但是比起包括奥地利在内的其他强国，还是相对较弱。另外，普鲁士从来没有表现出支持德意志统一。相反，普鲁士是一个保守的独裁主义国家，依靠军队以及容克（Junker）* 的支持。容克拥有易北河东部的绝大多数土地。普鲁士方面的军队与容克都认为，这件事几乎不可能实现，德意志统一只是个遥远而不切实际的想法。然而，最后的结果是普鲁士最终统一了德意志，这件事确实令人好奇。德意志统一的主要功臣是奥托・冯・俾斯麦——德意志贵族地主阶级的代表。

1862 年，普鲁士推行军事改革，由于预算问题，引发了国内危机。普鲁士国王威廉一世在几近绝望中，任命俾斯麦为普鲁士首相。俾斯麦年轻时情绪激昂，赢得了“疯子俾斯麦”的称号。此时他已经 47 岁，情绪虽然已有缓和，但仍有一股热血激情。俾斯麦的家庭为容克贵族，支持普鲁士贵族与傲慢、专制的传统。而俾斯麦自己身体力行，对普鲁士的外交做出了巨大贡献。他属于极端保守派，并将自己的一生奉献给了普鲁士。他认为，应当通过对权力的合理利用达到自己的目的。在著名的演讲中，他对普鲁士议会表示，当代的重大问题并非通过演说和多数派决议就能解决，而是要用“铁和血”来解决。

在这样的背景下，德意志统一似乎是不可能的事情。然而，俾斯麦看到，德意志的民族主义似乎可以让普鲁士从中得利。让普鲁士成为德意志统一的缔造者，俾斯麦可以建立一个强大、富有的德国，这显然也会让普鲁士得到很多好处。当然，我们并不是说俾斯麦一执政，就已经高瞻远瞩地将德意志统一提上日程，相反，他的行为表现出自己是个务实的人，并且善于巧妙地利用各种机会。他总是努力地巩固普鲁士的力量，想尽办法增加普鲁士的威望。

首先，俾斯麦平息了将其带向首相职位的国内危机。他直面脆弱、不稳定的普鲁士议会，声称德意志君主有权力做自己想做的事情。俾斯麦威胁议会，并成功保留了君主政体的自由度，但是这样做也遭到许多代表的厌恶。

---

* 容克一般泛指普鲁士贵族和大地主。——译者注

俾斯麦随即开始着手处理外交事务，他获得了令人惊讶的外交成就。自此以后，讨厌他的人也开始敬畏他。他获得一系列的成功后，开始处理石勒苏益格和荷尔斯泰因这个棘手问题。这两个省份的支配权引起德意志人和丹麦人多年来的互相冲突。1863 年 11 月，丹麦吞并了石勒苏益格。然而，这种做法惹怒了德意志邦国。同年 12 月，奥地利与普鲁士展开合作，决定解决这一问题。很显然，俾斯麦用这个方式把奥地利牵扯了进来，而且认为未来某一天这件事会给普鲁士提供借口来挑战奥地利对德语地区的统治权。俾斯麦做出如此打算，因为他认为奥地利会是普鲁士统治德意志的绊脚石。

1864 年，奥地利与普鲁士给丹麦下发最后通牒，要求丹麦放弃石勒苏益格。丹麦拒不接受，战争最终于 1864 年 2 月 1 日爆发。丹麦因缺少强国支持，很快就被打败，并且同意将石勒苏益格与荷尔斯泰因分别让给奥地利与普鲁士。1865 年 8 月，奥地利与普鲁士签订了《哥斯坦协议》(*Treaty of Gastein*)，条约规定了如何管理石勒苏益格与荷尔斯泰因。俾斯麦故意将条约写得模糊复杂，这样到时候就可以此为借口挑起与奥地利的战争，达到自己的目的。

然而，在俾斯麦能够挑战奥地利对德意志的影响之前，他必须与其他德意志的势力搞好关系。这样一来，一旦与奥地利发生战争，哈普斯堡王室就会失去同盟。1863 年，俾斯麦通过签订《阿尔文斯勒本协定》(*Alvensleben Convention*)，赢得了俄国的支持。他们将矛头直指反抗俄国统治波兰的波兰叛乱者。

两年后，俾斯麦在比亚里茨（Biarritz）会见法国皇帝拿破仑三世，拿破仑三世同意，一旦普鲁士与奥地利开战，他将支持普鲁士。俾斯麦许诺了拿破仑莱茵兰、比利时与卢森堡（Luxembourg）地区的一些归属不明的土地，普鲁士在这些地方既没有影响力，也并不拥有这些土地。不过令人惊讶的是，拿破仑不仅接受了这份许诺，并且白纸黑字地写上自己对“赠予土地”的需求。俾斯麦很小心地保存了这些需求，以便将来使用。

俾斯麦又对新统一的意大利提出建议。俾斯麦知道意大利不喜欢奥地利，并且想要吞并奥地利中说意大利语的威尼西亚省，因此在 1866 年 4 月与意大利签订一份条约，导致意大利加入了普鲁士对奥地利的战争。

俾斯麦还试图获得小的德意志邦国支持，但是没有成功。这些国家害怕普鲁士，并且认为俾斯麦的政策不能保证他们继续独立。

1866年春天，俾斯麦终于做好了与奥地利开战的准备。他仔细检查《哥斯坦条约》中模棱两可的条款，借此激怒了奥地利。与此同时，他还向德意志邦联提议，表示德意志议会的成员需要由成年男子普选投票决定。保守的奥地利终于失去了耐心，开始调动军队。普鲁士同样针锋相对，战争于1866年6月20日爆发。意大利加入普鲁士阵营，只有一些小的德意志邦国支持奥地利。

人们都认为奥地利会赢得战争胜利。但是，普鲁士凭借着充分的准备、更好的军队指挥以及可以更快运送部队的现代化铁路网络，在七周时间内便击败了奥地利。这场战争中决定成败的一仗是萨多瓦会战（Battle of Sadowa），或称克尼格雷茨战役（Battle of Königgrätz），普鲁士在这场战役中歼灭了奥地利的大量部队，打开了通往维也纳的道路。

把奥地利驱逐出德意志后，俾斯麦开始平息奥地利人的情绪，巩固普鲁士的地位。威廉一世认为，要对求和的奥地利提出苛刻条件，俾斯麦没有同意，而是签订了宽大的《布拉格条约》（*Peace of Prague*）。条约规定，奥地利除了失去威尼西亚，并没有丢失其他土地，威尼西亚归普鲁士的同盟意大利管辖。奥地利同意脱离德意志邦联，并且将石勒苏益格与荷尔斯泰因让给普鲁士管辖。最终，奥地利认可俾斯麦创建的北德意志邦联（North German Confederation），也就是普鲁士控制的德意志北部邦国组成的联盟。

而对奥地利的德意志同盟，俾斯麦则严厉得多。汉诺威、黑森－卡塞尔（Hesse-Cassel）、拿骚（Nassau）以及法兰克福，都被普鲁士吞并，这使得普鲁士也可以进而得到相邻的比利时、法国以及俄国的土地。

此时，美因河以北的现有独立邦国都归属北德意志邦联。而普鲁士并没有统治南边的邦国。俾斯麦向这些邦国说明了法国鲁莽的需求，同时让各个邦国认为普鲁士可以帮助对抗贪婪的法国。在奥地利战争取得胜利后，议会几乎没有了反对俾斯麦的声音。

现在只有法国阻挡在普鲁士统一德意志的道路上了。俾斯麦一直在等待机会让法国跳进圈套，他没有等很长时间。1868年，一场革命推翻了西班牙女王伊莎贝拉（Isabella）的统治，从此王位空缺，西班牙一直在寻找新的君主。他们找到了威廉一世的远亲——利奥波德·冯·霍亨索伦－锡格玛林根（Leopold von Hohenzollern-Sigmaringen）亲王。霍亨索伦家族可能要继承西班牙王位这件事，

引起了法国的警惕。因为法国发现自己正深陷霍亨索伦家族的包围之中。这次西班牙王位继承人的风波，给了俾斯麦一次机会。

一开始利奥波德拒绝继承西班牙王位，但他在 1870 年 6 月改变了想法。法国人非常生气，法国外长格拉蒙特公爵（Duke of Gramont）派大使文森特·贝内代蒂（Vincent Benedetti）前往普鲁士，向威廉一世抗议。威廉一世听到抗议后，认为这件事只是一起家族事件而不是国家性事件，遂强迫利奥波德放弃继承西班牙王位。法国人决定乘胜追击，要求威廉一世同意之后不再允许利奥波德成为继承人的候选人。威廉一世对此予以拒绝。

威廉一世与贝内代蒂在埃姆斯（Ems）的疗养胜地会面，且不论对话态度是否诚恳，至少双方都保持了很好的风度。随后，威廉一世就把和法国大使交谈的内容，从埃姆斯向柏林发出一份急电给俾斯麦。这份埃姆斯密电（Ems Dispatch）成了法国与奥地利战争爆发的关键。俾斯麦认为这是一个与法国开战的极好机会，因此他篡改了埃姆斯密电的内容，使之变成威廉一世拒绝同法国大使谈判，并将其在报纸上公开发表。这导致了十分紧张的局面，1870 年 7 月 20 日，拿破仑三世以受到侮辱为借口，对普鲁士宣战，普法战争（Franco-Prussian War）爆发。

欧洲其他的国家都袖手旁观，但是普鲁士有信心可以打败法国。9 月初，法国的要塞色当（Sedan）沦陷，拿破仑三世和 12 万士兵被迫投降。但普鲁士继续长驱直入，9 月底，斯特拉斯堡（Strasbourg）沦陷。10 月，法国东北部城市梅斯（Metz）沦陷，17 万士兵被迫投降。1871 年 1 月，巴黎失陷。

1871 年 5 月 10 日《法兰克福和约》（*Peace of Frankfurt*）的签订标志着普法战争的正式结束。普鲁士并没有宽大仁慈地对待法国。依照和平条约，普鲁士合并了阿尔萨斯以及洛林的五分之二的土地。而且，法国被迫向普鲁士支付 50 亿法郎。直到全部的赔偿金还清，普鲁士才从法国撤军。

而在几个月前的 1871 年 1 月 18 日，俾斯麦在凡尔赛宫镜厅（Hall of Mirrors）宣布德意志统一，威廉一世成为德意志皇帝。德意志由此成为一个统一的国家，而显然普鲁士成为其中的主导者。

历史评论

1871 年 1 月 18 日，25 个德意志邦国首领聚集在凡尔赛宫的镜厅，宣称德意志帝国的成立。历史上首次只出现一个德国。这次事件之所以产生了如此大的影响，是因为新的德国立刻就拥有了强大的力量。即便是在当今世界，在两次世界大战中战败的德国，一个小小的、重新统一没多久的德国，依然在欧洲有着举足轻重的地位。这个地区、这个民族以及这个新的国家，到底有什么东西可以如此程度地影响现代历史？

在 20 世纪，非洲及亚洲出现了许多新的国家，它们大多是脱离了以前的殖民地地位开始独立。这些国家尽管在政治上获得了独立，但经济上仍然非常落后，需要依靠其他国家的帮助才能存活。但是德意志帝国没有出现这种情况。德意志集合了当时欧洲经济发展最为迅速的地区；其教育系统提供了能够发明和运用最先进工业与军事技术的人群；上层社会的官员中能够产生作风优良的国家领袖；而打败奥地利与法国，又让德国人民燃起了无上的民族自豪感，使他们充满了自信和乐观精神。因此，自诞生之日起，德意志帝国就足以挑战那些历史悠久的强国。

然而，在不到 50 年的时间里，德意志帝国就消失了。德国的骄傲、力量以及繁荣，在战争及签订和平条约后，被彻底淹没，德国沦落成一个二流国家。这篇文章主要集中陈述德意志帝国对德国人民以及欧洲国力的影响，审视如此强大的国家在现代治国之道中失败的原因，并就德意志帝国的后续国家魏玛共和国（Weimar Republic，1919—1933）、第三帝国（Third Reich，1933—1945）、“二战”后的“民主德国”和“联邦德国”（1945—1990），以及现在的德意志联邦共和国（German Federal Republic）做一些回顾。

新帝国的政治是什么样子？许多新的国家在 20 世纪的民族运动后开始独立。但是此后大部分国家都会经历动荡时期。在此期间，它们一直制定宪法，试图在公众利益与阶级利益间找到平衡。通常会出现有魅力的领袖，例如菲德尔·卡斯特罗（Fidel Castro），或者会出现 20 世纪 90 年代卢旺达（Rwanda）地区的激进派系战斗。

事实上，德意志在 1848 年也发生了一场巨变。那时，中产阶级的自由主义者试图利用法兰克福国民议会将多个德国邦国整合成一个整体，只设立一个国家立

法机关以及由普鲁士国王领导的行政部门。但是君主拒绝接受来自贫民授予的皇权，因此1849年派军队遣散了议会。

这次巨变不仅以失败告终，还使得统治者更加强化了自己的统治。我们需要注意，这些邦国有着自己的政治结构，可以制定自己的法律。面对1848年革命的威胁，在19世纪50年代，许多邦国的君主通过颁布保守的宪法，压制自由主义的现代化趋势。他们限制立法机关提交意见。上议院采用世袭制或任命制，下议院代表则从富有的人群中选举，这一点与普鲁士相似。普鲁士复杂的三个阶级的选举系统保证了富有的上层阶级可以控制选举程序。

与此相似的是，德意志邦联的统治者限制人民成立政治组织或公开讨论政治问题，同时还限制了出版自由。如果报纸批评国王或者抵抗政府，那么责任编辑就会被捕入狱，所有涉及的出版物会被收集并销毁，报社还会遭到罚款。许多法规甚至一直执行到了1918年。政治活动面对这样的情况，自然而然就更得小心谨慎。

19世纪60年代，德意志各邦国开始实现经济现代化。铁路让交通变得方便，而得益于这些地区煤矿储量的丰富，新的工业方法也应运而生。工业家和商人呼吁经济联合，要求结束限制交易与工业的各邦国法规。许多人希望普鲁士能够实现他们的愿望，因为普鲁士是德意志邦国中面积最大、也是人口最多的国家。奥地利作为德意志邦联的首领，想要抵抗德意志北部的这种趋势，却没有成功。

1866年，为期七周的普奥战争使普鲁士脱离了奥地利名义上的控制。普鲁士吞并了一些支持奥地利的德意志邦国，并于1867年领导美因河北部的邦国成立北德意志邦联。这一邦联在协议的基础上建立，也为未来的帝国提供了一个标准。巴伐利亚与符腾堡的王国、巴登（Baden）公国虽然没加入邦联，但是仍然签署了联盟协议，保证如果邦联受到攻击就会帮助抵御。在1870年为期3个月的战争中，北德意志邦联与德意志的南部联盟共同击败了法国。德意志邦国的统治者在凡尔赛宫路易十四的城堡中会面，这些旧势力的精英要求成立新的国家。

奥托·冯·俾斯麦是德意志统一过程中的关键人物。俾斯麦是外交家，后来于1862年成为普鲁士内阁的领导者。他也是新宪法的主要制定者。我们有必要注意到，他们没有举行制宪会议。俾斯麦制定的宪法在本质上相当于条约，可以保证各邦国的完整度。并不令人意外的是，宪法没有权利法案，这些自由主义的定义只适用于独立的国家。

联邦政府更像是联合国的形式，而不是美利坚合众国的形式。联邦政府有两院制的立法机关。下议院德意志帝国国会（Reichstag）包含成年男子选举的397名代表，其中普鲁士选出了235名。上议院是联邦议会，即联邦参议院（Bundesrat），由各个王国选举的58名代表组成。这些代表仅能在各自邦国的指导下活动。普鲁士有17个成员，完全可以否决自己不喜欢的提议。联邦政府不设内阁，仅有向皇帝报告的宰相。俾斯麦就扮演了这种角色。他作为普鲁士内政的领导者，以及普鲁士的外交部长，最终成为普鲁士最有权力的人。所有的联邦法律都需要得到德意志帝国议会与联邦参议院的许可，并且宰相和君主也需要签字认可。实际上，德意志帝国议会几乎没有机会自己发明并通过一项议案。显然，创立这项系统是为了保留传统的权力精英。国家政府尽管加强了对于其他政策的管理，但主要还是负责外交政策及军事政策。当然，这里的职责强调的是行政权力而不是立法机关的权力。

这一切都暗含了一层意思，即传统的精英怀疑普通人可能会威胁到国家统治。有趣的是，俾斯麦的宪法容易让选民相信政府是有敌意并且反应迟钝的。这点在德意志帝国成立的早些年间体现得非常明显。在信奉新教的普鲁士，俾斯麦发起了反对罗马天主教会的文化斗争（Kulturkampf），努力减少教会在教育与政治上的影响。1878年，他促使德意志帝国国会宣布德国社会民主党为非法，并且关闭出版社。

俾斯麦的运动并没有达到预期的效果。社会民主党在接下来的12年中成了非法组织，但是在1890年以后，该党派再次成为选民支持率最高的德国政党，而排名第二的则是天主教中央党（Catholic Center Party）。然而，没有一个政党能够行使政治领导权力，德意志帝国国会本身就是个无力的组织。很显然，大众选举权并不能在不稳定的德国内部建立民主。

然而，俾斯麦与其继任者知道他们再也不能忽视公众的需求了。令人好奇的一点是，这个极度保守的政府愿意在一些民众呼声很高的要求上做出让步，以避免公众给统治者造成过大的政治压力，威胁到他们的统治。例如，德意志帝国成了第一个承认成年男子普选权的西方强国，还率先提供了失业、事故及养老保险。这些社会进步弥补了选民缺少的实际政治权利。然而，没有政党因此减少对政府的怀疑。

德意志帝国的另一特点就是各邦国之间有着政治竞争，尤其是南部的主要邦国与普鲁士。这一点在许多大型政党都具有地域性上有所体现。几乎所有保守党派在德意志帝国国会的代表都来自普鲁士的农民阶级。天主教中央党的主要任务就是保护路德新教地区的天主教会，党内成员都来自信奉天主教的莱茵兰与巴伐利亚地区。马克思主义社会民主工党则主要影响了萨克森州与鲁尔区（Ruhr）的城市与工业区，因为他们代表了迅速发展的工人阶级。波兰党与丹麦党则代表了新帝国的少数人群。因此，政党扮演了社会利益群体的角色，他们在国家立法的很多方面都占据了很大势力，很难妥协，因此到 1899 年，德国颁布了法律，禁止政党跨邦国与其他类似政党合作。

尽管德意志帝国看起来像现代国家，有国家立法机关及成文宪法，但帝国仍然实行君主制，另外还存在世袭制度。因此，我们非常有必要审查德国皇帝，也就是普鲁士国王的责任。

俾斯麦于 1867 年创立了北德意志邦联，并谨慎地实施他的政策。他预测到了 1848 年改革的失败，开始相信光凭宣传人员、革命家和国会议员，建立不了强有力的政府。他作为最大德意志邦国的重要内阁大臣，认为德意志帝国是王朝权力的延伸，尤其是普鲁士的权力。因此普鲁士国王是邦联主席，也是普鲁士军队（以及德国军队）的指挥官。普鲁士国王主持只管理军事的普鲁士军事内阁。就连俾斯麦都不是这个内阁中的一员。

国王不隶属任何一个政党，相反他凌驾于所有政党之上。俾斯麦作为普鲁士政府任命的首相以及帝国的宰相（可以处理外交事务），也是如此。因此，没有任何政党可以影响政府的行政部门。国家政府任命的成员被禁止在德意志帝国国会任职。

1871 年到 1888 年，普鲁士国王、德国皇帝威廉一世与俾斯麦合作得十分顺利，因此授予了俾斯麦自行决定政府政策的权力。1888 年威廉一世去世，腓特烈三世继位，但是因为喉癌，他的身体非常糟糕，在位 99 天后就去世了。腓特烈三世的儿子威廉二世继承了皇位。但是威廉二世非常固执，而且痴迷于普鲁士的军事传统，决定通过“个人政权”行使皇权。他忍受俾斯麦父亲般的指导几年后，接受了俾斯麦的辞呈。

在谈到威廉二世的政权之前，我们有必要谈一下德意志统一对其他列强的影

响。普鲁士迅速地击败奥地利与法国，对1815年拿破仑战败后形成的欧洲形势产生了巨大影响。普鲁士打败奥地利，是一件具有决定性意义的事件。实际上，威廉一世想要一鼓作气直捣维也纳再凯旋，是俾斯麦阻止了他。俾斯麦认为过大的胜利对普鲁士而言不是什么好事，而且或许未来某天德意志统一会需要奥地利的帮助以及外交支持。威廉一世虽然不甘心，但还是勉强同意了。

与德国不一样，奥地利是一个多民族国家，由日耳曼人、匈牙利人及斯拉夫人组成，最终由哈布斯堡王室统一。拿破仑战败后，奥地利政治家克莱门斯·冯·梅特涅打算将一些小的德意志邦国控制在哈布斯堡王室的管辖范围内。这项决定平衡了奥地利境内小的德意志邦国与占多数的匈牙利人和斯拉夫人的权力。德意志邦联解散时，统治者中的少数德意志人被迫对占多数的匈牙利人做出大量让步。1867年新的宪法（协定）允许匈牙利人在统治的领土实行自治。国家的名字改为奥匈帝国，以此作为新标志。

毫不令人意外的是，奥地利境内的斯拉夫人对被排除出权力中心感到失望。而这种排除是情有可原的，因为奥地利的斯拉夫人势力不如日耳曼人和匈牙利人，他们的文化也与日耳曼和匈牙利民族的有所不同。斯拉夫人包括东北部波兰人、波希米亚人和斯洛伐克人，还有东南部的斯洛文尼亚人和克罗地亚人。他们和匈牙利人一样，不仅想要最基本的自治权，更希望像巴尔干半岛的斯拉夫人、保加利亚人和塞尔维亚人一样独立。他们得到了泛斯拉夫主义（Pan-Slavic）运动的支持。这是由俄国领导的斯拉夫民族主义运动。

因此，德意志的统一使得哈布斯堡王室非常脆弱，奥地利被迫努力控制那些不安分的斯拉夫人。如此一来，奥地利就得与斯拉夫人的支持者——俄国面对面交流。而此时的俄国不再像1853年至1856年的克里米亚战争时那样软弱，而是一个力图迈向现代化并进行扩张的好战国家。

当然，奥匈帝国与俄国的任何冲突，都将威胁到新生的德意志帝国。所以俾斯麦一开始的外交政策就强调三个帝国的相似性、它们的保守主义（与法国与英国相反），以及他们的共同目的：保持在欧洲大陆的地位。俾斯麦想要与这两国结成同盟，从而缓慢施加影响，避免他们敌对或是走得太近，从而影响德国的利益。在俾斯麦的努力下，1873年三国结成了三皇同盟（Three Emperors' League）。

1875年，波斯尼亚（Bosnia）与黑塞哥维那（Herzegovina）的斯拉夫人开始

反抗土耳其的统治，导致了三皇同盟有分裂的迹象。俄国支持斯拉夫人的反抗。俾斯麦试图与土耳其商议，对斯拉夫人做出一定让步，但是斯拉夫人仍然不满意。叛乱开始波及保加利亚与塞尔维亚，造成了巨大的外交危机。1877 年 4 月，俄国在泛斯拉夫主义理想的支持下，对土耳其宣战。

这极大地改变了危机的性质，因为英国与黑塞哥维那想要支持土耳其，而奥地利显然不想在如此靠近本国边界的地方发生战争。因此，这场危机暴露了三皇同盟的脆弱点。1878 年 3 月，土耳其被迫求和。俾斯麦此时扮演了调解人的角色，邀请各个强国的代表于 1878 年 7 月在柏林会面，共同商讨解决巴尔干半岛地区持续不断的争斗。柏林会议（Congress of Berlin）最终要求俄国退出其占领的土耳其地区，波斯尼亚和黑塞哥维那划归奥匈帝国。奥地利表面上占了便宜，但这只是进一步增加了斯拉夫人在未来发动叛乱的可能性。

随着奥匈帝国与俄国之间的紧张情绪不断加剧，俾斯麦想出了另外一个办法。他提议与奥地利签订条约，支持奥地利的外交政策，并在同时警告俄国不要煽动斯拉夫人。1879 年，德国与奥匈帝国建立了防卫性质的两国同盟（Dual Alliance）。德国许诺，如果奥匈帝国受到俄国攻击就会提供帮助，奥匈帝国许诺，如果德国受到法国攻击也会提供帮助。如果一方挑起战争，另一方有义务帮助。这个联盟开启了欧洲全新的权力结构，最终改变了欧洲的外交性质。1882 年，意大利也加入这个联盟，最终形成了三国同盟（Triple Alliance）。

俾斯麦同时实行了第二个战略，试图把其他欧洲列强的利益关注点引出欧洲大陆。英国、法国以及俄国都想要扩张自己的帝国势力：英国与法国想要将非洲变成他们的殖民地，而俄国则对亚洲北部虎视眈眈。尽管德国殖民地协会（Colonial Society in Germany）强烈抗议，但俾斯麦仍限制了德国的殖民扩张。在 1884 年至 1885 年的柏林会议上，他鼓励对刚果河（Congo River）与尼日尔河（Niger River）流域进行开发，希望这样的冒险让欧洲邻居，尤其是法国，专注于非洲事务。

法国也遭受了德意志统一的影响。根据 1871 年结束普法战争的《法兰克福和约》的规定，法国须割让阿尔萨斯以及洛林的大片地区，德国军队将一直占领法国北部，直到法国还清 50 亿法郎的战争赔款后再行撤军。俾斯麦屡次反对吞并法国土地，但是他的要求被决策者驳回。这一和约让法国的民族主义者感到十分屈

辱，从此以后，他们除了收回失去的土地以及报复以外，别无他想。

1888 年，德意志帝国的最后一任皇帝威廉二世（William Ⅱ）即位。这位年轻的皇帝即位时年仅 29 岁，他同意保守的祖父威廉一世的做法，也更加赞成普鲁士军官团，而不是其持有自由主义思想的父母的做法。他很聪明，学习速度很快，渴望被众人喜爱，但是他不讲情理，并且非常虚荣。作为皇位继承人，威廉二世固执己见，在成功继承皇位后变本加厉。显然，他与俾斯麦不可避免地发生了冲突。他行使自己的特权，在没有征求内阁主席的情况下，召集了内阁大臣会议。俾斯麦经常以辞职为由，逼迫威廉二世同意自己的做法，但是 1890 年俾斯麦递交辞呈时，打算建立个人政权的威廉二世竟然直接接受了，俾斯麦对此非常惊讶。

在这时，俾斯麦统一德意志的方式的真正弱点出现了：普鲁士政府与皇室政府的各部门之间没有相互制衡。当有俾斯麦这样的杰出人物行使权力时，他可以出台总的方针来统揽大局。但是年轻的威廉二世不喜欢任何形式的批评主义或限制。他想要把德国建立成为一个日不落帝国。作为统治者，也是英国维多利亚女王的外孙，他想要宣称自己强国统治者的地位。威廉二世相信权力来自上帝，认为自己应该全心全意执行皇帝与国王的义务。把俾斯麦赶下台只是他的第一步，联邦议会或是德意志帝国国会都没有办法控制他的雄心了。

威廉二世在位期间政绩颇多，但是也爆发了大量动乱。德意志统一促进了经济增长。1871 年到 1910 年间，德意志的人口从 4100 万增加到了 6490 万，煤的年产量从 2940 万吨增加到 1.915 亿吨，生铁的年产量从 270 万吨增加到了 1470 万吨。

威廉二世统治初期，希望自己成为受欢迎的平民皇帝。他召集会议讨论如何提高劳动阶级的生活水平。但各政党为了获取更多权力，都在德意志帝国国会大肆鼓吹。很快，威廉二世便对他们感到失望。1894 年，他敦促政府出台一项法律，进一步限制政党与组织的权力，但德意志帝国国会挫败了这项计划，行政与立法机关的不信任成了他政权的一大特点。

谁也没有方法控制这个固执、年轻的统治者。俾斯麦的继任者尝试了许多方法。列奥·冯·卡普里维（Leo von Caprivi）将军在 1890 年至 1894 年继任梅特涅的职位，他试图周旋于德意志各部门之间，但最后被革职。克洛德维希·霍恩洛厄–希灵斯菲斯特（Chlodwig Hohenlohe-Schillingsdurst）亲王则试图尽可能地拖延皇帝的命令，直到皇帝改变想法。而接下来的继任者伯恩哈德·冯·比洛（Bernhard von

Bulow）在1900年至1909年担任德意志帝国总理，他直接做出了让步，但事后在回忆录中责备了威廉二世的做法。德意志帝国国会与报纸的批评络绎不绝，但是无济于事。

1908年，威廉二世在英国《每日电讯报》（*Daily Telegraph*）的访谈中，逞口舌之快，称自己给英国提供了军事战略，保证了英国赢得布尔战争。他还在访谈中冒犯了法国、俄国和日本。英国公众都笑了，但德国人感到十分丢脸。德意志帝国国会公开暴发了对威廉二世的批评，认为他应该被罢黜。在这些压力之下，威廉二世出现了轻微的精神崩溃，之后与公众开始更加疏远。

在外交舞台上，威廉二世决定实施将德国建立成为世界级强国的"世界政策"（Weltpolitik）。他的政策与俾斯麦避免与其他国家冲突的策略相悖。他创立了强大、现代的德国海军。这件事情让英国感到惊慌，因此引发了军事竞赛。威廉二世支持殖民地协会的需求，想要建立一个殖民地帝国。他试图与法国、英国重修旧好，建立外交关系。他还认为俄国不够格。在用私人书信告诉其表弟俄国沙皇尼古拉二世如何统治国家后，威廉二世结束了与俄国的外交与军事关系。

俾斯麦建立起来的新帝国在一系列的外交危机中破裂。1896年，威廉二世在没有向外交家询问的情况下，给南非德兰士瓦（Transvaal）的总统保尔·克鲁格（Paul Kruger）发出电报，祝贺德兰士瓦击退了英国的詹姆森突袭（Jameson Raid）。英国人对此非常生气。1897年，他派遣部队占领中国海岸的胶州湾。次年，德国获得修建土耳其铁道的权力。这些措施以及1898年拨款建立德国海军的行为，给其他列强敲响了警钟。

因此毫无悬念，这些列强开始共同阻止德国的进一步扩张。法国与俄国达成军事计划。为之后的法俄同盟建立了基础。法国与英国解决了殖民地分歧后，法国于1907年说服俄国与英国在阿富汗与波斯问题上取得一致*，并促成了三国协约（Triple Entente），这使得各自为战的欧洲合并成两个联盟体系——同盟国和协约国。协约国的联盟在1905年与1911年遭到考验，因为德国试图使用炮舰外交，获得进入摩洛哥的权利。最终协约国同心协力，使德国遭遇了外交上的挫败。

最终的危机发生在奥匈帝国。斯拉夫的民族主义者于1914年6月在萨拉热窝

---

* 划定波斯东南部为英国势力范围，北部为俄国势力范围，两者之间为中立地带。俄国承认阿富汗在自己势力之外，承允英国代管阿富汗外交。——译者注

刺杀了奥匈帝国的继承人弗朗茨·斐迪南大公（Archduke Franz Ferdinand）。奥地利指控塞尔维亚策划了这次刺杀，并向塞尔维亚宣战。但是奥地利知道俄国一定会帮助斯拉夫人，因此向德国发出请求，希望得到支持。这项请求直接传到了指挥官威廉二世耳中，他没有与政府商量，就向奥地利保证德国一定会履行自己许下的诺言。他的决心加速了第一次世界大战的爆发。几周以后，俄国动员军队，而德国入侵法国，迅速将其打败，避免了双线作战。

因此，德意志的统一直接可以关系到第一次世界大战的爆发。奥地利退出欧洲中部以后，在东部国界上很难抵御斯拉夫人的民族主义活动。而不受政府节制的威廉二世用傲慢的外交政策，直接引爆了世界大战。

回顾这段历史，1871 年到 1918 年的德意志帝国并没有成为只有单一政府的统一德国。君主始终不能与人民完全融合。政治现实以及无法起到作用的政党，让德国无法实现民主进程。威廉二世退位后，德国社会民主党于 1918 年宣布德意志共和国（German Republic）成立。这一国家遗传了德意志帝国的不信任元素。共产党人在柏林与巴伐利亚发动了叛乱，德国威胁要与其脱离关系。而莱茵兰地区也宣布要成立独立的共和国。情况极度混乱，新选举的国民大会决定在魏玛（Weimar）举行，并为新的共和国制定宪法。

尽管魏玛宪法由人民选举的代表起草，也是有史以来最具民主性的宪法之一，但是宪法并没有教德国人如何统治国家。在德意志帝国近 50 年的统治之后，德国选民习惯于政府的家长式统治，习惯于拥有特殊利益的政党，习惯于公众对民主的怀疑。社会民主党的政府代替德意志皇帝，签订了苛刻的《凡尔赛和约》（*Treaty of Versailles*），接受了第一次世界大战失败的责备。事实上，战败后的许多政治风波迫使社会民主党卑躬屈膝地向将军们寻求帮助，以保护刚成立不久的共和国。

德国在“一战”后仍然是一个统一的国家，但是战争导致德国经济衰败，和平条约也给民族带来巨大的耻辱。经济大萧条（Great Depression）引发了严重的国民危机。在这样一个背景之下，强调民族主义的阿道夫·希特勒与纳粹党崛起了。希特勒掌权后，开始实行比俾斯麦和威廉二世更加极端的独裁统治，远离人民，高高在上。希特勒将民族主义煽动为民族复仇主义，并开始疯狂的扩张外交。但在第二次世界大战中，纳粹不可避免地失败了，其在德国的统治也就此结束。

讽刺的是，获得胜利的盟军通过瓜分德国，才结束了德国的统治时代。然而，冷战期间强国的两极分化迫使他们重新思考德国问题。美国、英国与法国占领了德国西部，让德国人重新建立传统和平的自治政府。

1989 年 11 月 9 日，也就是威廉二世退位 71 周年这天，柏林墙轰然倒塌，标志着德国重新统一为德意志联邦共和国。这次重新统一没有用到一枪一炮，完全依靠德国人民自己。只有时间能够告诉我们这是否实现了 1848 年革命者的最高期望，即和平统一德语地区。20 世纪 90 年代后，德国的发展一帆风顺，所有的一切，似乎都预示着美好的未来。

埃莉诺 · L. 特克（Eleanor L. Turk）

埃莉诺 · L. 特克（Eleanor L. Turk），印第安纳大学东部分校历史学名誉教授，于威斯康星大学获得博士学位。主要著作有《德国、奥地利和瑞士问题》（*Issues in Germany, Austria, and Switzerland*，2003）和《德国史》（*The History of Germany*，1999）。

第四十六章

马克思主义和社会主义（1848—1883）

中国同时期：清宣宗爱新觉罗·旻宁—清德宗爱新觉罗·载湉

概　述

现代社会主义对19世纪和20世纪的历史进程产生了深远影响。现代社会主义的先驱，早在法国大革命时期就已登上历史舞台，但真正的社会主义之父是卡尔·马克思。他起草了社会主义理论纲要，即所谓的“科学社会主义”，吸引了无数虔诚的追随者。

现代社会主义的特色——阶级意识行动第一次发生在1796年，格拉古·巴贝夫（Gracchus Babeuf）组织了一次密谋行动，策划推翻统治法国的资产阶级政府。行动暴露后，巴贝夫被处决；但密谋者之一的菲利普·邦纳罗蒂（Philippe Buonarroti）成功逃走，他的余生都在积极鼓动利用政治革命来解决资本主义内在的社会问题。

圣西门伯爵（Count of Saint-Simo）亨利是马克思之前的另一先驱，他没有巴贝夫或邦纳罗蒂那么激进。圣西门虽身为贵族，但积极参与了美国独立战争，并在一些方面支持法国革命。圣西门设想建立起一个由专家或技术统治论者进行规划和指导的经济与社会体系，他们可以超越阶级斗争。这样一个社会追求的不是个人财富积累，而是供全民共享的更高程度的繁荣。这是计划经济的雏形，其中

包括对至少一种生产资料采取公有制。尽管他知道私有财产制度导致效率低下，是引起冲突的根源，但并没有对其进行直接谴责。他的跟随者并没有这么保守，他们抨击私人财产制度为懒惰的人敛取本不属于他们的财富，呼吁废除该制度，结束人类社会的剥削。

罗伯特·欧文（Robert Owen）可以说是半社会主义思想的另一位早期先驱。欧文最早在一家纺织厂做工，后来成为这里的所有者，对其进行管理。工人的普遍状况让他感到震惊，他决定将自己的工厂转化为文明社区。他推动了另外几个文明社区的建立，其特点为追求农业和工业生产的平衡。欧文将社区建在农村地区，让它们实现自给自足。在社区居住和工作的人们共同拥有并管理社区。欧文于 1825 年在印第安纳州的新哈莫尼（New Harmony）建立了最为重要的社区，但三年后该社区以破产告终。

法国的夏尔·傅立叶（Charles Fourier）也是早于马克思的社会主义先驱。他认为一个以追求个人财富为基础而建立起的现代城市化和工业社会摧毁了人类精神。因此，为实现人们最大程度的幸福，他建议将社会分为小的单元或社区，称为法伦斯泰尔（phalanstery）。典型的法伦斯泰尔应当是在农村地区，基本上能实现自给自足，所有成员和谐地开展工作，经常转变任务内容，避免感到厌倦。傅立叶相信，互助合作可以为最多数量的人带来最多的好处。

马克思社会主义先驱者们提出的计划不同，但他们都坚信，为了个人利益进行竞争会对社会带来危害，本着合作与和谐的原则改革社会，为人类造福，不但是可能的，更是必须的。但是，卡尔·马克思为社会问题进行了更加令人信服的分析，为实现早期社会主义者的目标提出了更为切实可信的措施。

卡尔·马克思 1818 年生于莱茵兰地区的特里尔（Trier）。他出身于一个犹太家庭，却成长为激进的无神论者。马克思曾在伯恩和柏林大学学习。在柏林大学求学期间，深受当时最重要的哲学家乔治·威廉·弗里德里希·黑格尔（Georg William Friedrich Hegel）思想的影响。1841 年获得博士学位后，他没能在大学教学，后来成为一名激进的新闻工作者。他对普鲁士社会的激烈抨击惹恼了当局，1843 年被迫前往巴黎，在那里他遇到了弗里德里希·恩格斯，开启了持续终生的合作。恩格斯的父亲是一位德国工业家，在英格兰拥有几座工厂。1847 年，马克思因参加激进运动，被法国政府驱逐，他先去了布鲁塞尔，后来又去了伦敦，一

直定居在那里。

多年来，马克思一家人都生活在贫困当中，依靠马克思写作的收入和恩格斯的救济勉强维持生计。马克思白天在大英博物馆收集资料，用来坚持不断地抨击资本主义。1848 年 1 月，在革命前夕，他发表了《共产党宣言》，对资本主义进行了猛烈批判。1867 年，马克思发表了《资本论》第一卷，而第二卷和第三卷分别于 1885 年和 1894 年在恩格斯编辑后得以出版。不过，依靠继承的遗产和出版物版税，在 1883 年马克思去世前，他和他的家人已经过上了舒适的富裕生活。

马克思的哲学思想明显带有黑格尔的印记。黑格尔认为，历史服从永久的规律推进。一个纪元或时期的主导建制就是黑格尔所说的正题（thesis）。随着建制趋于成熟，对立面产生，也就是黑格尔所说的反题（antithesis）。正题和反题产生冲突，但最后两者合二为一，成为黑格尔所说的合题（synthesis）。合题变为正题，出现反题，发生冲突，最后合题从头开始，如此反复，推动历史前进。这个过程就是辩证法。

黑格尔认为，时代精神（Zeitgeist）中体现的上帝是辩证法的主导；但马克思

图为卡尔·马克思最具影响力的书籍之一《共产党宣言》。该书于1848年出版，书中严厉地批判资本主义，呼吁用以生产资料集体所有制为基础的新体系取而代之。（卡尔·马克思，《共产党宣言》，1848年）

不认为上帝是主导一切的力量，他声称：“物质生活中的生产方式决定社会、政治和智力活动的一般特征。”因此，马克思思想基础有时被称为辩证唯物主义。有时也被称为经济决定论，因为马克思认为经济，或者说普遍的生产方式，决定了生活中的其他一切。

马克思曾写下这样的话：“历史就是阶级斗争的产物。”没有生产资料的阶级为摆脱压迫进行激烈斗争，拥有生产资料的阶级则为维持自己的统治地位进行斗争。古代时，这种斗争表现在奴隶与奴隶主的矛盾中；到中世纪，农奴反抗地主；到现代，则是无产阶级或工人阶级反对资产阶级或工厂主及其同伙。

马克思认为这是一场国际斗争。不论现代国家主义思潮的影响力有多大，他认为阶级分化是最重要的问题，全世界的工人之间的共同点比他们与工厂主的共同点更多。马克思在《共产党宣言》的最后发出了一句强有力的号召：“全世界无产者，联合起来！”

马克思敏锐地观察着当时趋于成熟的英国工业革命。到19世纪40年代中期，他形成了自己的“异化”概念。他说现代工业社会的系统化、非人格化、机械化及工人专有权益的缺失，导致工人同工作场所和产品相异化。

马克思从前人的古典经济学理论中借用了“工资铁律”（Iron Law of Wages）这一概念，即雇用者为了实现利益最大化，会给工人支付尽可能少的工资。在资本主义制度下，工人永远只会获得仅能维持生存的工资量。

马克思借鉴正统经济学的观点，提出了剩余价值或劳动价值论。这一理论认为，劳动者创造的产品出售价格比起制作产品获得的工资要高。售价与工资之间的差价应该属于劳动者，但资本家将差价收入囊中，获得利润。资本家在获利的过程中，没有付出任何劳动来制造产品。简而言之，资本家是在掠夺劳动者的生产成果。

马克思认为，支配阶级不但在工厂和市场剥削无产阶级，在其他所有人类活动中都是如此。马克思以宗教为例来阐述自己的观点。他指出，统治阶级创造了宗教，用以安抚被剥削阶级。控制生产资料的人设定普遍的道德准则，雇用神父或牧师，扩大宗教影响力，谋取个人利益。宗教常向人们允诺，在尘世的忍耐可以换取天堂的幸福，不信奉宗教的人则会被放逐至地狱。马克思称宗教为“人民的精神鸦片”，让劳动者在资产阶级的剥削面前变得麻木和顺从。

根据辩证法的理论，马克思指出资本主义本身带有毁灭的种子。工业资本主义要求生产越来越多的商品，导致市场饱和甚至供过于求，价格下降，最弱小的资本家破产，成为无产阶级。无产阶级队伍由此日益壮大，对人数减少的资本家也就能施加更大压力。资本主义体系本身就有繁荣与萧条交替的特点，一般称之为商业循环。该体系加剧了无产阶级的悲惨，增大了生活压力。经济竞争激烈，导致战争发生，工人阶级的生活一样变得更为凄惨，因为多是他们的孩子奔赴战场却不幸牺牲。

马克思认为，面对日益严重的悲惨境遇，工人阶级一定会站起来推翻资产阶级。工人阶级采取的暴力革命会有流血和牺牲，但这是成功必须付出的代价。工人阶级是取得胜利的中坚力量，“无产阶级先锋队”——忠实的社会主义者，但他们不全都来自工人阶级——为革命打下了坚实基础。无产阶级先锋队在工人中进行宣传鼓动，组织活动，传播基本的社会主义教条，揭露工人被剥削的真相，最后，指明无产阶级革命的出路。

革命的终极目标是摧毁资产阶级，创建一个没有阶级的社会。实现这一目标后，国家——统治阶级传统的统治工具，再没有存在的必要，会逐渐消失。但是，这是一个浩大的转化工程，不是一朝一夕就可以完成的。在转化过程中，必须依靠“无产阶级专政”清除资产阶级社会残留，推动该进程前进。

马克思的强项虽是哲学，但他和恩格斯努力将他的成果从纯理论转向实践。1864年，第一国际工人联合会或第一国际成立，该组织计划将欧洲各国的所有工人阶级和激进分子联合起来。马克思并不是创建第一国际的人，不过他发表了开幕词，并且很快在其中取得了主要领导地位。事实证明，马克思并不是一个合格的领导人。1883年马克思去世之前，第一国际就已经坍塌。不过，马克思主义逐渐成为最受推崇的社会主义学说。

历史评论

研究马克思在19世纪的影响力时应当注意以下几点。第一，马克思主义与其他激进运动联合起来，对欧洲以教堂、乡村、家庭和君主制为基础的生活造成巨

大冲击。马克思主义和其他社会主义、工业主义、自由主义、国家主义（此处仅举几例）学说的出现打乱了现状。第二，革命社会主义的重心 19 世纪时在向东移动。起初，大多受社会主义影响的改革运动出现在英国和法国；19 世纪中叶之后，德国组织良好的社会主义运动占据领衔地位；到 19 世纪末，利用社会未解决的问题和人民日益增长的不满情绪，俄国社会主义革命蓄势待发。第三，19 世纪社会主义既是一种对社会弊病的陈述或分析，也是社会变革的指明灯。马克思主义迅速成为穷人和穷人保护者们进行抗议的呐喊声，并成为他们的组织原则。

卡尔·马克思不是一位合格的政治领导，但从他在世的时间起，他的思想就开始发挥举足轻重的影响力，这种影响力并未因他 1883 年的逝世而消减，反而变得越发强劲。马克思主义的重要性源于其将自己与各种社会、政治、种族的不满情绪联系在一起。马克思主义及之后的各种马克思主义分支，在许多危机中发挥了重要作用。学习马克思主义时，我们必须将其看作各种政治理论和政治社会运动的集合。马克思的社会主义自诞生之日起便分裂开来，最著名的分支为“正统”马克思主义者与“修正”马克思主义者；还有一支重要的马克思主义者是那些忠诚于国家的人，马克思认为这些人应当为国际无产阶级争取阶级利益而奋斗。

有时性别会阻碍工人合作的开展。活跃在法国和英国的早期女权主义者弗洛拉·特里斯坦（Flora Tristan）提出了女性在资本主义社会中所扮演角色的重要问题。她说，除非女性也得到自由，否则男性工人永远都不会自由。她要求让工作的女性能够有办法照顾孩子。欧洲就业市场竞争激烈时，男性担心饭碗被劳动力相对廉价的女性抢走（比如在美国，种族或人种歧视有时会让人们产生矛盾），但一般情况下无产阶级家庭的丈夫都鼓励妻子外出工作，为经济紧张的家庭补贴生活费。卡尔·马克思和德国理论家奥古斯特·倍倍尔（August Bebel）在作品中揭发了资本主义对女性的剥削。

整个 19 世纪，工人阶级的悲惨境遇得到越来越多的关注。查尔斯·狄更斯、埃米尔·左拉（Emile Zola）、厄普顿·辛克莱（Upton Sinclair）的笔下都描述了工人阶级的凄惨生活景象。德国人戈哈特·豪普特曼（Gerhard Hauptmann）的自然主义戏剧将经济剥削赤裸裸地展现在观众面前。美国人简·亚当斯（Jane Addams）的《赫尔大厦二十年》（*Twenty Years at Hull-House*）以及雅各布·里斯（Jacob Riis）的《另一半人如何生活》（*How the Other Half Lives*）都揭露了美国城

市里不太光鲜的一面。

工人活动家、社会主义者和马克思主义者最后联合起来，开展了更为有效的行动。国际工人联合会，一般称之为第一国际，于1864年建立，1872年解体。马克思当时希望该组织能够担任社会主义者的协调机构。巴黎公社在1871年失败后，该组织也走到了尽头。1889年，来自各个国家的成员重新组成第二国际，但该组织极大阻碍了社会主义目标的实现。在“一战”中，该组织分崩离析，因为众多社会主义者不再去聆听马克思无产阶级没有国家的宣讲，转而支持自己的国家。其他主要问题来自于正统马克思主义者与修正主义者和无政府主义者（有时被称为“右倾机会主义者”，有时则被称为“左倾机会主义者”，取决于他们对采取暴力手段改变社会的反对或热衷）之间的矛盾。

德国是研究社会主义发挥影响力方式的模范国家。斐迪南·拉萨尔（Ferdinand Lassalle，1825—1864）是欧洲早期社会主义的象征。虽然1848年他与马克思、恩格斯都见过面，但本质上还是渐进主义者和浪漫主义者。在柏林学习哲学之后，拉萨尔出版了诸多法律、政治和经济学著作，开始赢得一些名望。1863年，他建立了最早的联盟之一——全德工人联合会（Allgemeiner Deutscher Arbeiterverein）。普鲁士王国首相奥托·冯·俾斯麦试图利用拉萨尔来削弱左翼激进分子，但最后以失败告终。拉萨尔的基本思想是争取普选权，建立工人合作社来取代互相竞争的私人企业，但这些并未让他获得德国工人或工人领导者永远的支持。

奥古斯特·倍倍尔（1840—1913）是另一位深受马克思影响的德国人。倍倍尔是资深活动家，在1878年俾斯麦禁止开展社会主义运动后，他坚持积极领导运动开展。1869年，他与人共同建立了德国社会民主党（Sozial Demokratische Partei Deutschlands，一般称之为SPD）。到现在，社会民主党还是德国政坛举足轻重的政党之一。对倍倍尔所持的马克思主义观点做出定义并不容易，可以说他是正统但不革命的马克思主义者，也就是说，倍倍尔接受大多数马克思关于欧洲的激进观点。他支持“革命”，以此划清与自由党的界限，但在某些问题上又可以选择与自由党开展合作。只是他把大多数精力放在工会活动上，而非建立起秘密的精英革命团队。倍倍尔追随者的国家主义倾向比拉萨尔追随者要少，他们的议会代表反对为普法战争贷款，而与巴黎公社社员紧密团结，呼吁政府在战争结束后不要侵吞任何法国领土。

第三位认识马克思并将其作品传递给下一代的德国人是卡尔·考茨基（Karl Kautsky，1854—1938）。从未担任德国社会民主党的正式领导职位的考茨基 1891 年跟威廉·李卜克内西（William Liebknecht）共同起草了著名的《埃尔福特纲领》（*Erfurt Program*）。考茨基最有名的是他对爱德华·伯恩施坦（Eduard Bernstein，1850—1932）修正主义（与革命社会主义相反的渐进社会主义）的反对。考茨基是理论刊物《新时代》（*Die Neue Zeit*）的编辑，他坚持正统马克思主义，跟罗莎·卢森堡、卡尔·李卜克内西（威廉·李卜克内西之子）和弗拉基米尔·伊里奇·列宁（Vladimir Ilyich Lenin）等激进活动家又有本质上的区别。考茨基鼓励工人们进行革命，因为改良只会加剧资本主义的发展。他坚信彻底和有效的革命不见得非要采取暴力手段才能实现。只要无产阶级利用适当的方式获得权力，资产阶级霸权自然会走到末路。

爱德华·伯恩施坦是欧洲最能代表修正马克思主义或渐进马克思主义的思想家。他早期是党报《前进报》（*Vorwarts*）的驻伦敦记者。1898 年，他在写给德国社会民主党的一封信中，明确将自己与考茨基及其他重要领导人区分开来。他认为自己是马克思真正的追随者；他全盘接受马克思的大多数观点，除了马克思挑选时机的问题。在《进化的社会主义》（*Evolutionary Socialism*）一书中，伯恩施坦指出资本主义体系不会如马克思预测的那么快倒塌；而且，延迟倒塌对工人阶级是有益处的，他们不会被隔绝在财富和政治权利之外，而是会越来越靠近。工会、改革、普选权及与其他政党的合作是马克思修正主义的标志。

法国的革命事业出现了与德国类似的分歧。以朱尔斯·盖德（Jules Guesde，1845—1922）和让·饶勒斯（Jean Jaures，1859—1914）为首将其主要分为两派，他们在通过与自由党的合作、罢工和利用投票来改变国家社会体系上持不同意见。盖德代表的是正统观点，反对他称之为“一纸空文”式的改革。他是议会议员，在“一战”中支持法国政府（与列宁、考茨基和卢森堡都不一样）。饶勒斯的追随者追求渐进的目标，有时会被称为“可能主义者”。饶勒斯与法国早期的巴黎公社成员一样，对法国 18 世纪末期的革命传统持有高度评价；他认为该传统与马克思的革命性质是截然不同甚至是对立的。

法国社会主义党的两个派系于 1879 年彻底分裂，1905 年时又重归于好。党外的乔治·索雷尔（George Sorel，1847—1922）持有更为激进的观点，支持以大型

工人罢工来获得对国家和经济的控制权。所谓的工团主义（Syndicalism）跟无政府主义类似，支持由阴谋精英担任领导。但索雷尔不想由任何党派来一起领导工会，他说自己憎恨“知识分子独裁”。

尽管法国政府强烈反对第一国际，但工会发展势头依然强劲。以皮埃尔－约瑟夫·蒲鲁东为主要倡导者的法国无政府组织也发挥了重要作用。1895年，劳工总联合会（General Confederation of Labor）成立，旨在防止任何政党试图在工会占据霸权。该联盟组织最终吞并了诸多其他联盟，索雷尔所定义的群众罢工由此呈现出极大的重要性。

英国的社会主义活动显得不合常理。这里拥有欧洲最大的工会，工人阶级却是欧洲最为温和的。英国最早一批改革家是宪章运动者，他们在19世纪30年代末期到整个40年代活跃在历史舞台上。他们不图改变生产资料所有制；实际上，他们几乎不关心工作环境的改善。他们最主要的活动都集中在政治进程上。宪章派认为要改变命运，第一步就是在议会获得更多代表权。为此，他们努力争取男性普选权，以及废除成为官员的财产标准。许多运动领导人不幸被处决，但他们渴求的政治改革大都得以实现。随着英国工业继续发展，《谷物法》（规定对进口谷物征收高额关税）于1846年被废除，大量便宜的谷物涌入市场，工人的身体健康状况得到改善。

19世纪90年代，英国的行动主义分子开始不满费边社进展缓慢的工业改革。费边社拥有众多著名成员，如剧作家乔治·萧伯纳以及影响力深远的知识分子西德尼（Sidney）和比阿特丽斯·韦伯（Beatrice Webb）。这些思想家都推崇渐进社会主义思想。费边社成员的思想和行动都表现出了渐进主义的特点。社名来自公元前3世纪一位名叫费边的罗马将军，他在与迦太基人（Carthaginians）的战争中采取消耗战术取胜，得名“延迟者”。费边社成员最关心的是人道主义和经济政策。他们的思想深受拉萨尔作品的影响。

1900年，英国工党建立，它由社会主义者、费边社成员和自由主义者组成。在初期的议会斗争中，它推翻了塔夫河谷案判决（Taff Vale Decision）。该判决要求工会为雇主赔偿罢工期间遭受的生产损失。

18世纪晚期开始，沙皇制在俄国激起广泛的反对，反对的声音多来自人道主义者或民族主义者。社会主义在马克思主义传播至俄国前也发展良好。19世纪初

期反斯拉夫人奠定了意识形态争论的基调。亲斯拉夫人认为俄国需要变革，但必须采取俄国人自己的方式。他们希望依赖俄国农民，拒不接受西欧更为现实且偏重理性的唯物主义思想。西方人呼吁改良西方的政治和经济权利。政论作家和文学评论家如维萨里昂·别林斯基（Vissarion Belinsky）及尼古拉·车尔尼雪夫斯基（Nikolai Chernyshevsky）的观点趋向激进，号召以文学作为煽动革命的工具。流亡国外的俄国知识分子亚历山大·赫尔岑（Alexander Herzen）在看到1848年革命中社会主义事业的失利后，提出将俄国作为社会主义发展火炬手的愿景。

俄国的激进运动最后汇入了两个群体：起初由格奥尔吉·普列汉诺夫（Georgi Plekhanov）在瑞士领导的马克思主义者，以及民粹主义者（后来发展成为社会革命党）。马克思主义者1884年建成劳动解放社（Emancipation of Labor），14年后成为马克思主义社会民主工党（Marxist Social Democratic Labor Party）。普列汉诺夫撰写了俄国经济工业化条约，呼吁继续增加生产，推翻支持资产阶级民主的沙皇制。这两点被认为是第二次社会主义革命的先决条件。他的观点在很多方面都属于正统共产主义；列宁吸纳了其中大多数，但他紧跟历史潮流，放弃了普列汉诺夫的一些观点。民粹主义者经常采取恐怖措施，甚至在1881年刺杀了俄国沙皇亚历山大二世。他们认为俄国要避免资本主义的众多弊端，应当回到从前的农业社会，这跟亲斯拉夫人设想的一样。

俄国革命传统中还有一个中坚力量——无政府主义者。他们之前多是马克思主义者或社会主义者，后来或是遭受所在党派迫害驱逐，或是转而支持更为暴力和直接的行动。最著名的俄国无政府主义者米哈伊尔·巴枯宁（Mikhail Bakunin），就是一个在国际社会主义者会议中让马克思极为不满的人。无政府主义者反对工人在革命后建立任何形式的政府，与共产主义者相比，他们倾向于采取大规模暴力行动。无政府主义者想要彻底摧毁欧洲政治制度，而马克思主义者只想在资本主义的物质基础上建设新社会。无政府主义者有时也被称为“虚无主义者”（nihilist），不论是马克思的革命蓝图，还是资本家的不干涉主义，他们都不相信。但是，布尔什维克崇尚对革命有狂热献身精神的谢尔盖·涅查耶夫（Sergei Nechaev）和彼得·特卡乔夫（Petr Tkachev），学习模仿两人的阴谋战略。

俄国最重要的马克思主义者是弗拉基米尔·伊里奇·列宁。他是布尔什维克派的领袖，但该派别1903年在与孟什维克（Mensheviks）因战略问题产生分歧后

分裂。1905 年，列宁的思想学说和政治观点趋于成熟。1917 年，列宁，而非其他革命家，策划了布尔什维克革命。列宁为马克思主义做出了几种著名的定义，他的思想激励俄国革命家采取果断行动，同时为俄国的社会革命奠定了理论基础。当时的俄国缺乏马克思理论中无产阶级起义必需的工业体系。

列宁最重要的思想之一是在社会主义革命后建立"无产阶级专政"。专制政府只需存在一段时间，但它可以很好地保持革命胜利的果实。列宁呼吁创建一个革命精英组成的先锋党，该党纪律严明，秘密行动，密谋策划，不惜采取暴力来提高大众觉悟。马克思没有为由旧政权到社会主义政权的转变方式给出具体方案，而列宁填补了这一空缺，指明由党来负责完成转换。

列宁思想的另一主要内容便是农民阶级在革命中所发挥的作用。他将工人和农民统称为"劳动人民"，于是俄国的潜在革命人数激增。站在全球经济的角度，列宁为维护俄国社会主义革命的合理性，坚称俄国是资本主义国家。当时俄国的工业基础或工人阶级比例远远比不上德国、法国和英国；它是资本主义链条中的"薄弱环节"，不久前才通过帝国主义扩张掠夺了大量非洲和亚洲领土。西欧国家的工人也分享了欧洲侵略其他大陆的成果，掠夺的财富提高了工人的生活水平，他们无心制订真正的革命计划。与其他激进的马克思主义者如考茨基一样，列宁认为在工作环境改善和薪酬上涨面前屈服是盲目的"机会主义"，最终只会增强资本主义的力量，对遭受外国侵略的俄国而言，革命才是合理的选择。

列宁的思想代表了马克思主义和社会主义的关键发展。他的思想帮助布尔什维克在第一次伟大的社会主义运动中取得政权。他的思想对其他马克思主义者也至关重要，对其正确性及灾难性后果的争辩到今天还在持续。

俄国革命运动在列宁的布尔什维克取胜后达到顶峰。社会主义俄国与沙皇帝国的其他地方统一，建立了苏维埃社会主义共和国联盟（Union of Soviet Socialist Republics），取得了惊人成就，而下一任苏维埃领袖约瑟夫·斯大林通过集体化和工业化运动有效巩固了该成就。斯大林认为自己是列宁真正的信徒，列宁认为自己是马克思真正的信徒。革命成功的结果是一批马克思主义者认定了正统马克思主义；1917 年以后，许多国家出现了公开拥护苏维埃的共产主义党派。这与 19 世纪中期将马克思只看作一位重要思想家的状况形成了鲜明对比。西方世界看到苏维埃新建政府的规模之大、持续时间之长、威胁之严重，笼统地将列宁主义等同

于马克思主义，忽视了马克思主义众多互有争议的分支及它们对欧洲社会带来的诸多影响，对知识分子造成了严重的伤害。

在欧洲主要工业化国家之外的其他地方，马克思主义 19 世纪的影响力远不及 20 世纪。例如，“二战”后非洲和亚洲兴起的摆脱殖民主义的斗争与马克思主义有着千丝万缕的联系，但马克思主义不是决定性因素。19 世纪晚期的美国工人运动中，马克思主义仅仅发挥了第二重要的作用。各路马克思主义思想和无政府主义只是偶尔出现在美国工人罢工运动中，组织行动，要求改善工作环境。但美国的工会运动被贴上“共产主义”和“全是外国人”的标签后，便遭受重创。

美国到 1900 年时已经实现了高度工业化，可是工会工人并未能扮演重要的政治角色。塞缪尔·冈珀斯（Samuel Gompers）于 1886 年成立了美国最大的工会组织美国劳工联合会（American Federation of Labor，AFL），该工会因为不接纳非技术工人，成员最多时也未占据工人总数的 20%。1935 年，批量生产行业如汽车制造业和纺织业的装配线工人成立了一个高效的组织即产业工会联合会（Congress of Industrial Organizations，CIO）后，这种状况才得以改善。种族冲突也阻碍了劳工运动的发展。

美国工会面临的另一障碍便是领导者和普通工人在是否采取罢工运动来实现政治目的这一点上存在分歧。19 世纪 70 年代，宾夕法尼亚州东北煤矿爆发骚动，莫利·马圭尔社（Molly Maguires）的爱尔兰工人也参与了这场暴力冲突。19 名罢工者被处决。在接下来的十年里，成立于 1869 年的劳工骑士团（Knights of Labor）运动最具有代表意义。尽管工会领导谴责罢工，但成员们参加了一些重大的停工斗争，导致骑士团实力在整个 19 世纪 80 年代大为削弱，人们担心罢工会为骑士团造成过于激进的形象。在 1886 年的芝加哥干草市场暴乱（Chicago Haymarket Riot）中，几名警察和平民被杀，公众对罢工的恐惧情绪更为严重。政府发现暴乱分子领导中的无政府主义者及其他激进分子后，对他们进行处决，此举加剧了恐惧情绪。当一些激进分子被发现是骑士团成员后，该组织便走向了消亡。

另一激进的美国组织是世界国际劳工组织（International Workers of the World，IWW），或称为“Wobblies”，第一次世界大战之前，该组织十分活跃。世界国际劳工组织的目标引人注目，包括要求工人拥有一些生产资料。它还采取了一系列对抗性的罢工。世界国际劳工组织吸纳了美国劳工联合会拒绝的非技术工人，它

跟一些欧洲团体一样，反对美国参与“一战”。在“一战”期间及结束后，美国政府严厉镇压世界国际劳工组织及其主要领导威廉·达德利·海伍德（William Dudley Haywood）。他外号“大比尔”，后来逃亡到了苏联。

大多组织，如美国劳工联合会等，宣称没有任何政治目标，它们只是“单纯和简单地”关注工作环境与薪酬改善。无论是否带有政治目的，无论是否采取罢工，美国绝大多数联盟都采取非暴力行动。著名人物如琼斯妈妈（玛丽·哈里斯·琼斯，Mary Harris Jones，1837—1930）在全国鼓动劳工，尤其是在煤矿企业较多的州如西弗吉尼亚，呼吁改善工作环境，为劳动人民争取更多的尊重。

而要说起组织有序的社会主义活动，就必须提到丹尼尔·德莱昂（Daniel DeLeon，1852—1914），他建立了社会主义工人党（Socialist Labor Party）。他重视联盟建立共同目标，告诫人们切勿只从表面改变工作环境。德莱昂的观点比美国另一著名的社会主义者尤金·维克多·德布斯（Eugene Victor Debs，1855—1926）要更为激进。德布斯于 1898 年创建社会民主党（Social Democratic Party），曾五次竞选美国总统，有一次得到了 6% 的票数。社会主义者在美国的选举中鲜有胜出，除了在密尔沃基（Milwaukee）。

从整体来看，马克思主义的重要性不可否认。马克思主义成功成为工业社会中关注工人生计者的一种表达方式——用以分析、批判和开展政治行动。马克思主义也是众多革命团体的政治思想体系。在这种情况下，马克思主义的影响力因具体国家的状况而各不相同。一些马克思主义团体或消失，或被压制，或如俄国的布尔什维克一样夺取权力。

马克思主义与其他意识形态如女权主义、无政府主义和民族主义，也在相互交融和影响。甚至连自由派的资本主义者也认为应当逐步改善工人境况，到 19 世纪末提高工人的整体生活水平。他们这种思想也是对马克思主义和社会主义批判的部分回应。这种思想的融汇奠定了欧洲和北美的现代政治格局。马克思主义从不是一种运动，甚至也不能算是一种精确的思想体系。正如马克思的前辈如空想社会主义者能够接纳多种观点一样，自称为马克思主义者（或带有马克思主义者标签）的人也一样能够海纳百川。有人说，马克思主义作为政治哲学来看，大致与“科学社会主义”或“共产主义”同义，但它们并不完全等同。马克思主义的概念代表着较早时期不断变化的欧洲，那时候互相冲突的社会组织和相互抵触的

观点给社会带来一片混乱。

1917 年之前，没有一个共产主义政党赢得政权，因此我们很难说马克思主义在 19 世纪取得了成功。马克思显然低估了资本主义体系的持久力和适应能力，因为该体系本身就是多变的。其他思想家如伯恩施坦比马克思更为实际地分析了西欧的政治现实。早在马克思主义牢牢确立之前，法国、德国及其他国家就出现了农民和工人的合作运动，这些运动对城市人民的生活有时也会产生冲击。但在这个世纪的大量有关社会变革、选举权扩大和保护工人的法律的制定上，马克思主义者（及其他社会主义者、改革者和公会组织者）为欧洲面貌的改善发挥了重大作用。

马克思主义的其他重大影响则产生于 20 世纪，其中一些与 19 世纪的一样深远。20 世纪前半段，针对马克思主义的法西斯主义开始兴起。在第二次世界大战后，马克思主义还被摆脱殖民地的国家用作国家建设和经济发展的工具，而不是像传统那样被当作再分配措施。马克思主义的工人异化（工人同制成品和利润相隔离）观点在 20 世纪还扩展成更为广泛的概念，该概念认为一切政权都是霸权。

约翰 · K. 考克斯（John K. Cox）

约翰 · K. 考克斯（John K. Cox），北达科他州立大学历史学教授、哲学与宗教研究所历史部主任，在印第安纳大学获得博士学位。主要著作有《塞尔维亚史》（*The History of Serbia*，2002）和《斯洛文尼亚：渐进的忠诚》（*Slovenia: Evolving Loyalties*，2005）。

第四十七章

帝国主义（1870—1900）

中国同时期：清穆宗爱新觉罗·载淳—清德宗爱新觉罗·载湉

概　述

帝国主义是一种通过吞并领土或对他国建立经济和政治霸权，从而扩大一国势力的手段。自15世纪中期以来，西方世界就在不断进行着扩张；然而，自19世纪晚期以后，它走上了帝国主义道路，实质上控制了整个世界。

在西方扩张的头几个世纪，探险家、商人以及传教士的足迹遍布了整个世界。在美洲，他们不惜以原住民的福祉为代价，建立了巨大的殖民帝国。西班牙、葡萄牙、英格兰和法国先后成为欧洲的殖民主义强国。然而，19世纪30年代末，转移到新大陆的殖民主义者发起了反对宗主国的叛乱后，欧洲帝国的势力在美洲大陆事实上消失殆尽。只有大英帝国，虽然丧失了其最重要的北美殖民地，却保住了一块美洲殖民地，勉强对得起自己"日不落帝国"的名号。

尽管如此，我们也应该注意，除新大陆之外，欧洲人并非致力于建立帝国，相反，他们更执着于商业往来。仅仅是与当地人发展贸易，从中获利，他们就相当满足了。最为吸引欧洲人的是当地人的商品，而非占有这些地方的人民和土地。

19世纪的大部分时间，欧洲人都在全心全意建设自己的国家，进行工业革命以及解决自由主义和保守主义者之间的冲突。对于多数国家来说，殖民扩张只不

过是一个添头，尽管当时法国进入了阿尔及利亚，荷兰将自己的影响力由爪哇扩大到了印度尼西亚的其他岛屿，英国加紧了对印度的控制，而其他一些西方国家打开了日本的门户并开始向中国渗透。

但1870年以后，西方世界再次进行对外扩张。这一次，他们来势汹汹，疯狂侵占着整个世界。签订贸易条约已不再能满足它的胃口，它需要占有或者至少要控制地球上的每一个角落，无论这个地方是否具有真正的价值。西方人就这样侵入，然后占领。他们在自己的殖民地大量投资，有时，还会建设可观的基础设施，如学校和铁路。在某些情况下，他们甚至会考虑移民。他们还把他们的文化、价值观、社会制度及宗教强加给当地的人民，而不顾及他们的情感。他们或进行直接统治，或通过扶植当地精英代表他们进行统治，有些精英是被强迫的，有些则是被吸纳进了白人圈子。

这种突如其来、令人始料未及的变化由何而来？许多因素为帝国主义的发展提供了动力，但其中最为突出的必然是经济因素。在一个快速推进的工业化时代，殖民地可以提供廉价的原料、劳动力和有保障的市场。其次，政治因素也位列其中，由于西方国家间的相互竞争更为激烈了，很多国家通过扩大殖民地来彰显其实力。另外，基督教在征服殖民地的过程中也得以迅速发展，积极寻求皈依者。最后，西方国家的很多人都相信西方文明的优越性，致力于将其带给非西方世界的人民。

无论帝国主义的动机是什么，它的成功得益于西方世界卓越的科技和制度，特别是其强大的军事力量，包括炮舰、现代的来福枪、马克沁枪（Maxim gun，一种全自动机关枪）。面对西方国家这些先进的武器，其他国家毫无胜算。在1898年苏丹的乌姆杜尔曼战役（Battle of Omdurman）中，英国仅以28名士兵的生命为代价，屠杀了约1.1万当地部族人。

19世纪晚期的帝国主义遍布全球。在拉丁美洲，大范围的特别是来自美国的经济渗透，削弱了该地区国家的政治独立。1898年，美国对西班牙发动战争，夺取了西班牙在美洲的最后一块殖民地。美国吞并了波多黎各，控制了名义上保持独立的古巴。数年后，又在哥伦比亚的巴拿马挑起了一场成功的革命。接着，在那里修建了一条跨洋运河，并成功地将巴拿马置于它的保护之下。

在中东地区，欧洲帝国垂涎于奥斯曼帝国。当俄国和奥匈帝国在欧洲蚕食土

耳其的时候，大英帝国和法国将精力集中在地中海地区，在那里，埃及可谓是众矢之的。19 世纪早期，英法两国支持埃及总督开展独立运动，而当时的埃及处于土耳其的统治之下。19 世纪中期以后，埃及统治者事实上摆脱了土耳其的控制。为了振兴埃及，埃及总督伊斯梅尔（Ismail）向欧洲人大举借债。1875 年，为了履行自己的责任，伊斯梅尔将自己在苏伊士运河（Suez Canal）的股权卖给了大英帝国。然而，到了 1879 年，他破产了，于是欧洲债主们控制了埃及的财政。愤怒的埃及军官拒绝偿还埃及欠下的债务，于是英国轰炸了亚历山大港并占领了这个国家，直到第二次大战结束后才离开。大约在同一时间，法国采用同样的方式取得了对突尼斯（Tunisia）的控制权。

说到帝国主义最具成就的战场，就非撒哈拉以南地区莫属了。1875 年，该地区只有约 10% 的领土处于欧洲的统治之下，而到了 1895 年，几乎整个撒哈拉以南地区都被帝国主义者征服了。大英帝国、法国、德国是入侵撒哈拉以南地区的几个主要帝国主义国家。

从 19 世纪 70 年代开始，欧洲人从沿海向内陆转移。法国占领了西非的大部分，接着又向东运动，建立了一个横跨大西洋和印度洋的巨大的殖民帝国。英国人则不仅从他们在埃及的据点向南运动，还从他们在好望角的殖民地向北扩张，企图建立一块从南到北的带状殖民地。在此基础上，他们还建设了一条连接好望角和开罗的铁路。19 世纪 80 年代中期以前，德国对海外殖民地扩张缺乏兴趣，但是自此之后，便在非洲异常活跃，先后将多哥（Togo）、喀麦隆（Cameroon）、德属西非及德属东非纳入自己的帝国版图。

而十年之前，比利时国王利奥波德二世（Leopold Ⅱ）以个人名义成立了“国际考察和开发中非协会”（International Association for the Exploration and Civilization of Central Africa）。在新闻记者、探险家亨利·莫顿·斯坦利（Henry Morton Stanley）的帮助下，利奥波德二世在中非开创了一片巨大的殖民地。在对所谓的“比属刚果”（Belgian Congo）行使管辖权的同时，他无情地剥削着当地人民。法国也不甘示弱，1880 年，法国派皮埃尔·德·布拉柴（Pierre de Brazza）前往中非，宣布对中非的所有权。

1884 年至 1885 年，为了使混乱的殖民掠夺实现秩序化，西方列强在德国柏林召开了一次会议，此次会议由法国狂热的帝国主义者、法国总统朱尔·费里

（Jules Ferry）和德国首相奥托·冯·俾斯麦组织。此次柏林会议为帝国主义列强在殖民地的竞争制定了基本规则。它建立的原则是：对非洲海岸拥有所有权的欧洲国家才拥有向内陆扩张的权利；对领土要求的承认必须取决于有效的占领。此外，柏林会议还就消除奴隶制度，限制向当地人出售酒类和火器等达成了协议。

尽管列强做了尝试，企图规范它们在非洲的殖民秩序，但冲突仍不可避免。其中最严重的一次爆发于1898年，英法两国在苏丹法绍达（Fashoda）爆发了冲突。最终法国受国内困难所制，不得不做出让步，于是建立横跨东西的帝国梦想就此破灭。大英帝国与荷兰在南非的定居者发生的冲突更为壮观，直接导致了布尔战争，这场战争持续的时间之长、耗费之大远远超出了英国的想象。

建立殖民帝国的狂潮也波及到了亚洲。大英帝国和俄国争相控制波斯，最终于1907年将其分而治之。阿富汗也成了英俄角逐的战场。1886年，英国宣布对缅甸拥有所有权，10年之后马来半岛也落入囊中。同时，荷兰把自己的殖民地由爪哇扩大到几乎3000英里长的印度尼西亚群岛。与此同时，法国在印度支那（Indochina）获得了大片殖民地。1898年，继美西战争之后，美国在菲律宾建立起了殖民统治。

亚洲有三个最重要的国家，分别是印度、日本和中国，每一个都是帝国主义扩张时代的重点入侵对象。在1857年的印度民族起义（Indian Rebellion of Nationality）爆发前，印度一直以来都是英国的殖民地。在起义被镇压后，英国开始直接统治印度。位于伦敦的英国议会通过遍布印度的殖民管理机构控制印度事务，1876年，维多利亚女王宣称自己是印度女皇。在许多方面，强力的英国统治使印度受益。英国人的能力很强，并且对印度人民显示了同情心。他们修建学校，促进当地经济发展，使印度成为一个统一的国家生存下来。但他们排斥印度文化，以一种隐蔽的形式实行种族主义，常常高傲自大地对待印度人民。

1853年以前，日本一直处于封闭之中。后来美国海军准将马修·佩里率领炮舰到达日本，强迫日本人为美国商人开放港口。1867年，被震惊和羞辱的日本人掀起了一场革命，自此维新派登上了历史舞台。决心不再做受害者的维新派开始照着西方的样子塑造自己的国家，以使其避免被西方征服。同时，他们还最大限度地保留了自己的文化。从长远角度来看，日本人超额完成了目标，日本不仅强大到可以抵御欧洲人，甚至自己也开始显示出一些令人憎恶的帝国主义特征，其

中最为突出的是帝国主义侵略扩张的欲望。1876 年，日本采用炮舰外交打开了朝鲜的门户。1910 年，日本正式吞并不幸的朝鲜王国。1894 年至 1895 年间，它入侵中国并强占了台湾。几年后，它还加入到其他帝国主义列强当中，疯狂地瓜分中国大陆的领土，划分自己的势力范围。

中国的确值得特别关注。早在 19 世纪，它就吸引了大英帝国的注意力。依靠鸦片战争和炮舰外交，英国强迫中国对西方开放市场。当时中国的统治者，日渐衰落的清王朝开始三心二意地实行改革，试图保持中国的独立，但日本在 1894 年至 1895 年的甲午战争中的胜利，再一次暴露了中国的贫弱。不久之后，大英帝国、法国、俄国、德国及日本掀起了瓜分中国的狂潮。美国则催促各方采取“门户开放”政策，从而使各国列强可以平等地进入中国。美国的立场获得了支持，中国名义上保持独立。事实上，中国的幸存只不过是列强间强烈地相互猜忌的结果，他们认为一个名义上独立的中国更有利于他们获得权益。

然而，在帝国主义的巅峰时代，中国是真正的受害人和见证人。1904 年，俄国和日本两个帝国主义国家为占有中国东北而大打出手。由此爆发的日俄战争见证了日本——几年前帝国主义的受害者——完胜了欧洲帝国主义。

历史评论

在现代史上，19 世纪晚期的帝国主义掠夺是最具有戏剧性的事件之一。第一次世界大战爆发前的几十年，欧洲列强首次将几十块非洲、亚洲及太平洋区域领土纳入自己的殖民统治之下。即使是像中国、波斯（伊朗）、泰国，以及埃塞俄比亚（Ethiopia）这样的未被征服的国家，也以某种其他形式被欧洲人所控制。在这一过程中，帝国主义或好或坏地改变着世界范围内数亿人民的生活。旧的国家制度得以清除，来自欧洲的定居者、管理者、商人、传教士分散在各处殖民地。他们有的追逐利益，有的从事教育，有的传播宗教，有的经商。非洲人和亚洲人能够也确实适应了这种环境的变化，尽管他们无法按照自己的意愿参与这一过程。

帝国主义征服世界的过程表明，科技的鸿沟将西方及日本同世界其他国家划分开来。事实上，这次征服能够发生，主要得益于 19 世纪欧洲科技的突飞猛进。

19 世纪中期以前，如果想征服热带非洲和亚洲，无论从生命还是资源的耗费来说，代价都无疑是巨大的。在持续了 400 年的奴隶贸易时期，西非曾被人们称作“白人的坟墓”。从欧洲来的人，容易感染黄热病、疟疾等热带疾病，存活的可能性很低。直到 19 世纪 30 年代和 40 年代，人们开始采用奎宁来治疗疟疾，这种情形才得以改变。使用奎宁后，欧洲人在热带的死亡率大大下降。如果没有它，征服和殖民就好像天方夜谭。

19 世纪 60 年代，海底电缆铺设成功，电报机为统治遥远的殖民帝国提供了很大帮助。蒸汽机船，无论是远洋船还是内河船，都大幅削减了通信和交通成本，在帮助欧洲人渗透至亚非内陆等方面起到了重要作用。如果没有蒸汽机船和铁路，对很多地区的征服和经济剥削都将得不偿失。欧洲向尼日尔河和刚果河渗透的第一步，就是把汽船驶到它们的河面上。对于尼罗河上游区域的征服，英国人使用了蒸汽机船、铁路以及埋在尼罗河下的水下电缆。而法国则利用了连接塞内加尔（Senegal）和尼日尔河的铁路来帮助他们征服苏丹西部。汽船、铁路和电报机帮助了商人、企业家、军人、种植园主、管理者及传教士到达世界的任意地方。

相比于他们的对手，新的军事科技使欧洲人拥有了压倒性的优势。到了 19 世纪 70 年代，后膛装填的来福枪已经十分常见，不久之后，连发枪和机关枪也加入了它的行列。很多场与非洲和亚洲人的战斗简直就是屠杀。欧洲人偶尔的失败常常被归因于那些亚洲和非洲人使用了欧洲人的武器。最惨痛的一次要属 1896 年在阿多瓦（Adowa）的战役了，当时的意大利军队被埃塞俄比亚国王孟尼利克二世（Menelik Ⅱ）率领的军队击败，而原因不过是法国人和意大利人自己为孟尼利克提供了现代的武器。

欧洲人科技的先进性无形中促发了另一种倾向——种族主义。在欧洲人眼中，非白人种族的劣根性并不是什么新鲜论调，但是现在，它又达到了一个新的高度，甚至发展成为一种所谓的“科学”。受到达尔文进化论的感召，许多西方思想家开始相信，种族间的不平等（很多欧洲人都想当然地这么认为）是不同进化路径造成的产物。因此，不同种族的性格和能力也是不同的，这是可以用科学来证明和解释的。这种理论归根到底是想说明：白人是进化程度最高的种族。那些欧洲西北部的人，英国人、德国人、法国人、荷兰人于是站在了进化与文明的最高峰。那个时候，这些国家，包括美国，也恰好是经济和科技最发达的国家。而且，这

些国家拥有世界上最大的海外殖民帝国（尽管俄国是最大的陆上帝国）。

坚信自己的种族具有优越性，并不单纯是欧洲主宰了世界后而产生的伴生物，它还为欧洲人主宰世界提供了依据。这种种族优越性理论产生了两种区别明显的对待其他种族的方针。一方面，在殖民扩张和白人定居的过程中，它被用作理论支撑，借以铲除和灭绝其他“劣等种族”，如北美印第安人和德属西南非洲的赫雷罗人（Herero）。幸运的是，这种做法相对较为罕见。另一方面，种族主义者们认为应当采用一种“托管统治”的概念，由此，欧洲社会有了一种新的角色或使命，即拯救棕色和黑色种族，使他们远离暴力和贫穷，为他们带来和平、西方文化及经济的发展。著名的传教士戴维·利文斯通（David Livingstone）号召将“通商与基督”的概念引入非洲，以克制奴隶贸易所带来的破坏。有了西方文明带来的好处，其他种族可以开始在进化的路径上达到更高的阶段，或许在几个世纪以后，他们就可以做好自己了。如果这样想来，殖民征服不仅不是为了扩大欧洲人的实力，反而是欧洲人在文明的道路上做出的一种高贵的牺牲。这个概念，也被称作是“白人的负担”。它向世人证明了欧洲人在国内已经变得更加民主，他们希望在海外建立独裁政府。虽然这种做法极度虚伪，极具专制主义和种族主义色彩，但它对欧洲公众人道主义情怀的感召力却是巨大的。

欧洲公众本身陷入了海外扩张和征服所带来的兴奋之中。比起政客，著名的传教士、探险家及军中英雄更能左右公众对殖民的看法。1885 年，由查尔斯·高登（Charles Gordon）将军率领的一支英国远征军在喀土穆（Khartoum）陷入包围而未能得到救援，事后，政府也未能让苏丹暴徒血债血偿。为此，公众对以威廉·尤尔特·格莱斯顿（William Ewart Gladstone）为首的英国政府嗤之以鼻。

帝国主义政策确实成了欧洲政治的一个重要问题。奥托·冯·俾斯麦担任德国首相一职直到 1890 年，他认为开拓殖民地是一件浪费时间和感情的事。在威廉·尤尔特·格莱斯顿 1880 年的中洛锡安郡大选（Midlothian Campaign）中，殖民地问题成为关注的焦点。然而他成功地击败了对手——时任首相的本杰明·迪斯雷利，一起被击败的，还有迪斯雷利的殖民政策。1907 年，在德国的霍屯督大选（Hottentot Election）中，德国的海外殖民政策成为一个主要议题，特别是它对西南非当地叛乱分子的血腥镇压。1885 年，由于在印度支那的一次军事失败，法国内阁倒台。然而，在多数情况下，只有在殖民地的情况变得十分糟糕的情况下，

帝国主义政策才会成为辩论的主要议题。

欧洲的政治家（至少在那些比较民主的国家）事实上陷入一种两难的境地之中，即公众的扩张情绪与公众对于征服和管理新领土所需巨大开支的反感。对于这个问题，一个受欢迎的解决办法是，将征服和扩张的重担交到特许权公司手中。大多数这样的公司没能产生效益，然而，当它们面临严重的武装反抗时，它们各自的政府部门会伸出援手进行接管。如此，每个宗主国就不得不承担其殖民地的财政负担。因此，各宗主国要求殖民地自筹管理开支和一定程度的防卫开支。

20 世纪早期，随着殖民地瓜分完毕，财务清算的日子也到来了，于是，欧洲出现了强烈的反帝国主义的情绪。布尔战争使英国政府陷入一片批评声中，一系列涉及殖民地官员的丑闻也使德国政府朝不保夕，刚果掀起的反抗比利时国王利奥波德二世（实际上他将刚果变为了他的个人财产）政策的运动如火如荼。殖民地瓜分狂潮结束后，1902 年，约翰·阿特金森·霍布森（John Atkinson Hobson）发表了他对英国帝国主义的批判，产生了广泛的影响。当时，欧洲的政治家们迫于压力，正在论证过去 20 年间大片扩张领土的正确性。他们争辩说，殖民地对于贸易和投资来说意义非凡，所以其对经济发展功不可没。同时，殖民地的黑色和棕色人种不仅将会变成欧洲产品的消费者，而且将成为欧洲工业原材料的供应者，所以欧洲的工人也不需要担心失去工作。他们还说，一旦其他国家开始放弃他们的殖民地，转向外贸和投资，这些殖民地对自己国家的生存就变得至关重要。事实上，之所以欧洲的工人未受到殖民地的威胁，是因为大多数的殖民地仍处于悲惨的落后状态，对欧洲资本没有任何吸引力。对于这种情形，人们已经越来越心知肚明了。

经济利己主义、民族主义、人道主义三者形成了一个强有力的组合，于是，来自方方面面的批评很快就被平息了下去。尽管一些社会主义者、自由主义者继续批评某些殖民政策，但是他们也不得不承认，就现阶段来讲，殖民统治的存在，甚至对殖民地人民来说，都还是一件大好事。

欧洲真正从帝国主义中获利了吗？当然，很多人确实因这些殖民地而变得富有，但并不是所有瓜分到的殖民地都对投资者有吸引力。虽然这些殖民地确实为欧洲工业提供了原材料，为欧洲商品提供了市场，但这些资源往往太少，市场常常太小，直接由欧洲控制和开发也没有必要。“帝国特惠”制度鼓励帝国内相互

展开贸易，但它可能增加消费者的开支。同时，纳税人还必须承担陆海军的开销，以保护他们远在天边的财产。那么，如果扩张和征服不是有利可图，这些国家会这么做吗？

该问题的答案可能在于欧洲不断紧张的外交氛围。19世纪80年代和90年代是欧洲国家外交气氛十分紧张的时期，各国之间的很多竞争在瓜分殖民地中体现了出来。在诸列强中，只有俄国和奥地利没有参与到瓜分非洲的竞争中去。然而，俄国积极投身于其在亚洲的扩张之中。拥有殖民地似乎可以提升一个国家的尊严，特别是对法国来说。我们知道，在1870年至1871年的普法战争中，法国受到了极大的羞辱。那时的人们理所当然地认为，想成为一个强大的国家，必须拥有庞大的殖民地。英国，作为最大的殖民帝国，深受其他欧洲国家的羡慕。英国于1882年占领埃及，激起了法国的愤怒，于是，法国刻意与英国在西非、东南亚以及尼罗河流域展开竞争。德国尽管缺乏一些热情，却也继续着其令英国人恼火的殖民政策。与此同时，德国的盟友意大利、葡萄牙却与英国展开紧密的合作。所有的列强都对利奥波德二世在刚果的活动忧心忡忡，它们担心通往中非的河道被他霸占。

当然，这些国家中，不少都参加了爆发于1914年的第一次世界大战。难道是殖民地的瓜分导致了这场战争吗？可能并不是那样，一些人甚至主张，由于西方各强国将侵略的需求释放到了海外，实际上它推迟了“一战”的发生。然而，这两件事的确相互联系着。布尔战争导致英国陷入其他国家的谴责声中，并且严重破坏了英德关系。在那之后不久，英法修补了双方的分歧。1904年的《英法协约》（*Anglo-French Entente*）建立在法国接受英国对埃及的占领之上，作为交换，英国承认法国在摩洛哥的特权。法国在摩洛哥的活动引起了德国的不满，由此导致了于1906年举办的阿尔赫西拉斯会议（Algeciras Conference）。此次会议使法国对摩洛哥的控制得到了进一步确认，而德国却因此而蒙羞。此后，于1911年爆发的阿加迪尔危机（Agadir Crisis）* 再次确认了阿尔赫西拉斯会议的结论。1911年，意大利对利比亚（Libya）的入侵间接导致了1912年第一次巴尔干战争（First Balkan War）的爆发。巴尔干战争为奥地利与塞尔维亚的战争揭开了序幕，而奥塞战争则触发了第一次世界大战。我们必须明白的是，在殖民地的竞争从未导致欧

* 阿加迪尔危机：德国于1911年派出“豹号”战舰来到法国控制的摩洛哥港口阿加迪尔，宣示德国在摩洛哥的利益。此举令法德关系更为紧张，而英国则根据《英法协约》倾向于支持法国。此后法德两国开始谈判，最后达成协议。德国承认法国在摩洛哥的地位。——译者注

洲国家间的武装冲突。虽然也曾有几次擦枪走火，比如 1898 年和 1899 年间的法绍达事件（Fashoda Incident）和 1911 年的阿加迪尔危机。但即使如此，欧洲国家并不愿意因为殖民地而彼此大动干戈。

即使帝国主义殖民并非第一次世界大战爆发的主要原因，它也很可能影响了战争进行的方式。不止一位历史学家曾指出，很多年来，欧洲国家一直在与装备低劣的对手开展殖民战争，这使欧洲的将军们过度自信了。因此，对于西线战场可怕而毫无意义的屠杀，过往的殖民战争经验可能是造成其发生的重要因素。帝国主义还在和平解决纠纷方面扮演了角色。战争中德奥帝国的破灭使胜利者有机会获取更多的海外殖民地。1919 年，一场小型的殖民地瓜分上演了。法国、英国、意大利、日本以及其他一些国家企图瓜分战利品。然而，时代变了，这些新的殖民地将会在国际联盟的监管下实行“委任统治”，目的是帮助这些国家实现独立。国际联盟，特别是美国总统伍德罗·威尔逊，拥有战时对自由的话语权，各国对自己政府和制度的形式都拥有自主选择权，这让过时的帝国主义处于被动。

从全球来看，帝国主义产生的结果迥然不同。每一个殖民帝国都对其殖民地设有不同的用途，他们的关系也十分不同。英国长期的殖民传统和巨大的殖民帝国使其独具一格。法国高度的殖民扩张热情则与比利时吞并刚果时的不情不愿形成了鲜明对比。对葡萄牙来说，殖民地是其输送过剩人口的途径。德国将殖民地视为外交筹码。鉴于美国自身的历史，获取殖民地对它而言不能不说是十分尴尬，因此，它理由牵强，政策令人费解。对一些国家而言，殖民地带来了巨大的经济利益；而对另一些国家而言，却消耗了大量的资源。就殖民地自身而言，由于各自的政治、文化、社会以及经济条件不同，被征服的状态不同，加之帝国殖民政策发生变化，各个殖民地统治的特点也不尽相同。甚至在一个殖民地内，各地区殖民统治的影响也可能大不相同。

对多数亚非人民而言，第一次邂逅白人便看到他们手里托着枪托。极具讽刺性的是，帝国主义者却坚称，他们是在把和平带到世界的其他地方去。尽管宣称对一块殖民地拥有所有权十分容易，但是真正去征服它的过程却是漫长而血腥的。举一个极端的例子，荷兰人花了 30 余年才完全取得了对苏门答腊岛（Sumatra）北部的控制权。征服殖民地往往只需要小规模的军队即可完成，但由此产生的暴力却是难以想象的。一方面，在大规模的战役中，亚非军队凭借古董般的武器，

对抗欧洲军队的连发枪、火炮以及机关枪，伤亡可想而知。另一方面，在大量的小规模暴力冲突中，村庄和农田遭到破坏，老人和儿童也遭到残忍屠杀。即使在征服完成后，类似的暴力仍不会终结。在庞大的新开发的殖民地，欧洲帝国由于没有能力也不愿意支付巨额的军事和行政开支，就凭借武力恐吓维持它们的统治。“平定叛乱”和“惩罚性远征”持续了几十年。1904 年西非反抗德国的叛乱和刚果治安部队和警察的叛乱，最为惨烈。

而暴乱只不过是更为深刻的变革来临的前兆。旧有的生活方式、政府体制、法律、风俗及社会结构以各种各样的形式被削弱和改变。如果原有的统治者反抗殖民统治，他们常常会被废黜。如果他们愿意进行合作，就必须执行政府的命令，避免内讧，征收赋税，停止奴隶贸易并执行新的法律。在一些殖民地，英国采用了“间接统治”或是通过现有政权进行统治的方式。采用这种方式的主要原因是它节约开支，省去了白人官员和军人的薪水。其他国家虽然也不同程度上利用了旧有的国王或首领，但它们更趋向于进行直接统治。在非洲的某些地区，帝国主义者甚至还设立了一些从前并不存在的官职。

一向把自己的国家视为私有财产的君主们，现在不得不接受一个新的概念：国家和法律。上缴赋税的农民不见了，腐败却出现了。统治者们有了固定的薪水，再也没有了其他的收入渠道。欧洲人控制了酋长、官员及法官的任命。在亚洲和非洲，奴隶制度、纳妾行为以及债务奴役等广泛地存在着，欧洲人到来后，将这些逐渐废除掉了。除此之外，欧洲人还干涉土地和其他财富的分配，在这一过程中，他们设法没收有价值的土地供白人定居或开采矿产资源。所有这些行为都削弱了旧有的政权。由于引进了西方的教育制度，社会上出现了一批受过教育的亚洲和非洲人，他们有能力、也即将对旧有的政权构成挑战。大量殖民国家的存在，是为了使旧有的君主继续坐在富丽堂皇的王位上。因此，在殖民统治时期，大多数的酋长、国王、君主广受尊重却毫无实权。

殖民地人民的境遇变得更为悲惨了。在一些非洲国家，如阿尔及利亚、突尼斯、肯尼亚（Kenya）、莫桑比克（Mozambique）、安哥拉（Angola）、南非、罗得西亚（Rhodesia）[即现在的津巴布韦（Zimbabwe）] 北部和南部、西南非，白人定居者企图左右殖民地政府，同时给非洲原住民带来了灾难。原住民的土地被没收，自己也遭到放逐，受到各种形式的逼迫，为白人社区提供劳力。强势的定居

者甚至还推迟承认这些国家的独立，很多情况下，他们的行为招致了非洲人的血腥起义和解放运动。

那些未被殖民的地方，原有的政治架构也受到了削弱。即使它们有能力反抗西方的军事入侵，也无力抵抗西方的文化渗透。迫于压力，传统的君主一个接一个地实行宪政、设立议会、采用现代化的管理机构、改革法律体系、建立西式教育体系。拿中国来说，19 世纪晚期，依照欧洲的模样改革政府和经济的压力日渐增大。然而，中国人不断地被欧洲人和日本人羞辱，实质上，减缓了改革的进程，削弱了传统的帝国统治。在 19 世纪 80 年代和 90 年代，中国政府一再向欧洲人退让，似乎整个国家也即将像非洲一样，惨遭瓜分。1900 年，义和团运动爆发了，义和团的参与者，即“拳民”们，向外国人发起了攻击，这导致了欧洲和日本的军事干涉，最终再次使中国蒙羞。尽管中国没有被征服和瓜分，但是它无法抵挡欧洲文化、技术以及工业实力所释放出的巨大的变革力量。1911 年，孙中山领导的一批中国革命党推翻了清朝的统治，宣布在中国建立中华民国。

欧洲人所带来的最显著的变化之一是重划疆界。殖民瓜分将不同民族的人民（有时甚至是敌对派系）划入一片殖民地之中，后来又成立了独立的国家。此外，一些本属同一民族的成员，却发现他们自己被一条新的疆界划分开来。这反映的是殖民帝国的利益，而并非殖民地自身的生存能力和文化凝聚力。这些国家实现独立时，这些人为的“创作品”需要像一个国家一样运作。换句话说，它们现代国家的体系是被外界强加而来的。欧洲自身用了几个世纪完成的复杂变革，却在几十年的时间应用到了亚洲和非洲。政治不稳定是这些先前的殖民地的特征之一，对它们而言，建设国家的任务才刚刚开始。为了加速这一进程，很多国家特别是撒哈拉以南的非洲国家，被迫采用先前宗主国的语言作为它们的官方语言。对于一个多民族的社会，采用一个民族的语言会招致其他民族的嫉妒和仇恨，但同时使用几种语言会造成效率低下、国家认同感不强等后果。因此，在一些非洲国家，官方语言为英语、法语或葡萄牙语。在许多国家，小学教育采用当地语言，以后的学习则使用欧系语言。尽管埃塞俄比亚从未被英国统治过，但它仍使用英语进行高等教育。

事实证明，政治上脆弱的殖民地，经济上也难有长处。尽管在殖民地瓜分的过程中，获得财富是一个驱动因素，但很多殖民地的表现仍然令欧洲人十分失望。

贸易和税收体系发展上的不完善，导致殖民地的管理机构自身都难以为继。当然，也有一些例外：南非有储藏丰富的金矿和钻石，马来半岛有大片的橡胶种植园和丰富的锡矿，埃及盛产羊毛，缅甸盛产大米，黄金海岸拥有大片的可可树，桑给巴尔（Zanzibar）盛产丁香等。然而，很多殖民地只能靠粗犷的开发和强制劳动来维持。比利时国王利奥波德二世的确从刚果获得了可观的利润，但那是通过极为残酷的方式获得的。那些繁荣的殖民地通常依赖一至两种农作物或是矿产所带来的出口收入。这种单一的经营使殖民地经济十分脆弱，易受世界市场波动的影响，形成繁荣与萧条的交替循环。即便是在今天，这种情形也没有发生改变，尤其是在非洲。殖民地工业化程度很低，甚至根本没有实现工业化，它们仅仅是欧洲工业原材料的供应者。为了能从殖民地获得更多的利润，西方国家完善了当地的基础设施，但这是建立在政府开支和使用强制劳动力的基础上的。港口、公路、铁路以及其他公共设施的建设，是为了便于向欧洲出口经济作物和矿产，或者是为了加强管理，而不是鼓励内贸或是与邻国的贸易。在大多数国家独立后，这项政策留给它们的是缺陷严重的信息网络。即使在独立后的很多年，非洲邻国间的电话通信仍需要通过欧洲来转接。同时，公路铁路便利了外界的工业消费品的进入，使当地的工业，如纺织业、制陶业、金属加工业等受到了廉价商品的严重冲击。即使是在独立后，先前的殖民地经济不但继续依赖全球经济，而且仍处于边缘化位置。

公路、铁路以及港口设施的建设为世界经济打开了市场。随着矿产和经济作物取代了赖以生存的农田，一些地区整个的经济都发生了变化。无论是出于自愿还是被强迫，随着人们来到这些新的港口、种植园、矿山工作，新的移民格局开始呈现。通常，这些劳动者都是男性，他们长时间地离开自己的家乡和村落。人口的流动和城镇化也加速了疾病的传播（特别是在殖民的早期阶段），以及新的社会弊病的形成，如卖淫。另一方面，医疗和卫生条件的改善使人口数量得到增长。在城镇地区，移民们被迫改变风俗、居住模式及工作习惯。对于那些留在乡村的人，他们需要接受现金纳税及进口商品的诱惑与竞争。因此，农民们要么生产销路好的农产品，要么变成工薪族。获取财富的新机会，比如控制稀有的土地或教育等，使社会变得更加不公平。此外，欧洲人对个人权利和责任的狂热腐蚀了当地社区的生活。

由于受到殖民统治，亚非人民经历了文化上的变革。官员、定居者及传教士企图将他们自己的文化强加给殖民地。奴隶制、人祭、食人仪式以及杀婴等习俗让欧洲人憎恶，因此他们将其禁止。其他的习俗，如巫术、传统宗教仪式、裸露、祭祀、一夫多妻、聘礼、阴蒂切除术以及其他形式的女性割礼，也遭到了强烈的反对。尝试制止这些习俗的努力往往招致激烈的反抗，仿佛是它们触动了家庭生活和社会凝聚力的核心一样。

与那些定居者和传教士一起，殖民统治还把大量的印度商人和劳力带到非洲东部和南部、西印度群岛和太平洋岛屿，把大量的中国商人和劳工带到东南亚和非洲南部，把大量的黎巴嫩商人带到了西非。一两代人的时间过去后，这些移民变得远比他们故乡的人富裕，令人羡慕。移民们还把他们自己的文化带到当地，促进了当地文化的多元化。但他们也和白人统治者一样有种族主义倾向，增强了当地人的自卑感。他们中的一些人内化了这种情绪，有一些人产生了敌对和排斥情绪，而另一些人则努力地使自己变成欧洲人，当然，他们的肤色是无法改变的。

同时，殖民统治还为当地带来了新的教育体系。由于得到了传教士或殖民政府的支持，开设西式课程的学校得以建成。接受了教育意味着可以在政府就职或从事欧洲商业活动，从而使自己的社会地位大大提高。尽管教育机会有限——西方人认为殖民地的人们从事高级研究毫无益处可言——但是文学的推广是殖民地教育产生的最重要的成果之一。报纸和收音机的引进加速了新思想的传播，削弱了旧体制和信仰，同时它们也为争取独立的战争提供了弹药。亚非人民正是利用了西方的思想，如个人的尊严与自由、民族主义、自由主义及社会主义等将自己的人民联合起来，从而最终从欧洲的统治下解放出来。那些受过西方教育的精英领导这些国家实现了独立，并从那以后，建立起了自己的统治。

全世界范围内，传教士、报纸和学校都在传播西方的思想和价值观，但是文化的影响是双向的。数年后，西方也引入了亚非文化的许多元素。数以百计的亚非词汇进入了欧洲语言。许多的艺术家、作曲家和思想家在发现西方文化不能给他们带来灵感和创作后，就转向了其他文化寻找出路。巴勃罗·毕加索和其他的现代艺术创作者有意识地借鉴亚非原始艺术。各种各样的宗教，如伊斯兰教、佛教和印度教也吸收了许多欧洲教徒。20 世纪的欧洲继续深受非洲音乐和亚洲饮食的影响。虽然并不是所有这些影响都可以完全归功于帝国主义，但毋庸置疑的是，

帝国主义经历促进了文化的交流。近几十年，这种趋势已变得更加明显。曾经，欧洲向其远在天边的殖民帝国大量移民，而现在，数以百万计的殖民地人口已经移民到了欧洲，如法国本土有大量的阿尔及利亚和西非人口，英国有大量的印度和西印度人口等。未来，这样的人口迁移将会继续影响欧洲社会。

当然，如果殖民瓜分从未发生，上述变化无论如何也还是会发生的。在殖民瓜分以前，很多变化事实上就已经开始了，日本就是一个很好的例子。由于西方占有科技、经济和军事优势，无论它们是否进行殖民征服，它们的文化都对全世界施加了广泛的影响力。无论是殖民地国家，还是独立国家，你都可以轻易地发现相似的工作程序。但是殖民瓜分确实加速了这一进程，更为重要的是，它从亚非人民手中夺去了主动权。当殖民时代已成为往事，我们对它重要性的评价也趋于淡化。但是对几代的欧洲人、亚洲人和非洲人来说，殖民统治的时代是一个严酷的考验，在这场考验中，现代世界成形了。

蒂莫西·K. 韦利弗（Timothy K. Welliver）

蒂莫西·K. 韦利弗（Timothy K. Welliver），贝拉明大学历史学副教授，于美国西北大学获得博士学位。主要研究领域是非洲桑给巴尔的政治经济学。编有《非洲国家的民族主义及独立》（*African Nationalism and Independence*，1993）。

第四十八章
中国的革命（1911—1949）

概　述

20世纪大部分的时间里，中国，这个世界上人口最多的国家，革命频仍、风雨飘摇。中国动乱的根源可以追溯到19世纪。当时，古老的帝国遭受到来自科技先进的西方世界源源不断的冲击。最终，帝国的现状被打破，革命时代随之来临。

至1839年，清朝统治中国已近200年。然而，当时的清朝已是老态龙钟、羸弱不堪。到了19世纪，它更是疲态尽显，气数将尽。民众针对王朝的不满越来越多，公开反抗开始出现，而统治者镇压乏力。虎视眈眈的欧洲各国此时又将注意力转向中国，更加重了清王朝的梦魇。

1839年，中国和英国之间爆发“自由贸易”战。大英帝国要求中国给予其贸易利益，尤其是允许其将鸦片从印度持续不断地输送到中国。中国政府拒绝，第一次鸦片战争由此爆发。战争于1842年结束，中英签订《南京条约》。很快，第二次鸦片战争爆发。1858年，中英签订《天津条约》。两次战争中，欧洲人（法国在第二次鸦片战争中与英国联手）把中国人打得颜面尽失。欧洲的胜利成果就是所谓的条约体制。该体制包含了一系列协议，包括削弱中国主权，给予欧洲人和美国人特权，如领事裁判权。领事裁判权是一种准司法制度，它可使外国人免受中国的司法管辖。1860年，英法联军侵入清朝都城北京，将皇家园林圆明园付之一炬，中国的羸弱尽显无遗。

与此同时，清王朝也面临着严重的内忧。1850年，太平天国运动兴起，从此

绵延近 15 年。太平天国运动耗尽了中央政府本已所剩无几的资源，在中央政权的倒塌中，起到了很大作用。清政府借助外国力量将运动镇压下去后，才发现自己欠外国人的债已经太多，而在国内众多地区，政府的权威事实上已消失殆尽。

其他列强则趁火打劫，抓住中国的弱点，瘠人肥己。英国攫取了香港，法国在后来成为其殖民地的法属印度支那（French Indochina，现越南、老挝和柬埔寨）地区步步蚕食，而俄国则在 1858 年和 1860 年强迫中国确认割让黑龙江以北，割让乌苏里江以东的领土。这片广大的区域就包括如今俄罗斯的滨海边疆区，俄国人在那里建立了符拉迪沃斯托克市（Vladivostok，海参崴）。

19 世纪后半期，清政府的力量继续削弱。到了世纪末，清王朝尝试推行改革，试图从没落中复兴。中国人模仿邻国日本，希望掌握西方的技术，学习西方的高效，师夷长技以制夷，重新找回中国的自尊和主权。虽然这些努力从来没有真正发挥作用，却让帝国主义者产生了警觉，他们害怕中国的复兴会阻碍他们实现野心。最终，他们开始疯狂地争夺对中国各地的控制权。

1894 年至 1895 年间爆发的中日甲午战争以中国又一次惨败告终。这次失败让中国人无比难堪，一是因为他们对日本人心怀仇恨，二是因为日本这个东方国家成功地复制了西方模式，竟打败了同为东方国家的中国。尽管在 1895 年终结这场战争的《马关条约》中，日本被迫放弃了不少既得利益，但此次战败显示了中国彻底的无助。短短时间之内，德国、俄国、法国和英国纷纷开始在中国富庶的东海岸划定自己的势力范围。

在中国虚弱，列强急于抢占权力真空的过程中，帝国主义国家之间有时也会产生摩擦。最激烈的冲突是 1904 年到 1905 年爆发的日俄战争（Russo-Japanese War）。日本人又一次获得胜利，日本在东亚的势力范围由此得到扩张。不过，日本的胜利还有一层更重要的影响。在世界近现代史上，一个非白人国家第一次打败了一个欧洲强国。虽然欧洲帝国主义者打败了许多国家，包括中国，但这次事件的显著性并未因此减弱。尽管战败国指责日本模仿欧洲的帝国主义，它们却不得不承认，日本通过模仿西方，已然成为一股强大的势力。

看着自己引以为傲的帝国被一点点蚕食，中国的有识之士进行变革的愿望更加强烈。他们不仅痛恨帝国主义者，也鄙视清政府。在他们看来，清政府软弱无能、卖国求荣。当时，密秘社团数量猛增，以义和团为代表，向外国侵略者发起

激烈的进攻，却也激起西方国家对中国事务的进一步干涉。

1911 年，郁积已久的绝望大坝终于崩溃，革命爆发，清王朝很快便被推翻。反清领袖孙中山博士宣布建立中华民国。然而，革命只是取得了部分胜利。尽管清王朝被推翻了，稳定的中央政府却并未出现。孙中山的“共和国”夭折，整个国家陷入一片混乱。各路军阀崛起，他们群龙无首，拥兵自重，各据一方。最终，在北京成立了有名无实的北洋政府，而孙中山则在南方维持强大的势力。事实上，中央集权已不复存在，恣意横行的军阀遍布中国。

1915 年 1 月，日本利用西方国家忙于第一次世界大战而无暇东顾，再一次扩张自己在中国的势力。日本向北京政府提出了《二十一条》，意欲获得对中国领土和经济更大的控制权。中国起初并不同意这些要求，并得到美国的支持，因为美国试图维护自身既得利益。但是，中国最终妥协了，答应了日本提出的大部分要求，日本因之代替德国，成为山东省最强大的国外势力，并获得了东北的实际控制权。

1917 年，中国加入第一次世界大战，成为协约国的一员。与其他被侵略的民族一样，中国的知识分子被时任美国总统伍德罗 · 威尔逊（Woodrow Wilson）的理念和想法吸引了，他们寄希望于巴黎和会（Paris Peace of Conference），期待中国能够重获绝对主权。然而，巴黎和会置中国的要求于不顾，反而确认日本接替德国获得在山东的特权，进而将日本对中国愈演愈烈的侵占合法化。此时，他们的希望破灭了。

卑劣的协议引发了中国 1919 年的五四运动（因其发生在当年的 5 月 4 日而得名），随之爆发了一系列抗议巴黎和会决议的游行示威。五四运动引爆了整个中国，各个阶层的人们都开始反抗外国，尤其是日本对中国事务的干涉。他们宣誓要承担国家复兴和统一的大任。五四运动意义重大，著名的历史学家西奥多 · 冯 · 劳厄（Theodore H. von Laue）称之为“中国集体爱国政治的第一次动员”。

在 1911 年的辛亥革命以及随后的动乱中，孙中山成为中国最重要的领导人，他也鼎力支持后来的五四运动。尽管孙中山的国民党未能替代清王朝，但他竭力将国民党的势力从中国的南方扩展出去，使整个国家置于国民党的控制之下。孙中山将此看作达到使中国现代化和结束外国人特权双重目的的第一步。他在自己最重要的著作《三民主义》中，清晰地阐释了他为中国的成功开出的处方。

由于对巴黎和会中关于中国的决议不满，孙中山将目光转向俄国的新马克思国家学说。列宁和布尔什维克党也乐于与他联合，以对抗他们的资本主义敌人。从20世纪20年代早期开始，苏联向孙中山提供设备和顾问。苏联顾问很好地对国民党进行了重组，将其变成一股高效的政治力量，建立了一支有能力发动军事打击的可靠军队。此外，1923年，迫于由苏联主导的共产国际的压力，刚成立两年的中国共产党与国民党开始合作，国民党的势力得以加强。

1925年，孙中山逝世。一名在日本接受过军事训练的年轻将军——蒋介石接替他成为国民党党首。蒋介石重启了北伐。北伐是一场军事和政治运动，意在统一中国，并将整个国家置于国民党的统治之下。1927年，这场成功的征伐进行到一半，比孙中山保守得多的蒋介石，出人意料地与共产党盟友反目，并大肆屠杀共产党员。中国共产党的剩余力量撤退到中国南方的井冈山，尝试重组。同时，1928年，蒋介石占领了北京，并宣布国民党成为统一和独立的中国的合法政府。尽管国民党显然是当时中国最强大的力量，但它在许多地区的统治充其量只是名义上的。军阀和叛国者仍然拥有很强的实力。

蒋介石的举措使军国主义日渐盛行的日本产生了警觉。它希望中国是羸弱的，害怕国民党会削弱日本的影响。1931年，日本开始加紧对中国东北的控制。翌年，不顾中国的反对，日本将东北变为它的傀儡，号称“满洲国”。接下来的数年中，日本有计划地欺凌中国，直至1937年，发动全面侵略。蒋介石和日益腐败的国民党进行了有气无力的抵抗，日本占领了大部分中国东部地区。蒋介石随之将首都内迁到了重庆。

整个20世纪30年代，当日本吞噬中国的时候，蒋介石和他的国民党则继续攻击中国共产党。与蒋反目后在江西省进行重组的共产党，于1931年宣布成立“中华苏维埃共和国”。然而，尽管最初取得了一些胜利，当时弱小的共产党实难抵挡国民党残暴的进攻。最终，1934年10月，为了保存有生力量，共产党一众人马开始了大撤离。传奇的长征就这样开始了。整个长征持续了两年，行程两万五千里，有近10万名共产党中坚力量参与。长征期间，毛泽东脱颖而出，成为中国共产党的领袖人物，一直到他于1976年逝世。当共产党最终抵达陕西延安的时候，起初参加长征的人员已损失大半。

1937年，国民党和共产党组成统一战线，共同抗击日本。但国民党并无诚意，

统一战线很快便瓦解了。第二次世界大战剩余的时间里，国共两党一边抵抗日本，一边互相争斗。当大约3000万中国人在“二战”期间伤亡，日本于1945年宣布投降后，中国便爆发了内战。尽管国民党得到了美国的大力援助，而共产党从苏联得到的援助和支持要少得多，但国民党还是被共产党打败了，蒋介石和他的军队从大陆逃至台湾岛。1949年10月1日，毛泽东带领共产党宣布中华人民共和国成立，定都北京。

今天，没人会质疑中国是一个独立自主的主权国家。

历史评论

在20世纪大部分时间里，在各国看来，“中国”和“革命”已然密不可分。自1911年武昌起义爆发，而后孙中山就任中华民国总统以来的近代史中，有国际知名度的中国人多为革命领袖。当国际学者讨论中国最近几十年的国际地位时，他们往往说的是其他发展中国家（从越南到秘鲁）的革命组织倾向于向中国共产党寻求精神和物质支持。总之，在20世纪，人们越来越习惯于把中国看作一个变化不断、革命不断的国家。

一个半世纪前，世界对这个东亚最大国家的看法却截然不同。当时，外国观察家通常把中国描绘成一个曾经伟大的国家，却无法跟上现代世界的步伐。它“一成不变”，作为国家意识形态的儒家思想抑制着各种形式的社会进化。中国政府对西方贸易商和传教士的抵制被看作一个专制政权在徒劳地阻止自然的“进步”。而19世纪40年代到60年代的鸦片战争中，西方的军事胜利被认为证明了儒家信仰和实践的落后。

对于中国难以同西方竞争，一个解释是中国几千年来从未参与过一次名副其实的“革命”。一些西方人坚持认为，中国缺乏革命可能是问题的根源。19世纪的外国观察家发现，中国封建系统稳定不变导致其容易被外敌入侵和遭受国内叛乱。中国历史上有几个王朝便是败于外敌侵略和国内少数民族叛乱。然而，即使在这种情况下，中国的政治体系也基本保持不变。清朝的情况经常被用来佐证这一点。

大多数中国历史学者现在认为，19世纪的作家们在描写中国少数民族王朝采

纳汉族统治方式的程度方面夸大其词，而且在将中华帝国的“停滞不前”和西方工业化世界的“充满活力”进行对比时，想象成分很大。我们有充足的理由认为，尽管清朝的满族皇帝们沿用了儒家学说和服饰，他们治理国家的方式却不同于诸多汉族前朝。也有证据表明，随着商人在一些地区开始获得权力，边疆地区的官员尝试使用新策略处理与周边国家的关系，在帝制最后的几个世纪里，社会和外交关系的形态处在不断变化中。最后可能也是最重要的是，第一次鸦片战争爆发前的那个世纪，中国人口规模发生了巨大变化。即使按照最保守的估计，在此期间，中国人口也翻了一倍，从大约 2 亿增加到大约 4 亿。此次人口爆炸与一系列经济、科技、文化和政治变化互为因果。

话说至此，尽管早些时候，一些新王朝确实是由叛乱首领建立的，但一旦掌权，这些之前的反叛者对国家的基本官僚体系却只是进行微调。此外，中国的哲学家们已经提出了一种复杂的政治宇宙学，核心是“天命”的概念和朝代更替的学说。这就为叛逆行为找到了合适理由（前提是被推翻的皇帝可被描绘为未有仁慈之德行），却并未给革命留下任何空间。

“天命”的概念在儒家学者比如孟子那里得到了清楚的表述，为正义的叛乱提供了最清晰的合法依据。儒家认为，没有一个王朝能够在未获得来自“天”的授权（“命”）时执掌政权，但如果开国皇帝的继承者被认为不称职，上天随时可以收回成命。换句话说，与欧洲的君权神授不同，天命不是一成不变的。孟子说过：“天视自我民视，天听自我民听。”即任何来自民众的不满迹象都可能显示王朝已经或有可能失去上天的授权。叛乱的结果则是最终的证明：因为上天被视为有权决定人类战争的结局，战场上的胜者即被认为是天命的合法拥有者。朝代更替的理论意味着没有哪个家族可以期冀永远拥有授权，正直的新王朝建立者在朝代衰落和复兴的有机过程中起着至关重要的作用，这其实强化了反叛的动机。

那么，中国是如何从叛乱之地变成革命之国的？为什么清朝覆灭后，中国建立了一个共和国，而不是另一个王朝？随着儒家思想被其他国家意识形态代替，中国对自己世界地位的看法发生了怎样的变化？汉语里“革命”（字面意思是“剥离授权”）这个词，与英文中的“revolution”含义相同吗？在回答这些问题之前，有必要花些时间解决一个更基本的问题：将“中国革命”作为一个独立连贯的事件讨论有意义吗？现代中国其实是经历了一系列革命，这样看是不是更合适？

讲述世界通史和革命过程的书籍往往理所当然地认为“中国革命”最好被看作一个独立的事件，即始于1911年的辛亥革命，终于1949年中华人民共和国的成立。此外，他们多认为这38年应被看作现代史上少数几个“伟大革命”中的一个，地位不亚于1789年的法国大革命和1917年的俄国革命，而这两场革命持续的时间要短得多。人们认为这些“伟大革命”的不寻常之处在于，除决定了一个国家的掌权者和治理方略外，也导致社会和政治生活的一般形态发生了转变。

专门研究中国近代史的西方学者也认为20世纪上半期的中国发生了深刻的变化，但却倾向于以不同的方式研讨中国革命的概念。一些中国专家认为，“中国革命”指的是从晚清到社会主义时期的漫长过程。然而，另外一些专家反对将“中国革命”看作一个连贯的独立事件。他们倾向于认为，中国在近代史上，经历了一系列相互联系却并非密不可分的“小革命”，而非一次“大革命”。

同样，当共产党和国民党各自的政治家和历史学家说起中国的革命（可以是“大革命”，也可以是数次革命）时，他们要么认为革命持续时间远远短于1911年到1949年这段时间，要么认为比这段时间长得多。在某些情况下，两党领袖都会认为革命是一段独立连贯的时间，始于20世纪初，一直持续到今天。当然，国共两党对于这场革命的看法在某些方面是截然不同的。然而，在关键点上，他们的观点常常是一致的。比如，他们都认为应该将革命的光辉遗产为年轻人保存下来，而年轻人肩负神圣的职责，应为尚未达到的革命目标继续奋斗。

共产党和国民党为年轻人编写的历史教科书开头通常都把过去的一个半世纪划分为几个时代，每个时代都由独立的革命或革命运动形成。由于显见的原因，两类教科书在对诸多问题的解释和定性上大相径庭。此外，对于是将中国革命整体上看作一次独立的长期运动，还是一系列相互分离的斗争，两类教科书都没有给出明确的答案。

现时关于前述相关时期划分和定义的辩论非常重要和复杂，试图在短短的篇章内解决此问题是比较困难的。更好的方式是将此问题各种解决方法的优缺点摆出来，以便让读者自己判别。一种方法是将中国革命历史划分为三个阶段，分别是孙中山领导的共和革命、蒋介石领导的国民革命和毛泽东领导的共产革命。这种不言自明的模式强调三个明确的时间转折点：1912年中华民国成立，1927年国民党统治建立，1949年中华人民共和国诞生。这种认识世界的方法其实是将政党

提出的正统意识形态和极具魅力的领导人的活动看作最重要的因素。其优势在于简单明了，并让人们看到主要政治团体迥异的政治诉求。

第二种方式更复杂，将中国近现代史分为四次革命，每次革命的运动范围都不大一样。因为没有一个重大事件仅仅影响国民生活的某一方面，一些革命爆发迅速，而另一些需要发展很长时间，所以，在区分一个国家的“社会经济”和“政治”革命时，二者难免会有诸多重叠。了解了这一点，我们可以对以下四类革命加以区分来概念化中国的现代转型：一是促成中国从帝制过渡到共和制的政治革命；二是19世纪末20世纪初到达顶峰的知识和文化革命；三是始于20世纪20年代，于40年代达到顶峰的外交革命；四是始于20世纪初，于50年代推广至全国范围的社会经济革命。

其中，政治革命最容易界定开始日期，即1911年10月10日。这一天爆发的武昌起义并不是清王朝面临的最大挑战。整个19世纪乃至20世纪初，从大规模的农民起义到秘密组织发动的政变，大大小小的叛乱威胁着清王朝的统治。然而，这些行动都失败了，直到武昌起义。此次事件促使全国的军阀和地方政权宣布自治，打破了封建政权的权威，为共和国的成立奠定了基础。

这些行动最终终结了封建制度，但这并不意味着1911年革命的参与者都是共和主义者。20世纪头10年间，知识界众多杂志上就已出现了对旧制度的冷静批判，但同时也存在一些刻薄的言论，嘲弄满族人是“野蛮人”，没有权力控制“真正”的中国人（汉族人）的命运。民族自豪感和共和理想并驾齐驱，促使人们在1911年采取了行动。

值得一提的是，当时长于政治技巧的人物，包括孙中山，很善于将民族问题和政治问题糅合在一起，很难说清二者始于何处，终于何方。在他们的著作中，常常把帝国的专制同满族皇帝的外族血统联系在一起。有时候，对革命的渴望被描述成是要效忠于中国过去的汉族统治者，效忠于明朝的那些皇帝。这意味着，1911年事件之前，人们并不清楚，如果发生革命，绝不仅仅是“革”满族人的“命”。即使军事骚乱席卷全国，也没人能保证这除了能改变坐龙庭者的身份和民族以外，还能改变什么。

1911年革命参与者们的复杂动机让这种情况的发生有了现实可能性。国民党的史学家们试图将武昌起义归入一个复杂的总体行动计划中。这个计划由孙中山

设计，主要由中国同盟会（后来演变成为国民党）的成员执行。现实却要复杂得多。许多1911年革命的参与者既没怎么接触过同盟会，对孙中山也知之甚少。而当武昌起义爆发时，孙中山恰巧在美国丹佛。有些参与者确实是激进组织的成员，深信中国需要采用共和政体，而其他人却并没有什么明显的政治原因。一些人是因为笼统地对清朝"野蛮人"感到不信任，另一些人是由于之前某些朝廷官员对他们蛮横无理而愤愤不平，还有一些投机分子加入是因为他们想着等政权更迭后，作为获胜一方可以提升自己的事业。

尽管参与者诉求多种多样，也缺乏统一的指导思想，起义导致的改变却比一般的叛乱要深远得多。1911年的革命不仅仅推翻了一个王朝，也粉碎了传统的封建统治制度。毫不夸张地说，新成立的共和国的国民议会和其他机构很快便显示出起不到什么作用，整个国家很快便陷入军阀混战时期。然而，军阀两次复辟企图的彻底失败证明20世纪前10年早期政治生活的规则确实经历了一场深刻的变革。

与之前描述的政治革命不同，中国革命者改变国家传统信仰结构和行为方式的努力很难找到一个特定的起始日期。这场知识和文化革命的根源至少可以追溯到第一次鸦片战争时期（1840—1842），因为19世纪40年代中国的军事失败导致许多学者型骨干官员开始质疑长期以来的外国文化低等论。尽管对西方的某些特定科学知识和技术表现出兴趣，重新思考着前述问题的第一代知识分子在其行为上却算不上革命派。他们认为传统礼教和儒家思想有着天生优越性，这种信念并未动摇。他们主要关心找到一条改革路径，能让他们以中国的精髓为"体"，以西方的技术为"用"。

几十年来，体用之争一直是中国知识界辩论的核心，直到1915年至1923年间爆发的新文化运动。新文化运动给传统的知识和文化秩序提出了真正的革命性的挑战。这次多层次事件的参与者多为学者和学生。他们要不就是曾经留过洋，要不就是在建于晚清和军阀时期（1912—1927）的中国西式学堂里接受过西方思想的熏陶。他们对很多问题看法迥异，但在一些基本信念上却能保持一致。首先，他们谴责中国当时的羸弱并将其归咎于某些根深蒂固的思想（比如，人们应该努力去重现过去黄金时代的辉煌，而非竭力去创造新世界）和行为（包括包办婚姻、奉行孝道和敬奉祖先的仪轨），他们称之为"儒教的"和"封建的"。其次，他们接受西方的精华，比如道德观念、批判式研究方法和实用的技术。另外，他们认

为知识分子需要接触普通民众并找到一种方法将民众争取过来，为文化的复兴而努力。

新文化运动最实际的一个方面是出版了一系列新期刊，里面尽是向读者介绍各种西方意识形态（社会达尔文主义、杜威的实用主义、无政府主义和马克思主义）的文章，而这些意识形态似乎为解释并解决中国当时面临的危机提供了一种方法。有些期刊同时另有目的。其中的文章使用知识分子所称“白话”而非较为深奥的“文言”写就，旨在教育和动员不属于学院派的民众。为了让文化水平较低的民众了解西方思想，对让人感到耻辱的《凡尔赛和约》（*Treaty of Versailles*，根据和约，日本获得了“一战”前德国在华占领区的管理权）有所认识，知识分子开展了一系列公开演讲活动。知识分子与其他阶层之间的隔阂因此被打破，新文化运动得到加强。

这种打破知识分子和人民群众之间隔阂的兴趣随着1919年的五四运动发生了一个新的重要转变。五四运动起源于学生走上街头，抗议《凡尔赛和约》，呼吁当时掌权的三个“卖国贼”官员下台。游行者们说他们出卖国家利益，换得日本的金钱中饱私囊。很快，斗争扩大为针对国外帝国主义威胁和国内压迫的抵抗运动，从一次学生运动发展成众多社会团体参加的行动。

五四运动虽然是由外交纷争引发的，但并没有彻底改变中国的外交方式。五四运动在解决国内问题方面取得了更大的成功。值得一提的是，虽然1919年的抗议游行确实迫使政府罢免了三个外交官的职务，但没能阻止日本占领山东青岛以及其他此前由德国控制的北方地区。

由于当时缺乏一个能够推翻不平等条约、捍卫中国主权的强有力的中央政府，所以不可能真正开展外交革命。在1925年至1927年的北伐战争中，国民党与共产党组成了统一战线，号召中国人民为打倒军阀和帝国主义共同奋战至最后一刻。这次北伐战争应该是讲述中国外交革命的最好开端。中国的国际地位并没有随着20世纪20年代后期国民党的胜利而很快改变。但是，蒋介石在南京建立中央政府后，认为共产主义的传播比帝国主义的侵略更加危险。这意味着在南京政府存在期间（1927—1937），蒋介石的大部分精力都用于与威胁到他的权力的国内势力斗争，主要是中国共产党以及由国民党成员领导的左翼团体，后者认为蒋介石不是孙中山最好的接班人。相比其他军阀来说，蒋介石已经算是比较敢于直接批评不

平等条约和日本帝国主义侵略的了，但是和大部分军阀一样，他认为中国如果没有解决内部政权问题，就无法恢复在世界上的地位。

中国学者有充分的理由认为第二次世界大战开始于1937年的中日战争，这为中国的外交局面带来了翻天覆地的变化。中国作为同盟国的地位，让蒋介石更有机会改变自19世纪签订各种条约以来与工业国家之间的不平等关系。1943年，西方国家正式宣布归还占领了近一个世纪的上海及大陆其他城市的租界。由于这个决定以及日本在1945年撤出中国北方地区，在“二战”结束的时候，中国受到的外国侵扰是自第一次鸦片战争以来最少的。

一些历史学家认为，即使在那个时候，外交革命也并没有彻底完成。他们认为虽然帝国主义形式上消失了，但国民党政权在经济和外交方面过于依赖美国及其他西方国家，中国不能算是完全独立的国家。虽然这些历史学家的说法有时过于夸大，但也有其正确性。虽然说蒋介石政府确实开启了中国的外交革命，但直到共产党掌权之前，中国也确实没有恢复作为一个独立国家按自己的方式与其他国家交流协商的地位。

社会经济革命也是在1949年之前就开始的运动，但在中华人民共和国建立之前并没有取得真正成果。这篇文章中讲到的每一个革命都受社会和经济生活方式的影响，也反过来改变了社会和经济生活方式。举其中一个例子，如果仔细研究1910年至1920年间政治革命领袖的背景，会发现其中绝大部分人都来自新成立或新兴起的社会团体。这些团体的成员都有较高的社会地位，但是他们对帝制下权力的分配不满意。如西式轮船公司等新兴工业企业的管理者，为了拯救王朝、推行改革而受到清朝统治者制裁的省级贵族，成立于19世纪且当时的唯一作用就是临时帮助中央政府镇压农民起义的地方军队的军官，在日本或西方留过学的知识分子——这些社会团体的成员共同点不多，但他们都有一个共同的想法：自己应该拥有比目前更多的权力。

这些新兴团体在19世纪60年代到20世纪30年代之间的发展以及对社会的不满是很重要的一个历史现象，因为理论革命家经常强调这些“边缘精英”在改变中国政治局势方面起到了主导作用。无论是高层社会团体的发展，还是相关社会经济生活的转变（比如世纪之交沿海城市工厂工作机会的显著增加），都没有对大部分中国人的生活起到影响作用，他们是生活在内陆村庄，工作是佃农或者拥

有自己的一小片土地的农民。对于这些农民来说，真正的社会经济革命从未发生，直到20世纪40年代末50年代初中国共产党开展土地革命。土地改革的目的是重新分配土地，使社会不平等问题最小化，为农业集体化做铺垫。这些改革从根本上改变了中国社会经济生活的基本结构。这里所描述的两个模式都采用了可信的方法对中国革命进行分类，但是，至少有三个充分的理由可将革命看作一个单独的事件。其中一个我们已经提到过：革命者常常坚持应将革命看作持续不断地追求拯救和改变国家。虽然有时候有所动摇，但台湾海峡两岸的领导人通常都认为，他们的合法性来自他们革命者的身份。国共两党对革命到底是什么有着截然不同的认识，两党领导人对于未能将革命进行到底指出的原因也不尽相同（如资本主义的阴谋和中国落后的经济）。但他们一致认为，革命任务是一次独立的持久斗争，台湾和大陆一天不统一，中国一天没有复兴成为世界上领先的文化和政治力量，革命就没有完成。

将革命看作独立事件的第二个重要理由是它使我们注意到本文所提各类革命之间的连续性。比如，将革命分为共和革命、民族革命和共产革命其实掩盖了一个事实，那就是三个阶段的革命者们对于中国的困境及解决之道有着相同的基本信念。他们都相信，拯救中国的途径只有一个，即立足本国，放眼世界。也就是说，他们都试图在国内找到力量源泉，并将其与西方和日本新的强大的意识形态和实践结合起来。从孙中山（他将对民族自豪感和走向共和的追求结合起来）到蒋介石（他在美式民主、德式法西斯主义和儒家思想间上蹿下跳，同时把自己称作孙中山最虔诚的追随者），再到毛泽东（他认为中国共产党是运用马克思主义将一次传统的中国农民运动提高到新的高度），一直到邓小平（他通过试水市场经济，发展“中国特色社会主义”），他们的政策和主张中都贯穿着这样一条线。

第三个理由是中国革命使我们关注那些整个20世纪都保持不变的中国生活方式。举个例子，即使众多革命者（既包括新文化运动中的非共产主义者，也包括毛泽东等共产党领导人）的著作认为儒家秩序的最大祸害之一是家庭当中重男轻女的传统，中国的妇女仍然遭受着同她们的前代一样的歧视。尴尬的是，如今的性别不平等与新文化运动者们数十年前对儒教的批评中所描述的情况不无相似。诸如此类的现象引出重要的问题，即是否应将中国的“社会”和“文化”革命视作已经完结。

总之，不论是将中国革命视为一次独立的连贯事件，还是将其看作一系列相互重叠却又完全不同的斗争，都有强有力的论据支撑。如果说关于这场（或这些）革命的定义和分段有不同的解读，至少有一点是明确的：它（或它们）毫无疑问通过重要的方式改变了中国和世界。

这些变化当中最引人注目的或许是中国国力的增强。尽管中国的专家们对于1911年到1949年间中国国力是增强了还是减弱了存在争议，但大家有一个普遍的共识，即20世纪50年代之后中国共产党领导下的中国比之前的统治者统治下的中国要强大和强势得多。

国力的增强从多方面影响了普通中国人的生活，也改变了中国同他国关系的基本特征。在国内，改变几乎涉及社会、经济、文化和政治生活的方方面面。例如，旧政权倾向于在由各户承担的农业生产中只起间接作用。除了给政府交税，以求当出现饥荒或与其他农社发生冲突时获得官僚们的帮助，这些农户很大程度上是自主经营的经济单位，或自己耕种，或（较贫困的农户）直接与地主协商取得土地的耕种权。

中国共产党领导下的国家采用了一系列有关农村土地所有权和农业生产的政策，包括再分配自留地、使农民加入大型合作社和进行改革，重新强调家庭作为经济单位的重要性。不过，这些政策至少有一个共同点，那就是国家和政府应该直接决定土地如何耕种，农产品如何分配。同样，在工业领域，共产党也一直认为应当扮演积极角色，包括配额设置和对工会进行监督。

从积极方面来看，伴随着一个强势且由意识形态驱动的国家的发展，教育和医疗卫生诸多方面得到了改进。中央政府力推的社会福利项目也使过去几个世纪以来困扰中国的人口危机（根源都在于人口过剩）得到缓解。

谈到国际关系，中国增强国力有着更积极的影响，至少对于中国及其友好国家是这样。刚进入20世纪的中国，羸弱不堪，任由急于转嫁国内危机的西方和日本帝国主义摆布。相比之下，过去的几十年中，人们看到中国不断尝试按照自己的规则处理与世界列强的关系，而且通常能够占据上风。中国甚至成为发展中国家努力捍卫或取得政治独立的典范。

虽然有重大转变，但需要记住的是，中国在过去的一个世纪中，并非所有方面都发生了改变。相反，即使作为革命对象，中国人生活的许多方面仍然延续了

下来。比如，前代革命家的某些革命要求如今在中国依然能够听到。跟20世纪初相比，我们今天所看到的中国无疑已非昔比，变得更强大了，但是最后，本文想提醒的是，当后来中国民众呼吁打击官僚腐败，提高政府机构响应能力时，他们要求的其实也正是晚清、军阀和民国时期的革命者们献身追求的东西。

华志坚（Jeffrey N.Wasserstrom）

华志坚（Jeffrey N. Wasserstrom），加州大学尔湾分校历史学教授，在加州大学伯克利分校获得博士学位，著有《二十一世纪的中国》（*China in the 21st Century: What Everyone Needs to Know*, 2010）和《1850—2010，国际大都市上海》（*1850—2010, Global Shanghai*, 2008）。

第四十九章

第一次世界大战（1914—1918）

概　述

1914 年，欧洲卷入了一场长达四年的灾难性大战，战争夺去了数百万士兵和平民的生命。战争爆发的原因很复杂。1918 年，第一次世界大战结束，历史学家和普通人都就其爆发原因展开了激烈的辩论。其中一个原因十分明显，那就是欧洲大国相互看不顺眼，彼此之间的仇恨、嫉妒、恐惧和怀疑让国际秩序陷入紧张，最终导致“一战”意外爆发。

1914 年 6 月 28 日，奥匈帝国的皇位继承人弗朗茨·斐迪南（Franz Ferdinand）大公在萨拉热窝遇刺，该事件成为“一战”的导火索。这次政治恐怖事件激怒了奥地利，它认定巴尔干半岛小国塞尔维亚（Serbia）是暗杀背后的主谋。塞尔维亚受到奥地利威胁后，转而投向其盟友俄国寻求庇护。与此同时，奥地利的盟友德国强烈鼓动奥地利采取强硬立场。危机越发严重，俄国开始与盟友法国进行商讨，法国又与友国英国进一步探讨。奥地利向塞尔维亚发出了最后通牒，沙俄部队也开始出动，结果一发不可收拾。1914 年 7 月，第一次世界大战爆发。

鉴于战争发生后的灾难性后果，你会惊奇地发现欧洲各国政府和人民都十分积极地应战。各国首都的大街上满是人群，大家在为开战欢呼雀跃。人们在为这场自拿破仑战争时代百年后发生的世界大战欢呼的同时也坚信：战争不会持续太久，士兵们在圣诞节时便能回家。

随着战事的推进，参战国家越来越多。战争的初期有两大对战阵营：以德国

和奥匈帝国为代表的同盟国阵营和以英国、法国和俄国为代表的协约国阵营。

战争一开始，同盟国遭到双面夹击，要在东西线同时进行战斗。德国总参部意识到两线作战的巨大隐患，继而制订了施里芬计划（Schlieffen Plan），建议战事中的德国向西线大规模派军，对法国实行闪电战，争取一击制胜。击败法国后，德军便可将注意力转向东线，轻而易举地拿下俄国。

德国执行施里芬计划后，开战的第一个月差一点就占领了巴黎。在第一次马恩河战役（First Battle of Marne）初期，德军一路势如破竹，直到法军成功利用德军战壕后局势发生扭转。俄军出其不意地发动反攻，德军不得不通过这些战壕将西线兵力送往东线进行支援。不过，这些送去的兵力并未改变战争的结局。在亚历山大·萨姆索诺夫将军（General Alexander Samsonov）和帕维尔·伦宁坎普将军（General Pavel Rennenkampf）的统率下，俄军向西攻入德国旧省东普鲁士（East Prussia）；但俄国的进攻十分混乱、毫无秩序，德国仅用一支小部队就击败了俄军，取得了坦能堡战役（Battle of Tannenberg）和马祖里湖战役（Battle of Masurian Lakes）的胜利。"一战"中领导失策的例子颇多，而德国之所以能在东线获得巨大胜利，必须归功于埃里希·鲁登道夫（Erich Ludendorff）和保罗·冯·兴登堡（Paul von Hindenburg）两位将军的出色指挥。

德国西线进攻失败，俄国东线进攻也未成功，"一战"速战速决的幻想就这样破灭了。交战双方陷入持久的堑壕战中。堑壕战要求各方将兵力集中于一系列平行的防御沟壑或战壕中，排列成行发动大规模进攻以突破敌军的防线。战壕中的防御方利用位置的优势来抵挡对方的进攻。堑壕战集体进攻对方坚固据点的这一特性必然导致大规模伤亡。第一次世界大战变成了一场持久的消耗战，双方靠兵力的投入拖垮敌军，战士们为夺取胜利流尽了鲜血。

1915 年间，一拨又一拨的英国、法国和德国士兵攻过"无人区"，迎面冲击对方坚固的机枪阵营。尽管伤亡人数飙升，但战线却纹丝未动。那一年，东线爆发多次战役。1914 年攻打法国未果，同盟国试图在 1915 年将俄国逐出战场；因此同盟国联合发动一系列战争，重新夺回了加利西亚（Galicia），将俄军赶出了波兰和立陶宛，最终攻进俄国领土。然而，胜利转瞬即逝。尽管俄军领导无方、装备陈旧落后、粮食供应不足，战事上更是屡战屡败，但大量的人口和辽阔的疆土使其屹立不倒。

东线开战的头几个月里，奥匈帝国明显无力应付其军事任务，甚至连进攻塞尔维亚这样的小国都失败了，每逢遭遇俄军猛攻都要寻求德国的援助。1916 年，奥匈帝国向德国俯首称臣，这种“君臣关系”一直延续至战争结束。

1914 年 11 月，土耳其参战并加入同盟国阵营。1915 年，协约国成员英法两国联合攻打土耳其。此战便是著名的加里波利战役（Gallipoli campaign），英军是协约国主力军。战役以协约国的失败告终，但协约国仍决心要一举歼灭奥斯曼帝国（Ottoman Empire）。1915 年缔结的秘密条约满足了俄国的夙愿，授权其攻占君士坦丁堡，进而控制从黑海进入爱琴海和地中海的达达尼尔海峡（Dardanelles Strait）。接下来，英国人在托马斯·爱德华·劳伦斯上校（Colonel T. E. Lawrence）的领导下，成功煽动了土耳其帝国的阿拉伯人发动起义。1917 年，英国人发表了《贝尔福宣言》（*Balfour Declaration*），保证他们会支持在巴勒斯坦建立犹太人的家园。

1918年6月贝洛伍德战役中美军进攻德军的盘踞点（来源：美国国家档案）

在英军在加里波利战役中逐步陷入困境的同时，意大利得到关于奥匈帝国领土的承诺，于1915年5月参战并加入协约国阵营。在战争初期，协约国尤其是英国主要攻占德属非洲殖民国家；日本作为英国的太平洋地区盟友，主要负责攻取德国在亚洲和南太平洋的殖民地。

1916年，同盟军慢慢地蚕食着俄军的残余部队，军事焦点再次转回了西线。西线的两大战役反映出“一战”其实是一场徒劳无益的血腥争斗。1916年2月，德国猛攻驻扎在凡尔登（Verdun）要塞外的法军据点，誓要让法军血流成河，尽快缴械投降。可事与愿违，法国积极应战。法军统帅亨利-菲利普·贝当（Henri-Philippe Pétain）发誓：“决不能让他们通过！”誓言一出，军心振奋，在他的带领下，法军最终抵挡住了德国的进攻，但也付出了沉重的代价。战争结束时，德法两军伤亡人数高达75万。数月后，英国多次发动进攻，攻占德国在索姆河（Somme River）沿岸的军事据点。经过几周的激战，协约国军队只赢得15平方英里的战场，却造成了45万英军、34万法军的伤亡。德国也损失了超过50万兵力。

如此惨重的伤亡的确与拙劣的战略布局和领导力有关，但大规模杀伤武器的存在和新武器的不断引进也是重要原因之一。“一战”期间，重型火炮和机枪导致生灵涂炭。最先投入使用的武器装备有飞机、坦克、毒气和潜艇，它们具有毁灭性的杀伤力。

尤其是潜艇，其影响已远远超出战场。战争一开始，双方交战国实施封锁战略，意图切断对方供给进而迫使其投降。协约国主要靠英国舰队来维持封锁，而同盟国则寄希望于德国潜艇战队。德国的潜艇战斗力很强，但其水下战斗本身存在漏洞。与水上舰艇不同，潜艇无法停下来派人登上目标船只进行验证，只能将目标就地击沉。1915年德国潜艇错误地击沉了客轮“卢西塔尼亚号”（*Lusitianina*），事件造成1200名平民丧生，其中包括118名美国人。“卢西塔尼亚号”事故后，美方暴怒，一向中立的美国强烈反对交战双方的封锁行动。美国威胁德国，称将对其开战，德国首脑为此调整了潜艇作战计划。然而，就在1917年年初，德国再次发动潜艇大战。这一决定让美国下定决心，于1917年参战并加入协约国阵营。

1916年的日德兰海战（Battle of Jutland）是仅有的一次海上常规武器冲突，德国舰队冒险从港口出发攻打英国舰队。此次冲突实际上算是意外事故，尽管德

军以微弱优势取胜（德国军舰大炮的火力比英国强，军舰的总吨位是英国的两倍），但它还是撤回了港口，没敢再出海挑战英军。

正当数百万士兵在前线互相厮杀时，各国国内也发生着巨变。第一次世界大战引出了“总体战”（total war）这一概念。为了满足一场空前大战的需求，各国政府必须采取措施干涉正常的社会生活，动员所有的人力和物力参与战斗。国家征兵政策就是最好的例子，政府征召所有体格健全的中青年男子以应对战争。

政府赞助的一系列宣传活动也将目标对准了那些受管控的人群，希望通过扭曲的宣传提高民众士气，获得战争支持。与此同时，战争将国家财富洗劫一空，几乎每个参战国最终都面临破产的窘境。生活水平也在持续下降，各国政府都在寻找物资和人力的替代品，在劳动力方面，女性也做上了以往只有男性才做的工作。

德国在组织天才沃尔特·拉特瑙（Walter Rathenau）的管理下有效地实施“总体战”策略。拉特瑙对德国的生产力管控得当，领导德国科学家生产大量替代性工业品，减小了敌军封锁带来的负面影响。这些措施足以让资源稀缺的德国再战4年。成功掀起全面战争的俄国和奥匈帝国等国发现，自己打赢的机会，甚至说是生存的机会，越来越渺茫。

1917年，沙俄政府不堪战争重负走向覆灭。1917年3月，俄国首都圣彼得堡（St. Petersburg，“一战”时更名为彼得格勒）爆发革命。俄国沙皇尼古拉二世（Nicholas Ⅱ）很快就退位了，但革命却愈演愈烈；国内的局势越来越紧张，亚历克西斯·布罗希洛夫将军（General Alexis Brusilov）带领军队开展夏季攻势，结果与1916年那场战役一样，他也战败了。

布罗希洛夫将军战败，俄国军队随之分崩离析。沙皇政权一倒，国内为争夺“空位”上演权力斗争大戏。1917年11月，由弗拉基米尔·伊里奇·列宁（Vladimir Ilyich Lenin）领导的布尔什维克党获胜掌权，这个团体以马克思主义为指导思想，坚信全球工人阶级革命的发生具有必然性。布尔什维克党决意让俄国退出战争，遂与德国谈判。德国在谈判中极力讨价还价，双方于1918年3月3日签订《布列斯特－立托夫斯克条约》（*Treaty of Brest-Litovsk*，简称《布列斯特条约》），该条约的签订宣告德国在东线获胜。德国终于可以全力投入西线战斗，但殊不知西线的局势已发生重大转变。

俄国的退出与美国的参战几乎同时发生。1917年年初，绝望中的德国完全听

任鲁登道夫和兴登堡将军指挥，两位将军决定恢复“无限制潜艇战”，对英国进行封锁，争取一举让英国屈服。此决定激怒了美国，导致其于1917年4月6日对德宣战。1918年1月，美国总统伍德罗·威尔逊提出“十四点原则”（Fourteen Points），第一次清楚地列出了协约国的战斗目标。

美国的参战、“十四点原则”的提出、俄国布尔什维克党的胜利让协约国军队再燃斗志。此外，美国无穷无尽的人力、金钱、资源仿佛揭示出协约国最终会赢得这场僵持战。然而，美国用了将近一年的时间才进入战争状态，而这一年里西线战场的伤亡数量有增无减。

法军新任指挥官罗伯特·内维尔将军（General Robert Nivelle）沿用之前的错误战术，决定大举进攻敌军。但这次法军内部发生兵变，拒绝进攻。德国并不知道法军已分崩离析。随后凡尔登战役的英雄贝当将军接替了内维尔的职位，重整军纪，灾难才得以幸免。贝当为了保全军队转攻为守，等待美军支援。然而英国继续奋力向前，如《佛兰德斯战场上》（*Flanders' Fields*）一诗中提到的那样在帕斯尚尔（Passchendele）和伊普尔（Ypres）战役中浴血奋战，可终究还是难敌战壕中的德军，伤亡极其惨重。1917年10月，奥地利军队开进意大利的卡波雷托（Caporetto），南面战争爆发。约有30万意大利士兵被俘，40多万脱离前线。

若不是美国及时参战，外加上法国有总理乔治·克列孟梭（Georges Clemenceau），英国有首相戴维·劳合·乔治（David Lloyd George），这一年中所遭遇的失败本足以让协约国土崩瓦解。这些精明的领导人强压政治对手、打破陈规，决意赢取战争的胜利。

1918年，战争进入高潮，领导人的决心起到了关键性作用。德国从东线脱身后将大量兵力转入西线，企图在美国救援到来之前一举消灭英法联军。1918年3月，德国发起大规模进攻，胜利就在眼前，不料却在7月爆发的第二次马恩河战役（Second Battle of the Marne）中战败，此次失败预示着战争的结束。美军每月向法国输送25万兵力，德国已无取胜的机会。

1918年9月，德国将军向惊恐万分的威廉二世（William Ⅱ）报告了德军战败的消息，并将战争的指挥权扔给威廉二世。奥地利和匈牙利分道扬镳，奥匈帝国解体。1918年11月11日，停战协定生效。经过四年多空前的血腥厮杀，战争终于结束了。

1919年1月，战胜国在巴黎进行和平谈判。巴黎和会旨在重新分配战后利益。和会未邀请中途退出战争的俄国，而德国作为战败国自然没有资格参与谈判。至于获胜的盟友，他们意见不一，相互争吵，根本无法慷慨地达成严格意义上的和平。各国都想实现欧洲和平，但又各藏私心。通过努力，各国最终于1919年6月28日签署了《凡尔赛和约》，时间距弗朗茨·斐迪南在萨拉热窝遇刺刚好五年。

历史评论

1914年，随着气温持续飙升，欧洲迎来了史上罕见的酷暑，人们变得躁动起来。21世纪的读者一定会想为什么不用空调，因为那时根本没有空调，加上身着厚重的传统服饰，欧洲人民深受天气和眼前事件的折磨。炎热的天气刺激了“一战”的爆发，它虽然不是直接原因，但却是一帖催化剂。究其深层原因，可以归结为经济、军事、外交和政治的发展。颇具讽刺意味的是，正是电报、电话这些拉近欧洲各国距离的先进发明将它们再次分开。长期积累的种种因素加上近期发生的一些事件，为“一战”的爆发埋下了伏笔。

1914年6月28日，奥匈帝国的皇位继承人弗朗茨·斐迪南大公及夫人索菲（Sophie）在萨拉热窝遇刺，成为“一战”的导火索。刺客是一名名叫加夫里洛·普林西普（Gavrilo Princip）的青年，塞尔维亚民族主义者。1914年7月23日，奥匈帝国向塞尔维亚发出最后通牒。塞尔维亚声称希望和解，但奥匈帝国还是在5天后向其宣战。俄国出兵作为回应，德国紧随其后于8月1日对俄宣战，两天后又对法国宣战。8月4日，德军侵入比利时边境，英国为履行条约义务保护中立的比利时而参战，加入法国和俄国的阵营中。欧洲大陆转瞬之间陷入战争，英国外交大臣爱德华·格雷爵士（Sir Edward Grey）叹息道：“整个欧洲的灯光正在熄灭，我们在有生之年将不会看到它们重新闪耀。”

格雷的消极评价并非主流看法，因为各国人民都十分积极地在响应战斗，民族主义情绪高涨。战争犹如圣诞节，它是一个值得庆祝的节日而非一场需要哀悼的灾难。战争能将人们从贫乏生活的精神枷锁中释放出来，进而通过达成更高的道德目标来实现落后现代文化的蜕变，这些都是欧洲期望冲突能带来的积极影响。

然而各国一直认为此战就像一次体育比赛那样，短暂而辉煌，圣诞节前必能结束；殊不知这些只是基于错误假设的臆测。在德国的宣传海报上，年轻美丽的少女将鲜花或饮料递给即将离站出发的士兵们，男士们无论年龄大小都急着充当志愿者，生怕一开心就忘了报名；国内人民空前团结友爱，与战前的纷乱局面形成强烈对比。英国也贴出一张海报，标题为“你在画中吗？”，图中来自社会各阶层的英国人正排着长队等待应征入伍。此时流行的“国内和平阵营”和“神圣团结”的观念认为，在外部战争压力下，人民将会一致团结在领导人的旗帜之下。

但这是片面的图景，引人误解。有的人对战争持乐观态度，有的人却觉得此战绝非想象中那样“美好”。士兵们总是疏于战前准备，各国不得不对战争采取更加谨慎的态度。由于错估战争期限，反抗国没能采取必要措施以确保战士们和人民的粮食供给，也未备够制造武器和弹药的原材料。英国自以为他们“一切正常”，仍然坚持最初的决定。

欧洲人眼中的短期战争是有条件的，普鲁士必须在 1866 年果断拿下奥地利，然后在 1870 年至 1871 年的普法战争中快速攻陷法国；这也就意味着一个强国可以轻而易举地打败另一个强国。军事家们若回忆过去便不难想到美国内战，这场长达 4 年、伤亡惨重的战争足以让人警醒。1914 年 8 月前几周，战争朝着预期的方向发展，各国军队都在竭力谋求有利位置。一位来自拿破仑战争（Napoleonic Wars）时代的观察者眼中却看到了更多。骑兵们仍在列队慢跑，步兵正迈着沉重的步伐前行，马儿吃力地拉着装满供给品的车厢。1914 年 9 月，德军一进法国就被阻挡在马恩河，西线战场进入僵持局面。

僵局的出现说明了一个事实：随着科技进步，各国的防御能力有所提高。把美国大平原上圈养牛群的倒刺铁丝网用来抵挡军队进攻十分有效。帝国主义殖民者使用的机枪曾给亚非地区以致命打击，现如今枪口对准的却是欧洲列强自己的士兵。在重型炮弹的狂轰滥炸之下，军队为了生存不得不将掩体战壕挖得更深一些。1915 年年初，协约国和同盟国的平行战壕几乎从比利时海岸延伸到了瑞士边境。古朴的村庄被战火掩埋，战壕之间的泥地上满是尸体、弹坑、缠绕的铁丝网，人们称其为“无人区”。

欧洲各国以为战争是短暂的、辉煌的，不费吹灰之力就能取得胜利；可如今士兵们伤亡惨重却无力将血染的战场向前推进几米；幻想终究还是破灭了，冷漠、

愤世嫉俗、厌恶等情绪充斥着欧洲大陆。文学领域的发展同战争一样精彩，战乱催生了大量杰出的文学作品，既有彻头彻尾的民族主义宣传，也有渴望和平的战况实录。前线的牧师、医生和工作人员都变成了记者，将亲身经历记录成文供子孙后代查阅。法国的乔治·迪阿梅尔（Georges Duhamel）是一名德高望重的医生，他自愿请命担任四年医务官，撰写的小说《烈士与文明》（*The New Book of Martyrs and Civilization*）被译成了英文；亨利·巴比塞（Henri Barbusse）的《在战火下》（*Under Fire*）详细地记述了战争的苦难。这两位都是活跃在战争时代又极具争议性、启发性的作家代表。

停战后 10 年左右，战事已过去多年，作家们觉得是可以写写他们所遭遇的苦难的时候了，战争小说随之迎来创作高峰。罗伯特·格雷夫斯（Robert Graves）写了《告别一切》（*Goodbye to All That*），埃里希·马丽亚·雷马克（Erich Maria Remarque）写了《西线无战事》（*All Quiet on the Western Front*），这类小说讽刺意味极强。书中的士兵们一直试图去理解自己经历的战争苦难，渐渐发现战斗并不是为了实现政府大肆宣扬的宏伟目标，而是为了忠于并肩作战的战友；他们休假回到家中，但整个人却感到十分孤寂，因为国内的平民完全不清楚前线的状况，国家要的就是这些毫不知情的平民。

这场战争的规模空前浩大，军事将领又频频错失果断出击的机会，所以胜利到来之前必然会经历一场持久的消耗战。在这种情况下，武器、弹药、食品的民用生产状况会严重影响战争的结果。在这个关键时刻，平民的士气和“大后方”的稳固显得格外重要，政府正努力地激发大家对战争的热情。也许从来没有如此大张旗鼓的宣传，而现在为的就是鼓励大家参军，提高女性的就业率，同时丑化敌人说其毫无尊严、不懂尊重。笔实际上成了一把利剑，艺术已不复存在。文学和电影也是一样，它们都已被政治化，任由冲突双方操控来传达他们的意愿。

早在 19 世纪，法国的路易·拿破仑（Louis Napoleon，拿破仑三世）就展示出了宣传的积极作用，他能成功竞选总统，那一大批标语牌、圆形小徽章和类似的把戏可是功不可没。欧洲选区不断扩大，政治显得越发重要，宣传也随之增多。海报上不仅写着易记的口号或标语，连视觉图案也是为了突显某个具体信息。一提到美国战争时的宣传海报，人们就会想到著名的“山姆大叔征兵”，画中的男人一副父亲的模样，衣着包括红、白、蓝三种颜色，十分爱国，这位大叔号召符合

年龄要求的男子应征入伍，呼吁打倒以德国为首的同盟国集团，誓死保卫自己的家园和民族精神。欧洲各国也制作了海报来美化征兵行动。画中被人群簇拥的年轻男子穿着漂亮的制服，颇受女孩们的拥戴；但海报还间接地提醒即将入伍的士兵，如果他们对号召视而不见，战争的厄运很可能会降临到他们无辜的母亲和妻儿身上。敌国开始夸大匈牙利军队和哥萨克（Cossack）骑兵的野蛮残暴，将其描绘成人类文明的巨大威胁。

欧洲供给不足导致物资匮乏，粮食严重短缺。此时为了确保军民的持续合作，各国加大了宣传力度，虽然大部分内容都并非事实，但对敌军的影响则是毁灭性的。尤其当德国入侵中立的、毫无防备的比利时，大肆摧毁教堂、图书馆和其他历史建筑，其残暴形象跟协约国宣传中的分毫不差。人们极力声讨德国摧毁房屋、欺凌妇女的野蛮行径，一方面给了德军的敌人正当的参战理由，另一方面强化了反抗国对野蛮德国、发动“圣战”的念头。

政府针对敌方炮制大量宣传海报和文献的同时，和平倡导者与士兵们也用文学与视觉艺术描述着他们的战争经历，不过国家对这些作品的审查会减弱它们的影响。这些作品揭示了战争本身的残酷以及好战带来的不安，其中有一些是在战争期间完成的，但大部分的战争文学都是战后创作的，重现作者的经历和记忆，内容多为战斗本身或后方生活。

艺术家也用画笔描绘出了自己眼中的战争，立体主义风格是许多前卫艺术家的最爱。立体派描绘出了现代战争的混乱状态，它是一场与传统战役截然不同的战争，但比以前任何一场都更具破坏性。有些国家的艺术风格则不同，比如说法国，艺术家们喜欢选用较为传统的方式进行创作。1917 年古典主义开始复苏，这跟 1915 年意大利转而加入协约国参战有直接关系，因为意大利是一个古典主义的文明，信奉基督教，崇尚人文精神，势必会抵制德国的野蛮行为，这样一来，协约国便可以保护西方文明为由出兵攻打德国。法国曾是拉丁国家，所以国内艺术家的作品中经常会涉及罗马废墟、在伤兵头顶上盘旋的古代守护女神，以及像但丁（Dante）这样的先贤敦促大家坚持斗争。为了将古罗马文化融入 20 世纪的法国以振奋人心，法兰西国家象征“玛丽安娜”（Marianne）便应运而生。事实上，海报、肖像、卡片、图画都各具特殊意义，有的大力宣扬民族主义，有的极力歌颂世界和平。

但是宣传本身，不管是否具有说服力，都不足以有效地动员社会发动全面战争。战争中每个国家领导人都面临相同的困境，那就是如何在大量征兵填补空白的同时维持甚至加速工业生产，因为成千上万的人已被转移到了前线。这一困境促使欧洲国家加大对工业生产的干预，一个国家最常用的手段就是将劳动过程及民用生产“军事化”，一切按照军事化管理进行，对破坏工厂者严惩不贷。私营企业也要服从政府的法律法规，例如英国修建铁路需遵守《国土防御法案》（*Defense of the Realm Act*），法国禁止军火工人罢工。然而政府很快便发现，毫无计划地将人力运往前线实际上是得不偿失，将军们倒是很高兴能有这么多替代士兵，可是让技术工人上前线去填补兵员空缺被证明是得不偿失的。武器造不出来，有再多的士兵也没用。德国于 1916 年颁布了《辅助服务条令》（*Auxiliary Service Act*），工人陆续从一般产业岗转调到军工产业；农业也遇到了同样的难题，毕竟它对劳动力的依赖性很强。

前线的战局僵持得越久，这些问题就会越严重。那些从事不用服役的职业的技工人员不得不退出前线，甚至被禁止参军，事实上只有重组劳动力才能从根本上解决问题。工作一简化，技术不太熟练的员工也可以替代那些人在前线的技工。更戏剧性的是，大量雇用具有潜力的女性劳动者有助于维持正常生产。在这个过程中，妇女开始进入以前被禁止涉足的领域，慢慢地习惯每月领工资这件事。在法国，女性占到军工厂员工的四分之一，约有 160 万人。俄国女性在运输和公用事业中的工作十分出色；在工程、冶金和化工生产行业工作的德国女性人数是战前的 6 倍；英国女性是弹药生产的中流砥柱。有些学者认为，战争让女性获得了更多的就业机会和职业选择，是她们获得解放的重要经历。她们为战争做出了贡献，内心很是满足。而男性即使不情愿也不得不承认，女性现在也能胜任那些曾经强调性别差异的职业。英国和德国提议让女性参加选举，再次突出了她们扮演的新角色。

性别差异是否瞬间就消失不见了呢？之所以提出这样的质疑是有原因的。首先，战争产业中的女性人数激增只是暂时现象，战争结束后经济稳定、社会和平，士兵们回到以前的工作岗位，妇女们又被替换下去。其次，女性参加选举颇受争议，法国最终未能实现该提案，英国虽付诸实施，但女性在选举时的限制条件远比男性多得多。最后，在战争期间，无论是在工业或农业部门工作，还是从事国

内服务，女性都需承担自己作为女性的主要义务，做好后方工作，忍受家庭生活的艰苦，例如忍受食物匮乏。

由于政府未能制订有效的分配计划，抑制价格上涨，主要食品的供给变得越发紧张；德国于 1915 年 2 月、英国于 1918 年开始实施定额配给，法国于 1917 年有选择性地执行该政策。国家正努力解决人民的温饱问题，但现实中食物短缺的状况仍未得到缓解。许多人，例如工人阶级的孩子、领退休金的老人，虽有固定收入，但仍很难获取食物，因为当时好的食物都分给了男性工作者。英国和法国的情况还不算严重，俄国、奥匈帝国，以及遭到封锁的德国则相当贫困。举个例子，1916 年，奥地利 40% 左右的罢工都是由于食物短缺引起的，1917 年这一数字已经攀升至 70%。1915 年初春，俄国的女性愤怒不已，对食物短缺、价格飞涨提出抗议。

这种情况下就别打什么如意算盘了，勤俭节约才是后方渡过困难的最佳方法，于是便有了许多小型“战争花园”（第一次世界大战时各国私人住宅里的蔬菜园、水果园及药草园，用以缓解战争对公共食物供给所带来的压力）。战争期间还出版了大量烹饪读物，指导工人的妻子们搭配营养餐，学会如何利用有限的甚至倒胃口的食材做好每天的早餐、午餐和少量的晚餐。为进一步缓解当时的生活压力，政府开始控制租金，但这样做的只是个别国家。例如，法国的房价再攀高峰，拥挤现象越来越严重。

战争杀戮无休无止，工厂劳动力紧缺，人民生活矛盾日益突显，这种情况下政府能坚持这么长时间已是意料之外，“国内和平阵营”或“神圣团结”预期的正常牺牲恐怕只能到此为止。1917 年，俄国政府的权威受到挑战，接下来几年里德国和奥匈帝国也遭遇同样的质疑。各战斗国家积极动员社会参与全面战争，仿佛相信战争的回报与付出是成正比的。有的国家虽不能取胜，但战败后也许会爆发革命。我们不得不承认，1914 年以前，根深蒂固的社会与政治对抗让俄、德、奥三大国支离破碎，可真正导致权力崩塌的是战争。

如果你认为革命只是战时挑战权威的表现，那就大错特错了。工人、农民、士兵都已心怀异议。战争后期，欧洲罢工越来越频繁，随着战事的推进达到高潮（值得回顾的是，战争已打到了 1918 年，却没有任何要结束的迹象）。工会不断扩张，工人阶级踏上政治经济舞台，成为欧洲一道独特的风景，也是对现状的一大挑战。

大概一个世纪以前，英国一名宪章派（Chartist）激进分子鄙视那些吃饱肚子再进行反抗的人；1917年，一些不安分的公民将他的话变为现实，举行绝食抗议。

不仅人民表现出不满，士兵也开始提出异议。1917年，法国军队遭遇兵变，大部队受损，军方领导终于醒悟，明白应尽量避免不必要的或无计划的进攻。1918年，德国基尔市（Kiel）的海军军官下令进攻英国，若失败就"光荣地沉没"，士兵们对这项自杀式任务极其愤怒，他们厌倦了指挥官的无能和自己的忍气吞声，决定奋起反抗。俄国的情况更为复杂。1917年3月，二月革命后沙皇尼古拉二世退位，俄国成立临时政府，俄军继续为胜利而战，不让前3年的牺牲白费。俄军投入大量兵力进攻，可终究还是难敌德国的精锐部队。俄国再一次失败，倡导和平、重视农业和经济发展的布尔什维克主义大放异彩。1917年11月，俄国十月革命爆发，布尔什维克接管政权，随之俄国爆发长期内战。

英国的局势也不稳定。1917年春天，克莱德（Clyde）工人举行大罢工，这个位于苏格兰西部的工程造船基地顿时一片混乱，接着在威尔士和兰开夏郡（Lancashire）也发生罢工事件，产生了诸多不良后果。最引人注目的要数1916年4月的复活节起义（Easter Rising），只听都柏林枪声四起，爱尔兰民族主义者发动起义，希望成立独立的爱尔兰共和国（Irish Republic）。最后，爱尔兰军队被英军强行镇压，起义领袖被处以绞刑。

当然，战争期间社会主义盛行。社会主义政党最初只是广泛支持战争，并未过于显露出树立社会主义意识形态的念头。德国社会民主党（Social Democratic Party）批准战争贷款，许多英国工党（Labour Party）成员拒绝反战的和平诉求，法国社会主义者支持"神圣团结"。随着战事的演变，社会主义党派成员逐渐减少，他们对运动方向有了不同看法，不仅仅指对资本主义的态度，还涉及在伤亡惨重的事实面前是应该拼命再战还是握手言和。法国社会党成员数量下降了三分之二，战争结束时只剩3万人左右；德国社会民主党成员数量直降四分之三，1917年时只剩24.3万人。

在战争期间，工会成员在生产中成绩突出，巩固了工会的实力。法国工会成员人数从1913年的35.5万增加到1918年的60万；英国方面则从1914年的400万增加到1920年的800万。德国却截然相反，因为许多成员都远赴前线，政府又严格限制工会扩张，尤其是在战争后期保罗·冯·兴登堡和埃里希·鲁登道夫

将军的“独裁”统治下。社会党成员的庞大数量并不意味着工人阶级的角色已发生转变。从某个角度来看，战时国家影响力的扩展可以看作一次“战时社会主义”（war socialism）实验，是对劳动思想的一种认同。例如，英国工党总结战争经验，于 1918 年采纳了更为明确的社会主义章程。战争结束不久，德俄同为社会主义政府。5 年后，工党成为英国的执政党。

1918 年 11 月，“一战”宣布停战（不过俄国仍在饱受内战之苦）。美国官员沃伦·哈定（Warren G. Harding）一句“回归正常”道出了人们的心声，可要实现国内稳定仍旧困难重重。战后大家的视线都转向协商，希望促成持续和平。问题在于 1918 年德军的迅速溃败，而此时战事都发生在德国以外的地方。事实上，虽然俄国退战让德国小胜，但美国又在 1917 年 4 月参战抗击德国，德国当时同英法一样，枪支弹药差不多快要耗尽，根本无力抵抗大部队开进欧洲的美军。

参加和谈的获胜国聚集到凡尔赛签订条约，建立战后欧洲新格局。德国当然不是代表，只作为战败国来在条约上签字。鉴于德国是战争的挑起者，协约国在条约中承认德国治下民族的自决权，并决定瓜分战败德国的殖民地，严格控制其军事规模和设备。战胜国重新绘制欧洲地图，抹去已经灭亡的奥匈帝国和奥斯曼帝国；欧洲东部建立起许多小国家，起到了一定的缓冲作用，有利于保护“民主欧洲”免受东方布尔什维克主义的“污染”。现在回想起来，这些国家实在太小，根本无力抵御德国和苏联在 20 世纪 30 年代的扩张，其中许多国家因为民族对抗导致分裂。

然而《凡尔赛和约》的规定远不止局限在地理板块这一方面。战争消耗了大量的人力财力，长久的牺牲需要实实在在的回报，各国对战败国的战争赔款展开激烈讨论。侵略国德国需签署条约，这个战争挑起者要为战争期间协约国遭受的“损失与破坏”买单；这就是著名的《凡尔赛和约》第 231 条或称“战争罪责条款”（War Guilt Clause）。此种做法遭到德国国内极端分子的反抗，他们争辩道：协约国既然在其他情况下都能宽容地承认各国的权利，为何如此践踏德国的民族权利？让德国独自承担战争后果是不现实、不明智的，德国根本无力支付天文数字般的战争赔款，这给德国新民主政府魏玛共和国（Weimar Republic）施加了巨大的经济和精神压力。

爱德华·格雷爵士的预言最终变成了现实，第一次世界大战成为历史的一个

分水岭。它在一定程度上助长了某些现象，例如政府干预加强、女性地位提高，但没能促成实质性的转变。战后的欧洲生活发生了重大变化，大多数国家的经济遭受重创，仍在恢复之中，1929 年的经济危机就是最好的证明。投资萎缩、债务堆积、贸易中断，都是战争的“后遗症”。19 世纪迎来发展高峰的自由主义，在战后变得遥不可及。理性地调解争端已经不能阻止战争，主权呼声高涨，受尊敬的人们在国家权威的打压和屠杀下消失不见。1918 年之后，意识形态中出现了像法西斯主义这样的集体主义，鼓吹暴力解放，比旧自由主义更具吸引力。事实上，如果第一次世界大战没有发生，纳粹执政想必很难成功。另外，美国参战，在战后经济生活中扮演重要角色，欧洲孤立情绪虽然强烈，但仍不能割裂美国与欧洲的联系，不难看出，20 世纪欧洲的历史走向深受第一次世界大战的影响。

玛丽莲·希文–库切（Marilyn Shevin-Coetzee

弗朗茨·库切（Frans Coetzee）

玛丽莲·希文–库切（Marilyn Shevin-Coetzee），独立学者，任教于耶鲁大学和乔治·华盛顿大学，在芝加哥大学获得博士学位。与弗朗兹·库切共同编著《权威、身份与“一战”的社会历史》（*Authority, Identity, and the Social History of the Great War*，1995）和《水深火热的世界：“二战”参考书》（*The World in Flames: A World War II Sourcebook*，2010）。

第五十章

俄国革命（1917—1921）

概　述

1917 年 3 月，在第一次世界大战中德军受到来自俄军的沉重打击，而摇摇欲坠的沙皇政权终于崩塌。（布尔什维克革命之前俄国一直用儒略历纪年而非现行公历，根据不同的纪年法，沙皇政权的倒台发生在 1917 年 2 月或 3 月，同理，布尔什维克革命爆发的时间为 1917 年 10 月或 11 月。）意志薄弱、优柔寡断的沙皇尼古拉二世退位，罗曼诺夫家族无人继承皇位，有着三百余年历史的罗曼诺夫王朝走向灭亡，俄国从此深陷革命旋涡。

沙皇王朝一倾覆，俄国两大派立刻开始争夺政权。其中一派是以克伦斯基为首的临时政府，声称自己才是政权的合法继承者。1905 年以前，沙皇俄国一直是封建专制制度，一切法律权力都由沙皇掌控。尽管皇室积极粉碎任何政治反动，19 世纪时期地下组织的反政府热情依旧有增无减。1905 年俄国爆发一系列革命，沙皇很不情愿地让出部分权力，建立杜马议会（Duma）允许其行使部分立法权。俄国温和派对沙皇做出的让步表示满意，但激进派持反对态度，强烈呼吁继续革命。1907 年后，沙皇权力受限，但杜马却保留了下来，后于 1917 年 3 月转变为临时政府。

革命时期，临时政府的强劲对手是以工人和士兵为代表的彼得格勒苏维埃——他们在全国有众多追随者（“一战”爆发后，俄国首都圣彼得堡改名为彼得格勒）。1917 年 3 月，苏维埃代表中包括俄国大多数激进政党，有社会主义革命派（Social

Revolutionaries)、孟什维克(Mensheviks)、布尔什维克;它还拥有众多来自当地军队和工厂的领导者，他们不属于任何激进派。

苏维埃希望为俄国量身打造新型社会主义，与临时政府相比，它愿意采取更激进的行动。两者的革命立场不同，苏维埃更能真切地反映普通民众的愿望。但是，在其成立初期，苏维埃的目标并不明确，领导层也界定不清，又毫无执政经验，其构成党派还经常相互发生冲突，因此不得不放弃夺权，让位于临时政府，自己作为其竞争对手存在。总的来说，苏维埃很受欢迎，但对未来仍十分迷茫;临时政府倒是制定了明确目标，但又缺乏群众基础。

1917年春夏，临时政府总理格奥尔基·利沃夫公爵(Prince Georgy Lvov)无力控制日益恶化的局势。俄国经济继续崩溃，“一战”仍在继续，人数众多的贫农要求政府分地。政权逐渐向左派转移，7月20日，亚历山大·克伦斯基(Alexander Kerensky)这位政府中唯一的社会主义成员被任命为总理。

当温和的、主张不革命的阵营掌权后，布尔什维克革命派也开始加强自身权力。鉴于当时局势，流放东西伯利亚的领导人弗拉基米尔·伊里奇·列宁回到彼得格勒，帮这个小党派指明方向、确定新目标。他发表了著名的《四月提纲》(*April Theses*)，呼吁布尔什维克拒绝与临时政府合作，准备夺取政权。列宁敦促布尔什维克夺权，为他渴望的社会主义革命铺平道路。他还要求布尔什维克领导愤怒的工农阶级，充分利用群众的不满情绪。

临时政府已经失控，面对日益严重的混乱局面，列宁采取了更加激进的措施。特别讽刺的是，临时政府在许多方面自拆自台，它不但没有满足农民的土地需求，而且未能让俄国从战争中抽身。令人瞠目结舌的是，1917年春天，临时政府命令士气低下的战败俄军前去进攻，这一极其愚蠢的行为让俄国吃了败仗，分散了整个军队的凝聚力。

1917年7月，彼得格勒爆发骚乱，日益加深的危机让愤怒中的人民和士兵更加沮丧，纷纷组织起来反抗临时政府，历史上称为“七月流血事件”(July Days)。暴乱毫无预兆，是一次无领导的自发运动。“七月流血事件”让布尔什维克党陷入两难的境地。

列宁无奈之下只得命令布尔什维克加入战斗，然而临时政府兵力充足，最终平息骚乱，彼得格勒的秩序得以恢复。七月流血事件后，布尔什维克被解除武装，

列宁逃离彼得格勒，布尔什维克的几位重要领导人被捕。但临时政府太过软弱，未能对布尔什维克乘胜追击。

临时政府刚刚解除七月危机，没过几周便又出现新的挑战。克伦斯基的临时政府中社会主义党派人士越来越多，而保守派和温和派则聚集到拉夫尔·科尔尼洛夫将军（General Lavr Kornilov）身后。据说这位受人民热捧的将军有着“狮子心和羊脑袋”，他于9月初向彼得格勒开进，克伦斯基不得不解禁布尔什维克并向其求援。临时政府还向群众发放枪支，用以击退科尔尼洛夫。

科尔尼洛夫的威胁消除了，他未能按计划发动攻击，军队不听其指挥，他一手酿成了自己的悲剧下场。布尔什维克是科尔尼洛夫事件的受益方，终于被解除了武装禁令，同时获得大批民众的支持。

科尔尼洛夫事件后，布尔什维克控制了彼得格勒和莫斯科的苏维埃，从此以苏维埃身份示人，苏维埃是一个比布尔什维克更受欢迎的更大的组织。几周后列宁回到彼得格勒，为推翻临时政府发动武装起义。

随着布尔什维克队伍的不断壮大，临时政府渐渐衰弱。政府不得人心，对前途一片迷茫，其内部管理者发生分化，只能放任自流。列宁抓住时机，得到马克思主义者列夫·托洛茨基（Leon Trotsky）的鼎力相助，下令让布尔什维克发动攻击。1917年11月7日，布尔什维克部队占领了彼得格勒大部分地区，冲进临时政府的老巢冬宫。部分军队集结在被包围的临时政府门前，还没到黄昏，布尔什维克便宣告胜利，俄国革命掀开新的篇章。

许多国家，尤其是西方国家，都希望新生的苏维埃政权快速倒台。布尔什维克接管的俄国不过是一具“尸体”，“一战”爆发3年来，俄国已经一贫如洗。布尔什维克掌权后战争仍在继续，德国军队已逼近彼得格勒。俄国简直是一败涂地，本就陈旧的运输和通信系统成了废墟一片，工业生产每天都在衰退，乡村地区更是混乱不堪，波兰人、乌克兰人这些原本被迫加入俄国的少数民族也开始要求自身独立。

面对如此暗淡的前景，列宁及其追随者认为首要任务还是加强自身权力，同时要坚定长久以来支持其前进的马克思主义信仰，他们为此制定了一系列法令法规，其中有禁止富农扣押土地的《土地法令》（*Decree on Land*），还有呼吁交战各方进行和谈实现公正与和平的《和平法令》（*Decree on Peace*）。1917年12月，俄

国遵循《和平法令》停战与同盟国举行和谈。

布尔什维克在颁发这些满意度超高的法令时，也进一步巩固了自身权力。同年 12 月，它成立秘密警察组织契卡（Cheka），命令其揪出并消灭所有显现或潜在的反革命分子。1918 年 1 月，布尔什维克强行解散民主选举的立宪会议，原本期望自身可以建立一套新的政府体系，可是在 1917 年的选举会上，707 个席位中布尔什维克只拿到 170 个。立宪会议显然威胁到布尔什维克的权力，因此只开了一天就被解散了。

和谈之路并非一帆风顺。布尔什维克在波兰的布列斯特 - 立托夫斯克小镇会见了德国代表，德国要求新生政权做出重大让步。布尔什维克试图讨价还价，但未成功，于是在 1918 年 3 月 3 日被迫签署了《布列斯特条约》，波兰、芬兰、爱沙尼亚、拉脱维亚、立陶宛和乌克兰不再受苏俄控制。苏俄一下子减少了 6000 万人，是其人口总数的四分之一；同时还失去了四分之一的耕地、铁路、工厂以及四分之三的铁和煤炭。只有从“一战”中退出，俄国才能有机会挽回条约中的损失。

布尔什维克的支持者，包括士兵们，于1917年11月7日将临时政府赶下台。（来源：《伦敦新闻画报》图片库）

许多布尔什维克领导人拒绝签署如此苛刻的和平条约，但列宁争论说，要想保住苏维埃政权，就必须取得和平，也就意味着要不惜一切代价停止战争，布尔什维克最后执行了列宁的意见。列宁认为和平能让布尔什维克有时间“喘口气”，然后再在俄国进行社会主义革命。然而情况并非他想的那么乐观，该条约签订没几周，内战便爆发了。

布尔什维克主要依靠其新组建的红军，这多亏了列夫·托洛茨基优秀的组织能力。红军的对手是白军，绝不是什么自由主义者、温和社会主义者和激进派的混合体，他们当中有反布尔什维克主义者、军职人员、君主主义者和保守派。最终，盲目反动派和狂热的俄国民族主义者占了上风，自此，白军的大多数行动都由他们指挥。

内战期间，布尔什维克制定了“战时共产主义”（War Communism）政策。战时共产主义有两大目标，一是利用所有可用的资源进行内战，二是快速将俄国转型成社会主义国家。依照共产主义方案，政府将土地和工业收归国有，取缔私人贸易，由国家实施限额分配，强制征收食物、征用劳动力。

虽然战时共产主义让本就混乱的经济秩序跌入深渊，成千上万的人民对布尔什维克表示不满，但它也许能帮红军赢得战争。白军的无能让红军有机会取得决定性胜利。法国、英国、日本、美国等国对俄国内战进行干预，实施封锁政策，这些看似有利的条件并未帮助白军成功战胜红军。

白军没有能力协调好军队，注定要面临失败。其军队并非一支统一部队，而是由几支分散的部队组成，每支队伍都有自己独立的指挥官、行动方案和目标。白军在苏俄外围的少数民族国家集结和发动战争，可一直奉行极端民族主义的他们却跟这些国家关系疏远。白军在战争中的种种劣行令人厌恶，它一心想沿用革命前的土地所有制，农民们对此感到震惊和失望；白军逐渐失去人心，基本得不到任何支持，获胜的可能性太小。

俄国内战持续了 3 年之久，国内大闹饥荒，死亡人数高达百万。1921 年初，布尔什维克获胜，俄国国内却是个烂摊子。总之，革命已经过去，列宁领导布尔什维克获得了胜利，俄国未来的命运将由他掌控。

历史评论

1917年，弗拉基米尔·列宁领导的布尔什维克快速接管俄国，他本人当时住在瑞士苏黎世。革命爆发前，列宁为远离沙皇政权身居国外十余年，密切关注国内发生的重大事件，时刻思虑如何扳倒沙皇政权。1905年，俄国革命爆发，他回到彼得格勒，希望能帮助推翻沙皇；结果事与愿违，沙皇尼古拉二世镇压了革命，列宁再次逃往国外。20年来，一直有一个信念支撑着他，他坚信俄国随时会爆发社会主义革命。1917年1月，46岁的列宁说："我们老一辈可能等不到革命决战到来的那天了。"

事实证明他错了，没过两个月尼古拉二世便被迫退位。近代史上有个问题引发了无数历史学家的争论，苏联解体后革命问题又成热点。"俄国到底为什么会爆发革命？"是因为工人阶级不满，布尔什维克就见机引发了革命吗？或者革命本来就是一场意外，是"一战"期间俄国经济崩溃的结果？是布尔什维克政府命里注定，还是当时情况所迫？

为了了解革命的影响，即引起革命的内外因素，我们必须知晓这些问题的不同答案。

我们必须了解俄国的长期历史趋势。20世纪90年代，革命再次席卷俄国，同1917年的那次革命有许多相似之处，但两次革命也有一点明显的区别。1917年革命结束后，布尔什维克构建新的政府和社会体制对邻国构成威胁；而在戈尔巴乔夫和叶利钦统治期间，苏联则试图建立一个更为民主的政府和更加开放的市场经济体制，这两项措施都得到了相邻发达强国的支持。

列宁一直坚持革命是历史的必然产物。接下来的70年里，苏联历史学家几乎一致认同列宁的观点。随着自由时代的降临，西方大多数历史学家对此持有不同看法，他们回顾1917年前俄国的历史，发现它走的是西方传统君主立宪和民主政体的道路，革命毫无必要，只会改变其本来的发展方向。自20世纪60年代起，这种"自由派观点"便一直盛行，而后修正主义历史学家企图挑战并修改它。谁知后来苏联解体，俄国走上了民主发展道路，自由主义历史学家反驳修正派说：俄国革命和之后70年的共产主义只不过是其总体发展道路上的一段小插曲。

几乎所有革命都不可能是瞬时事件，俄国革命亦是如此，它是一个长期的过

程，包含自然的发展阶段。1917年俄历2月，“一战”开始的第三个暗淡冬天，俄国革命爆发了。俄国当时的伤亡人数高达800万，比其他参战国加起来的总数还要多。敌军占领了俄国西部，那里有其四分之一的产业，当地人口是战前总人数的四分之一。未被占领地区的通货膨胀现象十分严重，失业率激增，人们强忍饥饿与寒冷。大多数俄国人对俄军、沙皇政府，尤其是尼古拉二世早已失去信心。俄历2月末在俄国首都彼得格勒发生的罢工事件再次印证了这个事实，罢工活动迅速发展成反战示威，成千上万的游行者要求沙皇退位。警方这一次没能成功镇压示威活动，军队又不愿意插手，最终示威活动演变为一场革命。

杜马（1905年期间建立的立法机关）的代表、军队将领、工业领袖，以及其他公共机构的领导者们一致认为：尼古拉二世退位是恢复秩序的唯一方法。在他们的坚持下，沙皇虽不情愿但还是放弃了帝位。他们重新组建了一个临时政府，这样做不是为了夺权篡政，他们举行选举是为了体现立宪会议的作用，希望它能制定宪法并监督每一届政府的选举。支持战争也许会让新政府迅速倒台，但他们依然表示俄国应继续与英、法这两个民主国家联手反抗皇帝统治下的德国。

俄国国内和西方民主国家对它的首次革命表现出极大热情。1917年，工业化和城市化的步伐加快，高等教育得到进一步发展，产生了大批崇尚自由、实力强大的中产阶级和对沙皇政府失去信心的工人阶级。前者是沙皇时期公共机构的主要从业人群，例如俄国的杜马，也是临时政府的基础力量。苏俄工农委员会（Soviet Council of Worker's and Soldier's Deputies）代表了工人阶级的利益和愿望，与临时政府同时同地成立，它们支持新政府的建立，但提出了前提条件。这两个群体都盼着尼古拉二世退位，希望有机会重组俄国。

美国对此事件也同欧洲国家一样热情。在该事件结束后的第一次演讲中，美国总统伍德罗·威尔逊欢迎俄国走上民主发展道路，提及了近期俄国国内发生的振奋人心的大事件。同其他盟国一样，美国很高兴看到俄国转变为民主政体。俄国革命一定程度上提高了其抗战能力、坚定了抗德决心，让近期决定参战的美国欣喜若狂。

临时政府的好景不长，他们执意让俄国继续参战，国内产业衰退、国库空虚、人力枯竭，这些导致尼古拉下台的问题变得更加尖锐。

抗议战争和临时政府的左翼党派成长迅速。仅仅6个月就有3个临时政府垮

台，都是因为无法妥善处理自身造成的资源短缺和疾苦惨状。各个派别之间的冲突比先前的临时政府有过之而无不及。部长们每每提出某个问题的解决方案便会遭受各种质疑，有的人认为他们太激进，有的人则又觉得太保守，解决俄国诸多问题的唯一解决方式大概就是与德国单独媾和，但政府绝不会接受这样的提议。

1917 年 6 月，应盟友要求，临时政府对德国和奥匈帝国发动大规模进攻。盟军认为两条战线同时进攻也许就能打破“一战”战场的僵持局面，从而逼迫德国早日投降。俄国希望进攻能够获胜，好借此重振军队士气，将其从早期失败的低迷中解救出来，政府也会因此大获人心。俄国果然没让欧洲盟友失望，它在东线牵制住德军，盟军在西线战场终于略获佳绩。但没过多久，整个美梦幻灭了。那次胜利之后，俄国便一直吃败仗，德军发起反攻把俄军打得狼狈不堪，整个军队从此一蹶不振，逃兵越来越多，俄军大势已去。

从 7 月到 9 月，临时政府内部的争吵已经让其濒临崩溃，再加上强大的苏维埃和布尔什维克从外部拆台，临时政府逐渐走向灭亡。到了 10 月，主要政党都从中立倒向左翼，只有布尔什维克仍置身政府之外，它希望临时政府早日垮台并呼吁停止战争。其他党派都因战败而受到公众铺天盖地的声讨，只有布尔什维克坚持反对战争，声称战争必然导致灾难，因此没有被责怪。俄历 10 月 25 日（公历 11 月 7 日），布尔什维克党推翻了奄奄一息的临时政府。

布尔什维克的领导人建立了苏维埃政府。临时政府成立时得到各界的大力支持，但这个新政府却恰恰相反。大多数俄国人不确定布尔什维克的目标是什么，他们存有担心并不奇怪，因为布尔什维克自己都还不能确定要做些什么。不过它在一些大问题上的态度还是相当明确的，就在布尔什维克接管政权的那天晚上，列宁在苏维埃代表大会上宣布：从今以后所有土地归农民所有，工厂也将还给工人。他的具体意思当时还不十分明确，但扑灭了许多人心中的怒火。在战争问题上，布尔什维克的态度模棱两可，盟军担心布尔什维克会像之前说的那样退出战争。布尔什维克党害怕德军的进攻，他们当中大多数人想发动“革命战争”以保卫社会主义革命，引导德军士兵把枪口转向他们自己的长官。以列宁为代表的少数人担忧，如果不退出战争，人民的愤怒将会吞没整个政府。1917 年 10 月至 1918 年 3 月，俄国对此问题折中处理，大多数时候都坚持“不战不和”的政策。

这个时候布尔什维克需下定决心，只要对手的弱点暴露出来，保全自身便不

在话下。那时有一个叫作“社会革命党”（Social Revolutionaries, SR）的政党受到广泛支持，他们中大多数人遵循布尔什维克主义，反对使用武力；布尔什维克颁布土地法令后，抢走了社会革命党的风头。其他组织，包括军队都没有足够的信心去扫除所有阻力，但是布尔什维克不这么认为，它坚信这是历史的必然趋势，是一项伟大的正义事业，布尔什维克已经做好采取武力手段打击对手的准备。

通过选举产生立宪会议代表并召开立宪会议就是最好的证明。临时政府等到9月才宣布选举大会定于11月举行。俄国自3月起就危机不断，临时政府决定把这次可能导致党派分裂的重要会议推迟到战后举行。然而，临时政府等不到战争结束了。布尔什维克上台执政，开始争论是否应立即召开选举大会，它担心自己难以获胜，但又不想做出不民主的独裁举动，因此决定举办选举大会。选举当天，布尔什维克只获得24%的选票，而社会革命党赢得57%的选票。1918年1月，议会成员召开会议选出了社会革命党的领袖。代表们第二天出发再次召开会议，却遭布尔什维克卫兵半路拦截，尽管大家对其怨声载道，甚至有社论公开批评布尔什维克的专横行为，但并无武装抵抗。十月革命结束后不久，列宁授权费利克斯·捷尔任斯基（Felix Dzerzhinsky）成立了一个叫作“契卡”的特殊组织，专门打击蓄意破坏、投机倒把等反革命活动。（他们逮捕蓄意破坏、投机倒把的犯罪分子。然而“契卡”很快就变成了政治警察。）

反对布尔什维克的行动在缓慢的预谋中。布尔什维克于1月解散了立宪会议，苏俄于3月退出了第一次世界大战。在此期间其对手纷纷云集，原沙皇将军、各大党派政治人物开始对布尔什维克发动军事进攻。1918年年中，内战爆发，俄国大片地区依然被德军占领，直到11月“一战”结束德军才撤出。内战一打就是3年，虽然比世界大战时间短、破坏力小，却是一场残酷的、苦涩的激战，夺走了500多万俄国人的生命。“一战”导致俄国国内工业结构失调、通货膨胀加剧、失业率上升；内战爆发后这些问题进一步恶化。1921年，内战双方大肆破坏农庄，打击报复那些帮助敌军的村民，农民根本没时间在春季耕种，秋季必然收获甚微，难以养活整个国家。1921年至1922年，俄国闹饥荒，又有100多万人死去。

1918年至1919年，俄国的盟友们也不情愿接受布尔什维克政权。协约国主要担心一旦布尔什维克退出“一战”，德国便会将兵力集中到西线战场，自己国内也会因受布尔什维克影响而产生社会动荡。如果他们承认俄国的共产主义，也就意

味着鼓励西方工人阶级和社会民主组织奋起反抗。布尔什维克坚信全球性的社会主义革命时代即将到来，只有这样俄国的革命政权才能生存下去。1919 年 3 月，俄国成立共产国际（Communist International），将革命"出口"到国外。协约国以抗击德国开辟第二条战线为借口，在战争即将结束之际，英、法、美军队登陆摩尔曼斯克（Murmansk）、符拉迪沃斯托克（海参崴）、克里米亚三大港口城市。日本并非协约国成员，但它趁沙俄倒台，占领了其东部几个沿海省市及东西伯利亚地区。这些外国军队与布尔什维克没有过多交集，但也没有向白军提供什么援助。他们的入境没有改变内战的结果，也未能推进"一战"的进程。"一战"结束后，协约国没有停止对苏俄的干预，显而易见，西方领导人真正担心的是国际共产主义革命会对他们产生不利影响。

他们的担心成了现实。战争一结束，欧洲部分地区便开始爆发共产主义革命。与俄国如出一辙，政府无法妥善处理当地问题，人们示威游行，最终演变成革命，毋庸置疑，俄国革命对他们的领导者起到了激励作用。巴伐利亚（Bavaria）和匈牙利的共产主义者夺得了政权。在战后的自由选举中，共产党、社会民主党和工党的支持率较高。几个欧洲国家立法建立现代福利国家。与其说这是俄国革命的影响，倒不如说是"一战"的必然结果，表面上布尔什维克已取得胜利，但实际上还需花费大量精力安抚激进的政治力量。

美国等西方国家遭遇"红色恐慌"（Red Scare），极力打击战后激进主义和共产主义。美国许多激进工会成员和工人运动人士都来自国外，他们才到美国不久，还未成为正式公民。20 世纪末，美国迎来移民大浪潮，移民者多来自俄国和其他东欧国家。1919 年，美国发生了几起罢工和无政府主义连环爆炸事件，许多美国人认为这是共产主义革命，要求政府采取行动。1919 年 8 月，司法部长亚历山大·米切尔·帕尔默（A. Mitchell Palmer）在司法部内成立了情报局，任命埃德加·胡佛（J. Edgar Hoover）主管一切事务。1919 年 11 月至 1920 年 1 月，情报局突击全国所有疑似为激进组织的联盟（其中有一个叫"俄国工人联盟"），并逮捕了近 7000 人。虽然警方和联邦探员在调查和审讯过程中已经侵犯到公民权利，但还是有人因害怕遣返而认罪。1920 年年中，"红色恐慌"逐渐消失。

革命派为缔造国内和平、结束战争，多次以影响俄国的领土范围为代价。1917 年年初，沙皇倒台。1918 年 3 月，布尔什维克同德国签订了《布列斯特 - 立

托夫斯克条约》，俄国丧失西部和南部领土，有四分之一的俄国人居住在那儿。德国投降后该条约作废。1919 年签订的《巴黎公约》重新加入《布列斯特 - 立托夫斯克条约》的多项领土条款，芬兰、爱沙尼亚（Estonia）、拉脱维亚（Latvia）、立陶宛、波兰相继独立，而波兰的一大半领土原属于俄国。

革命最重要的影响是从里到外彻底改变了俄国政体和社会性质。布尔什维克在 1917 年时还不知道什么样的政府适合建设社会主义，他们为此争论不休，直到约瑟夫·斯大林出现，问题才有了答案。布尔什维克执政初期，危机不断出现，政权还不够稳定，布尔什维克领导人认为需要实行“无产阶级专政”。布尔什维克虽然坚持一党专政，但在执政的头 10 年，其内部主张自由讨论，欢迎发表不同意见。从理论上讲，专政是暂时的，它会随着社会主义不断发展而渐渐消失，到那时政府也就没有存在的必要了。

无产阶级坚信与资本主义国家的战争是不可避免的，因此俄国的无产阶级专政让邻国十分担忧，他们害怕本国人民和工人阶级受其影响行动起来。俄国和其他欧洲国家双方彼此恐惧、缺乏信任，俄国最终成了欧洲各国的“弃儿”；20 世纪 20 年代，德国因引发第一次世界大战被欧洲遗弃。列宁逝世之前，被抛弃的俄国逐渐向德国靠拢。在极端恐惧之下，欧洲建立了联盟体系，导致第二次世界大战爆发，并造成了我们称为冷战的战后紧张格局。

1991 年苏联解体，许多共产主义者指责斯大林是这场时代悲剧的罪魁祸首，如果没有他，革命会是另一番景象。1953 年，斯大林去世，某些情绪被悄然触发。

有些历史学家对此持不同观点，他们认为斯大林主义是苏俄早期统治的自然结果。西方作家看待此问题与看待革命爆发的原因态度一样，各说各话。大部分研究者认为布尔什维克是真正的革命者，他们有过痛苦的内战经历，并一直以建立社会主义国家为首要任务；在这样的背景下，斯大林采用当时的统治方式是很自然的事。在斯大林统治期间，布尔什维克肃清了敌人；截至 1928 年，社会主义的建设道路多次遭遇挫折。

革命使俄国社会发生了重大变化。1917 年，布尔什维克不仅不知道应该建立什么样的政府，也不清楚真正的社会主义是什么样子。“工人拥有工厂，农民获得土地”具体意味着什么？是私有制还是集体制？是允许部分工厂和农场获益而其他的倒闭吗？以前的财产拥有者和专业技术人员，也就是无产阶级意欲反对的上

层社会成员，其遭遇将会如何呢？劳动产品会进行分配吗？政府在这个过程中到底扮演了什么角色？

内战期间，布尔什维克将所有大型工业、银行、通信企业等国有经济“制高点”收归国有，集中所有物质供给战斗中的红军，从农民手中征收大量粮食。这些经济政策统称为“战时共产主义”，它跟新经济政策时期采取的其他措施一样纯属权宜之计。

布尔什维克执政后再次遭遇经济问题，他们之前并未认识到问题所在。1921年，政府出台新经济政策，允许混合型经济体制。经济的“制高点”依然掌握在政府手中，但农业、小型工业、零售业、服务业属私营部门。激进的布尔什维克主义者对新经济政策的受益者表示不满，为自己在革命和战争中所经受的苦难抱不平。斯大林建设社会主义时停止了所有独立的经济活动，实施经济国有化政策。

俄国革命对俄国、欧洲，乃至整个世界都产生了深远的影响。虽然革命的结果跟起初的梦想有一定差距，但所有革命都是如此。

布鲁斯·亚当斯（Bruce F. Adams）

布鲁斯·F. 亚当斯（Bruce F. Adams），路易斯维尔大学历史系教授，于马里兰大学获得博士学位。主要著作有《惩罚政治学：俄罗斯监狱改革》（*The Politics of Punishment: Prison Reform in Russia*，1996）和《俄罗斯的小型革命：20世纪的苏联和俄罗斯轶闻》（*Tiny Revolutions in Russia: Twentieth-Century Soviet and Russian History in Anecdotes*，2005）。

第五十一章

法西斯主义的兴起（1919—1945）

概　述

法西斯主义是一种集一党专政、强压反对派、中央集权，极端民族主义、极端种族主义、好战主义于一体的政治体系。法西斯主义思想源于19世纪，但被普遍认为是20世纪的重要运动之一。意大利的贝尼托·墨索里尼和德国的阿道夫·希特勒的法西斯统治催生了众多模仿者，他们向世界展示出一种独特的政治、经济和社会模式。最终，法西斯侵略将世界卷入第二次世界大战。

墨索里尼（1883—1945）是一个穷铁匠的儿子，意大利法西斯主义的领袖。他跟父亲一样，起初是一名社会主义者，在结束教学生涯后，加入社会党（Socialist Party），成为该党机关报《前进！》（*Avanti!*）的一名编辑。社会党对"一战"持中立态度，墨索里尼得知后十分震惊并极力反对，希望意大利能参战并加入协约国阵营，结果却遭社会党人士驱逐出党。

1919年3月，墨索里尼在米兰首次接触"战斗法西斯"（Fascio di Combattimento）。一心想着自我发展的墨索里尼带领法西斯支持者踏上极端民族主义道路。他强烈谴责资本主义社会的经济体系。随着时间的推移，其民族主义立场变得更加坚定，他逐渐停止对资本主义的谴责，转而大肆攻击社会主义，特别是马克思主义。墨索里尼的支持者大多为意大利的商人，法西斯政党因此极力维护经济产权和现有的社会秩序。墨索里尼反对社会主义，鼓吹极端民族主义，获得了不少中产阶级人士的支持。尽管如此，法西斯主义仍处于政治的边缘，在1921年的议会选举中，法西斯在500个席位中仅

赢得了35个席位。

为了让法西斯赢得更多选票，墨索里尼创建了街头帮派黑衫军，不断打击反法西斯主义者。1922年10月，黑衫军遵墨索里尼之命，“向罗马进军”夺取政权。当局其实有能力粉碎法西斯主义的威胁，但缺乏领导能力和决心，墨索里尼没想到这一把最后却赌赢了，他作为法西斯领袖被任命为意大利总理。

虽然墨索里尼领导的是联合政府，但很明显，一切都是他说了算。短短几个月内，他就轻松地将意大利的议会民主制变成法西斯独裁统治。不过他还没能完全控制王室、军队、罗马天主教会这几个独立机构，在与这些机构打交道时，他不得不谨慎行事。

在实践过程中，意大利法西斯主义不是混乱就是低效，官僚机构冗杂，腐败成风，管理层混乱，甚至连政权的终极目标也模糊不清。

1926年年底，墨索里尼在各个方面独裁专权。他借用严格审查制度封住媒体的嘴；从选举的官员手中夺权以掌管地方政府；控制教育机构；废除法西斯以外的其他所有政治组织。工人阶级是社会主义的中坚力量，是法西斯的重点打击对象，法西斯工会取代独立工会，禁止工人阶级罢工。

墨索里尼继续与意大利商业巨头们维持良好关系，商人们对他处理工会的方式大加赞赏。他随后又提出了“社团主义”（corporativism），将意大利经济划分为若干单位或团体，这些团体将维护工商等各方利益，但事实上这些团体都由法西斯主义者控制，他们根本不会轻易得罪工厂老板。由于经济效率低下、腐败现象严重，法西斯通过协调国民经济实现自给自足的计划没能成功。

法西斯主义通过改革，自建了一些类似政府机构的组织，以逐渐开始取代国家机关。为了执行法西斯相关规定，墨索里尼成立了一支秘密警察部队，用来监视和镇压反法西斯主义者。这支部队逮捕了大量反法西斯主义者，将他们收押在政治监狱里。1938年，墨索里尼与希特勒关系拉近，意大利法西斯主义者便开始歧视和侵扰犹太人和其他少数民族。

墨索里尼提出“领袖”原则，各法西斯头目纷纷效仿。在庞大的宣传机构的支持下，墨索里尼声称他是意大利的首领，并把自己描述成“真理”的化身。政府最著名的一则宣传口号是：“墨索里尼永远正确！”

宣传机构诋毁自由民主，歌颂野蛮暴力，无目标的暴力行动已经变成一种生

活方式。墨索里尼期望人们穿上耀眼的制服，政府总是会给出许多战斗的理由：粮食大战、人口大战、生育大战。意大利的民族主义几乎是纯粹的，其中还包括一部分对墨索里尼男子气概的个人崇拜。他本人经常会参加一些高难度的体育活动，例如跳跃燃烧的火环。

在外事方面，法西斯经常大放厥词，奉行扩张主义。1923 年，墨索里尼炮击希腊科孚岛（Corfu），伴随着一声巨响，他开始了自己的第一次外交活动。事后若干年里，他一直着手国内事务，1929 年签订《拉特兰协议》（*Lateran Accords*），与罗马天主教会关系正常化。20 世纪 30 年代中期，意大利法西斯四处活动。1934 年，墨索里尼驰援奥地利保守派政府，帮其抵御纳粹党。

接下来的一年里，为了重振意大利殖民帝国雄风，意大利军队进攻非洲东北部的阿比西尼亚（今埃塞俄比亚）。接着墨索里尼一反常态与阿道夫·希特勒联手干预西班牙内战，支持弗朗西斯科·佛朗哥将军（General Francisco Franco）和

1938年，英、法、德、意的代表在慕尼黑召开会议，又称为“四国会议”（Four Powers Conference）。图片前排从左至右依次为：赫尔曼·戈林（Hermann Goering）、贝尼托· 墨索里尼、阿道夫·希特勒、康特·齐亚诺（Cont Ciano）。西方国家在慕尼黑会议上，不仅将捷克斯洛伐克的苏台德区（Sudetenland）划给纳粹德国，还告知希特勒不用担心报复，可以继续扩张。（来源：《伦敦新闻画报》图片库）

西班牙长枪党（Spanish Falangists，法西斯主义者），1938 年默许希特勒吞并奥地利。意大利最终参与“二战”并加入轴心国阵营，墨索里尼和意大利法西斯主义从此走上了一条不归路。

德国法西斯主义的领袖是阿道夫·希特勒（1889—1945）。德国法西斯主义又称民族社会主义或纳粹主义，比意大利墨索里尼的版本更为致命。希特勒的父亲是奥地利海关的小职员。希特勒年轻时懒惰成性，没能考入艺术学校。他先去了维也纳，后来转辗到慕尼黑，“一战”爆发时他在慕尼黑加入德军。希特勒很珍惜自己的军事经历，曾因表现英勇而被授勋。

“一战”结束后，希特勒回到慕尼黑，沉迷于激进政治，1919 年加入了民族社会主义德意志工人党（National Socialist German Workers' Party，纳粹党）。

两年后希特勒成为纳粹党的领导人。纳粹党这个边缘党派通过一项极端民族主义计划，废除《凡尔赛和约》，推翻“一战”后建立的魏玛共和国。纳粹党最初只是调侃社会主义，后来变成极力谴责。希特勒将种族元素加入德国法西斯主义，宣告雅利安人（日耳曼人）是优等种族，“下等”种族应臣服于它，尤其是犹太人，他认为犹太人是德国所有问题产生的根源。

1923 年，希特勒领导啤酒馆暴动失败，被送进监狱，在牢里完成了他的自传《我的奋斗》（*Mein Kampf*）。1924 年年末，希特勒获释，恢复纳粹党领袖职位，继续实施一些不合规矩的政治行为。在 1928 年选举大会上，纳粹党仅获得 2.6% 的民众选票，在 491 个议会代表席位中只获得 12 个席位。

当 1929 年的经济大萧条（Great Depression）冲击德国的时候，纳粹的时运有了极大改善。经济崩溃时，对民主共和国不满的选民转向了政治极端。

德国经济崩溃引发了一场政治危机，1932 年再次举行选举，这一次纳粹党大受欢迎，但还是不能与 1933 年希特勒获选德国总理时相提并论，当时纳粹党已经成为德国国内最大的政治党派。同墨索里尼一样，希特勒最初领导的是联合政府；同墨索里尼一样，崇尚独裁的希特勒决定铲除异己。

2 月，德国国会大厦被一场可疑的大火烧得面目全非，希特勒在该事件后颁布《保护国家和人民法案》，并开始逮捕他的对手。一周后，在一场并不完全公平的选举中，纳粹党以 44% 的选票和 288 个议会席位的压倒性优势获胜。1933 年 3 月末，温顺的议会颁布《授权法案》（*Enabling Act*），给予纳粹政府随意颁发法律的

权力。德国已经没有民主，完全由法西斯统治。

同年年底，纳粹政府在达豪建立第一个集中营，用来关押政治要犯。纳粹党确立一党专政，废除其他政治党派；纳粹工会组织“劳工阵线”取代独立工会，说是为了德国工人阶级的利益着想，实则是为控制工人阶级让其保持沉默。1933年，纳粹暴徒多次上演焚书大场面，烧毁数以百万本颠覆性、颓废性、由犹太人或共产主义者创作的或对纳粹党不利的书刊。1933年4月，德国法西斯主义中的种族主义强烈凸显，纳粹党发起全国性的抵制犹太人活动。

1934年，德国法西斯主义继续巩固权力。《重建德意志帝国法案》（*The Law on the Reconstruction of the Reich*）一出，纳粹政府立即取消各省独立颁布法律的权力，德国法院从此直接由纳粹党控制。希特勒同时巩固了其个人最高领导人的地位。6月30日，他进行了血腥的党内大清洗，这就是历史上著名的“长刀之夜”。

清洗运动消除了希特勒的实际和潜在竞争对手，如纳粹党冲锋队先锋恩斯特·罗姆（Ernst Röhm），冲锋队是一群纳粹乌合之众组成的准军事组织。

几周后，德国总统保罗·冯·兴登堡这位“一战”的过气将军离世。希特勒抓住机会拉拢各大臣登上国家元首之位，进一步将领导至上的概念制度化。与意大利的首领一样，德国元首永远不会犯错。

希特勒仿效意大利让纳粹党接管整个国家，在实际操纵中比意大利有过之而无不及。纳粹党扩充权力，逐渐履行国家职能，传统的政府机构不是被取缔就是形同虚设。纳粹党大力鼓励一体化，势必要让纳粹党深入人们生活的方方面面，实现人民生活纳粹化。在一体化的制度下，纳粹党计划先粉碎德国社会再根据纳粹党的意愿重建。

一体化从未完全实现，法西斯效率低下、腐败成风是原因之一。纳粹党派的领导们时常一副封建诸侯的模样，小心翼翼地守着自己的封地，为一些鸡毛蒜皮的事争论不休，盲目争宠，希望获得元首的青睐。与意大利相比，德国的法西斯主义对社会的影响更为深远。希特勒实施了更加有效的控制手段，尤其是遍布全国的残酷的秘密警察组织盖世太保（Gestapo），其指挥官是海因里希·希姆莱（Heinrich Himmler）。约瑟夫·戈培尔（Joseph Goebbels）是希特勒的首席宣传官，他精心策划了一系列鼓吹民族主义的宣传活动以支持纳粹的专制政权；美化法西斯主义的过去，歌颂希特勒和纳粹党，为民众勾画一个辉煌的未来。戈培尔

的宣传让德国笼罩在一团迷雾中。

就把独立公共机构掌控在手这一点而言，希特勒比墨索里尼做得成功。希特勒起初还与商业巨头合作，后来便自己接手管理。20 世纪 30 年代后期，拥有工厂的德国商人几乎都听命于元首。德国实业家对自己地位下降这件事并无异议，因为他们至少还是工厂的主人，还有钱可赚。德国军队是传统保守派和普鲁士贵族的坚固堡垒，1938 年希特勒成功败坏军队领导人的名声，安排纳粹忠臣接管将领职位。

德国法西斯主义反映出希特勒的种族仇恨。法西斯集结一切力量打击“外人”，尤其是犹太人。1935 年，纳粹党颁布《纽伦堡法案》（*Nuremberg Laws*），剥夺犹太人德国公民的身份，禁止犹太人与非犹太人通婚，限定犹太人的职业配额。1938 年 11 月，希特勒发动纳粹大军暴力袭击德国犹太社区（约占德国总人口的 1%），这就是著名的“水晶之夜”，或称“碎玻璃之夜”（Kristallnacht），屠杀了 1000 多名犹太人，逮捕 3 万多名。德国法西斯这场反犹太主义暴动只是一个前奏，它在“二战”期间大建集中营，全面清除欧洲大陆的犹太民族。

纳粹采取积极的外交政策，朝着两大目标迈进：一、废除《凡尔赛和约》；二、继续扩张德国领土（希特勒称之为生存空间）。

欧洲大陆经济萧条，仍处于“一战”后的瘫痪状态，希特勒外交频频获胜，似乎印证了先前“真理领导人”的称号。接下来的数年里，德国从事一系列外交活动：1933 年退出国际联盟；1935 年重整军备；1936 年进军莱茵兰；1936 年至 1939 年干涉西班牙内战；1938 年吞并奥地利；1938 年在慕尼黑会议上获西方民主国家默许占领捷克斯洛伐克；1939 年 9 月入侵波兰，只有最后这次希特勒不自量力，犯下致命错误。希特勒激情澎湃地为第二次世界大战宣讲，这种非理性思维导致他和德国法西斯主义在“二战”中走向灭亡。

历史评论

第一次世界大战后，法西斯主义异军突起，登上欧洲舞台。法西斯是现代社会的重大问题之一，历史学家对它的起源及其政治、经济、社会、文化、国际影

响说法不一。“法西斯主义”源于 1919 年意大利墨索里尼的夺权运动。自 20 世纪 30 年代起，这一术语也适用于其他极端民族主义的独裁运动，如德国纳粹党、西班牙长枪党、匈牙利箭十字党（Arrow Cross）、罗马尼亚铁卫队（Iron Guard）。

法西斯运动激发出强烈的民族主义情怀与领土扩张欲望。法西斯主义反社会主义、马克思主义，坚决摧毁工人阶级政党组织；法西斯主义反自由民主，它一旦掌权，便会清除其他一切政党，削弱议会机构。法西斯党在国内建立合法独裁政权，实行一党专政，拥护法西斯主义，由单个魅力元首统领。它们无视法律，无情镇压打击一切反对派；歌颂军国主义、战争及征服精神；用制服、军事仪式、列队游行的方式促进军民团结。政府炮制各种宣传活动，给大众灌输法西斯主义的伟大目标，让他们在心理上适应元首的管理。种族主义和反犹太主义是国家社会主义运动初期的特点。第二次世界大战前夕，意大利加入德国阵营，开启意大利反犹太之路。

意大利法西斯主义始于米兰。1919 年 3 月，贝尼托·墨索里尼成立第一支战斗法西斯，部队由持不同政见的社会主义者、工团主义者、民族主义者、战争退伍军人组成，他们能团结到一起全因爱国心切，渴求社会政治变革。法西斯党参加政治选举，结果令人失望。但是新的机遇再次出现，黑衫军被赶往乡村后，被大地主雇为私人警察以镇压农民。

当社会主义者组织的农民联盟开始威胁到地主阶级，法西斯队伍和地主之间的纽带便建立起来。部分城市地区也会用法西斯保护资产，地方工业家支付黑衫军打击左派新闻媒体、社会主义总部基地，甚至是天主教的工会。

墨索里尼利用广大民众的恐惧心理，巧妙地将宣传主题集中到爱国主义和反布尔什维克上。法西斯运动得到了中低层阶级、零售商、文职人员、工匠、知识分子、专业人士的支持，因为这些人群长期无法获取好的工作机会。此外，中产阶级因缺乏安全感也倒向墨索里尼。

“一战”结束后的意大利经济和社会秩序混乱，国内重点回归民用经济，250 万退伍士兵进入劳动市场，大大加剧了意大利的政治问题。失业与通货膨胀现象让意大利公众对战后和平协议更加不满。据说盛气凌人的协约国成员拒绝兑现先前对意大利的承诺，谦逊的意大利代表也只有默默接受，和平会议就这样“肢解”了意大利的胜利。

1922年夏天，许多意大利政客认为要想重新恢复国家稳定，应将墨索里尼和他的法西斯部队纳入政府体系。他们希望法西斯一旦共享政府责任，便会有所收敛，停止暴力活动。墨索里尼通过各种方式鼓励这种观点，他不再像先前那样坚持反共，而是开始接受自由经济政策，学会与天主教会相安无事，但他还是威胁要进军罗马发动叛乱。

墨索里尼聚集了1.7万名战斗法西斯人员，准备出征罗马。政府其实有足够的兵力来镇压这次暴动，但政府、国王和军队领导都没有镇压的决心。国王维克托·伊曼纽尔三世（Victor Emmanuel Ⅲ）最终放弃戒严，于1922年10月30日任命墨索里尼为总理。墨索里尼的内阁包含14名成员，其中有法西斯主义者、民族主义者、自由主义者和天主教人士，他将最重要的部长级职位留给了法西斯党，自己作为部长承担意大利的内政和外交工作。这位自信满满的意大利铁腕人物通过了议会表决，获准行使临时国家领导权并依法治国。历史学家艾伦·卡塞尔（Alan Cassels）说：墨索里尼接管政府算不上是“政变”，因为当局在其进攻之前就已经投降。

1923年，法西斯在众议院所占席位不到10%，而一个由民族主义者组成的正式工会在议会中的代表人数都略有增加。为了改善自己的处境，法西斯主义者颁布新选举法，只要法西斯获得总选票的四分之一，那么它便赢得了最多民众选票和三分之二的议会席位。在1924年的选举中，墨索里尼的法西斯党获得65%的选票，即使没有颁布新法律，这个票数也足以稳固其在议会中的地位。

1924年，墨索里尼面临重大危机，几个法西斯主义者杀害了社会党领导人吉亚科莫·马泰奥蒂（Giacomo Matteotti），只因他曾在选举时抗议法西斯的暴力行径。

公众和议会对此表示强烈抗议，不过墨索里尼仍旧得到国王、保守派和教会的支持，因为他们担心除掉法西斯党就没人牵制社会党。法西斯经过几个月的思想斗争，在1925年年初承认对马泰奥蒂的死亡负责，但也信誓旦旦地宣布：“意大利想要和平安宁，我们会尽己所能用关爱去营造，但必要时也会采用武力。”

短短两年内，联合政府已不复存在，内阁全部由法西斯分子组成，社会主义党派、天主教人士和工会被禁止加入。墨索里尼取得永久国家领导权，卸任部长职务，议会进一步被削弱。法西斯镇压新闻界的举动让公众和反对派陷入沉默，它还新成立了一个秘密警察组织，负责镇压反法西斯活动。国防部特别法庭也会

秘密审判、武断裁决，但跟纳粹滥用职权不在一个等级。它只通过了少数死刑判决，监禁人数不到1万。法西斯监狱里往往都是政治犯，流放区是出了名的地狱，关的都是一些无名人士。与希特勒相比，墨索里尼从未绝对专政。汉娜·阿伦特（Hannah Arendt）在《极权主义的起源》（*The Origins of Totalitarianism*）中说道："起源于极权主义的法西斯在意大利并不极权，法西斯领导的意大利只是普通的专政国家。"

墨索里尼不得不在这个保留独立君主制和军队的政府内工作。1928年，任命总理的权力从国王手中转移到执政党委员会"法西斯议会"，国王依然是法律上的最高统治者，直到1940年意大利加入第二次世界大战。许多意大利贵族、政务人员、军官继续效忠君主。天主教教会继续保持自己的独立地位，1929年《拉特兰协议》签订后，天主教站到了法西斯一边，地位上升不少。元首墨索里尼喜欢"党派领导"的封号，他成功控制了官僚机构，但未能掌管军队和教会。令人震惊的是在1943年战败后，国王、军队将领，甚至法西斯议会全部无情翻脸，一同将墨索里尼罢免。

纳粹主义是德国版法西斯主义，然而，与19世纪意大利的统一和自由主义运动相比，独裁的德意志帝国的反民主传统给了纳粹主义更好的生长土壤。"一战"后德国建立魏玛共和国，许多德国人却视其为外部强加政权。魏玛共和国成立后只有少数的支持者，它执政期间一直在"一战"的遗留问题中挣扎。那时国内经济低迷，部分领土被外国占领，国内出现前所未有的通货膨胀现象，德国还需支付巨额战争赔款。然而德国第一届民主政府都很好地化解了这些危机，还妥善应对了左右两翼对民主议会的不断挑战，魏玛共和国比君主立宪制政体的意大利多坚持了十年。20世纪20年代，德国经济逐步恢复，海外信用提升，议会民主制走向繁荣。如果没有出现经济大萧条，魏玛共和国也许就能在德国继续存活，而纳粹党只不过是边缘党派，纳粹运动也只能算是小打小闹。

19世纪末，奥匈帝国有许多小型泛德主义联盟和反犹太主义协会，是国家社会主义的早期雏形，近期在慕尼黑成立的德意志工人党（纳粹党前身）是其中一个衍生分支，阿道夫·希特勒于1919年加入该党。希特勒出身于奥地利的一个中低产阶级家庭，一直过着漫无目的的漂流生活，第一次世界大战爆发，他加入德军部队。希特勒在西线战场上奋勇杀敌，结识了同生共死的战友，找到了自己的

人生目标。德国战败，他有些失望，决心要成为一名政治家。希特勒拥有辩论天赋，1921 年成为慕尼黑党派的主要宣传人，并当选更名后的民族社会主义德意志工人党（纳粹党）党魁。

纳粹党的信条中反映出希特勒的若干偏见思想，凸显了德国极端民族主义。它崇尚帝国主义、反对犹太主义，仇视自由民主，尤其敌视马克思主义。纳粹党利用宣传攻击“十一月罪犯”（November criminals）——他们是 1918 年推翻帝制的革命者，其中包括犹太人、社会主义者、共产主义者。纳粹党还谴责《凡尔赛和约》的相关规定，认为德国前线士兵抵御了敌军，却在后方被捅了一刀。纳粹党一开始将焦点集中在巴伐利亚。1923 年，希特勒信心十足地发动啤酒馆暴动，企图夺取巴伐利亚首府慕尼黑，再效仿墨索里尼于 3 月进军柏林。可后来计划失败，希特勒被捕入狱，政府暂时取缔纳粹党。

纳粹运动抓住适当机遇得以重生。面对叛国罪的指控，希特勒利用诉讼大搞宣传，转而指控魏玛共和国总统和政府官员才是真正的叛国者。1924 年，希特勒出狱，之后出色地组织并完成纳粹党的重建。20 世纪 20 年代末，社会经济条件恶化，正是他和他的政党俘获民心的大好时机。

大萧条背景下的德国经济低迷，社会环境艰难，深刻加剧了政治极权化。1930 年，德国失业人口高达 300 万，许多工人开始支持共产党。1923 年，许多中下层中产阶级深受恶性通货膨胀之苦，他们认为这种趋势会威胁到现有的秩序，便纷纷投靠纳粹党这座反革命堡垒。1930 年，在德国国会选举中，纳粹党的席位从 12 个增加到 107 个，成为德国继社会民主党之后的第二大党。魏玛总统不得不频繁颁布紧急条例来治理国家，这意味着内阁由总统直接任命，不需要再通过议会选举。总之，在希特勒掌权之前几年，德国民主政府早已名存实亡。

1932 年，失业人员创历史高峰，达 650 万。希特勒三年选举连续获胜，正是大规模煽动群众的最好时机。他对政治对手的猛攻、誓死恢复德国繁荣的决心，让各个阶层的选民印象深刻。

希特勒一开始便乘坐飞机前往多个城市与民众见面，彻底改变竞选活动方式。1932 年 7 月，纳粹党获得 32% 的选票，晋升为德国第一大党，元首希特勒继续留在总理办公室任职。保守派民族主义政客弗朗茨 · 冯 · 巴本（Franz von Papen）和库尔特 · 冯 · 施莱谢尔（Kurt von Schleicher）玩弄阴谋诡计，加上希特勒自己精

心策划，总统保罗·冯·兴登堡迫不得已于1933年1月30日任命希特勒为德国总理。

希特勒领导的联合内阁只包含了一小部分纳粹主义者，但他们都担任要职。希特勒迅速采取行动巩固自己的独裁权力。国会纵火案被伪造成共产党人所为，好以此为借口中止宪法保障。共产主义者和社会民主党人相继被捕，后被送入集中营终身监禁。在3月的选举中，纳粹党获得43.9%选票。希特勒策划通过《授权法案》以确保自己的独裁统治。5月至7月，他解散工会和政党，取而代之的是大规模纳粹组织，全面实行"一体化"。一年后的1934年6月，希特勒清除恩斯特·罗姆领导的冲锋队中的异己，削弱军队领导力，避免其挑战他的独裁权威。8月，总统兴登堡死后，希特勒自封为国家元首，军队将领认可他合并行使总统和总理职权。自此希特勒成为德军最高统帅，官员和士兵被要求宣誓效忠希特勒。

墨索里尼领导的意大利仍然是半个法治国家，可纳粹帝国是一个复杂政体，由一个人对国家行政机构、军队、企业、工业实施独裁统治。在希特勒统治的德国，是由纳粹党及其附属组织如党卫军统领着这块伟大圣地，例如负责警卫、国家安全、情报，"二战"时还充当过军队的警卫旗队。而意大利的法西斯党隶属国家官僚机构，权力较小。

意德两国法西斯的崛起刺激许多欧洲国家在政治上采取激进政策，建立法西斯党派一较高下，但这些党派都没有一个持久有力的领导者。缺少魅力领导，再加上民族主义党派的出现，多多少少会抑制法西斯主义的崛起。尽管大多数欧洲国家中都滋生过极权团体或党派，但是看看西班牙、匈牙利和罗马尼亚的特殊经历，会对理解这段时期很有帮助，法西斯主义的概念在这些国家发生了变化（不复原来的极端激进）。

20世纪20年代末30年代初，西班牙几个激进右翼党派中出现了法西斯苗头，它们于1933年并入何塞·安东尼奥·普里莫·德里维拉（José Antonio de Rivera）领导的长枪党。德里维拉和他的长枪党党员反对自由主义，反议会制，奉行专制独裁。保守派军事指挥官弗朗西斯科·佛朗哥将军起兵造反，推翻西班牙共和国，于1937年将天主教会反叛分子等反动势力融入长枪党。佛朗哥不仅是长枪党的领袖，也是西班牙的元首，他时刻关注长枪党的革命抱负，按个人意愿对其进行操控。无论是内战时还是统治期间，佛朗哥从头到尾都不是一名真正的法西斯主义

者，他对军队、天主教、中上层阶级实行保守独裁统治。

在匈牙利和罗马尼亚，法西斯主义和反动政治交织在一起。1920 年到 1944 年间，霍尔蒂·米克洛什（Miklós Horthy）统领匈牙利，他希望匈牙利能恢复早期的繁荣。20 世纪 30 年代，受德国民族社会主义的启发，匈牙利法西斯主义运动萌芽，由亲法西斯主义、反犹太主义总理根伯什·久洛（Gyula Gömbös）带领走向繁荣。1935 年，匈牙利将大部分法西斯政党统一整编为箭十字党，由前任官员萨洛奇·费伦茨（Ferenc Szálasi）领导。第二次世界大战期间，箭十字党领袖策划推翻霍尔蒂的政权。1944 年，霍尔蒂失宠于希特勒，费伦茨计划成功，随后建立了一个短命的法西斯政权，同纳粹党联合杀害犹太人。

1927 年，罗马尼亚出现特殊法西斯主义，成立大天使麦克军团，不久改称罗马尼亚铁卫队。该运动创始人科德雷亚努（C. Z. Codreanu）披上宗教神秘色彩，军团对正统教义有了自己的诠释，他们从罗马尼亚民族利益出发，渴望实现救国，呼吁激进民族主义青年和农民公开宣称反犹太主义，还时不时开展暴力与谋杀行动。其组织内部实行严格的等级制度，外部坚持准军事化。1940 年，最受保守派欢迎的法西斯分子扬·安东内斯库（Ion Antonescu）建立包含铁卫队在内的右翼联合政府。第二年，铁卫队阴谋叛变安东内斯库，在希特勒的鼓励下，安东内斯库清除铁卫队，以确保罗马尼亚的稳定和石油供应。

法西斯政权意图行使最高权力，将自身的国内外利益目标凌驾于经济政策之上。和平时期的经济规划过于草率，战时的经济方针更为严酷。法西斯主义反对经济自由主义和社会主义，认为前者注重个人利益，后者加剧工人和资本的矛盾、破坏国家团结。为了化解工人与雇主的敌对状态，法西斯主义禁止罢工，解散工会，组建二者共存的社团。

意大利法西斯主义强调“社团主义”这一概念。墨索里尼通过宣传将它吹捧为替代资本主义和社会主义的“第三条道路”。社团主义旨在通过组建劳工资本社团，恢复社会凝聚力。1925 年，意大利工业联合总会和法西斯主义工会联合会互相认可对方分别为资本和劳工的代言人，以此为基础，法西斯社团主义国家初步形成。意大利很快颁布法律对工业、农业、银行、工商等经济分支实行社团主义。1934 年，由雇主和劳工混合组成的社团才真正建立起来。1939 年，由选举任命的社团成员组成的法西斯联合会取代了意大利议会，社团主义顶层终于就位。

法西斯社团主义理论具有经济创新的潜力，但实践结果难以令人信服，要想让商业、劳工、法西斯党和独裁元首之间关系和谐并非易事。总体来看，法西斯主义的经济政策更有利于工商业。这些方针实施后，国民收入只略微增加了一点，公共债务膨胀，工资下降，物价上涨，贫富差距进一步扩大。

与欠发达的意大利相比，德国的自然资源、工业原料较为丰富。希特勒清楚地意识到德国必须先从大萧条中恢复过来，才能重整军备、实现自给自足。他为此制定出了实效经济政策，投入大批资金到道路、运河、公共建筑、桥梁等公共项目中，还专项投入修建高速公路。此外，德国减免税收帮助扩大产业。这些动态经济活动让许多失业人员重新就业。政府起初鼓励其他年轻男子自愿劳动或参军，随后又改为强迫执行。失业人员数量从1932年的600万下跌至1933年的450万，再到1935年的170万，1937年失业人口数已不足50万。与此同时，重整军备的支出大幅增加，从1933年的10亿马克上升到1939年的300亿马克，所以政府除去普通税款支出，还需应对巨额赤字开支。30年代末，德国枪支生产量超过日常生活用品，工人的工资有所下降，但工作环境在一定程度上得到改善。

一开始德国没有足够的外汇支付重整军备的进口原材料，政府收支失衡。国家加大控制力度，于1936年制订“四年计划”刺激德国原料生产，实现国内自给自足。纳粹在实施经济政策的过程中，没有走弯路实行社团主义，而是优先与大型工商企业合作。希特勒一开始就打算通过领土扩张来解决德国的多数经济问题，这样的做法在促进经济的同时必然会引发战争。

对于墨索里尼和希特勒这样的独裁者，控制政治经济是为了更好地实行专权；另一个主要目的是建立法西斯主义国家，让每个社会成员都拥护法西斯思想体系。两个政权都试图让著名知识分子、科学家、艺术家等反法西斯主义者“闭嘴”。在意大利，历史学家加埃塔诺·萨尔维米尼（Gaetano Salvemini）、物理学家恩利科·费米（Enrico Fermi）、指挥家阿图罗·托斯卡尼（Arturo Toscanini）被迫移居国外。纳粹德国小说家托马斯·曼（Thomas Mann）、物理学家阿尔伯特·爱因斯坦，以及其他许多杰出人物也遭受了同样的命运。德国宣传部长约瑟夫·戈培尔当众烧毁卡尔·马克思、西格蒙德·弗洛伊德（Sigmund Freud）和其他作家的作品。墨索里尼统治的意大利并未进行如此武断残酷的镇压，但是知识分子和艺术家要么不得就政治问题发言，要么与统治者同流合污。

两个法西斯政府还控制了广播、电影、报纸和出版物。负责媒体和文艺的戈培尔全心全意地让民众与纳粹党保持统一步调，使他们从心理上接受纳粹统治。他特别强调，新闻编辑必须谨遵他的指令，只能从德新社获取国外新闻。戈培尔注重德国电影文化，大力促进电影业的发展。他认识到如果连续播放纳粹宣传电影，观众数量必会下降，所以鼓励多拍摄娱乐影片，让观众能逃离战争现实。

法西斯政府牢牢控制公共教育，管理小学到大学的各级学校。政府希望按照“法西斯青年团”（Fascist youth cadres）的思想路线来塑造青年的人生观和性格，意大利的男孩团成员年龄从 8 岁到 21 岁不等，希特勒青年团（Hitler Youth）则从 10 岁到 18 岁；女团单独编队，情况与男团相似。青年男子快成年时会进行短期的劳务服务，之后便应征入伍。

两国的成人组织直接隶属于法西斯政党或由它控制，“全国康乐俱乐部”（Dopolavoro）是意大利最大、最活跃的在职人员组织，法西斯政权利用该组织影响城市居民的社会生活及业余活动。这些活动强调自我提升与改善，不过德国的“力量自来欢乐”组织（Strength Through Joy）在这一点上更为成功。它是劳工阵线的辅助工具，旨在协调好工人阶级的空闲时间。纳粹的党卫军吸纳精英，冲锋队结集男性。它还成立了各种各样的附属专业组织来控制特定群体，其中有民族社会主义医师联盟（National Socialist Physicians' League）、民族社会主义速记员联盟（National Socialist Stenographers' League）。政府特别敦促妇女加入民族社会主义妇女联盟（National Socialist Women's League）。德意两国法西斯都认为女性应扮演传统角色，待在家里操持好家务。政府政策、工资待遇、职业雇佣等各个方面都显示出对妇女的歧视。

回想起来，这些社会方针明显未能改变意大利法西斯主义社区的独特形象。意大利法西斯政府在“二战”中倒台，政府重组，继续沿用墨索里尼出现之前的政策路线。德国纳粹党社会政策产生的后果更为复杂，它最初只是想转变人们的信仰，而非挫败一场社会革命。然而希特勒领导的纳粹党一意孤行，重整军备，崇尚战争，意欲建立种族帝国，在这个过程中击碎了旧秩序的主要支柱，即德国贵族政府和普鲁士军队领导阶层，同时还大大削弱了传统严谨的社会结构。

通过社会心理变化去实现国家团结，并不是法西斯的主要目的，他们是为了让人们做好准备，成就帝国扩张伟业。意大利法西斯主义和德国纳粹主义的基本

思想是：国家民族为了生存，为了获得自我肯定，需经历长期斗争。墨索里尼许诺意大利将不再臣服于强权国家，“一战”和平协议也显示出这一点，其他强国原本打算拒绝意大利合理的分地要求。自此，公众眼里的早期法西斯主义运动得以推动。希特勒的纳粹党亦是如此。他们利用人们对凡尔赛宫独裁的不满，承诺将德国建设得更加宏伟强大。即使在魏玛共和国统治时期，德国通过谈判修订了和平议案，奉行激进思想的意大利和德国仍时刻准备战斗，以至于对国际和平构成威胁。

墨索里尼担任首相一年之内就开始找借口抢占科孚岛。此后不久，又想争夺阜姆港（Fiume），该港口与南斯拉夫的地位备受争议，但意大利却赢得了一个折中方案，主要是因为英法两国都是它的战争盟友，而他们并未就此提出异议。20世纪30年代中期，意大利法西斯外交政策严重失衡，它与英法结盟，却又向德国示好。希特勒上台之后，墨索里尼想继续修正主义，同时抑制过度泛德主义。1934年7月，奥地利纳粹党试图在维也纳夺取政权，以便与德国法西斯主义实现统一，但墨索里尼宣布派遣部队前往勃伦纳山口（Brenner Pass），奥地利纳粹党的计划宣告流产。

墨索里尼决定实行非洲殖民计划，此举让原本关系冷淡的两人转变为盟友。墨索里尼试图控制地中海，还企图占领阿比西尼亚，这些都是他扩张计划的开始。这种扩张某种程度上是国内社会改革的另一种途径。英法政府起初在埃塞俄比亚领土问题上欲对意大利做出让步，但公众舆论诱使他们按照国际联盟规定制裁意大利。墨索里尼与希特勒拉近关系后，1936年两国建立罗马—柏林轴心国联盟。1938年，墨索里尼默许希特勒吞并奥地利，两人成为“好伙伴”，希特勒后来将自己与意大利的关系称为“野蛮友谊”。

许多学者认为希特勒的《我的奋斗》已经概述出纳粹的外交目标，这本书著于20世纪20年代中期。然而在践行目标时，希特勒行动的方式和时机都表现出其善于投机取巧，他还“大显身手”直击民主政体的漏洞。1935年至1936年，希特勒高调违反《凡尔赛和约》和《洛迦诺公约》（*Locarno Pact*），宣布德国全面重整军备，并占领莱茵兰非军事区。英法的绥靖政策向希特勒承诺，协约国不会奋起反抗，结果鼓励他做出更加大胆的举动。德国先吞并奥地利，接着摧毁独立国家捷克斯洛伐克，最后于1939年9月攻打波兰，在欧洲引发第二次世界大战。德

国在攻打波兰前与苏联缔结互不侵犯条约，但此举只是权宜之计。

闪电战攻击让大批德军成功入驻波兰、挪威和法国之后，即使英国拒绝投降而使战争首次陷入僵局，希特勒依然准备于1941年入侵苏联。希特勒攻打苏联是一个致命错误。希特勒渴望获得大西洋到苏联这块巨大的生活空间，实现欧洲领土霸权，他的双眼被欲望蒙蔽，殊不知在当时的军事和政治状况下，他的这些目标根本不可能实现。1941年12月，日本偷袭珍珠港，事实上日意联盟根本无须这么做。之后德意两国单方面对美宣战，这表明希特勒变得越发不可理喻，他坚持要么完胜，要么同归于尽，最后导致灾难连连，他的野心也以失败告终。

被占领政权给了纳粹党一个关于其新秩序的“好想法”，那便是在战争期间德国将其占领的欧洲领土强行纳入其掌控之中。意大利法西斯胜利者在法国和巴尔干半岛遵循典型公平的军事占领方针，相比之下纳粹则依照意识形态准则对待被占领国人民。为了让德国能够连续作战，纳粹当局还大力开发和利用被占领国的经济和人力资源。还为被占领国的人民制定了种族标准，广大欧洲人民，尤其是东欧人民，沦为被奴役的“低劣种族”。数百万欧洲民众被送到欧洲各个地区或带到德国，成为奴隶劳工。德国战前对犹太人的迫害只是一段前奏，希特勒最终决定摧毁数百万犹太人及其他“寄生虫”。希特勒建立的欧洲新秩序是一个集中营帝国，由臭名昭著的党卫军头领海因里希·希姆莱统管，1941年后在波兰又建立了众多的死亡集中营。纳粹党最后的举措是实施机械化的种族大屠杀。

1945年春天，同盟国击败德国，阿道夫·希特勒自杀身亡，法西斯主义在欧洲戛然而止。在这之前，贝尼托·墨索里尼被意大利反法西斯党派抓获，最终被枪决。1943年，意大利法西斯政权倒台，希特勒曾委任墨索里尼接手德国占领地意大利北部的新法西斯政权。

法西斯主义作为一种意识形态和政治制度与希特勒和墨索里尼的性格息息相关，它不只出现在德意两国，整个欧洲都存在这种现象。除去德国和意大利，法西斯主义在西班牙、匈牙利和罗马尼亚也有一定的发展，只是它们都淹没在相当传统的军事独裁的政治野心之中。法西斯主义，特别是激进的纳粹主义的后果十分严重，它让世界伤得千疮百孔，成千上万的生命因其而陨落，人们经历了前所未有的非人待遇，恐惧心理难以消除。直到今天，德国和欧洲仍然处于分裂状态，分属于两大对立意识形态阵营，这明显是提醒人们法西斯主义的失败。今天我们

很容易就能辨别出政治制度中的法西斯元素，但是今日的欧洲不太可能再出现像德国纳粹党和意大利那样重量级的法西斯政权，要做到这一点需要具备强烈的民族主义思想，一个超凡魅力领袖领导的人民政党。需要注意的是，一个社会如果面临严重的社会经济压力，群众将来便很可能接受统治者孤注一掷的解决方案。

乔治 · P. 布鲁姆（George P. Blum）

乔治·P. 布鲁姆（George P. Blum），美国太平洋大学荣誉教授，在明尼苏达大学获得博士学位。主要著作有《欧洲纳粹主义的崛起》（*The Rise of Fascism in Europe*，1998）和《时代的到来：饱受战乱的立陶宛和德国》（*Coming of Age in War-Torn Lithuania and Germany*，2009）。

第五十二章

大萧条（1929—约1939）

概　述

经济萧条是指一段时间内经济活动大幅减少，并通常伴随着高失业率、低工资及商品价格降低等现象。虽然萧条期在历史上并不罕见（1837年至1878年间及1893年至1897年间均遭遇了萧条期），然而1929年爆发的大萧条因其严重性、持久性及全球性而被称为“大萧条”。

第一次世界大战导致了经济的衰退，“一战”后的20世纪20年代初期世界经济回暖。然而，这场只维持到1929年的经济繁荣掩盖了许多严重的经济问题。首先，并不是所有的国家都分享了此次经济繁荣所带来的成果。在20世纪20年代期间，全球农业遭遇了一场巨大的危机。受“一战”时增长的市场需求的刺激，当时欧洲大部分的农业生产力来自监狱，诸如美国、加拿大、阿根廷和澳大利亚等国家的许多农民为了扩大产业而债台高筑。在“一战”期间，估计有3300万英亩土地被开垦。随着战争的结束，欧洲的常规农业活动逐渐恢复，需求减少的同时，供给却不断增加。1925年至1928年高于平均水平的全球收成加剧了合成产量过剩。20世纪20年代末期，随处可见债务缠身的农民们破产，农产品购买力几乎下降为零，世界农业价格指数在1919年注册时为226点，现在只剩134点。每蒲式耳的小麦与黄金的兑换价格为近400年来最低。

更糟的是，20世纪20年代末期的经济繁荣很显然依赖于美国资本的输出及美国进口市场的强大力量。欧洲更是依赖于美国。从1924年开始，美国的巨额资

金注入，大力推动了德国经济的发展，而德国经济的发展随后又促进了整个欧洲经济的回暖。然而，即使在1929年之前，当美国投资者把资金从欧洲市场撤回美国，以图在美国股市空前繁荣时大赚一笔之时，欧洲经济已经有了衰败的迹象。但美国股市的繁荣并非永久，实际上，它很快就戛然而止。1929年10月24日，周四，美国股市崩盘，这引起了极大的恐慌，并最终导致了大萧条。

到1929年11月末，股市平均每股价格较之前下降了四成；在接下来的几年中，股指又继续下降了四成。1929年至1932年间，道琼斯工业平均指数从381下降到41。美国5000多家银行被迫关闭。

受股市崩盘的打击之后，过分扩张的美国投资者们纷纷撤回贷款为其投资买单。德国比其他任何国家都依赖于美国资本，因此也不免遭殃。欧洲其他国家很大程度上依赖于德国对于“一战”的赔款，其经济与德国经济融为一体，当德国经济缓慢停滞时，欧洲其他国家的经济也开始停滞。此外，当美国经济的低迷蔓延到工业部分时，美国市场（世界其他国家依赖于美国货物的出口）开始枯竭。1930年颁布的《斯姆特－霍利关税法》（*Smoot-Hawley Tariff*）提高了进口商品原本就很高的保护性关税，这使得他国货物更加难以进入美国市场。失业率急剧上升。就这样，美国股市的崩盘所导致的连锁反应席卷了世界经济，并带来了恶劣的影响。

1931年5月11日，维也纳最重要的银行——安斯塔特信用社（Credit-Anstalt）信贷的崩盘进一步加剧了危机。安斯塔特信贷的破产引发了一场严重的金融恐慌。四处可见焦虑的投资者们从银行取出存款，绝望地四处打探试图为他们的资产找到一个好的容身之所。数不清的银行直接倒闭，弃储户们于危难之中。世界银行系统濒临崩溃的边缘。

许多投资者转向伦敦，试图将英镑兑换为黄金。这股抛售英镑的浪潮形成了排山倒海之势，1931年9月19日，英国政府被迫放弃金本位。从那时起，英国央行不再允许用英镑兑换黄金。这一决定意味着“一战”后重建基于金本位的国际银行体系这一计划破产，国际贸易一片混乱，又进一步加剧了大萧条。

1932年是大萧条最严重的时期。1929年到1932年间，世界生产量大约降低了38%，世界贸易量下降超过66%。据报道，全球失业人数多达3000万，尤其在非西方国家，数百万人之中只有少数几人有工作。有如此之多的人失业或就业不

足，市场需求进一步下降，又导致了更多的失业和企业倒闭。经济衰退的恶性循环困扰着全球。

很自然地，这场由大萧条所导致的全球性灾难需要找到解决的办法。然而，大多数的国家拒绝实施激进的政策，而只是用一些不温不火的政策以图减轻人们的痛苦。古典经济学或自由经济的本质决定了其必然的消极结果。根据曾盛行一时的古典经济学理论，商业活动是周期性的。经济繁荣时期之后必然将迎来衰退期，而衰退期之后，又必将迎来繁荣期。当经济无可避免地进入衰退期时，政府不应采取过多行动，而是等待时机，让商业周期按其自身规律发展。如果政府希望经济周期加速运行，则应采取平衡运算、减少政府支出等紧缩政策来更快地恢复商业信心。虽然这些政策会伤害到一部分人，但痛苦只是暂时的。一旦商业信心得以恢复，投资扩张与经济扩张都会恢复，失业率会降低，市场需求将会增加，经济将会再次繁荣。

尽管当时古典经济学占据了主流思想，大萧条的灾难仍促使人们寻求更多的办法。少数社会主义者向苏联工会寻求灵感。当时苏联工会正在践行马克思的“生产资料集体所有制”格言，约瑟夫·斯大林正在引入他的计划经济体制。但是大多数人认为苏联模式过于激进而不敢采用它。

社团主义概念的形成早于大萧条时期，拥有一批狂热的追随者，尤其是在商界中。在社团主义之下，各国经济的各个分支都被整合到类似卡特尔（cartels）* 或信托机构的社团中。社团将由商业领袖主宰，也许政府代表和工人也会列席参加。然后这些单元控制并管理经济，以实现假定的共同利益。在其他事项中，社团还将确定价格，控制工资，并决定生产与分配。

英国经济学家约翰·梅纳德·凯恩斯（John Maynard Keynes）提出了另一种方案。凯恩斯认为，大萧条的根本原因在于需求不足，而不是产量过剩。紧缩政策只会雪上加霜。在其 1936 年出版的《就业、利息和货币通论》（*General Theory of Employment, Interest, and Money*）一书中，凯恩斯建议政府介入，通过增加货币供应、安排市政工程、通过税收政策分配收入等措施来刺激经济发展。他认为，政府的干预旨在帮助失业者重返工作岗位并将更多的钱送入多数人的口袋，这将

* 卡特尔为法语 cartel 的音译，原意为协定或同盟，现指由一系列生产类似产品的独立企业所构成的组织、集体行动的生产者，目的是提高该类产品价格和控制其产量。卡特尔是垄断组织的形式之一。根据美国反托拉斯法，卡特尔属于非法。——译者注

带来需求的增加和经济活动的总体复苏。这将是大家迫切渴望的结果，即使政府需要维持财政赤字而不是平衡预算。虽然凯恩斯的理念在第二次世界大战之后开始流行，但在大萧条时期，大多数政府采用了古典经济的方针。

历届英国政府的措施是致力于古典经济理论的典型。大萧条开始时，以拉姆齐·麦克唐纳（Ramsay MacDonald）为首的工党执政，经过几次不温不火和不成功的尝试来刺激经济之后，麦克唐纳的工党派系于1931年解散，形成了与以斯坦利·鲍德温为首的保守党共同执政的局面。由保守党支配的所谓的国家政府开始实施通货紧缩政策。政府支出减少，福利支出被削减，并引进了保护性关税，商界领袖们只得自寻出路。结果却是令人失望的。英国这个从未真正从20世纪20年代的经济繁荣中分得一杯羹的国家，其经济只是从大萧条中缓缓地复苏，如果说真的有所复苏。英国的失业人数在1929年时为120万，到1932年时暴涨到270万（或者说失业人口占了劳动力的22%），直到1936年之前，失业人数一直维持在超过200万。1938年，失业人数为180万。

大萧条袭击法国的时间稍晚，相对其他国家而言没有那么突然。直到1930年，法国的工业生产持续超越“一战”前的水平至少40%。然而，当萧条来袭，法国经济的萧条期却比其他国家都长。直到1938年，没有任何国家有复苏的迹象。工业生产维持在低于1930年和1931年的水平，失业率达历史最高水平。为了应对经济衰退，一系列不稳定的联合政府采用通货紧缩措施，其中包括减少公务员的工资。法国政府坚决抵制一切有关刺激经济的提议。1936年，在莱昂·布鲁姆（Léon Blum）领导下的社会主义联合政府试图使法国经济再度膨胀起来。但布鲁姆的这一尝试非常短暂，一部分原因是法国保守党与社会党所采取的任何措施都势不两立。

大萧条使美国损失惨重。截至1932年，美国工业产量仅仅只有1929年的一半，超过1200万美国人失业，国家收入下降了50%以上。赫伯特·胡佛总统拒绝彻底地脱离传统的古典经济学理论，因此他在1932年的总统大选中落败。虽然新总统富兰克林·罗斯福（Franklin D. Roosevelt）继续采用更进一步的紧缩政策，但当其一宣誓就职，就采取了许多旨在使美国经济再度膨胀的措施。就这样，罗斯福新政在某种程度上与凯恩斯的理念不谋而合。然而，尽管政府采取了一系列的措施且罗斯福拥有极好的个人声望，美国经济依旧低迷。虽然国家收入相对于

1932 年的最低谷有显著的上升，但一直到 1938 年都始终低于 1929 年的水平。

德国的大萧条不仅破坏了国家的经济，也摧毁了德国摇摇欲坠的共和政体，为纳粹独裁政权上台扫清了道路。美国股市暴跌所导致的美国资本流失使德国遭到重创，德国经历了一场经济滑坡，直到 1932 年造成了超过 600 万人失业（大约是劳动力的 35%），工业产量降低了 50%。1930 年掌权的社会主义政府垮台，由海因里希·布吕宁（Heinrich Brüning）领导的不稳固的保守派联盟统治了德国。按照古典经济学规则，布吕宁力图使政府通过减少财政支出、削减工资、减少失业福利等措施来平衡预算。这一行动只是加剧了这一棘手的局面，使数百万德国人民在经济上的痛苦加剧，导致选民们通过政治极端来寻求安慰。

该错误政策的一个主要的受益者就是阿道夫·希特勒，他于 1933 年 1 月 30 日开始掌权并很快将德国变成了一个纳粹独裁统治国家。听从了金融奇才亚尔马·沙赫特（Hjalmar Schacht）的建议，纳粹政府开始积极地干预德国经济。纳粹对市政工程投入了大量的资金，尤其是道路建设和武器生产。这一政策，加上政府同时对商业和劳动力的强有力的控制，以及政府实现自给自足或者说经济上的自给自足的决心，帮助德国摆脱了大萧条的泥潭。1936 年，德国失业率锐减，经济奇迹般地复苏。到 1938 年，德国经济蓬勃发展，购买力恢复到了 1929 年的水平。

很难衡量大萧条对意大利所造成的影响，因为该国的经济即使在 1929 年也没有完全发展起来。因此，很难算出其失业率和国家收入的减少量。此外，贝尼托·墨索里尼的法西斯专政大力宣传其宏伟的计划，利用这一烟幕弹掩盖了大萧条的影响。但毫无疑问，意大利经济已经滑坡。

为了应对大萧条，已经同社团主义共同探索出路的墨索里尼独裁政权更全面地发展了其理念。在实践中，这意味着将国家经济的基本控制转交给意大利商界，虽然在必要时政府会出面拯救面临破产的企业。因此，意大利政府发现其拥有了某企业或行业的控股权。然而，政府通常将决策权留给掌握着各产业的实业家们，政府更愿意支持意大利商界来行使其对意大利经济的绝对控制权。

各国的大萧条历程各不相同。到 1938 年，许多国家几乎恢复了经济活力，而另一些国家仍然落后或受苦于经济混乱。然而，同大萧条一样重要的是，第二次世界大战的爆发将使大萧条所产生的影响暂时被遗忘。

历史评论

在历史上，大萧条在20世纪其他灾难性事件面前“黯然失色”，尤其是在两次世界大战及纳粹独裁者的野蛮暴行面前。然而，大萧条被证明是现代社会持续时间最长的经济萧条，确实，西方社会工业化经济的崩溃不仅仅导致了长期的大规模失业，同样也改变了社会关系，摧毁了执政政府，帮助纳粹党上台，并引发了国际外交并发症，最终导致了第二次世界大战的爆发。而且，大萧条的影响的确是世界性的，非欧洲世界的人们也发现其经济和社会发生了转型。

到20世纪20年代，美国已经成为世界经济的主导力量。美国产品同煤炭和石油一起为世界大多数人服务。美国提供给欧洲的贷款，帮助还在努力从“一战”的创伤中恢复过来的地区增加了少量物资和政治上的稳定。正如世界跟着美国一起繁荣，当美国经济陷入巨大的危机时，世界也要与美国一同遭难。虽然危机开始于1929年10月发生的纽约股市崩盘，但在这之前，美国和欧洲国家的经济已经开始下滑。农产品价格崩盘，大量劳动人口的工资（与产品的消费者一样重要）变得极低。

大萧条实际上带来了两个相关的问题：全球性的金融危机和产量下降，及其导致的大规模的失业与随之而来的社会和政治问题。政府通常首先将重心放在克服金融危机之上，应对金融危机的措施通常导致了更高的失业率。

美国股市的崩盘迫使在20年代股市繁荣带来的令人兴奋的氛围中过分投资的美国银行大量筹款，以填补它们的投资，因为它们通常只支付一部分投资。当贷款到期，银行拒绝延长短期贷款期限。德国和奥地利银行所受的伤害尤为严重，因为它们是美国贷款主要的接受者。由于投资者被美国股市快速的高经济收益所吸引，从20年代开始，美元和黄金大量地从欧洲流入美国，这种情况将会持续到20世纪30年代。实际上，20年代的经济繁荣导致了许多国际性的经济问题。美国及其大规模的生产基地，相对来说，只进口很少的制成品，并保持着良好的收支平衡。而其他国家，因为无法向美国销售产品，也就没有能力采购美国产品。欧洲资金的短缺反过来削减了生产设备的投资，导致了工人们的失业。

金融危机在1931年达到顶峰。维也纳最大的银行和主要的外资持有者——安斯塔特信用社在5月破产。这一破产事件使德国的银行陷入信任危机之中。赫伯

特·胡佛总统呼吁延期偿付战争债务和赔款这一举措也未能阻止资金的流失。投资者们为了安全起见将投资转向了英国英镑，却又反过来遇到了压力。1939 年 9 月 19 日英国政府宣布英镑不再实行金本位制，将这一事件推向高潮。英联邦和其他几个欧洲国家也随之不再实行金本位。1933 年美国也紧随其后。于是在“一战”后艰难重建的国家汇率机制已经不复存在。

随着金融和股市的崩盘，商品消费下降，生产力大幅降低，失业率飙升。截至 1932 年，欧洲（包括苏联）的失业人数达到 1500 万，仅德国就有 600 万之多。政府是怎么应对的呢？所有的国家都采取了不同程度的措施来应对这场金融危机。最终，政府干预经济成为大萧条的一个重要标志。

与其他欧洲国家相比，英国在 20 年代相对疲软的经济表明其没有遭遇产能过剩这一问题。英国银行和证券交易所没有遭到如住宅建设所遭受的重创，虽然传统工业如煤炭、纺织品、造船业的失业率很高，但新兴工业经济相对繁荣。英国废除了自由贸易政策，并于 1931 年实行保护性关税。随着收入减少，正统金融对策呼吁政府削减开支，因此，救济金被削减。尽管遭受了失业之苦，但在英国，极端主义政治理念只获得了相对较少的支持。

北欧国家在应对大萧条方面比其他国家更为成功。虽然北欧各国因为国家经济依赖于对外贸易而导致了大量失业，但改革派社会民主党采取措施解决了问题，并引导经济走向了复苏。不同于其他欧洲政府，瑞典政府通过赤字开支增加政府支出，促进经济的复苏。瑞典政府还帮助扩大了消费支出和生产合作组织，扩大社会服务，尽早地为失业者提供救济工作，并建立了一个宏大的市政工程计划。

法国直到 1932 年才明显感觉到大萧条的影响，且最终成为受害最严重的国家之一。一直到 1936 年，由于政治分歧而分裂的法国政府仍死死坚持正统的经济政策，并没有试图通过增加政府支出来帮助经济复苏。1936 年，莱昂·布鲁姆领导中间偏左联合政府即人民阵线制订了上调工资的新政风格计划，进行了工会认可的集体谈判，确立了一周 40 小时的工作时间和带薪假期，采取了增加公共支出，让法郎贬值等使法国产品在全球市场更具竞争力等一系列举措。然而布鲁姆的新政只维持了很短的时间，这个政治和社会都已分裂的国家直到 1939 年第二次世界大战爆发时，都没能从大萧条的破坏中恢复过来。

在德国，魏玛共和国屈服于工业家和大地主利益的巨大压力，只能削减政府

开支（尤其是在社会措施方面）、降低企业的税额和增加企业的劳动力。当德意志共和国国民议会拒绝通过这一计划时，魏玛政府采用紧急行政权力，通过法令实行统治。但政府的政策只是加剧了大萧条。政府不能有效地应对危机，成为1933年1月阿道夫·希特勒掌权的罪魁祸首。

除了苏联之外，希特勒政府比其他任何欧洲国家都更多地对经济进行了控制。总的来说，希特勒没有剥夺大公司的权利，企业维持私有制，资本经济采用了混合计划体制。希特勒最初的目的是创造大量市政工程给予失业者以慰藉。1934年11月，希特勒政府开始将经济导向重整军备和军事准备，而以增加税收、赤字支出及限制私人对消费品生产的投资来为此买单。这一政策很快结束了高失业率现象。

贝尼托·墨索里尼执政的法西斯意大利政府试图通过用人单位和劳动者来引导经济，但实际上真正的权力却逐渐掌握在了工业家和法西斯党派的官员手中。政府的确通过进行投资挽救过一些基础工业，从而拥有了有限的所有权。

苏联政府在对国家经济的控制强度上没有任何国家可与之相比。这在大萧条开始之前就已随着大规模的农业集体化活动和大型生产基地强制性发展而开始。（虽然苏联能够满足国内大部分的需求，但它不顾国内谷物短缺，在整个20世纪30年代里，都向非社会主义世界出口谷物。）

已经苦苦挣扎着求生存的北欧国家尤其遭到了大萧条的重创。这些国家刚从“一战”的废墟和哈布斯堡王朝、罗曼诺夫王朝及奥斯曼帝国的瓦解中重新站立起来。在尽力建立政治制度和发展经济的同时，这些国家背负着长期的国家冲突，又都普遍缺乏多样性或丰富的自然资源。

但也有例外，这些国家出口农产品或原材料。不幸的是，截至1938年，国际市场上食品和原材料的价格下降了50%还要多。许多国家没有出口产品所需的资金或者无力偿还20年代欠下的国际贷款，这不仅仅是因为他们主要出口货物的价格下跌，还因为邻近的贸易伙伴采取了保护本国农业利益的措施，就如占有大量土地的德国普鲁士容克地主那般。

在希特勒上台之前，就已经有部分德国人主张德国与多瑙河流域的国家进行经济整合与合作。但这些经济体都不能充分互补而实现经济联盟，因为农业都是这些经济体的一个重要组成部分。纳粹独裁统治下的德国政府成功地与这些国家达成了商品交易协议。保加利亚、土耳其、南斯拉夫和匈牙利的国际贸易大部分

都是与德国展开，导致这四国在经济上十分依赖这个更为强大的邻国。

另外，欧洲中东部的国家面临着很大的经济危机和社会危机。大大小小持有土地的农民们都已破产，农民没有了购买力。中产阶级成员和公务员纷纷失业。当德国人寻找导致其物质世界倒塌的原因时，人们的目光聚焦在了经常向他们放贷的犹太人身上，于是已经长久存在于这片土地上的反犹太主义日益加剧。“一战”后，一些人为合并的国家（如南斯拉夫和捷克斯洛伐克）就因这次危机而相互指责。在这些国家，一些仿照法西斯和纳粹党的右翼政治运动应运而生。

尽管大萧条对政治和金融政策的影响相对来说比较容易判断，但是这场持久的经济危机对社会所造成的巨大动荡就没那么容易衡量了。数百万人民失业了，并发现他们的生活水平大幅降低。于是许多人因严重的生理问题和社会问题而饱受痛苦。家庭的就业结构也发生了变化，女人（有时是孩子们）取代了年长的男人，成了家里的经济来源。阶级矛盾加剧，处在经济阶梯最底层的人们仇视富人，认为富人只是象征性地减少了财富，但还能继续享受舒适的物质生活。

德国同很多国家一样，年轻人从学校毕业后面临着极少或几近为零的就业机会。这些学生通常都是纳粹主义的追随者，他们为纳粹党所承诺的变化和对现有经济秩序的批判所吸引。但是我们不能断定绝望是无处不在的。比如说，在英国，仍有很多可供人们继续享受休闲活动的场所，如超级流行的电影院和其他人们可以开车前往的地点。人们对正常的或理想的生活方式的幻灭在当时的文学作品中随处可见，在书中作者们生动地质疑和批判了当时的社会秩序及政治结构，并呼吁一个更公正的社会。在英国，乔治·奥威尔（George Orwell）在他的几部著作中特别表达了这种绝望，其中包括《去维冈码头之路》（*The Road to Wigan Pier*，1937 年版），在这本书中他剖析了英国煤炭工人绝望的处境。沃尔特·格林伍德（Walter Greenwood）在其小说《失业救济中的爱》（*Love on the Dole*）中追随了英格兰北部工业区年轻人的足迹，年轻人无法找到有意义的工作，最后通常都与社会上的堕落分子混在一起，以此来得到社会认同感或经济支持。德国有一本类似的小说，汉斯·法拉达（Hans Fallada）的《小人物，怎么办？》（*Little Man, What Now?* 1933 年）描述了一对年轻夫妇及其孩子们在 20 世纪 30 年代早期柏林恶劣的氛围下艰难地维持生计。

由大萧条引起的财政危机触发了一系列旨在解决美国和欧洲财政危机的国际

会议的召开。这个问题非常复杂，因为它不仅仅是经济问题，更涉及敏感的政治因素。第一次世界大战已经留下了复杂的战争债务和赔款问题，被视为“一战”罪魁祸首的德国被要求对饱受战火的欧洲的战后重建进行赔偿，尤其是法国与比利时这两个西线上战火最多的国家。同时，战胜国需要向美国偿还在战争中所借的大量贷款。1924 年，“道威斯计划”（The Dawes Plan）为德国制订了一个可行的赔款方案，美国向其借出大量贷款。1929 年杨格计划取代了道威斯计划，修改了赔款方案。法国和英国向美国偿还的债务至少有一部分来自德国的赔款。大萧条削减了美国向欧洲各国的贷款并使这些赔款计划处于危险之中。欧洲国家通过了赫伯特·胡佛总统于 1931 年 6 月 6 日发布的《缓债宣言》，宣言提出赔款和其他国际义务暂缓一年，但已无力阻止德国的金融危机。1932 年 6 月，洛桑会议在瑞士召开，会议几乎默认了终止支付战争债务。

虽然各国政府进行了会面，试图努力消除大萧条的部分影响，但各国又独自采取措施的做法最终阻碍了经济的复苏。各国面临着日渐增多的失业和下滑的价格这一后果。原本已经很高的美国关税在《斯姆特－霍利关税法》出台之后继续水涨船高，这反之导致了其他各国报复性的关税上涨。除了其直接的经济影响之外，《斯姆特－霍利关税法》也给其他国家造成了美国并没有在对抗危机中起到任何领导作用的印象。1933 年，在伦敦召开的全球经济会议上未能解决黄金流通问题和降低关税，部分是因为美国新上任的总统富兰克林·罗斯福所采取的一系列措施。

这次会议是各国为解决大萧条所做的最后一次努力。随后，经济国家主义成了各国的主流理念。虽然大萧条并不是促使希特勒上台的唯一因素，但它的确起到了非常关键的作用。希特勒上台后，欧洲外交事务发生了极大的变化，并逐渐走向了第二次世界大战。专注于解决大萧条所导致的经济或财政问题，使英国和法国没有留意像德国和日本之类的侵略性国家的威胁。比如说，当 1931 年 9 月日本进犯中国东北时，英国还在为了财政预算和金本位而挣扎。法国经济的破裂导致了国家政治的动荡，当 1936 年 3 月希特勒非法突袭莱茵兰之时，法国还限于各个软弱无能的政府你方唱罢我登场的闹剧之中。

大萧条引发了政治危机，尤其在中东地区，国家还在努力从“一战”的巨大破坏中恢复过来，根本无力应对经济危机。国际合作这一长期被鼓吹的解决方案也未能奏效。这些国家不仅利用国内的资源，还开始扩大武装以图通过侵略别国

来解决本国的经济危机。讽刺的是，在备战的过程中，扩大武装力量和生产武器装备等行动很大程度上有助于减少失业，帮助德、英、美等国家走出了大萧条。

大萧条对美国和欧洲之外的国家所造成的影响显然各不相同。一般来说，与西方国家贸易关系密切的国家的国际贸易容易崩溃，而以农业为主或自给自足的国家所受的冲击则小得多。大萧条对各国所造成的冲击程度取决于各国自身的政治力量。殖民地国家只能听从宗主国的命令，没有独立做主的权利，但主权独立的国家可以更好地重塑本国的经济。

大部分初级产品生产国，如生产大米、咖啡、糖和棉花等基础农作物的国家，出产煤炭、矿石、橡胶等非常重要的贸易商品的国家，都受到了大萧条的不良影响。事实上，远在大萧条开始之前，许多生产国已经在 20 世纪 20 年代面临了重大的经济问题。莱瑟姆（A. J. H. Latham）在《大萧条和发展中国家》（*The Depression and the Developing World*，1981）中论述道：20 年代期间，发展中国家扩大基础产品尤其是农产品的生产，导致了大萧条。加拿大、美国、澳大利亚和阿根廷等国的谷物过剩，加之欧洲农业生产基地的恢复，又遇上东方国家，尤其是稻米文化之下的亚洲的过量生产。诸多的生产盈余导致了世界范围内的农产品价格下跌，并且在整个 30 年代一直持续。全世界的经济复苏非常缓慢，部分原因就是占据大份额公共支出比例的农民收入仍然很低。

初级产品生产国的经济在几个方面受到了损害。贸易出口收入大幅降低，进口支出虽有所降低，但仍相对较高。因为这些国家已经不能继续进口这些产品，他们要么不再使用，要么开始自己生产。外商投资的骤降，尤其是来自美国和英国这两个最大投资国的投资的减少，也对这些国家造成了影响。美国 1929 年的投资额为 11.5 亿美元，在 1937 年已经下降到 240 万美元，同期内，英国的投资 7.2 亿美元下降为 9640 万美元。以美国为例，它 1928 年对亚洲和大洋洲 1.37 亿美元的投资在 1937 年直接降为零。同期内，美国对拉美的投资也由 3.31 亿美元降为零。

智利和巴西这两个拉美国家由商品经济转向了工业经济。智利棉布制品的产量在 1929 年至 1937 年间增长了 5 倍多，并在 1937 年占据国内市场一半的份额。在巴西，钢铁和水泥的生产大量增加。结果，两个国家都不再像以往那样依赖于基础产品，巴西不再依赖于咖啡，智利不再依赖于硝酸盐。拉美政府在引导国家经济和社会转型的过程中扮演了更多的角色，政府采取了诸多措施来发展国内的

生产。阿根廷和巴西在“一战”期间无力从国外购买制成品，于是都自发地开始了工业化的道路。

在20世纪30年代实施保护性关税的国家也因此有了扩大早先建立的生产基地的能力。这些国家，尤其是阿根廷和巴西，紧随着世界潮流，开始变得更加专治独裁。在拉美国家，尽管经济更为多元化，但其穷人的生活仍然十分艰苦。

总的来说，相对其他国家集团，拉美国家可能采取了更加多样的措施来重整经济。但也有许多国家采取了同样的措施，如印度。印度在大萧条初期原棉出口价格骤降，但在1927年至1937年间制造业的就业增长了66%，很多产业的生产迅速增长，包括水泥、石油，特别是机织布。

在印度的部分地区，如马德拉斯的南部地区，经济形态从农村经济向城市经济转变，这种转变也对社会秩序产生了影响。当地农民一直向大地主借钱，地主们不仅财力雄厚，还能囤积粮食等到价格上涨之后再卖出。漫无尽头的谷物价格下跌对农民和大地主来说，都是灾难性的。农场主无力再提供贷款，很多人面临破产。许多地主阶级家庭的成员为了生存，不得不离家外出工作。当地主或债主试图操纵市场以拉高谷物价格时，粮食暴动却接踵而来。农民成功地组织起来，抗议向土地主交纳不合理的租金，土地主在社区中的社会地位和经济特权在大萧条时期被彻底地改变了。

当马德拉斯南部的农业经济恶化时，其城市经济全面发展。在农村和城市都有经济收益的投资者们开始将重点放在了后者之上，其中一部分是因为印度的工业品价格的跌幅比农产品价格小。在城市里，越来越多的资金被投资于农业加工、重工业（如电力和水泥）和金融机构（如银行和保险公司）。尽管发生了这些经济变化，印度的经济和社会仍然以农业为主。虽然1918年大饥荒对印度农民造成的直接影响确实远远大于大萧条，但在整个20世纪30年代，印度整体经济增长尤为缓慢。

像印度一样，中国也是以农业经济为主。中国的对外贸易，包括丝绸和丝绸制品、棉布、茶业、烟草和手工艺品等产品的出口量，在大萧条期间都大幅降低，位于沿海地区的中国本土工厂、外资工厂及与国际市场联系紧密的市场，也受到了最直接的影响。农民通常以种植更多的传统农作物来应对经济作物价格的下跌。大概只有不到三成的农民种植出口商品，农民自己消费了大部分农产品，这些交易都是在当地进行。事实证明，中国经济没有受到大萧条的影响。虽然某些省份

陷入了贫困甚至饥荒，但这只是正常中国经济的一部分，并且是由于自然灾害、盗窃和军阀统治所造成的。比如 1931 年，长江大洪灾夺走了 200 万人的生命，造成了巨大的破坏，导致了疾病的发生。一位历史学家说道，即使不算伪满洲国的发展，中国的农业经济和工业经济，在大萧条时期都仍继续扩张。

对此，一个主要的原因就是中国巨大的国内市场指明了中国经济的发展方向和生产方式。对外贸易确有下降，但是下降较少，且只是中国经济一个相对不那么重要的部分。

大萧条对日本所造成的伤害比其他国家都严重。农民遭受到最为严重的损害，因为原本已经衰弱的生丝和大米国际市场在这时崩溃了。日本以出口为主的制造业失业率飙升，公司生产大幅削减。最初政府采取的措施是不采取任何行动，让经济自行恢复。政府的不作为和日益增长的压力导致了社会动荡和暴力事件，首相被暗杀就是暴力事件之一。

尽管如此，日本仍是第一个从大萧条中恢复的国家，对此政府政策起到了主要作用。在财政部长高桥是清的领导下，日本实施了积极的投资计划以扩大需求。虽然军事支出扩大，但是针对农村地区所推行的市政工程救援项目对于经济的恢复起到了更为重要的作用。在农村地区，农民们从生产丝绸转向生产小麦和马铃薯。某些国内企业受到了关税的保护，政府对造船业和汽车行业提供了鼓励措施和补贴，所有企业都因日元的贬值而获益。随着劳动成本的降低和更优质的机器的开发，工业变得更加高效。拥有充足的资金而在大萧条中存活下来的日本财阀（或者说金融集团），尤其受益于政府的政策。到 1931 年，日本经济逐渐复苏。

尽管日本经济恢复得较早，大萧条对日本反民主思潮的产生起到了重要作用，军事独裁掌控了日本政府。20 世纪 20 年代期间，社会平民党和军方之间进行着政治斗争。1929 年之后，政治天平毅然倒向了军事精英阶层，促使了导致第二次世界大战中政策的出台。日本经济的弊病多归咎于军事独裁政党，以及通过与他国进行合作和贸易寻求经济繁荣的官僚机构。许多军事领导人认为武力能更好地解决经济问题，尤其是针对其他国家提出以关税壁垒来阻止日本商品的涌入这一问题。他们相信武力扩张和日本帝国的建立能向日本提供必需的原材料及市场。1931 年日本军队侵犯中国，并成功地占领了东北三省。随着 1937 年中日开战，日本更是走上了军政府的道路。德国与意大利独裁政府的上台、大萧条带来的挫败

和问题，加上脆弱的平民政府，促使两国走向独裁政府的道路。

菲律宾没有受到大萧条特别严重的影响，主要是因为菲律宾的制糖业在美国市场上受到了保护，养活了600万人。与其他基础产品生产国不一样的是，菲律宾的工业在20世纪30年代期间并没有加速发展。对菲律宾的地主精英们来说，制糖业已经为其提供了生活保障，所以他们并不热衷于重组经济结构。此外，美国控制着菲律宾这个殖民地，菲律宾政府无权颁布关税法来阻止美国和日本工业品的流入。

非洲的独特之处在于几乎所有的国家都是欧洲各国的殖民地。但是，南非联邦（Union of South Africa）虽然名义上是在英国的统治之下，但当时本质上是自治的。除了大萧条早期，20世纪30年代随着资金流入和金矿业扩张，南非的经济显著增长，这得益于十年间黄金价格持续上涨。钢铁首次在比勒陀利亚（Pretoria）生产，为了养活不断增长的城市人口，农业生产仍需进行。并不是所有的非洲矿业都蓬勃发展，比如铜和钻石市场变得萧条，失业人数骤增。虽然金矿业需要本地劳动力，但在南非、南罗德西亚（Southern Rhodesia）和黄金海岸（Gold Coast）等地，工资仍然很低；福利也很少，如教育难以为继。不仅当地劳动力数量巨大，殖民政府也努力发展出口型企业，帮助企业镇压参加抗议低工资和恶劣工作环境大罢工的工人。虽然当地矿业工人收入较低，但矿区出高价聘请的有经验的白人（如工程师）越来越多。在北罗德西亚（Northern Rhodesia），白人和黑人的收入比例大约为30:1。

生产出口农作物（如咖啡）的农民们遭到了大萧条的重创。许多来自英国的定居者，其农田产业单一，所以十分容易受损。虽然政府通过降低税收和提供贷款等方式来帮助他们，大部分人还是无法继续维持生计，在肯尼亚，五个人中就有一人破产。许多以外贸收入为主的非洲殖民地国家的收入大幅缩水。英国殖民政府越来越依赖于当地的计税基数，并尽可能地保留房屋税和个人所得税。事实上，殖民政府如肯尼亚发现当地农民比英国定居者效率更高，适应能力更好。英国殖民政府想平衡预算和支付20世纪20年代实施基础设施（如道路）的建设时向国外欠下的大笔贷款。在黄金海岸，某些进口商品关税上涨，许多官员被迫提前退休，用于公共工程的经费骤减。总的来说，英国并不擅长于救援性质的公共工程工作。试图将自己发展成一个经济自给自足的帝国的法国政府，通过贷款和关税壁垒来帮助其殖民地。

许多以殖民地为主的欧洲公司在大萧条时期取得了很好的成绩。在非洲西部，许多小型出口企业破产，但是大型的企业如联合利华，有着强大的资金基础，生意仍然兴旺，因为他们可以减少开支和收购较弱的竞争对手。在政府的帮助下，大型企业可以控制竞争和通过建立一个大型的商品基金（所有的大型采购都可以在这里进行）来降低基础商品的价格。

那么那些生活经常发生改变、经济上被剥削的非洲原住民是如何应对大萧条的呢？在英属西非的某些地区，许多非洲原住民将资产转移，转而投资教育和改善城市制度。在法属西非，农民转移到城市，但城市中也没有什么致富的机会，于是农民们成为城市贫困人口的一部分。工人们偶尔会试图进入工会或者进行罢工。在某些殖民地区，骚乱的发生促使政府降低税收。在许多地方，大萧条还导致当地政治局势变得激进，肯尼亚中部的基库尤（ Kikuyu）就是一个例子。基库尤人民在应对大萧条上相对比较成功，在与欧洲定居者的竞争中，本地人民取得了胜利，部分人开了商店，当了店主，其他人成了农场主。基库尤中心协会抗议政府和欧洲定居者对原住民的歧视行为，20 世纪 30 年代后期爆发的一系列罢工，还获得了其他部落的政治支持。基库尤族在经济上的成功和政治上的行动，使他们在“二战”后陷入了同欧共体的斗争之中。

政府领导们并没有在政治上或心智上准备好应对大萧条所带来的危机，但政府还是采取了行动。在一系列试图解决货币流通和金本位问题的国际会议失败后，各国将希望更多地寄托在本国的措施之上。各国废除了金本位，提高了关税，进行了垄断。讽刺的是，在过去的几十年间，贸易已经更加国际化，各国之间更加相互依赖，即使这一趋势暂时因为“一战”的爆发而中断。这种民族主义的应对措施最终导致了越来越多的专政政权的出现，这些激进的政府承诺解决经济和社会问题。这一结果是世界范围的，不仅仅指纳粹德国和意大利法西斯这两个众所周知的例子。大萧条导致了巨大的个人损失，使人们遭受了失业、失去自尊、收入下降、物质生活水平大幅下降等痛苦，并导致了更大的阶级矛盾。大萧条导致了更多邪恶民族主义的出现，比如快速增长的种族主义和反犹太主义，比如激进的军事行动。这些影响都使得大萧条成为导致灾难性的第二次世界大战爆发的一个主要原因。

洛威尔 · J. 萨特（Lowell J. Satre）

洛威尔·J. 萨特（Lowell J. Satre），扬斯敦州立大学历史荣誉教授，在南卡罗来纳大学获得博士学位，主要著作有《伟大的调解人：1837—1922，矿工议员托马斯·巴特》（*Thomas Burt, Miners'MP, 1837—1922: The Great Conciliator*，1999）和《受审的巧克力：商业下的奴隶制、政治和伦理》（*Chocolate on Trial: Slavery, Politics, and the Ethics of Business*，2005）。

第五十三章
第二次世界大战（1939—1945）

概　述

第二次世界大战爆发的根本原因在于侵略性的民族主义、扩张性的帝国主义、致命的社会达尔文主义、“一战”后签订的《凡尔赛和约》招致的怨恨，以及“一战”带来的全球权力真空。与“二战”有关的第一次暴力事件发生于1931年，好战的军国主义日本占领了中国的东北三省。无视国际联盟和“一战”后为了维持全球和平和安全而建立的国际机构的谴责，日本在20世纪30年代不断进犯中国。最终，1937年，日本向中国发起全面侵略。在侵略期间，日军占领了南京城，进行了长达6个星期的烧杀淫掠，屠杀了30多万中国人。

在欧洲，1933年阿道夫·希特勒执掌德国政权预示着不稳定的和平的结束。由于专注于稳固政权，希特勒最初不太参与国际事务。然而，到了1936年年初，他让德国退出国际联盟，导致奥地利发动了一场失败的政变。他宣布重整军备，致使德国违反《凡尔赛和约》。

从1936年开始，希特勒将更多的目光投向外交事务。当年3月，他违反《凡尔赛和约》重新占领莱茵兰。他还介入1936年爆发的西班牙内战，拥护西班牙法西斯主义。1938年3月，希特勒再次违反《凡尔赛和约》，强制将独立的奥地利并入他的德意志第三帝国。

对于德奥合并（吞并奥地利），凡尔赛的首要担保人英国和法国反应并不强烈。深陷于大萧条泥潭和困扰于“一战”的可怕记忆，法国，尤其是英国决定对

希特勒领导的德国采取绥靖政策。根据绥靖政策的制定者如英国首相内维尔·张伯伦的想法，使德国的要求合法化，同时对其进行限制，这样便可以避免战争。不幸的是，希特勒的要求不但不合法，而且没有限度。虽然很长一段时间西方政客们拒绝承认这一点。

1938 年 9 月召开的慕尼黑会议标志绥靖政策达到顶峰。法国和英国违背了他们对捷克斯洛伐克的承诺，同意让希特勒吞并苏台德地区（捷克斯洛伐与德国接壤的区域）。当 1939 年希特勒违背承诺吞并了捷克斯洛伐克的其余领土时，法国和英国才不再继续采用绥靖政策。很快，希特勒开始威胁波兰，把希望寄托于英国和法国的波兰人进行了抵抗。

当 1939 年 9 月 1 日纳粹德国大举入侵波兰时，第二次世界大战在欧洲爆发。使用名为“闪电战”的战术的德军很快打败了波兰。闪电战需要大量移动的兵力进行大火力攻击以突破敌军的防线，然后直捣敌军后方，切断敌军的通信并制造混乱。德军入侵波兰两天后，波兰的盟国英国和法国向德国宣战。同时，1939 年 8 月 23 日，约瑟夫·斯大林领导的苏联与德国签署了一份互不侵犯条约，苏联也对波兰发动攻击，占领了波兰东部地区。事实证明这是苏联 1940 年夏天占领爱沙尼亚、拉脱维亚和立陶宛三个国家的前奏。1939 年至 1940 年，苏联也与芬兰打了一次短仗，被称为“冬季战争”（Winter War），最后芬兰将 10% 的国土割让给苏联，使苏联有了更多的领土。

开始时，希特勒入侵并占领了丹麦和挪威，随后将战火引向荷兰、比利时和卢森堡公国，并在 1940 年 5 月 10 日袭击了法国。希特勒出乎意料地轻松战胜了法国。1940 年 6 月 22 日，法国向德国投降求和，法国领土被划分开，法国北半部归德军所有，南部建立名为“维希法国”（Vichy France）的傀儡政府。由“一战”英雄菲利普·贝当和政治家皮埃尔·赖伐尔统治维希法国。这两个合作者常被骂作“卖国贼”（quislings）。这个称谓来源于维德孔·吉斯林（Vidkun Quisling），他是纳粹傀儡，负责监管被占领的挪威。最终，由夏尔·戴高乐（Charles de Gaulle，因纳粹流亡的法国军官）领导的“自由法国”的大型抵抗运动，不仅挑战了维希法国合法性，也挑战了纳粹对法国的占领。随着法军的失败，帮助保卫法国的英国军队差点未能从法国敦刻尔克的海滩的包围圈中逃离出来回到英国。贝尼托·墨索里尼，这个意大利法西斯独裁者，与其盟友希特勒一起攻击了法国，并

准备攻击希腊。最终德国和意大利这两个轴心国取得了巨大的胜利。

打败法国后，希特勒将注意力集中在了英国。英国刚换了新的首相——坚决果断的温斯顿·丘吉尔，他在1940年秋获得任命。在1940年秋季的大不列颠战役中，希特勒企图通过密集轰炸英国的平民区和军事目标来迫使英国投降，但是他失败了。

1941年，希特勒在巴尔干半岛地区取得胜利后，突然向其从前的“友好国家”苏联发起突袭，自此欧洲战场进入了一个新阶段。1941年12月，趁着苏联还未加强防御，德军兵临列宁格勒和莫斯科城。

同时，在地球的另一边。德国的盟国日本一心想要占领更多的国家。在占领了中国大部分地区和法国殖民地印度支那后，日本向美国发起挑战。1941年12月日本突袭珍珠港，美国做出回应，向日本宣战。短短几天后，德国和意大利也向美国宣战。英国、苏联和美国结成统一战线来对抗德国、意大利和日本。英国、苏联和美国成立大联盟并制定战略决策，决定利用其大量的资源来获取在欧洲战场的胜利。

1941年12月，轴心国的势头达到顶峰，但接下来的三年半它们只能眼睁睁地看着自己的优势逐渐消逝。1942年，英国在伯纳德·劳·蒙哥马利将军（General Bernard Montgomery）的领导下，首次在阿拉曼战役（Battle of El Alamein）中阻止了轴心国向北非的进攻，并成功地发起了反击。1943年春天，英军和美军将轴心国逐出了北非。

非洲的胜利为随后盟军占领西西里岛和意大利半岛打好了基础。同盟国在西西里岛取得的胜利推翻了墨索里尼的政权，意军与同盟国于1943年开始商议停战协议。然而，德军营救了被俘的墨索里尼，并帮助他恢复了独裁统治，最重要的是，他占领了罗马并继续在意大利半岛顽强地防御。

也许东线战场最重要的战役发生于1942年至1943年的那个冬天。在位于伏尔加河这条苏联最重要的河流边上的斯大林格勒［Stalingrad，现在的伏尔加格勒（Volgograd）］，苏联军队在瓦西里·崔可夫（Vasily Chuikov）和格奥尔吉·朱可夫（Georgy Zhukov）二位元帅的领导下，包围并歼灭了德军。胜利的苏联军队在斯大林格勒战役中牺牲的士兵比美国在整场战争中牺牲的人数还要多。1943年7月，苏联在库尔斯克会战（Battle of Kursk）中打败德国，这是“二战”中规模最

1944年6月6日，美国士兵在德军机枪的扫射下登陆法国诺曼底海岸。（来源：美国国家档案）

大的坦克战，延续了其在斯大林格勒所取得的胜利。这两场决定性的胜利击破了德军后方，迫使德军开始撤回柏林。

同时，1942 年，美国在英国的帮助下，阻止了日军对太平洋地区的突袭。在中途岛战役和珊瑚海战役中击败了日本海军后，美国采用“跳岛战术”，要求盟军一次占领一个日本腹地岛屿。在瓜达尔卡纳尔岛击退日军，并将日军驱逐出吉尔伯特群岛（Gilbert）、马歇尔岛（Marshall）、加罗林岛（Caroline）和马里亚纳群岛（Mariana Islands）等岛屿，由道格拉斯·麦克阿瑟将军（General Douglas MacArthur）和海军上将切斯特·尼米兹（Admiral Chester Nimitz）率领的美国军队逐步向日本列岛逼近。1944 年 10 月，美国在莱特湾海战中摧毁了日本舰队的残余部队，随后解放了菲律宾。

在 1943 年下半年，英裔美军作战部队在意大利陷入困境，同时在东线战场苏联军队缓慢但有力地击败了德军。直到 1944 年 6 月 6 日，西方同盟国最终发起万众期待的跨海峡进攻，他们在法国诺曼底海岸登陆，开辟了期盼已久的“第二战场”，这一天取得了巨大的成功，被称为“D 日”。在美国将军德怀特·戴维·艾

森豪威尔将军的指挥下，西方盟国将纳粹分子逐出了法国，巴黎于 1944 年 8 月 25 日得到解放。

1944 年伊始，苏军将德军赶出了苏联，并开始在东欧和巴尔干半岛进攻德国的盟国。苏联打败了罗马尼亚和保加利亚，进入匈牙利和捷克斯洛伐克，解放了包括首都贝尔格莱德在内的南斯拉夫联盟共和国部分地区。1944 年年末，苏军进入东普鲁士，将战火蔓延到德国领土上。

苏联在东欧战场的胜利，警告了许多从未信任过约瑟夫·斯大林并认为其共产主义政权与希特勒的纳粹国家一样糟糕的西方人。然而，西方领导人温斯顿·丘吉尔和美国总统富兰克林·罗斯福在早期就达成了意见统一，即不会就战后欧洲的性质向斯大林提出尖锐的问题，他们担心斯大林会因此背叛同盟国，转而向德国寻求独立的和平。相反地，盟军的战时外交更倾向于关注其他方面的问题。

在美国参战之前，丘吉尔和罗斯福就于 1941 年 8 月在纽芬兰海岸会面，签署了《大西洋宪章》(*Atlantic Charter*)，设立了一系列自由原则来指导战后世界。几乎是在一年之前，罗斯福不顾国内的孤立主义情绪，向陷入困境的英国提供 50 艘旧驱逐舰，作为对英国将位于西大西洋和加勒比海的基地租借给美国（租约为 99 年）的回报。1941 年 3 月，罗斯福说服了美国国会通过其《租借法》(*Lend-Lease Act*)，美国可以向其同盟国借款或租出数百亿美元，同盟国将在战后归还或支付。《租借法》原本是为了英国制定的，后来苏联参战后，《租借法》也同样适用于苏联。

1943 年 1 月，罗斯福与丘吉尔在卡萨布兰卡再次会面。在卡萨布兰卡会议上同盟国达成一致，各国保证继续战斗直到德国无条件投降。下一次会议于 1941 年 11 月在伊朗首都德黑兰举行。斯大林第一次参加同盟国会议，三国首脑讨论了战后如何分配德国及解除德国的武装等问题。他们还讨论了罗斯福关于建立一个“维护世界和平”的国际组织的提议。

1944 年 10 月，不顾罗斯福认为斯大林是容易控制的这一想法，丘吉尔越发担心在东欧逐渐扩张的苏联，于是前往莫斯科与斯大林会晤，试图确定斯大林对苏军解放的地区有怎样的打算。丘吉尔此行达成了东欧划分范围协议。然而，战后的各项事情最终使这一协议没有实施。

1945 年 2 月，战时最后一次重大会议于苏联雅尔塔（Yalta）召开。会议议题包括波兰和东欧的部署，战后如何处置德国，苏联参加抗日战争，以及罗斯福建

立国际组织“联合国”的提议。

雅尔塔会议是在盟军取得了惊人的胜利的背景下召开的。1944 年 12 月，英军和美军，加上解放的法国军队，向德国推进，并于 1945 年 3 月渡过了莱茵河。同时，苏联部队占领了 华沙、布达佩斯、维也纳、但泽和柯尼斯堡，将德军赶出了波兰，并进一步向德国东部领土推进。

在收回德国占领地区的过程中，同盟军发现大量的集中营，纳粹将犹太人、“不受欢迎分子”、同性恋和战时俘虏的囚犯拘禁在集中营里。在臭名昭著的集中营，如奥斯威辛集中营 、特雷布林卡灭绝营和马伊达内克集中营里，数百万无辜的人被杀害。尤其骇人听闻的是对欧洲犹太人的有计划的大屠杀，在集中营里杀害的 1200 万人中，大约有 600 万为犹太人。

1945 年 4 月末，战争即将结束，意大利游击队逮捕并处决了墨索里尼。几天之后，1945 年 4 月 30 日，希特勒被围困在柏林的地堡内，自杀身亡。1945 年 5 月 7 日，德国军方代表向艾森豪威尔投降。当天晚些时候，在驻扎于德国首都的苏军总部，德国军方再次投降。

至此，同盟国唯一需要做的就是结束太平洋战场的战争。日本于 1944 年失去了塞班岛，又于 1945 年年初失守硫黄岛和冲绳岛，现在面临着一场由新式武器所带来的大规模破坏。1945 年 8 月 6 日，美国向日本广岛市投掷了世界上第一颗原子弹；三天后，长崎市也遭受了同样的命运。同时，1945 年 8 月 8 日，根据雅尔塔会议上所达成的协议，苏联加入战争，对抗日本。1945 年 8 月 15 日，日本天皇正式向日本人民宣读了投降公告；9 月 2 日，正式举行投降仪式。“密苏里号”（Missouri）战列舰停泊在东京湾。第二次世界大战终于落下帷幕。

历史评论

比任何其他战争都更具破坏性的第二次世界大战主导了 20 世纪的世界历史。引发战争的国家在前 20 年占据了世界中心舞台，本次战争所引起的改变对世界所造成的影响一直延续到了今天。对于整整一代人，以及这一代人的下一代人来说，“二战”是并且一直是衡量日后战争破坏力的标志。

严格地说，“二战”是东线和西线这两场彼此独立但又发生在毗邻地区的战争，两者之间几乎没有什么联系。在亚洲，日本对中国，以及英国、法国、荷兰和美国的殖民地发动侵略战争。在欧洲，德国、意大利及其盟国保加利亚、罗马尼亚向苏联和其他几个在对日作战的国家发动战争。德国和日本这两个有名无实的盟友，在军事计划上并无太多配合。

因此，比如说，当德国发动“巴巴罗萨行动”（1941 年进攻苏联的行动）时，日本并没有在亚洲发起战争来配合德国的这一进攻，即使从 1937 年起苏联和日军就在苏联和中国东北边境不断发生冲突。德意志帝国和日本帝国的兴趣点完全不同。而德国与日本的敌人在两个战场上进行了更好的协作，这仅仅是因为他们必须确定优先顺序来分配资源（欧洲有较高优先级）。

每个大国都有自己的意识形态和理论来支持战争。日本提出“大东亚共荣圈”的构想，妄图由日本领导亚洲。纳粹认为德国需要殖民地或“生存空间”，以便在社会达尔文主义的种族竞争中存活下来。德国占领东欧的大部分地区，减少原住民的数量，以留给其后辈更多的空间。

1941 年 6 月，反对德国的同盟国签署了同盟国宣言，宣誓将致力于建立“一个没有侵略威胁，所有人一起享有经济和社会安全的世界”。1941 年 8 月，英国和美国在《大西洋宪章》中宣布其战争目标，承诺所有人都将拥有一个安全、有保障的战后世界。1942 年 1 月 1 日《联合国宣言》（*United Nations Declaration*）再次表述了这些理念。

同盟国与德日的战争目标对照鲜明。一方面，德国和日本追求征服，这目标清楚而简单。尽管它们宣称会解放被西方统治所压迫的人们，但德日所采取的野蛮占领政策让人们相信它们的行动带来的后果只会恰恰相反。这些不幸的人仅仅是换了新的主人，而新的主人在很多方面都更加残忍苛刻；另一方面，同盟国所信奉的理想主义战争目标通常都是达不到的，这不时使同盟国被认为是虚伪的。

在“二战”顶峰时期，有 56 个国家（不包括殖民地）参战。战争肆虐了整个亚洲、非洲和欧洲以及大西洋和太平洋。“二战”也是一场总体战。虽然“总体战”这个词在法国革命战争和“一战”时就已被使用，但这些战争都无法与“二战”相提并论。

发动总体战需要调动整个社会的人力和物力，国家在征召年轻人入伍的同时，

也需要组织好国家经济。彻底的调动是朝强制性发展的趋势。全面战争召集每一种资源，每种资源的召集则利用了整个社会。

政府征用财产，登记并管理劳动人口，控制工业，分配原材料，定量供应消费品，或减少消费品的生产并限制居民的消费。德国较慢地全面调动经济，全力供应枪炮和黄油。1942年阿尔伯特·斯佩尔（Albert Speer）出任军备与战时生产部部长，德国经济成功转向全面战争经济，从而将战争延长了一到两年。德国和日本从来没有掌握它们发动全面战争同其自身有限的资源和生产力之间的内在矛盾。从这层意义上来说，当德国与日本面对的敌国经济更加优越时，在这场战争中就注定要失败。

除了更早地调动经济之外，同盟国还比轴心国拥有更大的生产力和资金来源。自称为“民主兵工厂”的美国独自向同盟国提供了价值500亿美元的武器装备。与德国和日本形成鲜明对比，美国、英国和苏联三国联合起来的工业生产能力足以支持全面战争。

同盟国还调动了国家的人力资源。显然，征兵成了当时的命令，但是全面战争需要的不仅仅是穿制服的战士，平民也要应征入伍。在大多数国家，18至60岁的男子都要在战争中负责至关重要的工作，大部分国家还征募女子来顶替已经上前线的男人。英国颁布法令强制要求雇用19到40岁之间的女人来完成战争中的基础工作，“女铆钉工人罗西”和与她一样的女人们为美国、苏联和其他国家生产坦克及其他至关重要的装备。

“二战”还促进了通过科学、学术和技术社区的调动而形成的、20世纪50年代艾森豪威尔所称的“军事工业复合体”。仅美国就有超过3000名科学家和工程师在为了战事而努力。政府出资支持研究项目，并寻求专家建议来改进用于军事用途的发明和创造。虽然美国的曼哈顿计划（Manhattan Project，开发原子弹）是动员科学技术的最著名的例子，但是还有很多新武器和改进的武器令人印象深刻，包括雷达、声呐、磁雷、近炸引信火箭、导弹和喷气式飞机等。除了新武器的发明之外，与战争相关的研究也发展了许多非军事应用的新产品和新技术，如奎宁、数字资料发送机、回旋加速器和首例先天性心脏病婴儿手术。

研究和发展是同盟国相对轴心国来说占有明显优势的几个领域之一。事实上所有的非军事成就都是同盟国特有的，同盟国有工业、金融、知识和精神资源来

进行超出战争直接需求的大型研究与研发。相比之下，轴心国没有显著的非军事成就，因为它们没有多余的资源，它们的价值观也没有推动它们往这个方向发展。

德国宣传部（约瑟夫·戈培尔担任德国宣传部部长）被认为同军队一样重要，宣传部呼吁爱国主义，强调纳粹意识形态原理，并使用种族歧视图片来泯灭“次等人”的人性。日本宣传部也大肆宣扬日本崇高纯洁的事业和敌人卑鄙邪恶的阴谋之间的本质区别。

苏联宣传部早期就开始重点宣传积极地保卫革命和保卫祖国的俄罗斯母亲。当纳粹成为唯心主义者，冲突也演变为苏联卫国战争。为了巩固自己的思想，苏联宣传部同时强调了古典文化和流行文化。随着“坚持和胜利”主题的宣传，谢尔盖·爱森斯坦（Sergei Eisenstein）的电影《亚历山大·涅夫斯基》（*Alexander Nevsky*）、列夫·托尔斯泰（Leo Tolstoy）的长篇小说《战争与和平》（*War and Peace*）、德米特里·肖斯塔科维奇（Dmitri Shostakovich）的《列宁格勒交响曲》（*Leningrad Symphony*），都得到了很大的关注，流行艺术也加入了战斗。战争的前四天，就有100多首歌在莫斯科问世。在战争中，专业音乐人和业余爱好者创作了数千首歌，有的是为政府出资或党派出资举办的竞赛和节日而创作，有的是为了娱乐或表达自我而创作。苏联宣传部还强调向“灰绿色的蛞蝓”（比喻德军）复仇，发誓要让德军血债血偿。

在美国，好莱坞也为战争贡献了力量，制作了“我们为何而战”系列电影，最初军人们观看了这七部电影，随后电影面向社会播映。连兔八哥、达菲鸭及其他的卡通人物也加入战争，斯派克·琼斯（Spike Jones）和他的《城市乡巴佬》（*City Slickers*）用流行歌曲《元首的面孔》讽刺了纳粹分子。但是，美国宣传部也并不总是无所事事的，也要定期将日本领导和士兵丑化为猴子和猩猩。

从很多方面，人们可以认为，作为全面战争的“二战”在战争中体现了现代理性的逻辑运用。决定性的胜利是梦寐以求的结果或目标，政府设法找到最有效的途径来实现这个目标。为了达成目标而成立的组织和使用的尖端科技，其规模是空前的。也许将这一大规模的破坏描述为“合理的”有些怪异，但是这些头脑清楚的人，多数情况下都在做组织和操作决策，以及制定战略战术。没有先进的工业化、技术化和机械化的社会（这需要理性的官员），就不可能有全面战争。

人员伤亡仍然是衡量现代理性所取得的成功的最明显标志——冷漠而机械地

利用大量的人才、能源和资源，导致了这场历史上破坏性最强的战争。统计数字让人无法理解。总死亡人数估计达到了5700万之多。在欧洲战场上首当其冲的苏联，或许每8个或9个人中就有1人死亡。波兰的死亡人数占了总人口的15%。大约有400万德国人和至少200万日本人死亡。

有意地向平民发动战争是“二战”暴力行为的显著标志。平民死亡人数几乎占了总伤亡人数的一半（“一战”时仅为5%）。如在战争开始时，上海和华沙被轰炸，战争快结束时柏林和东京也遭到轰炸，平民不断遭到攻击。1937年下半年，日本占领南京，进行了史无前例的长达6个星期的大规模的烧杀淫掠，30多万*中国人被杀害。尽管德军发表公开申明称德军没有袭击妇女和儿童，但四处可见希特勒的军队攻击平民。同盟国也向其敌军的家园发起战争。

然而，轴心国犯下的暴行是史无前例的，全面开发利用其占领的领土的欲望，假想的根深蒂固的种族优越感根植于他们的心中，轴心国实施占领政策，不允许有任何反对意见，并对任何抵抗行为严厉打击。日军方面，严厉打击反对者，试图威胁被征服的民众，虐待、饿死战俘，用不明药物做惨无人道的人体实验，强迫朝鲜和其他国家的妇女当妓女或“慰安妇”。

当纳粹试图重组欧洲的人口结构，德军将暴力和恐怖水平创下了新高。纳粹按照他们的理解，无情地将达尔文自然选择学说运用到了人类社会中。达尔文自然选择学说认为，“种族”或“群族”是由自然创造的高级或低级生物，在生存斗争中，只有适者才能生存。因为自然定律就是杀戮或者死亡，没有道德和人道主义的约束可以让纳粹停止其自诩的，在与“劣等种族”的战争中“建立一个高等的日耳曼种族或雅利安种族”的任务。受这种思想的蛊惑，纳粹对其残酷地迫使其所占领的领土屈服的行为没有任何愧疚感。纳粹将矛头指向了他们认为最直接的威胁：犹太人和苏联。

在其美化的“犹太问题最终解决方案”中，纳粹企图杀尽欧洲的每一个犹太人，而且这一计谋几乎成功了。大约有三分之二的欧洲犹太人被纳粹杀害，约为5800万人。苏联有超过700万士兵牺牲，几乎有一半是死于饥荒。纳粹领导人残忍地杀害了其占领的苏联领土上三分之二的人民，占了苏联平民伤亡总数量很大的比例。纳粹下令立刻杀掉所有的共产党员，并处决了数百名参与破坏、反抗或

* 原书中数字为“20多万”，不准确。——译者注

暗杀行动的人。

其他的纳粹计划规模较小，但也仅仅是在程度上较小。纳粹杀害了神职人员、工会领导、教授和其他杰出的人，以清除波兰领导的残余势力。臭名昭著的“夜与雾法令”（night and fog）规定任何被认为对纳粹德国有威胁的人都要消失，无须做任何解释。集中营的囚犯们被用来做残忍的医疗实验和伪科学实验，从实验计划实施之前到结束，纳粹都没有考虑过囚犯们的意愿和健康状况。而且，由于纳粹颁布了向德国出口食品的政策，许多欧洲人民被活活饿死。

整个欧洲和亚洲的人民都遭受了强迫劳动。工人被强行送到为德国和日本提供战争物资的工厂中工作。成千上万的劳工因长时间的工作、饥饿、残酷的纪律和不人道的工作环境而丧命。因为产量低且难以替换人员，强迫劳动这一政策最终事与愿违。就是在这个时候，德国和日本工业产量愈加落后于美国和苏联。

监禁日裔美国人和日裔加拿大人是另一桩显著体现盟军暴行的事件。日本突袭珍珠港之后，由于恐惧和种族主义，美国和加拿大政府下令强行赶走了超过11万来自西部各省市的日裔公民。战争时期这些人被安置在废弃的、像监狱一样的俘虏收容所，他们并没有表现出不忠，但还是被剥削受辱，失去了他们的家园、土地和生意。

按照暴行的恐怖程度和规模，我们必须回过头看看几百年前，可以发现1618年至1648年的三十年战争（The Thirty Years' War）或13世纪的蒙古入侵可以与“二战”相匹敌。虽然那个时代没有现代化的破坏性武器，但由于战争的破坏和随之而来的饥荒、疾病、经济受损，整个德意志地区人口减少。然而，一旦确定了标准，与“二战”相比，这些例子都黯然失色。历史上没有任何事件对人类造成的伤害可以与“二战”相比。

除此之外，“二战”的结束呈现了眼前的问题，并改变了世界的形态，这在未来两代人身上得到了体现。就像当一个孩子推倒了一堆积木，最直接也最烦人的问题就是如何把这些积木重新堆起来。然而，以战争对涉及的国家、文化和社会所造成的影响之大，想要在很多方面恢复到战前的状态是不可能的。在战争中产生了新的权力关系，为世界政治带来了新的视角，也使绘制新的世界地图和创造世界和平变得更加复杂。不幸的是，在许多地方，战争的结束并没有带来和平，甚至连枪击都没停止。

战后暴露出来的各种当前的问题中，最重要的就是人的问题。不管怎样，战争改变了数百万人的生活，如被强迫的劳工、集中营的囚犯、难民、通敌者和其他流离失所的灾民们。许多人想回到故乡，但已经没有家了；大部分集中营或强迫劳工中的幸存者身体已经严重损害，无法回家了。“二战”对欧洲造成的破坏使人们很难去往别处，因为几乎没有火车行驶，没有桥梁，只剩少量的公路运输。

另一个悲剧发生在从纳粹手中逃出的犹太人身上。很显然，他们不受旧圈子的欢迎，甚至连家人也不欢迎他们。犹太人被驱逐出境后，他们的财产大多都被邻居占为已有，这些邻居并不希望见到这些财产的合法拥有者回来。战后的 7 个月内，至少有 350 名设法回家的波兰犹太人被杀害。1946 年 7 月 4 日发生于波兰凯尔采的大屠杀是最严重的一次事件。一个波兰男孩说差点死在了两个犹太人手上，随后一个暴徒杀害了 42 名犹太人。这次大屠杀后，约 10 万犹太人离开了波兰，超过了幸存的波兰犹太人数量的一半。因纳粹试图杀害所有犹太人和战后的反犹太主义，许多犹太人前往巴勒斯坦或西半球。

战后没有生活在德国的德国人也经受了极大的痛苦。由于领土分给了苏联或波兰，同盟国同意将德国人驱逐回德国。有了这个先例，捷克斯洛伐克和匈牙利也将境内的德国少数民族驱逐出境。总共有 1200 万至 1300 万的德国人回到德国，他们大部分都身无分文，只得与其他德国人抢住所、食物和工作等短缺的东西。通常，奉命将德国驱逐出去的那些人利用这个机会进行报复或从中谋利，他们抢劫、强奸、折磨德国人，还杀害他们（估计死亡人数近 200 万）。将德国人驱逐出境标志着德国社区的终结，这些曾经在东欧繁荣了几个世纪的群体不复存在了。

对于亚洲和欧洲的数百万人民来说，战争的结束并不意味着苦难的结束。战败国和其他受到重创的地区的人民还在为了生存而挣扎。经济崩溃，钱不再值钱，工作和物资都没有了，食物和燃料紧缺。在许多地方，香烟成了唯一可用的货币，而占领军是香烟的唯一来源。基本物资如肥皂、玻璃或咖啡都只能在黑市中买到。在可预见的将来，恢复和重建似乎是不可能的事情。取得了胜利的军队发现，他们要对那些不久前还是敌人的人民负责，不存在别的机构可以提供基础维护或重建援助。

胜利者也尝试着消灭那些他们认为导致了这场战争的军事力量，并处罚相关责任人。在德国，各州政府在各自领域内开展非纳粹化行动。各州开展的活动都

不一样，也反映了各州对纳粹意识形态根源的强调。苏联迅速处分了 1945 年以前在商界和政界占据重要位置的 4.5 万人。工业家、地主、军官、公务员和纳粹党官员等作为纳粹积极分子受到处分，这意味着他们的地位和财产都没有了，而且其中很多人被发配到苏联劳改营。美国下发了 1200 万份调查问卷，征求民众的意见来决定对哪些人进行司法审判。初步估计将审判约 300 万德国人，但由于战后重建的需要和冷战的压力，部分掌握着对新德国建设有用的技能的罪犯可以得到宽大处理。四个占领区内都进行了再教育活动，将灌输反法西斯理念作为新政治系统和新社会体系的根本。

在德国和日本，同盟国以“反和平罪”、“阴谋发动侵略战争罪”、“发动战争罪”和“反人道罪”等罪名，指控了相关的个人和组织。通过被缴获的文件和证人，控方认为轴心国的暴行太过凶残，必须进行问责。经过数月的取证，大部分被告认罪，分别被判处死刑或监禁。随后，国际法庭及德国、美国、苏联、波兰、捷克斯洛伐克、以色列、香港、新加坡和婆罗洲（Borneo）等国家或地区的法院审判了数千名纳粹分子和日本人。即便如此，仍有许多犯下恐怖暴行的人设法躲过了法律的制裁。

战争持续的时间如此之长，战争结果在多方面如此显著地塑造了战后世界的政治形态，超出了任何人的预期。美国和苏联让欧洲得到了和平，并且和平维持了 40 多年。没有统治国将意愿强加于亚洲。因为日本赶走了西方人，战败后日本撤退，只剩下一个真空存在着。国门被打开后，爆发了许多民族冲突和革命。

在占领国将主权交还给德国之前，德国已经名存实亡（直到 1990 年德国重新统一，其主权才恢复完整）。1940 年德国进攻法国，并取得了压倒性的胜利，这意味着法国势力和地位的恢复要依靠比法国更强大的国家。作为公认的“四巨头”之一，联合国安理会常任理事国，又是德国的占领者，法国认为这些好处并不都是通过自己的努力得来的，更多是受益于同盟国的帮助。“一战”中被削弱的英国，遭受了无法挽回的国内穷途。由于德国的破坏，法国和英国的国力都被削弱，美国和苏联的势力衰退，欧洲无法再像过去的几个世纪那样在政治上统治世界了。

日本也名存实亡。然而，1947 年美国要求日本实施新宪法，1951 年美国签订《对日和平条约》（*Treaty of Peace with Japan*）。同时，中国再次爆发内战。“二战”期间，中国国民党总裁蒋介石秘密求和，试图用最少的资源抗日，战后与中国共产

党为敌。运用这一策略，中国保证了联合国常任理事国的地位，但是在与毛泽东领导的红军的战争中，蒋介石政府失败了。1949 年，毛泽东领导的工农红军将蒋介石的国民党赶出了大陆，国民党退守台湾。

当帝国列强试图重新统治其战前的殖民地时，遭到了愈加强烈的反对。这些殖民地大多数地处亚洲，对恢复主权的要求更加强烈，甚至在某些情况下，这些帝国还遭到了武装抵抗。美国支持非殖民地化这一举动更是促进了殖民地人民夺回主权，从 1946 年菲律宾赢得国家独立开始，在接下来的 20 年，更多的国家恢复独立。虽然这些昔日的帝国在战后的 10 年内设法恢复他们的经济大权，但是他们的政治影响力将永远无法回到战前的水平了。

“二战”后，世界各地新的冲突、战争和革命层出不穷。除中国之外，在纳粹政府成立之前就逃走的希腊保王党和在反纳粹运动中起到了非常重要作用的希腊共产党之间爆发了内战。

胡志明宣布越南独立，并表示在越南共产党的领导下脱离日本和法国的殖民统治，独立建国。1948 年至 1959 年，马来西亚爆发反抗英国殖民统治的武装起义。20 世纪 40 年代后期还有其他严重的冲突爆发，印尼民族主义者反抗荷兰的统治，阿拉伯反抗以色列。战争的余波破坏了世界大部分地区的现状，塑造世界新格局的过程很长，争议很多，且常常伴随着流血牺牲。

也许受战后的改变影响最深的是两个最大的胜利者：苏联和美国。苏联以惨重的代价战胜了希特勒领导的德国，获得了在欧洲和中东地区的话语权，斯大林领导的共产主义制度合法地取代了自由民主制。另外，中国共产党革命的胜利和第三世界的动荡不安，帮助苏联进一步扩大了影响力。

而美国是唯一没有遭到战争损害而且相对战前变得更加强大的国家。战争的胜利也赋予了美国不可推卸的战后责任。在很多方面，美国都占据了世界主导地位，开始引领世界经济和政治。美国决策者们面临着一个困境，他们无法决定战前美国的哪些部分应该保留，哪些应该重建，哪些又该进行改革。美国还肩负了向各国提供贷款、津贴、投资和治安费等，以支持战后重建的重担。当然，在世界经济中扮演的角色越重要也意味着其政治地位越重要，美国本身希望在新世界的塑造过程中能拥有发言权。

随着苏联和美国的势力和威望显著加强，以及其他几个传统大国地位降低，

战后的政治体系出现了两极化。这两个超级大国各有各的思想基础，都设法促进各自的安全和政治议程，同时对对方进行限制。苏联和美国之间的对抗随后演变成了著名的“冷战”。这两个超级大国都强调自己的思想理念是不证自明的，都试图让其他国家相信对方所采取的行动是恶意的。20 世纪 50 年代后期，不结盟运动使“多极化”取代了“两极化”，一个由较小的国家成立的组织努力避免单独与任何一个超级大国结盟，它们制订自己的计划，试图在联合国或其他论坛中对政治和经济问题施加影响。20 世纪 60 年代中期之后，世界大国的分布比过去都要分散。

联合国为实现战后世界的集体安全做了不懈的努力。即使在“二战”结束之前，同盟国代表们就开会对新的联合国组织进行了探讨。1945 年，《联合国宪章》起草完毕并获得批准，并于同年 10 月 24 日正式生效。有权对任何情况进行调查的特殊权力，可能导致安全理事会成员之间的冲突。自“二战”结束，联合国赞助了维和部队、各种谈判和大范围的人道主义项目。虽然联合国所发起的活动质量参差不齐，但确实有了一定的效果，这是其前身国际联盟从未做到过的。

“二战”已经过去了 70 多年，枪声没有再次响起过，但是“二战”遗留下来的问题一直伴随着我们。学术文化和流行文化都证明了它有持续的影响力。随着苏联的解体，世界仿佛看到“二战”的最后章节书写完毕，新世纪开始了。亚洲这个在“二战”后的 10 年内爆发了大量国家动乱和革命风暴的地方，似乎实现了一定程度的稳定。同时，欧洲长期处在冷战所带来的稳定中，现在则面临了新的挑战，尤其在金融和经济性质方面。也许最让人不安的是，“二战”之后，包括恶性的民族主义和新纳粹主义在内的诸多势力虽然被抑制，但可能会再次出现。无论“二战”的这些余波是怎样结束的，在这之前或之后，世界上都没有出现过类似的事件。

赖瑞·桑顿（Larry Thornton）

赖瑞·桑顿（Larry Thornton），汉诺威学院历史学教授，在伊利诺伊大学获得博士学位，现研究 1939—1942 年门诺派对波兰的救援和牛津学生对“一战”和“二战”间歇期武装冲突的看法。

第五十四章

殖民主义的终结（约1945年至今）

概　述

在第一次世界大战前夕（1914），西方各国几乎控制了全球。从 15 世纪开始探索，一直持续到 18 世纪中叶，欧洲诸国大幅扩张了其统治的领土。在西方世界专注于国内发展的 100 多年间，领土扩张暂时中断。随后，吞并全球的进程又重新开始了。在接下来的几十年间，西方各国征服了世界。

殖民征服者们的胜利之路并非无人阻挡；然而，原住民们普遍缺乏必需的技术，尤其是武器装备，无法抵御殖民征服者们。不过，原住民们发现自己被帝国宗主们压迫，被迫处于劣势，对此他们深怀怨恨。1914 年之前，在奥斯曼帝国、中国和印度，当地的领导人开始起义反抗种族歧视、经济剥削和文化帝国主义及政治镇压——这些都是帝国主义的标签。

第一次世界大战加快了这一进程。许多殖民地士兵为了祖国而战，至少有少量没有这段经历的人相信他们的牺牲即便不能赢得独立，也可以让他们的人民获得自主权。此外，虽然美国总统伍德罗·威尔逊并未打算激起亚洲和非洲的反帝国主义情绪，但他的“十四点原则”（1918）描述了一个理想的未来的轮廓，这挑起了各地受压迫人民的想象。更重要的是，1917 年俄国革命（战争的最直接后果）让共产党上台执政，这鼓舞了殖民地人民开展解放运动（作为攻击其资本主义敌人的方式），同时它也是万恶的资本主义的替代物，在殖民地人民眼中，这是帝国宗主强加于他们身上的一个剥削和残酷的制度。

“一战”结束后至“二战”开始前的这段时间内，波斯（1935 年改名为“伊朗”）、土耳其和中国恢复了更多的主权，当时印度也为其未来的解放奠定了基础。1921 年，波斯爆发革命，礼萨·汗（Reza Khan）上台执政，他不太愿意听命于西方国家。穆斯塔法·凯末尔（Mustafa Kemal，后自己命名为阿塔土克）统领土耳其，他制订了一系列改革方案，这些改革部分原因是为了让国家不再从属于西方国家。在中国，先后由孙中山和蒋介石领导的国民党、以毛泽东带领的共产党进行的革命，使帝国主义在中国失去了特权。国民党和共产党都鄙视西方列强在整个 19 世纪操纵中国的行为。在印度，受英文教育的律师莫罕达斯·甘地（Mohandas Gandhi）领导了日益深入民心的非暴力不合作运动来反抗英国统治者。通过非暴力不合作运动和消极抵抗，甘地削弱了英国的权力，并迫使不情愿的帝国主义让步。然而，甘地最主要的目的就是恢复印度的独立，但英国拒绝放弃印度的主权。

第二次世界大战极大地刺激了非西方国家人民对独立的渴望。以“一战”为鉴，殖民地人民和士兵都提供必需的原材料和成品来支持战事。殖民地人民和一些重要的西方舆论都有一种强烈的感觉，那就是本地人民不能白白牺牲。这种情感也进一步被战争的性质所加强，正义的力量在同邪恶势力做斗争。如果盟军打败纳粹德国取得的胜利代表着自由主义、人性化、平等和民主理念的胜利，那么胜利者怎么可能继续维持以种族主义、残暴、剥削和不平等为依托的帝国主义制度呢？西方世界所宣称的理念显然与帝国主义不相符。

也许，最明显的是殖民地与其帝国宗主之间关系的破裂。对许多亚洲人来说，日本在日俄战争（1904—1905）中取得的军事胜利，加强了在人们心中已经萌芽的信念，那就是白人在军事上并非无懈可击。而且，当同欧洲一样拥护帝国主义的日本取代了白人在亚洲的殖民统治，在“二战”前反抗殖民统治的亚洲各国领导人组建了游击队以抵抗日本人。一些领导人如法属印度支那（French Indochina）的胡志明和荷属东印度群岛（Dutch East Indies）的总统苏加诺（Sukarno），不仅建立了高效的作战部队，还有一大批追随者。随着“二战”的结束，这些受到人民支持又领导着精心组织、经验丰富的作战单位的人物所领导的独立运动，再次遭遇了帝国主义。现在已经不可能再恢复到战前的殖民状态，尤其欧洲国家，其重建国家所需要的人力和宝贵资源成本实在是太高了。

许多帝国主义国家，如英国和美国，迅速吸取了“二战”的教训。而其他一

些国家，如法国和荷兰，试图重新掌握殖民地的主权，结果卷入了代价高昂、使其筋疲力尽的战斗之中。面积最大、人口最多的殖民地是印度，在“二战”之前，反抗英国的解放运动就已十分显著。1947 年，英国撤出印度次大陆；但是宗教和种族竞争是殖民地人民中再常见不过的诅咒，不仅导致了 1948 年甘地被暗杀，还阻碍了一个完整统一的国家的形成。相反，成立了两个国家：以印度教徒为主的印度和以穆斯林为主的巴基斯坦。甘地的弟子贾瓦哈拉尔·尼赫鲁（Jawaharlal Nehru）从 1947 年至 1964 年去世前一直担任总理，在他的领导下，印度建立了持久的宪政民主，这在过去的殖民世界里是非常罕见的事情，在那时，独裁统治才是常态。

尼赫鲁引导印度发展社会主义经济，印度成了其他几个新独立国家的模范。但是，殖民统治导致印度和巴基斯坦分而治之，两国之间甚至发生了几次战争。

1948 年，英国还将主权交还锡兰（斯里兰卡）和缅甸。缅甸人拒绝加入由英国成立的英联邦（由 52 个已经独立的前英国殖民地所组成的松散联合体），宁愿独自发展。九年后的 1957 年，英国在镇压了一次共产党的起义后，恢复了马来半岛的独立。

与英国在亚洲的前殖民地的和平解放相反，从 1945 年至 1949 年，荷兰发动了一场损耗很大的殖民地战争，试图夺回荷属东印度群岛，或称其为印度尼西亚，但结果证明这是徒劳无功的。由苏加诺和包括一支共产党队伍所领导的印尼民族解放运动在“二战”时期阻击了日本，因此，他们也准备反抗荷兰。

法国也试图再次恢复它在亚洲的帝国统治。在印度支那，胡志明领导的大受欢迎而又有序的民族独立运动在军事上多次挫败法国，独立运动在 1954 年奠边府战役时达到高潮。法国将这些斗争描述为共产党挑起并领导的叛乱，而不是民族解放运动，使美国对印度支那产生了兴趣，这给美国人带来了毁灭性的后果。这是美国在政策上的一个奇怪的转折点，明显地反映了冷战时普遍的紧张局势。而几年前（1946）美国曾欣然地恢复了菲律宾（美国在亚洲的最主要的殖民地）的独立，这一事实就很好地证明了这一点。

撒哈拉沙漠以南的地区，或者说非洲殖民主义的结束来得迅猛而出乎意料。不同于有序的反殖民主义斗争已经存在了几十年的亚洲，非洲一直到“二战”结束都很沉寂。然而，从 20 世纪 50 年代开始，帝国主义在撒哈拉沙漠以南的非洲

的统治在20年间轰然倒塌，并且出现了30多个独立的、由黑人统治的国家。

非洲的非殖民化过程开始于大英帝国。1957年，黄金海岸（加纳）在极富魅力的领袖克瓦米·恩克鲁玛（Kwame Nkrumah）的领导下获得了独立。六年后的1963年，英国承认了尼日利亚的独立，尼日利亚是英国在非洲最大且人口最多的殖民地。英国之所以能够相对轻松地放弃其在西非的殖民地，是因为只有少量白人居住在这片区域；然而，在东非就没那么幸运了，因为在东非有大量白人，这里温和的气候和肥沃的土地使得他们准备永久定居。这些白人强烈地反对任何由黑人统治的建议。然而，20世纪50年代肯尼亚茅茅起义（Mau Mau uprising）的失败让英国意识到要保留殖民地必须付出非常昂贵的代价。这一经历使英国清醒了过来，而且英国国内问题不断，于是英国在1961年承认了坦噶尼喀（Tanganyika）和桑给巴尔（Zanzibar，1964年在朱利叶斯·尼雷尔的领导下，两国合并为坦桑尼亚）的独立，并在1962年承认了乌干达的独立，又在1963年承认了由著名的乔莫·肯雅塔（Jomo Kenyatta）领导的肯尼亚的独立。

在非洲国家独立的过程中，英国在大量白人定居的南非面临了巨大的困难。北罗德西亚（赞比亚，1964年独立）、尼亚萨兰（马拉维，1964年独立）、贝专纳（博茨瓦纳，1966年独立）都没有经过不必要的冲突就获得了独立。当1980年津巴布韦在黑人民族主义领袖罗伯特·穆加贝（Robert Mugabe）的领导下成立，南罗德西亚地区的白人定居者才停止抵制民族解放运动。南非共和国，许多白人已经在此生存了几个世纪，于1994年放弃了种族隔离政策，接受由英明而极富魅力的纳尔逊·曼德拉（Nelson Mandela）进行领导。然而，即便是在今天，南非共和国仍在继续探索一条为黑人、有色人种（东亚人）和白人同时接受的道路。

相对于其在亚洲和北非执行的被误导的殖民政策，法国在撒哈拉沙漠以南的帝国的统治要开明得多。法国不仅慷慨地放弃了黑人殖民地，还有意识地在黑人精英心中培养了一种“法国性”的观念，并欣然为刚独立的国家提供经济援助。因此，法国在撒哈拉以南的非洲地区一直有很深的影响。

独裁主义的葡萄牙，其帝国统治可追溯到中世纪晚期，决定不惜任何代价来保留其在非洲的殖民地。结果，葡萄牙深陷于与安哥拉、莫桑比克的民族独立运动之间似乎没有尽头的游击战中。战争对葡萄牙人民的生活产生了很不利的影响，这也是导致葡萄牙1974年政变的主要因素，并最终给葡萄牙带去了民主。政变

后，葡萄牙停止其在非洲的战争，放弃了对非洲殖民地的统治。

1960 年，比利时放弃比属刚果（扎伊尔）这个最大的非洲殖民地。然而，由于比利时根本没把刚果当作对手，即便有，那也是非常少量的原住民做过独立的准备。此外，殖民地也被部落争端、地域差异及未来的领导人之间的竞争所破坏。随着比利时的离开，刚果经历了一系列的武装叛乱、分离主义运动和内战，这都使苏联和美国视刚果为冷战的对手而干涉刚果的事务。原本矿产资源丰富和有潜力成为富裕之国的刚果最终成了一个独立的但满目疮痍且贫穷的国家，刚果由蒙博托·塞塞·塞科（Mobutu Sese Seko）领导，他是一个有美国撑腰的军事独裁者。

第三大殖民帝国瓦解的地区就是阿拉伯世界。阿拉伯从摩洛哥大西洋一直延伸到了波斯湾。“二战”结束时，法国占据了北非大部分地区和印度支那，并企图哄骗和镇压当地民众，但都以失败告终。法国于 1956 年承认了摩洛哥和突尼斯的独立。

但是，对法国来说，阿尔及利亚殖民地具有特殊的意义。法国从 1830 年开始统治阿尔及利亚，至少有 100 万法国人在这里居住，阿尔及利亚可以算是法国本土不可或缺的一部分。当法国斩钉截铁地拒绝考虑承认阿尔及利亚的主权时，1954 年民族解放阵线（Front de Liberation Nationale, FLN）发起反抗。接踵而至的阿尔及利亚战争（Algerian War）持续了七年之久，有 50 万名法国士兵参战，造成约 100 万人死亡。这次战争震惊了所有法国人，导致法国处于内战的边缘。1958 年，法兰西第四共和国（Fourth French Republic）倒塌，原本已经退休的“二战”英雄夏尔·戴高乐复出拯救了国家。戴高乐成立了法兰西第五共和国（Fifth Republic），在法国定居者和许多法国军人的反对下，于 1962 年承认了阿尔及利亚的独立。

中东地区的非殖民化对于欧洲人来说并非充满恨意，但以色列问题却使事情变得十分复杂和暴力。在“一战”结束时，战败的奥斯曼帝国（土耳其）将其在中东地区的殖民地交给国际联盟，国际联盟依次将土地分配给了英国和法国进行托管。从 1922 年埃及宣布独立开始，一直持续到“二战”后，几个中东国家，包括伊拉克、叙利亚、约旦、黎巴嫩、沙特阿拉伯、也门、科威特等，在托管国并无强烈反对的情况下获得了独立。

然而，当欧洲犹太人采取措施在中东建立属于他们自己的国家时，麻烦出现

了。根据1917年《贝尔福宣言》，英国赞成在巴勒斯坦为犹太人建立一个家园，并消灭在希特勒和大屠杀时期达到顶点的欧洲反犹太主义，1948年犹太定居者宣布以色列成立。本土阿拉伯人对犹太国家反应剧烈，好几次战争爆发（1948年至1949年战争，1956年苏伊士运河战争，1967年六日战争，1973年赎罪日战争，1982年黎巴嫩战争，2006年第二次黎巴嫩战争）。使情况更复杂的是，美国和苏联都对该地区声明利益。由于中东的战略位置和大量石油储备，美国和苏联这两个超级大国都卷入了这场纷争之中。

即使冷战的结束使苏美之间对中东的竞争告一段落，形势仍然岌岌可危。巴勒斯坦和以色列两国一直持续的敌意，以及2010年12月开始几个国家要求基本的政治和经济改革，都威胁着这个已经不稳定的地区。显然，仅从某方面来说，殖民地时代的结束对于中东人民来说，并不算一件很好的事情。

不过，瓦解后的殖民帝国仍然保持着较好的发展态势。也许联合国的成立是其重要性的最好诠释。当1945年联合国成立时，有51个成员国。2012年，联合国已经有192个成员国，绝大多数国家在联合国刚成立时还是殖民地。

历史评论

自“二战”以来，来自第三世界的吸引力已经增强，主要的原因是第三世界国家的人口约占世界总人口的三分之二。然而，大部分第三世界公民都挣扎在生存的边缘。第三世界的困境唤醒了世界的良知。这种困境不仅在于帝国势力强加给它们的伤害（不管是真实的还是想象的伤害），还在于第三世界领导人在尚未实现非殖民化时所表现出来的乐观。需要指出的是，第三世界是一种状态，也是一种经济和政治写实。另外，“第三世界”这一术语在一定程度上表明了不存在的同质性，也掩饰了它所代表的国家的文化、语言和政治的多样性等。

对第三世界状况的一种反应就是明确地贬低帝国主义，例如，“西化的世界革命”是历史学家西奥多·冯·劳厄（Theodore H. von Laue）1987年研究20世纪西方世界对全球的影响时所采用的课题。冯·劳厄称这场革命“使世界各地的公民将自己的意愿抑制，只能相互依存，但这样的相互依存关系极不稳定，且交织

着爆炸性的紧张局势”。这一阐述强化了许多第三世界领导人及其西方盟友心中存在已久的思考，他们相信一旦帝国主义被取代，前殖民地的经济将飞速发展，当地的商业和政治精英将掌握大权。

然而，非殖民地化的支持者显然太过乐观。他们徒有自信，却没有等量的方法来将这片政治和经济都欠发达的地区带入第二世界或第一世界。总的来说，反殖民主义者已经为心理上的落差做好了准备，他们的期望过高而使他们无法在为自己设立的时间期限内实现。他们宣称第三世界可以在相对较短的时间内在工业和经济上与先进的前帝国主义列强相抗衡，也许只需要一代人就能实现。可是，说句公道话，他们的期望是在其他国家的经历上形成的，主要是由于苏联，苏联在短短几十年间就达到了强国的地位。一些第三世界领导人表达了他们有能力将苏联模式用于自己的国家这一信念，然而，他们通通忽视了苏联在经济和政治上的长期发展。

帝国主义反映了第一世界和第二世界的制度发展，这些国家享有丰富的人力和物质资源，团结且具有民族主义，以及在战争和内部斗争中获得了政治上的成熟。第三帝国的政治精英们忽视了这些因素，他们只关注帝国从殖民地攫取的大量财富；这种片面的观点使他们看不到他们所管理的土地的经济和政治现实。

尽管人们普遍认为非殖民化时代开始于“二战”之后，但是随着南北美洲殖民地的解放，非殖民化实际上开始于18世纪、19世纪。第二波帝国主义浪潮发生于19世纪后半叶，新帝国在此时崛起。受到影响的非洲人、中国人、日本人以及其他东南亚人民通常反应强烈，他们想尽办法确保国家的文化和政治主权。太平天国运动（1851—1864）、义和团运动（1898—1901）、中国辛亥革命（1911），以及日本明治维新（1868—1912），都是对外国干涉做出的反应，也是对国内社会和政治问题所采取的行动。“二战”之前这段时期爆发的非殖民化运动最显著的特征，就是亚洲和非洲民族领导人之间完全缺乏互动，甚至没有联系。尽管意识到非殖民化运动正在他们周围显著发展，这些民族主义者仍孤军奋战 。

除了那些在前殖民地激增的活跃的民族主义俱乐部和群体外，只有极少数西方世界的人了解或关心西欧和美国之外的人民或民族。殖民地的发展从来不是一个流行的话题，即便是在“一战”前帝国主义达到顶峰的那段时期。在“一战”和“二战”期间，殖民地发展的话题就更少了。面对着国内经济和政治问题的帝

国主义列强，没有多余的精力来关注处于发展边缘的国家。事实上，20 世纪 50 年代之前，欧洲人和美国人都不再使用“发达”和“不发达”这两个词语了。

“二战”后的前几年，战胜国专注于重建被战火蹂躏的欧洲和日本。欧洲人、美国人及后来的日本人是世界的国际玩家。多年来他们主导了大部分世界交易，人们普遍认为世界未来的繁荣依赖于欧洲和日本经济的复兴。前殖民地和现有殖民地的存在价值均被忽略了。

当西方列强和苏联的关系恶化时，世界的注意力转移到这些国家，这些国家很快被称为“第三世界”。因此，非殖民化和第三世界的崛起必须置于冷战的背景下。到了 1947 年，世界已经划分为清晰可辨的政治集团，当时的评论家称之为第一世界和第二世界。属于第一世界的国家有欧洲、美国、加拿大和其他英国自治领土，第二世界包括苏联及其在中东欧地区的盟友。

“第三世界”一词被用来辨别前两个政治集团之外的国家。最初，这个词具有政治意义，而不是经济意义，代表了南斯拉夫、埃及、印度、加纳和印度尼西亚等中立国。后来，它被赋予了经济意义，表示世界上那些贫穷的国家。然而，第三世界这一概念可以有不同的诠释。这里有一个很好的例子。1974 年 2 月毛泽东说道：“我看美国、苏联是第一世界。中间派，日本、欧洲、加拿大，是第二世界。咱们是第三世界”，“第三世界人口很多。亚洲除了日本都是第三世界，整个非洲都是第三世界，拉丁美洲是第三世界。”

苏联在道德和政治上支持欧洲、中东地区、东南亚地区和中国等地的民族主义运动和共产主义运动，这给了西方领导足够的理由来关注，他们进行了回应，以政治和人道主义行动来凸显西方世界对亚洲和非洲欠发达国家的义务。20 世纪 50 年代，前帝国列强经常扮演经济救世主的角色，第三世界的不幸都被归咎于国家经济在技术和结构上的缺陷。有一个共识就是贫穷的国家可以借助西方国家的经济援助来实现繁荣。从本质上来说，世界上富有和贫穷的地区之间的差距可以轻易地缩小，并且可以在很短的时间内实现。

在一定程度上，是西方列强让第三世界国家有了期望。国际公约，如 1950 年的科伦坡计划（Colombo Plan），来自西方对共产主义的怀疑和忧虑。面对着亚洲和世界各地共产主义国家的前景，西方领导人聚集在锡兰（现在的斯里兰卡）科伦坡，商量亚洲和非洲世界的政治和经济。这次会议标志着西方开始对第三世界

产生了强烈的兴趣。

毫无疑问，帝国主义列强在解放其殖民地的问题上进退两难，这与19世纪政府在解放奴隶问题上面临的困境一样。除了物质利益外，在对任何帝国主义衰落的评估中，人道主义援助不容忽视。整个世界大战期间，道德观点被拿来为撤出殖民地的举动做辩护。另外，意大利和德国在非洲与欧洲的军事行动突出了帝国主义的道德沦丧，在“二战”中出生的欧洲人和美国人表达了一个建立更好的、公平的世界的理想主义观点。

由美国制定和解释的《大西洋宪章》为非殖民化进程奠定了基础。在富兰克林·罗斯福总统的领导下，美国积极地阐释了民族自决，并将独立视为给予殖民地人民的一个恰当的奖励，这在“二战”期间增加了盟军的利益。“一战”期间，美国通过言语和行动，刺激了殖民地对自由的渴望。

宣称反殖民主义的苏联抓住了这次机会，并激励了世界各地的民族主义者。于是，两个世界超级大国加速了帝国主义的衰退。两国都先于联合国提出了非殖民化问题，并因此为殖民地人民提供了一个论坛来表达他们的担忧。从这一点来说，第三世界民族主义者不再孤军奋战。他们在国际舞台上表达自己的看法，结成了政治同盟，并充分利用了西方和苏联之间的冲突。联合国成立了特殊机构专门对不发达国家的情况进行调查，来自委员会的报告，如联合国拉丁美洲经济委员会的报告，认定全球资本主义是贫困的主要原因。

1960年12月14日，联合国大会通过《给予殖民地国家和人民独立宣言》(*The Declaration on the Granting of Independence to Colonial Countries and Peoples*)，就是对非殖民化这一主题所给出的回应。宣言中的第一条和第二条为反帝国主义观点打下了基础。条款一谴责对殖民地人民的镇压、控制和剥削违反了基本的人权。这些行动不仅违反了《联合国宪章》，也阻碍了世界和平与合作的发展。条款二称“所有人民都有自决权”。因此，他们应当享有政治独立，并可以自由选择国家的政体。同样地，他们也应当有权决定本国的经济体系，并以他们认为适合的方式来发展社会和文化生活。有了这些声明，反帝国主义者可以公正地证明帝国主义是不道德、不公正且违反国际社会福利的。随着宣言的通过，超过50个新国家获得独立，且随后归属于第三世界阵营。

左翼人士、社会主义者和马克思主义作家推动了第三世界事业的发展。这些

知识分子将反帝国主义解释为由于前殖民宗主国推行的政策，第三世界处于绝望之中。第三世界的作家和思想家，如弗朗茨·法农（Frantz Fanon）广泛传播这一观点。法农，生于法属西印度群岛的黑人精神分析学家，后来成为一名作家，因其最著名的作品《地球上受苦受难的人们》(*The Wretched of the Earth*)，成为马克思主义和反殖民主义学校的主要代言人。根据法农（及其他人）的说法，帝国主义者和殖民主义者在相当长的时期内掠夺了第三世界。他们所采取的驱逐、大屠杀、强迫劳动和奴役等行动是战争犯罪。所有这些暴行都是为了利益，是为了让西方人和西方国家的资本主义金库更富足。资本主义经济系统因此要对第三世界的破坏承担大部分的责任。在很大程度上，欧洲的财富和大权都来源于对第三世界的系统化的剥削。第三世界的黄金、原材料、钻石、棉、木材及人力等资源流入欧洲。事实上，可以说欧洲确实是第三世界的产物，它的存在来自从地球上未被开发的地方偷取的财富。即便现在帝国主义者和殖民主义者已经被赶走，但他们欠第三世界太多，必须要求他们归还。

在冷战高度紧张的背景下，这一解释让许多第三世界人民确信，他们之所以贫穷是因为帝国列强很富有。西方人道主义运动，可谓是西方对殖民地的伤害进行的赎罪，提供了更多的证据来支持马克思主义对第三世界困境的解释。

到了20世纪60年代中期，第三世界已经成了热门的学术界和知识分子的话题，众多领域的学者们做了大量工作来反映那个时代的情绪。在许多情况下，这些学者的论文都可用他们所选的标题来概括：《在帝国主义的机制下》(*On the Mechanism of Imperialism*)、《拉丁美洲开发和未开发》(*Development and Underdevelopment in Latin America*)、《欧洲如何导致非洲的欠发达》(*How Europe Underdeveloped Africa*)。马克思主义作家发现第三世界有一个强有力的工具可以帮助他们对抗西方世界。殖民主义、援助、发展和外资成了第三世界贫穷的标志，而第三世界的贫穷是出自于西方之手。在20世纪60年代紧张的氛围下，"术语"成了反殖民主义和支持第三世界的拥护者的一个强大武器。"帝国主义剥削"、"新殖民主义"、"核心与外围"、"盈余分配"、"两极分化"、"主导依赖关系"和"屈从的发展"等，都是在发展贫困人民的事业时用于谴责帝国主义的术语。

历史学家、社会学家、地理学家和辩论家都卷入了争论之中。多数观点都给学生提出了一个相当大的问题，那就是在多数情况下他们必须在作者的思想

和政治观点之间苦苦挣扎。非马克思主义学者和著名的作家对帝国主义的负面诠释作出了回应。他们强调了前殖民大国和非殖民化实用主义的利他性，还强调帝国有意识地鼓励了从殖民地到独立国家的过渡。在举例时，他们忽略了帝国财产的经济影响。根据罗纳德·鲁滨孙（Ronald Robinson）和约翰·加拉格尔（John Gallagher）这些作家的学说，帝国是在不经意间形成的。在《非洲和维多利亚时代：帝国主义官方思想》（*Africa and the Victorians: The Official Mind of Imperialism*）一书中，他们称："外交部地图上热带非洲的划分似乎让人印象深刻。"然而，在那时只是一个空洞的、理论上的扩张。

鲁滨孙和加拉格尔指出，在1900年之前，英国只是少量地或者根本没有开发其非洲殖民帝国。英国几乎是偶然地拥有了这个帝国，但是他们实质上还是忽视了它。当然，商业或帝国的动机并不是英国深入利用非洲的主要原因。只是后来，当非洲的势力范围被划分后，英国才开始发展其在非洲管辖的地区，并且仅仅是兑现早期许下的让非洲发展的承诺，以及强化其领土主张。商人、农民和殖民地官员并没有带来或伴随热带非洲的划分，他们仅仅是在后来才出现的。因此，大英帝国的出现（至少是在非洲）并非是资本主义者有意识地与政府合作来掠夺当地人民，剥削这片土地，而是源于次要的和在当时不算十分紧迫的政治考量。

在鲁滨孙和加拉格尔提出其论题时的政治和国际氛围中，这一解释对帝国主义和殖民主义的极端批判来说显然是一个挑战。帝国主义是在偶然的、无恶意的、无害的、并非贪得无厌的方式下出现的，参与者没有认真考虑他们的行为所带来的潜在影响。通过这样一种方式而获得的、对国库贡献很小的帝国可以轻易地形成，也可以轻易地被瓦解。

然而，这一解释忽略了英国、法国和荷兰在20世纪50年代和20世纪60年代所表达的对投资的损失和对获得廉价资源的关心。英国和平放弃其在亚洲的财产说明英国的势力已经在一定程度上衰弱了，而不是英国政府和英国投资者存在利他主义。事实是，"二战"结束时，英国人很清楚英国无法保护或保留其海外利益了。另外，需要强调的是，虽然英国也许漫不经心地拥有了帝国，但这些财产是在政治和经济精英的帮助下拥有的。没有他们的支持，也许早在非殖民化时期之前帝国就已经瓦解了。

受民族主义风暴席卷和受日本在"二战"前及"二战"期间所取得的成功

鼓励的亚洲政治精英变成熟了，随时准备着在殖民统治者之前推动自身的利益。贾瓦哈拉尔·尼赫鲁是现代印度的创始人之一，当他回忆起日本在日俄战争中（1904—1905）战胜西方国家，取得初步胜利时，他强调了亚洲人的骄傲和民族意识。L.S. 斯塔夫里阿诺斯（L. S. Stavrianos）在《全球分裂：第三世界充分发展》（*Global Rift: The Third World Comes of Age*）一书中引用了尼赫鲁的话："日本的胜利激起了我的热情……民族主义的想法充斥着我的头脑。我默默地思考着印度的自由。我……梦想着如果剑在我手，我将勇敢地为了印度而战，并帮助她获得自由。"

在 20 世纪下半叶，殖民主义不复存在，每个前殖民地都在摸索可行的政治结构。但是，民主统治的承诺经常放空，军事独裁或平民专政成了第三世界的准则。随着 20 世纪 80 年代和 90 年代全球范围内民主精神的复苏，部分独裁制度让步于初步试验中的民主制度。但是，第三世界国家的政治前景仍不明朗。对于许多国家来说，对政治稳定的探索注定是长期且艰难的，而且并不能保证最后一定会取得成功。

在国际关系领域，大部分前殖民地国家采取了"不结盟政策"。不结盟政策最初是尼赫鲁在 1955 年的万隆会议（Bandung Conference）上提出的，该政策要求新独立国家必须在冷战中严格保持中立。然而，随着冷战的结束，不结盟运动不再具有影响力，因此迫使第三世界国家重新思考他们的国际地位。对第三世界国家位置的重新评估一直延续到了今天，目前仍没有任何明确统一的原则。

由于在联合国中第三世界人多势众，第三世界倾向于将联合国当作他们表达观点和实现国际目标的工具。最近的几位联合国秘书长就来自第三世界国家的外交官队伍。然而，由于各大洲拒绝将国家主权交给这个世界组织，第三世界占主导的联合国通常被忽视。

到了 1980 年，旧帝国列强终于放弃了其对不发达地区的政治权力。然而，经济增长的问题仍然没有解决。发达国家和欠发达国家之间的差距已经很大，对独立的乐观已经被愤世嫉俗和绝望所取代。支持非殖民地化的国家，尤其是美国和苏联，不惜成本地支持第三世界的现代化。

曾经，大部分第三世界国家发现自己陷入了冷战的竞争中。许多第三世界国家可以利用这一处境来获得某个超级大国的援助。然而，随着冷战的结束，两个

超级大国都倾向于视第三世界为累赘而非资产，是已经枯竭的资金来源。

随着超级大国撤出第三世界，第一世界的小国家与第三世界国家协作，提出了南北分歧的问题，或者说是富国和穷国的地理划分。一般来说，富国位于赤道以北，穷国位于赤道以南。1985年，《维也纳合作发展宣言》（*Vienna Declaration on Cooperation for Development*）中重申20世纪下半叶最紧迫的问题是“三分之二的人类的贫困、痛苦、疾病和退化等情况”。自1965年联合国发布了一份惨淡的欠发达地区情况报告以来，情况似乎并没有什么改善。尽管在维也纳会议上会议代表们表达了远大的理想，第三世界还是无法避免地走向了破产和可能的政治上的不合时宜。

帝国主义的非凡成就就是建立了世界经济。它以前所未有的规模促进了世界贸易和相互依赖，就某种意义来说，“西化的世界革命”这一词语对现代世界描述得非常恰当，除了它贬义的含义之外。虽然前帝国列强放弃了殖民地，但是他们仍高度控制着世界商品流通。

一开始，许多第三世界国家选择忽略这一事实。他们拒绝资本主义，接受了社会主义。但是亚洲也有几个前殖民地国家和地区选择了资本主义，实现了显著的经济增长。注意到在这些国家和地区之中新加坡、中国台湾、马来西亚、中国香港和韩国所取得的成功，以及震惊于苏联的崩溃，越来越多的第三世界领导人否定了全球资本主义是导致其国家不幸的罪魁祸首这一提出了几十年的说法。

比如墨西哥、阿根廷和巴西等国领导人，在当代知识分子的支持下，强调自由化经济是解决欠发达问题的方法。因此，从20世纪90年代起，市场竞争和国际竞争力引起了第三世界精英的想象，他们对长远的未来抱有信心。

对于少量前殖民地而言，尤其是中东地区，贫困并不是问题。他们拥有大量的石油储备，成功地利用了全球对石油的依赖。但是，同时还存在两个问题，即如何分配这巨额财富？怎么利用这些财富来建立良好的经济设施基础？

伴随着国际贸易的发展，文化帝国主义愈演愈烈。艺术、电影、电视和时尚等所表达的西方价值观无处不在，以至于第三世界国家面临的最紧迫的问题依然是国家身份的保持。在伊朗等一些国家，西方风格和形式的无处不在引发了以“提升本土价值观”和“西方文化的妖魔化”为特征的回应。

第三世界所取得的成就是显著的，但是在那些似乎无法解决的问题面前往往

黯然失色。当然，仅仅取得了独立这一事实就是成功的标志。印度充足的粮食生产，所谓的绿色革命就是最好的例子。但是，存在的问题仍然很多。在更棘手的问题中，包括政府不稳定、缺乏内部凝聚力、人口过剩、极度贫困和流行病（如非洲的艾滋病）、从巴西到缅甸范围内的环境破坏等。

但是，第三世界从殖民枷锁中挣脱出来显然对世界意义重大。帝国主义和非殖民化的长期影响，在于它迫使人们重新评估他们的社会体系和生活方式。由于帝国主义突出了科技和组织上的优势和弱点，它的影响必须根据其对人们认知其自身和文化属于第三世界还是第一或第二世界的方式所产生的巨大的心理影响来衡量。

马力·索路派克（Marijan Salopek）

马力·索路派克（Marian Salopek），现任教于英国哥伦比亚大学历史学院，在剑桥大学获得博士学位，主要著作有《改变世界的政治家们》（*Statesmen Who Changed the World*）。

第五十五章

冷战时期（约1946—1991）

概 述

20世纪下半叶，冷战主导了国际关系。它的特点在于，一方是美国和其盟友；另一方是苏联和其支持者，二者之间竞争紧张。冷战时期的竞争触及了人类活动的方方面面，影响了并在许多情况下推动了政治、经济、外交、文化和技术的发展。尽管有几次险些动武，但两个主要对手之间的敌意从未升级为武装冲突，因此使用了“冷战”一词。

冷战的起源仍有很大的争议。“二战”之前，许多西方领导人对苏联的马克思主义政权既恐惧又憎恨。相应地，弗拉基米尔·列宁和约瑟夫·斯大林视西方资本主义为死敌。虽然西方和东方最终在“二战”时结成同盟并成功地打败了纳粹德国，但是从许多方面来说，战时的经历确定了而不是减轻了战前的彼此怀疑。1945年5月纳粹刚刚投降，同盟国就开始分裂。苏联对波兰（波兰是英国和法国最初参战时想要保卫的国家）控制力的不断扩大惹怒了西方。美国总统哈里·杜鲁门（Harry Truman）于1945年5月做出了“停止向苏维埃社会主义共和国联盟提供租借援助”这一意想不到的决定，令苏联很烦恼。两国很快就爆发了激烈的争吵。

最初冷战集中于饱受战争蹂躏的欧洲。在那里，阵营被划分并且针对已出现的冲突制定了一组基本法则。一个主要的分歧在于如何处置战败和已被占领的德国。一个严重的问题就是赔款。苏联引证入侵的德军对其国家造成了重大损失，

要求将德国的大部分工业基础设施拆卸并送到苏联。因不想支持经济上已被破坏的德国和害怕苏联希望通过削弱德国经济以使共产主义接管，西方拒绝了苏联的要求。很快，对战败德国的共同管理失败，两边开始制订自己未来的对德计划。

同时，苏联继续将先前独立的国家如爱沙尼亚、拉脱维亚和立陶宛整合到苏联，并不断稳固了对波兰、捷克斯洛伐克、匈牙利和保加利亚这些刚被苏军解放的国家的控制。这些举动，加上其德国政策和斯大林 1946 年 2 月发表的演说称资本主义对苏联的安全构成威胁，导致前英国首相温斯顿·丘吉尔在 1946 年 3 月发表演讲，称“从波罗的海的斯德丁（Stettin，什切青）到亚得里亚海边的的里雅斯特（Trieste），一幅横贯欧洲大陆的铁幕已经降落下来”。

1947 年是非常重要的一年，这一年伊始，英国通知美国将不再继续支持土耳其或者是当时正在镇压叛乱的希腊政府。用意很明显：英国放弃其地中海中部立场。没有太多犹豫，美国填补了这一空缺，代替英国成为土耳其和四面楚歌的希腊人的主要供应商。1947 年 3 月 12 日，杜鲁门在美国国会发表演说，在演说中他阐述了后来著名的“杜鲁门主义”（Truman Doctrine）。美国承诺支持各自由民族，他们抵抗着企图征服他们的掌握武装的少数人或外来的压力。杜鲁门主义后来成为冷战期间美国政策的基石。

杜鲁门主义在很大程度上受到了美国外交官乔治·F. 凯南（George F. Kennan）和当时制定了“遏制政策”的其他几位美国政治家的影响。遏制政策假定美国对其所感知到的共产主义扩张所能做出的最好回应就是加强现有的西方机构，不给社会主义扎根的机会，反对共产主义威胁西方切身利益的尝试（主要通过经济措施来反对），并耐心地等待，同时保持警惕。遏制政策的实施也促使马歇尔计划出台，马歇尔计划是以美国国务卿乔治·卡特利特·马歇尔命名，紧随着杜鲁门主义之后。美国向满目疮痍的欧洲提供了超乎寻常的援助，马歇尔计划被证明对重建西欧破碎的经济是很有帮助的。然而，苏联拒绝参加马歇尔计划并要求其卫星国同样不参加该计划。为了确保国会同意马歇尔计划，杜鲁门政府将它描述为抵抗共产主义在欧洲扩张的有效方法。

在苏联的领导下，西欧共产党，尤其是法国和意大利两国的共产党，指责马歇尔计划，并试图通过他们的影响，特别是对工人阶级的影响，扰乱正常的社会生活。

1948 年 2 月，捷克斯洛伐克的共产党政府取代了多党联合政府。这激怒了西方，西方采取措施建立军事联盟，并暗示有意成立独立的联邦德国。对此，斯大林以启动柏林封锁作为回击，这是冷战中最危险的一次危机。6 月，斯大林切断了西方通往柏林的所有通道，被划分的德国首都位于苏联占领区域的深处。通过堪称奇迹的物流运筹，西方在几乎长达一年的时间内设法通过空运向其在柏林的占领区提供物资。1949 年 5 月，斯大林取消柏林封锁，但是那时，西方已经致力于建立一个与西方联系紧密的德国政府和北大西洋公约组织（North Atlantic Treaty Organization, NATO）这一针对苏联的军事联盟。斯大林以建立与苏联相连的“东德”（民主德国）和反对西方的军事同盟华沙条约组织来作为回应。

虽然冷战最初是集中在欧洲，但很快升级为全球性质。早在 1946 年，美国和苏联就因苏联声称要与土耳其共享黑海入口和建立北伊朗势力范围而发生争吵。对于这两个问题，美国的立场非常强硬。但是，当 1949 年由毛泽东领导的共产党打败了蒋介石，在中国这个世界上人口最多的国家建立了政权时，苏联似乎取得

重建西柏林期间，一名工人铲走一栋建筑物前的碎石，以此表示对马歇尔计划的支持。这一巨额的美国金融援助项目极大地帮助了“二战”后西欧的重建。（来源：美国国家档案）

了重大胜利。

次年，冷战升温。1950 年 6 月 25 日，金日成领导的朝鲜共产主义政府进入韩国。联合国这个东西方之间似乎没完没了进行争论的所在地，也参与了进来。趁着苏联代表团抵制联合国安理会，美国设法使得联合国认定朝鲜是侵略者，并站在了韩国这一边。三年后，朝鲜战争双方签订停火协议，但这是在中国以朝鲜支援者的身份加入战争及部分美国指挥官未能鼓动美国使用核武器之后。

随着朝鲜停战和 1953 年斯大林去世，冷战的紧张局面开始放缓，东西方关系进入友好建交和危机相互交替的时期，直到斗争结束。冷战已经变得制度化。

1955 年的苏联，尼基塔·赫鲁晓夫作为斯大林的继任者出现在公众面前，他开始实行“和平共处”政策，即东西方可以继续相互竞争，但是要以更加温和的方式进行。大量的宣传中，会穿插着周期性举行首脑会议及苏美两国首脑有时友好讨论国际形势的消息。一些积极的措施，如 1955 年的《奥地利国家条约》（*Austrian State Treaty*），规定结束对奥地利的占领及建立一个独立自主、保持中立的奥地利国，但得到的回应是消极的，如一系列关于柏林的危机——以 1961 年柏林墙的建立为终点，柏林墙的建立从物理上划分了已经在政治上被划分的前德国首都。

真正恐怖的军备竞赛是冷战的另一重要特征。美国和苏联都积累了大量最具破坏力的热核武器。而且，双方都发展了大量系统，包括洲际弹道导弹，该导弹可以对对方实施核武器大屠杀。在这一方面，双方似乎旗鼓相当，因此导致双方陷入僵局，有时这种僵局被称为“恐怖平衡”。双方都同意共同毁灭原则（Mutual Assured Destruction, MAD），即以一种可怕的方式限制了两个超级大国之间的竞争。实际上，自从 20 世纪 60 年代初以来，人们逐渐意识到，军备竞赛的危险性促进了一系列核武器协议的签订。

1962 年古巴导弹危机几乎爆发成核武器冲突，这加快了人们对军备竞赛危险性的意识。为菲德尔·卡斯特罗（Fidel Castro）这位取得胜利的古巴革命者的行为所困扰，1961 年美国支持反卡斯特罗分子入侵古巴，但以惨败告终。失败的猪湾事件（Bay of Pigs Invasion）促使卡斯特罗毅然决然加入了苏联的阵营。18 个月后，由于发现苏联在古巴放置的导弹能轻易地抵达美国，美国总统约翰·菲茨杰拉德·肯尼迪向赫鲁晓夫发出最后通牒，要求他撤走导弹，否则就要面对可怕的

后果。赫鲁晓夫撤走了导弹，一场核武器战争险些爆发。

从20世纪70年代开始，缓和政策似乎使冷战的结束成为可能。在当时看来，缓和政策似乎没什么发展的可能。美国仍然陷于越南战争。然而，在缓和政策之下，在理查德·尼克松（Richard M. Nixon）及其首席外交政策顾问亨利·基辛格（Henry Kissinger）领导下的美国，和勃列日涅夫（Brezhnev）领导的苏联尝试缓和双方关系，并在若干共同利益问题上找到共同点。缓和的顶点包括1972年签署了《限制战略核武器条约》（*Strategic Arms Limitation Agreement*, SALT I），该条约限制了攻击性武器的数量，而且美国和苏联可以生产及限制双方的反弹道导弹防御系统。1975年，包括美国和苏联在内的35个国家签署《赫尔辛基协议》（*Helsinki Agreements*），这一组协议宣布“二战”后的欧洲边界为合法，委托签署国尊重国家公民的人权并扩大文化和贸易关系。

然而，缓和只是短暂的。在西方，众多评论家攻击缓和政策是几乎不加掩饰的绥靖政策。当苏联以惊人的速度扩张军事装备时，这些批评似乎变得有理有据。当苏联于1979年12月入侵阿富汗，并在两年后粉碎被称为“团结工会”的波兰独立工会，缓和关系结束。在1980年，罗纳德·里根（Ronald Reagan），一个强硬的反共产主义者，当选美国总统。在里根宣布就职后的几个月内，他公开谴责苏联是“邪恶帝国”。冷战中最寒冷的日子再次到来。

在冷战中，美国和苏联都设法吸引和留住经常作为超级大国代理人的附属国。对第三世界或者是在“二战”结束后脱离殖民统治获得独立的国家来说，尤其如此。通常这些附属国除了表示出被拉拢意愿外，没有别的什么可以投其所好。更危险的是部分附属国趋于破坏或忽视其“主人”的意愿，而追求独立和有时冒险的道路。许多第三世界国家的领导人变得擅长于挑唆一个大国来对付另一个大国，以此来进一步发展自己的目标。

1985年，米哈伊尔·戈尔巴乔夫执掌苏联，出乎意料地，冷战开始放缓。意识到苏联面临着严峻的经济问题，戈尔巴乔夫推行改革政策，并寻求与西方发展更好的关系。很快苏联改革进程失控，使缓和东西方紧张局面时取得的真正成就黯然失色。1991年苏联正式解体，冷战结束。

历史评论

当第二次世界大战结束时，乐观主义盛行。盟军打败了日本和德国法西斯主义；法西斯的暴行，包括欧洲犹太人险些被灭绝，震惊了世界。战胜国一致同意惩处罪犯，并创立组织来解决国际问题，这个组织就是国际联盟后续的联合国。成员国将致力于建立一个更好的世界，在这个世界里，盟军所承诺的繁荣和自由将会实现。但这个乐观的展望很快就消失了。

没有某个单一的因素可以解释冷战出现的原因。冷战一部分原因在于苏联的举动，一部分原因在于西方，尤其是美国对苏联行为所做出的回应。相互之间的不信任是令人信服的原因。即便是在太平洋战争结束之前，就已出现了棘手的不和平信号。在 1945 年 7 月召开的波茨坦会议（Potsdam Conference）上，新上任的美国总统哈里·杜鲁门和刚在选举中打败温斯顿·丘吉尔而当选英国首相的克莱门特·艾德礼（Clement Attlee）遇到了苏联领袖约瑟夫·斯大林。由斯大林的行为所反射出来的苏联态度有着多样的根源。虽然大部分美国人没有意识到这一点，但到目前为止，苏联的确是战争中损失最大的国家，据保守估计，苏联的死亡人数达 2000 万。在苏联人民眼中，正是由于英国和美国延迟增援西欧第二前线，没有减轻德军对苏联造成的压力，才使得苏联的损失加剧。苏联领导人也对美国的动机持怀疑态度，因为美国政府早期曾站在反共产主义势力一方干涉俄国内战，直到 1933 年才承认苏联的地位。当这些因素再加上传统的俄罗斯式的偏执（来源于几个世纪以来西方邻居对其的侵犯），我们可以理解苏联在西部边境寻求一个缓冲地带这一做法。苏联的扩张主义还可以被视为苏联将国土扩张到北太平洋，以及控制温水出海口如博斯普鲁斯海峡（Bosporus Strait）这一长久以来的欲望的延续。

由于对俄罗斯历史和苏联在“二战”中所做出的牺牲一无所知，大部分美国人将苏联的扩张主义归咎于世界范围的共产主义阴谋，而非俄罗斯民族主义。虽然西欧人不太相信这一阴谋论，但战后他们只能接受美国的领导，别无选择。

那么美国该如何应对这种情况呢？如果它遵循 20 世纪 20 年代的先例，那它将迅速从欧洲解除武装并脱离欧洲。最初美国遣散了在欧洲的大部分军事力量，闭关自守，但很快对苏联出台了“遏制政策”。

杜鲁门总统是历史研究者，他不仅对近代独裁者的犯罪行为十分敏感，对几个世纪以来的独裁者也是如此。在他那个时代，“二战”最大的教训就是，如果民主派能快速地反对希特勒，那么战争就可以避免。尤其是1938年慕尼黑会议（Munich Conference）的结果被广泛接受，是民主国家保卫自身安全的理由。许多人得出结论：“二战”结束后，他们的敌人被另一个扩张极权主义的敌人所取代，杜鲁门除了反对这个新敌人外别无他法。另外，对于在战争中发明的武器，尤其是毁灭性的原子弹，美国不能等到未来的战争爆发后才开始阻止。等待的结果只会是面对失败。

美国两位国务卿，乔治·卡特利特·马歇尔将军（General George C. Marshall）和迪安·艾奇逊（Dean Acheson）都赞同他的这一评估。由于西欧国家经济深陷低谷，如果想抵抗共产主义，就必须得到美国的经济援助。而且，同许多美国商人一起，杜鲁门政府得出国家的经济不会繁荣，除非世界市场尤其是欧洲市场复兴这一结论。

特别是在欧洲，冷战挑起了大范围的间谍和反间谍活动。这些活动主要在柏林进行。美国设立了第一个和平时期的情报机构——美国中央情报局（Central Intelligence Agency, CIA），这是战时战略情报局的后续。英国外交部官员盖伊·伯吉斯（Guy Burgess）和唐纳德·麦克林（Donald Maclean）背叛英国，担任苏联间谍这一事件，确定了情报局的必要性。

苏联间谍机构比西方同行们获得了更全面的信息，因为苏联特工是在开放社会中活动，信息相对容易获得。由于缺乏全面的信息，美国中央情报局和其他西方情报实体假定共产主义国家比实际上更加可怕。然而，如果共产主义危害了西方文明的存在，那么西方宁可谨慎行事，否则就是不负责任。

为了执行多层面的遏制政策，杜鲁门必须夸大苏联挑战的程度；否则，美国国会将不会提供建设和维护有史以来最贵的军事力量，或帮助西欧重建经济所需的资金。说服美国人民支持这一政策比说服国会要困难得多。让杜鲁门满意的是，在没有歇斯底里的情况下就获得了民众的支持；但仍必须说服公众接受世界领导地位所产生的负担。为了避免反共产主义偏执和取得民众长期支持所做的努力，只有部分取得了成功。比如说，美国公众从未完全支持援助外国，但杜鲁门政府采纳了这一政策，后任的总统们也将它延续了下去。

苏联扩张对美国公众有显著的影响，基于不完整的事实和错误的评估，民众的反应通常很情绪化。政客们迫切利用共产主义危机的做法也使公众看清现状的能力大打折扣。

对共产主义的忧虑引发了对渗透在美国政府的苏联特工的怀疑。这份忧虑被一些人用来提升政治资本。加州共和党国会议员理查德·尼克松作为国会调查委员的一员，称一名重要的前美国国务院官员是苏联特工，这条消息霸占了新闻头条。1949 年 9 月，苏联已经制造了原子弹这一消息更加深了人们对苏联威胁的担心。1951 年，美国法院裁决朱利叶斯（Julius）和艾瑟尔·罗森堡（Ethel Rosenberg）犯下了向苏联透露核机密的罪行。罗森堡很快被处决。

最善于利用美国人担忧共产主义渗透的政客，是威斯康星州共和党参议员麦卡锡（McCarthy）。麦卡锡及其同僚进行了大量的国会调查。电视的出现扩大了这些活动的影响。虽然这些听证会并非司法程序，但证人的陈述可用在后来的审判中，并且证人可被判“藐视国会罪”。麦卡锡鼓励证人公开谴责，保障公民免于“自证其罪”的宪法第五修正案被引用得过于频繁，但很大程度上都未能说服公众相信证人无罪。最终麦卡锡越界了，1954 年他在参议院的同事批评了他。

一些人被赶出政府机构、大学和娱乐业，另一些人则被列入黑名单，也从未被告知自己为何被开除或不被录用。许多雇主开始与拥有黑名单的个人或组织进行协商，试图得知究竟是哪些人的爱国精神遭到了怀疑。除首席检察官的可疑机构黑名单外，其他的名单都已经在秘密流传。一般而言，所谓的不忠行为，都是这些榜上有名者在 20 世纪 30 年代或 20 世纪 40 年代初身份合法且信誉良好时在各大机构中犯下的。

毫无疑问，苏联特工活跃在美国，但是反共势力歇斯底里地在战后十年夸大了苏联实际构成的威胁，并准备牺牲区别于独裁政府的立宪体制所带来的自由。麦卡锡主义扣“赤色分子”帽子进行政治迫害，以及其他对“无神共产主义”的情绪化反应等所造成的潜在后果，就是让自由社会的基本原则处于危险状态。尤其是言论自由和结社自由正处于在同国内共产主义对抗时牺牲的危险中。因此，冷战的一个分专题就是在维护国家安全的同时，努力避免淡化宪法原则。

并非所有美国人都接受遏制政策是对苏联的适当回应。1948 年，进步党首领亨利·阿加德·华莱士（Henry A. Wallace）副总统力劝美国减少对苏联的敌意，

但他在全民公投中惨败。少数学者、演艺人士和其他人继续主张对苏联采取温和路线，但是在美国，他们的观点从未得到大部分人的支持。

在随后的40年，专注于共产主义威胁主导了总统选举活动。比如说，在1960年的竞选活动中的两个突出的问题，一是美国承诺保护中国国民党军队占领的中国大陆海岸之外的两个岛屿，二是约翰·菲茨杰拉德·肯尼迪指责美苏的“导弹差距”，苏联占据优势。大选后，肯尼迪政府宣布并没有发现导弹差距，沿海岛屿也没再听其提起过。1960年和1964年大选中，民主党入主白宫。因为共和党候选人通常被认为比民主党对手更为反共，取得胜利的民主党人约翰·肯尼迪和林登·约翰逊（Lyndon B. Johnson）决定在面临共产主义挑战时将不会显得柔弱。

最初，国际事件似乎证实了苏联将发动有目的的行动来挑衅西方国家。这一方案在几个场合被反复提起，包括1953年的东柏林起义和1956年的匈牙利革命。只要一方没有对另一方采取军事行动，1947年总统顾问伯纳德·巴鲁克（Bernard Baruch）所称的“冷战”就继续存在。

有时，在这场国际象棋游戏中，西方走了第一步棋。美国发起北大西洋公约组织的六年后，苏联集团国家在《华沙条约》（*Warsaw Pact*）中创立了北大西洋公约组织的镜像。苏联对马歇尔计划做出的反应就是建立经济互助委员会，这是一个由苏联和其他五个苏联势力范围内的，其国家经济由莫斯科控制的共产主义国家组成的委员会。

外交上，一方提出建议，另一方则提出与此相对的建议。共产党提出拉帕茨基计划，在欧洲建立一个无武器区域；德怀特·戴维·艾森豪威尔总统建议实行“开放天空”（Open Skies）政策，各方允许有限数量的航班经过其主权领土，确保不会进行偷袭。西方反对拉帕茨基计划，苏联也拒绝实行“开放天空”政策。

来自国内的压力迫使美国至少从外交上否认许多共产主义政府的存在。对于大部分忠诚的反共产主义者来说，任何与共产主义国家的正常接触都是不道德的。这解释了美国近25年间对中华人民共和国所采取的政策。美国拒绝在外交上承认这个世界上人口最多的国家。对杜鲁门政府的批评称，美国失去了中国，他们相信在共产党胜利之前，美国曾拥有或者说至少能够控制中国。苏联也采取不承认策略，例如1967年至1991年不承认以色列，以及1956年至1992年不承认南非共和国。

为什么冷战没有像在杜鲁门和斯大林时期那样继续下去呢？这有几个原因，最重要的原因就是1953年斯大林去世。斯大林死后，苏联显示出了更大的灵活性，在国内和国外都是如此。虽然并没有一个稳定的进程来缓解美苏两国的僵化，但确实发生了许多在斯大林时期无法想象的改变。

文化和外交上的交流也带来了更加缓和的关系。1959年，副总统理查德·尼克松出访苏联和赫鲁晓夫的美国之旅，减轻了视对方为妖魔的看法。花言巧语仍具有煽动性，但是打破外交关系或宣布战争的威胁都不见了。在艺术和体育中，人际交流增加了对对方生活方式的了解，并建立了长久的友谊。

逐渐地，美国领会到许多共产主义国家并不听从莫斯科的命令。南斯拉夫、阿尔巴尼亚及最重要的中国，证明了他们并不听从苏联的指令。还有其他的迹象，那就是铁幕国家并非同意所有的议题，虽然这些迹象并不是非常鲜明。1968年之后，西欧共产党倾向于远离莫斯科，这一发展被称为欧洲共产主义。

美国领导人眼看着军备竞赛的费用不断增加。对此，艾森豪威尔总统更加依赖于核武器而非传统军力，这一策略要求发展威力更大的炸弹和远程运载系统。然而，武器研究也导致了新的健康危害，对此，苏联和美国签订了一系列条约来控制这种危害。最终，双方承认核战争是不切实际的，并寻求方法来避免意外或蓄意的敌对行动。

冷战对经济的影响也相当大。40年来，美国大力发展军备竞赛挑战了其经济活力，但同时也提供了许多军事、国防工业和大学及智囊团的科研活动等方面的工作。主要的承包商，包括波音、马丁·玛丽埃塔、通用电气和通用汽车得到了以“成本加固定利润”为基础的防务合同，这意味着这些公司不可能赔钱。它们一定会盈利，即使合同成本通常超出了预算。可以认为，冷战证明了美国工业是一种福利制度，包括小型企业从大公司处获得分包合同。

美国社区争先恐后地成为国防工厂和军事基地所在地。军事设施不仅在工厂和基地提供了就业，在附近的向军事人员提供服务和物资的社区也提供了就业。靠近军事基地的公立学校被划拨了联邦资金以支付军人子女上学所需的额外费用。战争准备所带来的间接经济利益是分散的，而且很难追踪，但是数量巨大。

联邦政府给主要的研究型大学提供了数百万美元的资金，用来对大量不同主题的项目进行研究。同时也出现了很多独立研究机构。这一现象的结果就是高等

教育和智力活动上升到了一个前所未有的高度。

1957 年苏联发射第一颗航天卫星“斯普特尼克”（Sputnik），震惊美国。在此之前，美国一直认为苏联的技术突破是源于其窃取的西方机密；但是，“斯普特尼克”不能用这种方式来解释，因为自由世界中还没有国家有能力将物体送上太空。美国重新部署，更加重视科学和工程教育，尽管国防教育法案也支持其他领域的大学生。

“斯普特尼克”的军事意义深远。如果人造卫星可以绕地球轨道运行，便可用于全球侦察。更重要的是，它可以远距离运输炸弹。这一前景激发美国总统加足马力进行空间和导弹研究，最终美国在 1969 年登陆月球。

虽然核战争的前景是不祥的，但并非所有人认为它是无可救药的。哈佛大学政治学家亨利·基辛格在《核武器与外交政策》（*Nuclear Weapons and Foreign Policy*）一书中声称核战争不是不可想象的，但是至少在有限的范围内应该理性地运用。同时，美国在校学生进行演习，以防发生核武器攻击。20 世纪 60 年代初期，民防预备在扩大。

乍一看，这种反应似乎是合理的，但实际上它却反映出对两个超级大国之间关键安全关系的一个很大的误解：共同毁灭原则。共同毁灭原则假定，无论是美国还是苏联以核袭击作为回应，两国都会被摧毁。美国民防措施和社区避难所如同苏联地铁，潜在地废除了共同毁灭原则。更明显的是总统罗纳德·里根的战略防御计划（Strategic Defense Initiative，“星球大战计划”）。如果一方能够完善一个万无一失的防御系统，那就能攻击另一方而不会危及自身的安全。

冷战倾向于使人们从思维上对事情做出不客观的判断。有三个例子可以阐明这种误解和过分单纯化。第一个例子是在 1945 年 2 月召开的雅尔塔会议上，富兰克林·罗斯福将中东欧的国家让给苏联。实际上，苏联击退德军，征服了这片领土。只有通过使用可与之抗衡的兵力，美国才能赶走苏联人，这显然不是一个可接受的选项。

第二个例子是朝鲜战争，它加强了“国际共产主义阴谋”这一观点。这一推论忽略了三个基本事实：第一，独立共产主义思想，中国对在其边界存在敌对的军事力量非常敏感；第二，对中国这个几世纪以来最大、最具优势的亚洲国家最大的影响来自东亚；第三，许多亚洲人视远东地区的美国军队为另一个帝国主义

实体，这解释了中国为什么会以武装回应。

同样的，1961 年柏林墙的建立隔绝了东西柏林，西方广泛谴责这是一个残酷的挑衅。对于民主德国来说，柏林墙阻止了高学历科学家和工程师通过西柏林逃向西方而产生损失。柏林墙结束了民主德国的人才流失，稳定了国家，最具才华最有抱负的民主德国人现在必须在这个国家尽力好好生活。

没有西欧政府的合作，美国将这个地区作为抵御共产主义的屏障所做的努力就会失败。对美国政策的支持多种多样。尽管经济摇摇欲坠，且自 1939 年来就有“和平主义”的传统，英国工党在外交大臣欧内斯特·贝文（Ernest Bevin）强有力的领导下仍致力于重整军备。法国联合政府官员罗伯特·舒曼（Robert Schuman）是欧洲一体化最杰出的代言人，欧洲一体化是美国经济援助最明确的原则。联邦德国总理康拉德·阿登纳（Konrad Adenauer）是一个狂热的反共分子，支持多国共同对抗苏联威胁。

阿登纳，一名虔诚的天主教教徒、欧洲基督教民主主人（Christian Democracy）领导人物，也坚决反共。在法国，基督教民主党首先是由第四共和国内阁固定成员人民共和运动（Popular Republicans Movement，法文缩写为 MRP）领导，后来由戴高乐主义者领导。意大利基督教民主党 50 年来一直是内阁领导。自相矛盾的是，意大利和法国这两个西欧天主教国家，同时也拥有自由世界中两个最大的共产主义政党。

虽然冷战最初的焦点是欧洲，但它是世界规模的，随后发展到了拉美、中东和亚洲。以苏联为首和以美国为首的两个集团，都寻求与第三世界国家创建联盟，然而对对方很不友好。

对冷战的考量推动了美国和苏联的全球策略。多年来，美国认为任何不批判苏联的国家都是不友好的，并认为任何反共国家都值得美国支持，不管这个国家多么腐败。苏联的观点则正好相反。结果，苏联和美国两国的外援军事成分均大于经济成分，两国都努力保证它们的客户掌握大权。武器销售成为冷战时期最主要的衍生物。两个超级大国成为全世界最主要的武器供应者，其各自的盟友如捷克斯洛伐克和法国则负责对武器进行销售。

如果有必要，美国使用直接军事力量来干预支持马克思主义的第三世界国家。在其他时候，中央情报局精心安排，推翻受到普遍支持的政府，如同它于 20 世纪

50 年代在伊朗、危地马拉，以及 20 世纪 70 年代在智利所做的那样。

联合国想成为一个解决国际问题的场所，却变成了另一个冷战竞技场。美国和苏联几乎对每一个重要问题都有争执。通常，两国都努力拉拢支持者，尤其是在联合国大会上。早期美国占了上风，渐渐地，随着第三世界国家的加入，大多数成员国都保持更加独立的姿态，表明它们远离大国之争，专注于与自身有直接关系的问题。

在冷战背景下力求民族自决让美国、英国和法国面临一个进退两难的处境。这些政府怎么能一边宣扬人民主权论，一边反对独立呢？但是苏联和中国支持第三世界的独立运动。不管是在非洲、亚洲还是在拉丁美洲，独立运动的领导人都被打上社会主义者的标签，事实上他们也经常得到来自共产主义政权的援助。美国政府不愿意承认独立运动，因为这会招致国内强硬的反共敌人的谴责。

在越南，遏制和反殖民主义两股力量发生碰撞。为什么遏制政策在东南亚失败了呢？不同于欧洲和韩国，越南的反共产主义政权未能得到人民的支持。历史上第一次，电视每天将战争的残忍带到了美国家庭。支持美国政策的欧洲盟友在各自国内遭到了普遍反对。年轻的美国成人开始反对战争。越南战争也说明，如果实施遏制政策，会导致美国人伤亡惨重，美国公众不愿无限期地支持下去。

20 世纪 50 年代末，西欧出于几个原因重新评估其冷战姿态。第一，苏联核弹头能够轻易地对准欧洲，但却不能对美国造成直接威胁。这一近在咫尺的危险成了西欧的关注点。第二，虽然在 20 世纪 40 年代它们除了跟随美国外别无选择，但是现在它们的经济已经足够强大，可以更为独立。第三，到了 20 世纪 60 年代，欧洲的年轻成年人关于“二战”及冷战诞生的记忆很少。这些事情对他们来说很遥远，但未来的兵役和来自东南亚的电视报道却并不遥远。

在英国，左右两翼都努力修改美国政策。草根运动成员和核裁军运动都“宁红不死”，更支持单边裁军。几十年来，这一问题导致了工党的分裂。甚至支持美国领导的英国政客也尝试在两个超级大国之间进行调解。首相哈罗德·麦克米伦筹划多年安排了一次首脑会议，但当 1960 年美国 U–2 高空侦察机在苏联领空被击落后，巴黎和会被取消，筹划已久的东西方首脑会议以失败告终。

对越南战争的反应导致了西欧各国爆发静坐抗议、游行示威和投弹轰炸。这些活动与其他事件一起威胁了民主政府的稳定，其中最著名的事件就是 1968 年 5

月法国学生示威事件。

欧洲政治家，特别是夏尔·戴高乐，也表达了英国在冷战中脱离美国的领导、保持独立的想法。作为法国总统，他支持美国在 U–2 侦察机飞越领空问题上的立场，但后来他将所有法军撤出北大西洋公约组织，并经常批评美国对东南亚的政策。

人们很容易忘记，即便是在早期实施遏制政策时，遏制也是有弹性的。比如说，尽管人们普遍将共产主义视为一个国际性的庞大组织，美国却在 1948 年对南斯拉夫提供援助，帮助其保持独立于苏联范围之外。但对于许多人，尤其是美国人来说，冷战简化了世界。无论是美国人还是美国之外的人，都认为美国及其盟友是“好人”，对抗苏联及其“傀儡”等“坏人”。然而，这种观点日益过时。在众多例子中，有一个例子特别显眼：尼克松总统于 1972 年访问中国。这位美国总统以“共产主义无情的敌人”而出名，他早先批准向苏联销售粮食，现在则在事实上承认了中国的地位。也许尼克松此次访华的部分动机是出于对连任的考虑，但正是这关键的一步消除了“蒋介石领导的台湾代表着中国”这一谬见。

冷战的结束来得很意外。两个结构因素加速了苏联的解体。第一个因素是苏联国防支出巨大，占用了消费部门大量的资源。根据 20 世纪 80 年代中期的一项评估，苏联的军事开支约占国内生产总值的 15%，约有 2% 的劳动力处于备战状态。相比之下，美国的这两项数据分别为 7% 和 1%。第二个因素是对非共产主义国家相对富裕的意识增强。这种意识大部分来自从联邦德国接收电视广播的民主德国和其他铁幕国家。该广播并不是任何特殊的西方宣传工作的一部分，播放的内容也正是其他欧洲人所听到的，随着 20 世纪 80 年代政府对广播内容干扰力度的减弱，电视广播影响范围不断扩大。

与这两个因素一样重要的是，苏联如果继续斯大林模式领导，就无法结束冷战。当然，苏联经济不会比 1945 年和 1946 年的情况更差。最重要的人物是米哈伊尔·戈尔巴乔夫。相比他的前任，他接受了更多正规教育，他所代表的新一代人设法使苏联人民走出经济停滞，而经济停滞是由低效率的生产和销售体系，以及无节制的国防开支所导致的。戈尔巴乔夫将他的支持者安排在主要职位上，改变了苏联决策高层，同时让西方相信他所做出的改变是真诚的。20 世纪 80 年代后期，戈尔巴乔夫的权力开始下滑，他低估了由他所引发的趋势的影响力。在他失

去权力之前，他向中东欧政府施加压力，要求他们缓和高压统治。最具戏剧性的事件发生于1989年11月，民主德国推翻柏林墙，这一行动标志着冷战开始走向结束。

对于美国来说，冷战的影响是深远的。对越南战争所做出的反应，尤其是反战示威游行，撕扯着美国的社会结构，当时苏联造成威胁的普遍论调为政府大规模的侵略行为提供了辩解。冷战对经济也有显著的影响。1965年至1990年，美国国防部开支占了国民生产总值的5%到8%，军事编制雇用了相近比例的劳动力。20世纪80年代中期，超过3万家公司参与军火生产。随着冷战兵工厂的减少，加上来自国际竞争者如日本的挑战，美国面临着痛苦的经济调整。

冷战的一些结果必定是投机性的。没有这些结果，美国致力于重建德国和日本经济是极不可能的。美国也许会持一种更为自私和孤立的姿态，就像其在“一战”后的做法那样。美国和苏联也很可能不会如此积极地进行太空研究，如果没有强调对太空的研究，科学的衍生物如微型化能够如此快速地实现是不可想象的。即使是在冷战期间，一旦实现登月计划，美国公众对资助太空项目的兴趣就开始降低。

冷战对欧洲的影响也是投机的。人们可能认为，基督教民主党将反共产主义作为教条，使他们能够统治许多西欧政府长达几十年的时间。毋庸置疑，冷战极大地加强了美国对西欧的影响。它还使西欧人产生了一种紧迫感，没有美国的影响他们可能不会有这种紧迫感，正是这种危机感促进了欧洲统一运动。

可以肯定的是，苏联和美国斗争的结束留下了一个比在长达半个世纪的冷战时期更为分裂、更为复杂的世界。

尽管灌输政治信仰长达几十年，但在早前的铁幕政权下意识形态并不重要。同非共产主义国家一样，民族主义比意识形态更重要。

一样重要的是，冷战表明了领导阶层的至高无上。20世纪40年代的斯大林和杜鲁门及后来的戈尔巴乔夫，将世界塑造成他们想要的样子来配合他们的观点。不同政府机构存在差异是很重要的，但是个人可以拥有巨大的影响力，南非的弗雷德里克·威廉·德克勒克（F. W. de Klerk）* 的职业生涯就证明了这一点。

* 南非政治家，南非共和国白人总统，他结束了南非种族隔离政策。和纳尔逊·曼德拉一起获得诺贝尔和平奖。——译者注

随着冷战的结束，会有很多总结报告，但很明显的是，它并没有解决历史上困扰人类的更深层次的问题，如饥饿、疾病、贫穷和种族仇恨。

托马斯·菲利普·沃尔夫（Thomas Philip Wolf）

托马斯·菲利普·沃尔夫(Thomas Philip Wolf),印第安纳大学政治科学荣誉教授,在斯坦福大学获得博士学位,《英国政治集团通讯》（*British Politics Group Newsletter*）主编,《罗斯福总统和议会》（2001年版）（*Franklin Delano Roosevelt and Congress*, 2001）联合主编。

第五十六章

欧洲统一（约1947年至今）

概　述

欧洲统一早已不算是一个新鲜或者奇怪的想法了。早在中世纪，在欧洲大部分地区，基督教已经成为统治西方人或拉丁人的显著力量。然而，16 世纪的宗教改革瓦解了西方基督教，而文艺复兴时期民族国家的发展也开辟了一个新时代。在宗教改革之后，基督教再也没有之前的影响力，而且民族国家保证国家主权不受侵犯的严格承诺也打破了欧洲的统一。在过去的四个世纪里，只有当出现拿破仑和希特勒这样的侵略者时，欧洲统一看起来才有可能会实现。但是，这些侵略者都失败了，不是因为别的，正是因为欧洲人都抵制他们。尽管如此，一小部分欧洲人从未放弃过欧洲自主统一的梦想。

“一战”和“二战”中的野蛮行为和大屠杀，让欧洲统一看起来更有吸引力。这些灾难性的冲突引发了对民族国家合法性的质疑。许多人认为，如果民族国家的发展为欧洲带来如此多的灾难，或许放弃发展民族国家，实行欧洲统一对欧洲的发展才是最有利的。此外，战争带来的破坏如此之大，许多欧洲人认为只有在合作、不竞争的氛围中，欧洲才可能会复苏。而这又反过来要求民族国家附属于超国家机构。最终，许多战时领导了抵抗运动的可靠领袖都要求用“欧洲合众国”代替民族国家体系。

然而，如果一体化在“二战”后进行的话，涉及的就不是整个欧洲了；冷战很快把欧洲国家分成了两个阵营。最终，苏联强行统一了东欧，把自身打造成了

一个庞大但并不安宁的苏维埃帝国。在政治上，东欧的单个民族国家从表面看保持了一定的独立性，但实权还是集中在莫斯科，它们通过傀儡领导人和共产党行使着权力。1949 年，苏联成立了东欧国家的经济联盟——经济互助委员会，这个委员会在之后的很多年里支撑着苏联的经济。军事上，1955 年华沙条约组织成立后，东欧的军队都听凭苏联调遣，苏联借此巩固了自己对东欧的统治。

和其他领域一样，在国际事务方面，东欧国家被要求与苏联的步调保持一致。严重背离苏联制定的规范的行为是不可容忍的。当匈牙利和捷克斯洛伐克分别在 1956 年和 1968 年打算脱离苏联时，苏联采取了行动。

与“二战”后的东欧相比，西欧虽然受美国的影响很大，但在追求自身发展方面有更大的自由。然而，出于对冷战的畏惧，美国开展了几个重大项目来促进西欧的统一。1947 年 6 月 5 日，美国国务卿乔治·卡特利特·马歇尔在哈佛大学发表了一个演讲，宣称美国会为欧洲经济重建提供大规模援助。几个月后，美国国会拨出 130 亿美元用于欧洲复苏项目，这就是广为人知的“马歇尔计划”。马歇尔计划的其中一项规定要求接受其援助的欧洲国家互相合作，寻找能最有效地利用美国援助的方式。结果是欧洲成立了一个计划与协调机构——欧洲经济合作组织（Organization for European Economic Cooperation, OEEC）。马歇尔计划在很多方面都获得了巨大成功，欧洲经济合作组织的成立就是其中一项。

在军事领域，北大西洋公约组织的成立是马歇尔计划发展的成果。同样是因为对苏联扩张的畏惧，美国与几个西欧国家组成了防御性军事同盟。1948 年《布鲁塞尔条约》（*Brussels Treaty*）使英国、法国、比利时、荷兰和卢森堡结成军事联盟，在这之后，美国、加拿大、《布鲁塞尔条约》签署国以及丹麦、挪威、意大利、冰岛、葡萄牙在 1949 年 8 月成立了北大西洋公约组织。

欧洲国家自身也主动采取了一些举措来强化马歇尔计划和北约对欧洲统一的推动作用。1948 年，比利时、荷兰和卢森堡三国组成了比荷卢联盟（Benelux），这是一个关税联盟，或者说自由贸易区。一年后，包括英国、法国以及比利时、荷兰、卢森堡三国在内的一些欧洲国家共同成立了欧洲委员会——欧委会（Council of Europe），一个议会性质的组织，总部设在法国斯特拉斯堡。虽然欧洲委员会的成立显示出欧洲的统一有所进展，但它同时也暴露出欧洲统一的支持者所面临的诸多问题。委员会成员代表各自国家的立法机构，不是由欧洲选民选

出来的，也不对欧洲选民负责。此外，虽然各国代表会共同讨论并通过一些议题，但他们没有立法权，因为没有国家愿意为了这个超国家组织放弃自己的主权。因此，欧洲委员会实际上不过是一个强大的辩论团体。

当寻求欧洲政治统一的计划由于国家主权的阻碍失败后，希望实现更进一步的欧洲一体化的人们将目光转向了另一个方向。在一位坚定的欧洲统一支持者——法国人让·莫内的领导下，欧洲经济一体化得到了迅速发展。许多政治领袖也支持莫内的观点，比如法国的罗伯特·舒曼、意大利的阿尔契德·加斯贝利（Alcide de Gasperi）、逐渐崛起的联邦德国的康拉德·阿登纳，以及比利时的保罗－亨利·斯巴克（Paul-Henri Spaak），等等。1950 年 5 月，法国外交部部长舒曼提出了西欧各国煤钢工业联合计划。虽然是莫内想出的这项计划，但它仍被命名为“舒曼计划”。“舒曼计划”带来的结果就是欧洲煤钢共同体（European Coal and Steel Community, ECSC）的成立，该组织于 1952 年正式开始运行。欧洲煤钢共同体的缔约国有法国、联邦德国、意大利、比利时、荷兰及卢森堡，不仅保证每个成员国都能获得煤炭和钢铁资源，同时也协调各成员国重工业的发展，并建立以高级机构为首的行政机构，来行使超国家的权力。

欧洲煤钢共同体的成功使欧洲经济一体化进程又向前迈进了一步。基于莫内又一次提出的新想法，1957 年 3 月 25 日，欧洲煤钢共同体成员国签署了《罗马条约》（*Treaty of Rome*），成立了欧洲经济共同体（European Economic Community, EEC），总部设在布鲁塞尔。欧洲经济共同体试图取消所有成员国之间的关税，设立对非成员国家适用的共同关税制度，从而使劳动力和资本能够在六个成员国之间自由流动。与此同时，欧洲经济共同体成员国又成立了欧洲原子能共同体（European Atomic Energy Community, Euratom），进行和平的原子能研究。欧洲经济共同体成员国也创立了以致力于欧洲统一的技术专家为主要成员的超国家行政机构。欧洲经济共同体成员国一共有 1.75 亿人口，是世界上最大的贸易集团之一，也是最大的自由贸易区之一。唯一的坏消息就是英国拒绝成为欧洲经济共同体成员。

虽然西欧在经济一体化方面有了很大发展，但实现更进一步的统一仍面临很多困难。欧洲理事会正逐渐没落，而试图成立欧洲超国家军队的计划也在 1954 年宣告失败。当夏尔·戴高乐在 1958 年当选法国总统后，欧洲统一就变得更加困难。戴高乐的目标至今仍是众多学者争论的问题，但看起来这位法国总统是支持

欧洲统一的观念的，只要统一后的欧洲是由法国来领导，并且为法国谋求比其他国家更多的利益。有一点是确定的：戴高乐憎恨美国对西欧的松懈控制，希望能消除美国对欧洲大陆的影响。为了这个目标，1966 年戴高乐将法国军队从北约中抽离出来，在法国建立了核军火库，又被叫作核打击力量。虽然这些举措在一定程度上削弱了美国的权威，但也阻碍了欧洲统一的发展机会。

戴高乐也关注欧洲经济共同体，他曾于 1963 年、1967 年两次否决英国姗姗来迟的加入欧洲经济共同体的申请，因为他认为英国扮演了美国的特洛伊木马的角色。也许更重要的原因是，他害怕英国在共同市场的存在会减弱他及法国的重要性。他还要求欧洲经济共同体要服从法国的需要，当他无法达到自己的目标时，他会停止欧洲经济共同体的活动，1965 年他也曾这样做过。戴高乐拒绝将欧洲经济共同体变成欧洲政治统一的工具，并攻击该组织早已具有的超国家性质。戴高乐视国家利益高于欧洲经济共同体利益，并在 1966 年签署《卢森堡协定》（*Luxembourg Agreement*）。该协定赋予成员国对欧洲经济共同体决议的否决权，任何成员国只要觉得自己国家的权益受到侵害，就可以行使此权力。

在戴高乐上台后，欧洲经济共同体再也不是莫内曾经设想的那个统一欧洲的强大力量了。欧洲经济共同体不再是欧洲政治统一的萌芽，而变成了一个经济协调计划机构，欧洲各国通过这个机构表明自己关注的问题，试图平衡利益冲突，当然，有时成功，有时不成功。在欧洲经济共同体超国家的表象下，真正起主导作用的是国家主权和国家利益，但这并不是说欧洲经济共同体的成员国放弃了这个组织。事实上，成员国都很清楚，欧洲经济共同体的成立是欧洲经济繁荣的一个重要原因，因此它们并不打算解散这个组织。但是，它们也不会因此放弃自己国家的主权。

尽管有种种挫折，欧洲经济共同体在 1967 年至 20 世纪 80 年代中期曾有过显著的成就。1967 年，欧洲经济共同体将其下多个超国家机构整合成为一个组织，叫作欧洲共同体（European Community, EC），简称“欧共体”。1968 年，欧共体成员国之间的最后一项内部关税取消，这比预计的实现时间要早三至六年。更多的国家加入了欧共体。1969 年戴高乐辞去法国总统职务后，英国终于在 1973 年加入了欧共体，爱尔兰和丹麦也在同一时期加入。1981 年，希腊加入欧共体；1985 年，西班牙和葡萄牙也分别成为其中一员。由于征收到了外部关税，以及各成员

国缴纳的 1% 的增值税，1975 年之后欧共体有了自己的收入来源，也因此变得更加独立。1978 年，欧共体创立了欧洲货币体系。虽然这个体系在当时并没有提供统一的欧洲货币，但它朝这个目标迈出了重要的一步。一年之后，由欧洲煤钢共同体、欧洲经济共同体、欧洲原子能共同体等机构组成的欧洲议会（European Parliament）承担即将消失的欧洲理事会的继任者的角色，获得了直接选举成员的权利。从那以后，欧洲各国都能投票选举议会代表，而不是由成员国政府来选择代表。

在欧共体获得巨大成功，尤其是在经济领域取得巨大成就的同时，其自身也不断出现了大量问题。为了平衡各国家之间的利益冲突，欧共体的管理规则变得越来越复杂，越来越不合理。例如，欧共体前后不一致的工业政策导致“油多如山、酒多如湖”，都存储在昂贵的贮存设备里。此外，12 年内增加了六个成员国，欧共体内部的凝聚力也有所下降。这一点在爱尔兰和三个地中海国家上体现得淋漓尽致，这些国家的经济依靠的多是农业经济，与欧洲主流经济相比较为落后。1979 年至 1990 年的英国首相玛格丽特·撒切尔（Margaret Thatcher）是一位和戴高乐一样强硬的人物。此外，虽然关税取消了，但国家的官僚及行政机构还是会阻碍自由贸易。也许最令人沮丧的是，1973 年的石油禁运和随后出现的严重经济衰退揭示了欧洲联盟的脆弱性。面对失业率增长、产量下降的情况，欧洲国家更愿意独自解决问题，互不相干。这种“人人为己”的态度对欧洲统一的目标是一个沉重的打击。

在 20 世纪 80 年代中期，欧共体成员国采取了一系列行动来复兴这个机构。由于需要更有效地与美国和日本进行竞争，也担心在技术上落后，欧共体成员国重新投入落实莫内最初的统一欧洲的想法。1987 年 7 月，成员国采用了《单一欧洲法案》（*Single European Act*）。为了能在 1992 年之前实现“单一欧洲”的目标，《单一欧洲法案》呼吁建立一个完全没有外汇管制，没有资本和劳动力流动障碍的一体化市场。《单一欧洲法案》也提供了很多工业和农业的协调政策，授予欧洲议会更高的权力。或许更重要的是，《单一欧洲法案》终止了自戴高乐时期起各成员国拥有的否决权。自此以后，欧共体做出的约束性决定只需要大部分成员国同意就可以了。

然而，从 20 世纪 90 年代初期开始，实现更高程度的欧洲统一的新动力遇到

了严重的问题。《欧洲联盟条约》（*Treaty on European Union*），也就是所谓的《马斯特里赫特条约》（*Maastricht Treaty*），原本是为了发展单一欧洲法案，但遭到了丹麦的拒绝。幸运的是，当其他欧共体国家都批准了《马斯特里赫特条约》后，为了欧洲统一事业，丹麦改变了决定。但是，出于种种原因，批准过程困难重重。《马斯特里赫特条约》呼吁“欧洲人民之间要组成更紧密的联盟”，并且要建立一个由 12 个国家组成的新“欧洲联盟”。条约同时加强了欧洲议会的权力；加强了各成员国在更多问题上的合作，包括犯罪问题、环境问题、移民问题等；要求成员国在外交和安全政策方面实现更高程度的统一，着眼于最终创建共同的防御和外交政策；条约还呼吁在 1999 年之前设立单一的欧洲货币。

事实上，单一欧洲货币——欧元，在 2002 年才开始流通，代替了 12 个国家原本的货币。目前，有 17 个欧洲主要国家*在使用欧元。尽管如此，包括英国在内的一些欧洲国家还是拒绝使用欧元，继续使用自己的传统国家货币。

欧洲统一趋势在 1995 年出现了又一波高潮，1995 年的《申根公约》（*Schengen Agreement*）取消了部分欧盟成员国之间的边境管制。2008 年，《申根公约》又被进一步扩大，现在大部分欧洲人都可以自由地在欧盟成员国之间活动。

然而，自 2000 年以来，欧洲统一的进程也遇到了一些挫折。制定欧洲宪法的计划在 2005 年宣告失败，因为法国和荷兰的投票代表反对该提议。民意调查显示，欧盟其他成员国的投票人也很可能会跟着这样做，很可能是因为他们害怕失去自身的国家主权，而提议的公文又过于复杂且难以操作。最近，大规模的财政危机已经动摇了欧盟。希腊、意大利、葡萄牙、西班牙等国家由于进行不合理甚至不道德的金融交易，已经濒临破产。

尽管如此，欧盟仍在不断发展。曾经属于苏联或者受过苏联控制的国家已经加入，或者重新加入欧洲。今天（2012 年）欧盟已有 27 个成员国，另外还有一些“候选国”。

* 本书提到的某些事件或组织当下仍未结束或仍然存续，在中文版出版期间，相关数据可能发生变动，因此不对这一类数据做实时更新，而采用截至本书英文版出版年即 2012 年的数据。——编者注

历史评论

20世纪出现过很多大胆的政治试验。共产主义、法西斯主义以及欧洲统一运动倡导者，都试图打破现状，寻求一种新的社会和政治形态。然而，除了这个最基本的共同点，这些试验再也没有其他相似之处了。对于共产主义和法西斯主义，没有武力是无法实现变革的。这两种运动在重塑欧洲的过程中，选择了革命和战争的方式。与之形成鲜明对比的是，欧洲统一运动的本来目的是加强各国家之间的合作，并以此避免武装冲突。欧洲统一运动能够成功，绝不是出于偶然。自“二战”结束后，为了寻求欧洲共同的“好的发展”，欧洲各国以一种缓慢而平稳的方式渐渐地把民族利益放到了一边。这不是一个顺利的过程，但今天，从人口上看，欧洲已经是世界上最大的政治和经济层面的“超级大国”。欧洲统一依靠的是共同的机构、单一的货币以及制约所有成员国的法律法规。在一片曾经由互相之间激烈竞争的国家统治的大陆上，战争突然变得无法想象。这种变化是怎么发生的?

1945年，欧洲大陆是一片废墟。长达六年的战争摧毁了欧洲的城市，破坏了欧洲的经济，也使数百万欧洲公民丧生。对很多人来说，这些情况就能充分表明，如果欧洲想要复苏，采取行动促进欧洲统一是合适且必需的。有趣的是，最先采取行动促进欧洲统一的居然是美国人。在战后的短暂政治真空期，只有美国拥有必要的道德及物质资源来启动统一的进程。美国也有充分的理由来打开这个局面。对美国而言，新的敌人是苏联，而西欧需要被保护不受共产主义的扩张带来的威胁。因此，哈里·杜鲁门政府鼓励采取一切手段去稳定欧洲盟国的社会，加强它们的实力。欧洲一体化就成了保证集体安全的办法之一。

那时，促进欧洲一体制度化的最初尝试是出于经济原因，而不是政治原因，这有点不合常理。第一笔来自美国的救援物资和贷款在战后的头两年进行了分配，用于购买欧洲人民的基本食物和需要的能源，并没有用于基础设施建设。正如预料的那样，虽然受到了援助，但欧洲的经济仍然处于困难时期，这让很多美国人开始质疑他们的钱是否都“投入了一个无底洞”。结果，当1947年马歇尔计划出台时，美国政府提出，只有在欧洲成立一个组织来监督分配的前提下，他们才会提供贷款和物资。欧洲经济合作组织因此诞生了。欧洲经济合作组织经常被吹捧

为欧洲统一的第一步，但事实上这是夸大其影响了。欧洲经济合作组织无力实现任何政治或经济的一体化，因为它既没有欧洲政府的萌芽，也没有任何超国家的权力。它的提议需要经过所有欧洲国家的一致同意，如果有一个国家放弃为一项新法规投票，这项法规就无法实行。当然，美国也是欧洲经济合作组织的成员，这一事实就让人质疑“欧洲”是源起于欧洲经济合作组织这种说法。虽然欧洲国家能自主决定哪个国家获得多少物资、花多少钱，但归根到底，仍是由美国来决定提供多少资金。

在欧洲经济合作组织致力于使欧洲经济基础合理化的同时，政治一体化的进程也在通过其他渠道推进。尽管在 1949 年成立了欧洲理事会，但促进政治合作的运动进行得十分艰难。在某种程度上，缺乏进展可以归因于对一体化有两种完全不同的看法。部分支持者把一体化看作打破国家隔阂、创建“欧洲”的一种方式。另外一部分人只是把一体化看作实现共同的经济和政治复苏的策略，一体化的同时应保留各国家的自治权。对于后者来说，“欧洲”更像是一个幻想，而不是一个实际的目标，虽然有些人愿意考虑多个独立国家组成“联邦”这种可能性，但他们不会支持侵犯国家自决权的法律。显然，在付出如此巨大的代价争取到国家主权后，多数欧洲人都不会愿意这么快就将其交出。

在较早的时期，一体化可能很容易就被放弃。而有些欧洲人，像让·莫内和罗伯特·舒曼一样，没有向盛行的悲观主义投降，他们采取了一种渐进的策略。莫内是一个酒商的儿子，但在担任国际联盟副秘书长及战时法国对英国和美国的使者期间，他以出类拔萃的合作能力使自己闻名于世。他认为，能在某个关键经济部门突出有限的一体化的谨慎的方法，才是开始一体化进程的合适方法。在幕后，莫内构想出了使德国和法国实现煤炭钢铁联合经营的计划。莫内认为他的计划应该由一位更有政治影响力的人物来提出，于是他选择了法国外交部部长罗伯特·舒曼来把他的想法公之于众。事实证明，选择舒曼不但从实际层面看是有效的，从精神层面看也是很有效的。舒曼出生在洛林，这个省曾于 1871 年至 1945 年四次在德、法两国之间易手，舒曼因此亲身体会到了民族对立会导致冲突。1950 年 5 月 1 日，两人公布了舒曼计划，也就是欧洲煤钢共同体的发展蓝图。六个国家（联邦德国、法国、比利时、荷兰、卢森堡和意大利）签署了协议，欧洲朝着统一迈出了真正的第一步。

乍看之下，对于一个试验性的一体化项目，煤炭和钢铁似乎并不是好的选择。煤炭和钢铁是老工业，而且因为与军备生产有关，总被认为是对国家安全至关重要的行业。但如果一体化的最终目标是使战争变得不仅难以想象而且实际上不可能发生，那么在这些领域成功实现一体化将会带来一个巨大的心理冲击。此外，这样的联合经营也有很好的经济意义。德国煤炭资源丰富，与法国的钢铁相结合，就能带来提高生产效率、降低成本的效果。此外，由于钢铁可以用在很多地方，一体化的优势可能会扩展到其他经济领域。该计划还为两国提供了控制钢铁市场的机会，钢铁行业自 20 世纪 50 年代早期开始就出现了生产过剩和需求不足的问题。共同利益使两国可以合法地进行合理化分配，并且在私营企业还未结成联盟或非法结成联盟之前监督生产。

舒曼计划从根本上是一个经济布局，但政治合作也是其中的关键组成部分。这项计划将决策权赋予了由九名成员组成的高级机构（法国和德国各两名成员；比利时、荷兰、卢森堡、意大利各一名成员；还有一名无任所成员）。高级机构的工作是制定和执行“法律”，包括明确生产和分配配额、生产税和对违约行为的罚款等。此外，每个人都明白，像煤炭和钢铁这样两个劳动密集型产业进行合理化改革，势必会导致生产效率较低的工厂和矿区进行裁员。为了解决一体化的社会成本问题，舒曼计划授权高级机构对产品征收附加税。收上来的这些钱可以用来帮助暂时失业的工人，对那些永久失业者进行再培训。高级机构还努力在共同体国家内进行社会改革，目标是设立工作场所的统一标准和惯例。由于拥有很大的权力，高级机构的代表也拥有相当大的影响力。他们被选为代表不仅是因为有专业知识，也因为他们对寻求共同利益的目标感兴趣。一旦被任命，这些代表就不再对他们国家的政府负责。欧洲拥有了第一个真正的超国家机构。

没有人怀疑煤钢共同体在欧洲经济复苏中发挥的重要作用。取消煤炭和钢铁的关税，有效限制企业联盟，显然都是十分成功的举措。成员国受到鼓励，愿意进行进一步的整合，这个迹象能间接地表明联合经营条约（如果不是其他事物）是成功的，受到了大家的认可。然而，如果有人希望从生产数据来证实这种看法，可能会得到令人困惑的不同的结论。钢铁产量在整个 20 世纪 50 年代和 60 年代确实有了显著增长。尽管许多历史学家把钢铁产量的大幅增加与联合经营条约联系了起来，但这样的结论是冒昧的，因为不可能让历史“重演”，比较一下没有煤钢

共同体的话产量会是什么样的。虽然不能说钢铁产量与联合经营有因果关系，但仍可以说，钢铁变得更便宜了，也更有效益了，而且需求也受到刺激不断增长了。然而，这样的成果仍未达到许多超国家主义支持者的要求，他们想要大幅度地增加生产和贸易的愿望并没有实现。

欧洲煤钢共同体给我们留下的不是经济生产力，而是大胆的政治举措。煤钢联营条约是国际事务历史上的一座里程碑，是国家权力当局愿意转变成一个超国家机构的第一个实例。但这一成果离欧洲统一还差很远。一体化仍局限于一个部门，仍不确定大多数人所期望的外溢效应是否会发生。事实上，尽管煤钢向高度一体化发展，其他领域的经济特殊主义有增无减，包括农业和运输业这样的关键领域。许多国家顽固地坚持自己国家的产品标准、劳动力流动法以及海关税则，希望以这样的方式保护它们的工业和农业。煤钢共同体未能解决，更没有消除这些阻碍一体化进程的经济壁垒。把煤钢共同体看作一个大胆但有局限性的政治试验是最合适的。事实表明，国际合作不仅可能发生，也可能会为双方带来利益。作为一体化进程中的第一步，煤钢共同体有着非常重要的意义，它为一体化打下了一个良好的基础。

1955 年，煤钢共同体成员国的代表们齐聚墨西拿（Messina），协商成立一个更大的联盟。又一次，外部事件为更高程度的一体化提供了推动力。埃及夺取苏伊士运河，西方后来未能夺回，这让许多欧洲人意识到他们对于中东石油的依赖性。此外，1956 年苏联镇压匈牙利进一步加剧了东西方的紧张局势，使欧洲在世界事务中极其无能的旧话题又一次被提及。在这种紧张的外交氛围中，六国（六个原始煤钢共同体成员国）代表受到煤钢共同体获得成功的鼓励，通过创建类似比利时、卢森堡和荷兰之间的统一市场，努力扩大相互之间的经济合作。《罗马条约》由此诞生。

1958 年 1 月，欧洲经济共同体（欧洲共同市场）开始运行。其目标是在 12 年之内取消所有商品的进口税和关税。该协议创建了一个大型自由贸易区，建立了从非会员国家进口商品的共同关税政策。其超国家机构大多数保留了煤钢共同体中的机构，增加的重要政策是，欧洲经济共同体的决策只能经“有效多数表决”后才能通过，即既要得到大多数选票，又要获得大多数国家的同意，以此来保护小国家的利益。该条约还建立了欧洲社会基金，通过生产附加费筹资，继续履行

煤钢共同体的使命，培训失业工人，如果有必要的话，帮助这些失业工人再就业。新建的欧洲投资银行为欧洲经济共同体成员国中的欠发达地区提供了原始资本 。

欧洲经济共同体显然是非常成功的。1962 年，欧洲的工业贸易壁垒已经消除。到 1968 年，其余关税也都取消，这比预期提前了很多。在条约签订的前三年，欧洲内部贸易额增长了 73%，欧洲国民生产总值增长了 21%。在 20 世纪 60 年代，欧洲经济共同体六个成员国人民的生活水平达到了新高。但如果你认为实现这样的成就很容易，就大错特错了。农业部门在一体化进程中出现了棘手的问题。多年来，欧洲的农民一直受益于国家补贴和关税限制。虽然政府的干预在一定程度上帮助了欧洲的食品生产者，但由此产生的高价格让农民很少有或没有动力去进行现代化改革，或避免生产过剩。为了解决这些问题，法国（欧洲主要的食品生产国和保护主义的长期“受害者”）带头开展进行合理化农业生产的谈判。经过夜以继日的谈判，终于达成了切实可行的共识，1962 年 1 月 14 日，共同农业政策形成了。共同农业政策向所有农民保证，他们的产品会有一个固定的价格，对进口食品也会增收关税，保证进口食品的价格至少高于食品价格的最低标准。

共同农业政策指出了欧洲一体化的积极作用和消极作用。虽然共同农业政策的产生对法国农业来说是明显的胜利，但其重要意义在于联邦德国愿意妥协，甚至牺牲自己国家农民的利益，这对超国家主义是一个好兆头。从另一方面讲，这种妥协也是“消极一体化”的一个典型例子。共同农业政策没有消除农业关税，而是统一了关税。从此以后，税赋转移到了非成员国家身上。结果，欧洲的农民仍然没有进行现代化生产的动力，欧洲的食品价格与世界市场相比要高很多。

尽管欧洲经济共同体在经济方面获得了成功，但其政治统一运动遇到了很多困难。历史事件又一次起到了重要作用。1958 年，法兰西第四共和国垮台时，法国的战争英雄戴高乐当选法兰西第五共和国总统，掌握了大权。戴高乐对于欧洲统一有自己的看法，他更倾向于成立一个联邦，以此保留法国的国家利益。戴高乐强硬的民族主义带来了很多不成功的副产品。他反对英国加入欧洲经济共同体的申请，这阻碍了欧洲经济共同体吸纳一个经济大国进入组织。此外，他还坚定地拒绝授予共同市场委员会执行大量经济和社会协议的权力，这几乎破坏了超国家主义理想。1966 年，法国单方面退出了共同市场的一部分机构。这次“空椅危机”（Empty Chair Crisis）使成员国签署了《卢森堡协定》，规定任何国家只要觉

得切身利益受到威胁，就可以推翻委员会的决议。这次事件对共同市场来说是一次屈辱，破坏了欧洲统一运动，也证明政治统一在可预见的未来是无法实现的。

1969 年，戴高乐退出政坛，这不仅缓解了政治僵局，还带来了欧洲经济共同体最为活跃、最有成效的扩张时期。新一批法国政治家，尤其是乔治·蓬皮杜（Georges Pompidou）和瓦莱里·吉斯卡尔·德斯坦（Valéry Giscard d'Estaing），率先打破了 20 世纪 60 年代的政治僵局。英国终于加入了共同市场，这意味着其未来不再取决于旧大英帝国的发展，而取决于整个欧洲的发展。受到英国加入的鼓励，共同市场成员国大胆地宣布它们想要结成更深入的联盟的目标。为了实现这个目标，从 1969 年海牙会议开始，到 1972 年的巴黎会议为止，各国代表举行了一系列的会议，创建了各种机构。他们主要从两方面努力，其最大胆的举动是建立了一套新的体系来保持欧洲货币汇率相对稳定。这个体系被称为"蛇形浮动"，它规定欧洲货币彼此之间的价值波动不能超过 2.25%，而相对美元的波动不能超过 4.5%，无论世界货币市场的需求波动有多大。尽管"蛇形浮动"本质上只是为了结束 20 世纪 60 年代末的货币贬值，但许多欧洲统一的支持者把它看作创建欧洲统一货币的第一步。另外，以前的煤钢共同体议会和共同市场机构合并组成了欧洲议会。多年以来这是第一次，欧洲政治层面的统一运动似乎重回正轨。几乎没有人会想到，发生在欧洲控制范围以外的事件会又一次破坏统一进程，这一次是阻碍了 15 年。

1973 年，以色列与阿拉伯国家之间的战争使石油输出国组织削减了产量，导致石油价格涨到原来的四倍。这个举措给整个世界都带来了经济冲击，尤其是西欧，因为西欧很多国家完全依赖于进口外国能源。在这个有着共同需求的时刻，统一的理想突然被许多国家果断地放在了一边。各成员国没有选择协同合作，每个国家都独自匆忙行动，试图从石油输出国组织那里争取特殊优惠。随着 1979 年第二次石油危机来袭，自 20 世纪 70 年代起存在的这些问题一直延续到了 80 年代。经济统计数据能告诉你问题有多严重。1980 年至 1983 年，欧共体成员国的国民生产总值的总和每年增长不到 1%。1982 年的失业率几乎是 1978 年的两倍。这些统计数据可能会让人感到震惊，但其实和美国及其他工业国家的数据相比，差得并不多。然而，对欧洲来说，石油危机有另一个破坏性的效果，它给统一进程造成的影响比其他任何事件都大。石油危机凸显了欧洲缺乏共同能源政策的问题，

也考验了欧洲国家在困难时期是否还像繁荣时期一样愿意分享。经济衰退也摧毁了欧共体的一些经济机构。随着许多国家将其货币撤出，“蛇形浮动”体系宣告崩溃，在短期内创建统一货币的希望也随之破灭。

奇怪的是，经济的停滞却刺激了政治的发展。欧洲国家对石油输出国组织的举措应对无效，说明它们必须要采取协调一致的外交政策才行。因此，它们制定了欧洲政治合作协议，借此欧洲国家政府可以在对外事务方面进行协商并达成一致意见。这是前进道路上的重要一步，因为外交政策一直是每个国家最小心翼翼地守护着的特权。一开始，欧洲国家会定期举行首脑会议，但渐渐地这些会议变得越来越正式，从而逐渐发展为欧洲理事会。欧洲理事会以及新成立的欧洲议会，让人们看到了成立一个真正的超国家政府的希望。欧洲理事会在其第一次会议中（1974）重申了货币统一对于未来欧洲统一的重要性，面对目前经济困难的状况，欧洲统一是至关重要的目标。最终，理事会制定了欧洲货币体系（1979），这个体系复苏了“蛇形浮动”的概念，被称为“欧洲汇率机制”。货币体系改良的核心是欧洲货币单位的创建，其价值与每个成员国货币价值的比例是固定的。

20 世纪 70 年代也出现了以实现《罗马条约》中提到的男性和女性平等就业为目标的运动。1975 年 2 月 10 日，欧共体开展了“积极行动”，目的是消除工作场所的性别歧视。“积极行动”将工资待遇方面的性别歧视列为违法行为，也禁止在招聘时有任何性别歧视。第二年出现的一项提议使“积极行动”的范围有所扩大。该提议称在升职、培训和社会保障等方面，男性和女性员工应该被平等对待。不幸的是，社会立法实施起来非常困难。大多数的指示都是可选的，很少有要求必须服从的。不过，随着欧共体逐渐走出经济衰退，它至少大致有了一个统一的社会框架。

在 20 世纪 80 年代早期的经济低迷期结束后，一体化的进程有可能重新得到发展。1985 年的《单一欧洲法案》加强了一体化进程。《单一欧洲法案》是一次变革，因为它允许由多数人同意来通过一项决定，为做决策提供了一种更为民主的方法，从而阻止任何一个国家阻碍立法或无视法律（《卢森堡协定》）。除此之外，《单一欧洲法案》还赋予了欧洲议会对于欧洲理事会决定的否决权。只有当理事会所有成员一致投票通过时，这种议会的否决才能被推翻。在新的决策制度开始生效后，欧盟又开始施行《单一市场法案》（也称为“1992 年计划”）——目的是取消不必要的边

境管制、不同的国家产品标准、不同的增值税税率，以及一些仍然受国家保护的市场。其最终目标是在 1993 年 1 月 1 日之前消除所有的非关税贸易壁垒。

新的一体化进程中的核心成果是《马斯特里赫特条约》的签订。该条约使欧洲走上了统一的道路，扩大了欧盟的超国家机构。其中一项法案移除了公民流动的障碍。欧共体国家人民现在可以自由去往任何欧共体国家，也可以在任何欧共体国家工作，他们出国只需要有统一的欧共体护照就可以了。让《马斯特里赫特条约》得到所有成员国的通过不是一件容易的事情，人们对于该条约的争论表明，有关超国家主义的争议还远没有结束。在英国，首相玛格丽特·撒切尔在 1990 年辞职，并未通过《马斯特里赫特条约》，因为她不希望英国的主权进一步受到限制。两年后，在约翰·梅杰的领导下，英国成为批准该条约的最后一个欧共体成员国。这件事很讽刺但也算正常，欧洲统一运动的历史显示，英国议会批准《马斯特里赫特条约》的同一天，法郎所承受的经济压力导致欧洲汇率机制崩溃。进展和挫折似乎又一次交织在一起，密不可分。

创建单一货币的进程遇到了一系列阻碍，欧洲汇率机制的崩溃只是最近的一个。在该机制崩溃之前，人们有理由相信欧洲货币单位可能会成为欧洲的官方法定货币。欧洲货币单位已经成了世界金融和贸易市场常用的交易单位，也是欧共体向非成员国家提供帮助时会选择的工具。尽管遇到了挫折，欧洲金融部门还是继续执行这项计划，创建统一的货币并在 20 世纪末之前使之开始流通。“欧元”就这样诞生了。这是欧洲的第一版真正的统一货币，于 1999 年正式发行，用于商业交易。三年后，欧元取代了欧共体成员国的国家货币，并且立即成为世界上最受欢迎的货币之一。随着各成员国都开始使用欧元，除了收藏家，各国的旧货币对于其他人已经失去了价值。随着物价和工资也按照新的货币体系来制定，欧元区成为一个巨大的市场。统一运动中人们最渴望的目标现在已成为现实。

伴着新世纪的曙光，欧盟的政治角色在联盟内部及邻国之间都有所扩大。2003 年，欧洲军队参加了波黑的维和任务，这是“二战”之后德国军队第一次在德国以外活动。在欧盟内部，加强民主化的进程在不断发展。尽管 2004 年制定欧洲宪法的尝试失败了，但 2007 年的《里斯本条约》(*Treaty of Lisbon*) 包含了 2004 年提出的大部分条款，因为欧洲人已经认识到，他们需要调整欧盟的政治结构，满足不断扩张的欧洲的政治需求。《里斯本条约》承诺，欧盟会通过加强欧洲

议会的权力、简化成员国决策过程，从而更及时地解决欧洲公民的需要。在社会层面，《里斯本条约》加强了对所有欧洲人享有的基本政治和经济自由的保障。在这个充满恐怖主义的时代，《里斯本条约》开创了一个先例，声称对任何一个欧盟成员国的袭击就是对所有欧盟国家的袭击。

“欧洲统一”从20世纪40年代开始到现在已经走过了一段很长的历程。欧洲统一运动的历史表明，进步并不是来源于稳定地取得成果，而是断断续续地有所收获。经济一体化通常是为了解决政治动乱，而反过来，在经济衰退时期，政治统一进程往往能得到发展。这个变化过程看起来有点复杂，但其实有一种内在的逻辑。由于总是有一个方面或另一个方面在朝着一体化方向发展，这样一体化就永远不会完全停止。事实上，尽管有过无数的考验和挫折，欧盟的发展已经完全让人不会质疑它能不能存活下去，欧洲及其强大的经济会一直坚持下去。虽然允许成员国“退出”联盟，但欧盟最大的怀疑者也承认，退出欧盟从经济层面讲相当于自杀。

从另一方面讲，能否实现完全的政治统一仍是一个悬而未决的问题。尽管出现了一些国际政党，也进行过欧洲范围内的选举，但在欧洲的政治中，国家利益仍占据很大的分量。有可能实现彻底的一体化吗？有些观察家声称，完全的统一不是也永远不会是欧盟的目标。他们引用了1985年《欧洲联盟条约草案》（*Draft Treaty for Union*，1985）以及其他文件的内容作为证据，这些内容表明，政治一体化的目的不是破坏民族国家，而是使之变得更强大。换句话说，统一运动的目的不是创建一个超级大国，而是创建一个国家和超国家机构能共同掌权的混合政府。这样的解释肯定会让那些仍然相信欧洲会实现完全统一的纯化论者失望，但从中立观察者的角度看来，这是一个切实可行的计划，在目前的政治现实下，仍有希望继续推进一体化进程。欧洲一体化不再以统一为目标，而是以“达成更紧密的联盟”为目标。

社会层面的统一是一项比较困难的任务。如果商品、服务、想法，甚至人都能自由地穿越国界，那么在所有地区都要以同样的方式来保证工作的质量，维护员工的权利。许多社会目标尚未完全达成，包括实现男女薪酬平等、改善工业卫生情况，以及进行安全性研究。尽管社会一体化对于欧盟中的发达国家来说很困难，但对于新加入的国家如塞浦路斯、巴尔干半岛国家和东欧国家来说，遇到的

问题更大，这些国家必须要让自己的法律与欧盟法规相一致。可以理解，在发展水平停留在20世纪（即便不是19世纪）的国家，采用21世纪的社会准则是相当困难的。

虽然这个任务非常艰巨，但我们有理由保持乐观。欧洲社会基金做了很多工作来帮助欠发达地区，即使这些地区存在很多社会偏见。21世纪欧盟最重大的任务仍是消灭这些社会偏见。无性别歧视的招聘和环境保护法背后的逻辑，也许不适用于斯洛文尼亚的农民或爱沙尼亚的渔民，但如果没有一致的保护政策，则很难建立统一的联盟。因此，欧盟不得不耐心地对待新成员，给它们一定时间去调整社会准则，使之与欧盟的准则相一致。这样一体化的节奏就会明显减慢，但为了继续发展，必须要付出这样的代价。

在过去的20年，政治统一运动也有了一定的发展。现在欧洲政党代表着多国利益。欧洲政党成员可以直接参加欧洲议会的选举。欧洲议会已经成为一个完整的立法机关，从各国获得了立法和征税的权力。然而，除非赢得公民的尊重，否则欧盟的政治制度永远无法成功运行。因此，欧盟最重大的政治任务是思想上的。它必须努力建立“欧洲”认同感，赢得人民的忠诚。但这也不意味着成功，因为国家忠诚已经有近四个世纪的历史，地区或民族的忠诚历史甚至更长。

这引出了一个问题：欧洲超国家主义有极限吗？民族主义是一把双刃剑，它既可以用来强调为人民带来团结的相似点，也可以强调导致其分离的差异。20世纪的民族主义强调后者，贝尔法斯特（Belfast）、波斯尼亚（Bosnia）的例子就可以证明这一点。但民族主义无须是消极的，它可以是像19世纪将德国人和意大利人凝聚在一起的那种力量。欧洲面临的挑战是要克服民族之间的差异，强调它们的共同点。所以，一体化的典型总是那些赢得了少数民族和少数宗教群体忠诚的国家（如美国和瑞士），这并非偶然。只有在成员国能接受彼此的民族和语言特征的情况下，“欧洲统一”才能实现，多种族、多文化社会的优势才能发挥出来。欧盟必须改变欧洲的民族主义的推动力，将其发展为追求整个欧洲的地理和历史独特性的力量，并且远离民族国家分裂的意识形态。归根结底，“欧洲统一”的程度将取决于欧洲人民自己的想法。未来的德国人、法国人和意大利人会认为自己的身份首先是“欧洲人”吗？他们的民族忠诚会胜过他们的跨国身份吗？这个问题的答案才能真正衡量欧洲统一运动是成功还是失败。

如果欧洲统一运动成功，将会有很多益处。新欧洲已经成为世界上最大的贸易集团，有近30个成员国，总人口超过5亿。如果欧洲在政治上统一，在经济上与美国和中国旗鼓相当，并且有统一的外交政策，那么它将成为世界上一股强大的力量。基于欧洲模式，其他一些超国家贸易集团也已经出现，例如北美自由贸易区（North American Free Trade Area, NAFTA），这些集团想要模仿欧洲在经济和政治上的成功。有没有可能，我们正在见证一个国际外交新时代的出现，地缘政治权力集团能否将取代民族国家作为世界的掌权者？如果真是这样，那欧洲就是这项运动的先锋。

这些推测性的问题也许最好是留给政治理论家，但至少我们可以得出这样的结论：欧洲统一运动已经彻底改变了国际关系的传统格局。欧洲统一运动的出现是对过去出现的国际敌对、国际竞争、国家利己主义的反对，正是这些造就了今天的局面。虽然欧洲统一运动是由破坏性的战争引发的，但现在已经发展为在和平环境中的一个大试验，如果幸运的话，也许会为国际合作奠定基础，为21世纪的世界繁荣创造条件。

理查德·A. 莱比（Richard A. Leiby）

理查德·A. 莱比（Richard A. Leiby），罗斯蒙特大学历史系副教授，在特拉华大学获得博士学位，致力于“二战”后欧洲发展的研究。主要著作有《德国的统一，1989—1990》（*The Unification of Germany, 1989—1990*，1999）。

第五十七章
阿以冲突（1948年至今）

概　述

巴勒斯坦现被以色列和巴勒斯坦民族权力机构占领，这个地区的冲突由来已久，可以追溯到《圣经》时代，当亚伯拉罕的儿子以撒（Isaac）建立了犹太国家，而早期阿拉伯人的精神领袖以实玛利（Ishmael）则在地中海东边建立了阿拉伯国家。第一次世界大战末期，英国被授权统治巴勒斯坦，许多欧洲犹太人在推动犹太民族主义思潮的犹太复国主义运动的影响下，移民至巴勒斯坦，因为在德国和欧洲其他地区，反犹太主义的情绪不断增长。在这种情况下，巴勒斯坦地区犹太人口从1920年的5.6万人上升到1948年的65万人。当武装冲突爆发时，英国军队撤离了巴勒斯坦，1948年，在阿拉伯国家反对的情况下，联合国通过了建立以色列国的决议。

在接下来的战争以及后续出现的三次战争中，以色列均获得了胜利，并占领了巴勒斯坦人的大量领土，包括与埃及接壤的加沙地区，附属于约旦的约旦河西岸地区。占领这些领土并没有缓解这些地区的敌对情绪，冲突一直持续到21世纪。

在这种情况下，出现了关于巴勒斯坦人的地位这样一个棘手的外交问题。20世纪90年代中期，巴勒斯坦人在加沙和约旦河西岸有一定程度的自治权，并且设立了巴勒斯坦民族权力机构来管理这些区域。大约100个国家承认巴勒斯坦作为一个“独立”的国家的地位，而其他国家，包括美国在内，不承认巴勒斯坦的这一地位，但接受最终会出现一个独立的巴勒斯坦的观点。1998年，巴勒斯坦民族

权力机构成为联合国大会的一员，但没有投票权，也没有达到在全球市场公开出售债券或购买武器的认可度。相比之下，1948 年宣布独立时，以色列已经得到了大多数国家的承认，因此在 1949 年对其阿拉伯邻国的战争中，以色列有在战争时购买所需武器的权利。

建立以色列的外交历程以 1917 年的《贝尔福宣言》为开端，该宣言以当时英国的外交部部长——亚瑟·詹姆斯·贝尔福（Arthur James Balfour）的名字命名。该宣言采用了信件的形式，日期为 1917 年 11 月 3 日，收信人是罗斯柴尔德勋爵（Lord Rothschild）——英国犹太复国主义联盟的主席。贝尔福在信中表示，英国支持将巴勒斯坦作为犹太人的国土。

《贝尔福宣言》公布后，阿以双方关于巴勒斯坦的冲突加剧。最早是在 1920 年 2 月，犹太人的定居点遭到了袭击，同年 4 月，46 名犹太人在希伯仑（Hebron）和耶路撒冷发生的阿拉伯暴乱中丧生。更严重的暴乱发生在 1928 年 8 月，在此之前有谣言说犹太人计划在耶路撒冷的哭墙（Wailing Wall）* 建造一座寺庙，而哭墙是犹太人和穆斯林都很崇敬的一个地方。在 20 世纪 30 年代末第二次世界大战即将发生的时候，轴心国在巴勒斯坦发动了新一轮的阿拉伯暴乱，5000 名阿拉伯人、数百名犹太人在这场暴乱中丧生。

恐怖的大屠杀让犹太人和他们的支持者明白，除非犹太人有自己的国土，否则大屠杀会再次发生。由于巴勒斯坦地区持续的阿以冲突，英国将其统治权交回给联合国，而联合国在 1947 年 11 月通过了《巴勒斯坦分割方案》（*Partition Resolution*），这个决议根据特别委员会报告中的建议，希望使阿拉伯人和犹太人在巴勒斯坦实现分治，而耶路撒冷则成为一座国际城市。阿拉伯政府拒绝了这个计划，接着在耶路撒冷及其周围发生了更多的暴乱和爆炸案。1948 年 5 月 15 日，经过几个月的准备后，英国撤离了巴勒斯坦，以色列正式成为一个独立的国家。美国和苏联宣布在外交上承认以色列的地位，但大多数阿拉伯国家，包括沙特阿拉伯、黎巴嫩、约旦、埃及、叙利亚和伊拉克，都向这个新国家宣战。之后一年冲突间或发生，穿插和解，双方重新协商达成了停火协议，最终以色列得到的领土

* 哭墙又称西墙，是耶路撒冷旧城古代犹太国第二圣殿护墙的一段，也是第二圣殿护墙的仅存遗址，长约 50 米、高约 18 米，由大石块筑成。犹太教把该墙看作第一圣地，教徒至该墙例须哀哭，以表示对古神庙的哀悼并期待恢复。千百年来，流落在世界各个角落的犹太人回到圣城耶路撒冷时，便会来到这面石墙前低声祷告，哭诉流亡之苦，所以这面墙被称为“哭墙”。——译者注

比最初联合国授予的更多。带来的后果之一是该地区滞留了大约 86 万名巴勒斯坦难民。

20 世纪 50 年代，该地区最引人注目的是 1952 年埃及出现起义，反抗英国殖民统治，埃及国王法鲁克（King Farouk）被罢黜，有着领袖气质的贾迈勒·阿卜杜勒·纳赛尔（Gamal Abdel Nasser）在 1954 年上台。1956 年，纳赛尔在面对美国、法国和英国的经济制裁以及敌对行动的情况下，将苏伊士运河公司国有化。在后来被称为“苏伊士运河危机”（Suez Crisis）的这次事件中，以色列在几个月内不断侵袭西奈半岛（Sinai Peninsula），而西方主要国家也默许了这次行动。联合国维和部队到达后，这次侵占行动才停止，而苏伊士运河在 1957 年 5 月重新开放。同年晚些时候，法塔赫（Fatah，阿拉伯语的意思是“征服”）即巴勒斯坦民族解放运动非正式组建，旨在毁灭以色列。1964 年 5 月，巴勒斯坦解放组织（Palestine Liberation Organization, PLO）成立，这是一个比法塔赫更正式的组织，其目的也是毁灭以色列，其领导人是亚西尔·阿拉法特（Yasser Arafat）。

1967 年，六日战争爆发。在这次短时间的战争中，以色列军队轻松地进入了埃及和叙利亚，占领了叙利亚边境的戈兰高地（Golan Heights）、埃及和以色列之间的西奈半岛的大部分土地，以及约旦河西岸部分地区（当时由约旦控制），包括约旦河。以色列对这些领土的控制导致了成千上万的巴勒斯坦难民涌现，出现了新的巴勒斯坦民族主义浪潮，以色列和巴勒斯坦之间的关系也更加僵化。战争结束后，巴勒斯坦解放组织作为巴勒斯坦人民的合法代表的地位得到认可。

之后的多年里，双方局势依然紧张，并不断加强武装力量。1973 年 10 月，埃及和叙利亚在犹太教节日——赎罪日（Yom Kippur）这一天，突然对以色列发动了袭击，又一场战争就此爆发。战争持续了大约两个星期，最后双方同意联合国安理会的停火协议。停火后，由美国国务卿基辛格领导的重要外交行动开始了。虽然基辛格致力于开展著名的“穿梭外交”，但他未能给巴勒斯坦地区带来永久的和平，不过他还是修复了美国与埃及的关系，并且加大了对埃及的援助。因受到埃及与美国交好这一事实的打击，从 1973 年 11 月到 1974 年 3 月，其他阿拉伯国家领导人实行了对美国、西欧和日本的石油禁运。

在 1974 年之后，美国在该地区的外交活动仍然活跃，1978 年，美国总统吉米·卡特（Jimmy Carter）邀请以色列总理梅纳赫姆·贝京（Menachem Begin）和

埃及总统安瓦尔·萨达特（Anwar Sadat）到离华盛顿不远的著名的总统度假地戴维营会面。在卡特作为调停者的作用下，敌对双方经过三天紧张谈判后，达成了著名的《戴维营协议》（*Camp David Accords*）。该协议包括了埃及和以色列之间的一个和平框架，以及更广泛的整个中东地区的和平框架。以色列和埃及之间官方战争状态就此结束，双方恢复了外交关系，以色列同意归还其于1967年占领的西奈半岛。虽然这些和平谈判代表了卡特总统政治生涯中的一个高峰，但协议并未能带来持久的中东和平。

尽管未能实现中东和平，但《戴维营协议》，尤其是《埃以和约》（*Egypt-Israel Peace Treaty*），确实为埃及和以色列带来了一种新的、更诚恳的关系。以色列最终撤出了西奈半岛，而以色列船只也开始在苏伊士运河通航。以色列游客会到埃及观看金字塔和其他著名景点，部分埃及人会到以色列游览观光，埃及媒体对以色列的批评也有所减少。但以色列总理贝京开始在犹地亚（Judea）和撒玛利亚（Samaria）加速建设犹太人的居住点，他觉得为了维护和平，这样做是必要的，同时也是对归还西奈半岛的一种合理赔偿。这种举动让卡特总统十分担心，他对

图为1948年5月以色列宣布正式成立。此后，犹太人不断移居巴勒斯坦，并与邻近的阿拉伯人发生冲突。虽然许多西方国家很快在外交上承认了以色列，但阿拉伯国家并不承认，阿以冲突一直持续到21世纪。（来源：法新社/盖蒂图片）

此举给该地区长期和平带来的影响表示担忧。

1981 年 10 月，安瓦尔·萨达特遇刺，埃及和以色列的关系开始发生变化。胡斯尼·穆巴拉克（Hosni Mubarak）是萨达特的继任者，他表面上保持着友好，但双方的官方关系十分冷淡，也使埃及媒体的反以色列情绪日益高涨。与此同时，美国新任总统罗纳德·里根将 AWACS 侦察飞机卖给了沙特阿拉伯，此举被以色列视为一种威胁。因此，以色列先发制人，袭击了驻黎巴嫩的部队，又在 1982 年 6 月入侵黎巴嫩，迫使巴勒斯坦解放组织转移到突尼斯。

将巴勒斯坦解放组织驱逐至突尼斯后，以色列军队继续占领着黎巴嫩。在这段时间里，新当选的黎巴嫩总统巴希尔·杰马耶勒（Bashir Gemayel）被暗杀，以色列发动的暴力行为致使巴勒斯坦难民营中超过 700 名没有武装的巴勒斯坦难民丧生。一项官方调查将责任归咎于以色列，导致以色列总理贝京在 1983 年 9 月辞职。同月，一个自杀式袭击者驾驶着装有炸药的卡车进入了美国驻贝鲁特的海军陆战队营地，导致超过 240 名美国海军陆战队队员死亡。海军陆战队是维和行动的一部分，几个月前取代了驻扎在黎巴嫩的以色列军队。1984 年 2 月，里根总统从黎巴嫩撤回了其余的美国部队。

之后的几年相对平静，直到“巴勒斯坦大起义”发生，暴动再一次出现。1987 年 10 月，巴勒斯坦人对以色列的持续侵占表示抗议，作为回应，以色列军队杀害了大约 1000 名巴勒斯坦人，也逮捕了很多人。不断增长的敌对情绪导致在 1987 年出现了反以色列组织，该组织被称为“哈马斯穆斯林兄弟会”（Hamas Muslim Brotherhood）。第二年 11 月，巴勒斯坦解放组织发表《独立宣言》。

1993 年 9 月，巴以双方在挪威奥斯陆召开了一次和平会议，签署了《奥斯陆协议》（*Oslo Accords*），以色列和巴勒斯坦同意在外交上互相承认对方的地位，允许巴勒斯坦解放组织返回加沙。从其自身角度，巴勒斯坦解放组织同意删除其宪章中有关毁灭以色列的部分。宣言的其他内容改变了以色列占领巴勒斯坦领土的情况。

不是所有的以色列人都对《奥斯陆协议》感到满意，有一名不满的以色列移民射杀了 29 名正在希伯仑的清真寺做祷告的穆斯林。这激起了许多报复行为。1994 年发生了多起针对以色列公共汽车的哈马斯自杀式炸弹袭击。1995 年 11 月，以色列总理伊扎克·拉宾（Yitzhak Rabin）的和解政策激怒了极端保守派，导致拉

宾被其中一名成员暗杀。

与此同时，巴以暴力冲突仍在继续。1996 年 1 月，以色列特工暗杀了一名巴勒斯坦恐怖分子头目，使这个恐怖分子瞬间被视为烈士。一个月后，新的一系列哈马斯自杀式炸弹袭击事件爆发。高频率的暴力事件促成了本雅明·内塔尼亚胡（Benjamin Netanyahu）在选举中的胜利，1996 年 6 月，这位保守的利库德集团的领袖成为以色列的总理。

2000 年，第二次巴勒斯坦大起义开始，带来了新的暴动，这一次是与另一个强烈反对以色列的组织——法塔赫有关。像以往一样，以色列以武力予以回击，在接下来的几年里，有超过 1000 名以色列人和近 5000 名巴勒斯坦人丧生。埃及总统穆巴拉克和克林顿政府驻中东特使乔治·米切尔（George Mitchell）努力开展了各种和平谈判，但大部分都失败了。

在 21 世纪的头十年，巴以争端问题的解决进展颇慢。2002 年 1 月，美国总统乔治·沃克·布什呼吁以色列从巴勒斯坦领土撤军，并呼吁建立一个巴勒斯坦国。但是他坚持要换掉巴勒斯坦领导人，这导致协议未能达成。此外，由于美国的这一举动明显偏向巴勒斯坦，导致以色列进一步加强了对巴勒斯坦的控制，鼓励以色列移民迁至已占领的地区，并开始建造防护墙。

2005 年 5 月出现了一个带来希望的信号，布什总统在白宫接见了巴勒斯坦领导人马哈茂德·阿巴斯（Mahmoud Abbas）。美国承诺向阿巴斯提供大约 5000 万美元的援助资金，并建议就 1949 年战后的边界线达成决议。作为回应，以色列释放了 400 名巴勒斯坦囚犯，并承诺撤出约旦河西岸的指定区域。但双方的暴力行动仍在继续，以色列在不同程度上占领着约旦河西岸和加沙地带。随着布什政府继续执政，这种状况一直持续着。哈马斯暴力事件、以色列报复行动和流产的和平会议，使得巴以冲突问题的解决没有取得任何进展。

随着 2008 年 11 月贝拉克·奥巴马当选总统，许多观察人士，尤其是在阿拉伯世界的观察人士，希望美国的政策能有较大的改变。但加沙对相邻的以色列乡村开展了包括火箭弹袭击在内的暴力袭击，之后以色列空袭加沙，表明高频度的暴力冲突仍在持续。奥巴马总统于 2009 年 6 月在开罗的演讲似乎让人们看到了和平的希望。他呼吁以色列停止在占领区的住宅建设项目，而阿拉伯世界也要承认以色列的地位。但截至 2011 年，这一争端仍同以往一样未能得到解决。

历史评论

以色列和阿拉伯国家之间的冲突源于对一片比马萨诸塞州还小的土地的争夺。但这个冲突是现代历史上最重大的冲突之一。在60多年的时间里，冲突中死亡的人数达到了近10万。这一冲突中的伤亡数字在20世纪末期和21世纪初期的战争中排名很靠后，若举几个例子的话，会排在越南、柬埔寨、苏丹南部、刚果共和国和阿富汗等地爆发的战争后面。阿以冲突分布很广，对双方的政治、经济、宗教和情感都产生了影响。在一定程度上，这是因为其持续时间太长，几乎没有其他现代武装冲突持续这么长的时间。这个冲突发生在世界上很重要的一个战略性区域，该区域横跨重要的海中航线，离世界上最大的油田也很近。

此外，这个冲突涉及国家认同的问题，也涉及影响世界很大比例人口的一个宗教。

以色列和巴勒斯坦

受该冲突影响最大的以色列犹太人和巴勒斯坦人对彼此怀有极大的怨恨。冲突大部分是由于平民长期遭受公共暴力、政治暴力、恐怖袭击、报复和剥削行为引起的。公共暴力始于针对犹太人发动的暴乱，主要爆发于英国统治巴勒斯坦的初期。1936年至1939年的阿拉伯起义中，第一次出现了游击行动。20世纪40年代，极端犹太复国主义组织为了创建一个独立的犹太国，对英国和阿拉伯使用了恐怖袭击手段。1948年至1949年的战争期间，许多犹太人和阿拉伯平民被游击队和常规军队蓄意杀害。

但阿以冲突的人力代价远远超出伤亡数量。1948年至1949年的战争使大量人员流离失所。大约86万难民从以色列逃到加沙、约旦河西岸及周围的阿拉伯国家。到2010年，这些难民及其后代总人数接近500万，其中有近100万人住在联合国难民救济工作机构设立的难民营中，该机构每年投入的费用超过6亿美元。与此同时，几乎相同数量的犹太人离开阿拉伯和伊斯兰国家移居到国外，整个迁移过程持续了30多年；以色列政府鼓励他们迁往外国，而在许多阿拉伯国家遭到的迫害也使他们不得不迁往国外。对于两个民族来说，这种迁移是很痛苦的，因为要离开自己的家园和原本的生活。在以色列，来自阿拉伯国家和其他伊斯兰国

家的移民被称为米兹拉希犹太人（Mizrahi Jews），面临着艰难的融入过程，他们受到歧视，生活水平比那些来自俄罗斯和西方国家的犹太人低。与此同时，那些在战争期间仍留在以色列的阿拉伯人获得了以色列国籍，这些人如今占以色列人口的 20% 左右。以色列的阿拉伯人和犹太人在理论上享有平等的法律和政治权利，但在很多情况下，阿拉伯裔以色列人会受到歧视。

加沙地带和约旦河西岸的巴勒斯坦人面临的处境完全不同。1967 年，以色列占领这些区域后，居民们才发现自己的家园受到了军事占领。以色列政府鼓励犹太人在这些地区定居，尤其是约旦河西岸。最初，这个行动受到了一定的限制，但在 1977 年右翼利库德集团夺取政权后，定居行动急剧加速。截至 1987 年，共有 6 万名犹太人定居在约旦河西岸的几十个定居点。到 2010 年，这一数字已经增长到大约 50 万，其中包括居住在以色列单方面占领的东耶路撒冷的犹太人。在各个时期，占领区的阿拉伯人的生活都受到了极大的限制。宵禁、关闭学校和大学、未经审判的监禁、限制群众运动等手段，都被以色列当局用来控制人民。在 1987 年爆发的第一次巴勒斯坦大起义期间，以色列国防军用枪击、殴打、逮捕、毁坏住宅等手段试图镇压投掷石块反抗的年轻人，共造成超过 1000 名巴勒斯坦人丧生。1993 年双方签署了《奥斯陆协议》后，这种状况并没有得到改善。虽然新巴勒斯坦权力机构开始管理约旦河西岸和加沙的部分地区，但以色列人的定居点仍然存在，而以色列国防军检查站限制了巴勒斯坦人的活动。

当 2000 年第二次巴勒斯坦大起义爆发时，占领区发生了更严重的暴力事件。这一次巴勒斯坦人用枪支和自杀式炸弹袭击以色列人，而以色列人报复性地空袭了巴勒斯坦。6000 多名巴勒斯坦人和 1000 多名以色列人在这些暴力事件中死亡。从很大程度上讲，和平进程也就此终止。

2003 年，总理阿里埃勒·沙龙（Ariel Sharon）领导下的以色列政府着手实施“分离”计划，以控制在以色列和约旦河西岸之间开展的所有运动。沙龙的计划是加强以色列的安全防御——在和平进程没有任何进展的情况下——将占领区内的犹太人和阿拉伯人分离开来。截至 2011 年，这一计划的实施使巴勒斯坦人的生活变得更加单调，其中许多人发现他们与自己的工作、活动领域或者他们的学校相隔离。但另一方面，从很大程度上来讲，以色列的恐怖袭击浪潮结束了。2005 年，沙龙单方面撤回了加沙地带的 9000 名犹太定居者，然后将以色列国防军也撤回，

将当地的管理权交给了巴勒斯坦当局。但是激进的哈马斯在2007年夺取了加沙地带的控制权。在埃及、欧洲和美国的支持下，以色列对这片地区实施了严密封锁。这不仅是为了阻断向以色列发射火箭的激进分子的军用物资供给，同时也是为了惩罚支持哈马斯的平民百姓。封锁使进口量减少至之前的四分之一，尽管有一些人通过埃及隧道偷运物资，但占领区人民的生活还是变得极度贫困。2010年，以色列和埃及开始放宽封锁，允许更多的消费品进入。

难民、恐怖主义和巴勒斯坦的斗争

对于居住在以色列和占领区以外的巴勒斯坦人来说，情况完全不同。大多数难民还要在难民营里生活几十年。除了在约旦的难民，其他难民都未能获得所在国的公民权。例如，在黎巴嫩的巴勒斯坦难民（基督徒除外）没有获得国籍，工作对于他们来说都是不合法的。另一方面，巴勒斯坦人紧抓住原来的身份不放，他们梦想着有一天可以重新回到家乡：他们对于黎巴嫩或约旦公民的身份不是十分感兴趣。

20世纪50年代和60年代，被称作“阿拉伯突击队员”的各种阿拉伯好战分子团体继续从邻国土地上攻击以色列人。在20年里，他们造成了数百名以色列人死亡，其中包括一些平民。以色列也频繁地发动报复性袭击，有时也会杀害平民。在1967年的六日战争中，阿拉伯遭受了毁灭性的失败，各种游击团体，如法塔赫、巴勒斯坦人民解放阵线、巴勒斯坦民主解放阵线，都被统一至新创建的巴勒斯坦解放组织中。法塔赫是巴勒斯坦解放组织中规模最大的团体，其首领阿拉法特在1969年成为巴勒斯坦解放组织主席。正是在这个时候，游击团体开始将冲突国际化。事实证明，劫持商用飞机是引起注意的有效方法。最令人关注的劫持事件发生在1970年，巴勒斯坦人民解放阵线同时劫持了四架客机，在将乘客转移后，将其中的三架炸毁于约旦的飞机跑道上。这一事件中，游击队对国家安全带来的真正威胁，致使约旦国王侯赛因派出军队攻击游击队营地，驱逐巴勒斯坦解放组织。这场战争被巴勒斯坦人称为“黑色九月”（Black September），导致至少3000名巴勒斯坦人死亡，其中包括很多平民。巴勒斯坦解放组织及其成员后来在黎巴嫩建立了据点。

在阿拉伯游击队继续对以色列进行袭击的同时，游击战方式在20世纪70年

代风靡全球。1972年，一个自称“黑色九月”的组织在慕尼黑将以色列奥运代表团成员劫持为人质。全球电视台都对这一事件进行了报道，最终有11名以色列人在这次事件中死亡。1976年，一群巴勒斯坦和德国的激进分子劫持了一架法国航空公司客机，并迫使其飞往乌干达恩德培机场（Entebbe Airport）。机上的100多名乘务人员和犹太乘客被劫为人质，直到戏剧性地被以色列突击队救出。虽然这些激进分子激起了国际社会的谴责，但这些行为成功地引起了世界对巴勒斯坦人不满情绪的注意。巴勒斯坦解放组织在1974年被授予联合国观察员的身份，成为公认的巴勒斯坦的唯一代表。

然而，如此大的关注度并没有为巴勒斯坦解放组织及其他巴勒斯坦组织达成目标带来任何帮助。实际上，随着1979年《埃以和平条约》的签署，以及1982年巴勒斯坦解放组织迁至突尼斯，其距离实现目标似乎更加遥远。因此在20世纪80年代和90年代，亚西尔·阿拉法特和巴勒斯坦解放组织逐步采取措施，放弃使用恐怖手段，承认以色列的国家地位，并修改其宪章，删除了其中否认以色列合法地位并呼吁对其进行武装斗争的条款。美国和以色列坚持认为，这些举措可以被视为与巴勒斯坦解放组织展开公开谈判的先决条件。经过谈判，他们最终签署了《奥斯陆协议》及随后的巴勒斯坦解放组织和以色列之间的协议。

如果说巴勒斯坦解放组织远离了恐怖主义，其他团体非常乐意取而代之。以色列1982年入侵黎巴嫩，促成了真主党（Hezbollah）的建立，这是一个激进的伊斯兰复兴党派，以黎巴嫩南部的什叶派教徒为基础。在伊朗和叙利亚的支持下，真主党很快成为黎巴嫩南部最常袭击以色列军队的团体。以色列在1993年、1996年和2000年发动了大规模进攻，试图根除真主党游击队。每一次，以色列军队都攻击了黎巴嫩的民用设施，导致大量平民伤亡，但都未能击败真主党。

具有讽刺意味的是，20世纪90年代的奥斯陆和平进程引发了新一轮的暴力和恐怖主义，这一次的发动者是两国新达成方案的抵制派。这些反对大多都通过宗教表现出来。对于1994年29名穆斯林信徒在希伯仑被杀害的事件，以及1995年以色列总理伊扎克·拉宾遇刺事件，极端主义犹太人都负有责任。同时，巴勒斯坦极端主义团体——伊斯兰抵抗运动（哈马斯）及巴勒斯坦伊斯兰圣战组织，多次采取自杀式爆炸袭击的方式攻击以色列。从许多方面讲，极端分子成功了。以色列将权力和土地交还给阿拉法特新的巴勒斯坦自治政府的想法几乎完全消失。和

平谈判也破裂了，第二次巴勒斯坦大起义爆发。

哈马斯和真主党使用火箭弹袭击以色列，经常造成平民死亡或受伤。与 20 世纪 70 年代的国际恐怖主义分子不同，这些团体很少在以色列、黎巴嫩和占领区以外的地方开展袭击行动。而以色列人在与这些团体的战斗中也攻击了平民。2006 年，以色列入侵黎巴嫩，其目标是真主党。以色列军队毁坏了桥梁和基础设施、学校和医院，甚至损坏了贝鲁特机场。1000 多名黎巴嫩平民被杀害，这是参战人员死亡人数的两倍。同样的，2008 年至 2009 年攻击哈马斯控制的加沙地带时，以色列军队也杀害了数百名平民。

哈马斯和真主党在 20 世纪 80 年代的崛起，凸显出阿以冲突中的一个明显趋势：对以色列的反对越来越多地通过宗教方式表达。长期以来的巴勒斯坦法塔赫运动逐渐失去了影响力，被伊斯兰哈马斯运动所取代，并且在 2006 年巴勒斯坦民族权力机构的选举中失利，随后失去了对加沙地带的控制。基地组织的言辞中显示出对以色列的反对，伊朗伊斯兰共和国为哈马斯和真主党提供了援助。在美国及其盟友禁止伊朗拥有核武器的种种原因中，伊朗对以色列强硬态度是很关键的一点。令人担心的是，很难阻止一个在狂热宗教驱动下的国家或恐怖组织对以色列使用核武器，即使是在会遭受报复的威胁之下。

以色列

长期的军事威胁和恐怖主义对以色列有着深远的影响。以色列成立以后就一直处于与部分或所有邻国战斗的状态中。虽然在大部分时间里，以色列并没有主动发起战争，但在 1948 年与以色列发生战争的五个国家中，有三个没有与这个犹太国家签署和平条约。尽管在军事力量方面以色列仍在该地区占据主导地位，但这并不能减轻以色列人民现在的恐惧感，这种恐惧感很容易被政治家利用。不能说阿拉伯国家对以色列构成了军事威胁，但对于游击战和恐怖袭击的恐惧确实一直存在于以色列人的生活中。以色列的国家特性，与面对下决心要破坏这个犹太国家的无情敌人的生存经历，就这样交织在一起。当然，这段故事的核心是大屠杀的遗留物。这段历史对以色列文化、政治及与外部世界的交流都有着深刻的影响。即使有了约旦和埃及的和平条约，或在奥斯陆和平进程下建立了一个巴勒斯坦权力机构，这种影响也很难消除。亚西尔·阿拉法特从来没有被信任过，即便

是左翼以色列人也未信任过他。新敌人——哈马斯、黎巴嫩真主党和伊朗，以及他们毁灭性的激烈言辞，取代了阿拉伯国家，成为以色列人民的噩梦。

以色列人引出安全问题（连同《圣经》诠释及犹太复国主义理想）来为他们在占领区扩张定居点进行辩护，为侵犯人权的占领行为而辩护。以色列被安全问题所困扰，意味着以色列的敌人总是会为犹太人的生活而付出沉重的代价，正如 2006 年以色列暴力入侵黎巴嫩，以及 2009 年以色列入侵加沙地带。同时这也意味着政府政策的批判者会受到谴责，他们会被指控是在削弱以色列的安全保障，甚至希望以色列毁灭。世界上大部分国家，除了美国以外，都被认为是反对以色列的。以色列人认为，尤其是联合国一直以来都对他们怀有敌意。1975 年，联合国大会通过一项决议，宣布犹太复国主义是一种种族歧视。

1991 年，联合国撤销该决议后，以色列才同意参加当年的马德里和平会议（Madrid Peace Conference）。在过去的几十年里，联合国大会的许多其他决议都批评过以色列的政策。安全理事会中，美国通常会否决这样的批评。以色列的外交孤立导致其拒绝改变政策，这是对国际社会批评的一种回应，但却引起了国际上更强烈的敌意。

虽然以外界的眼光看，以色列人民是团结统一的，但其实以色列的人民及其领导人长期以来一直就如何处理土地和安全问题存在着分歧。由于参与了奥斯陆和平进程，总理伊扎克·拉宾在 1995 年遭到了暗杀。幸运的是，以色列的政坛很少出现这样的暴力事件，但有时这样的事情是不可预知的。2005 年，以色列最大的右翼政党利库德集团在对巴勒斯坦的政策问题上产生了分歧。由总理阿里埃勒·沙龙领导的温和派在 2005 年成立了新的前进党，而利库德集团拒绝支持他在加沙地带的“单边脱离计划”。当旧工党支持者加入后，前进党很快成为议会第一大党。在 2009 年的选举中，曾经一直占据优势的工党只得到了不到 10% 的选票。而在 2011 年，工党出现分裂，几乎不再有任何影响力。

阿拉伯世界

以色列和巴勒斯坦的冲突对阿拉伯世界产生了不可估量的影响，特别是那些参与过战争的国家。首先，这种冲突直接削弱了其政治稳定性。阿拉伯人在 1948 年至 1949 年遭遇了耻辱的失败，导致至少三位阿拉伯领导人下台，同时也导致叙

利亚发生了第一次军事政变。这次失败也带来了埃及的一场军事政变，法鲁克国王被推翻，贾迈勒·阿卜杜勒·纳赛尔开始掌权。叙利亚和埃及在过去60年都处于军官的独裁统治下。被许多巴勒斯坦人视为叛徒的约旦国王阿卜杜拉在1951年被暗杀。他被杀时陪在他身边的孙子侯赛因于1952年继承了王位。侯赛因继续保持了阿卜杜拉对以色列的温和立场，与美国也保持着密切的关系，并试图控制约旦河西岸。为此，在他统治期间曾遭遇过多次暗杀。

并不令人感到意外的是，阿拉伯国家是最支持巴勒斯坦的，而对以色列的敌对也是大多数阿拉伯人能达成共识的少数事情之一。阿拉伯联盟在1948年正式开始在经济和外交上抵制以色列。20世纪40年代至20世纪70年代，这种抵制达到了顶峰，经济制裁不仅停止了以色列和阿拉伯国家之间的贸易，也试图阻止其他国家的公司与以色列开展贸易活动。如果某个公司，比如可口可乐，在以色列出售其产品，那么其产品就不被允许再进入阿拉伯市场。因此，多年来百事可乐在阿拉伯国家随处可见，但其主要竞争对手的产品却是见不到的。同样的，麦当劳选择了在阿拉伯国家发展业务，在1993年以前在以色列都没有得到特许经营权。虽然这种抵制确实使以色列人的生活更加困难，但并没有达到预想中减少美国和欧洲对以色列的支持的目的。理论上，这种抵制仍然有作用，但大多数阿拉伯国家只有在方便时才会继续遵守这种抵制规则。在1993年《奥斯陆协议》签署后，许多阿拉伯国家便放松了政策。

事实上阿拉伯国家大肆吹嘘的统一梦想在一段时间内有所衰落。阿拉伯学者福阿德·阿亚米（Fouad Ajami）指出，1967年的六日战争中阿拉伯国家的失败是一个转折点。阿亚米认为，从那时起，阿拉伯政治开始变得“无情”。军事独裁者开始了铁腕统治。当来自约旦的巴勒斯坦解放组织打破了黎巴嫩政治结构中微妙的种族平衡后，黎巴嫩陷入了内战。黎巴嫩内战从1975年持续到1990年，造成了阿拉伯人之间的对抗，造成大约20万人死亡。为了消灭巴勒斯坦解放组织在黎巴嫩的基地，以色列在1978年和1982年两次入侵了这个国家。以色列军队占领了黎巴嫩南部所有地区，巴勒斯坦解放组织领导人和战士被迫撤离。随后不久，以色列允许黎巴嫩基督教民兵袭击萨布拉（Sabra）和夏蒂拉（Shatila）的难民营，他们杀害了数百甚至数千名巴勒斯坦平民。三年后，这些难民营又受到了黎巴嫩阿迈勒运动民兵的袭击，导致数千人丧生。

也许，对阿拉伯团结梦最大的打击出现在1979年，安瓦尔·萨达特与以色列签署和平条约，该条约是《戴维营协议》的一部分。埃及很快就被逐出阿拉伯联盟，而联盟的总部也从开罗迁出。埃及被联盟逐出足有十年之久。1981年，萨达特被伊斯兰激进组织中的一个埃及军人团伙暗杀，这个激进组织后来发展成了埃及伊斯兰圣战组织，之后与基地组织合并。同一个团伙后来又试图暗杀萨达特的继任者胡斯尼·穆巴拉克。尽管如此，埃及遵守着与以色列订立的条约，但至少双方的外交关系不是十分亲密。1993年《奥斯陆协议》签署后，约旦与以色列也签署了一份类似的和平条约。摩洛哥和三个海湾国家也承认了以色列，但后来由于抵抗以色列的政策，他们断绝了外交关系。

超级大国之间的对抗和利用加剧了阿拉伯世界的分裂。冷战期间，由于美国越来越支持以色列，苏联趁机在阿拉伯国家之间扩大了自身的影响力。苏联提供的武器及指导顾问成了叙利亚、埃及和伊拉克军队的支柱。超级大国的阴谋在1956年苏伊士运河危机和1967年的六日战争的爆发中产生了作用。

1973年的赎罪日战争很有可能引起美国和苏联之间的危险对抗。在各个时期都最仇视以色列的那些国家，如叙利亚、萨达姆·侯赛因统治下的伊拉克、纳赛尔统治下的埃及、卡扎菲统治下的利比亚等，与苏联有着更为密切的关系。另一方面，态度更温和一些的阿拉伯国家，如海湾国家、约旦和萨达特统治下的埃及等，倾向于与美国和西欧建立良好的关系。但冷战结束很久以后，许多分歧依然存在。到2011年为止，叙利亚对以色列的立场是最顽固的，而约旦出于需要，对以色列的态度更宽容。

广阔的世界

阿以冲突一直是世界上很多国家的人民和政府关注的焦点。阿以冲突有时会对世界经济产生巨大的影响。1956年苏伊士运河危机期间，埃及封锁了运河入口，导致世界石油供应量减少了10%。在欧洲，人们买汽油要排很长的队，很多企业被迫关闭，供暖系统也被切断。世界贸易量减少，也可能是1957年至1958年发生经济衰退的原因之一。1967年的六日战争期间，埃及再次封锁了苏伊士运河。有八年的时间，船只都被迫绕道非洲，世界航运总费用增加了约80亿美元，南亚国家的经济增长有所减缓。这次封锁也导致欧洲发生了第一次“石油危机”。

1973年10月（犹太人赎罪日）的战争期间，石油输出国组织全面禁止向美国和荷兰出口石油，减少对欧洲国家及日本的石油供应，并提高石油运输价格，以此作为对美国向以色列提供军事物资的回应。国际市场上的原油价格翻了两番。美国强制实行了价格管制和最低车速限制，但汽油供应依然紧张。后来，随着以色列撤出苏伊士运河，禁运被解除。尽管禁运时间不长，但对已经处于衰退状态的世界经济造成了严重的打击。从那时起，阿拉伯国家慢慢地不再将石油作为一种政治武器来使用。

从很大程度上讲，伊斯兰国家表现出了对于巴勒斯坦人的同情，他们对于以色列的认可过程也比较缓慢。亚洲最主要的伊斯兰国家，如印度尼西亚、巴基斯坦及孟加拉国，一直都未与以色列建立外交关系。不过也有例外。伊朗和土耳其都在以色列成立几年内后承认了其地位。国王穆罕默德·礼萨·巴列维（Muhammad Reza Pahlavi）领导的伊朗与以色列关系密切，为其提供了大量的石油。1979年伊朗发生革命后，打破了以往与以色列的密切关系，并从此成为反对以色列声音最高的国家。以色列与土耳其长期以来一直保持着密切的关系，包括军事合作及以色列向土耳其销售武器。然而，这种关系在2009年和2010年遭到严重破坏。主要原因是以色列对加沙地带实施极端政策，并且在国际水域对为加沙提供人道主义援助的船队“加沙走廊自由船队”（Gaza Freedom Flotilla）进行了攻击。以色列突击队杀死8名土耳其公民，使两国关系达到了历史最低点。

对于阿拉伯世界之外的国家，如果希望与阿拉伯国家和以色列都保持友好关系，就必须小心行事。最初引起冲突（虽然以不同的方式）的欧洲国家，如英国、法国和德国，后来都成功地做到了这一点。一方面，以色列已经与欧盟签署了一系列合作协议，甚至一些观察人士猜测，以色列可能会加入该组织；另一方面，欧洲人对以色列的支持力度不如美国大，欧洲一些国家经常公开批评以色列。欧洲比美国更依赖阿拉伯国家的石油供应。

几十年来，在与拉丁美洲和亚非新独立国家的关系上，以色列与阿拉伯国家之间一直有着激烈的竞争。一些阿拉伯国家用石油或石油带来的财富来发展与这些国家的友好关系。而以色列则能够提供先进技术、武器和一些开发援助。总的来说，以色列已经能够避免发生阿拉伯国家期望其遭遇的外交孤立情况。大多数国家与以色列保持正常外交关系，但至少12个非阿拉伯国家没有承认以色列的地

位或断绝了外交关系。这些大多是印度尼西亚等伊斯兰国家，或是玻利维亚和古巴等由左翼政府执政的国家。

自 1956 年苏伊士运河危机发生以来，没有任何外部力量像美国这样深入复杂地参与到阿以冲突中。美国为以色列和一些阿拉伯国家提供援助，与以色列分享情报，并且在联合国维护以色列的利益，坚持参与所有为解决冲突而进行的协商。自从以色列建立以来，如何制定对以色列和阿拉伯国家的外交政策，一直是美国政坛争论不休的问题。哈里·杜鲁门总统决定承认以色列的地位，有部分原因是在 1948 年的总统选举中，犹太人的选票对他很重要。虽然最初美国不是特别支持以色列，但其总体上越来越偏向以色列。

推动美国对以色列支持的是多种政治力量：有影响力的亲以色列游说团体；在基要主义者和福音派之间不断发展的基督教犹太复国主义运动。华盛顿最主要的亲以色列游说团体是美国以色列公共事务委员会，也有许多支持亲以色列候选人的政治活动委员会。美国犹太人长期以来为犹太复国运动提供财政支持，但支持以色列的不仅仅是这些美国犹太人。有越来越多的基督徒在宗教权利方面支持以色列。美国出现这种特殊现象是因为人们将现代以色列与《圣经》中的以色列等同起来，并且将其成功视作预言的实现。这些观念被电视布道者帕特·罗伯逊（Pat Robertson）和后来的杰瑞·法威尔（Jerry Falwell）推广开来。像他们这样的基督教犹太复国主义者倾向于支持犹太人在占领区扩大定居区域，反对和平进程。所以，虽然 50 年前支持以色列的是政治上偏向左翼的群体，但如今保守派是支持呼声最高的群体之一。

美国为以色列提供金融援助、武器、情报和外交支持。现在已经很少见到美国官方对以色列提出批评。美国对以色列的坚定支持经常造成其与世界其他国家甚至与盟友之间的关系变得紧张。这也阻碍了美国实现在该地区的其他目标，如保证石油的流通、防止核扩散（以色列很久以前就开发核武器了）、防止恐怖主义，以及促进该地区的政治稳定。这同时也经常导致美国受到外交孤立，尤其是当其在联合国安理会行使否决权时。美国行使了超过 40 次否决权（几乎占其总投票数的一半）来阻止批评以色列在被占领土的政策的决议，这些政策包括以色列的定居活动、对周边国家的攻击，等等。通常美国政府行使否决权的理由是决议本身不公平，比如决议谴责了以色列的行为，但却没有谴责阿拉伯国家或组织的

行为。但尴尬的是，美国被认为是在为以色列违犯国际法的行为做辩护。

战争、货币成本、政治暴力——这些都是有形事物，很容易衡量。但实际上，这些事物给以色列和巴勒斯坦人造成的心理影响也许是更严重的，虽然不容易看出来。研究人员发现，以色列人有深度的创伤后应激障碍，而在占领区这种应激障碍的程度更深。在这两个地区，一直以来都有一种受害文化，双方都认为自己是对方行为的受害者。这种苦难可以追溯到几代人之前，并且这种痛苦的感觉是真实的。任何威胁都被视为对存在的威胁，而要想阻挡敌人，就必须使用最大的武力，并且永远保持警戒状态。这种内心深处的情感状态不但导致了很多暴行，也阻碍了双方互信。而如果没有最基本的信任，就看不到结束冲突的可能。

蒂莫西·K. 韦利弗（Timothy K. Welliver）

蒂莫西·K. 韦利弗（Timothy K. Welliver），贝拉明大学历史学副教授，于美国西北大学获得博士学位。主要研究领域是非洲桑给巴尔的政治经济学。编有《非洲国家的民族主义及独立》（*African Nationalism and Independence*，1993）。

第五十八章

计算机和高科技的时代（1976年至今）

概　述

自 20 世纪 80 年代以来，计算机及其应用程序在世界各地数亿人的日常生活中扮演着越来越重要的角色。计算机的最早历史可以追溯到大约 275 年之前。但是 20 世纪 40 年代末期“二战”结束后不久，计算机才开始被用于复杂的科学研究。也是从这个时候，计算机以一种世界历史上任何其他发明都无法比拟的速度，向着体积更小巧、功能更强大的方向发展。

18 世纪 20 年代，法国纺织工人鲁修（Basile Bouchon）使用了一套计算机器能读出的穿孔卡片。1835 年，一位名叫查尔斯·巴贝奇（Charles Babbage）的英国人发明了他称作“分析机”（Analytical Engine）的工具，这种“分析机”运行的原理和现代数字计算机是一样的。巴贝奇设想用分析机对任何可以储存在穿孔卡上的指令进行数学运算。分析机会有一定内存，用来存储数据。不幸的是，这样的分析机大小和火车头差不多，而巴贝奇从未能够从英国政府得到足够的财政支持来制造这样的机器。美国人赫尔曼·霍尔瑞斯（Herman Hollerith）在 1880 年进行人口普查工作时，发明了基础的利用穿孔卡片收集和整理数据的系统。在 1880 年时，对人口普查的结果进行分析仍是一项十分浩大的工程。但做这样的分析又很必要，因为国会需要这些信息来制定或修改法律。1889 年，霍尔瑞斯已经开发出一种复杂的电子排序和制表机，这种机器包含一个穿孔装置、一个带有计数器的制表机和一个电控制排序工具箱，能够基于穿孔卡片的孔的位置来进行分

组。1890年的人口普查中，霍尔瑞斯的机器得到了成功的应用，减少了三分之二的数据分析时间。这种机器很快就传到了其他很多国家。大多数历史学家认为霍尔瑞斯的机器是现代数据处理的开端。

在20世纪的前10年，霍尔瑞斯发明了一种新的穿孔卡片，这种卡片由80列组成，能够与一种更简单的键控穿孔机和更高效的卡片分类机及制表机一起使用。这些新的穿孔卡片能够应用到很多地方，甚至在第一次世界大战期间欧洲的美国军队就已经使用。1911年，霍尔瑞斯成立了一家公司——计算机制表记录公司（Computing-Tabulating-Recording Company，CTR）。公司成立第二年，他卖掉了他的专利，成为一名高收入的专业顾问。1914年，托马斯·沃森（Thomas Watson）成为公司的负责人，集中精力生产能够租给客户的穿孔卡片机。这些机器只能使用计算机制表公司生产和销售的穿孔卡片，带来了很高的利润。1924年，沃森将公司改名为国际商业机器公司（IBM）。四年后，IBM引入了80列的穿孔卡片，这种卡片在20世纪余下的时间内一直是行业的标准。

两次世界大战期间，出现了大量基于穿孔卡片计算技术的应用。1932年，出现了一种使用穿孔卡片可以播放音乐的机器。第二年，该技术被应用于赛马场，用在一种叫作“总额计算器”的机器上。这种机器可以基于每匹马的下注金额，快速计算赔率，然后确定投注者能从他们的赌注中赢多少钱。1938年，人们发明了一种能够在电话通信中直接拨号的设备；1940年，又制造了第一台能够服务多个终端并且可以从远处位置使用的机器。还有其他很多更加意想不到的发明涌现出来。1936年，美国人保罗·艾斯勒（Paul Eisler）发明了第一个电路板。在“二战”期间，电子电路的概念得到了应用；“二战”后，印刷电路板的出现改变了整个电子行业。到20世纪60年代时，硅片半导体已经投入使用，这使电路板体积变得更小，从而可应用在计算机微处理器中。

1946年，经过多年研究，宾夕法尼亚大学（University of Pennsylvania）研制出了第一台电子数字计算机——ENIAC。它有一个30英尺宽、50英尺长的房间那么大，共使用了1.8万个电子管，重达30吨。这台电子数字式积分器和计算机一直使用到1955年，主要用于军事和原子能领域的计算。有趣的是，1974年法院决定将发明第一台电子计算机的荣誉归至约翰·文森特·阿塔纳索夫（John Vincent Atanasoff）和克利福德·贝里（Clifford Berry），因为他们曾在1942年发明了一

种类似的计算机，但是从未使其运行。

也许在计算机历史上更重要的一件事是通用自动计算机 Univac I 的出现。1951 年，雷明顿兰德公司（Remington Rand）推出了第一台商用计算机，这使公众第一次开始关注计算机。这台通用自动计算机被美国人口普查局所使用。1952 年的总统选举中，在 CBS（哥伦比亚广播公司）电视台，这台计算机根据民意调查分析，正确地预测出了大选结果。同年，LEOI 计算机也出现了。这是世界上第一台商用计算机，可以执行各种任务，如工资和税收的计算，且其计算速度远快于会计师手动计算的速度。但是，ENIAC、UnivacI、LEOI 和其他早期的计算机都是体积庞大的机器，消耗大量电力，也散发出很多热量。不过，没过多久，电子技术就有了重大发展，使制造体积更小、温度更低的计算机成为可能。

1947 年，新泽西贝尔实验室（Bell Laboratories）发明了晶体管。这是一种半导体，体积非常小，缩短了向计算机中传播数据的电子脉冲周期。几根连接在印刷电路板上的晶体管就能使计算机实现所有的功能，并且极大地减小了其体积。1958 年，得州仪器公司（Texas Instruments）一位名叫杰克・基尔比（Jack Kilby）的工程师发明了集成电路。在集成电路中，不再使用单个晶体管和连接器，而是使用成千上万的微晶体管和电容器，它们可以集中于一个小装置内，从而进一步减小了计算机的体积。

1971 年微处理器发明后，个人计算机和台式计算机随之出现。微处理器也是一种集成电路，包括了计算机所有的功能，并且其体积更小。

计算机不断缩小的体积标志着穿孔卡片时代的结束。当可以实现同样目的的操作系统出现后，穿孔卡片开始被淘汰。20 世纪 50 年代，计算机变得速度更快、更复杂，人们在装载穿孔卡、为不同工作放置纸带上花费的时间成了一个大问题。不过，到 20 世纪 80 年代初，“批处理”操作系统开始得到使用。“批处理”操作系统可以同时执行多种多样的任务，需要的人更少，并且能迅速得到结果。这些系统中最出名的也许就是 OS/360 了，在 IBM 制造的计算机中使用，能够使计算机在几分钟完成多种任务，而不再需要几小时。大约在同一时期，麻省理工学院的研究人员成功地开发出兼容分时系统。这种系统允许多个用户从自己的终端访问中央计算机，并且每个用户都能最大程度地使用中央计算机，速度和每个人单独使用一样快。

随着计算机技术不断发展，计算机应用程序及人们的使用方式也在不断发展。许多应用程序是围绕所谓的“软件”（与实际的计算机、键盘、显示器和其他外围设备等“硬件”相对应）来开发的。早期的软件开发主要围绕程序设计语言，也就是为计算机编写程序。这个研究最初是第二次世界大战结束后德国人康拉德·楚泽（Konrad Zuse）开展的，但他编写的 Plankalkul 语言从未投入使用。在 1957 年出现了 FORTRAN（公式翻译语言），这是第一个被广泛使用的计算机编程语言，可以用于很多应用程序。1958 年，一个国际研究小组开发出 IAL（国际代数语言），也被称为 Algol 语言，带来了新一波的编程语言发展。这项研究的成果之一是出现了 COBOL 语言（面向商业的通用语言），这种语言在命令中用单词和短语来代替数学符号，因此更容易学习和使用。1962 年出现了 ASCII（美国标准信息交换代码），使不同制造商生产的计算机能够相互交流。在 20 世纪 60 年代和 70 年代，人们开始研究能用于“嵌入式”计算机（计算机和其他设备被嵌入一个装置中）和交互式计算机系统（用户可以从远程站点访问计算机）的语言。其中最重要一种语言是 Basic 语言，首次出现于 1964 年，随后被使用了超过 20 年之久。1980 年时，已经有很多新的语言在开发中，或者已经在特定的情境中使用，如在土木工程或课堂中使用。

1962 年，斯坦福大学和普渡大学（Purdue University）建立了第一个大学里的计算机科学系；世界上也出现了第一款计算机游戏“太空战争”，游戏中玩家可以互相射击对方的飞船，还要避免自己被吸入黑洞。

更重要的是，IBM 在 1964 年研发了文字处理技术；通过在磁带上记录文字实现了修改和重复功能。使用原油机器已经可以印刷，但印出来的字很模糊，看上去像是浇注的一样。不过 1971 年 IBM 生产出第一台激光打印机后，这种情况就得到了改善。文字处理技术可能对 1965 年生产出第一台台式计算机起到了重要作用，这台计算机是由数字设备公司生产的，售价 1.8 万美元。同年也出现了可以存储文档供以后使用的软盘。起初，这些软盘的直径都是 8 英寸，但很快就被减小至 5.25 英寸，随后又发展为直径为 3.5 英寸的非软性磁盘。20 世纪 80 年代初，台式计算机已经相当小（刚好适合放在桌面上），价格也很便宜，很多人都买得起，很多学校以及大学也可以为学生提供计算机。1976 年，苹果公司首次推出了台式计算机。一年后，坦迪公司（Tandy）推出了 Trs-80 系列“微型计算机”。这两家

公司成了计算机行业的早期领头人。而 IBM 公司在 1981 年推出了第一台 IBM 个人计算机，使台式计算机市场的竞争更加激烈。

今天，我们都已经把互联网作为日常生活的一部分，花大量时间使用互联网的各种功能。现在我们很难想象没有互联网的日子。但互联网是在 1968 年才出现的，国防部研究网络“阿帕网”（ARPAnet，高级研究计划署网络）赞助了互联网系统研发，用来支持不同的军事研究项目中的数据通信。随着时间的推移，其他网络如 NSFnet（国家科学基金会网络）等，都被安排加入了“阿帕网”，采用了统一的名称“互联网”。简单来说，互联网是各种网络通过不同网际协议（IP）联系在一起形成的网络，这些网际协议能及时而高效地将数字信息发送给其他的网络和媒体源。通过这种方式，用户和媒体系统就能够连接在一起，如电话和有线电视、局域计算机网络（LAN）和广域网络都是用这种方式连接的。显然，现实生活最重要的两个网络应用是电子邮件和万维网（WWW）。

电子邮件出现于 20 世纪 90 年代，是一种通过计算机网络将信息从一个计算机用户传递到另一个用户的方式。最初，只能是一台计算机的多个用户相互留言。但是技术迅速发展之后，可以从一台计算机向另一台计算机（或其他很多台）发送信息。电子邮件已经成为世界上最常用的书写通信形式。

万维网出现于 1989 年，是由位于法国和瑞士之间边界的粒子物理实验室——欧洲核子研究中心提出的概念。研发万维网的功劳被归于蒂姆·伯纳斯－李（Tim Berners-Lee），他与同事设计了 HTML（超文本标记语言）、HTTP（超文本传输协议）和 URL（统一资源定位器），这些技术使万维网得以运行。自 20 世纪 90 年代初至今，万维网得到了飞速发展，无论是在用户数量（超过 10 亿）、应用程序的数量和种类［从个人主页到电子商务、从谷歌等网络搜索引擎到 Facebook（脸书）和 YouTube（一家视频网站）等社交网站］上都有所激增。

历史评论

人们的生活方式常常会出现一些根本性变革，导致变革后的社会与之前的社会几乎没有任何相似之处。其中最突出的例子就是古代文明的出现，以及农业技

术和实践的变革。尽管这些变革有时会造成混乱甚至造成伤害，但通常能带来社会结构的进步，人类最终还是能从中受益。因此，经受这些变革的过程很艰难，但经历过这些变革的社会在经济和社会结构层面都能从中极大地获益。这些变革的时期通常会间隔数百甚至数千年，但这种频率已经足够我们认识到变化的一些模式及其带来的结果。

21 世纪就正经历这样的一种变革，我们可以称之为“高科技革命”。在 20 世纪下半叶，计算机及其应用程序的发展创造了一个与上半叶看起来完全不同的世界。而现在的 21 世纪，世界各地之间的联系越来越紧密，信息的流动无论是对日常生活还是世界大事来说都很重要。世界正在进入数字时代，一个由计算机世界的二进制代码主导的时代，一个被计算机、电子消费品、通信设备和其他任何能想象到的电子设备中的芯片连接起来的时代。

虽然高科技革命为我们带来了各种各样的产品，但其核心是信息革命。随着 20 世纪后几十年间人与人之间、一个地方到另一个地方之间传输的信息量剧增，信息的价值也有了更大程度的增加。现在，信息经济在推动着整体经济的发展，许多观察人士指出，信息时代将会取代工业时代。在信息时代，长距离传输信息的费用减少了，用电子方式存储和处理信息的能力提高了，世界各地的几乎每一个人都有获得信息的渠道。信息革命已经改变了人们思考、互动、学习和交流的方式，而信息革命也会继续影响着各国社会。

世界上第一次经历像信息革命这样根本性的变革还是在 19 世纪初，英国实现了大规模的工业化，西欧和北美创建了基于大规模生产的新的经济体系。工业化给国家的生产、人口结构、社会结构和政治体系带来了重大变化。工业化为西方世界带来了巨大的独特优势，帝国主义登上了舞台，世界大部分地区都处于欧洲经济和政治统治之下。但工业化也带来了机械化的战争，使 20 世纪初的两次世界大战给世界带来了极大的破坏，而核武器的杀伤力使工业化的效应达到了顶点。然而，也许最重要的一点是，工业化改变了数百万人的日常生活，使他们有了新的工作和娱乐方式，而他们与老板以及政治领导人之间的关系也有所变化。

工业革命是以 18 世纪末发展的新技术为基础的。水力纺纱机、多轴纺织机和动力织布机等发明使每个工人能够以更少的精力、更低成本生产更多产品。但当这些设备经过工厂加工，结合使用蒸汽后，工业革命才算真正开始。蒸汽动力的

发展，先是用于矿井抽水，然后用于为工厂机器提供动力，最后用于发动机，就这样推动了工业革命。这种生产形式使工厂的生产效率比以前更高，同时能使生产商降低成本和增加供应量。有了蒸汽铁路和船舶，生产出的商品就能更快地运至市场，并且运费更低。到 19 世纪中期，英国的工业产值处于世界领先地位，英国经济令世界羡慕。

新技术的涌现也进一步推动了信息革命，尽管新技术对社会产生显著影响需要花更长的时间。晶体管和集成芯片等发明实现了信息存储和处理的可能性，但就像工业革命早期的发明一样，需要与一种中心技术结合才能真正产生效果。信息革命的核心技术是计算机技术。晶体管和微芯片成为计算机技术的核心元素后，制造计算机的成本迅速降低，而计算机的功能却增加得更快了。其结果就是 20 世纪 80 年代以来的高新技术爆炸，为社会带来了显著的变化。

第一台机械计算机源于 18 世纪、19 世纪科学家产生的想法，但直到第二次世界大战之后，计算机才开始被广泛使用。在战争期间，情报机构收集了很多资料，尤其是加密材料，这就需要用新方法来处理这些信息，于是就带来了机械化、电子化工具的发展。第一台机器基本上是复制德国的恩尼格玛密码机反向设计，目的是让盟军解密员去解密德军的信息。然而，随着德国的恩尼格玛密码机变得越来越复杂，对布莱切利园（Bletchley Park，位于牛津附近，是盟军集中开展解密工作的地点）的解密员来说，解密工作变得越来越难。在英国数学家艾伦·图灵（Alan Turing）的指导下，同盟国制造出一台机电计算机，名为“炸弹”。这台计算机可以通过多种字母组合来破译恩尼格玛密码机的信息。虽然在整个战争过程中，研制出了体积更大、功能也更强的“炸弹”计算机，但这种机器更像是将多台恩尼格玛密码机连接在一起，来提高破译速度。这种机器不能接受程序指令，除了密码分析也没有太多其他功能。

不过，“炸弹”计算机的研究工作为之后使用电子设备分析加密信息开辟了道路。1943 年，英国开始进行电子计算机的研制，这种计算机能够将资料存储于一个内部存储系统，并将这些数据与早些时候从德军通信处拦截到的加密消息进行比对。到 1943 年年底，研究人员设计并制造出第一台电子计算机“巨人”（Colossus）。1944 年年初，“巨人”计算机在布莱切利园投入使用。“巨人”计算机使用了真空管，能够通过编程寻找信息中的某些变量，并将这些变量与储存的

数据进行比较，来确定新数据的有效性。到战争结束时，盟军已经有10台“巨人”计算机投入了使用。尽管出于安全考虑，英国决定销毁大部分机器设计方案，并将所有相关资料列为秘密文件，但“巨人”计算机的应用表明，制造拥有多种应用的编程电子数字计算机是可能的。

“二战”结束后的10年里，计算机技术沿着“巨人”计算机的路线不断发展。1943年至1946年，宾夕法尼亚大学制造出电子数字积分计算机ENIAC，像“巨人”一样，这台电子计算机也使用了真空管。但与“巨人”不同的是，ENIAC并不是为解密任务设计的，而是通过编程使计算机能够分析许多不同类型的数学函数。随后这种设计又被不断地发展和优化，很快计算机不再仅仅为政府所用，也开始有了商业用途。雷明顿兰德公司（第一台大型商用计算机Univac的制造商）、IBM等公司很快就开始设计和销售一种计算机，用来管理工资和其他会计的任务，并且能自动完成大型企业日常的计算工作。

然而，这些计算机体积庞大、设计复杂，需要数十人来操作，需占用数百平方英尺的面积。这些机器还频繁出现故障，经常是由于真空管出现问题。因此，晶体管作为真空管的替代品被发明，并且带来了20世纪60年代的新一代计算机。这些计算机在功能上与之前没有太大差异，并且仍需要大量的空间和人力资源。但它们体积更小、功能更强大，比第一代计算机更可靠。IBM的1401等早期的第二代计算机，很快就占据了市场。随后在20世纪60年代，研究人员发现一种方法，能够增加晶体管数量，减小其体积，并将其放置于一块微芯片上，通过这些举措进一步降低了计算机的成本。

20世纪70年代中期，人们能够买得起的计算机开始进入了消费市场。芯片开发工作一直从20世纪60年代持续至20世纪70年代早期，那时人们已经可以把计算机的中央处理器（CPU）的所有的组件都置于一块芯片上，这块芯片被称为“微处理器”。第一个受到广泛使用的微处理器是英特尔于1974年推出的8080处理器，很快企业公司和业余计算机制造商都开始围绕这台处理器设计新的机器。其中“牛郎星8800”（Altair 8800）是第一台出售的微型计算机，主要出售给全国小俱乐部里的计算机爱好者。“牛郎星8800”是一件可以任用户自己打造的工具，在电子商店通过计算机杂志出售。它为个人计算机产业打下了基础。例如，比尔·盖茨和保罗·艾伦（Paul Allen）利用“牛郎星”，通过最基本的计算机语言

编写了新的操作系统，这个操作系统就是通过他们的微软公司被推向市场的“MS-DOS”系统。

史蒂夫·乔布斯和史蒂夫·沃兹尼亚克（Steve Wozniak）是最大的计算机爱好者俱乐部之一（加州斯坦福大学附近的家酿计算机俱乐部）的两个成员，那时他们也看到了使用微处理器的微型计算机的发展潜力。1976年，他们将车库作为工作室，组装了一台比“牛郎星”简单一些的计算机，只用了一台电视机和一个键盘，并称之为“苹果一代”（Apple I）。一年后的1977年，他们制造出一台更复杂的计算机，其主板上具备所有必要的组件，并且还带有一个显示器和一个键盘。这便是“苹果二代”（Apple II），是第一款批量生产的个人计算机。“苹果二代”取得了巨大的成功，到1979年10月，销量已经达到5万台。“苹果二代”的成功也打开了个人计算机的市场。

其他公司很快进入了这个市场。随着IBM公司在1981年发布了IBM个人计算机，“个人计算机”这个词变得流行起来。在“苹果二代”以及之后的“苹果麦金塔”（Apple Macintosh）计算机出现后，个人计算机无论在企业层面还是个人层面，都成了传播计算机科技的基础。虽然功能不断增强，但新的微处理器成本却在降低，使个人计算机变得更实用，并且让越来越多的人可以买得起。这些个人计算机新配置了磁盘驱动器、储存数据的内部硬盘驱动器、效果更好的彩色显示屏和能复印的打印机。苹果的MacOS及微软的Windows系统中的图形用户界面使普通人使用起计算机来更简单。到20世纪90年代早期，许多家庭已经有了一台苹果计算机，或者IBM个人计算机，或者由惠普、康柏或戴尔公司制造的个人计算机。然而，大多数个人计算机只用于处理文字、管理个人财务或者玩游戏。一些计算机被连接到调制解调器，这样可以与其他计算机进行通信，但大部分通信过程是通过闭合网络中的电子公告系统完成的。

为计算机联网的想法使“计算机革命”变成了“信息革命”。正如推动了早期工业革命、为工厂提供动力增加产量的蒸汽机一样，计算机的发展推动了早期的信息革命。但当蒸汽动力与铁路等交通方式相结合后，工业革命才真正改变了经济和社会规范，成为全球事件的重要塑造者。19世纪30年代的铁路建设热潮使各区域开始相互联系，并创建起了区域经济。随着铁路网不断扩大，经济开始增长，从而创造了全国市场以及最终的国际市场。随着蒸汽轮船的发展，世界各地之间

的联系速度加快，已经可以实现在欧洲和北美进行生产，在其他国家采购原料、进行销售了。随着19世纪晚期出现的新一波政治帝国主义，以及新的一体化市场的发展，工业革命真正成为世界范围内的革命。

信息革命中也发生了类似的情况。计算机的发展为新兴经济打下了基础，但其使用人群仍限于个体经营者，最多不过是小型企业。虽然到20世纪80年代计算机之间可以通过电话线路相互联系，但主要局限于个体用户之间的交流互动。两个事物的出现将计算机通过全球集成网络联系在一起，改变了全球经济和社会状况。其中一个出现于个人计算机兴起之前，另一个出现于兴起之后。

第一个事物是互联网，这是多台计算机之间用来分享信息的广泛覆盖的网络。创建互联网的想法来源于20世纪60年代的美国国防部。计算机网络并不是一个新奇的概念。早在20世纪40年代理论家就写过相关的内容，只不过这种概念大多停留在了科幻小说领域。1966年，美国高级研究计划局的一些研究人员，为了国防研究与发展的需要，开始创建"阿帕网"网络，这是第一个真正的计算机网络。研究人员与麻省理工学院的同事一起，将加州大学洛杉矶分校、斯坦福研究所（Stanford Research Institute）、加州大学圣巴巴拉分校和犹他州大学（University of Utah）的四台大型计算机用网络连接在了一起（五角大楼和麻省理工学院将很快加入这个网络中）。他们使用了被他们称为"接口消息处理器"（IMPs）的中间计算机终端机，这种机器能够翻译每台主机使用的计算机语言。创建网络的目的在于使在不同地方工作的研究人员能够共享信息和数据。但网络技术的应用并没有那么简单。

"阿帕网"能够实现快速、远距离的信息共享的主要创新之处是使用了"分组交换"技术通过电话线传输数据。分组交换技术能将数据分解成离散的分组，然后将这些分组通过线路传输——通常传输多份，以减少丢失数据的风险，然后在接收端对数据进行重组。分组交换技术能够沿传输线路输送多个数据流而不会产生干扰。1969年10月，位于斯坦福大学和加州大学洛杉矶分校的"阿帕网"的前两个结点被连接起来，并交换了第一条信息。到1969年12月，所有的四个结点都已开始运行，"阿帕网"正式建立。

到1971年，美国国防部高级研究计划局的研究人员已经将"阿帕网"的结点数增加至15个。他们也开始与其他网络研究人员进行合作，其中包括发明了广播

网络分组交换方法的夏威夷大学的一组研究人员，以及研究流动货车数据的一组南加利福尼亚州的工作人员。随着网络逐渐扩大，使用者发明了共享数据的新方法。从 1972 年开始，计算机用户可以使用电子邮件直接向其他用户发送消息。虽然电子邮件的发展不在“阿帕网”最初的目标之内，但它很快占据了“阿帕网”通信中的大部分。“阿帕网”的另一个重大创新是发展了一种通信协议——TCP/IP 协议。该协议允许来自不同网络（其中很多是政府机构和大学的网络）的计算机在不使用额外硬件设施的情况下互相进行通信。TCP/IP 协议成了网络系统蓬勃发展的支柱，20 世纪末时更是成了互联网的支柱。

20 世纪 80 年代末，“阿帕网”和其他网络，如很快变得出名的互联网，已经加入了十几万台主机，其中大多数是与政府机构或学术机构相连接。那时，“阿帕网”与国防已经没有什么联系，而互联网大部分是通过国家科学基金会网络运行的。商业组织可以连上互联网，而美国在线（America Online，AOL）、计算机服务（CompuServe）、Prodigy 通信等公司为个人计算机用户提供网络服务。然而，这些服务都来自他们自己的网络，并没有连接到更大的互联网。不过，这还是能表明，将个人计算机连接至网络也是一种可行的赚钱方式——这个想法提供了一个使互联网商业化的理由。

20 世纪 90 年代初，将互联网普及到世界范围的第二个发明出现了。1989 年，欧洲核研究组织的一名员工提出了一种方便不同国家的研究人员和实验室交换数据的新系统。他为这个叫作“万维网”的系统编写了软件，第二年开始在欧洲核子研究委员会内使用。1991 年，欧洲核子研究中心免费为用户提供了“万维网”软件，不到四年这个软件就成了最受欢迎的互联网导航方式。

万维网的主要特点在于将网络中不同的部分或网页连接或联系在一起。伯纳斯－李用了一种叫作“超文本标记语言”（Hypertext Markup Language，HTML）的新语言来编写万维网软件，这种语言可以为网络创造动态接口。万维网不是将网络按顺序连在一起，而是可以让用户给出一个链接并选择将网络的这个部分的资料调出来，这样网页就通过格子状的网络连接起来。每个网页都有相应的地址，由统一资源定位器（URL）设定，这样使浏览网页变得更简便、更直接。最终伯纳斯－李为客户机（计算机终端）和服务器开发出一种新的协议，这样，无论用户使用哪台计算机查看这些数据，数据都能以相同的形式显示出来。尽管万维网

本身并不是一个重大技术突破，但伯纳斯－李用简单的方式将不同的元素集中在一起，使用户能够更容易地从互联网获取数据。

然而，万维网仍然需要导航方面的经验，因为它主要还是以文字信息为基础的。在万维网加入并接管了互联网不久后，一群来自伊利诺伊大学香槟分校（University of Illinois, Champaign）计算机科学系的学生，开发了一个能将网络内容用图像形式显示出来的浏览器。这个浏览器最初被叫作“马赛克”（Mosaic），后来改名为“网景领航员”（Netscape Navigator）。它能使计算机以图像方式显示超文本标记语言，让用户在浏览页面时看起来更直观，尤其是在使用像 Mac OS 或 Windows 这样的图形用户界面时。发明者将这款浏览器免费提供给个人使用（但他们销售给公司时收费）。恰好在网络从政府和学术机构使用变为商用的时候，马赛克（网景领航员）的出现使互联网变得非常易于使用。1992 年，国会通过了一项对 1950 年美国国家科学基金会（National Science Foundation）法令的修正案，为互联网的商业使用开启了大门。现在那些原本只在自己的网络内运作的公司可以访问更大的互联网，而对于寻求与世界其他地区交流的普通用户来说，互联网也变得更加有用。

20 世纪 90 年代中期，个人计算机和万维网支持下的互联网改变了人与信息技术的关系。计算机不再是用于特殊任务、对于日常生活并不重要的机器，不再是与人们生活毫不相关的机器。人们可以通过家用计算机了解到全世界的信息，并且计算机有了很多新的用途——从研究工作到交流沟通再到购物——在发达国家，计算机成了大多数人日常生活的中心。随着商业机会不断扩大，在美国在线、亚马逊、亿贝（eBay）和雅虎等公司的推动下，互联网的经济重要性显著提升，很快成为新兴信息经济的中心。就像蒸汽火车和轮船使人们更容易在国内和世界各地走动一样，互联网也使世界各地的人们更容易进行交流。就像工业化和蒸汽动力发展出全国甚至国际化的市场一样，互联网也发展出了真正意义上的全球市场。

全球经济的出现是信息革命产生的最后一项重大影响。工业革命时期，经济从地区性、小规模生产体系转变为全国性、大规模的生产体系。新的生产中心不断出现，新的贸易和商业网络不断发展，将全国经济更加紧密地联系在一起。这个新体系不仅在经济方面，而且在社会和政治方面都产生了深远的影响。同样的，信息革命将全球经济的中心从制造业变成信息传输业。新体系又一次超出了经济

领域，影响到了社会和政治领域。

工业革命时期，经济活动的中心从集镇转向工业区 。英格兰曼彻斯特、德国科隆和美国匹兹堡等城市开始发展这种新工业：建造新工厂，雇用大量非技术工人，以前所未有的数量生产制成品。铁路方便了运送生产所需资源，以及把产品运往销售地。此后，西欧和北美的工业城市人口迅速增长，成为 19 世纪国民经济增长和技术创新背后的推动力量。这些新工人居住在人口密集的社区，工作条件通常都比较恶劣。随着时间的推移，当工业化的产品使社会变得更加繁荣的时候，新的社会和政治力量为工人阶级带来了质量更好的生活。

信息革命活动也围绕新中心展开。20 世纪 40 年代，斯坦福大学在位于加利福尼亚州帕洛阿尔托的校园附近建立了斯坦福研究所，作为促进创新和经济发展的中心。很快，斯坦福大学成为计算机科学研究的中心，而斯坦福研究所是第一个连接上“阿帕网”的单位。包括惠普和飞兆半导体公司（Fairchild Semiconductor，英特尔公司发源于此）在内的新技术公司开始在大旧金山地区聚集。

20 世纪 70 年代，该地区有了一个新的名字——硅谷。斯坦福家酿计算机俱乐部（Stanford Homebrew Computer Club）在硅谷制造了“牛郎星 ”计算机，苹果公司也在硅谷起家（乔布斯和沃兹尼亚克在库比蒂诺附近建立了苹果公司）。20 世纪 70 年代，施乐公司设立了帕洛阿尔托研究中心，放开手脚进行新技术和创新研究。早期，帕洛阿尔托研究中心在个人计算机的发展中发挥了重要作用，之后又寻求创新，比如图形用户界面、激光打印、以太网（Ethernet）等等。

硅谷是信息革命的中心，这不仅是因为这里拥有众多工程师和计算机科学家，而且也是因为它吸引了投资者基于实验室的创新方法来投资创立新公司。从 1957 年开始，纽约投资银行家阿瑟·洛克（Arthur Rock）开始投资飞兆半导体公司和英特尔等新技术公司，为它们提供最初的启动资金。这种模式如今被称为“风险投资”，投资者为资源有限的新技术公司提供关键的启动资金，得到公司的一部分所有权和管理权。这个模型成了硅谷地区创立公司的标准。20 世纪 70 年代和 80 年代，许多新的风险投资公司在该地区创立。创新人员和资本的结合使硅谷地区在 21 世纪成为高新技术的主要发源地。

信息革命另一个方面影响的是，地理位置对于商业成功的重要性不断下降。世界各地间通信越来越方便，费用也越来越低，使得世界所有地区的公司都能更

容易获得资源以及合适的市场。从最广泛的意义上讲，这种现象被称为全球化，在 20 世纪末和 21 世纪对社会产生了深远的影响。信息技术使公司能够从世界不同地区所拥有的不同优势中获益。例如，硅谷仍是信息革命的中心，但印度班加罗尔（Bangalore）、中国大连等地区涌现出大量大学毕业的工程专业学生，这些地区也都开始利用这一优势。虽然这些城市以提供技术客户支持、基础制造等外包服务而出名，但它们也正逐渐凭借自身的实力成为创新的中心。

这些经济活动中心地区的变化既对经济和社会有积极的影响，也有一定的消极影响。硅谷相对开放的氛围打造了理想的 21 世纪工作场所，技术公司的员工有良好的工作环境和丰厚的福利，其中通常包括公司的股份。工人不再像工业革命时期那样必须按时打卡上班。调节时间、在家工作、在业余时间外包工作等想法都有助于将工人从标准办公场所解放出来。然而，信息技术同时导致工人在业余时间也摆脱不了工作，因为有互联网和移动通信技术。

同样，信息技术的全球化为受过教育的印度人和中国人提供了新的机遇，相比其他人，他们能找到酬劳较高的工作。这样，出现了一批有着较高的生活水平的新兴中产阶级。然而，与此同时，由于制造业逐渐转移，信息革命使欧洲、北美洲、拉丁美洲和亚洲出现越来越多的服务性工作，而且全球化不断发展，带来了失业及其他向发达经济转型过程中的问题。拉丁美洲和亚洲的新工作并不能一直保证工人们能有富裕的生活，并且在发展中国家，工人们还会担心工作条件不好、工资较低、高科技企业中劳动规则太严格。虽然没有达到工业革命时期虐待工人的程度，但与信息革命相关的劳工问题需要严格监管，使受信息革命影响的地区能实现最大化的稳定与繁荣。

信息革命的最有趣的地方之一是，技术尤其是互联网技术的发展加快了创新和改变的步伐。20 世纪 80 年代末，通过个人计算机和互联网服务提供商，互联网开始进入消费市场。随着万维网的发展，以及 20 世纪 90 年代初商业活动障碍消失，互联网得到了迅速发展，其应用已经不再局限于政府和学术机构。到 20 世纪 90 年代中期，互联网已经成为许多人日常生活的一部分。20 世纪 90 年代末，信息革命经历了第一次投机热潮，1995 年和 2000 年之间的“dot.com”热潮推动了互联网公司的股价达到了前所未有的高点。

虽然这种热潮很快退去，但互联网在 2000 年后还是继续发展，到 2005 年，

通过如 Web 2.0 等概念互联网获得了新的成功。Web 2.0 使用户能发表博客文章、评论以及进行其他互动。到 2010 年，互联网已经扩展到新的领域。Facebook 等社交网络新模式已经在很大程度上主导着信息经济和社会。而计算机也变得体积更小、速度更快、价格更便宜。有了笔记本计算机和智能手机后，人们无论身处何地，都能连接上互联网。

信息革命在 21 世纪的发展方向是不可预测的，其对于经济、社会和政治的影响也同样是不可预测的。2011 年开始的中东地区的革命表明，越来越自由的信息流动能将信息革命变成一场真正的革命。但就这点而言，中东革命的结果并不完整。同样的，虽然技术在快速地发展，但信息革命的下一阶段仍不清晰，比如会是谁掌控其发展方向。但是在几乎半个世纪内，信息革命改变了人们的日常生活，创造了新的经济机遇，带来了丰富的新信息以及世界人民分享和利用这些信息的工具。

马克·赖斯（Mark Rice）

马克·赖斯（Mark Rice），现任教于明尼苏达州立大学曼卡托分校，在俄亥俄州立大学获得博士学位，致力于外交史和国际史研究，尤其是冷战时北约与柏林的研究。

第五十九章

中国崛起对全球的重要性（1978年至今）

概　述

今天似乎难以想象，仅仅 100 多年前，中国还屈服于欧洲帝国主义国家及太平洋地区的竞争对手日本的脚下。在 19 世纪初，以欧洲帝国主义的形式出现的现代化国家开始逐渐侵占中国的领土和主权。19 世纪末，这一侵略的进程加快了。现代化但好战且咄咄逼人的日本加入了欧洲侵略中国的行列。1894 年至 1895 年的中日战争标志着侵略达到高潮，也揭示出中国在面对侵略者时完全无能为力。

在这种危急情况的警示下，一些中国领导人和知识分子敦促进行彻底的改革，以应对技术先进的外国人对目前中国造成的显要威胁。然而，中国保守派破坏了很多改革计划。与此同时，中国出现了一场农民起义，旨在打倒外国侵略者。义和拳，也就是人们所熟知的义和团，袭击了外国人士，尤其是在中国的基督徒。1900 年，义和团杀害了德国公使，包围了北京的外国使馆，义和团运动达到顶峰。

义和团运动遭到外国侵略者的严厉打击。由两万名士兵组成的八国联军，在德国陆军元帅阿尔弗雷德 · 冯 · 瓦德西（Alfred von Waldersee）的指挥下，击溃了义和团，迫使慈禧太后和清政府逃离，并占领了紫禁城。胜利的外国侵略者索要了 4.5 亿两白银的赔款，这几乎是中国年收入的两倍，除此之外还有其他很多赔偿条款。当时的人们认为，中国已经到了最糟糕的时刻，然而，随后事情变得更糟了。在接下来的几十年里，似乎无穷无尽的战争、革命、内战、混乱和意识形态极端主义夺去了数百万中国人的生命。

1911年，孙中山登上了历史的舞台。孙中山出生在中国，但在英国取得了博士学位，并在国外旅居过很长时间。更重要的是，他是一个革命者，希望帮助中国实现现代化，赶走中国人仇恨的帝国主义侵略者。1911年，武昌军队的起义给了后来被称为“国民党”或“中国民族主义者”的孙中山的革命队伍一个机会，而他们也抓住了这次机会。破败的清王朝几乎在一夜之间消失了，取而代之的是孙中山领导的共和国。然而，孙中山和国民党缺乏有序地统治国家的必要“力量”。在许多省份，被称为“军阀”的地方领导人蔑视中央政府的权威。此外，随着1921年中国共产党的成立，国民党的政权又面临着另一个挑战。1925年孙中山去世后，蒋介石掌握了国民党的领导权。

虽然第一次世界大战及俄国的布尔什维克革命缓和了欧洲帝国主义对中国的侵略，但却没有阻止日本的侵略。日本一直在稳步扩大其对中国的影响。战争期间，日本发布了“二十一条”，公然挑战中国的主权，激起了许多中国学生坚决抗日的情绪。尽管中国设法规避最严苛的要求，但日本仍坚持不改变其立场。1931年，日本占领了中国富裕的东北地区，立溥仪为“皇帝”，建立傀儡政权。溥仪原是清王朝的最后一个皇帝。随后，在1937年，日本在没有任何警告的情况下全面入侵中国领土，从而引爆了世界大战的亚洲战场。日本在这场战争中对中国平民施以可怕的暴行，掠夺中国财富，直到1945年这场侵略才结束。

日本战败后，国民党和共产党之间爆发了更为激烈的内战。1949年，战争以毛泽东领导的共产党的胜利而告终。中华人民共和国宣告成立。12月，国民党残余势力逃到台湾，在那里他们继续谎称自己才是中国的合法统治者。

从1949年开始，中国共产党上台执政。毛泽东一直领导着中国共产党，直到1976年去世。毛泽东和中国共产党在处理外交关系方面取得了重要的成绩。最重要的是，1949年之后，无论是欧洲、亚洲还是北美洲的帝国主义军队，再也没有严重威胁过中国。虽然在朝鲜战争（1950—1953）中，中国人民志愿军与美国部队交战，在1969年，他们又与苏联军队在中苏边境发生过冲突，但毛泽东和中国共产党还是恢复并维护了中国的主权完整。漫长的帝国主义侵略中国的时代已经结束。

除此之外，中国也开始在世界事务中维护自己的权利。20世纪50年代，在苏联的帮助下，中国在1964年研制出的第一颗原子弹成功爆炸，从而使中国迈入了

为数不多的拥有核武器国家的行列。

也许最能表明中国复兴并作为全球重要国家崛起的事件发生在20世纪70年代初。1971年，毛泽东领导下的中华人民共和国成为中国在联合国的官方代表。在这一过程中，中国获得了联合国安理会五个常任理事国席位之一。几个月后，在1972年2月，美国总统理查德·尼克松前往北京会见毛泽东，并签订了《上海公报》，这标志着两国开始恢复正常外交关系。

尽管毛泽东领导下的中华人民共和国在国际事务方面取得了令人瞩目的成就，但其国内政策还远不够理想。事实证明，根据马克思主义原则来复兴并重新构建中国是有着深远意义的，然而，一些错误及其负面效应在一定程度上阻碍了中国的发展。中国共产党执政前几年，试图复兴中国经济，创造民族统一感，向中国这个倾向于儒家思想的传统社会传输一系列新的概念。总体来说，中国共产党还是相当成功地实现了目标。中国农业逐步实现了集体化，私营企业也实现了国有化，中国人民的生活水平有所提高。

1976年，周恩来和毛泽东相继去世，标志着中国将发生新的变化。1978年年底，74岁的邓小平成为中国共产党新的领导人。他曾长期担任中国共产党内的高级职务，一度被免职，之后又恢复了职位。邓小平很快就带领中国走上了经济改革的道路，这次经济改革也有着重要的社会和文化内涵。

邓小平提出“致富光荣”，并在“中国特色社会主义”的口号下，提出了“社会主义市场经济”的理念。通过解放中国人的创新精神，邓小平也开创了一个史上最壮观的经济繁荣时期，中国经济每年10%的增长率已趋于常见。中国领导人非常重视技术的进步，为了加快技术的发展，中国开始向西方学者、企业家开放，同时积极寻求资本和附加技术。与此同时，中国派出最优秀、最聪明的学生到北美和欧洲进行技术领域如物理学、工程学、计算机科学和电子学等领域的培训。

毫不夸张地说，中国在各领域取得的成果是显著的。不少观察家把中国的发展与19世纪末日本的明治维新相比较。中国过去几十年的经济发展可以编写成几本沉甸甸的成果册，统计数据应该最能说明情况。1976年至2006年，中国的人口增加了约40%，总人口数达到了13亿。同时，其国内生产总值增长了7000%；中国的家庭平均消费增长了8000%；出口额增长幅度达到了惊人的14000%。中国曾经一直是资本进口国，但现在中国定期购买美国国债，对分布在非洲到中东

在2008年北京奥运会的开幕式上，中国国家体育场上空绽放着烟花，这个体育场被称为“鸟巢”。（来源：Guimahky / Dreamstime.com）

再到南美洲的企业进行投资。中国在全球经济和金融机构，如国际货币基金组织（International Monetary Fund）和“二十国集团”中扮演着越来越重要的角色。

虽然邓小平于1997年去世了，但他的继任者继续扩大和深化邓小平提出的改革政策，尤其是经济类改革，获得了巨大的成功。2010年，中国国内生产总值为4.9万亿美元，比邓小平在任时的经济总量扩大了90倍。中国已经超越美国成为全球最大的汽车市场，并超越德国成为世界上最大的制成品出口国。2010年夏天，中国超过日本成为世界第二大经济体。大多数专家预测，在10到20年之内，中国的经济将赶上并超过美国。

中国已成为强大的、现代化的、受尊敬的、繁荣的国家，也许最能表明这一事实的就是2008年在中国举办的第29届夏季奥林匹克运动会。来自世界各地的运动员聚集到北京，成千上万的观众涌向中国的首都，无数的观众通过电视观看了这一盛会。奥运会进行得十分顺利，这也让那些声称21世纪将属于中国的人更加坚定了自己的看法。

历史评论

中国是四个古老的河谷文明地之一，有着五千年的历史，是一个人口稠密的国家，在大多数时期政治都相对稳定。历史上的中国，或者叫中原地区，领土内有黄河和长江流域。中国有着温和的气候、肥沃的土壤和水资源，从而发展了成熟的农业经济，解决了数量庞大的国人的生存问题。从公元前221年到公元1911年之间的大部分时间，中国是一个统一的、中央集权的官僚国家，由独裁者皇帝统治。古代有称为“天命”的政治理论，这使得在臣民的眼中，皇帝的权威是合法的。不过当时中国有着合理的政府招聘系统——科举考试，由考试选出受过最好教育的儒家学者来担任国家官员。通过儒家经典的标准化教育课程及竞争激烈的科举考试，选出了志同道合的优秀人才来管理税务和司法。这种选举制度对国家是有益的。在王朝过渡时期，舆论统一化、集中化、理性的官僚制，带来了理想的稳定状态及制度的连续性。

依靠着广阔的领土、杰出的管理和有形的财富，中国对其在亚洲东部、中部和东南部的邻国都有很大的影响。当中国控制着丝绸之路和东南亚海上交通线时，它对邻国实行了朝贡制度，邻国的统治者要送给中国礼物，认可中国的地位。在这种制度下，中国义务为进贡国提供军事保护，保证地区和平。

近代中国是一个制造业中心，生产最优良的产品，如茶叶、丝绸、漆器、瓷器、精美的家具和家居饰品。大部分的产品用于国内消费。在第二个千禧年，中国人口的增长对土地造成了很大压力。而这种压力又带来了重大的经济转型。到16世纪时，商业化和城市化产生了货币化的市场经济。商业的发展加速了区域专业化趋势，商业活动也逐渐增多。为了满足日益增长的需求，附近和远方的市场都得到了发展。食物及奢侈品都成了商品，一些农民为了谋求利润转而种植经济作物。

以自我为中心的、自给自足的中国没有看到发展欧洲贸易的需求。然而，从16世纪开始，对于想要将数量庞大的中国人发展为教徒的欧洲传教士来说，对于寻求与中国开展贸易合作的商人来说，中国成了理想的目的地。中国一直保持只开放一个港口——广州，进行有限且受到监督的对外贸易，中国对欧洲基本是封锁状态，直到英国在1840年的鸦片战争中给中国带来了耻辱性的失败。在之后的

几十年里，西方列强向中国强加了很多不平等条约，迫使中国开放口岸进行贸易。因为有治外法权的保护，外国水手、商人、传教士和探险家带着各自不同的目的进入中国的通商口岸。由于他们的存在及其所做出的努力，外国人对中国最后一个王朝——清王朝发起了挑战。他们将中国经济引入全球市场，使本就脆弱的经济更加岌岌可危，也由此引发了改革和叛乱。在这样的压力下，1911 年的辛亥革命带来了封建王朝的灭亡。

从 1911 年到 1949 年，各种有着不同目的和意识形态的政治家努力构建现代化中国，但他们的努力被一系列的事物所磨灭，包括保守党、军阀、危险分子、1931 年至 1945 年日本的入侵，以及 1946 年至 1949 年的内战。中国共产党通过农民起义赢得了内战的胜利，迫使国民党政权在 1949 年逃到台湾。

自 1978 年邓小平发起经济改革后，中国开始发生巨大的变化。今天，中国是世界第二大经济体。中国正在以比美国快 3 倍的速度发展。此外，中国是在美国最大的投资者。中国的经济产出占全球经济产出的 10%。中国在过去的 30 年里快速实现了工业化和城市化，有近 200 个城市的人口超过 100 万。此外，中国还培养了大批受过良好教育的年轻公民。这是一支训练有素的劳动力量，能够改善人民的生活。中国公民越来越多地到他们喜欢的地方工作、生活和旅行；很大一部分积极进取的中国人都有了房子、汽车和存款。随着经济的腾飞，中国在经济、政治和军事方面都在全球有了一席之地。在科技领域尤为如此。中国在技术方面已经领先于一些成熟的工业国家，基础设施建设已经完备，并且已将自己研制的火箭送入太空。今天，中国对能源、资源、就业和市场的需求甚至影响到了遥远地区的国家和社会。在过去的 30 年里，数以百万计的中国人选择移民到西方国家，他们也建立了中国与发达国家之间的桥梁。许多海外华人是成功的专业人士，他们在完全融入西方社会的同时，与祖国也保持着民族、经济和情感上的联系。

20 世纪 70 年代末中国都发生了什么？在如此短的时间内，是什么样的决策和逻辑以如此快的速度产生了如此令人不可思议的改变？中国共产党是如何成功地将计划经济转变成了追求盈利的市场经济，并完全融入了全球市场？是什么使中国经济一直保持超过 9.5% 的年均增长率？

自 1978 年经济改革以来，中国共产党将其重心逐渐转移到了经济发展上。他们还减弱了中央对经济的控制，在经济活动中，把权力和责任更多地转移给了地

方政府和个人。这样，地方政府和个人可以自由做出自己的经济决策，他们有更强的动力和更多机会去做到最好。最早的变化发生在20世纪80年代初，政府将农村经济去集体化，实行家庭联产承包责任制，让个体农民家庭做出自己的经济决策，调整其生产活动，实现了个人利润最大化。不久之后，国家将市场引入社会主义经济中，使农民通过商业活动来实现富裕。农民通过出售产品、进行手工艺品加工、在农村投资工业等方式，丰富了他们的经济活动。

家庭联产承包责任制对于村民的生活有积极的作用，同时也有消极的影响。从积极的一面来看，随着生活的提高，一些勇敢的农民利用他们刚得到的自由性和流动性，迁移到城市或经济发达地区，以赚取额外的工资收入。他们将自己的收入寄回家里，加强了与农村地区的联系。他们会季节性地回乡，为乡村带来了城市文化、价值观和时尚元素，以及新的思想和新的生活方式。从消极的一面看，受到去集体化的影响，社会主义国家形成的乡村文化（政治会议、体育赛事、互助和团队活动）逐渐衰落，地方秩序恶化。20世纪90年代末，许多腐败的村领导欺骗农民以增加自己的财富，并依靠专制措施加强当地秩序，这增加了农民的负担和痛苦。充分了解到地方一级的腐败情况后，中国政府近年来做出了很大努力改善农民生活：2006年，政府取消了农业税；2007年，政府通过增加国家对农村学校的补贴，强化了九年免费义务教育政策。

在城市地区，中国政府通过鼓励外国、地方和个人对工业进行投资，使经济结构变得多元化。同时，还给了国有企业管理者更多的自由，让他们对单位的经济结果完全负责。政府希望通过这种方式提高国有企业的效率，减少他们对国家援助的依赖。工厂经理不得不寻求最有效的方法来提高他们的生产效率，即使这意味着要从人员过多的生产线上解雇多余的工人。他们必须非常谨慎地处理低效率的国企中的数百万员工，避免因为经济困难引发社会动荡。20世纪80年代，村庄和城镇管理下的集体企业摆脱了阻碍国有企业发展的留置权的影响，而其表现也比后者好很多。

20世纪90年代初的民营产业通过分包安排与集体产业绑定了起来。20世纪90年代末，民营产业经济增长，规模更大、更强、更独立。渐渐地，民营产业主导了城市经济。相比之下，在经济改革期间，国有企业表现差强人意。国有企业的员工数量从1995年的112万减少至2005年的65万。那些下岗工人走向了市场

活动或其他经济领域，以维持生计。他们中的大多数在经历了一段艰难时期后还是重新融入了城市经济。

经济改革初期，中国政府在战略性选择的东南沿海地区设定了经济特区，通过提供优惠税率和土地使用条件吸引海外投资。在中国廉价而丰富的劳动力和财政奖励政策的吸引下，外国企业涌入经济特区。他们主要生产用于出口的产品，例如服装、玩具和电子产品。出口企业的迅速发展，不仅为经济特区吸引了更多的劳动力和资本，还加快了中国劳动力和市场融入全球资本主义经济的进程。

在经济特区的国有企业中，投资导向型出口和能源密集型重工业的发展产生了一些负面的结果。它加大了中国人的收入差距，减缓了工人就业率的增长，加剧了人民的不满情绪。自经济改革以来，腐败现象日渐凸显，然而，腐败和不满没有削弱经济增长。经济改革给中国带来了不均匀且不平衡的变化。经济改革创建了一个新的区域层级（东南沿海发达地区、相对欠发达的内陆地区）和以经济地位为基础的新的社会层次结构。中产阶级拥有自己的私人住宅，甚至汽车。20世纪90年代中期，私人拥有汽车变为合法行为，而中国现在是世界第二大汽车市场。工人阶级的生活有所改善，工人作为城市社会的成员，待遇也相对较好。

由于大量农民工涌入城市工作，中国经历了前所未有的城市化。今天，超过一半的人口居住在城市地区。在2亿至3亿农民工中间，有许多人已经可以与家人永久居住在城市地区。

在当代中国，大众文化已经成为民众表达他们的感情、愿望和态度的一个重要媒介。它决定了经济和政治的变化方向。西方文化以音乐、电影、消费和国家化生活方式等形式进入了中国，帮助中国城市中的新中产阶级找到了新的定位。许多作为家里的独生子长大的城市青年，欣喜地追求着全球消费者文化，在生活中寻求自我满足感、自我表现及成功的经历。他们不断探索发财致富的机会，并跟随商业广告中展示的去真正实现国际化的、中产阶级的生活方式。越来越多的中国学生出国留学。

由于中国的经济增长严重依赖出口，中国和其他国家之间的贸易形势变得紧张起来。此外，中国良好的投资环境已吸引许多发达国家的制造商在中国建立了新址。举例来说，美国人就不乐意看到在制造业方面他们已经落后于中国。一些美国工厂搬到了中国，而其他工厂已经关闭，因为它们无法与中国对手竞争。除

此之外，中国的发展是以欧洲、亚洲和拉丁美洲国家的行业没落为代价的。中国已经将电子设备制造业的领先地位从日本手中夺走，又将意大利的丝绸、德国的圣诞饰品行业的优势夺走。然而我们应该注意到，尽管中国的劳动力成本低于美国标准，但并不低于许多其他发展中国家。中国的独特之处在于，作为供应商很高效，能提供全球资本渴望的较好的稳定性，并且有可靠的、能力强的劳动力。

西方消费者也从中国制造的低价格产品中获益。“中国制造”的标签比比皆是：服装、鞋子、玩具甚至家具。在美国市场，近一半的家具是“中国制造”。中国制造商生产的产品更符合典型的美国和欧洲品位，而且比西方竞争对手的产品价格要低一些。“中国制造”在技术领域出现得也越来越多，中国已经成为最大的电子消费产品制造商，产品包括电视、DVD 播放器和手机，等等。中国正在进入生物技术和计算机制造业领域，甚至制造波音 757 的某些部件。

西方国家也从中国对西方产品及服务的投资和市场的推广中受益。作为全球经济增长的中心，至 2008 年 5 月，中国持有总额为 1.8 万亿美元的全球最大额的外汇储备。它被用于购买美国国债，帮助美国支持财政公共支出及其在伊拉克战争中的支出，并保持较低的利率。中国是美国的最大市场，中国也是花旗银行、迪士尼、通用电气和微软的满意客户。刚刚富裕起来的中国人成了欧洲时尚和奢侈品的消费者，时尚之都米兰、纽约和巴黎别致的精品店已经拓展到了上海和北京。

中国在稳定环太平洋地区的经济中发挥着越来越重要的作用。为了促进区域认同和团结，中国发展了与其他亚洲国家之间的基础设施纽带（公路、铁路、管道）。中国和另一个全球增长力量印度已经改善了相互之间的关系，以经济、发展和贸易的共同利益为基础。中国谨慎地掌握着和印度之间的经济关系，以及和印度的竞争对手巴基斯坦之间战略关系的平衡。中国与东亚国家间保持着可接受范围内的贸易赤字，并增加了和东南亚国家联盟十个成员国之间的经济和贸易合作。2005 年，中国与东盟的贸易额超过 1300 亿美元，比前一年增长了三分之一。中国也是日本和韩国最大的贸易伙伴。澳大利亚向中国出口铁矿石、铝、天然气及其他资源和商品。

总体来说，中国对非洲的地方经济和基础设施建设做出了积极的贡献。为了寻求能源和资源，中国增加了与能源资源丰富但制造业匮乏的非洲国家的投资和贸易往来。从 2003 年到 2006 年，中国和非洲之间的贸易增加了 2 倍，创造了非

洲经济繁荣时代，2005 年非洲的经济增长达到了 30 年来的最高水平。与西方国家的“慈善”和“帮助”的傲慢态度相比，非洲国家更喜欢中国在经济扩张中尊重、平等、合作的态度。

中国在全球购买了油田，进口世界上的废金属和钢铁用于工业生产。中国石油天然气集团公司拥有苏丹大尼罗河石油作业公司 50% 的股份。中国第二大石油公司中国石化，已经建立起了通往苏丹港的管道，而中国石油工程建设集团正在那里建造一个油轮码头。乌兹别克斯坦总统访问北京，达成了 6 亿美元的交易，使中国石油公司拥有了 23 块乌兹别克斯坦天然油气田的开采权。中国也与伊朗发展了良好的关系，伊朗提供了中国石油进口量的 11%。中石化已经与德黑兰达成了一项价值为 700 亿美元的石油和天然气协议。

随着经济的发展，中国已经从一位重要国际事务中的旁观者变成了积极的参与者。全球经济领导力需要进行建设性的调整，中国应该被包括在其中。然而，地缘政治的匮乏加上对资源和能源的激烈竞争，使中国在战略和外交方面与美国形成了冲突。中国正在对美国主导的政治体系发起挑战，也在颠覆战后美国霸权建立起来的一些关键的基本规则。中国已经取代美国成为最能吸引外资和产业资本的国家。现在全球大量的投资从四面八方涌向中国。从美国的角度来看，中国对美国及其亚洲盟友来说，是一个战略和军事竞争对手。

作为一个永久性的、拥有否决权的联合国安理会成员，中国有足够的地位和权威来影响世界面对的重要挑战。中国发展了充满活力的社会主义市场经济，其经济在某些方面比美国还强。中国政治改革提供了一种不同于西方国家的发展模式。中国在解决全球变暖、艾滋病和能源安全等方面对世界的贡献是非常宝贵的。美国和中国应该协作解决有关双方共同利益的问题，比如贸易、货币政策、能源和对外援助，等等。西方人需要学着理解中国人的价值观和取向。

近期，中国已经开始努力从投资和出口导向型发展向国内消费型发展转变，以继续保持强劲的经济增长。因为贸易和工业占据了中国经济的三分之一还多，并且其一半以上的贸易是由外国公司控制的，所以中国的经济发展容易受到西方保护主义的影响。面对着国内的重重困难，面对中国的经济增长，可想而知，美国和欧洲将会采取的措施就是限制资本、专业知识和技术流入中国，并限制中国进入外国市场。

中国将重心从贸易和出口转移到满足日益富裕起来的消费者的需求上，并希望建立一个稳定和可靠的国内市场来支撑经济发展。目前，中国经济依赖于能源密集型重工业和出口，这导致了严重的能源和环境问题，也减少了最优增长和就业率。经济转型为强调国内市场后，能够快速创造就业机会，使收入分配更加公平，同时也能减少能源消耗和环境退化，降低中国过度的贸易顺差。近年来，许多中国人已经感觉到了通货膨胀的影响，因为他们的生活成本一直在稳步上升。

尽管中国奉行和平发展政策，且其外交政策在本质上是防御性的，但其潜在的现代化军事力量和中国人民解放军的现代化发展还是引起了广泛关注。通过研发、购买和部署新的武器系统，中国人民解放军提升了自己的操作和机动能力，它进行了机构和系统性改革，并取得了新的战略发展。虽然中国坚称人民解放军现代化仅仅是出于和平目的，但一些西方国家认为这支更强大的解放军已经有能力改变亚洲的战略平衡。

除了其经济和军事力量，中国还有着相当强大的软实力，其传统文化的吸引力就可以证明这一点。传统中国文化价值观、规范和格言，尤其是那些与儒家思想相关的，是中国近年来推广的更基本、更普遍的文化贡献的重要内容。此外，中国提供了大量的海外金融和基础设施援助；向国外派遣医生和教师；为在华外籍人士提供教育资助；鼓励传统中医药的传播；在世界各地建立二百多所孔子学院，促进了外国人对汉语的学习。中国的经济和文化吸引了越来越多的外国学生、商人和游客前来，在中国的亲身体验纠正了一些西方人对中国的误解。

中国的崛起增加了全球供应链中外围设备厂家的议价能力，使世界从地缘政治的紧张局势中走向了多极化体系。虽然中国与美国的关系一直以来对中国经济发展都至关重要，但中国也加强了与其他国家之间的经济联系。共同的目标使中国和俄罗斯建立了良好的关系。如今，中东为中国提供了一半的石油供应，而非洲提供了三分之一。自 2000 年以来，中国与波斯湾的贸易额已经翻了一倍，达到了每年 2400 亿美元。中国还增加了与拉丁美洲在商品和资源（石油、矿石、大豆）方面的贸易往来。2007 年双方贸易额达到 1000 亿美元。但中国在制造业方面面临着来自墨西哥、巴西和其他低收入的拉丁美洲国家的竞争。

总之，中国在过去的 30 年里进行的经济改革，不仅提高了公民总体的物质生活水平，也给他们带来了更多的自由和更大的流动性。中国发展了一种充满活力

的社会主义市场经济，提供了一种不同于西方民主的国家发展模式。中国已经崛起并融入了全球资本体系，这使其能够在经济、战略和外交的世界舞台上扮演重要的角色，从而推动世界走向多元化。

马雨欣（Yuxin Ma）

马雨欣（Yuxin Ma），路易斯维尔大学历史学副教授，在明尼苏达州立大学获得博士学位。近期著作有《女记者和中国的女权主义，1898—1937》（2010 年版）（*Women Journalists and Feminism in China, 1898—1937*, 2010）。现致力于研究日本侵华期间（1931—1945）中国主流媒体对性别问题的报道。

第六十章

苏联的崩溃（1985—1991）

概　述

1982年11月10日，莫斯科广播电台不断地播放着哀乐和忧郁的古典音乐，这是苏联人去世时的传统信号。事实上，是苏联共产党总书记、1964年驱逐赫鲁晓夫后成为苏联领袖的列昂尼德·勃列日涅夫于当天去世了。勃列日涅夫去世时，苏联还是举世公认的强国，是世界上两个超级大国之一。然而，在这闪闪发光的外表下，许多严重的问题都给苏联领导带来了挑战。

苏联经济模式自20世纪30年代由约瑟夫·斯大林创建以来，就几乎没有什么改变，越来越无法满足现代社会的需要。苏联实质上禁止了市场力量参与经济，导致其经济一直在生产过时和低劣的产品。这些产品更适合工业革命的早期阶段，但不适合现在的高科技世界。此外，庞大的苏联军事机构还要从国家那里索取一切资源。这种情况是反常的。苏联能向全球任何地区输送军事力量，可以把宇航员送入太空很长一段时间，但在没有大量价格昂贵的粮食进口的情况下，就无法养活自己的人民，也无法为人民提供合适的住所。

除了经济停滞的关键问题，苏联还面对其他很多困难。第二次世界大战结束后，苏联建立起对东欧的控制。波兰、捷克斯洛伐克、匈牙利因受到苏联的主导而烦扰，渴望打破其控制。

勃列日涅夫去世时，苏联也发现自身太过于追求轰轰烈烈的全球外交政策。在罗纳德·里根的领导下，美国这个苏联的老对手表明自身有目的也有意愿花费

数十亿用于新武器装备。同时，苏联越来越深陷于阿富汗游击战争，这不仅占用了其资金和人力，还使其逐渐疏远了伊斯兰世界。

面临这样的一系列困难，勃列日涅夫去世时苏联的领导人们似乎不可能有想象力和创造力来找到解决方案。他们也确实做不到。虽然勃列日涅夫的继任者尤里·安德罗波夫（Yuri Andropov）是一位非常聪明、富有经验的苏联领导人，但他上台时已经病入膏肓，而他的改革计划也从未得到实施。安德罗波夫的继任者康斯坦丁·契尔年科（Konstantin Chernenko）年迈衰弱，他从1984年2月被任命为总书记到1985年3月去世，几乎没有任何功绩。

契尔年科去世后，苏联最后变成了由一位年轻人来领导党和国家：米哈伊尔·戈尔巴乔夫，一位54岁的来自俄罗斯南部斯塔夫罗波尔地区（Stavropol region）的共产党人。戈尔巴乔夫出生在农民家庭，在党内迅速崭露头角，于1979年进入了政治局。

被任命为总书记后，戈尔巴乔夫建立起他对共产党的控制。旧的苏联领导人去世、退休或从权威位置退下来了。他们的继任者都像戈尔巴乔夫本人一样，更年轻，接受过更好的教育，也都致力于改革。安德烈·葛罗米柯（Andrei Gromyko）是退下来的那些人中的一员。他长期担任苏联外交部部长，随后成为苏联最高苏维埃主席团主席，后来又把这个职位交给了戈尔巴乔夫；而鲍里斯·叶利钦是进入中央领导圈的一位，他是一名来自西伯利亚西部的率真的共产主义改革者。

前些年的领导空白期使苏联本来就面临的巨大困难加剧了。国内经济增长放缓至几乎停滞，20世纪80年代中期，苏联的国民生产总值增长率降至平均每年不到1.5%。这种急剧的下降是由许多因素造成的：陈旧的工厂；高科技的极度缺乏；昂贵而低效的国有农场和集体农庄；为苏联提供急需的硬通货的石油产量显著下降，急需资源被转移用于各种军事用途。政治组织方面，监督苏联生活各个方面的官僚机构变得烦琐、墨守成规、腐败无能，使局势急剧恶化。

经济危机导致苏联已经很低的生活标准又有所下降。在很长一段时间内，缺乏良好的住房和像样的消费品的问题困扰着每一位苏联公民。现在这些条件更加恶化了。此外，卫生保健系统有崩溃的迹象，婴儿死亡率增加，平均寿命降低。用于教育的资源数量也有所减少，各种形式的污染构成的威胁几乎要吞噬整个国家。社会长期存在的酗酒问题也有所恶化，旷工率提高，从而进一步削弱了国家

的经济表现。只有苏联媒体反复强调苏联的超级大国地位为疲惫不堪的国人带来了些许安慰。

然而，苏联在全球的地位还是越来越危险。阿富汗战争拖得很久，使苏联的伤亡人数不断上升。苏联与美国及其西方盟友的关系都不亲密。第三世界的附庸国耗尽了苏联的有限资源，但却没有提供太多的回报。

戈尔巴乔夫敏锐地意识到苏联面对的问题，下决心改变几十年的停滞状态，他要推行改革、复兴、重建的政策。苏联改革的核心是要对现有的苏维埃体系进行改革，而不是取代。改革要求对苏联严格控制的经济权力进行广泛下放。工业和农业在自我管理的形式下会有更大的自由，政治组织的角色将会显著减少。

为了使改革工作见效，戈尔巴乔夫同时实施了公开性政策。该政策允许甚至鼓励不但要对苏联的经济问题进行坦率、开放的审查，对生活各方面也都要进行审查。戈尔巴乔夫推出“公开性”政策显然是为了赢得公众舆论，削弱那些既得利益因改革而受到威胁的反对派。

虽然从没有像改革和公开性政策那样清楚地说出来，但戈尔巴乔夫决定重新评估苏联在全球的地位。他的结论是，要想获得改革的成功，需要与西方资本主义国家建立更好的关系，减少对全球行动的承诺。

改革的实行比戈尔巴乔夫想象中的要困难，而且公开性政策引起了一波批评的浪潮，有人说他在挑战苏联的根基。戈尔巴乔夫探索了一些未知的领域，为苏联介绍或准许了经济分权、利润动机、私人企业、社会主义或受管制的市场经济、成本核算等激进的概念。大体上，官僚主义机构，尤其是国家计划委员会遭到了缩减。政府减少了对工业的补贴，并考虑将集体和国有农场转变为私人农场。

改革未能实现他们的目标。根深蒂固的既得利益团体，包括政治组织、工厂和农场经理、党内大多数领导阶层、军队里的一些反对改革的人，成功地破坏了改革进程。此外，缺乏经验的戈尔巴乔夫执行这些计划的方法有些笨手笨脚，且前后矛盾，这也是导致改革未能成功的原因之一。工业和农业产品产量下降，商店的货架几乎空了。通货膨胀情况迅速加剧，苏联经济出现了混乱和困顿，开始崩溃。

公开性政策也为戈尔巴乔夫带来了意外且不愉快的结果。对苏联生活的不满，几十年来的压抑，现在全都爆发了出来。公开批评领导人、政策和机构这些以往

在苏联是不可想象的事情现在已经司空见惯了。最初为讨论当前问题组成的项目小组，现在越来越像是形式中的竞争政党。苏联官方的无神论政策遭到了宗教界的反对，尤其是新流行的俄罗斯东正教。即使是迄今为止神圣不可侵犯的克格勃，也就是秘密警察，也开始公开执行任务。

对苏联领导人最不利的是，公开性政策允许民族或国家情怀表现出来，这是长期以来被具有阶级意识的苏联领导作为小资产阶级心态所谴责的。苏联是一个多民族国家，大约2.85亿苏联公民中，只有约一半是俄罗斯人。随着开放性政策的执行，一些少数民族现在有机会发泄他们的不满。即便“俄罗斯人滚出去！”这种话在街道上还没有听到，但至少这种思想在很多人心中已经开始形成了。

戈尔巴乔夫面对的压力越来越大，事件迅速失控。令人震惊的是，苏联在东欧的地区开始崩溃。利用戈尔巴乔夫的改革，东欧挣脱了莫斯科的怀抱。波兰退出了苏联发起的华沙条约组织和经济互助委员会；捷克斯洛伐克开展了“天鹅绒革命”（Velvet Revolution）；1989年11月9日，象征着苏联对东欧统治的柏林墙倒塌了。罗马尼亚的尼科莱·齐奥塞斯库（Nicolai Ceausescu）在圣诞节那天被推翻并处以死刑。

与此同时，苏联经济早就到了全面崩溃的边缘。戈尔巴乔夫的改革不完整，有些甚至考虑不周，以致引起了混乱，根基牢固的社会名流发起了对戈尔巴乔夫政策的坚决反抗。因此，苏联的农业和工业生产急剧减缓。食品、燃料和其他必需品的供应减少，并出现了一连串的罢工。到1991年，苏联的通货膨胀率超过了250%，再也无法偿还数十亿美元的外债。

在公开性政策及东欧例子的刺激下，在经济上受压迫的少数民族开始考虑脱离苏联。1940年纳入苏联沿岸的爱沙尼亚、拉脱维亚和立陶宛带头脱离了苏联。很快，高加索地区的格鲁吉亚、亚美尼亚和阿塞拜疆也加入了脱离者的行列。不论是警告还是承诺更好的待遇，都无法抑制不断增长的独立情绪。苏联第二大共和国乌克兰出现了一场强大的民族主义运动（乌克兰人民运动），似乎在质疑苏联继续生存的能力。

受到这些事件的警示，戈尔巴乔夫转向政治解决方案。特别是他决心使苏联更接近西方的自由–民主模式，希望这能保证改革的成功。为此，1989年3月他主持了苏联人民代表大会，按苏联标准来说是非常自由和开放的。虽然苏共及其

盟友行使他们的权力任命了750名代表，但苏联选出了1500名代表，许多当选的代表批评戈尔巴乔夫未能足够热情地推行其改革。其中安德烈·萨哈罗夫（Andrei Sakharov）是苏联一位重要的持不同政见者，并获得过诺贝尔和平奖；还有鲍里斯·叶利钦，一位曾经支持戈尔巴乔夫但现在与之对立的特立独行的共产主义者。

因为对民众要求更多更快进行改革的情绪不断上涨所感到的震惊，戈尔巴乔夫在政治上又做出了让步。1990年2月，苏联人民代表大会的执行机构最高苏维埃废除了苏联宪法的第六条。此后不久，戈尔巴乔夫允许苏联独立的共和国举行议会选举。最大的共和国俄罗斯选择的代表大多数都更倾向叶利钦——他现在成了戈尔巴乔夫的竞争对手。

虽然叶利钦在1991年6月以压倒性优势当选俄罗斯总统，促使戈尔巴乔夫加快改革的步伐，但戈尔巴乔夫在党内的反对者以及摇摇欲坠的权力机构也没有闲着。他们越来越频繁、越来越大胆地反对整个改革进程，并敦促重新使用传统的策略和方法。受到两方的冲击，戈尔巴乔夫摇摆不定，先是试图安抚他的保守派对手，然后又突然回到改革道路上。

苏联外交部部长谢瓦尔德纳泽（Shevardnadze）在1990年12月辞职时曾警告戈尔巴乔夫说，具有威胁的强硬派即将发动攻击，但戈尔巴乔夫选择了无视他的警告。然而，几个月后，戈尔巴乔夫的保守派对手发起了军事政变。趁戈尔巴乔夫在克里米亚度假时，一些不满的政党领袖、军官和克格勃官员组成的阴谋集团于1991年8月19日试图夺取政权。戈尔巴乔夫被软禁。但叶利钦在俄罗斯共和国议会大厦——莫斯科白宫召集了他的部队，这场政变就此失败，因为红军拒绝支持阴谋家。

尽管戈尔巴乔夫被释放并回到了莫斯科，但他已是强弩之末。现在新的领导人是鲍里斯·叶利钦。苏联自身已经在多个方面受到攻击，也是一个失败的政变的受害者。在叶利钦的带领下，俄罗斯为脱离苏联奠定了基础。苏共解体后，苏联的其他成员国开始独立。乌克兰最先在8月24日宣布独立，其他国家紧随其后。乌克兰在12月1日进行公投，再次证实了脱离苏联的决定后，苏联正式灭亡了。12月25日，苏联的锤子和镰刀旗在克里姆林宫降下；1991年12月26日，苏联宣告正式解体。

历史评论

苏联成立源于1917年的革命，解体于1991年年底，在政治、意识形态和军事方面都曾是西方民主世界的主要对手。西方民主本质上主要是建立在代议政府概念，为政府定期举行竞争性选举，（大体上）尊重个体公民的权利和自由，促进市场经济与广泛私营企业等的基础上。与之相反，苏联及东欧社会主义国家拒绝“资产阶级民主”原则，认为这是一种骗局。他们提倡马克思主义概念，认为工人阶级在行使政治权力时不应拘泥于民主过程中的细节。所谓“无产阶级专政”的过渡阶段逐渐凝固在生活各个方面——政治、文化和经济——集中化的专政是由共产党和国家官僚机构来执行的。

在苏联共产党（最初被称为布尔什维克党）的创始人列宁充满活力的指导下，革命中的俄罗斯所有其他政治竞争力量，不是因为不够激进而名誉扫地，就是在内战中（1918—1921）被打败。1924年列宁去世后，格鲁吉亚人约瑟夫·斯大林利用共产党总书记的职务逐步战胜了他的对手，尤其是苏联的共同创始人列夫·托洛茨基。

1928年，政治地位已经稳固的斯大林启动了一项雄心勃勃的计划，计划将苏联落后的农村经济转变为高度工业化的现代经济。20世纪20年代时的更宽松时期，允许存在小型私人企业和私人农业（新经济政策）的市场经济被废弃，取而代之的是一系列的五年计划，国有企业不断增加对钢铁、煤炭、水泥和其他重型工业产品的配额。20世纪30年代，所有私人农场被强行合并成了巨大的集体和国有农场。

斯大林构建了苏维埃国家的核心要素：控制社会和经济每个方面的干预型政府机构，国家控制整个经济（工业、农业和服务业），将实现生产指标作为主要目标。

斯大林去世后，苏联的经济使得民众的生活水平稍有改善，但仍无法与消费者的预期相匹配。苏联的大量投资则喂养着庞大的军事机器，它吸收了国内生产总值的25%以上。随着美国在越战中失利引发的国际义务减退，勃列日涅夫当局日益诉诸军事威胁，偶尔直接运用军事力量，实现其外交政策目标。在20世纪70年代的后半段，苏联官员认为，世界事务中“力量的此消彼长”已变得对社会主义有利，而对资本主义国家不利。到1982年勃列日涅夫逝世为止，苏联在阿富汗

遭遇了顽强的游击战式抵抗，波兰出现了一群动荡不定的民众（该国的团结工会在 1980 年至 1981 年公然对其政府提出挑战），同时还有一个保守的华盛顿当局，决意在全球范围重建美国的军事力量与苏联对抗。第三世界国家的成员们也不再把苏联看成一个值得羡慕的发展样本。

总之，20 世纪 80 年代早期，苏联日益老化和缺乏想象力的领导层面对着棘手的国内矛盾和日益困难的国际环境。随着老一代革命家的死去或离退，新一代领导人逐步进入最高权力梯队。

苏联解体，无法归咎于任何个人或单一因素。当然，米哈伊尔·戈尔巴乔夫，出身于斯塔夫罗波尔的相对年轻的苏共官员，1985 年 3 月被推举为苏联共产党的总书记，对于引入改革进程产生了重要作用。然而，戈尔巴乔夫仅仅是一个方面。此外，也不是完全像某些美国著名的保守派人士所声称的那样，认为是罗纳德·里根总统的对抗政策和加速国防支出拖垮了苏联。这些因素都起了作用，但它们的作用远不及内部动因来得关键和重要。在勃列日涅夫时代，如此之多的国内问题不断堆积：经济停滞、技术落后、腐败盛行、环境污染，人们怨天尤人和离心离德的情况日益严重，各个族群中普遍发酵着不满。这一切导致人们都认为改革势在必行，只有最顽固的意识形态权贵们固执己见。

从戈尔巴乔夫和改革者的观点来看，经济是整个系统中最薄弱的环节。高度集中的计划模式，集中于生产最大份额的重工业产品，很明显与现代电子时代的趋势背道而驰。经济改革的压力自 20 世纪 60 年代以来就一直在累积，但 1973 年和 1979 年的石油价格冲击，很大程度上提高了苏联主要出口产品（石油和天然气）的价值，提供了意外收入，使得克里姆林宫的决策者们有可能进口食品和其他消费品，以及负担阿富汗战争的巨额支出。这一因素延缓了对改革的迫切要求。然而，到了 1985 年，沙特阿拉伯大幅提高石油产量，石油价格骤降。除此之外，戈尔巴乔夫的政治地位也没强大到能够推行必要的改革措施，如放弃东欧、撤出阿富汗、削减食品进口等。直到 1989 年，政府不得不大幅削减国际借贷，但为时已晚。

勃列日涅夫去世后不久，国家的顶级社会学家就被赋予了制订一系列经济和社会改革方案的研发任务。戈尔巴乔夫被分配来领导实施这一任务。很多改革提案回归到以前的苏联“新经济政策”中有限的资本主义化，而其他一些建议则采

纳了来自匈牙利、民主德国或中国的改革尝试引发的理念。这些内部争论也偶尔连篇累牍地见于读者广泛的报刊。其中一个最著名的改革主张，来自社会学家塔提阿娜·扎斯拉夫斯卡娅（Tatiana Zaslavskaia）。她主张：建立在斯大林体制下僵化的生产方式，已不再适应受过良好教育的城市劳动力。近期波兰的实例和遍及苏联和东欧国家不断出现的工人不满情绪，暗示着社会中存在离心力。

当勃列日涅夫的门徒康斯坦丁·契尔年科于1985年3月去世后，戈尔巴乔夫接过了政权，手中掌握着名义上数以百计的改革方案。当然，苏联领导人中还有很多保守派，他们阻碍深层变革，因此在取得克里姆林宫较强的支持基础之前，戈尔巴乔夫不得不谨慎行事。经过一系列调整，戈尔巴乔夫起用了一些更为年轻且富有改革思维的官员。截至1987年中期，他已巩固了政治地位，并且努力着手实施其变革理念，最为引人注目的是将制度重建和透明化提到苏联的首要议事日程上。然而需要强调指出的是，无论是戈尔巴乔夫本人还是其改革倡导者同盟，都没有一个变革实施的总体战略。

制度重建，广义地定义为苏维埃经济的重新调整，是戈尔巴乔夫改革方案的中心，在他本人的著作中是这样阐述的：戈尔巴乔夫从未放弃认为社会主义制度有其内在优越性的观念，首先寻求对苏联经济体制实行现代化，做法是修正较为明显偏离正轨的缺陷，同时不去触及体制的根本。在他执政的前两年中，戈尔巴乔夫强调“加速”提高经济效益，改善劳动纪律和打击酗酒（严重影响劳动生产率的行为）。这些措施在尤里·安德罗波夫短暂的执政期（1982—1984）就已提出。安德罗波夫一直是改革的谨慎倡导者。这些改革者并未触及问题的根源。时至1987年中期，越来越明显的是，仅仅调整苏联的计划经济是远远不够的。

戈尔巴乔夫改革方案的第二个主要原则是透明化。所谓透明化，理应是为更为彻底的经济重建提供条件。透明化，通常被理解为“公开化”或是“公众化”，目的是将经济体制中的管理不善和弄虚作假最大限度地暴露出来，将管理层和劳动者都置于舆论的焦点之下。鉴于存在长期形成的保密传统，多数苏联领导人，包括戈尔巴乔夫在内，并未着眼于彻底放弃政府对知情权的控制。然而，有选择性地推行透明化，被证明是行不通的。当乌克兰境内的切尔诺贝利第四号核反应堆于1986年4月26日发生爆炸，克里姆林宫对这一灾难的处理使透明化的限度遭遇严重考验。尽管苏联政府不肯公布真实的损害情况，但是对此事件的国内和

国际关注都迫使苏联接受史无前例的公开调查。

切尔诺贝利事件激发了受到惊吓的苏联公众要求其政府在社会、经济、政治热点、环境污染、疫情、犯罪、官员腐败、事故、自然灾害等领域更加诚实地进行报道。随着新闻审查制度的削弱，苏联官方媒体对政府行为更加具有批判性，面向公众公开讨论的内容扩展到了民族关系、军事事务、对外政策，甚至苏联最高领导人的私生活等层面。

随着制度重建和透明化的逐渐展开，政治控制逐步放松，独立的团体开始形成并表达它们的要求。生态是个突出的热点问题，吸引了大量的关注，特别是切尔诺贝利事件之后，很多此前“非正式”的团体组织起来与当地的环境问题做斗争。苏联由于在农业、工业、核能和国防领域的疏忽行为，造成了在环境方面糟糕的记录，在很大程度上导致了苏联人的健康危机。

当然，生态问题仅仅是众多嫌怨产生的原因之一。苏维埃政府复杂的联邦构架，理论上给予境内各个共和国、自治共和国、自治区域、民族地区某种程度的自决权。戈尔巴乔夫和很多改革者没有意识到苏联民族主义的力量。时至 1989 年至 1990 年，波罗的海诸国、乌克兰、白俄罗斯和高加索等地的“民族阵线”运动，向莫斯科当局要求其内部事务的主权控制。很快立陶宛就宣布与苏联脱离，完全独立。

苏联政府在 20 世纪 80 年代承认社会和政治多元化的意愿也扩展到了东欧。戈尔巴乔夫鼓励东欧的领导人效仿其改革，尽管这些在对外政策上的所谓“新思维”，拒绝使用胁迫手段确保与苏联的做法保持一致。正如时任外交部发言人根纳季・格拉西莫夫（Gennadi Gerasimov）所解释的那样，苏联对捷克斯洛伐克入侵事件后所确立的、有限主权的勃列日涅夫教条，被“辛纳特拉主义”（Sinatra Doctrine）所取代，让东欧各国“各行其是”。

随着苏联不再使用军事力量干预，东欧要求变革的呼声也日益高涨。传统上，最富自由色彩的匈牙利和波兰开始了小心翼翼的改革，但捷克斯洛伐克、罗马尼亚、保加利亚和民主德国的领导人则拒绝在政权问题上让步。然而，在 1989 年 10 月至 12 月期间，自由化浪潮席卷整个东欧，随之而来的是东欧政权的结束和柏林墙的坍塌。罗马尼亚的齐奥塞斯库及其夫人在圣诞节当日被推翻并公开处决，标志着东欧共产主义政权的终结。

东欧的自由化又进一步对构成苏联的15个加盟共和国争取更大自治权的运动提供了鼓舞。苏联宪法向乌克兰人、亚美尼亚人、乌兹别克人、立陶宛人和其他主要少数民族允诺了“自决权”，但并未充分满足不同民族各自的追求。尽管文化上的某些自治是得到许可的，各个民族也可以用自己的语言进行教育，但是莫斯科对各个共和国的事务实行严格集权控制。提升统一苏联认同的努力成了俄罗斯化政策。

在东欧之外，戈尔巴乔夫在对外政策上的新思维带来与美国、中国和西欧国家在关系上的重大改善，扭转了几十年以来对第三世界激进事业的支持。戈尔巴乔夫意识到，国内改革的成功不可能在敌对的国际氛围中实现。1985年以前，苏联领导人从不承认苏联的侵略性行为是东西方关系恶劣和中苏关系破裂的原因。新思维承认，对抗性对外政策，对苏联的国家利益是无效的，甚至是适得其反的。

尽管一开始西方世界持怀疑态度，新思维在苏联对外政策中还是引发了翻天覆地的变化。第一个突破发生在1987年12月，美苏签署《中程核武器条约》（*Intermediate Nuclear Forces Treaty*），彻底销毁了一个种类的大规模杀伤性核武器。1988年，戈尔巴乔夫宣布在一年内从阿富汗撤走全部苏联部队；1989年5月，在北京举行中苏首脑会晤；1990年，一个主要条约签署（CFE条约），内容规定苏联非对称削减在欧洲的常规军事力量；1991年苏美达成一个史无前例的协议（START条约），大规模削减战略武器。

尽管这些在对外政策上明显的进步为体制重建创建了必要的宽松的国际环境，苏联国内很多有影响的声音则批评戈尔巴乔夫对西方过度“慷慨”地让步，并开始对苏联社会与日俱增的无序和混乱表示担忧，阻碍发展私营企业和市场导向经济的努力。在20世纪80年代即将结束时，苏联的政治力量分裂为改革的支持者和批评者。

苏联政治和经济生活的根本性变化带来了舆论的两极分化，精英们分裂为政治局委员叶戈尔·利加乔夫（Yegor Ligachev）那样的保守派和由前莫斯科共产党书记鲍里斯·叶利钦为首的更为激进改革的支持者。戈尔巴乔夫寻求稳定占领中间地带，但要保持平衡并非易事。1988年6月召开的苏共第十九次代表大会，显示了共产党内部反对改革的保守派力量，在政治改革上呈现了意见分水岭。戈尔巴乔夫确信，不经过从专职的苏共政治局向民选政府机构的政治权力转换，制度

重建不会成功。民众压力通过选举过程得以表达，他这样推理，这种力量将迫使不情愿改革的官员支持他的改革计划。这成了谨慎的和不完全民主化的开端。

1989年3月举行的人民代表大会选举，按苏联的标准看，算是相对自由的。投票人当时可以在几个候选人中进行选择，尽管选举结果偏向保守势力，但大约五分之一的当选代表是热忱的改革派。代表们对民主尚不习惯，在程序问题上锱铢必较、唇枪舌剑，所有这些过程都在全国电视广播中向如醉如痴的苏联观众播报。正如预料的那样，这一届新的代表大会不能立即行使选民期望的国家治理职能。然而它的出现有助于在一个举足轻重的群体中将代议民主政治合法化、制度化。

改革的很多问题都源于苏联政治生活中苏共政治局无处不在的影响。尽管代价巨大，但苏联共产党成功地构建了现代工业社会的基础——城市化的人口基数、工厂、运输和通信基础设施、普及教育和科学技术。结果是，自俄国革命以来，苏联社会和经济经历了翻天覆地的转变。然而，苏联的政治制度在适应20世纪末变化的形势上遇到了巨大困难。依托保密维持政权的想法，与信息时代的要求相龃龉，集中于扩大工业产出的短视行为忽略了世界范围内对品质和效率的追求趋势，而其高度集权化的政治问题处理方式，越来越适应不了日益多元化的社会不断增长的社会群体所产生的挑战。

然而苏联的改革者面对建立全新政治机制的艰巨任务，包括建立一个能行使职能的立法机构、独立的法院、负责的行政机构和真正的联邦。正如预期的那样，在这些新的管理机制究竟应采取何种形式上，存在相当多的争议。

更为重要的是，新机制的合法化需要一些时日。回想美国，在宪法颁布七十多年后，关于联邦权力和各个州权力的争议最终导致了血腥的内战。幻想新机制能在短短几年内顺利设计出来，迅速被认可并且发挥作用是不现实的，在公众要求急剧增加的背景下尤其如此。一言以蔽之，政治转型与社会和经济转型无法步调一致。

民众新要求的一个强劲的源头是民族之间的不睦。苏联的改革派中极少有人像戈尔巴乔夫那样理解组成苏联的一百多个民族相互之间的情感力量。事实上，苏联领导人似乎相信他们自己的宣传，沙皇时代“各民族的监狱”已被“各民族组成的家庭”所取代。七十多年来，意识形态统一的压力和现实强制力的威胁一直抑制着民族主义的野心。偶尔也会有表面下的沉渣泛起，例如在1978年格鲁吉

亚学生走上第比利斯（Tbilisi）街头，抗议将本民族语言从该共和国宪法中删除的计划。但是，极少有人能提前预知 1987 年至 1991 年政治控制放松带来巨大的民族主义浪潮。

官员腐败和管理不善情况的暴露，以及戈尔巴乔夫经济改革政策的明显失败，都削弱了人们对中央权力当局的信任感，从而在各省引发了对更大自主权的要求。在 1990 年年底，苏联领导人计划用新的《联盟条约》取代 1922 年的《苏维埃社会主义共和国联盟条约》，后者是苏联产生的依据。戈尔巴乔夫和改革派最终愿意起草新宪法，向境内共和国出让大量自治权。但是保守派看到 1990 年年底至 1991 年年初他们的影响在扩大，坚持认为建立真正的联邦体制会削弱苏联共产主义制度的基础。令人难堪的是，他们的政治自主运动进展得如此神速，致使即便是仿照美国或加拿大宪法那样的非集权体制，仍然无法满足他们对主权和独立的要求。

在整个 1991 年，这种冲突的压力一直持续增加，到 8 月 19 日至 22 日以强硬派反对新《联盟条约》的政变达到高潮。对觊觎政权企图的不同反应，展示了公众舆论针对苏联发生的变化高度分裂的特征。很多士气高昂的群众在议会大厦周围聚集起来，支持俄罗斯总统鲍里斯·叶利钦。士气低落的苏军被分化，有些军官无视向莫斯科和圣彼得堡进军的命令，有些则在首都街头指挥坦克。有些地区领导人谴责政变；多数则谨慎观望，等待形势明朗后自己再开始行动。

对那些少数民族共和国，保守派争夺权力和戈尔巴乔夫在 8 月政变后表现得无力掌控大局，都证实了它们最坏的担忧。在这种政治环境下，选择完全独立似乎成为确保抵御莫斯科重建政治集权控制的最佳选择。戈尔巴乔夫试图以一种较为松散的政治安排勉强保全苏联，但他的权威和可信度受损已如此严重，以至于这一切都注定成为徒劳。从波罗的海三国开始，加盟共和国分别宣布脱离苏联而独立。最致命的一击来自乌克兰 12 月 1 日支持独立的全民公决。戈尔巴乔夫在圣诞节辞职，标志着苏维埃体制试验的结束。

很多因素促成了苏联的崩溃。最重要的似乎是内部因素，尽管与莫斯科无能的对外政策相关联的国际压力也对崩溃起了很大作用。国内因素包括集中的计划经济表现得越来越差，技术落后，令人窒息和压抑的政治制度挫伤了创造力，过度的军费开支，官僚主义造成的不可思议的低效率，灾难性的生态记录，以及当权者对苏联少数民族多样化的民族利益缺乏敏感。社会转型造成的精神真空、社

会离心力和腐败侵蚀了社会的凝聚力。受阶级斗争理念影响的对抗性的对外政策，疏远了苏联与很多盟友的关系。

国内问题和国际压力的增长与苏联领导人的大换代碰巧同时发生。戈尔巴乔夫是设计和推进改革的中心，但不要忘记支持他的年轻官员们，斯大林时代对他们而言不过是模糊的记忆。这一代人受过良好的教育，对苏联的“成就”较勃列日涅夫、苏斯洛夫（Suslovs）和葛罗米柯那一代人有不同的认识。

查尔斯·E. 齐格勒（Charles E. Ziegler）

查尔斯·E. 齐格勒（Charles E. Ziegler），路易斯维尔大学政治科学学院教授及学者。主要著作有《俄国历史》（2009 年版）（*The History of Russia*，2009）、《对外政策和东亚》（*Foreign Policy and East Asia*，1993）、《苏联环境方针》（1987 年版）（*Environmental Policy in the USSR*，1987）。他还是《俄国远东地区：危险地带》（2002 年版）（*The Russian Far East: A Region at Risk*，2002）一书的联合主编。

第六十一章
“9·11”和反恐战争（2001年至今）

概　述

2001年9月11日发生的“9·11”恐怖袭击是世界历史的转折点，也将20世纪90年代以来反对美国及美国盟国的一连串暴力袭击推向最高潮。众所周知，这次破坏性巨大的恐怖袭击是由乌萨马·本·拉登领导的阿尔－凯达组织（al-Qaeda，又称“基地”组织）策划的。本·拉登出生在沙特阿拉伯的一个富商家庭，是个宗教狂热分子。基地组织的性质很难定义，许多专家认为基地组织的起源可以追溯到阿富汗战争（下文中会提到）。20世纪80年代末，本·拉登建立了基地组织。此后，基地组织不断更换名称，在许多地方出现。这让研究者们认为基地组织并不是一个统一的组织。这些组织联系松散，虽保持一定的联络，但没有最高领导人，没有固定的组织结构，也没有来自任何国家的支持。

20世纪70年代末，阿富汗被本土与苏联保持密切联系的某些人所控制。由于各种原因，越来越多的阿富汗人表示出对这种领导的不满。在这种情况下，苏联决定出兵阿富汗，支持那里的左翼分子。这一决定引发了游击队的叛乱。

后来，越来越多虔诚的穆斯林聚集到阿富汗，帮助当地人民驱逐异教徒，推翻傀儡政府。这些参加圣战的穆斯林游击队员大多是阿拉伯人，虽然阿富汗没有一个部落是由阿拉伯人组成的，但沙特阿拉伯向阿富汗提供了大量圣战者，其中包括本·拉登。和越战如出一辙，由许许多多普通民众组成的游击队重创强大的苏联红军，造成苏军大量人员伤亡。苏联不仅损兵折将，而且为镇压叛乱耗费了

大量资金，却以失败告终。美国在这次战争中扮演了苏联在越战中的角色，向圣战者提供资金和武器援助，包括向本·拉登的武装力量提供援助。

然而，在阿富汗战斗的宗教激进分子同样仇视美国。当圣战者最终推翻阿富汗傀儡政权，迫使苏联撤军，国家内部冲突仍不断激化，直到最具宗教狂热性的圣战者组成的塔利班掌权后，矛盾才得以平息。塔利班领导者非常尊敬本·拉登。他在苏丹度过一段时间后回到阿富汗，在塔利班政府的庇护下建立了基地组织的营地。

毫无疑问，阿拉伯半岛不仅培育了本·拉登，“9·11”恐怖袭击中的 19 名自杀式狂热分子有 15 名来自那里。（这次事件本来有 20 名劫机者，然而有一人未取得美国签证。）1932 年，沙特阿拉伯在英国外交部的帮助下建立起来，信奉瓦哈比派（Wahhabism）的教义。由沙特王室成员组成的沙特阿拉伯的统治者们在早期就发现，他们的利益必须依靠瓦哈比派教义才能得以实现。为了实现自身利益，沙特阿拉伯奉行了以严格的伊斯兰准则著称的瓦哈比教义。本·拉登认为统治者们未能保护好伊斯兰教的圣地，他希望推翻这一政权。美国资助阿富汗圣战者的事

2001 年 9 月 11 日，恐怖分子操控民航客机撞击世贸中心，双子塔燃烧起来。（来源：www.bigfoto.com）

实对本·拉登没有起到任何调解作用。

随之而来的是一系列针对美国的袭击。美国不仅向沙特王室提供了必要的帮助，而且支援了以色列人，强势插足伊斯兰世界。本·拉登的恐怖活动迅速展开。1993 年 2 月底，基地组织在纽约世贸中心的车库投放了炸弹，造成 6 人死亡，1000 多人受伤。有人质疑基地组织是否直接参与了此次爆炸案，这里不得不提到一个人——此次爆炸案的主谋拉姆齐·阿哈穆德·尤塞夫（Ramzi Ahmed Yousef），他是“9·11”攻击的主谋哈立德·谢赫·穆罕默德（Khaled Sheikh Mohammed）的侄子。哈立德·谢赫·穆罕默德在袭击发生前后一直躲在基地组织的避难处。

几个月后，美国在索马里的驻军遭到了袭击。电影《黑鹰降落》（*Black Hawk Down*）中曾有过这样的情节：两架美国直升机被击落，18 名美国士兵被声称在基地组织受训的索马里激进分子杀死。不久之后，美军离开了索马里。本·拉登赞扬了那些杀死美国士兵的激进分子，宣告取得阶段性胜利。他们还策划炸毁几架飞越太平洋的客机以及成功摧毁伊朗主要什叶派圣地。

1996 年 6 月，沙特霍巴塔（Khobar Towers）美军军营遭到卡车炸弹袭击，造成 19 名美军士兵死亡，400 多人受伤。这次袭击仍然是基地组织策划的。本·拉登并未表示此次袭击与自己有直接关联，但他对这次袭击感到满意。

本·拉登将基地组织由苏丹迁往阿富汗之后，沉寂了一段时间。1998 年夏天，基地组织又发动了骇人听闻的爆炸袭击。此前本·拉登颁布了一项指令，号召穆斯林在任何可能的地方、可行的时候杀死美国人。1998 年 8 月，东非国家肯尼亚和坦桑尼亚的美国大使馆遭到了自杀式炸弹袭击。装载大量炸药的卡车停在使馆门口，造成 220 人死亡。除了 12 名美国人以外，大多数死难者都是非洲人，还有一部分穆斯林。克林顿政府很快进行了回击，向苏丹和阿富汗的基地组织营地发起导弹袭击。

美国大使馆爆炸事件后，基地组织又沉寂了一段时间。然而，随着千禧年（基督教日历中 2000 年伊始）的到来，恐怖活动又有抬头迹象。约旦政府揭穿了基地组织在该国进行一系列炸弹袭击的阴谋，美国也扣留了计划在洛杉矶国际机场引爆人肉炸弹的恐怖分子。

基地组织并未因此停止恐怖活动。2000 年 10 月，停泊在也门南部亚丁港（port city of Aden）补充燃料的美军“科尔号”（Cole）驱逐舰遭到满载烈性炸药

的小船袭击。造价不菲的配有美军最先进情报搜集装置的“科尔号”在此次袭击中遭到重创，几近沉没。17 名美国水兵在袭击中丧生，数十人受伤。

所有这些都是 2001 年 9 月 11 日恐怖组织对美国本土进行袭击的前奏。在本·拉登及其同伙的策划下，几个月时间里，基地组织的一些成员前往美国，企图在他们敌视的国度造成更多的死亡和破坏。

9 月 11 日清晨，19 名来自中东的年轻人前往波士顿、纽瓦克（Newark）和华盛顿特区的机场，分别搭乘了四架飞往加利福尼亚州的客机。飞机起飞后，这些人很快控制了飞机。被劫持的四架飞机中，有三架飞机上的乘客和机组人员没有选择反抗。遇到劫机事件的标准做法是乘客和机组人员保持冷静，直到飞机降落在劫机者选择的目的地，然后继续保持冷静，直到危机解除，饱受折磨的乘客和机组人员安全下机，回到起飞点。虽然其中三架飞机上的恐怖分子都有明显的暴力行为，但没有人知道他们要进行自杀式袭击。只有从纽瓦克飞往旧金山的美国联合航空 93 次航班上的乘客听到了恐怖分子与亲人的通话，了解了他们的意图。于是他们选择奋起反抗，而不是坐以待毙。这架飞机最终在宾夕法尼亚州的郊外坠毁，乘客和机组人员的反抗致使劫机者撞击华盛顿地标建筑的阴谋破产。许多人认为这架飞机劫机者的目标是位于华盛顿特区郊外的美国军事中心五角大楼，也有人认为目标是美国国会大厦或白宫。

与此同时，恐怖分子驾驶美国航空公司 77 次航班客机撞向五角大楼。更为引人注目的是，11 次和 175 次航班客机分别撞向了纽约世贸中心的南北双子塔。由于航机燃油充足，撞击引起了大火。虽然双子塔的构造十分美观，但是在犹如炼狱般的烈火中，其设计缺陷暴露了出来，这一点基地组织事先也未曾料到。10 点之后，双子塔轰然倒塌。

此次事件的死亡人数很难确定下来，直到今天，仍有许多在双子塔倒塌事件中受伤或罹患疾病的第一目击者陆续死去。然而，可以确定的是，有大约 3000 名无辜的民众在这个 9 月的早晨失去了生命。他们中有男人，有女人，有孩子；有白人、黑人、黄种人，也有棕色和红色人种。他们有老有少，有富人，也有穷人；有基督徒、犹太教教徒、佛教教徒、印度教教徒，还有穆斯林。

历史评论

1996年，世贸中心爆炸案主谋拉姆齐·阿哈穆德·尤塞夫的叔叔哈立德·谢赫·穆罕默德在阿富汗托拉博拉（Tora Bora）的营地会见了本·拉登。穆罕默德向本·拉登提出了一系列袭击美国的方案。其中一种方案是训练飞行员驾驶飞机直接撞击美国建筑。1999年秋天，本·拉登将这一提议转变成切实可行的计划，决定在美国本土制造恐怖袭击。2001年9月11日的恐怖袭击（现多称为“9·11”事件）震惊了美国民众和全世界人民。此次恐怖袭击并不是一次突然的袭击，早在“9·11”事件发生10年以前，伊斯兰恐怖组织就已经向美国宣战。1993年，由尤塞夫领导的恐怖团伙在世界贸易中心的地下停车场引爆了一枚卡车炸弹，试图摧毁世贸中心。同年，拉赫曼企图炸毁美国荷兰隧道和林肯隧道，以失败告终。1995年，美国政府发现了尤塞夫在太平洋上炸毁美国客机的阴谋。一年后，卡车炸弹炸毁了位于沙特达兰霍巴塔的大楼，造成19名美国士兵丧生，数百人受伤。

1996年，本·拉登向美国宣战，指责美国侵占伊斯兰教圣地——尤其是沙特阿拉伯，以及美国对穆斯林的压迫。1998年，他特别申明他的目标就是杀死美国人。同年，基地组织向美国驻肯尼亚和坦桑尼亚大使馆同时发动炸弹袭击，造成220多人丧生，上千人受伤。第二年，向美国走私炸药，企图轰炸洛杉矶国际机场的莱萨姆被抓获。2000年，一伙基地组织成员用一艘满载炸药的摩托艇几乎炸沉停靠在也门亚丁湾附近的美国驱逐舰“科尔号”。2001年9月11日的恐怖袭击事件发生经过是这样的：上午8点46分，一架客机撞向世贸中心双子塔北塔；上午9点03分，另一架客机撞向双子塔南塔；上午9点37分，第三架客机撞入五角大楼；上午10点03分，第四架客机在宾夕法尼亚州西南部坠毁。一个月后，本·拉登宣布将世界人口划分成信徒和异教徒。与此同时，美国总统乔治·W. 布什（George W. Bush）称：“我们正处在正义与邪恶的斗争中。”

“9·11”事件及之后的反恐战争对美国乃至全世界造成了巨大的影响。这一系列事件激化了民众的愤怒，增加了仇恨犯罪。美国政府以国家安全的名义限制了公民权利。政府设立国家情报总监一职，成立国土安全部。这次政府内部的重大重组主要是为了避免类似“9·11”的情报失察事件再次发生。布什总统以传教士的眼光看待反恐战争，他直言不讳地表示“与恐怖分子为伍就是与美国为敌”。

2001 年年底，美国驱逐了阿富汗的塔利班政府和扎营在托拉博拉山区洞穴中的基地组织，随后又把目光投向了伊朗。布什总统强调反恐战争不同于以往的战争，他对国家和国际法律中的拷问禁令做了新的阐释，以便利用那些过去被认为是非法折磨的拷问方法。

美国在“先发制人”战略的指导下发动了全球反恐战争。2002 年 6 月 1 日，布什总统在西点军校毕业典礼上发表讲话，阐述了这一新政策：“如果我们在威胁实体化之后再采取行动，一切就为时已晚了。”2003 年 3 月 19 日，美国政府由于掌握了一些大规模杀伤性武器的“铁证”，决定出兵伊拉克，将其纳入反恐战争的一部分。虽然国际社会认同和支持美国打击阿富汗基地组织的行动，但大多反对美国入侵并占领伊拉克。欧洲大陆上的传统同盟国、伊斯兰国家和其他国家纷纷反对美国的政策。国外舆论对布什政府所谓的单边政策和大规模使用酷刑表示谴责。长期占领伊拉克也导致美国士兵伤亡人数不断增加，美国民众在无休止的暴力战争中将矛头指向了总统，这也直接导致 2006 年的中期选举中民主党大获全胜。两年后奥巴马当选国家总统，承诺实行新的外交政策。

“9・11”事件的主要后果之一，是民众对美国穆斯林和伊斯兰教的偏见和不信任感逐渐增强，仇恨犯罪的数量也不断增加。美国最值得信赖的公众舆论调查机构皮尤研究中心，就“9・11”事件前后民众对穆斯林的态度进行了多次民意调查。这些调查普遍反映出许多非穆斯林的美国人对穆斯林怀有强烈的偏见，大多数人表示他们并不了解伊斯兰教。超过三分之一的美国人对伊斯兰教存在偏见，他们质疑美国穆斯林的忠诚。对伊斯兰教和美国穆斯林持负面看法的，主要是福音派新教徒（Evangelical Protestant）、教育程度较低的人、老人和保守的共和党人。恐怖主义和国土安全三角中心负责人戴维・尚策（David Schanzer）研究发现，对美国穆斯林的仇恨犯罪从 2000 年的 28 起急剧增长到 2001 年的 481 起。

威斯康星州、田纳西州和加州也有反对保护现有清真寺和新建清真寺、伊斯兰文化中心的呼声。2011 年 2 月，加州约伯琳达市（Yorba Linda）的美国穆斯林儿童和他们的家长参加妇女庇护所筹款活动时，人们冲他们尖叫，嘲笑和辱骂他们，称他们为恐怖分子和对妇女施暴的人。示威者、地方政府官员和两名国会成员叫他们滚回家去。2011 年 3 月，美国国会开始就美国穆斯林团体的激进化召开麦卡锡式听证会。讽刺的是，委员会由共和党众议员彼得・金（Peter King）主持，

他曾公开宣布支持反英国武装组织爱尔兰共和军。

虽然美国杰出的政治领导者、教育工作者、记者、基督徒、犹太教教徒和美国的穆斯林领袖、组织试图通过搜集证据、举行讲座、发表声明、开展教育项目等方式来消除美国非穆斯林和穆斯林之间的鸿沟，但是这个鸿沟正日益扩大。“9·11”事件发生6天后，布什总统首先站出来申明：“恐怖主义的信仰并不是伊斯兰教的信仰。”尽管只有极少数美国穆斯林是激进分子，尽管大多数美国人表示从没见过穆斯林，尽管穆斯林人口只有235万，不到美国总人口的1%，尽管皮尤研究中心的全球态度调查项目发现，世界各地的大多数穆斯林都反对极端主义基地组织，在美国，非穆斯林和穆斯林之间的鸿沟却依然存在。

2002年11月，为了应对“9·11”事件，布什总统和国会决定设立国土安全局，将处理边境问题和保障国内安全的机构纳入一个部门。这样一来可以对这些安全机构进行集权，促进合作、协调和交流。国土安全局下又设立了国家反恐中心。关于政府重组的评论指出，联邦调查局和中央情报局并没有纳入国土安全局，这样一来并不能达到集权的目的。2004年，由美国新泽西州前州长托马斯·基恩（Thomas Kean）和印第安纳州前议员李·汉密尔顿（Lee Hamilton）领导的美国反恐调查委员会向布什总统提交报告。该报告指出，美国在“9·11”事件中错失多次发现和阻止恐怖袭击的良机。报告还指出中情局不与其他情报机构分享信息。由于官僚机构冗杂，中情局有关基地组织的情报得不到全面评估分析。从1995年到“9·11”事件发生前，国家并没有针对恐怖主义的情报判断，联邦调查局、中央情报局、国务院和国防部没有进行过联合行动。根据调查委员会的报告，布什总统和国会决定重组情报机构，设立国家情报总监一职。国家情报总监需要协调各情报机构的活动，并通知总统、国家安全委员会和国土安全局。有评论指出，如果国防部和情报机构不向国家情报总监汇报情况，那么就起不到协调情报机构和集权的作用了。

冷战时期的著名历史学家约翰·刘易斯·加迪斯（John Lewis Gaddis）指出，布什总统在“9·11”事件后采取的外交政策与“二战”以后的政策如出一辙。冷战过后，美国成为世界上唯一的超级大国，这一政策在那一时期成形。保守派专栏作家、新保守主义之父、新保守主义发言人查尔斯·克劳萨默（Charles Krauthammer）将其称为“单极时刻”（unipolar moment）。这一观点是指美国有

机会也有能力单方面重塑全世界的价值观和准则，将世界政治体系改造成对美国有利的体系。第一次海湾战争以后，由保罗·沃尔福威茨（Paul Wolfowitz）、理查德·佩尔（Richard Perl）、道格拉斯·菲斯（Douglas Feith）、唐纳德·拉姆斯菲尔德（Donald Rumsfeld）、威廉·克利斯托（William Kristol）、康多莉扎·赖斯（Condoleezza Rice）和迪克·切尼（Dick Cheney）等新保守派提出的"新美国世纪计划"（new American Century）影响不断扩大，推进了这一政策的发展。早在1992年，沃尔福威茨就提出美国在使用军事力量上要先发制人，通过单边行动实现"新美国世纪"。20世纪90年代，新保守主义者们在公开场合发表言论，主张美国进军伊拉克，推翻萨达姆政权。2001年，这些人都加入了布什总统的外交政策制定团队。"9·11"恐怖袭击推动了布什主义的全面发展和施行。布什总统称：美国不会寻求同全球合作保持平衡这样温和现实的策略来确保自身的安全，也不会采取自由策略，因为那种环境下的机构、民主机制、综合市场会共同作用削减强权政治的重要性。美国比其他国家强大，大国之间的战略比拼和安全竞争将随之消失，这样对各国都更好。当然也包括美国。

普林斯顿大学教授约翰·伊肯伯里（John Ickenberry）这样描述这一政策：

> 美国受其合作伙伴、全球性规则和世界机构的束缚将减少。同时，美国将在独立打击恐怖主义袭击和面对制造大规模杀伤性武器的国家时发挥预测作用。美国将凭借无可匹敌的军事力量重新规范全球秩序。这一宣称负载着道德使命的新政策展示了美国强大的军事实力，美国不用向任何国家低头。

虽然"9·11"事件后，一些政府顾问主张直接出兵伊朗，但美国政府决定先出兵打垮阿富汗的基地组织。布什政府的这一决定获得国内外的一致支持，国会随即批准布什政府向袭击美国事件的参与者使用武力。布什总统命令塔利班政府交出基地组织领导人，如果拒绝，美国将摧毁塔利班政权。2001年10月7日，英美联军和阿富汗境内的反塔利班组织向塔利班政府和基地组织发起了进攻。11月，英美联军攻下了阿富汗首都喀布尔。在接下来的一个月中，阿富汗武装力量袭击了托拉博拉山区洞穴中的基地组织营地。虽然有200多名基地成员被杀，本·拉

登和基地其他头目仍然逃到了巴基斯坦。在这一个月中，塔利班政府在坎大哈投降，这是他们最后的避难处。哈米德·卡尔扎伊（Hamid Karzai）当选为临时政府的领导人。2002 年 4 月，布什总统在弗吉尼亚军事学院的演讲中提到，美国前国务卿、弗吉尼亚军事学院毕业生乔治·马歇尔曾成功帮助“二战”后的欧洲进行重建。布什总统表示美国将借助北大西洋公约组织和联合国平民主义专家的力量，效仿“马歇尔计划”，帮助阿富汗重建政府和国家。这次演讲前，美国的武装力量和情报组织已经从阿富汗转移到伊拉克，准备打响下一阶段的反恐战争。

布什政府上台前，美国对伊拉克和伊朗采取双遏制的政策，两国相互监督对方的力量变化。2002 年 1 月，布什总统在《国情咨文》讲话中强调，美国将对任何持有大规模杀伤性武器的国家采取先发制人的政策。2002 年 8 月，布什政府发起了公共关系运动，利用情报判断与流亡的伊拉克人有关的关于大规模杀伤性武器的可疑证词，企图获得公众对先发制人出兵伊拉克这一举动的支持。布什政府有效地将伊拉克和“9·11”、基地组织联系在一起。虽然“9·11”事件中没有一个暴徒来自伊拉克，也没有可靠消息证实伊拉克与基地组织有关，但是布什政府一次又一次地强调伊拉克持有大规模杀伤性武器，支持恐怖主义，已经对该地区和美国造成威胁。

这次争论中的许多情报并没有向国会大多数议员、民众和媒体公布。在情报界，许多人并不赞成政府的做法。他们的反对意见在情报报告中得以呈现，但未向公众公开。比如，2002 年 9 月布什政府发表言论称伊拉克非法进口铝管就是其暗中进行核武器研究的铁证，这一言论遭到中情局许多分析人员和科学家的反对。当然，这些反对意见也没有公开。中情局的分析人员表示，与大规模杀伤性武器化学研究实验室有关的那些所谓的证据并不可靠，然而美国国务卿科林·鲍威尔（Colin Powell）还是在 2003 年 1 月公布了这一证据，并言之凿凿。同月，国家情报委员的分析预测显示，如果推翻萨达姆政权，激进分子就会发展壮大起来，他们很有可能联合起来进行叛乱，与美国打响游击战。这一深刻的预测分析也没有向公众公开。2003 年 1 月，甚至更早的时候，布什总统已经决定对伊拉克发动先发制人的战争。

整个公共关系运动都笼罩在“9·11”事件发生后的恐慌情绪中。从 2002 年秋天开始，广播和电视上每天都是针对这一事件的讨论，富有同情心的作家也在

重要报刊上发表文章，他们中的一些人是政府花钱聘用的。比如，福克斯新闻强调伊拉克拥有大规模杀伤性武器这一事实。政府在很大程度上操控着这一事件的争论，放弃对伊拉克发动战争，对其实行双遏制政策的民众主张并没有被采纳。10月，美国国会通过投票表决，授权总统乔治·布什以一切需要及适合的力量贯彻实施联合国安理会对伊拉克问题的决议。11月，联合国安理会通过第1441号决议，警告伊拉克接受无条件、无限制的武器核查，如再不履行决议，将面临“严重后果”。同月，联合国武器考察人员进入伊拉克。不管是美国对伊拉克成功施行封港令，还是监核会和国际原子能机构人员没有找到伊拉克持有大规模杀伤性武器的证据，这些都没有引起群众具有实质意义的讨论。2003年3月17日，布什要求萨达姆离开伊拉克，否则将发动武装进攻。3月19日，美国正式攻打伊拉克，此举立刻遭到法国、德国、加拿大、墨西哥等同盟国的反对，它们认为联合国安理会第1441号决议并没有授权美国采取这样的军事行动。土耳其禁止美国取道本国攻打伊拉克。整个伊斯兰世界掀起了反美示威游行的浪潮。

反恐战争大大侵蚀了美国民众的人身自由。机场加强了安全力度，对乘客的安检更全面，更彻底，对携带上飞机的物品也做了更多限制。国家边境、国家公园、纪念馆和博物馆都设置了安全检查，覆盖面更广。大多数美国人表示能够理解政府为民众安全考虑所做的改变，也能够理解反恐战争。然而，美国民众普遍反感自己的人身自由遭到限制。“9·11”事件发生后的一周内，数百名与19名恐怖袭击者外貌相像的美国人被逮捕和行政拘留，没有获得任何赔偿。2001年10月26日，布什总统签署了《爱国者法案》(*Patriot Act*)，进一步扩张了美国政府的权限，加大了对电子邮件、电子通信录和个人电脑的监控力度。该法案允许联邦调查局获取公民的个人记录，如图书馆记录、购买书籍的习惯、药物记录、婚姻咨询、精神病史、业务记录、网络习惯和信用报告。提交这些数据的个人、组织和商业机构不允许向被调查者透露任何信息，否则将被起诉。未经当事人的允许或者在当事人不知情的情况下，联邦调查局也能对其居住地进行搜查。这一法案允许下达全国搜查令以及对移民无限期拘留。在“9·11”事件发生的这一周里，布什总统签署了命令，授权国家安全局在没有法院指令的情况下对公民进行窃听。这一做法违反了《联邦情报监视法》(*Federal Intelligence Surveillance Act, FISA*)。四年后，布什承认自己批准不正当监听和非法监视，违反了《联邦情报监听法》，

但拒不道歉。

2002年2月，布什总统宣布美国公民约瑟·帕迪拉（Jose Padilla）和亚瑟·哈姆迪（Yaser Hamdi）皆为恐怖主义嫌疑犯，是敌方战斗人员，所以他们不享有美国宪法赋予公民的审判权和人身保护权。他们与其他反恐战争中的敌方战斗分子一起被送往关塔那摩湾（Guantanamo Bay）。两年后，在“拉苏尔诉布什案”（Rasul v. Bush）中，数百名敌方战斗分子向最高法院寻求了法律援助。

2002年1月，布什总统的法律顾问表示，反恐战争中的扣押者没有受到《日内瓦公约》（*Geneva Conventions*）中向战俘承诺的保护。《日内瓦公约》一直是国际法的一部分，美国履行这一公约已经50多年了。该公约在朝鲜战争、越南战争、巴拿马战争、波斯尼亚战争、海地战争和索马里战争中都起到了保护战俘的作用。日内瓦第三公约规定：“对战俘不得施以肉体或精神上之酷刑或任何其他胁迫方式，借以自彼等获得任何情报。”第四公约规定禁止迫害平民。2月，布什总统在法律顾问的建议下宣布反恐战争中的囚犯是敌对战斗分子，他们不属于战俘和平民，所以不需要根据《日内瓦公约》给予他们保护。

8月，美国白宫法律顾问在一份秘密备忘录，即《酷刑备忘录》（*Torture Memo*）中说，《美国反酷刑法》（*U.S. Anti-Torture Act*）应该对酷刑的定义给出更确切的解释。《酷刑备忘录》缩小了“酷刑”一词的适用范围，将其定义为“在激烈程度上必须等同于严重身体伤害，例如器官功能丧失、身体功能损伤或死亡所带来的痛苦”。美国之前使用的拷问方法违反了《美国反酷刑法》、《军事审判统一法典》（*U.S. Uniform Code of Military Justice*）、《日内瓦公约》的有关条例，被视为酷刑，但备忘录中对酷刑的新定义却鼓励美军使用这些拷问方法。拷问方法包括：鞭打战俘；强迫战俘站立40小时以上；强迫战俘在低于50华氏度*的牢房内裸体站立，并连续向他们泼几小时冷水；强迫战俘保持非常痛苦的站立方式，剥夺他们的睡眠；利用凶恶的猎犬引发战俘的恐惧；强迫战俘裸体并进行性交；长期将战俘关押在无声、无光的环境中，剥夺战俘的感官；对战俘施以水刑。

《酷刑备忘录》并没有得到军法署和国务院的认可。2002年12月，国防部部长拉姆斯菲尔德批准了这些酷刑的使用，军法署则表示反对，他们认为这些酷刑违背了对战俘应有的尊重。同月，两名被拘押在阿富汗巴格拉姆空军基地监狱的

* 50华氏度即10摄氏度。——编者注

战俘在接受519军事情报营的审问时死亡。军医检查发现两人都是被他人“鞭打下肢”致死，其中一人的腿部受到多次鞭打，“皮开肉绽”“深可见骨”。如果《酷刑备忘录》没有向民众公开，也许只有总统心腹顾问了解事情的真相，其他人根本不会监督政府的行为。在民众的愤怒和反对声中，政府撤回并重新修改了《酷刑备忘录》。修改后的备忘录将废除水刑。2003年11月4日清晨，战俘埃尔－贾马迪（el-Jamadi）被中情局关押在巴格达附近臭名昭著的阿布格莱布监狱（Abu Ghraib）。几小时后，贾马迪被通报死亡。一位验尸员说：“死者在审问过程中死于窒息。”在阿布格莱布监狱、阿富汗巴格拉姆（Bagram）和坎大哈拘留所、关塔那摩监狱，以及其他秘密关押地，这些拷问酷刑仍然屡禁不止。

2004年4月，美军在阿布格莱布监狱使用酷刑虐待战俘的照片被刊登出来。美军强迫战俘体验虚拟死亡，对战俘进行性侮辱，鞭打战俘的照片呈现在世界人民面前。同一时期，有关关塔那摩湾恶劣关押环境，以及美军对战俘使用强化审问法的文件也被公开。公众和国际舆论纷纷对布什政府表示谴责。美国国会也介入调查强化审问方法的使用情况。2004年12月，布什总统签署法令，禁止“残酷、不人道地对待”战俘。总统随即表示自己有权根据具体情况决定是否适用此条法令。2005年2月，司法部部长阿尔韦托·冈萨雷斯（Alberto Gonzales）签署了另一秘密备忘录，允许中情局“使用掌掴头部、模拟溺水、提供极寒温度等令人痛苦的生理、心理战术对待战俘”。

引渡是指非法逮捕囚犯并将其转移到另一国家的行为。美国采取引渡的方法已经有很多年的历史，“9·11”事件后，被逮捕的罪犯都被带回美国接受审判，联邦调查局公布了美国参与的引渡事件。1994年，美国签署了《联合国反酷刑公约》（*UN Convention against Torture*），公约禁止将罪犯从一国转移到另一国，如果罪犯在另一国可能面临酷刑。第一起非常规引渡事件发生在克林顿执政时期。1995年，美国在克罗地亚抓获一名恐怖分子嫌疑人，将其带往开罗进行审问，后来埃及政府对其执行死刑。1996年，美国通过了《战争罪法》（*War Crimes Act*），法案规定联邦法院有权起诉那些使用酷刑、实施非人道待遇、非法驱逐和转移战俘、违反《日内瓦公约》的人。2001年年底，基地组织的头目被逮捕并带往中情局位于开罗的秘密审讯基地。在反恐战争期间，中情局经常将囚犯非常规引渡到关塔那摩湾、阿布格莱布监狱、阿富汗、巴基斯坦、摩洛哥、泰国、乌兹别克斯

坦、叙利亚、约旦、埃塞俄比亚、马其顿、冈比亚和波兰。这些行动都没有获得总统的批准。截至2007年9月，已经有150名恐怖分子嫌疑人被引渡到其他国家，人权得不到保障。使用强化审问法是审问中的常规做法。

2003年5月，在美军的震慑下，伊拉克政权很快瓦解，美国总统宣布“任务完成”。然而真正的战争才刚刚开始，布什政府显然还没有做好准备。正如美国出兵前中央情报局预测的一样，反对美军侵占行为的伊拉克人聚集在一起，组成军队，进行反击。美国虐待战俘的行为受到全世界的谴责，布什政府也未在伊拉克发现大规模杀伤性武器。虽然2004年布什连任美国总统，但他在伊拉克的政策陷入了困境。美军伤亡人数不断增加，退伍将军纷纷谴责美国长期侵占伊拉克的行为。在2006年的美国中期选举中，民主党大获全胜。2007年1月，布什总统被迫对伊实行新政策，也就是“增兵行动”。2007年年中，虽然战火逐渐平息，但是伤害已经造成。2008年，民主党人贝拉克·奥巴马当选为美国总统。

冷战后期，美国在军事、经济、科学技术领域都有绝对优势，即其硬实力没有任何国家能与之匹敌。此外，美国也是全球交流中心，其价值观、理念、文化、音乐和电影都在全球范围内广泛传播。美国的教育系统吸引着来自全世界的学生。记者马克·赫兹加德（Mark Hertsgaard）说，美国被誉为“一个让人振奋，人民享有自由，经济多元发展，充满活力和创造性的国家”。卡特执政时期的前美国国家安全顾问兹比格涅夫·布热津斯基说，美国“有无法比拟的吸引力，尤其对全世界的青少年而言”。查尔斯·凯格利（Charles Kegley）和格雷戈里·雷蒙德（Gregory Raymond）合著的《全球的未来：世界政治概述》(*Global Future: A Brief Introduction to World Politics*)中提到，美国强大的软实力使其可以“通过本国文化和理念的魅力吸引其他国家，获得自己想要的利益，而不是通过高压政治威胁他国”。“应通过其文化和理想的吸引力而非胁迫来达到目的”。对于世界各地的国家和人民，美国的魅力来自它的民主实践、价值、道德，规范及其推动世界改变的有利作用。

在伊拉克和其他地方推行的布什主义破坏了美国最具吸引力的价值观。这一政策与美国标榜的价值观和惯常做法背道而驰。这些惯常做法包括对国际法的解读、对国际条例的使用、与盟国的磋商、军事干预、对美国法律的解读，以及禁止酷刑的使用。布什主义几乎摧毁了盟国和伊斯兰世界国家对美国的支持。这一

政策显示出的自大态度表明布什政府企图使美国恢复冷战后的霸主地位。也正是由于布什主义的消极影响，2006 年民主党才能在国会选举中获胜，2008 年奥巴马才能在承诺使用新的外交政策后当选美国总统。

克利福德 · L. 史坦顿（Clifford L. Staten）

克利福德 · L. 史坦顿（Clifford L. Staten），印第安纳大学东南分校政治科学与国际研究教授，在北得克萨斯大学获得博士学位，著有《古巴历史》（2003 年版）（*The History of Cuba*，2003）和《尼加拉瓜历史》（2010 年版）（*The History of Nicaragua*，2010）。